SERPENT RISING:
THE KUNDALINI COMPENDIUM

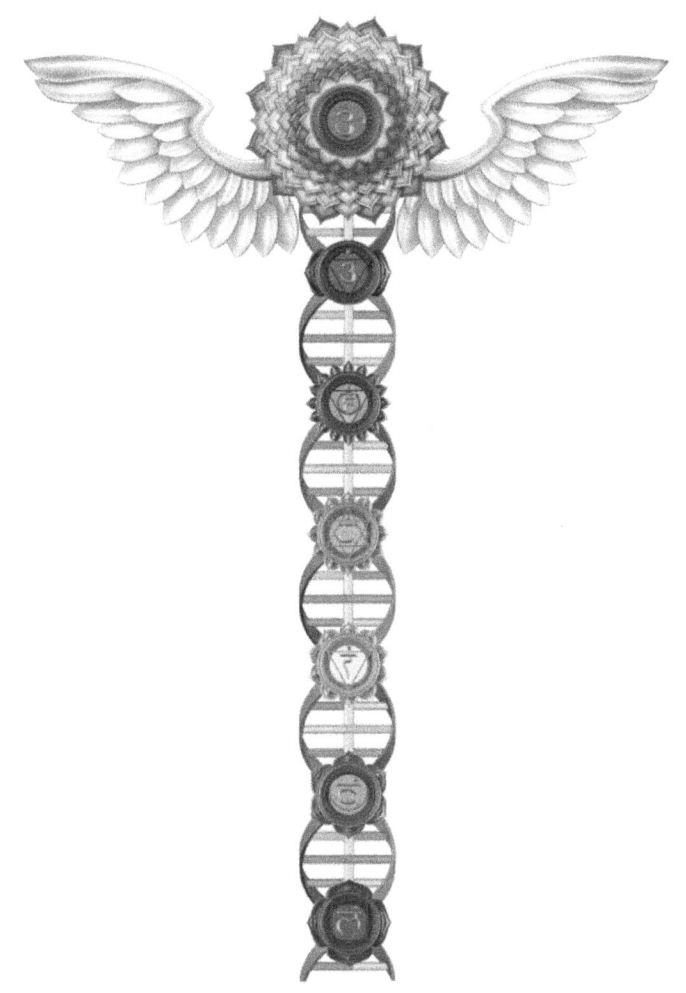

VÄRLDENS MEST OMFATTANDE ARBETE OM
MÄNNISKANS ENERGIPOTENTIAL

NEVEN PAAR

ÖVERSATT AV JOSEF NORGREN

Serpent Rising: The Kundalini Compendium
Upphovsrätt © 2023 Av Neven Paar. Alla Rättigheter Förbehållna.

Ingen del av denna bok får reproduceras i någon form eller på något elektroniskt eller mekaniskt sätt, inklusive system för lagring och återvinning av information, utan skriftligt tillstånd från författaren. Det enda undantaget är av en recensent, som får citera korta utdrag i en recension.

Omslagsdesign av Neven och Emily Paar
Illustrationer av Neven Paar
Översatt till Svenska av Josef Norgren

Tryckt i Kanada
Första Tryckning: Mars 2023
Av Winged Shoes Publishing

ISBN—978-1-7388170-7-8

Ansvarsfriskrivning: Allt material som finns i detta arbete tillhandahålls endast för din information och får inte tolkas som professionell medicinsk rådgivning eller instruktion. Ingen åtgärd eller passivitet bör vidtas enbart på grundval av innehållet i denna information, utan läsarna bör rådfråga lämplig sjukvårdspersonal i alla frågor som rör deras hälsa och välbefinnande. Även om författaren och förläggaren har gjort allt för att se till att informationen i denna bok var korrekt vid trycktillfället, tar författaren och förläggaren inte på sig och frånsäger sig härmed allt ansvar gentemot någon part för förlust, skada eller störning som orsakats av fel eller utelämnanden, oavsett om sådana fel eller utelämnanden beror på vårdslöshet, olycka eller någon annan orsak.

Jag tillägnar detta arbete till Kundalini-initierade. Må den här boken vägleda dig på din väg till uppvaknande och jag hoppas att min sjuttonåriga resa av självupptäckt med Kundalini-energin har varit till nytta för dig, så som det var tänkt.

–*Neven Paar*

Andra böcker av Neven Paar

The Magus: Kundalini and the Golden Dawn

www.nevenpaar.com

Winged Shoes Publishing
Toronto, Ontario

Lista över Figurer:

Figur 1: Kundalinis Uppkomst och Chakrana 25
Figur 2: De Tre Nadis efter Uppvaknandet av Kundalini 28
Figur 3: Universum Inuti Huvudet 30
Figur 4: Livets Träd/Sju Chakran/Kundalini 34
Figur 5: Den Kompletta Kundalini-Kretsen 45
Figur 6: Hjärnan Fylld med Ljus 50
Figur 7: De Sjuttiotvå Tusen Nadis 54
Figur 8: Det Kosmiska Ägget 61
Figur 9: De Fem Elementen och de Sju Chakrana 69
Figur 10: Pentagrammet 71
Figur 11: De Fyra Världarna och Tetragrammaton (YHVH) 72
Figur 12: Pentagrammaton (YHShinVH) 73
Figur 13: Livets Träd Sephiroth och de Tre Nadis 76
Figur 14: De Inre Kosmiska Planen 85
Figur 15: Ida och Pingala Nadis och Ajna Chakra 94
Figur 16: Jordens Elektromagnetiska Fält 99
Figur 17: Den Mänskliga Auran 100
Figur 18: Stressig Energi som Kommer In i och Lämnar Auran 104
Figur 19: Aurafärgernas Utveckling från Lägsta till Högsta Chakra 105
Figur 20: Aura Anatomi 107
Figur 21: Energiproblem i Auran 109
Figur 22: Kundalinis Toroidala Fält 114
Figur 23: De Sju Chakrana och Nervplexus 122
Figur 24: Hjärnans Expansion och Chakriska Korrespondenser 126
Figur 25: Halo Runt Huvudet 129
Figur 26: De Mindre Huvudchakrana (Kronan) 130
Figur 27: Fotchakrana 132
Figur 28: Handens Chakran 134
Figur 29: Produktion och Överföring av Helande Energi (Palmer) 135
Figur 30: Helande Energi från Händerna 137
Figur 31: Placering av de Psykiska Ögonen 139
Figur 32: De Transpersonella Chakrana 142
Figur 33: Hara (Navel) Chakrat 145
Figur 34: Kausal/Bindu Chakrat 147
Figur 35: De Transpersonella Chakrana Ovanför Kronan 150
Figur 36: Metatrons Kub och Merkaba 154
Figur 37: Tetraedernas Orientering hos Män och Kvinnor 155
Figur 38: Merkaba: Ljusets Fordon (hos Män) 156
Figur 39: Kundalini-Uppvaknande och Merkaba-Optimering 158
Figur 40: De Endokrina Körtlarna i Kroppen 169

Figur 41: De Stora Hjärncentrumen 174
Figur 42: Det Limbiska Systemet 178
Figur 43: Den Retikulära Formationen 181
Figur 44: Hjärnans Delar 184
Figur 45: Det Centrala och Perifera Nervsystemet 188
Figur 46: Vagusnerven 193
Figur 47: De Tolv Paren Kranialnerver 197
Figur 48: Ryggmärgen (Tvärsnitt) 200
Figur 49: CSF och Hjärnans Ventriklar (Sidovy) 201
Figur 50: Hjärnans Ventriklar (Framifrån) 202
Figur 51: Conus Medullaris och Filum Terminale 204
Figur 52: Korsbenet och Svanskotan 205
Figur 53: Den Upprullade Kundalinin 207
Figur 54: Plexus Sacraleus 208
Figur 55: Ischiasnerven och Energikanalerna i Benen 209
Figur 56: Kundalini/Kaducé av Hermes/DNA:s Dubbelhelix 212
Figur 57: Hjärtats Elektromagnetiska Fält 214
Figur 58: Det Mänskliga Hjärtat och Cirkulationssystemet 216
Figur 59: Hjärtchakracentret 223
Figur 60: Kundaliniuppvaknande och Hjärtats EMF 226
Figur 61: De Sju Manliga och Kvinnliga Chakrana 231
Figur 62: De Sju Gamla Planeternas Chakrapositioner 240
Figur 63: Andlig Utveckling 248
Figur 64: Kristallformer och Kristallformationer 252
Figur 65: Placering av Ädelstenar på Chakrana 265
Figur 66: Förstärkning av en Kristall med Bergskristallskärvor 266
Figur 67: Sändning av Helande Energi genom Handflatorna 267
Figur 68: Optimering av Chakrasens Snurrning med Kristallstavar 268
Figur 69: Sju Chakras Stämgaffelset med Själsstjärna (Viktat) 272
Figur 70: Harmoniskt Spektrum av Stämgaffeluppsättning (Oviktad) 273
Figur 71: Placering av Stämgafflar i Chakra Healing 275
Figur 72: Användning av Viktade Stämgafflar på Dig Själv 276
Figur 73: Arbeta med Två Stämgafflar Samtidigt 278
Figur 74: Heliga Solfeggiofrekvenser och Auras Lager 279
Figur 75: Heliga Solfeggiofrekvenser och Chakras 281
Figur 76: Heliga Solfeggio-Stämgafflar (Oviktade) 283
Figur 77: Placering av Stämgafflar vid Öronen 284
Figur 78: Eteriska Oljor och en Diffusor 289
Figur 79: Aromaterapi och det Limbiska Systemet 290
Figur 80: De Fem Stora Tattvas 295
Figur 81: De Tjugofem Underelementära Tattvas 297
Figur 82: Tattvas och Chakras 300

Figur 83: Författarens Tattva-Kort 305
Figur 84: Yogans Åtta Lemmar 318
Figur 85: De Fem Koshas 321
Figur 86: De Tre Meditations Asanas 328
Figur 87: Asanas för Nybörjare (Del I) 334
Figur 88: Asanas för Nybörjare (Del II) 335
Figur 89: Asanas för Nybörjare (Del III) 336
Figur 90: Asanas i Mellanstadiet (Del I) 337
Figur 91: Asanas i Mellanstadiet (Del II) 338
Figur 92: Avancerade Asanas (Del I) 339
Figur 93: Avancerade Asanas (Del II) 340
Figur 94: Shavasana 342
Figur 95: Buk- och Diafragmatisk Andning 343
Figur 96: Yogisk Andning (Tredelad Andning) 346
Figur 97: Växelvis Näsborre Andning 348
Figur 98: Ujjayi Pranayama (Glottis Position) 352
Figur 99: Andning av Hummande Bin 353
Figur 100: Sheetali Pranayama 354
Figur 101: Sheetkari Pranayama 356
Figur 102: Moorcha Pranayama (Metod#1) 358
Figur 103: Moorcha Pranayama (Metod #2) 359
Figur 104: De Tre Grantherna 361
Figur 105: Fingrarna och de Fem Elementen 366
Figur 106: Jnana Mudra 368
Figur 107: Chin Mudra 369
Figur 108: Hridaya Mudra 370
Figur 109: Shunya Mudra 371
Figur 110: Anjali Mudra 372
Figur 111: Yoni Mudra 373
Figur 112: Bhairava Mudra 374
Figur 113: Lotus Mudra 375
Figur 114: Shiva Linga Mudra 376
Figur 115: Kundalini Mudra 377
Figur 116: Shambhavi Mudra 379
Figur 117: Nasikagra Drishti 381
Figur 118: Shanmukhi Mudra 382
Figur 119: Viparita Karani 384
Figur 120: Pashinee Mudra 385
Figur 121: Tadagi Mudra 386
Figur 122: Manduki Mudra 387
Figur 123: Mula Bandha Kontraktionspunkt 390
Figur 124: Stående Uddiyana Bandha 391

Figur 125: Sittande Uddiyana Bandha (med Jalandhara Bandha) 393
Figur 126: Jiva Bandha 395
Figur 127: Maha Mudra 396
Figur 128: Vajroli, Sahajoli och Ashwini Mudras Kontraktionspunkter 399
Figur 129: De fem Prana Vayus 402
Figur 130: Handmudras för de Fem Prana Vayus 405
Figur 131: Omdirigering av Flödet av Prana, Apana och Samana 407
Figur 132: Maha Bandha: Tillämpning av De Tre Bandhas 408
Figur 133: Brahmarandhra 411
Figur 134: Sushumna Nadi Lager och det Kosmiska Ägget 413
Figur 135: Lalana (Talu) Chakra och Bindu Visarga 416
Figur 136: Grundläggande Khechari Mudra 417
Figur 137: Avancerad Khechari Mudra 418
Figur 138: Räkna Mala-Pärlor 424
Figur 139: Gudinnan Saraswati 430
Figur 140: Bija-Mantran för de Chakriska Kronbladen 433
Figur 141: De Sju Chakrans Mudras/Mantras 435
Figur 142: Visualiserings Meditation 440
Figur 143: Meditation med Ljuslåga (Trataka) 444
Figur 144: Placering av Ljuslågan 445
Figur 145: Handmudras för de Fem Elementen 450
Figur 146: De Fem Elementen och de Tre Doshas 452
Figur 147: De Tre Doshas och Kroppszonerna 454
Figur 148: Författarens Födelsediagram enligt Vedisk Astrologi 460
Figur 149: Lord Ganesha och Ashta Siddhis 474
Figur 150: Den Heliga Skyddsängeln (Det Högre Jaget) 490
Figur 151: Projicering av en Lucid Dröm 496
Figur 152: Den Mänskliga Hjärnans Antenn 501
Figur 153: Sahasrara Chakras Lotus 531
Figur 154: Kundaliniflödet genom Sushumna 532
Figur 155: Hjärtchakrat och Enhet 546
Figur 156: Att flyga som Stålmannen i en Lucid Dröm 553
Figur 157: Nära Möten av det Femte Slaget 559
Figur 158: Shiva och Shakti i en Kärleksfull Omfamning 567
Figur 159: Sexuell Upphetsning hos Män 576
Figur 160: Att bli en Andlig Krigare 591
Figur 161: Cannabisbladet och dess Magiska Motsvarigheter 612
Figur 162: De Största Energicentren i Huvudet 627
Figur 163: Kundalini-Meditationerna 630
Figur 164: Optimering av Människans Energipotential 653

Lista över Tabeller:
TABELL 1: De Tolv Chakrana och Deras Motsvarigheter 286
TABELL 2: Eteriska Oljor för de Sju Chakrana 293
TABELL 3: Tattva-Korrespondenser 308
TABELL 4: Ayurvedisk Konstitutionsdiagram (Tre Doshas) 457
TABELL 5: Livsmedelsriktlinjer för De Tre Doshas 464
TABELL 6: De Sju Forntida Planeterna och Deras Motsvarigheter 656
TABELL 7: De Tolv Zodiakerna och Deras Motsvarigheter 657

SERPENT RISING: THE KUNDALINI COMPENDIUM
Av Neven Paar

Innehåll

FÖRFATTARENS RESA TILL DENNA BOK 1
    Den Gudomliga Rösten 1
    Andlig Utveckling och Personlig Kraft 4
    Kundalini-Uppvaknande 7
    Magi Från Gyllene Gryningen 9
    Andra Kundalinistigningen 11
    Kreativa Uttryck 12
    Att Hitta Mitt Syfte 14
    En Man med ett Uppdrag 16

DEL I: KUNDALINIUPPVAKNANDE 21
INTRODUKTION TILL KUNDALINI 22
    Kundalini-Uppvaknandeprocessen 24
    Aktivering av Ljusets Kropp 27
    Andliga Gåvor och Uppgradering av Känslor 29

LIVETS TRÄD OCH CHAKRANA 32
    Rening av Chakrana 35

ANDLIGA HEALINGMETODER 38
KUNDALINITRANSFORMATIONEN 43
    Aktivering av Bindu 44
    Utplåning av Minnet 46
    FullbordaD MetamorFos 49
    Ljus och Vibrationer i Huvudet 50

TYPER AV KUNDALINI UPPSTIGNINGAR 52
    Partiella och Permanenta Kundaliniväckningar 53
    Att Se Ljuset i Allting 55

KUNDALINI UPPVAKNANDE FAKTORER 58
    Slutföra Kundalini-Uppvaknandeprocessen 59
    Att Anpassa Sig Till Den Andliga Kroppen 62
    Din Nya Lamborghini Veneno 63

DEL II: MIKROKOSMOS OCH MAKROKOSMOS 67
DE FEM ELEMENTEN 68
    Pentagrammet 70
    De Fyra Världarna och Pentagrammaton 72
    Elementen i Naturen 75
    Det Andliga Elementet 77
    Eldelementet 79
    Vattenelementet 80
    Luftelementet 81
    Jordelementet 82

DE KOSMISKA PLANEN 84

    De Fem Kosmiska Planen 87
    De Gudomliga Planen 90
    Variation i AuriSKA LAGER-Sekvensen 91

IDA, PINGALA OCH ELEMENTEN 93

    Vänster och Höger Hjärnhalvor 95
    Nadi Kortslutningar 96

DEL III: DET SUBTILA ENERGISYSTEMET 97
DET AURA-TOROIDALA ENERGIFÄLTET 98

    Den Mänskliga Auran 99
    Aura Egenskaper 101
    Aura Anatomi (Färgområden) 105
    Energetiska Problem i Auran 109
    Aura och Vibrationer 111
    Kundalini och Auran 113

DE SJU STORA CHAKRANA 115

    De Sju Chakrana och Nervsystemet 121
    Rening av Chakrana 124
    Utvidgning av Hjärnan 125
    Fenomen för Utvidgning av Medvetandet 126

DE MINDRE CHAKRANA 129

    Huvudets Chakran 129
    Fotchakrana 132
    Handens Chakran 133
    Helande med Händerna 136
    Infusion av Andlig Energi 138
    De Psykiska Ögonen 138

DE TRANSPERSONELLA CHAKRANA 141

    Jordstjärnans Chakra 143
    Hara Chakra (Navel) 144
    Kausala Chakrat (Bindu) 146
    Själens Stjärna Chakra 149
    Stellar Gateway 151
    Hara-Linjen 151
    Den Femte Dimensionen 152
    Merkaba - Ljusets Fordon 154
    Återkomsten Till Edens Lustgård 158
    Solflash-Evenemanget 159

DEL IV: KUNDALINIS ANATOMI OCH FYSIOLOGI 163
ATT VÄCKA SINNETS ÖGA 164
DE SJU CHAKRANA OCH DE ENDOKRINA KÖRTLARNA 167

    Chakra Healing och De Endokrina Körtlarna 171

ANDLIGT UPPVAKNANDE OCH HJÄRNANS ANATOMI 173

    Hypofysen 173

Tallkottkörteln 174
Tallkottkörteln och Andlighet 175
Thalamus 177
Den Retikulära Formationen 180
Hjärnans Delar 183

NERVSYSTEMET 187

Starka/Svaga Nervsystem 189
Yoga och Nervsystemet 191
Kundaliniuppvaknande och Nervsystemet 191
Vagusnervens Funktion 192
Vagusnerven och Kundalini 195
De Tolv Paren Kranialnerver 196

CEREBROSPINALVÄTSKA (CSF) 199

Hjärnans Ventriklar 200
CSF och Kundalini-Uppvaknande 203

MULADHARA OCH KUNDALINI 205

Korsbenet och Svanskotan 205
Sacralplexus och Ischiasnerven 207
Att Föra Samman Allting 210

HJÄRTATS KRAFT 213

Kopplingen Mellan Hjärta och Hjärna 215
Kroppens Sammanhållning 216
Hjärtat och Vibrationer 217
Hjärtat och Relationer 218
Mänskligt Beteende och Orsak och Verkan 219
Öppna Hjärtchakrat 222
Kundalini och Hjärtexpansioner 225

DEL V: SJU CHAKRAS HEALINGMODALITETER 229
MANLIGA OCH KVINNLIGA CHAKRAN 230

Chakrasens Könsrelaterade Kännetecken 233
Balansera Chakrana 234

ASTROLOGI OCH DE SJU CHAKRANA 235

Västerländsk Astrologi vs. Vedisk Astrologi 236
De Sju Forntida Planeterna 238

ANDLIGT HELANDE OCH UTVECKLING 247
ÄDELSTENAR (KRISTALLER) 249

Kristallformationer och Former 251
Tjugofyra Viktiga Ädelstenstyper 254
Rengöring av Ädelstenar 262
Programmering av Ädelstenar 263
Chakra Healing med Ädelstenar 264

STÄMGAFFLAR 270

Typer och Användning av Stämgafflar 271

Chakra Stämgaffel Set 272
Chakrahealing med Stämgaffel 274
Heliga Solfeggio Stämgafflar 278

AROMATERAPI 287

Användning av Eteriska Oljor 288
Hur Eteriska Oljor Fungerar 290
Eteriska Oljor för de Sju Chakrana 291

TATTVAS 294

Skapandeprocessen 295
Systemet med De Trettio Tattvas 296
De Fem Stora Tattvas 298
Tattva Skådning 304

DEL VI: YOGANS VETENSKAP (MED AYURVEDA) 313
SYFTET MED YOGA 314

Typer av Yoga 315

DE FEM KOSHAS 320

De Subtila Kropparna i Öst och Väst 322

ASANA 326

De Tre Meditationsasanasen 327
Hatha Yoga vs. Vinyasa Yoga 330
Förberedelser för Asana-Träning 330
Tips för Din Asana-Träning 332
Asanas för Nybörjare 334
Asanas på Mellanstadiet 337
Avancerade Asanas 339

PRANAYAMA 341

Pranayama-Övningar 342

DE TRE GRANTHIS 360
MUDRA 364

Hasta (Hand Mudras) 365
Mana (Huvud Mudras) 378
Kaya (Posturala Mudras) 383
Bandha (Lås Mudras) 388
Adhara (Perineala Mudras) 397

DE FEM PRANA VAYUS 401

Prana och Apana 406
Att Väcka Kundalini 407

SUSHUMNA OCH BRAHMARANDHRA 410
LALANA CHAKRA OCH AMRITA NEKTAR 415

Khechari Mudra och Dess Variationer 417

MANTRA 421

Det Heliga Talet 108 422

Japa Meditation ... 423
Mantras för Meditation ... 425

BIJA MANTRAS OCH MUDRAS FÖR DE SJU CHAKRANA ... 432
MEDITATION (DHYANA) ... 437

Yogapraktik och Meditation ... 438
Tre Meditationsmetoder ... 439
Steg för Meditation ... 441
Meditation med Ljuslågan (Trataka) ... 443

YOGA OCH DE FEM ELEMENTEN ... 447

Aktivera och Balansera Elementen ... 448

AYURVEDA ... 451

De Tre Doshas ... 453
Hur Du Bestämmer Ditt Doshic-Förhållande ... 458
Ayurvedisk Kost ... 462
Yogiska Övningar för att Balansera Doshas ... 467

SIDDHIS - PSYKISKA KRAFTER ... 472

De Åtta Stora Siddhis ... 473

DEL VII: EFTER KUNDALINIUPPVAKNANDET ... 485
SYMTOM OCH FENOMEN EFTER UPPVAKNANDE AV KUNDALINI ... 486

Den Heliga Skyddsängeln (Det Högre Jaget) ... 489
Tillståndet Efter Uppvaknandet ... 492
Chakran, Subtila Kroppar och Drömmar ... 494
Lucida Drömmar ... 495
Astralljus som Byggs Upp och Expanderar ... 497
Det Holografiska Universumet ... 498
Ytterligare Gåvor Avslöjas ... 499
Kriyas och Synkronistiska Händelser ... 502

BEHOVET AV ANDLIG ALKEMI ... 504

Utmaningar i Ditt Personliga Liv ... 505
Att Anpassa Sig Till Ljuskroppen ... 508

KROPPSLIGA FÖRÄNDRINGAR OCH KOST ... 511

Utveckling av Allergier ... 512
De Viktigaste Näringsämnena för Omvandling ... 513
Fysisk Träning och Sjukdom ... 514

BEHOVET AV DISKRETION ... 516

Den Receptbelagda Medicineringens Dårskap ... 519

KREATIVITET OCH PSYKISK HÄLSA ... 522

Kundalini och Psykisk Hälsa ... 524
Stärka Viljan ... 526
Kundalini och Kreativitet ... 527

SAHASRARA OCH SINNETS DUALITET ... 530

Introvert vs. Extrovert ... 533

Känslor Kontra Förnuft 534
KUNDALINI OCH MATTRANSFORMATION 536
- Sublimation/Transformation av Livsmedel 539
- Tankar i "Realtid" 541

EMPATI OCH TELEPATI 543
ETIK OCH MORAL 545
DEL VIII: KUNDALINI OCH LUCIDA DRÖMMAR 549
VÄRLDEN AV LUCIDA DRÖMMAR 550
- Att Vakna Upp i En Dröm 551
- Utveckla Förmågor i Dina Drömmar 552
- Karmisk Energi i Drömtillstånd 554
- Binah och den Astrala Blåkopian 555
- Sömnparalys 556
- Hur Man Framkallar en Lucid Dröm 557
- Upplevelser Utanför Världen i Lucida Drömmar 559

DEL IX: KUNDALINI-KÄRLEK, SEXUALITET OCH VILJESTYRKA 563
KÄRLEK OCH RELATIONER 564
- De Fyra Formerna av Kärlek 565
- Romantisk Kärlek 566
- Kärlek till Vänner 568
- Familjär Kärlek 570

KUNDALINI OCH SEXUELL ENERGI 573
- Sexuell Upphetsning och Att Vara "Kåt" 575
- Sexuella Relationer 577
- Behåll Din Sexuella Energi 578
- Sexuellt Begär 580

SEXUELL ATTRAKTION 583
- De Två Första Minuterna av Mötet 584
- Psykologin om Attraktionskraft 585
- Vikten av Inre Övertygelser 586

ATT BLI EN ANDLIG KRIGARE 589
- Att Hantera Positiva och Negativa Energier 590
- Att Bygga Upp Din Viljestyrka 592
- För att Ändra Ditt Humör, Ändra Ditt Tillstånd 592

KÄRLEKENS KRAFT 594
- Kärlek och Polaritetsprincipen 595
- Egot och Det Högre Jaget 596

ATT VARA MEDSKAPARE AV DIN VERKLIGHET 598
- Manifestera Ditt Öde 600
- Arbete och Skolliv 602
- Inspiration och Musik 603

DEL X: KUNDALINI SKADEKONTROLL 605
KUNDALINI OCH KORTSLUTNINGAR 606

KUNDALINI OCH FRITIDSDROGER 610
  Cannabis och Dess Egenskaper 611
  Kundalini och Cannabisanvändning 613
  Typer och Stammar av Cannabis 616
  Metoder för att Använda Cannabis 618
  Cannabiskoncentrat och Ätbara 619
  Kontrollerade Ämnen och Kortslutningar 620
DEL XI: KUNDALINI MEDITATIONER 625
FELSÖKNING AV SYSTEMET 626
DEL XII: KUNDALINI-RÅDGIVNING 637
ALLMÄNNA TIPS 638
VANLIGA FRÅGOR 642
EPILOG 651
BILAGA 655
KOMPLETTERANDE TABELLER 656
ORDLISTA ÖVER UTVALDA TERMER 658
BIBLIOGRAFI 666

FÖRFATTARENS RESA TILL DENNA BOK

DEN GUDOMLIGA RÖSTEN

Hela mitt liv har jag förföljts av en röst som jag aldrig har hört. Men min mor hörde den. Och på något sätt är jag skyldig den mitt liv. Hon hörde den bara en gång. Och tack vare att hon lyssnade, är jag fortfarande här. Men även innan den rösten gav sig till känna för henne, plågades jag av olika Demoner.

Du förstår, från det ögonblick jag föddes var jag dödligt sjuk. Jag hade ständigt hög feber, kunde inte hålla maten nere och kunde inte sova. Det var som om någon osynlig, yttre kraft inte ville att jag skulle överleva. Så varje gång jag blev bättre slutade jag där jag började, på sjukhuset.

Det som försökte döda mig upptäckte snart att jag var en envis baby som inte ville ge upp. Ingen visste vad det var för fel på mig, och inget av vad läkarna gjorde hjälpte. Tillslut blev de så förbryllade över min mystiska sjukdom att de bjöd in läkarstudenter för att se mig och förhoppningsvis hitta svar.

Min mamma Gordana stod vid min sida och bad dagligen för att jag skulle bli frisk. Hon var ingen religiös kvinna, men hon trodde att hennes smärta gjorde det möjligt för henne att kontakta någon högre Gudomlig kraft och be om hjälp. Hon var trots allt min förmyndare och min beskyddare. Sedan, efter tre år av att nästan dagligen ha varit in och ut från sjukhuset och ha utsatt min familj för ett Helvete, återhämtade jag mig på ett mirakulöst sätt. Det som min mor bad till måste ha svarat.

Om det var någon utomvärldslig kraft som ville att jag skulle försvinna från den här världen så misslyckades den. Istället fanns det en motsatt kraft som ville att jag skulle överleva. Så jag växte upp med en gåva som skyddade mig från svåra tider. Jag kände att jag kanske hade ett syfte i den här världen, även om det tog mig många år att verkligen hitta det. Men innan jag hittade det skulle det finnas ytterligare en prövning som jag skulle behöva övervinna.

Det var våren 1992 i ett land på gränsen till krig, Jugoslavien. Vi hade just kommit ut ur byggnadens skyddsrum efter en natt där vi hade lyssnat på skottlossning i bakgrunden, utmattade. Även om spänningarna ökade mellan de motsatta fraktionerna trodde de flesta att det snart skulle vara över och att livet skulle återgå till det normala. Det var inte många som var villiga att lämna allt bakom sig utan säkerhet om att ett fullskaligt krig skulle bryta ut.

Klockan var fem på morgonen och min syster Nikol och jag gick direkt till sängs, liksom min far Zoran. Min mamma lade sig bredvid honom och lade huvudet på kudden, känslomässigt och mentalt utmattad. Hon tittade på klockan bredvid sig, såg hur nålen rörde sig runt dess centrum, och funderade över den svåra situation vi befann oss i och vad framtiden skulle föra med sig för vår familj.

Det som hände härnäst skulle förändra allt och skapa en ny gren i våra liv. Denna unika händelse skulle inte bara föra oss från en kontinent till en annan, utan den var också en föregångare till en monumental Andlig resa för mig - en resa som skulle forma mig till en budbärare för Gud - Skaparen.

Plötsligt började en auktoritativ manlig röst tala till henne i hennes högra öra. Det var inte min far eftersom han sov djupt på hennes vänstra sida och snarkade lätt som han brukar göra. Rösten talade i en lugn men ändå beordrande ton och förkunnade vad som skulle komma att hända med människorna i Bosnien och Hercegovina. Den sa att ett krig verkligen skulle bryta ut i min hemstad. Skräp skulle fylla gatorna, det skulle vara ont om mat och vatten, och det skulle inte finnas någon värme eller elektricitet. Denna Gudomliga Röst sade att hon måste lämna staden med min syster och mig omedelbart. Det var hennes uppdrag.

Hon återfick medvetandet, men något hade förändrats i henne. Hennes hjärna gick på högvarv, som om hon fortfarande var i någon slags trans. Vad var det som just hade hänt? Hennes upplevelse lämnade henne både chockad och förbryllad. Mest av allt var hon rädd. Och hon visste att denna känsla av rädsla inte skulle försvinna förrän hon gjorde något åt den.

Hon väckte inte min far än. Istället försökte hon samla sina tankar. Medan hon gjorde det började hon förbereda våra pass och andra resehandlingar. Sedan, mot all logik, lämnade hon sovrummet och började packa en resväska åt oss alla. Hon visste i sitt hjärta vad hon var tvungen att göra, och ingenting som någon skulle säga kunde stoppa henne.

När en resväska var löst packad kokade hon kaffe och drack det vid vardagsrumsfönstret och skakade. Sedan tittade hon tungt av känslor ut på lekplatsen som ligger i anslutning till vår byggnad och funderade på vilken styrka hon skulle behöva visa upp de närmsta dagarna för att fullfölja sitt uppdrag och rädda sina barn.

Plötsligt låg två händer på hennes axlar och skakade henne. "Gordana, Gordana, hör du mig? Säg något! Min mor måste ha sett ut som en besatt kvinna. Sedan vände hon sig äntligen till min far och kom tillbaka till verkligheten. "Vi måste lämna staden", skrek hon. "Nu!"

Resten av den dagen var inte lätt för min mamma eftersom ingen trodde på hennes berättelse. Min far, som är en mycket logisk man, försökte rationalisera hennes upplevelse och trodde att det var ett trick av fantasin. Det var trots allt en så extraordinär historia att tro att den hände i en vanlig familj som vår. Hon visste dock vad hon hörde, och fast som hon var, fanns det inget som kunde stoppa henne. Hon var tvungen att garantera sina barns säkerhet och ta oss ut ur staden omedelbart.

Så hon packade våra väskor och köpte flygbiljetter så att vi kunde flyga nästa dag. Tyvärr kände min far inte samma brådska som min mor, och dessutom väntade han fortfarande på några viktiga dokument innan han kunde göra en större resa, så han planerade att stanna kvar och möta oss om några veckor.

Nästa dag kom vi till flygplatsen vid lunchtid. Strax innan ombordstigningen började så hände det otänkbara. Skottlossning började på flygplatsen från alla håll. Om landet stod på randen till krig var detta avgrunden. Skjutningarna skedde vanligtvis under natten, så detta var annorlunda. Människor på flygplatsen började klättra i panik och knäböjde varje gång de hörde ett skott medan andra låg på mage. Det var kaos. Detta pågick under de kommande fyra timmarna. Det verkade som om vi inte skulle kunna lämna staden längre.

Till slut upphörde skottlossningen tillräckligt länge för att vi skulle kunna gå ombord på planet. Vårt mellanstora passagerarplan blev så packat med människor att det inte fanns tillräckligt med platser för alla, så många fick stå upp, inklusive vi. Det verkade som om alla människor på flygplatsen bokade om sina biljetter för att komma ombord på vårt plan.

När planet hade lyft tittade jag ut genom fönstret på min hemstad som blev allt mindre och mindre, utan att veta att detta skulle vara sista gången jag såg den på många år. Under flygresan minns jag att min mamma höll om både min syster och mig med tårar i ögonen. Hon hade slutfört sitt uppdrag, men detta var bara början på vår svåra resa, och det visste hon. När vi landade i grannlandet Serbien fick vi veta att vårt plan var det sista som lämnade staden. Efter att ha flytt i sista stund stängdes flygplatsen officiellt.

Kriget började i Bosnien den dagen och pågick i tre långa år. Sarajevo, min hemstad, belägrades. När vi tog farväl av min far på flygplatsen hade vi ingen aning om att det skulle vara sista gången vi skulle ses på länge. Åh, vad jag önskade att han hade följt med oss, men ödet spelade sin roll för oss alla den dagen.

Kriget var religiöst, med politiska förtecken, vars orsaker jag inte vill gå in på i detta ögonblick. När det gäller den berättelse som jag nu ska berätta för er, så hände faktiskt allt som den Gudomliga Rösten sa skulle hända. Ett Gudomligt ingripande räddade våra liv - orsaken till detta var okänd för mig vid den tidpunkten.

När dagarna gick önskade min mor att den Gudomliga Rösten skulle återvända för att vägleda henne. Den utförde sitt jobb med att garantera hennes barns säkerhet från omedelbar fara, men när kriget började utvidgas var det svårt att veta vart vi skulle ta vägen härnäst för att undvika det kaos som släpptes lös i mitt land. Så vi hoppade runt från en stad och ett land till ett annat, i en omloppsbana runt Bosnien och Hercegovina, och väntade tålmodigt på att min far skulle få en chans att åka iväg och ansluta sig till oss.

Krigets frontlinjer låg i mitt närområde. Många människor dog i min hemstad, särskilt i närheten av där jag bodde. Det var fruktansvärt att höra om de grymheter som hände människorna i Sarajevo. Grannar slogs mot grannar, man kunde inte lämna sitt hem av rädsla för att bli nedskjuten av krypskyttar. När människor fick slut på mat och vatten och var tvungna att lämna sina hem för att få nya förnödenheter tog de farväl av sina nära och kära utan att veta om de skulle komma tillbaka. Vi fick denna information från min far, som tyvärr fick utstå allt detta.

I slutet av kriget förlorade min mor båda sina föräldrar och sin bror. Ändå gjorde hon vad den Gudomliga Rösten sa, så varför skonades inte hennes folk? När jag fick reda på att min familj och mina vänner hade omkommit i kriget blev jag ledsen och förvirrad. Varför räddades vi och andra inte? Jag började ifrågasätta min mamma när hon berättade om den Gudomliga Rösten. Av någon anledning var jag den enda som trodde på henne. De flesta trodde att vi hade tur som kom iväg i sista sekunden, men jag visste att det fanns mer än så. Det är som om informationen hon gav mig aktiverade något inom mig, men det skulle ta många år innan nästa pusselbit skulle lösa sig själv.

Det var inte förrän jag fick ett Kundalini-uppvaknande 2004 som jag tänkte att det kanske hade något att göra med detta Gudomliga Ingripande, med tanke på att det var en så sällsynt och monumental Andlig Upplevelse. Kanske räddades vi så att jag skulle uppleva allt jag gjorde efter kundaliniväckningen, och sjutton år senare skriva just dessa ord till dig, läsaren. Kanske är mitt budskap livsviktigt för världens människor i dagens tid.

ANDLIG UTVECKLING OCH PERSONLIG KRAFT

Efter två långa år i helvetet kom min pappa till oss i Kroatien. Kort därefter kom vi fyra till Toronto i Kanada som krigsflyktingar och började våra liv här i Nordamerika. Mina föräldrar lovade mig att Kanada skulle bli en nystart och att jag kunde bli vad jag ville och vara fri att fullfölja alla drömmar jag hade. Jag insåg snart att den högsta kallelse eller strävan som jag brydde mig mest om var att vara lycklig. Det bästa sättet att hedra alla de människor som inte lyckades i mitt land var att vara lycklig och leva ett bra liv eftersom de inte kunde göra det.

När tonåren gick märkte jag att jag var annorlunda. För det första kände ingen av mina vänner känslor lika starkt som jag. Där de var förälskade hade jag en förkrossande besatthet. Jag var en extremist av naturen. Det räckte inte bara med att låta livet kasta saker i min väg; Jag skulle aktivt jaga efter de saker som gjorde mig lycklig och ta hem dem till mig.

Andra människor var ute efter ett snabbt rus, men jag ville stanna där för alltid. Det fanns ingen känsla av att komma tillbaka till Jorden efter att ha fått smaka på vad som fanns där ute. När jag väl omfamnade den sanna kärlekens transcendens, hur skulle jag då någonsin kunna återvända?

En del av mig visste att det inte kunde vara så enkelt, att jag kunde ta ett piller, röka en ört och plötsligt vara i Himlen. Och ändå var det så; Du känner dig normal ena sekunden, och i nästa är du helt i ett annat tillstånd. Men det räckte inte med att bli hög på helgerna; Jag ville leva i det tillståndet för alltid. Jag ville uppnå ett permanent tillstånd av lycka.

Min första strävan efter att hitta det var genom kärleken. Problemet med det är att man inte har full kontroll eftersom det är ett partnerskap. Så även om jag kände ren kärleksenergi och hängivenhet till den personen, om de inte kände det på samma sätt, så var det inte verkligt. Det var som ett trolleritrick utan publik. Och så visste jag att det fanns mer där ute för mig, men jag förstod inte riktigt vad det kunde vara.

Det var inte förrän under gymnasietiden som jag började få kontakt med Anden och lära mig mer om Gud - Skaparen, under mitt första långvariga förhållande. Denna känsla av att vara kär öppnade mig Andligt för första gången och jag blev en sökare av Ljuset. Att lära sig om Andens osynliga verklighet är något som jag var predisponerad för från tidig ålder, eftersom många av mina livsfilosofier bara kom naturligt.

Jag har alltid varit inriktad på nöje och att söka lycka, så jag förlovade mig med min första kärlek och trodde att jag kunde kringgå alla prövningar och svårigheter i livet. Men universum hade andra planer för mig. När mitt förhållande tog slut på ett katastrofalt sätt stod jag vid ett vägskäl i mitt liv. Istället för att älta min förlust och vara deprimerad bestämde jag mig för att använda den drivkraft jag fick genom att lära mig om Anden och fortsätta min resa.

Jag samlade ihop allt som påminde mig om henne och lade det i en svart sopsäck. I en närliggande skog brände jag sedan allting i en flammande eld för att symbolisera en ny början i mitt liv. När jag såg röken stiga upp och artefakterna förvandlas till aska kände jag hur Gudarna tittade ner på mig och slutligen sa: "Pojken är redo nu".

Jag hade gått till Arkitektskolan på dagtid, vilket mina föräldrar önskade. När lektionerna tog slut och natten började, fortsatte jag mina studier på andra sätt. Genom de böcker jag läste och genom att omsätta dessa lärdomar i praktiken började jag bygga upp och förädla mig själv. Jag insåg att jag fortfarande kunde ha kvinnor i mitt liv och uppleva den ömsesidiga kärleken, men utan samma typ av fasthållande som tidigare. På samma sätt frigjorde jag mig från den person jag höll på att bli för att ständigt göra om mig själv till något bättre. Och så, dagligen, tappade jag mitt skinn som en orm. Som en fenix som reser sig ur askan förnyad. Ju mer kunskap och visdom jag internaliserade, desto mer hindrade jag mig från att bli en slav under mina överväldigande känslor.

Efter att ha upplevt kärlek var nästa steg att utveckla min personliga kraft, så jag lärde mig om attraktion mellan män och kvinnor. Jag började lära mig hur jag kan manifestera vilken verklighet jag än önskade och insåg att det var möjligt när man väl har integrerat rätt kunskap. Jag var en vetenskapsman av sinnet då jag testade gränserna för den mänskliga potentialen på många områden. Jag försökte bemästra mitt sinne när jag lärde mig om dess makt att forma det vi kallar "verklighet". Jag insåg att jag kan utnyttja sinnets fulla potential när jag kan få tillgång till "Nuet", det nuvarande ögonblicket. Jag blev besatt av att behärska denna förmåga eftersom den gav mig den genuina spänningen och glädjen av att vara i livet.

Vissa områden i mitt liv blev kaos. Det är inte så att jag ville ha allt, men jag strävade efter allt. Jag vände samma intensitet som jag hade för att söka kärlek till att sträva efter Andlig kunskap. Jag genomsyrade varje bok med samma passion och hängivenhet som jag gjorde med min före detta fästmö, så jag fyllde mig dagligen med kunskap och visdom. Det verkade inte finnas någon gräns för hur mycket jag kunde lära mig. Och jag insåg att en man kan tillbringa ett helt liv med att läsa varenda bok utan att omsätta det han lärt sig i praktiken.

Det var då som *Kybalion* kom i mina händer. Handboken till livet självt. Det var första gången som jag verkligen blev förälskad igen. Jag visste att jag måste ägna mig åt denna bok och integrera varje mening i mitt sinne och hjärta för att få ut dess Eviga visdom. Detta var det andra Gudomliga ingreppet i mitt liv och en föregångare och katalysator till ett Kundaliniuppvaknande som jag skulle få samma år.

Kybalion är en Hermetisk ockult bok som diskuterar de Universella Lagarna, som kallas Skapelseprinciperna. (Observera att kursiverade termer definieras ytterligare i Ordlistan längst bak i boken.) *Kybalion* fokuserar de flesta av sina läror på sinnets kraft och konstaterar att "Allt är Sinnet, Universum är Mentalt". Den säger att vi lever i "Guds Dröm" och att allt är "tanke"-energi, inklusive den Fysiska Världen. Denna tankeenergi är själva Anden som religiösa och andliga texter talar om. Skillnaden mellan Guds tanke och människans tanke är bara en fråga om en grad eller frekvens av vibration. Vår tankekraft och förmåga att tänka är det som formar vår verklighet.

Jag arbetade dagligen med *Kybalions* Lagar och Principer, och det förvandlade mig på ett övertygande sätt inifrån. Jag hade den största tilltro till *Kybalion* Principerna och var så fascinerad av den här boken att jag hade den med mig överallt. Jag blev dagligen omformad av allt jag lärde mig och upplevde. Tillsammans med att växa i visdom fokuserade jag på att förvandla mig själv till en attraktiv och kraftfull man. Jag förbättrade mitt dejtingliv till en ofattbar grad med hjälp av Principerna i *Kybalion*.

Sommaren 2004 var kulmen på allt jag upplevde och lärde mig, och jag fick en nivå av personlig makt i mitt liv som jag bara hade drömt om tidigare. Mitt liv var en film och jag var huvudpersonen. Jag hade utvecklat mig själv till en Mystiker, en "Trollkarl av Sinnet". Min Andliga resa var på en uppåtgående bana och jag kände att det bara var en tidsfråga innan något extraordinärt skulle hända.

KUNDALINI-UPPVAKNANDE

I Oktober 2004, efter att ha läst *Kybalion* mer än tjugo gånger, fick jag några nya insikter om Skapelseprinciperna. För det första har vi en Andlig dubbelgångare, en kopia inom oss av ren Ande, som befinner sig i samma rum och tid, men vårt medvetande är inte inställt på den. För det andra är vår fantasi och vår förmåga att tänka ut saker och ting till existens mycket starkare än vad vi tror. Precis som Gud - Skaparen - föreställde sig oss kan vi föreställa oss och uppleva våra bilder som verkliga om vi bara väljer att tro på det vi ser. Att testa dessa två nya insikter den kvällen under en meditation, som ovetandes var en form av Tantrisk sexpraktik, resulterade i ett mycket intensivt Kundaliniuppvaknande.

En kraftfull ström av energi steg uppför min ryggrad och öppnade samtidigt alla Chakran på vägen upp. Den gick in i mitt huvud och min hjärna och omslöt hela mitt Väsen med Ljus. Den genomborrade mitt Sinnesöga och expanderade det exponentiellt innan den steg upp till Kronan och resulterade i en flytande eld som strömmade över min kropp och väckte det som jag senare fick veta är de Sjuttiotvå Tusen Nadis eller energikanalerna. Denna upplevelse kopplades samman med ett kraftfullt vibrerande ljud som jag hörde på insidan och som på sin höjdpunkt lät som en jetplansmotor vid start.

Höjdpunkten var att jag öppnade ögonen när jag blev "elektrifierad" av denna energi inifrån och såg rummet jag befann mig i som ett Hologram, och mina händer var gjorda av rent gyllene Ljus. Denna upplevelse förändrade min syn på verkligheten för alltid. Min första Utomkroppsliga Upplevelse (OBE) följde efter detta, där jag såg det Vita Ljusets början när mitt medvetande sögs ut ur min kropp.

Hela upplevelsen lämnade mig förvånad och förvirrad. Vad var det som hände med mig? Det tog mig två månader av tvångsmässig forskning att ta reda på vad det var, och sedan dess har mitt liv aldrig varit detsamma igen. Efter mitt Kundalini-uppvaknande vaknade jag upp till en verklighet som jag inte visste fanns - den Fjärde Dimensionen av Vibration eller Energi. Det var stoffet i en Hollywoodfilm om mystik och andlighet. Det kändes som om jag just hade vunnit på lotto - ett lotteri som folk inte ens visste att det fanns.

Transcendentala upplevelser blev ett vanligt sätt att leva eftersom jag dagligen förvandlades i sinne, kropp och Själ. Det blev snart uppenbart att mitt medvetande hade expanderat när jag började uppfatta verkligheten runt omkring mig från en mycket högre källa. Jag började se världen omkring mig från Guds perspektiv som om jag stod i molnen och tittade ner på allting, som om jag tittade på en arkitektonisk modell. Jag uppfattade nu Ljuset i allting, vilket gav allt jag tittade på en digital makeover. Med tiden utvecklade jag förmågan att se människors energifält (Auror) och intuitivt känna deras energi inom mig. Denna erfarenhet gav mig telepatiska och empatiska förmågor som var en gåva och en förbannelse på samma gång.

Min drömvärld öppnade sig också för en helt ny verklighet. Jag började ha Utomkroppsliga Upplevelser varje natt, där jag flög i märkliga men vackra länder och hade krafter som påminde om superhjältar i filmer. Det kändes som om jag själv hade blivit en superhjälte eftersom ingen jag kände eller hade hört talas om, förutom Gopi Krishna (som jag läste om på den tiden), beskrev denna nya värld som jag projicerades in i. Det var samma värld som jag levde i tidigare men förstärkt inuti mig av Ljusenergi som Kundalini medförde. Detta Ljus omformade mitt gamla jag och förvandlade mig till något nytt, bättre och mer avancerat.

Jag accepterade kallelsen från det Gudomliga att lära mig allt om Andlighet, religion, filosofi, psykologi och andra ämnen om Gud - Skaparen och mänsklighetens öde. Jag blev besatt av att utveckla mig själv till en Messiansk närvaro, eftersom jag kände att det var min kallelse. Som en del andra människor i min position gör, försökte jag aldrig bli den "Ende" eftersom jag redan från början visste att vi alla är den "Ende". Vi är alla Ljusvarelser och har potential att väcka Kundalini och överskrida den här materiella världen.

Jag visste att mitt kall var att vara en budbärare för Gud - Skaparen - och mitt budskap var Kundalini. Jag blev övertygad om att syftet med det Gudomliga ingripandet, som räddade min syster och mig 1992, var av just detta skäl. Som sådan ställde jag mig helt i linje med *Hermes Trismegistus,* med tanke på att så mycket av min Andliga resa var relaterad till hans läror.

Hermes är också den budbärande Guden i de Grekiska och Romerska pantheonerna, en mellanhand mellan Gudarna och människorna. Den unika staven som han bär på i alla sina avbildningar, Kadukus, symboliserar själva Kundalini-energin.

Även om jag började leva en utomvärldslig tillvaro genomgick jag ofta intensiva episoder av rädsla och ångest, med tanke på att alla mina Chakran aktiverats fullt ut efter kundaliniväckningen. Jag kände mig välsignad över att ha fått uppvaknandet, men eftersom jag ofta var tvungen att hantera otrolig rädsla och ångest kändes det också som en förbannelse. Dessutom fick jag veta att andra människor som också genomgått ett fullständigt Kundaliniuppvaknande, som mitt eget, också upplevde detta. Tyvärr var detta tveeggade svärd något som vi alla var tvungna att lära oss att leva med och uthärda. Jag ville dock inte acceptera detta. Om det finns en vilja, finns det en väg, tänkte jag. Varje problem har en lösning. *Kybalion* lärde mig det. Så jag blev fast besluten att hjälpa mig själv till varje pris och började söka olika sätt att göra det.

Jag provade många olika Andliga metoder inom ett år efter att Kundalini vaknade, från Yoga till transcendental meditation till Ädelstenar (Kristaller) och vidare. För att visa hur desperat jag var gick jag till och med med i Scientology under en månad och praktiserade deras metod för att bli "ren". Men tyvärr verkade ingenting fungera för mig. Jag hade fortfarande rädsla och ångest närvarande i mitt hjärta som försvagade mig dagligen och en högljud vibration i mina öron som var mycket obekväm och höll mig vaken hela natten. Jag hade nästan gett upp hoppet tills mitt Högre Jag ledde mig till en gammal mysterieskola – *Gyllene Gryningen*. Följaktligen lät *Ceremoniell Magi,* som de praktiserade, som en möjlig lösning på mitt problem.

MAGI FRÅN GYLLENE GRYNINGEN

Jag gick med i Esoteriska Ordern av den Gyllene Gryningen sommaren 2005 för att hjälpa till med de känslomässiga och mentala problem som plågade mig. Ceremoniell Magi innebär att man använder rituella övningar för att åberopa energi i Auran. Jag fördjupade mig djupt i det hermetiska Gyllene Gryning-systemet redan från början. När jag gick vidare genom de olika graderna eller nivåerna arbetade jag med Elementära energier, som motsvarar Chakrana.

De fem Elementen Jord, Vatten, Luft, Eld och Ande är kopplade till de sju Chakrana. De fyra första Chakrana motsvarar Jord-, Vatten-, Eld- och Luftelementen, medan de tre sista högre Chakrana hör till Elementet Ande. Elementenergierna motsvarar olika delar av psyket, såsom känslor, tankar, förnuft, viljestyrka, fantasi, minne, intuition osv. Genom att arbeta med Elementen kunde jag finjustera dessa delar av mig själv, vilket var nödvändigt för att integrera det nyligen utvidgade medvetandet.

De energier som jag åkallade genom Ceremoniell Magi blev just det "verktyg" jag sökte efter att ha väckt Kundalini. De gjorde det möjligt för mig att rensa min Aura och mina Chakran från den negativitet som plågade mig. Att åberopa Elementen genom Ceremoniell Magi gjorde dessutom att jag snabbare kunde kasta av mig min Karmiska energi eftersom det tog bort all rädsla och ångest från mitt inre. Inte bara det, utan det gjorde också att jag kunde utveckla olika delar av jaget och förverkliga min fulla potential.

Ceremoniel Magi är ett kraftfullt verktyg för att bekämpa den Karmiska energin och rena det gamla Jaget, Egot, vars användning gör det möjligt för Andens högre Vilja att ta överhanden över medvetandet. Det som stod i vägen för att uppleva den nyvaknade Andliga energin var mitt minne av vem jag var, vars grund är min uppfattning av tidigare händelser. Egot bearbetar verkligheten i dualistiska termer, vissa händelser accepteras som goda och andra som dåliga, vilket gör att vi är fastkedjade i ett evigt Karmiskt hjul som ständigt är i rörelse.

De dåliga minnena är inlåsta i Jaget och skapar ett fasthållande till Egot genom känslomässig smärta och rädsla. Vi kan få tillgång till minnenas känslomässiga laddning genom att åberopa Elementen med hjälp av Ceremoniell Magi och föra upp dem till ytan från det undermedvetna för att "avlägsna" dem genom integration och utveckling. Som ett resultat av detta frigörs den potentiella energi som lagrats i Chakrana i form av Karma tillbaka till Universum och återställer ens ursprungliga tillstånd av renhet.

Efter att ha sett de positiva effekter det hade på mig på kort tid blev jag förälskad i Gyllene Gryning-systemet. Jag hade till och med byggt ett personligt Tempel i mitt hem, där jag utövade Magi dagligen. Tillsammans med den *Andliga Alkemi* process jag genomgick med Elementen, lärde jag mig också om många esoteriska ämnen inom Gyllene Gryning, inklusive Qabalah, Livets Träd, *Tarot*, Astrologi, *Hermeticism* och mycket mer.

Jag utvecklade mig själv till en ritualmästare när jag dagligen praktiserade Ceremonial Magins konst i drygt fem år. Under denna tid blev jag invigd i alla Gyllene Gryningens grader av den Yttre Ordningen, som motsvarar de Fyra Elementen. Därefter fortsatte jag min Magiska resa på egen hand när jag arbetade med rituella övningar på Erfaren nivå som motsvarar det Andliga Element med mera.

När jag flyttade runt i mitt hus förvandlades mitt första Tempel till ett gemensamt bostadsområde, vilket gjorde det möjligt för mig att bygga ett andra, mer genomarbetat Tempel för att fira min ensamma väg som Magiker. Följaktligen inträffade denna förändring när det gemensamma Toronto-Templet föll sönder, vilket gjorde att många kolleger i Gyllene Gryning blev utan hem. Det Gudomliga bad mig att öppna mitt hem för dem och använda min avancerade kunskap och rituella erfarenhet som mentor för dem. Och på så sätt blev eleven för första gången läraren.

Jag var mentor för en grupp på upp till ett dussin före detta Gyllene Gryning-medlemmar som kom till mig varje vecka för undervisning och gruppritualer som jag ledde. Jag träffade också nya vänner på gatan som var Ljus-sökare och som sökte min Gyllene Gryning-undervisning. Några av dem var Kundalini-uppvaknade personer som behövde hjälp, precis som jag gjorde för några år sedan när jag famlade i mörkret efter svar.

När min Gyllene Gryning-resa nådde sin höjdpunkt praktiserade jag andra Andliga discipliner som innebar att jag åkallade Gudar och Gudinnor, nämligen från Hinduiska och Voodoo-panteonerna. Jag strävade efter att uppleva deras energier genom att utföra deras rituella övningar och jämföra dem med vad jag hade lärt mig genom Ceremoniell Magi.

Jag gick också med i *frimureriet* på grund av dess hermetiska rötter, och inom två år uppnådde jag den högsta graden av Frimurar Mästare i den Blå Logen. Jag var en vetenskapsman inom rituell Magi vars laboratorium är den osynliga energivärlden och försökte hitta gemensamma nämnare i de olika Andliga traditionerna och religionerna.

Genom mitt arbete och likheterna i våra vägar, anpassade jag min vibration till en tidigare medlem av Gyllene Gryning-orden, den ökände *Aleister Crowley*. Han kontaktade mig ofta i drömmar för att ge mig kryptiska läror i sin Shakespereanska talestil.

Jag praktiserade *Sex Magi* med Crowleys vägledning i över ett år och använde *Enochian Magi* och de T*rettio Aethyrerna* för att "Korsa Avgrunden". Att Korsa Avgrunden är en process som innebär att man höjer sitt medvetande förbi Dualitetens Mentala Plan, där rädslan och smärtan manifesterar sig, till enighetens andliga plan. När jag väl gjorde detta integrerades jag helt och hållet med den villkorslösa kärleksenergin på det Andliga Planet och mitt medvetande anpassades permanent till min Andliga Kropp.

Denna Andliga prestation gjorde det möjligt för mig att helt och hållet överskrida rädsla och ångest, som plågat mig sedan jag vaknade upp Kundalini. Mina tankar hade inte längre någon känslomässig makt över mig och jag övervann min negativa Karma. Och så tog min resa med rituell Magi slut, vilket gjorde att jag från och med den stunden kunde fokusera helt på min Kundalini-energi.

ANDRA KUNDALINISTIGNINGEN

I början av 2010, sex år efter mitt första Kundaliniuppvaknande, hade jag en ny intensiv Kundalini-uppgång. Det var inte alls lika kraftfullt som den första uppstigningen eftersom det var en aktivering som skedde en gång i livet. Men till min förvåning steg Kundalinienergin genom min ryggrad in i min Krona och expanderade mitt medvetande ytterligare.

Jag tror att det hårda arbete som jag hade lagt ner på Magi och det faktum att jag inte längre åkallade yttre energi i min Aura stimulerade min Kundalini att återaktivera och ta bort alla blockeringar som jag hade efter det första uppvaknandet. Kanske väckte jag inte alla kronblad i Sahasrara Chakra under det första Kundaliniuppvaknandet och detta andra uppvaknande tjänade till att öppna Kronlotusen helt och hållet. Genom att göra detta fullbordades kretsen av Kundalinienergin och öppnade ett nytt, viktigt Chakra längst bak på huvudet som kallas Bindu.

Till en början var det en mycket intensiv eld inom mig som var mer outhärdlig än någonsin. Det blev ett problem att få i sig mat eftersom det gjorde elden starkare, så jag förlorade tjugo kilo den första månaden efter den andra resningen. Jag uppfattade dock en ännu högre medvetandekänsla, och mina psykiska förmågor var förhöjda. Det viktigaste är att jag nu började fungera enbart på intuition och befann mig i ett konstant tillstånd av inspiration som är omöjligt att beskriva. Ordet "episkt" som slängs planlöst omkring numera är ett ord som jag använder för att bäst beskriva hur jag kände och känner mig än i dag.

Samtidigt med denna ständiga inspiration började jag känna mig utanför min kropp i mitt vakna liv, och konstiga saker började hända. Jag kände en domning i hela min fysiska kropp, vilket har blivit en permanent del av mitt liv. När jag applicerar en ispåse på min hud kan jag inte känna kylan, utan den känns helt avdomnad. Samma sak gäller för alla andra delar av min fysiska kropp. Det är som om Kundalini gav min kropp en permanent injektion av novokain, ett bedövningsmedel.

En transcendent känsla genomsyrade mitt hjärta, och elden, som först var rasande, svalnade och blev till lugnande kärleksenergi. Jag började få mystiska upplevelser varje gång jag satte på en låt som jag gillade, eftersom mitt medvetande förlorade sig självt på några sekunder när jag gav den uppmärksamhet. Jag blev förälskad i episk filmmusik och det kändes som om den spelades bara för mig eftersom varje handling jag utförde nu kändes härlig.

Jag nådde toppen av denna Kundalini-uppvaknande upplevelse, och när jag förde in Prana i mitt system genom mat, fortsatte mitt medvetande att expandera. Ju mer jag åt, desto bättre kände jag mig. Jag fick viss hjälp av naturmedicin, särskilt vitamin B-komplex, Zink, Selen, Gabba, 5-HTP och till och med Sågpalmetto, som fungerade bra för att omvandla eldenergin. Den rädsla och ångest som fanns omedelbart efter den andra resningen, när mina nerver var överansträngda, var borta. Den sköljdes bort av den Prana jag byggde upp genom maten och de kosttillskott jag tog. Jag gick upp i vikt igen eftersom jag nu levde i detta tillstånd av ständig inspiration dygnet runt, vilket är omöjligt att beskriva på ett sätt som ger det den uppskattning det förtjänar.

Mitt nya tillstånd blev en permanent Utomkroppslig Upplevelse inom en kort tid. Jag började uppfatta mig själv utifrån som ett "Tyst Vittne" till vad min fysiska kropp än gjorde. Mitt sinne blev klart och stilla, och det är när jag lyssnar till tankarna i mitt huvud som jag går inåt och inte längre kan se mig själv utifrån. Annars kan jag se mina ansiktsuttryck som om min essens svävar precis ovanför och framför mig, vilket gör att jag kan ha fullständig kontroll över vilken energi jag sänder ut i omvärlden genom att animera min fysiska kropp.

När jag befinner mig utanför mig själv känner jag fullständig hänryckning och enhet med allt som existerar. Jag uppfattar nu hela världen som en oklanderlig, digital simulering; Ett Hologram, en Maya-Illusion. Jag kan höra en konstant vibration i mitt huvud som om jag är ansluten till ett eluttag, och mitt energisystem genererar en betydande mängd bioelektricitet.

Detta nya tillstånd som jag befann mig i startade en minnesförlustprocess, där jag förlorade kontakten med Egot helt och hållet och uppfattade gamla minnen i mitt Sinnesöga, som bara kom slumpmässigt till mig under dagen. Denna process verkade oändlig, och den inträffade hela tiden. Jag befann mig i ett inspirerat tillstånd av Varande, fungerade helt på intuition och var närvarande i "Nuet". Jag kunde uppfatta mina tankar som vågmönster i mitt Sinnesöga när jag blev mycket inställd på ljud. Jag insåg snart att ljudet är det mest metafysiska av de fem sinnena. Jag kunde se tankebilderna bakom ljudet i det mesta jag hörde, vilket var och fortfarande är mycket transcendentalt.

Även om jag inte har någon religiös tillhörighet tror jag att varje Helig skrift innehåller en kärna av sanning. Jag hittade många referenser mellan Kundalini-uppvaknandeprocessen och Jesus Kristus läror. Därför tror jag att mitt nya tillstånd av Varande är *Himmelriket* och "Hela Världens Härlighet" som han talade om. Jag insåg att Jesus, i likhet med många andra vise och adepter i historien, hade ett Kundaliniväckande som gjorde det möjligt för honom att nå detta höga tillstånd av högre medvetande och sedan dela med sig av sina erfarenheter och sin undervisning till andra så att de också kunde bli uppvaknade.

KREATIVA UTTRYCK

Med detta nyfunna tillstånd av Varande har min kreativitet expanderat tusenfalt, och jag kände mig kallad att uttrycka mig kreativt genom olika konstarter. Så jag började måla, med tanke på att måleri har varit en stor del av mitt liv sedan barndomen. För första gången kände jag en kallelse att börja måla i abstrakt form och låta den nyfunna kreativiteten styra min hand.

Jag målade många verk under de följande två åren. Jag brydde mig aldrig om att planera ämnet för mina målningar utan lät det komma naturligt. Mitt mål var alltid att vara i ett uttryckstillstånd, och min process bestod av att automatiskt applicera olika färger tills jag såg svaga bilder på duken. Sedan fokuserade jag på dem och lyfte fram dem ytterligare.

Jag målade ofta olika landskap som jag trodde var verkliga platser på Jorden. Mitt medvetande projicerade sig in i dessa landskap och upplevde dem som verkliga när jag var nedsänkt i målningsprocessen. När jag avslutade min session fortsatte denna målningsprocess i mitt Sinnes Öga när jag stängde ögonen. Den fortsatte automatiskt i ungefär en timme, vilket fick mig att tro att jag kanaliserade vissa bilder och former utanför mig själv.

Jag kände mig lockad av musiken, så jag började sjunga i ett band ungefär ett år efter den andra resningen. Jag började också skriva Kundalini-inspirerade texter/poesi som flödade ut ur mig utan ansträngning. Jag upptäckte att det kom naturligt att uttrycka mig genom musik och ord, och eftersom jag var så inställd på ljudet nu flög tiden iväg när jag "jammade" med vänner.

Jag försökte mig också på komedi och röstskådespeleri eftersom jag upptäckte att jag kunde imitera kulturella accenter genom att efterlikna deras medvetandevibrationer. Det blev dock snart uppenbart att dessa kreativa uttryck var min själs försök att hitta det ultimata sättet att kommunicera mitt nya tillstånd av Varande. Därför lade jag visuell konst, musik och komedi åt sidan för att ägna mig åt skrivande. Jag visste att mitt öde var att inte bara bli ett förkroppsligande av Ljuset utan också dess sändebud.

Jag började skriva artiklar om Kundalini och mänsklig energipotential för Andliga nyhetsbrev och bloggar på nätet. Dessutom höll jag föredrag i radioprogram på nätet om kraften i Ceremoniell Magi som nyckeln till daglig rening av Chakrana och till att höja medvetandet förbi den rädsla och ångest som Kundalini-uppvaknade personer upplever. Jag gick ut med mig själv nu som en Adept i de västerländska mysterierna och Kundalini. Min roll som lärare i dessa ämnen befästes mer och mer allteftersom tiden gick.

Men innan jag kunde ta över styret av min Andliga inriktning hade jag ännu ett test att klara av, vilket presenterade sig som en lockande möjlighet som jag bara fick en gång i livet. Efter att ha lämnat den dagliga utövningen av Magi i några år vid den här tiden, drog Gyllene Grynings chefs Adept in mig igen genom att erbjuda mig att leda mitt eget officiella Tempel här i Toronto. Han var medveten om det hårda arbete som jag lagt ner inom Orden, framför allt genom att ha organiserat och handlett en grupp Gyllene Gryning-elever som saknade ett andligt hem när Torontotemplet föll sönder. Den morot som han höll framför mig var titeln Store Kejsaren av Kanada inom Orden, vilket innebar att jag skulle övervaka alla befintliga Esoteriska Gyllene Gryning-Tempel eller helgedomar i Kanada.

Till en början var jag helt förtjust i idén och välkomnade möjligheten med öppna armar. Kan du klandra mig? Varje blivande Ceremonimagiker drömmer om att en dag leda sitt eget Tempel och övervaka alla Tempel i hela landet. Tänk på den makt och berömmelse som en sådan position skulle innebära. Tusentals människor skulle vörda mig. Männen skulle vilja vara mig medan kvinnorna skulle vilja vara med mig. Så mitt Ego tänkte på möjligheterna och njöt av dem. Det här är allt jag alltid velat ha, eller hur?

Så jag fortsatte med denna satsning ett litet tag. Jag organiserade de få personer som fanns i Toronto och började ge dem handledning. Nya potentiella medlemmar började ringa mig, och jag träffade några av dem för att be dem gå med i gruppen. Jag gjorde detta i ungefär sex månader och byggde långsamt upp helgedomen, som så småningom skulle bli ett fullfjädrad Tempel. Men ju mer jag engagerade mig i detta företag, desto mer märkte jag att mitt hjärta inte var med i det. Och dag efter dag blev detta mer och mer ett problem för mig.

Du förstår, när det gäller den Andliga resan har det aldrig handlat om makt, berömmelse, kvinnor eller något sådant för mig. Det handlade om att hitta mitt syfte och att fullfölja det hela vägen. När allt kommer omkring valde jag aldrig att få Kundaliniuppvaknandet; Det bestämdes för mig av någon högre makt. Från början av min resa med Ceremoniell Magi visste jag att Gyllene Gryning alltid var ett medel för att nå ett mål och inte ett mål i sig självt.

Mitt slutliga mål, syfte och slutliga kallelse var att bli en ledare inom Kundalinivetenskapen, inte inom Gyllene Gryning-orden. Och i mitt hjärta visste jag det. Nu när jag hade den andra uppstigningen och nått toppen av transformationsprocessen visste jag att jag måste fortsätta utan att hindras av yttre påverkan. Jag var tvungen att enbart fokusera på Kundalinienergin och låta den tala till mig och vägleda mig mot mitt yttersta syfte. Så jag valde att fortsätta. Fortsätta att upptäcka. Fortsätta skriva på min fritid och låta mitt sanna syfte stelna med tiden.

ATT HITTA MITT SYFTE

Tre år gick, under vilka jag genomgick många förändringar och utvecklingar i mitt personliga liv. Jag förlovade mig för andra gången, vilket kan ha varit min största utmaning hittills eftersom det tvingade mig att ta fram alla mina världsliga önskningar och offra dem på rättfärdighetens altare för att integrera denna högre medvetandenivå. Min etiska och moraliska natur förstärktes, och med tiden lärde jag mig att fungera genom att upprätthålla högre dygder i stället för personliga önskningar. Min uthållighet för att övervinna dessa utmaningar och ta över dominans över mitt Ego tog mig till en högre nivå där jag både pratade och vandrade.

Efter att min andra förlovning hade tagit slut sökte jag efter Själar i ett år tills jag flyttade till ett hus på Exbury St. Ett passande namn eftersom det var där jag skulle begrava mitt gamla jag för gott, så att jag äntligen kunde hitta mitt syfte. Under denna tid slutade jag röka marijuana - min långvariga älskarinna men en enorm distraktion. Efter marijuana upphörde drickandet och cigaretterna helt och hållet, liksom min önskan att festa. Dessa uppoffringar lade grunden för något extraordinärt, men allt jag behövde var en katalysator för att knuffa mig genom dörröppningen - min far.

Det var Oktober 2016, exakt tolv år efter att ha väckt Kundalini. Ett passande tal, tolv, representerade slutförandet av en stor cykel i mitt liv. Jag skrev ungefär ett dussin artiklar för andliga nyhetsbrev och nätbloggar vid den tiden, men det var bara en hobby, något jag gjorde på min fritid. Jag skrev dock ut min senaste artikel för första gången och tog med den till min far för att få hans åsikt, utan att veta att hans reaktion på den skulle komma att förändra mitt liv. Ni förstår, min far är en mycket svår kille att imponera på om man bara är en vanlig person, men om man är jag, hans bråkmakarson, är det nästan omöjligt. Tills det ögonblicket.

Han tittade på den och lade ner den, skrattade och sa att jag inte skulle leka med honom. Först var jag förvirrad över hans reaktion, men sedan insåg jag att han trodde att jag hade kopierat den någonstans ifrån och skrivit mitt namn på den. Jag var tvungen att övertyga honom i fem minuter i sträck om att det var jag som hade skrivit artikeln. När jag äntligen övertygade honom förändrades hans humör, han blev allvarlig och sa att jag har en speciell gåva. Han frågade varför jag slösar bort min tid med vänner och romantiska förhållanden som aldrig verkar fungera och varför jag inte ägnar mig helt och hållet åt skrivandet. Hans ord påverkade mig på ett djupt plan. Det är som om något klickade inom mig; något hjul vreds och aktiverade en kraft inom mig som aldrig skulle stängas av igen.

Upprymd över att jag äntligen hade imponerat på honom vaknade jag upp klockan sex på morgonen följande dag och började skriva. Precis som med min kreativa process för måleri och poesi planerade jag inte vad jag skulle skriva; Jag skrev bara. Jag lät Anden vägleda mina händer när jag skrev på datorn i timmar. Och nästa dag gjorde jag samma sak. Och nästa, och nästa, och nästa. Månaderna gick med att jag skrev nästan varje dag. Vissa dagar tog jag ledigt eftersom jag jonglerade med mitt dagjobb som började klockan tio, men då skrev jag hela helgen för att ta igen det jag förlorat den veckan. Var det här allt? Hade jag äntligen hittat mitt syfte? Är detta anledningen till att min familj räddades från att fastna i ett meningslöst krig för cirka trettio år sedan? Är det därför jag fick Kundalini-uppvaknandet, något som jag aldrig bad om men som jag omfamnade under alla dessa år?

Jag har arbetat med mina föräldrar i deras arkitektkontor sedan 2004 och samma år fick jag mitt uppvaknande. Men efter det första året av mitt besatta skrivande insåg mina föräldrar min passion och lät mig börja jobba på eftermiddagen, vilket gjorde att jag aldrig mer behövde missa en morgon för att skriva. Min ursprungliga avsikt var att skriva en bok. Men alltefter som informationen växte under de följande tre åren blev den ena boken till fyra arbeten, var och en med kortfattade men sammanhängande ämnen, alla centrerade kring ämnet Kundalini.

Grunden till den bok du läser just nu kanaliserades till mig av mitt Högre Jag under de tre första åren av skrivandet, liksom större delen av *The Magus: Kundalini and the Golden Dawn* och *Man of Light,* min självbiografi. Den fjärde delen av arbetet handlar om mina världsresor, som synkront nog också inleddes när jag påbörjade den här skrivprocessen. Den här boken, med titeln *Cosmic Star-Child,* handlar om Forntida civilisationer och deras koppling inte bara till Kundalini-energin utan också till utomjordingar.

Att skriva böcker blev det mest optimala sättet att kanalisera relevant information från Gudomliga världar och lämna en permanent dokumentation. Och så, accepterade jag min roll som Gudarnas skrivare. Följaktligen är detta titeln på den Egyptiska Guden Thoth, som är Hermes motsvarighet. Allt var nu helt logiskt. När jag upptäckte mitt syfte och strävade efter det varje dag hittade jag också ett sätt att integrera min passion för konst i mina böcker. Och så delade jag upp min fritid för att skriva på morgonen och rita bilder på kvällen. På så sätt hittade jag ett sätt att använda konst för att förmedla de andliga budskapen i mina böcker och förstärka dem, vilket blev en del av mitt dagliga arbete.

EN MAN MED ETT UPPDRAG

Även om det tog många år av Andlig rening och av att dämpa mina lägre önskningar, så förkastade jag mitt gamla Jag. Mitt nyupptäckta syfte, som jag eftersträvar varje dag, gav mig en grund att bygga ett nytt liv kring. Efter att ha bevittnat många års prövningar och vedermödor såg Gud, Skaparen, att jag var en förändrad människa, en ny människa som man kan lita på att han kan fullgöra denna Heligaste av uppgifter och informera världen om kundalinienergins existens och potential.

Det var då, i början av 2019, som Universum skickade en livspartner åt mitt håll, Emily. Efter en episk förlovning i Teotihuacan, Mexiko, "Gudarnas Stad", gifte vi oss året därpå. Tredje gången är den bästa, som man säger, men i mitt fall behövde jag hitta mig själv och mitt syfte innan jag äntligen kunde slå mig till ro. Och Emily kompletterar min Andliga resa på ett sätt som ingen tidigare kvinna i mitt liv har gjort tidigare. Att ha henne i mitt liv inspirerar mig och ger mig den nödvändiga drivkraften att upprätthålla mitt uppdrag att till varje pris avsluta mina böcker.

Du förstår, jag kunde ha fortsatt att leva ett liv som playboy, rockstjärna och till och med ha lett en ockult orden. Men alla dessa alternativ var begränsade, och jag ville vara gränslös. Så i stället valde jag den osäkra, oförfalskade, ödmjuka vägen att bli författare. Jag bestämde mig för att gå ner på en väg som inte var asfalterad och bana vägen själv. I sanningens namn gjorde jag detta för er skull. Så att jag kan hjälpa till att väcka er på samma sätt som jag väcktes och ge er nycklarna till liv och död. Himmelriket är till för oss alla, inte bara för några få utvalda.

Eftersom jag föddes som en religiös knöl vet jag varför jag räddades från det kriget. Jag föddes inte för att trivas i splittring, den Värld av Dualitet som vi lever I; Jag föddes för att lära andra om enighet. Konceptet att förena motsatser var inbäddat i mig från födseln och mitt namn, Neven Paar, är ett bevis på det. Även om mitt förnamn representerar de Fem Elementen, de två maskulina, aktiva Elementen som försonas av Anden (det symboliska V:et) med de två feminina, passiva Elementen, betyder mitt efternamn "par" på Tyska, som handlar om dualitet.

Du förstår, jag är en ättling till familjen Von Paar som var Grevar i det Österrikisk-Ungerska Imperiet för hundratals år sedan. Men mitt rike är nu av Andlig natur, Himmelriket, och det är ett rike som alla människor har tillgång till, inte bara några få utvalda. Eftersom jag har upplevt ett kundaliniväckande och vet att varje människa har denna mekanism inom sig, ser jag oss alla som Ljusets barn, den Andliga domänens Kungar och Drottningar. Vissa, som jag själv, är förverkligade, medan andra fortfarande befinner sig i ett tillstånd av potential. Oavsett detta kan alla frigöra denna kraft inom sig själva och tända sin Varelse med det inre Ljuset och därmed etablera sitt Andliga Rike på Jorden.

Jag tror att detta är mitt syfte på den här Planeten. Att förena människor genom mina erfarenheter och läror och få dem att se bortom sin religion och ras; Att få andra att veta att vi alla är lika. Vi är alla byggda på samma sätt, med samma ramar och egenskaper, och våra fysiska skillnader förändrar inte vår konstitution på något sätt. Vi har samma Far och Mor och är förenade genom kärleksenergi som bröder och systrar.

Därför jobbar jag så hårt som jag gör varje dag med obeveklig intensitet. Jag vet inte varför jag känner mig tvingad att fullfölja detta uppdrag, och jag ser inte heller slutmålet, men jag vet att jag lever mitt syfte. Jag hedrar den Gudomliga Röst som räddade min familjs liv för nästan trettio år sedan och alla de människor som dog i mitt land på grund av den okunnighet och det mörker som kan ta över människors hjärtan och sinnen.

Även om jag lade grunden för den här boken tidigare fortsatte jag att arbeta på den under Covid-pandemin, som började i December 2019, precis när min första bok kom ut. Ungefär 30 % av den här boken är kunskap som jag har förvärvat under min sjuttonåriga resa med Kundalini, medan de andra 70 % är baserade på rigorös, daglig forskning och kontemplation. Därför är vissa delar av den osynliga vetenskapen om det mänskliga energisystemet som jag presenterar här ett pågående arbete som jag säkert kommer att uppdatera under många år framöver.

Under detta tvååriga projekt lade jag till minst 100 nya böcker till mitt redan enorma hembibliotek för att säkerställa att jag fick den mest omfattande beskrivningen av varje ämne, utan att ta några genvägar. Så att säga att jag lade ner mitt hjärta och min Själ i den här boken är en underdrift. Och lika mycket som det kommer att bli en lärorik resa för dig som läsare, var det en rejäl resa för mig också.

Jag vill tacka mitt livs kärlek, min fru och musa Emily, för att hon inte bara har gjort omslaget till *Serpent Rising* utan också för att hon har varit min modell och stått ut med mina outtröttliga önskemål om spontana fotosessioner. Jag vill också tacka Daniel Bakov, min kreativa konsult och redaktör för *Man of Light,* som hjälpte mig att hitta de rätta orden för att presentera mig på ett värdigt och episkt sätt. Ett tack också till mina Kundalions-kollegor, Michael "Omdevaji" Perring och Joel Chico. Michael gav mig många insikter i det omfattande och invecklade ämnet Tantra och Yoga, medan Joel och jag jämförde anteckningar om den roll cannabis kan spela i Kundalini-uppvaknandeprocessen. Slutligen vill jag rikta ett stort tack till min syster och mina föräldrar för att de gav mig den största gåvan av alla, nämligen en kärleksfull och stödjande familj som aldrig lämnade mig i sticket och som aldrig lämnade mig i sticket.

Avslutningsvis vill jag tacka dig, kära läsare, för att du har valt att följa med mig på denna resa när jag undersöker Kundalini-energin, dess vetenskapliga utveckling och den filosofiska ramen bakom hur den fungerar. Jag är övertygad om att du kommer att ha stor nytta av min kunskap och erfarenhet och att den här boken kommer att besvara många av de frågor du kanske har. På så sätt kommer din Andliga utveckling att främjas, vilket är målet med allt mitt arbete. För att få tillgång till färgbilderna från *Serpent Rising: The Kundalini Compendium,* besök www.nevenpaar.com och följ bokens länk i huvudnavigationen. Lösenordet för att komma åt sidan är: Awakentheserpent

Fiat Lux,
Neven Paar

"En man kommer att anklagas för att ha förstört templet och för att ha religioner som förändras av fantasin. Han kommer att skada stenarna snarare än de levande. Öronen fyllda av utsmyckade tal."

*"...Han kommer att flyga genom himlen, regnet och snön,
Och slå alla med sin käpp."
Han kommer att dyka upp i Asien och vara hemma i Europa.
En som kommer från den store Hermes..."*

*"...På tröskeln till en ny ödeläggelse när de perverterade
kyrkan står på sin högsta och mest sublima värdighet...
kommer en att födas ur en gren som länge varit ofruktbar,
som kommer att befria världens folk från en ödmjuk och
frivilligt slaveri och ställa dem under Mars' beskydd."
"...En sekts flamma kommer att sprida sig över hela världen..."*

—Nostradamus

DEL I: KUNDALINIUPPVAKN ANDE

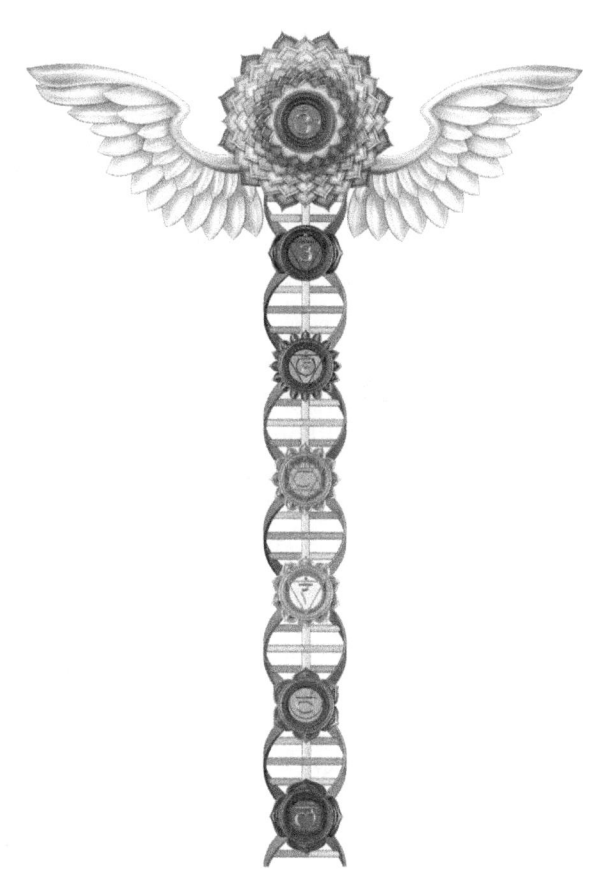

INTRODUKTION TILL KUNDALINI

Kundalini är den största hemlighet som människan känner till, men få människor förstår vad den egentligen är. De flesta tror att det är en typ av Yoga istället för målet med all Yoga. Vissa vågar till och med säga att det är en typ av pasta. Oavsett, enligt min erfarenhet av att prata med slumpmässiga människor i ämnet, främlingar, även de som påstår att de läst många böcker om Kundalini och vet vad det handlar om, vet de bara ungefär 30 % av historien. Och jag är generös med den siffran. Den här boken kommer dock att ändra på allt detta.

På omslagets framsida står det att *Serpent Rising* är "Världens Mest Omfattande Arbete om Människans Energipotential", och jag menade det. Det var inte Egot som talade. Jag tror att detta uttalande är ett faktum. Och jag tror att du kommer att hålla med när du läst klart den här boken. Kom ihåg att *Serpent Rising: The Kundalini Compendium* är del I i serien. Jag har redan kommit en bra bit på väg med del II, som undersöker forntida civilisationer och traditioner och den roll som Kundalini spelade i deras system för Andlig Utveckling. Även min tidigare bok, *The Magus: Kundalini and the Golden Dawn*, även om den inte är en direkt del av serien, innehåller en uppsjö av information om Kundalini ur ett västerländskt mysterieperspektiv, inklusive Qabalah och Livets träd, vars kunskap är väsentlig för att förstå visdomsundervisningen.

Kunskap om Kundalini har funnits sedan urminnes tider. Jag talar om den djupa förståelsen av Kundalinis ultimata potential från människor som har gått hela vägen på sin resa till Andligt uppvaknande. De Forntida människorna gömde Kundalinins hemligheter i symboliken i sina mysterietraditioner, som vanligtvis förmedlades genom konst och skulptur. Denna kunskap hölls huvudsakligen dold, reserverad för de få utvalda och beslöjad från de profana, vilket var de Uråldrigas metod att föra de esoteriska mysterierna vidare. Läraren undervisade eleven från mun till öra. Denna information skrevs inte ner förrän nyligen, och även då var man tvungen att ha blivit invigd i en mysterieskola för att få ta del av de verkliga hemligheterna.

Med tiden kom individer med påståenden om att något extraordinärt hade hänt dem - Gud hade rört vid dem, sa de. Dessa unika människor väckte Kundalini, oftast av en olyckshändelse, så de använde det mest välkända språket för att förklara denna metafysiska händelse. De betraktades ofta som mystiker, eller till och med profeter, och visade upp övernaturliga krafter som förvånade massorna. I sina försök att beskriva sin erfarenhet hänvisade de till Kundalini med många namn - "Drakstyrkan", "Ormkraften", "Den Heliga Elden" och andra variationer av dessa *Arketyper*.

Men allteftersom tiden gick och fler människor vaknade upp, skapades mer förvirring än klarhet i detta ämne. Och svaret på detta är enkelt. Det har aldrig funnits ett tillräckligt kraftfullt referensverk som förenat alla Uråldriga traditioner, filosofier och religioner när det gäller Kundalini. Yogaskolorna och Tantra, som innehar de mest omfattande nycklarna om Kundalini och processen för dess uppvaknande, är bara en pusselbit, om än den största eftersom Kundalinivetenskapen har sitt ursprung i dem.

Detta leder mig till varför jag skrev den här boken. Jag skrev den delvis av nödvändighet och delvis av personlig önskan. Jag ville ge mänskligheten nycklarna till att förstå detta mest kryptiska och svårfångade ämne. *Serpent Rising: The Kundalini Compendium* innehåller ett vetenskapligt tillvägagångssätt för Kundalini som inkluderar studiet av dess energetiska ramverk och så mycket mer, med hjälp av ett förenklat språk som är begripligt för den vanliga människan - ett språk som förenar de Österländska och Västerländska tankeskolorna när det gäller Andlighet.

När jag skrev den här boken ledde mitt Högre Jag mig själv till att forska om ett ämne till ett annat, och undvek alla genvägar när jag kopplade ihop punkterna och skapade det verk som du håller i dina händer. I slutändan, även om mitt namn står på *Serpent Rising*, överskrider detta verk mig som person. Jag var bara en kanal för mitt Andliga Jag att kanalisera denna kunskap till mig. När du har läst klart det kommer du att förstå allt du behöver när det gäller ämnet Kundalini. Och det var poängen - det var därför det tog så lång tid för mig att göra detta. För att utrusta dig med den kunskap som krävs för att informera andra om Kundalini så att hela världen kan lära känna dess kraft och ultimata potential, och att vi kollektivt kan utvecklas Andligt.

Kundalini är nämligen det mest kritiska esoteriska ämnet i världen. När det gäller Andlig utveckling är utforskandet av den av yttersta vikt. Ett Kundaliniuppvaknande gör det möjligt för en att förverkliga sin fulla Andliga potential. Det finns många komponenter i ens energisystem, som jag kommer att diskutera i detalj i den här boken, inklusive hur Kundalini påverkar varje del. Kundaliniuppvaknandet utvecklas systematiskt över tid, vilket innebär en nödvändig och ofta utmanande period av intensiv rening som kan vara ganska minutiös. Utöver själva uppvaknings- och reningsprocessen består en mer betydande utmaning i att lära sig att leva och verka med kundalinienergin dagligen och att kontrollera den i stället för att bli kontrollerad av den, eftersom den kan vara mycket flyktig.

Jag kommer att diskutera de många olika aspekterna av hur Kundalinitransformationen utvecklas och påverkar ens liv efteråt och reda ut många av de vanligaste missförstånden om Kundalini och själva uppvaknandeprocessen. Min sjuttonåriga erfarenhet av att leva med en uppvaknad Kundalini är ovärderlig för någon som befinner sig mitt i sin resa och söker vägledning.

Därefter kommer jag att dela med mig av värdefull information om de olika typerna av Kundalini-uppvaknande och transfigurationsprocessen samt dess allmänna tidslinje. Det finns vanliga utmaningar längs vägen som jag kommer att diskutera, liksom tips och insikter om hur man felsöker Kundalini-kretsen när saker och ting verkar "gå sönder". Det sista avsnittet innehåller effektiva övningar och meditationer i eller runt huvudområdet för att "kickstarta" eller återjustera Ida- och Pingalakanalerna som är nödvändiga för att motorn ska fungera smidigt. Du kommer inte att hitta denna viktiga information någon annanstans. Sedan mitt uppvaknande har jag varit vetenskapsman och laboratorium i ett. Som sådan har min kreativitet, mitt mod och min uthållighet lett mig till att hitta okonventionella lösningar på de många utmaningar som jag har ställts inför längs vägen. Och det var många.

Det finns en myriad av andra ämnen om Kundalini som jag kommer att gå in på för att öka din kunskap om ämnet och för att upplysa och förena de många olika åsikter som du kan ha. Från hur mänsklig anatomi är involverad i Kundalinis uppvaknandeprocess till olika Andliga healingmetoder och en djupgående studie av vetenskapen och utövandet av Yoga med komponenter från Ayurveda. Jag försökte täcka varje ämne som jag ansåg vara relevant för dig att känna till som ger insikt i Kundalini och hur du kan läka dina Chakran när du väl har fått uppvaknandet. Min önskan att vara bäst på det jag gör, Kundalini-vetenskapens Michael Jordan, om du så vill, driver mig varje dag att utöka min kunskap medan jag fortsätter att utveckla mig själv till den främsta auktoriteten i detta ämne. Se det som mitt livs uppdrag, ett uppdrag som jag ägnar all min tid åt.

Eftersom det här är en ganska stor bok vill jag inte att du ska känna dig skrämd av dess storlek och tro att du måste läsa igenom allting i tur och ordning. Avsnitten om yoga och Andliga healingmetoder kan till exempel sparas till sist om du vill läsa specifikt om Kundalini och uppvaknings- och omvandlingsprocessen. När du sedan är redo att fördjupa dig i att arbeta med övningarna för att läka dina Chakran och balansera dina inre energier har du alla verktyg för att göra det.

Kundalini-initieradens väg är den Andliga krigarens väg. En krigare behöver rätt utrustning, träning och insikt för att lyckas. Med denna undervisning avser jag att utrusta dig, den invigde, med den nödvändiga förståelsen av den mänskliga energipotentialen så att du kan nå framgång på din Själs evolutionära resa. Även om Kundalini-uppvaknandet och omvandlingsvägen är svår, är den också oändligt givande. Låt oss börja.

KUNDALINI-UPPVAKNANDEPROCESSEN

Kundalini är en evolutionär energi vid ryggradets bas (i svanskottsregionen) som sägs vara upprullad tre och en halv gång i sitt potentiella tillstånd hos oväckta människor. Ordet "Kundalini" är av Österländskt ursprung, nämligen Yoga och Tantra. På Sanskrit betyder Kundalini "upprullad orm".

När Kundalini väl har vaknat stiger den upp längs ryggraden genom de tre Huvudnadis, hela vägen till toppen av huvudet. Termen "Nadi" är ett Sanskritord som kan översättas med "rör", "kanal" eller "flöde". Enkelt uttryckt är Nadis kanaler som transporterar energi i kroppen.

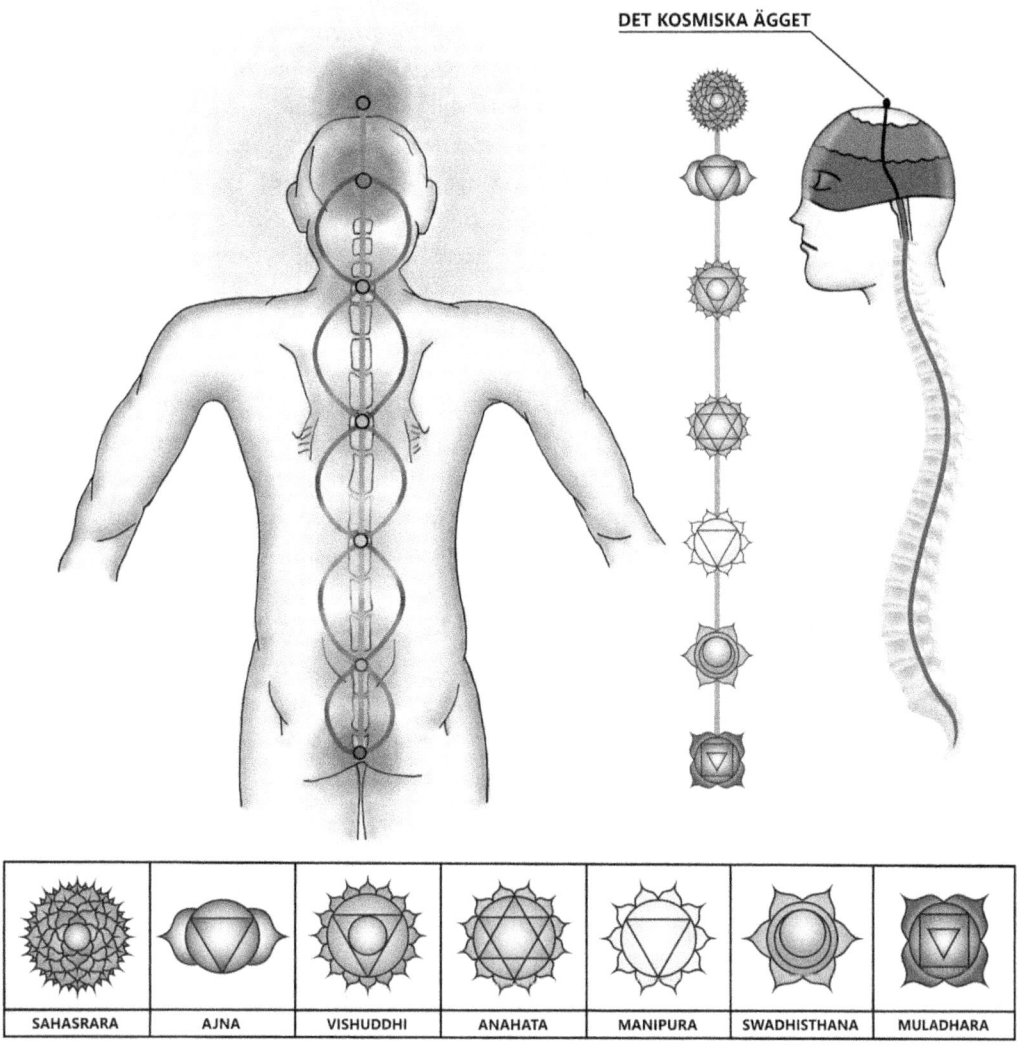

Figur 1: Kundalinis Uppkomst och Chakrana

Inom kinesisk medicin kallas Nadis för Meridianer. Den största skillnaden mellan de två systemen är att Nadis inte definieras i lemmarna, utan endast i huvudet och den centrala stammen, till skillnad från Meridianerna. I Serpent Rising kommer vi att hålla oss till den Yogiska vetenskapen och filosofin om Nadis och Chakras, tillsammans med den transpersonella Chakramodellen och många av mina upptäckter om Ljuskroppens energicenter och energiflöde.

Den centrala Nadi kallas Sushumna. Den är i huvudsak ryggradets ihåliga rör. Runt Sushumna finns två kompletterande Nadis, Ida och Pingala. Ida är den feminina, Månens Nadi, som reglerar kylan i kroppen, medan Pingala är den maskulina, Solens Nadi, som reglerar värmen i kroppen. Dessa två Nadis representerar de maskulina och feminina principer som finns i alla ting i Universum. På Sanskrit kallas Ida- och Pingalakanalerna ofta för Chandra (Månen) och Surya (Solen) Nadis.

Under ett Kundalini-uppvaknande, när energin stiger samtidigt genom de tre huvudsakliga Nadis, blåser den systematiskt upp Chakrana från ryggradens rot uppåt till hjärnans centrum (Figur 1). Ida och Pingala möts vid dessa Chakrapunkter och slutar i Ajna Chakra. Kundalini fortsätter att stiga uppåt till centrum, toppen av huvudet, och bryter det "Kosmiska Ägget", vilket helt aktiverar Ljusets Kropp - den Holografiska Kroppen. I den Tantriska filosofin är det Kosmiska Ägget relaterat till Brahmarandhra. (Mer om detta ämne i ett senare kapitel.)

Det Kosmiska Ägget är en behållare som innehåller Ambrosia nektar. När Kundalinienergin har gått igenom det på sin uppåtgående resa frigörs denna Ambrosia och genomsyrar de Sjuttiotvå Tusen Nadis, vilket hänvisar till aktiveringen av Ljusets Kropp. Denna del av processen känns som om någon knäckt ett ägg över ditt huvud och äggulan (Ambrosia) rinner hela vägen ner till dina fötter och täcker och omsluter hela din kropp.

Även om aktiveringen av Ljuskroppen känns som om den fysiska kroppen laddas elektriskt, arbetar den frigjorda Ambrosian endast på en subtil nivå. Den person som upplever denna händelse känner dock sig som ett mänskligt batteri som laddas och oändligt expanderas av en ström av bioelektricitet. Till exempel beskriver varje Kundaliniväckt person som jag har talat med och som har haft denna upplevelse att de känner sig intensivt "elektrifierade" av Kundalinienergin.

Genom att aktivera Ljuskroppen aktiveras alla Subtila Kroppar, inklusive den Andliga Kroppen och den Gudomliga Kroppen. Det finns faktiskt många Subtila Kroppar inom Ljuskroppen. Efter ett fullständigt Kundaliniuppvaknande är det emellertid viktigt att anpassa det individuella medvetandet enbart till den Andliga Kroppen eftersom den överskrider sinnets dualitet.

När jag upplevde Kundalini-uppvaknandet, när de sjuttiotvå tusen Nadis höll på att laddas och aktiveras, ryckte jag upp ur sängen och öppnade ögonen. Det jag såg härnäst förändrade mitt liv för alltid. För det första bevittnade jag med egna ögon att Ljuskroppen inte är en idé eller ett koncept utan en verklig, påtaglig sak. När jag tittade på mina händer såg jag att de var gjorda av rent gyllene Ljus, vackra att skåda och perfekta på alla sätt. När jag sedan tittade runt i mitt rum såg jag den Holografiska blåkopian av den värld vi lever i. Rummet hade vad jag beskriver som en digital makeover med genomskinliga, ångliknande väggar och föremål som verkade som om de svävade i luften. Färgerna var skarpare, djupare och mer reflekterande. För att förtydliga, det jag såg var inte ett Sinnes Ögats vision inne i mitt huvud, utan jag såg detta med mina egna två fysiska ögon.

Du förstår, det finns en del av världen som är genomskinlig och gjord av ren energi, som befinner sig i samma Tid och Rum som den Fysiska Världen, men med en annan vibrationsnivå - närmare Anden. Uppvaknandet av Kundalini och aktiveringen av Ljuskroppen är en process genom vilken medvetandet blir kapabelt att uppfatta och uppleva denna verklighet. Ett annat namn för denna verklighet är den Fjärde Dimensionen - Vibrationsdimensionen eller Energidimensionen. Eftersom allt som existerar hålls i vibrerande rörelse är denna dimension den värld där varje objekt, tanke eller känsla har en kvantifierbar essens. Den kan uppfattas av en människas Sinnesöga och intuitiva förmåga.

När aktiveringen av Ljuskroppen är klar slutar inte upplevelsen där. Kundalinienergin fortsätter istället att stiga uppåt. Nästa steg i uppvaknandeprocessen är att energin lämnar kroppen helt och hållet, genom Kronan, och tar med sig det individuella medvetandet. Denna upplevelse resulterar i en tillfällig förening av det individuella medvetandet med det Kosmiska Medvetandet, den Femte Dimensionens Vita Ljusprincip - källan till Gudomlighet. När denna transcendentala upplevelse inträffar återinträder det individuella medvetandet i den fysiska kroppen efter att ha sett visionen av verklighetens sanna natur. På så sätt blir människan för ett kort ögonblick Ett med Gud, för att sedan komma tillbaka ner och berätta sin historia.

Alternativt, om den uppvaknade individen blir rädd för att förena sin varelse med det Vita Ljuset, avtar Kundalinienergin och sjunker tillbaka ner till Rotchakrat Muladhara. Det är trots allt vanligt att människor som upplever ett spontant Kundaliniuppvaknande blir rädda under aktiveringsprocessen. Det får dem att känna att de genomgår en fysisk död på grund av intensiteten i den energi som känns i kroppen och medvetandet som frigörs från den.

AKTIVERING AV LJUSETS KROPP

Kundalini-energins mål är att aktivera Ljuskroppen och motsvarande Subtila Kroppar. När detta sker väcks hela Livets träd inom individen och alla kosmiska plan blir tillgängliga som medvetandetillstånd. Eftersom Ljuskroppen är själens fordon är själen permanent befriad från den fysiska kroppen när den väl är helt aktiverad. Med tiden måste själen därför anpassa sig till den andliga kroppen på det andliga planet, där själen och anden blir ett.

Av alla Subtila Kroppar är den Andliga Kroppen viktigast eftersom din Själ höjer sig över smärta och lidande när ditt medvetande väl är i linje med den. En person som kan uppnå en sådan prestation höjer sig permanent över sitt Karmahjul. Karma är fortfarande verksam eftersom man aldrig kan undkomma dess effekter. Ändå påverkas de inte längre känslomässigt av den energi av rädsla som sinnet upplever på grund av att de lever i en värld av Dualitet.

Ljuskroppen är nästa medvetandefordon i den mänskliga utvecklingsprocessen eftersom den gör det möjligt att uppfatta och fullt ut uppleva de inre Kosmiska Planen.

Den Andliga Kroppen är dock det transcendentala hölje eller lager som vi försöker anpassa oss till för att vara vårt medvetandefordon medan vi lever i den materiella världens vakna verklighet. Det är Kausalkroppen i det Österländska Systemet-Anandamaya Kosha. Den är oupplösligt kopplad till Ljuskroppen som dess högsta uttryck som vårt medvetande kan förkroppsliga i en medan vi lever i köttet. Det finns dock fortfarande en hölje högre, den Gudomliga Kroppen, även om vi inte kan upprätthålla dess upplevelse under en längre period under vårt vakna liv om vi inte befinner oss i djup meditation.

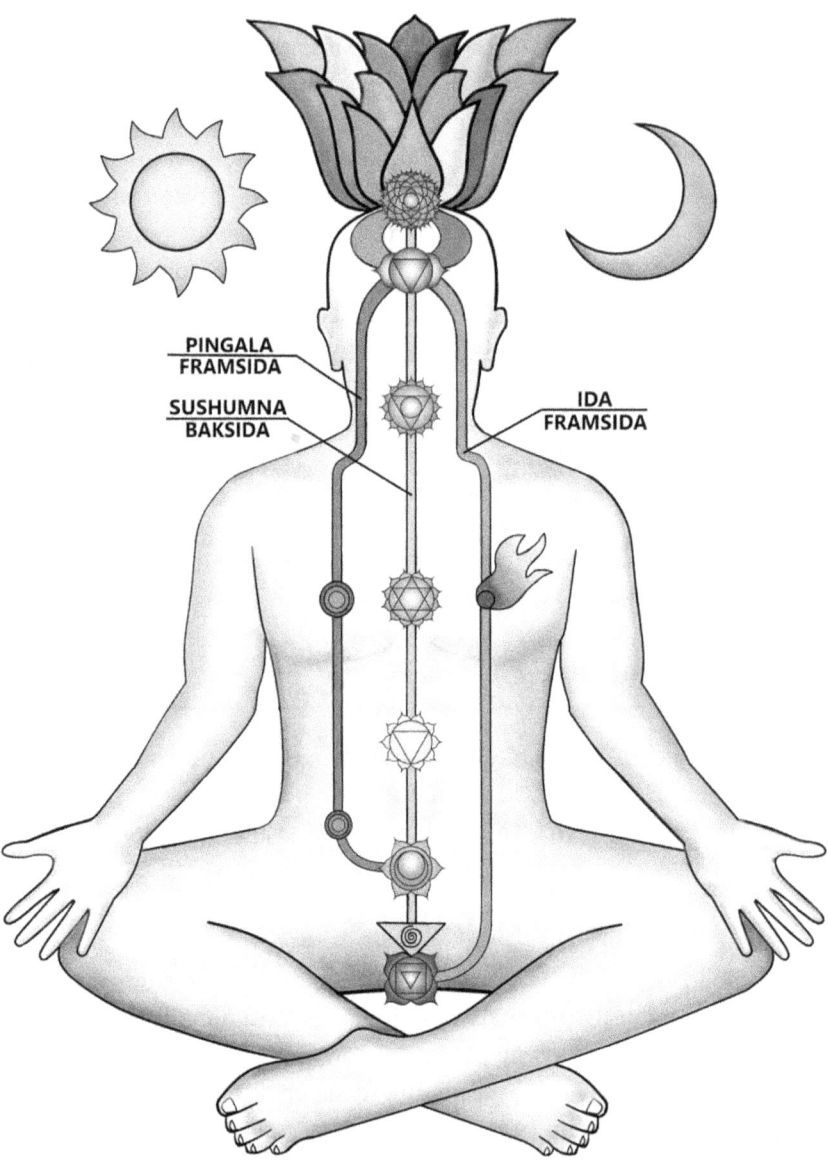

Figur 2: De Tre Nadis efter Uppvaknandet av Kundalini

Ljuskroppen är Själens medvetandefordon när den går in i de inre planen under meditation och sömn. De inre planen upplevs genom Sinnets Öga (Ajna Chakra), ett av de tre Andliga Chakrana som berör intuition och klärvoajans. De mest framträdande upplevelserna av det inre Planet inträffar under Lucida Drömmar, vilket gör det möjligt för dig att vara medveten när du drömmer och kontrollera drömmarnas innehåll. Det gör det också möjligt för dig att utforska de inre Kosmiska Planen under drömtillstånd och få otroliga Själsupplevelser som du inte kan kopiera i verkligheten. Lucida Drömmar låter dig i princip uppleva allt du någonsin önskat, utan konsekvenserna. Det är en av de mer betydelsefulla Andliga gåvorna som man får på Kundaliniväckningsresan och som jag kommer att diskutera mer ingående senare i boken.

När aktiveringen är klar blir Kundalinienergin en permanent del av den uppvaknade individens existens och signalerar ett nytt sätt att fungera och uppleva världen. Kundalini blir med tiden en självförsörjande energikrets (Figur 2) som drivs av mat och vatten, som växer och blir starkare och dagligen utvidgar det individuella medvetandet. Och när det normala vakna medvetandet långsamt anpassar sig till den Andliga Kroppen, vilket är en process som kan ta många år, kommer den uppvaknade individen att leva i samma verklighet som alla andra men uppleva den helt annorlunda. Denna livserfarenhet är en sann gåva från det Gudomliga.

ANDLIGA GÅVOR OCH UPPGRADERING AV KÄNSLOR

Efter uppvaknandet omvandlas varje bit mat till Pranisk (livskraft) energi som driver Kundalini-kretsen och expanderar medvetandet, vilket ger upphov till många typer av transcendentala upplevelser och nya psykiska förmågor. På så sätt börjar den uppvaknade individen nu fungera på en ny nivå av livserfarenhet, inom Dimensionen av Vibration eller energi. I denna nya dimension utvecklar de en förmåga att känna världen omkring dem som en kvantifierbar essens.

Med tiden blir denna nyutvecklade förmåga att känna världen genom energi det dominerande sättet att navigera genom livet, vilket leder till att det rationella, tänkande sinnet inte längre respekteras. Slutligen börjar den uppvaknade individen uppleva världen helt och hållet genom intuition som ett primärt sätt att fungera eftersom de är i direkt kontakt med det inre ljuset och sanningen. Illusioner försvinner när deras medvetande med tiden anpassar sig till den andliga kroppen.

När illusionen (Maya) försvinner, försvinner också Egot, eftersom det tillhör det rationella, tänkande sinnets område. Dess impuls blir mindre och mindre aktiv tills den uppvaknade individen helt kan fungera på intuition genom den Fjärde Dimensionen av Vibration, eller energi. Genom att göra detta blir de inställda på den mest värdefulla gåva som det Gudomliga har gett mänskligheten, vilket är det nuvarande ögonblicket, "Nuet", en "Present" från Gud. I "Nuet" kopplas de till ett fält av alla möjligheter, vilket gör det möjligt för dem att omforma sina egna liv för att maximera sin högsta potential. Riktigt framgångsrika och lyckliga människor har alla en sak gemensamt - de lever alla i "Nuet".

Den uppvaknade individens uppfattningsförmåga, de fem sinnena syn, lukt, ljud, smak och känsel, uppgraderas genom Kundalinienergin. Att lukta och höra saker på avstånd blir en vardaglig del av deras liv. De kan smaka och känna något genom att bara observera det med ögonen. Genom kraften i sitt sinne kan de känna energin i föremålen framför sig och använda alla sina inre sinnen. Detta beror på att Ajna Chakrat nu är permanent öppet genom vilket dessa transcendentala upplevelser uppstår. Verkligheten uppfattas nu på en mycket högre nivå än någonsin tidigare.

Jag har sparat synen till sist eftersom den uppgradering jag fått är den mest fantastiska enligt min erfarenhet. När det inre Ljuset vaknar genom Kundalini-energin omformas allt man ser och uppfattar visuellt och ger det en fullständig ombyggnad. Dessutom verkar omvärlden som om den befinner sig i ditt huvud och projiceras på en filmduk framför dina ögon (Figur 3). Jag gillar att använda analogin med utvecklingen av videospelsteknik för att förklara detta visuella fenomen eftersom det är den enda referenspunkt som jag kan komma på som människor kan relatera till.

Figur 3: Universum Inuti Huvudet

Om du någonsin har spelat den tidiga generationen videospel (som jag gjorde eftersom jag växte upp på 90-talet), kommer du ihåg hur spelvärlden uppgraderades drastiskt när vi gick från PlayStation 2 till PlayStation 3-konsolen? Grafiken blev skarpare, krispigare och mer raffinerad. Föreställ dig nu vad som skulle hända om du gick direkt från Playstation 2 till Playstation 5-konsolen och spelade samma spel. Karaktärerna och miljöerna i ditt spel är desamma, men den radikala digitala omställningen ger spelet liv på ett helt nytt sätt.

För att specificera är denna visuella uppgradering av perceptionen minst vanlig hos Kundalini-uppvaknade personer, men det är den viktigaste "wow"-faktorn som jag har upplevt i min uppvaknandeprocess. Som sådan tjänar min redogörelse som ett vittnesbörd om dess verklighet. Faktum är att den är så sällsynt att av dussintals Kundalini-uppvaknade personer som jag har talat med om sina "uppgraderingar" har endast en eller två haft just denna.

Men å andra sidan har jag inte heller stött på någon som bevittnat verklighetens Holografiska natur med sina egna två ögon. Jag tror att mitt uppgraderade synintryck är en bibehållen version av samma verklighet. Intressant nog är teorin om det Holografiska Universumet inte ett nytt koncept utan stöds av framstående Astrofysiker i modern tid. Vissa har tagit denna idé vidare och hävdar att vi kanske till och med lever i en datorsimulering. Elon Musk, 2000-talets verkliga Tony Stark (Iron Man), ett geni i vår moderna tid, sade en gång att det finns en chans på en miljard att vi INTE lever i en datorsimulering just nu, så som teknologin utvecklas.

Även om jag inte kan säga med säkerhet om vi lever i en datorsimulering, har världen en Holografisk plan som är omärklig för de flesta människor och som jag bäst skulle beskriva som rent medvetande. Huruvida detta rena medvetande är ett projicerat Hologram är osäkert, men möjligheten finns i allra högsta grad.

Vad jag däremot vet är att den värld jag upplever nu är en digitaliserad version av den värld jag levde i tidigare, men med bättre grafik. Att se en storstad som Toronto på natten, till exempel, med sina LED-skyltar, starka ljus och blinkande färger, är som att kliva in i ett futuristiskt videospel-underland - en hisnande upplevelse än i dag.

De två ord som bäst beskriver hur jag ser på den yttre världen nu är "Interstellär" och "Intergalaktisk", eftersom dessa ord inspirerar tanken att vår planet bara är en av många med liv i rymdens vidder. Det finns otaliga andra världar som vi kommer att utforska i sinom tid och få kontakt med Varelser som är otänkbara för oss. Vi måste dock först avlägsna vårt materiella hölje via Kundalini-mekanismen som vår skapare satte i oss för att se verklighetens dolda, holografiska natur och uppleva vår sanna essens som Ljusvarelser.

LIVETS TRÄD OCH CHAKRANA

I min första bok, *The Magus: Kundalini and the Golden Dawn,* diskuterar jag utförligt den Västerländska Mysterietraditionen och dess förhållande till det Österländska Andliga systemet. I den här boken, eftersom vårt huvudämne är Kundalini (en Österländsk term), kommer jag dock att ta det omvända tillvägagångssättet och främst hålla mig till de Yogiska och Tantriska systemen, samtidigt som jag i vissa fall hänvisar till Qabalah och Livets Träd.

Livets Träd, huvuddelen av Qabalah, är existensens ritning. Det är kartan över vårt Solsystem och det mänskliga psyket. Livets Träd består av tio Sephiroth (sfärer), som representerar medvetandetillstånd som människor dagligen tar del av och som ger upphov till inre förmågor som intuition, minne, viljestyrka, fantasi, känslor, begär, logik och förnuft samt tänkande. Qabalister säger att allt i naturen kan kategoriseras på Livets Träd eftersom allting på något sätt har samband med vårt Solsystem och dess energier.

Det Qabalistiska systemet bygger på energin i siffror, symboler och bokstäver (Hebreiska). De tio Sephiroth är förbundna med tjugotvå vägar, som motsvarar de tjugotvå *Stora Arkanerna* i tarot och de tjugotvå *Hebreiska Bokstäverna*. Dessa motsvarar i sin tur de Fem Elementen, de Tolv Zodiakerna och de Sju Uråldriga Planeterna. Livets Träd omfattar således alla de universella energier, inklusive Konstellationer, som påverkar livet på Jorden.

Den Qabalah som jag har stor erfarenhet av är Hermetisk, vilket är anledningen till att den stavas med ett "Q". Hermetik är studiet av vårt Solsystem och de Universella energier som utgör det vi är. Dessutom finns det en Judisk Kabbala (med ett K) och en Kristen Cabbala (med ett C) - alla tre systemen har dock samma grund eftersom de använder livets träd som central glyf. Se "Ordlista över Utvalda Termer" i Tillägget för en detaljerad beskrivning av var och en av Livsträdets Sefiroths och andra relevanta termer från Västerländska Mysterier som inte definieras i huvuddelen av texten.

Chakranerna har sitt ursprung i det Uråldriga Indien. De nämns för första gången i de Hinduiska Vedorna (1500-1200 f.Kr.), en stor samling heliga texter som innehåller Andlig kunskap. Chakranerna är en del av ett komplext energisystem som beskriver olika aspekter eller delar av människans Aura (energifält). Kunskapen om Chakran har först nyligen kommit till Västvärlden i och med den ökade populariteten av Yoga och som en del av New Age-filosofier i allmänhet.

Människor har både större och mindre Chakran. De Sju Stora Chakrana är dock de primära som i huvudsak driver Auran. De mindre Chakrana är kopplade till de Större och fungerar inte självständigt utan arbetar i stället för att utföra sina uppgifter ytterligare. I den här boken kommer jag att ta upp både de Stora och Små Chakrana och de Transpersonella Chakrana.

Chakra är ett Sanskritord som betyder "snurrande hjul" eller "virvel". Termen "Chakra" används för att beskriva de osynliga energicentren längs ryggraden och i huvudet. Dessa energicentra består av flerstämmig flödande energi i flera färger som vi finner i Auran. Chakrana ger kraft åt Auran och reglerar nervsystemet, de endokrina körtlarna och de viktigaste organen. De är centrala energistationer som styr hela människan; sinne, kropp och själ.

Chakranerna hanterar och distribuerar Livsenergi genom våra olika Subtila Kroppar, som är medvetandefordon för de många Kosmiska Existensplan som vi deltar i. Chakranerna är energiledare och varje Chakra har olika egenskaper som ger kraft åt och uttrycker vårt inre Jag. De är ansvariga för arbetet med våra tankar, känslor, viljestyrka, intuition, minne och andra komponenter som utgör den vi är.

Det är viktigt att förstå att Chakrana inte är fysiska, utan att de finns i Ljuskroppen. De representerar krafter som kommer från de subtila kropparna och som manifesterar sig i ett cirkulerande mönster i sju huvudsakliga områden i Ljuskroppen. Chakran beskrivs ofta som formade som blommor i full blom. Varje Chakrablomma har ett visst antal kronblad som skapar hjulliknande virvlar av energi som strålar utåt, i rät horisontella vinklar, medan det översta och det nedersta Chakrat (Sahasrara och Muladhara) skjuter ut vertikalt. För att ytterligare förstärka deras blomliknande utseende har varje Chakra också en stjälkliknande kanal som sticker ut i och ansluter till ryggmärgen och hjärnstammen.

Chakranerna kan snurra med eller moturs, beroende på vilket kön Chakran har och om det ger ut eller tar emot energi. Hastigheten på ett Chakras snurrande avgör kvaliteten på dess funktion. Om snurrandet är snabbt är de väl avstämda och kanaliserar mer Ljusenergi. Om deras snurrande är långsamt och stagnerande är de urstämda, vilket innebär att de kanaliserar mindre Ljusenergi. I allmänhet är människor vars Chakran är urstämda mer inriktade på sitt Ego än på sin Cjäl. För att anpassa sig till själen och uttrycka dess egenskaper måste man ha välstämda chakran eftersom själens uttryck helt och hållet beror på hur mycket ljus som kanaliseras genom Chakranerna.

När Kundalini har stigit upp till toppen av huvudet för att permanent lokaliseras i hjärnan blir hela Livets Träd fullt aktiverat. Den högsta Sephira kallas *Kether*, Kronan, i toppen av Livets Träd. Kether motsvarar det sjunde Chakrat, Sahasrara. Båda kallas "Kronan", med anledning av deras placering ovanpå huvudet. Kether relaterar till det Andliga Vita Ljuset som ligger till grund för all fysisk existens.

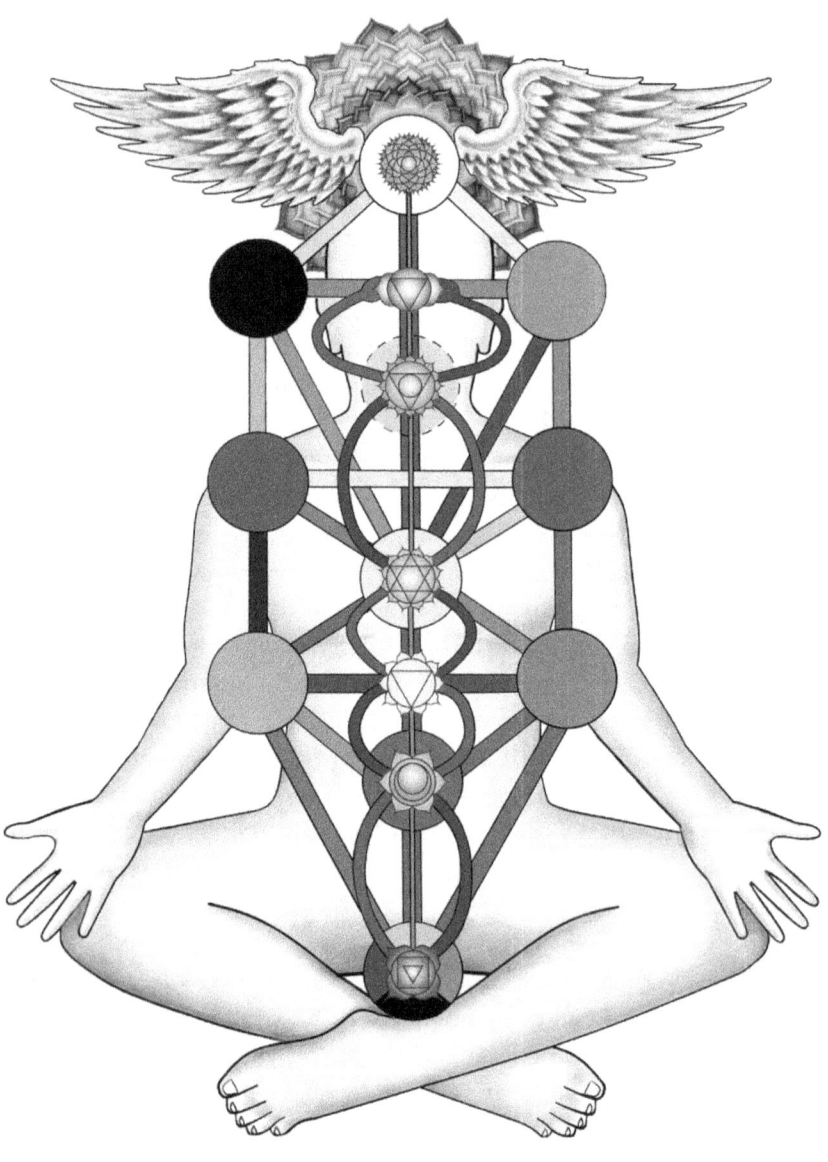

Figur 4: Livets Träd/Sju Chakran/Kundalini

Omvänt kallas den lägsta Sephira för *Malkuth*, Planeten Jorden, som är den tionde Sephira på Livets Träd - rakt motsatt Kether. I Chakra-systemet är Malkuth relaterad till det första Chakrat, Muladhara, och Jordelementet. Dessa två uppsättningar av Sephiroth och Chakran har direkt korrespondens och relationer, även om Malkuth är placerad vid fötterna medan Muladhara är placerad i ljumskregionen. Resten av Livsträdets Sephiroth och Chakran korresponderar också, även om man måste ha direkt erfarenhet av båda systemen för att se hur de hänger ihop. Det är alltså inte så enkelt som att förena de motsatta Sfärerna på Livets Träd för att få fram de sju Chakrana, även om denna metod fungerar matematiskt.

Efter ett fullständigt Kundalini-uppvaknande blir Chakrana (och Livsträdets Sephiroth) permanent genomsyrade av Ljusenergi, vilket aktiverar deras medvetandetillstånd inom individen (Figur 4). Chakranerna blir som glödlampor, som avger Ljus i förhållande till hur rena, äkta, och i harmoni de är. Om det till exempel finns mycket Karma i ett visst Chakra, avger det ett svagt Ljus snarare än ett starkt. Det är den högtidliga plikt du är skyldig din Skapare att rengöra dina Chakran och ta bort negativitet från var och en av dem så att de kan lysa klart, vilket gör det möjligt för dig att anpassa ditt medvetande till din Själ.

RENING AV CHAKRANA

Karma är ett Sanskritord för "handling", "arbete" eller "gärning" som är en del av den Universella Lagen. Det innebär att varje handling är effekten av en eller flera tidigare handlingar och kommer att orsaka en eller flera framtida handlingar. Karma är alltså cyklisk och påverkar oss alla. Eftersom verkligheten rör sig i cykler som ett roterande hjul representerar Karmahjulet god eller dålig Karmisk energi i vårt liv som kommer att manifesteras i framtiden antingen som välsignelser eller problem som måste lösas. Vårt beteende i livet avgör om vi har god eller dålig Karma och detta beteende uttrycks genom Chakrana.

Varje Chakra är en kraftkälla för hur din karaktär och personlighet uttrycker sig i den inre och yttre världen. Karaktären är inneboende i dig eftersom den är kärnan i den du är, medan personligheten förändras med tiden. Karaktär är dina högre, etiska övertygelser och uttryck för din Själ, medan personlighet handlar mer om Ego-uttryck och dess tycke och smak. Varje Chakra är en kraftreservoar för olika delar av din karaktär och personlighet, från hur du tänker till vad du känner till vad som driver dig och vidare.

När du har Karmisk energi i ett Chakra bär en del av jaget på negativ energi som måste bearbetas. Därför måste alla Chakran renas och optimeras så att dina tankar, känslor och handlingar kan komma från en plats av kärlek. Om de genomsyras av kärleksenergi upplyser du Chakrat för det uttrycket av Jaget. Om du därför är självisk, rädd, lustfylld, arg, arrogant, girig, självrättfärdig och så vidare betyder det att du måste arbeta med dessa delar av Jaget och förvandla dem till deras kärleksfulla, positiva motsatser. Det betyder att du måste övervinna Karman i de Chakran som uttrycker detta beteende.

Karmisk energi som finns i ett Chakra kan vara en mycket utmanande upplevelse. Den gör livet mycket obekvämt och hindrar dig från att fungera så bra som du borde eller vill. För Kundalini-uppvaknade personer, de som inte är förberedda på upplevelsen som jag var, kan Karmisk energi i Chakrana ge upphov till försvagande rädsla och ångest.

Ett fullständigt uppvaknande lokaliserar Kundalini-energin i hjärnan permanent och förenar det medvetna och det undermedvetna sinnet. Om det finns vilande negativ energi i Chakrana kommer den att översvämma medvetandet i form av obehagliga tankar och känslor. Man kan inte längre gömma sig för sina Demoner (negativa tankesändare) efter att Kundalini har trängt in i hjärnan vilket resulterar i en återuppståndelse av skadliga åsikter, trosuppfattningar och attityder till livet som måste övervinnas. Därför måste du rensa ut rädslans energi ur ditt system, vilket börjar med att rensa Chakrana.

Genom Chakra rening förändrar du dina uppfattningar om dig själv och världen. Om du ska kunna uppleva det Gudomliga Ljuset inom dig är det trots allt nödvändigt med en fullständig omvandling av din karaktär och personlighet. Du måste bli en Andlig Varelse vars medvetande är högre i vibration än tidigare. Det finns inget sätt att kringgå detta. Och för att åstadkomma detta måste ditt Ego dö och återfödas. Detta är det ultimata Återfödelsekonceptet som många religioner, nya och gamla, anspelar på. Det är dock mer än en idé för de Kundaliniväckta människorna - det är den enda verklighet de behöver bry sig om tills processen är avslutad.

Kundalini-uppvaknade personer måste lära sig vem de är innerst inne, det goda och det dåliga, och acceptera och älska sig själva. Och när de väl har gått in i sitt inre kan de gå förbi Egot och komma i kontakt med sitt verkliga jag, Andens högre jag. Men för att göra det måste de bygga upp dygder, ta bort laster och anpassa moraliska och etiska beteenden i sina liv om de skall kunna övervinna den rädsla och ångest som hindrar deras själva existens.

Kundalinis gåva kan alltså ses som en förbannelse till en början om du fick ett spontant uppvaknande och var oförberedd rent Karmiskt. Det finns dock ingen genväg till Upplysning, och när Anden väl är ute ur flaskan går det inte att sätta in den igen. Kundalini påskyndar snabbt din Andliga Utvecklingsresa, men för att höja vibrationen i ditt medvetande måste du övervinna den negativa energi som finns lagrad i varje Chakra. Det är en systematisk process som börjar från det lägsta Chakrat, Muladhara, och slutar med Sahasrara i kronan. Eftersom Egot finns i den fysiska kroppen, som är den tyngsta delen av dig, måste du starta där och börja skala bort lager av ditt medvetande, varav vart och ett är mindre tätt än det som kom före. När du kommer till det sista lagret har du hittat din *Filosofens Sten*, Kvintessensen, och har nått det högre Jaget på det Andliga Planet.

Processen mot Upplysning anspelas i berättelsen om Jesu Kristi korsfästelse. När han dog på korset fick han, i stället för att Återuppstå (Upplysas) direkt, tillbringa tre dagar i Underjorden, den Demoniska världen, för att bli Helvetets Kung innan han blev Himlens Kung. Här finns alltså en metafor för att Jesus måste bemästra sina Demoner eftersom de hindrade vägen till Upplysning. Och han gjorde det genom att möta dem utan rädsla i sitt hjärta, vilket gjorde det möjligt för honom att ta över dem.

När du närmar dig dina inre Demoner med mod i stället för rädsla, tar du automatiskt bort deras bränsle eftersom de livnär sig på rädslans energi; det är deras levebröd. Då kan du bemästra dem och ge dem sina vingar tillbaka, bildligt talat. Således är alla Demoner i grunden obemästrade *Änglar*. De kan alla användas för det goda om sinnet är starkt och individen lär sig att använda sina krafter. För att maximera vår viljestyrka måste vi bemästra vår mörka sida. Detta är faktiskt en förutsättning för att nå Himlen, den Andliga Världen. Låt dem som har förståndiga öron höra detta stora mysterium om Liv, Död och Uppståndelse. Det har antytts i många gamla Andliga traditioner före Kristendomens tillkomst.

ANDLIGA HEALINGMETODER

Resan mot Andlig Återfödelse är fylld av mentala och känslomässiga prövningar som ofta kan vara slitsamma. För att höja medvetandet måste man dock övervinna de negativa energierna som finns lagrade i Chakrana och "upplysa" dem innan man kan uppleva Kronchakrat Sahasraras obeskrivliga skönhet. Det är oundvikligt att Rensa Chakrana och om du har valt att arbeta med dem genom en Andlig healingpraxis eller låta Kundalini rena varje Chakra systematiskt över tid är helt upp till dig.

Andliga healingmetoder inkluderar, men är inte begränsade till, Ceremoniell Magi, Ädelstenar (Kristaller), Stämgafflar, Aromaterapi, Tattvas, och Yogiska och Tantriska metoder som Asana, Pranayama, Mudra, Mantra, och meditation (Dhyana). Som någon som har provat de flesta Andliga healingmetoder har jag funnit att Ceremoniell Magi isolerar varje Chakra bäst och låter dig övervinna den Karmiska energin i varje Chakra och stämma Chakrat. Min första bok, *The Magus: Kundalini and the Golden Dawn*, är en hel studiekurs för den blivande Magikern, och den ger dig alla rituella övningar du behöver för att arbeta med dina Chakran.

Ceremoniell Magi är en Västerländsk Andlig praktik, medan Yoga och Tantra är Österländska praktiker. Människor i både Öst och Väst utövar dock Kristalläkning, Ljudläkning med Stämgafflar och Aromaterapi. Även om Tattvas ursprungligen var en Österländsk Andlig teknik som användes i det Yogiska systemet, har de hittat sin väg in i de Västerländska Mysterieskolorna på grund av deras förmåga att koppla samman med de Fem Elementen, den förenande faktorn mellan det Österländska Chakra-Systemet och det Västerländska Qabalistiska systemet.

Eftersom syftet med den här boken inte bara är att ge svar på Kundalinis frågor utan också att erbjuda alternativa metoder för att läka Auran och Chakrana i syfte att uppnå Andlig Utveckling, har jag ägnat hela Del V och Del VI åt de metoder som nämns ovan. Jag ska kortfattat gå igenom några av dem för att ge dig ett helhetsintryck. Naturligtvis finns det andra metoder för att arbeta med Chakrana, och jag nämner bara de viktigaste som jag har omfattande erfarenhet av. I slutändan är det upp till dig vad du väljer att arbeta med.

Ädelstenar (Kristaller)

Användning av Ädelstenar, även kallade Naturstenar eller Kristaller, är en kraftfull Andlig metod som har funnits i tusentals år och som används flitigt av energiläkare idag. Vi hittar bevis för att Ädelstenar används för Andlig Läkning, energimanipulation och skydd i praktiskt taget alla Gamla kulturer och traditioner. De Forntida människorna använde till exempel Ädelstenar i smycken, kosmetika, dekorativa statyer och talismaner som ett bevis på deras kraftfulla förmåga att läka mentala, känslomässiga och fysiska problem och samtidigt skydda dem från negativa krafter.

Var och en av de hundratals Ädelstenar som finns har ett brett spektrum av helande egenskaper. Vi kan använda Ädelstenar för att rikta in oss på motsvarande energicenter i Ljuskroppen för att avlägsna blockeringar och öka energiflödet i dessa zoner. Genom att trimma och optimera Chakrana med hjälp av Kristalläkning föryngras även de motsvarande Subtila Kropparna, inklusive den fysiska kroppen - Såsom Ovanför, Så Nedanför.

För att verkligen förstå hur en Ädelsten påverkar en på fysiska, känslomässiga, mentala och Andliga nivåer är det nödvändigt att få en personlig erfarenhet av varje sten. Varje ädelsten är trots allt kopplad till ett eller flera Chakran, men också till olika Element, Planeter och Stjärnteckenenergier. Därför är användningen av Ädelstenar en genomförbar metod för att arbeta med ditt Mikrokosmos, din Aura, och en metod som kan balansera dina energier och läka dig på alla nivåer om du ägnar dig åt den. Jag har inkluderat en lista över Ädelstenskorrespondenser i det här arbetet, inklusive tekniker som du kan använda för att arbeta med dem.

Stämgafflar

Att använda Stämgafflar inom Ljudläkning är ett relativt nytt område, även om det har ökat i popularitet på grund av dess terapeutiska effektivitet. Den bygger på principen att allt i universum befinner sig i ett vibrationstillstånd, inklusive våra tankar, känslor och vår fysiska kropp.

När utövaren slår på en Stämgaffel under en healingssession skapar han eller hon en ljudvåg vars vibrationer färdas djupt in i patientens Aura, når deras Ljuskropps energibanor (Nadis) och påverkar medvetandet. Det finns många användningsområden för Stämgafflar, inklusive läkning av det subtila energisystemet, justering av kroppens naturliga cykler, balansering av nervsystemet, avslappning av musklerna och främjande av god sömn.

De mest populära Stämgafflarna på marknaden är de som motsvarar de stora Chakrana. Eftersom varje Chakra vibrerar på en specifik frekvens när det är friskt, kan en Stämgaffel kalibreras för att resonera på samma frekvens. När den placeras på eller i närheten av Chakrat sänder Stämgaffelns vibration en ljudvåg som stämmer in motsvarande Chakra och återställer det till sitt optimala vibrationstillstånd. Processen där två oscillerande kroppar tillåts synkronisera med varandra när de befinner sig nära varandra kallas "indragning".

Aromaterapi

Aromaterapi är en holistisk medicin som också har funnits i tusentals år och som går tillbaka till det Antika Sumer. Man använder sig av föreningar som extraheras från växter och som fångar växtens doft eller doft - dess essens. De vanligaste växtextrakten i Aromaterapins "eteriska" oljor inhaleras i allmänhet på olika sätt och med olika metoder, även om vi också kan använda dem lokalt.

När eteriska oljor andas in genom näsan påverkar de det Limbiska Systemet, den del av hjärnan som spelar en roll för känslor, beteenden och minnen. Dessutom producerar det Limbiska Systemet hormoner som hjälper till att reglera andning, hjärtfrekvens och blodtryck. Av denna anledning har många eteriska oljor en lugnande effekt på nervsystemet, vilket gör dem fördelaktiga som ett förstadium till meditation, Stämgaffel Terapi, Tantriska och Yogiska praktiker och andra Andliga helande modaliteter som kräver avslappning. Omvänt har vissa eteriska oljor en energigivande, upplyftande effekt och är bra energi boosters när man känner sig trög och utmattad.

Varje doft av eteriska oljor har specifika vibrationer med helande egenskaper som påverkar vårt medvetande positivt. Användningen av dem kan avlägsna energiblockeringar i Auran samtidigt som de ställer om de Subtila Kropparna och kalibrerar om Chakrana. Dessutom är eteriska oljor utmärkta följeslagare till Ädelstenar och andra energiväxande verktyg. De är i allmänhet säkra och lätta att använda och ger en annorlunda men kraftfull metod för att läka själen, kroppen och sinnet.

Tattvas

Att arbeta med Tattvas är en Österländsk metod som har funnits i över två och ett halvt tusen år. Själva ordet "Tattva" är ett Sanskritord som betyder "essens", "princip" eller "element". Tattvas representerar de Fyra Elementen Jord, Vatten, Luft, Eld och det femte Elementet Ande. Det finns fem primära Tattvas, som var och en har fem Sub-Tattvas, vilket ger totalt trettio.

Tattvas kan bäst ses som "fönster" till de Kosmiska Planen, motsvarande de Chakriska energierna. Som sådana kan de hjälpa oss att arbeta med Chakrana och den Karmiska energi som finns i dem. De genererar ingen energi i sig själva, som Ädelstenar och Stämgafflar, men de är till hjälp för att sätta fokus på de inre Kosmiska Planen och arbeta med motsvarande Chakran. Enligt min erfarenhet går arbetet med Tattvas hand i hand med att använda Ceremoniell Magi ritualer av Elementen eftersom den typ av energi som de båda behandlar är praktiskt taget densamma.

Tattva-arbete liknar Ceremoniell Magi eftersom det isolerar varje Chakra, men energin som åberopas är mindre potent. En del föredrar dock Tattvasmetoden eftersom den gör det möjligt att arbeta med Underelementen på ett säkert och effektivt sätt. Dessutom kan Tattvas användas tillsammans med andra Andliga metoder som presenteras i detta arbete, särskilt Aromaterapi.

Yoga och Tantra

De Österländska Andliga systemen Yoga och Tantra innehåller många övningar som kan utövas enskilt eller i förening med andra delar av de två systemen. Även om Yoga och Tantra har samma övningar, skiljer sig deras filosofier åt. Medan Yogan tillämpar Andliga tekniker för att sträva efter särskilda mål och uppnåelser (såsom Självförverkligande eller Upplysning), fokuserar Tantra på att använda samma metoder för att frigöra sig från alla begär, vilket oundvikligen leder till samma resultat som Yogan. Tantra kan därför ses som en metod för att närma sig Yoga. Tantra har sitt ursprung i en tradition av husägare som fokuserade på att omfamna den materiella, världsliga världen i stället för att överskrida den, vilket är målet för Yoga.

Asana är utövandet av stående eller sittande Yogaställningar. Det finns många fördelar med att utföra Asanas, bland annat att strama upp den fysiska kroppen, utveckla flexibilitet och styrka, balansera och harmonisera våra inre energier, öppna Chakrana, avlägsna blockeringar i Nadis och grunda oss med Jorden. Asanas har också en lugnande effekt på sinnet, vilket gör den till ett utmärkt verktyg för att bekämpa ångest och depression samtidigt som den ökar hjärnans "lyckokemikalier". Asanas utövas tillsammans med andningsövningar (Pranayama) och meditation (Dhyana). Meditation Asanas är dock en förutsättning för nästan alla Yogiska övningar, inklusive Mudras och Mantras.

Pranayama är en Yogisk metod för kontrollerad andning som för in Pranisk energi i kroppen. Vi kan praktisera den självständigt eller som en föregångare till meditation och alla övningar som åberopar energi. Till exempel är övningen "Fyrfaldigt Andetag" från *The Magus* en anpassad Pranayama-teknik som fungerar bra tillsammans med rituella övningar från den Västerländska Mysterietraditionen. På samma sätt spelar Pranayama en avgörande roll vid utförandet av Asanas, Mudras och Mantras eftersom andningen är nyckeln till att kontrollera sinnet och kroppen. Pranayama-övningarna i den här boken används för olika ändamål, bland annat för att balansera de feminina och maskulina energierna, lugna ner nervsystemet, neutralisera negativ energi och förbereda sinnet för att höja och manipulera energi.

Mudras är symboliska, rituella gester eller ställningar som vanligtvis endast involverar händer och fingrar, även om de också kan involvera hela kroppen. De gör det möjligt för oss att manipulera energier i våra kroppar (Mikrokosmos) och åberopa högre makter i universum (Makrokosmos). Mudras förbinder oss med Arketypiska krafter och höjer vibrationen i vårt medvetande. I den här boken presenteras Mudras för att väcka och finjustera Chakrana, balansera Elementen, framkalla sinnesfrid och till och med utnyttja Pranisk Energi för att väcka Kundalini (Bandhas-Lås Mudras). Du kan använda Mudras tillsammans med meditationsövningar, Mantras, Pranayamas och Asanas, särskilt meditations-Asanas.

Sanskritmantran åberopar energi genom att stämma av oss med vissa krafter i oss själva och i vårt Solsystem. De innebär ofta att Hinduiska eller Buddhistiska Gudar och Gudinnor åberopas i någon form eller aspekt av sina krafter. Denna kraftfulla metod för att inducera energi i Auran har använts i tusentals år av anhängare av de Österländska Andliga systemen. Mantras bär i allmänhet på den Karmiska energin från systemen respektive de specifika traditioner eller religioner som de härstammar från. De går hand i hand med Pranayama-tekniker, meditationsövningar och andra Yogiska metoder. Eftersom den energi som åberopas genom Mantran vanligtvis omfattar mer än ett Chakra, kan vi till exempel kombinera användningen av dem (särskilt Bija Mantras) med Hand Mudras för att effektivt isolera och läka enskilda Chakran.

Slutligen är meditation, eller Dhyana, en av de mest utbredda disciplinerna för att fokusera sinnet som finns i både Österländska och Västerländska andliga system. I *The Magus* är till exempel "Sinnes Öga Meditation" en föregångare till energiinvokationer, eftersom den effektivt lugnar ner oss, underlättar ett *Alfatillstånd* av hjärnvågsaktivitet och förbereder sinnet för rituella åkallande/stämningar. Meditationstekniker innebär att man visualiserar ett objekt inom sig, koncentrerar sig på ett objekt utanför, eller använder Mantran för att hjälpa till att fokusera sinnet. Meditation är tänkt att tysta Egot och tömma sinnet, vilket leder till helande av alla Chakror. Den höjer vår medvetenhet, gör oss närvarande här och nu och låter oss utnyttja fältet av ren potential. Meditation används sida vid sida med andningskontroll (Pranayama).

***

Jag har upptäckt att Kundaliniväckta personer som väljer att låta Kundalininin arbeta med enskilda Chakran naturligt ofta är utlämnade åt denna energi som ibland kan vara mycket hård. Smärtan och ångesten kan vara så stor att vissa har förlorat fullständig kontroll över sina liv och har övervägt självmord. Att hitta en Andlig praktik för att läka Chakrana ger dig en betydande grad av kontroll över denna process, vilket kan vara mycket upplyftande och ge dig självförtroende och styrka att gå vidare på din resa. Kundaliniuppvaknandeprocessen är en livstids strävan. Därför är det viktigt att förbli inspirerad medan den pågår för att få ut det mesta av den och ha den mest bekväma tiden när du utvecklas Andligt.

KUNDALINITRANSFORMATIONEN

Det är viktigt att diskutera hur en Chakras funktion är kopplad till hjärnan, med tanke på att medvetandeutvidgningen, som är det primära syftet med Kundaliniväckningen, sker inne i huvudet. Du förstår, genom att väcka de Sju Chakrana och höja Kundalini till Kronan öppnas nya energibanor i hjärnan, vilket känns som att ditt huvud blir ihåligt på insidan. Hjärnan genomgår en omformningsprocess och utökar sin kapacitet från 10 %, som den genomsnittliga människan använder, till hela 100 %. Vilande områden i hjärnan blir olåsta, vilket gör det möjligt för oss att ta in en enorm mängd information utifrån på en gång och bearbeta den. Tänk på detta som en process för expansion av hjärnans kraft.

När det Kosmiska Ägget väl har blåst upp och aktiverat Ljuskroppen tar det en viss tid för Pranic/Ljus-energin att genomsyra Nadis och ge kraft åt det nya energisystemet. Denna process sker genom att maten omvandlas till Ljusenergi via matsmältningssystemet. Eftersom det inte finns något definierat ord för denna process kommer jag att använda "sublimera" eftersom det innebär att en sak ändrar sin form men inte sitt väsen. Och eftersom alla ting är gjorda av Ande och Ljus, inklusive den mat vi äter, syftar sublimering på dess omvandling från ett fast tillstånd till ett subtilt tillstånd som genomsyrar och ger kraft åt energivägarna i Ljusets Kropp. Detta fenomen är ansvarigt inte bara för att utvidga medvetandet utan också för att framkalla transcendentala tillstånd.

Du kommer dock inte att kunna ställa in dig helt och hållet på den Andliga Kroppen (en av Ljuskroppens Subtila Kroppar) förrän du helt och hållet har arbetat dig igenom de fyra lägre Chakrana och har integrerat och behärskat Elementen Jord, Vatten, Eld och Luft i ditt psyke. Eftersom du för att göra detta måste gå bortom Avgrunden, in i Icke-Dualitetens rike. Under den långvariga Kundalinitransformationsprocessen börjar ditt medvetande således långsamt att stämma av med *Chokmah* och *Binah*, de andra och tredje högsta Sfärerna (Sefiroth) på Livets Träd som motsvarar de inre funktionerna visdom och förståelse.

I den här boken kommer jag att introducera dig till vissa Qabalistiska Arketyper och relatera dem till Livets Träd. Även om detta arbete står på egen hand, fortsätter och utökar många av de idéer som presenteras här den kunskap som presenteras i *The Magus*. När allt kommer omkring är dess beskrivning av Kundalini-energin relaterad till den

Västerländska Mysterietraditionen medan *Serpent Rising* håller sig till det Österländska systemet. Genom att ständigt presentera nya idéer och begrepp för dig vill jag bygga upp ditt minne och din inlärningsförmåga så att ditt Högre Jag kan ta över och fortsätta att undervisa dig genom Gnosis - den direkta kommunikationen med högre energier. Innan detta sker måste du dock ha en grundlig förståelse för Kundalini-processen och förena alla avvikande åsikter om detta ämne.

AKTIVERING AV BINDU

När Ljuset i kroppen har byggts upp med hjälp av mat, vilket kan ta tre till fyra månader efter ett fullständigt Kundalini-uppvaknande, kommer du att känna hur en ventilering bildas längst bak i huvudet, vilket är Bindu Chakrat (Figur 5). Dess placering är exakt där Brahmaner låter sin hårtopp växa. Bindu är en Sanskritterm som betyder "punkt" eller "prick", och det är befrielsens åtkomstpunkt för det individuella medvetandet - porten till "Shoonya", tillståndet av Tomhet eller ingenting. Men för att Bindu ska kunna låsas upp måste du helt och hållet ha väckt Sahasraras Tusenbladiga Lotus, och Kundalini måste nu permanent uppehålla sig i hjärnan. Dessutom måste en tillräcklig mängd Chakrikrening vara avslutad om uppvaknandet var spontant och du var Karmiskt oförberedd.

Bindu har det vanligaste namnet Bindu Visarga som betyder "droppens fall" på sanskrit, med hänvisning till Amrita nektar som enligt Tantra Yoga släpps ut från Bindu. Amritanektar, som ofta kallas "Odödlighetens Nektar", utsöndras från Sahasrara, men kommer in i kroppen genom Bindu. Amrita och Ambrosia är samma sak och hänvisar till "Gudarnas Mat", "Livets Elixir" som man ofta hör talas om i olika Andliga traditioner. Denna nektar ger näring åt Ljuskroppen och sägs förlänga livet, ge näring och spela en viktig roll för att uppleva transcendens efter ett fullständigt och ihållande Kundaliniuppvaknande.

I Tantra symboliserar Bindu Lord Shiva, Skapelsens Källa. På grund av dess inneboende egenskap att reflektera tankar från det Kosmiska Medvetandet kallas detta Chakra ofta för Månchakrat. Bindu anses vara ett av de Transpersonella Chakrana och nämns därför inte i de flesta böcker om Yoga. I den Transpersonella Chakramodellen kallas Bindu för det Kausala Chakrat. När jag har undersökt olika Andliga tankeskolor har jag funnit att de båda Chakrasens placering och deras egenskaper och karaktärsdrag är identiska.

Bindu Chakrat spelar en avgörande roll i Kundalinis omvandlingsprocess. Detta Chakra är det nästa som vaknar efter Sahasrara. Det fungerar som en port eller energikanal för de två högre Transpersonella Chakrana, Soul Star och Stellar Gateway. Efter ett fullständigt Kundaliniuppvaknande börjar Prana/Ljus att kanaliseras genom den nyligen aktiverade Ljuskroppen. Med tiden dras medvetandet på ett naturligt sätt mot Bindu Chakra och låser upp det i processen. Samtidigt öppnas det Sjunde Ögat, vars hjälpkanal är avgörande för att upprätthålla Kundalinikretsen och skapa ett transcendentalt sinnestillstånd. (Mer om det Sjunde Ögat senare.) En av Bindus funktioner är att reglera Ljusenergin och fördela den i hela Ljuskroppen. Den fungerar som en energiomvandlare och ledare. När denna Ljusenergi ökar expanderar ditt medvetande.

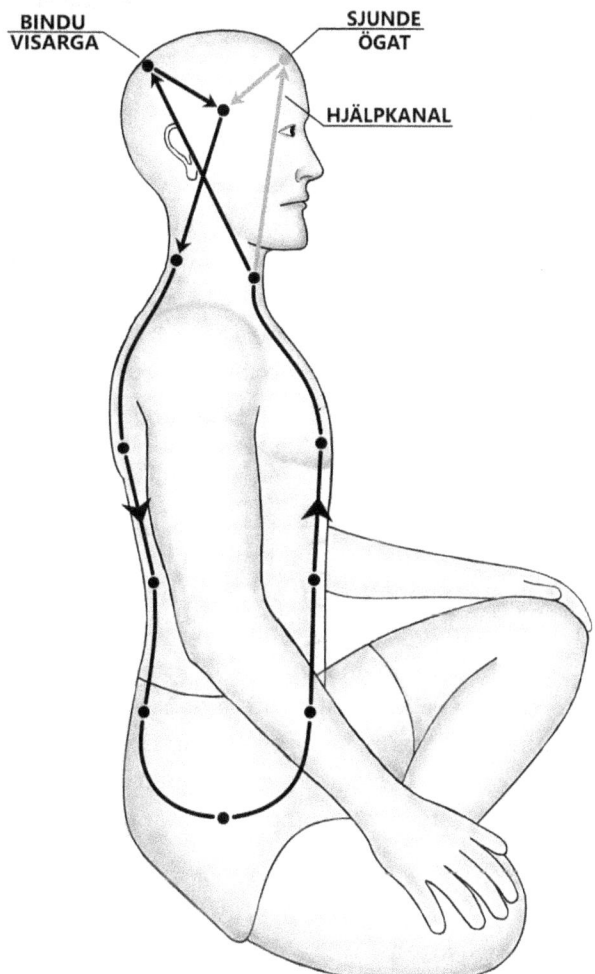

Figur 5: Den Kompletta Kundalini-Kretsen

När Bindu är helt öppen har ditt medvetande direkt tillgång till den Icke-Dualistiska världen, den Andliga Världen. Denna upplevelse åtföljs av en känsla av fullständig Andlig hänryckning i ditt Hjärtchakra. Du börjar intuitivt känna vad Jesus Kristus menade när han talade om Guds Härlighet eller Himmelriket och skönheten i denna magiska värld som är alla människors födslorätt. Bindu är vår dörr till det Kosmiska Medvetandet. När den väl har öppnats kommer en konstant känsla av inspiration in i ditt liv. Du börjar känna att du lever på Planeten Jorden, men känslomässigt är du i Himlen.

När Bindu blir upplöst i Ljuskroppen uppmuntrar den Sushumna, Ida och Pingala Nadis att maximera sin förmåga att kanalisera energi. Kundaliniljuset flödar nu obehindrat genom dessa kanaler, med större hastighet än någonsin tidigare, drivet av Bindu. Ljusenergin driver Chakrana i Auran och gör det möjligt för dig att ställa in dig på något av de inre Kosmiska Planen eller Existensvärldarna. Dessa inkluderar de Fysiska, Lägre och Högre Astrala, Lägre och Högre Mentala, Andliga och Gudomliga Planen. Planerna under de Gudomliga Planen motsvarar de Sju Chakrana.

Bindu är en ventil för den sublimerade Ljusenergin att kanaliseras in i, som när den väcks fullbordar Kundalini-kretsen. Den förenar ens tankar och känslor och gör det möjligt för oss att uppleva fullständig transcendens i medvetandet. Dess aktivering höjer vibrationen i vårt medvetande och anpassar oss till den Andliga Kroppen. Bindu fungerar som ett svart hål för det individuella medvetandet. Genom att gå in i det förenar vi oss med det Kosmiska Medvetandet och blir Ett med Universum.

Genom Bindu kan ditt medvetande lätt lämna din kropp när du blir absorberad i någon form av meditation. När detta sker börjar du kanalisera tankar från det Kosmiska Medvetandet. Det är det Andliga Planets rike eftersom alla tankar och känslor försonas i "Eldsjön" som ligger inom det. Denna eld aktiverar begreppet "Guds Härlighet" som en påtaglig känsla som känns i Hjärtchakrat och det fysiska hjärtat. Figur 5 illustrerar Ljusets rörelse, som är Kundalinienergin i sitt mer sublimerade tillstånd.

Inom Hinduismen och Jainismen är det vanligt att bära en bindi, en färgad prick mitt i pannan. Det innebär en koppling mellan Sinnets Öga (Ajna Chakra) och Bindu Chakra. I huvudsak når vi Bindu Chakra genom Ajna, vilket är fallet med Sahasrara Chakra. Som nämnts kan vi dock inte nå Bindu om inte Sahasrara är helt öppet, eftersom en anpassning i den ena innebär en anpassning i den andra. Hinduerna kallar Bindu för en "skapelsepunkt", där alla ting hålls samman av Enheten. De beskriver bindi då som "den heliga symbolen för Kosmos i sitt omanifesterade tillstånd".

UTPLÅNING AV MINNET

Efter att den uppvaknade Bindu har anpassat ditt medvetande till det Andliga Planet, är nästa fenomen i Kundalinis omvandlingsprocess att slumpmässiga minnen strömmar fram inför ditt sinnesöga. Denna händelse är ett resultat av Hindus intima relation till Ajna Chakra och Tallkottkörteln. Eftersom sinnet blir tystat på det Andliga Planet ger det upphov till att gamla minnen för ett kort ögonblick dyker upp igen, ett efter ett, som vågor i ett oändligt medvetandehav. Dessa minnen kan vara färska, även om de vanligtvis är från en äldre tid, så långt tillbaka som till din barndom.

Jaget använder Sinnets Öga för att uppleva dessa tidigare minnen som Bindu producerar. För att vara exakt "fiskar" Bindu upp dem från Kausalchakrat, ett av tre transpersonella Chakran ovanför huvudet och ett som har en intim koppling till Bindu. Den Femte Dimensionens kärleksenergi påverkar Bindu att släppa gamla minnen och därmed ta bort den känslomässiga laddning som binder dem till dina Chakran.

Och när dessa minnen strömmar genom ditt medvetande befrias psyket, ett minne i taget.

Den visuella komponenten av att se dessa slumpmässiga minnen blossa upp för dig ett efter ett åtföljs av en intuitiv känsla av hur minnena kändes när de inträffade. På sätt och vis får du alltså återuppleva dessa upplevelser på nytt. Den här gången befinner sig dock ditt Jag i ett neutralt tillstånd, vilket innebär att du inte längre är psykologiskt påverkad eller känslomässigt bunden på något sätt till dessa händelser. Du arbetar nu från Icke-Dualitetens område, vilket innebär att Egot och sinnet är förbigångna.

När du gör dig av med gamla tankar och känslor genom Bindu kan det kännas som om du håller på att bli galen, eftersom ditt Ego inser att dess grepp om medvetandet håller på att försvagas. Denna minnesutplåningsprocess är dock normal och kan ofta fortsätta under mycket lång tid. Det tog trots allt många år för Egot att utvecklas, och med varje minne blev det starkare. Nu vänder processen om, eftersom du återgår till ditt ursprungliga, oskyldiga tillstånd innan Egot började utvecklas.

Du kan inte avskaffa Egot helt och hållet medan du lever i den fysiska kroppen, eftersom det tjänar syftet att skydda din kropp från omedelbar skada. Jesus Kristus, en av de mest extraordinära Heliga män som levt på denna Planet, levde med ett Ego hela sitt liv och styrde och befallde det. Hans näst sista mening på korset var: "Min Gud, min Gud, varför har du övergivit mig?" (Matteus 27:46) Detta uttalande kom från hans Ego, som kom fram i medvetandet under de sista stunderna av Jesu liv för att be Gud om hjälp i vetskap om att den fysiska kroppen var på väg att förgås. Uttalandet följdes av "Det är slut". Detta är det sista som hans högre jag sa innan han dog. Här är ett perfekt exempel på dikotomin mellan Egot och det Högre Jaget och hur båda kan ta över medvetandet när som helst, beroende på omständigheterna och oavsett hur Andligt utvecklade vi är.

Så du förstår, du kan inte förstöra Egot i det här livet. Men du kan ta bort dess kopplingar så att Själen kan ta över förarsätet och vara din vägledande kraft i livet, inklusive det dagliga beslutsfattandet. Och eftersom du inte längre är plågad av rädsla genom att du har stämt in dig på det Andliga Planet har Egot inget att muta dig med längre. En stor del av Egots funktion omfattar hur det reagerar på rädslans energi och de fiktiva men skrämmande scenarier som sinnet skapar och som Egot försöker förhindra att de inträffar. En annan viktig del av Egots modus operandi är att locka dig med tankar och önskningar om att bara ägna dig åt kroppens nöjen och dina egna behov och önskemål. Men eftersom du inte längre är bunden till din kropp och erkänner att all existens är enhetlig, har Egot liten makt över dig även i detta avseende.

Kundalini-uppvaknandet tar dig i de flesta fall från Jorden till Himlen på ett enda decennium. När dessa subtila processer äger rum är det meningslöst att försöka rationalisera vad som händer med dig. Samma förmåga som du använder för att rationalisera saker och ting utplånas av Kundaliniflödet för att göra det möjligt för dig att börja arbeta helt och hållet på intuition. Minnet verkar försvinna genom denna process, liksom impulsen att rationalisera och förklara allt som händer dig genom logik och förnuft. Därför är begreppen "släppa taget" och "följa med strömmen" en del av Kundaliniförvandlingsprocessen. Genom att ifrågasätta processen för mycket med ditt Ego kommer du att hindra Kundalinis flöde, vilket i längden gör att din omvandling tar längre tid än den borde.

Tänk på analogin med vad som händer när du använder eld mot vatten i den fysiska verkligheten - du får ånga. Eldelementet är den uppvaknade Kundalini-energin, medan ditt minne tillhör Vattenelementet vars väsen är rent medvetande. Vattenelementet uttrycker sig fysiskt som kroppens vatteninnehåll och utgör över 60 % av ditt Fysiska Jag. Ångan eller ångorna är skräp eller skadliga komponenter från ditt Vattenelement, minnena av vem du var eller trodde att du var när dessa tidigare händelser inträffade. Dessa minnen är dock inget annat än illusioner som är bundna till din Karma, som fördunklar din essens och hindrar det inre Ljuset från att lysa ut i världen. Allteftersom tiden går, och Kundalini-Elden fortsätter att verka på de olika Chakrana och renar dem i processen, blir dessa gamla minnen utrivna ur dig. Denna utrotning av Egot är också en Själslig reningsprocess. Efter en tid börjar du se vågor och energimönster i ditt Sinnesöga som visuella bilder som är resultatet av de intryck som din omgivning gör på dig. För att nå dit måste dock många personliga minnen renas. Du kan till och med se minnen från tidigare liv eftersom denna reningsprocess inte är bunden till endast detta liv. Kom ihåg att Själen, som vi här försöker rena och upphöja, har existerat i många livstider.

När medvetandet drar sig mer och mer tillbaka in i Bindu börjar du förlora medvetandet om din fysiska kropp till den grad att du blir avtrubbad av känslor från omvärlden. På en högre nivå av Andlig Utveckling lämnar ditt medvetande din kropp helt och hållet, tillsammans med en känsla av att den fysiska kroppen injiceras med novokain, ett kraftfullt smärtstillande och bedövande medel. Det når en punkt där du, om du skulle applicera en ispåse på huden, inte skulle känna kylan utan bara en bedövande känsla. Höga nivåer av histamin frisätts för att åstadkomma detta fenomen. När de stora hjärncentren öppnas upp frigörs högre dopamin- och serotoninnivåer, vilket bidrar till ett upprymt, lyckligt känsloläge och en övermänsklig viljestyrka.

Denna process av medvetandeexpansion är oändlig. Du börjar leva i den här verkligheten kontinuerligt när Bindu blir alltmer fylld med Ljusenergi som kommer in genom födointag. Allteftersom näringsämnena absorberas av kroppen växer Kundalini-Ljuset som cirkulerar inuti dina Nadis i storlek och rörelsehastighet, och expanderar ständigt ditt medvetande utan uppehåll.

FULLBORDAD METAMORFOS

Du börjar uppleva olika fysiska känslor genom Kundalinis omvandlingsprocess. Den första fysiska manifestationen av dessa energetiska förändringar är känslan av myror som kryper på huden. Vissa människor upplever att deras kroppsdelar blir zappade när de Sjuttiotvå Tusen Nadis, eller energetiska kanaler, genomsyras av den Praniska energin. En känslighet för luften runt omkring dig kan utvecklas, vilket gör dig mottaglig för förkylning eller influensa. Jag har funnit att detta fenomen beror på om Luftelementet är dominerande i ditt Födelsehoroskop. Kom ihåg att hålla dig varm för att undvika att bli sjuk om du börjar känna den svala luften på din hud på ett nytt sätt. Du kan också börja utveckla allergier eftersom ditt luktsinne skärps. Du kommer att börja lukta på vissa dofter som om föremålet eller personen finns framför dig, även om de i verkligheten kan befinna sig flera kilometer bort.

Alla de processer som jag har beskrivit hittills är sammankopplade. Tillsammans aktiverar och utvecklar de Ljuskroppens krafter så att medvetandet gradvis kan anpassa sig till sin vibration och uppleva Kosmiskt Medvetande. Ljuskroppen är som ett träd vars grenar (Nadis) når ut till hudens yta från insidan. Dess centrum ligger i Hjärtchakrat, Anahata, kroppens centrala område där flera Nadis korsar varandra. Dessa grenar fungerar som receptorer som använder luften runt omkring dem som ett medium eller en kanal för kommunikation. De är antenner som ansluter till de osynliga världarna, de Kosmiska Planen som jag tidigare har nämnt.

Ytterligare tillväxt av detta energiträd sker genom att den fysiska kroppen matas med rätt näringsämnen, vitaminer och mineraler. Protein är viktigt eftersom det hjälper till att bygga upp Ljusets Kropp. C-vitamin är också viktigt eftersom det hjälper till att reglera Binjurarna, som blir uttömda av Kundalinis uppvaknandeprocess. Rädsla belastar Binjurarna, och eftersom du upplever en katatonisk krasch, *Själens Mörka Natt,* blir rädslan kraftigt förstärkt. Därför är det viktigt att dricka apelsinjuice eller annan fruktjuice som innehåller C-vitamin för att undvika att Binjurarna skadas permanent.

Kundalinis omvandlingsprocess är en sådan chock för Egot när det dör ut. Som ett resultat av detta kan det finnas en enorm mängd negativitet som dyker upp från ditt undermedvetna. Om du har haft ett fullständigt och permanent Kundaliniuppvaknande börjar denna process genast eftersom det är den fullständiga aktiveringen av Ljuskroppen genom att det Kosmiska Ägget bryts som genererar början på ett helt nytt liv. Till en början möts ditt nya liv av många unika utmaningar när du försöker förstå processen. Att ha rätt vägledning är till hjälp eftersom det gör det möjligt för dig att "släppa taget" från att försöka kontrollera processen och låta saker och ting hända med dig på ett naturligt sätt.

LJUS OCH VIBRATIONER I HUVUDET

Efter ett fullständigt Kundalini-uppvaknande kommer du, förutom att Ljusenergin nu är närvarande i hjärnan hela tiden (Figur 6), också att uppleva ett surrande, vibrerande ljud. Detta ljud hörs eftersom Kundalini-energin är permanent lokaliserad i ditt huvud, vilket innebär att den inte längre rör sig upp och ner längs ryggraden och inte heller sjunker ner till Muladhara. Så det som ofta låter som surrandet från en bisvärm kan också beskrivas som ljudet av en elektrisk ström eller strålning.

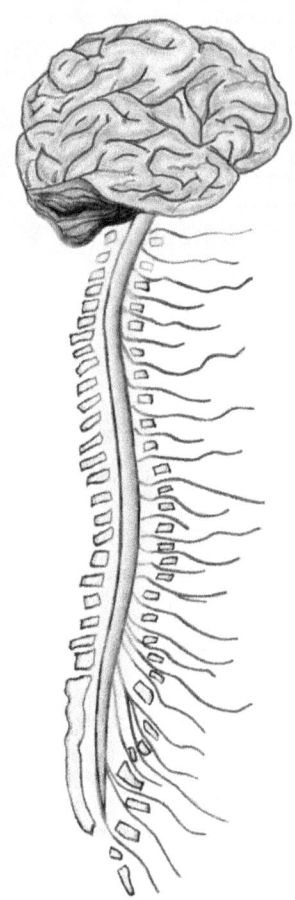

Figur 6: Hjärnan Fylld med Ljus

Det vibrerande ljudet kan bäst höras på insidan när ljudet från omvärlden är tystat. Du kommer också att märka att det blir högre i tonhöjd när du för in mat i kroppen eftersom din energiström ökar. Ljudet varierar från det neutrala tillståndet som låter som surrandet från en bisvärm, till ett mer aggressivt ljud, som en jetmotor, även om det inte är lika uttalat. När det blir mer dynamiskt eller högre tonhöjd indikerar det en kraftigare Kundaliniaktivitet i Ljuskroppen.

En del uppvaknade människor har uttryckt oro över detta permanenta vibrerande ljud i huvudet och sagt att det har gjort deras liv ganska obekväma. Mitt råd är att lära sig att leva med det i stället för att bekämpa det eller hoppas att det försvinner, för det gör det inte. Det är en permanent del av ditt liv nu eftersom det är ljudet av Kundalini-energin inom dig. Men när du tar avstånd från Egot och anpassar dig mer till din Själ kommer du att acceptera det vibrerande ljudet som en del av processen och kanske till och med lära dig att njuta av dess närvaro.

Jag har upptäckt att om jag använder öronproppar när jag somnar kan jag använda ljudet för att lugna och stilla mitt sinne, vilket gör att jag somnar snabbare. Det tog dock många år att lära sig att släppa taget och uppskatta detta ljud, men att veta att det är en naturlig del av processen och inte något ondskefullt främmande väsen i din Aura är halva slaget.

Dessa två manifestationer, Ljuset i huvudet och det ständiga surrandet i öronen, markerar ett permanent uppvaknande. Kom ihåg att det Kosmiska Ägget måste ha sprängts upp av den första Kundalini-uppstigningen och de sjuttiotvå tusen Nadis i Ljuskroppen aktiveras via dess Ambrosianektar. Om denna händelse inte har inträffat, har den fullständiga Kundalini-aktiveringen inte ägt rum. Du kan ha att göra med en partiell uppstigning i enskilda Chakran, varav den vanligaste är en uppstigning i Hjärtchakrat Anahata.

TYPER AV KUNDALINI UPPSTIGNINGAR

Ett Kundaliniväckande kan ske på många olika sätt och av olika anledningar. Det vanligaste är ett spontant uppvaknande genom användning av fritidsdroger eller efter att ha genomgått svåra trauman i ditt liv. Vid trauma uppstår ett Kundaliniuppvaknande som en försvarsmekanism när själen har fått nog av den smärta som orsakas i kroppen. Själen kapar medvetandet tillräckligt länge för att framkalla avslappning i kroppen. Denna totala överlåtelse, som åtföljs av en ström av positiva känslor, kan väcka Kundalinienergin, och det har den gjort för många människor.

En mindre vanlig metod för att väcka Kundalini är genom en överföring som kallas Shaktipat från en person som själv har haft denna erfarenhet. Kundalini kan också stimuleras genom att studera religiösa och Andliga böcker och förstå vissa djupa sanningar om Universums natur och Gud - Skaparen. Enkelt uttryckt: för att Kundalini ska kunna väckas måste något utlösa den. En utlösare kan vara antingen en tanke eller en känsla, din egen eller någon annans. Shaktipat uppstår på grund av kraften i en uppvaknad mästares tanke och deras förmåga att överföra den tanken till ditt undermedvetna.

Sedan finns det Kundaliniväckningar som sker som ett resultat av direkt Andlig praktik som syftar till att väcka denna energi. Det kan ske genom Yogiska övningar, meditation, rituella övningar från olika traditioner, Tantriskt sex och andra Andliga metoder som enbart syftar till att väcka Kundalini. Dessa fall är mindre framträdande i världen idag, och de flesta människor som jag har stött på har väckt Kundalini spontant och inte genom direkta praktiker med medveten avsikt. Utförandet av Andliga healingmetoder, som de jag kommer att presentera senare i den här boken, kan höja vibrationen i ditt medvetande tillräckligt länge för att Kundalini ska kunna vakna. Detta räknas dock återigen som ett oplanerat, spontant uppvaknande.

Vissa människor lämnar sina moderna, snabba samhällen och går till Tempel och Ashrams och lever i avskildhet i många år för att försöka väcka Kundalini. Många tillbringar ett dussin år eller mer med att meditera och göra Andliga övningar för att väcka denna kraft, utan att lyckas. Det är min personliga övertygelse att om du är ämnad att väcka Kundalini i detta liv, oavsett hur hårt du försöker eller inte försöker, kommer det att hända dig. I huvudsak kommer denna process inte att kräva din ansträngning, utan livshändelser kommer att presentera sig för dig på ett sådant sätt att denna kraft kommer att väckas. Att känna till Kundalinienergins kraft och potential, särskilt för de människor som läser om detta ämne för första gången, kan dock utveckla den själsliga önskan som kan vara katalysatorn för att sätta denna händelse i rörelse.

PARTIELLA OCH PERMANENTA KUNDALINIVÄCKNINGAR

Det finns två typer av Kundaliniväckningar - permanenta och partiella. Skillnaden mellan de två måste förstås korrekt för att veta var du befinner dig i din Andliga Utvecklingsprocess så att du kan veta vad du ska göra för att gå vidare.

Vid ett permanent uppvaknande stiger Kundalini-energin från ryggraden (Muladhara Chakra), genom Sushumna och in i hjärnan tills den når toppen av huvudet (Sahasrara). Längs dess väg ligger de Tre Granthis, de psykiska "knutar" som hindrar Kundalinis flöde. Var och en av dem måste genomborras systematiskt för att ett fullständigt uppvaknande ska ske. Eftersom det är en del av Yogans och Tantrans vetenskap och filosofi kommer jag att diskutera de Tre Granthis i detalj i det avsnitt som ägnas åt deras praktik.

Om den uppvaknade Kundalini stiger med tillräcklig kraft kommer den att bryta sönder det Kosmiska Ägget ovanpå huvudet. När det Kosmiska Ägget bryts, strömmar en nektarliknande flytande substans, Ambrosia, över kroppen nedåt från toppen av huvudet och stärker de Sjuttiotvå Tusen Nadis i Ljuskroppen (Figur 7). Detta utgör ett "permanent" uppvaknande eftersom Kundalini aldrig faller tillbaka ner till Muladhara. Istället stannar den kvar i hjärnans centrum för resten av livet.

Vid ett partiellt uppvaknande stiger Kundalini dock aldrig upp till hjärnans centrum, eller åtminstone genererar den inte tillräckligt med kraft för att knyta loss de Tre Granthis och stiga upp till toppen av huvudet för att spränga upp det Kosmiska Ägget. I stället sjunker Kundalinienergin tillbaka ner till Muladhara för att i framtiden upprepa processen med att stiga upp. Kundalini vill stiga upp till toppen av huvudet, och den kommer att fortsätta att försöka göra det tills den lossar alla Tre Granthis och uppnår detta mål.

Vid ett gradvis eller "partiellt" uppvaknande stiger Kundalini därför vanligtvis upp till ett visst Chakra i sin systematiska rörelse uppåt. Det gör den för att öppna det specifika Chakrat så att du gradvis kan arbeta för att rena den Karmiska energi som finns lagrad i det. I det här fallet blir det inte en flod av negativitet eftersom hela Livets Träd inte öppnas, utan bara vissa Sfärer eller Sefiroter av Livets Träd. Därför är detta gradvisa eller partiella uppvaknande ett bekvämare sätt att utvecklas Andligt. Det finns dock ingen garanti för att Kundalini någonsin kommer att nå toppen av huvudet i detta liv.

Kom alltid ihåg att vi inte kan välja hur vi väcker Kundalini. Jag önskar att jag kunde säga att en metod fungerar 100 procent av gångerna eller till och med 10 procent, men jag skulle ljuga. Så den som säger till dig att han eller hon har upptäckt en teknik som alltid fungerar lurar sig själv och andra, avsiktligt eller inte. Min personliga övertygelse är att du inte kan välja med ditt Ego att få denna erfarenhet i detta liv utan att det måste vara ett Själsligt beslut.

Det är till och med möjligt att vi väljer att ha den här erfarenheten innan vi inkarnerar på den här Planeten i det här livet, eftersom det är en så radikal förändring från den genomsnittliga, vardagliga verkligheten som icke uppvaknade individer lever i. Som sådan måste högre makter vara inblandade i processen för att få ett Kundaliniuppvaknande att ske. Det permanenta Kundaliniuppvaknandet är dock avsett för alla, oavsett om det sker i detta liv eller i andra livstider. Som sagt, att veta vad man ska leta efter och förbereda sig för denna upplevelse är det första steget - liksom att gå bortom de begränsade sociala strukturer som håller vårt medvetande bundet till den materiella verkligheten.

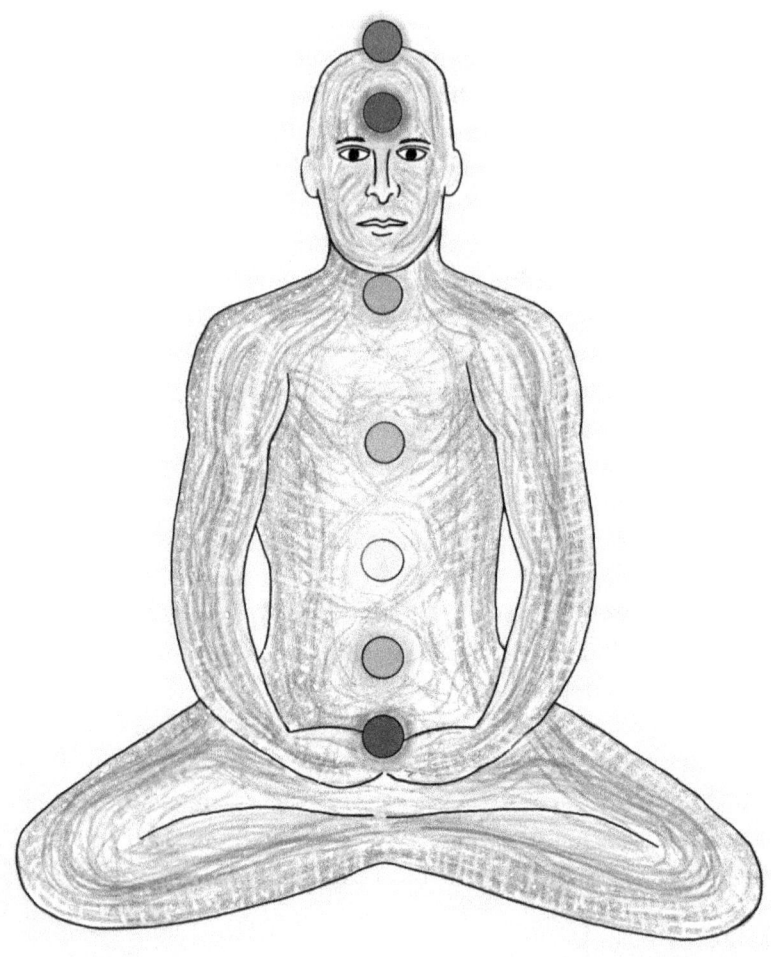

Figur 7: De Sjuttiotvå Tusen Nadis

Om du efter att ha läst den här boken fortfarande föredrar att spendera din tid och energi på att försöka bli rik i stället för att arbeta med att utveckla dig själv Andligt, då är ett Kundalini-uppvaknande kanske inte avsett för dig i det här livet. Det kan fortfarande finnas nödvändiga lektioner att lära sig för att se att ingenting är så viktigt som att ha denna erfarenhet.

Hinduerna kallar detta för den process där Shakti (Kundalini) stiger uppåt för att möta Shiva (det Kosmiska Medvetandet), där de fullbordar sitt Gudomliga Äktenskap och blir Ett. När de väl förenas i extas kommer Shiva ner i Hjärtchakrat för att åstadkomma den ständiga förnyelseakten i medvetandet hos den Kundalini-initierade. Medan du befinner dig i detta eviga, förnyande tillstånd blir du fri från syndens börda när du förlorar dig själv inom dig själv. Du blir som ett oskyldigt barn igen, som ser på världen med fräscha, nya ögon, från ett ögonblick till ett annat. Denna erfarenhet är vad det verkligen innebär att befinna sig i "Nuet", det nuvarande ögonblicket. Nuet är fältet av ren, obegränsad medvetandepotential som kan upplevas när du har frigjort dig från slaveriet till den materiella världen.

ATT SE LJUSET I ALLTING

När energin äntligen når toppen av huvudet och bryter upp det Kosmiska Ägget kommer du att få en extraordinär världsupplevelse. När Ljuset byggs upp inom dig överför det sig på allt du ser med dina fysiska ögon och ger ett skimrande, silvrigt skimmer eller glans åt allt du uppfattar i den materiella världen. När jag avfokuserar min syn och stirrar på ett föremål i tio sekunder eller så, kommer just detta Ljus att avmaterialisera föremålet precis framför mina ögon.

På samma sätt som någon kan se världen på LSD eller magiska svampar, ser jag den utan droger. Det blev en permanent del av mitt liv efter att jag på ett naturligt sätt utvecklade förmågan att uppfatta denna Holografiska verklighet, den Rena Energins blåkopia eller "dubbel" av den materiella världen. Den existerar här och nu, men eftersom våra kroppar och hjärnor består av Materia kan vi inte uppfatta bortom den utan att helt omvandla vårt medvetande.

Planeten Jorden är tänkt att upplevas med en uppvaknad Kundalini, för faktum är att den materiella världen är levande och Ren Energi. Jag minns hur jag såg på saker och ting före denna omvandling, och jag kan lugnt säga att detta är Planeten Jorden 2.0. Det är nästan som om jag fick ett permanent virituell verklighets-headset att bära dygnet runt. Det är detta jag syftade på när jag sa att den yttre verkligheten blir "digital".

När Kundalini vaknar upp fullt ut börjar du också känna essensen av allt du uppfattar i ditt Hjärtchakra, Anahata. När du väl har uppnått denna nya upplevelse av verkligheten är det en permanent transcendental förändring av hur du upplever världen omkring dig. När den väl har inträffat kan du aldrig stänga av den igen.

Som jag nämnde tidigare är det dock inte alla som ser Ljuset i allt efter ett fullständigt Kundaliniuppvaknande. De flesta gör det inte. Den första person som bekräftade denna erfarenhet för mig var inte någon som jag talade med personligen utan en känd författare i ämnet Kundalini, Gopi Krishna. Gopi talade om detta fenomen i sina böcker, nämligen *Living with Kundalini,* som fångade essensen av denna gåva. Boken målade upp ett gediget porträtt av Kundalinis uppvaknandeprocess och dess manifestationer och gåvor, inklusive denna nya visuella lins som utvecklas.

Detta fenomen inträffade hos mig fem månader efter det första Kundaliniuppvaknandet 2004 och finns kvar än idag. Denna visuella uppgradering är dock inte den enda varierande gåvan hos Kundaliniväckta personer. Den är dock den mest avgörande, enligt min mening, eftersom den drastiskt förändrar din verklighetsuppfattning och låter dig se världens holografiska natur, dess digitala blåkopia, med dina egna ögon.

Jag har till och med haft stunder i djup meditation då den yttre världen framstod som en 2D-filmprojektion vars yta var gjord av gyllene Ljus. Det konstiga slutade dock inte där. Jag kunde "scry" inuti denna vision och se parallella Universum som existerar här och nu men som är omärkliga för normal mänsklig syn. (Scrying är en process där man tittar in i fysiska objekt med hjälp av Sinnets Öga).

Jag upplevde denna vision som en fullständig hänryckning som svepte upp mitt medvetande. Den kom över mig som en våg, och jag blev rent medvetande som omfamnade den. Dessa visioner av parallella världar förde mig av någon anledning ofta till medeltiden, men i mycket mindre skala än vår nuvarande värld. Det fick mig att förstå att parallella världar existerar här och nu inom 2D-Ljusstrålen som kommer från Solen. När jag väl kunde förändra min inre vibration kunde jag se dem med mina egna ögon.

Föreställ dig att du har denna förmåga och att du varje vaket ögonblick blir påmind om att den värld du lever i består av ren energi. Det gör det mycket lätt att ta avstånd från Egot och prioritera det Andliga livet, vilket jag gjorde och aldrig såg tillbaka.

På grund av Kundalinienergins intensitet och kraft när den strömmade genom min ryggrad under uppvaknandeprocessen, öppnade den mitt Sinnesöga exponentiellt innan den steg upp till toppen av huvudet. Denna händelse inträffade eftersom jag utförde en mental visualiseringsövning som utnyttjade Sinnesögat under uppvaknandeprocessen. Gopi gjorde samma sak, vilket han berättar om i sina böcker. Genom att fokusera uppmärksamheten på Sinnets Ögontunnel, vår dörr till de inre Kosmiska Planen, går Kundalini in i den när den stiger upp och expanderar sin omkrets innan den stiger upp till Sahasrara. Sinnets Ögontunnel är munkformad och fungerar som en mental skärm som visuella bilder spelar upp på när man upplever visioner.

Det är möjligt att om du inte genomför en visualiseringsövning som uppmärksammar Ajna Chakras blomhuvud (mellan ögonbrynen), kan Kundalini inte aktivera sin kraft fullt ut. I det här fallet når Kundalini Sahasrara och kan till och med blåsa upp det Kosmiska Ägget, men Ajna Chakras fulla potential väcks inte. Detta är ett alternativ. Det andra alternativet är att Ajna öppnas men inte med tillräcklig intensitet för att orsaka denna radikala förändring av den visuella uppfattningen.

Naturligtvis är detta mina teorier, men de är baserade på logik och förnuft, eftersom många människor som rapporterar att de har fått det Kosmiska Ägget sprängt upp och känslan av att bli "elektrifierad" inte ser Ljuset i allting efteråt. Hur som helst, låt det vara känt att det finns varierande Kundaliniuppvaknanden och upplevelser, och alla är inte likadana.

KUNDALINI UPPVAKNANDE FAKTORER

När man försöker väcka Kundalini-energin direkt måste många faktorer samverka samtidigt för att lyckas. Om du till exempel försöker väcka den genom mindfulnessmeditation måste vibrationen i din viljestyrka vara betydligt högre än ditt tankesnack för att du ska kunna framkalla tystnad. Därför är det osannolikt att du kommer att väcka Kundalini med denna metod om du inte har gjort det under lång tid och är skicklig på det.

En enklare metod är att använda en visualiseringsmeditation i stället. Du ska hålla en bild av ett symboliskt objekt (t.ex. en lotusblomma eller en Gud- eller Gudinnestaty) i ditt Sinnesöga under en längre tid. Genom att hålla en konstant och stadig bild i ditt sinne börjar din viljestyrka vibrera med en kraftig intensitet och drar ditt medvetande inåt. Om du kan hålla kvar denna bild samtidigt som du försummar de slumpmässiga tankar som kommer in i ditt huvud, kommer du att få en viss nivå av Andlig upplevelse och kanske till och med väcka Kundalini-energin vid basen av din ryggrad. Åtminstone kommer du att gå in i Sinnesöga-portalen för att uppleva den Astrala Världen, vilket kan vara en spännande upplevelse om du aldrig har gjort det förut.

Om den bild du har i ditt sinne har en sexuell komponent är det möjligt att sätta igång Kundalini vid ryggradens bas. Sexuell energi är väsentlig i detta avseende, eftersom varje form av sexuell upphetsning, när den projiceras inåt, kan aktivera Kundalini. Jag hade hört talas om många fall av spontana uppvaknanden som inträffade efter att individen upplevt en högre än normal nivå av sexuell upphetsning samtidigt som han eller hon upprätthöll ett rent och tyst sinne.

Kundalini-aktivering kan ske när sexuell energi sublimeras och kanaliseras in i hjärnan vid klimax i stället för att släppas ut externt genom att ejakulera. En visualiseringsmeditation under sexuell aktivitet fokuserar energin inåt, mot Sinnets Öga i hjärnan. Det kan få Kundalini att vakna och stiga upp längs ryggraden och systematiskt blåsa upp alla lägre Chakran tills den kommer in i hjärnan. För att säkerställa att den stiger med tillräcklig kraft är det dock avgörande att man utför någon form av visualiseringsövning för att dra Kundalini in i hjärnan, där den kan stiga upp till toppen av huvudet och slutföra processen.

Nyckeln till denna process är att generera rå sexuell energi med ett rent sinne och hjärta, vilket stimulerar Muladhara- och Swadsthihana-Chakrana till aktivitet. När du gör det på rätt sätt kommer du att känna känslor i buken som är både euforiska och extatiska. Hela din kropp kommer att börja darra och skaka, och du kan till och med få gåshud av hur behagliga dessa förnimmelser känns.

Den sexuella energin måste bygga på sig själv och bli starkare enbart med hjälp av dina tankar. De flesta människor är omedvetna om att sexuell upphetsning kan växa exponentiellt och att den inte alltid behöver resultera i en yttre orgasm. När du försöker väcka Kundalini är nyckeln att kanalisera den sexuella energin inåt med hjälp av din viljestyrka och fantasi i stället för att stöta ut den genom ditt könsorgan.

Under mitt Kundalini-uppvaknande hade jag en bild i mitt sinne av en vacker och erotisk kvinna, som jag fokuserade så intensivt på att jag projicerade in i Sinnesöga-portalen och kunde uppleva henne som verklig. Men det som genererade den intensiva kraft med vilken Kundalini vaknade var uppbyggnaden av sexuell energi när jag älskade med henne i mitt sinne. Denna sexuella energi förstärktes och växte i kraft tills jag upplevde min första inre orgasm. Upplevelsen slutade dock inte där. Ytterligare en inre orgasm följde den, och flera till, alla i följd med ökande intensitet och hastighet. Mitt genitalområde kändes som ett lokomotiv som accelererade och byggde fart med varje vridning av hjulen.

Känslan av sexuell upphetsning i underlivet växte exponentiellt i takt med de inre orgasmerna. De kom i kontinuerliga rusande vågor i ungefär femton till tjugo sekunder. Sedan, på deras höjdpunkt, när det kändes som om min hjärna och kropp inte kunde ta emot mer extas, vaknade Kundalini vid ryggradens bas. Det kändes som en golfbollsstor energisfär som bara dök upp från ingenstans.

SLUTFÖRA KUNDALINI-UPPVAKNANDEPROCESSEN

När Kundalini vaknar upp, vandrar den naturligt uppåt genom ryggraden. Men om du väcker Kundalini spontant, utan meditativ praktik, kommer den troligen inte att nå Ajna Chakra. Som jag nämnde, för att stiga med kraft, vilket är nödvändigt för att nå Ajna Chakra inne i hjärnan, är det viktigt att medvetet hålla en bild i ditt sinne med viljestyrka och fantasi. Observera att spontana Kundalini-uppvaknanden som sker genom användning av hallucinogena droger kan vara kraftfulla eftersom de innebär en förändring i perceptionen som stimulerar Sinnets Öga.

Ett fullständigt uppvaknande kräver att Kundalini stiger in i hjärnan genom Sushumna, den mellersta kanalen, tillsammans med Ida och Pingala, som smälter samman till en enda energiström vid Ajna Chakra. När de väl har förenat sina maskulina och feminina energier förenar de sig med Sushumna som Ett för att stiga upp till Sahasrara och blåsa upp det Kosmiska Ägget (Figur 8) som innehåller potentialen för din Ljuskropp, ditt Kosmiska Jag.

Sahasrara kan eventuellt öppnas med enbart Sushumna. Men om Ida och Pingala inte förenar sina krafter vid Ajna kan det uppstå försvagande problem i energisystemet som kan påverka dina tankar och känslor. Ett sådant exempel är Gopi Krishnas första uppstigning, där han väckte Pingala och Sushumna men inte Ida. Hans nervsystem var i fullständig oordning efter uppvaknandet eftersom han inte hade den kylande energin från Ida närvarande, vilket orsakade pågående ångest utan slut. Efter att nästan ha förlorat allt hopp försökte han sig på en visualiseringsmeditation i ett desperat försök att väcka Ida. Eftersom Ida representerar den feminina principen, essensen av vattenelementet som är källkraft för alla visuella bilder, lyckades Gopi slutligen väcka Ida, som steg till Ajna för att fullborda Kundalinis väckningsprocess.

Det är viktigt att förstå att Sushumna Nadi alltid följer Ida eller Pingala eller båda samtidigt, vilket är det önskade alternativet. Ida, Pingala eller båda kan inte stiga upp i ett Chakra utan att Sushumna är närvarande eftersom Sushumna Nadi bär Kundalinienergin. Ida och Pingala kanaliserar de feminina och maskulina energierna, men Kundalini stiger upp i ryggraden, som är Sushumna Nadi.

Innan Kundalini kan ta sig in i hjärnan måste den genomborra Vishuddhi, Hals Chakrat. Vishuddhi är mer avancerad än de lägre Chakrana eftersom det är det första Chakrat av det Andliga Elementet. För att genomborra det måste man ha utvecklats förbi större Karmisk energi från de lägre Elementen, som motsvarar de fyra lägre Chakrana. (Mer om sambandet mellan Elementen och Chakras och Nadis i ett senare kapitel).

Om du har väckt Kundalini genom meditation rekommenderar jag dig att fortsätta meditationen i stället för att bara släppa taget när du känner att Kundalini stiger. Att göra så är nyckeln till att samla tillräckligt med kraft för att Kundalini ska kunna genomborra Vishuddhi-Chakrat vid sin uppåtgående stigning och sedan gå in i hjärnan för att försöka slutföra processen.

För att väcka Sahasraras Tusenbladiga Lotus måste de Tre Nadis Sushumna, Ida och Pingala förenas till en enda energiström i mitten av hjärnan, i den Tredje Ventrikeln, innan de stiger upp till toppen, i mitten av huvudet. När Lotusen börjar öppna sig som en blomma i blom, blir det Kosmiska Ägget ovanpå huvudet genomborrat av Kundalini. Lotusen behöver dock inte öppna sig helt för att det Kosmiska Ägget ska gå sönder. Om Kundalini stiger med tillräcklig kraft kommer det Kosmiska Ägget att brytas direkt efter att Sahasrara börjar öppna sig. Då frigörs Ambrosianektar från det Kosmiska Ägget, som strömmar över kroppen uppifrån och ner och aktiverar de Sjuttiotvå Tusen Nadis i Ljuskroppen.

Så du ser, att ett fullständigt Kundaliniväckande kräver en medveten ansträngning från din sida för att slutföra processen. De flesta spontana uppvaknanden är partiella Kundalini-uppvaknanden. Mitt fall är en av dessa sällsynta situationer där Kundalini vaknade med otrolig kraft, men bara för att jag omedvetet utförde en Tantrisk sexmeditation med en sexuell visualiseringskomponent. Eftersom jag fick ett så intensivt

Kundaliniuppvaknande till synes av en slump, har jag alltid ansett mig vara välsignad och förpliktigad att dela med mig av allt jag lärt mig och upplevt till världen.

Det är viktigt att förstå Kundalinis uppvaknandeprocess och memorera dess mekanik. Det finns många olika åsikter om detta ämne från människor som upplevt denna händelse. Jag har dock funnit att en liten andel av dessa människor fullföljde processen och höjde Kundalini till Sahasrara. Och ännu färre har fortfarande brutit upp det Kosmiska Ägget och aktiverat Ljuskroppen. Sedan finns det de som aktiverade Ljuskroppen men som inte rapporterar att de ser Ljuset i alla ting med sina fysiska ögon, vilket säger mig att de inte hade en fullständig Ajna Chakra-aktivering. Så ni ser, det finns många olika erfarenheter av samma universella process.

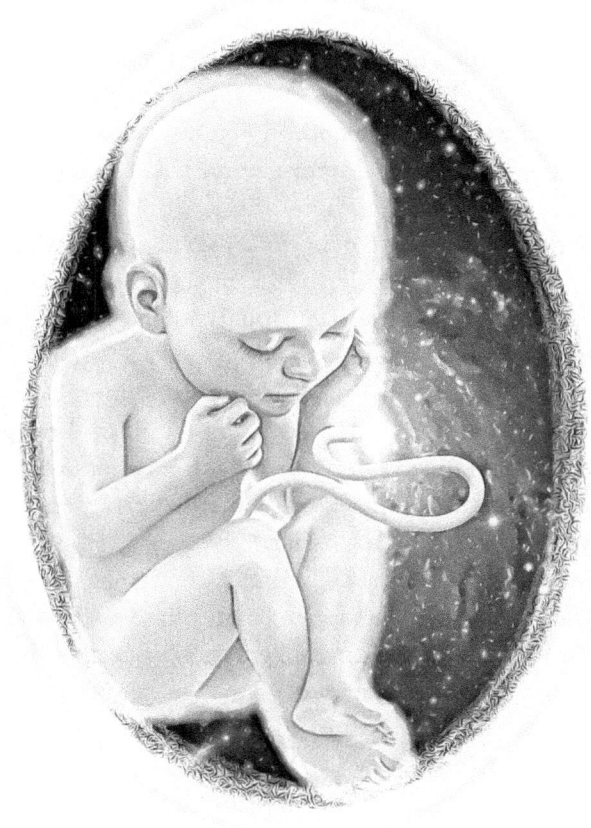

Figur 8: Det Kosmiska Ägget

Jag kan i allmänhet avgöra vilken typ av Kundalini-uppvaknande någon hade genom att lyssna på deras erfarenheter och jämföra rapporter. I allmänhet saknar de som inte fullbordade Kundaliniuppvaknandet kunskap om den sista delen av processen. De flesta vet till exempel att Kundalini väcker Chakrana och försöker utvidga medvetandet. Enligt min erfarenhet är dock de flesta människor omedvetna om existensen av det Kosmiska Ägget, aktiveringen av Ljuskroppen (som resulterar i känslan av att vara elektrifierad) och framför allt om omformningen av hjärnan för att uppfatta en högre verklighetsnivå genom ett expanderat Ajna-chakra.

Genom att memorera hela Kundalini-uppvaknandeprocessen ger du ditt sinne en färdplan för hur denna händelse kan inträffa för dig. Att dela med sig av denna information är en metod för att hjälpa dig att själv väcka Kundalini och slutföra processen.

ATT ANPASSA SIG TILL DEN ANDLIGA KROPPEN

Även om det känns som om Kundalini-aktiveringen sker i den fysiska kroppen, sker den i Ljusets Kropp. Som jag diskuterade i *The Magus* föds vi alla med Ljuskroppen, som är oupplösligt knuten till vår fysiska kropp. Vi behöver dock aktivera dess krafter fullt ut under detta liv för att optimera vårt energisystem, vilket endast kan uppnås genom att väcka Kundalini och höja den till Kronan.

När Kundalini börjar stiga uppåt och väcker Chakrana, erkänner ditt medvetande existensen av Ljuskroppen och låter den förkroppsliga de olika Subtila Kropparna som motsvarar de Chakran som du väckte. Den fullständiga aktiveringen av Ljuskroppen är ett av de primära syftena med Kundaliniväckningen. De Sjuttiotvå Tusen Nadis tjänar till att göra Ljuskroppen till en antenn för omvärldens vibrationer. Dessa vibrationer tas emot genom den högsta av de subtila kropparna, den Andliga Kroppen. Ditt medvetande anpassar sig gradvis till den efter att den har rensat bort den Karmiska energin i de Fyra lägre Chakrana. För att åstadkomma detta måste den systematiskt förkroppsliga de Subtila Kroppar som motsvarar dessa Chakran.

När ditt medvetande intar de Andliga Chakrana, de tre högsta, kommer det att anpassa sig helt och hållet till den Andliga Kroppen, som blir dess nya fordon. När detta sker kommer du att kasta bort gamla sätt att fungera och fungera enbart genom intuition. Att befinna sig i detta tillstånd innebär inte att du inte kommer att känna något känslomässigt eller att du inte kommer att kunna använda logik. Det betyder bara att intuitionen kommer att bli ditt primära sätt att fungera.

Du kommer att uppfatta världen runt omkring dig genom direkta energierfarenheter eftersom ditt Väsen kommer att höjas till Atziluths Första Värld, som representerar det Andliga Ålanet i Qabalah. (Mer om detta i nästa kapitel.) Atziluth är platsen där Guds tankar existerar, Arketyperna som ger mänskligheten en mall att arbeta med och som förenar vår verklighet. Eftersom Skapelsen är en systematisk process filtrerar din medvetna upplevelse av livets händelser nedåt i de tre lägre Världarna (det finns totalt Fyra Qabalistiska Världar) som utvecklas ur den Första Världen.

Genom att anpassa ditt medvetande till den Andliga Kroppen kommer tankar och känslor inte längre att ha samma inverkan på ditt sinne och din kropp eftersom de är uttryck för de Lägre Planen. Och eftersom du nu är upphöjd till ett Plan ovanför dem får du möjlighet att övervinna deras skadliga effekter. Naturligtvis kommer du fortfarande att ha negativa tankar och känslor eftersom ditt Ego för alltid är knutet till den fysiska kroppen, men du kommer att kringgå deras energetiska effekter. Istället kommer din Själ att tolka negativa känslor som lärdomar i stället för att låta dem ta över ditt medvetande och tynga ner det. Som ett resultat av detta kommer det du upplever att vara flyktigt och i ögonblicket. Dessutom kommer du att kunna använda logik och förnuft och tänka intellektuellt, utan att binda dig till Egot och umgås med det som tidigare.

Det Kosmiska Ägget som bryts när Kundalini har nått Kronan innebär ett fullständigt och permanent uppvaknande. I detta sammanhang betyder permanent att energin inte faller tillbaka ner till Muladhara, Rotchakrat. I stället stannar den kvar i hjärnan. Symboliskt sett kommer Kundalini Shakti och dess gemål Shiva, det Kosmiska Medvetandet, att ha förenats i ett Andligt Äktenskap. Detta är den Österländska synen på Kundaliniväckningens fullbordan.

Enligt den Västerländska Mysterietraditionen har du fått vingarna av Hermes Kaducé genom att fullborda Kundalinis uppvaknandeprocess. Du kommer att bli en prototyp av Guden Hermes, som Romarna kallar Merkurius. Det innebär att du kommer att ha ärvt hans bevingade hjälm och bevingade skor. Symboliskt sett innebär detta att du kommer att ha huvudet i skyn (Himlen) och fötterna på marken (Jorden). Ditt medvetande kommer alltid att vara i "flygande" läge, och du kommer att ha en naturlig kick, nästan som om du glider genom Rymd och Tid. Dessa förnimmelser är hur det känns att ha ett expanderat medvetande.

När du väl har avslutat Kundalini-uppvaknandet kommer du med tiden att utveckla en förbindelse med din Heliga Skyddsängel (HGA), som kommer att bli din guide och lärare i livet. På så sätt kommer du att ha blivit en Gud-människa vars transcendentala medvetande kommer att fortsätta att leva vidare efter detta liv och in i nästa.

DIN NYA LAMBORGHINI VENENO

Aktiveringen av Ajna är nödvändig för att få en fullständig Kundalini-upplevelse. Jag har redan beskrivit några av de gåvor som är förknippade med detta fenomen. Andra gåvor inkluderar förmågan att se sig själv utifrån och leva i en permanent Utom-Kroppslig Upplevelse. Det sistnämnda är dock snarare en manifestation av det uppvaknade Sahasrara Chakrat. När du ser dig själv och världen omkring dig från ett högre perspektiv kommer du att inse att det Kosmiska Medvetandet inte bara är ett koncept eller en idé, utan verkligen är en verklig sak.

Jag hoppas att jag har gjort ett bra jobb med att presentera Kundalini, uppvaknandeprocessen och några av de mer otroliga Andliga gåvorna som utvecklas. Men genom att använda ord för att beskriva den transcendentala upplevelsen av verkligheten efter ett fullständigt Kundaliniväckande känner jag att jag begränsar hur extraordinärt det verkligen är. Precis som Morpheus säger i The Matrix: "Ingen kan få veta vad Matrix är. Du måste se det själv." På samma sätt måste du uppleva detta själv för att förstå helheten. Men för tillfället får mina ord räcka.

Ett Kundaliniuppvaknande förvandlar en vanlig människa till en Halvgud, en modern superhjälte, under en livstid. Men dina nyvunna krafter är i allmänhet inte något som du kan bevisa för andra, utan du lever och förkroppsligar sanningen om vad du blir. Med tiden, genom din utökade kunskap och dina goda gärningar mot mänskligheten, kan du bli erkänd som en Ljusvarelse och dess sändebud. Men för att nå dit måste många år passera och många utmaningar övervinnas.

Den viktigaste slutsatsen av denna introduktion till Kundalini är att även om det finns olika sätt att väcka denna energi är processen alltid densamma. Men utan en ordentlig förståelse för processen är det som att bli begåvad med en Lamborghini Veneno, en sportbil för 4,5 miljoner dollar, men utan att få dess bruksanvisning eller ha någon körvana. Mitt försök i *Serpent Rising: The Kundalini Compendium* är att skriva handboken för denna osynliga Kundalini-vetenskap om energi efter bästa förmåga. Och när du väl har fått instruktionerna och ritningarna vill jag ge dig en inblick i hur du ska köra din nya Lamborghini. För att vara exakt, om ditt nuvarande medvetandefordon kan liknas vid en gammal Ford Focus, så är detta uppgraderade fordon ett Intergalaktiskt rymdskepp. Så återigen säger jag Lamborghini så att folk kan relatera.

Jag är tacksam mot Universum för att jag fick Kundalini-uppvaknandet, som alla i min situation skulle vara. Jag tror också att turen inte hade något med det att göra och att min Själ valde detta för mig innan jag ens föddes. Det är ingen tillfällighet att jag fick specifika färdigheter och förmågor i detta liv som skulle tjäna mig på denna andliga resa. På grund av min tvångsmässiga natur och behovet av att hitta Andliga verktyg för att hjälpa mig själv tidigt har jag utvecklat en exceptionell förståelse för Kundalini under åren. Min erfarenhet och min forskning om detta ämne är utan motstycke. Min resa har lett mig till att ta på mig rollen som budbärare till folket om Kundalini-energins existens och den Ceremoniella Magins potential att hjälpa till med den Andliga omvandlingsprocessen.

Mitt arbete syftar till att tjäna min Skapare och uppfylla mitt uppdrag att förmedla kunskap till andra som går i samma skor som jag gjorde för många år sedan när jag famlade i mörkret efter svar. Vi är alla krigare i träning på den här vägen av Andlig Utveckling, och vårt syfte är att utvecklas och kollektivt höja Jordens medvetande. Genom att dela med mig av det jag vet vill jag förmedla de verktyg du behöver om och när din nya Lamborghini går sönder och du behöver vägledning.

Och när andra vänder sig till dig för att få vägledning vet du hur du ska hjälpa dem eftersom du själv har blivit hjälpt. Och för de av er som ännu inte har fått er nya Lamborghini kommer ni nu att lära er om den, hur den fungerar och körs, och ni kommer att veta vad ni ska leta efter medvetet. Som det gamla ordspråket säger: "Sök och ni skall finna". Knacka på, och dörren skall öppnas för dig." Men om du inte vet vad du ska söka eller vilken dörr du ska knacka på kommer Universum inte att veta hur det ska hjälpa dig. Kunskap är den viktigaste kraften i Universum.

***

Detta avslutar introduktionen till Kundalini och uppvaknandeprocessen i allmänhet. Nu vill jag övergå till andra relevanta ämnen för att ge dig en inblick i hur ditt energisystem fungerar; dess komponenter, mekanik och hur det interagerar med den fysiska kroppen. Denna nästa del av boken ägnas åt Kundalinis vetenskap om energi. Den innehåller det viktiga kapitlet om mänsklig anatomi som beskriver de förändringar som sker i den fysiska kroppen under och efter ett Kundaliniväckande.

DEL II:
MIKROKOSMOS OCH MAKROKOSMOS

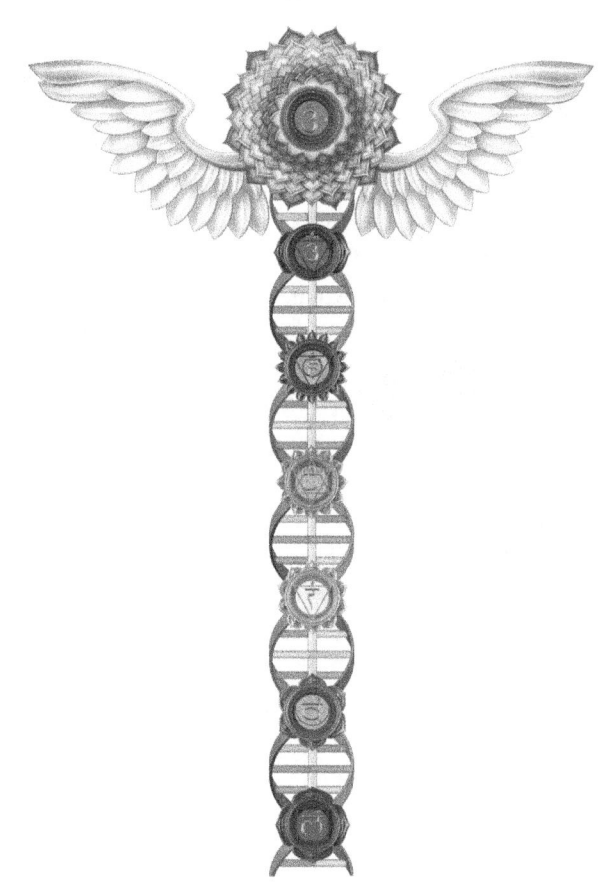

DE FEM ELEMENTEN

Klassiska element är Jord, Vatten, Luft, Eld och Ande. Forntida kulturer som Grekland, Egypten, Persien, Tibet, Indien och Japan betraktade de Klassiska Elementen som Universums byggstenar. De använde begreppet Element för att förklara den manifesterade Skapelsens komplexitet och natur i enklare termer. Deras förteckningar över Elementen och deras manifestationers ordningsföljd varierade något men hade samma innebörd. Ande Elementet var utbytbart mot Aethyr, Eter, Tomrum, Akasha och Rymd, beroende på traditionen. (Observera att Aethyr eller Aether bara är den latinska stavningen av Eter).

Det Kinesiska Wu Xing-systemet är något annorlunda eftersom det beskriver olika typer av energi i ett tillstånd av konstant flöde och interaktion med varandra, som kallas de "Fem Faserna" av naturfenomen. De Fem Faserna i Wu Xing är Trä, Eld, Vatten, Metall och Jord. De Kinesiska Elementen ses som ständigt föränderliga och rörliga, medan de Klassiska Elementen är åtskilda från varandra även om de är delar av en helhet.

De Forntida forskarna antog att det yttre Universumet (Makrokosmos), inklusive varje människas energisammansättning (Mikrokosmos), består av de Fem Elementen. De Fem Elementen motsvarar de Sju Chakrana (Figur 9). De utgör vår Aura och de Kosmiska Plan och Subtila Kroppar som vårt medvetande tar del av.

De fyra första Chakrana motsvarar Jord, Vatten, Eld och Luft, medan de tre högre Chakrana motsvarar Andevärlden. Chakrana kan i sin tur jämföras med Sefiroths på Livets Träd i den Västerländska Mysterietraditionen. Deras korrespondens är komplex och inte så uppenbar som många Andliga lärare tror, men förhållandet finns där. För en grundlig redogörelse för Sephiroth och de Fem Elementen, se *The Magus: Kundalini and the Golden Dawn*.

Att förstå hur Elementen fungerar är en viktig förutsättning för Avancerade Yogiska övningar, av vilka många presenteras i den här boken. I det Österländska Andliga systemet motsvarar de Fem Elementen Tattvas, som också kommer att utforskas i *Serpent Rising*.

De Fem Elementen utgör grunden för Yoga och Ayurveda (Sanskrit för "kunskap om livet"), som är traditionell Indisk holistisk medicin som utvecklades ungefär samtidigt som Yogan (ca 3000 f.Kr.). Ayurveda bygger på de tre konstitutionerna, eller Doshas-Vata, Pitta och Kapha. Vata är rörelseenergin (Luft och Ande), Pitta är energin för matsmältning och ämnesomsättning (Eld och Vatten) och Kapha är energin som bildar kroppens struktur

(Jord och Vatten). Varje person har en unik balans av Elementen inom sig och därför en unik Dosha. Den Elementdominans som finns i en persons Västerländska Astrologiska Födelsekarta, särskilt enligt Sol-, Mån- och Stigande Tecken (Ascendent), bestämmer ofta personens Dosha. Man bör dock analysera sin Vediska Astrologiska Födelsekarta för att få en korrekt diagnos, vilket görs traditionellt inom Ayurveda. (Mer om Ayurveda och de Tre Doshas i avsnittet Yoga.)

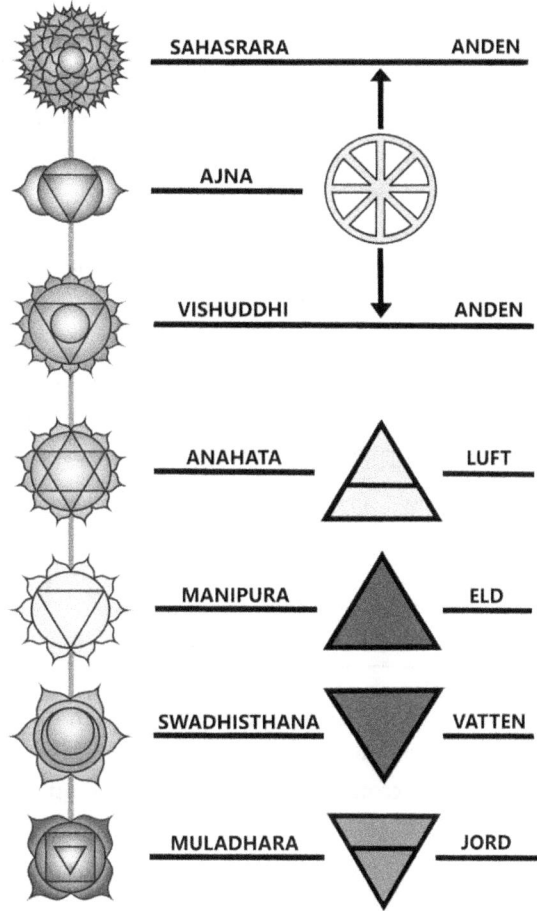

Figur 9: De Fem Elementen och de Sju Chakrana

De Fem Elementen är också kopplade till de fem sinnena: Ande, eller Eter, är det medium genom vilket ljudet överförs, och därför motsvarar det Andliga Elementet öronen och hörseln. Eldelementet är relaterat till ögonen och synen eftersom eld manifesterar Ljus, värme och färg. Luftelementet relaterar till näsan och luktsinnet, medan Vattenelementet relaterar till tungan, smakens organ. Och slutligen är Jordelementet förknippat med huden och känselsinnet. Denna information är viktig när man utforskar Andliga Healingmetoder eftersom tillämpningen av varje metod kräver att man använder ett eller flera av sinnena för att påverka medvetandet.

Genom att rena och balansera Elementen inom oss själva uppnår och bibehåller vi god hälsa och höjer vibrationen i vårt medvetande. Alla Andliga metoder syftar i huvudsak till detta mål. Oavsett om man utför ett program för Andlig Alkemi med Ceremoniell Magi (som presenteras i *The Magus)* eller om man regelbundet utför Yogiska övningar är målet alltid Andlig Utveckling.

Den Hermetiska Qabalah och Yogans vetenskap och filosofi hävdar att Mikrokosmos är en direkt återspegling av Makrokosmos och vice versa - Som Ovanför, Så Nedanför. I *Kybalion* kallas detta koncept för Korrespondensprincipen, en Universell Lag eller sanning som ligger till grund för all existens. Alla Andliga traditioner är uppbyggda kring denna Lag, och de innehåller alla något Sol- eller Månelement, som representerar de Maskulina och Feminina Skapelseprinciperna.

På en grundläggande nivå innebär Korrespondensprincipen att Mikrokosmos, den mänskliga Auran (vår energetiska sammansättning), finner sin återspegling i Makrokosmos - Universum och i synnerhet vårt Solsystem. (Detta koncept fungerar också tvärtom.) Vi bär alla på Planetära och Zodiakala energier inom oss. Att balansera dem och höja sig i medvetande är Alkemistens "Stora Arbete", vilket syftar på vår eviga strävan att förena vårt medvetande med Skaparens Kosmiska Medvetande - det är vår strävan efter Upplysning.

PENTAGRAMMET

Symbolen Pentagrammet, eller "Den Femuddiga Stjärnan", har funnits sedan det Antika Babylonien och Grekland. Inom Västerländsk Esoterik kallas det upprättstående Pentagrammet (Figur 10) för "Mikrokosmos Stjärna". När Pentagrammet är inskrivet i en cirkel kallas det för en Pentakel, som främst används av Wiccans. Enligt Pythagoras är fem människans nummer. Var och en av Pentagrammets fem punkter representerar ett av de Fem Elementen Jord, Luft, Vatten, Eld och Ande, vilket symboliseras av benen, armarna och huvudet.

Pentagrammets magiska associationer gör det till en kraftfull rituell symbol som används för att åberopa kraften hos de Fem Elementen, särskilt inom Ceremoniell Magi och Häxkonst. Det används också som en religiös symbol av Moderna Nypaganistiska religioner och Frimurare. När Pentagrammet är uppåtriktat står det för Anden som är ordförande över de Fyra Elementen och är därför en symbol för Ljuset, Kärleken och det Högre Jaget. Det upprättstående Pentagrammet lockar till sig Ängelkrafter samtidigt som det fungerar som skydd mot Demoniska krafter. Som sådant används det i Vit (Ljus) Magi.

Figur 10: Pentagrammet

Intressant nog var det upprättstående Pentagrammet en Kristen symbol långt innan den moderna Nypaganismen tog den i bruk. Den representerade Jesu Kristi fem sår på de Fyra Elementens Kors och det dagliga självuppoffrande som krävs för att uppnå det upprättstående Pentagrammet, symboliskt sett, vilket får Andeelementet att stiga ner i de Fyra Elementen och fullständigt omvandla medvetandet.

När Pentagrammet är inverterat har det motsatta magiska associationer. Ett inverterat pentagram representerar de Fyra Elementen som befaller Anden, som symboliserar mörker och Ego dominans. Denna symbol bjuder in Demoniska energier samtidigt som den stöter bort de Änglalika, vilket gör den till en passande symbol för Svart Magi-metoder (den Mörka Konsten), som använder övernaturliga krafter för onda och själviska syften.

Satanister använder det inverterade Pentagrammet som en symbol för sin tro. De kallar denna symbol för Baphomets Sigill - den gethuvade Guden som förknippas med dualitet, materialism och det Köttsliga Jaget. Många Satanister är Ateister som inte tror på ett liv efter döden och bara värdesätter detta liv. Därför hävdar de att det inverterade Pentagrammet inte är en symbol för ondska utan en symbol som anpassar dem till de typer av energier som kommer att hjälpa dem att uppnå sina mål i livet. Men om du tror att det här livet bara är ett i en kontinuerlig kedja av liv som din odödliga Själ upplever, är det katastrofalt för din Andliga Utveckling att anpassa dig till mörka krafter för att tillfredsställa ditt Egos önskningar.

DE FYRA VÄRLDARNA OCH PENTAGRAMMATON

Även om detta är en komprimerad version av två viktiga lärdomar från *The Magus: Kundalini and the Golden Dawn,* är den värd att nämna igen eftersom den sammanfattar hela Kundalini-uppvaknandeprocessen och dess syfte ur ett ockult perspektiv. I *Torah (Gamla Testamentet)* är Guds namn Jehova, vars esoteriska namn är Tetragrammaton (YHVH), som betyder "fyra bokstäver" på Hebreiska. (Kom ihåg att Hebréerna läser och skriver från höger till vänster.)

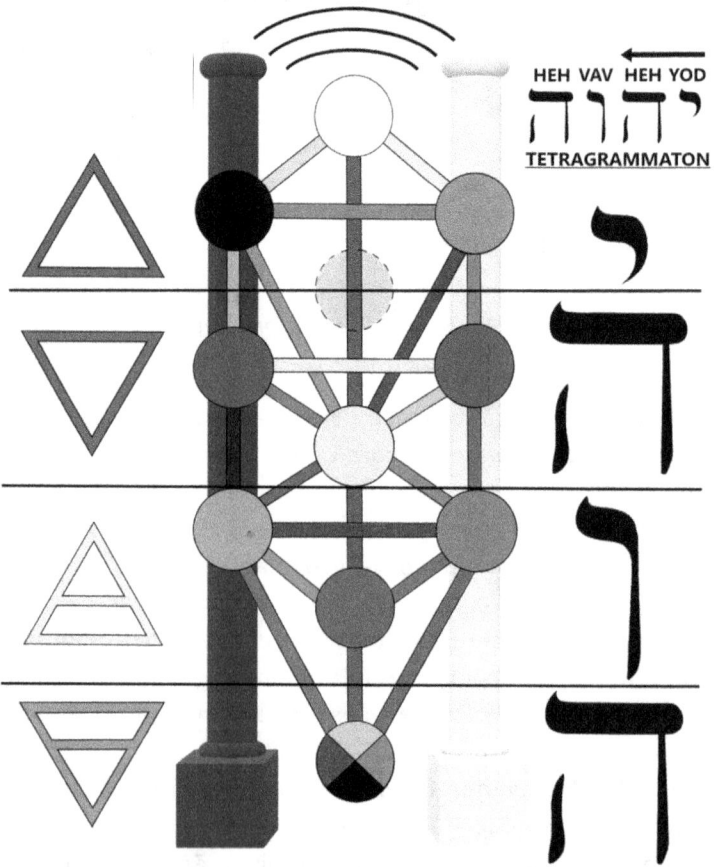

Figur 11: De Fyra Världarna och Tetragrammaton (YHVH)

De fyra Hebreiska Bokstäverna står för de Fyra Elementen - Yod (Eld), Heh (Vatten), Vav (Luft), Slutliga Heh (Jord). De Fyra Elementen återfinns i de fyra lägsta Chakrana, medan det Femte Elementet, Anden, representerar de tre högre Chakrana. Som du kan se saknas Ande-Elementet i Tetragrammaton. Det finns en anledning till detta.

De fyra bokstäverna i Tetragrammaton representerar också de Fyra Världarna i Qabalah - den Qabalistiska modellen för Universums Skapelse och manifestation (Figur 11). De fyra Qabalistiska världarna utgör hela Livets Träd: Yod (Eld) representerar Atziluth, den Arketypiska Världen, Heh (Vatten) står för Briah, den Skapande Världen, Vav (Luft) är Yetzirah, Bildningens Värld, och Heh (Jord) är Assiah, den Fysiska Världen. De Fyra Världarna har ett direkt samband med de Kosmiska Planen. I den Qabalistiska ramen representerar dock den Primära Eldens Värld (Atziluth) det Andliga Planet, medan de andra tre Elementen har samband med det Mentala, Astrala respektive Fysiska Planet.

Du kommer att lägga märke till att korrespondenserna till de Kosmiska Planen utelämnar det Andliga Elementet i modellen med de Fyra Världarna; Qabalisterna tror att vi förlorade kontakten med det Andliga Elementet efter syndafallet i Edens Lustgård. Som sådan är det något som vi måste skaffa i detta liv. Metoden för att uppnå denna bedrift ges dock i Pentagrammatons mysterium.

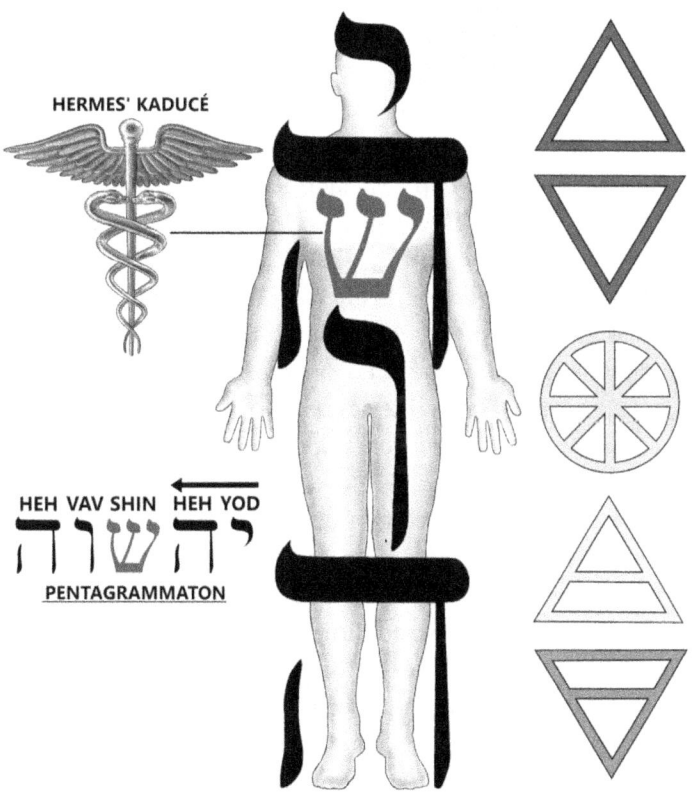

Figur 12: Pentagrammaton (YHShinVH)

Pentagrammaton (YHShinVH), som betyder "fem bokstäver", innebär en integrering av den symboliska Hebreiska Bokstaven Shin (Figur 12), som kallas "Själens Trefaldiga Låga". Shin innehåller tre streck som visuellt liknar de tre huvudsakliga Nadis Ida, Pingala och Sushumna som stiger upp längs ryggraden under ett Kundaliniväckande. Nadis motsvarar i sin tur de två ormar som slingrar sig runt den centrala staven i Hermes Kaducé.

När Shin placeras mitt i Tetragrammaton försonar Shin de motsatta maskulina (Eld och Luft) och feminina (Vatten och Jord) energierna inom Jaget. Den representerar Tarotkortet Yttersta Domen, vars Livsträdets väg kallas "Anden av den Primala Elden". " Detta kort anspelar på den Heliga Andens uppvaknande och dess integrering i Jaget. Shins Invigningseld bränner bort orenheter med tiden, en anspelning på Kundalini-Eldens långvariga reningsprocess när den väl har vaknat.

Pentagrammaton är också den ockulta nyckeln till de Kristna mysterierna eftersom det representerar Jesu Kristi namn, enligt Renässansens ockultister. Jesu Engelska namn härstammar från det Klassiska Latinet "Iesus", som bygger på den Grekiska formen av det Hebreiska namnet Yahshuah (Yeshua), som vanligen översätts med Joshua. Yahshuah stavas dock YHShinVH, vilket är Pentagrammaton. Pentagrammatonet kopplar oss också till Jesu fem sår och det Himmelrike vi når i medvetande när vi har offrat oss själva, våra Egon, och integrerat det Andliga Elementet.

Jesus Kristus var alltså prototypen för Kundalinis uppvaknandeprocess; han representerar Gud - Skaparens Gudomliga Kärlek och det utvidgade medvetandet som gör det möjligt för oss att ta del av de Andliga och Gudomliga Världarna. Medan mänskligheten i *Gamla testamentet* befann sig i ett Andligt fallet tillstånd, förde Jesus i den *Heliga Bibeln (Nya Testamentet)* in den Heliga Anden i världen så att alla som tror på honom och följer hans exempel kan Återuppstå eller Återfödas Andligt och uppnå Evigt liv.

Andlig Återfödelse kan endast uppnås när vi förkroppsligar Jesu läror, vars grund är att villkorslös kärlek är den vägledande kraften i våra liv. Man behöver inte vara Kristen för att uppskatta det Andliga värdet av ett sådant tankesätt. Vi finner historiska exempel tvärs över kulturerna på Yogis, Helgon, Adepter, Vise och andra som blev Upplysta genom ödmjukhet, fromhet och etiskt uppförande gentemot sina medmänniskor. Detta inkluderar personer som Mahatma Gandhi, Moder Teresa, Martin Luther King Jr, Dalai Lama, Swami Vivekananda och andra.

Det är ett faktum att om du ägnar dig åt att kultivera enbart kärleksfulla tankar och handlingar kommer rädslan att lämna dig helt och hållet, vilket gör att impulsen från ditt Ego faller bort, vilket förbereder dig för ett Kundalini-uppvaknande. Hatiska, självviska och oärliga människor kan aldrig väcka Kundalinienergin, oavsett vilken metod de använder och hur mycket de försöker. Själen måste förberedas för en sådan upplevelse, vilket vi bara kan uppnå genom att bli kärleksfulla, ärliga och rättvisa.

Det spelar ingen roll om du är Kristen, Muslim, Jude eller Buddhist; frälsningsprocessen är Universell. I stället för att vänta på att någon *Gudom* ska frälsa dig enligt den religiösa skrift du tror på måste du därför bli vår egen Messias (Frälsare) genom att ta på dig rollen som Jesus, metaforiskt talat. Ni är alla Gudar och Gudinnor av födslorätt, men ni måste väcka och höja Kundalini till Kronan och därigenom ingjuta det Gudomliga Ljuset i era Chakran för att optimera er energipotential.

ELEMENTEN I NATUREN

Allt du ser framför dina ögon består av Andlig energi. Därför kallas det Andliga Elementet för "Rymd" i den Österländska Yogiska och Tantriska traditionen - idén om att den fysiska rymden finns runt omkring oss och sträcker sig oändligt i alla riktningar. Anden vibrerar på den högsta vibrationsfrekvensen; därför är den osynlig för sinnena. Den genomsyrar all fysisk Materia som den basenergi som omfattar allt.

Under skapandet av Universum började den höga vibrationen hos det Andliga Elementet att avta och manifesterades i tur och ordning som de fyra primära Elementen Eld, Vatten, Luft och Jord. Alla skapade ting behöll Ande energin i sitt potentiella tillstånd - vilket innebär att Anden finns inom alla existerande ting, liksom de andra Fyra Elementen. Förutom det Fysiska Materieplanet, som är synligt för sinnena och representerar en aspekt av Jordelementet, är de andra Elementen osynliga men kan nås genom medvetandet.

De fyra primära Elementen är naturens indelning och den grundläggande energin i allting i Universum. De fyra Elementen är dock tekniskt sett inte fyra utan tre, eftersom det fjärde Elementet, Jord, är sammansättningen av de tre grundläggande Elementen i deras tätaste form. Därför är Jorden och Anden lika på många sätt men existerar i motsatta ändar av vibrationsskalan. De tre grundläggande Elementen är Vatten, Luft och Eld.

Planeten Jorden representerar den grova aspekten av Jordelementet. I Qabalah hänvisar vi till vår fysiska existens på Planeten Jorden som Malkuth (Riket), vilket inkluderar den mark vi går på. Genom Malkuth och våra kroppsliga sinnen kan vi uppleva den fysiska manifestationen av de andra tre Elementen: haven, hav, floder och sjöar (Vatten), syrehaltig luft (Luft) och slutligen Solen (Eld) som vår primära källa till Ljus och värme.

Var och en av de Fem Elementen representerar ett tillstånd av Materia. Jord utgör till exempel alla fasta ämnen (inklusive mat), Vatten är alla vätskor, Luft är alla gasformiga ämnen och Eld är förbränning eller flamma, som har förmågan att omvandla Materiens tillstånd. Exempelvis kan vatten förvandlas till en gas (ånga) genom eldanvändning, som förvandlas tillbaka till vatten och sedan till is (fast ämne) om elden/värmen dras tillbaka tillräckligt länge.

Vi behöver alla Element för att överleva. Solen är vår värmekälla; utan den skulle vi frysa. Vatten och mat ger våra kroppar näring; utan dem skulle vi dö inom några dagar (vatten) eller veckor (mat). Andning (luft) är ett bevis på liv, och utan syre skulle vi inte kunna överleva mer än några minuter. Slutligen har vi Anden, eller Rymden, Tomrummet som representerar mörker, tomhet och vidsträckthet och som tjänar som grund för alla Andliga upplevelser.

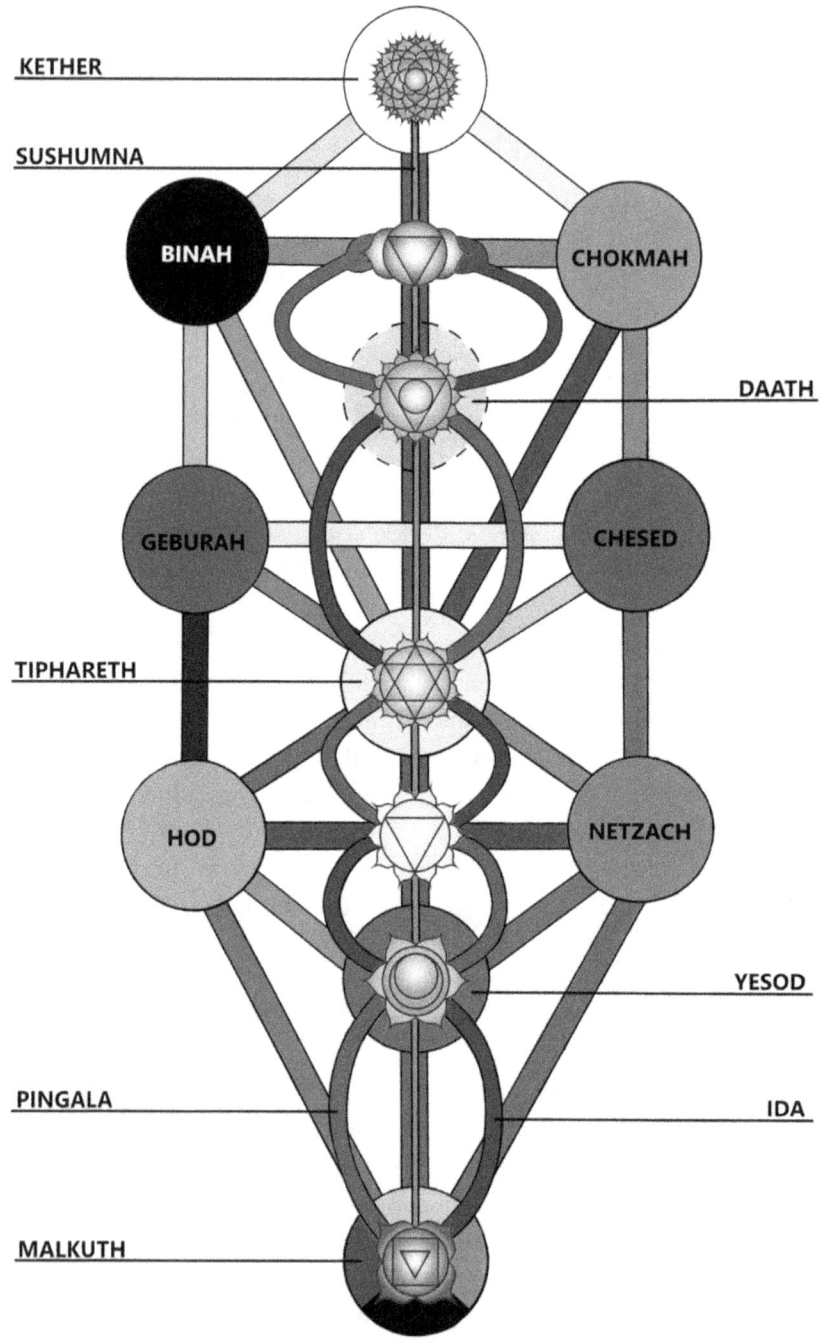

Figur 13: Livets Träd Sephiroth och de Tre Nadis

Många Forntida system betraktar de Fyra Elementen som inre världar och riken som vi kan få tillgång till genom Andliga övningar, varav några utforskas i den här boken. Förstå att du arbetar med de Fem Elementen när du arbetar med de Sju Stora Chakrana. Det Andliga Elementet är det enda som motsvarar mer än ett Chakra eftersom dess räckvidd är större än de andra fyra elementen. Som sådan kan vi bara utforska det Andliga Elementet genom flera Chakran.

DET ANDLIGA ELEMENTET

Anden är *Prima Materia*, den Första Substansen och Källan till allt som existerar. Den är tekniskt sett inte ett Element i sig självt utan är sammansättningen av summan av de Fyra Elementen - den är byggstenen, mediet, limmet som håller ihop dem alla. Som nämnts kommer allt i Universum, eftersom det kom från Anden, så småningom att återgå till Anden i sinom tid. Av denna anledning försöker vi att Andligt utvecklas och återförenas med vår Skapares sinne - det är en inneboende önskan inom oss att göra det.

Det Engelska ordet "Spirit" kommer från det Latinska ordet "spiritus", som betyder "andetag". Denna korrelation mellan de två orden säger oss att det finns en korrespondens mellan Andens energi och handlingen att andas den syrehaltiga luften omkring oss, en fysisk manifestation av Luftelementet.

Alla levande varelser som andas för att upprätthålla sina liv behöver denna kontinuerliga process för att föra in Anden i sina kroppar. Andningen är alltså ett bevis på liv. Av denna anledning är andningstekniker (som inom Yogan kallas Pranayama) viktiga i alla Andliga discipliner. Dessutom underlättar kontrollerad andning meditation, vilket höjer vibrationen i vårt medvetande så att vi kan uppleva högre Kosmiska Plan.

Eter är ett annat namn för Andevärlden i Antika traditioner och modern fysik. Eter representerar det formlösa och osynliga medium eller ämne som genomsyrar Kosmos. I *The Magus* är Ethyrerna en följd av trettio inre världar genom vilka vi kan utforska Elementen inom oss själva.

Elementet Ande/Eter/Rymd är knutet till Hals-Chakrat (Vishuddhi), Sinnets Öga-Chakrat (Ajna) och Kronchakrat (Sahasrara). Alla tre Andechakran är uttryck för det Andliga Planet. I Qabalah representerar det Andliga Elementet det Överjordiska - Sfärerna Kether, Chokmah och Binah, som sitter på toppen av Livets Träd. Det Andliga Elementet omfattar också den övre delen av *Daaths* Sfär, den osynliga elfte Sfären, som direkt motsvarar Hals-Chakrat. (Se Figur 13 som referens för Livsträdets Sefiroths och deras förhållande till Chakrana och de tre Kundalini-Nadis.)

Daath kallas "Avgrunden" i Qabalah som separationspunkten mellan de lägre sju Sephiroths dualitet och de Överjordiskas Icke-Dualitet. Den enda dualitet som existerar på de Överjordiskas nivå är Chokmah - Fadern och Binah - Modern. Chokmah och Binah är källorna till all dualitet i Universum, som kraft- och formkomponenterna, Själen (Eld) och Medvetandet (Vatten). Dessa två Sefiroth är källan till de Ursprungliga Elementen Eld och Vatten, även om de befinner sig på Andens nivå (Eld av Ande och Vatten av Ande). Kether är det Vita Ljuset som innehåller dessa två dubbla aspekter, vilket också är källan till Luftelementet (Luft av Ande).

De tre Sfärerna Kether, Chokmah och Binah fungerar som en helhet. Chokmah får sin Arketypiska energi från Kether, och Binah omvandlar dessa Arketypiska idéer till Form. Den Kristna motsvarigheten till de Överjordiska är Treenigheten - Fadern, Sonen och den Heliga Anden (eller Anden). Begreppet Treenighet är roten till alla Andliga traditioner, även om det har olika namn. Inom Hinduismen till exempel representerar Trimurti (Sanskrit för "tre former av treenighet") den Trefaldiga Gudomen av Högsta Gudomlighet - det Kosmiska uttrycket för Skapelse (Luft), underhåll (Vatten) och förstörelse (Eld). Återigen ser vi de tre grundläggande Elementen i aktion, fast i en annan ordning. Luften står alltid högst upp i pyramiden, även om Vatten och Eld kan vara utbytbara.

Daath motsvarar Hals-Chakrat, Vishuddhi. Eftersom Daath representerar kunskap och syftet med vår struphuvud (larynx) är att generera vibrationer (tonhöjd och volym) i våra röststänger, knyter verbal kommunikation uttryckt genom språk oss till Skaparen.

I *Första Moseboken* står det: "I begynnelsen var Ordet, och Ordet var Gud, och Ordet var hos Gud" (Johannes 1:1). Därför är Ordet vår förbindelse med Gud. Mantras som innebär att vi använder Kraftord och vibrerar vår röstlåda i en djup ton är ett sätt att koppla ihop oss med våra Gudagivna krafter och ställa in vårt medvetande på Högre Världar. Eftersom Anden är den förenande faktorn för de andra Fyra Elementen representerar Hals-Chakrat, Vishuddhi, syntesen av de Fyra Elementen till Anden, uttryckt genom kommunikation.

Den sjätte Chakrat, Ajna, handlar om psykisk syn (clairvoyans) - förmågan att se visuella bilder Astralt, på en inre nivå. Dessa meddelanden projiceras ofta från Gudomliga och Andliga världar och ger oss gåvan av prekognition, förmågan att förutse händelser innan de inträffar. Eftersom Ajnas psykiska gåva är inre visioner kallas den för det Tredje Ögat eller Sinnets Öga. (Mer om betydelsen av Ajna Chakra och dess visionsportal längre fram). Ajna är direkt kopplat till Chokmah och Binah eftersom vi genom detta Chakra får tillgång till båda dessa sfärer.

Ajna Chakra är sätet för intuitionen, vår högsta inre uppfattningsförmåga. Intuition gör det möjligt för oss att läsa av energin runt omkring oss direkt i stället för att använda vårt intellekt eller våra känslor. Den ger oss en känsla av att veta, även om den inte avslöjar exakt hur vi vet vad vi vet. Intuitionen gör det också möjligt för oss att få tillgång till inre vägledning från Gudomliga Världar eftersom den kopplar oss till vår Heliga Skyddsängel, som befinner sig i Chokmah-Sfären. Ajna gör det möjligt för oss att skära igenom illusioner, få tillgång till djupare sanningar och se bortom sinnet och orden. Den låter oss uppleva den Arketypiska energin bakom bilderna.

Det sjunde Chakrat är Kronchakrat, Sahasrara, högst upp på huvudet. Det är det högsta av de Större Chakrana och deras kulmination. Sahasrara är källan till den Andliga energin och det Stora Vita Ljuset, som strömmar in i de lägre Chakrana och därmed ger dem kraft. Utgångspunkten för vårt Transpersonella Jag uttrycker sig genom våra Transpersonella Chakran ovanför huvudet och under fötterna. Sahasrara är vår förbindelse med det Gudomliga Källan till all Skapelse och det Andliga Elementets högsta uttryck - det representerar enhet och försoning av motsatser eftersom det är Enhetens Chakra.

Qabalistiskt sett motsvarar Sahasrara Chakra Kether-Kronan som början på de Tre Slöjorna av Negativ Existens, även kallade *Ain Soph Aur*. Sahasrara är mötespunkten mellan det Ändliga och det Oändliga - det är bortom Tid och Rum eftersom det är Evigt, vilket innebär att det alltid har funnits och kommer att fortsätta att existera till tidens slut.

Även om de tre översta Chakrana tillhör det Andliga Elementet är det bara Sahasrara som är Icke-Dual. Ajna är vårt sinnes fordon för att nå Kronan, medan Vishuddhi ansluter till den Andliga energin genom det talade Ordet. Ego medvetandet når så högt som Vishuddhi, även om det förlorar sig helt i Ajna på grund av Ajnas förbindelse med Sahasrara. Under Ajna upplever vi rädsla och lidande, medan vi över Ajna överskrider Egot. Genom transcendens får vi tillgång till tillstånd av lycksalighet som åtföljer den Andliga erfarenheten, vilket är obegripligt för den vanliga människan som huvudsakligen upptar sitt sinne med Egots önskningar.

ELDELEMENTET

Eldelementet renar och omvandlar allt som inte längre är användbart för vår kropp, vårt sinne och vår Själ. Alla nya saker kommer ur Elden, eftersom gamla saker förtärs av den - Elden är en kraftfull renare eftersom den bränner upp orenheter.

Eldelementet är den Maskulina Principen och Faderns (Chokmah) energi - Själen. I Alkemi hänvisar Själen och Eldelementet till *Svavel,* en av de tre Principerna i naturen. Eld representerar Kraft och viljestyrka, och det är det som ligger närmast Anden av de tre Grundelementen. Den aktiva delen av Jaget förlitar sig på Eldelementet - det representerar det medvetna sinnet och vitalitet, självförtroende, kreativitet och mod.

Eldelementet är det tredje Chakrat, Manipura, som ligger i Solar Plexus. På grund av dess placering och energityp är det relaterat till matsmältningsprocessen och ämnesomsättningen i kroppen. Eldelementet representerar förbränning inom Materiens Värld och manifesterar både värme och Ljus. Det åstadkommer transmutation, regenerering och tillväxt genom tillämpning av värme.

Eldelementets Qabalistiska motsvarighet är *Geburah* Sephira, vars Planetära attribut är Mars. Geburahs Eld är en eld av viljestyrka och drivkraft. Eldelementet uttrycks också genom *Netzach* som begär och passion, som drivs av Eldelementet. Begäret är ofta instinktivt och ofrivilligt, till exempel sexuellt eller sensuellt begär. Å andra sidan innebär passion vanligtvis kreativitet och är något som vi har kontroll över.

Eldelementet stimulerar och stärker också intelligensen, och därför uttrycker det sig också genom *Hod* Sephira - som sinnesstyrka (styrka) i samband med fluktuerande känslor. Intellekt och förnuft är viljans drivkraft på de lägre nivåerna, medan Själen är drivkraften på de högre nivåerna.

Manipura uttrycker det Högre Mentala Planet, precis under det Andliga Planet. Den har direkt kontakt med det Andliga Elementet och det Överjordiska. När Ande Energin sjunker ner i Manipura upphöjs viljestyrkan eftersom den motiveras av villkorslös kärlek.

Eld är dynamik och motivation, orsaken bakom effekten. Eld är den fokuserade viljestyrka som driver tanken bakom varje medvetet framkallad handling - den behöver sin motsats (Vatten) som barometer och drivkraft för handling. En person använder sin viljestyrka antingen av Självkärlek eller villkorslös kärlek till hela mänskligheten. Därför existerar Eld- och Vattenelementen som en dualitet i förhållande till varandra, vare sig det gäller kroppen eller sinnet.

Människor vars Eldelement är inaktivt har låg personlig styrka och ingen verklig kontroll över sina liv. Andra människor tänker åt dem, och de saknar den råa energin för att manifestera sina livsönskemål. Människor med ett överflöd av Eldelementet har däremot den nödvändiga kraften för att manifestera sina drömmar. De är självsäkra och attraherar sina Själsliga önskningar, inklusive att välja sina romantiska partners och inte bara nöja sig med det som kommer i deras väg.

Manifestation kräver att man använder Eldelementet, som filtreras genom Jordelementet. Det finns en handling och reaktion fram och tillbaka som ständigt sker mellan Eld- och Jordelementen när din Själ är din vägledande kraft. Omvänt, när ditt Ego är den vägledande kraften blir viljestyrkan kapad, och ditt Jordelement hämtar i stället sin primära energi från Vattenelementets ofrivilliga känslor.

Luftelementet behövs för att ge bränsle till både Eld och Vatten, och dina tankar kan tjäna din Själ eller ditt Ego. Din Fria Vilja avgör vem du väljer att tjäna eftersom du inte kan ta hand om både din Själ och ditt Ego samtidigt.

Eldelementet uttrycker sig, precis som Andelementet, genom de andra tre elementen. Det är det högsta av de Fyra Elementen och kräver vår största uppmärksamhet.

VATTENELEMENTET

Vattenelementet är det Feminina, moderprincipen, Yin till Eldelementets Yang. Vattenelementet är alltså relaterat till Form och medvetande, medan Eldelementet är relaterat till Kraft och Själ. Dessa två existerar i ett symbiotiskt förhållande till varandra. I Alkemi är Vattenelementet relaterat till *Kvicksilver* Principen.

Som medvetandets flytande energi är Vattenelementet också relaterat till Sephira Binah, den Astrala eller osynliga blåkopian för alla fasta kroppar i Universum. På en inre, mänsklig nivå omfattar Vattenelementet våra känslor. Det är den passiva, mottagliga delen av Jaget - det undermedvetna. Vatten (H2O) består av de väte- och syremolekyler som upprätthåller det materiella livet fysiskt. Allt vattenlevande liv är också beroende av syret i vattnet för att kunna andas.

Vattenelementet är det andra Chakrat, Swadhisthana (Sacral), som ligger mellan naveln och nedre delen av buken. Swadhisthana uttrycker det Högre Astrala (Känslomässiga) Planet. Känslor handlar främst om uttryck för kärlek i ens liv, inklusive kärlek till Jaget och kärlek till andra. Vattenelementets Qabalistiska korrespondens är med *Chesed,* vars Planetariska attribut är Jupiter. Chesed är ett uttryck för villkorslös kärlek, barmhärtighet och altruism, som alla är Vattenelementets högsta uttryck.

Eftersom det är relaterat till känslor omfattar Vattenelementet andra Sephiroth på Livets Träd, på samma sätt som Luftelementet (tankar). Eftersom Sfären Netzach är formen för lägre, mer instinktiva känslor, såsom lust och romantisk kärlek, uttrycker sig Vattenelementet också genom denna Sfär. Netzach motsvarar Planeten Venus och åtrå, som upplevs som en känsla som tempereras av Eldelementet.

Vattenelementet ger också kraft åt Hods logiska, resonerande sinne, eftersom Hod och Netzach kompletterar varandra. Hod motsvarar Merkurius, och därför arbetar Hod i denna aspekt av Vattenelementet i kombination med Luftelementet och tankarna.

Vattenelementet är också relaterat till sexuell energi och sexuella instinkter som finns i Månen, vilket motsvarar *Yesod-Sfären.* Som du kan se omfattar Vattenelementet flera av Livsträdets mellersta och nedre Sefiroter, liksom Luft- och Eldelementen.

Vatten Chakrats övergripande mänskliga läxa är att lära sig att älska utan fasthållande genom Själen. Du måste omvandla dina lägre kärlekskänslor till högre känslor genom att låta din Själ leda medvetandet i stället för Egot.

LUFTELEMENTET

Luftelementet är en avkomma till Eld- och Vattenelementet som nästa steg i manifestationen. Som avkomma representerar luftelementet Son-energin. För mänskligheten är Luft förknippat med intellektet och det logiska sinnet. Tänkandet och tankarna är, precis som luften runt omkring oss, snabba, kvickt föränderliga och utan form.

Eftersom Eldelementet är relaterat till handling, är Luft associerat med kommunikation. Liksom Eldelementet är Luft av maskulin kvalitet och representerar aktivitet och energi, men på en inre, sinnesmässig nivå. Luft stöder allt liv genom att andas in den syrehaltiga luften omkring oss. I den fysiska verkligheten utgör Luftelementet Jordens atmosfär som en blandning av gaser.

Luftelementet motsvarar det Fjärde Chakrat, Anahata (Hjärtat), som ligger mellan de två brösten i bröstets mitt. Anahata är också det centrala Chakrat i modellen med de Sju Större Chakran, som skiljer de tre Andliga Elementchakrana ovanför från de tre lägre

Elementchakrana nedanför. I modellen för de Kosmiska Planen är Anahata ett uttryck för det Lägre Mentala Planet, som skiljer Vattenelementet nedanför och Eldelementet ovanför. Som sådan interagerar Luftelementet mest med dessa två Element psykiskt.

Qabalistiskt sett motsvarar Luftelementet *Tiphareths* Sfär (vars Planetära attribut är Solen) och Yesods Sfär (som tillskrivs Månen). Som en del av de Överjordiska Elementen tillskrivs Luftelementet Kether som den kreativa energin.

Tiphareth är vår källa till fantasi, vilket kräver att man ständigt är i skapande verksamhet, ett uttryck för Luftelementet. Tiphareth är centrum i Livets Träd, eftersom det tar emot alla andra Sephiroth-energier, utom Malkuth - Jorden. Malkuth nås genom Yesod-Månen. Luftelementet har en dubbel natur. Det kan vara bedrägligt som Månen eller uttrycka sanningen som Solen. Sanningen tas emot och uppfattas genom intuition.

Jordelementets Chakra (Muladhara) handlar om stabilitet, medan Luftelementets Chakra (Anahata) handlar om dess motsats - tankar. Eftersom tankar består av en eterisk substans tillhör de sinnet. Alla levande varelser använder tankar för att navigera sin verklighet eftersom tänkandet blåser liv i Eld- och Vattenelementen i psyket. Eld representerar viljestyrka, medan Vatten representerar känslor och kärlek. Man kan dock inte ha någotdera utan Luft, eftersom tanken driver dem båda. Innan du kan åstadkomma något i den här världen måste du först ha tänkt på att göra den saken. Tanken är således roten till hela Skapelsen, vare sig det gäller människor eller andra djur.

Luft korrelerar också direkt med Elementet Ande/Eter och de Överjordiska Elementen. Luftelementet är balanserande för allt som är mentalt, känslomässigt och Andligt. Som sådant är det direkt kopplat till Kether, källan till den Andliga energin.

Hermetikerna hävdade att även om djur har känslor och fantasi är det bara människor som har logik och förnuft, vilket de kallade "Nous". Nous är en sinnesförmåga som är intelligensens byggsten och som drivs av Luftelementet. I Qabalah är Hod-Sfären direkt kopplad till intellektet. I Hod är dock Luften tempererad av Vattenelementet.

Luft är också kopplat till Elementet Eld och känslomässiga tankar eller impulser. Luft är alltså direkt kopplat till Netzach - känslor och önskningar. Ett välfungerande sinne innebär att individen är välbalanserad i Elementet Luft.

JORDELEMENTET

Jordelementet representerar den Tredimensionella Världen, det materiella uttrycket för den Universella energin. Under Skapelseprocessen manifesterades Jordelementet när Anden har nått den lägsta densiteten och vibrationsfrekvensen. Som sådant representerar det alla fasta ämnen som har massa och tar upp utrymme, en term som vi kallar "Materia". Jorden är syntesen av Eld-, Vatten- och Luftelementen i deras mest täta form och behållaren för dessa Element på det Fysiska Planet. I Alkemi relaterar Jordelementet till *Salt* Principen i naturen.

Jorden representerar rörelse och handling; vi behöver Jordens energi för att utföra alla fysiska aktiviteter. På en energinivå står Jordelementet för jordförankring och stabilitet. Det behövs en tillräcklig dos av Jordenergi för att manifestera det som finns i våra sinnen och hjärtan; annars stannar vår mentala och känslomässiga energi kvar i de inre Kosmiska Planen.

I den fysiska verkligheten är Jorden de organiska och oorganiska föreningarna på vår Planet. Den representerar tillväxt, fruktbarhet och förnyelse när det gäller Gaia, Planeten Jorden, modern som vårdar våra kroppar. Termerna "Moder" och "Materia" låter likadant och har liknande betydelser. På samma sätt har Elementen Vatten och Jord ett nära förhållande som de enda passiva, mottagliga Elementen. Jorden är det materiella uttrycket för den Astrala Världen, som representeras av Vattenelementet.

Jordelementet är Muladhara, Rotchakrat, som Qabalistiskt motsvarar Malkuths Sfär. Muladhara uttrycker det Nedre Astrala Planet, som är oupplösligt förbundet med det Fysiska Planet som en förbindelselänk. Därför är Muladhara det första Chakra vars placering (mellan svanskotan och perineum) är närmast den fysiska Jorden.

Jordelementets uttryck i vårt psyke är alltid relaterat till vår koppling till den materiella världen. Några av de mer vardagliga aspekterna av Jordelementet är att ha ett jobb och äga ett hem och en bil. Allt som har med pengar och ägande av materiella varor att göra är ett uttryck för Jordelementet. För mycket av Jordelementet resulterar i att man är överdrivet materialistisk och girig, vilket tar bort från ens Andliga energi.

Jorden är motsatsen till Anden - eftersom Anden använder energin från Eld, Vatten och Luft på en högre nivå, använder Jorden dessa tre Element på en lägre, tätare nivå. Jordens energi strävar efter att förse oss med de saker vi behöver för att göra vår materiella, fysiska existens lycklig och nöjd.

Men som det Hermetiska axiomet säger: "Som Ovanför, Så Nedanför" - Kether är i Malkuth, och Malkuth är i Kether. Gud finns i allt vi ser framför oss och inom oss - Andens energi genomsyrar hela tillvaron. Jordelementet är därför direkt kopplat till Anden eftersom Anden förkroppsligar Jorden. Anden behöver Jordelementet för att kunna manifestera verkligheten i Materiens Värld. När Anden manifesterar sig genom Själen är resultatet fruktbart, medan när den verkar genom Egot ger resultatet negativ Karma.

Jordelementet fokuserar på att tillfredsställa våra grundläggande fysiologiska behov som är viktiga för vår överlevnad, t.ex. skydd och behovet av luft, vatten, mat och sömn. Fysisk träning är också viktigt, liksom kvaliteten på den mat och det vatten vi tillför våra kroppar. Jordelementet handlar också om fortplantning och vår önskan om sexuella relationer. Jordelementets energi lugnar våra sinnen och ger oss bränsle för att ta itu med våra dagliga fysiska aktiviteter vars syfte är att hålla oss i rörelse i vår Jordiska tillvaro.

DE KOSMISKA PLANEN

Kundalinis förvandlingsprocess börjar som en flammande vulkanisk eld som bränner bort det orena och orena i Jagets olika Subtila Kroppar. Varje Chakra har en motsvarande Subtil Kropp, som den nyaktiverade Ljuskroppen formar sig till eftersom Ljuset är en elastisk substans. Ditt medvetande förkroppsligar sedan dessa olika Subtila Kroppar för att uppleva deras motsvarande Kosmiska Existensplan eller manifestation. Din själ upplever de Kosmiska Planen genom sinnet eftersom det är medlaren mellan Ande och Materia. Den fungerar som en mottagare som kan ställa in sig på dessa olika Kosmiska Plan.

Det är viktigt att förstå begreppet Själen, vad den är och hur den skiljer sig från Anden. Själen är den individuella gnista av Ljus som vi alla bär inom oss. De Uråldriga säger att Själen kommer från Solen. Av denna anledning kallar de Solen för "Sol", vilket är ursprunget till ordet "Soul". Ett Kundaliniuppvaknande befriar Själen från den fysiska kroppen för att resa i dessa inre Kosmiska Existensplan. Själen är den högsta delen av uttrycket för vem du är som en Gudomlig gnista från Solen. Huruvida Själen är speciell endast för detta Solsystem kan diskuteras. I teorin, eftersom alla stjärnor kanaliserar Ljusenergi, kan Själen vara den som kan resa från ett Solsystem till ett annat och manifestera sig i en organisk kropp på en annan Planet.

Anden är den högsta essensen av den Gudomliga energin och är ritningen för allt som existerar. Anden är det Gudomliga eller Kosmiska Sinnets "tankegods" som projicerar det kända Universum. Därför är Anden den animerande substansen i allting och den är Universell, medan Själen är individuell och speciell för varje människa. Själen är en Eld medan Anden är över de Fyra Elementen Eld, Vatten, Luft och Jord som deras syntesmedvetande. Medvetandets medium är sinnet och hjärnan, medan Själens medium är hjärtat. Anden är det i vilket både Själen och sinnet har sin existens.

Det kan vara lite komplicerat att verkligen förstå dessa skillnader, främst på grund av att orden Ande och Själ slängs runt i vårt samhälle utan en tydlig definition av vad de betyder och hur de skiljer sig åt. De flesta människor verkar i allmänhet tro att de är samma sak. De Forntida har gjort sitt bästa för att definiera både Själ och Ande, men eftersom den genomsnittliga personen i dagens tid befinner sig på en lägre nivå av Andlig utveckling har den kollektiva förståelsen inte nått dit ännu. Därför hoppas jag att denna mycket grundläggande definition av var och en kommer att hjälpa dig att förstå skillnaden bättre.

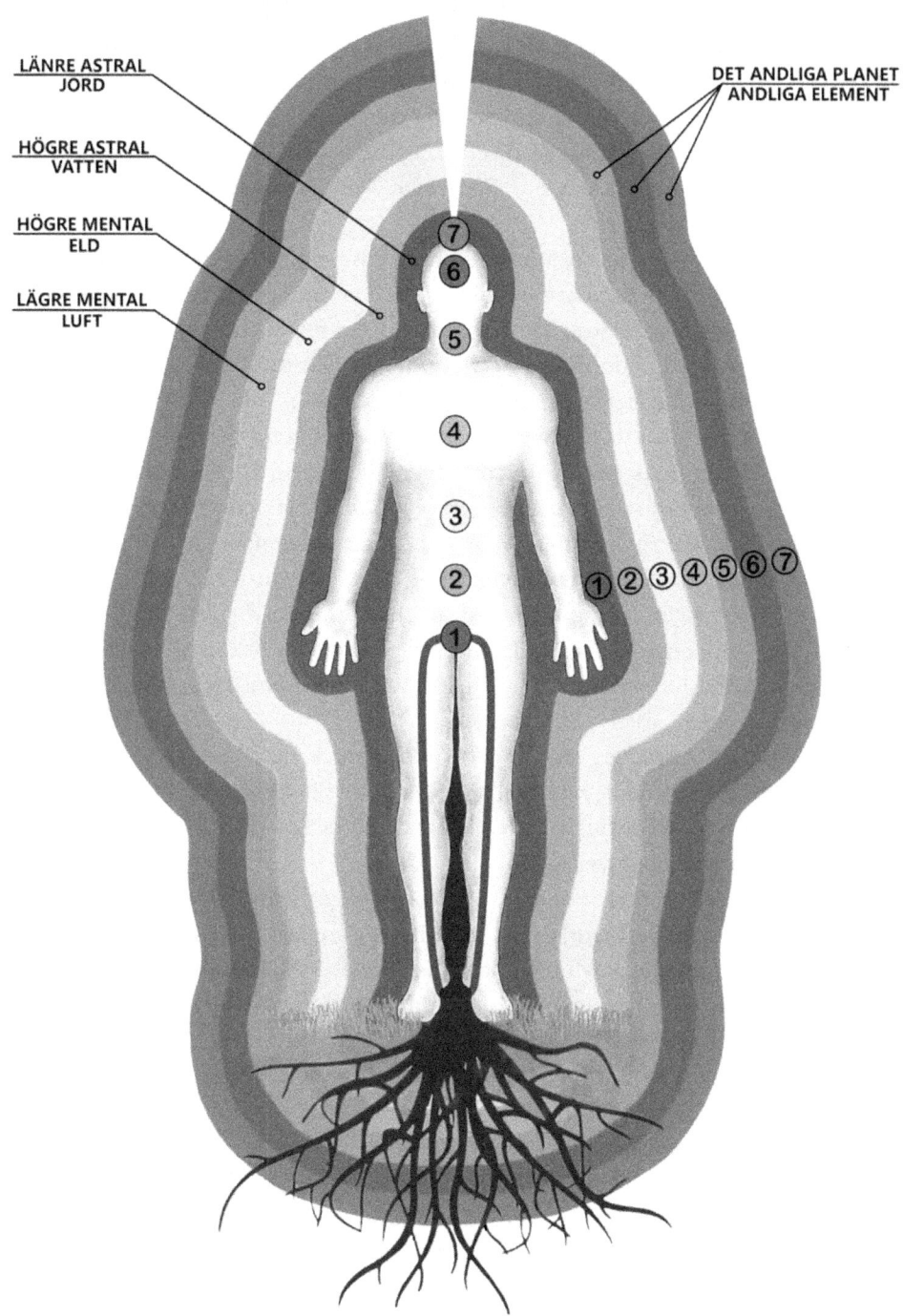

Figur 14: De Inre Kosmiska Planen

När du går framåt genom Kundalini-transformationsprocessen kommer din Själ gradvis att gå in i de olika Kosmiska Existensplanerna systematiskt och integrera dessa erfarenheter i ditt psyke. Du kan också framkalla särskilda mentala tillstånd genom rituella tekniker för Ceremoniel Magi, som åberopar ett av de Fem Elementen Jord, Luft, Vatten, Eld och Ande, samt Underelementen till vart och ett av dem. Dessa rituella övningar gör det möjligt för dig att få direkt tillgång till de Kosmiska Planen eftersom de Fem Elementen motsvarar Chakrana. Rådfråga *The Magus: Kundalini and the Golden Dawn* för dessa rituella tekniker.

De Kosmiska Existensplanerna upptar samma rum och tid men existerar i olika grader av vibrationer. Den lägsta och mest täta vibrationen kommer att vara den Fysiska Världen av Materia som vi lever i vårt dagliga liv. När du ökar vibrationen går du in i de olika Existensplanerna, Astralt, genom sinnet. Ju högre vibrationshastighet eller frekvens, desto högre Plan. Materien ligger på den lägsta frekvensen, medan Anden vibrerar på en så hög frekvens att den praktiskt taget är i vila och osynlig för sinnena.

De Kosmiska Planen existerar i Auran i lager (Figur 14), på samma sätt som lagren i en lök som läggs på varandra. De högre lagren genomsyrar och påverkar de lägre lagren. Bilden i Figur 14 är en schematisk bild som visar sekvensen av de lager som berör Chakrana. Det är dock inte en exakt avbildning av själva Auran. I den mänskliga Auran är varje Större Chakralager närmare varandra och överlagras av fyra mer omfattande lager som har med de Transpersonella Chakrana att göra. Aura består alltså av elva primära lager. (För mer information om Auran, se diskursen med titeln "Det Aura-Toroidala Energi Fältet". ")

Tänk också på att Auran är dynamisk i sitt uttryck och befinner sig i ett konstant tillstånd av flöde och återflöde när den uttrycker det individuella medvetandet. I varje ögonblick virvlar och snurrar olika färger i Auran beroende på vilket innehåll sinnet och hjärtat fokuserar på och upplever.

De Kosmiska Planen existerar alla i en följd och utgår från det Vita Ljuset, som finns i Sahasrara, Kronchakrat. Den Gudomliga manifestationsprocessen filtreras nedåt i dessa olika Plan, och ett Plan påverkar ett annat - det finns ett symbiotiskt förhållande mellan dem. När manifestationsprocessen filtreras nedåt, när den väl har nått det Fysiska Planet, stiger den tillbaka upp till det Vita Ljuset och påverkar systematiskt varje Plan. Manifestationsprocessen är då det kontinuerliga fram och tillbaka flödet av hela denna process, oändligt många gånger i ett ändligt ögonblick, exemplifierat i det Hermetiska axiomet "Som Ovanför, Så Nedanför".

När du utför handlingar i den Fysiska Världen påverkar du dessa inre Plan och skapar på så sätt Karma. Karmaenergi är summan av dina handlingar och uttrycket för deras kvalitet. Om dina handlingar inte utförs i Guds namn - det Gudomliga, som verkar genom den villkorslösa kärlekens energi - kommer de att få Karmiska konsekvenser. Negativ Karma kommer därför att placeras i ett av Manifestationsplanerna, så att du kan lära dig lektionerna på det Planet och ställa in dina handlingar korrekt och optimera dina Chakran i processen.

Genom att uppleva dessa Kosmiska Plan kan du lära dig om delar av dig själv som behöver bearbetas. Och du kan arbeta med dessa delar av dig Själv genom att uppleva dessa Kosmiska Plan. Till exempel kommer ibland Demoniska entiteter att förlägga sig själva i ett eller flera av de Kosmiska Planen, och du måste möta dessa Demoner och "slakta" dem. Ofta uppfattas denna handling visuellt i en vision eller en dröm när du genomsyrar en Demon med Vitt Ljus och avväpnar den. Att möta dem med mod är dock i allmänhet tillräckligt för att förvandla dem och ta bort räddhetsenergin från det Kosmiska Plan där de bor. I sin tur kommer motsvarande Chakra att finjusteras och låta mer Ljusenergi lysa genom det.

När du arbetar med Karmisk energi arbetar du främst med rädsla, eftersom rädsla är bränslet för alla Demoniska energier. Syftet och målet för alla Demoner är att skrämma dig på något sätt. Eftersom rädsla är kvantifierbar, tar du genom att arbeta med Karmisk energi bort rädsla från din Aura, lite efter lite, tills allt är borta. Denna process tar dock många år och kräver att du är stark i sinne och hjärta. Du måste bli motståndskraftig och envis för att lyckas om du vill övervinna dina Demoner. När all rädsla har dragits ut ur dig kan Demonerna inte längre skrämma dig, och du kommer äntligen att ha det yttersta kommandot över dem. Denna process är kärnan i att få sann personlig makt.

DE FEM KOSMISKA PLANEN

Det Fysiska Planet och det Lägre Astrala Planet (Jordelementet)

Din resa mot transcendens börjar på det Fysiska Planet, som motsvarar Muladhara, Baschakrat och Jordelementet. Muladhara är det lägsta av Chakrana och representerar det tätaste Existensplanet, Materiens Värld. Detta Chakra påverkar också det Lägre Astrala Planet, energiblueprintet för allt som existerar. Det finns en korrespondens mellan det Fysiska Planet och det Lägre Astrala Planet eftersom båda har del i Jordelementet och Muladhara-Chakrat. Den Subtila Broppen som motsvarar detta Inre Plan är den Nedre Astrala Kroppen. Den Fysiska Kroppen är den kropp som vi använder för att uppleva Materiens Värld. Detta förhållande är uppenbart.

Människan är oupplösligt förbunden med Jorden genom gravitationen. På en energetisk nivå är vi kopplade till Jorden via Fotchakran och energikanalerna i benen som ansluter till Muladhara Chakra. Denna förbindelse gör det möjligt för oss att jorda vårt Chakriska system samtidigt som Ischiasnerven jordar vårt nervsystem och våra fysiska kroppar med Jorden. Människans energetiska system är som ett träd med rötter djupt ner i Jorden. Jorden vårdar oss genom denna tvåvägskommunikation, som stöder och upprätthåller vårt medvetande.

Högre Astrala Planet (Vattenelement)

När du stiger uppåt i Planerna är nästa i ordningen det Högre Astrala Planet. Det kallas ofta för det Emotionella Planet och har att göra med de lägre, mer instinktiva känslorna - våra handlingar i den Fysiska Världen framkallar ofrivilligt en känslomässig reaktion. Det Högre Astrala Planet är förknippat med sexualitet, rädsla och Egot eftersom det har direkt koppling till det undermedvetna sinnet. Det motsvarar Vattenelementet och Swadhisthana, Sakralchakrat. Den Subtila Kropp som är speciell för detta Plan är den Högre Astrala Kroppen.

Efter ett fullständigt Kundalini-uppvaknande, när det medvetna och det undermedvetna sinnet har överbryggats, dominerar känslomässigt kaos psyket under en längre tid. Att möta sitt Skugg Jag kan vara skrämmande, särskilt om man är oförberedd på en sådan upplevelse. Hur utmanande det än kan vara måste Vattenelementets Karmiska energi övervinnas för att du ska kunna gå vidare på din resa mot Andlig uppstigning. Rädsla-energi kan ta längre tid att rensa ut, beroende på nivån på din Andliga Utveckling. Med mod och beslutsamhet kan det dock uppnås, vilket resulterar i att Swadhisthana Chakra blir stämt, vilket gör att medvetandet kan höja sig över dess nivå och gå in på det plan som ligger ovanför.

Nedre Mentala Planet (Luftelementet)

När du väl har integrerat Vattenelementets lektioner är det följande inre Planet att ta itu med det Lägre Mentala Planet, som motsvarar Luftelementet och Anahata, Hjärtchakrat. Detta Plan har att göra med dina tankar och rationellt tänkande samt fantasi. Känslor påverkar tankarna och vice versa. På grund av sin koppling till Ande Elementet handlar Anahata om högre känslor, såsom medkänsla och villkorslös kärlek. Som sådan kan du stöta på tester av Själen som rör dessa energier. Den Subtila Kropp som är speciell för det här inre Planet är den nedre Mentala Kroppen.

När du väl har gått in i det Mentala Planet och ditt medvetande vibrerar på dess nivå kommer du att börja drömma Lucida Drömmar. Eftersom Anahata är direkt kopplad till det Andliga Elementet i Vishuddhi (Chakrat ovanför det) kan ditt medvetande hoppa ut ur din fysiska kropp genom Sahasrara Chakra och förkroppsliga din Ljuskropp om du har fått en fullständig aktivering genom Kundaliniväckningen. På grund av sin högre densitet är det Mentala Planet kontaktpunkten för Ljuskroppen för att gå in i en Lucid Dröm. När du väl förkroppsligat den kommer du att projicera dig in i ett av de högre Kosmiska Planen. Beroende på vilken Lucid Dröm-upplevelse du har är det antingen det Andliga eller det Gudomliga planet. Lucida drömmar börjar uppstå när ditt medvetande befinner sig i Anahata, eftersom inflödet av Luftelementet är det som gör att du kan projicera dig ut ur Sahasrara.

I en Lucid Dröm är du fullt medveten om det. Du kommer att uppleva drömmen som verklig eftersom Ljuskroppen är ett medvetandefordon, som liknar den fysiska kroppen, bara på en lägre densitetsnivå. Lucida Drömmar kännetecknas i allmänhet av absolut frihet att uppleva vad du önskar medan du befinner dig i drömtillståndet. När ditt medvetande projiceras ut ur Sahasrara Chakra blir en Lucid Dröm en fullständig Utom-Kroppslig Upplevelse. (Jag kommer att diskutera Lucid Drömmande mer i detalj i den andra halvan av boken eftersom det är en av de mer betydelsefulla gåvorna som man får efter att ha väckt Kundalini).

Högre Mentala Plan (Eldelementet)

Nästa plan som du måste arbeta dig igenom är det Högre Mentala Planet, som motsvarar Eldelementet och det Tredje Chakrat, Manipura (Solar Plexus Chakra). Manipura relaterar till din viljestyrka, dina övertygelser, din motivation och din drivkraft i livet. Det är där din Själ ligger, som filtreras genom det medvetna sinnet. Dina övertygelser formas genom vanemässiga handlingar och tänkande. Denna förbindelse med Själen på det Mentala Planet ger upphov till Lucida Drömmar eftersom Ljuskroppen är Själens fordon. Kom ihåg att både Eld- och Luftelementen är kopplade till Andliga Elementet, och därför är det Mentala Planet kontaktpunkten för att nå de högre Kosmiska Världarna.

Många av våra inrotade övertygelser hindrar oss från att utnyttja vår högsta potential som Andliga människor. Att övervinna negativa, begränsande övertygelser är av största vikt för att kunna leva det liv du vill leva. Trosuppfattningar påverkar också i sin tur dina drömmar och mål. Syftet med att uppleva dessa Plan är att rena den negativa Karma som finns lagrad i varje Chakra. När den är renad höjer sig ditt medvetande naturligt över ett Chakra för att lära sig ytterligare Själsliga lektioner i ett Chakra ovanför det. Den Subtila Kropp som motsvarar detta plan är den Högre Mentala Kroppen.

Andligt Plan (Andliga Elementet)

När du väl har passerat de Lägre Existensplanerna som är relaterade till de Fyra Elementen, kommer Kundalini-energin att sublimeras och omvandlas till en lugnande, flytande eld, som är mycket mer behaglig. Dess kvalitet är av det Andliga Elementet, och när denna omvandling väl sker blir den ditt "modus operandi" för resten av ditt liv. Denna Andeenergi höjer ditt medvetande till de tre högsta Chakrana Vishuddhi (Halschakrat), Ajna (Sinnesögonchakrat) och Sahasrara (Kronchakrat). Den motsvarar det Andliga Existensplanet som upplevs genom Sahasrara Chakra och Bindu Chakra. Den har kallats Alkemisternas Filosofiska Kvicksilver och de Vises Sten.

Den Subtila Kroppen som motsvarar det Andliga planet är den Andliga Kroppen. Denna Andliga Kropp är nästa medvetandefordon som den nyligen aktiverade Ljuskroppen arbetar för att anpassa sig till permanent. I drömtillstånd formar sig Ljuskroppen till den Andliga Kroppen för att resa i det Andliga Planet.

Det Andliga Planet kallas ofta för "Etern", och det finns ofta hänvisningar till den Eteriska eller Aether blåkopian för alla former av Materia. Det är synonymt med den Astrala blåkopian som redan nämnts. Människor saknar ofta språket för att förklara denna mycket speciella osynliga vetenskap, så hänvisningar till dessa termer antyder den grundläggande energiblueprint som vi alla har. Bli inte förvirrad om du inte omedelbart kan förstå hur allting fungerar, utan var öppen för att lära dig, och med tiden, när du exponerar dig själv mer för denna osynliga verklighet, kommer din förståelse att öka.

Det är viktigt att förstå att Kundalinienergin aldrig är statisk, utan ständigt förändras i sitt uttryck, sin funktion och sitt tillstånd. Denna ständiga omvandling av Kundalinienergin gör att du kan gå in i dessa olika plan på ett naturligt sätt om du inte väljer att göra det avsiktligt genom rituella anropstekniker.

Kom ihåg att jag hittills har beskrivit processen att höja sig på de Inre Planen genom medvetande. Allteftersom vibrationen i ditt medvetande höjs upplever du högre och högre Plan tills du når det Andliga Planet. Ditt medvetande kan nå så högt som de Gudomliga Planen, även om deras upplevelse vanligtvis sker under Lucida Drömmar. Själva manifestationsprocessen är en kontinuerlig cykel där Anden filtreras in i Materien och åter upp igen. Denna process är ögonblicklig, oavbruten och konstant, och alla Plan mellan de två planerna påverkas.

DE GUDOMLIGA PLANEN

De Gudomliga Existensplanerna hänvisar till de Transpersonella Chakrana ovanför Sahasrara; de lägre nivåerna relaterar i allmänhet till Själsstjärnchakrat medan de högre nivåerna relaterar till Stjärnportalen. Teoretiskt sett finns det obegränsat med Gudomliga Medvetandeplaner. Varje försök att förklara deras faktiska antal är meningslöst eftersom det mänskliga medvetandet kan nå så högt som Guds sinne, som är Flerdimensionellt. De som försöker definiera de Gudomliga Planen gör fel i sin bedömning av dem eftersom deras erfarenheter inte kan kategoriseras med någon grad av kontinuitet.

Jag kommer inte att gå in på alltför mycket detaljer om de Gudomliga Planen eftersom syftet med det här arbetet är att fokusera på de Sju Chakrana, eftersom de första utmaningarna efter att Kundalini har vaknat är att bemästra och rena dem. Att uppleva den högvibrerande energin från de Gudomliga Planen i drömtillstånd eller i vakna visioner är en transcendental upplevelse som inte kan sättas i ord, eftersom detta skulle begränsa upplevelsen och föra ner den till denna värld av dualitet.

De Gudomliga Planen är Icke-Dualiska och obeskrivliga, eftersom de är kontaktpunkten mellan det Okända och det Kända. Information från de Gudomliga Planen filtreras via Kausal-/Binduchakrat till Sahasrara, Kronan, vilket gör det möjligt för utomvärldsliga Varelser att ta kontakt med ditt medvetande. Närhelst du har en "utomvärldslig" upplevelse i dina drömmar och besöker världar som du aldrig tidigare sett eller upplevt, arbetar du med Chakrana ovanför Sahasrara och "surfar" på ett av de Gudomliga Planen.

Upplevelsen av de Gudomliga Planen är olika för alla. I *The Magus* har jag försökt förklara några av mina erfarenheter av dessa energikällor, men jag tror att jag har begränsat dessa otroliga upplevelser genom att göra det. Om du har väckt Kundalini och upplever otroliga drömmar, ibland Lucida drömmar, kommer du oundvikligen att kontakta de Gudomliga existensplanerna.

Du kommer att få se landskap som du aldrig har sett förut och som är vackra att beskåda. Det kommer att kännas som om du befinner dig på en annan Planet i ett annat Solsystem, och det kan du faktiskt vara. När ditt medvetande har frigjorts från den fysiska kroppen kan du höja det genom en inspirerande idé eller tanke. Det är ovanligt att uppleva de Gudomliga Planen under dagen om du inte är i meditation, men när du väl öppnar denna dörr kan du besöka den på natten.

När du väl har fått kontakt med de Gudomliga Planen i ditt medvetande kan du känna deras närvaro intuitivt, men på natten kan du använda din Ljuskropp för att gå in i dem och uppleva dem. En dragning uppåt sker i ditt medvetande, och när du går in i Alfatillståndet under sömnen kan du officiellt hoppa in i de Gudomliga Planen med din Ljuskropp. Om det känns som om du fysiskt befinner dig i den här världen, men ditt sinne befinner sig på en annan Planet eller i en annan högre Dimension, är det troligt att du upplever de Gudomliga Planen.

VARIATION I AURISKA LAGER-SEKVENSEN

Du kommer att märka att sekvensen av Andlig utveckling genom Elementen följer den som gäller för de Auriska skikten i fråga om Chakrana, förutom att jag har upplevt att man i stället för att gå vidare till Eld efter att ha övervunnit Vattenelementet, når Luftelementet i stället. Det sker alltså ett gradvis hopp till ett högre skikt innan man går tillbaka till ett lägre skikt. Det, eller så följer inte ordningsföljden av skikten i Auran den ordning som Chakrana har.

Antag att vi följer det Qabalistiska systemet med Livets Träd för Andlig Utveckling mot Gudomen (Kethers Vita Ljus). När vi väl höjer oss över Jordens Fysiska Plan upplever medvetandet de andra tre Elementen i två separata sekvenser innan det når det Andliga Planet. Efter att ha lämnat Malkuth, Jorden, når individen Yesod (lägre Luft), följt av Hod (lägre Vatten) och sedan Netzach (lägre Eld). Därefter stiger de upp till Tiphareth (högre Luft), följt av Geburah (högre Eld) och slutligen Chesed (högre Vatten). Sedan befinner de sig vid dörren till Anden och det Andliga Planet, som representeras av Daath på Livets Träd. Och även inom det Andliga Planet är den första Sephira, Binah, hänförd till Vattenelementet, medan den andra Sephira, Chokmah, är relaterad till Eld. Binah och Chokmah anses vara de primära källorna till Vatten- och Eldelementen, Qabalistiskt sett. Kether, den högsta Sephira, motsvarar Luftelementet och anses också vara dess högsta källa.

Luftelementet på Livets Träd anses vara försoningselementet mellan Eld- och Vattenelementen. Av denna anledning återfinns det uteslutande på den *Mellersta Pelaren* på Livets Träd, även kallad Balanspelaren. Å andra sidan utbyts de två Elementen Vatten och Eld på de motsatta Pelarna i Livets Träd, *Stränghetens Pelare* och *Barmhärtighetens Pelare*. I min erfarenhet av att höja mig i medvetande och Andligt Utvecklas upplevde jag alltså inte Chakrana i en följd. Jag tror att denna process är Universell. Därför är antingen det Qabalistiska systemet korrekt eller så är det Chakrasystemet, men inte båda eftersom de är olika. Jag kommer att gå in mer på detta ämne senare när jag beskriver och diskuterar det Österländska begreppet Koshas.

IDA, PINGALA OCH ELEMENTEN

Det korrekta energiflödet genom Ida och Pingala är av största vikt för att Kundalinikretsen ska fungera korrekt. Blockeringar i någon av dessa Nadis förhindrar att energin fungerar som den ska. Om det finns blockeringar kommer du att genomgå allvarliga mentala och emotionella problem eftersom Ida och Pingala reglerar Chakrana och medvetandet. Ida och Pingala drivs av tankar och känslor, som påverkas av de fyra Chakrana under Vishuddhi (Hals Chakra) och Elementen Jord, Vatten, Luft och Eld.

I det här kapitlet kommer jag att diskutera hur de Fem Elementen påverkar flödet av Ida och Pingala. Genom de Andliga övningar som presenteras i den här boken eller de ritualövningar i Ceremoniell Magi som presenteras i *The Magus* kan du stämma av dina Chakran. Genom att göra det kan energiströmmarna i Ida och Pingala flöda korrekt och lindra eventuella mentala och emotionella svårigheter som du kan uppleva. Som beskrivs i *The Magus* påverkar de Trettio Enochiska Aethyrerna Ida och Pingala direkt eftersom de använder den sexuella energin i kombination med Elementär energi för att arbeta på endera eller båda kanalerna samtidigt. Jag har funnit att denna rituella operation är den bästa när det gäller att stämma av båda Kundalini-kanalerna och hjälpa dem att nå sitt mest optimala tillstånd.

Jordelementet representerar stabilitet och representeras av Rotchakrat, som ligger mellan anus och könsorganet. Detta Chakra är viktigt eftersom du måste ha energi som flödar genom det på rätt sätt för att driva Kundalini-systemet. Jordelementet ger dig möjlighet att korrigera detta Chakra och ställa in det på rätt sätt. Som nämnts löper energilinjer från Fotchakrat genom benen upp till Jordchakrat Muladhara. Dessa linjer måste aktiveras fullt ut och optimeras efter att Kundalini har vaknat. Deras korrekta flöde gör det möjligt för Jordchakrat att arbeta på sin maximala kapacitet. Deras flöde ger också kraft åt Ida och Pingala Nadis, som börjar i Muladhara men får sina maskulina och feminina energier från de primära energikanalerna i benen.

Att arbeta med Jordelementet gör att man blir jordad och maximerar energiflödet i benen. Vattenelementet och känslorna påverkar flödet av Ida (feminint), medan Eldelementet påverkar flödet av Pingala (maskulint). Luftelementet ger liv åt både Ida- och Pingalakanalen eftersom det ger liv åt Vatten- och Eldelementet. Dess placering är i

Hjärtchakrat, Anahata, som innehåller den största sammanflödet av mindre Nadis i kroppen.

Anahata reglerar alla Chakror och Element i kroppen. Dessutom är Hjärtchakrat kopplat till Handchakrana, som kanaliserar helande kärleksenergi och fungerar som receptorer för att läsa av energin runt omkring dig. När det korrekta flödet väl är etablerat mellan Handchakrana och Hjärtchakrat hos fullt Kundaliniväckta individer resulterar det i den ytterligare viktlösa känslan i den fysiska kroppen och den mentala distanseringen från den. Den Andliga energin måste genomsyra hela den fysiska kroppens motsvarighet, Ljuskroppen, för att fullständigt frigöra medvetandet från den fysiska världen.

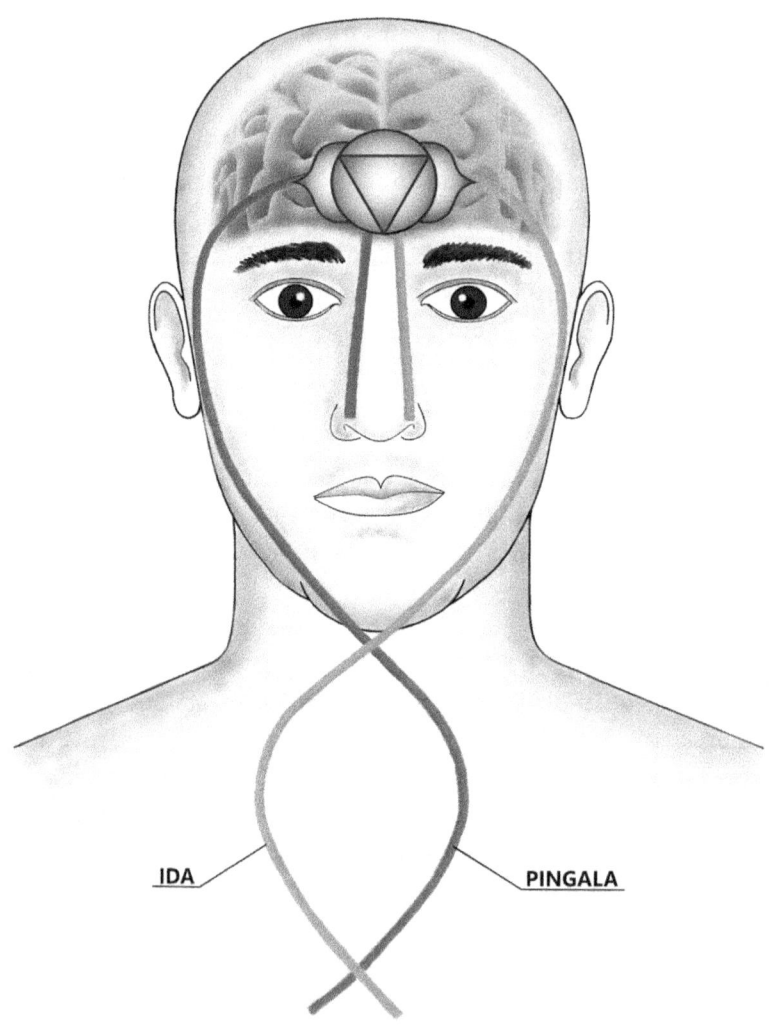

Figur 15: Ida och Pingala Nadis och Ajna Chakra

När du arbetar med Luftelementet stimulerar du både Ida och Pingala Nadis. Eftersom de två Nadis korsar varandra vid varje Chakra-punkt under ett Kundalini-uppvaknande, slutar de vid Ajna Chakra (Figur 15) mitt i hjärnan vid Thalamus-centret. Ajna Chakras portal är det Tredje Ögat - mellan och ovanför ögonbrynen och en centimeter innanför huvudet. Om de två kanalerna inte korsar varandra på rätt sätt, eller om det finns en blockering i rörelsen av någon av dem vid Sinnes Öga-centret, hamnar hela Kundalinisystemet i obalans, vilket påverkar dess funktion. Detta resulterar ofta i tvångstankar eller mentala problem som liknar dem hos schizofrena eller bipolära patienter.

Psykiska problem hos individer beror på ett felaktigt flöde av Ida och Pingala och obalans i Chakrana. Vi kan dock inte bevisa detta med dagens vetenskapliga mätinstrument. Efter att i sjutton år ha observerat mina mentala processer och upp- och nedgångarna i mina tankar och känslor har jag kommit fram till denna slutsats. Jag tror att dessa frågor är Universella eftersom Ida och Pingala är aktiva hos alla människor eftersom de reglerar medvetandet. Hos fullt Kundaliniväckta människor optimeras dock deras flöde eftersom de Tre Granthis är upplåsta, vilket gör att sublimerad Pranisk energi kontinuerligt kan föda systemet och framkalla det transcendentala tillståndet.

VÄNSTER OCH HÖGER HJÄRNHALVOR

I Qabalah är de två högsta inre förmågorna hos en människa Visdom och Förståelse, båda erhållna genom intuition. Dessa två aspekter av Jaget existerar i dualitet med varandra, eftersom man inte kan ha den ena utan den andra. De är båda relaterade till Andeelementet eftersom de representerar den Överjordiska delen av Självet, som aldrig föddes och aldrig kommer att dö. På Livets Träd är de Sfärerna Chokmah (Visdom) och Binah (Förståelse). De har också samband med det ultimata uttrycket för de maskulina och feminina delarna av Jaget, som finns i hjärnan som vänster och höger hjärnhalva.

Den vänstra hjärnhalvan påverkas av Chiah (som finns i Chokmah-Sfären). Qabalistiskt sett är Chiah vår Sanna Vilja. Det är den maskulina, projektiva delen av Jaget, som tillhör Eldelementet. Vår Heliga Skyddsängel och den del av oss som ständigt ger oss bränsle för att komma närmare det Gudomliga. Chiah drivs av Pingala Nadi, som också förknippas med den vänstra hjärnhalvan i Tantra Yoga. Den relaterar till analytiskt tänkande, logik, förnuft, vetenskap och matematik, resonemang och skrivförmåga. Chiah är i grunden Arketypisk, vilket innebär att den i viss mån ligger utanför vår förmåga att förstå den fullt ut. Vi kan använda den vänstra sidan av vår hjärna, men vi kan inte förstå varför vi vet vad vi vet och inte heller källan till den kunskapen.

Den Mindre Neschamah finns inom Binas Sfär. Den är feminin och mottaglig och tillhör Vattenelementet. Den Mindre Neschamah fungerar som vår psykiska intuition. Den är Självets högsta strävan och vår djupaste längtan eller vårt mest upphöjda medvetandetillstånd. Vår intuitiva kraft förbinder oss trots allt direkt med det Gudomliga.

Ida Nadi driver den Mindre Neschamah. Den påverkar funktionerna i den högra hjärnhalvan, såsom förståelse, känslor, kreativitet, fantasi, insikt, holistiskt tänkande och medvetenhet om musik och konstformer i allmänhet.

NADI KORTSLUTNINGAR

Under din Kundalinitransformationsresa kan det hända att Ida eller Pingala blir kortslutna, vilket innebär att de upphör med sin funktion för tillfället. Det är viktigt att förstå att när du väl har öppnat din Kundalinikrets kommer den att förbli aktiv resten av ditt liv, och kortslutningar och blockeringar är tillfälliga gupp på vägen. Vid kortslutningar måste du återuppbygga Ida- eller Pingalakanalen (beroende på vilken som har kollapsat) genom födointag, vilket sker naturligt med tiden. Vid den här tiden kan du bli uppmanad av din Själ att äta mer än vanligt för att åstadkomma detta eftersom din Själ kommer att inse vad du behöver göra för att åtgärda problemet.

Kortslutningar är ett Universellt problem, och många Kundalini-väckta personer har rapporterat att detta har hänt dem. Om Ida har kortslutits är det oftast ett resultat av en skrämmande händelse i ditt liv som orsakar en sådan negativ känsloladdning att den överladdar kanalen och zappar den med negativ bioelektricitet. Pingala-kortslutningar är mindre vanliga och är vanligtvis ett resultat av att någon eller något tar över ditt liv och gör ditt tänkande åt dig under en längre tid. Om detta händer upphör Pingalakanalen, vars syfte är att kanalisera viljestyrkan, att fungera.

Båda kanalerna kan återuppbyggas med tiden genom att du äter och gör förändringar i ditt liv som kan påverka deras funktion negativt. Hur du leder ditt liv påverkar alltid hela Kundalini-systemet och hur väl Chakrana fungerar, inklusive Ida-, Pingala- och Sushumna-kanalerna.

Sushumna kräver att hjärncentrumen är öppna och att Bindu fungerar korrekt, men den kräver också att kopplingen till Kronan är väl etablerad. Om Ida eller Pingala, eller båda, upphör att fungera och blir kortslutna kan det leda till att Sushumna inte heller fungerar korrekt, särskilt på den högre hjärnnivån. Det är omöjligt att stoppa Sushumnas flöde helt och hållet eftersom det är vårt medium för att uppleva ett expanderat medvetande, som när det vaknar aldrig kan förintas. De underordnade kanalerna Ida och Pingala, som reglerar medvetandet, kan tempereras, men inte själva det egentliga högre medvetandet.

Jag kommer att diskutera Kundalinikortslutningar mer ingående i "Del X: Kundalini Skade-Kontroll" och presentera meditationer i det följande avsnittet som du kan använda för att bygga upp och rikta om kanalerna i huvudet istället för att vänta på att det ska ske naturligt.

DEL III:
DET SUBTILA ENERGISYSTEMET

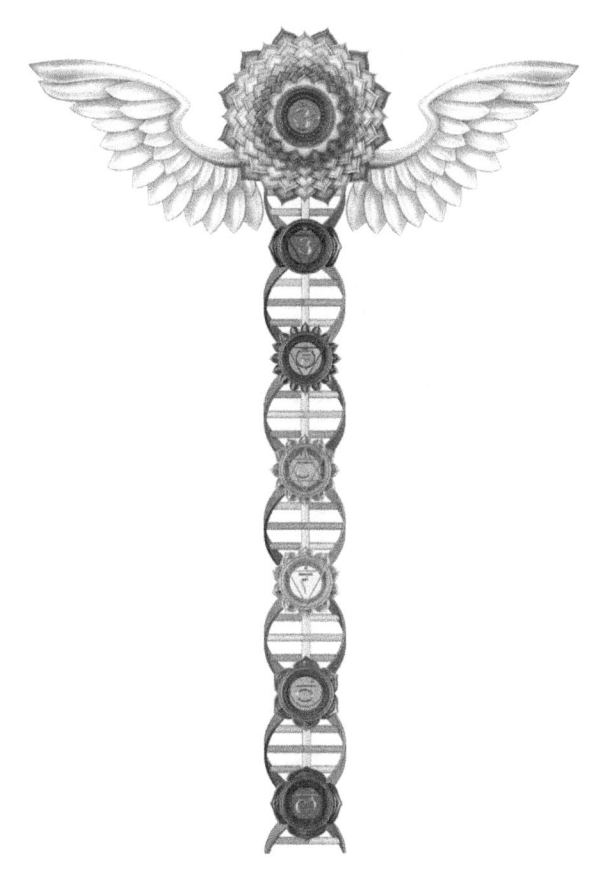

DET AURA-TOROIDALA ENERGIFÄLTET

Ett elektromagnetiskt fält är en kombination av elektrisk och magnetisk energi. Elektromagnetiska fält är primära fält som skapar och upprätthåller liv. Aura är ett elektromagnetiskt energifält som finns runt varje levande och icke levande ting i Universum. Det är toroidalt i form eftersom torus är den föredragna form som Universum använder för att skapa Materia från energi.

Torusen består av en central axel och virvlar i varje ände som cirkulerar energi. I ett tvärsnitt liknar torusen en dynamisk munk med ett oändligt litet hål i mitten. De flesta torusdynamiker innehåller manliga och kvinnliga aspekter, där energin spiralar uppåt i den ena och nedåt i den andra.

Det toroidala energifältet är ett självförsörjande system som kontinuerligt cirkulerar energi. Oändlighetssymbolen är en gammal 2D-representation av det toroidala fältet eftersom den har liknande egenskaper som att vara kontinuerlig och självbalanserande. Den representerar också Källan till all Skapelse. Källan skapade alla tori som finns och är oupplösligt förknippad med dem.

Alla människor och djur som lever på Planeten Jorden, inklusive Planeten själv (Figur 16), har sin egen Aura. Samma sak gäller för andra Planeter och till och med Galaxer. Alla Auror i Universum påverkas av och ger näring åt varandra. När allt kommer omkring är vi alla sammankopplade. De många olika ekosystemen i Jordens atmosfär, såsom växt- och djurliv, hav och till och med amöbor och encelliga organismer, är energimässigt sammanlänkade. Genom ett dynamiskt utbyte av energi förbinder det Universella toroidala systemet varje cell och atom genom våra fysiska kroppar och vårt medvetande.

Torusen påverkas av den kontinuerliga rörelsen av Universell energi eller Prana. Dess aktivitet liknar hur en våg fluktuerar med vattnets rörelse. Pranisk energi finns överallt omkring oss - den flödar ständigt in och ut ur våra Auror. Så länge vår Sol existerar finns Ljuset och Prana, som ger liv åt alla levande varelser i vårt Solsystem.

Ett av de främsta syftena med Auran är att utbyta och bearbeta kommunikationssignaler. Auran hos levande biologiska organismer fluktuerar kontinuerligt beroende på vilken input den får från Jaget, miljön eller andra levande varelser. Även om icke-levande, livlösa föremål har en Aura förändras inte deras Aura särskilt mycket genom interaktion med andra levande eller icke-levande ting. Auran hos icke levande ting kallas ofta för den Eteriska, eller energikroppen. I huvudsak är energikroppen hos någonting dess Aura, som är produkten av den kontinuerliga rörelsen av en torus.

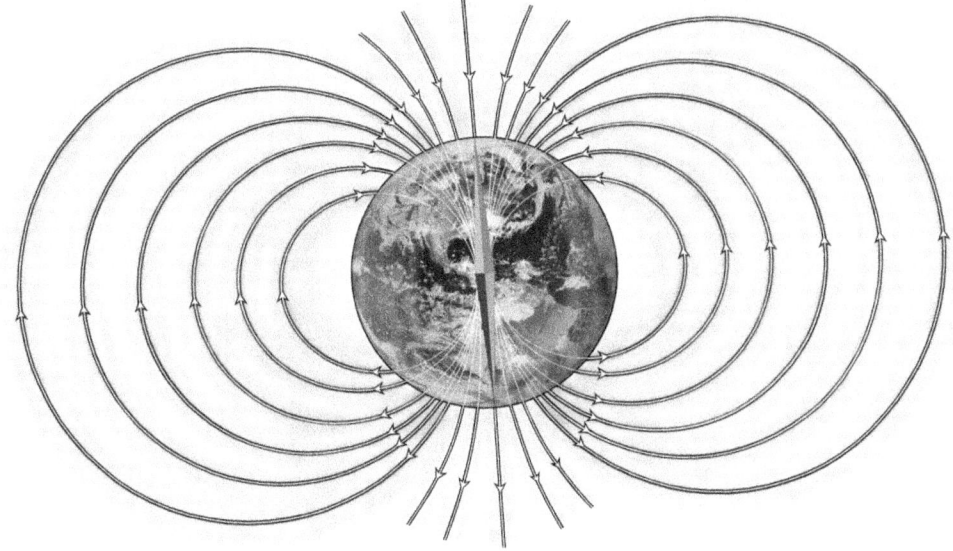

Figur 16: Jordens Elektromagnetiska Fält

DEN MÄNSKLIGA AURAN

Aura hjälper oss att interagera med vår omvärld och förmedla information till våra fysiska kroppar. Den sträcker sig runt den fysiska kroppen men flyter också genom den. Den fysiska kroppen är den Holografiska projektionen av det individuella medvetandet som drivs av Auran.

Jag har redan beskrivit människans Auraskikt som motsvarar de Sju Stora Chakrana och de Kosmiska Existensplanerna. Varje lager i Auran har sin vibrationsfrekvens och innehåller olika former av information. De följande fyra Auraskikten har samband med de Transpersonella Chakrana Jordstjärnan, Kausalchakrat, Själsstjärnan och Stjärnporten. De emanerar sekventiellt förbi de första sju Auriska lagren.

Jordstjärnechakratets Auriska skikt sticker ut först efter Sahasrara Chakra-skiktet, vilket tjänar till att jorda hela det Chakriska systemet när det ansluter sig till den Eteriska Kroppen på det Nedre Astrala Planet. Därefter kommer Kausalchakrats Auriska lager, som förbinder det Andliga och det Gudomliga Planet. Sedan har vi Själsstjärnans Auriska lager, som ger oss tillgång till de Lägre Gudomliga Planen, följt av det Stellära Portlagret, som representerar de högre planerna. Slutligen har Hara Chakra, som är en del av den Transpersonella Chakramodellen, inget eget Auriskt lager utan genomsyrar istället olika aspekter av Auran eftersom det är vårt primära Praniska centrum. Vart och ett av de elva Auriska lagren har ett toroidalt flöde som är inbäddat i varandra för att skapa formen av ett gigantiskt energiägg (Figur 17).

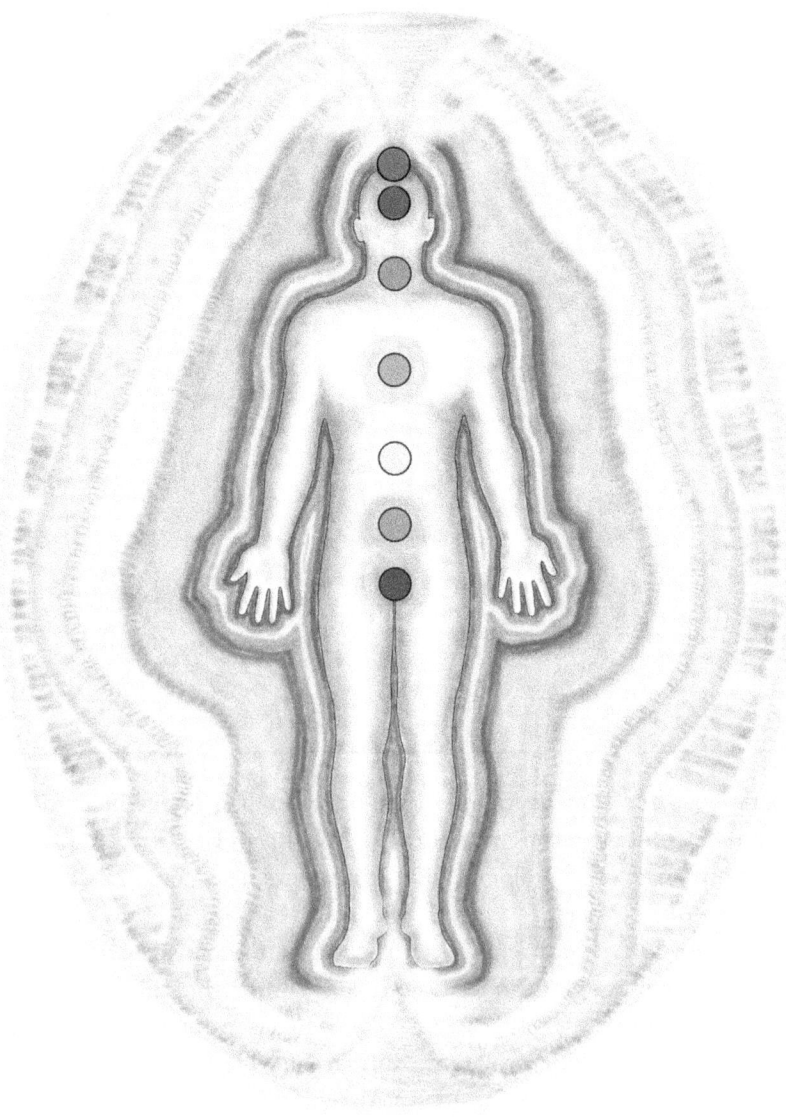

Figur 17: Den Mänskliga Auran

Genom att inkludera de lager som nämns ovan skapas Auras huvuddel. Dessutom påverkar andra subtila fält vår bioenergi och förbinder oss med varandra, andra levande varelser, Jorden och Universum som helhet. Dessa inkluderar elektriska och magnetiska fält som är oupptäckta i det elektromagnetiska spektrumet och som påverkar oss fysiskt och psykiskt. Sedan finns det ljud och andra elektromagnetiska krafter som påverkar oss, t.ex. infrarött ljus, mikrovågor, radiovågor, ultraviolett ljus, röntgenstrålar, gammastrålar, för att nämna några.

Varje cell i kroppen och varje tanke och känsla skapar ett energifält. Som sådan finns det hundratals, om inte tusentals, subtila energifält, varav en del ännu inte har upptäckts. Forskare upptäcker regelbundet nya energifält, vilket ytterligare ökar vår förståelse för hur sammankopplad hela tillvaron är.

Hos människan går torusens axel från huvudets Krona till ljumskarna, och omfattar de Stora och Transpersonella Chakrana, och sträcker sig ner till fötterna. Energin flödar genom en virvel längs axeln och ut ur den andra virveln, där den lindar sig runt dess omkrets och passerar tillbaka igen genom den ursprungliga virveln. När torusen snurrar runt sin vertikala axel roterar själva ringen också runt sin cirkulära axel. Inkommande energipartiklar som kommer in i vår torus följer en spiralformad bana.

Torusens centrum är hjärtat, som har ett eget elektromagnetiskt fält som sträcker sig längre ut från kroppen än Aurafältet. När människor befinner sig nära varandra sker ett utbyte av elektromagnetisk energi från hjärtat som registreras av hjärnvågorna. (Se kapitlet "Hjärtats Kraft" för mer information om detta ämne).

Hjärtat rymmer Själen. Torusen är i huvudsak Själens struktur för att uttrycka sig i Materiens Värld. Den gör det möjligt för Själen att ta kontakt med andra Själar i tillvaron. Eftersom Själen filosofiskt sett uttrycker sig genom sinnet, valde sinnet torusen som den mest optimala formen i naturen för att manifestera den fysiska kroppen. Genom sinnet kommuniceras Själens önskningar in i den fysiska kroppen. Kroppen kan inte existera utan sinnet. När den fysiska kroppen förgås gör även sinnet det, vilket utplånar torusen. Å andra sidan kan Själen aldrig släckas, och den fortsätter sin livsresa efter den fysiska döden.

AURA EGENSKAPER

Aurafotografering är en relativt ny teknik (sedan 1970-talet) som använder ett biofeedbackbildsystem för att registrera och visa en persons elektromagnetiska energi. Auraavläsningsmaskiner tar vanligtvis mätningar från handen via en sensor, som registrerar ens inre energier och ger en färgrik bild av Aurans aktuella tillstånd.

Den biofeedbackapparat för Aura-läsning som jag arbetar med är AuraFit, skapad av Bettina Bernoth. Den integrerar avancerad teknik för att visa Aura i "realtid" med hjälp av ett "smart" armband i stället för en handsensor. Jag fick de ögonblicksbilder av min Aura som presenteras i den här boken med AuraFit-systemet. (För att se hela färgskalan i dessa Aura-bilder, som är optimal för att främja din förståelse av ämnet, besök min webbplats). Som ett resultat av Auraavläsningsteknik som AuraFit och andra kan vi bestämma Aurastorleken, dess dominerande färger och Chakras hälsa i varje givet ögonblick.

När vi tittar på en individs energifält ser vi den färgglada energin som flödar runt i Auran. Typen och kvaliteten på energin inom dig beror på vad ditt medvetande fokuserar sin uppmärksamhet på. Det kan förändras från ett ögonblick till ett annat eftersom Auran ständigt fluktuerar när det gäller medvetandets uttryck. De tankar och känslor vi tänker på och upplever utnyttjar sina motsvarande Chakran i dessa ögonblick. När ett enskilt Chakra uttrycks i Auran kommer dess respektive lager att vara dominerande, inklusive dess motsvarande färg.

Aurafärgerna förändras ständigt beroende på vad medvetandet fokuserar på och vilka lager som är inblandade. Varje person har dock en grundfärg i sin Aura som återspeglar personligheten och läggningen. Personens grundfärg ger oss en uppfattning om deras allmänna läggning och känslomässiga tillstånd, som påverkas av deras övertygelser, värderingar och beteenden. Nivån på en persons Andliga utveckling påverkar också det färgområde inom vilket en person vibrerar.

Aura Storlek

Med hjälp av Aura-avläsningsteknik och bekräftat av klärvoajanter har vi fastställt att omkretsen av en frisk Aura med välfungerande Chakran sträcker sig i genomsnitt upp till två meter runt en person. Om det finns blockeringar eller stagnation av Ljusenergi i Chakrana kommer det att försvaga Auran, vilket kommer att minska dess omkrets. Ohälsosamma Auror kan krympa så lågt som en meter och till och med till precis utanför personens hud.

Aurans storlek varierar och fluktuerar på samma sätt som dess färger. Om en person till exempel är kontemplativ eller önskar avskildhet och vila, kommer han eller hon att vara inåtriktad och hålla sina energier för sig själv, vilket minskar Auran. Omvänt, om individen vill ha kontakt med andra och äventyr kommer han eller hon att vara utåtriktad, vilket kommer att utvidga Auran. Generellt sett är det så att om man fokuserar utåt och delar sin kärleksenergi med andra så växer Auran, medan om man är introvert och fokuserar på Självkärlek så krymper Auran.

Aura är som en levande, andande organism i den meningen att den expanderar eller drar ihop sig, beroende på om vi är introverta eller extroverta och vilken typ av energi vi uttrycker. Om en person till exempel är trött och utarmad på sin Livsenergi kommer hans Aura att krympa, medan om han eller hon är energisk och har mycket vitalitet kommer han eller hon att ha en mer expansiv Aura. Stress påverkar också Aurans storlek eftersom den får den att dra ihop sig när medvetandet upplever spänningar.

Andning påverkar också vår Aurastorlek; människor som andas från buken förser ständigt sina Sju Chakran med Pranisk energi, vilket håller energisystemet balanserat och därmed expanderar Auran. De som bara andas genom bröstet håller sina mellersta till högre Chakran aktiverade medan deras lägre Chakran förblir relativt oanvända. Dessa personer kommer att ha mindre Auror och behöver ändra sina andningsmönster för att balansera sina Chakran och optimera sin Aurastorlek.

Den allmänna storleken på individens Aurafält beror också på var i den Andliga Utvecklingsprocessen individen befinner sig och hur mycket Ljusenergi han eller hon har integrerat i sin Aura. Människor med högre vibrationer har i allmänhet större Auror, medan de med lägre vibrationer har mindre Auror. Människor med större Auror har mer kraftfulla förmågor att uppnå sina mål och drömmar, medan de med mindre Auror har svårare att manifestera det liv de önskar.

Kundalini-uppvaknade personer som har integrerat Ljusenergin i Chakrana har Auror vars omkrets är långt över två meter. Det har rapporterats att fullt Upplysta individer, Adepter, Vise och förverkligade Yogis, har strålande Auror vars Ljus kan fylla ett helt rum och göra intryck på alla i deras närhet.

Om någon är utåtriktad, optimistisk och engagerad i att dela med sig av kärleksenergi, men om Aurans omkrets fortfarande är långt under två meter, är det en indikation på att det kan finnas en sjukdom i den fysiska kroppen. Enligt den Hermetiska Korrespondensprincipen kommer kvaliteten på energin i Auran att manifesteras som samma kvalitet fysiskt, och vice versa.

Om någon går igenom betydande psykologiska och även fysiska förändringar kommer det att synas i deras Aura. Till exempel kommer människor som är för rymliga och behöver jordas att manifestera ett överflöd av energi i huvudet och minimalt med energi runt fötterna. För en balanserad koppling mellan sinne, kropp och själ bör energierna vara jämnt fördelade i huvudet (sinnet), fötterna (kroppen) och hjärtat (Själen).

Auras Form och Färgintensitet

När man tittar på en persons Aura i realtid spelar olika faktorer in som återspeglar Aurans utseende, från storlek och form till färgintensitet. För det första bör Auran vara äggformad och symmetrisk, vilket återspeglar individens toroidala energiflöde. Aurans äggform bör ha en slät yta på sitt yttre skal när den är i neutralt tillstånd. Ett luddigt yttre skal indikerar en brist på personliga gränser. Om Auran har hål, revor eller tårar ger det den ett taggigt utseende, vilket indikerar milda till allvarliga energiproblem. Stagnerande energi kommer att visa sig som lite skräp eller mörka färgfläckar i det yttre skalet.

Ljusa och strålande färger i Auran återspeglar positiva och harmoniska aspekter av motsvarande Chakran, medan mörka färger återspeglar negativa, disharmoniska aspekter. Därför kan varje färg i Auran vara ljusare eller mörkare.

Alla delar av Auran ska utstråla samma intensitet och ljusstyrka. Färgområden som inte är jämnt fördelade på båda sidor av Auran när det gäller färgintensitet tyder på Chakrisk obalans.

Balanserad energi visar stationära, ljusare färger, medan obalanserad energi visar sig i mörkare färger. Rött representerar till exempel handlingens råa energi, vilket är en positiv egenskap hos Muladhara Chakra, medan mörkrött representerar ångest och stress.

När en person upplever fysisk, mental eller känslomässig stress kommer en mörkröd färg att synas på kroppens vänstra sida. Om stressen kvarstår kommer den mörkröda färgen att komma in i hjärtat, halsen och huvudet och omsluta de första lagren av Auran närmast kroppen.

När individen flyttar sitt fokus bort från det som gav honom eller henne ångest, av egen vilja eller på grund av yttre påverkan, kommer spänningen att lämna psyket och kroppen, följt av den mörkröda färgen som strömmar ut ur Auran. Om spänningen emellertid kvarstår ytterligare kommer den att fortsätta att fylla resten av Auraskikten och genomsyra hela Auran tills den är löst (Figur 18).

Figur 18: Stressig Energi som Kommer In i och Lämnar Auran

Den färg som ersätter det mörkröda i Auran syns ofta på kroppens vänstra sida (höger sida i Aurabilden) innan den tränger in i hjärtat, halsen och huvudet. Den kommer sedan att flöda in i de första få Auraskikten, följt av resten av skikten om det som medvetandet fokuserar på är tillräckligt kraftfullt. Den nya energin kommer sedan att stabilisera sig i Auran tills ett medvetandeskifte sker.

Anta att vi tittar på den här upplevelsen i realtid med en Aura-läsningsenhet. I så fall ser det ut som en våg av ny energi som sveper in i hjärtområdet och projiceras utåt tills den helt ersätter alla mörkröda fläckar i Auran. De sista resterna av det djupröda syns ibland på höger sida innan de försvinner helt och hållet.

När en tanke eller känsla dominerar ens energifält ser det ut som om Auran andas in, medan när en inre förändring sker andas Auran ut, vilket gör att motsvarande färg stöts ut ur systemet.

De färger som kommer in i Auran är alltid ett resultat av avsikt och uppmärksamhet på tankar och känslor som medvetandet fokuserar på. Vi kan ändra dem när som helst med hjälp av viljestyrka. Det du tänker på eller ägnar uppmärksamhet åt bestämmer din verklighet, och vi kan se dess manifestation i Auran.

Figur 19 visar en utveckling av Aurafärgerna från ett stressigt tillstånd till ett fridfullt och balanserat meditativt tillstånd. Den första bilden visar ett djupt rött som fyller hela Auran, vilket ersätts av ett lugnare rött i nästa bild, följt av en fullständig rensning i den tredje bilden från en tillämpad mindfulnessövning.

Det lugna sinnet höjer medvetandets vibrationer successivt genom Chakrana. Efter orange manifesteras den gula färgen i Auran, följt av grönt, blått, indigo, violett och lavendel i tur och ordning.

Den sista vita färgen representerar ens sinnestillstånd när man är fri från alla tankar, både positiva och negativa, och representerar den mest väsentliga förbindelsen med Sahasrara - det Gudomliga Vita Ljuset. En vit Aura ger Gudomlig lycka som vi kan känna i Hjärtchakrat.

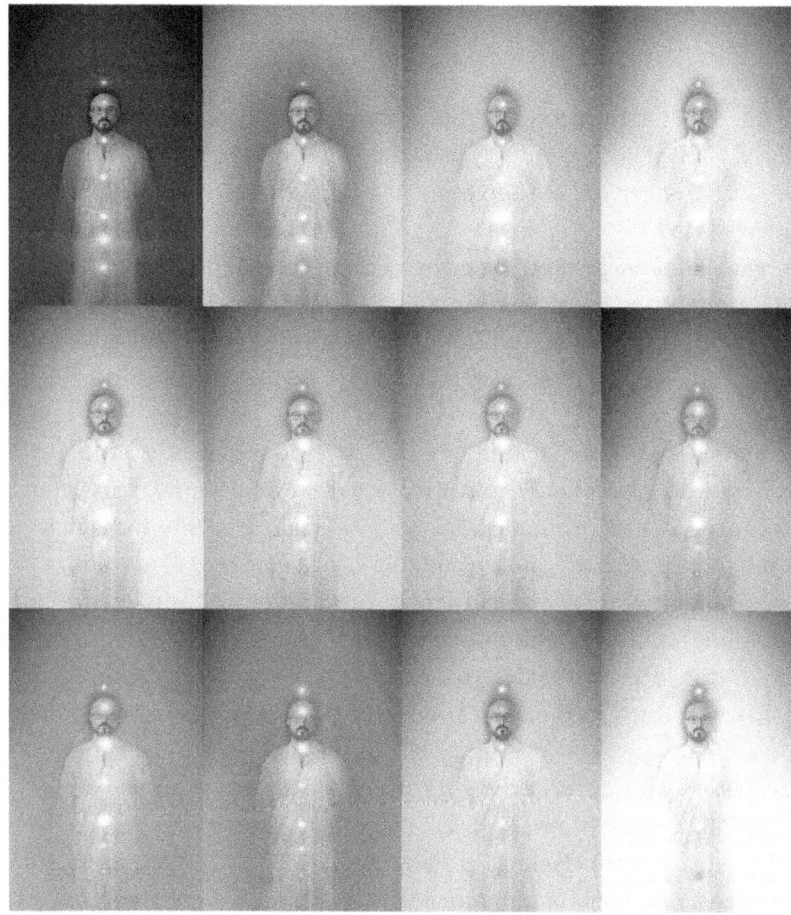

Figur 19: Aurafärgernas Utveckling från Lägsta till Högsta Chakra

AURA ANATOMI (FÄRGOMRÅDEN)

Över Huvudet

Färgen ovanför Sahasrara Chakra representerar ditt medvetande och det nuvarande ögonblicket. Därför har den att göra med dina tankar och det som du för tillfället tänker på. Dina tankar projiceras från det Mentala Planet och är mer föränderliga än känslorna. Som sådan är färgen ovanför huvudet den som är snabbast att förändras.

Om ett färgband sträcker sig som en båge över den övre delen av auran, indikerar det ens förhoppningar, mål och strävanden (Figur 20). Bandets färg talar om vilken typ av strävanden eller mål som individen har i tankarna. Om bandet till exempel är indigo eller violett indikerar det att personens nuvarande ambitioner är Andliga. Ett blått band visar att personens ambitioner handlar om kreativa uttryck. Å andra sidan visar ett rött band på mer monetära mål som handlar om att öka kvaliteten på ens jordiska liv.

Runt Hjärtat

Färgen runt ditt hjärta uttrycker ditt humör och din allmänna sinnesstämning. Den här färgen är relaterad till det Astrala Planet, som omfattar de två första lagren närmast kroppen. Dessa två lager omger den fysiska kroppen och sträcker sig runt huvudet och omsluter fötterna.

Eftersom våra känslor är mer väsentliga och mindre föränderliga än vad vi tänker på, är hjärtområdet ett uttryck för vår centrala personlighet. Det representerar den Chakra som vi använder mest under dagen. Det är vanligt att se samma färg ovanför huvudet och runt hjärtat och kroppen eftersom vi ofta tänker på saker som ligger i linje med hur vi känner.

Hjärtområdets färg är din grund; det är den dominerande färgen i din Aura som representerar Jaget för tillfället. I takt med att dina allmänna uppfattningar och åsikter om livet förändras, förändras också din kärnfärg. Om individen genomgår en livsförändrande händelse sker ofta en radikal förändring av kärnfärgen.

Din grundfärg ändras under dagen för att återspegla förändringar i dina känslor, men den återgår i allmänhet direkt till sitt neutrala tillstånd. Det bästa sättet att få fram din kärnfärg är därför att övervaka Auran under en kortare period. Att ta en enda ögonblicksbild av en Aura med en Aura-avläsningsanordning är otillräckligt för att få fram kärnfärgen.

En annan faktor som påverkar vår kärnfärg är hur väl vi utnyttjar vårt Hals-Chakra, vårt kommunikationscentrum. När vi uttrycker oss intensivt verbalt eller genom kroppsspråk tenderar Strupchakrat att bli upplyst, vilket lyser upp halsområdet och gör vår kärnfärg ljusare. Så att tala din sanning och uttrycka dig själv är avgörande för att ha en frisk, oavslutad Aura med fritt flödande energi och ljusa färger.

Vänster Sida av Kroppen

Den vänstra sidan av kroppen representerar den feminina, passiva, mottagliga, Yin-energin som inverkar på fantasin. Färgen på vänster sida visar att energin kommer in, antingen från oss Själva eller från en annan person eller till och med från omgivningens stimuli. Som sådan representerar denna färgenergi framtiden om vi absorberar och accepterar den och tillåter den att ta tag i vårt medvetande.

Om vår nuvarande läggning är starkare än den energi som trycks på oss, kommer den att stanna kvar på vänster sida och lämna Auran helt och hållet. Om vi däremot omfamnar denna energi kommer den att strömma in i hjärtområdet och sprida sig utåt för att bli den dominerande färgen i vår Aura som har tagit över våra tankar och känslor. Som nämnts kommer den dock, om inte den nya energin som kom in i vårt centrum är besläktad med vår allmänna läggning, att försvinna från Auran kort därefter för att ersättas av vår kärnfärg.

Om energin på vänster sida projiceras in i oss av en person som vi är i kontakt med, antingen i en healing-session eller genom verbal kommunikation, är det vanligt att vi ser samma färg som den dominerande i deras Aura. Kom ihåg att vår fantasi alltid måste drivas av viljestyrka, antingen vår egen (eftersom den är optimal) eller någon annans.

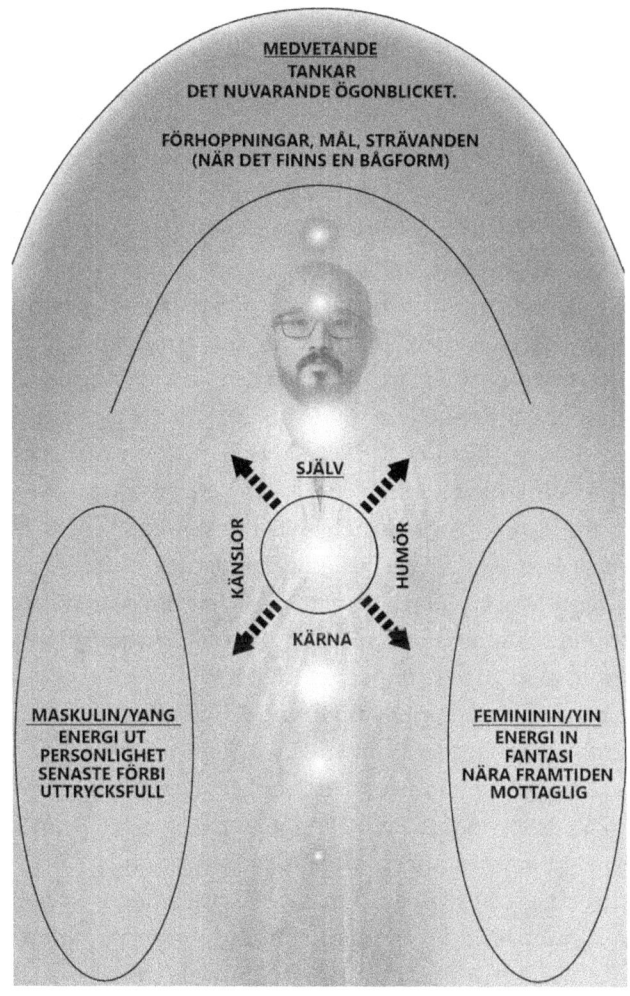

Figur 20: Aura Anatomi

I många avläsningar av Auran kommer en mörkröd färg in på vänster sida om en person är känslomässigt eller mentalt utlöst. Den kommer att stanna där i några ögonblick medan medvetandet bearbetar den. Om individens nervsystem är tillräckligt starkt kommer de att övervinna det och den mörkröda färgen kommer att strömma ut ur Auran. Om de låter den ta över mentalt eller känslomässigt, eller båda, kommer det mörkröda att genomsyra Auran och ta över som den dominerande färgen, vilket innebär att stressen helt och hållet har tagit över medvetandet.

Om färgen på vänster sida är densamma i hela Auran känns energin mycket stark eftersom individen är i samklang med sina tankar, känslor och handlingar. Om färgen på vänster sida är densamma som färgen på höger sida genomför individen det han eller hon tänker, även om han eller hon kanske inte känner det. För att vi ska kunna känna en energi påtagligt måste den ta över som basfärg och genomsyra hjärtområdet och de första lagren av Auran.

Högra Sida av Kroppen

Den högra sidan av kroppen representerar den maskulina, aktiva, projektiva Yang-energin. Den visar den senaste energin som har passerat genom oss och som nu frigörs och uttrycks. Det är handlingens energi som är en biprodukt av det vi tänker och känner. Eftersom det är den energi som vi sprider ut i världen representerar den hur andra människor uppfattar oss - vår persona.

När vi uttrycker något gör vi ett intryck på det Fysiska Planet och skapar minnen. Varje handling som vi utför har en betydelse eftersom den antingen befriar oss eller binder oss ytterligare till vårt Karmahjul. Vi måste se till att de energier vi projicerar in i den materiella världen inte är mörka och leriga, eftersom de är uttryck för Chakras negativa egenskaper.

Färgen på höger sida representerar det medvetna Jaget i uttrycksakten, medan färgen på vänster sida representerar det undermedvetna. På så sätt visar den vänstra och den högra sidan av Auran vårt introverta och extroverta Jag. Om vi av naturen är mycket sociala och extroverta kommer färgen på höger sida att skifta och förändras ofta när vi uttrycker oss i världen. Om vi däremot är mer introverta och tillbringar mycket tid med att tänka och begrunda våra känslor, kommer vi att få fler energiförskjutningar på vänster sida, med mycket liten eller ingen rörelse på höger sida.

En författare som till exempel ägnar tid åt att tänka och fundera över idéer kommer att ha konsekventa färg- och energiförskjutningar på sin vänstra sida. Omvänt kommer en sångare som uppträder på en konsert att ständigt uttrycka sig, och därför kommer färgerna på höger sida att förändras och skifta med hänsyn till de känslor som de uttrycker genom sina sånger. De kommer att ha lite eller ingen tid att gå inåt och bli introspektiva för att medvetet göra ett intryck på sin fantasi. Färgerna som kommer in i deras vänstra sida kommer dock att motsvara de energier som projiceras mot dem av deras fans som är närvarande.

ENERGETISKA PROBLEM I AURAN

Energiproblem inom Auran visar sig som hål, sprickor eller stagnerande energi (Figur 21). Hål i Auran kan hittas på det yttre skalet och ser ut som tomrum av dränerande energi; de representerar allvarlig energiförlust och sårbarhet för negativa influenser. Aurahål kan snabbt skapa en obalans i det energetiska systemet genom att energi läcker ut och tillåter oönskade energier att komma in utifrån.

Aurahål uppstår när man tillbringar för mycket tid med att dagdrömma och inte är närvarande i sin kropp. Alla aktiviteter som främjar tanklöshet och att inte hantera känslor när de uppstår kan potentiellt skapa hål i Auran. Missbruk av substanser och alkohol är ökända för att skapa Aurahål, liksom daglig cigarettrökning.

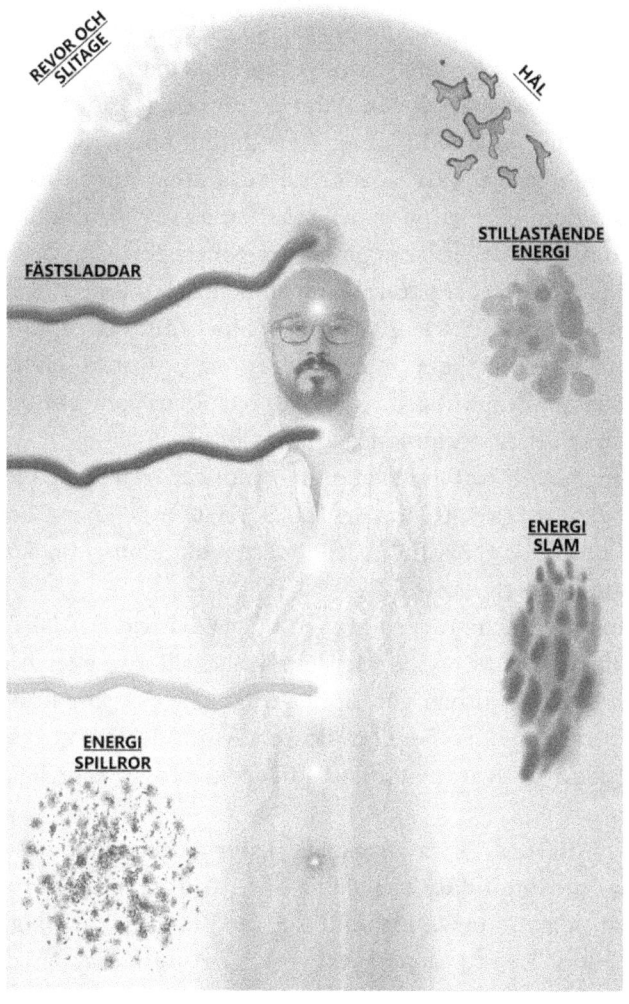

Figur 21: Energiproblem i Auran

En mycket porös Aura är som en energisvamp. Att vara överkänslig för miljöstimuli skapar med tiden förvirring om den egna identiteten. Enkelt uttryckt blir det svårt att avgöra vilka tankar och känslor som är dina egna och vilka som är andras. Individer med hål i sin Aura vänder sig ofta till att vara människovänliga för att känna sig trygga i en miljö. När de triggas eller möts av konfrontation tenderar dessa rädda människor att i stället för att hantera situationen medvetet lämna sin kropp för att undvika att uppleva de negativa känslorna.

Vi behöver alla möta verkligheten för att växa mentalt, känslomässigt och Andligt. Genom att undvika att ta itu med verkligheten när den inträffar påverkas självförtroendet och självkänslan avsevärt med tiden, vilket skapar ytterligare energiproblem.

Sprickor i Aurans yttre skal är tecken på tidigare fysiska och psykiska trauman som ser ut som tårar i ett slätt tygstycke. Sprickor möjliggör psykisk sårbarhet och energiförlust, som liknar hål i auran men är mindre intensiva. Ripsningar i auran tyder på en historia av övergrepp, vare sig de är fysiska, sexuella, mentala eller känslomässiga. Å andra sidan skapar en persons skadliga vanemässiga beteende Aurahål, även om undvikande av att hantera verkligheten tyder på djupt liggande undermedvetna problem.

En person som är djupt skadad känner sig ständigt hotad av andra. De är reaktiva och redo för konflikter hela tiden. Ofta skadar de oavsiktligt andra människor, även när de bara försöker hjälpa dem. Dessa personer måste diagnostisera källan till sin smärta och behandla den genom terapi eller Andliga läkningsmetoder. Genom att göra detta kan de återfå sin identitetskänsla och reparera revorna och hålen i sin Aura.

Stagnerad energi i Auran visar sig på olika sätt. Skräppartiklar representerar stillastående, ojordad energi som manifesterar sig i Auran eller längs Ljuskroppen. Energiskt skräp består av smutsiga, statiska partiklar som vanligtvis är spridda i ett område och resulterar i spridda tankar och känslor.

Ett annat exempel på stillastående energi är mörka färgfläckar längs Aurans yttre skal som ser ut som tjocka, leriga vattenpölar. När stillastående energi ackumuleras under en längre tid blir den tätare och förvandlas till energetiskt slam - tjocka oljeliknande fläckar som är mörka till utseendet.

Stagnerande energi orsakas när en person håller fast vid tankar eller känslor för länge utan att uttrycka dem. Med tiden kan det förvandlas till täta eller tunga energifickor som stannar upp i delar av Auran och gör sinnet trögt. Färgfläckar finns vanligtvis i samma område och involverar ett eller flera av de motsvarande Chakrana (beroende på färg). Energimoln på insidan av Auran upplevs ofta som stress som ligger gömd djupt i det undermedvetna.

Mörka fläckar i Auran är som psykiska rester som skiljer oss från det nuvarande ögonblicket. Genom att inte tillåta oss själva att uttrycka vad vi tänker och känner tar vi bort vår förmåga att skapa starka förbindelser med människor. Istället för att förlita oss på sanning och fakta för att styra vår verklighet tenderar vi att leva livet genom associationer och antaganden eftersom vi saknar modet att vara mer uttrycksfulla. Att inte älska sig själv tillräckligt försvagar Halschakrat, vilket vanligtvis är förknippat med stagnerad energi i Auran. Människor med många mörka fläckar i Auran tenderar att leva i avskildhet eftersom de känner sig säkrare när de är isolerade från andra.

Slutligen manifesterar ohälsosamma fasthållanden sig som energisnören som förbinder två personer genom ett eller flera av deras Sju Chakran. Interaktioner som ständigt innehåller intensiv rädsla, ilska eller någon annan negativ känsla tyder på att det finns en eller flera anknytningssträngar. Anknytningssnören finns ofta i osunda relationer mellan familjemedlemmar. De är ofta resultatet av skuld eller andra olösta känslor som binder två människor psykiskt.

Det kan också skapas en fasthållningssträng genom ett gemensamt traumatiskt minne mellan vänner eller främlingar. Två vanliga exempel där energiska band kan förekomma är samberoende och sadomasochistiska relationer.

Andliga band är den motsatta versionen av negativa bindningar. De representerar positiva band mellan två människor som kanaliserar kärleksfull, helande energi från den ena till den andra. Andliga band delas ofta mellan en person och deras husdjur, särskilt med hundar som kanaliserar högvibrerande energi till sina ägare och är bundna till dem i detta liv.

AURA OCH VIBRATIONER

Den Hermetiska Vibrationsprincipen säger att alla saker i Universum vibrerar på en viss frekvens. Eftersom våra kroppar till största delen består av vatten, förs ljudvibrationer i omgivningen ständigt in i oss och påverkar direkt vad vi tänker och hur vi känner. I sin tur påverkar dessa vibrationstillstånd vårt Auriska toroidala fält och antingen förstärker eller försvagar det. Tänk på att en persons elektromagnetiska fält i hjärtat arbetar i samverkan med Aurafältet och inducerar det med känslomässig energi.

Ljudet är det mest transcendentala av sinnena och det som gör oss mest samspelta med de högre Kosmiska Planen. Behagligt klingande musik med harmonisk rytm påverkar vår Aura och framkallar ett positivt känsloläge. Den sätter oss i kontakt med våra Själar och helar oss. Å andra sidan skapar musik med disharmoniska toner ljudvågor som gör raka motsatsen. Den kan få oss att känna oss oroliga och upprörda och därmed framkalla räddhetsenergi. I det förstnämnda fallet expanderar vår Aura eftersom behagligt klingande musik skapar ett kärleksfullt känslomässigt tillstånd som får våra hjärtan att vibrera av glädje. I det senare fallet drar vår Aura ihop sig för att skydda oss från skadliga vibrationer. I modern hiphopmusik används till exempel 808-trummaskinen vars lågfrekventa beats stämmer in oss på Rotchakrat Muladhara. Dess täta vibrationer håller vårt medvetande bundet till det materiella planet och framkallar ofta irritation och aggressivitet.

Vi påverkas starkt av den elektromagnetiska energi som frigörs från tekniska apparater i våra hem, även om de flesta av oss är omedvetna om detta. Datorer, mobiltelefoner, surfplattor och särskilt WiFi-routrar stör det naturliga flödet i vårt toroidala fält och kan orsaka störningar. Av denna anledning är det inte ovanligt att människor som är känsliga energimässigt stänger av sina mobiltelefoner eller kopplar ur sina WiFi-routrar när de ska sova. Vissa går till och med så långt som att koppla ut alla tekniska apparater ur eluttagen för att neutralisera den elektromagnetiska energi som finns runt omkring dem.

Grunden för alla högre vibrationsenergier är kärlek. Däremot är alla lägre vibrerande energier baserade på rädsla. Den allmänna regeln att hålla i minnet är att positiva, kärleksfulla energier får Auran att expandera, medan negativa, räddhetsbaserade energier får den att krympa. Sammandragningen av Auran sker för att skydda personens energier, medan expansionen sker för att låta mer av de positiva energierna utifrån komma in.

Vi dras naturligt till kärleksfulla, fridfulla och lugna människor eftersom de påverkar vår Aura positivt. Hur många gånger har du inte hört talesättet: "Den här personen har en trevlig Aura över sig". Här antyds att personen har ett överflöd av Ljusenergi, som de gärna delar med sig av till andra. Omvänt är pessimistiska, fientliga, arga och allmänt kaotiska människor utmanande att umgås med eftersom de påverkar vår Aura negativt. Därför försöker vi naturligtvis hålla oss borta från dessa människor om de inte tar fram något inom oss som vi vill läka hos oss själva.

Det är gynnsamt för vårt Aurafält att ofta tillbringa tid utomhus och jorda sig med Jorden. Oavsett om du har utsatts för elektromagnetiska frekvenser eller behöver rensa huvudet efter ett möte med en negativ person hjälper det att ta en promenad, särskilt i naturen. De flesta människor som dras till att gå en promenad efter att ha utsatts för negativ energi är medvetet omedvetna om att Jordens energier hjälper till att frigöra negativitet från Auran genom att underlätta jordförankring. Själen kapar medvetandet tillräckligt länge för att motionera dig att gå en promenad för att utsätta dig för naturens element, vilket gör att du kan återställa och neutralisera dina energier.

Att gå barfota i naturen en solig dag är det bästa och snabbaste sättet att jorda sig med Jorden. Solen matar våra Auriska energier, medan torusen anpassar sig till Jorden. Behandling av den fysiska kroppen påverkar direkt våra Chakra-energier och vice versa - Som Ovan, Så Nedan. Genom att jorda och utöva fysisk träning rensar vi ut negativ energi från kroppen och avgiftar samtidigt som vi lindrar fysiska spänningar och optimerar flödet i våra Nadis. I sin tur ökar vår vitalitet och vår Aura stärks.

Mellan *The Magus* och *Serpent Rising* har jag behandlat kraftfulla Andliga metoder som Ceremoniell Magi, Kristall Läkning, Stämgaffel Ljudläkning, Aromaterapi och andra. Alla dessa metoder syftar till att läka och balansera Chakrana, optimera Auran och utvecklas Andligt. Naturligtvis hjälper det att kombinera dessa metoder med Yoga, fysisk träning eller andra metoder som arbetar direkt på den fysiska kroppen och jordar den. När kroppen är frisk är också sinnet friskt och vice versa.

KUNDALINI OCH AURAN

Ditt toroidala fält är ett autonomt batteri som drivs av Prana, som behöver mat och vatten som bränsle. När kundalini genomborrar Sahasrara Chakra och öppnar den Tusenbladiga Lotusen, förenas medvetandet med det Kosmiska Medvetandet, vilket expanderar och optimerar ditt toroidala energifält.

När Chakrana renas och renas med tiden av Kundalini-elden genomtränger Ljusenergin Auran ytterligare, vilket ger kraft åt och optimerar Chakrana. Därmed stärks Aurafältet eftersom mängden Ljusenergi som en person kanaliserar direkt påverkar hur magnetiserad Auran blir. I sin tur når den fysiska kroppen sitt mest optimala, friska tillstånd och den allmänna vitaliteten ökar.

Under Kundalini-transformationen öppnas Hand- och Fotchakran, vilket gör att Anden kan stiga ner och tränga in i Självets djupaste hörn. Dessutom stärker energiflödet från fingrarna och tårna torusen och förstärker ytterligare hastigheten på den energi som cirkulerar inuti (Figur 22).

Även andra energikanaler öppnas som underlättar optimeringen av torusen. Hela Kundalinis uppvaknandeprocess och den omvandling som följer är utformad för att göra det möjligt för individen att nå sin högsta potential som Andlig människa, vilket återspeglas i expansionen av deras bioenergi som omfattar det Auriska fältet.

Det är ingen tillfällighet att en Kundaliniväckt person är unik för andra. Eftersom vi alla är sammankopplade kan vi när våra energifält interagerar intuitivt inse när någons energifält är mer framträdande än vanligt. Därför är en person med ett förstärkt energifält naturligt attraktiv för alla som kommer i kontakt med honom eller henne.

Eftersom torusens centrum är hjärtat har människor som lever från hjärtat, istället för från huvudet, naturligt sett starkare toroidala energifält. De är mer magnetiserade och elektriska, vilket innebär att de naturligt kanaliserar mer Ljusenergi än någon som enbart lever genom intellektet.

Människor som lever från hjärtat älskar sig själva och andra eftersom de är i kontakt med sina Själar. Kom ihåg att Själen lever genom hjärtat, medan Egot lever genom sinnet. En person som lever genom hjärtat är i kontakt med sin intuitiva förmåga. De känner energierna runt omkring sig i stället för att interagera med sin omgivning genom intellektet.

Genom att kringgå sinnet och Egot får du kontakt med det nuvarande ögonblicket, Nuet, som är fältet av oändliga möjligheter. Att vara i Nuet och leva genom hjärtat och Själen expanderar ditt energifält och maximerar din Andliga potential.

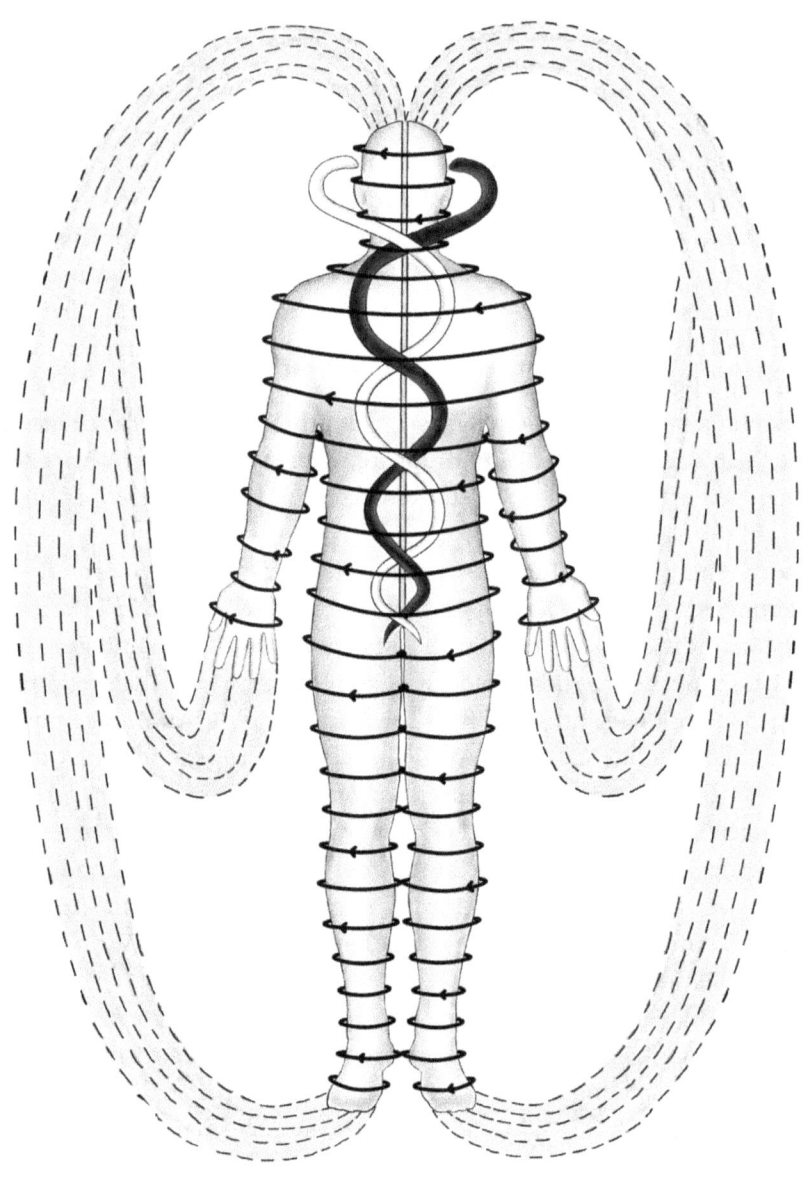

Figur 22: Kundalinis Toroidala Fält

DE SJU STORA CHAKRANA

Om du har väckt Kundalini och stigit upp till Sahasrara är de Sju Chakrana, som motsvarar hela Livets Träd, nu fullt aktiverade inom dig. Varje Chakra uttrycks genom olika delar av psyket och påverkar kroppsfunktioner. Vi kan ytterligare dela upp Chakraergierna i de Fem Elementen eftersom vart och ett av dem motsvarar antingen Jord, Vatten, Eld, Luft eller Ande.

Chakrana i Ljuskroppen och motsvarande Element och Kosmiska Existensplan upptar samma rum och tid som din fysiska kropp. De existerar alla inom din Aura och bildar lager av den, som i huvudsak är sammankopplade och genomträngande. Ju högre Chakrat eller Elementet är, desto längre ut projicerar det.

Muladhara Chakra

Det första Chakrat, Muladhara, ligger mellan svanskotan och perineum. Det är det lägsta av de Sju Stora Chakrana och är relaterat till Elementet Jord och Planeten Saturnus, den långsammaste av de Sju Uråldriga Planeterna, som har med Karma och tidscykler att göra. Muladhara är centrum för vår fysiska energi och för vår jordförbindelse. Dess modus operandi är den fysiska kroppens säkerhet och överlevnad. Eftersom Muladhara är relaterad till Materiens värld är dess energi relaterad till fysiska uttryck - alla fysiska aktiviteter kräver Jordisk energi.

Kundalini ligger upprullad vid basen av ryggraden och är oupplösligt förknippad med Planeten Jorden genom energilinjerna i våra ben, som är kopplade till våra Fotchakran. Muladhara kallas också för Rot-, Bas- eller Jordchakrat eftersom det är grunden som det lägsta av de Sju Stora Chakrana. Denna Chakras energi är mest tät och vibrerar på den lägsta frekvensen av alla Chakran. I det Hermetiska axiomet "Som Ovanför, Så Nedanför" behandlar Muladhara den aspekt av manifestationen - Nedanför.

Muladhara har fyra kronblad, eller virvlar, och har färgen röd. Livsmedel som motsvarar Muladhara Chakra är rotfrukter, rött kött, röda frukter, peppar, cayennepeppar och paprika. Utmaningar i detta Chakra har att göra med de saker vi förvärvar i vårt materiella liv och deras kvalitet. Har vi till exempel rätt jobb, hem, transportmedel, livspartner, vänner eller saknar vi stabilitet och trygghet på dessa områden?

Ett öppet och aktivt Rotchakra gör en person självsäker, stabil och jordad. De har lätt att manifestera det liv de önskar och är balanserade känslomässigt och mentalt. Ett överaktivt Rotchakra gör en person materialistisk och girig. Å andra sidan gör ett Underaktivt Rotchakra en person överdrivet rädd och orolig. Genom att sakna emotionell och mental stabilitet är det till synes omöjligt att manifestera något av värde i sitt liv.

Swadhisthana Chakra

Det andra Chakrat, Swadhisthana, ligger i underlivet och är relaterat till Elementet Vatten och Planeten Jupiter, den välvilliga Planeten för barmhärtighet och rättvisa. Swadhisthana handlar om känslor, känslor och instinkter som projiceras genom det undermedvetna sinnet. Eftersom Swadhisthana är relaterad till det undermedvetna är den källan till rädslans energi som i hög grad påverkar vilka vi blir i livet.

Swadhisthana kallas Sakral- eller Mjältchakrat. På en grundläggande mänsklig nivå påverkar Sakralchakrat vårt sexuella uttryck, sociala interaktioner och hur bekväma vi är med oss själva och andra. Sakralchakrat är personlighetsaspekten av Jagets medvetande som bildas med tiden. Ego är tempererat av rädsla, eftersom det undviker alla aktiviteter som får kroppen och sinnet att må dåligt samtidigt som det omfamnar allt som får det att må bra. Ego är främst angeläget om att söka njutning, utan hänsyn till hur dess handlingar påverkar andra människor.

Swadhisthana har sex kronblad och är orange. Livsmedel som motsvarar Swadhisthana Chakra är orangefärgade frukter och grönsaker, ägg, tofu, sojaprodukter, jordnötssmör, nötter, frön, honung och vanilj. Utmaningar i Swadhisthana finns i vilken typ av känslor vi bär inom oss. Känner vi mycket rädsla och hindrar rädslan oss från att manifestera våra Själsliga önskningar? Har vi glädje i våra liv, eller är livet intetsägande och tråkigt? Har vi problem med intimitet och är vi sexuellt expressiva? Är vi bekväma med vilka vi är, eller gömmer vi oss för världen?

När Swadhisthana är öppen och aktiv är man i kontakt med sina känslor och är uppriktig mot andra, vilket gör att man kan skapa sunda relationer. De är bekväma med intimitet och uttrycker sina inre önskningar. Ett balanserat Sakral Chakra ökar kreativiteten och gör att man kan följa med livets flöde utan att vara alltför fäst vid det. Det gör att du kan känna lycka och glädje i små, vardagliga aktiviteter.

Om ditt Sakralchakra är blockerat eller underaktivt blir du känslomässigt stängd från andra och drar dig naturligt tillbaka och går inåt. I detta tillstånd blir en person introvert och alltför nära sitt Ego och sin osäkerhet. I motsats till detta gör ett överaktivt Sakral Chakra dig överdrivet känslomässig, fäst vid andra människor och alltför sexuell, vilket resulterar i promiskuitet.

Manipura Chakra

Det tredje Chakrat, Manipura, ligger vid Solar Plexus, ovanför naveln. Dess andra namn är Solar Plexus Chakra. Manipura motsvarar Eldelementet och Planeten Mars, varför det är källan till vår viljestyrka. Vår motivation, drivkraft, vitalitet och nivå av kreativitet styrs alla av Manipura. Dessutom ansvarar detta Chakra för vårt självförtroende, vår självkänsla och vår förmåga att vara självsäker i livet.

Manipura styr matsmältningen, vilket gör det möjligt för oss att omvandla näring till värdefull energi för kropp och sinne. Manipura samarbetar med Chakrana ovanför och under den eftersom den är "Själens Säte". Själen styr vår karaktär, medan Egot styr vår personlighet. Själen kräver intelligens, mental klarhet och harmonisering av viljan med logik, förnuft och fantasi. Som sådan drar Manipura energi från Luftchakrat ovanför den, Anahata. Manipuras eld aktiverar också den kreativa impulsen, som kräver Swadhisthanas känslor för att komma till uttryck.

Manipura har tio kronblad och är gul. Livsmedel som motsvarar Manipura Chakra är gula och gyllene frukter och grönsaker, mejeriprodukter, komplexa kolhydrater och spannmål, senap, gurkmeja, spiskummin och ingefära. De utmaningar som finns i det här Chakrat har att göra med hur vi använder vår viljestyrka. Är det vi som bestämmer över våra egna liv eller är det andra människor som bestämmer? Är vi motiverade och drivna för att uppnå våra mål, eller har vi brister på detta område? Uttrycker vi våra innersta önskningar, eller är vi låsta i våra känslor för mycket? Vet vi hur vi ska vara stränga när andra gör oss illa, eller är vi en dörrmatta som andra kan använda sig av?

När Manipura är öppen och aktiv, har vi en dominerande roll i våra liv och känner oss i kontroll. Vi har förstärkt personlig makt och manifesterar våra livsmål. Manipura samarbetar med Jordchakrat Muladhara för att utföra dessa uppgifter.

Om Manipura är underaktiv tenderar vi att vara passiva, obeslutsamma och blyga. Om den är överaktiv blir vi dominerande och överdrivet stränga. För mycket Eldsenergi kan resultera i tyranni och förtryck över andra människor. Viljestyrka behöver känslor för att vara i balans, vilket tillhandahålls av Swadhisthana. Om Vattenchakrat inte balanserar vårt Eldchakrat kan vi bli överdrivet aggressiva för att få det vi vill ha och fientliga. Viljestyrka behöver kärlek för att vägleda den, annars innehåller ens handling Karmiska konsekvenser. Som sådan förlitar sig Manipura på Anahata för vägledning.

Anahata Chakra

Det fjärde Chakrat, Anahata, ligger mellan de två brösten i mitten av bröstet. Anahata, som också kallas Hjärtchakrat, motsvarar Luftelementet och Planeten Venus. Anahata är vårt kärlekscentrum som handlar om medkänsla, tillgivenhet, altruism, vänlighet och inspiration. Det stimulerar vår fantasi, våra tankar samt fantasier. Anahatas utmaning är att övervinna Karma från de tre lägre Chakrana så att du kan ställa in dig på den villkorslösa kärlekens energi.

Anahata är vårt Andliga centrum eftersom det tar emot energin från de tre högre Chakrana. Det är det centrum där vi känner enhet med allting genom kärlekens bindande kraft. Som sådan är Anahata centrum för gruppmedvetande.

Anahata är kopplad till våra Handflata-Chakran, som gör att vi kan känna energin runt omkring oss som en kvantifierbar essens och hela andra. Händerna-på healing kräver att vi kanaliserar kärleksenergi från Anahata via våra Handflatchakran och projicerar den till områden som behöver helas. Kärleksenergi är den ultimata helaren av sinne, kropp och Själ.

I Anahata förstår vi vårt livs arbete och syfte. Eftersom Luftelementets väsen är tanken, ger Anahata bränsle till både Eld- och Vattenelementen och ger dem liv. Om detta Chakra är inaktivt vänder vi oss till självistkhet och tillfredsställelse av Egot.

Anahata har tolv kronblad och dess färg är grön. Livsmedel som motsvarar Anahata Chakra är en mängd olika grönfärgade frukter, grönsaker och örter samt gröna bladgrönsaker. Utmaningar i detta Chakra har att göra med tankens klarhet. Är vi alltför mycket uppslukade av fantasi och illusoriskt tänkande, eller är våra tankar baserade på sanning? Använder vi vår fantasi för att hjälpa oss att nå våra mål? Är våra tankar av högre karaktär i riktning mot att hjälpa andra eller av lägre kvalitet, där vårt fokus bara är att ta hand om oss själva?

När Anahata är öppen och aktiv är vi medkännande och vänliga mot andra, vilket gör att vi kan ha harmoniska relationer. Vi har en förståelse för vår Andliga natur som gör oss dygdiga och etiska i våra ord och handlingar. Som sådan blir vi förlåtande, vänliga och välgörande. I huvudsak blir vårt beteende motiverat av villkorslös kärlek i motsats till Självkärlek.

När Anahata är underaktiv tenderar vi att vara känslomässigt kalla och distanserade. Vi blir alltför inbäddade i de lägre Chakrana, vilket gör oss Egoistiska i stället för att framhäva vår Andliga natur. Vi tenderar att ägna oss åt oss själva och våra behov och önskningar utan hänsyn till andra människor. Om detta Chakra är överaktivt kväver vi å andra sidan andra med kärlek, ofta av själviska skäl.

Vishuddhi Chakra

Det femte Chakrat, Vishuddhi, är beläget i mitten av halsen och kallas därför för Strupchakrat. Vishuddhi är av Elementet Ande (Aetyr); det fungerar i samverkan med de följande två Chakrana ovanför och Chakrana under det. Vishuddhi är relaterad till det verbala, subtila och skriftliga uttrycket av ens tankar. Det motsvarar Planeten Merkurius, som styr kommunikation och tankens hastighet. Vishuddhi genererar det talade ordets vibrationer på en energisk och fysisk nivå.

Vishuddhi kontrollerar också urskiljningsförmåga och intellekt. Den har sexton kronblad och dess färg är blå. Vishuddhi Chakra styr alla vätskor som vi för in i kroppen. Livsmedel som motsvarar det här Chakrat är bland annat blå färgade frukter och grönsaker, salt, salvia och pepparmynta. Utmaningar i Vishuddhi har att göra med huruvida vi uttrycker det vi tänker och hur väl vi kommunicerar med andra. Pratar vi för mycket eller har det vi säger substans? När vi pratar, utstrålar vi kraft med våra stämband eller framstår vi som ödmjuka och blyga?

När Vishuddhi är öppen och aktiv talar vi kreativt om vår sanning till andra. Vi är Självuttryckande och använder ord som ankare för att förmedla vår verklighet till andra. Vi är inte bara bra talare utan också bra lyssnare, eftersom kommunikation fungerar i båda riktningarna.

När Vishuddhi är underaktiv tenderar vi att vara tysta och introverta i allmänhet. Vi saknar självförtroende när det gäller att säga vår sanning, vilket kan bero på problem med Solar Plexus Chakra. Om vi inte förmedlar vår sanning för att vi känner oss ovärdiga kan vi få problem i Anahata. Att tala vår inre sanning ställer oss i linje med det Gudomliga medan lögner ställer oss i linje med lägre, Demoniska entiteter.

När Vishuddhi är överaktiv tenderar vi att prata för mycket, vilket försämrar vår förmåga att lyssna på andra människor. Denna situation uppstår vanligtvis på grund av Egots önskan att dominera andra på grund av ett obalanserat Manipura Chakra. Om vi blir pratkvarnar och saknar substans i vårt tal tar andra människor i allmänhet avstånd från oss. Därför är det viktigt att ha ett balanserat Strupchakra om vi vill trivas i livet och ha meningsfulla relationer.

Ajna Chakra

Det sjätte Chakrat, Ajna, ligger i hjärnans centrum, i den Tredje ventrikeln. (Mer om den Tredje Ventrikeln i ett senare kapitel.) Dess mer omedelbara ingångspunkt är något ovanför ögonbrynens mitt. Ajna kallas ofta för Sinnets Ögonchakra, det Tredje Ögat eller Ögonbrynschakrat. Det relaterar till det Andliga Elementet eller Aetyr.

Ajna motsvarar Månen. Även om Månen klassificeras som en satellit medan Solen är vår Centralstjärna, inkluderade de Urtida människorna båda som en del av sina Sju Uråldriga Planeter och kallade dem för Planeter. Månen är vårt centrum för klärvoajans och intuition. Den ger oss insikt i det Okända eftersom den tar emot information från de Högre Världarna ovanför, genom Sahasrara, Kronchakrat. Ajna är vårt psykiska centrum. Det ger oss visdom och förståelse när det gäller Universums Mysterier. Vi får denna kunskap genom Gnosis, vår förmåga att kanalisera information från Gudomliga energier direkt. Detta sjätte Chakra ger oss den sjätte sinnet av kunskap bortom Jaget.

Ajna är det viktigaste Chakrat för den Andliga och Astrala Världen. Som sådan är den drömmarnas centrum. Genom detta chakra når vi Sronan/Sahasrara och lämnar våra fysiska kroppar för att resa till olika dimensioner i Tid och Rum. Dessa Lucida Drömresor sker i de inre Världarna eller Planen - vi använder vår Ljuskropp som fordon.

Ajna har två kronblad och har färgen indigo. Livsmedel som motsvarar Ajna Chakra är indigofärgade eller mörkblåa frukter och grönsaker, rött vin, koffein, choklad, enbär och lavendel. Utmaningar i detta Chakra har att göra med om vi får högre information från Sahasrara eller om vårt Sinnesöga är stängt? Tillbringar vi för mycket tid i våra huvuden och fokuserar på att vårt intellekt ska vägleda oss eller är vi i kontakt med vår intuition? Är våra drömmar livfulla och fyllda av liv eller är de intetsägande och händelselösa?

När Ajna Chakra är öppet och aktivt har vi en god intuition som fungerar som vår vägledande kraft i livet. När vår intuition är stark är vår tro det också eftersom vi kan uppfatta verkligheten bortom den Tredje Dimensionen. En stark intuition är vanligtvis kopplad till att vara en medvetet närvarande Andlig människa.

När Ajna är underaktiv tenderar vi att förlora kontakten med den Andliga verkligheten. Vi börjar då förlita oss för mycket på vårt intellekt och Ego för att vägleda oss i livet.

Förvirring uppstår om vår sanna essens, vilket gör att vi söker existentiella svar från personer med auktoritet.

När Ajna är överaktiv tenderar vi att leva i en fantasivärld. Vi förlorar kontakten med verkligheten och kan till och med drabbas av psykos. Någon som använder hallucinogena droger för ofta kommer ständigt att överstimulera sitt Ajna Chakra.

Sahasrara Chakra

Det sjunde Chakrat, Sahasrara, ligger högst upp i mitten av huvudet. Det är därför också känt som Kronchakrat. Sahasrara är vår källa till Upplysning, Enighet, sanning och Andlig visdom och förståelse. Det motsvarar Solen, Stjärnan i vårt Solsystem. Kronchakrat är det högsta Chakrat i Ande/Eter-elementet, och det fungerar som en port till de Gudomliga Planerna som representeras av de Transpersonella Chakrana ovanför huvudet.

Sahasrara är det högsta i det mänskliga medvetandet och den ultimata förståelsen och kunskapen om Universum. Traditionellt beskrivs detta centrum som ett hjul med tusen (oräkneliga) kronblad eller virvlar. När alla kronblad är öppna får individen en permanent länk till det Kosmiska Medvetandet och uppnår transcendens.

Eftersom Sahasrara är källan till allting är det också källan till alla krafter och deras helhet. Sahasraras färg är vit eftersom vit är källan till alla färger. Dess andra färg är violett som den första färgen i det Vita Ljusets spektrum, och en följande indigo. Livsmedel som motsvarar Sahasrara är vita, violetta och lavendelfärgade livsmedel. Även renat vatten, frisk luft och solljus anpassar oss till Sahasraras energi, liksom fasta, avgiftning, andnings- och meditationstekniker.

Vitt Ljus kommer in i Ljuskroppen genom Sahasrara, och beroende på hur mycket Karma det finns i de lägre Chakrana blir detta ljus svagare. Därför, ju svagare Chakrana under Sahasrara är, desto mer är Egot närvarande och desto mindre är det högre Jaget.

Källan till det högre jaget är Sahasrara. Genom att väcka Kundalini och höja den till Sahasrara kan du få en direkt kontakt med ditt Högre Jag. När du väl har uppnått detta blir det Högre Jaget din egen mästare och lärare för resten av ditt liv. Det kommer aldrig att finnas ett behov av en lärare utifrån igen eftersom du kommer att vara lärare och elev i ett. Utmaningen är dock att rena Chakrana så att du lätt kan bli guidad och undervisad av ditt Högre Jag.

Ett öppet och aktivt Sahasrara-center ger oss förståelse för att vi är Andliga varelser som lever en mänsklig tillvaro och inte tvärtom. Om vi omfamnar vår Andlighet kan vi inse att den fysiska verkligheten bara är en illusion. Vårt väsen är Själen och medvetandet, som är Eviga och inte kan förintas. Andliga människor betraktar inte den fysiska döden som slutet utan endast som början på något nytt och annorlunda. En Andlig världsåskådning skapar ett slags avståndstagande från att ta den här verkligheten på alltför stort allvar, vilket ger den glädje och lycka som följer med människor som har omfamnat den Andliga energin inom dem.

Om du är stängd för den Andliga verkligheten är ditt Sahasrara-center troligen inaktivt. Du ägnar dig endast åt den fysiska kroppen, vilket gör att du anpassar dig till Egot och dess behov och önskningar. Att omfamna Egot samtidigt som man förnekar Själen lockar lägre, Demoniska entiteter att livnära sig på vår energi. Medvetandet blir kapat och förblir så tills vi inser att vi inte är skilda från världen och att det finns en Andlig verklighet som ligger till grund för allt.

Å andra sidan kan en överaktiv Sahasrara leda till att man ignorerar kroppsliga behov och överintellektualiserar. Om Ljuset endast strömmar in i de högre Chakrana finns det ingen jordförbindelse och individen blir mycket intellektuell. Kom ihåg att den här världen är en illusion, men en som vi måste respektera eftersom vår fysiska kropp är vårt verktyg för att manifestera den verklighet vi önskar. Balans mellan sinne, kropp och Själ är nyckeln till upplysning, inte att kasta bort en aspekt för en annan.

DE SJU CHAKRANA OCH NERVSYSTEMET

Sushumna-kanalen leder Kundalini-energin genom ryggmärgen och in i hjärnan. Ryggmärgen och hjärnan utgör det Centrala Nervsystemet (CNS). Från ryggmärgen utgår nerver som sträcker sig utåt som grenarna på ett träd, där Sushumna fungerar som den centrala stammen. Dessa nervfibrer utgör det Sympatiska Nervsystemet (SNS) och det Parasympatiska Nervsystemet (PNS) som ingår i det Autonoma Nervsystemet (ANS).

Det Autonoma Nervsystemet fungerar huvudsakligen omedvetet och reglerar viktiga processer som andning, matsmältning och hjärtslag. Under ett Andligt uppvaknande börjar till exempel hjärtat rusa, vilket involverar det Autonoma Nervsystemet, som regleras av de emotionella nätverken i hjärnan.

Det Sympatiska Nervsystemet och det Parasympatiska Nervsystemet gör i de flesta fall motsatta saker - det Sympatiska Nervsystemet förbereder kroppen för handling och aktivitet medan det Parasympatiska Nervsystemet gör det möjligt för kroppen att slappna av. Det Autonoma Nervsystemet är ansvarigt för att skapa en sund balans mellan de två och främja ett lugnt och fridfullt sinne.

De områden där det Sympatiska Nervsystemet och det Parasympatiska Nervsystemet möts är centrerade kring viktiga kroppsorgan och endokrina körtlar. Dessa sammanströmmande områden i kroppens håligheter kallas "Plexus" och utgör den mest vitala grupperingen av nervceller. Plexuserna förbinder de viktiga kroppsorganen med ryggmärgen. Det är också i dessa områden som de Stora Chakrana är placerade på framsidan av kroppen.

De Stora Chakrana interagerar med den fysiska kroppen genom nervsystemet och de endokrina körtlarna och organen. Varje Chakra är förknippat med särskilda kroppsfunktioner som kontrolleras av dess Plexus och de endokrina körtlar och organ som är relaterade till det.

I mitten av vart och ett av de Stora Chakrana finns en stamliknande kanal (Figur 23). Varje kanal sträcker sig mot ryggmärgen och smälter samman med den - Sushumna ger kraft åt alla de Stora Chakrana genom att förse dem med livsenergi. Chakranas stammar böjer sig nedåt nära Faryngealplexus (Halsen), Hjärt- och Lungplexus (Hjärtat), Mjält- och Celiakplexus (Solar), Bäckenplexus (Sakrala) samt Coccygeal- och Sakrala Plexus (Roten). Ovanför Carotisplexus (Sinnets Öga) böjer sig den Chakriska stammen uppåt, medan den för Sahasrara Chakra stiger upp till toppen av huvudet genom Hjärnbarken.

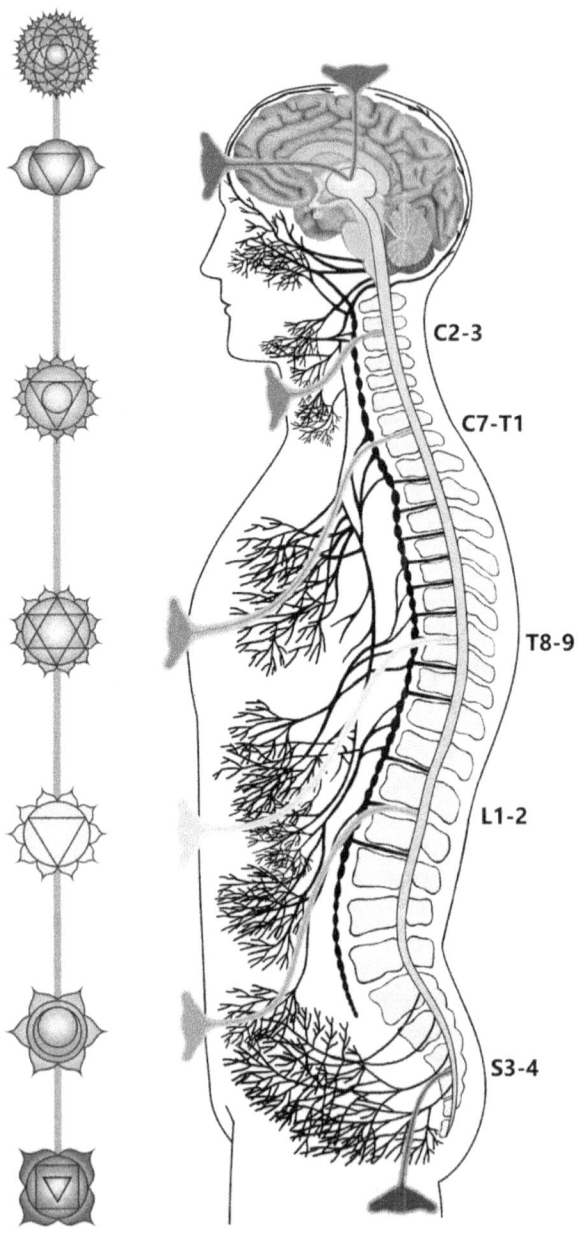

Figur 23: De Sju Chakrana och Nervplexus

Plexus Pharyngeus "innerverar" (försörjer organ eller andra kroppsdelar med nerver) gommen och stämbanden. Eftersom Vishuddhi (Hals) Chakra styr kommunikation och uttryck är det inte konstigt att halsen och munnens insida drivs av det. Dess Chakrakanal sträcker sig från ryggmärgen mellan den andra och tredje halskotan (C2-3) till mitten av halsen.

Lungplexus är i kontinuitet med Hjärtplexus och ligger ovanför hjärtats aorta, ungefär mitt i bröstet. Hjärtplexus innerverar hjärtat, det organ som är förknippat med vår förmåga till kärlek och medkänsla och vår förbindelse med allt levande och icke levande. Detta är alla egenskaper hos Anahata (Hjärtat) Chakrat som driver det. Anahatas Chakriska stamliknande kanal sträcker sig från ryggmärgen mellan den sjunde halskotan och den första bröstkotan (C7-T1) till bröstkorgens mitt.

Grenar från Celiac Plexus och Vagus Nerven bildar Celiac Plexus. (Mer om Vagusnervens betydelse i ett senare kapitel.) Celiac Plexus, som i vetenskapliga och Andliga kretsar kallas Solar Plexus, ligger vid basen av revbenen nära magen. Dess nerver innerverar bukspottkörteln, gallblåsan, övre tarmarna, levern och magen. Manipura (Solar Plexus) Chakra styr vår viljestyrka, vitalitet och matsmältning, som drivs av de organ som nämns ovan. Dess Chakrakanal sträcker sig från ryggmärgen mellan den åttonde och nionde bröstkotan (T8-9) till mitten av övre delen av buken.

Bäckenplexus reglerar de eliminatoriska och reproduktiva funktionerna och består av de övre och undre Hypograstrika Plexusarna. Den överordnade Hypogastriska Plexus nerverar äggstockarna hos kvinnor och testiklarna hos män. Den är belägen i nedre delen av buken och korrelerar med Swadhisthana (Sakral) Chakra, som förknippas med reproduktion och fertilitet.

Den nedre Hypogastriska Plexus är en fortsättning på den övre och ligger precis under den nedre plexus hypogastricus i det nedre bäckenområdet. Den innerverar livmodern och livmoderhalsen hos kvinnor och prostatan hos män. Den är också kopplad till ändtarmen och blåsan. Swadhisthanas Chakriska stamliknande kanal sträcker sig från ryggmärgen mellan den första och andra ländkotan (L1-2) till nedre bukcentrum.

Plexus Coccygeus består av nervus coccygeus och nervus sacraleus 5 som ger nervtrådar till huden i området kring svanskotan (coccyx). Sakralplexus är ett nätverk av nerver som utgår från de nedre länd- och sakralkotorna och ger motorisk kontroll till och tar emot sensorisk information från större delen av bäckenet och benen. Den största nerven i Plexus Sacrum är Ischiasnerven som nerverar låret, underbenet och foten.

Muladhara Chakras stamliknande kanal sträcker sig från korsbenet mellan den tredje och fjärde sakralkotan (S3-4) och faller ner till området mellan perineum och coccyx. Rotchakrat pekar nedåt mot Jorden eftersom det har till uppgift att jorda vårt Chakriska system. Energikanalerna i benen är vår energetiska förbindelse med Jordstjärnechakrat under våra fötter. De ger också kraft åt Ida och Pingala Nadis, som börjar i Muladhara, men får sina feminina och maskulina strömmar genom var och en av benens energikanaler.

RENING AV CHAKRANA

Efter ett fullständigt och permanent Kundalini-uppvaknande, när Ljuskroppen har byggts upp genom födointag, är nästa steg att ställa in ditt medvetande på dess högsta aspekt, den Andliga Kroppen. Denna del är utmanande eftersom du först måste rena dina lägre Chakran, vilket kommer att göra det möjligt för ditt medvetande att stiga naturligt. Ditt medvetande kommer att tyngas ner av Karmisk energi i de lägre Chakrana tills du gör det. Denna process för Andlig Uppstigning är systematisk i detta avseende.

De lägsta och mest täta energierna måste övervinnas innan de högre vibrationella energierna kan tränga in i Självet. Den negativa Karmiska energin av rädsla är den del som håller de flesta av oss vibrerande på en lägre frekvens. Eftersom rädslans energi binder Egot till de lägre fyra Elementen måste dessa Element renas och invigas för att ditt medvetande ska kunna höja sig och verka från de tre högre Andliga Chakrana - Vishuddhi, Ajna och Sahasrara.

När din Ljuskropp väl har byggts upp kommer du att få tillfälliga upplevelser av dessa hänryckta tillstånd i vissa ögonblick då du förlorar ditt Ego ur sikte. Men eftersom du måste ta bort Egots klor för att integrera den Andliga Kroppen helt och hållet och absorbera ditt medvetande i den, måste de Fyra Elementära Chakrana under de Andliga Chakrana bearbetas. Det finns inget annat sätt, och du kan inte ta några genvägar i denna process. Det kan ta många år, och det gör det i de flesta fall, men det måste åstadkommas.

I *The Magus: Kundalini and the Golden Dawn* erbjuder jag rituella övningar i Ceremoniell Magi för att arbeta med de fyra lägsta Chakrana Muladhara, Swadisthana, Manipura och Anahata. Den som behöver arbeta med sina Chakran kommer att finna detta arbete ovärderligt på sin resa mot Andlig Uppstigning. *Magus* fokuserar på att arbeta med alla Chakran och rena dem genom särskilda rituella övningar som åberopar de Elementära energierna Jord, Vatten, Eld, Luft och Ande.

När du väl har brutit ner delarna av det lägre Jaget genom att arbeta med de Fyra Elementen har du finjusterat motsvarande aspekter av ditt psyke. Nästa steg är att återintegrera dessa delar av Jaget genom det Andliga Elementet. Dessa rituella invokationstekniker fungerar som kraftfulla verktyg för att stämma av de Sju Chakrana och höja ditt medvetande så att du kanaliserar den maximala mängden Ljusenergi in i din Aura.

Syftet med ritualarbetet med Ceremoniell Magi är att få en evig förbindelse med din Heliga Skyddsängel, vilket är en annan term för det Högre Jaget. Det är den del av dig som är av Gud - det Gudomliga. Genom att rengöra och rensa dina Chakran anpassar du dig till ditt Högre Jag och tar avstånd från ditt Lägre Jag - Egot.

Ett fullständigt Kundaliniväckande (oavsett om det sker på en gång eller gradvis) och en permanent lokalisering av kundalinienergin i hjärnan anses vara det högsta uppnåeliga tillståndet av Andligt uppvaknande. Det finns ingen annan form av Andligt uppvaknande eller initiering som är högre eller mer omfattande. Men att väcka Kundalini är bara början på din resa mot Upplysning. Nästa steg är att rena dina Chakran och höja vibrationen i ditt medvetande. Och för att göra det framgångsrikt på kortare tid behöver du någon form av Andlig praktik som hjälper dig på din resa.

UTVIDGNING AV HJÄRNAN

De sex Chakrana Muladhara, Swadisthana, Manipura, Anahata, Vishuddhi och Ajna har olika motsvarigheter i respektive områden i hjärnan (Figur 24). Detta innebär att när ett Chakra öppnas helt och hållet genom ett Kundaliniväckande blir den del av hjärnan som är associerad med det Chakrat permanent aktiverad. Aktiveringen av hjärnan är nödvändig för att underlätta medvetandeexpansionen. När olika delar av hjärnan öppnas kommer den dessutom att börja kännas genomskinlig och tyngdlös, som om du förlorar kontakten med den Materia som den består av. När Materiens effekt faller bort i ditt medvetande blir din hjärna en antenn för att ta emot vibrationer från Universum utanför genom Kronchakrat, Sahasrara, precis ovanför den.

När denna bedövande effekt uppstår i hjärnan börjar du känna en koppling till det Kosmiska Medvetandet. Ljuset i ditt huvud känns som en kvantifierbar essens. Ditt inre Ljus är kopplat till det Stora Vita Ljuset som är grunden för all existens och är essensen av det Kosmiska Medvetandet. Det är genom denna förbindelse som dina psykiska krafter utvecklas.

När din Ljuskropp optimeras med tiden öppnas små energifickor i olika delar av hjärnan, vilket kommer att kännas som en flytande substans som rör sig genom hjärnan. Denna substans är flytande Andeenergi, som aktiverar och upplyser olika områden i din hjärna. När du för in mat i ditt system omvandlas den till Ljusenergi, som blir en flytande substans i ditt hjärnområde. På så sätt kommer du dagligen att känna hur ditt medvetande och din hjärna expanderar. Denna process liknar en växt som får sina näringsämnen från marken och utvecklas och växer med tiden. Dess tillväxt och utveckling beror helt och hållet på de näringsämnen som den får från marken. Ibland blir det mycket tryck i olika delar av hjärnan och huvudet när denna utvecklingsprocess sker, vilket resulterar i huvudvärk. Om detta händer är det ett tecken på att du inte tillför tillräckligt med näringsriktig mat till ditt system eller att du inte äter tillräckligt ofta.

Tänk på att det jag beskriver bara händer om du har fått ett permanent Kundaliniuppvaknande, vilket innebär att denna energi har stigit upp i din hjärna och bor där permanent nu. Så snart detta sker börjar hjärnan att omformas av detta nyfunna Ljus som genomsyrar den. Och som nämnts kommer detta också att åtföljas av ett vibrerande ljud som hörs inne i ditt huvud vars tonhöjd beror på den mat du för in i din kropp. Detta beror på att du nu är som ett batteri av Gudomlig Ljusenergi, som är bioelektriskt.

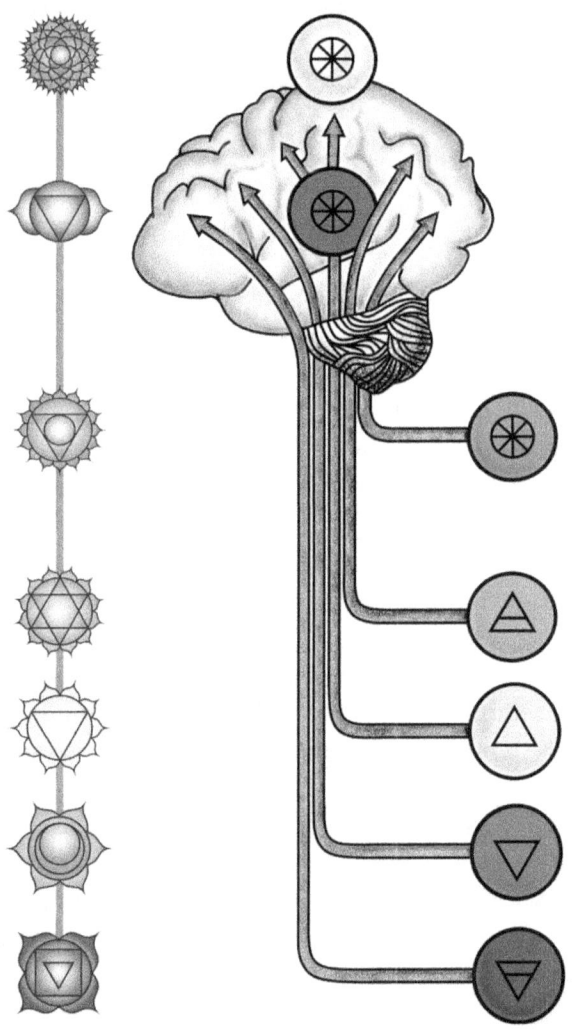

Figur 24: Hjärnans Expansion och Chakriska Korrespondenser

FENOMEN FÖR UTVIDGNING AV MEDVETANDET

När hjärnan expanderar utvecklas ett annat sinne - medvetenheten om det Tysta Vittnet, verklighetens registerhållare från ögonblick till ögonblick. Det Tysta Vittnet är den del av Jaget som står åt sidan i medvetandet och iakttar den fysiska kroppens handlingar som ett opartiskt vittne till dem. Den kan läsa av den energi som skapas av kroppsspråket som en kvantifierbar essens och hålla dig informerad om vad du sänder ut i världen med dina handlingar som en superdator.

Det Tysta Vittnet utvecklas när Kundalini-energin expanderar hjärnan. Denna nya förmåga att uppfatta verkligheten resulterar i en fullständig frigörelse från Egot, då du upplever dig själv radikalt annorlunda än innan Kundaliniuppvaknandet ägde rum. Jag tror att ett av de viktigaste syftena med Kundalinitransformationen är att upphöja den tysta observatören inom dig, det Sanna Jaget, och låta den stiga ut ur den fysiska kroppen via den aktiverade Kundalinikretsen och sväva över dig och registrera dina rörelser.

Den tysta observatören, eller det Tysta Vittnet, är den del av dig som är Ande, som är Gud. Det är den del av dig som är rent, odifferentierat medvetande som utgör en del av det Kosmiska Medvetandet. I verkligheten är vi alla Ett och den del av oss som står åt sidan och tyst observerar våra handlingar är densamma för alla; det är Gud. Men med ett Kundaliniuppvaknande finns det en otrolig skillnad mellan den delen av dig och ditt Ego. Du blir mer inställd på den tysta observatörsaspekten av ditt väsen än Egot eftersom den gör det möjligt för dig att kontrollera din verklighet och manifestera dina önskningar.

Det Tysta Vittnet övervakar och uppmanar dig att fortsätta din dag och utföra dina dagliga uppgifter, nästan som en regissör som styr huvudpersonens film - du. Din föreställning eller ditt koncept om Jaget använder den fysiska kroppen för att uppnå det Tysta Vittnets önskade syfte.

När jag utvecklade denna känsla började jag se utanför mig själv och världen runt omkring mig började likna ett videospel med mig som huvudperson. Detta fenomen pågår fortfarande och kommer att vara närvarande under resten av mitt liv. Det gör det möjligt för mig att se mina ansiktsuttryck och den energi de framkallar hos andra, och utifrån denna uppfattning kan jag ha fullständig kontroll över vilken typ av vibrationer jag sänder ut i Universum. På så sätt har jag en hög grad av kontroll över vad andra känner i min närvaro eftersom jag navigerar deras känslor med mitt kroppsspråk och den energi jag sänder ut. När jag befinner mig i detta tillstånd är jag generellt sett neutral med mina känslor där ingenting får mig att bli överdrivet upphetsad eller nedstämd, utan jag befinner mig i ett lugnt och balanserat sinnestillstånd.

När jag befinner mig i detta upphöjda sinnestillstånd känner jag en stark koppling till ljudet, där allt jag hör gör intryck på mitt medvetande. Det tog lite tid att vänja sig vid det, och jag var tvungen att lära mig på nytt hur jag ska koncentrera mig när jag fokuserar på att få något viktigt gjort så att jag inte låter mig påverkas av de ljud som kommer från min omgivning. Jag var också tvungen att införa öronproppar tidigt i min Kundalini-transformationsprocess eftersom det var svårt att inducera sömn på grund av denna kraftfulla koppling till ljud. Jag lärde mig att gå inåt när det behövs, i stället för att låta mitt medvetande projicera utåt, vilket är mitt naturliga tillstånd nu.

Med åren fortsatte mitt medvetande att expandera, liksom min förmåga att se mer utanför mig själv. Det kom till en punkt där jag kunde projicera mig högt upp i molnen och se ner på världen under mig från ett fågelperspektiv. För att vara tydlig så lämnar jag bara min fysiska kropp i Anden. Eftersom mitt medvetande har expanderat och nu inte har några gränser eller barriärer när det gäller storlek, kan jag rikta min uppmärksamhet mot allt jag ser framför mig, oavsett hur långt bort, och ansluta mig till det genom min Ande. I det ögonblicket kommer mitt medvetande att hoppa ut ur min fysiska kropp och projicera sig till den platsen eller platsen. När det gör det kommer höga nivåer av histamin att frigöras i min kropp, vilket bedövar den tillfälligt och gör det möjligt för mitt medvetande att lämna min kropp.

Även om mitt medvetande befinner sig utanför min fysiska kropp har jag fortfarande full kontroll över den, och jag kan när som helst lämna det transcendentala tillstånd jag befinner mig i. Det är en mystisk upplevelse att projicera mitt medvetande på ett sådant sätt eftersom jag känner en känsla av enhet med allt jag ser framför mig. Tillsammans med att jag ser Ljuset i allt jag ser på är detta den favoritgåva jag fick från det Gudomliga efter att ha väckt Kundalinienergin.

DE MINDRE CHAKRANA

HUVUDETS CHAKRAN

Huvudet innehåller Mindre Chakran som är skilda från de Sju Större Chakrana. På grund av var dessa Mindre Chakran är placerade skapar de ett kronliknande mönster på huvudet. Det är ingen tillfällighet att representationer av Andliga figurer ofta bär kronor på huvudet i många traditioner. Inom Kristendomen avbildas till exempel Jesus Kristus ofta med en krona som anspelar på att han är Himmelsk Kung. Som han sa kan vi alla bli Himlens Kungar och Drottningar, vilket innebär att vi alla kan bära denna metaforiska krona när vi väl uppnår den genom att utvecklas Andligt. Kronan representerar också uppnåendet av Kronchakrat, Sahasrara, det högsta Större Chakrat och vår anslutning till det Gudomliga Ljuset.

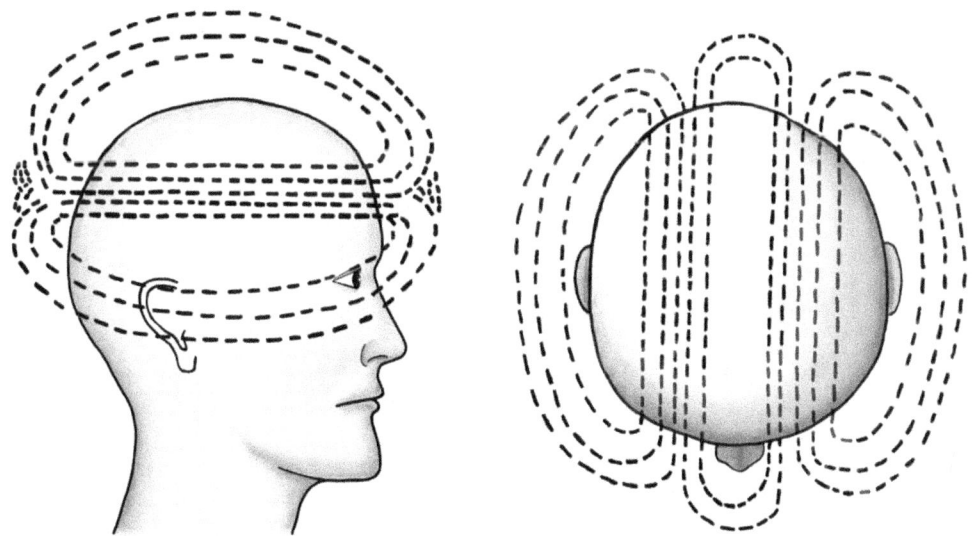

Figur 25: Halo Runt Huvudet

Den symboliska kronan representerar de uppvaknade Chakrana i huvudet och därmed medvetandeutvidgningen. Den gloria runt huvudet på Jesus, de Heliga och andra betydande Andliga figurer innebär att den Andliga kronan har aktiverats - Sahasrara Chakra är helt öppen och det individuella medvetandet har expanderats. Ljus i, över och runt huvudet representerar någon som är upplyst (Figur 25). Själva termen "Upplyst" har sitt ursprung i denna process där Ljuset manifesterar sig och genomsyrar området runt huvudet.

I diagrammet nedan (Figur 26) är Chakra 1 känt som det Sjunde Ögat. Det är ett viktigt mindre Chakra på huvudet som tillsammans med Bindu (Chakra 6) arbetar för att driva Kundalinikretsen i Ljuskroppen. Dessa två Chakran bär på den energi som förbinder Självet med Evigheten och Icke-Dualiteten, vilket gör att den uppvaknade individen kan känna den Andliga Rikets hänförelse och kopplingen till det Gudomliga. Eftersom den Andliga Världen är kontaktpunkten för den Gudomliga Världen ovanför är det inte heller ovanligt att få utomvärldsliga upplevelser när Chakra 1 och 6 är aktiva och fungerar på sin maximala kapacitet.

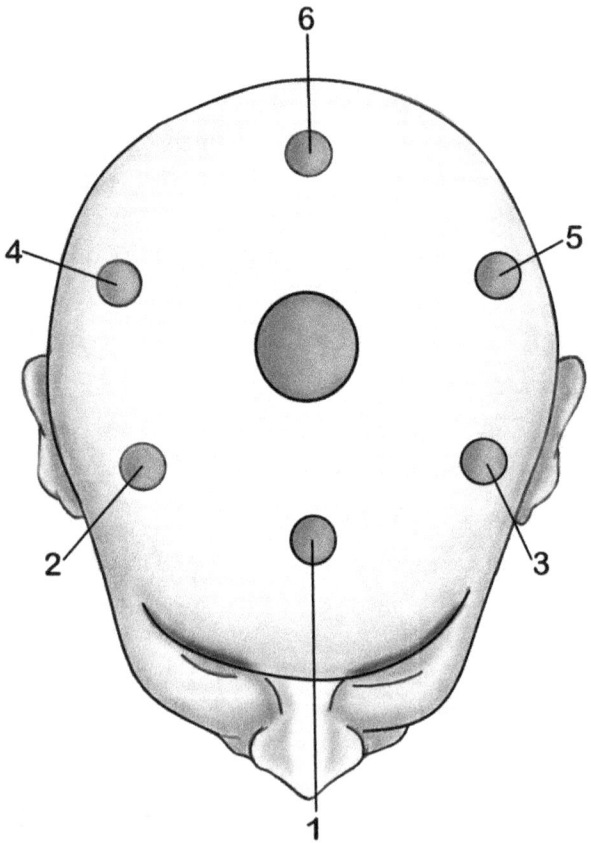

Figur 26: De Mindre Huvudchakrana (Kronan)

Bindu liknas vid "Vomheten" eller Avgrunden. I Qabalah är Avgrunden den Elfte Sfären av Daath på Livets Träd och representerar döden - Egots död. Genom att gå in i tomheten finner Jaget sitt Sanna eller Andliga Jag, och sinnets dualitet upphör att existera. Bindu-Tomrummet är vårt inträde till Enhetens Andliga Plan. Bindu är som en "Eldsjö" som förenar alla motsatser och renar alla orenheter. Sinnet upplever dualiteten av tankar och idéer, och genom denna dualitet skapas separationens smärta. I Bindu Chakra förenas alla dubbla tankar eller idéer med sina motsatser. Denna process gör det möjligt för oss att gå förbi sinnet och uppleva den Andliga Världens renhet och Enhet. Denna energimekanism har lämnats i oss av vår Skapare. Den markerar nästa steg i vår Andliga Utveckling och vår återkomst till Edens Lustgård.

Chakra 3 i diagrammet är direkt kopplat till Ida, den feminina kanalen i kroppen, medan Chakra 2 är kopplat till Pingala, den maskulina kanalen. När Chakra 2 är helt öppnat börjar du känna en förbindelse med den högra sidan av kroppen, genom vilken Pingalakanalen flyter. Med tiden vaknar det Andliga Hjärtat, som känns som en sfärisk energificka genom vilken Pingala passerar. Dess placering är till höger om det fysiska hjärtat. Det innehåller en lugnande låga eftersom Pingala Nadi är relaterad till Själens Eldelement. På samma sätt som det fysiska hjärtat reglerar blodcirkulationen i den fysiska kroppen, reglerar det andliga hjärtat flödet av Pranisk energi i Ljuskroppen. Det Andliga Hjärtat är transcendentalt och reglerar tankar och känslor som är av Icke-Duell kvalitet.

Chakra 3, när det är helt öppet, skapar en koppling till den vänstra sidan av kroppen och en känsla av öppenhet och expansion i det fysiska hjärtat. En känsla av lugn i dina känslor kännetecknar det, som tillhör Vattenelementet. Att ha ett öppet hjärta gör dig till en bättre kännare och mottagare av vibrationer från omvärlden. Dessutom ökar det din förmåga till empati.

Chakras 4 och 5 är de nästa som öppnas under sublimeringen/transformationen av Ljuset eller Pranisk energi i kroppen. De ger en starkare koppling till Bindu (Chakra 6) och gör det möjligt för individens medvetande att lämna den fysiska kroppen när man är i meditation. Att ha dessa två Chakran helt öppna gör det möjligt för den fullt Kundaliniväckta individen att bli absorberad i allt som de ser med sina fysiska ögon när de ger det sin uppmärksamhet. Dessa två Chakran hjälper det individuella medvetandet att uppnå Enhet.

Du vet att de sex Mindre Chakrana i huvudet öppnas och anpassas när du känner en flytande substans som rör sig genom hjärnan i ormliknande mönster. Det genomsyrar kanalerna som ansluter till vart och ett av de sex Mindre Chakrana i huvudet. Detta fenomen kännetecknas av en behaglig, lugn känsla i hjärnan när det inträffar.

Du kan veta att Bindu anpassar sig och öppnar sig mer när Chakrana 4 och 5 öppnas. När Chakra 2 och 3 öppnar sig sker följaktligen en anpassning i det Sjunde Ögat (Chakra 1). Den ena treenigheten av Chakran arbetar tillsammans medan den andra treenigheten också arbetar tillsammans. Av denna anledning bär Adepter i de Västerländska Mysterierna ofta en kippa på huvudet som innehåller en bild av Hexagrammet, eller

Davidsstjärnan som Hebréerna kallar den. Hexagrammets uppåt- och nedåtriktade trianglar representerar de två treenigheterna av mindre Chakran i huvudet.

FOTCHAKRANA

Tillsammans med de Sju Stora Chakrana som löper vertikalt genom kroppen har vi ett nät av extra energicentra, eller Mindre Chakran i fötterna och händerna, som ger ett brett spektrum av energiinflöde till vårt system. Tyvärr ignoreras och försummas ofta de Mindre Chakrana i fötterna och händerna av Andliga lärare, trots att de spelar en avgörande roll i våra kroppars energiramar.

Varje tå, inklusive mitten av foten och hälen, styrs av ett av de Större Chakrana (Figur 27). Stortån motsvarar Manipura, pekfoten Anahata, mellantåen Vishuddhi, fjärde tåen Ajna, lilltåen Swadhisthana, sulans mitt Sahasrara och hälens baksida Muladhara.

En av tårna har till uppgift att släppa ut överskottsenergi som ackumulerats i de Stora Chakrana genom våra vanliga dagliga aktiviteter och kroppsfunktioner. Denna överskottsenergi frigörs och överförs till Jorden, vilket underlättar jordförankring i vårt medvetande. När de Mindre Chakrana i fötterna fungerar väl och är i harmoni med de Större Chakrana finns det en konstant förbindelse och ett konstant kommunikationsflöde mellan Jordens energigaller och våra energier.

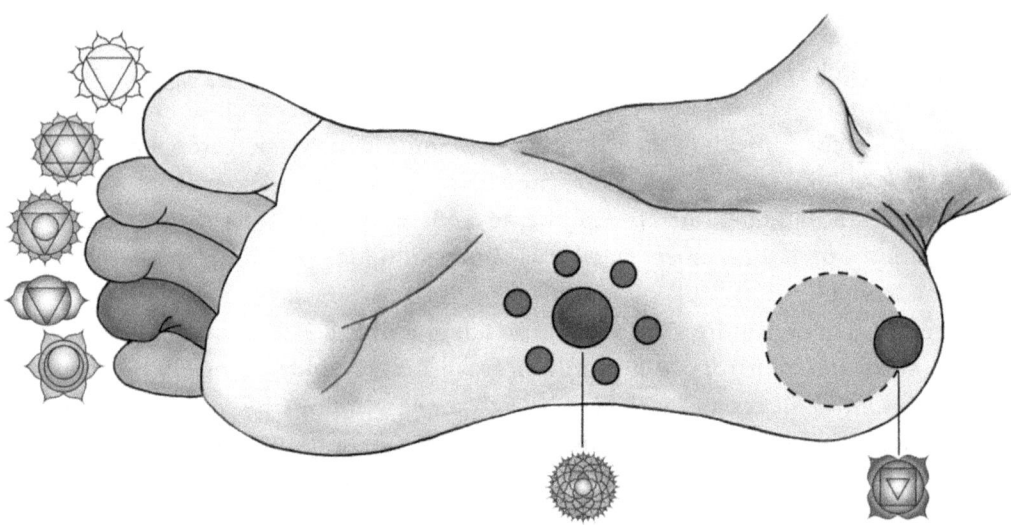

Figur 27: Fotchakrana

På grund av sin placering och koppling till Jorden tjänar Fotchakrana också till att kanalisera energi från det Transpersonella Jordstjärnechakrat (under fötterna) och överföra den till de större Chakrana via energikanalerna i benen. I det här fallet fungerar Fotchakrana som energikanaler eller kopplingar som gör det möjligt för Jordstjärnan att vara i direkt kommunikation inte bara med Muladhara Chakra utan även med de andra Stora Chakrana.

Fotchakran hjälper också till att balansera och assimilera Kundalini-energin som kommer från Jorden genom dess magnetiska strömmar. De fungerar som energiomvandlare och reglerar mängden och intensiteten av den energi som kommer in i Ljuskroppen från Jorden.

"Sul" Chakrat ligger i mitten av foten och är relaterat till Sahasrara, Cronan. Sulchakrat är det viktigaste av Fotchakrana. Om vi undersöker dess struktur kan vi se att dess sex sekundära punkter direkt återspeglar de Mindre Chakrana i huvudet som är relaterade till Sahasrara.

Förhållandet mellan Sulchakrat och Sahasrara beskrivs bäst med axiomet "Som Ovanför, Så Nedanför". Dessa två uppsättningar Chakran gör det möjligt för den invigde att ha fötterna på Jorden och huvudet i Himlen samtidigt. Intressant nog symboliserar fötterna dualiteten i Materiens värld, medan huvudet representerar singulariteten i den Andliga Världen.

Ett annat viktigt Fotchakra är Hälchakrat, som är relaterat till Muladhara. Detta Mindre Chakra hjälper oss att känna oss jordade eftersom våra hälar är de första som rör vid Jorden varje gång vi tar ett steg. Hälchakrat är direkt kopplat till Muladhara via energikanalerna i benen. De primära energikanalerna i benen driver de feminina och maskulina Ida och Pingala Nadis som börjar i Muladhara. Hos män får Ida och Pingala energi från testiklarna, medan de hos kvinnor får energi från äggstockarna. Ett flertal andra Nadis löper längs med de primära energikanalerna i benen och förbinder tårna med andra Större Chakran.

HANDENS CHAKRAN

De Sju Stora Chakrana motsvarar både fötterna och händerna (Figur 28). Tummen motsvarar Manipura, pekfingret Anahata, långfingret Vishuddhi, ringfingret Muladhara, lillfingret Swadhisthana, mitten av handflatan Sahasrara och handledsspetsen Ajna Chakra.

Chakrana är perfekt balanserade på handen eftersom ring- och lillfingret är feminina medan tummen och pekfingret är maskulina. Dessutom löper en central linje från handledspunkten genom mitten av handflatan och upp till långfingret, vilket motsvarar det Andliga Elementet, som förenar de motsatta könsprinciperna.

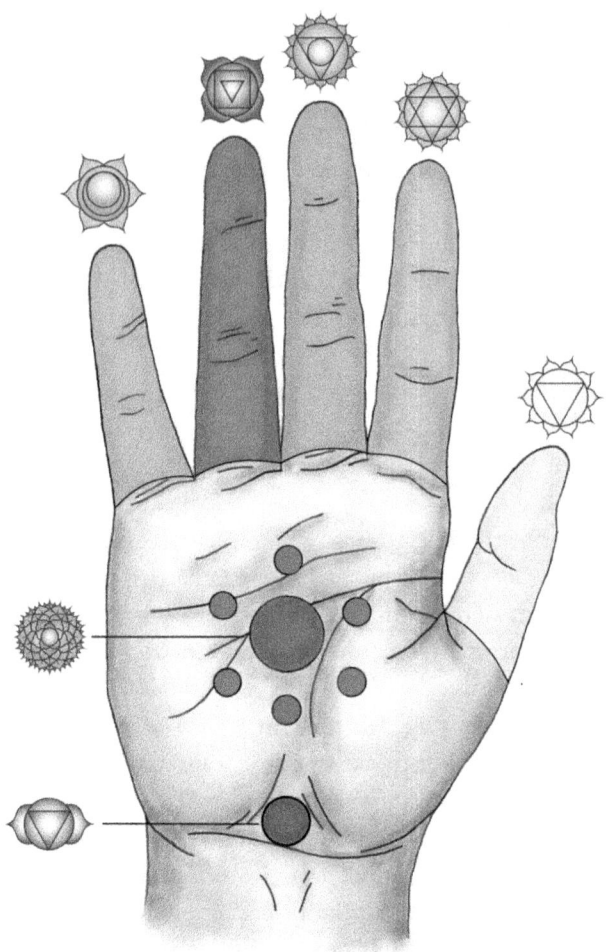

Figur 28: Handens Chakran

Handchakrorna är viktiga för att kunna läka och ta emot energisk information från Universum. Våra händer gör det möjligt för oss att interagera med världen på både en fysisk och energetisk nivå. Fingrarna fungerar som sensorer medan handflatorna tjänar till att kanalisera helande energi. Din dominanta hand sänder ut energi medan den icke-dominanta handen tar emot den.

Medan fötterna motsvarar Jordelementet och den fysiska kroppen, motsvarar händerna Luftelementet och sinnet eftersom de bokstavligen svävar i luften framför oss. Som sådan påverkar Handchakrana i hög grad den information som kommer in i våra sinnen.

Av denna anledning har samhället antagit handslaget som den främsta hälsningen mellan människor. Genom att skaka någons hand rör era handflator vid varandra, vilket gör det möjligt för dig att känna in vem personen är eftersom du får direktkontakt med deras energi.

I mitten av handflatan finns ett viktigt Mindre Chakra, som är relaterat till Sahasrara, Kronan. Det kallas också för "Handflata"-Chakrat och är det viktigaste av våra Handchakran eftersom det används för helande ändamål. Du kommer att märka att Handflatchakrat speglar Sulchakrat, som speglar de Mindre Chakrana på toppen av huvudet. Alla tre uppsättningarna av Chakran motsvarar Sahasrara och det Andliga Elementet. Deras funktion är avgörande i Kundalini-transformationsprocessen eftersom de tillför den Andliga energin till kroppen.

Handchakrat är kopplat till Halschakrat, Vishuddhi, via energikanalerna i armarna. För att helt öppna Handchakrana och maximera deras funktionella förmågor måste man därför väcka Halschakrat eftersom det är det första Chakrat i det Andliga Elementet. Ande Elementet omfattar också de två Chakrana ovanför Vishuddhi, Ajna och Sahasrara.

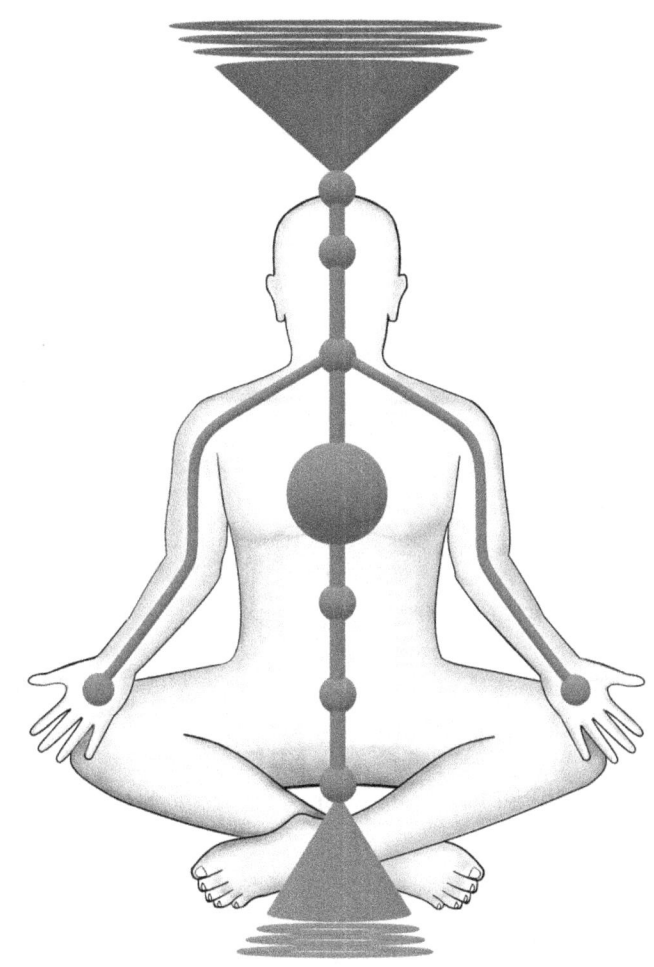

Figur 29: Produktion och Överföring av Helande Energi (Palmer)

Helande energi genereras i Anahata och sänds ut genom Handflatornas Chakran via Vishuddhi (Figur 29). Halschakrat används för att intubera de energetiska intrycken omkring dig på grund av dess koppling till Ajna Chakra, det psykiska centret, som har en motsvarande energipunkt i handledsområdet. Dessa intryck tas ofta emot via Handchakrana, som vi kan använda som energisensorer enbart genom avsikt.

Medvetenhet om och aktivering av Handchakrana kan göra stor skillnad i livskvaliteten. Den genomsnittliga personen har de Mindre Chakrana i händerna öppna i viss utsträckning, vilket innebär att helande energi ständigt flödar in och ut ur dem. Endast människor som är helt och hållet vända till det onda kommer att vara helt stängda från helande energi tills de kan öppna sina hjärtan för kärlek och godhet igen. Sedan finns det de människor som har överträffat massorna när det gäller Andlig utveckling. Dessa människor har sina Hjärt- och Hals-Chakran helt öppna. Deras medvetande är mycket högre i vibrationsgrad, vilket innebär att deras Handchakran fungerar optimalt och sänder ut och tar emot helande energi.

En fullt Kundaliniväckt person har alla sina Chakran öppna, inklusive Hand- och Fotchakran. De kommer att vara naturliga helare, empater och telepater. Mycket av informationen utifrån kommer in genom händerna. Bara genom att röra vid ett föremål kommer man att få energetisk kunskap om det föremålet. När Handchakrana är helt öppna blir fingertopparna extra känsliga för att ta emot information och skicka den in i kroppen för utvärdering.

HELANDE MED HÄNDERNA

Handchakran kan användas för att ta emot energi men också för att sända ut den; allt beror på din avsikt. När du tar emot energi är det fingertopparna som är inblandade, medan när du skickar ut den gör du det främst genom Handflatorna (Figur 30).

Det vanligaste användningsområdet för mottagningsfunktionen i Handchakrana är att skanna en persons Aura och leta efter "heta punkter" och annan information som kan hjälpa dig att känna av tillståndet i den totala energin. Handchakrana kan gärna användas som sensorer som informerar dig om hur energin ser ut i din omgivning.

Du kan använda Handchakrasens sändningsfunktion för att kanalisera helande energi till någon, rensa rummet från stillastående energi, ladda en Kristall eller ett annat föremål, eller till och med välsigna eller erbjuda skydd till en person eller grupp av människor. Du kan också använda din energi för att läka dig själv och dina Chakran, även om detta kan vara dränerande. Det hjälper att läka sig själv med hjälp av en ädelsten i stället, till exempel.

Även om det är viktigt att veta hur man bygger upp sitt chi i Hara Chakra (mer om detta i följande kapitel om Transpersonella Chakran), är det mycket effektivare för helande arbete att lära sig hur man tar in den Andliga energin och låta den flöda genom dig. Så länge du kommer från en mental plats av villkorslös kärlek (en egenskap hos Anahata Chakra) bör enbart din avsikt vara tillräcklig för att du ska kunna kalla in den Andliga energin och kanalisera den genom dina Handchakran i helande syfte.

Det är viktigt att förbli neutral när det gäller specifika resultat av din healingbehandling och att inte tvinga fram din vilja. Under större delen av healing sessionen gör du bara dig själv till en kanal, en kanal för Andlig energi. Därför bör du endast involvera din Högre Vilja när du flyttar och tar bort energiblockeringar. För att göra detta kan du antingen kamma det område i Auran som innehåller negativ energi eller trycka ut denna negativa energi med helande energi från dina Handflata-Chakran. I det sistnämnda fallet kan du intensifiera storleken på den helande energi som kanaliseras genom dina Handflata-Chakran genom att använda din viljestyrka och fokuserade uppmärksamhet.

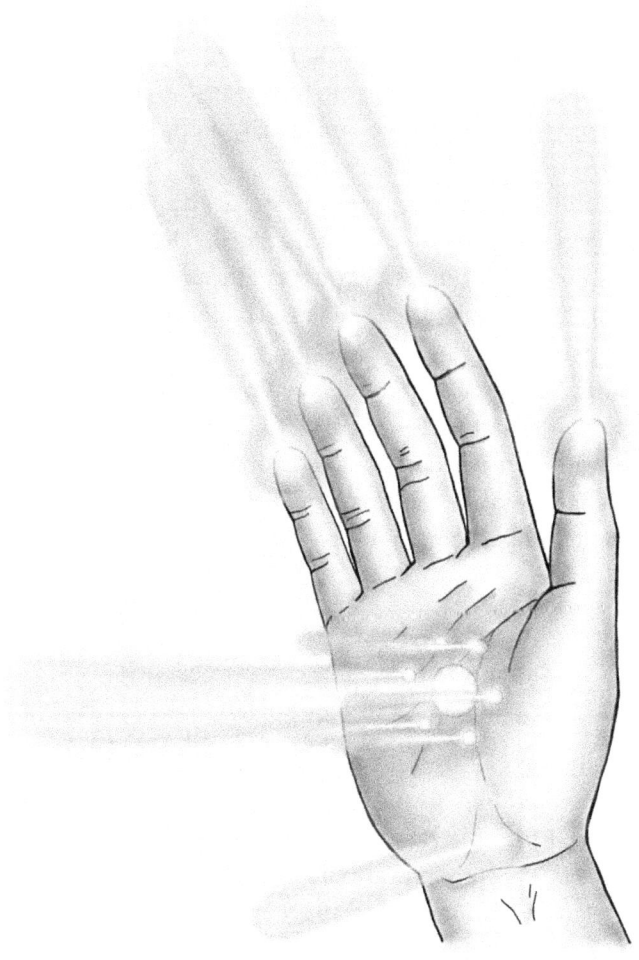

Figur 30: Helande Energi från Händerna

INFUSION AV ANDLIG ENERGI

Syftet med Kundalinis reningsprocess är att göra din kropp till ett kärl för Anden. Naturligtvis händer ingenting med din fysiska kropp under denna process, även om det känns som om det gör det för ditt medvetande. Kundalini låter ditt medvetande stiga lika högt som den Andliga Kroppen och anpassa sig till dess vibration genom att rensa Chakrana.

Kroppen måste genomsyras av den Andliga energin som förs ut från Sul- och Palmchakrana. Dessa Mindre Chakran aktiveras fullt ut när Kundalini når Sahasrara under uppvaknandet. Det tar vanligtvis en viss tid för medvetandet att förbereda sig för infusionen av Andevärlden eftersom Chakrana behöver rensas. När det väl är redo stiger dock den Andliga energin upp i kroppen via Sul- och Handflatachakrana. Denna upplevelse känns som om en vindpust har gått in i lemmarna och fått dem att kännas genomskinliga. Denna Audomliga andedräkt kan sedan genomsyra bålen helt och hållet, vilket gör det möjligt för det individuella medvetandet att känna viktlöshet i kroppen, särskilt i armar och ben. Det känns som om den fysiska kroppen har blivit ihålig från insidan för upplevaren.

När Anden kommer in i kroppen börjar individen att uppleva en total domning av hela kroppen. Det tar återigen en viss tid för denna del av Kundalini-transformationen att manifestera sig. Som jag nämnde tidigare var det under år sju av uppvaknandet som detta skedde för mig. Det kändes som om den fysiska kroppen hade fått en permanent spruta Novokain, ett bedövningsmedel.

Känslan av domningar uppstår så att medvetandet kan förlora sin koppling till den fysiska kroppen, vilket gör det lättare för det att lokalisera sig helt och hållet i Ljuskroppen. Genom att förlora medvetandet om den fysiska kroppen befrias Själen slutligen från sina bojor. Det individuella medvetandet förenas med det Kosmiska Medvetandet, vilket gör slut på smärtan av uppdelningen mellan de två.

DE PSYKISKA ÖGONEN

Förutom de två fysiska ögonen finns det ytterligare fem Andliga ögon i våra huvuden (Figur 31) som ger oss en utökad medvetenhet när vårt medvetande är förhöjt. De två fysiska ögonen har också funktioner utöver vanlig synförmåga som är värda att nämna. Det högra ögat används i första hand för att se föremåls former; det hjälper till att uppfatta detaljer. Det vänstra ögat har anknytning till vårt känslomässiga Jag. Det ger oss en känsla av förhållandet mellan föremålen genom deras färg och struktur.

Det Tredje Ögat, eller Sinnets Öga, ligger strax ovanför och mellan ögonbrynen. Det fungerar som en energiportal som gör det möjligt för oss att känna in den energetiska formen av föremålen i vår Tredje Dimension. Det Tredje Ögat ger oss insikt i det okända som vårt fönster till den Astrala Världen. Ajna Chakras egentliga placering är dock i mitten av hjärnan, i det Tredje Ventrikelområdet, vilket kommer att diskuteras i ett senare kapitel. De psykiska ögon som beskrivs nedan har hjälpfunktioner till Sinnets Öga. De fungerar som energiportaler, var och en med specifika krafter som, när de väcks, ger oss utökad medvetenhet och förståelse eftersom de är distinkta komponenter i Ajna Chakra som helhet.

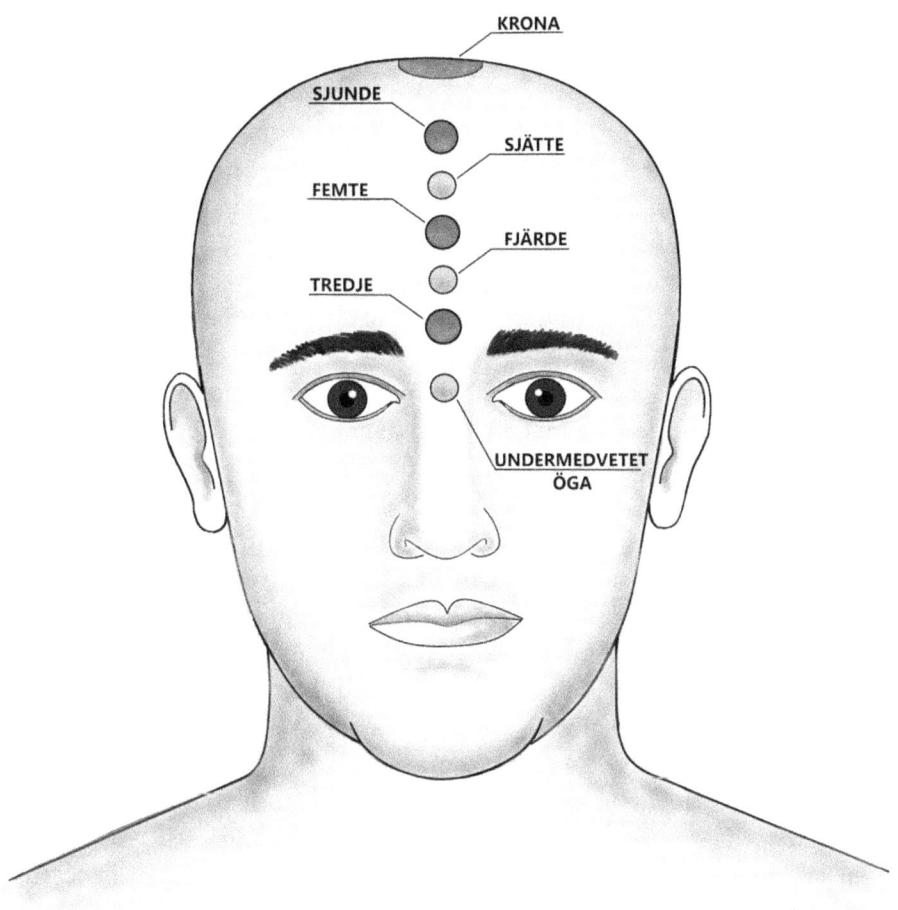

Figur 31: Placering av de Psykiska Ögonen

Det Fjärde Ögat ligger precis ovanför det Tredje Ögat och gör det möjligt för oss att förstå relationerna mellan människor samtidigt som vi främjar tron på Skaparen. Det är den högre känslan av vad det vänstra fysiska ögat uppfattar eftersom det gör det möjligt för oss att förstå Skapelsens Källa. Det Fjärde Ögat är uppbyggaren av tro.

Det Femte Ögat ligger mitt i pannan och hjälper oss att förstå Universella sanningar och ideal. Genom det får vi begrepp om hur de Universella Lagar som styr verkligheten fungerar. Det gör det möjligt för oss att se den större bilden av livet och vår plats i det. Det Femte Ögat aktiverar det högre sinnet och vårt kreativa tänkande. Det gör det också möjligt för oss att se våra tidigare liv.

Det Sjätte Ögat ligger precis ovanför det Femte Ögat och dess funktion är att ge oss sann inre syn och förståelse för vår Själs syfte. Det Sjunde Ögat ligger precis där hårfästet är, på motsatt sida av Bindu. Det hjälper oss att förstå helheten och syftet med Universum som helhet. Vi kan kommunicera med Änglavarelser från det Gudomliga Existensplanet genom det.

Det Sjunde Ögat är av största vikt i Kundalini-transformationsprocessen eftersom det fungerar som Kundalinis utgångspunkt, på samma sätt som Bindu. Det Sjunde Ögat och Bindu fungerar som trattar för Kundalinikretsen när de är fullt aktiva och integrerade. Om det finns en blockering i det Sjunde Ögat blir Kundalini-kretsen inaktiv och man förlorar kontakten med Bindu och de Andliga och Gudomliga Existensplanerna.

Det är viktigt att förstå att alla de psykiska ögonen utvecklas med tiden när man genomgår en Kundalini-transformation efter ett fullständigt uppvaknande. När de alla har skapats och medvetandet får förmågan att utnyttja deras funktioner blir det Femte Ögat medvetandets "kommandocentral", i stället för det Tredje Ögat, eftersom det är det mittersta av de fem psykiska ögonen och kan ta emot intryck från vart och ett av dem.

Det finns ett annat psykiskt centrum som kallas "det Undermedvetna Ögat", och det ligger precis mellan de två fysiska ögonen, vid näsryggen. Det undermedvetna sinnet är centrum för vårt primitiva och grundläggande liv och våra magkänslor. Dess funktion är överlevnad; det relaterar alltså till livets nödvändigheter, såsom mat, vatten och skydd. Rädsla spelar också en avgörande roll för överlevnaden eftersom vi lär oss att undvika de saker som kan skada oss, antingen fysiskt eller känslomässigt. Det undermedvetna sinnet blir ett lager av alla de saker som orsakat oss smärta med tiden och innehåller den räddhetsenergi som begränsar oss i livet.

När Kundalini har trängt in i hjärnan och genomborrat Ajna Chakra är det Undermedvetna Ögat helt uppvaknat. Eftersom ett fullständigt Kundaliniväckande överbryggar det medvetna och det undermedvetna sinnet frigörs all negativ energi som lagrats i det undermedvetna för att hanteras och omvandlas. Det Undermedvetna Ögat gör det möjligt för oss att se allt som tidigare var dolt för oss psykiskt.

Det Undermedvetna Ögat gör det möjligt för oss att se hur det undermedvetna sinnet fungerar för att bli mer effektiva Medskapare med vår Skapare. När vi väl har övervunnit den negativa energi som finns lagrad i det undermedvetna sinnet kan vi använda detta psykiska centrum för att forma våra tankar och göra oss till herrar över vår verklighet. Det Undermedvetna Ögat är dock bara ett fönster eller en portal till det undermedvetna sinnet, vars placering är på baksidan av huvudet. Den medvetna delen av sinnet ligger däremot framme på huvudet.

DE TRANSPERSONELLA CHAKRANA

Enligt många Andliga tankeskolor finns det förutom de Stora och Små Chakrana även Transpersonella Chakran. Dessa är Chakran utanför Ljuskroppen som människan är kopplad till energimässigt. Transpersonella betyder att de överskrider den inkarnerade personlighetens världar. Inom den Chakriska vetenskapen lägger de också till den andra, avgörande pusselbiten, vid sidan av de Större och Mindre Chakrana, för att förstå vår energetiska sammansättning.

Det primära syftet med de Transpersonella Chakrana är att ansluta den fysiska kroppen och de Stora och Små Chakrana till andra människor, Eteriska Varelser och andra källor till Gudomliga och högre energier. De flesta Andliga tankeskolor säger att det finns Fem Transpersonella Chakran, även om detta antal kan variera. Det är också vanligt att många Chakrasystem endast använder de två motsatta Transpersonella Chakrana, Själsstjärnan och Jordstjärnan.

De transpersonella Chakrana finns längs Hara-Linjen, som är en energisk pelare som innehåller de sju primära Chakrana. När vi förlänger denna energetiska kolonn uppåt och nedåt, bortom de sju primära Chakrana, möter vi olika Transpersonella Chakran ovanför Sahasrara och ett under Muladhara som kallas Jordstjärnechakrat (Figur 32).

De Transpersonella Chakrana är nycklarna till Andlig utveckling och förståelse av Skapelsens dynamik. Genom Chakrana ovanför Sahasrara kan vi ansluta oss till de mer subtila vibrationerna i Kosmos. I *The Magus* har jag hänvisat till dessa högre vibrerande medvetandetillstånd som de Gudomliga Existensplanerna.

När det gäller det Qabalistiska Livsträdet är de Transpersonella Chakrana runt och ovanför huvudet en del av Kether Sephira och inte inom de Tre Slöjorna av Negativ Existens (Ain Soph Aur). Och eftersom Kether är det Vita Ljuset handlar dessa Transpersonella Chakran om hur detta Ljus filtreras in i Ljuskroppen och de Sju Stora Chakracentren.

Om inte dina Sju Stora Chakran är tillräckligt balanserade och din vibration är högre, avråder jag dig starkt från att försöka arbeta med de tre högsta Transpersonella Chakrana. Att försöka använda dessa potenta kraftkällor innan du har gjort dig själv till en lämplig kanal kommer att vara meningslöst eftersom du inte kommer att kunna få tillgång till deras kraft. Spara därför arbetet med dessa högre Chakran till när du väl har utvecklat dig tillräckligt Andligt. Det enda Transpersonella Chakra som du kan arbeta med på ett säkert sätt är Jordstjärnan, eftersom detta Chakra har att göra med jordförankring.

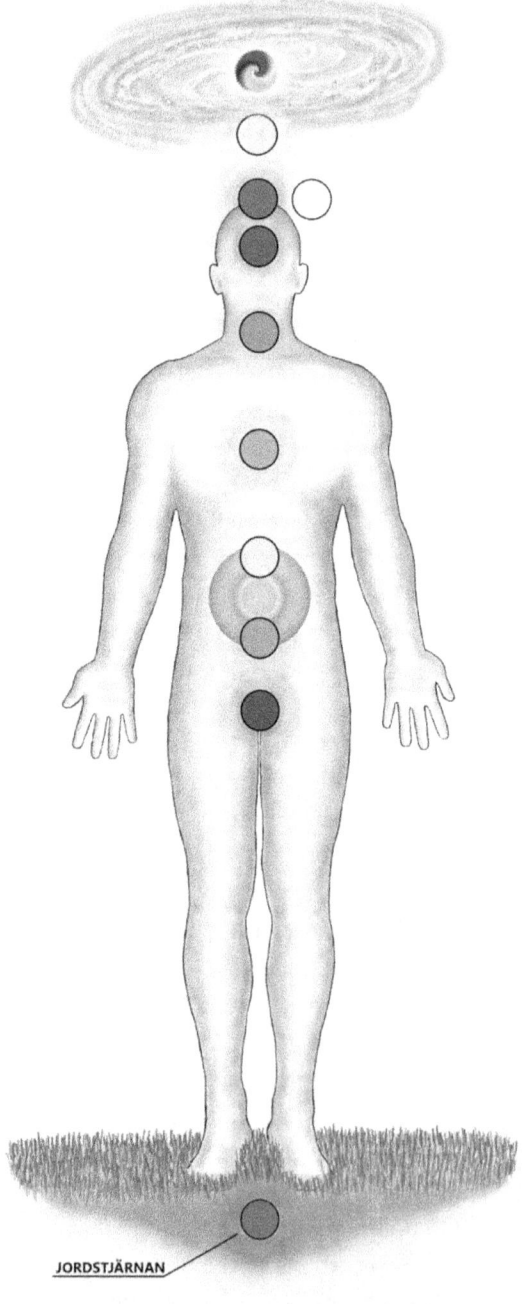

Figur 32: De Transpersonella Chakrana

JORDSTJÄRNANS CHAKRA

Jordstjärnechakrat Vasundhara (Sanskrit för "Jordens Dotter") ligger ungefär 15 cm under fötterna. Detta Chakra kallas också för "Superroten" och hjälper till att jorda och ansluta oss till planeten Jorden eftersom det har direkt kontakt med marken. Jordstjärnan fungerar som en bro mellan vårt medvetande och Planetens kollektiva medvetande. Detta Chakra handlar alltså om naturmedvetenhet. Fotchakrana är kommunikationsmedlet mellan de Stora Chakrana och Jordstjärnan.

Jordstjärnan gör det också möjligt för oss att ansluta oss till de tätare energierna på vår Planet. Den jordiska/telluriska energin stiger upp genom benens energikanaler via Fotchakrana tills den når Rotchakrat Muladhara. Muladhara Chakrat är grunden för vårt Chakrasystem, dess rot - därför har detta Chakra fått sitt namn. Muladhara och Jordstjärnan har ett direkt samband - de är båda relaterade till Elementet Jord och tjänar till att kanalisera dess energi. Qabalistiskt motsvarar deras funktion Sephira Malkuth, som är placerad direkt vid fötterna. Jordstjärnan representerar dock den Andliga aspekten av Jorden och vibrerar i den Fjärde Dimensionen av Vibration eller energi.

Jordstjärnan är viktig för att förankra oss på det Fysiska Planet. En av Jordstjärnans funktioner är att förankra de personliga och transpersonella delarna av Själen i Planetens magnetiska kärna genom dess elektromagnetiska fält. Eftersom människans energisystem kan liknas vid ett träd fungerar Jordstjärnan som dess rötter.

Jordstjärnan gör det möjligt för oss att hålla oss på jorden trots alla vardagliga aktiviteter som gör att vi inte håller oss på jorden. Om vi har en solid koppling till detta Chakra kan vi förbli fasta i vårt livs syfte och inte låta oss påverkas av andra människors tankar och känslor i vår omgivning. Dessa externa energier rensas bort från vår Aura när vår förbindelse med vår Jordstjärna är stark. Vår relation med vår Jordstjärna ger vår Själ trygghet så att den kan uttrycka sig själv och sitt syfte.

Jordstjärnan har sitt eget Auriska lager som sträcker sig bortom Sahasrara Chakra-skiktet. Den fungerar som en Eterisk blåkopia som förbinder de mellanliggande Auriska lagren med vår Nedre Astrala Kropp (Eteriska Kropp), den första Subtila Kroppen bortom det Fysiska Planet. På grund av sin placering under fötterna, jordar detta Chakra de Subtila Kropparna och hela det Chakriska systemet, inklusive de Transpersonella Chakrana ovanför Sahasrara.

Jordstjärnan är också direkt involverad i att stimulera Kundalini till aktivitet på grund av sitt förhållande till Muladhara. Utan dess hjälp skulle uppvaknandeprocessen vara omöjlig eftersom det mänskliga medvetandet är oupplösligt kopplat till Jord-medvetandet. Förändringar i Jordens medvetande påverkar det mänskliga medvetandet på en kollektiv och personlig nivå.

För att Kundalini ska kunna vakna upp måste vi skapa en kraftfull energiström i Muladhara Chakra. Skapandet av denna energi börjar i Jordstjärnan eftersom dessa två Jordelementchakran arbetar tillsammans. Med andra ord genereras energin i Muladhara från Jordstjärnechakrat. Jordstjärnan fungerar som ett batteri för Muladhara; den skickar in Planetära energier i den via de positiva och negativa strömmar som representeras av de två energikanalerna i benen.

Vår livshistoria är registrerad i vår Jordstjärnas matris. Detta Chakra är ansvarigt för vår personliga utveckling på det materiella planet och de vägar vi tar för att gå framåt i livet. Den omfattar all vår historia från våra Förfäder och våra DNA-mönster. Detta Chakra är också registerhållaren av alla tidigare livsinkarnationer och Karmiska lärdomar som vi har lärt oss.

Jordstjärnan förbinder oss med hela mänskligheten på en jordisk nivå. När detta Chakra är balanserat gör det att vi kan känna en djup förbindelse med våra inneboende inre krafter och arbeta för en större sak. Jordstjärnans yttersta mål är att främja det kollektiva medvetandet på vår Planet och i det Universum vi är en del av. En balanserad Jordstjärna gör också att vi känner oss jordade, skyddade och trygga eftersom vår Gudomliga förbindelse med Moder Jord (Gaia) stärks.

En obalanserad Jordstjärna skapar mental och emotionell instabilitet i livet. Genom att inte vara grundad i Moder Jord förlorar vi kontakten med vår Andlighet, vilket gör att vi med tiden förlorar vår känsla av mening. På ett fysiskt plan kan en obalanserad Jordstjärna orsaka problem med ben, knän, anklar och höfter, eftersom dessa delar av vår kropp jordar oss med Moder Jord.

Jordstjärnans färg är svart, brun eller magenta (när den är aktiverad). Ädelstenar som hänförs till detta Chakra är Rökkvarts, Onyx, Svart Obsidian och Magnetit (Magnet).

HARA CHAKRA (NAVEL)

Hara är ett japanskt ord som betyder "hav av energi". Namnet är passande eftersom Hara Chakra fungerar som en port till det Astrala Planet. Genom detta Plan kan man få tillgång till alla de inre Kosmiska Planen. Som sådan är Hara Chakra vår tillgång till Universums oändliga hav av energi. Det är inte nödvändigtvis ett Chakra men är i en egen liga på grund av sin storlek och räckvidd. Hara är dock en del av den Transpersonella Chakramodellen i många New Age Chakrasystem. Dess placering är mellan Swadhisthana och Manipura, vid naveln (Figur 33), ungefär två tum inåt.

Runt Hara finns en Eterisk boll av energi, ungefär lika stor som en fotboll, som kallas "Dantian" eller "Tan Tien". Dantians energi är chi, qi, mana, Prana, som är Livsenergi. Denna energikula interagerar med de närliggande organ som är involverade i matförädlingen eftersom intagen mat omvandlas till Livsenergi, vars väsen är Ljusenergi. Denna energi fylls från Hara, eftersom det är dess centrum. När Ljusenergin väl har genererats i Dantian genom Hara-Chakrat fördelas den sedan i hela kroppen.

Hara Chakra har ett direkt samband med Swadhisthana eftersom det fungerar som en portal till det Astrala Planet och en generator av Livsenergi. Skillnaden mellan de två är att Swadhisthanas funktion är att generera sexuell energi (tillsammans med Muladhara), medan Hara genererar Livsenergi. I verkligheten arbetar dock de två tillsammans som ett batteri, precis som Muladhara arbetar med Jordstjärnechakrat. På Livets Träd motsvarar Hara- och Swadhisthana-Chakras funktion Sephira Yesod.

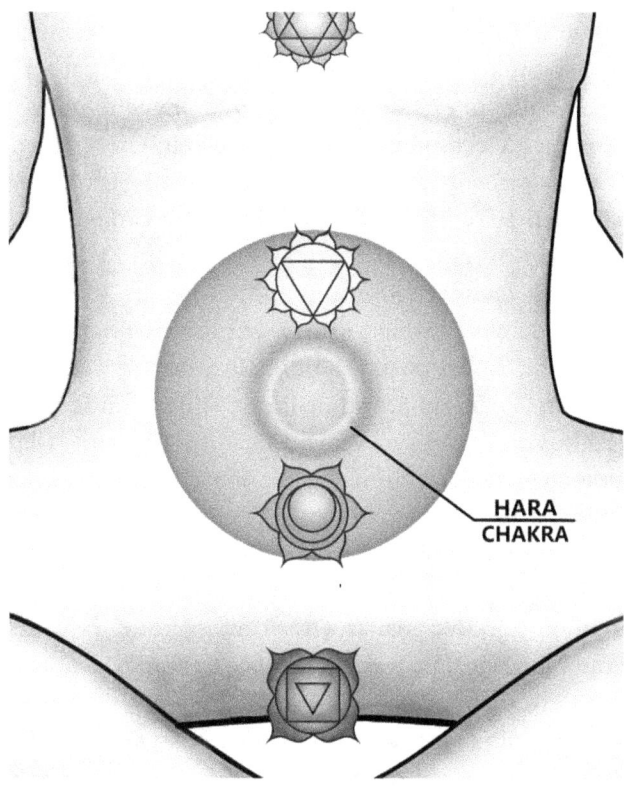

Figur 33: Hara (Navel) Chakrat

Hara Chakra ger oss näring och styrka, vilket är beroende av att Muladhara och Jordstjärnan är tillräckligt jordade. Vår kraftkälla finns i Hara och vår regenerativa förmåga. Medan Jordstjärnan och Muladhara-Chakrat drar upp Jordiska energier använder Hara den sexuella energin Swadhisthana för att driva viljan. För att uppnå detta använder den den råa Eldsenergin i Manipura, som ligger direkt ovanför den. Manipura är direkt involverad i processen att omvandla intagen mat till Ljusenergi. Många Andliga traditioner erkänner existensen av Hara Chakra men kan inte skilja på om det är relaterat till Swadhisthana eller Manipura, eller båda - vilket är fallet.

Hara Chakras effektivitet är också beroende av hur väl Jordstjärnan och rotchakrat är jordade. Dessa två Chakran drar in Jordens energier, medan Hara använder den energin, tillsammans med energin från Swadhisthana- och Manipura-chakran, för att driva hela energisystemet. Hara Chakra är i huvudsak vår kärna och vår grund. Dess färg är bärnsten, eftersom det är en blandning av Manipuras gula och Swadhisthanas orange färg.

Även om Swadhisthana ofta kallas Navelchakra i Andliga traditioner är Hara det egentliga Navelchakrat på grund av dess placering och funktion. Som foster matades vi alla genom naveln när våra Subtila Kroppar formades. När vi föddes och navelsträngen klipptes av, klipptes vi av från den Eteriska energikällan. Därmed slutade vi att dra in energi genom Hara. Genom konditionering och bildandet av Egot förlorade vi denna portal ur sikte och började kanalisera energi in i våra huvuden genom att tänka för mycket. För att åtgärda detta bör vi fokusera på vår kärna och dra in energi genom vårt Hara Chakra, vilket kommer att expandera vår Dantian.

Hara och Dantian (Tan Tien) nämns ofta i Qigong, Tai Chi och andra kampsporter. Alla kampsporter som försöker arbeta med energi inser kraften i Hara-centret och bygger upp Dantian, som de betraktar som tyngdpunkten. Men för att kunna göra detta måste man ha en fast förbindelse med sin Eteriska Kropp, annars kan man inte kanalisera sina inre energier. I många av dessa kampsportsystem är Hara bara en av Dantianerna, som kallas den nedre Dantian. Den Mellersta Dantian ligger i hjärtområdet (Anahata), medan den Övre Dantian ligger i huvudområdet, på nivån för Ajna Chakrat. Denna uppdelning av de tre huvudsakliga energicentren i människokroppen gör det möjligt för kampsportare att på bästa sätt använda det naturliga flödet av sina energier för att optimera sin stridskraft.

Hara Chakra måste vara öppet och Dantian (den Nedre delen) full av energi för att man ska ha god hälsa och ett överflöd av vitalitet. Om Hara är stängt eller inaktivt kan det orsaka många beroenden, särskilt av mat. Överätning är ett försök att känna sig mätt trots att Hara är blockerad och Dantian tomt. Tantrisk Sexpraktik är ett sätt att öppna Hara och bli medveten om din Dantian. Tantrisk Sex fokuserar energin i buken och innefattar användningen av vår sexuella energi såväl som vår viljestyrka, och involverar därmed både Swadhisthana- och Manipura-Chakrana.

KAUSALA CHAKRAT (BINDU)

Bindu fungerar som porten till det Kausala Chakrat, som ligger ungefär två till tre tum från övre delen av huvudet när man projicerar en rak linje från Talamus (Figur 34). Därefter linjerar den upp med Sahasrara Chakrat, som ligger direkt framför den. Kausalchakrat är ett av de tre Transpersonella Himmelska Chakrana runt huvudområdet, inklusive Själsstjärnan och Stjärnporten.

Bindu på den övre baksidan av skallen (från insidan) fungerar som en dörr till Kausalchakrat. Bindu är dörren, medan det Kausala Chakrat är huset. Du kan dock inte ha dörren utan huset, och inte heller huset utan dörren - de två hör ihop. Av denna anledning speglar Bindu Chakrats egenskaper de egenskaper som finns hos det Kausala Chakrat i den Transpersonella Chakramodellen.

Kausalchakrat handlar om att utplåna egot och omvandla personligheten. Det ger oss en föreställning om livets kontinuitet efter den fysiska döden. Vi är Eviga Ljusvarelser som fortsätter att leva efter denna tillfälliga fysiska existens. Detta Chakra tjänar till att tysta Egot och göra sinnet stilla, vilket gör det möjligt för individen att utforska det Andliga Planet och de Gudomliga Planen.

Kausalchakrat är en ingång till de Gudomliga Planen, som kan upplevas genom Själsstjärnan och Stjärnportchakrat som ligger ovanför Kronchakrat. Kausalchakrat hjälper också till med de högre aktiveringarna av de Andliga Chakrana (Kronan, Sinnets Öga och Halsen), vilket underlättar utforskandet av det Andliga Planet.

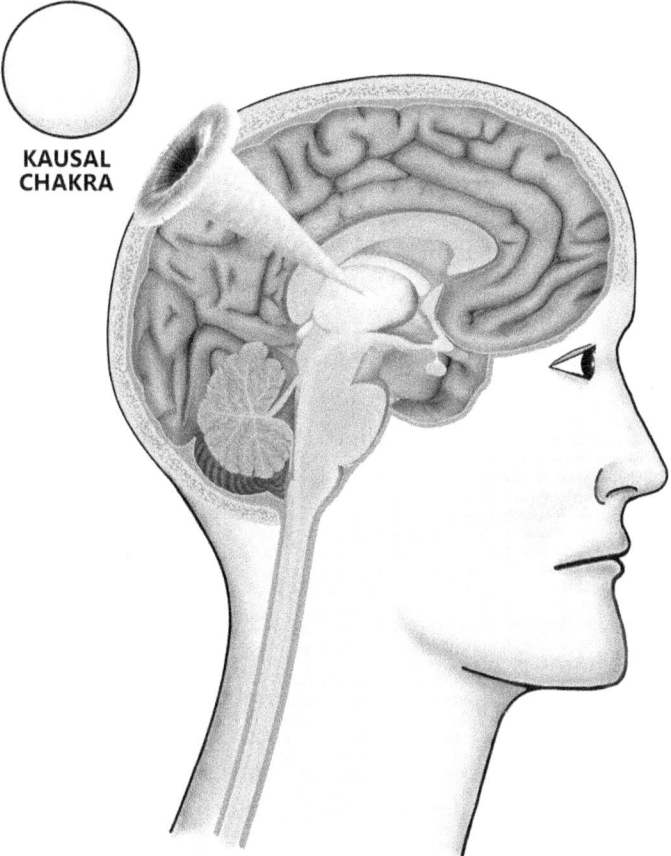

Figur 34: Kausal/Bindu Chakrat

Eftersom Kausal-/Binduchakrat kallas för Månchakrat är det feminint till sin kvalitet. När det väcks upp höjs de feminina egenskaperna kärlek, medkänsla, kreativitet och intuition hos individen. Detta Chakra absorberar och utstrålar Månljuset och lyser därmed upp de tankar som vi får direkt från det Kosmiska Medvetandet.

Genom Kausalchakrat får vi information från de Gudomliga Planen och det högre Andliga Planet; information som vi bara kan få tillgång till när vi är befriade från vårt Ego och vår personlighet. Som sådan är en av de viktigaste egenskaperna hos detta Chakra att det gör det möjligt för oss att utforska högre visdom och Kosmos mysterier.

Kausalchakrat vibrerar i den Fjärde Dimensionen, Vibrationens eller Energins Dimension. Det tar emot energierna från de två Femte Dimensionella Chakrana ovanför huvudet (Själsstjärnan och Stjärnporten) och filtrerar dem in i Auran. Kausal-/Binduchakrat är vår länk till dessa två högre frekvens Chakran, eftersom det gör det möjligt för oss att acceptera de graderade doser av Vitt Ljus som de Gudomliga Planerna avger.

Högre Andliga Varelser från den Gudomliga Världen kan kommunicera med oss genom Kausalchakrat. När information kommer in genom detta Chakra förs den in i de lägre Chakrana, där vi kan få tillgång till den genom de Subtila Kropparna som hör till dessa särskilda Plan.

Kausalchakrat spelar den mest avgörande rollen i Kundalinis uppvaknandeprocess, eftersom dess öppnande resulterar i ökad klarhet i den psykiska och telepatiska kommunikationen. Det gör det möjligt för individen att "läsa" energin runt omkring sig genom sin intuitionsförmåga. Kausal/Bindu Chakra arbetar tillsammans med Ajna Chakra för att åstadkomma detta. Individen använder de olika portalerna i Sinnets Öga för att "se" den information som kanaliseras in i det Kausala Chakrat från det Kosmiska Medvetandet.

Kausal/Bindu Chakra öppnas naturligt och förblir öppet som en del av Kundalinis omvandlingsprocess. När detta Chakra är upplöst och sinnet och Egot tystas kan vårt Högre Guda-Jag kommunicera direkt med oss. Denna kommunikation är en omedelbar process som inte kräver någon medveten ansträngning. Individen blir absorberad i meditation från ett vaket ögonblick till ett annat och blir en levande förkroppsligande av enheten i all existens. Denna upplevelse sker dock endast när Kundalini har väckts och höjts till Sahasrara Chakra.

Även om du kan få tillgång till energierna i det Kausala/Binduiska Chakrat genom olika Andliga metoder (t.ex. användning av Ädelstenar), är det enda sättet att öppna det och hålla det öppet permanent genom ett Kundalini-uppvaknande. Som nämnts är Kundalinis två utgångspunkter Bindu och det Sjunde Ögats centrum. När Kundalini-systemet är aktivt i Ljuskroppen efter uppvaknandet reglerar Bindu den Ljusenergi som cirkulerar i den och ger näring åt de Sjuttiotvå Tusen Nadis eller energikanalerna. När dessa kanaler genomsyras av Ljusenergi expanderar medvetandet. Bindu öppnas ytterligare, vilket gör det möjligt för individen att strömlinjeforma mer information från det Andliga Planet och de Gudomliga Planen ovanför.

Det Kausala/Binduiska Chakrat är vitt, vilket tyder på en djup och intim förbindelse med det Andliga Elementet och Månen. Ädelstenar som tillskrivs detta Chakra är Månsten, Ängla Aura Kvarts, Celestit, Kyanit och Herderit.

SJÄLENS STJÄRNA CHAKRA

Själsstjärnchakrat, Vyapini (Sanskrit för "Allt Genomträngande"), ligger ungefär sex tum ovanför huvudet, i direkt anslutning till Kronchakrat nedanför (Figur 35). Färgen på detta Chakra är guldvit. Själsstjärnan fungerar som vår förbindelse med de Kosmiska Energierna i vårt Solsystem, medan Stjärnporten fungerar som vår förbindelse med Vintergatan som helhet. Själsstjärnan modererar också den mycket högvibrerande energin från Stjärnporten och strålar ner den (via Kausal Chakrat) till de Sju Stora Chakrana i Ljuskroppen. På så sätt får vi möjlighet att assimilera dessa galaktiska energier i vår fysiska existens.

Själsstjärnchakrat tillhör den Femte Dimensionens frekvens och representerar energin av kärlek, sanning, medkänsla, fred, Andlig visdom och medvetenhet. Det motsvarar det lägsta Gudomliga Existensplanet. Enligt Uppstignings-läror är Jorden och mänskligheten i färd med att övergå till en helt ny verklighetsnivå, som är den Femte Dimensionen.

Vi kan bara uppleva de Kosmiska Energierna i den Femte Dimensionen genom att det individuella medvetandet förenas med det Kosmiska Medvetandet. När man uppnår denna förbindelse får man tillgång till Akasha-uppteckningarna, en minnesbank inom det Kosmiska Medvetandet som innehåller alla mänskliga händelser, tankar, känslor och avsikter i det förflutna, nuet och framtiden. Som sådan blir man en klärvoajant, synsk eller profet. Därför är en del av Kundalini-transformationsprocessen att fullt ut aktivera Bindu/Kausal Chakrat, som förbinder oss med Själsstjärnan och Stjärnporten, vilket gör att vi kan bli ett med det Kosmiska Medvetandet.

Själsstjärnchakrat är den plats där vi kopplar ihop oss med vårt högre Guda-Jag. Denna förbindelse integreras dock genom Kausal-/Bindu Chakrat och Ande Chakrat (Vishuddhi, Ajna och Sahasrara). Dessa Chakran tjänar till att grunda upplevelsen av att ansluta sig till vårt Högre Jag. Eftersom Själsstjärnan representerar Gudomlighet i alla dess former, har den del i villkorslös kärlek, Andlig osjälviskhet och medkänsla samt enhet i allting. Den är ursprunget till vår strävan efter Uppstigning och Upplysning.

Eftersom det Kausala/Binduiska Chakrat kallas för Månchakrat, skulle Själsstjärnan vara vårt Solchakrat eftersom det är ursprunget till våra Själar. Den har en intim koppling till Stjärnan i vårt Solsystem (Solen) och Manipura Chakra, Själens Säte och Ljuskroppens Sol. Därför får Själens Stjärna den gyllene aspekten av sin färg, som är en högre vibration av Manipuras gula färg.

Eftersom Själsstjärnan motsvarar det Gudomliga Planet står den över den Karmiska energin, eftersom Karma hör till de Lägre Existensplanerna. Själsstjärnan reglerar dock Själens Karma genom att förmedla de nödvändiga lektionerna i livet genom Manipura Chakra och Eld Elementet. Dessa Karmiska energier har byggts upp genom många livstider och de blockerar oss från att manifestera våra önskningar. Genom att utveckla vår viljestyrka upplyser vi därför Manipura Chakra och får en starkare förbindelse med vår Själsstjärna.

Själsstjärnan arbetar med Stjärnporten och låter oss se den Kosmiska kopplingen mellan oss själva och det Universum vi lever i. När Själsstjärnan är i linje med de nedre Chakrana känner vi en stark känsla av målmedvetenhet och livslust. Själsstjärnan är vår Sanna Vilja i livet och bron mellan vår opersonliga essens och den personliga, fysiska verkligheten.

För att undvika att bli utspridd och ogjord måste man aktivera Jordstjärnan innan man arbetar med Själsstjärnan. De som ägnar för mycket tid åt att arbeta med sina högre Transpersonella Chakran medan de ignorerar Jordstjärnan kommer att bli alltför rymliga och eteriska. Själsstjärnan och Jordstjärnan fungerar tillsammans för att utföra arbetet med den centrala Stjärnan i vårt Solsystem - Solen. Ädelstenar som tillskrivs Själsstjärnan är Selenit, Kyanit, Nirvanakvarts och Danburit.

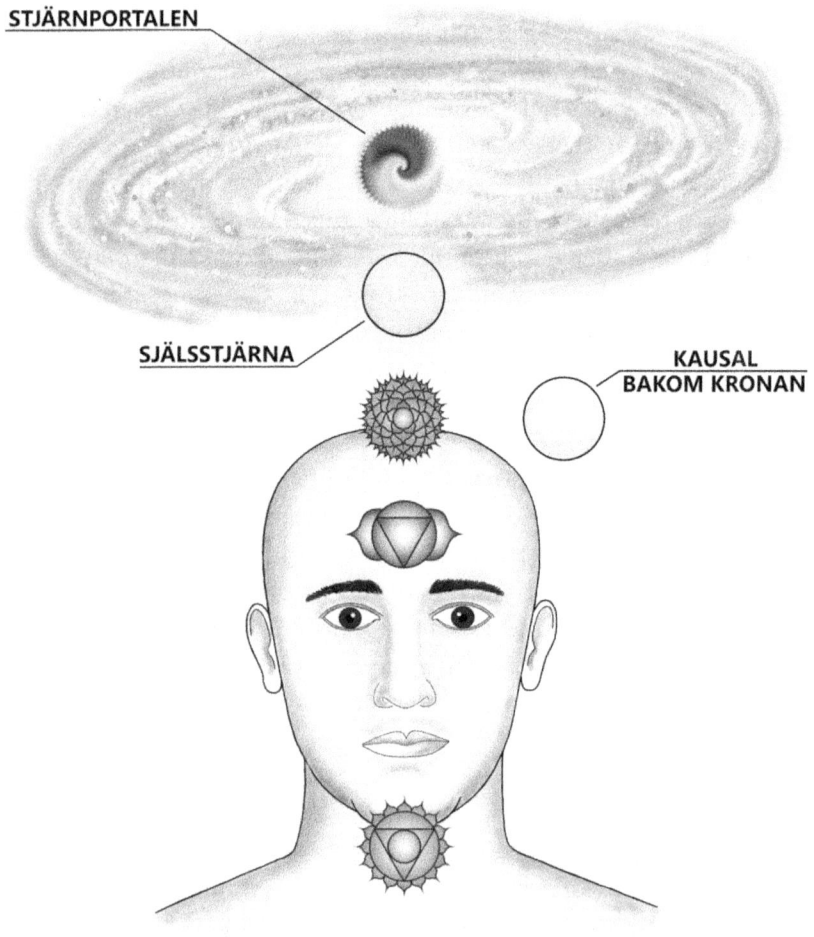

Figur 35: De Transpersonella Chakrana Ovanför Kronan

STELLAR GATEWAY

Stjärnport-Chakrat, Vyomanga (Sanskrit för "Himmelskt Väsen"), ligger ungefär 30 centimeter ovanför huvudet, direkt ovanför Själsstjärnan och Kronchakrat (Figur 35). Färgen på detta Chakra är rent guld eller regnbåge (när det är aktiverat). Stjärnporten är, som namnet antyder, en dörr eller portal till Stjärnorna i Galaxen Vintergatan. Enkelt uttryckt är det de Kosmiska Medvetandets Chakra.

Stjärnporten är den högsta vibrationen av alla de Transpersonella Chakrana. Det är det högsta av de Femdimensionella Chakrana och vår ultimata förbindelse med källan till all Skapelse. Stjärnporten motsvarar de högre Gudomliga Existensplanerna.

Den Femte Dimensionen representerar medveten Enhet med Skaparen (Gudomen). Själsstjärnan ger oss förståelse för att vi har Eviga Själar som härstammar från den centrala stjärnan (Solen) i vårt solsystem. Stjärnporten ger oss dock förståelse för att våra Eviga Själar har sitt ursprung i samma källa som andra Själar från andra Solsystem i vår Galax Vintergatan. Den Stellära porten representerar således den högsta nivån av den Femte Dimensionen, som är Enhet med alla Ljusgnistor i Galaxen.

Den Femte Dimensionen är själva källan till det Vita Ljuset som vi alla tar del av. Det förenar oss inte bara med jordiska Varelser utan även med Utomjordiska Varelser. Oavsett vilket Solsystem du kommer ifrån är vi alla Ett eftersom vår Skapare är densamma, och detsamma gäller det Kosmiska Hologrammet som vi alla deltar i. Som sådan relaterar den Femte Dimensionen till den ultimata freden och harmonin mellan alla ting och den Gudomliga kärleksenergin som förbinder allting.

Stjärnportalen är en Andlig barometer som dämpar intensiteten av det Vita Ljuset som strömmar in i vår Aura. Själsstjärnan är det filter genom vilket Ljuset mäts, medan Jordstjärnan förankrar Ljuset och vårt medvetande i Planeten Jordens medvetande.

Stjärnportalen är mänsklighetens interstellära förbindelse, som är tidlös. Eftersom den är tidlös innehåller den alla våra erfarenheter från alla våra tidigare liv. Så varje gång du minns ett tidigare liv, kopplar du dig till Stjärnport-Chakrat.

Stjärnportalen är toppen av Kundalini-transformationen och det högsta medvetandetillstånd som människan kan uppnå. Detta Chakra avger de högsta vibrationella energierna som mänskliga dygder bygger på. Upplysning kan endast uppnås när individen helt och hållet ansluter sig till Stjärnport-Chakrat. Ädelstenar som tillskrivs Stjärnporten är Moldavit, Stjärnstråle Kalcit, Azeztulit och Selenit.

HARA-LINJEN

Hara-Linjen är en viktig energiledning som förbinder de Transpersonella Chakranas pelare. Det är en kanal som gör det möjligt för Ljusenergi att passera från Stjärnporten till

Själsstjärnan, in i Kausal Chakrat, ner till Hara Chakra och ansluta sig till Jordstjärnan under fötterna. Denna energi passerar genom den centrala delen av människokroppen, längs Sushumna-kanalen, där de Sju Stora Chakrana är belägna.

Hara-Linjen syftar till att föra in Ljuset i de Sju Stora Chakrana genom Kausalchakrat och in i Sahasrara. Ljuset fördelas sedan i de sex lägre Stora Chakrana. Slutligen samlar Hara-Chakrat detta Ljus och skickar det ner genom perineum (Muladhara Chakra) till Jordstjärnan, och kopplar därmed samman de Stora Chakrana och de Transpersonella Chakrana.

Hara-Linjen styr också energiflödet i de Stora Chakrana. Eftersom vart och ett av våra Sju Större Chakran tar in och avger energi till Chakran ovanför och nedanför, fungerar Hara-Linjen som en osynlig axel som på ett subtilt sätt styr och fördelar flödet av denna energi.

Hara-Chakrat fungerar som centrum för Hara-Linjens energiledning eftersom det är behållaren för Livsenergi (Prana, chi, qi, mana). Hara-Linjen aktiveras och stärks helt och hållet när Kundalini väcks och stiger upp till Kronchakrat. Kundalini fungerar som den kraft som förbinder de Transpersonella Chakrana med de Stora Chakrana. Denna förbindelse förankras sedan till Moder Jord (Gaia) genom Jordstjärnan.

Eftersom Hara-Linjen handlar om att kanalisera Ljusenergi in i de Stora Chakrana och sedan distribuera den, är den kärnan i vår Gudomlighet. Denna Ljusenergi styrs av Själsstjärn-Chakrat, vår Gudomliga essens. Själen använder Hara-Linjens axel som en motorväg, där Ljusenergin stiger och sjunker från ett Chakra till nästa. Själsstjärnan tjänar som kommandocentral (kontrollcentral) för att utföra denna uppgift.

När de Transpersonella Chakrana och de Sju Stora Chakrana är tillräckligt balanserade uppstår ett Alkemiskt fenomen där alla Chakrana förenas och smälter samman till ett. Denna händelse på en energinivå representerar den högsta punkten av Upplysning. För att denna upplevelse ska inträffa måste både Själsstjärnan och Jordstjärnan vara aktiverade och arbeta tillsammans. Dessa två Transpersonella Chakran fungerar som de negativa och positiva polerna i ett batteri, där Ljusenergi studsar fram och tillbaka mellan dem.

DEN FEMTE DIMENSIONEN

De flesta religioner och Andliga traditioner är överens om att den Femte Dimensionen är det högsta rike som en Själ kan nå och den sista gränsen för mänskligt medvetande. Den Femte Dimensionen är dimensionen av det Vita Ljuset som ligger till grund för hela den manifesterade Skapelsen. Det är "Guds Sinne", som också kallas Kosmiskt Medvetande. Vårt manifesterade Universum existerar inom detta Vita Ljus, som är gränslöst, tidlöst och Evigt.

Det Vita Ljuset är det Första Sinnet, medan det manifesterade Universum är det Andra Sinnet. I verkligheten är de två Ett, eftersom formerna i det Andra Sinnet är beroende av den kraft som projiceras från det Första Sinnet för att ge dem liv. Det Vita Ljuset är Kether Sephira på Livets Träd, som är beroende av Chokmah (Kraft) och Binah (Form) för att Skapelsen ska kunna manifesteras. Dessa två Sephiroth manifesterar Själen och medvetandet i Universum.

Det Vita Ljuset är källan till kärlek, sanning och visdom. Vi inkarnerar på den här Planeten som lysande Ljusvarelser, men med tiden, när vårt Ego utvecklas, förlorar vi kontakten med vår Själ och våra Andliga krafter. När vårt medvetande utvecklas blir det absolut nödvändigt att vi åter får kontakt med vår Själ så att vi kan resa oss Andligt igen och förverkliga vår fulla potential. Att väcka Kundalini är vår metod för att uppnå Andlig Realisering. Vår Skapare lämnade Kundalini-utlösaren i oss med avsikt. De flesta människor är omedvetna om detta faktum, vilket är anledningen till att människor som jag tjänar som budbärare av Kundalini-energins existens och potential.

Ett fullständigt Kundalini-väckande aktiverar de Sju Stora Chakrana, som var och en av dem är i resonans med vibrationen av en av regnbågens färger. Vi finner dessa regnbågsfärger när vi lyser Vitt Ljus genom ett prisma. Vi har rött, orange, gult, grönt, blått, indigo och violett i tur och ordning.

När Kundalini stiger upp genom ryggraden och in i hjärnan försöker den nå Kronchakrat och bryta upp det Kosmiska Ägget. Genom att göra detta aktiveras de Sjuttiotvå Tusen Nadis i Ljuskroppen och därigenom väcks all dess latenta potential. När alla Sahasraras kronblad öppnas med Kundalinis uppåtgående uppstigning expanderas det individuella medvetandet till den Kosmiska Nivån. Eftersom Sahasrara är porten till de högre Transpersonella Chakrana får den uppvaknade individen med tiden också tillgång till deras krafter.

Ett fullt Kundalini-uppvaknande inleder den Andliga transformationsprocessen, som är tänkt att anpassa vårt medvetande till de två Femte Dimensionella Chakrana ovanför huvudet, Själsstjärnan och Stjärnportalen. När vi har tillgång till dessa Chakran höjer vi oss över fysisk smärta, rädsla och dualitet i allmänhet. Vi börjar fungera fullt ut på intuition och lever i det nuvarande ögonblicket, Nuet. När sinnet väl är förbigånget besegras Egot, eftersom det bara existerar i sinnet.

Genom en Kundalini-transformation övervinns separationens smärta eftersom vi upplever hela Skapelsens Enhet genom att ta del av den Femte Dimensionen. Alla våra handlingar är baserade på kärlek och sanning, vilket bygger upp visdom med tiden. Vi får tillgång till obegränsad kunskap om Skapelsens Mysterier, som vi får genom Gnosis.

När vi aktiverar vår Ljuskropp fullt ut får vi Odödlighet. Vi inser att vi kommer att dö fysiskt, ja, eftersom vi inte kan undvika detta, men vi vet internt att detta liv är ett av många eftersom våra Själar aldrig kan förintas.

MERKABA - LJUSETS FORDON

Ordet "Merkaba" kommer från Forn Egyptiskan. Det hänvisar till en individs Ljusfordon som möjliggör Interdimensionella och Interplanetära resor. "Mer" avser två motroterande Ljusfält som snurrar i samma utrymme, medan "Ka" avser den individuella Anden och "Ba" avser den fysiska kroppen. De två motsatta Tetraederna inom varandra representerar de två polerna eller aspekterna av Skapelsen, Ande och Materia, i fullständig jämvikt.

Merkaba har också en framträdande plats i Judisk mystik. På Hebreiska betyder ordet "Merkabah" (Merkavah eller Merkava) "vagn" och syftar på Guds Gudomliga vagn som beskrivs av profeten *Hesekiel* i en av hans visioner (*Gamla Testamentet*). *Hesekiel's* visioner påminner om besök från andra dimensioner eller utomvärldsliga Varelser som beskrivs genom metaforer som innehåller symboliska bilder.

I sin vision beskriver *Hesekiel* ett Gudomligt fordon med "Hjul i Hjul" som gnistrade som "diamanter i solen" och roterade runt varandra som ett gyroskop. Judiska mystiker och Andliga människor tolkar *Hesekiel's* vision som en hänvisning till ens interdimensionella Ljusfordon - Merkaba. Det är ett känt faktum i Andliga kretsar att uppstigna mästare och varelser bortom våra riken och dimensioner manifesterar sig i vår verklighet via sin Merkaba.

Figur 36: Metatrons Kub och Merkaba

Merkaba är en geometrisk avbildning av den optimerade torusen, ens "dynamiska munk", som inkluderar Aurafältet och hjärtats Elektromagnetiska Fält. Som nämnts har torusen en central axel med en nord- och sydpol som cirkulerar energi på ett spiralformigt sätt. Efter ett fullständigt Kundaliniuppvaknande börjar energin cirkulera i torusen med högre hastighet, vilket påverkar Merkabas snurrhastighet.

Merkaba aktiveras fullt ut när torusen optimeras, vilket gör det möjligt att resa genom medvetandet. Metatrons Kub är en symbol som innehåller varje känd helig geometrisk form i Universum. Metatrons Kub, som tillskrivs Ärkeängeln Metatron, representanten för det Andliga Elementet, fungerar som en metafor för det manifesterade Universumet och harmonin och sammankopplingen av alla ting. Bland de otaliga geometriska former som vi kan hitta i Metatrons Kub är Merkaba, sett längs det vertikala planet ovanifrån eller underifrån (Figur 36).

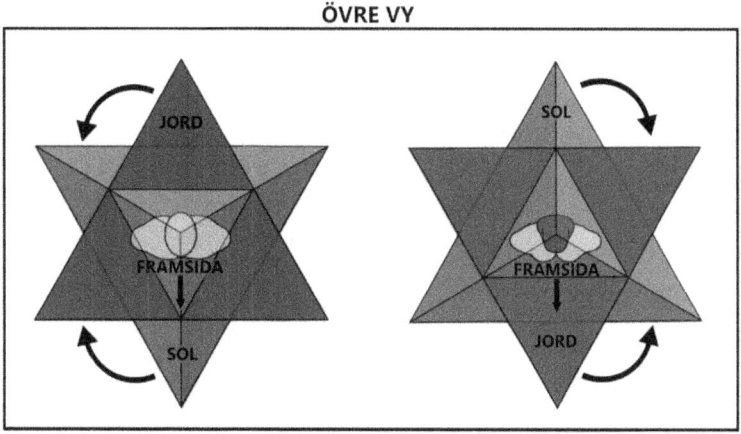

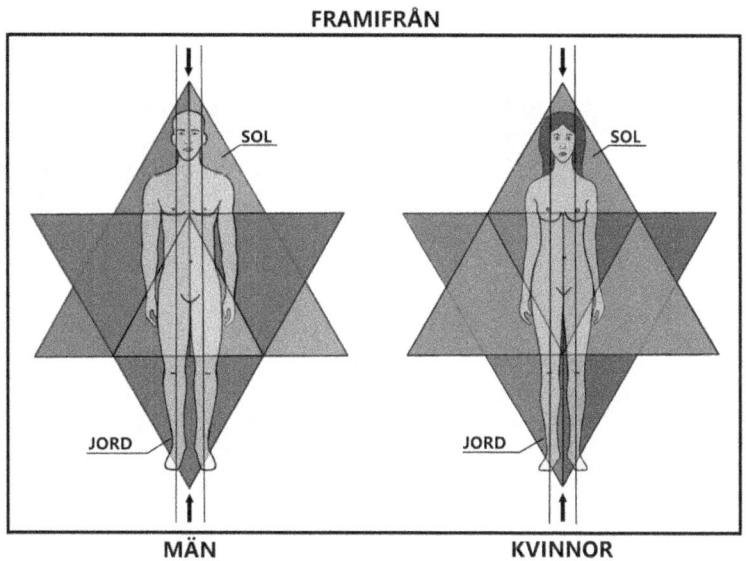

Figur 37: Tetraedernas Orientering hos Män och Kvinnor

Sett från sidan, längs det horisontella planet, skär Merkabas två Tetraedrar varandra i mitten och pekar i motsatt riktning - en pekar uppåt och den andra nedåt. Den uppåtriktade Tetraedronen i Merkaba är den manliga Solprincipen, som är relaterad till Eld- och Luftelementen och den elektriska energin. Den nedåtriktade Tetraedronen är den kvinnliga Jordprincipen som motsvarar Vatten- och Jordelementen och den magnetiska energin. Tillsammans skapar de två motsatta, sammanflätade Tetraederna "Stjärntetraedern", ett åttauddigt objekt som är en Tredimensionell förlängning av Hexagrammet, Davidsstjärnan.

Solens Tetraeder roterar medurs medan Jordens Tetraeder roterar moturs. Hos män, eftersom den maskulina energin är dominerande, är Soltetraedern orienterad mot kroppens framsida, medan Jordtetraedern är orienterad mot ryggen. Hos kvinnor är orienteringen ombytt, och Jordtetraedern är vänd mot framsidan (Figur 37).

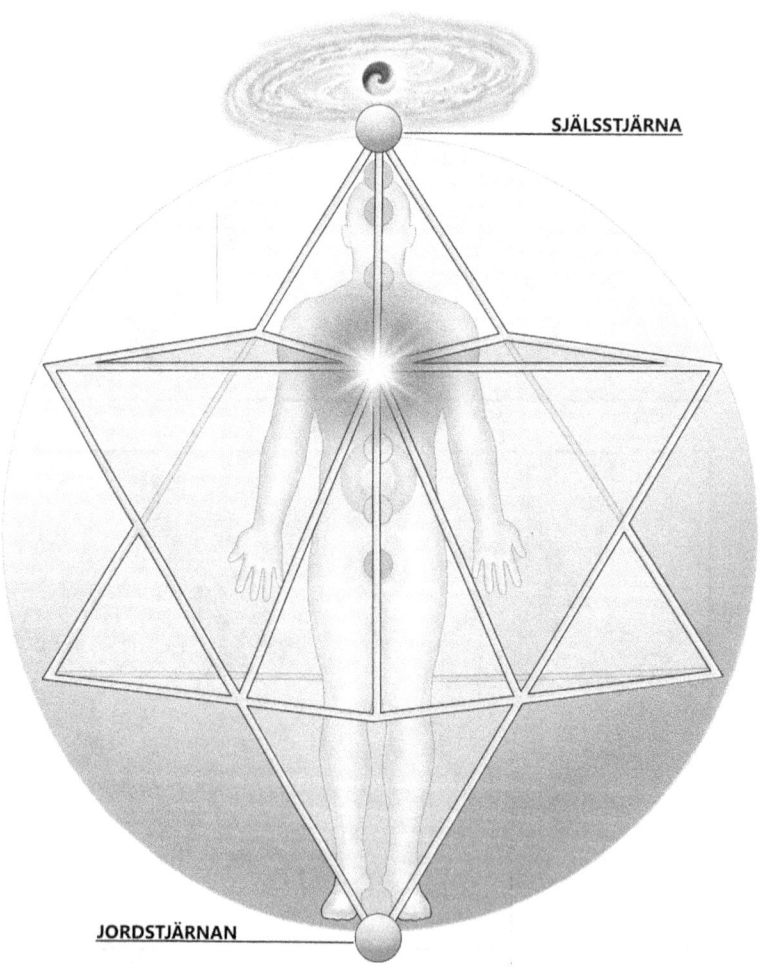

Figur 38: Merkaba: Ljusets Fordon (hos Män)

Soltetraedern drivs av Själsstjärn-Chakrat, sex tum ovanför huvudet vid dess topp. Omvänt drivs den omvända Jordtetraedern av Jordstjärnchakrat, som ligger sex tum under fötterna. Jordstjärnchakrat är toppen av den inverterade Jordtetraedern. Ljusenergin studsar fram och tillbaka mellan Själsstjärnan och Jordstjärnan längs Hara-Linjen, vilket driver de två Tetraederna i Merkaban och får dem att snurra i motsatt riktning.

När Merkaba är optimerad kan det Ljusfält som genereras runt den snurrande sfäriska formen sträcka sig ut i en diameter på 15-60 meter i förhållande till en persons längd. Om man skulle titta på en snabbt snurrande Merkaba med lämpliga instrument skulle man se en tefatliknande form runt personen som breder ut sig horisontellt. Det är inte själva Merkaba som är så stor, utan det ljus som den avger som skapar dess utsträckta form, som sprids längs det horisontella planet.

Chakrasystemets centrum ligger i Hjärtchakrat, Anahata; de två motroterande Tetraederna i Merkaba är upphängda på dess nivå (Figur 38). Ljuset som utgår från Hjärtchakrat får Tetraederna i Merkaban att snurra. Av denna anledning finns det ett samband mellan Merkaba-aktivering och att ens Varelse är i resonans med energin av villkorslös kärlek. Med andra ord, ju mer kärlek du bär i ditt hjärta, desto snabbare snurrar din Merkaba.

Människor som älskar villkorslöst har förbättrade kreativa förmågor, inklusive psykiska förmågor som att överföra sin Ande till föremål och andra människor. Deras snabbt snurrande Merkaban gör det möjligt för dem att överskrida den fysiska kroppens barriärer genom sin fantasi.

Hjärtchakrat är centrum av vår Varelse som tar emot Ljusenergi från Själsstjärnan och distribuerar den till de lägre Chakrana innan den jordas i Jordstjärnan. Våra fysiska och eteriska hjärtan har kontakt med världen omkring oss som mottagare av energier. Som jag kommer att beskriva i nästa avsnitt om Kundalini och anatomi arbetar hjärtat tillsammans med hjärnan för att styra vår verklighet.

När Kundalini vaknar upp, reser den sig uppåt genom Sushumna-kanalen. Ida och Pingala däremot rör sig längs ryggraden i en spiral, mittemot varandra, vilket liknar DNA-molckylens Dubbelhelix. När Kundalini når toppen av huvudet vid Sahasrara expanderar den detta centrum exponentiellt, vilket gör att Ljusenergin från Själsstjärnan kan strömma in i vårt Chakrasystem nedanför. När vart och ett av Chakrana genomsyras av Ljuset optimeras det toroidala energifältet och aktiverar Merkabas latenta potential.

Ett fullt Kundalini-uppvaknande ger energi till Ljuskroppen och maximerar Merkabas kapacitet (Figur 39). När Ljuset infunderas i Auran börjar de motroterande Tetraederna i Merkaba snurra snabbare och bildar en Sfär av Ljus runt den fysiska kroppen. Själen, som också är sfärisk, har nu ett fordon som stöder dess form, med vilket den kan lämna den fysiska kroppen för att resa i andra dimensioner av Rum/Tid. Att se Ljusklot är ett vanligt Andligt fenomen när man tittar på de snurrande Merkabas av Varelser bortom den Tredje Dimensionen som vill ha kontakt med människor genom medvetande.

En av Merkabas huvudfunktioner är att låta individen utforska de djupare betydelserna och lagren av livet i Universum. Genom att optimera din Merkaba-funktion blir du en Femte Dimensionell Ljusvarelse som kan använda de högre Transpersonella Chakrana till din fördel.

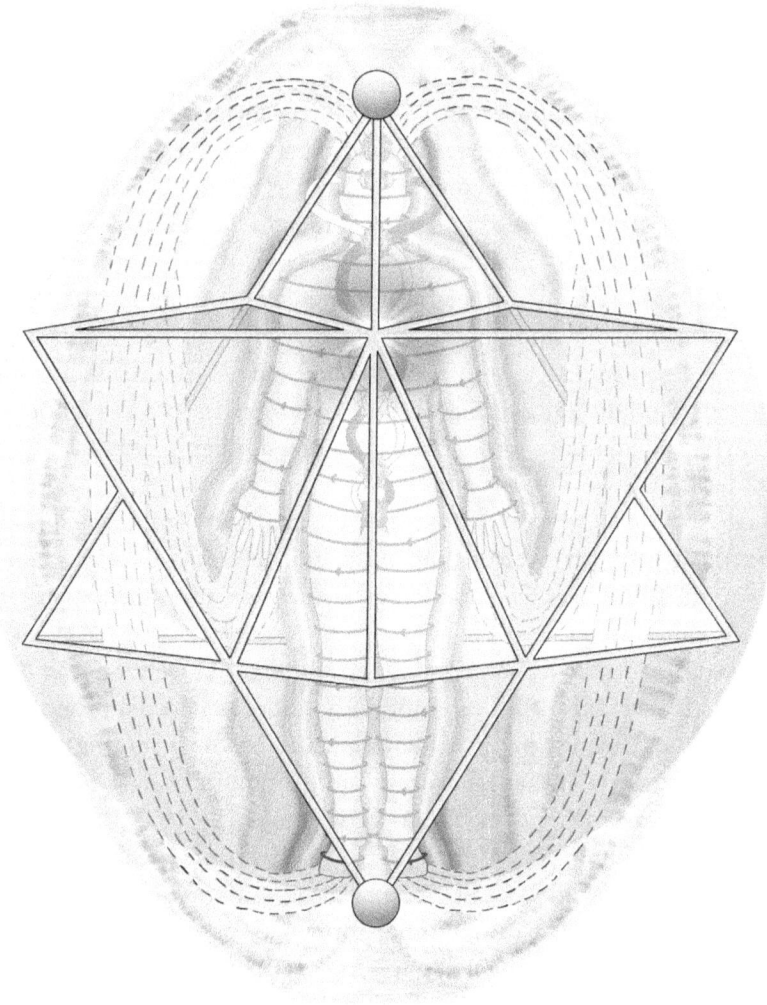

Figur 39: Kundalini-Uppvaknande och Merkaba-Optimering

ÅTERKOMSTEN TILL EDENS LUSTGÅRD

Torusformen liknar slående ett äpple, vilket är en intressant korrelation som för oss tillbaka till berättelsen om Edens Lustgård i *Gamla testamentet* och mänsklighetens kunskapsinhämtning. Den busiga ormen är den som gick emot Gud, Skaparen, genom att fresta Eva att göra det som hon och Adam inte fick göra - att äta från Kunskapens Träd på Gott och Ont.

Ormen sa att om Adam och Eva inte lyder Gud kommer de att bli "som Gudarna och känna dualitet" (1 Mos 3:4-5). Kunskap erhålls genom livserfarenhet i Materiens Värld, som bygger på dualiteten Ljus och Mörker, gott och ont.

Att Adam och Eva åt det förbjudna äpplet från Kunskapens Träd på Gott och Ont kan ses som en hänvisning till att mänskligheten får ett toroidalt energifält som gör det möjligt för vårt medvetande att uppleva Materiens Värld. Genom att materialisera oss i den Tredje Dimensionen blev vårt medvetande inbäddat i Materien, vilket gjorde att vi förlorade kontakten med det Andliga Planet, vår inneboende födslorätt.

Edens Lustgård är en metaforisk representation av det Andliga Planet, källan till vår ursprungliga oskuld. Som tidigare nämnts har allt som har en form i Materiens Värld ett toroidalt energifält runt omkring sig. Det toroidala energifältet stöder Materiens existens i den Tredje Dimensionen av Rymd/Tid.

Torus består av de Stora och Transpersonella Chakrana som bildar vår inre Värld och ger oss de kognitiva funktionerna för att lära oss av erfarenheter och växa i intellekt. Den gör det också möjligt för oss att betrakta Guds Skapelse och Universums mysterier genom de inre Kosmiska Planen och dimensionerna som motsvarar Chakrana.

Efter att ha blivit utvisade från Edens Lustgård på grund av sin olydnad sa Gud, Skaparen, att Adam och Eva kunde återvända till lustgården endast om de "åt frukten från Livets Träd", vilket skulle ge dem Evigt liv. Som jag utforskade i min tidigare bok innebär det att äta frukten från Livets Träd att väcka Kundalini-energin och avancera uppåt genom Chakrana för att uppnå Andlig Upplysning. Följaktligen är ormen, som är en symbol för Kundalini-energin, också involverad i processen att "komma hem". Han återfinns i orsaken men också i effekten.

Genom att väcka hela Livets Träd inom dig själv genom Ormens Kraft, Kundalini, integrerar du Ljuset i din Varelse. Genom att göra detta optimerar du snurrhastigheten hos din Merkabas motroterande Tetraeder, som ger din Själ ett fordon för att resa i andra dimensioner av Rymd/Tid. Viktigare är dock att du genom att förena de positiva och negativa energierna inom dig själv återfår tillträde till Edens lustgård och blir Odödlig och Evig, likt Gudarna.

SOLFLASH-EVENEMANGET

Många Uppstigningsberättelser från Gamla traditioner och religiösa skrifter säger att det kommer en tid då Jorden, tillsammans med alla dess invånare, kommer att förvandlas till en Femdimensionell Ljuskropp. De säger att vår Planet kommer att genomgå ett fysiskt skifte som kommer att förvandla dess täta materiella kropp till en Ljuskropp. En del människor tror att Jorden kommer att bli en Stjärna, men jag tror inte det. I stället tror jag att Jorden kommer att behålla sina egenskaper, som bara kommer att förstärkas när vibrationen i dess medvetande höjs. Och naturligtvis kommer det mänskliga medvetandet att påverkas av detta skifte i Jordens medvetande.

Efter många års forskning och en kraftfull profetisk dröm i början av 2019 har jag dragit slutsatsen att en Uppstigningshändelse kommer att inträffa inom en nära framtid. Det kommer att vara ett faktiskt ögonblick i tiden då något betydelsefullt händer på en Kosmisk nivå. Enligt Maya-traditionen och -profetian skulle det ske 2012. Många Kosmiska insiders som hävdar att de har kontakt med Utomjordingar som investerat i vår Andliga Utveckling anser dock att mänskligheten inte var redo då och att händelsen försenades. Så om jag var tvungen att förutsäga ett faktiskt år skulle jag säga mellan 2022-2025, men det beror verkligen på hur förberedd mänskligheten kommer att vara.

Solen kommer att vara den aktiverande kraften bakom denna stora händelse, som kommer att föra in mänskligheten i den efterlängtade Gyllene Tidsåldern. Solen kommer att utföra en typ av aktivering inifrån, vilket kommer att förändra frekvensen av dess Ljus. I ett ögonblick, när aktiveringen äger rum, kommer Solen att avge en blixt som kan bli katastrofal för Jordens yta, eftersom den kommer att slå ut vårt elektromagnetiska nät och orsaka massiva skogsbränder. Oavsett de fysiska konsekvenserna kommer denna händelse att orsaka ett betydande skifte i Jordens medvetande, vilket kommer att resultera i ett massivt Kundalini-uppvaknande för hela mänskligheten.

När vårt samhälle har stabiliserats efter denna händelse kommer ett nytt sätt att leva att börja för oss alla. Ondskan kommer att utrotas i stor skala och godheten kommer att segra. Efter att själv ha genomgått ett Kundaliniuppvaknande kan jag med säkerhet säga att när man väl har upplevt det har man inte längre något annat val än att vända sig till Ljuset. Och när du gör det brinner mörkret inom dig bort genom Kundalinis transformerande eld.

Jag tror att en del människor som har varit så onda hela livet, till exempel de upprepade mördarna och våldtäktsmännen, kommer att förtäras fullständigt av denna eld och kommer inte att överleva fysiskt. Den plötsliga förändringen i medvetandet kommer att vara för mycket för dem att integrera, och när de försöker hålla fast vid sina onda beteenden kommer elden att förtära deras hjärtan. Å andra sidan kommer de flesta människor som bara har stött på mörkret men inte låtit det ta fullständig kontroll över deras Själar att bli renade av Kundalinis Heliga Eld.

Även om min övertygelse kan låta Kristen, så förstå att Jesus Kristus var en Kundalini-uppvaknad individ, en prototyp av den erfarenhet som andra var menade att efterlikna. Andra centrala religiösa personer som Moses i Judendomen och Buddha i Buddhismen var också Kundalini-uppvaknade. På grund av min härstamning och uppfostran ställde jag mig dock i linje med Jesus Kristus och hans läror, men studerade båda ur ett esoteriskt perspektiv, inte ett religiöst. Av denna anledning nämner jag ofta Jesu läror.

Men blanda inte ihop min agenda och tro att jag främjar Kristendomen eller Katolicismen. Tvärtom anser jag att alla centrala personer i religionerna har en esoterisk natur som avslöjar kärnan i deras faktiska läror innan de förorenas av dogmatiska uppfattningar om sina respektive religioner. Det är dessa läror jag alltid varit intresserad av eftersom var och en av dem innehåller någon kärna av sanningen om vår existens.

Profetian om Jesu Återkomst är en metafor för en tid i framtiden då mänskligheten kommer att integrera hans Kristusmedvetande som sitt eget och bli som han var, en Ljusvarelse. Jesu Återkomst ligger i linje med de Forntida profetiorna som talar om människans kollektiva Uppstigning. Det betyder inte att Jesus kommer att återuppstå i fysisk form, om han ens existerade eller inte, vilket är en debatt som lämnas till en annan gång.

Ordet "Kristus" är baserat på den grekiska översättningen av "Messias". Som sådan fick Jesus från Nasaret titeln "Kristus" för att beteckna sin Gudomlighet. Kristusmedvetande representerar ett tillstånd av medvetenhet om vår sanna natur, som Söner och Döttrar till Gud - Skaparen. I detta tillstånd är integrationen av Anden i Materien och jämvikten mellan de två underförstådd, vilket upplevs genom ett inflöde av kärleksenergi via det utvidgade Hjärtchakrat.

Kristusmedvetandet är besläktat med det Kosmiska Medvetandet, den Femte Dimensionen, som är människosläktets slutliga öde. Och när mänskligheten lär sig att fungera på den Femte Dimensionens nivå kommer kärlek, sanning och visdom att vara vår vägledande kraft. Vi kommer inte att behöva regeringar och andra kontrollstrukturer utan kommer att vägledas av det nyligen uppvaknade Ljuset inom oss. I stället för att länder slåss mot varandra kommer vi att enas och fokusera våra energier på att utforska rymden när vi blir sanna intergalaktiska varelser.

DEL IV: KUNDALINIS ANATOMI OCH FYSIOLOGI

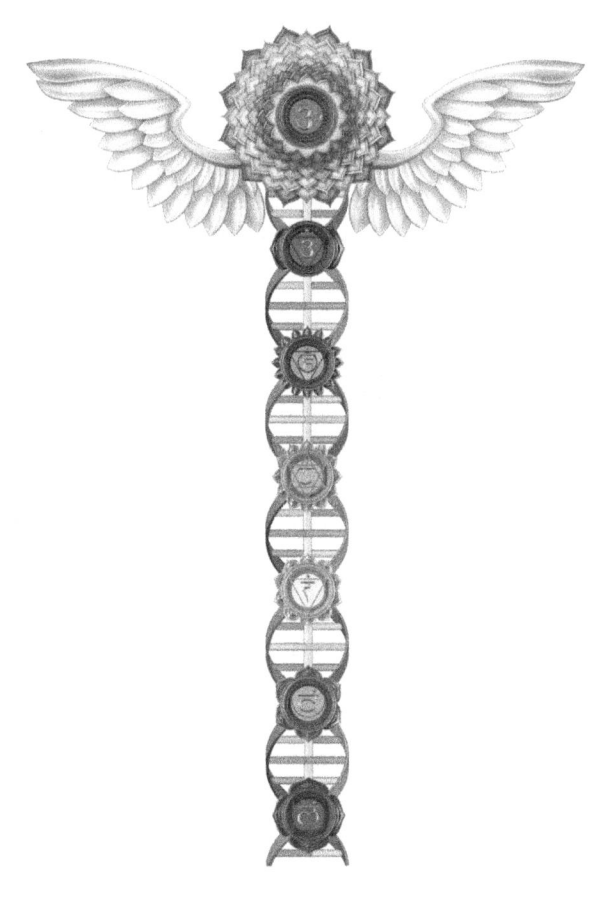

ATT VÄCKA SINNETS ÖGA

Sinnets Öga eller det Tredje Ögat är en energiportal eller "dörr" i hjärnan som ger en uppfattning som går bortom den vanliga synen. Det är ett osynligt öga eller fönster till de inre Kosmiska Planen och högre medvetandetillstånd. Sinnets Öga förknippas ofta med klärvoajans, förmågan att se visioner, observera Auror, prekognition och till och med att ha Upplevelser Utanför Kroppen. Personer som hävdar att de har förmågan att använda sitt Sinnesöga är kända som "seare". Att väcka eller aktivera ditt Sinnesöga går hand i hand med Andlig Utveckling och vägen mot Upplysning.

Enligt beskrivningen i *The Magus* ligger Sinnets Öga mellan ögonbrynen, precis ovanför ögonhöjd och ungefär 1/5 av vägen mot hårlinjen. Det har en liten, cirkulär portal, vars placering är en centimeter innanför huvudet när man tittar upp på denna punkt med slutna ögon. När vi fokuserar på den uppstår en magnetisk dragningskraft som försätter oss i ett lugnt, meditativt tillstånd. Genom att hålla vår uppmärksamhet på Sinnes Öga-portalen blir Egot tyst och vi börjar få visioner och bilder som strömmar över detta område som på en filmduk.

Även om Sinnets Ögonportal är belägen strax ovanför ögonbrynens mitt, ligger Ajna Chakra i själva verket i hjärnans Tredje Ventrikel. Ajna är inte ett enskilt Chakra utan ett arrangemang av energicenter i hjärnan och längs pannan. Ajna Chakra kallas ofta för Sinnets Öga eller det Tredje Ögat, även om de sistnämnda termerna antyder Ajnas portal, medan den faktiska Chakra placeringen ligger i hjärnans mitt.

Ajna kan bäst beskrivas som filmprojektorn, medan filmduken är Sinnets Öga. Därför har namnet "Tredje Ögat" en koppling till Ajnas Tredje Ventrikel men också till dess placering, mellan de två fysiska ögonen, i hjärnans centrum. Det Tredje Ögat ger oss också förmågan att uppfatta vår verklighet psykiskt, med våra sinnen, och därmed kringgå den vanliga fysiska synen; därför kallas det för Sinnets Öga.

Även om vissa Gamla traditioner hävdar att Ajna Chakra är Thalamus, har min forskning lett mig till att upptäcka att Thalamus, Hypothalamus, Tallkottkörteln och Hypofysen alla bidrar till Ajnas funktion. Dessa fyra primära endokrina och neurologiska kopplingsskåp i hjärnan arbetar synkront med varandra.

Den Tredje Ventrikeln är fylld med Cerebrospinalvätska (CSF), som fungerar som medium för att överföra information från en del av hjärnan till nästa. Korsbenet pumpar

CSF upp genom ryggmärgen och in i hjärnan. Korsbenet är också ansvarigt för uppvaknandet av Kundalini, som ligger upprullad i svanskotan. Den bioelektriska Kundalini-strömmen laddas upp längs ryggraden och in i hjärnan genom CSF som medium. Jag kommer att beskriva CSF:s och korsbenets roll mer i detalj senare i det här avsnittet.

I den Hinduiska traditionen talas det mycket om sambandet mellan Sinnets Öga och Sahasrara, Kronan, som också kallas den Tusenbladiga Lotusen. Det förstnämnda är mottagare för de energier som upplevs och projiceras från det sistnämnda. Qabalistiskt sett kan Kether (det Vita Ljuset) endast upplevas när Chokmah (Kraften) projicerar sin allsmäktiga kraft in i Binah (Formen). Binah fungerar som den feminina mottagaren, den "Jag"-komponent i Jaget som får sin impuls från den maskulina projektorn, "Jaget". Eftersom Binah är relaterad till intuition och förståelse är Chokmah den Allvetande kraft som projicerar in i den för att ge oss visdom. Chokmahs och Binahs verksamhet utgör Ajna Chakras verksamhet, medan Kether motsvarar Sahasrara. De tre Överjordiska Sefiroth arbetar tillsammans och kan inte subtraheras från varandra.

I Tantra Yoga-systemet förknippas Sinnets Öga med ljudet "Om". Om-ljudet är Universums ursprungliga ljud, som hänvisar till Atman (Själen) och Brahman (Anden) som Ett. När det uttalas korrekt låter det dock mer som "Aum", vars tre bokstäver förkroppsligar den Gudomliga energin Shakti och dess tre huvudsakliga egenskaper, nämligen skapande, bevarande och befrielse. Ajna Chakra är trots allt feminint till sin natur, vilket är anledningen till att det relaterar till Månen.

Taoismen lär att man genom att träna Sinnes Öga-övningar kan ställa in sig på Universums rätta vibrationer och få en solid grund för att nå mer avancerade meditationsnivåer. De lär att Sinnes Öga-portalen expanderar upp till mitten av pannan när det Femte Ögats centrum öppnas. Det är ett av kroppens primära energicentra och utgör en del av huvudmeridianen, som separerar kroppens och hjärnans vänstra och högra hemisfärer.

Ajna Chakra är Månens förvaringsutrymme för Prana, medan Manipura är Solens förvaringsutrymme för Prana. Ajna Chakra är kvinnligt och vårdande, och dess primära funktionssätt är att fungera som en mottagare av högre vibrerande energier som projiceras från Sahasrara. Ajna är, precis som Vishuddhi, sattvic, vilket innebär att den innehåller egenskaperna positivitet, sanning, godhet, lugn, fridfullhet, dygd, intelligens och balans. Sattviska egenskaper drar individen mot Dharma (som betyder "Kosmisk Lag och Ordning" inom Buddhismen) och Jnana (kunskap).

Eftersom Ajna har två kronblad indikerar det antalet större Nadis som slutar vid detta Chakra. Ajna har det lägsta antalet Nadis men de viktigaste två, Ida och Pingala. Sushumna är utesluten eftersom det är den mellersta energikanalen som driver det Centrala Nervsystemet och upprätthåller alla Chakran.

Ida är Månkanalen som driver den högra hjärnhalvan och det Parasympatiska Nervsystemet (PNS). Pingala är Solkanalen som driver den vänstra hjärnhalvan och det Sympatiska Nervsystemet (SNS). PNS hindrar kroppen från att överarbetas och återställer den till ett lugnt och sansat tillstånd - alla egenskaper hos Vattenelementet som framkallas av den kylande Ida Nadi. SNS gör kroppen redo för aktivitet och förbereder den för en "kamp eller flykt"-reaktion när en potentiell fara upptäcks. SNS är karakteristisk för Eldelementet och värme, framkallat av Pingala Nadi.

DE SJU CHAKRANA OCH DE ENDOKRINA KÖRTLARNA

Var och en av de Stora Chakrana är kopplad till en eller flera endokrina körtlar, och de styr deras funktioner (Figur 40). I många fall påverkar de enskilda Chakrana även de organ som omger dessa körtlar. Det endokrina systemet är en del av kroppens primära kontrollmekanism. Det består av flera kanallösa körtlar som producerar hormoner, vilka fungerar som kroppens kemiska budbärare som verkar på olika kroppsliga operationer och processer. Dessa inkluderar kognitiv funktion och humör, utveckling och tillväxt, upprätthållande av kroppstemperaturen, ämnesomsättning av mat, sexuell funktion osv.

Det endokrina systemet arbetar med att justera hormonnivåerna i kroppen. Hormoner utsöndras direkt i blodet och förs till organ och vävnader för att stimulera eller hämma deras processer. Hormonbalansen är en känslig process, och en liten brist eller ett litet överskott av hormoner kan leda till sjukdomstillstånd i kroppen. Om man upplever fysiska besvär innebär det att det finns problem antingen med de endokrina körtlarna, med de Chakran som styr dem eller med båda. Glöm aldrig att alla fysiska manifestationer är ett resultat av energetiska förändringar i de Inre Planen - Såsom Ovanför, Så Nedanför. Denna Hermetiska Princip eller Lag är Universell och är alltid i funktion.

Muladhara/Njurarna

Rotchakrat Muladhara styr Binjurarna, som ligger ovanpå njurarna och hjälper till med detta Chakras funktion för självbevarelsedrift. Binjurarna producerar hormonerna adrenalin och kortisol som stöder vår överlevnadsmekanism genom att stimulera "kamp eller flykt"-reaktionen när vi ställs inför en stressig situation. Dessutom producerar Binjurarna även andra hormoner som hjälper till att reglera vår ämnesomsättning, vårt immunsystem, blodtryck och andra viktiga livsfunktioner.

Eftersom Rotchakrat handlar om att jorda, styr det stödet för den fysiska kroppen, inklusive rygg, höfter, fötter, ryggrad och ben. Det reglerar också ändtarmen och prostatakörteln (hos män). Ett obalanserat Muladhara Chakra kan leda till problem som ischias, knäsmärta, artrit, förstoppning och prostataproblem för män.

Swadhisthana/Reproduktiva Körtlar

Sakralchakrat, Swadhisthana, styr de Reproduktiva Körtlarna, inklusive testiklarna hos män och äggstockarna hos kvinnor. Reproduktionskörtlarna reglerar vår sexlust och stöder vår sexuella utveckling. Äggstockarna producerar ägg medan testiklarna producerar spermier, som båda är viktiga för fortplantningen. Dessutom producerar äggstockarna de kvinnliga hormonerna östrogen och progesteron, som är ansvariga för att hjälpa till med utvecklingen av bröst i puberteten, reglera menstruationscykeln och stödja en graviditet. Testiklarna producerar det manliga hormonet testosteron, som är ansvarigt för att hjälpa männen att få ansikts- och kroppsbehåring i puberteten och för att stimulera tillväxten av penis vid sexuell upphetsning.

Swathisthana Chakra styr också de andra könsorganen, tarmarna, blåsan, prostatan, den nedre delen av tarmen och njurarna. Problem med dessa organ och deras funktion är kopplade till ett obalanserat eller inaktivt Sakral Chakra. Observera att i många Andliga system är korrespondenserna omvända - Muladhara Chakra styr de Reproduktiva Körtlarna, medan Swadhisthana Chakra styr Binjurarna. Trovärdiga argument kan framföras för båda fallen. Äggstockarna och Binjurarna är sammankopplade hos kvinnor. Om en kvinnas menstruationscykel påverkas kan det vara ett tecken på Binjureutmattning.

Manipura/Pankreas

Solar Plexus Chakra, Manipura, styr Bukspottkörteln, som reglerar matsmältningssystemet. Organ och kroppsdelar som styrs av Manipura är bland annat levern, gallblåsan, övre ryggraden, övre delen av ryggen, övre tarmarna och magen. Bukspottkörteln ligger bakom magen i övre delen av buken. Den producerar enzymer som bryter ner socker, fett och stärkelse för att underlätta matsmältningen. Den producerar också hormoner som hjälper till att reglera nivån av glukos (socker) i blodet. Diabetes är ett tecken på en dåligt fungerande Bukspottkörtel som beror på ett obalanserat Manipura Chakra. När Manipura är överstimulerad kan överskott av glukos i blodet uppstå, vilket orsakar diabetes. När Manipura är understimulerad kan hypoglykemi (lågt blodsocker) uppstå liksom magsår. Ett obalanserat Manipura Chakra kan också leda till problem med matsmältningen och gallblåsan.

Anahata/Thymuskörteln

Anahata Chakra styr Thymuskörteln och reglerar immunsystemet. Thymuskörteln är belägen i övre delen av bröstet - bakom bröstbenet och före hjärtat. Thymuskörteln är avgörande för att vårt immunförsvar ska fungera korrekt. Dess funktion är att producera vita blodkroppar (T-lymfocyter) som fungerar som kroppens försvarssystem mot virus, bakterier och cancerceller. Dessutom bekämpar de vita blodkropparna infektioner och förstör onormala celler.

Anahata Chakra reglerar också hjärtats, lungornas och blodcirkulationens funktion. Anahata Chakra kallas också för "Hjärtchakrat" och är förknippat med Andligt och fysiskt helande. Det anses vara centrum för vår varelse eftersom det producerar kärleksenergi som helar oss på alla nivåer, sinne, kropp och själ. Känslor av medkänsla och villkorslös kärlek uttrycks genom Hjärtchakrat. Å andra sidan försvagas vårt Hjärtchakra när vi ägnar oss åt negativa känslor som ilska, hat, svartsjuka och sorg, vilket påverkar Thymuskörteln och sänker immunförsvarets förmåga att bekämpa sjukdomar. Ett obalanserat Hjärtchakra kan leda till högt blodtryck, dålig blodcirkulation, andnings- och andningssvårigheter, hjärtproblem och ett sänkt immunförsvar.

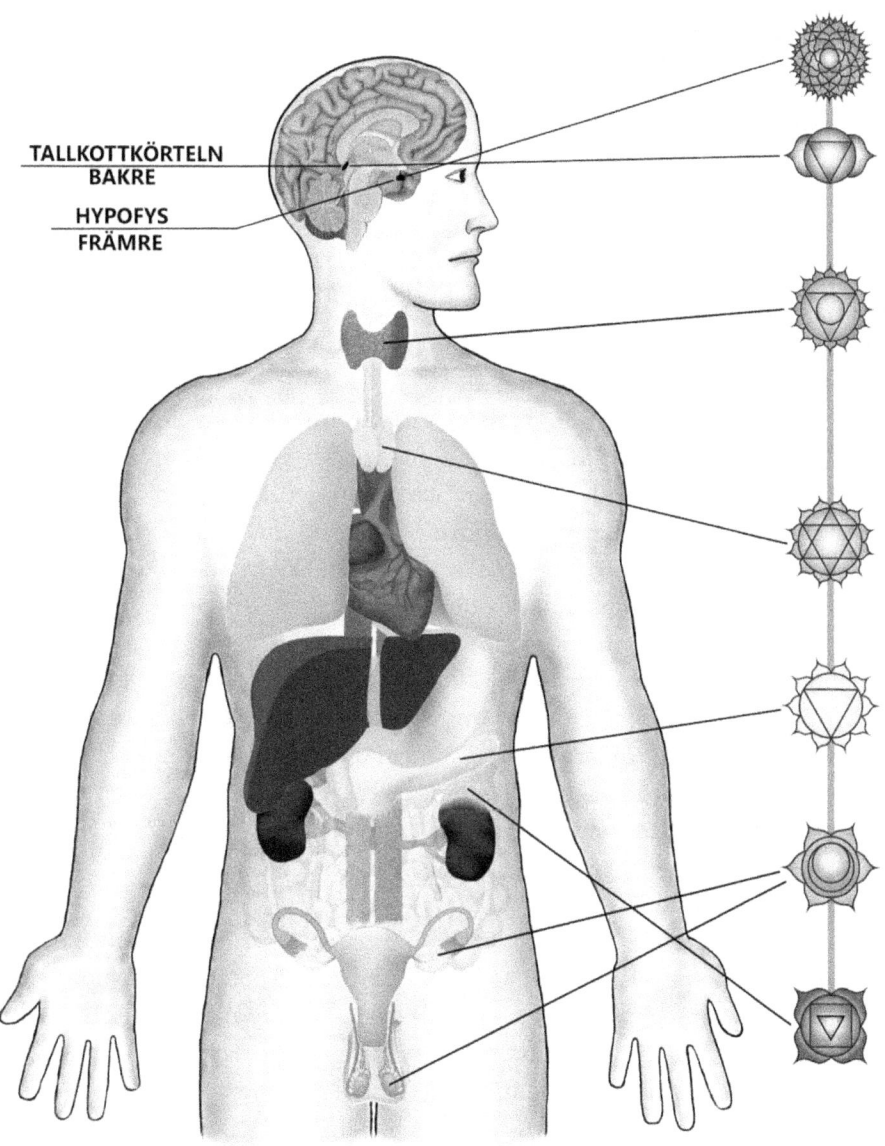

Figur 40: De Endokrina Körtlarna i Kroppen

Vishuddhi/Sköldkörteln

Halschakrat, Vishuddhi, styr Sköldkörteln, som ligger vid basen av halsen. Sköldkörteln frisätter hormoner som styr ämnesomsättningen, den hastighet med vilken kroppen omvandlar mat till användbar energi. Dessa hormoner reglerar också kroppstemperaturen, andningsfunktionen, hjärtfrekvensen, kolesterolnivåerna, matsmältningsprocesserna, muskeltonus och menstruationscykeln hos kvinnor. Som sådan är sköldkörteln en av de viktigaste körtlarna i kroppen.

En dysfunktion i Sköldkörteln orsakar betydande problem som t.ex. försvagande trötthet, svaga muskler, viktökning eller viktförlust, försämrat minne och oregelbundna menstruationscykler (hos kvinnor). Halschakras funktion styr också stämbanden, bronkialrören och alla områden i munnen, inklusive tungan och matstrupen. Ett obalanserat Halschakra kan leda till halsont eller laryngit, käksmärta, lungproblem, smärta eller stelhet i nacken och problem med stämbanden.

Ajna/Tallkottkörteln

Sinnets Öga Chakra, Ajna, styr Tallkottkörteln som reglerar de biologiska cyklerna. Förutom att frigöra hormonet melatonin, som gör oss sömniga, utsöndrar tallkottkörteln också serotonin, kroppens "lyckokemikalie".

Tallkottkörtelns placering är bakre delen av hjärnan, direkt bakom Thalamus och något över ögonhöjd. Tallkottkörteln är lika stor som ett risgryn (5-8 mm) hos människor och är tallkottformad (därav namnet). Den styr och hämmar Hypofysens funktion. Dessa två körtlar arbetar i samarbete med varandra för att uppnå den övergripande balansen i kroppen. Att skapa en sund balans mellan Tallkottkörteln och Hypofysen bidrar till att underlätta öppnandet av Ajna Chakra - det Tredje Ögat.

Ajna är vårt psykiska centrum eftersom det ger oss inre syn. Mentala och emotionella störningar som sömnlöshet, bipolär sjukdom, schizofreni, personlighetsstörningar och depression beror på en obalanserad Ajna Chakra och över- eller understimulering av Tallkottkörteln. Ajna kontrollerar också ryggmärgen, hjärnstammen, smärtcentra och nervernas funktion. Därför kan ett obalanserat Ajna Chakra också vara ansvarigt för epileptiska anfall och andra neurologiska störningar.

Sahasrara/Hypofysen

Kronchakrat, Sahasrara, styr Hypofysen och producerar hormoner som styr resten av det endokrina systemet. Därför kallas Hypofysen för kroppens "Huvudkörtel". "Den är något större än en ärta och ligger i en benhåla strax bakom näsryggen. Den ligger framför hjärnan och är fäst vid hypotalamus med en tunn stjälk. Hypofysen är kopplad till det Centrala Nervsystemet via Hypotalamus. Organ som regleras av Sahasrara är bland annat ögonen och hjärnan.

Problem som huvudvärk, synfel och vissa neurologiska problem är förknippade med ett obalanserat Sahasrara Chakra. Observera att i vissa Andliga system är Tallkottkörteln förknippad med Sahasrara, medan Hypofysen är förknippad med Ajna. Eftersom

Tallkottkörteln ligger på baksidan av hjärnan har den samband med det undermedvetna, Månen och Vattenelementet (feminin), som är förknippade med Ajna Chakra. Hypofysen ligger längst fram i hjärnan, vilket relaterar till det medvetna Jaget, Solen och Eldelementet (maskulint). Därför anser jag att dessa är de korrekta korrespondenserna mellan Hypofysen och Tallkottkörteln. (Mer om Tallkottkörteln och Hypofysen och deras olika funktioner i ett senare kapitel.)

***

Eftersom varje Chakra är relaterat till ett av de Subtila Planen, kommer negativ energi i dessa Plan att manifesteras som störningar i motsvarande körtlar och organ. Alla fysiska symtom är manifestationer av kvaliteten på Chakraenergierna. Eftersom Chakrana är energicentra som påverkar vårt Väsen på många nivåer måste vi hålla dem i balans om vi ska vara friska i sinne, kropp och Själ.

Fysiska besvär kan uppstå när ett av våra energicenter är fyllt av negativ energi eller blockerat. Chakratuning är därför av avgörande betydelse för vårt fysiska välbefinnande. Min första bok, *The Magus,* fokuserar på energiarbete genom Ceremoniell Magi, den Västerländska metoden för att läka chakrana. I *Serpent Rising* fokuserar jag på Österländska tekniker som Yoga, Tattvas ochTmantras samtidigt som jag tillämpar New Age-metoder som Ädelstenar (Kristaller), Aromaterapi och Stämgafflar.

Det är viktigt att förstå att negativ energi i ett Chakra känns på nivån för det specifika Chakrat och andra Chakran som är kopplade till dess funktion. När allt kommer omkring påverkar våra tankar våra känslor och vice versa. Och dessa påverkar i sin tur vår viljestyrka, fantasi, inspirationsnivå osv.

CHAKRA HEALING OCH DE ENDOKRINA KÖRTLARNA

Endokrina körtlar är användbara referenspunkter för Chakra healing eftersom de representerar kopplingen mellan energin i Chakrana och kroppens fysiska och fysiologiska funktioner. Nervsystemet och dess flera knutpunkter är också förknippade med körtlar och organ. Därför är kunskap om nervsystemet och dess delar av avgörande betydelse eftersom den kan underlätta helande sessioner. Därför har jag inkluderat ett kapitel om det i den här boken. Att slappna av och balansera nervsystemet möjliggör effektivare healing av en körtel eller en specifik region i kroppen.

Det finns olika metoder för att optimera Chakras funktion. En sådan metod som ett helt avsnitt i detta arbete ägnas åt är den Österländska metoden Yoga. Yoga består av kroppsställningar (Asana), andningstekniker (Pranayama), sång (Mantra), meditation (Dhyana) samt specifika fysiska gester för energibearbetning (Mudras). Vissa av dessa gester involverar hela kroppen, medan andra endast involverar händerna. Förutom att balansera energisystemet är Yoga en utmärkt form av fysisk träning som gör att du kommer att må bra och se bra ut.

Kost är också en viktig del av Yogapraktiken. Du är trots allt vad du äter. Den fysiska kroppen behöver vissa näringsämnen under hela dagen för att fungera och prestera på sin mest optimala nivå. Genom att stödja en god hälsa genom kost och motion helas Chakrana på en subtil nivå. I sin tur påverkas våra tankar, känslor och vårt övergripande Andliga välbefinnande positivt. Genom att arbeta med ett Chakra påverkas även andra Chakran eftersom hela systemet är beroende av sina olika komponenter.

ANDLIGT UPPVAKNANDE OCH HJÄRNANS ANATOMI

HYPOFYSEN

De två körtlar som reglerar kroppens övergripande körtel- och biologiska funktion är Hypofysen och Tallkottkörteln. Dessa är de två mest väsentliga körtlarna i människokroppen. De orkestrerar och kontrollerar hela det endokrina systemet.

Hypofysens primära funktion är att reglera kroppskemin. Precis som Tallkottkörteln uttrycker sin dubbla natur genom att kontrollera dag/natt-cyklerna, uttrycks hypofysens dubbla natur i de två lober den består av (Figur 41). Frontalloben (främre) står för 80 % av Hypofysens vikt och är den dominerande loben.

Olika Forntida traditioner hävdar att den främre loben är förknippad med det intellektuella sinnet, logik och förnuft. I motsats till detta har bakre loben samband med det känslomässiga sinnet och fantasin.

Hypofysen kontrollerar som sagt aktiviteten hos de flesta andra hormonutsöndrande körtlar, inklusive Sköldkörteln, Binjurarna, äggstockarna och testiklarna. Den utsöndrar hormoner från de främre och bakre loberna, vars syfte är att överföra meddelanden från en cell till en annan genom vårt blodomlopp. På grund av dess enorma roll i våra liv har det sagts att om Hypofysen avlägsnas från hjärnan kommer den att orsaka fysisk död på tre dagar.

Hypotalamus ligger omedelbart ovanför Hypofysen och är kopplad till den. Direkt framför den finns den Optiska Chiasman som överför visuell information från Synnerverna till Occipitalloben i hjärnans bakre del.

Hypotalamus styr Hypofysen genom att skicka meddelanden eller signaler. Dessa signaler reglerar produktionen och frisättningen av ytterligare hormoner från Hypofysen, som i sin tur skickar meddelanden till andra körtlar eller organ i kroppen. Hypotalamus är ett slags kommunikationscenter för Hypofysen.

Hypothalamus samarbetar med Medulla Oblongata. Medulla och Hypotalamus styr de ofrivilliga, autonoma processerna i kroppen, t.ex. reglering av hjärtslag, andning och kroppstemperatur. Dessutom är Märgen viktig för överföringen av nervimpulser mellan ryggmärgen och högre hjärncentra. Den är i huvudsak dörröppningen mellan ryggmärgen och hjärnan.

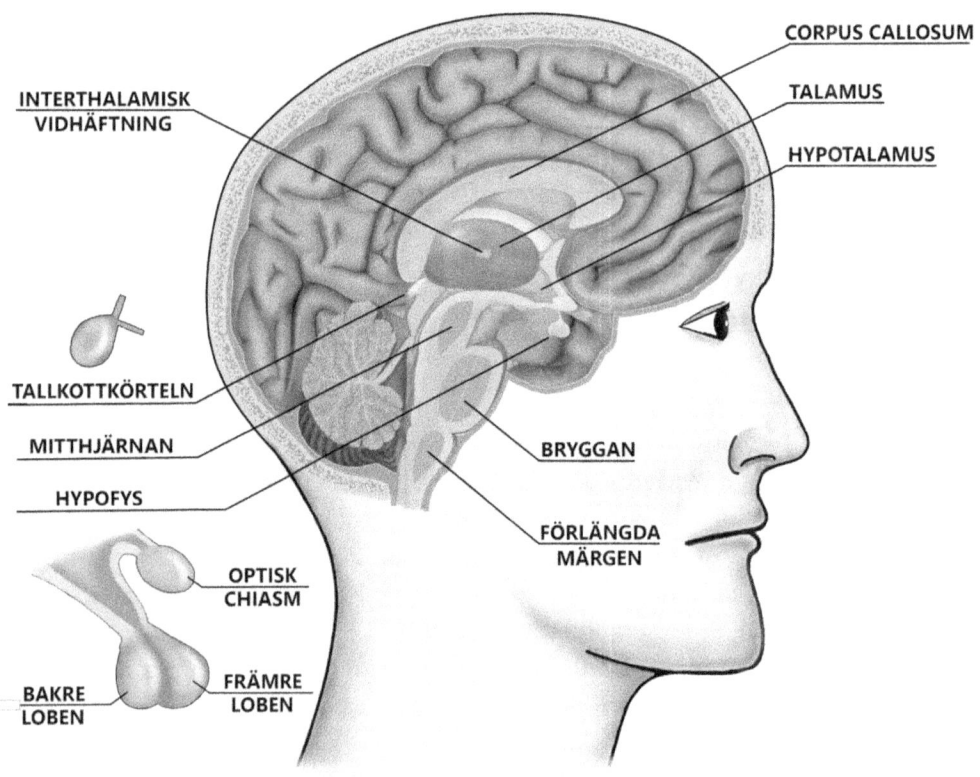

Figur 41: De Stora Hjärncentrumen

TALLKOTTKÖRTELN

Tallkottkörteln ligger i det geometriska centret, djupt inne i hjärnan. Den producerar hormonet serotonin och dess derivat melatonin, som är viktiga för vår funktion och vårt välbefinnande. Serotonin är en kemikalie och signalsubstans som styr vårt humör, sociala beteende, aptit och matsmältning, minne samt sexuell lust och funktion. Serotonin bidrar till vår nivå av lycka och vårt mentala och känslomässiga välbefinnande - låga serotoninnivåer har kopplats till depression, ångest och andra mentala och känslomässiga störningar. Vid vissa av dessa problem brukar läkare ordinera antidepressiva läkemedel (SSRI), som är utformade för att öka serotoninnivåerna i hjärnan.

Under dagen utsöndrar och lagrar Tallkottkörteln en stor mängd serotonin som svar på det solljus som ögonen tar emot. När det blir mörkt börjar Tallkottkörteln omvandla det lagrade serotoninet till hormonet melatonin, som frisätts i hjärnan och blodet och orsakar sömnighet under hela natten. Melatonin är det enda hormon som syntetiseras av Tallkottkörteln, och det påverkar våra vaken/sömnmönster och årstidernas funktioner. Som sådant kallas det ofta för "mörkrets hormon".

Runt Sommarsolståndet (årets längsta dag) upplever människor mest solljus och är lyckligast och gladast eftersom Tallkottkörteln utsöndrar mest serotonin. Omvänt är det vid Vintersolståndet (årets mörkaste dag) som det finns minst solljus, vilket innebär att Tallkottkörteln får minst serotonin, vilket leder till "vinterblues", den tid i världen då människor är mest nedstämda och deprimerade.

Det "Hypnagogiska Tillståndet, även kallat "Transtillstånd" eller "Alfatillstånd", uppstår när medvetandet befinner sig på en punkt mellan vakenhet och sömn. Man är medveten och omedveten på samma gång men alert. Hjärnaktiviteten saktar ner, men inte tillräckligt för att man ska kunna somna. Det yttersta syftet med att meditera är att nå detta tillstånd eftersom Sinnesögat utnyttjas under det, vilket resulterar i förmågan att se visioner och ha mystiska upplevelser. Alfatillståndet är också känt för att framkalla Lucida Drömmar om man når det under en sömncykel.

De Forntida människorna använde sig gärna av Hypnagogiskt tillstånd för att kontakta den Andliga Världen och ta emot meddelanden från det Gudomliga. Vi kan nå den med Andliga metoder och övningar, men också genom att använda vissa droger.

DMT (Dimetyltryptamin) produceras också från Tallkottkörteln via liknande vägar som melatonin. DMT, som ofta kallas "Ande Molekylen", är utbrett i hela växtriket, men det finns också spår av det i däggdjur.

DMT-haltiga växter som ayahuasca används ofta i Shamanska ritualer. Användningen kan ge kraftfulla, mystiska, psykedeliska och nära-döden-upplevelser. DMT antas frigöras vid födelse, död och livliga drömmar. DMT finns i blod, urin, avföring, lungor och njurar hos människor. De största spåren av DMT finns dock i Cerebrospinalvätskan.

TALLKOTTKÖRTELN OCH ANDLIGHET

Ordet "Pineal" kommer från det latinska ordet "pinealis", som syftar på en tallkott, körtelns form. I Gamla traditioner har Tallkottkörteln ofta avbildats i konst och skulpturer. Dess betydelse och roll var dock beslöjad från det profana genom symbologi, liksom de flesta esoteriska kunskaper som förts vidare genom tiderna. Genom att undersöka de antikas symboler som förknippas med Tallkottkörteln (framför allt tallkotten) kan vi få en bättre uppfattning om dess Andliga roll i våra liv.

Intresset för Tallkottkörteln kan spåras till det gamla Kina under den Gula Kejsaren Huangdi, den äldsta av de fem legendariska Kinesiska kejsarna. I de Gamla Hinduiska skrifterna, *Veda,* var Tallkottkörteln en av Sju Chakriska punkter som påstods vara kopplade till Sahasrara, Kronan. Detta synsätt utvecklades med tiden när andra Yogis och Vise började relatera Tallkottkörteln till Ajna Chakra i stället. Som nämnts är Ajna och Sahasraras korrespondens med Tallkottkörteln och Hypofysen utbytta beroende på vilken skola som avses. Så håll detta i minnet när du läser om hjärnans anatomi och Chakran.

De Grekiska filosoferna och vetenskapsmännen i Antikens Grekland har kanske haft den största inverkan på vår förståelse av Tallkottkörtelns Andliga Funktion. Deras upptäcktsresa började med filosofiska och teologiska debatter om Själens Säte, med hänvisning till det område i kroppen där Själen verkar. De hänvisade till detta begrepp som "Phren", det Forntida Grekiska ordet för platsen för tanke eller kontemplation.

För mer än 2000 år sedan skrev Platon och Aristoteles om Själen och var överens om att Själen utgår från Hjärtat men inte bor i kroppen. De lyfte fram de tre typerna av Själ, den näringsmässiga, den förnuftiga och den rationella, och konstaterade att hjärtat var deras kontrollcentrum. Hippokrates tillbakavisade detta påstående och menade att Själen fanns i kroppen och fungerade från hjärnan, inte från hjärtat, eftersom hjärnan sysslar med logik, förnuft och känslor.

Sedan kom den Grekiske läkaren Herophilus, som av många anses vara anatomins fader. Han var den förste vetenskapsmannen som upptäckte Tallkottkörteln i hjärnan eftersom han var den förste som systematiskt utförde vetenskapliga dissektioner av människokadaver (lik). Han var också den förste som beskrev hjärnans ventriklar och ansåg att de var "Sinnets Säte". Dessutom drog han slutsatsen att Tallkottkörteln reglerar flödet av psykisk "Pneuma", ett gammalt Grekiskt Ord för "andning", genom dessa hjärnventriklar.

Pneuma hänvisar också till Anden och Själen ur ett teologiskt och religiöst perspektiv. Det är en Eterisk substans i form av luft som strömmar från lungorna och hjärtat in i hjärnan. Pneuma är nödvändigt för de vitala organens systemiska funktion. Dessutom är det det material som upprätthåller kroppens medvetande - omnämnt som "Själens första instrument". Herophilus trodde att Tallkottkörteln reglerade ens tankar och minnen i form av psykiskt Pneuma.

Den Grekiske filosofen och läkaren Galen motsatte Herophilus och sade att Tallkottkörteln bara är en körtel som reglerar blodflödet och inget annat. I stället förespråkade han att Cerebellum vermis kontrollerade det psykiska Pneuma i hjärnans ventriklar. Eftersom Galen var den högsta medicinska auktoriteten fram till 1600-talet förblev hans åsikter och trosuppfattningar om Tallkottkörtelns natur relativt oemotsagda tills Rene Descartes, den franske matematikern och filosofen, började undersöka dessa ämnen.

Descartes drog slutsatsen att Tallkottkörteln var mediet mellan Själen och kroppen och källan till all tankeverksamhet. Han vederlade Galen och sade att eftersom Tallkottkörteln var den enda struktur i hjärnan som inte duplicerades var den Själens Säte. Hans ståndpunkt var att eftersom Lillhjärnans vermis har två halvor kunde den inte vara en lämplig kandidat för denna uppgift. Descartes ansåg att Själen stod bortom dualiteten och måste ha en enda motsvarighet som symboliserade dess funktion.

Descartes trodde att sinnet kunde vara skilt från kroppen, men att det kan ta över de animaliska instinkterna genom Tallkottkörteln. Själen kontrollerar sinnet, som i sin tur styr det system av handlingar som utförs av kroppen genom tallkottkörteln. Descartes trodde att Tallkottkörteln var själen i fysisk form. Eftersom forskarsamhället i stor utsträckning respekterade Descartes vågade de flesta inte ifrågasätta hans åsikter, och därför förblev idén om att Tallkottkörteln var Själens Säte intakt under de kommande tre århundradena.

På senare år har forskare konstaterat att Tallkottkörteln är ett endokrint organ som är intimt kopplat till kroppens uppfattning av Ljus. Dess Andliga funktion är dock fortfarande föremål för debatt, även om de flesta forskare fortfarande är överens om att den spelar en viktig roll.

I *The Magus* har jag hänvisat till att Själens Säte finns i Manipura, Solar Plexus Chakra, som Själens källkraft. Manipura är källan till vår viljestyrka - Själens högsta uttryck. Dessutom behöver Själen Pranisk energi för att existera, som den får genom matsmältning (relaterad till Manipura) och andning/syreintag (relaterad till Anahata). Som sådan är Själen belägen (sittande) i vårt Solcentrum, Tiphareth-Sfären, som ligger mellan Manipura- och Anahata-Chakrana.

Å andra sidan kan Tallkottkörteln mycket väl vara Själens fysiska förbindelse med kroppen. Min forskning och intuitiva insikt har dock lett mig till slutsatsen att dynamiken mellan Tallkottkörteln och Hypofysen samt Thalamus och Hypotalamus reglerar medvetandet och Andligheten och inte en körtel eller ett hjärncentrum i synnerhet.

THALAMUS

Thalamus ligger i hjärnans centrum, ovanpå hjärnstammen, mellan Hjärnbarken och Mellanhjärnan, med stora nervförbindelser till båda dessa som möjliggör ett navliknande informationsutbyte. Thalamus är vårt centrala kontrollsystem, medvetandets kommandocentral som reglerar sömn, vakenhet och kognition. Dess namn kommer från Grekiskan och betyder "inre kammare".

Thalamus fungerar som en relästation som filtrerar information mellan hjärnan och kroppen. Den tar emot vibrationer (data) från omvärlden via alla sensoriska receptorer (utom luktreceptorer) och överför dem till olika delar av hjärnan. Thalamus påverkar den frivilliga rörelsen genom att förmedla motoriska signaler till Hjärnbarken. Den förmedlar också information om upphetsning och fysisk smärta.

Tillsammans med Hypotalamus, Amygdala och Hippocampus är Thalamus en del av det Limbiska Systemet (Figur 42) som reglerar känslor och minne. Det Limbiska Systemet styr de autonoma och endokrina funktionerna, som handlar om reaktioner på känslomässiga stimuli, t.ex. "kamp eller flykt". Det Limbiska Systemet kallas ofta för "Reptilhjärnan", eftersom det styr våra beteendemässiga reaktioner och överlevnadsmotivationer. Vårt luktsinne påverkar direkt det Limbiska Systemet. Lukter tas emot via Luktbulberna som registrerar neurala signaler som upptäcks av celler i näshålorna.

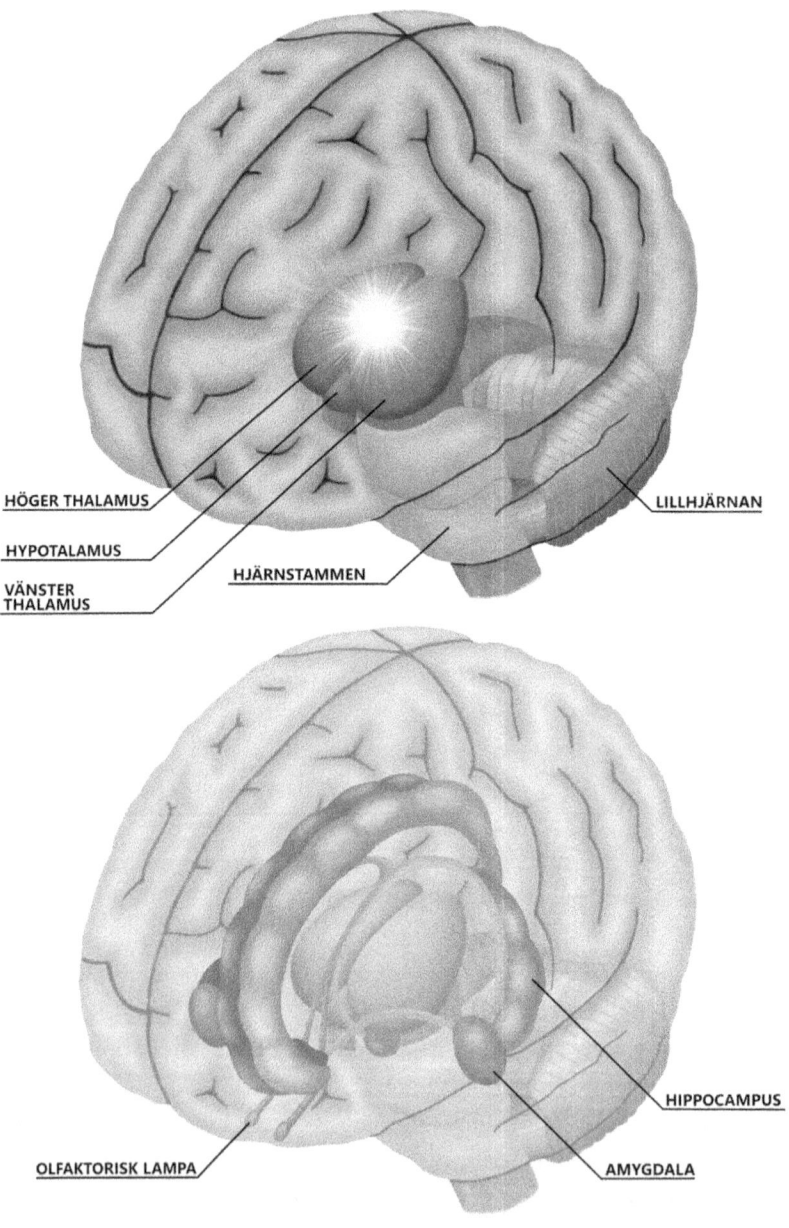

Figur 42: Det Limbiska Systemet

Intressant nog verkar Thalamus inte skilja mellan det som finns utanför och det som finns inuti oss. Den ger känslomässig mening åt allt vi tar in genom sinnena, inklusive våra föreställningar om Andlighet och Gud - Skaparen. I huvudsak är Thalamus vårt gränssnitt mot verkligheten omkring oss. Den förmedlar till oss vårt intryck av vad vi accepterar som verkligt.

Thalamus har två lober, som kallas "Thalamiska Kropparna" som ser ut som en mindre version av de två hjärnhalvorna. De kan också jämföras med två små ägg som är sammanfogade. Genom att tillämpa den Hermetiska Korrespondensprincipen (Som Ovan, Så Nedan) finner vi en återspegling av de Thalamiska Kropparna i mannens testiklar och kvinnans äggstockar, som också är dubbla och äggformade. Medan Thalamus bidrar till att skapa vår mentala verklighet (Ovan) har testiklarna och äggstockarna till uppgift att generera vår avkomma på Jordplanet (Nedan). Som sådan relaterar äggformen till skapandet på alla nivåer av verkligheten.

I 70-80 procent av människans hjärnor är de två Thalamiska loberna förbundna med ett platt vävnadsband som kallas Massa Intermedia eller Interthalamisk Adhesion (Figur 41). Denna vävnad innehåller nervceller och nervfibrer. Runt Massa Intermedia skiljs de två Thalamiska Kropparna åt av den Tredje Ventrikeln, som ständigt pumpar in Cerebrospinalvätska i detta område av hjärnan.

Thalamus är hjärnans kärna och kommunikationsmedium mellan de olika delarna av neocortex. Forskare och neurologer anser att Thalamus är centrum för vårt medvetande. Enligt vetenskapliga studier kan en skada på Thalamus leda till att medvetandet slås ut, vilket leder till permanent koma.

Många Gamla traditioner, inklusive Egyptierna, betraktade Thalamus som det Tredje Ögats centrum. När Kundalini stiger uppför ryggraden (Sushumna) når den Thalamus i toppen av hjärnstammen. Enligt Yoga och Tantra möts Ida och Pingala Nadis vid det Tredje Ögat och förenas. Deras förening representerar den fullständiga öppningen av det Tredje Ögat. Hermes Kaducé representerar samma koncept, nämligen de två ormhuvudena som står mot varandra i stavens övre del. Kaducén är mänsklighetens Universella symbol som representerar Kundalini-energins uppvaknandeprocess. De flesta människor känner dock inte till den djupa esoteriska innebörden bakom denna symbol och kopplar den endast till medicin.

I Yogiska traditioner spelar hjärnans centrala område, där Thalamus ligger, en viktig roll för Andligt uppvaknande. De massiva nervbuntar som kommer från ryggraden och hjärnstammen passerar genom Thalamus innan de fördelas genom Corpus Callosum. Corpus Callosum (Figur 41) är ett stort, C-format nervfiberpaket under Hjärnbarken som förbinder vänster och höger hjärnhalva. De nervfibrer som ingår i den förgrenar sig uppåt i hela neocortex tills de når toppen av huvudet. De miljontals neuronerna längs huvudets krona korrelerar med Sahasrara Chakra och dess beteckning som den Tusenbladiga Lotusen.

Bredvid Thalamus finns Hypofysen, Tallkottkörteln och Hypotalamus, som spelar en central roll i meditationsövningar och Andligt uppvaknande. Under meditationen dras

Ljuset från Sahasrara in i hjärnans centrum, vilket resulterar i en väsentlig och permanent förändring av ens uppfattning av Jaget och världen. Thalamus är i huvudsak vårt centrum för Andlig omvandling och medvetandeutvidgning.

Eftersom Thalamus fokuserar vår uppmärksamhet är den involverad i filtreringen av de många impulser som strömmar in i vår hjärna vid varje givet tillfälle. Den fungerar som en ventil som prioriterar de vibrerande meddelanden som vår hjärna får från omvärlden. När en person genomgår ett Kundalini-uppvaknande optimeras därför Thalamus så att mer information kan tas emot och bearbetas samtidigt.

Thalamus transfiguration resulterar i att man tar emot och upplever en förhöjd version av verkligheten genom förbättrade sinnen. På så sätt blir psykiska krafter som klärvoajans, klarhörsel och klärvoajans en del av vardagen. När Thalamus optimeras aktiveras latent DNA i Självet, vilket resulterar i en permanent omvandling av medvetandet på cellulär nivå.

Thalamus är också porten mellan de medvetna och undermedvetna delarna av jaget, ett filter som håller våra karmiska energier på avstånd. När en person genomgår ett fullständigt Kundaliniuppvaknande och Ljuset går in i hjärnan permanent bildas en bro mellan det medvetna och det undermedvetna sinnet, vilket gör att våra negativa, förtryckta energier kan strömma in i medvetandet. Istället för att fungera som ett filter fungerar Thalamus inte längre som ett sådant. Istället går dess funktion in i hyperdriv, vilket gör att vårt medvetande kan uppleva alla energier inom oss på en gång. En del av anledningen till detta fenomen är att öppna vårt medvetande helt och hållet så att vi kan rena våra Karmiska energier genom Kundalini-Elden och utvecklas Andligt.

DEN RETIKULÄRA FORMATIONEN

Den Retikulära Formationen (Figur 43) är ett intrikat nätverk av neuroner och nervfibrer som sträcker sig från ryggmärgen till den nedre hjärnstammen, genom Mellanhjärnan och Thalamus, och delar sig i flera strålningar till olika delar av Hjärnbarken. Den Retikulära Formationen är en kanal för överföring av information från de olika sensoriska vägarna och överför den till delar av hjärnan via thalamus. Dess andra namn är det Retikulära Aktiveringssystemet, eller kort och gott RAS.

Den Retikulära Formationen är avgörande för medvetandets existens eftersom den förmedlar all vår medvetna aktivitet. Eftersom Thalamus är vår centrala kontrollbox är det Retikulära Systemet ledningarna som förbinder den boxen med hjärnstammen nedanför och Hjärnbarken ovanför. Det är involverat i många medvetandetillstånd som engagerar Thalamus.

Retikulära Formationen gör det möjligt för Thalamus, Hypotalamus och Hjärnbarken att styra vilka sensoriska signaler som når Hjärnan (den översta delen av hjärnan) och som kommer till vår medvetna uppmärksamhet. Som sådan är den vår fokuseringsmekanism för våra sinnen.

Den Retikulära Formationen är också involverad i de flesta aktiviteter i det Centrala Nervsystemet. Smärtkänslor måste till exempel passera genom den Retikulära Formationen innan de når hjärnan. Dessutom regleras det Autonoma Nervsystemet, som hanterar automatiserade beteenden som andning, hjärtslag och upphetsning, också av den Retikulära Formationen.

Meditation förändrar vårt medvetande så att högre hjärnregioner kan kontrollera sensoriska impulser och miljöstimuli. Under meditation blir Hypotalamus och Retikulära Formationen delvis hämmade, vilket förklarar några av meditationens fysiologiska effekter, t.ex. minskad blodtrycks- och andningsfrekvens.

När vi kan avbryta den Retikulära Formationens funktion och stoppa flödet av distraherande och irrelevant sensorisk information börjar hjärnan sända ut Alfavågor, vilket leder till ett lugnt och avslappnat sinnestillstånd. Att övervinna effekterna av den Retikulära Formationen är således förknippat med medveten medvetenhet och mindfulness.

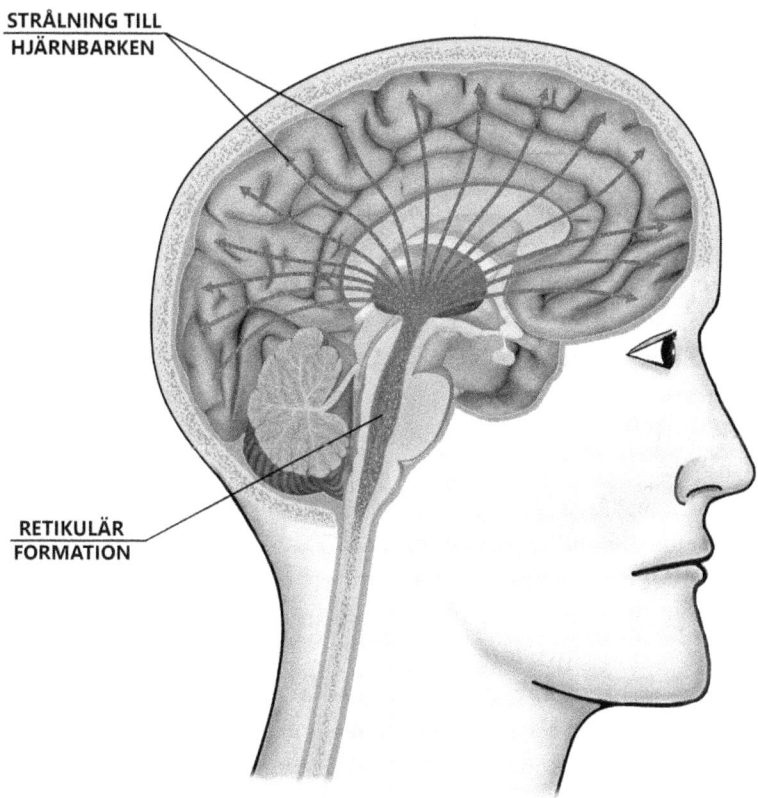

Figur 43: Den Retikulära Formationen

Den Retikulära Formationen styr våra intryck av livet och dess aktiviteter, vilket leder till att vi identifierar oss Själva med dessa intryck. Jaget förankrar sig i den fysiska kroppens förnimmelser, vare sig de är bra eller dåliga, och vårt medvetande sjunker till Egots nivå. Med tiden blir medvetandet kapat av Egot. Genom att anpassa oss till det förlorar vi kontakten med Själen i motsatt ände av spektrumet.

Efter ett fullständigt Kundalini-uppvaknande, när spänningen i bioelektriciteten ökar, optimeras Thalamus och den Retikulära Formationen kopplas bort permanent. Denna erfarenhet resulterar i att man känner Ljuskroppens utstrålning genom alla kroppsceller på en gång i stället för att ha enskilda Andliga ögonblick eller möten. Genom att förbigå sinnet och Egot börjar individen arbeta genom hjärtat, vilket gör det möjligt för dem att uppleva energifältet runt omkring dem på ett mer väsentligt sätt.

Skallen sitter ovanpå Atlas, den första halskotan (C1). Atlas är också namnet på en Titan från den Grekiska mytologin som håller upp himmelen eller himlen. Visuella bilder av Atlas visar att han håller Planeten Jorden på sina axlar. Vi ser här ett samband mellan skallen och hjärnan, världen och Himlen. Den cervikala Atlasen håller upp huvudet, som innehåller hjärnan som reglerar vårt verklighetsbegrepp. Vår hjärna är också den förbindande länken till Himlen, eller Gud - Skaparen, som populärt porträtteras av konstnären Michelangelo i en freskomålning kallad "Adams Skapelse", som utgör en del av Sixtinska Kapellets tak.

Den första grupperingen av neuroner i den Retikulära Formationen börjar i området mellan Medulla Oblongata och den övre delen av ryggmärgen, som representeras av Atlas. Detta område är den primära punkten för Prana-energins inträde i kroppen för Kundalini-uppvaknade individer. Den högsta koncentrationen av Livskraft lagras i Sahasrara, vårt centrum för det Vita Ljuset, den viktigaste reservoaren av Prana hos de människor vars medvetande är expanderat. Pranaenergi strömmar nedåt från Sahasrara till de betydelsefulla hjärncentren och ger dem därigenom kraft. Därefter rör den sig nedför ryggraden och in i nervsystemet, följt av organ och muskler. På så sätt får kroppen näring av Ljusenergin. Av denna anledning behöver Andligt uppvaknade individer inte en massa Prana-energi från mat och Solen som de ouppvaknade - de får allt de behöver från Sahasrara Chakra.

I samma område där den Retikulära Formationen börjar finns alltså ett viktigt och mystiskt dolt Chakra, som kallas Lalana eller Talu Chakra. Kundalini måste genomborra Lalana Chakra på sin uppåtgående resa innan den kommer in i hjärnan. Sedan, med Lalana Chakras fulla aktivering, kan Kundalini nå Ajna i hjärnans centrum, följt av Sahasrara på toppen av huvudet.

Lalana är den huvudsakliga växeln som kontrollerar inmatning, lagring och distribution av Pranisk energi. Livskraften måste passera genom Lalana innan den når de fem Chakrana nedanför, som vidarebefordrar den Praniska kraften till de viktigaste organen och endokrina körtlarna genom det Perifera Nervsystemet (PNS). Jämfört med Lalana är de lägre Chakrana bara mindre distributionscentra för Livskraften. Lalana ansluter till Hara Chakra i naveln, som representerar den plats där Jaget först förankrades i den fysiska kroppen vid befruktningen.

Lalana kallas esoteriskt för "Guds Mun" eller "den Gyllene Kalken" som vårt Uppstigningschakra - det relaterar till "Själens Trefaldiga Flamma" (den Hebreiska Bokstaven Shin). När Lalana har genomborrats fortsätter Kundalini att stiga mot hjärnans centrum, där de tre kanalerna Ida, Pingala och Sushumna förenas till en enda energikälla. Deras förening resulterar i den energiska sammanslagningen av Tallkottkörteln och Hypofysen samt Thalamus och Hypotalamus. Den Retikulära Formationens effekt på medvetandet lossnar när individen börjar arbeta utifrån den Källkraft som finns i hjärnans centrum.

När Ajna- och Sahasrara-Chakrana är helt öppna expanderar medvetandet till den Kosmiska nivån, vilket resulterar i en permanent upplevelse av den Andliga verkligheten. När Ljuskroppen är helt aktiverad sker en omkoppling av hjärnan med tiden, vilket väcker dess latenta potential. Den transformerade individen blir en mottagare av Kosmisk Visdom när deras intelligens utvidgas. När individen väl anpassar sig till dessa högre vibrationer, kopplar den sig gradvis bort från den fysiska kroppen, vilket minskar Egots grepp om medvetandet.

När den Retikulära Formationen har kopplats bort kan Jaget övervinna Egot mycket lättare eftersom medvetandet naturligt höjs till en högre nivå. Fysisk smärta är en av de kritiska faktorer som anpassar Jaget till den fysiska kroppen. Efter ett fullständigt Kundaliniuppvaknande bryts ens medvetna koppling till fysisk smärta permanent. Som jag har beskrivit detta fenomen tidigare kan man fortfarande känna smärta eftersom det är omöjligt att helt övervinna den medan man lever i den fysiska kroppen. Istället utvecklar man förmågan att medvetet ta avstånd från att uppleva smärtans negativa energi genom att höja sig till ett betydligt högre Kosmiskt Plan än det Fysiska Plan där smärtan uppstår.

HJÄRNANS DELAR

Hjärnan är uppdelad i tre huvuddelar: Cerebrum, Cerebellum och Hjärnstam. Jag har redan diskuterat Hjärnstammen, som omfattar Mellanhjärnan, Pons och Medulla Oblongata. Mellanhjärnan är sammanhängande med Diencephalon, vår "mellanhjärna", som består av Thalamus, Hypotalamus, Hypofysen (bakre delen) och Tallkottkörteln. Diencephalon omsluter den Tredje Ventrikeln.

Cerebrum är den största delen av hjärnan och består av höger och vänster hjärnhalva som är sammanfogade av Corpus Callosum. Den högra hjärnhalvan styr den vänstra sidan av kroppen, medan den vänstra hjärnhalvan styr den högra sidan. Varje hjärnhalva innehåller fyra lober på sin yttre yta: Frontal-, Parietal-, Temporal- och Occipitalloberna (Figur 44). Hjärnans yttre skikt kallas Cerebral Cortex och utgör hjärnans grå substans, medan det inre skiktet är den vita substansen.

Var och en av de fyra loberna är förknippad med en uppsättning funktioner. Frontalloben ligger till exempel i den främre delen av hjärnan. Prefrontalcortex är den Hjärnbark som täcker den främre delen av Frontalloben. Frontalloben är involverad i högre kognitiva funktioner som minnesåterkallelse, känslouttryck, humörförändringar, språk och tal, kreativitet, fantasi, impulskontroll, social interaktion och beteenden, resonemang och problemlösning, uppmärksamhet och koncentration, organisation och planering, motivation och sexuellt uttryck.

Frontalloben är också ansvarig för den primära motoriken och rörelsekoordinationen. Det är den mest framträdande loben i hjärnan och används mest frekvent av Självet dagligen. Eftersom den ligger längst fram på huvudet, direkt bakom pannan, är Frontalloben det vanligaste området för traumatisk hjärnskada med potentiellt de värsta sidoeffekterna eftersom den påverkar dina kognitiva förmågor och motoriska funktioner. Dessutom kan skador på Frontalloben sätta igång en kedjereaktion som kan påverka andra hjärnområden negativt.

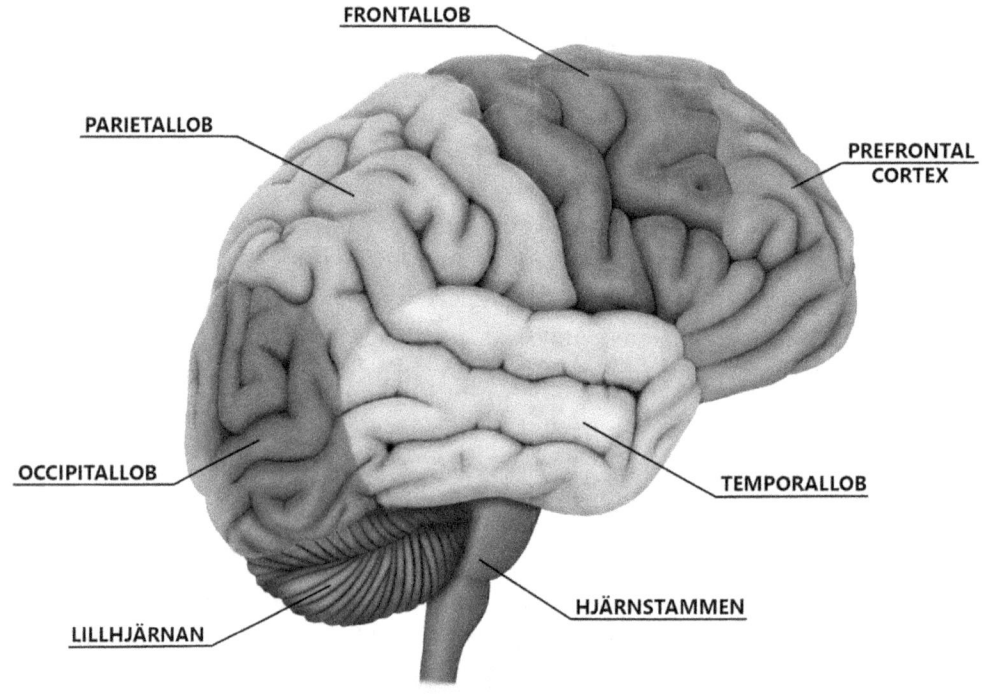

Figur 44: Hjärnans Delar

Parietalloben ligger nära hjärnans centrum, bakom Frontalloben. Detta hjärnområde är det primära sensoriska området där impulser från huden som rör temperatur, smärta och beröring bearbetas och tolkas. Den vänstra Parietalloben sysslar med hantering av symboler, bokstäver och siffror och tolkning av Arketypisk information. Den högra Parietalloben har till uppgift att tolka rumsliga avstånd i bilder.

Parietalloben är ansvarig för all rumslig information och gör det möjligt för oss att bedöma storlek, avstånd och former. Den ger oss en medvetenhet om oss Själva och andra människor i rummet framför oss. Intressant nog har neurovetenskapsmän konstaterat att en person upplever en ökad aktivitet i Parietalcortex under en Andlig upplevelse. Gränsen mellan Jaget och föremålen och människorna runt omkring oss bryts eftersom de flesta Andliga upplevelser innefattar något "utanför kroppen"-element. När individen upplever en känsla av enhet med sin omgivning överskrider han eller hon sin fysiska omgivning.

Temporalloben sitter bakom öronen och tinningarna på huvudet. I den finns den Primära Hörselkörteln, som har till uppgift att bearbeta ljud och koda minnet. Den spelar också en viktig roll i bearbetningen av känslor, språk och vissa aspekter av visuell uppfattning. Temporalloben består av strukturer som är viktiga för det medvetna minnet av fakta och händelser. Den kommunicerar med Hippocampus och moduleras av Amygdala.

Occipitalloben är belägen i den bakre delen av den övre hjärnan. Den innehåller den Primära Visuella Cortexen, en hjärnregion som tar emot information från ögonen. Occipitalloben sysslar i allmänhet med att tolka avstånd, färger, djupseende, objekt- och ansiktsigenkänning, rörelser och minnesinformation.

Cerebellum ligger på baksidan av huvudet och kontrollerar koordineringen av muskelaktivitet. Den hjälper oss att upprätthålla hållning, balans och jämvikt genom att samordna olika muskelgruppers timing och kraft för att åstadkomma flytande kroppsrörelser. Cerebellum samordnar också ögonrörelser och tal.

Sigmund Freud, grundaren av psykoanalysen, förknippade Lillhjärnan med det personliga omedvetna, den förtryckta delen av Jaget som är dold för det medvetna sinnet. Även om Freud myntade begreppet "omedvetet" sinne, bytte han ofta ut det mot "undermedvetet" sinne, eftersom det förstnämnda är ett djupare lager av det sistnämnda. Detta stämmer överens med Uråldriga visdomsläror som associerar det undermedvetna sinnet med bakhuvudet och Månen. Det undermedvetna sinnets räckvidd omfattar dock de flesta delar av hjärnan, inklusive det Limbiska Systemet. Undantaget är den Prefrontala Cortexen, som representerar det medvetna sinnet och Solen.

När Kundalini vaknar upp fullt ut, när energin stiger genom ryggmärgen, når stora mängder högoktanig energi hjärnan. Denna energi strömmar från den Retikulära Formationen till Thalamus och in i Hjärnbarken och väcker vilande, inaktiva delar av hjärnan, särskilt i Frontalloben. Därefter börjar hela hjärnan pulsera som en sammanhållen enhet och genererar sammanhängande hjärnvågor med hög amplitud inom alla frekvensband. Denna process för att öka hjärnans kraft är kopplad till en utvidgning av medvetandet när Kundalini har genomborrat Sahasrara Chakra.

Alfafrekvensbandet når maximal amplitud i den Okcipitala Loben, vilket skapar förändringar i uppfattningen av världen omkring oss. Saker som tidigare verkade på ett sätt förvandlas inför dina ögon när Occipitallobens potential är maximerad, i kombination med inflödet av Astralt Ljus i huvudet.

Ökad hjärnaktivitet förenar det medvetna och det undermedvetna sinnet, vilket Alkemiskt representeras av Sol- och Månenergierna som förenas i det Heliga Äktenskapet. Cerebellum påverkas också av den ökade hjärnaktiviteten eftersom individen får tillgång till undertryckta känslor, tankar, önskningar och dolda minnen som ska integreras och omvandlas.

Stora mängder elektrisk aktivitet uppstår i Beta- och Gammafrekvensbanden i Frontalloben, vilket maximerar potentialen hos den Prefrontala Cortexen och andra viktiga delar. Som ett resultat av detta utvecklar den kundaliniväckta individen förmågan att kontrollera sina tankar, känslor och beteenden, vilket gör det möjligt för dem att behärska sin verklighet. Dessutom förbättras deras kognitiva färdigheter, inklusive fantasi, kreativitet, intelligens, kommunikation, kritiskt tänkande och koncentrationsförmåga, avsevärt, vilket gör det möjligt för dem att bli de kraftfulla och effektiva Medskapare med Skaparen som de är ämnade att vara.

NERVSYSTEMET

Nervsystemet består av alla nervceller som finns i kroppen. Vi använder vårt nervsystem för att kommunicera med omvärlden och för att styra kroppens olika mekanismer. Nervsystemet tar emot information via sinnena och bearbetar den, vilket framkallar reaktioner i kroppen. Det arbetar tillsammans med det endokrina systemet för att reagera på livets händelser.

Nervsystemet förbinder hjärnan med alla andra organ, vävnader och kroppsdelar. Det innehåller miljarder nervceller som kallas neuroner. Själva hjärnan har 100 miljarder neuroner som fungerar som informationsbärare. Dessa neuroner använder kemiska signaler och elektriska impulser för att överföra information mellan olika delar av hjärnan samt mellan hjärnan och resten av nervsystemet.

Nervsystemet består av två delar med tre olika uppdelningar. Först och främst har vi det Centrala Nervsystemet (CNS), som kontrollerar känsel och motorik. Det Centrala Nervsystemet omfattar hjärnan, Tolv Par Kranialnerver, ryggmärgen och trettioen par spinalnerver. Alla nerverna i det Centrala Nervsystemet är säkert inneslutna i skallen och ryggmärgskanalen.

Två typer av nerver betjänar hjärnan: motoriska (efferenta) nerver, som utför reaktioner på stimuli, och sensoriska (afferenta) nerver, som överför sensorisk information och data från kroppen till det Centrala Nervsystemet. Spinalnerverna har båda funktionerna och kallas därför "blandade" nerver. Spinalnerverna är kopplade till ryggmärgen via ganglier som fungerar som relästationer för det Centrala Nervsystemet.

Huvudet och hjärnan fungerar som organ för Själen och det Högre Jaget. Eftersom huvudet ligger högst upp på kroppen är det närmast Himlen. Hjärnan gör det möjligt för oss att uppleva världen omkring oss genom de fem sinnena syn, känsel, smak, lukt och ljud. Den gör det också möjligt för oss att uppleva verkligheten genom det sjätte sinnet, psykism, som vi tar emot genom Sinnets Öga.

Det Perifera Nervsystemet (PNS) förbinder de nerver som utgår från det Centrala Nervsystemet med lemmar och organ. Alla nerver utanför hjärnan och ryggraden ingår i det Perifera Nervsystemet (Figur 45). Det Perifera Nervsystemet är vidare uppdelat i tre separata delsystem: Somatiskt Nervsystem (SNS), Enteriskt Nervsystem (ENS) och Autonomt Nervsystem (ANS).

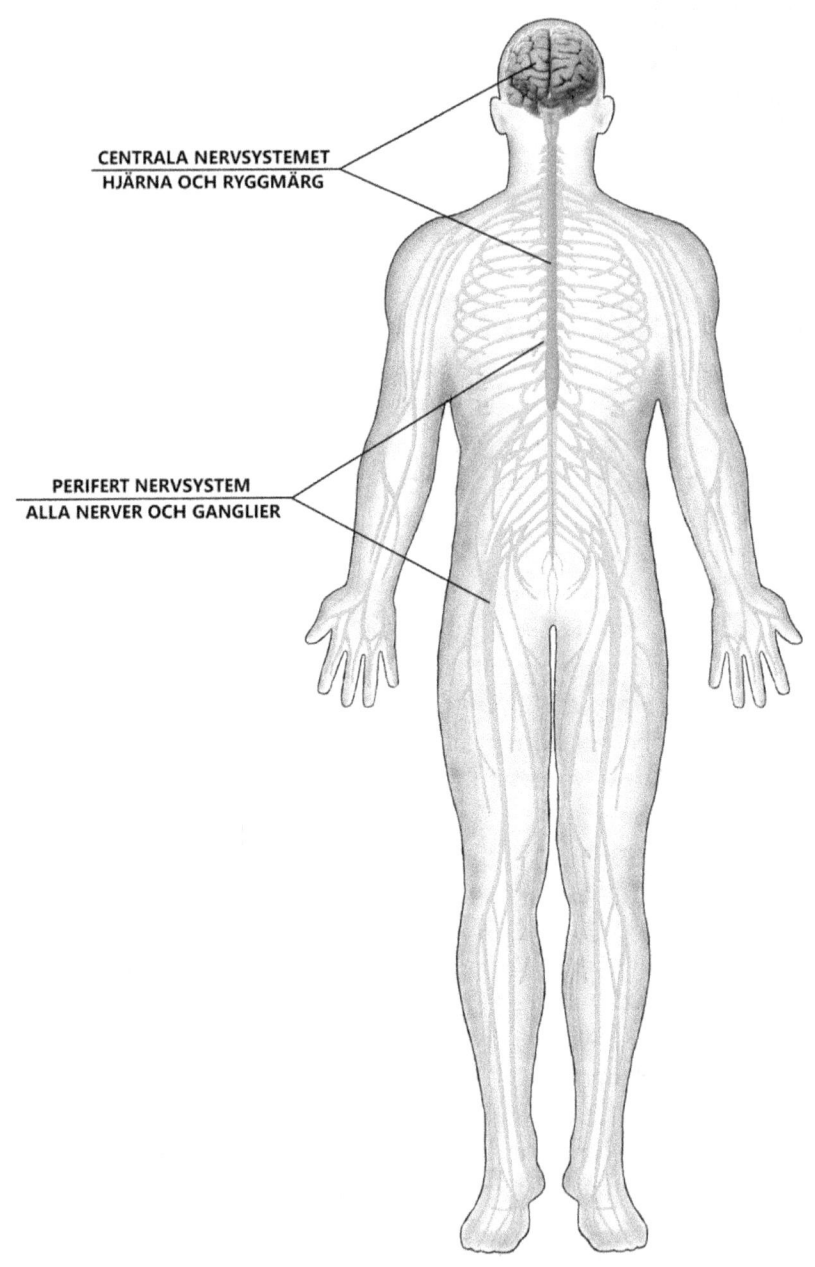

Figur 45: Det Centrala och Perifera Nervsystemet

Det Somatiska Nervsystemet är det frivilliga nervsystemet vars sensoriska och motoriska nerver fungerar som ett medium för överföring av impulser mellan det Centrala Nervsystemet och muskelsystemet. Det Somatiska Nervsystemet styr allt som rör vår fysiska kropp och som vi medvetet kan påverka. Det Enteriska Nervsystemet agerar ofrivilligt och fungerar för att kontrollera mag-tarmsystemet. Det är ett autonomt nervsystem som reglerar tarmmotiliteten i matsmältningsprocessen.

Det Autonoma Nervsystemet är också ett ofrivilligt system som agerar mestadels omedvetet. Det reglerar vår hjärtfrekvens, andning, ämnesomsättning, matsmältning, sexuell upphetsning, urinering och pupillernas utvidgning/förträngning. Både det Autonoma Nervsystemet och det Enteriska Nervsystemet är alltid aktiva, oavsett om vi är vakna eller sover. Det ofrivilliga nervsystemet reagerar snabbt på förändringar i kroppen och gör det möjligt för den att anpassa sig genom att ändra sina reglerande processer.

Det Autonoma Nervsystemet styrs av Hypotalamus och kan delas upp i det Sympatiska Nervsystemet (SNS) och det Parasympatiska Nervsystemet (PNS). Det Sympatiska Nervsystemet och det Parasympatiska Nervsystemet gör vanligtvis motsatta saker i kroppen. Det Sympatiska Nervsystemet drivs av kroppens maskulina (Yang) energi, medan det parasympatiska nervsystemet drivs av den feminina (Yin) energin.

Det Sympatiska Nervsystemet förbereder kroppen för mental och fysisk aktivitet. Det aktiveras i nödsituationer (kamp eller flykt) för att skapa användbar energi. Det ökar hjärtfrekvensen, vidgar pupillerna, öppnar luftvägarna så att man lättare kan andas, ökar blodtillförseln till musklerna och hämmar matsmältning och sexuell upphetsning. Det Parasympatiska Nervsystemet är däremot passivt. Det aktiveras när kroppen och sinnet befinner sig i ett avslappnat tillstånd. Det Parasympatiska Nervsystemet sänker hjärtfrekvensen, drar ihop pupillerna, stimulerar matsmältning och urinering, utlöser olika metaboliska processer och främjar sexuell upphetsning.

STARKA/SVAGA NERVSYSTEM

Stress och ångest är vanliga problem i dagens snabba samhälle. Därför talar man ofta om vikten av att ha ett starkt nervsystem när man möter motgångar i livet. En person med ett robust och motståndskraftigt nervsystem möter verkligheten rakt på sak, både det goda och det dåliga. En person med ett svagt nervsystem blir däremot lätt skrämd och skyddar sig från verkligheten för att undvika negativitet.

Som Medskapare med Skaparen kan du inte kontrollera vad som kommer i din väg till 100 procent eftersom det alltid finns externa faktorer som inte ens de mest skarpsinniga hjärnorna kan tänka på, men du kan välja genom Fri Vilja om du vill tillåta dig själv att möta allt som kommer i din väg. Det valet beror ofta på hur du hanterar rädslans energi, som antingen stärker eller försvagar ditt nervsystem med tiden.

Tänk på nervsystemet som en behållare. Människor med ett svagt nervsystem har små behållare eftersom det finns en gräns för hur mycket ångest, stress eller fysisk smärta de kan tåla. Människor med starka nervsystem har betydligt större behållare och kan hantera vad som än kommer i deras väg. De upplever och bearbetar negativa händelser mycket snabbare och rubbas inte i sin pondus. Människor med ett robust nervsystem har inställningen att möta rädsla och motgångar, oavsett hur skrämmande saker och ting kan verka på ytan. Resultatet blir att du blir en mästare på att manifestera din verklighet och maximerar din personliga potential. Människor med starka nervsystem lever sina drömmar och får ut det mesta av livet.

Styrkan i ditt nervsystem beror på hur väl du använder din viljestyrka och hur mycket du kan övervinna dina känslor. Känslor är flytande; de fluktuerar hela tiden från positiva till negativa. Ibland tar det tid innan saker och ting blir negativa, men det gör de oundvikligen, och så småningom kommer de tillbaka till att bli positiva igen.

Rytmprincipen (från *Kybalion*) säger att rytmens pendel manifesterar sin svängning mellan alla motsatser som finns i naturen, inklusive känslor och tankar. Därför förblir ingenting någonsin statiskt, och allting genomgår ständigt en process av förändring och omvandling från ett tillstånd till ett annat. Som sådan är denna Princip alltid i spel. Du kan inte övervinna den om du inte lär dig att vibrera din viljestyrka så starkt att du höjer dig över det Astrala Planet där den känslomässiga svängningen sker och in på det Mentala Planet.

En annan nyckel till ett starkt nervsystem är att lära sig att slappna av i kroppen och sinnet när man hanterar en stressig situation. Stress och ångest aktiverar omedelbart det Sympatiska Nervsystemet, som sätter dig i överlevnadsläge - genom att tillämpa mindfulness och andningstekniker när du är pressad och inte låta dina känslor styra dig stänger du av SNS och aktiverar det Parasympatiska Nervsystemet. På så sätt kan du även i en svår situation vara cool, lugn och samlad, vilket förbättrar din förmåga att lösa problem och ger det bästa resultatet i alla situationer.

Om du låter dina känslor styra ditt liv kommer det alltid att leda till kaos och förtvivlan, medan du kommer att triumfera i livet om du låter din viljestyrka styra dig. Känslor är dubbla och saknar logik och förnuft. På livets träd tillhör de Netzach-Sfären, medan logik och förnuft motsvarar dess motsats, Hod. Känslor är naturligt motsatta logik och förnuft tills man lär sig att använda deras högre Sephiroth. Genom att tillämpa viljestyrka (Geburah) och fantasi (Tiphareth), tempererade av minnet (Chesed), kan du höja dig i medvetande och kontrollera din verklighet mycket effektivare än genom att vara en slav under dina känslor.

För att stiga ännu högre upp på Livets Träd måste du förbi dualiteten helt och hållet, vilket innebär att ditt medvetande måste vara inställt på intuition. Intuition hör till Ajna Chakra, som drivs av Binah (Förståelse) och Chokmah (Visdom). För att fungera fullt ut genom intuition måste du antingen ha haft ett permanent Kundalini-uppvaknande eller ha bemästrat meditation och fått förmågan att resonera med det Andliga Planet när du vill. Som nämnts kommer ett Kundaliniuppvaknande att naturligt stämma av dig mot det Andliga Planet med tiden. Därför är det den önskade erfarenheten för alla som känner till Kundalinis transformativa kraft.

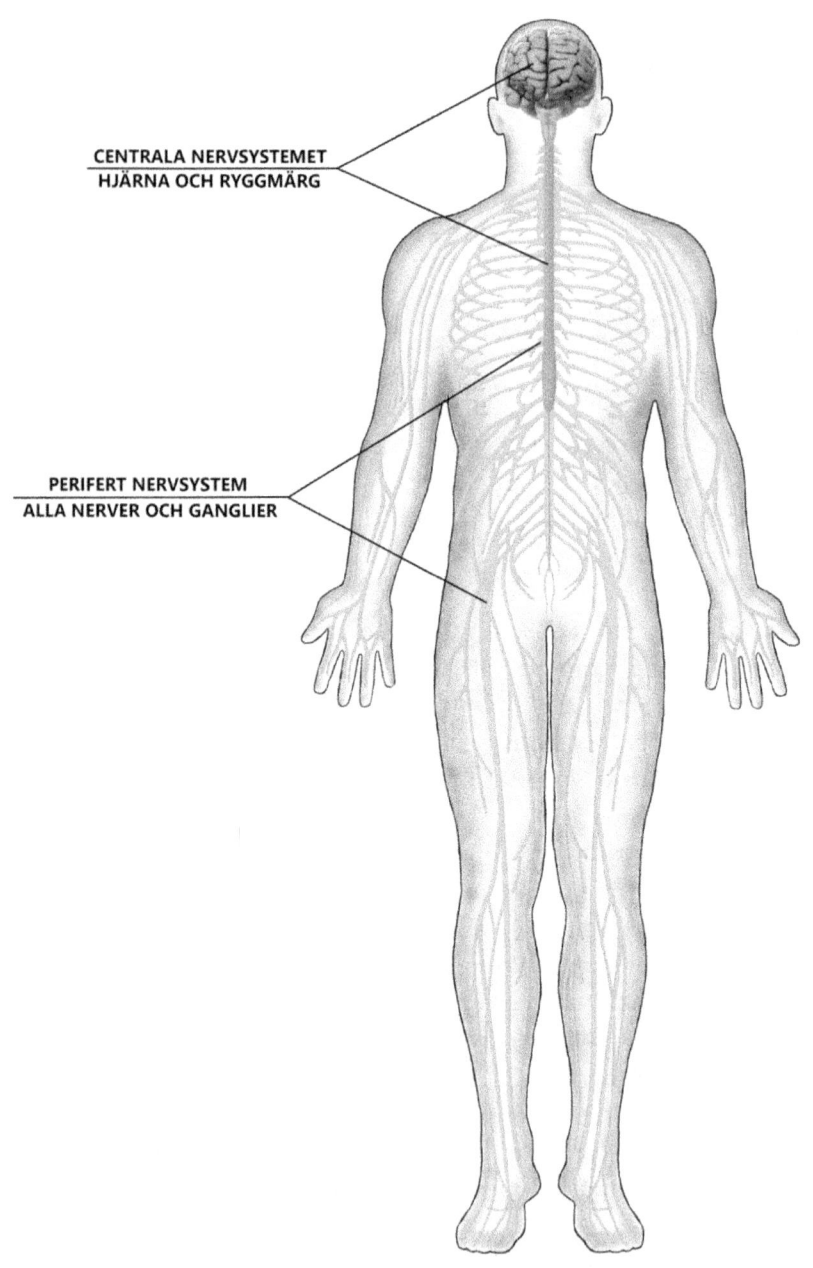

YOGA OCH NERVSYSTEMET

Det Sympatiska och det Parasympatiska nervsystemet växlar mellan varandra många gånger under dagen, särskilt hos personer vars känslor dominerar deras liv. För att en person ska vara balanserad i sinne, kropp och Själ måste han eller hon alltså ha ett balanserat Autonomt Nervsystem. När den ena halvan av det Autonoma Nervsystemet är alltför dominerande orsakar det problem för den andra halvan.

Människor som är benägna att stressa använder till exempel det Sympatiska Nervsystemet mer än vad som är hälsosamt för kropp och Själ, vilket med tiden skadar det Parasympatiska Nervsystemet. På så sätt är personen alltid spänd och under mental press, oförmögen att slappna av och vara i lugn och ro.

Psykisk stress påverkar också immunförsvaret, så kvaliteten på vårt Autonoma Nervsystem är avgörande för hur mottagliga vi är för sjukdomar. Kroniska degenerativa sjukdomar som hjärtsjukdomar, högt blodtryck, magsår, gastrit, sömnlöshet och utmattning av Binjurarna beror på ett obalanserat Autonomt Nervsystem.

Hur vi hanterar de två kompletterande halvorna av det autonoma nervsystemet beror på kost och näring, men också på livsstil och levnadsvanor. Vi måste lära oss att balansera aktivitet och vila, sömn och vakenhet samt våra tankar och känslor.

Yoga hjälper till att reglera och stärka det Autonoma Nervsystemet genom sin effekt på Hypotalamus. Yoga är mycket effektivt när det gäller att hjälpa kroppen och sinnet att slappna av genom andningsövningar (Pranayama) och meditation. Andningen är ett gränssnitt mellan det Centrala Nervsystemet och det Autonoma Nervsystemet. Genom att utöva Pranayama kan man lära sig att kontrollera sina autonoma funktioner. Genom att kontrollera lungorna får vi kontroll över hjärtat. Yogiska ställningar (Asanas) syftar till att balansera de maskulina och feminina energierna inom en själv, vilket främjar ett friskt och robust nervsystem.

Anulom Vrilom (Växelvis Näsborrsandning), till exempel, arbetar direkt på det Sympatiska eller Parasympatiska Nervsystemet, beroende på vilken näsborre du andas genom. När du andas genom den högra näsborren ökar ämnesomsättningen och sinnet blir fokuserat externt. När du andas genom den vänstra näsborren saktar ämnesomsättningen ner och sinnet vänder sig inåt, vilket ökar fokuseringen.

KUNDALINIUPPVAKNANDE OCH NERVSYSTEMET

En nervimpuls är ett elektriskt fenomen, precis som ett blixtnedslag. Så när det finns ett överflöd av bioelektricitet i kroppen efter ett fullständigt Kundaliniuppvaknande, sätter det hela nervsystemet i överfart. En fullständig omvandling sker med tiden när nervsystemet förstärker sig självt och dagligen bygger nya kretsar för att anpassa sig till de inre förändringarna.

För det första, när Kundalini Ljuset aktiverar och stärker alla latenta nerver, börjar det Centrala Nervsystemet fungera på maximal kapacitet. Högre aktivitetsnivåer visas i hjärnan eftersom den arbetar extra hårt för att registrera de vibrationsimpulser som kommer in från de hyperaktiva Perifera och Autonoma Nervsystemen. Förutom att anpassa sig till det utvidgade medvetandet måste hjärnan också arbeta för att bygga upp nya neurala banor för att tillgodose denna bioenergiexpansion och synkronisera sig med resten av nervsystemet.

De första stegen av återuppbyggnaden av ditt nervsystem är krävande för kropp och själ. Eftersom hela processen är ny för medvetandet går kroppen in i "kamp eller flykt"- läge för att skydda sig mot eventuella skador. Därför dominerar det Sympatiska Nervsystemet för tillfället medan räddhetsenergin är närvarande. Som många kundaliniväckta personer vet från första hand är Binjureutmattning på grund av stress vanligt i dessa inledande skeden.

I de senare stadierna av återuppbyggnadsprocessen, när de nya neurala banorna har byggts upp, blir sinnet mer accepterande för processen och kan slappna av. Som ett resultat av detta stängs det Sympatiska Nervsystemet av och det Parasympatiska Nervsystemet tar över. Vagusnerven spelar också en roll under denna process, eftersom den bidrar till att skapa sammanhang i kroppen. Även om det kan ta många år att slutföra omvandlingen i sin helhet blir resultatet ett betydligt starkare nervsystem som gör att man kan navigera i potentiellt stressiga situationer på ett oöverträffat sätt.

VAGUSNERVENS FUNKTION

De Tolv Kranialnerverna finns i par och hjälper till att förbinda hjärnan med andra delar av kroppen, t.ex. huvudet, nacken och bålen. Vagusnerven (Figur 46) är den längsta av Kranialnerverna (tionde nerv) eftersom den går från hjärnstammen till en del av tjocktarmen. Den har både motoriska och sensoriska funktioner.

Ordet "Vagus" betyder "vandrande" på Latin, vilket är lämpligt eftersom det är en slingrande, ormliknande bunt av motoriska och sensoriska fibrer som främst förbinder hjärnstammen med hjärtat, lungorna och tarmen. Tarmen är matsmältningssystemet (mag-tarmkanalen) som består av munnen, matstrupen, magsäcken, levern, tunntarmen, tjocktarmen och ändtarmen (anus).

Vagusnerven förgrenar sig också till levern, mjälten, gallblåsan, urinledaren, livmodern, halsen, öronen, tungan och njurarna - dess nervfibrer innerverar alla inre organ. Även om hjärnan kommunicerar med kroppens organ via Vagusnerven leds 80 procent av informationen från organen till hjärnan. Av alla organ i kroppen är det magen

som använder Vagusnerven mest för att kommunicera med hjärnan - den skickar signaler till den som rör mättnad (hunger), mättnad (mättnad) och energiomsättning.

Behandling och hantering av känslor sker via Vagusnerven mellan hjärtat, hjärnan och tarmen. Det Enteriska Nervsystemet har ett nätliknande system av neuroner som styr tarmens funktion och kommunicerar med hjärnan via Vagusnerven. När du hör någon säga att de har en "magkänsla" om något är denna känsla av att veta något en riktig nervsignal i tarmen. Av denna anledning har vi en kraftfull magkänsla vid intensiva mentala och känslomässiga tillstånd. Det Enteriska Nervsystemet kallas ofta för vår "andra hjärna" som är centrerad i vårt Solar Plexus-område, och Vagusnerven kallas ofta för "tarm-hjärnaxeln".

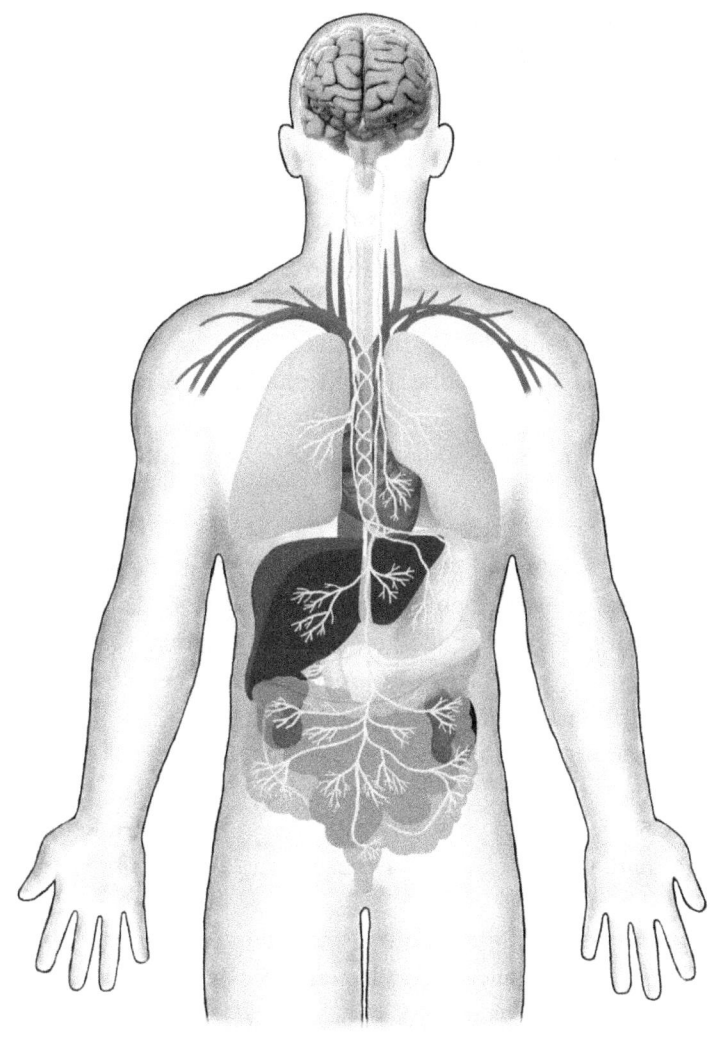

Figur 46: Vagusnerven

Vagusnerven aktiverar det Parasympatiska Nervsystemet, som styr kroppens omedvetna "vila och matsmältning". Vagusnerven fungerar för att lugna ner kroppen efter att ha ätit så att vi kan bearbeta maten lättare. En av dess viktigaste uppgifter är dock att fungera som en "återställningsknapp" som motverkar vårt automatiska, inre larmsystem, det Sympatiska Nervsystemets "kamp eller flykt"-reaktion.

Den signalsubstans som Vagusnerven använder för att kommunicera med kroppen, acetylkolin, är ansvarig för känslor av lugn, frid, avslappning samt inlärnings- och minnesfunktioner. Personer vars Vagusnerv är underaktiv plågas av kronisk ångest och har dålig inlärningsförmåga och minnesåterkallelse. Det är avgörande för dessa personer att stimulera Vagusnerven, antingen naturligt eller med en artificiell elektrisk apparat. Att göra detta kan leda till positiva hälsofördelar, inklusive att övervinna stress och depression och minska inflammation orsakad av känslomässig smärta.

Vagal tonus mäts genom att följa hjärtfrekvensen tillsammans med andningsfrekvensen. När vi andas in ökar hjärtfrekvensen och när vi andas ut minskar hjärtfrekvensen. Personer med hög Vagal ton har en längre period mellan inandnings- och utandningshjärtfrekvensen, vilket innebär att deras kropp kan slappna av snabbare efter en stressig händelse.

Hög vagal tonus förbättrar funktionen hos många av kroppens system - den minskar risken för stroke genom att sänka blodtrycket, underlättar matsmältningen och regleringen av blodsockret samt förbättrar humöret och motståndskraften mot stress. Låg Vagaltonus gör å andra sidan det motsatta för kroppen - den är förknippad med hjärt- och kärlsjukdomar, diabetes, kognitiv nedsättning, kronisk ångest och depression. Låg Vagaltonus gör också kroppen mer mottaglig för autoimmuna sjukdomar som beror på höga inflammatoriska tillstånd.

Vagusnerven är känd för att främja kärlek, medkänsla, tillit, altruism och tacksamhet, som alla bidrar till vår allmänna livsglädje. En av de mest effektiva, naturliga metoderna för att stimulera Vagusnerven och förbättra Vagaltonen är Pranayama-tekniken för Diafragmatisk Andning. När du andas långsamt och rytmiskt genom buken öppnar sig diafragman och släpper in mer syre i kroppen. Som ett resultat av detta aktiveras det Parasympatiska Nervsystemet, vilket lugnar sinnet.

Diafragmatisk andning omfattar hela nervsystemet och de Sju Stora Chakrana, vilket gör det möjligt för oss att jorda våra energier istället för att låta dem springa frenetiskt i bröstkorgen, vilket orsakar onödig stress och ångest. (För en fullständig beskrivning av tekniken för Diafragmatisk Andning och dess fördelar, gå till "Pranayama-Övningar" i avsnittet om Yoga.)

Eftersom Vagusnerven är kopplad till stämbanden är sång, nynnande och sjungande också förknippat med att förbättra Vagaltonen. Muntlig kommunikation är fördelaktigt, och människor som pratar mycket har i allmänhet ett gott humör. Att kommunicera med andra främjar positiva känslor och ger social närhet, vilket förbättrar Vagaltonen.

Forskning har visat att Yoga ökar vagaltonus, minskar stress och förbättrar återhämtningen efter känslomässiga och mentala trauman. Pranayama och meditation aktiverar det Parasympatiska Nervsystemet och lugnar ner sinnet, vilket stimulerar Vagusnerven. Asanas (Yogiska ställningar) balanserar de maskulina och feminina delarna av Jaget, vilket skapar harmoni i kroppen och främjar mindfulness. Andra Yogiska tekniker har också enorma fysiska och Andliga hälsofördelar. Därför har jag ägnat ett helt avsnitt åt vetenskapen, filosofin och utövandet av Yoga.

VAGUSNERVEN OCH KUNDALINI

Det finns intressanta likheter mellan Vagusnerven och Kundalini som är värda att undersöka. Efter att ha sett korrespondenserna blir det självklart att Vagusnerven kompletterar Kundalinis uppvaknandeprocess och kan till och med vara en fysisk representation av själva Kundalini.

För det första går Vagusnerven från tjocktarmsområdet (Muladhara) till hjärnan (Sahasrara). Kundalini ligger däremot upprullad vid ryggradens bas i Muladhara, precis bredvid anus. När den väl har vaknat stiger den uppåt till hjärnans centrum och slutligen till toppen av huvudet för att slutföra processen.

Folk kallar Vagusnerven för en, men i själva verket är det två nerver som fungerar som en. Här ser vi ett samband med Ida och Pingala Nadis, de dubbla ormarna som, när de är i balans, fungerar som en kanal (Sushumna).

Vagusnerven har direkt kontakt med alla organ och körtlar i kroppen. Dess uppgift är att samla in information från organen och körtlarna och överföra den till hjärnan för granskning. På samma sätt ansluter Kundalini till kroppens organ och körtlar och kommunicerar deras tillstånd till hjärnan via nervsystemet.

Kundalini rör sig genom ryggmärgen, medan Vagusnerven går mer centralt genom kroppen. När vi aktiverar Kundalini börjar alla organ och körtlar att arbeta synkront med varandra, vilket ger kroppen sammanhang. Vagusnerven skapar också, när den stimuleras, en förenande effekt i organen och körtlarna där de börjar fungera i harmoni med varandra.

Eftersom Vagusnerven är kopplad till matsmältningssystemet kan en försämring av Vagusnerven leda till magproblem. Kundalinis kraftcentrum ligger däremot i Manipura, och när det inte aktiveras eller dess energi blockeras uppstår problem med matsmältningen och magen.

Hjärtat och hjärnan är nära sammankopplade och kommunicerar mycket via Vagusnerven. Hjärtchakrat står också i direkt kommunikation med de två högsta Chakrana i hjärnan, Ajna och Sahasrara. I Kundalini-systemet är Hjärtchakrat centrum för Jaget, den del av oss som assimilerar och harmoniserar energier från de andra Chakrana. På en fysisk nivå är hjärtat den mest kraftfulla generatorn av elektromagnetisk energi i kroppen och vårt främsta gränssnitt mot vår omgivning (Se kapitlet "Hjärtats Kraft" för mer detaljer om detta ämne).

Kundalini har sitt ursprung i Öst och är en del av Yogiska och Tantriska metoder. Både Yoga och Tantra omfattar Pranayama, Asanas, meditation och andra tekniker som involverar Vagusnerven för att slappna av i kroppen och lugna sinnet. Många Yogis erkänner Vagusnervens roll och kraft i kroppen och sinnet och betraktar den som den anatomiska motsvarigheten till Sushumna Nadi. Som sådan kräver Vagusnerven vår största uppmärksamhet.

DE TOLV PAREN KRANIALNERVER

De Tolv Paren Kranialnerver (Figur 47) förbinder hjärnan med olika delar av huvudet, halsen och bålen. De förmedlar information mellan hjärnan och kroppsdelarna, särskilt till och från huvud- och halsregionen. Dessa Kranialnerver styr syn, lukt, hörsel, ögonrörelser, känsel i ansiktet, balans och sväljning. Funktionerna hos de Tolv Paren Kranialnerver är sensoriska, motoriska eller båda. De sensoriska nerverna är inriktade på att se, höra, lukta, smaka och känna. Å andra sidan hjälper motoriska nerver till att kontrollera rörelser i huvud- och halsregionen.

Var och en av de Tolv Paren Kranialnerver har motsvarande Romerska siffror mellan I och XII, baserat på deras placering från fram till baksida. De omfattar Luktnerven (I), Synnerven (II), den Okulomotoriska Nerven (III), Trochlearisnerven (IV), Trigeminusnerven (V), Abducensnerven (VI), Ansiktsnerven (VII), Vestibulocochlearisnerven (VIII), Glosofaryngeusnerven (IX), Vagusnerven (X), Ryggmärgstillbehörsnerven (XI) och Hypoglossusnerven (XII). Olfaktorsnerven och Synnerven kommer från Cerebrum medan de övriga tio paren kommer från hjärnstammen.

Olfaktornerveren överför information till hjärnan om individens luktsinne, medan Synnerven överför information om synen. De okulomotoriska, Trochleära och Abducensiska nerverna har med ögonrörelser att göra. Trigeminusnerven styr känsel och motorik i ansikte och mun. Ansiktsnerven styr ansiktsmusklerna och förmedlar smaksensationer från tungan. Den Vestibulocochleära nerven överför ljud och balans från innerörat till hjärnan. Glossopharyngealnervens uppgift är att förmedla smaksinnet från tungan och halsen. Vagusnerven har många funktioner som jag redan har beskrivit. Den Spinala Accessoriska Nerven styr musklerna i axel och nacke. Slutligen kontrollerar Hypoglossusnerven tungans rörelser när det gäller tal och sväljning av mat.

De Tolv Paren av Kranialnerver motsvarar de Tolv Stjärnbilderna i Zodiaken. Som sådana exemplifierar de den Hermetiska Principen "Som Ovan, Så Nedan". Det finns tolv "par" eftersom vi lever i en värld av Dualitet där det finns två av allting. Dualitetens värld, den materiella världen, återspeglar den Andliga Världens Enhet, som ger kraft åt de Tolv Zodiakkonstellationerna (grupperingar av Stjärnor) genom att sända ut sitt Vita Ljus genom dem.

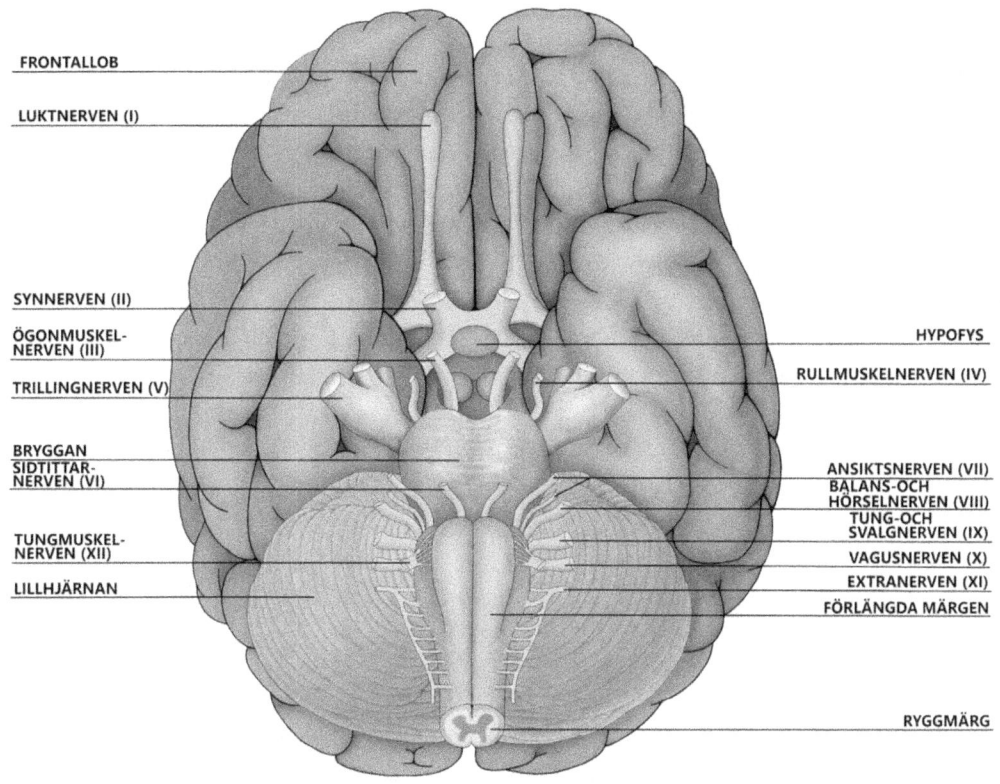

Figur 47: De Tolv Paren Kranialnerver

Tänk på att Solen i vårt Solsystem bara är en sådan Stjärna, och att det finns miljontals Stjärnor bara i Vintergatan med egna Solsystem. De Forntida människorna namngav de stjärnor som vi ser på vår natthimmel enligt de former och bilder som deras grupperingar gav upphov till, vilket gav oss bandet av Tolv Zodiakerna. Följaktligen återspeglas de Tolv Zodiakkonstellationerna i de Tolv Paren av Kranialnerver, antingen ett stort sammanträffande eller en del av ett större mysterium. Denna mästarplan har mycket att göra med vår Andliga Utveckling och optimering av vår personliga kraft.

Kranialnerverna informerar det mänskliga sinnet (Nedan) om allt som händer i det manifesterade Universum som de är en del av (Ovan). De är ansvariga för hur vi interagerar med och tolkar den materiella verkligheten. Som vårt gränssnitt mot omvärlden bidrar de Tolv Paren Kranialnerver till att definiera vår verklighet. De gör det möjligt för oss att ta emot extern information och uttrycka våra reaktioner på denna information genom kroppsspråk, inklusive ansiktsuttryck och ögonrörelser.

Kranialnerverna påverkar hur andra uppfattar oss genom att påverka våra kroppsliga reaktioner på yttre stimuli. Eftersom 93 % av vår kommunikation är icke-verbal har

Kranialnerverna till uppgift att uttrycka våra inre energier, även om det mesta av denna kommunikation sker på en omedveten nivå.

När en person genomgår ett fullständigt Kundalini-uppvaknande och optimerar sina Chakran, får han/hon fullständig kontroll över sina vibrationer och vilka signaler han/hon sänder ut till Universum genom sitt kroppsspråk. När det Tysta Vittnet i ens Jag vaknar upp gör det möjligt för den uppvaknade individen att se sig själv från tredje person. Jag tror att denna gåva från uppvaknandet är kopplad till utvidgningen av radien för ens Sinnesögas inre portal, vilket gör det möjligt för individen att lämna sin kropp när som helst och observera kroppens processer, inklusive ansiktsgester och ögonrörelser som avslöjar deras inre tillstånd. Genom att få medveten kontroll över de Tolv Paren av Kranialnerverna i deras annars ofrivilliga funktioner är individen på god väg mot Självmästerskap.

CEREBROSPINALVÄTSKA (CSF)

Cerebrospinalvätska (CSF) är en klar vätska som badar i utrymmena i och runt ryggmärgen samt i hjärnstammen och hjärnan. Den spelar en avgörande roll för att upprätthålla medvetandet, samordna all fysisk aktivitet och underlätta Kundalinis uppvaknandeprocess.

Det finns i genomsnitt 100-150 ml CSF i en normal vuxen kropp, vilket motsvarar ungefär två tredjedelar av en kopp. Kroppen producerar själv cirka 450-600 ml CSF per dag. CSF produceras kontinuerligt, och all CSF ersätts var sjätte till åttonde timme.

Hålrummen i hjärnan är vätskebehållare som kallas "ventriklar" och som skapar CSF. Hjärnans ventriklar fungerar som passager eller kanaler för medvetandet. När dessa passager hindras eller blockeras uppstår medvetandeförlust. Den viktigaste hjärnventrikeln är den Tredje Ventrikeln som omfattar det centrala området av hjärnan och innehåller Tallkottkörteln och Hypofysen samt Thalamus och Hypotalamus. CSF badar också i hjärnans utsida och ger flytförmåga och stötdämpning.

Efter att ha betjänat hjärnan och hjärnstammen färdas CSF nedåt genom ryggmärgens centrala kanal och även utanför den (Figur 48). Centralkanalen är ett ihåligt utrymme som är fyllt med CSF och som går hela vägen ner i ryggraden. Även om ryggmärgen slutar mellan den första och andra ländkotan (L1-2), precis ovanför midjeområdet, går CSF ner genom korsbenet. När den når botten av ryggraden absorberas CSF i blodomloppet.

Det Centrala Nervsystemet finns i hjärnan och ryggmärgen. Det är alltid nedsänkt i ryggmärgsvätskan. Den fungerar som det medium genom vilket hjärnan kommunicerar med det Centrala Nervsystemet. Det egentliga kretsloppet är den vita och grå substansen (fjärilsformad) som utgör ryggmärgen. När det Centrala Nervsystemet integrerar information från hjärnan skickar det ut den till olika delar av kroppen.

CSF finns i subarachnoidalrummet i hjärnan och ryggmärgen. Hjärnan och ryggmärgen skyddas av tre membran (meninges): pia mater, arachnoid space och dura mater. Det subaraknoidala området är bindväven mellan pia mater och araknoidalrummet. Det har ett spindelvävsliknande utseende och fungerar som dyna för det Centrala Nervsystemet, ryggmärgen och hjärnan. Viktigast av allt är att det fungerar som kanal för CSF.

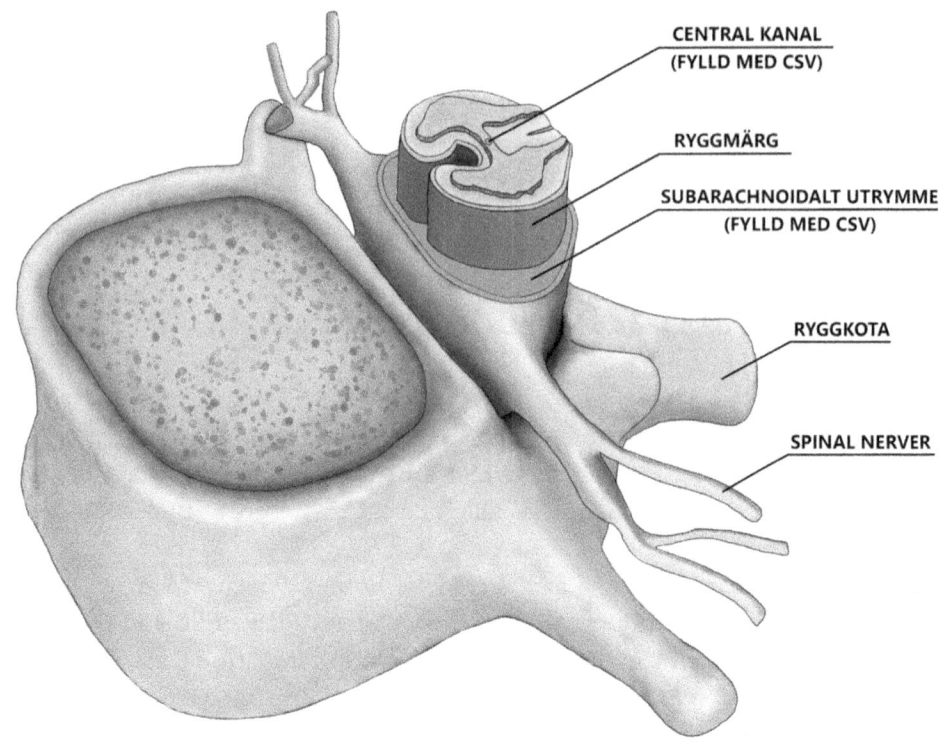

Figur 48: Ryggmärgen (Tvärsnitt)

CSF kan överföra Ljus, vibrationer, rörelser och molekyler. Den transporterar näringsämnen och hormoner till hela nervsystemet och hjärnan. CSF tjänar till att skydda både dem och ryggmärgen. Den eliminerar också allt avfall från dessa tre delar av kroppen. På en mer grundläggande nivå reglerar CSF den cirkadiska rytmen och aptiten.

CSF är viktigt för att hålla den fysiska kroppen levande, frisk och balanserad. Dessutom underlättar den ryggraden och huvudets fria rörelser genom att ge rörlighet.

CSF ger hjärnan viktiga tillväxt- och överlevnadsfaktorer från embryon till vuxen ålder. Den är avgörande för stamcellsmultiplikation, tillväxt, migration, differentiering och vår allmänna överlevnad.

HJÄRNANS VENTRIKLAR

Den Tredje Ventrikeln (Figur 49) är en perfekt centrerad struktur som innehåller Hypofysen på framsidan och Tallkottkörteln på baksidan. I mitten av den finns Thalamus och Hypotalamus. Det är förbindelsepunkten mellan de rationella övre delarna av hjärnan och de överlevnadsbaserade funktionerna i den nedre hjärnan.

De Forntida har vördat utrymmet mellan den Tredje Ventrikeln sedan urminnes tider på grund av dess Andliga egenskaper. Daoisterna kallade det för "Kristallpalatset", medan Hinduerna kallade det för "Brahmas Grotta". "Den Tredje Ventrikeln är i huvudsak grunden för sambandet mellan kropp och själ och Ande. Djupa känslor av lycka, frid och Enhet med källan har sitt ursprung i den Tredje Ventrikeln, som fungerar som vår portal till den Universella kunskapen.

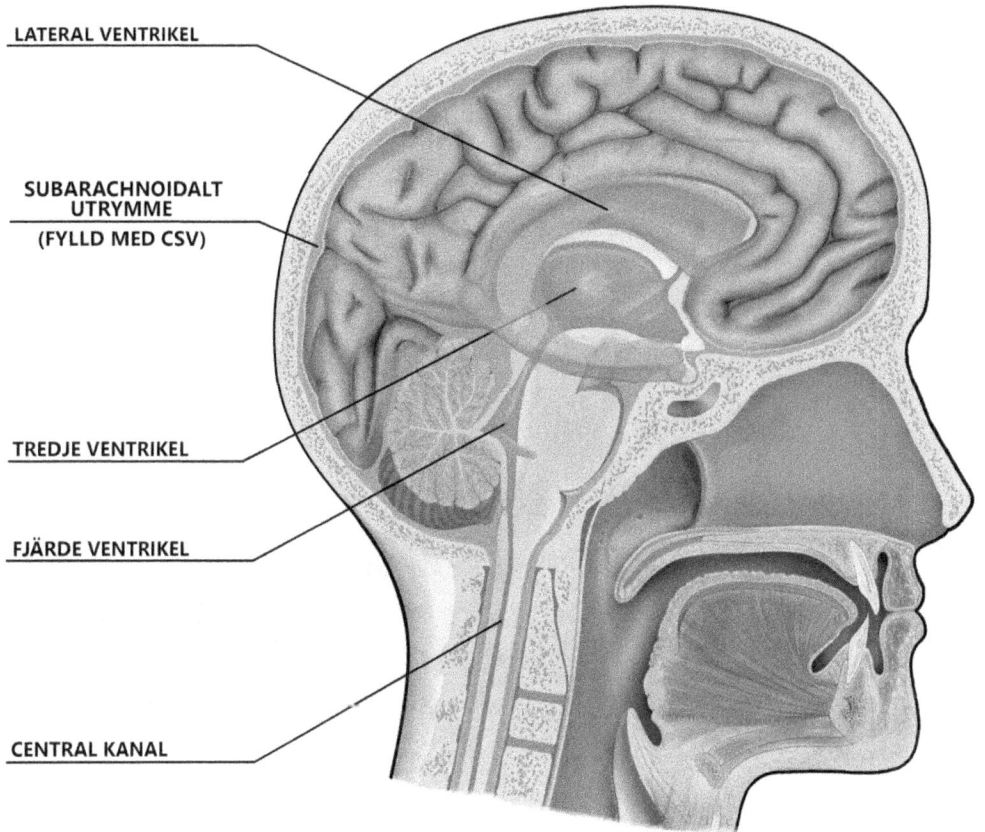

Figur 49: CSF och Hjärnans Ventriklar (Sidovy)

Den Tredje Ventrikeln i hjärnan är det utrymme som ger oss en enhetlig medvetenhet om vår sanna essens. Många människor tror att CSF-vätskan i hjärnan överför den Andliga energin när Tallkottkörteln, Hypofysen och Thalamus är aktiverade. Som sådan möjliggör den Tredje Ventrikeln en omvandling av medvetandet.

Den Laterala Ventrikeln har två horn (Figur 50) som har kontakt med Frontalloben, Parietalloben, Occipitalloben och Tinningloben. Det bakre hornet har kontakt med hjärnans visuella områden.

Den Fjärde Ventrikeln har kontakt med Lillhjärnan, Pons och Märgen. Den ligger mellan den Tredje Ventrikeln och den Centrala kanalen i hjärnstammen och ryggmärgen. Den CSF som produceras och (eller) flödar in i Fjärde Ventrikeln finns i subarachnoidalrummet i botten av skallen, där den centrala kanalen går in i hjärnstammen.

Läkemedelsvätskan fungerar som ett medel för att överföra information till hjärnan. Den absorberar, lagrar och överför vibrationer från omvärlden till olika receptorer i hjärnan. Av denna anledning är alla hjärnans kontrollområden, inklusive ryggmärgen (det Centrala Nervsystemet), hela tiden nedsänkta i CSF.

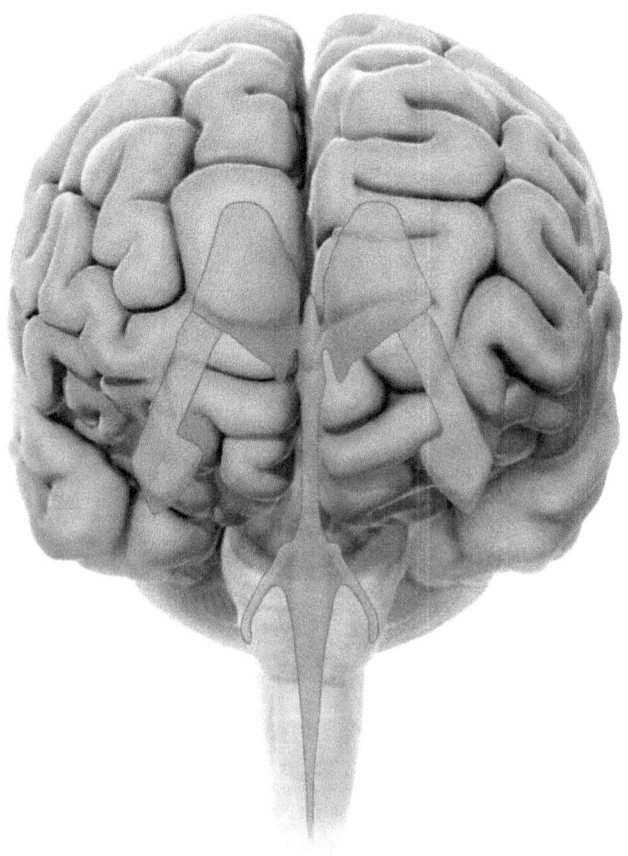

Figur 50: Hjärnans Ventriklar (Framifrån)

CSF OCH KUNDALINI-UPPVAKNANDE

De tre Nadis Ida, Pingala och Sushumna möts i den Tredje Ventrikeln, detta CSF-fyllda strålande rum i mitten av våra huvuden. När Kundalini och de aktiverade Nadis kommer in i det Tredje Ventrikelområdet blir Tallkottkörteln och Hypofysen elektrifierade genom CSF som medium. Kundalinis uppvaknande och Chakra-aktiveringen sker på en subtil, Eterisk nivå, medan den elektrifierade CSF stärker nervsystemet och aktiverar latent potential i de stora hjärncentren.

Eftersom Tallkottkörteln och Hypofysen representerar de feminina och maskulina delarna av Jaget, känslorna och förnuftet, representerar deras samtidiga aktivering en förening av den högra och vänstra hjärnhalvan. Thalamus börjar därmed fungera på en högre nivå, vilket underlättar öppnandet och optimeringen av Ajna Chakra.

Sushumna verkar genom CSF i ryggmärgen. I den punkt där ryggmärgen slutar mellan den första och andra ländkotan (L1-2), kallad Conus Medullaris, börjar en känslig tråd som kallas Filum Terminale och slutar vid svanskotan (Figur 51). Den är ungefär 20 cm lång och saknar nervvävnad. Ett av syftena med Filum Terminale är att transportera CSF till ryggradets nedre del.

Forskarna tror att en annan liten fiber löper genom den centrala kanalen i ryggmärgen och består av kondenserat CSF-protein. Denna fiber fungerar som en filament som lyser upp när den är elektriskt laddad. Eftersom ett av CSF:s syften är att transportera Ljusenergier fungerar den som den kanal genom vilken den uppvaknade Kundalini färdas uppför ryggraden och in i hjärnan.

Sushumna börjar vid svanskotan och löper upp längs Filum Terminale tills den når Conus Medullaris. Den fortsätter genom fibern i den centrala kanalen, förbi den Fjärde Ventrikeln och slutar i den Tredje Ventrikelns område, nämligen Thalamus och Hypotalamus som ansluter till den. CSF laddas elektriskt av uppvaknad Kundalini-energi, som stiger upp i ryggmärgen och systematiskt aktiverar de Stora Chakrana tills den når de högre hjärncentren. CSF är nyckeln till de anatomiska förändringar som sker i hjärnan vid ett kundaliniväckande. Nervsystemet förändras också genom upplivningen av ryggmärgsnerverna. Organen påverkas av denna infusion av Ljusenergi, vilket förklarar varför så många Kundaliniväckta personer rapporterar om anatomiska förändringar på insidan.

När Kundalini går in i hjärnan genom Sushumna-kanalen slutar den i Thalamus och ger energi till den. Samtidigt ger Ida och Pingala Nadis energi till Tallkottkörteln och Hypofysen. Eftersom Ida och Pingala slutar i Tallkottkörteln och Hypofysen skapar deras aktivering en magnetisk effekt som projicerar en vibrerande energiström mot Thalamus. Föreningen av dessa maskulina (Yang) och feminina (Yin) krafter i Thalamus möjliggör en fullständig öppning av Ajna Chakra, följt av Sahasrara på toppen av huvudet.

När Kundalini når Kronan vaknar "Jag Är"-komponenten av Jaget, det Högre Jaget, i vårt medvetande. Thalamus potential maximeras, vilket gör detta hjärncentrum till en perfekt antenn för vibrationer utifrån. Medvetandet expanderar till den Kosmiska nivån, och i stället för att bara ta emot 10 % av stimuli från omgivningen kan det nu uppleva hela 100 %.

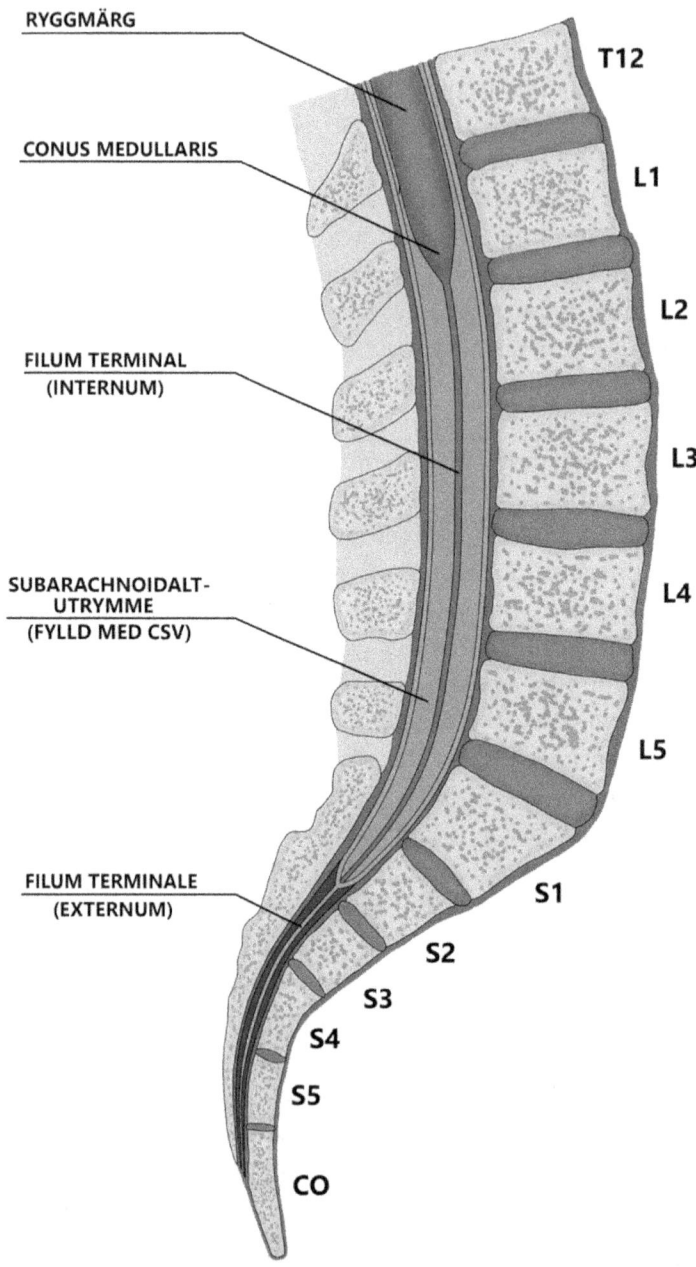

Figur 51: Conus Medullaris och Filum Terminale

MULADHARA OCH KUNDALINI

KORSBENET OCH SVANSKOTAN

Korsbenet och svanskotan (Figur 52) spelar en viktig roll i Kundalinis uppvaknandeprocess. Korsbenet, eller sakrala ryggraden, består av fem sammanfogade ryggkotor. Det är ett stort triangulärt ben mellan höftbenen och den sista ländkotan (L5). På Latin betyder ordet "sacrum" "heligt". Romarna kallade detta ben för "os sacrum" medan Grekerna kallade det för "hieron osteon", vilket i båda fallen betyder "Heligt ben".

Intressant nog kan ordet "hieron" på Grekiska också översättas med "Tempel". Korsbenet ansågs vara heligt eftersom äggstockarna och livmodern hos kvinnor låg i dess beniga konkavitet. De Forntida trodde att de kvinnliga reproduktionsorganen var Gudomliga eftersom livmodern är ursprunget till Skapelsen.

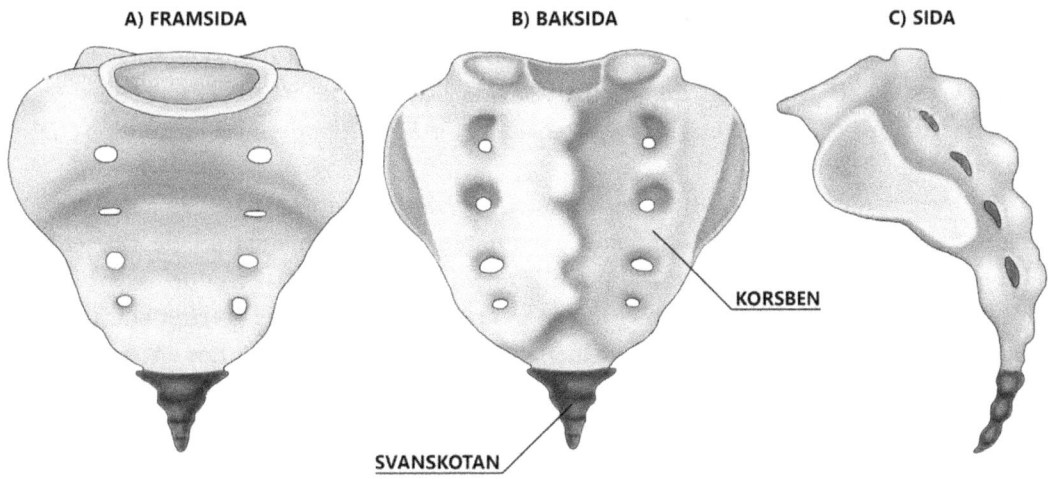

Figur 52: Korsbenet och Svanskotan

Sakrum är vårt Heliga Tempel eftersom det rymmer och skyddar könsorganen, plexus och de lägre subtila energicentren, som alla är involverade i aktiveringen av Kundalinis uppvaknandeprocess. Korsbenet är också ansvarigt för att pumpa CSF uppåt i hjärnan. Denna vätska upprätthåller medvetandet och spelar en avgörande roll för att aktivera de högre hjärncentren vid Andligt Uppvaknande.

I den Egyptiska Traditionen var korsbenet heligt för Osiris, Underjordens Gud. Egyptierna trodde att Osiris ryggrad, kallad Djedpelaren, representerade Kundalinienergin vars uppvaknandeprocess började i korsbenet. Coccyx (svanskotan) är ett annat litet triangulärt ben som är fäst vid korsbenets undersida.

Som nämnts är Kundalini i sitt potentiella tillstånd tre och en halv gång upprullad i svanskotan. Muladhara Chakra, Kundalinienergins Källchakra, ligger mellan svanskotan och perineum. När Kundalini-energin frigörs färdas den genom ryggmärgens ihåliga rör som en orm (Figur 53), tillsammans med ett svischande ljud som en orm gör när den rör sig eller är på väg att slå till.

Av en slump består svanskotan av tre till fem sammanfogade svanskotor eller ryggmärgskotor. På ett fysiskt plan är svanskotan en rest av en rudimentär svans. I samband med människans utveckling tror man att alla människor någon gång hade en svans, vilket de flesta däggdjur har idag.

Ordet "coccyx" kommer från Grekiskans "cuckoo", eftersom benet i sig har formen av en gökens näbb. Det är intressant att göken är en fågel som är känd för sitt ljud som ger upphov till förändringar i ens liv. Dess rop symboliserar ett nytt öde eller en ny händelse som utvecklas i ens liv. Kom ihåg att Hermes Kadukus, som symboliserar Kundalinis uppvaknandeprocess, har sitt ursprung i Grekland - Grekerna var väl medvetna om coccyxets Andliga potential eftersom de visste att det rymde den transformativa Kundalinienergin.

I den Egyptiska traditionen har visdomens Gud Thoth (Tehuti) ett Ibisfågelhuvud med en lång näbb vars form påminner om svanskotan. Thoth är den Egyptiska motsvarigheten till den grekiska Hermes och den Romerska Merkurius. Dessa tre Gudar har nästan identiska attribut och motsvarigheter, och alla tre är förknippade med Kundalini-energin och uppvaknandeprocessen.

I *Koranen* (även stavat Quran) säger Profeten Muhammed att svanskotan aldrig förfaller och att det är det ben som människorna kommer att återuppstå från på Domedagen. Hebréerna hade samma uppfattning, men i stället för svanskotan trodde de att det var korsbenet som var oförstörbart och var kärnan i människokroppens återuppståndelse. De kallade korsbenet för "Luz"-benet (Arameiska för "nöt"). Korsbenet har ett mönster av gropar som tillsammans med sin övergripande form liknar mandelskalet. I *Zohar*, boken med Judiska esoteriska och mystiska läror, är Luz det ben i ryggraden som ser ut som ett ormhuvud. Med tanke på att både svanskotan och korsbenet är triangelformade anser vissa Rabbiner att det är korsbenet som är heligt, medan andra anser att det är svanskotan.

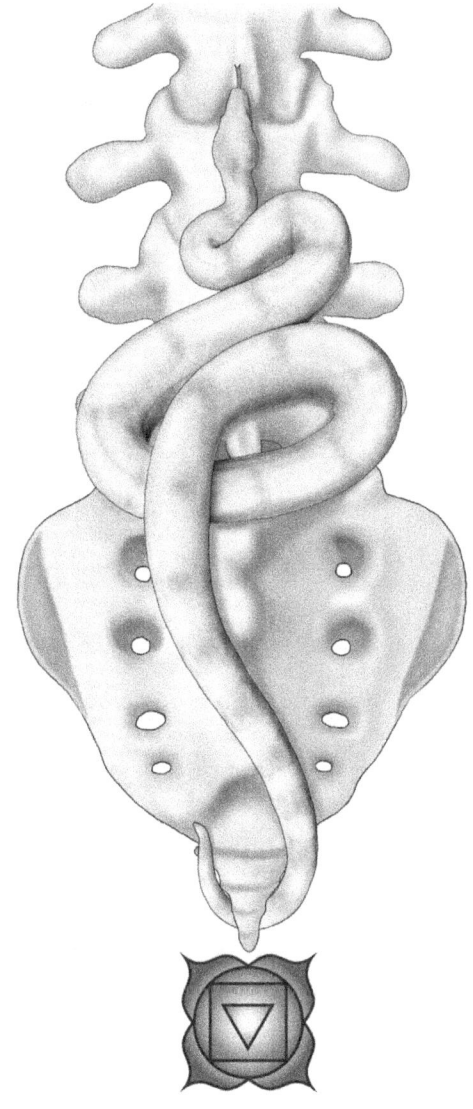

Figur 53: Den Upprullade Kundalinin

SACRALPLEXUS OCH ISCHIASNERVEN

Ytterligare två viktiga faktorer i Kundalinis uppvaknandeprocess är Sakralplexus och Ischiasnerven (Figur 54). Sakralplexus är ett nervplexus som utgår från de nedre ländkotorna och sakralkotorna (L4-S4). Den ger motoriska och sensoriska nerver till bakre låret, bäckenet och större delen av underbenet och foten.

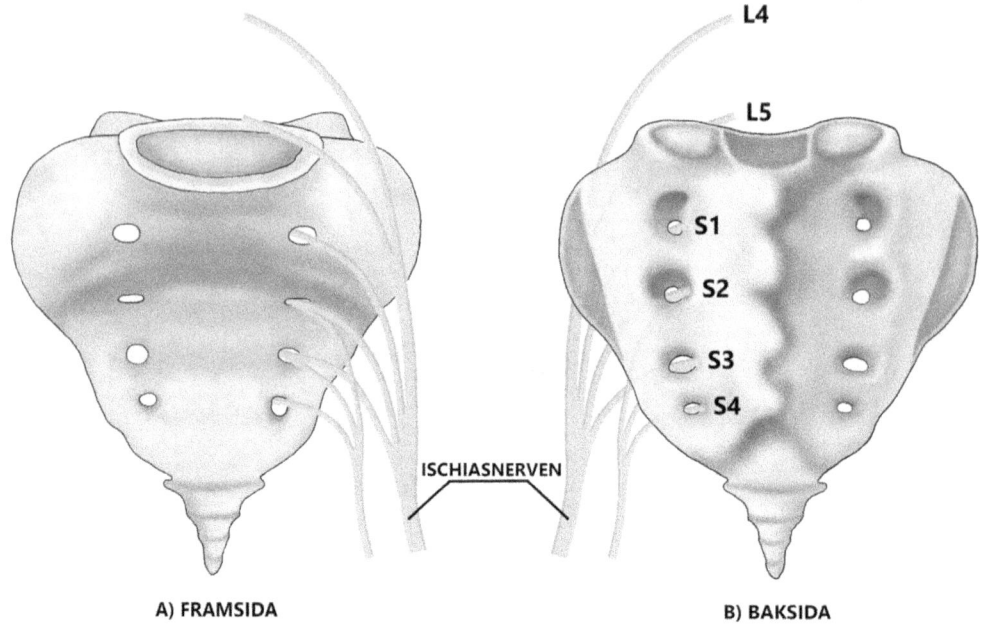

Figur 54: Plexus Sacraleus

Under Sakral Plexus finns Muladhara Chakra, som ligger mellan svanskotan och perineum. Muladharas blomhuvud sticker ut nedåt mot Jorden och ligger nära Coccygeal Plexus. Muladharas Chakrastam har dock sitt ursprung mellan den tredje och fjärde sakralkotan (S3-4), en del av Sakral Plexus.

Bäckenplexus ligger i bukregionen, precis framför Sakralplexus. Bäckenplexus nerverar de organ som är förknippade med Swadhisthana- och Muladhara-Chakrana, nämligen våra könsorgan.

Det finns en koppling mellan Jord- och Vattenelementen och Planeten Jorden under våra fötter. Det är ingen tillfällighet att våra två nedersta Stora Chakran, Muladhara och Swadhisthana, är kopplade till de enda två passiva Elementen som är inriktade på att ta emot energi. Eftersom Muladhara är en mottagare av den Jordiska energi som genereras av Jordstjärnan under fötterna, är Swadhisthana vår känslomässiga behållare, det undermedvetna sinnets och instinkternas Chakra.

Swadhisthana representerar känslorna, inklusive vår sexuella energi, som ger bränsle åt kreativiteten. Sexuell energi, när den vänds inåt, har visat sig ha en transformativ effekt på medvetandet. I min personliga erfarenhet genererade jag en enorm mängd sexuell energi genom en oavsiktlig Tantrisk sexpraktik som jag utförde, vilket ledde till kontinuerliga inre orgasmer som kulminerade i ett fullständigt Kundaliniuppvaknande.

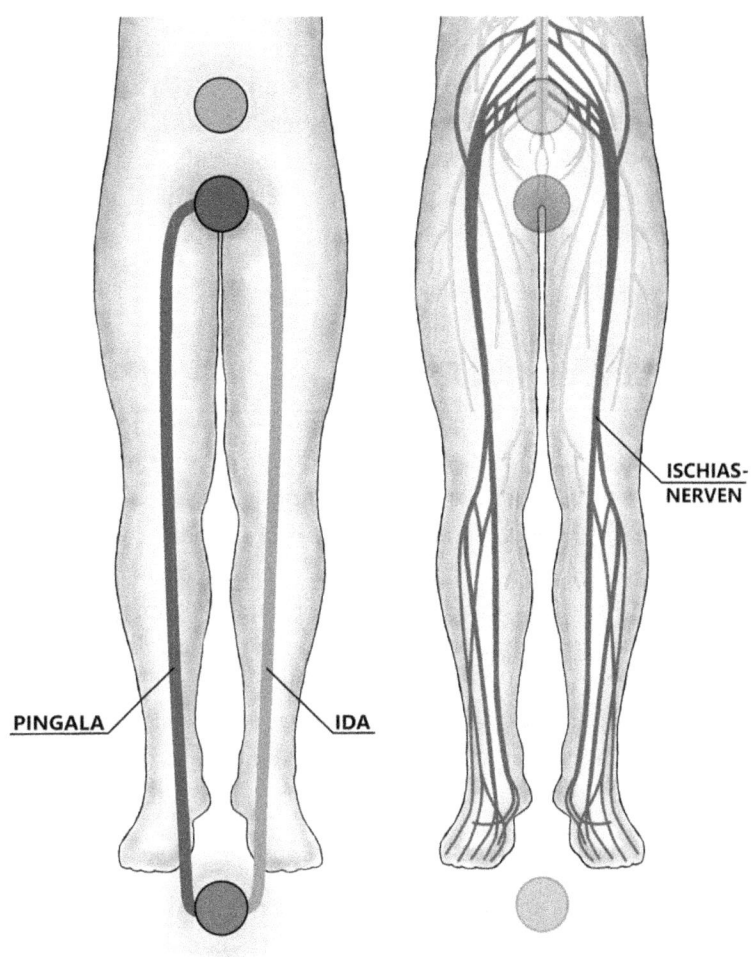

Figur 55: Ischiasnerven och Energikanalerna i Benen

Ischiasnerven är den största perifera nerven i människokroppen och bildas av fem nervrötter från Sakral Plexus. Den är 2 cm i diameter och löper genom låret och benet ner till fotsulan. Ischiasnerven fungerar som en rot för nervsystemet genom att jorda oss till Planeten Jorden. Eftersom det finns två ben löper två ischiasnerver genom dem. Ischiasnerven delar sig i två större grenar i knäområdet (tibialnerven och den gemensamma peroneusnerven).

Eftersom Vagusnerven är en fysisk representation av Kundalinienergin är Ischiasnerven en biologisk motsvarighet till benens energikanaler som förbinder oss med Jordstjärnan via Fotchakrana (Figur 55). Även om Ida och Pingala Nadis börjar i Muladhara kommer deras kraftkälla från de två energiströmmarna i benen, den negativa och den positiva.

Ida är kopplad till den vänstra sidan av kroppen och får sin negativa energiström från vänster ben, medan Pingala går genom den högra sidan av kroppen och får sin positiva energiström från höger ben. De två benen bär de feminina och maskulina energierna från Jordstjärnan in i Muladhara och förser därmed hela Chakrasystemet med dessa dubbla krafter. Som nämnts fungerar Jordstjärnan som ett batteri för Muladhara - energikanalerna i benen fungerar som de negativa och positiva strömmarna som överför Jordiska energier från vår Planet.

ATT FÖRA SAMMAN ALLTING

För att stimulera Kundalini till aktivitet och väcka den ur sin slummer måste vi skapa en kraftfull energiström i Muladhara, vilket innebär att många faktorer samverkar. Stimuleringen av Ida och Pingala Nadis börjar i Jordstjärnan, roten till vårt övergripande energisystem, som representeras av Hara-Linjen. När Jordstjärnan får energi, genom meditation eller andra övningar, projicerar den en energiström genom energikanalerna i benen via Hälchakrana. Samtidigt stimuleras Ischiasnerven, vilket ger energi till Sakral Plexus-området där Muladharas Chakriska stam börjar.

Som jag kommer att beskriva mer ingående i avsnittet om Yogisk vetenskap måste vi stimulera både Muladhara- och Swadhisthana-chakrana för att väcka Kundalini. Swadhisthana Chakras stam börjar mellan den första och andra ländkotan (L1-2), vilket motsvarar där ryggmärgen slutar och Filum Terminale börjar. Kundalinis uppvaknandeprocess har mycket att göra med att ge energi till CSF, som börjar i Filum Terminale och löper genom ryggmärgen tills den når den Tredje Ventrikeln och den centrala Thalamus och Hypotalamus. Genom att ge energi till den Tredje Ventrikeln stimuleras även de omgivande hjärnloberna. Hela processen för expansion av hjärnkraften involverar den Tredje Ventrikeln och den elektrifierade CSF.

Att väcka Kundalini i Muladhara innefattar de Fem Prana Vayus, de fem rörelserna eller funktionerna hos Prana, Livskraften. När tre av dessa Prana Vayus ändrar sin riktningskraft för att mötas i Hara Chakra sker en aktivering som innebär att värme genereras i Navelcentrum. Denna enorma värme åtföljs av en känsla av extas i buken, som kan liknas vid intensifierad sexuell upphetsning, vilket sedan elektrifierar Sushumna Nadi och får den att lysa upp som en glödlampa. När Sushumna lyser upp väcks Kundalini vid ryggradets bas. (Jag kommer att förklara denna del av processen mer i detalj i kapitlet "De Fem Prana Vayus").

Enligt min erfarenhet manifesterade sig den uppvaknade Kundalini som en boll av Ljusenergi, med ett elektriskt fält som var ungefär lika stort som en golfboll. När den vaknade skapade den ett tryck i botten av ryggraden, som inte var fysiskt men som kunde kännas oavsett på en subtil nivå. Kundalinis Ljusboll färdas uppåt genom CSF i ryggmärgen. Samtidigt genererar Jordstjärnan en enorm energi som överförs till

Muladhara Chakra via benens energikanaler och därmed ger energi till Ida och Pingala Nadis.

På en fysisk nivå är testiklarna (män), äggstockarna (kvinnor) och Binjurarna involverade i Kundalinis uppvaknandeprocess eftersom de genererar den sexuella energi som behövs för att driva Ida och Pingala och få dem att stiga upp. Ida motsvarar den vänstra testikeln och äggstocken, medan Pingala relaterar till den högra. När Kundalini börjar stiga genom Sushumna stiger Ida och Pingala, som drivs av den sexuella energin, upp i en böljande rörelse, intill ryggmärgen, och korsar varandra vid var och en av de Chakriska punkterna längs ryggraden.

När Kundalini-kulan av Ljusenergi systematiskt når var och en av de Chakriska stammarna kombineras den med de balanserade feminina och maskulina strömmarna från Ida och Pingala, vilket elektrifierar och sänder en stråle av Ljusenergi genom var och en av de Chakriska blomstammarna. När varje Chakrastam har genomsyrats av Ljusenergi börjar den Chakriska blomman längst fram på kroppen snurra snabbare, vilket gör att varje Chakra väcks helt och hållet och dess flöde optimeras.

Efter att ha genomborrat Brahma och Vishnu Granthis och väckt de fem första Chakrana går Kundalini-energin in i hjärnans centrum och slutar i Thalamus, som lyser upp inifrån. Omvänt slutar de elektrifierade Ida och Pingala Nadis i Tallkottkörteln och Hypofysen. När de är fullt aktiverade blir Tallkottkörteln och Hypofysen magnetiserade och projicerar en elektrisk ström som förenas i den centrala Thalamus som en enda Ljuskälla. När Thalamus tar emot Idas och Pingalas energier lyser den mer än någonsin via Tallkottkörteln och Hypofysen, eftersom de tre huvudsakliga Nadis blir integrerade.

Föreningen av Sushumna, Ida och Pingala Nadis i Thalamus skickar en ström av Ljusenergi genom Ajnas Chakriska stam tills den når dess blomhuvud som ligger i mitten av ögonbrynen (något ovanför). Om strömmen av Ljusenergi som projiceras från Thalamus är tillräckligt kraftfull kommer den att expandera Ajnas Sinnes Öga-portal. Jag liknade denna del av processen vid att Ajnas cirkulära portal växer från en munkstorlek till ett bildäck. Som jag nämnde var dock denna del av processen inte Universell, vilket innebär att den endast sker för de individer som genererar en exceptionell mängd Ljusenergi i hjärnans centrum, vilket skedde med mig.

Nästa fas i Kundalinis uppvaknandeprocess innebär att den förenade ljusströmmen från Ida, Pingala och Sushumna Nadis stiger genom hjärnbarken till toppen och mitten av huvudet. På vägen genomborras Rudra Granthi, vilket är nödvändigt för uppvaknandet av Sahasrara eftersom detta är den sista knuten som binder medvetandet till dualiteten. (Mer om Granthis och deras roll i Kundalinis uppvaknandeprocess i kapitlet "De Tre Granthis").

Om Kundaliniströmmen är tillräckligt stark när den når toppen av huvudet, öppnas det Kosmiska Ägget, vilket resulterar i fenomenet "elektrochock", som innebär att Ljusenergi sprids till de Sjuttiotvå Tusen Nadis. Denna upplevelse representerar den fullständiga aktiveringen av Ljuskroppen. Nästa och sista steget i Kundalinis uppvaknandeprocess är att helt öppna Sahasraras Tusenbladiga Lotus, optimera ens toroidala energifält och förena sitt medvetande med det Kosmiska Medvetandet. (Figur 56 är en symbolisk representation av Kundalinis uppvaknandeprocess och dess koppling till Hermes Kaducé och DNA:s Dubbelhelix.)

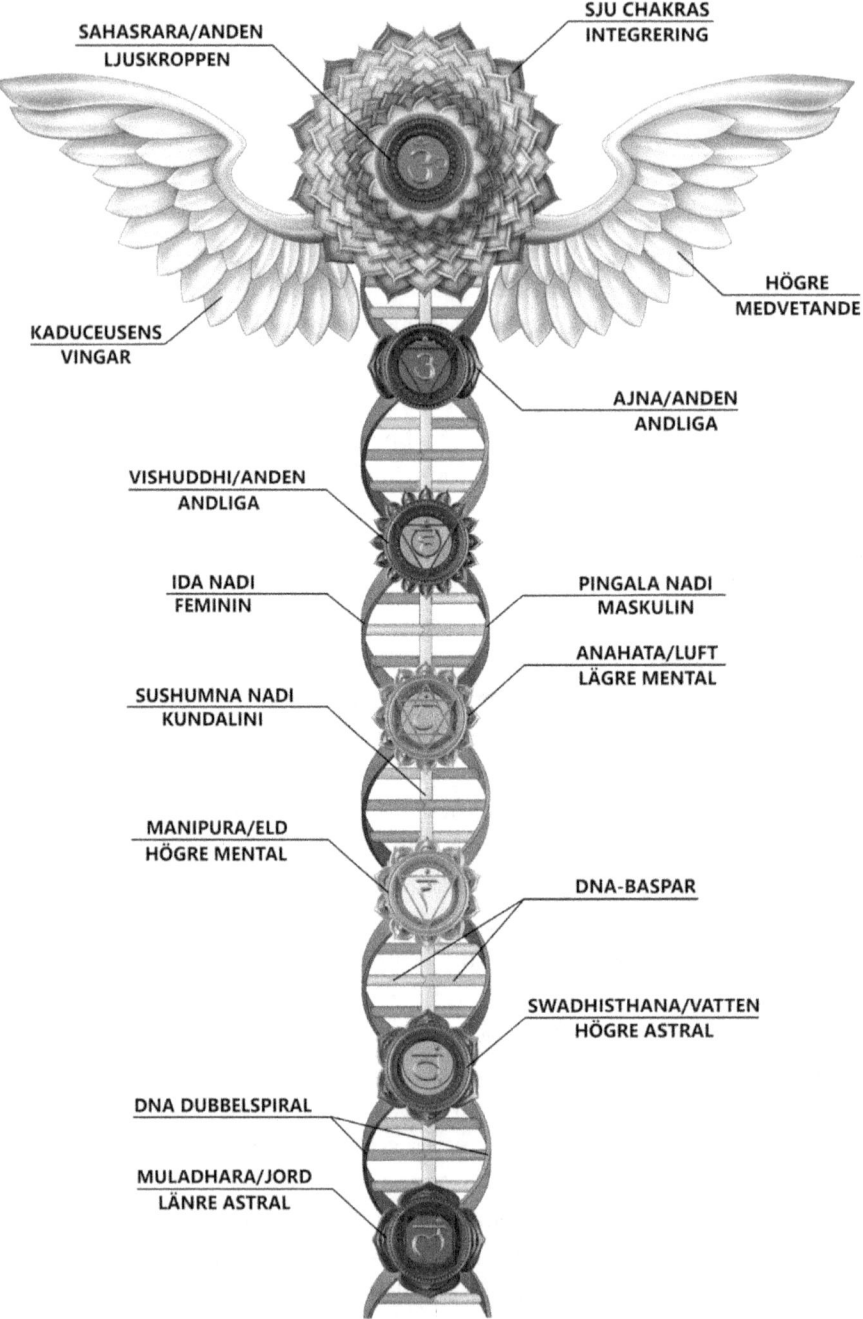

Figur 56: Kundalini/Kaducé av Hermes/DNA:s Dubbelhelix

HJÄRTATS KRAFT

HeartMath Institutet har under de senaste två decennierna forskat om kraften i det mänskliga hjärtat. De har fastställt att hjärtat är den mest kraftfulla elektromagnetiska energigeneratorn i människokroppen. Dess elektriska fält är ungefär 60 gånger större i amplitud än hjärnans. Hjärtats magnetfält är å andra sidan 5000 gånger starkare än det fält som genereras av hjärnan.

Hjärtats Rlektromagnetiska Fält (EMF) är toroidalt (Figur 57) och omsluter varje cell i människokroppen. Vårt hjärtats EMF sträcker sig ut i alla riktningar och påverkar direkt andra människors hjärnvågor som befinner sig inom åtta till tio meter (i genomsnitt) från där vi befinner oss. Människor som befinner sig längre bort (upp till 15 fot) påverkas också, men på ett mer subtilt sätt. Hjärt EMF, precis som Aurafältet, fluktuerar i storlek längs det horisontella planet och expanderar och krymper som en levande, andas organism.

Eftersom HearthMaths upptäckter om hjärtats kraft är relativt nya har många forskare föreslagit att hjärt EMF och Aurafältet är samma sak eftersom båda är toroidala i form och båda uttrycker våra elektromagnetiska energier. Min övertygelse, formad genom omfattande forskning och Gudomlig vägledning, är att de är två separata men sammanlänkade elektromagnetiska fält.

Aurafältet är en sammansättning av de olika subtila energierna som uttrycker de Stora och Transpersonella Chakrana, som vibrerar vid olika elektromagnetiska frekvenser. Aurafältet innehåller också andra subtila fält som förbinder oss med andra levande varelser, Planeten Jorden och Universum. Eftersom det Auriska fältet sträcker sig till ungefär fem till sex fot och hjärt EMF är betydligt större, talar vi helt klart om två olika saker.

Jag tror att Aurafältet ligger inom hjärt EMF, och att de är två delar av en helhet. Hjärt EMF:s uppgift är att registrera vibrationer från omgivningen och skicka dem till hjärnan och resten av kroppen. Som ett resultat påverkas de inre Kosmiska Planen och påverkar de Chakriska energierna. Chakrana framkallar i sin tur vissa reaktioner i medvetandet utifrån sina motsvarande inre förmågor. Av denna anledning påverkar EMF från hjärtat oss på alla nivåer, Andliga, mentala, känslomässiga och fysiska. Det fungerar som vårt gränssnitt mot omgivningen och skickar information till Aurafältet, som ger kraft åt medvetandet.

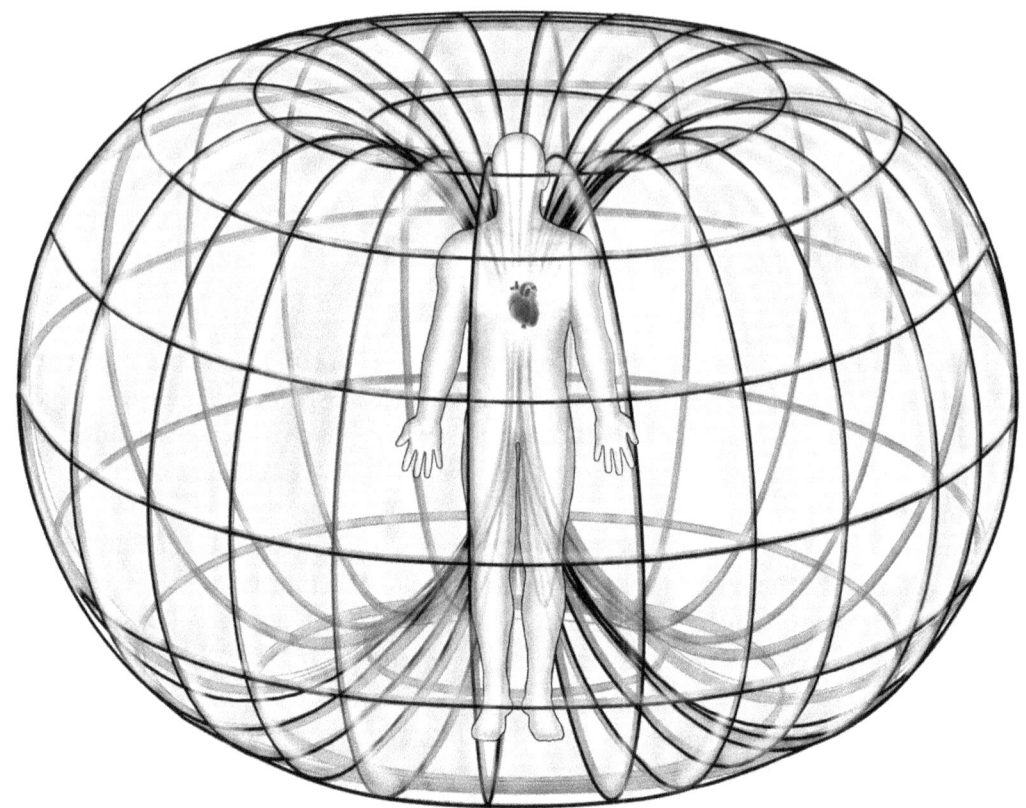

Figur 57: Hjärtats Elektromagnetiska Fält

EMF från hjärtat är relaterat till Hjärtchakrat, som motsvarar Luftelementet och det Lägre Mentala Planet. På grund av sin placering fungerar hjärt EMF som en mellanhand mellan de högre och lägre Kosmiska Planen. Subtila vibrationer från omgivningen fångas upp och överförs till de Högre Mentala och Andliga Planen ovanför och de Astrala och Fysiska Planen nedanför.

Hjärtchakrat är det fjärde Stora Chakrat som ligger mellan de tre högre Chakrana i det Andliga Elementet och de tre lägre Chakrana (Eld, Vatten och Jord). Luftelementet är esoteriskt sett känt som ett mellanled mellan Ande och Materia, vilket kan jämföras med hur den luftinnehållande atmosfären separerar Himlen ovanför och Jorden nedanför. Luft har att göra med andning och syre, som upprätthåller allt liv. Vi kan inte överleva mer än några minuter utan att andas, eftersom det är avgörande för vår överlevnad. På detta sätt tjänar hjärt EMF Själen och sinnet, som är mellanled mellan Ande och Materia.

KOPPLINGEN MELLAN HJÄRTA OCH HJÄRNA

Under fosterutvecklingen är hjärtat det första organet som bildas - det börjar slå innan hjärnan ens utvecklas. Hjärtat är den centrala delen av Jaget, den grund på vilken resten av kroppen skapas i livmodern. Neurokardiologer har fastställt att hjärtat innehåller många liknande komponenter som hjärnan, vilket möjliggör en dynamisk, pågående tvåvägsdialog.

Ungefär 60-65 procent av hjärtcellerna är neurala celler, ungefär som i hjärnan. Dessa 40 000 neuroner är grupperade i grupper på samma sätt som neurala grupperingar i hjärnan och innehåller samma ganglier, neurotransmittorer, proteiner och stödceller. "Hjärthjärnan", som den brukar kallas, gör det möjligt för hjärtat att agera oberoende av kraniehjärnan. När hjärtat bearbetar livshändelser känslomässigt utvecklar det beslutsförmåga och minne. Med tiden utvecklar hjärtat sin egen emotionella intelligens som hjälper oss att guida oss i livet.

Hjärtat och hjärnan kommunicerar neurologiskt (genom nervsystemet) och energetiskt (genom sina EMF). De kommunicerar också hormonellt och genom pulsvågor (biofysiskt). Vibrerande energier som kontinuerligt flödar mellan hjärtat och hjärnan hjälper till att bearbeta händelser och känslomässiga reaktioner, sinnesupplevelser, resonemang och minne.

Hjärtat är vårt primära gränssnitt mot omvärlden och arbetar i samklang med Thalamus och hjärnan. Hjärnan och hjärtat är kopplade till Sinnet och Själen, som är partners i upprätthållandet och styrandet av medvetandet. Liksom hjärnan innehåller ventriklarna som kanaliserar Andlig energi och medvetande, har hjärtat också subtila passager som åstadkommer samma sak. Om det sker en störning i det harmoniska flödet av kommunikation av Andeenergi och medvetande mellan hjärnan och hjärtat kan det leda till förlust av medvetande.

Hjärtats EMF tar kontinuerligt emot signaler från omgivningen, men det mesta av den informationen når aldrig det medvetna sinnet. I stället lagras informationen i det undermedvetna. Det undermedvetna sinnet är förknippat med 90 % av hjärnans neurala aktivitet och påverkar vårt beteende betydligt mer än det medvetna sinnet. Av denna anledning är de flesta av våra instinktiva reaktioner, t.ex. uttryck i kroppsspråket, automatiska utan att vi är medvetet medvetna om att vi har initierat dem.

Det medvetna sinnet använder hjärnans Prefrontala Cortex för att bearbeta information. Den kan bara bearbeta och hantera 40 nervimpulser per sekund. Som jämförelse kan det undermedvetna sinnet, som arbetar från hjärnans baksida, bearbeta 40 miljoner nervimpulser per sekund - det undermedvetna sinnets processor är 1 miljon gånger kraftfullare än det medvetna sinnets.

Efter ett fullständigt Kundalini-uppvaknande, när det inre Ljuset går in i hjärnans centrum och lokaliseras där permanent, blir det medvetna och det undermedvetna sinnet ett, vilket resulterar i en permanent uppgradering av ens CPU. På så sätt får individen full tillgång till all information som avläses av hjärtats EMF, vilket ökar medvetenheten och optimerar förmågan att fatta beslut.

KROPPENS SAMMANHÅLLNING

Människans hjärta är en ihålig muskel, lika stor som en knytnäve, som slår med 72 slag per minut och är cirkulationssystemets centrum (Figur 58). Hjärtat är placerat i huvudets och bålens centrum, i mitten av bröstkorgen (något förskjutet åt vänster), vilket möjliggör den mest optimala anslutningen till alla organ som driver kroppen.

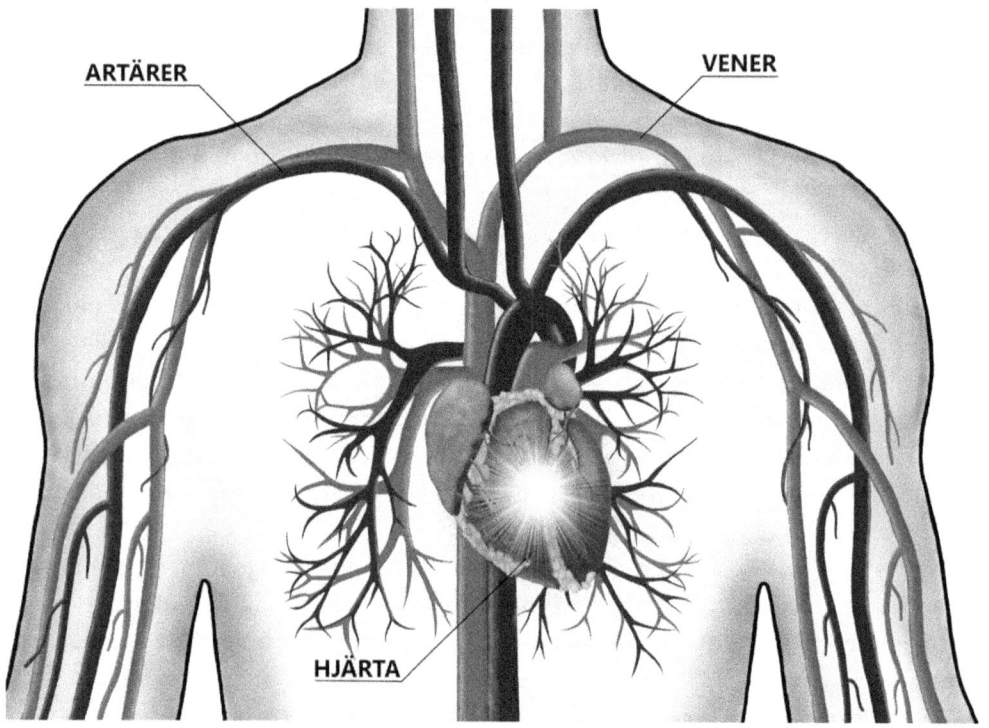

Figur 58: Det Mänskliga Hjärtat och Cirkulationssystemet

Cirkulationssystemet består av blodkärl (artärer) som transporterar blod från och till hjärtat. Hjärtats högra sida tar emot syrefattigt blod från venerna och pumpar det till lungorna, där det tar upp syre och avlägsnar koldioxid. Hjärtats vänstra sida får det syrerika blodet och pumpar det genom artärerna till resten av kroppen, inklusive hjärnan. Av alla organ är hjärnan en av de största förbrukarna av syrerikt blod, och otillräcklig kranieförsörjning kan orsaka betydande hjärntrötthet.

Hjärtat har ett betydande inflytande på den fysiska kroppen på cellnivå. Hjärtat pumpar inte bara syre och näringsämnen till varje cell i kroppen genom cirkulationssystemet, utan producerar också hormoner som påverkar kroppens och hjärnans fysiologiska funktion. Som nämnts är ett av sätten för hjärtat och hjärnan att kommunicera hormonellt, och detta beror på att hjärtat fungerar som en endokrin körtel.

Med hjälp av elektromagnetiska frekvenser och kemiska ämnen styr hjärtat hjärnans rytm och de olika systemen i kroppen (andningsorganen, immunförsvaret, matsmältningssystemet, cirkulationssystemet, endokrina system osv.) Kroppens sammanhållning uppnås när ett harmoniskt och balanserat samspel skapas i alla kroppens system.

Om vi upplever positiva, kärleksfulla känslor uppstår en kroppskohärens, som sänker hjärnvågorna och balanserar de Parasympatiska och Sympatiska Nervsystemen. Vårt hjärtslag saktar ner och blir jämnt och balanserat. Vårt sinne blir klart och gör det möjligt för oss att koppla in oss på vår Själs inre Ljus. Vår kreativitet, fantasi, intuition och inspiration ökar och gör det möjligt för oss att utnyttja vår innersta potential som Andliga människor.

Omvänt, om vi upplever negativa, rädda känslor, kommer vår kropp ur harmoni och stress och ångest uppstår. Våra hjärnvågor går snabbare och gör oss mer alerta. Hjärtat slår också snabbare, och vi upplever ofta rytmiska sammandragningar till följd av att vårt sinne bearbetar negativitet. Vårt Sympatiska nervsystem åsidosätter det Parasympatiska och vi förlorar kontakten med vår Själ, vilket bryter vår koppling till inspiration och kreativitet. Vår förmåga att tänka blir grumlad av det negativa tillstånd vi befinner oss i, och vi förlitar oss på vårt Ego för att rationalisera vår existens.

Att andas genom magen genom att utvidga diafragman (Diafragmatisk Andning) är kanske det mest användbara sättet att neutralisera negativ energi och lugna ner det inre. Denna Yogiska andningsteknik (Pranayama) gör det möjligt för en att återfå kontrollen över sina kroppsliga rytmer och uppnå kroppens sammanhang igen. Diafragmatisk Andning är en förutsättning för meditation, som är en annan metod för att höja medvetandets vibrationer som optimerar kroppens hälsa.

HJÄRTAT OCH VIBRATIONER

Enligt den Hermetiska Vibrationsprincipen befinner sig allt i Universum (inklusive levande organismer, tankar, känslor etc.) i ett tillstånd av vibrationsrörelse på en subatomär nivå. Kvantfysiken bekräftar nu också det som de Uråldriga har sagt i tusentals år. Materian består inte bara av vibrerande energier, utan vibrationer är grunden för all kommunikation i Universum, vare sig muntligt eller genom mer subtila nivåer - vi alla inducerar ständigt varandra genom våra vibrationer.

Jordens magnetiska resonanser vibrerar på samma frekvens som vår hjärtrytm och våra hjärnvågor - Såsom Ovanför, Så Nedanför. Alla levande organismer sänder ut unika vibrationsenergier medan hjärtat är mottagaren som "läser" energifälten runt omkring oss. Våra EMF i hjärtat tar ständigt emot vibrerande signaler från omgivningen, vilket gör att våra celler kan interagera med omvärlden. Vetenskapliga analyser visar att det är hjärtat, inte hjärnan, som initierar det första svaret på inkommande information från omvärlden. Av denna anledning hör man ofta människor säga: "Jag gillar den här personens vibrationer", vilket relaterar till deras intryck av dem som de fått via hjärtat.

Intressant nog registrerar hjärtat, med den uppsjö av stimuli som finns vid varje given tidpunkt, i första hand information som är i samklang med ens inre vibrationer. Detta fenomen är en manifestation av Attraktionslagen som säger att positiva eller negativa tankar och känslor ger positiva eller negativa upplevelser i en persons liv. Med andra ord upplever vi det som våra sinnen och hjärtan fokuserar på.

En person som till exempel ägnar sitt sinne och hjärta åt tankar och känslor av kärlek kommer att ställa in sig på information från omgivningen som rör kärleksenergi. Deras hjärt EMF kommer att fokusera på och förstärka alla signaler från omgivningen som har med kärlek att göra. En person som bara tänker på rädsla och upplever rädda känslor kommer att få tillgång till miljöinformation som rör rädsla. Och även om vi tänker på att inte tänka på något, fokuserar vi på den saken oavsett, vilket manifesteras i våra sinnen och hjärtan. På så sätt registrerar och hör vi ständigt det vi är programmerade att höra.

Varje människas hjärta har ett elektromagnetiskt vågmönster som är lika unikt som deras fingeravtryck. Det innehåller inte bara uppgifter om kroppens aktuella tillstånd utan även kodade minnen som lagras i hjärtats två olika nätverk av nerver. Man kan hitta bevis för fenomenet med hjärtminne hos mottagare av hjärttransplantationer. Det är vanligt att en person som fått en annan persons hjärta utvecklar förändringar i sin personlighet, gillar, ogillar och preferenser, vilket beror på gamla minnen som lagrats i hjärtat.

HJÄRTAT OCH RELATIONER

När vi träffar någon genomgår vi en synkronisering mellan hjärta och hjärna med den personen. Vårt mentala och känslomässiga tillstånd påverkar omedelbart den andra personen, eftersom de psykiskt läser våra intentioner på en energinivå. När vi till exempel kommer från en plats av kärlek, sanning och respekt kommer en annan persons hjärta naturligt att öppna sig för oss och de kommer att återgälda våra goda intentioner. Om vi kommer från en plats med Ego och våra intentioner inte är rena, till exempel när vi försöker manipulera någon för själviska vinster, då kommer den andra personen naturligt att gå i försvar. Deras hjärtan kommer att förbli stängda för oss, och istället kommer deras hjärnor att ta över för att försöka rationalisera situationen.

Om vi är stressade och upprörda stöter vi naturligt bort andra människor i vår omgivning, medan vi drar till oss dem när vi är lugna och fridfulla. Människor dras till positivitet eftersom vi intuitivt vet att vi ständigt kommunicerar telepatiskt och påverkar varandra med våra tankar och känslor. Denna kunskap är något vi föds med, även om vi kanske inte känner igen den med vårt Ego.

Med tanke på hjärtats elektromagnetiska kraft och den inverkan som kärleksfull, positiv energi har på människor vi möter, är det inte konstigt att vi naturligt längtar efter att vara sociala och skapa band med andra. Vi ger näring och helar varandra när våra hjärtan är öppna och när våra intentioner är goda. Enbart med goda intentioner kan vi tränga igenom Ego-barriären och personligheten och nå Själen hos en annan människa. Omvänt, när våra avsikter är själviska, triggar vi varandra känslomässigt och kan orsaka skada på en djup nivå. I det senare fallet tar Egot över, och det sker inget utbyte av Själshelande energier.

När du har ett gräl med någon är det bästa sättet att lösa tvisten att tala från hjärtat till personen i fråga, som oftast kommer att ge dig samma svar. Sanningen har ett sätt att rensa alla hinder eftersom den neutraliserar all negativ energi så att man kan komma till "sakens kärna", som man brukar säga. När det finns en öppenhet i hjärtat mellan två människor blir inte bara meningsskiljaktigheterna lösta, utan det kärleksfulla bandet mellan dem blir starkare. Av denna anledning gör det faktum att man lever från hjärtat och alltid är ärlig att man aldrig ångrar något och lever med gott samvete.

Att isolera sig från andra och sakna mänsklig kontakt på fysisk och känslomässig nivå är smärtsamt och ofta förlamande om det går för lång tid. Vi behöver mänskliga kontakter, inklusive vänskap och intimitet, för att hjälpa oss på vår Andliga Utvecklingsväg. Romantiska relationer är de mest helande, särskilt om de inbegriper sex eftersom sex är den fysiska enhetsakten som skapar det mest kraftfulla bandet när ett öppet hjärta och kärleksfulla intentioner tillämpas.

MÄNSKLIGT BETEENDE OCH ORSAK OCH VERKAN

Som jag har beskrivit i *The Magus* måste du, om du vill utveckla sann personlig makt, känna till dina Demoner så att du kan använda deras energi på ett produktivt sätt när situationen kräver det. När någon till exempel försöker manipulera dig kommer du att känna igen deras avsikt i stället för att vara blind för den och kan åstadkomma en lika stor och motsatt reaktion för att neutralisera Lagen om Karma.

När jag talar om Demoner hänvisar jag till den negativa räddhetsenergin som inte är av Ljuset i sig men som kan främja Ljusets agenda. Även om det jag säger kan låta kontraintuitivt (eftersom många av er har lärt er att Demoniska energier är dåliga) så är det inte så. Negativ energi är inte något ni bör fly från utan ni bör försöka tämja inom er.

Genom att tillämpa den Fria Viljan kan du lätt använda negativ energi för att uppnå ett positivt resultat. Genom att göra det ger du dina Demoner vingar, bildligt talat.

Om du känner till dina Demoniska energier kan du inse när du blir energiskt attackerad av andra, bedöma vilken typ av attack det är och mobilisera dina inre krafter för att gå till angrepp. Kom ihåg att vi måste straffa allt ont, annars blir vi ondskans medbrottslingar. Karmalagen kräver att vi är vaksamma och starka när vi ställs inför någon motståndarenergi och exakta Allvar när det krävs av oss. Genom att göra detta lär vi subtilt andra att uppträda korrekt enligt de Universella Lagarna. Vi har alla en helig plikt som vi är skyldiga vår Skapare att behandla varandra med kärlek och respekt och skydda varandra från allt ont.

Om vi flyr från negativa energier misslyckas vi med att bygga upp vår personliga kraft, vilket med tiden tar bort våra Gudagivna förmågor. Varje gång vi inte bestraffar ondskan av rädsla för konfrontation blir denna rädsla förstorad inom oss och avskärmar oss mer och mer från Ljuset i våra Själar. Och eftersom Karmalagen är cyklisk fortsätter vi att möta samma utmaningar, gång på gång, tills vi får det rätt.

Moses Lag "Öga för Öga" i *Toran (Gamla Testamentet)* innehåller den underliggande principen att straffet måste stå i proportion till brottet. Den är i linje med Newtons tredje lag om Orsak och Verkan, som bygger på den mycket tidigare Hermetiska Lagen om Orsak och Verkan: "För varje handling (Kraft) i naturen finns det en lika stor och motsatt reaktion". Orsak och Verkan är grunden för Lagen om Karma, och den innebär i huvudsak att det du skickar ut i Universum får du tillbaka.

"Du skördar vad du sår", som ordspråket säger - om du gör dåliga saker kommer dåliga saker att hända dig, medan om du gör bra saker kommer bra saker att hända dig. Ur ett perspektiv av mänskliga relationer: om du är positiv och kärleksfull mot andra människor kommer du att få det tillbaka från dem, medan om du är självisk och ond kommer andra att ge dig tillbaka. Vi har alla en inneboende uppgift att uttrycka Lagen om Orsak och Verkan och att vara effekten av andras orsaker.

En liknande maxim med samma underliggande energi kommer från Jesus, som sade: "Ni lever genom svärdet, ni dör genom svärdet", vilket betyder att kvaliteten på ert liv och de val ni gör kommer att avgöra hur ert liv kommer att gå. På en ännu djupare nivå innebär Jesu ordspråk att du attraherar den typ av liv som motsvarar kvaliteten på ditt hjärta. Om du uppvisar mod, styrka och uthållighet kan du leva upp till din potential som Andlig människa. Om du däremot lever i rädsla kommer du aldrig att vara nöjd med din livskvalitet och kommer ständigt att hitta ursäkter och känna dig som ett offer. Och det mest optimala sättet att stävja rädslans energi är att möta den i stället för att fly från den. Därför måste vi bli ansvarsfulla Medskapare med vår Skapare och integrera både Ängla- och Demoniska krafter inom oss och bemästra dem.

Jesus fras "Vänd Andra Kinden Till" från Bergspredikan (Nya Testamentet) syftar på att reagera på en skada utan att hämnas eller tillåta mer skada. På ett mer subtilt plan handlar det om att förlåta andras överträdelser och att inte stå upp för sig själv eftersom "Gud tar hand om det". Denna fras blev ryggraden i hur den Kristna Kyrkan lärde sina anhängare att uppträda. I efterhand kan man dock konstatera att Kyrkan införde den av politiska skäl.

Det blev tydligt att den Kristna Kyrkan indoktrinerade sina anhängare så att de fick makt och kontroll över dem utan att få några konsekvenser för sina onda handlingar under en stor del av den Mörka Medeltiden och därefter. Kyrkan beskattade sitt folk på ett omoraliskt sätt och förtryckte dem på annat sätt, samtidigt som de brände dem på bål som trotsade deras lagar. De höll folket dumt samtidigt som de förde religionskrig och förstörde hedniska områden för att med våld omvända dem till Kristendomen.

Frasen "Vänd Andra Kinden Till", som felaktigt används av den Kristna Kyrkan som en Universell Lag, skapar svaga och blyga människor som är "dörrmattor" som andra kan använda sig av, eftersom de har lärt sig att aldrig försvara sin heder och bestraffa det onda som görs mot dem. Den lämnar alla handlingar i händerna på Gud - Skaparen - med förhoppningen att rättvisan kommer att skapas på ett naturligt sätt och att vi inte behöver delta i att skapa rättvisa.

Den Kristna Kyrkan lärde sina anhängare att Jesus är Frälsaren, medan Jesu ursprungliga läror var att vi alla är våra egna Frälsare. Med andra ord är vi medvetna Medskapare tillsammans med Skaparen och har ett ansvar för att manifestera Skapelsen genom att använda våra Gudagivna krafter och respektera Lagen om Orsak och Verkan. Kyrkans feltolkning var återigen av politiska skäl att ta personlig makt från folket och göra sig själv till den enda styrande kraften.

Enligt den Qabalistiska läran måste man alltid upprätthålla en lämplig balans mellan Barmhärtighet och Stränghet. Obalanserad Barmhärtighet ger svaghet i sinnet medan obalanserad Stränghet skapar tyranni och förtryck. Även om han felaktigt framställdes som en Barmhärtighetens Pelare, utövade Jesus Stränghet när det var nödvändigt. Låt oss aldrig glömma att när han gick in i Templet i Jerusalem och såg att köpmän och penningväxlare använde det för ekonomisk vinning, vände han om på deras bord i ett raseriutbrott för att få fram sin ståndpunkt att Templet är en Helig plats.

Jesu Lag om att "Vända Andra Kinden Till" kan användas effektivt, vilket Mahatma Gandhi visade oss när han använde icke-våld för att få bort de fientliga Britterna från Indien. Tanken bakom Jesu Lag är att negativ energi, när den projiceras, studsar tillbaka till dig om den andra personen blir neutral genom att tillämpa kärleksenergi och förlåta överträdelsen medan den sker. Det är meningen att man ska bli en produkt av sin egen negativitet om andra människor energimässigt neutraliserar deras omoraliska behandling.

Jesu Lag kan få önskad effekt om personen som tillämpar den är en högt Andligt utvecklad Varelse som Jesus och Gandhi var, som inte blir känslomässigt utlösta när någon inte respekterar dem. Detta är dock en omöjlighet för gemene man eftersom deras känslor är instinktiva och deras medvetande upplever dualitet. Därför måste den vanliga människan alltid balansera Barmhärtighet med Stränghet och använda varje kraft när det är nödvändigt. Genom att straffa det onda upprätthåller vi Ljusets integritet i världen, vilket främjar hela mänsklighetens Andliga Utveckling. Vi är alla varandras domare, helare och lärare, och detta beror på att vi alla är sammankopplade på djupaste nivå genom den elektromagnetiska kraften i våra hjärtan.

ÖPPNA HJÄRTCHAKRAT

Under hela den Antika historien har mystiker, Vise, Yogis, Adepter och Andligt avancerade människor betraktat det fysiska hjärtat som Själens centrum. Vår Själ är vårt inre vägledande Ljus, som är kopplat till vårt Solsystems eldiga Stjärna, Solen. Även om Eldelementet motsvarar Solar Plexus Chakra, initierar samspelet mellan Manipura- och Anahata Chakras Solmedvetandet. I Qabalah representeras Solmedvetandet av Tiphareth Sephira, vars placering är mellan Hjärt- och Solar Plexus Chakras, eftersom det delar korrespondens med båda.

Det fysiska hjärtat motsvarar Hjärtchakrat, Anahata, som ligger mitt i bröstet. Hjärtchakrat är vårt centrum för inre frid, villkorslös kärlek, medkänsla, sanning, harmoni och visdom. Det är vårt centrum för helande energi som kan tillämpas utåt genom praktiska helande metoder som Reiki och Ruach Healing. Helande energi utnyttjas i Hjärtchakrat men sänds ut via Halschakrat, som ansluter till energikanaler i armarna som strålar ut till Chakrana i handflatorna.

Hjärtchakrat är vårt Andliga centrum genom vilket vi kan få tillgång till högre vibrationella energier. Eftersom Hjärtchakrat ligger mellan de högre Andliga Chakrana och de lägre, Elementära Chakrana, blir det breda spektrumet av dessa högre vibrerande energier fullt tillgängliga för oss när våra lägre och högre Chakracenter är fullt aktiverade, renade och balanserade. Om de högre centren till exempel fortfarande är relativt stängda kommer mindre Ljus att strömma in i de lägre Chakrana från Sahasrara, vilket hindrar dem från att fungera på sin optimala nivå. Som ett resultat kommer du till exempel att ha tillgång till villkorslös kärlek, men du kommer inte att kunna känna den på de djupaste nivåerna av ditt Väsen.

Hjärtchakrat är det centrala av de Sju Stora Chakrana, som harmoniserar våra maskulina och feminina energier. Det är vårt första Chakra av Icke-Dualitet genom vilket vi kan uppleva det Tysta Vittnet inom oss som är vårt Högre Jag eller vår Heliga Skyddsängel. Den Heliga Skyddsängeln bor i Sahasrara men kan upplevas genom Hjärtchakrat om Vishuddhi och Ajna är öppna.

Även om Manipura (Eldelementet) är Själens Säte, kan Själen bara uppleva lägre vibrationsenergier i Swadhisthana (Vattenelementet) och Muladhara (Jordelementet) om inte Anahata (Luftelementet) väcks. På så sätt blir Själen alltför inbäddad i Materien, vilket dämpar dess Ljus och tillåter Egot att ta över. När Anahata väcks får Själen tillgång till det Andliga Elementet, vilket gör att den kan genomgå en Andlig omvandling om de högre Chakracentren är öppna.

Om vi överför den Transpersonella Chakramodellen och de Sju Stora Chakrana kan vi se att Hjärtchakrat är centrum för hela Chakrasystemet. Vår Kosmiska energikälla är Stjärnporten, som avser Vintergatan som innehåller vårt Solsystem bland tiotals miljarder andra Solsystem. Vintergatan är en spiralgalax, liksom mer än två tredjedelar av alla observerade galaxer i Universum.

Den Kosmiska energin utgår från Stjärnporten i spiralform (Figur 59) och omfattar Jordstjärnan och Själsstjärnan innan den når de Stora Chakrana. Hela vårt Chakrasystem återspeglar vår Källkraft, som är Stjärnporten och Vintergatan. Vi kopplar oss till denna Femte Dimensionella Källkraft genom Hjärtchakrat i mitten av spiralen.

Figur 59: Hjärtchakracentret

När vårt Hjärtchakra är öppet minns vi vår Gudomlighet, som är djupt inneboende. Vi känner också igen Gudomligheten i alla levande varelser runt omkring oss, inklusive andra människor, djur och växter, och utvecklar ett enhetsmedvetande. Varje levande varelse har en Själ, en individuell cell i kroppen av en enorm Kosmisk Varelse som uttrycker sig genom vårt Solsystem med Solen som centrum. I Qabalah hänvisar vi till detta storslagna Aäsen som *Adam Kadmon,* som är besläktat med det Kosmiska Medvetandet. Adam Kadmon är summan av alla Själar som manifesterats på Jorden som det högre medvetande som förenar oss.

Med ett öppet Hjärtchakra inser vi att vår nuvarande existens är en del av en oändlig kedja av Liv eftersom våra Själar är Eviga och kommer att fortsätta leva efter den fysiska döden. Vi har levt många olika liv tidigare och kommer att fortsätta att göra det när vår fysiska kropp dör. Vi föddes med denna kunskap, vilket gör att vi kan återintegrera tron som en del av vår existens när vi återaktiveras. Och när man har tro och kärlek, så underkuvar man omedelbart rädslan eftersom rädsla är frånvaron av tro och kärlek.

Friska och balanserade relationer kräver att vi är öppna mot varandra. Ett öppet Hjärtchakra gör oss generösa och vänliga i ord och handling eftersom vi i grunden är Andliga människor. Genom att uppleva den Andliga energin genom Hjärtchakrat utvecklar vi en genuin förståelse för andra människors svårigheter, vilket gör att vi kan bli barmhärtiga och förlåtande. Omvänt ger ett öppet Hjärtchakra oss modet att vara stränga när situationen kräver det, en term som vi kallar "hård kärlek". " Om vi ser att någon ägnar sig åt omoraliska aktiviteter som för dem bort från den Andliga vägen vill vi naturligtvis hjälpa dem, vilket kräver att vi använder barmhärtighet eller stränghet, beroende på situationen.

Genom att bli Andlig tar vi in glädje och lycka i våra liv. Vi lär oss också att älska och acceptera oss själva, både de goda och de dåliga, vilket är det första steget mot personlig omvandling. Om vi gömmer oss från den vi är förlorar vi vår identitetskänsla, vilket gör att vi förlorar kontakten med vår Själ. Som sådan identifierar vi oss med Egot och arbetar enbart genom dess medvetande på låg nivå.

Egot representerar den del av oss som är avskild från världen. Den saknar empati och ägnar sig åt laster, medan Själen är dygdig eftersom den är en del av hela existensens Enhet. Genom att öppna Hjärtchakrat återfår vi vår koppling till tillståndet av Enhet och aktiverar helande inom oss. På så sätt börjar alla personliga trauman, inklusive övergivande, avvisande, svek, fysisk och emotionell misshandel, rensas ut för att integrera det Andliga medvetandet i våra hjärtan.

Genom att läka våra inre energier läker vi också problem i den fysiska kroppen eftersom sjukdomar är en manifestation av blockeringar i Chakra-energin. Vi kan medvetet skicka helande energi från Hjärtchakrat till vilken del av kroppen som helst för att läka eventuella obalanser. När vi upplever fysiska problem är det ett tecken på att våra hjärtan inte är tillräckligt öppna; antingen älskar vi inte oss själva tillräckligt eller så är vi inte tillräckligt kärleksfulla mot andra människor. Istället för att fokusera på sjukdomen eller besvären måste vi fokusera på att kanalisera kärleksenergi och bli en Ljusfyr i världen.

Genom att öppna Hjärtchakrat kan vi visa tålamod och inte förvänta oss omedelbar belöning för våra handlingar. Tålamod är ett tecken på att tron har kommit in i våra liv och att vi följer en högre väg. Integritet, etik och en moralisk kompass blir vår ledstjärna i stället för att ledas av Egot och dess önskningar. När våra hjärtan leder oss vandrar vi på Ljusets väg med vår inre sanning som vår största allierade. Den inre visdomen väcks och tar oss bort från enbart logik och förnuft för att rationalisera vår existens. Istället ser vi den stora bilden: vårt yttersta syfte på Jorden är att Andligt utvecklas och stämma av våra vibrationer med Guds - Skaparens - Kosmiska Medvetande.

KUNDALINI OCH HJÄRTEXPANSIONER

När Kundalini blåser upp Hjärtchakrat på sin uppåtgående väg uppåt maximerar den ens EMF i hjärtat, vilket känns som om Jaget har expanderat i alla riktningar. Den omedelbara effekten är en förhöjd känsla av perception och ett uppvaknande av tystnadens oslagbara ljud.

Tystnadens inre ljud är en underliggande stillhet jämfört med vitt brus, ett stadigt surrande ljud. Det är ljudet av ingenting, av Rymdens Tomrum, som är lugnande och avslappnande när vi ställer in oss på det. Vi ställer in oss på tystnadens ljud när vi är djupt i meditation, även om det blir mer tillgängligt när Hjärtchakrat vaknar upp.

Som nämnts är Hjärtchakrat det första Chakrat av Icke-Dualitet - när Kundalini går in i det blir vi uppvaktade till det nuvarande ögonblicket, Nuet. Denna upplevelse tar oss omedelbart ut ur våra huvuden och in i hjärtat. Vi utvecklar en högre känsla av medvetenhet, som till en början är ganska transcendentalt, men något vi vänjer oss vid med tiden.

Om Kundalini stiger upp till Hjärtchakrat men inte högre, kommer den att sjunka tillbaka ner till Muladhara för att sedan stiga upp igen i framtiden tills den tränger in i de högre Chakrana och fullbordar uppvaknandeprocessen. När ett fullständigt Kundaliniuppvaknande sker och energin har trängt in i Sahasrara maximeras ens toroidala fält, vilket resulterar i en utvidgning av medvetandet och en fullständig omformning av sinne, kropp och Själ. Eftersom hjärtat och hjärnan är partners i styrningen och upprätthållandet av medvetandet följer en omvandling i båda.

Jag har redan talat om processen för aktivering av hjärnkraften när Kundalini permanent stiger upp i sitt centrala område. Det känns som om hjärnan öppnas inifrån och väcker latenta delar av den. En fullständig uppgraderingsprocess sker i vår CPU när de viktigaste hjärncentren börjar fungera på en högre nivå. Känslan av transparens och tyngdlöshet åtföljer denna process, som känns som om huvudet har expanderat i alla riktningar.

Hjärtutvidgningar uppstår när intensiv lycka och kärlek kommer in i hjärtat. Det är vanligtvis inte en omedelbar process eftersom de lägre Chakrana först måste renas. Om man upplever ett spontant Kundaliniuppvaknande kommer den inre elden naturligt att rensa de lägre Chakrana med tiden, vilket gör att den Andliga energin kan stiga ner i hjärtat.

Hjärtutvidgningar slappnar av i musklerna och nervsystemet, vilket kan ge upphov till en illamående känsla i maggropen och svaghet i armar och ben. Hjärt EMF kan kännas så stort eftersom begreppet Kosmiskt Medvetande inte längre är en idé utan en permanent del av ens verklighet. Själen känns som om den inte längre finns i kroppen utan är närvarande överallt. Man utvecklar en ökad medvetenhet och närvaro i den miljö man befinner sig i. I det ögonblick man riktar sin uppmärksamhet mot ett yttre objekt blir man absorberad av det och kan läsa av dess energi på ett psykiskt sätt. Detta fenomen beror på att hjärtats EMF expanderar exponentiellt, vilket gör det möjligt för det att ta emot en betydligt större mängd information från omgivningen.

Den ökade EMF-strömmen från hjärtat orsakar en omvandling i kroppen och aktiverar ens latenta DNA. Med tiden, när kroppen har anpassat sig till de inre förändringar som sker i medvetandet, stabiliseras hjärtats EMF men fungerar nu permanent på en högre nivå (Figur 60).

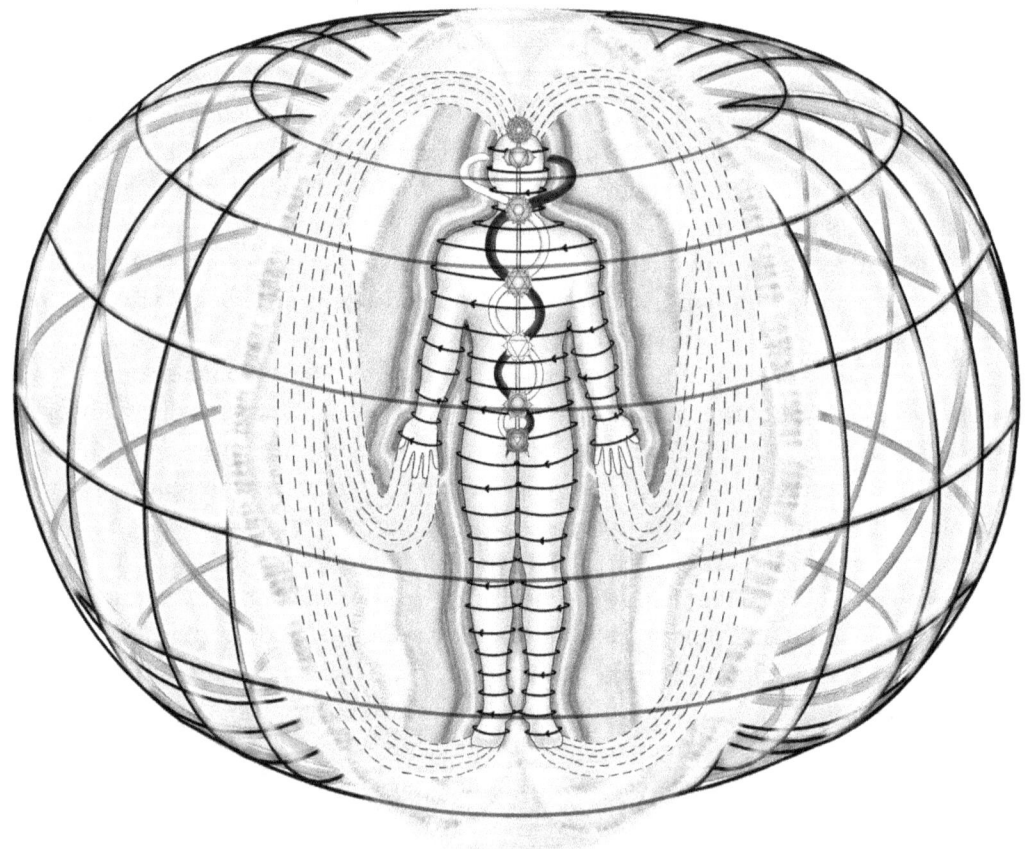

Figur 60: Kundaliniuppvaknande och Hjärtats EMF

Hjärtslagen blir kraftigare när kroppen och hjärnan bearbetar mer information och arbetar övertid för att stödja det nyligen utvidgade medvetandet. Under hjärt- och hjärnans expansioner och uppgraderingar hjälper det att jorda sitt elektromagnetiska fält med Jordens energifält. Att vara inne i huset kan vara skadligt eftersom det avskärmar oss från naturen och Solens strålar, som ökar vår vitalitet och kroppens läkningsförmåga. Att gå barfota i naturen under öppen himmel, ligga i gräset och befinna sig vid en vattensamling är alla fördelaktiga för att förebygga fysisk trötthet och stödja en smidig omvandlingsprocess.

Det är viktigt att äta rätt näring, eftersom man bör inkludera frukt och grönsaker i sin kost för att anpassa sig till Planetens energier. Dessutom bör allt naturligt och ekologiskt omfamnas, medan det som inte är det bör undvikas.

Stimulantia som alkohol och droger orsakar obalans i nervsystemet och bör undvikas. Intaget av kaffe bör också vara måttligt, även om en kopp om dagen kan hjälpa till att jorda.

Thymuskörteln spelar en viktig roll för att väcka Hjärtchakrat och utvidga hjärtat. Som nämnts utgör Thymuskörteln en del av vårt lymfsystem och sitter mellan hjärtat och bröstbenet. När Hjärtchakrat öppnas stärks vårt immunförsvar och optimerar kroppens förmåga att bekämpa sjukdomar. Kroppen behöver inte längre spendera extra energireserver på att läka sig själv utan kan använda den energin till att rena det Andliga systemet.

Thymuskörteln vaknar upp kraftigt under hjärtexpansioner, vilket ofta orsakar ett enormt tryck i bröstet. Vi kan lindra detta tryck genom att bara knacka rytmiskt på Thymuskörteln. När hjärtat upplever ett inflöde av Andlig energi sveper avslappning och eufori över kroppen, ofta i böljande vågor. Blodtrycket tenderar att sjunka i dessa fall medan histamin- och serotoninnivåerna ökar. Denna situation signalerar en tid för oss att bryta av från vardagen och ta hand om oss själva och våra behov. Att förvänta sig att vi ska prestera 100 procent är omöjligt; därför är det bäst att acceptera processen och anpassa den därefter i stället för att kämpa emot den.

Hjärtutvidgningar kommer vanligtvis i faser och kan pågå i veckor, ibland månader. De kan förekomma en gång under Kundalini-transformationsprocessen, även om det är vanligare att de förekommer flera gånger. Kroppens jämviktsfas följer efter hjärtexpansionerna. Nervsystemet balanserar sig självt genom att höja nivåerna av adrenalin, dopamin och serotonin och öka hjärtfrekvensen, blodtrycket och blodsockret.

Oavsett vad som händer med din kropp, och oavsett var du befinner dig i den Andliga transformationsprocessen, kom alltid ihåg att det är bäst att överlämna dig till den. Att vara avslappnad i sinne, kropp och Själ under denna process är ett måste eftersom det är meningslöst att rationalisera eller kontrollera den. Fullständig och absolut överlåtelse kommer att hjälpa oss att nå mållinjen på kortast möjliga tid och underlätta den smidigaste resan.

DEL V:
SJU CHAKRAS HEALINGMODALITETER

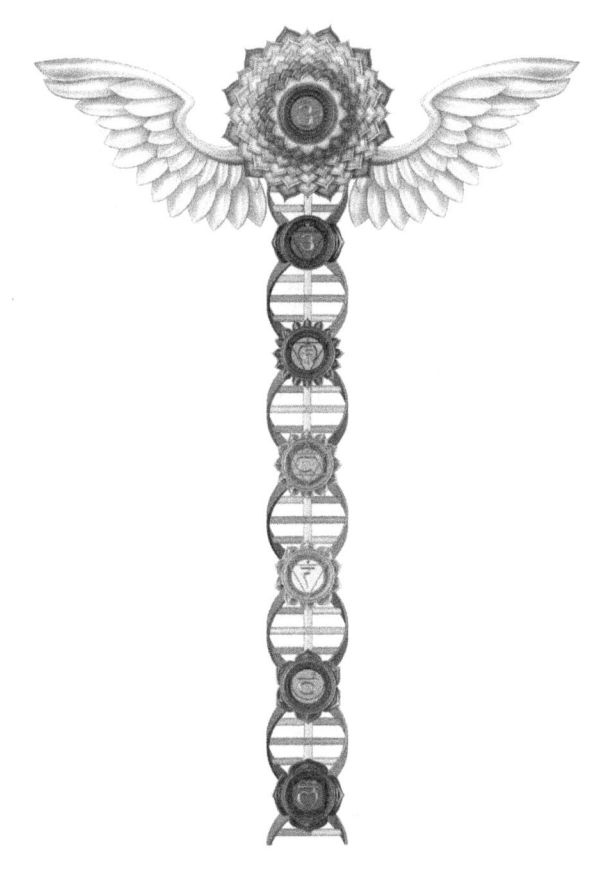

MANLIGA OCH KVINNLIGA CHAKRAN

Principen om Könstillhörighet från *Kybalion* säger: "Könstillhörighet finns i allting; allting har sina Maskulina och Feminina principer, Könstillhörighet manifesteras på alla Plan." Denna Princip innebär att varje människa har en dubbel energidynamik, en maskulin och en feminin komponent som uttrycks genom deras Sju Stora Chakran.

Var och en av de Stora Chakrana är förknippad med maskulin eller feminin energi, vilket representerar kvaliteten på deras väsen. Manliga (Yang) energier representerar aktiv, projicerande energi, medan kvinnliga (Yin) energier representerar passiv och mottagande energi. Dessa binära energier är en manifestation av Shiva och Shakti, den Gudomliga Källan till de Maskulina och Feminina Principerna. I vetenskapliga termer består manlig energi av protoner, medan kvinnlig energi består av elektroner.

På samma sätt som alla Varelser i Universum har en maskulin och en feminin komponent (oavsett Själens kön), så har också Chakrana en maskulin och en feminin komponent. Med andra ord är en Chakra aldrig helt och hållet maskulin eller feminin utan innehåller aspekter av båda. Var och en av de Sju Chakrana är dock dominerande i ett kön eftersom de uttrycker antingen en positiv eller negativ pol. De två könspolerna definierar Chakras natur och funktion, vilka är omvända i det Chakriska systemet med manliga och kvinnliga Själar. Jag skiljer mellan könsbundna Själar och kroppar eftersom det inte är ovanligt att en kvinnlig Själ föds i en manlig kropp i vårt moderna samhälle, och vice versa.

Figur 61 är en schematisk bild som beskriver de Sju Chakra systemet och deras olika delar och funktioner. En central energipelare inuti kroppen kanaliserar Ljuset och strålar det fram och tillbaka mellan Sahasrara och Muladhara. Sahasrara projicerar uppåt mot Själsstjärnan, medan Muladhara projicerar nedåt mot Jordstjärnan.

Varje Chakra mellan Sahasrara och Muladhara har en främre och en bakre del som sticker utåt. När Chakrat fungerar bra kastar det ut längre ut, medan när dess energi är stillastående når dess projektion en kortare sträcka. Chakran slutar snurra när den är blockerad, och dess projektion är närmare kroppen. Använd schemat i Figur 61 som referens för metoderna för Andlig Healing i det här avsnittet, nämligen energiarbete med Kristallstavar och Stämgafflar.

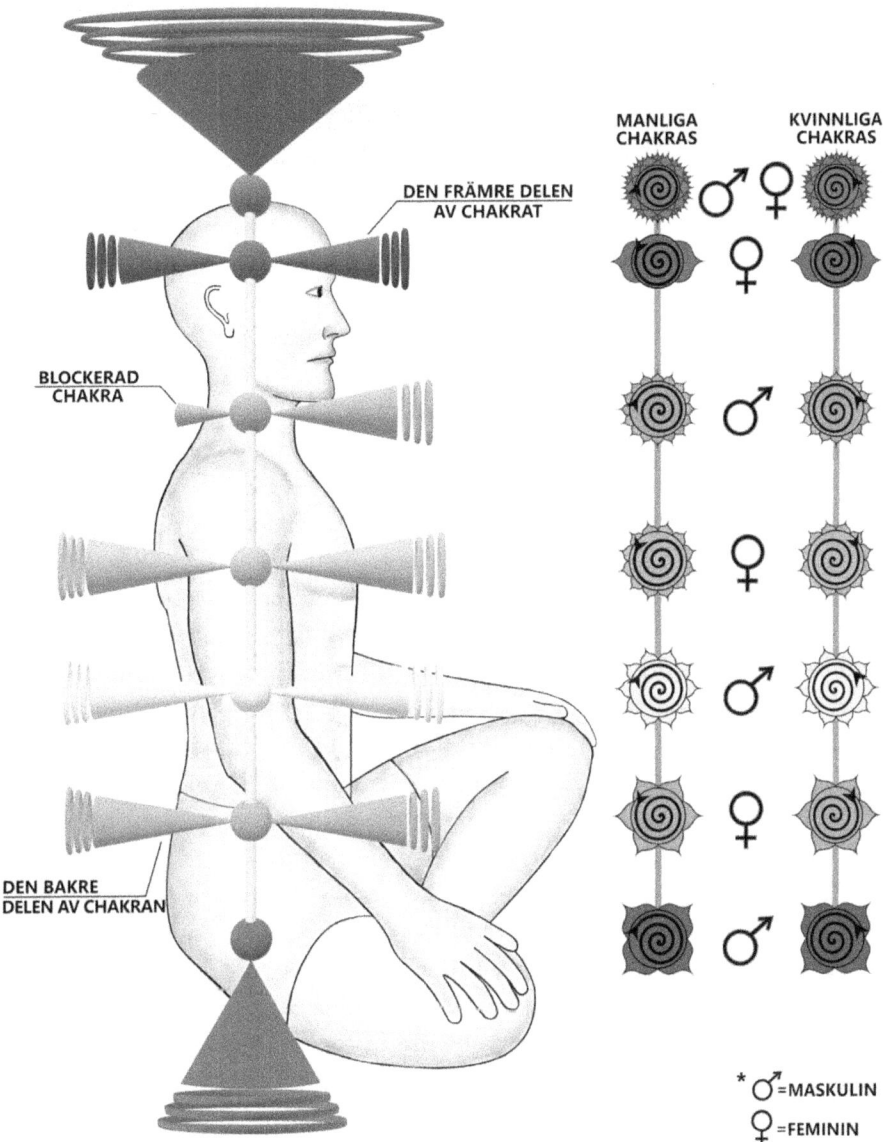

Figur 61: De Sju Manliga och Kvinnliga Chakrana

Eftersom varje Chakra är ett hjul av snurrande energi kan det rotera antingen med eller moturs, i en spiral utåt i en nittiogradig vinkel mot kroppen. Riktningen i vilken en Chakra snurrar är något som är inneboende i oss sedan födseln. Ursprunget till det motsatta snurrandet av manliga och kvinnliga Chakran börjar i Sahasrara och alternerar när vi går nedåt genom Chakrana. Som sådan är var och en av oss antingen positiv eller negativ, manlig eller kvinnlig energidominans. Männen befinner sig mer i sina Första,

Tredje och Femte Chakran, där de är dominerande, medan kvinnorna verkar från sina Andra, Fjärde och Sjätte Chakran.

Tänk dock på att riktningen för våra manliga och kvinnliga Chakror inte är bestämd. Varje Chakra kan antingen vara i färd med att projicera eller ta emot, vilket påverkar dess snurrriktning. Chakran är som kuggar i en maskin där varje hjul förhåller sig till varje annat hjul. De arbetar tillsammans som delar av en motor eller en klocka, där varje del av maskineriet påverkar varje annan komponent, och allt måste vara synkroniserat för att apparaten ska fungera. På samma sätt måste varje Chakra snurra smidigt och med samma hastighet som alla andra Chakran för att ge sammanhang åt hela energisystemet.

Utmaningen för män och kvinnor är att få sina Chakran i balans genom att arbeta med sina icke-dominanta Chakran. Vi kan uppnå Chakras balans genom Andliga Helande metoder men också genom att bli förälskade. När två personer med motsatta Själspolariseringar blir förälskade gör deras kompletterande energier det möjligt för dem att uppnå en förening av sina maskulina och feminina polariseringar, vilket ger upphov till ett högre medvetandetillstånd. Att bli förälskad är mycket fördelaktigt för ens Andliga Utveckling, vilket förklarar varför det är så eftertraktat i vårt samhälle.

Oavsett om ett Chakra är av maskulin eller feminin karaktär, optimeras dess kraft när det spenderar mer tid med att snurra medurs. Som du ser i Figur 61 är Chakran dominerande när snurrandet sker medurs. Energin projiceras utåt i ett snurrande medurs, vilket gör att det inre Ljuset kan flöda effektivare genom Chakrasystemet. Det inre Ljuset är i huvudsak det som ger kraft åt Chakran - ju mer Ljus man bär på, desto kraftfullare blir Chakrat. Omvänt, när en Chakra tar emot energi roterar den moturs. I det här fallet blir dess kraft inte fullt utnyttjad eftersom den drar energi från omgivningen i stället för att använda sin egen energikälla.

För att hålla Chakrana friska och balanserade bör man aldrig spendera för mycket tid på att dra in energi utifrån eftersom okända, främmande energier lätt kan blockera ett Chakra, särskilt om de har en låg vibrationsfrekvens. Ett blockerat Chakra orsakar stagnation i Aurans energiflöde och kan till och med orsaka fysiska sjukdomar med tiden. Omvänt kan det faktum att man ständigt projicerar energi utåt utan att tillbringa den nödvändiga tiden med att Jorda och Självreflektera utarma sin Aura på vital Prana-energi, vilket utmattar sinne, kropp och Själ.

Vid ett fullständigt Kundalini-uppvaknande, när individen har etablerat en permanent förbindelse med Sahasrara, kanaliserar de dock en större mängd Ljusenergi in i sina optimerade sex Chakran nedanför, vilket gör det möjligt för dem att vara en naturlig helare för andra. Individer dras naturligt till Kundaliniväckta människor - man blir helad bara genom att vara i deras närvaro.

För att upprätthålla sunda relationer bör det alltid finnas ett lika stort givande och tagande av energi. Vi bör känna oss föryngrade av att tillbringa tid med andra i stället för att känna oss utarmade. De personer som tar för mycket energi energimässigt utan att ge något tillbaka (oavsett om de gör det medvetet eller inte) kallas "energivampyrer". Begreppet vampyrism kom från denna typ av själviskt energiutbyte mellan människor; om vi är öppna för att ta kärleksenergi från andra bör vi också vara öppna för att ge vår kärleksenergi tillbaka till dem.

CHAKRASENS KÖNSRELATERADE KÄNNETECKEN

Muladhara, Rotchakrat, som är källan till den fysiska och handlingens råa energi, är maskulin (positiv) till sin natur och snurrar medurs hos män och moturs hos kvinnor. För kvinnor är Muladhara i mottagande läge, medan det för män däremot är i färd med att ge ut energi. Av denna anledning är männen i allmänhet det mer dominerande könet som är involverade i fysiska aktiviteter som manuellt arbete och tävlingsidrott.

Swadhisthana, Sakralchakrat, källan till ens känslor, är feminin (negativ) till sin natur; det snurrar moturs hos män och medurs hos kvinnor. Swadhisthana är i receptivt läge för män och projektivt läge för kvinnor. Eftersom Swadhisthana är mer dominerande hos kvinnor är det inte konstigt att de i allmänhet är de mer känslosamma av de två könen.

Manipura, Solar Plexus Chakra, är källan till viljestyrka och tillhör den maskulina (positiva) energin, som snurrar medurs hos män och moturs hos kvinnor. Manipura är i mottagande läge för kvinnor, medan det avger energi för män. Manipuras dominans hos män har lett till en besatthet av makt och kontroll, vilket historiskt sett har visat sig i historien om de krig som männen har fört med varandra. Positivt är att den manliga krigarenergin har gjort dem till beskyddare och försörjare i familjehushållet sedan urminnes tider.

Källan till medkänsla och kärlek, Anahata, hjärtchakrat, är feminin (negativ) till sin natur och snurrar moturs hos män och medurs hos kvinnor. Anahata befinner sig i mottagningsakten för män och i projiceringsläget för kvinnor. Kvinnor förknippas med att vårda och ta hand om människor. De kan följa med livets flöde i stället för att kontrollera varje aspekt av sin tillvaro. Eftersom kvinnor dominerar Hjärt- och Sakralchakrat är intimitet mycket mer tillgänglig för dem än för män. De flesta kvinnor är i allmänhet hjärtat i sina romantiska relationer, medan män kämpar med sina känslor.

Vishuddhi, Strupchakrat, som är centrum för ens uttryck, är av maskulin (positiv) energi; det snurrar medurs hos män och moturs hos kvinnor. Eftersom män är dominerande i Strupchakrat är det inte ovanligt att de är mer inriktade på syfte och uttryck än kvinnor, som tenderar att vara mer introverta.

Ajna, som är centrum för intuitionen, är feminin (negativ) till sin natur och snurrar moturs hos män och medurs hos kvinnor. Hos män är Ajna i mottagande, medan det hos kvinnor är i utdelande. Därför är kvinnor kända för att ha högre psykiska sinnen än män. Under historiens gång är det inte konstigt att kvinnor var seare och orakel, eftersom de var en bättre kanal för energier från de Högre Planen.

Sahasrara är könsneutralt eftersom det är källan till det Gudomliga Ljuset. De positiva och negativa polerna smälter samman till en enhetlig energi, vilket gör Sahasrara till det enda Större Chakrat som är Icke-Dualistiskt. Hos män snurrar detta Chakra medurs, medan det hos kvinnor snurrar moturs. Sahasrara är källan till de Gudomligt Maskulina och Gudomligt Feminina energierna. För båda könen är Sahasrara i färd med att ge ut den Gudomliga Ljusenergin och projicera den in i Chakrana nedanför.

De ovan nämnda rollerna och beteckningarna mellan könen är inte på något sätt fasta, och de avgör inte heller människans styrkor och svagheter. Många manliga och kvinnliga individer har optimerat de chakran som de inte är naturligt dominerande i och trivs på områden som är mindre vanliga för människor av deras kön. Den Fria Viljan ersätter alla energetiska dispositioner och samhälleliga konditioneringar; med fokus och beslutsamhet kan människor utveckla sig själva till vad de vill vara.

BALANSERA CHAKRANA

När det gäller Andlig Healing är det bra att veta vilka Chakran vi har en naturlig dominans i. Vi kan utveckla våra icke-dominerande Chakran och uppnå större balans i vårt övergripande energisystem genom att ha denna kunskap. Nyckeln till att maximera sin potential är trots allt att balansera de maskulina och feminina energierna i kroppen. Med detta i åtanke bör kvinnor, när de arbetar med Chakrana genom Andliga Healingmetoder, fokusera på de maskulina, udda Chakrana (Första, Tredje, Femte), medan män bör fokusera på de feminina, jämna Chakrana (Andra, Fjärde, Sjätte).

När ett Chakra är överaktivt (överskott av energi) eller om ett Chakra är underaktivt och har brist på energi, kan vi tillämpa de maskulina och feminina principerna för att få det Chakrat i balans. Eftersom Swadhisthana Chakra till exempel har feminin energi innebär en obalans i detta Chakra att man antingen har en överdriven mängd feminin energi eller har brist på maskulin energi. Om individen känner sig överdrivet känslosam måste han eller hon applicera maskulin energi i sitt Sakral Chakra för att få balans. Om de är kalla och distanserade och saknar kontakt med sina känslor bör de använda feminin energi.

Eftersom Manipura Chakra har en maskulin kvalitet, om individen känner ett överskott av energi som gör honom eller henne upprörd och arg, är det ett tecken på att Chakrat är överaktivt och behöver kvinnlig energi för att komma i balans. Omvänt, om individen är ur kontakt med sin viljestyrka behöver han eller hon använda den maskulina energin för att återställa balansen.

Oavsett om det är maskulint eller feminint, snurrar varje Chakra medurs när det är överaktivt och moturs när det är underaktivt. För att optimera ett Chakra måste vi därför hitta den rätta balansen mellan dess projektiva och receptiva funktioner. Men som sagt, för att individen ska kunna kanalisera sitt inre Ljus bör Chakrana projicera energi mer än de tar emot. Genom att göra detta kommer man att stärka förbindelsen med Själen.

ASTROLOGI OCH DE SJU CHAKRANA

Astrologi är en Uråldrig vetenskap som undersöker rörelserna och de relativa positionerna för Himlakropparna (Planeterna) i vårt Solsystem. Astrologin var kärnan i all vetenskap, filosofi, medicin och Magi för våra tidiga Förfäder. Enligt dem återspeglades det yttre Universumet (Makrokosmos) i människans erfarenhet (Mikrokosmos) - Som Ovanför, Så Nedanför. De trodde att de genom att studera Stjärnkonstellationerna och Planeterna kunde spå om mänskliga angelägenheter, bota kroppen och till och med förutsäga händelser här på Jorden.

Astrologer tror att varje människa påverkas av de Planeter och Stjärntecken som de befann sig i när de föddes. De kallar den blåkopia av dessa energiska influenser för vårt Horoskop eller Födelsekarta. Vårt Horoskop ger oss en karta över de energier som utgör vårt övergripande Jag. Vid födseln låses Stjärnteckenens energier in i vår Aura, driver Chakrana och påverkar våra önskningar, strävanden, motivationer, tycke och smak och beteendetendenser. Stjärnorna ger oss de Karmiska lektioner som vi behöver för att utvecklas Andligt i detta liv.

Astrologins kärna ligger i att förstå betydelsen av Planeterna eftersom de styr Zodiaktecknen och de Tolv Husen. Med andra ord manifesteras Stjärnkonstellationernas krafter genom Planeterna. Varje människa består av olika kombinationer och grader av Planeternas energier. De Sju Forntida Planeterna fungerar som relästationer för mottagning och överföring av Stjärnornas energier. De motsvarar de Sju Chakrana, medan de Tolv Zodiaktecknen representerar de maskulina och feminina, dag (Sol) och natt (Måne) aspekterna av de Sju Gamla Planeterna (Figur 62). Genom att mäta vårt Födelsehoroskop kan vi därför avgöra vilka egenskaper hos våra Chakran som formar vår karaktär och personlighet.

Födelsehoroskopet är en ögonblicksbild i tiden, en ritning över vilka vi är och vilka vi kan bli. När man granskar Födelsehoroskopet måste man ägna särskild uppmärksamhet åt Sol-, Mån- och Stigande Tecken (Ascendent). Dessa tre tecken ger oss en utomordentlig inblick i vårt Chakra-fokus i livet, de styrkor vi kan bygga vidare på och de svagheter och begränsningar vi kan förbättra och övervinna för att utvecklas Andligt.

En individs fördelning av Element i Födelsehoroskopet avgör också hur mycket maskulin eller feminin energi den personen har, vilket påverkar psykologin. Deras fysiska utseende påverkas dock av deras Ascendent och de Planeter som faller i det Första Huset. Om någon till exempel har Jupiter i sitt första hus kan individen kämpa med viktuppgång, medan om hen har Mars kommer hens fysiska kropp att vara tonad och muskulös. Dessa associationer har mycket att göra med Planeternas styrande Chakran, vilket kommer att undersökas i detalj i det här kapitlet.

VÄSTERLÄNDSK ASTROLOGI VS. VEDISK ASTROLOGI

Sedan Astrologin kom till, som är lika gammal som mänskligheten själv, har många Astrologiska system uppfunnits för att studera och gissa Stjärnorna. De två mest anmärkningsvärda som har stått sig genom tiderna är dock Västerländsk Astrologi och Vedisk Astrologi.

Vedisk, Hinduisk eller Indisk Astrologi, även kallad "Jyotish Shastra" ("Ljusets Vetenskap" på Sanskrit), är annorlunda och mer komplex än Västerländsk Astrologi. Vedisk Astrologi har sina rötter i Veda och är minst 5 000 år gammal. Den använder sig av den Sideriska Zodiaken, som bygger på Stjärnkonstellationernas position på natthimlen, vilka tjänar som bakgrund för de rörliga Planeterna. Forntida kulturer som Egyptierna, Perserna och Mayaindianerna använde sig av det Sidereala systemet för att förutsäga framtida händelser på ett korrekt sätt.

Den Västerländska Astrologin däremot bygger på den Tropiska Zodiaken, som är geocentrisk; den följer Jordens orientering mot Solen, där Zodiaktecknen är placerade på ekliptikan. Väduren är det första Zodiaktecknet eftersom det sammanfaller med vårens första dag vid Vårdagjämningen, då Solen korsar himmelsekvatorn i riktning norrut. Väduren börjar alltså Solåret, medan Fiskarna avslutar det år ut och år in. Större delen av den moderna världen har antagit den Tropiska kalendern eller Solkalendern för att räkna tiden, eftersom den är konsekvent när det gäller att matcha årstidsväxlingarna.

Därför utvärderar Västerländsk Astrologi en persons födelse med hjälp av Stjärnornas och Planeternas placering från Jordens perspektiv, i stället för i rymden som i Vedisk Astrologi. Den Västerländska Astrologin har sitt ursprung i det Antika Grekland med Ptolemaios för ungefär 2000 år sedan. Den var dock en fortsättning på Hellenistiska och Babyloniska traditioner.

Eftersom Jorden vobblar och lutar runt 23,5 grader från ekvatorn orsakar det en förskjutning på en grad vart 72:e år, vilket vi kallar "Ekvinoxernas Förskjutning". Detta innebär att Vårdagjämningen infaller 20 minuter tidigare varje år och en dag tidigare vart 72:e år. Vedisk Astrologi tar hänsyn till denna variation, medan Västerländsk Astrologi inte gör det. Så medan den Vediska Astrologin är rörlig och ger resultat i princip i "realtid" av Stjärnkonstellationernas konfiguration, är den Västerländska Astrologin fast och tar inte hänsyn till dessa förändringar på natthimlen.

Det är dock här det blir svårt. Även om de två systemen anpassades till varandra när den Tropiska Zodiaken infördes för cirka 2000 år sedan, har datum för Soltecknen ändrats under årens lopp i den Vediska Astrologin, medan de förblev desamma i den Västerländska Astrologin. Så för närvarande börjar till exempel Väduren den 13 April (denna siffra varierar) i den Sideriska Zodiaken, medan Väduren i den Tropiska Zodiaken bibehåller sin ankomst den 21 Mars.

Även om de Tolv Stjärntecken har samma egenskaper och drag, kan du få en helt annan bild av ditt Födelsehoroskop eftersom deras datum skiljer sig åt. Även om Ophiuchus, "Ormbäraren", inte är en officiell del av något av systemen, har ibland föreslagits som det Trettonde Stjärntecknet i den Sideriska Astrologin, eftersom dess Stjärnbild berör ekliptikan. Det faller mellan Skorpionen och Skytten från den 29 November till den 18 December.

En annan väsentlig skillnad mellan de två systemen är att Västerländsk Astrologi använder de tre yttre Planeterna i vårt Solsystem, Uranus, Neptunus och Pluto, som en del av det Planetära ramverket. Vedisk Astrologi (som speglar den Antika Alkemin och den Hermetiska Qabalah) fokuserar däremot endast på de Sju Antika Planeterna. Den inkluderar dock Månens Norra och Södra Noder (Rahu och Ketu), vilket ger totalt nio Himmelska kroppar (Gudomar), som kallas "Navagrahas" (Sanskrit för "Nio Planeter"). Enligt Hinduisk tro påverkar Navagrahas mänskligheten kollektivt och individuellt. Därför är det inte ovanligt att Hinduer dyrkar Navagrahas i sina hem för att övervinna motgångar eller olycka som uppstår på grund av tidigare Karma.

Den Västerländska Astrologin betonar Solens position i ett visst Soltecken. Samtidigt betonar den Vediska Astrologin Månens och Ascendentens (Lagna på Sanskrit) position. Dessutom omfattar den "Nakshatras" (Månhus), vilket är unikt för detta system. Dessutom är de Tolv Husen en del av Födelsehoroskopet i Vedisk Astrologi, medan de är sekundära i Västerländsk Astrologi. Det Solbaserade systemet i Västerländsk Astrologi är utan tvekan bättre på att utvärdera en persons personlighet och egenskaper samt Planeternas påverkan på beteende och uppfattningar. Däremot är det Månbaserade Vediska Astrologisystemet bättre på att ge en insikt i ens öde och framtid på grund av dess noggrannhet när det gäller att förutsäga framtiden. Med andra ord är den Västerländska Astrologen mer av en psykolog, medan den Vediska Astrologen är mer av en siare eller spåman.

Som en sista kommentar om detta ämne kan jag säga att jag har studerat Västerländsk Astrologi i hela mitt liv och kan intyga att den är giltig och korrekt när det gäller mina egna personlighetsdrag och egenskaper och andra människor som jag har träffat. Eftersom Hermetiken är det främsta inflytandet på allt mitt arbete, erkänner jag också vikten av Solens Ljus och dess effekter på livet på Jorden och vår inre Andliga natur och ger det företräde framför allt annat. Av denna anledning har det alltid varit meningsfullt för mig att tilldela Zodiaktecknen säsongsmässiga attribut, eftersom deras placering återspeglar Solens metaforiska liv, död och återfödelse ur Jordens synvinkel.

Mitt intresse för Astrologi har alltid varit en form av transpersonell psykologi, snarare än att förutsäga framtida händelser i mitt liv. Därför har Västerländsk Astrologi varit till stor nytta för mig. Men om ditt intresse för Astrologi främst är en form av spådom kommer du att finna Vedisk Astrologi mer fördelaktigt. Med detta sagt anser jag att inget av systemen har de ultimata svaren. För att fullt ut förstå Astrologi bör du därför bekanta dig med båda systemen, vilket många seriösa Astrologer gör.

DE SJU FORNTIDA PLANETERNA

De Sju Stora Chakrana motsvarar de Sju Gamla Planeterna på följande sätt: Muladhara motsvarar Saturnus, Swadhisthana motsvarar Jupiter, Manipura motsvarar Mars, Anahata motsvarar Venus, Vishuddhi motsvarar Merkurius, Ajna motsvarar Månen och Sahasrara motsvarar Solen (Figur 62).

Genom att placera Planeterna i sina Chakriska positioner får vi en nästan exakt sekvens av deras ordning i vårt Solsystem. Den enda avvikelsen är Månen, som är placerad på andra plats efter Solen i stället för mellan Venus och Mars, tillsammans med Jorden.

På det Qabalistiska Livets Träd är Månen den första Sephira (Yesod) som vi möter när vi går inåt. Eftersom den reflekterar Solens Ljus motsvarar den visuella tankar som projiceras genom Sinnets Öga - vår dörröppning eller portal till de inre Kosmiska Planen eller Världarna. Månen representerar det Astrala Planet och reflekterar den Andliga verklighet som Solen genererar i andra änden av spektrumet.

I Alkemisk symbologi har Månen och Solen alltid avbildats tillsammans som representanter för de Universella feminina och maskulina energierna. Samspelet mellan Solens och Månens energier återfinns i grunden för all Skapelse som Själ och medvetande - Eld- och Vattenelementen.

Följaktligen speglar placeringen av de Sju Forntida Planeterna på Chakra-trädet nästan deras placering på det Qabalistiska Livets Träd, fast i omvänd ordning. Om vi ersätter Solen med Planeten Jorden har vi Månen på tur, följt av Merkurius, Venus, Mars, Jupiter och Saturnus.

Som tidigare nämnts är Solens Ljus ursprunget till våra Själar. Sambandet mellan Jorden och Solen innebär att den Andliga verkligheten återspeglas i den materiella verkligheten och vice versa. De två är bara motsatta aspekter av det Enda.

Om Solen representerar Själen är Planeterna Själens högre krafter som manifesteras genom sina tillhörande Chakran. De är de olika komponenterna i det inre Jaget och källan till alla dygder, moral och etik som utgör vår karaktär. Som det sägs i The Magus är vi, genom vår förbindelse med Planeterna och deras cykler runt Solen, ett "perfekt

Mikrokosmos av Makrokosmos - ett Minisolsystem som återspeglar det stora Solsystem i vilket vi har vår fysiska existens".

Eftersom var och en av de Sju Gamla Planeterna motsvarar ett av de Sju Chakrana, visar varje Chakra karaktären hos den styrande Planeten. Detta samband är bra att känna till när man granskar vårt Horoskop eller Födelsekarta. Eftersom livet är kontinuerligt återspeglar Planeternas placering de nödvändiga krafter som vi behöver för att övervinna vår Karmiska energi från tidigare livstider.

Beroende på vilket Stjärntecken en Planet stod i linje med när en person föddes, är vissa Planeter illvilliga medan andra är godartade i en persons Födelsehoroskop. Detta beror på förhållandet mellan Planeterna och härskarna i de Stjärntecken där de är placerade. Planeterna är starka i sina vänners tecken medan de är neutrala i styrka i neutrala Tecken. Omvänt är de svaga i sina fienders Tecken. Planeternas Kosmiska strålning kan därför antingen påverka deras associerade Chakran i Ljusets Kropp positivt eller negativt. Om någon av våra Planeter är svag i vårt Födelsehoroskop kommer dess motsvarande Chakra också att vara svag. När Chakran är svaga och (eller) blockerade orsakas hälsoproblem som är relaterade till det Chakrat.

Slutligen vill jag påpeka att de flesta Västerländska Astrologer inkluderar de yttre Planeterna i sina Horoskopmodeller. De likställer Pluto med den feminina sidan av Mars-Chakrat (Skorpionen), Neptun med den feminina sidan av Jupiter-Chakrat (Fiskarna) och Uranus med den maskulina sidan av Saturnus-Chakrat (Vattumannen).

Månens Nordliga och Sydliga Noder ingår ofta också. De kallas Caput och Cauda Draconis på Latin - Drakens Huvud och Svans. Generellt sett har den Norra Noden att göra med vårt öde i det här livet, medan den Södra Noden har att göra med den Karma som vi har med oss från tidigare liv i den här inkarnationen.

Nedan följer en beskrivning av de Planetariska krafterna i förhållande till deras tillhörande Chakran. För en mer ingående redogörelse för den Västerländska Astrologins Planetariska och Zodiakala korrespondenser, se *The Magus*. Den Astrologiska kunskap som presenteras här kompletterar informationen om samma ämne i min tidigare bok.

Saturn/Muladhara

Saturnus (Shani på Sanskrit) är den Planet som rör sig långsammast i vårt Solsystem, vilket är anledningen till att den förknippas med lektioner i livet som rör tidens gång. Den är Planeten för Självkontroll, ansvar, flit och disciplin, som alla ger struktur åt våra liv. Dess energi är jordnära, precis som det Jordelement som den representerar. Saturnus representerar det maskulina Muladhara-Chakrat.

Saturnus gör det möjligt för oss att se sanningen och anpassa oss till den. Saturnus är därför mycket intresserad av integritet. Saturnus energi påverkar vår förmåga att manifestera våra livsdrömmar och mål och inspirerar oss att ta oss an världen med öppna ögon. Den påverkar också våra gränser och begränsningar, vilket gör att vi kan leva inom samhällets begränsningar på ett hälsosamt men ändå produktivt sätt.

Saturnus har en Luftig kvalitet; den stimulerar intuition och en djup kunskap om en högre verklighet som styr Universum. När allt kommer omkring är Saturnus Planeten för tro och Karma. Ett starkt inflytande av Saturnus energi gör att vi kan prioritera vår Andliga Utveckling framför materiella vinster.

När det gäller kroppen styr Saturnus allt som har med vår fysiska struktur att göra, inklusive skelettsystem, tänder, brosk, körtlar, hår och hud. För lite Saturnus-energi i Muladhara gör att vi blir ojordade och oförmögna att försörja oss själva. Brist på disciplin och ambition kan göra oss tröga och internt konfliktfyllda, vilket hindrar oss från att uppnå de mål vi satt upp för oss själva. Å andra sidan, för mycket Saturnus och en person kan bli överdrivet ambitiös, självisk, oflexibel och pessimistisk.

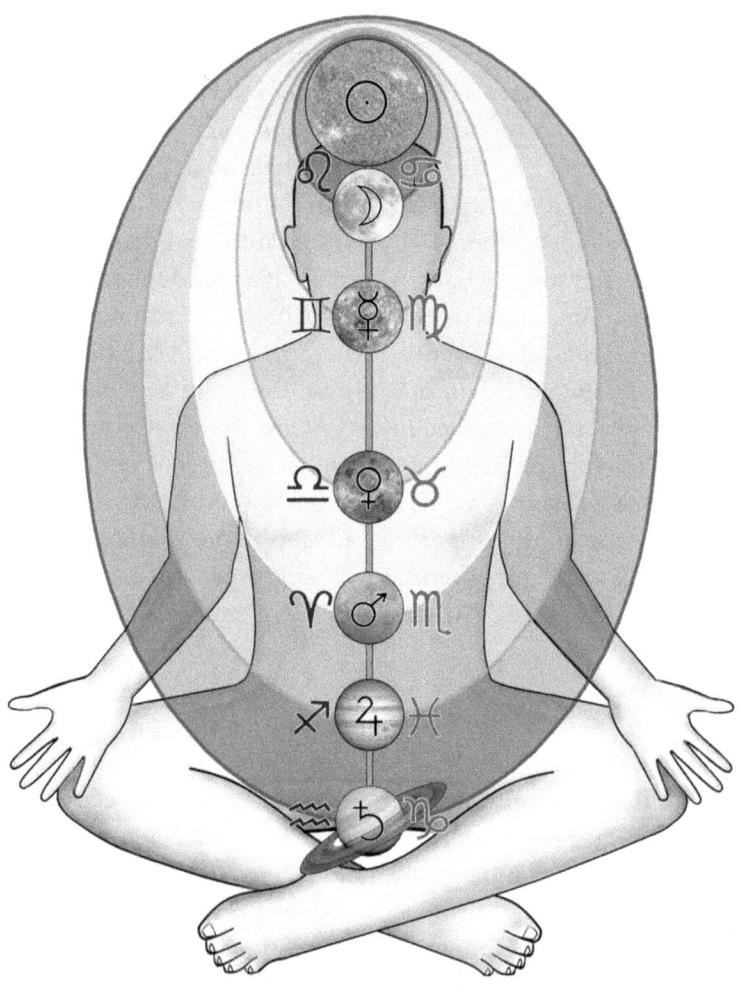

Figur 62: De Sju Gamla Planeternas Chakrapositioner

Saturnus har ett vänskapligt förhållande till Merkurius och Venus i ett Födelsehoroskop, medan han är fiende till Mars och neutral till Jupiter. Dessutom styr den de två stabila och pålitliga tecknen i Zodiaken, Vattumannen (Kumbha på Sanskrit) och Stenbocken (Makara på Sanskrit). Vattumannen representerar Saturnus maskulina energi, medan Stenbocken representerar dess feminina energi. Medan Vattumannen ägnar sig åt att uttrycka den konservativa kraften i livet, är Stenbocken engagerad i att stabilisera den.

Om något av dessa två tecken är framträdande i ditt födelsehoroskop, främst om de finns som ditt Soltecken, Måntecken eller Stigande Tecken (Ascendent), bör du vara uppmärksam på Muladhara Chakra. Vattumännen och Stenbockarna får ofta antingen för mycket eller för lite Saturnus-energi och behöver Andligt arbete på Muladhara för att balansera den.

Jupiter/Swadhisthana

Planeten Jupiter (Brihaspati eller Guru på sanskrit) är en expansiv och riklig Planet som ger lycka, överflöd och framgång. Den är relaterad till Vattenelementet och representerar medvetandets högre kvaliteter vars basenergi är villkorslös kärlek. Jupiter motsvarar det feminina Swadhisthana Chakra.

Jupiters välvilliga energi inspirerar till Självförtroende, optimism, samarbete med andra och skyddsimpulser. Jupiters energi bygger upp dygder som formar vår karaktär och skapar kontakt med vårt Högre Jag. Den ger oss en stark känsla för moral och etik och gör att vi kan växa i samhället och vara en tillgång för andra. Jupiter ingjuter en känsla av medkänsla, barmhärtighet och generositet i oss, vilket gör oss rättvisa och hedervärda i våra ord och handlingar. Lycka, lycka och god hälsa är alla aspekter av Jupiter. Den styr den fysiska kroppens tillväxt, inklusive cellutveckling och bevarande av mjuka vävnader.

Jupiter är läraren som ger oss inre visdom och inspirerar oss att utveckla en filosofisk syn på livet. Dess positiva energi gör oss vänliga, glada och allmänt omtyckta av andra. Den gör att vi kan se det positiva i alla situationer, vilket ger framgång i affärsverksamheter.

Om Swadhisthana har en brist på Jupiterenergi, uppstår ett undertryckande av känslor och sexualitet, vilket påverkar kreativitet, självförtroende och känslan av personlig identitet negativt. För lite Jupiter-energi kan göra oss pessimistiska, oärliga, blyga, blyga och allmänt olyckliga i livet. Omvänt kan för mycket Jupiter göra oss blint optimistiska, extravaganta och lata. Nackdelen med att saker och ting blir för lätta i livet är att vi inte kan utveckla karaktärsstyrka.

I ett Födelsehoroskop är Jupiter vän med Solen, Månen och Mars, medan han är fiende med Merkurius och Venus och neutral med Saturnus. Dessutom styr Jupiter Skytten (Dhanus på Sanskrit) och Fiskarna (Mina på Sanskrit), båda mycket moraliska tecken. Skytten representerar Jupiters maskulina energi, medan Fiskarna representerar dess feminina energi. Medan Skytten manifesterar den kreativa energin i livet, uttrycker Fiskarna den. Personer som har något av dessa två tecken i sitt Födelsehoroskop bör uppmärksamma Swadhisthana Chakra och dess funktion. Om de är obalanserade i sitt intag av Jupiterenergi kan de behöva Andligt arbete för att optimera detta Chakra.

Mars/Manipura

Planeten Mars (Mangals, Angaraka eller Kuja på Sanskrit) är bränslet för den viljestyrka som initierar handling och förändring. Den representerar Eldelementet och motsvarar det maskulina Manipura Chakra. Mars är Planeten för fysisk energi som styr sexdriften. Den är källan till vår personliga kraft som ger styrka och mod till sinnet, kroppen och Själen.

Mars är spännande och dynamisk, den ger oss mental styrka och gör oss konkurrenskraftiga i förhållande till andra människor. Eftersom Mars är Eldelementet gör det dessutom att vi kan bygga upp starka övertygelser som hjälper oss att hitta vårt livs syfte och drivkraften att genomföra det.

Mars ger oss också entusiasm, passion och förmågan att anta utmaningar i livet och övervinna dem genom beslutsamhet och uthållighet. Den underlättar inre tillväxt och den förändring som krävs för att fortsätta utvecklas. Mars energi är starkt fokuserad på inre omvandling eftersom Eldelementet förbrukar det gamla för att ge plats åt det nya.

Mars är den Röda Planeten och styr de röda blodkropparna och oxidationen i kroppen. Om Manipura får för mycket Mars-energi kan individer bli destruktiva mot sig själva och andra. Som sådan kan de vända sig till ilska, raseri, tyranni, förtryck och till och med våld. Därför bör Jupiter alltid balansera Mars - Egot måste hållas i schack av Själen och dess högre strävanden. Omvänt resulterar för lite Mars-energi i att man blir skrämd, orolig, feg, tveksam, alltför föränderlig i sina personliga övertygelser, saknar passion och drivkraft och är allmänt likgiltig inför livets utfall.

I ett Födelsehoroskop har Mars ett vänskapligt förhållande till Solen, Månen och Jupiter, medan Mars är fiende till Merkurius och neutral till Venus och Saturnus. Dessutom styrs de två mycket ambitiösa och handlingskraftiga tecknen, Väduren (Mesha på Sanskrit) och Skorpionen (Vrishchika på Sanskrit), av Mars. Väduren representerar Mars maskulina energi, medan Skorpionen representerar dess feminina energi. Medan Väduren styr vår projicering av vitalitet påverkar Skorpionen dess bevarande. Om något av dessa två tecken är framträdande i ditt Födelsehoroskop bör du ägna uppmärksamhet åt Manipura Chakra och fastställa dess funktionsnivå. För att optimera Manipura behöver du en balanserad stråle av Mars-energi.

Venus/Anahata

Planeten Venus (Shukra på sanskrit) är kärlekens, begärets och njutningens Planet. Venus är en glad och välvillig Planet som ger lycka i vänskap och romantiska relationer. Den styr över vår förmåga att ta emot och uttrycka tillgivenhet och njuta av skönhet. Dess energi ger oss sex appeal eftersom den styr över de förföriska konsterna. Eftersom kärlek påverkar vår nivå av inspiration och fantasi ger Venus bränsle till högerhjärnigt, abstrakt tänkande. Den styr konstnärliga uttryck som musik, visuell konst, dans, drama och poesi.

Venus är kopplad till det feminina Anahata Chakra och Luftelementet, som styr våra tankar. Önskemål är antingen en biprodukt av lägre vibrerande tankar från Egot eller högre vibrerande tankar från Själen. Venus har en affinitet med Eldelementet; önskningar kan lätt förvandlas till passion som ger bränsle åt kreativitet. Den har också en affinitet med Vattenelementet eftersom kärlek är en kraftfull känsla. Kom ihåg att Luft ger bränsle till både Eld- och Vattenelementen och ger dem liv.

Eftersom Anahata är bron mellan de lägre tre Elementära Chakrana och de högre tre Andliga Chakrana lär Venus oss att älska utan fasthållande för att överskrida vår individualitet och smälta samman med Anden vars väsen är Gudomlig Kärlek. Venus energi gör det möjligt för oss att rensa bort de känslomässiga fasthållanden till pengar, sex och makt som skapats av de tre lägre Chakrana. Genom att göra detta underlättar vi utforskandet av det Andliga Elementets expansiva kvaliteter som vi kan uppleva genom de tre högre Chakrana, vilket ger oss mer djupgående nivåer av förståelse.

Venus är en taktil Planet, så den styr kroppens sinnesorgan. En låg dos av Venusenergi i Anahata Chakra resulterar i ohälsosamma relationer, extremt fasthållande till världsliga ting, självupptagenhet och kreativa blockeringar. En brist på venetiansk energi skapar rädsla för att inte bli älskad, vilket gör oss osäkra.

När de högre Chakrana används kan individen älska villkorslöst. Men när de lägre Chakrana dominerar blir kärleken till lust, vilket kan vara destruktivt för Själen om det inte balanseras av Merkurius och dess förnuftsförmåga.

I ett Födelsehoroskop är Venus vän med Merkurius och Saturnus, fiende med Solen och Månen och neutral med Mars och Jupiter. Dessutom styrs de två sociala och nöjesorienterade tecknen, Libra (Tula på Sanskrit) och Taurus (Vrishabha på Sanskrit) av Venus. Libra representerar Venus maskulina energi, medan Taurus representerar dess feminina energi. Medan Libra representerar vår förmåga att uttrycka känslor, styr Taurus vår känslomässiga mottaglighet. Om något av dessa två tecken är inflytelserikt i ditt födelsehoroskop bör du vara uppmärksam på Anahata Chakra för att se till att det får en balanserad stråle av Venetisk energi.

Merkurius/Vishuddhi

Merkurius (Budha på Sanskrit) är logikens, förnuftets och kommunikationens Planet och motsvarar det maskulina Vishuddhi-Chakrat och det Andliga Elementet. Eftersom Merkurius är relaterad till tankeprocesser har den en affinitet med Luftelementet; dess korrekta beteckning skulle vara Andens Luft. Merkurius styr också resor och önskan att uppleva nya miljöer.

Eftersom Merkurius styr intelligensen påverkar han eller hon hur en person tänker och vilka egenskaper som kännetecknar hans eller hennes sinne. Merkurius tempererar Venus och ger struktur åt kreativa tankar och idéer. Båda hjärnhalvorna påverkas av Merkurius, även om det är dominerande i den vänstra hemisfären som hanterar linjärt tänkande genom logik och förnuft.

Merkurius styr hjärnan, nerverna och andningssystemet. Eftersom Merkurius styr verbal och icke-verbal kommunikation, t.ex. kroppsspråk, påverkar det vår förmåga att uttrycka våra tankar. Ett starkt inflytande av Merkurius ger oss ett gott minne och utmärkta tal- och skrivfärdigheter. Det gör oss till fängslande historieberättare och smarta och listiga köpslagare. Eftersom det styr rösten ger det oss kraft att tala och uppträda offentligt.

Merkurius återspeglar hur vi ser, hör, förstår och tar till oss information. För lite Merkurius-energi gör Vishuddhi inaktiv, vilket stänger oss ute från den subtila intuitiva information som förmedlas till oss av de högre Chakrana. Människor som har låg Merkurius-energi förlorar förmågan att uttrycka sin inre sanning, vilket gör att de förlorar kontakten med verkligheten och lever i illusioner.

Brist på Merkurius-energi leder ofta till felaktiga beslut eftersom vi måste tänka intelligent innan vi agerar. Om vi inte balanserar våra känslor med logik och förnuft kan neurotiska beteenden uppstå. Vår förmåga att planera saker och ting i våra sinnen påverkar hur väl vi kan manifestera våra mål och drömmar och om våra resultat blir fruktbara.

Omvänt kan för mycket Merkurius göra människor sarkastiska, argumenterande, manipulativa och överdrivet kritiska mot sig själva och andra. Lögner och bedrägeri tyder på en obalanserad Merkurius, som blockerar Vishuddhi-Chakrat medan sanningen optimerar det.

Merkurius har ett vänskapligt förhållande till Solen och Venus i Astrologin, medan han är fiende till Månen och neutral till Mars, Jupiter och Saturnus. Dessutom styr Merkurius de två mycket kommunikativa tecknen Tvilling (Mithuna på Sanskrit) och Jungfru (Kanya på Sanskrit). Tvilling representerar Merkurius maskulina energi, medan Jungfru representerar dess feminina energi. Medan Tvillingen är involverad i uttrycket av idéer, styr Jungfrun vårt intag av intryck. Var uppmärksam på Vishuddhi Chakra om du har något av dessa två tecken i ditt Födelsehoroskop. Det indikerar utnyttjandet av Merkurius-energi och detta Chakras behov av jämvikt.

Månen/Ajna

Månplaneten (Chandra på Sanskrit) är Planeten för instinkter, illusioner och ofrivilliga känslor som projiceras av det undermedvetna. Den har stort inflytande på högre mentala förmågor som introspektion, kontemplation, självrannsakan och intuition eftersom den återspeglar djupa tankar och känslor. Månen påverkar vår verklighetsuppfattning eftersom allt vi tar in måste passera genom det undermedvetna sinnet. Dess inflytande påverkar de fem sinnena syn, hörsel, smak, lukt och känsel.

Månen motsvarar det feminina Ajna-Chakrat och det Andliga Elementet. Den är dock knuten till Vattenelementet - dess korrekta beteckning skulle vara Andens Vatten. Ajna har ett intimt samband med Swadhisthana, eftersom båda utför det undermedvetna sinnets funktioner som kontrollerar de frivilliga och ofrivilliga känslorna.

Månen styr natten och Solen styr dagen. Den styr drömmar och ger klarhet åt visuella bilder. Som sådan påverkar den också vår fantasi och vårt kreativa tänkande. Månen är vårdande med ett starkt inflytande på tillväxt, fertilitet och befruktning. Den är mycket föränderlig; ena stunden kan vi vara kalla och distanserade medan vi står under Månens kontroll, och i nästa stund blir vi intensivt passionerade.

I Horoskopet speglar Måntecknet vårt inre, känslomässiga Jag och är näst viktigast efter Soltecknet. På samma sätt som Solen uttrycker vår karaktär, uttrycker Månen vår personlighet. Eftersom den reglerar ebb och flod i alla vattenkroppar styr Månen alla kroppsvätskor och påverkar känslornas fluktuationer.

Månen är vår inre kärna som upplever känslomässiga reaktioner på miljöstimuli. Eftersom Månen representerar det undermedvetna är den delen av vår personlighet som vi kan finna störande hos oss själva. Den ger upphov till märkliga, ofta omoraliska fantasier och dagdrömmar och framkallar instinktiva reaktioner som hat och svartsjuka. Å andra sidan påverkar Månen också vårt behov av spontanitet och vår önskan om sinnliga njutningar. Som två feminina Planeter har Månen och Venus en affinitet.

Om Ajna Chakra har brist på Månenergi blir de visuella tankarna dimmiga och otydliga, vilket påverkar fantasin, kreativiteten och inspirationsnivån negativt. Ett Ajna Chakra med låg energi bryter kontakten med intuition och djupa känslor, vilket gör att rädsla och ångest kan ta över. Individen har inte längre någon inre vägledning, vilket gör honom eller henne oförmögen att lära sig av livets erfarenheter och ger en allmän känsla av hopplöshet och depression. Låg Månenergi i Ajna Chakra påverkar också drömmarna negativt då de blir tråkiga, suddiga och på annat sätt oklara. En effektiv metod för att få Månenergi är att tillbringa tid utomhus vid Fullmåne.

I Astrologin är Månen vänskaplig med Solen och Merkurius och neutral med Venus, Mars, Jupiter och Saturnus. Den har inga fiender. Månen styr det intuitiva och känsliga tecknet Kräftan (Kataka på Sanskrit), som har en feminin energikvalitet. Om Kräftan är framträdande i ditt Födelsehoroskop bör du vara uppmärksam på Ajna Chakra och dess funktion. Det kan kräva att man balanserar Månenergistrålen genom Andliga Healingmetoder.

Solen/Sahasrara

Solplaneten (Surya på Sanskrit) är Planeten för fantasi, inspiration, Andlighet och transcendens. Solen är källan till den Praniska energi som ger liv, Ljus och värme till alla levande varelser i vårt Solsystem. Alla Själar i vårt Solsystem emanerar från och är beroende av Solen för sin försörjning.

Solen motsvarar det Icke-Duala Sahasrara-Chakrat och det Andliga Elementet. Eftersom Solen är Ljuskällan för vårt Solsystem är Sahasrara vår Chakra-Ljuskälla. Det Vita Ljuset är vår källa till Enhet, sanning och Universell visdom. Det representerar det medvetna sinnet, medan Månen representerar det undermedvetna.

Solen genererar inte bara Ljus utan också värme. Därför är den knuten till Eldelementet; dess korrekta benämning är Andens Eld, vilket innebär att även om den är bortom dualitet har den en benägenhet för den projektiva, maskulina principen.

Kärleksenergin genererar en lugn och jämn värme, vars väsen är Vitt Ljus. När vi använder termen "Kosmiskt Medvetande" hänvisar vi därför till Solmedvetandet som vårt Solsystems källa till kärlek, Ljus, liv och Gudomlig lycka.

Solen är det grundläggande uttrycket för individens identitet - Jaget - och är därför det mest kritiska inflytandet i vårt Horoskop. Den representerar vem vi är och kärnan i vår Själ. Därför är Soltecknet vår grundläggande energi som påverkar vår karaktär och våra högsta ambitioner.

Solen ger dig utmärkta ledaregenskaper. Den styr hjärtat och reglerar vårt cirkulationssystem. Solen ger oss också vitalitet, harmoni och jämvikt, eftersom den balanserar alla motsatta energier i kroppen. Om vi har brist på Solens energi upplever vi blockeringar i Sahasrara, vilket påverkar hela vårt Chakriska system negativt. Låga nivåer av Ljusenergi i det Chakriska systemet saktar ner Chakrasens rotation, vilket manifesterar mentala, emotionella och fysiska problem.

Det idealiska sättet att ta emot Solenergi är att tillbringa tid utomhus en solig dag och låta Solens strålar ge näring åt dina Chakran och fylla din Aura med Pranisk energi. Solen är vårt energisystems batterikälla; utan den skulle vi gå under. Ett fullständigt Kundaliniuppvaknande optimerar Sahasrara Chakra, maximerar vår förbindelse med Solen och låter oss få tillgång till vårt Solteckens fulla potential.

I Zodiaken har Solen ett vänskapligt förhållande till Månen, Mars och Jupiter, medan den är fiende till Venus och Saturnus och neutral till Merkurius. Solen styr det auktoritativa tecknet Lejonet (Simha på Sanskrit), vars basenergi är av maskulin kvalitet. Kräftan och Lejonet, Månens och Solens tecken, representerar den grundläggande polariteten i sinnet när det gäller känslor och förnuft, det undermedvetna och det medvetna Jaget. Lägg märke till om du har Lejonet i ditt Födelsehoroskop och hur Solenergin påverkar Sahasrara Chakra. Du kan behöva Andlig Healing för att balansera din Solström och optimera detta viktiga Chakra.

ANDLIGT HELANDE OCH UTVECKLING

När vi nu går in i Vattumannens Tidsålder har den Andliga Utvecklingen (Figur 63) blivit ytterst viktig för mänskligheten. Sedan Internet och det fria informationsutbytet har vårt kollektiva medvetande utvecklats till att förstå att Gud inte finns utanför oss utan inom oss. Som ett resultat av detta har existentiella frågor som rör vårt syfte i livet och hur vi kan uppnå verklig och varaktig lycka fått företräde framför vår strävan efter att samla på oss materiella rikedomar.

De stora världsreligionerna har blivit föråldrade, vilket alla religioner blir efter en tid. De har inte längre svaren för den nya generationen människor, och många söker alternativa Andliga metoder och tekniker för att komma i kontakt med Gud - Skaparen. Oavsett vilken religion de är födda i har människor blivit öppna för att prova nya och gamla Andliga helande metoder, så länge dessa metoder ger de resultat de söker.

Dessa alternativa terapeutiska tekniker, som faller under rubriken "healingmodaliteter", syftar till att balansera sinnet, kroppen och Själen på ett integrativt sätt och samtidigt främja Andlig Utveckling. Därför är de mycket tilltalande för Andliga människor och de som söker alternativa metoder för att behandla problem på både energi- och kroppsnivå.

Även om vi alla har samma energigrundlag har vi olika benägenheter. Vissa av oss dras till vissa Andliga healingmetoder medan andra stöter bort dem. Vår Uråldriga energi har mycket att göra med denna benägenhet, liksom vår miljöbetingade konditionering. Av denna anledning har det varit mitt mål de senaste fyra åren att presentera de mest optimala Västerländska och Österländska Andliga healingmetoderna i *Serpent Rising* och *The Magus*. Jag ville ge människor valmöjligheter och ge dem de mest praktiska instruktionerna om hur de ska tillämpa dessa Andliga metoder i sitt dagliga liv.

Innan jag tar upp vetenskapen och filosofin bakom Yoga vill jag fokusera på andra Andliga metoder som omkalibrerar de Stora Chakrana. Genom att läka Chakrana på en djup nivå optimerar du deras energiflöde och maximerar hur mycket Ljusenergi Auran kan rymma. Ju mer Ljus som finns närvarande, desto högre är ens medvetandevibration, vilket förbättrar sinnet, kroppen och Själens kvalitet och främjar ens Andliga Utveckling.

De fyra healingmodaliteter som jag kommer att fokusera på i det här avsnittet är Ädelstenar (Kristaller), Stämgafflar, Aromaterapi och Tattvas. Dessa är de helande modaliteter som jag fann mest attraktiva att arbeta med och lära mig om på min Andliga resa och de som hade störst inverkan på mig. Andra helande metoder inkluderar men är inte begränsade till Reiki, Akupunktur, Qigong, Tai Chi, Reflexologi, Biofeedback, Ruach Healing, Regression av Tidigare Liv, Hypnos, Transcendental Meditation och Neuro-Lingvistisk Programmering.

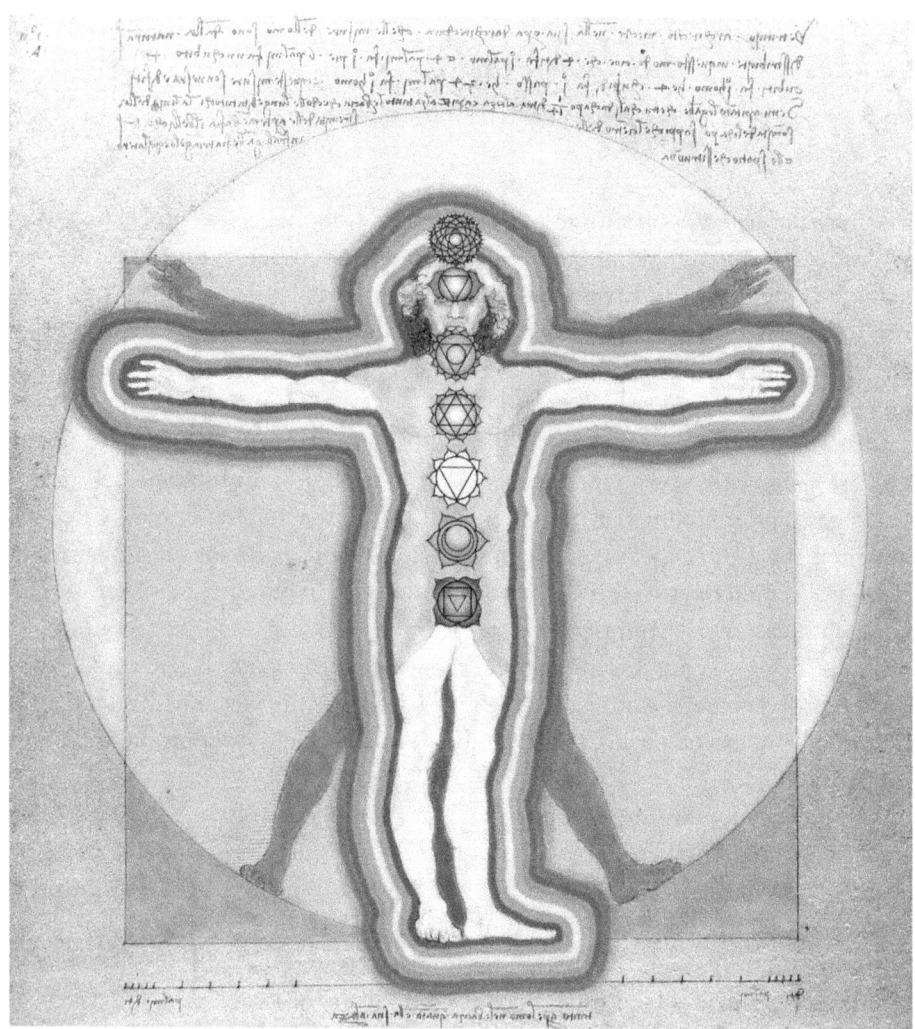

Figur 63: Andlig Utveckling

ÄDELSTENAR (KRISTALLER)

Ädelstenar (Kristaller) har bildats i Jordens hjärta under Eoner av tid och innehåller intensiva koncentrationer av energi. Deras terapeutiska användning går tillbaka till ungefär 5000 år sedan. Gamla Kinesiska texter om traditionell medicin nämner Ädelstenar, liksom Ayurvediska texter från Indien. Det finns bevis för användningen av Ädelstenar redan innan historien skrevs - till och med i *Bibeln* finns över 200 hänvisningar till Ädelstenar och deras helande och skyddande egenskaper.

Många Gamla civilisationer och traditioner, inklusive Olmekerna i Mesoamerika och Egyptierna, använde Ädelstenar på sina heliga platser, där vi har funnit bevis för energiproduktion och manipulation. Bruket att använda Ädelstenar för att läka sinnet, kroppen och Själen och skydda Auran från negativa energipåverkan fortsätter i dag eftersom de fortfarande används som en form av alternativ läkning av Andliga utövare.

En Ädelsten är en ädelsten eller halvädelsten som produceras av naturen och som finns i bergsformationer. De är Jordens DNA som innehåller uppgifter om Jordens utveckling under miljontals år. De flesta Ädelstenar är Mineralkristaller - halvädelstenar som förekommer i större utsträckning i naturen än Ädelstenar. För att förtydliga: ädelstenar (Rubin, Safir, Diamant och Smaragd) betraktas som Ädelstenar men inte som Kristaller, medan alla Kristaller som finns kan kallas Ädelstenar. Det finns också vissa organiska material som inte är mineraler (Bärnsten, Jätte, Korall och Pärla) men som också anses vara Ädelstenar. På grund av deras sällsynthet, färg och sammansättning är ädelstenar mycket dyrare på marknaden än halvädelstenar.

"Kristallhealing" är den term som används i det Andliga samfundet för terapeutisk användning av Kristaller - de halvädelstenar som är Ädelstenar. Många Kristaller har sina molekyler ordnade på ett sådant sätt att de skapar ett geometriskt mönster på något sätt, vilket gör dem till utmärkta energigeneratorer och -ledare för användning vid helande sessioner. En helande session kan ha positiva effekter som håller i flera dagar, bland annat ökad medvetenhet, inre frid och lugn, ökad intuition, empati, intellektuell förmåga och en känsla av kärlek och acceptans för sig själv och andra.

Ädelstenar är i allmänhet lätta att använda, vilket gör dem attraktiva för nybörjare inom Andlig healing. Man måste dock ha en korrekt förståelse för korrespondensen mellan varje sten för att få ut det mesta av dem, eftersom många Ädelstenar har samband med flera

Chakran. Därför är det inte ovanligt att författare i ämnet presenterar inkonsekventa relationer mellan Ädelstenarna och Chakrana.

Det finns som sagt hundratals Ädelstenar, och var och en av dem har sin unika vibration och sina specifika energetiska egenskaper som bestäms av färg och andra faktorer. Genom att lära dig om olika sorters Ädelstenar och deras användningsområden kan du utnyttja deras fulla helande potential. Ädelstensenergimedicin använder kroppens inneboende läkande kraft för att ge näring och läka energierna i Auran. När Kristallen placeras på kroppen inducerar Kristallens vibrationer den Nedre Astrala Kroppens (Eteriska Kroppens) hölje - den lägsta och mest täta Subtila Kroppen efter den Fysiska Kroppen och den som förbinder oss med de högre Subtila Kropparna av Elementen Vatten, Eld, Luft och Ande.

Den Fysiska Kroppen och den Nedre Astrala Kroppen är relaterade till Jordelementet - kontaktpunkten för Kristallenergier som kommer in i vår Aura. Alla Kristaller, som bryts från djupet av vår Planet, har en Jordisk komponent, även om deras egenskaper är relaterade till andra Element. Av denna anledning är Kristallarbete mycket effektivt vid behandling av sjukdomar som är förknippade med den fysiska kroppen. Även om vi kan använda Kristaller och andra stenar för att bota mentala problem, känslomässiga störningar eller akuta sjukdomar, är deras yttersta syfte att hjälpa oss att nå vår högsta potential som Andliga människor.

Eftersom våra Chakran vibrerar på en specifik frekvens gör det oss naturligt mottagliga för Ädelstenarnas vibrationer eftersom vi kan anpassa våra vibrationer till deras. Ädelstenar har den starkaste vibrationseffekten när de placeras direkt på kroppen i områden som motsvarar de Stora Chakrana. Den energi som avges av Ädelstenen påverkar direkt Chakrat och tar därmed bort eventuella blockeringar eller stagnationer i det. På så sätt återfår Chakrana sin optimala funktion, vilket i sin tur underlättar det fria flödet av energi i Nadis. Det är i huvudsak så här Kristallhelandet fungerar.

Användningen av Ädelstenar börjar och slutar dock inte med Andlig Healing. Vi kan också använda Ädelstenar för att förstärka kraften hos andra energihelande metoder och till och med hjälpa oss att manifestera en önskan eller ett mål. Om du till exempel vill ha en energiboost när du mediterar, håll helt enkelt en Ädelsten i din hand med motsvarande egenskaper som du försöker få in i din Aura. Eller om du vill attrahera romantisk kärlek eller vill ha ett nytt jobb eller en ny karriär kan du utforma en ritual där du ingjuter din avsikt i en Ädelsten med egenskaper som kan locka dessa saker till dig. Eftersom Kristaller är relaterade till Jordelementet är de faktiskt kraftfulla verktyg för att hjälpa till med manifestation.

Ädelstenar är i princip som batterier med olika egenskaper som vi kan använda på olika sätt. Ett annat exempel på hur de kan användas är för att ge ett rum skydd eller för att ge det positiv energi och göra det till ett heligt rum. För att höja vibrationen i ett område kan du placera Ädelstenar med specifika egenskaper i vissa delar av rummet, särskilt i hörnen eller framför ett fönster där ljuset kommer in. Var dock försiktig med Bergskristall framför ett fönster eftersom den fokuserar Solens strålar och kan starta en brand.

Genom att placera olika Ädelstenar runt om i ett rum skapas ett nätliknande energimönster som förbinder dem och strålar energi fram och tillbaka för att ge önskade effekter och påverka alla som kommer in i rummet. Denna användning av Ädelstenar har funnits sedan urminnes tider, vilket är anledningen till att vi finner dem strategiskt placerade på många Forntida platser från olika kulturer och traditioner.

Även om Ädelstenar har många användningsområden kommer vi i det här avsnittet främst att fokusera på Chakra Healing och att använda Kristaller för att hjälpa till i den Andliga Utvecklingsprocessen. Kom ihåg att genom att helbreda ens energi på en djup nivå förbättras deras mentala, emotionella och fysiska tillstånd och deras förmåga att manifestera det liv de önskar.

KRISTALLFORMATIONER OCH FORMER

Kristaller kan hittas i många olika former och med många naturliga formationer som Geoder, Kluster, Friformade Kristaller och andra som människor bryter och skär till specifika former (Figur 64). Geoder är rundade bergsformationer som avslöjar ett vackert kristallint inre när de bryts på mitten. Kluster däremot är grupper av Kristaller som utvinns ur Geoder. Varje Kluster är speciellt och unikt, vilket gör att inget Kluster är det andra likt.

Både Geoder och Kluster har kraftfulla vibrationella energier eftersom de innehåller många Kristallpunkter tillsammans. Till skillnad från Kluster har dock Geoderna alla sina ändar på insidan. Båda sorterna finns också i olika former och storlekar och används ofta i dekorationer på grund av deras visuella attraktionskraft. Kluster används oftare under healing-sessioner för att förstärka och fokusera deras naturliga energier.

Friformade Kristaller, eller "Grova" Kristaller som de kallas, är oregelbundet formade, opolerade bitar av halvädelsten. De har slipats och huggits i stället för att poleras för att visa upp den enskilda Kristallens naturliga skönhet. De mindre slipade Friformskristallerna kan användas vid helande sessioner. De större kristallerna används däremot oftare för att tillföra positiv, skyddande energi till ett utrymme eller helt enkelt som dekorativa element.

Tumlade stenar är den vanliga slipade och polerade formen av Kristall på marknaden, med former som varierar i storlek och form. I allmänhet är de dock på den mindre sidan, upp till en tum i diameter, vilket gör dem användbara för Kristallhealing eftersom de kan placeras direkt på kroppen för att generera och manipulera energi.

Därefter har vi Kristaller som är huggna och polerade i olika geometriska och symboliska former. Denna sedvänja har funnits i tusentals år inom olika Gamla traditioner och kulturer. Eftersom alla geometriska former leder energi på olika sätt, förändrar vi genom att hugga en Kristall i en form dess energiutgång och förstärker specifika egenskaper, vilket gör att vi kan arbeta med stenen på fler sätt. Några av de mer allmänt förekommande Kristallformerna är Kristallspetsar, Stavar, Hjärtan, Sfärer, Ägg, Pyramider och Skärvor. Andra mindre vanliga Kristallformer är Stavar och Plattor, för att nämna några.

Figur 64: Kristallformer och Kristallformationer

Kristallpunkter (Torn) är i allmänhet större stenar som slutar vid en punkt, vilket genererar mer riktad energi. De är ofta sex- eller åttsidiga och formade som Kristallstavar men större. Kristallpunkter förekommer naturligt i många Klustertyper, bland annat Ametist, Bergskristall och Citrin. De är vanligtvis skurna vid basen för att stå upprätt och efterfrågas av energihealare eftersom de bär mer naturlig energi. Större bitar av Råkristaller kan också slipas till en spets för att rikta energi. Dessa är billigare än Torn, vilket gör dem mer eftertraktade för energihealare.

Kristallstavar finns i många olika former, storlekar och typer. Liksom Kristallspetsar är Stavar skurna till en spets för att hjälpa till att förstärka och styra Kristallens energi. Vissa Stavar är dubbelt avslutade med en spets i vardera änden av Kristallen. Massagestänger är däremot helt rundade och släta i båda ändarna. Kristallstavar används vanligtvis för att läka olika delar av Auran. Vi kan också använda dem för att optimera snurrandet av ett Chakra, vilket kommer att ges i en teknik för Chakrahealing i slutet av det här kapitlet.

Kristall Hjärtan är hjärtformade stenar som finns i olika storlekar. I allmänhet har de egenskaper som har att göra med Hjärtchakrat, till exempel Rosenkvarts, Malakit och Grön Aventurin. De avger energi på ett kärleksfullt och mjukt sätt och ger oss en känsla av fred och harmoni. Kristallhjärtan påminner oss symboliskt om att balansera och centrera oss själva genom att ställa in oss på Anahata Chakra och låta vår Själ vägleda oss i livet. När Kristallhjärtat används i en helande session blir det centrala fokus eftersom det tjänar till att ingjuta Anden i de lägre elementen, vilket leder till en fullständig omvandling av sinne, kropp och Själ.

En Kristallsfär är ett Tredimensionellt objekt där varje punkt på ytan har samma avstånd från centrum. Sfärerna är reflekterande och utstrålar energi utåt i samma riktningar, vilket gör dem till perfekta verktyg för scrying, även kallat "Kristallskådning". "Syftet med scrying är att få Gudomliga nedladdningar eller visioner av saker som kommer att hända i framtiden eller att få information om något som händer just nu och som vi inte är medvetna om.

Kristallägg liknar Kristallkulor eftersom de avger energi från alla sidor, men med en fokuspunkt i toppen. Kristallägg innehåller en symbolisk komponent som har att göra med personlig omvandling och förnyelse. De hjälper oss att stämma in på vår feminina energi, vår mottagliga, passiva sida av att Vara kopplad till Vattenelementet. Kristallägg är kända för att stämma in oss i vårt undermedvetna sinne, där den Andliga omvandlingen först börjar äga rum.

Kristallpyramider är Tredimensionella figurer med en platt bas och fyra sidor som möts i en punkt. De drar energi från Jorden och projicerar den uppåt genom slutpunkten. De kan vara gjorda av en enskild Kristalltyp eller en kombination av olika Kristaller, som i Orgonitpyramider som ofta används för att absorbera och skydda mot elektromagnetisk strålning.

Kristallskärvor är pinnliknande mindre bitar av Råkristall som oftast används för att lägga till energi till andra stenar under helande sessioner. De tre vanligaste typerna av Kristallskärvor är Bergskristall, Ametist och Rosenkvarts. Kristallstavar (Pinnar) är opolerade och råa bitar av Kristall som är skurna till en stavliknande form och som varierar i storlek. Eftersom Selenit är ganska sprött och svårt att forma med maskiner säljs det vanligtvis i denna form. Och slutligen är Kristallplattor (Crystal Slabs) slipade och polerade skivor av Kristall med råa sidor som bevarar stenens naturliga utseende. De större storlekarna används i allmänhet till dekoration, medan vi kan använda de mindre (upp till 2" i diameter) för helande ändamål.

TJUGOFYRA VIKTIGA ÄDELSTENSTYPER

Bärnsten

Denna sten skapas av fossiliserad kåda från gamla träd och finns i olika gula, gyllene och bruna nyanser. Bärnsten har egenskaper från Eldelementet, vilket gör den till en kraftfull helare och renare av kropp, sinne och Ande. Den förnyar nervsystemet samtidigt som den balanserar våra inre energier. Den absorberar också negativ energi samtidigt som den jordar och kopplar oss till Forntida visdom. Bärnsten är förknippad med Manipura Chakra och Solplaneten. Den är relaterad till Stjärntecknen Taurus och Leo. Bärnsten hjälper oss att övervinna depression samtidigt som den stimulerar intellektet och främjar självförtroende, altruism, självförtroende, beslutsfattande och inre frid. Denna sten ger oss också modet att upprätta sunda gränser i våra relationer samtidigt som den skyddar oss från människor som dränerar vår energi.

Ametist

En genomskinlig lila sten som ökar den Andliga medvetenheten genom att öppna en högre nivå av medvetande. Ametist vibrerar på en hög frekvens och har Andliga Elementegenskaper som skapar en skyddsring runt ens Aura och blockerar lägre frekvenser och energier. Ametist hjälper också till vid meditation samtidigt som den ökar ens intuition, inre vägledning och visdom. Den ökar våra psykiska förmågor genom att stimulera det Tredje Ögat och Kronchakrat. Dessutom främjar Ametist känslomässig och mental balans genom att rensa ut negativitet och förvirring. Den är känd för att avvärja mardrömmar och uppmuntra positiva drömmar. Ametist är relaterad till de Astrologiska tecknen Vattumannen och Fiskarna med en affinitet till Planeterna Uranus och Neptunus samt Luft- och Vattenelementen.

Akvamarin

Denna grönblå transparenta till ogenomskinliga sten har lugnande energier som minskar stress samtidigt som den lugnar sinnet och ger Andlig medvetenhet. Den förbinder oss med Vattnets och Luftens krafter eftersom den är associerad med planeten Jupiter och har en affinitet med Uranus och Neptunus. Akvamarin är känd för att öka hjärnan och intellektet. Den här stenen, som är direkt kopplad till Vishuddhi Chakra, förbättrar vår kommunikationsförmåga samtidigt som den ger oss modet att uttrycka vår inre sanning. Den lugnar våra rädslor och ökar vår känslighet för energierna i vår omgivning. Akvamarin skärper vår intuition samtidigt som den rensar upp kreativa blockeringar. Den hjälper oss att bygga upp tolerans och ansvarstagande samtidigt som den förbättrar vår problemlösningsförmåga. Denna sten anpassar Chakrana samtidigt som den skyddar Auran från negativa energier. Den rensar medvetandet från känslomässigt laddade tankar och främjar harmoni och balans, vilket gör den till ett utmärkt verktyg för meditation. Akvamarin relaterar till stjärntecknen Tvillingarna, Skorpionen och Fiskarna.

Svart Obsidian

Den här mörksvarta reflekterande stenen kommer från smält lava som svalnat så snabbt att den inte hunnit kristallisera. Den här stenen är relaterad till Jordelementet och har en jordande och lugnande effekt på sinnet och känslorna, vilket hjälper oss att hålla oss centrerade och fokuserade på uppgiften. Dess svarta färg drar användaren inåt till tomrummet, där vår inre sanning finns. Som sådan har denna sanningsstärkande sten reflekterande egenskaper som avslöjar ens blockeringar, svagheter och brister. Den fungerar som en spegel för Själen som ger oss vitalitet för att hitta vårt livs syfte. Den Svarta Obsidianens energiska egenskaper håller negativa tankar borta och främjar en positiv syn på livet. Vi kan också använda den för att avleda andras negativa energier och avlägsna oönskade Andliga influenser. Denna sten relaterar till Jordstjärnechakrat och Planeten Jorden, med en affinitet till Pluto och Eldelementet. Dess energi är också karakteristisk för Stjärnteckenet Skorpionen.

Blodsten

Denna mörkgröna till svarta sten med röda blodliknande fläckar hjälper till att avlägsna energiblockeringar från Auran samtidigt som den ökar vitalitet, motivation, mod, kreativitet, uthållighet, uthållighet och allmän energi. Blodstenen är associerad med planeten Mars och Eldelementet och renar och renar de tre lägre Elementära Chakrana samtidigt som den balanserar Hjärtchakrat. Den har jordande egenskaper som minskar stress, irritabilitet, otålighet och aggression och gör att vi kan leva i det nuvarande ögonblicket. Den skyddar också från skadlig miljöenergi, såsom störande elektromagnetiska frekvenser. Dessutom är denna sten utmärkt för att förbättra blodcirkulationen och balansera hormoner, vilket ger sammanhang i den fysiska kroppen. Forntida soldater använde blodstenen för att avvärja ondska och för att åberopa krigarens energi. Blodstenen är förknippad med Väduren och Fiskarna, de två Stjärntecken som styrs av Mars. Den har en affinitet med Jordelementet.

Karneol

Denna genomskinliga orange till brunröd sten stimulerar kreativitet och fantasi och hjälper oss att skapa nya projekt. Karneol har en kraftfull effekt på känslor, så den är direkt relaterad till Swadhisthana Chakra. Karneol är känd som en sten för handling och för att gå framåt i livet och hjälper oss att hitta lösningar när vi upplever känslomässiga blockeringar. Den har egenskaper hos Eldelementet, vilket motiverar oss att nå framgång i affärer och andra frågor. Den hjälper oss också att bearbeta negativa känslor som ilska, svartsjuka, rädsla, sorg, förvirring och ensamhet samtidigt som den skyddar oss från andra människors projicerade negativa energier. Karneol kan också användas som ett verktyg för att få oss att engagera oss i kreativa uttryck som bildkonst, musik, dans eller skrivande. Den här stenen är förknippad med Stjärntecken som Väduren, Lejonet och Jungfrun. Dessutom har den en affinitet med Mars och Solen.

Citrin

Denna genomskinliga gulorange sten ger vitalitet, självförtroende, mod, lycka och glädje i livet. Citrin är en mycket energigivande sten, eftersom den är relaterad till Hara och Solar Plexus Chakras, och ökar ens Praniska energi, kreativitet, motivation och problemlösningsförmåga. Citrin fungerar bra för ens självrespekt samtidigt som den främjar uttrycket av vår inre sanning. Den har egenskaper som har att göra med Luft- och Eldelementen. Dess gyllene ljusstrålar drar ut osäkerheter som härrör från ett negativt tankesätt och ersätter dem med positivitet. Den här stenen har också anknytning till det Astrologiska Tecknet Tvillingarna och planeten Merkurius. Den har en affinitet med Solen, vilket är anledningen till att vi kan använda den för att ge energi till alla Chakran.

Bergskristall

Den här genomskinliga stenen bär hela Ljusets spektrum inom sig, vilket gör den till en mästerlig helare på alla nivåer. Bergskristall är direkt kopplad till det Andliga Elementet och kan användas för meditation, kanalisering, drömarbete och energihealing samtidigt som den förbinder oss med vårt Högre Jag. På grund av sina djupa rengörande egenskaper rensar Bergskristall alla stagnerade och negativa energier ur Auran. Den främjar positivitet, mental och emotionell klarhet och fokus. Bergskristall förbättrar ens metafysiska förmågor och ställer in oss på vårt Andliga syfte och vår Sanna Vilja. Eftersom dess helande användningsområden är breda, fungerar denna sten på alla Chakran. Men eftersom den är mycket högvibrerande fungerar Bergskristall bäst på Sahasrara Chakra och de Transpersonella Chakrana ovanför huvudet. Dess energi förstärker också de positiva aspekterna av alla Astrologiska Tecken. Vi kan använda Bergskristall för att rena, rensa och förstärka energin i andra Kristaller. Eftersom den lätt kan programmeras med intentioner och tankar kan den också användas som en talisman för att locka till sig det man önskar.

Fluorit

Denna genomskinliga sten är en blandning av lila, blått, grönt och genomskinliga färger. Den är utmärkt för att neutralisera negativ energi, avgifta sinnet och skapa harmoni i själ, kropp och Själ. Fluorit tar fram ens inre geni genom att stabilisera Auran och öka fokus. Associerad med Ajna Chakra, jordar och integrerar denna sten Andliga energier, höjer psykiska krafter och intuition. Eftersom den höjer ens medvetande till det Andliga Planet är Fluorit en bra sten för meditation och djup sömn. Dess egenskaper har att göra med Luft-, Vatten- och Andliga Element, som åberopas av dess färger: dess gröna energi genomsyrar Luftelementet och renar hjärtat, den blåa för in Vattenelementet och lugnar sinnet, medan den lila färgen integrerar de metafysiska egenskaperna hos Andliga Elementet. Den klara, genomskinliga energin, stenens vägledande kraft, ställer om alla Chakran och Element till en integrerad helhet, vilket gör det möjligt för en att fungera mentalt, känslomässigt och fysiskt på bästa sätt. Förutom sina djupa helande egenskaper är Fluorit en av de mest fantastiska Kristallerna på marknaden, vilket gör den till en populär sten i hushållen.

Granat

Denna transparenta till genomskinliga rubinröda sten ökar vitalitet, mod, kreativitet, beslutsamhet, förändring och förmågan att manifestera dina mål. Granat är associerad med Mars och Eldelementet och rensar alla Chakran samtidigt som den ger ny energi. Den aktiverar och stärker överlevnadsinstinkten samtidigt som den framkallar villkorslös kärlek, passion och Andlig hängivenhet. Den jordar ens kaotiska energi, balanserar känslorna och skapar en utökad medvetenhet om sig själv och sin omgivning. Det är stenen för Andligt uppvaknande vars energi är känd för att väcka Kundalini till aktivitet när den används sida vid sida med Yogiska metoder som är utformade för att väcka denna energi. Granat har också starka kopplingar till Hypofysen eftersom den främjar kroppens regenerering samtidigt som den ökar ämnesomsättningen, immunförsvaret och ens sexlust. Denna sten är förknippad med Stjärntecken som Väduren, Skorpionen och Stenbocken.

Grön Aventurin

Denna genomskinliga gröna sten är känd för att manifestera välstånd och rikedom. Den förstärker ens intentioner att skapa mer överflöd i livet. Associerad med Hjärtchakrat och planeten Venus, ger Grön Aventurin harmoni till alla aspekter av Varandet. Den balanserar ens maskulina och feminina energi och främjar en känsla av välbefinnande. Den förstärker också ledaregenskaper och beslutsamhet samtidigt som den främjar medkänsla och empati. Grön Aventurin ökar kreativiteten samtidigt som den gör det möjligt för en att se olika alternativ och möjligheter. Den stabiliserar sinnet, lugnar känslor och lugnar irritation och ilska. Denna sten skyddar en från psykiska vampyrer. Eftersom den hjälper till med manifestation har Grön Aventurin kraftfulla egenskaper för Jordelementet.

Hematit

Denna metalliskt svarta till stålgrå sten ger en jordande och balanserande energi som hjälper till att lösa upp mentala begränsningar. Hematit använder de magnetiska egenskaperna hos våra Yin-Yang-energier för att balansera Nadis och ge stabilitet åt nervsystemet. Den tar bort kaotiska energier från Auran samtidigt som den stöter bort negativa tankar från andra människor. Den ger oss också en känsla av trygghet samtidigt som den stärker självkänsla, mod och viljestyrka. Hematitens lugnande vibrationer gör den till den perfekta stenen för människor som lider av ångest, stress och nervositet. Denna sten är känd för att hjälpa till att övervinna tvångstankar och beroenden. Dess avslappnande effekt på den fysiska kroppen förstärker vår koppling till Planeten Jorden. Hematit är relaterad till Muladhara Chakra och Jordelementet med en affinitet till Mars och Eldelementet. Eftersom den stimulerar koncentration, fokus och originella tankar har Hematit specifika egenskaper som är besläktade med Stjärntecknen Väduren och Vattumannen.

Kyanit

Den här djupt blåa stenen anpassar omedelbart alla Chakran och Subtila Kroppar. Kyanit är associerad med Kausal- och Själsstjärnchakrat och balanserar våra Yin-Yang-energier samtidigt som den tar bort blockeringar och återställer Prana i kroppen. Kyanit ger fred och lugn; den eliminerar all förvirring och stress och förbättrar kommunikationen och intellektet. Kyanit balanserar också Halschakrat eftersom den uppmuntrar till självuttryck samtidigt som den anpassar oss till vår inre sanning. Den väcker våra psykiska förmågor och aktiverar vår medfödda förmåga att kommunicera telepatiskt. Kyanitens lugnande blå färg öppnar oss för den Andliga och Gudomliga Världen, vilket gör att vi kan kontakta våra Andliga guider, antingen genom meditation eller drömmar. Dess energi är Femte-Dimensionell samtidigt som den har vissa egenskaper som är besläktade med Luftelementet. Kyanit är en kraftfull sändare och förstärkare av högfrekventa energier som väcker oss till vårt Sanna Jag och vårt syfte i livet. Denna sten behöver aldrig energirensning eftersom den inte kan behålla negativa vibrationer.

Lapis Lazuli

Denna ogenomskinliga djupt mörkblå sten med metalliska guldfläckar öppnar det Tredje Ögat och förbättrar intuition, Andlig insikt, inre vägledning och psykiska förmågor. Medier använder ofta Lapis Lazuli för att kontakta högre Kosmiska Plan och förbättra sin kanaliseringsförmåga. Denna sten är lämplig för att förbättra minnet och används ofta i drömarbete. Lapis Lazuli har Vattenelementets egenskaper som har en lugnande effekt på nervsystemet och förbättrar koncentration och fokus. Dess användning är fördelaktig vid studier och inlärning eftersom den förbättrar ens förmåga att smälta kunskap och förstå saker på djupet. Man kan också använda den för att övervinna missbruk och trauma eftersom den främjar känslomässig läkning. Eftersom den harmoniserar alla aspekter av Jaget hjälper Lapis Lazuli en att övervinna stress och ångest, vilket underlättar inre frid och främjar djup sömn. Lapis Lazuli är relaterad till Ajna Chakra och Planeten Jupiter.

Malakit

Denna ogenomskinliga mörkgröna sten med ljus- och mörkgröna och blågröna band skyddar en mot negativa energier samtidigt som den frigör ohälsosamma känslomönster som hindrar våra Själar från att utvecklas vidare. Malakit är associerad med Hjärtchakrat och Planeten Venus, och den ställer sinnet i linje med hjärtat, vilket hjälper en att växa Andligt. Den åberopar kärlek, medkänsla och vänlighet i våra liv, helar tidigare trauman samtidigt som den höjer våra empatiska förmågor. Malakit lär oss att ta ansvar för våra handlingar, tankar och känslor samtidigt som den uppmuntrar till risktagande och förändring. Den är känd för att skydda mot strålning samtidigt som den rensar ut elektromagnetisk förorening. Malakit har en Jordisk, jordande komponent; den har en anknytning till Stenbockens Stjärntecken.

Moldavit

Denna olivgröna eller mattgröna sten tar oss bortom våra gränser och gränser till andra världsdimensioner. Det är tekniskt sett en Tektit, som är en grupp av naturliga glas som bildats genom meteoritnedslag. Som sådan är Moldavit bokstavligen helt utanför den här världen. Dess energetiska egenskaper är Femtedimensionella; de relaterar till de högre Gudomliga Medvetandeplanerna, som vi kan kontakta genom fullständig transcendens. Moldavit gör det möjligt för oss att kommunicera med våra Högre Jag, Uppstigna Mästare och andra högvibrerande Varelser. Denna sten rapporteras också öppna oss för Utomjordisk kontakt genom medvetande. Associerad med det högsta Transpersonella Chakrat, Stjärnporten, gör Moldavitens metafysiska egenskaper det möjligt för oss att överskrida Tid och Rum. Som sådan kan den användas för att få kunskap om våra tidigare liv och för att rensa bort oönskat bagage som vi burit med oss in i den här inkarnationen. På en mer tidsmässig nivå hjälper Moldavit oss att avslöja känslor som håller oss fast i olyckliga situationer i livet. Den gör det möjligt för oss att gå framåt mot att ta reda på vår Själs syfte.

Månsten

Denna mjölkvita sten med ett självlysande skimmer är utmärkt för att öka den feminina energin, förbättra intuitionen, psykiska förmågor och balansera våra känslor. Den är relaterad till de två feminina Stora Chakrana, Swadhisthana och Ajna, samtidigt som den är direkt kopplad till det Kausala/Binduiska Chakrat. Med Vattenelementets egenskaper håller Månstenen oss i känslomässig balans och gör det möjligt för oss att följa med livets flöde utan att vara alltför fästade. Den framkallar passivitet, mottaglighet och reflektion, vilket gör att vi kan uppfatta världen omkring oss utan att döma. Månstenen är också känd för att förbättra negativa trosmönster samtidigt som den förbättrar våra empatiska förmågor. Dess användning främjar en högre känsla av medvetande och Andlig tillväxt. Månstenen är relaterad till Stjärntecknet Kräftan och Planeten Månen; dess energi är mer potent när Månen är växande (ökande) än avtagande (minskande). När det är Fullmåne är

Månstenen känd för att framkalla Lucida drömmar. Forntida människor använde Månstenen för att hjälpa till med problem med det kvinnliga fortplantningssystemet.

Röd jaspis

Denna röda sten är utmärkt för att ge skydd och stabilitet åt Auran och absorberar negativ energi. Den kan också neutralisera strålning och andra former av elektromagnetisk förorening och miljöförorening. Dess rödglödgade vibrationer ökar våra energinivåer, inspirerar till en positiv attityd samtidigt som den jordar alla oönskade energier. Röd Jaspis ger mod att vara självsäker och mental uthållighet för att slutföra alla uppgifter. Den har egenskaper för Eldelementet; Röd Jaspis är förknippad med Muladhara Chakra och Vädurens Stjärntecken, med en affinitet till Saturnus. Denna sten stöder oss genom stressiga tider, vilket ger känslomässig stabilitet och sinnesfrid. Den stimulerar vår fantasi och motiverar oss att omsätta våra idéer i handling. Eftersom den eldar igång vårt energisystem förnyar och föryngrar den Röda Jaspisen också våra passioner och vår sexlust.

Rosenkvarts

En transparent till genomskinlig rosa sten som balanserar Hjärtchakrat med sin kärleksfulla och fridfulla energi. Den framkallar Gudomlig Kärlek, barmhärtighet, medkänsla, tolerans och vänlighet i Auran. Stenens rosa färgvibration aktiverar en bro mellan de tre övre Andliga Chakrana och de tre nedre Elementära Chakrana. Att skapa denna bro är avgörande för att syntetisera det Andliga Jaget med det mänskliga fysiska Jaget. Med Vattenelementets egenskaper gör Rosenkvarts en mottaglig och lär oss att älska oss själva och andra genom tillit, förlåtelse och acceptans. Dess användning är fördelaktig under traumatiska tider eftersom den lugnar känslor på en djup nivå. Den är lugnande för hela nervsystemet och minskar stress och ångest. Rosenkvarts är den idealiska stenen för att hjälpa en att attrahera en romantisk partner i sitt liv eftersom den ökar ens nivå av villkorslös kärlek i Hjärtchakrat. Den är relaterad till de Astrologiska tecknen Libra och Taurus och Planeten Venus. Rosenkvarts kan också användas som sömnmedel och läka alla problem som har med det fysiska hjärtat att göra.

Selenit

Denna reflekterande, mjölkvita sten är ett kraftfullt verktyg för att ställa in oss på Andliga och Gudomliga Medvetandeplaner. Dess användning ger Eterisk energi som förbinder oss med vår Ljuskropp som vi kan använda för att kontakta högt vibrerande Varelser som Änglar, Ärkeänglar och Uppstigna Mästare i dessa Himmelska Världar. Denna lugnande sten med Andliga Elementegenskaper är associerad med den Grekiska Månens Gudinna Selene och läker oss på alla nivåer: fysiskt, känslomässigt och mentalt. Tillskriven Sahasrara Chakra och Själsstjärnchakrat, kan man använda Selenit för att ansluta till sitt Gudomliga syfte och förankra det i sitt lägre medvetande. Dessutom kan vi använda denna sten för att stämma av med vår inneboende visdom och för att omjustera vårt medvetande med Kärlek och Ljus. Selenit förbinder oss med Månens cykel och våra Skyddsänglar och Andliga Guider.

Rökig kvarts

Denna genomskinliga ljus- till mörkbruna sten upprätthåller ens skyddande energier samtidigt som den avleder negativa vibrationer. Rökkvarts är känd för att skapa en skyddande cirkel runt sig själv under Andliga ceremonier och ritualer. Vi kan också använda den för att avleda elektromagnetiska frekvenser som sänds ut av elektronik. Med Jord- och Luftelementets egenskaper jordar Rökkvarts allt sinnesprat samtidigt som den höjer koncentrationen, vilket gör den till en perfekt följeslagare vid meditation. Denna sten hjälper till att eliminera rädsla, nervositet och ångest samtidigt som den ger oss en känsla av trygghet. Den är känd för att förstärka maskulin energi och överlevnadsinstinkter. Rökkvarts rekommenderas ofta för att behandla depression och känslomässig stress eftersom den driver ut mörker samtidigt som den för in positiv energi. Rökkvarts är förknippad med Jordstjärnechakrat och Planeten Saturnus. Den har också samband med Stenbockens Stjärntecken.

Sodalit

Denna ogenomskinliga mörkblå sten med vita och svarta strimmor är utmärkt för att förbättra intuition, psykism, kreativt uttryck och kommunikation. Relaterad till Vishuddhi- och Ajna-Chakrana höjer Sodaliten ens medvetande till det Andliga Planet, vilket för det högre sinnet till den fysiska nivån. Genom att höja den Andliga uppfattningen intensifieras Divination och meditativa övningar. Med egenskaper som är relaterade till Luft- och Vattenelementen är Sodalit ett bra studiehjälpmedel eftersom den tar bort mental förvirring samtidigt som den höjer koncentrationen, fokus och förmågan att minnas information. Dessutom ökar den ens resonemangsförmåga, objektivitet och urskiljningsförmåga. Sodaliten stabiliserar också känslorna och ger inre frid, vilket gör den till ett bra hjälpmedel för att övervinna panikattacker. Dessutom ökar den självkänslan, självacceptansen och tilltron till sig själv. Den har en affinitet med Planeten Jupiter och Skyttens Stjärntecken.

Tigeröga

Denna ogenomskinliga bruna och gyllene sten med ljusare band i dessa två färger kombinerar Sol- och Jordegenskaper för att framkalla självförtroende, mod, motivation, skydd och känslomässig balans. Tigeröga stöder integritet, stolthet, trygghet och hjälper oss att uppnå våra mål och drömmar. Det är förknippat med Swadhisthana Chakra samtidigt som det har en affinitet med Muladhara (Jord) och Manipura (Eld) Chakra och de Element som styr dem. Eftersom dess energi är direkt relaterad till Solen, väcker Tigeröga fantasin samtidigt som den håller oss jordade i våra Andliga och materiella strävanden. Det förbinder oss med våra Själar, vilket stärker oss och öppnar oss för vår fulla potential. Användningen av den gör vår livssyn ljusare och ger oss mental klarhet och positivitet, även när vi ställs inför motgångar. Tigeröga hjälper oss att behärska våra känslor samtidigt som vi släpper negativa känslor mot andra, till exempel svartsjuka. Den har en affinitet med Stjärntecken Stenbocken och Lejonet.

Turkos

Denna ogenomskinliga blågrön till grönblå sten är utmärkt för kommunikation eftersom den hjälper till att uttrycka inre känslor samtidigt som den avlägsnar blockeringar i självuttrycket. Den är relaterad till Vishuddhi, Strupchakrat, där de maskulina och feminina energierna balanseras genom det Andliga Elementet. Turkos är fördelaktigt för att ansluta oss till vår inre sanning samtidigt som den skyddar oss från människors negativa känslor. Med egenskaper från Luft-, Vatten- och Eldelementen balanserar Turkos humörsvängningar samtidigt som den ökar inspirationen som hjälper oss mentalt när vi upplever kreativa blockeringar. Dessutom hjälper den till att kanalisera högre visdom och uttrycka den verbalt eller genom det skrivna ordet. Turkos är relaterad till Jupiter och Merkurius Planeter och till Stjärntecknen Tvillingarna, Jungfrun och Skytten. Den har varit en vanlig sten som använts i smycken genom tiderna på grund av sin slående färg och sina energiegenskaper. Särskilt Andianer har burit den i tusentals år för att få kontakt med Kosmiska energier.

RENGÖRING AV ÄDELSTENAR

Ädelstenar programmeras med energi med tiden. Det ligger i deras natur att göra det, främst om de har hanterats av andra människor eller till och med av dig själv när du var i ett obalanserat sinnestillstånd. Innan man använder Ädelstenar för helande ändamål är det därför viktigt att "rensa" dem från all kvarvarande energi. Att rensa en Ädelsten gör att den återgår till sitt optimala, neutrala tillstånd, vilket är viktigt, särskilt när man gör en helande session på någon ny person. Men även om du utför healing på dig själv hjälper det att rensa ädelstenarna ofta eftersom de är mest potenta när deras energier är återställda.

Jag kommer att diskutera några metoder som jag tycker fungerar bäst för att rensa Ädelstenar. Tänk på att om du är bekant med hur man rensar energin i Tarotkort som beskrivs i *The Magus,* kan du använda samma metoder för att rensa Ädelstenar också. Full Måne Rensning är särskilt användbart eftersom Månens strålar är mycket effektiva för att avlägsna gamla energier från Ädelstenar och återföra dem till sin optimala vibration.

Det snabbaste, mest populära och kanske effektivaste sättet att rengöra en ädelsten är att lägga den i saltvatten. Vatten i sig självt, särskilt från en naturlig ström, fungerar bra för att rengöra en Ädelsten, men när du häller upp det i ett glas (inte metall eller plast) och tillsätter havssalt blir rengöringen mer kraftfull. Var noga med att endast använda havssalt eftersom bordssalt innehåller aluminium och andra kemikalier.

Se till att Ädelstenen är helt nedsänkt i vattnet och låt den ligga där i 24 timmar så att den hinner återställa sig helt. En Ädelsten som kräver en mycket djupare och grundligare rengöring kan lämnas i vattnet i upp till en vecka. Skölj därefter dina Ädelstenar i kallt rinnande vatten för att avlägsna eventuellt kvarvarande salt. Det rekommenderas att du gör dig av med saltvattnet efteråt eftersom det skulle ha absorberat de negativa oönskade energierna.

Kom ihåg att även om saltvatten är den mest optimala metoden för att rengöra en Ädelsten kan det ha en skadlig effekt på vissa Ädelstenar och till och med förändra deras utseende och egenskaper. Till exempel bör porösa stenar som innehåller metall eller har vatten i sig inte lämnas i saltvatten. Ädelstenar som bör hållas borta från salt är bland annat Opal, Lapis Lazuli, Pyrit och Hematit.

PROGRAMMERING AV ÄDELSTENAR

Ädelstenar kan inte bara användas för energihealing, utan också programmeras med en specifik avsikt för att manifestera ett mål. Ädelstenar är kända genom historien för att användas som verktyg för att hjälpa till att koppla samman medvetna tankar med kroppen. Tankar är kraftfulla eftersom de styr energi. När man använder en programmerad Ädelsten hjälper dess frekvens till att förstora tankarna och intentionerna, vilket underlättar manifestationsprocessen.

Även om många människor använder Ädelstenar för att manifestera materiella saker för dem, som en ny flickvän eller en bil, har jag alltid trott att det skulle vara mer gynnsamt i längden att fokusera på din Andliga omvandling istället. När allt kommer omkring, att attrahera något till dig själv som ditt Ego vill ha men som inte främjar din Själs utveckling kommer att stagnera din Andliga Utvecklings framsteg eftersom du kommer att behöva kasta den saken så småningom för att gå vidare. Om du därför i stället fokuserar på Upplysning och programmerar Ädelstenar för att nå detta mål kommer ditt materiella liv att falla på plats i sinom tid.

Du kan programmera en Ädelsten så att den fokuserar sin energi på något som du vill uppnå eller förändra inom dig själv, och på så sätt förstärka din avsikt. På så sätt blir Ädelstenen en talisman, en självgenererande energianordning (batteri) som tillför det nödvändiga bränslet till din viljestyrka för att uppnå ditt mål.

Hitta en plats där du kan vara ensam för den här övningen. Innan du börjar programmera en Ädelsten måste du klargöra din avsikt eller ditt syfte med vad du försöker uppnå med hjälp av den. Konstruera en enkel mening med din önskan inbäddad i den, inramad från den bekräftande synvinkeln. Om du till exempel vill ha hjälp med att utveckla ett bättre minne, eller öka din kreativitet eller inspiration, gör din avsikt tydlig i din mening. Se tabell 1 i slutet av det här kapitlet för korrespondenserna mellan Ädelstenarna och mänskliga uttryck/krafter.

Du måste sedan rengöra Ädelstenen och ta bort alla förprogrammerade energier från den. För att göra det, utför en av de reningstekniker som tidigare nämnts. Håll därefter Ädelstenen i din hand och anslut dig till den genom att gå in i ett meditativt tillstånd. Känn hur dess energi strömmar in i ditt Hjärtchakra genom dina handflator och bli ett med den. När du har skapat en förbindelse kan du börja programmera den.

Tala högt till stenen som du skulle göra till en vän. Gör klart vad du behöver hjälp med. Om du känner att dess energi blir negativ när det gäller det du ber den om måste du hitta en annan sten. Kopplingen mellan dig och stenen måste vara positiv för att detta ska fungera.

Börja nu upprepa din mening, som du kommer att använda som ett Mantra. Din mening är Magisk eftersom du kommer att använda den för att manifestera den verklighet du önskar. Fortsätt att upprepa Mantrat i några minuter och känn hur stenen värms upp i din hand medan du laddar den. När du känner att du har laddat stenen tillräckligt mycket med din viljestyrka avslutar du övningen.

Du har nu en kraftfull enhet som hjälper dig att uppnå det du behöver hjälp med. Förvara stenen i vitt linne och bär den med dig tills det du bad den om manifesteras. Om du känner att du behöver programmera om stenen eller lägga till mer laddning till den kan du alltid hålla den i handen, göra en anslutning och upprepa ditt Mantra för att programmera den ytterligare.

CHAKRA HEALING MED ÄDELSTENAR

Följande teknik för Kristallhealing kan användas på dig själv eller på andra människor. När du gör den på dig själv ska du skapa ett utrymme där du kan slappna av och meditera utan att bli störd. Om du vill bränna lite rökelse för att få dig i rätt sinnestillstånd, gör det då. Du måste ligga bekvämt ner för den här övningen, så använd en kudde om du vill. Du bör befinna dig i ett avslappnat och meditativt sinnestillstånd och utöva mindfulness.

Andningskontroll är en av de viktigaste komponenterna för att komma in i ett meditativt sinnestillstånd, vilket är en förutsättning när man arbetar med alla Andliga Healingmodaliteter. För optimala resultat bör du använda tekniken med den Fyrfaldiga Andningen (Sama Vritti) som du hittar i kapitlet "Pranayama-Övningar" i avsnittet Yoga i den här boken. Denna andningsövning kommer att lugna ner dina inre energier och höja vibrationen i ditt medvetande, vilket öppnar dig för att ta emot helandet. Du kan använda den isolerat i några minuter före healingssessionen och under healingssessionen för att hålla dig i balans.

Om du utför Kristall Healing på någon annan kan du inkludera en praktisk healingkomponent i denna övning för att få optimala resultat. Det skulle dock vara bra om du bestämde vilka Chakran som behöver extra uppmärksamhet innan du börjar Chakra

Healing-övningen. Den här informationen kan sedan också tillämpas om du vill lägga till användningen av Kristallstavar för att optimera snurrandet av Chakrana.

Skanna varje Chakra med din icke-dominanta handflata för att känna om det fungerar bra eller om energin känns stillastående. Välfungerande Chakran har en energiboll med jämn värme som emanerar från dem och som du kan känna på din skanningshand då trycket intensifieras ju mer medveten kontakt du har med den. Chakran som är stillastående skapar dock mycket lite eller inget tryck på din skanningshand.

Chakra Healing med Ädelstenar Metod (med Valfria Tilläggselement)

För att påbörja övningen placerar du en ädelsten på var och en av de Sju Stora Chakrapunkterna (på framsidan av kroppen) medan du ligger ner. (Använd tabell 1 för att få denna information.) För Sahasrara, placera en Ädelsten ovanför huvudet. För Muladhara kan du placera en Ädelsten på könsorganen eller precis nedanför, i området mellan perineum och coccyx. Om du arbetar med de Transpersonella Chakrana placerar du Själsstjärn-Kristallen sex tum ovanför toppen av huvudet medan du placerar Hara-Kristallen direkt ovanför naveln (Figur 65). Jordstjärnekristallen ska placeras sex tum under fötterna. Om du gör den här övningen själv och har svårt att placera Kristallerna på din kropp kan du få hjälp av en annan person.

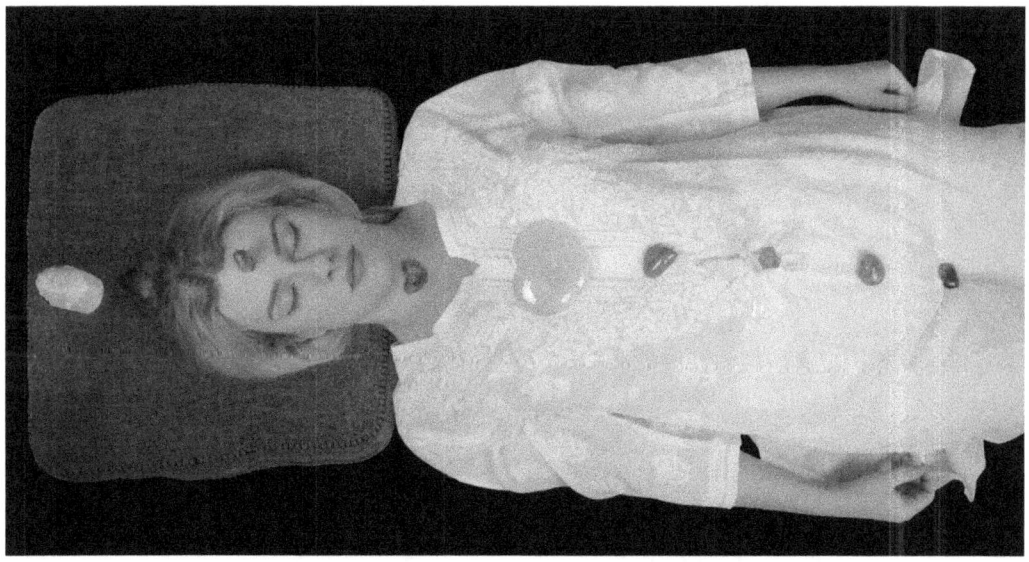

Figur 65: Placering av Ädelstenar på Chakrana

När Ädelstenarna är placerade, blunda och slappna av och lugna ner ditt sinne i 10-30 minuter. Ju längre du gör denna övning, desto mer helande energi får du. Det är viktigt att göra minst 10 minuter för att energin i Ädelstenarna ska kunna genomsyra Chakrana effektivt. Den här övningen har en kvantifierbar effekt, vilket innebär att ju längre du gör den, desto mer helande kommer du att få. Till att börja med är det bäst att börja med kortare tid och sedan lägga till mer tid alleftersom du upprepar övningen. Helst skulle det vara bäst om du upprepade denna övning dagligen. Låt ditt Högre Jag vägleda dig i denna process.

Öva dig i att bli medveten om kroppens reaktioner på behandlingen under healingbehandlingen. Din uppmärksamhet kan dras till en eller flera av Ädelstenarna där de kan kännas varma eller kalla, tunga eller lätta. Du kan uppleva stickningar eller elektriska stötar, vanligtvis i de områden där Ädelstenen är placerad men även i andra delar av kroppen. Lägg bara märke till dem och låt dem gå. Tänk inte på vad du upplever. Den här övningen bör få dig att känna dig lugn och avslappnad men också jordad. Ädelstenens energi kommer att stimulera dina tankar och känslor. Oavsett detta bör du fokusera din uppmärksamhet på att hålla ditt sinne stilla.

Alternativ# 1 - Kristallskärvor

En kraftfull teknik för att förstärka helandet i ett specifikt Chakra (eller flera Chakran) är att lägga fyra, åtta eller tolv Bergskristallskärvor runt en Chakra Kristall för att intensifiera dess helande egenskaper. Ju fler Bergskristallskärvor du lägger till, desto större blir effekten. Du kan använda den här delen av övningen på dig själv eller andra människor. Varje Bergskristallskärva ska peka mot den centrala Ädelstenen, vilket kommer att fokusera energin i det valda Chakrat mer effektivt, vilket kraftigt förstärker och intensifierar den helande kraften.

Figur 66: Förstärkning av en Kristall med Bergskristallskärvor

Du kan till exempel öka kraften hos Kristallen som placeras på Hjärtchakrat, till exempel en Rosenkvarts eller Malakit, eftersom detta är Luftelementets Chakra som harmoniserar de tre lägre Chakrana Eld, Vatten och Jord samtidigt som den tillför det Andliga Elementet. Det kan vara fördelaktigt att använda en Hjärtkristall för detta ändamål, särskilt en större Kristall som blir fokus för Kristallhealingssessionen. Det kan också vara fördelaktigt att förstärka kraften hos en Hara Chakra-Kristall (Figur 66), som en Citrin eller en Solsten. Om du gör det kommer du att öka mängden Prana i din kropp, som kan användas för olika ändamål som att driva sinnet eller läka kroppen.

Alternativ# 2 - Händerna på-Healing

Om du utför Kristallhealing på någon annan kan du använda tiden när de ligger ner i tystnad för att öva praktisk healing på deras Chakran (Figur 67). Med hjälp av dina Handflata-Chakran kan du avsiktligt sända helande energi in i varje Chakra som behöver arbete eller på alla Chakran genom att tillbringa några minuter på varje om du har som mål att balansera dem.

När du gör Händerna på-healing är det nödvändigt att generera Pranisk energi i bröstkorgen, vilket kräver att du uppmärksammar dess centrum och andas från lungorna. Kanalisera denna energi nu genom dina händer genom att föreställa dig att helande energi strålar ut från dina Handflata-Chakran och genomsyrar det riktade Chakrat. Du bör känna värmen som kommer från dina händer och tillfälliga zappar på handflatornas yta om du gör det rätt.

Figur 67: Sändning av Helande Energi genom Handflatorna

Alternativ 3 - Kristallstavar

En kraftfull metod för att optimera Chakrasens rotation är att använda Kristallstavar. Denna teknik kan användas på dig själv eller på andra människor. Om du gör en Kristallhealingssession på någon annan kan du införliva den här tekniken på Chakran som behöver extra uppmärksamhet. Det underlättar om du redan har skannat varje Chakra innan du börjar övningen. Eftersom du måste flytta Kristallstaven cirkulärt för att optimera snurrandet av ett Chakra, måste du också avgöra om det Chakra du vill arbeta med snurrar med eller moturs. (Använd diagrammet i Figur 61 för att få denna information.)

Placera Kristallstaven framför den Kristall som sitter på kroppen över det riktade Chakrat. Se till att Kristallstavens egenskaper motsvarar Chakrat eller använd en som kan användas på alla Chakran, som en Bergskristallstav. Börja nu att flytta den antingen med eller moturs. När du arbetar närmare kroppen bör dina cirklar vara mindre i diameter än om du arbetar längre bort eftersom varje Chakra sticker utåt på ett konliknande sätt. Du kan också dra utåt på ett spiralliknande sätt och följa utsidan av det utskjutande Chakrat.

Genom att ta kontakt med Chakras blomhuvud skapar du en virvel av energi i Auran vars rörelse optimerar det specifika Chakras snurrande. För bästa resultat, spendera fem till tio minuter på varje Chakra som behöver arbetas. Om du inte utför den här tekniken på dig själv kan du arbeta med två Chakran åt gången (Figur 68).

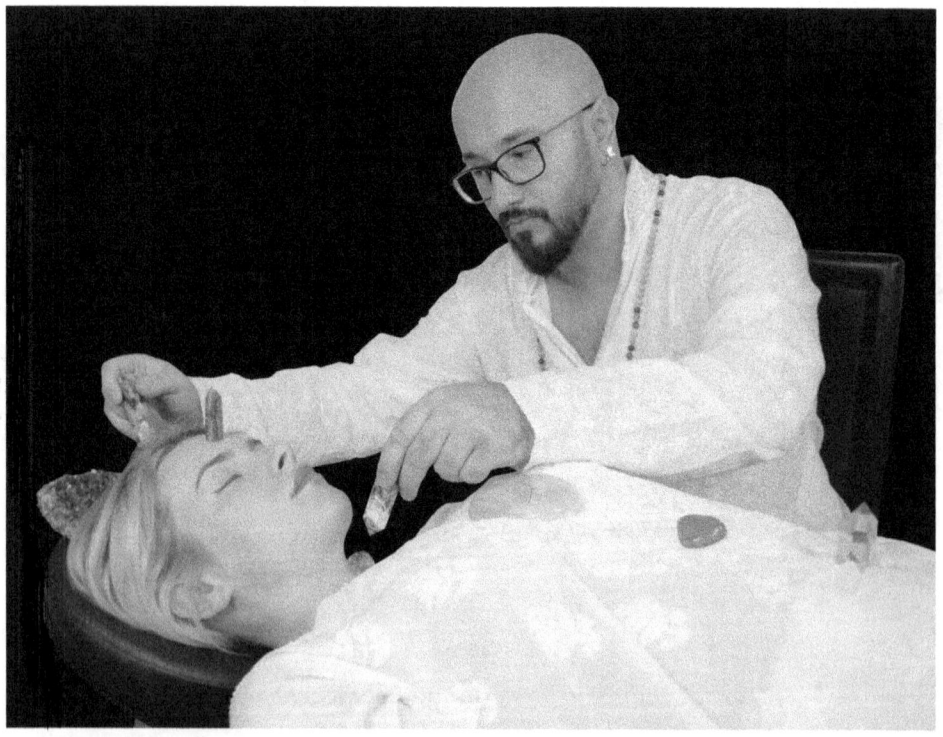

Figur 68: Optimering av Chakrasens Snurrning med Kristallstavar

När övningen är avslutad tar du bort Ädelstenarna från din kropp. Dina Chakran kommer att genomsyras av ny energi, som du kan känna starkt under resten av dagen. Eventuell överskottsenergi kommer att försvinna under sömnen medan dina Chakran behåller en del av energin till nästa dag eller två. Ditt medvetande kan märka en förändring i din energi omedelbart beroende på hur känslig du är psykiskt. Med tanke på att du stämmer in de Sju Stora Chakrana i den här övningen kommer du att bli balanserad i sinne, kropp och Själ. Denna effekt är dock endast tillfällig, vilket är anledningen till att jag råder dig att utföra denna övning ofta.

STÄMGAFFLAR

I tusentals år har alla kulturer och traditioner talat om ett Universellt Energifält som förbinder allt som finns. *Kybalion* hänvisar till det som "Allt" och tillägger vidare att allt inom detta allomfattande Fält är i ständig vibration och rörelse. Den *Heliga Bibeln* hänvisar till Universums vibrationer som "Ordet", medan det inom Hinduismen låter som det heliga Mantrat "Om". "

I vårt Solsystem och utanför det består allting i huvudsak av Ljus och ljud. Pythagoras lärde ut att alla Planeter skapar en ljudmelodi i sin rotationsrörelse, en vibration som han kallade "Sfärernas Musik". "Medan Ljuset består av elektromagnetiska vågor, består ljudet av mekaniska vågor. En mekanisk våg är en vibration i Materien som överför energi via ett material som en Stämgaffel, som avger perfekta sinusvågiga ljudmönster.

Stämgaffeln uppfanns i början av 1700-talet, men användes i början för att stämma musikinstrument. Det var dock inte förrän på 1960-talet som vetenskapen om Stämgafflar började tillämpas på människokroppen och dess energier. Stämgafflar blev därför en kraftfull metod som används inom Ljudhealing.

Ljudterapi bygger på principen om sympatisk resonans - ett vibrerande föremål sänder ut impulser genom luften och får därmed andra föremål i dess närhet att vibrera i harmoni med det. Stämgafflar används huvudsakligen på eller runt kroppen och sänder ljudvågor in i målinriktade områden. För Chakra healing är fokus på framsidan av kroppen där de Chakriska energicentren finns, eller på ryggen längs ryggraden, där man återigen riktar in sig på de Chakriska punkterna. De Chakriska energicentren råkar vara de platser där nervcentra finns längs ryggraden som sänder impulser till olika kroppsorgan. Genom att ge energi till de Chakriska centren stimulerar vi därför också organen och optimerar deras hälsa.

Vårt hörselsinne, som känner av ljud, är förknippat med Elementet Ande eller Aethyr. Av denna anledning har användningen av Stämgafflar i Ljudhealing en omedelbar inverkan på vårt medvetande, till skillnad från användningen av andra healingmodaliteter som nämns i detta avsnitt och som kräver en längre tillämpningsperiod för att känna deras energetiska effekter.

Hur lång tid det tar för en helande modalitet att påverka medvetandet beror på vilket av de fem sinnena den filtreras genom och på nivån på det Kosmiska Planet för dess motsvarande Element. Kristaller, till exempel, eftersom de är förknippade med Jordelementet, kräver en längre användningsperiod under en helande session för att påverka medvetandet än Aromaterapi, som är förknippad med Vatten- och Luftelementen som ligger högre på skalan. Omvänt har användningen av Tattvas en ännu mer omedelbar inverkan på medvetandet än Kristaller och Aromaterapi, eftersom de är förknippade med Eld- och Luftelementen.

Det finns många Stämgafflar och set på marknaden som används för Andlig healing. Varje Stämgaffel är kalibrerad för att sända ut en viss ljudfrekvens som är relaterad till vårt fysiska, mentala, känslomässiga och Andliga välbefinnande. Några av de mest använda Stämgaffel-uppsättningarna är den Heliga Solfeggio, DNA-aktivering, Livsträdets Sephiroth och Planetära energier. I samtliga fall är Stämgaffel-uppsättningar kalibrerade för att matcha de särskilda energier som de är avsedda att producera. Genom att använda dessa specifika ljud förändras vår inre vibration, vilket gör det möjligt för djup cellulär läkning att ske.

TYPER OCH ANVÄNDNING AV STÄMGAFFLAR

Det finns viktade och oviktade versioner av alla Stämgaffel Set. Viktade Stämgafflar har en rund vikt i slutet av varje gaffel. Ju tyngre Stämgaffeln är, desto starkare eller tyngre är dess vibrationer. Viktade Stämgafflar har en kraftigare vibration och kan användas runt kroppen och direkt på den med gaffelns ände, stammen, sittande upprätt. Oviktade Stämgafflar ger inte samma frekvens som de viktade och används bäst runt kroppen och öronen.

De Stämgaffel-uppsättningar som vi kommer att ta upp i den här boken är direkt relaterade till de Stora och Transpersonella Chakrana. Processen för Chakra Healing med Stämgafflar är enkel. Allt man behöver göra är att slå på en Stämgaffel och placera den på motsvarande område. Genom att lyssna på Stämgaffelns vibrationer tills de försvinner, blir det relaterade Chakrat med dess ljud medryckt och återgår därmed till sitt optimala, friska tillstånd.

Eftersom Stämgafflar är en form av Ljudhealing är det viktigt att höra deras vibrationer ostört, särskilt om du använder oviktade Gafflar. Men jag har upptäckt att även om du bär öronproppar när du befinner dig i närheten av vibrerande Stämgafflar, inducerar ljudvågen Auran och orsakar en inre förändring. Dess intensitet är dock mindre än vad den skulle vara om du också lyssnade på vibrationerna.

Enligt min erfarenhet finns det ingen annan metod som är lika kraftfull och effektiv för att balansera Chakrana som att arbeta med Stämgafflar. Detta beror på att Ljudhealing direkt påverkar det Andliga Planet, vilket påverkar de underliggande Planen. Ceremoniell Magis rituella övningar från *The Magus* är den mest effektiva metoden för att isolera varje

Chakra och arbeta med det. Samtidigt är Stämgafflar mest optimala för att balansera alla Chakran på en gång.

Chakra Stämgafflar ger också en förnyad vitalitet och en känsla av välbefinnande samtidigt som de lugnar och slappnar av nervsystemet. Balansering av Chakrana tystar Egot eftersom impulser från lägre delar av Jaget neutraliseras. Med balanserade Chakran erhålls sinnesfrid. Detta balanserade sinnestillstånd gör det i sin tur möjligt för medvetandet att ansluta sig till det Högre Jaget, vilket ger inspiration, kreativitet och ett målmedvetet levande i ens liv.

Genom att koppla upp sig mot det Högre Jaget kan man leva i nuet, förbättra sina kognitiva förmågor och öka medvetenheten om sin omgivning. Att leva i Nuet är en hänförande process som gör det möjligt för oss att utnyttja vår högsta potential som Andliga människor.

CHAKRA STÄMGAFFEL SET

Det finns två uppsättningar av Stämgafflar för Chakrana på marknaden, som jag kommer att diskutera. Båda uppsättningarna fungerar för att balansera och stämma de stora Chakrana, även om effekterna är något olika. Den första är Sju Chakra Set (Figur 69), som ofta innehåller Själsstjärn- och Jordstjärngafflar.

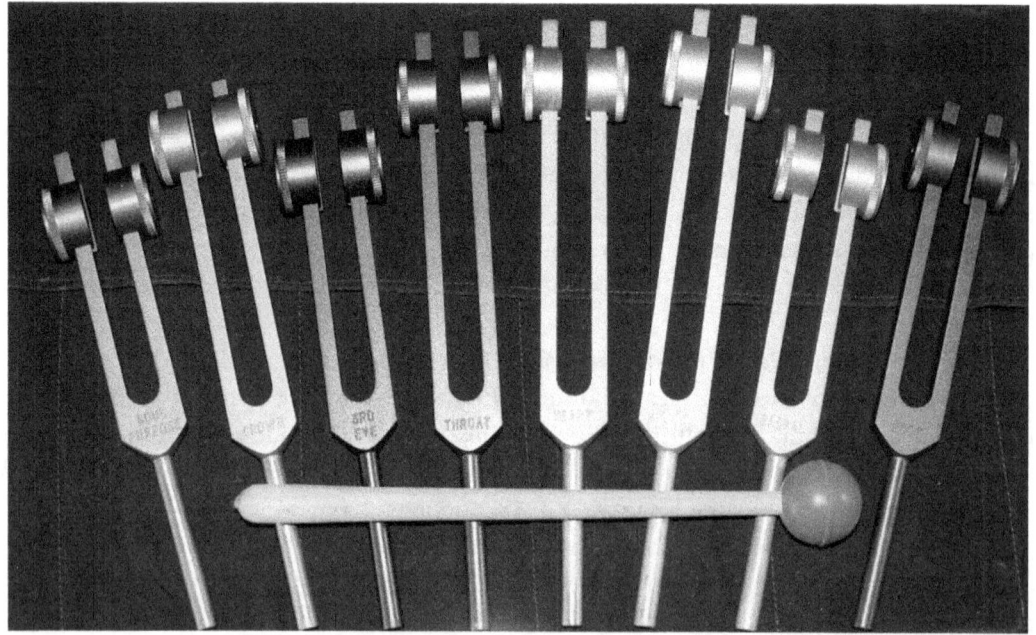

Figur 69: Sju Chakras Stämgaffelset med Själsstjärna (Viktat)

Sju Chakra Set är utformad för att kontakta de högre Kosmiska Planen, inklusive ens inre Andliga energi. Genom den Hermetiska Korrespondensprincipen (Som Ovan, Så Nedan) påverkas de lägre Planen, inklusive känslor och tankar. Sju Chakra Stämgaffel Set är baserat på Planeternas rotation runt Solen.

Sju Chakra Set använder exakta matematiska formler för vårt Solsystems Planetariska cykler och kopplar oss till vårt Kosmiska Multidimensionella Jag. Den gör det i huvudsak möjligt för oss att ansluta oss till vårt Högre Jag och använda dess krafter. Att arbeta med dessa Stämgafflar balanserar Chakrana och neutraliserar Egot. Det omedelbara resultatet är ett inspirerat sinnestillstånd och klarhet i tanken. Genom att kunna stämma de Transpersonella Chakrana Själsstjärnan och Jordstjärnan kan man jorda hela det Chakriska systemet, vilket gör att medvetandet anpassas till den Högre Viljan. Det gör det möjligt för en att vara i harmoni med Planeten Jorden.

Den andra uppsättningen Chakra Stämgafflar kallas Harmoniskt Spektrum Set (Figur 70). Detta är en komplett oktav med åtta Stämgafflar (C,D,E,F,G,A,B,C) som härstammar från den Pythagoriska matematiken, vilket i huvudsak är den stigande musikaliska skalan. I jämförelse med Sju Chakra Set fungerar Harmoniskt Spektrum Set mer på en fysisk nivå och påverkar direkt den kognitiva funktionen. Eftersom det Fysiska Planet är tätare och lägre i vibration än det Andliga Planet påverkas den fysiska kroppen först, vilket sedan påverkar de inre Kosmiska Planen genom Korrespondensprincipen.

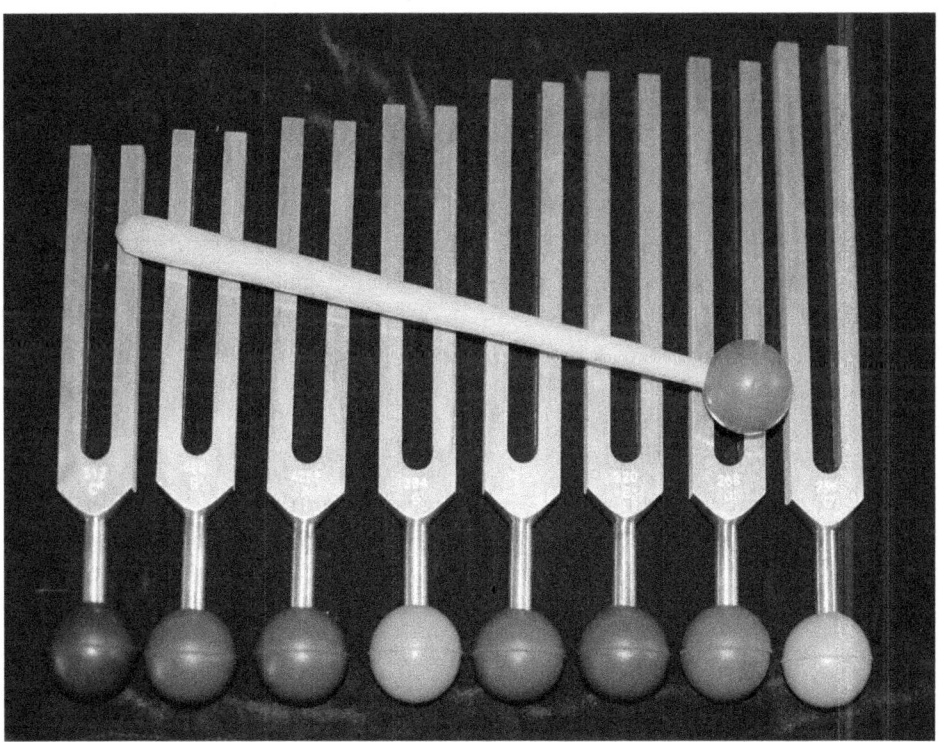

Figur 70: Harmoniskt Spektrum av Stämgaffeluppsättning (Oviktad)

Harmoniskt Spektrum Set är mer centrerad kring de fem mänskliga sinnena; vävnader, vätskor, organ, ben osv. i den fysiska kroppen påverkas. Det är de traditionella Chakrafrekvenserna från den Hinduiska traditionen med två C-toner som motsvarar Rotchakrat, D Sakralchakrat, E Solar Plexus, F Hjärtchakrat, G Halschakrat, A Ajna Chakrat och B Kronan.

CHAKRAHEALING MED STÄMGAFFEL

Du kan utföra Stämgaffel Healing på dig själv om du vill rikta in dig på Chakrapunkterna på kroppens framsida (Figur 72). För Chakric-punkterna längs ryggraden behöver du hjälp av en annan person. Tänk på att den person som hjälper dig också kommer att ta emot helandet eftersom Stämgafflar fungerar genom ljudvågor - allt man behöver göra är att lyssna på ljudet som en Stämgaffel gör eller befinna sig i samma närhet, så kommer vibrationen att inducera deras Aura.

Om du utför Stämgaffel Healing på dig själv bör du sitta bekvämt i en Lotusposition eller på en stol. Se till att du har lite avskildhet när du utför Stämgaffel Chakra Healing. Som med alla Andliga praktiker och övningar är avslappning, fokus och sinnesfrid av största vikt. Som sådan bör du börja varje session med att utföra den Fyrfaldiga andningen i några minuter med slutna ögon för att lugna ner ditt inre och gå in i ett meditativt sinnestillstånd. Kom ihåg att fortsätta använda denna andningsteknik även under healingssessionen för optimala resultat.

Stämgaffel healing görs bäst på tom mage eftersom det är då som egot är minst aktivt och sinnet är mest fokuserat. Jag lär också mina elever att aldrig arbeta med energiinvigande eller balanserande övningar precis innan de ska sova, eftersom det i många fall är svårt att få dem att sova efteråt. När det gäller Stämgaffel Chakra Healing kommer du att märka att din vitalitet och allmänna råenergi kommer att öka efter övningen, vilket gör att du inte kan somna på åtminstone några timmar. Det är bäst att utföra denna övning direkt på morgonen före en måltid och sätta tonen för dagen genom att vara energetiskt balanserad.

Chakrahealing med Stämgaffel - Grundläggande Metod

Börja övningen vid det lägsta Chakrat, Jordstjärnan, om du har en motsvarande Stämgaffel. Om inte, börja med Rotchakrat Muladhara och slå på dess Stämgaffel med gummiklubban som följde med setet. Om du inte fick någon gummiklubba kan du använda en hockeypuck i stället. Många utövare föredrar att använda hockeypucken eftersom den är mer mångsidig.

Du kommer att använda två tekniker för varje Chakra i denna Grundläggande Healingmetod. Den första tekniken innebär att du använder den vibrerande delen av Stämgaffeln, tången, i oviktade Gafflar och den runda vikten i de viktade gafflarna och placerar den ungefär en halv tum från kroppen över Chakrat. En annan metod som du bara kan använda med viktade Stämgafflar är att ställa den på sin stjälk (änddel) och placera den upprätt direkt på Chakrat så att vibrationen inducerar kroppen. (Se till att inte röra vid Stämgaffelns tänder för att inte störa dess vibrationer).

Stämgaffeln ska hållas på plats och lyssnas på i tjugo sekunder. Du måste slå på Gaffeln två, kanske tre gånger, eftersom ljudet försvinner efter ungefär tio sekunder. Figur 71 visar hur Stämgafflarna ska placeras vid Chakra healing, vare sig de är viktade eller oviktade.

Jordstjärna Stämgaffeln ska placeras sex tum under fötterna eller vid fötterna om du står, medan Själsstjärnan ska placeras sex tum ovanför huvudets topp, mitt på huvudet. För Rotchakrat ska du placera dess Stämgaffel på eller direkt under perineum, medan du för Kronchakrat ska placera den på eller direkt ovanför huvudets övre mitt. Tanken bakom denna första healingteknik, oavsett om du använder Stämgaffeln på kroppen eller en centimeter från den, är att låta den vibrerande Gaffeln inducera Chakrat och få det att vibrera i resonans med det.

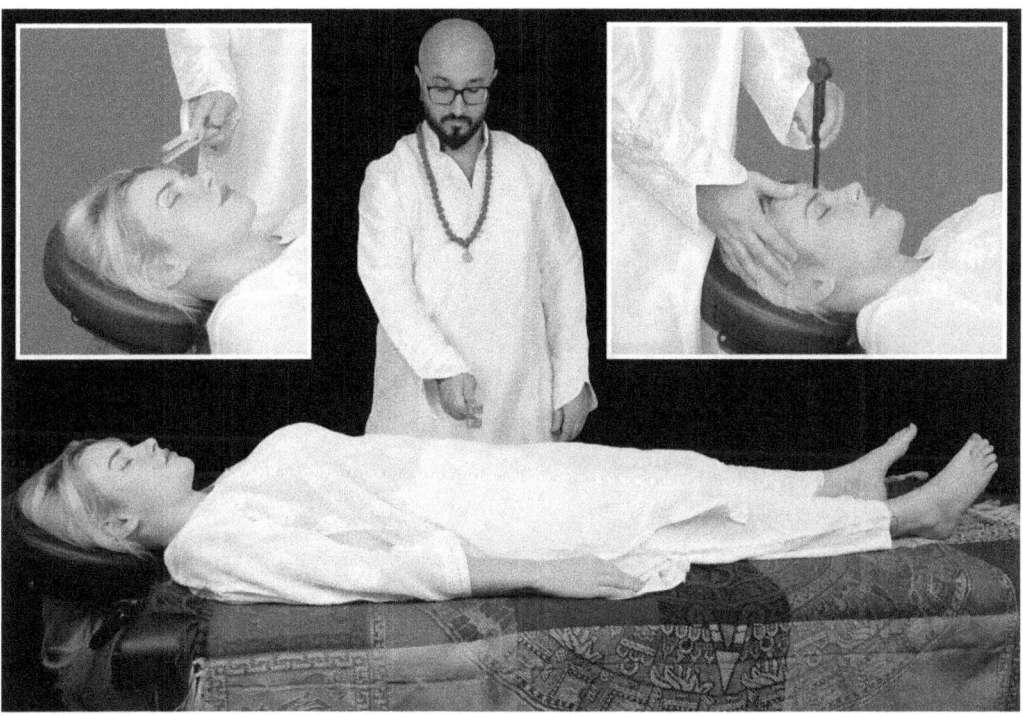

Figur 71: Placering av Stämgafflar i Chakra Healing

Den andra tekniken liknar Kristallstavs metod för att optimera en Chakras snurr. Med den här metoden fokuserar du bara på de Sju Stora Chakrana. Beroende på din Själs könstillhörighet bestämmer du rörelseriktningen för ditt Rotchakras blomhuvud. (Använd återigen Figur 61 i föregående kapitel för att ta reda på vilka av dina Chakran som snurrar medurs och vilka som snurrar moturs). Använd sedan Rotchakras Stämgaffel och rör den gradvis cirkulärt i samma riktning som motsvarande Chakras snurrande. Du kan hålla Stämgaffeln parallellt med kroppen när du gör detta eller ha den i en 45 graders vinkel. När du cirkulerar med Stämgafflarna, rör dem utåt i en dragande rörelse för de Chakran som sticker ut vinkelrätt mot kroppen. När det gäller Kron- och Rotchakran som är parallella med kroppen, cirkulerar du däremot motsvarande gafflar uppåt och nedåt i en spiralformad rörelse. Var uppmärksam på att alltid fokusera på centrum där den Chakriska energin emanerar från.

Du ska använda båda healingteknikerna med Stämgafflar och byta ut dem, och tillbringa ungefär två till tre minuter med att arbeta på varje Chakra. Tänk på att den här övningen har en kumulativ effekt. Ju längre du ägnar dig åt varje Chakra, desto mer kommer du att stämma det. Om du vill tillbringa mer än tre minuter med varje Chakra är det ditt val. Tänk på att vara konsekvent med alla Chakran - om du lägger en viss tid på ett Chakra, lägg då lika mycket tid på alla de andra eftersom syftet med denna övning är att stämma in Chakrana men också att balansera dem.

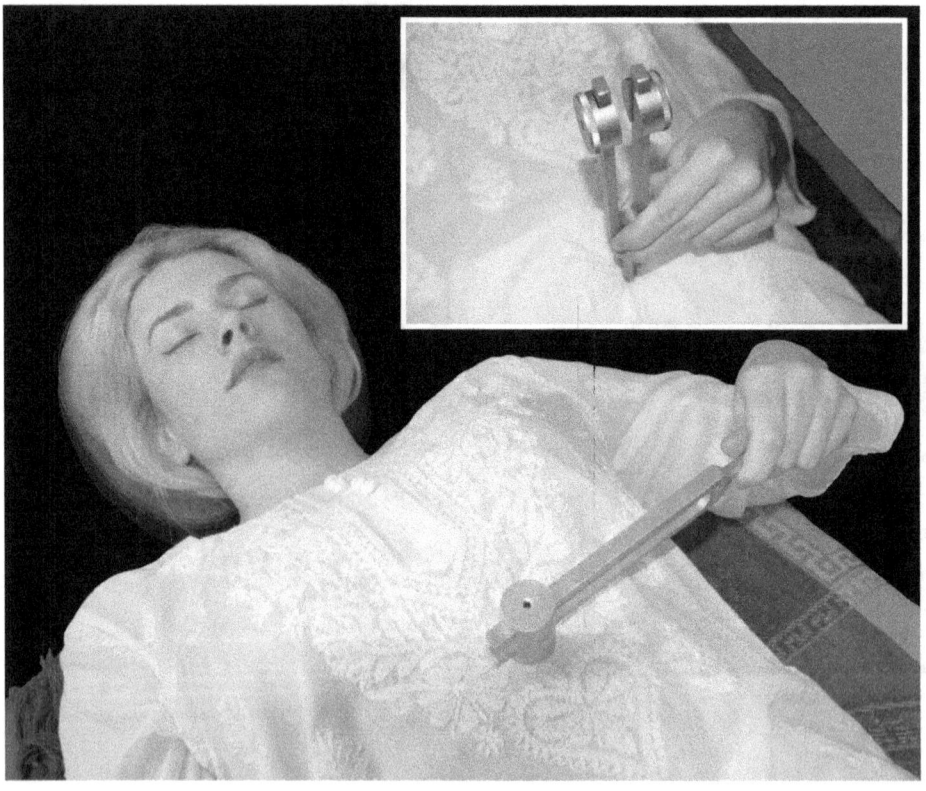

Figur 72: Användning av Viktade Stämgafflar på Dig Själv

Ta sedan upp Stämgaffeln för Sakralchakrat, Swadhisthana, och följ samma procedur. Tänk på att om ditt Rotchakra snurrar medurs roterar ditt Sakralchakra moturs och vice versa. När du väl har fått reda på Rotchakrats snurriktning kommer därför Chakrat ovanför att snurra i motsatt riktning, och växlar mellan dem allt eftersom du går uppåt tills du når Sahasrara.

Var konsekvent i din teknikvariation samtidigt som du är klar i huvudet och fokuserad på uppgiften. Låt alla tankar utifrån skingras och lämna din Aura utan att du blir fäst vid dem. Nyckeln är att hålla tankarna tysta och bara fokusera på energin inom dig när du stämmer dina Chakran. Om du gör det kommer det att möjliggöra den mest optimala helandet att ske.

Ta sedan upp Stämgaffeln för Solar Plexus Chakrat, Manipura, och upprepa samma procedur med de två tekniker som nämns ovan. Gör sedan samma sak för de andra Chakrana. Observera att om du arbetar med Jordstjärne- och Själsstjärna-Chakran ska du börja med Jordstjärnan och sluta med Själsstjärnan eftersom det är de två lägsta och högsta Chakrana du arbetar med. När du arbetar med de Transpersonella Chakrana ska du också bara använda den första healingtekniken eftersom dessa Chakran emanerar utåt från sitt centrum i stället för att projicera horisontellt eller vertikalt.

När du är klar med övningen kan du ägna några minuter åt att meditera på din energi och låta helandet genomsyra alla nivåer av ditt medvetande. Du kommer att märka att Stämgaffel Chakra Healing inte bara kommer att stämma och balansera Chakrana utan också koppla dig till ditt Högre Jag. Som ett resultat av detta kommer din inspiration och kreativitet att öka, liksom neutraliteten i ditt känsloläge. Det finns inget effektivare sätt att balansera dina Chakran än med hjälp av Stämgafflar.

Chakrahealing med Stämgaffel - Avancerad Metod

En mer avancerad metod för att utföra Chakra Healing med Stämgafflar är att använda flera Gafflar samtidigt (Figur 73). Tanken bakom den här tekniken är att koppla ihop två Chakran i sekvens. Den här tekniken utförs bäst på de Stora Chakrana, även om du också kan göra det för att förena Jordstjärnan med Muladhara och Själsstjärnan med Sahasrara.

Om du bara arbetar med de Stora Chakrana, ta upp Rot- och Sakralchakra Stämgafflarna i en hand och slå på var och en av dem. Medan de vibrerar placerar du en av Stämgafflarna i den andra handen och placerar dem ovanför sina respektive Chakran. Efter cirka fem sekunder tar du den Sakrala Chakrastämgaffeln och för den över till Rotchakrat i en borstande rörelse. Flytta nu tillbaka upp till Sakralchakratområdet, återigen i en borstande rörelse. Upprepa denna process några gånger med Skralchakra Stämgaffeln, gå upp och ner medan du håller Rotchakra Stämgaffeln på plats.

Ta sedan båda Stämgafflarna i en hand och slå på var och en av dem med gummiklubban eller hockeypucken. Upprepa samma process, men denna gång håller du den Sakrala Chakrastämgaffeln på plats medan du rör Rotchakrastämgaffeln uppåt och nedåt i en borstande rörelse. Upprepa denna procedur några gånger och tillbringa ungefär tre till fem minuter på varje uppsättning Chakran.

Nu lägger du ner Rotchakrastämgaffeln och plockar upp Solar Plexus-Stämgaffeln. Upprepa samma procedur för Sakral- och Solar Plexus-Chakran, och lägg lika mycket tid på denna uppsättning Chakran som du lade på den första uppsättningen. Lägg sedan ner den Sakrala Chakrastämgaffeln och plocka upp den för Hjärtchakrat. Upprepa samma process. Gör så här för de återstående Chakrana, se till att arbeta konsekvent med varje par. När du är klar tillbringar du några minuter i tystnad och mediterar på de åkallade energierna innan du avslutar övningen helt och hållet.

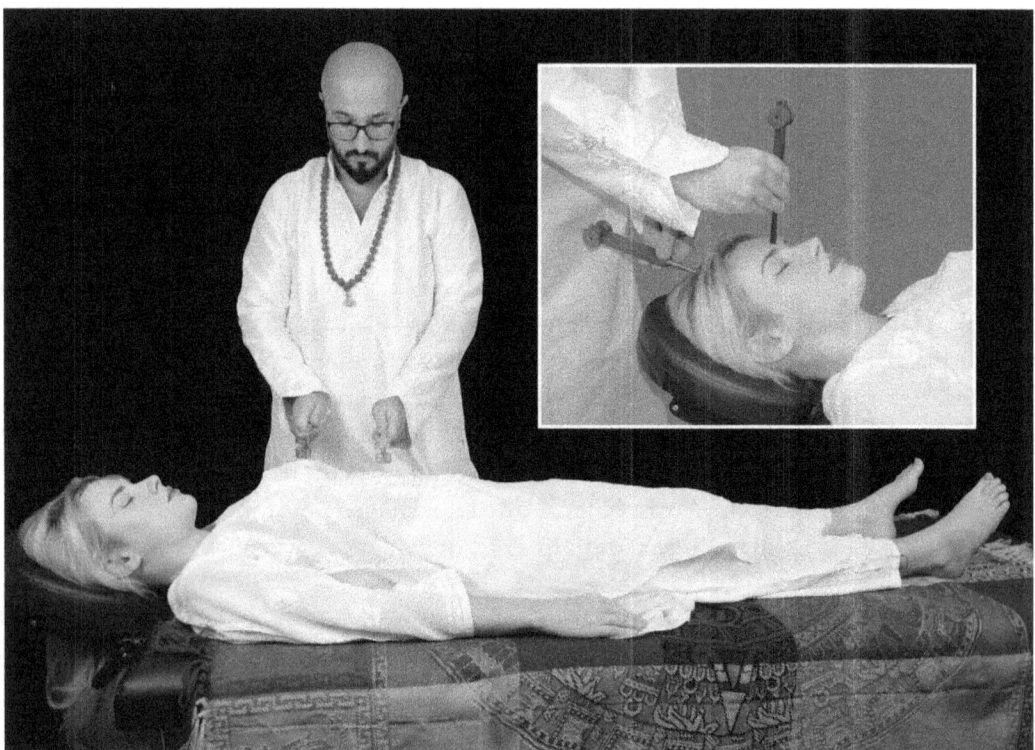

Figur 73: Arbeta med Två Stämgafflar Samtidigt

HELIGA SOLFEGGIO STÄMGAFFLAR

De Heliga Solfeggiofrekvenserna har funnits i hundratals år. De tros ha sitt ursprung hos Gregorianska Munkar som sjöng dessa frekvenser i harmoni under religiösa mässor för att åstadkomma ett Andligt uppvaknande. Dessa ljudfrekvenser utgör en sextonig skala där varje frekvens stämmer av olika delar av Jaget på fysiska, känslomässiga och Andliga nivåer.

Eftersom det finns sex ursprungliga frekvenser har ytterligare tre saknade toner lagts till på senare tid för att komplettera hela skalan. Tillsammans läker och balanserar de Heliga Solfeggio-frekvenserna hela det Chakriska systemet. Sju av de nio frekvenserna tillskrivs ett av de Sju Stora Chakrana, medan de andra två Stämgafflarna motsvarar Jordstjärne- och Själsstjärnchakrana (Figur 75).

När de Heliga Solfeggio-Stämgafflarna används i Ljudhealing är det bäst att använda dem 0,5-1 tum från öronen, vilket ger direkt kontakt med det Eteriska Planet, det första Auriska skiktet från kroppen som är relaterat till Jordstjärnan och Muladhara-Chakrat. Jordstjärnan har också ett Transpersonellt skikt som är som en Eterisk blåkopia som innehåller hela Chakrasystemet samtidigt som den ansluter till energierna i de tre högsta Transpersonella Chakrana. Genom att rikta in oss på det lägsta Auriska lagret, det Eteriska Planet, kan vi således inducera alla de lager som ligger högre än det och som ingår i denna Eteriska blåkopia. Kom ihåg att de högre lagren genomsyrar de lägre lagren - Som Ovanför, Så Nedanför.

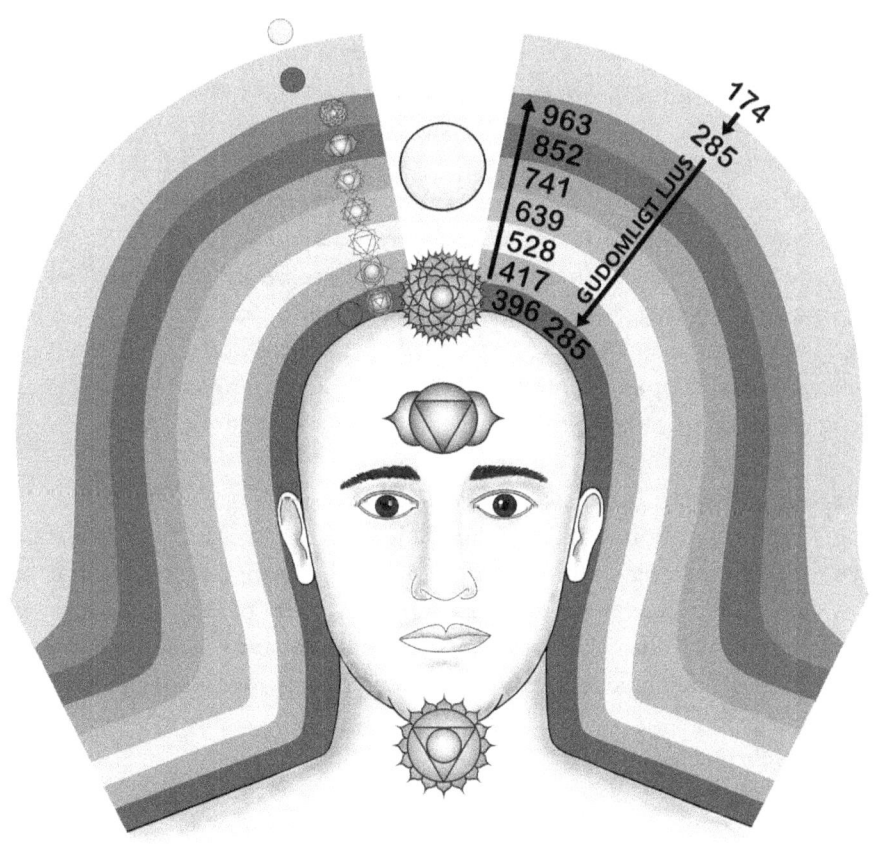

Figur 74: Heliga Solfeggiofrekvenser och Auras Lager

Varje Auraskikt i de Stora Chakrana är ungefär en tum bredare än det som kommer före eller efter det (Figur 74). (Det här antalet varierar beroende på vilken tankeskola man tänker på.) De fyra Auriska lagren av de Transpersonella Chakrana är mer omfattande än de Sju Stora Chakrana. Var och en är minst 3-4 tum bred, kanske mer.

Även om Kausal-/Binduchakrat har sitt eget Auriska lager, placerat mellan Jordstjärnans Eteriska blåkopia och Själsstjärnan, fungerar det i allmänhet som vår kontaktpunkt mellan de Andliga och Gudomliga Planen. Sedan har vi det Auriska skiktet för Stjärnporten och andra subtila fält som överlappar det. När vi använder de Heliga Solfeggio-Stämgafflarna kommer vi dock bara att arbeta med de första sju Auriska lagren som är relaterade till de Fysiska, Astrala, Mentala och Andliga Planen, medan vi använder Själsstjärngaffeln för att öppna vårt medvetande för den höga vibrationen på det Gudomliga Planet.

När du använder de Heliga Solfeggio-Stämgafflarna (Figur 76) börjar du med den lägsta frekvensen, 174 Hz (Själsstjärnan), följt av frekvensen 285 Hz (Jordstjärnan). Den låga frekvensen på Själsstjärn-Stämgaffeln förbinder dig inte med det Gudomliga Planet genom att höja vibrationen i ditt medvetande till det. Istället lugnar den ditt medvetande så att du blir öppen för den kärleksfulla energin i den Femte Dimensionen, som projicerar nedåt från Själsstjärnan. Sedan tar Jordstjärngaffeln upp denna höga vibration och jordar och förankrar den djupt in i Auran. Därefter börjar du gradvis röra dig utåt genom de sju Auralagren i tur och ordning genom att använda deras motsvarande frekvenser som är relaterade till de Sju Stora Chakrana. Du ska avsluta utvecklingen med den sista frekvensen, 964 Hz, som är relaterad till Sahasrara Chakra.

Jämfört med de två uppsättningar som jag tidigare beskrivit har de Heliga Solfeggio-Stämgafflarna en betydligt högre och mer Eterisk vibration. De öppnar sinnet för det Gudomliga Planet och låter dess Ljus strömma in i medvetandet. De ger en glimt av den Andliga eller religiösa upplevelsen av Gud. Nedan kommer jag att beskriva var och en av de nio Heliga Solfeggio-frekvenserna och deras egenskaper och krafter.

174 Hz/Själsstjärnan

Som den lägsta vibrationen i den Heliga Solfeggio-skalan fungerar 175 Hz-vibrationen som en energisk bedövning - all smärta i den fysiska kroppen eller i Auran kommer att spridas av den. Dess låga lugnande vibration ger våra organ en känsla av trygghet, säkerhet och kärlek och återför dem till sitt optimala tillstånd. Den får oss att känna oss trygga och omhändertagna genom att öka vår förbindelse med Själsstjärnchakrat.

285 Hz/Jordstjärnan

Frekvensen 285 Hz förankrar medvetandet till Moder Jord eftersom den har ett intimt förhållande till Jordstjärnchakrat. Den här frekvensen är särskilt inriktad på hål i Auran och obalanser i Chakrana. Den hjälper till att reparera skadad vävnad genom att sända meddelanden till motsvarande energifält och be dem omstrukturera vävnaden och återställa den till sin ursprungliga form. 285 Hz är den frekvens som många energihealare väljer.

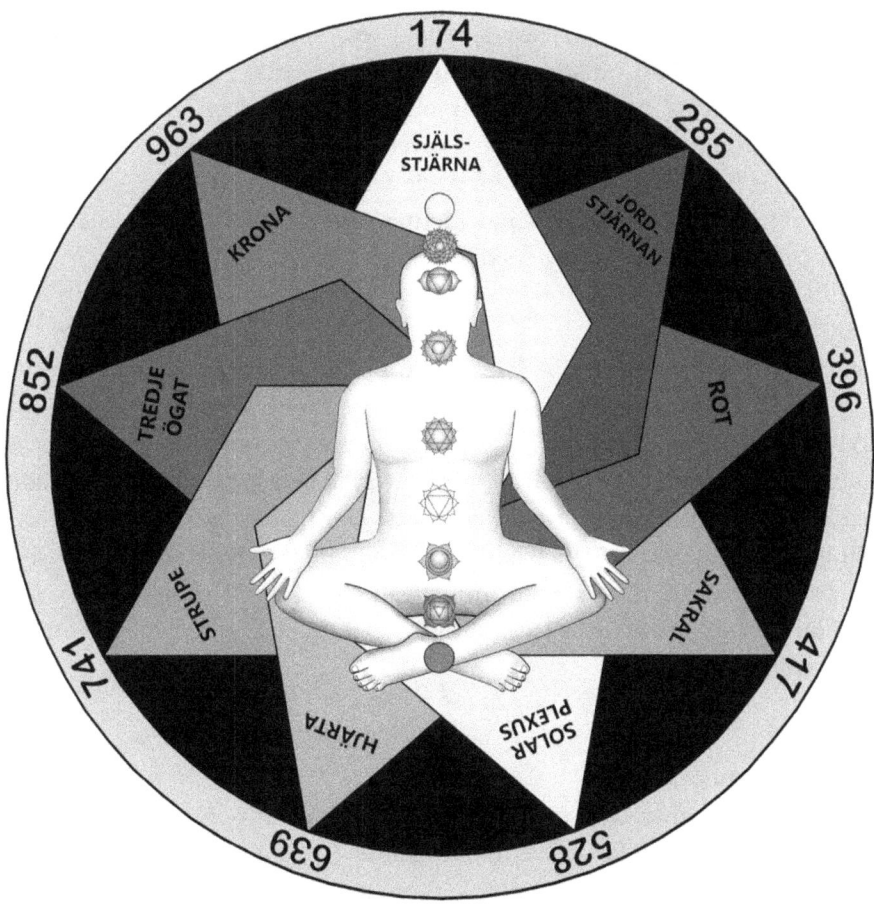

Figur 75: Heliga Solfeggiofrekvenser och Chakras

396 Hz/Muladhara

Eftersom den är relaterad till Muladhara, Rotchakrat, används frekvensen 396 Hz för att uppnå våra mål i livet. Dess energi stämmer in oss på jordelementet, som medvetandet använder för att manifestera våra önskningar till verklighet. Eftersom Jordelementet jordar känslor och tankar, jordar det också våra skuldkänslor, rädslor och trauman. 396 Hz är en frigörande frekvens som skapar ett kraftfullt magnetfält som rensar bort alla hinder för förverkligande.

417 Hz/Swadhisthana

Den här frekvensen lindrar spänningar och stress och underlättar positiva förändringar och kreativitet. Den är förknippad med Swadhisthana, Sakralchakrat, som motsvarar Vattenelementet. Den har en renande effekt på känslorna eftersom den rensar ut destruktiva influenser från tidigare händelser som lagrats i det undermedvetna. 396 Hz omstrukturerar DNA så att det fungerar optimalt genom att rensa bort begränsande övertygelser som hindrar oss från att vara den bästa versionen av oss själva. På en fysisk nivå ökar den här frekvensen den fysiska rörligheten genom att lindra stramhet i leder och muskler när vi får ett inflöde av Vattenelementets energi. 395 Hz är en Själslig renare som påbörjar processen att stämma oss med Ljuset.

528 Hz/Manipura

Eftersom den är relaterad till Solar Plexus Chakra (Manipura) och Eldelementet, handlar 528 Hz-frekvensen om omvandling på alla nivåer. Genom att optimera vår Livsenergi och vitalitet ger denna frekvens ökad medvetenhet, klarhet i sinnet, inspiration och fantasi. Den ger oss rå energi för kreativa uttryck och gör oss entusiastiska över livets möjligheter. Frekvensen 528 Hz har kopplats samman med reparation av DNA och omkoppling av neurala banor i hjärnan. Den öppnar våra hjärtan ytterligare för Ljusets kraft och ger upphov till djupgående Andliga upplevelser och mirakel i våra liv. Denna frekvens hjälper till att neutralisera ångest och fysisk smärta samtidigt som den underlättar viktminskning.

639 Hz/Anahata

Denna frekvens är relaterad till Anahata, Hjärtchakrat och Luftelementet. 639 Hz är mest känd som frekvensen för kärlek och helande och hjälper oss att skapa harmoniska mellanmänskliga relationer i våra liv, oavsett om det gäller familj, vänner eller romantiska partners. Frekvensen inspirerar till medkänsla och skapar djupa och djupa förbindelser med andra. Den ökar tolerans, tålamod, förståelse och kommunikation. I romantiska relationer gör frekvensen 639 Hz det möjligt för oss att bli sårbara, vilket förbättrar intimiteten. På en mental och emotionell nivå är denna frekvens mycket helande eftersom den gör det möjligt för oss att koppla in oss på vår Själ och bort från Egot och dess hämningar.

741 Hz/Vishuddhi

Den här frekvensen handlar om att stärka sig själv och tala sin egen sanning. Eftersom den är relaterad till Vishuddhi, Hals-Chakrat, förbättrar frekvensen 741 Hz kommunikationen genom att underlätta klart tänkande och talande, vilket ökar självförtroendet. Dessutom medför denna frekvens ett inflöde av det Andliga Elementet som gör att vi kan ställa in oss på vår intuition och vårt Högre Jag. Att göra detta leder till ett enklare och hälsosammare liv fyllt av nya möjligheter. På ett fysiskt plan medför 741

Hz-frekvensen en förändring av kosten mot livsmedel med skadliga gifter. Dessutom är denna frekvens känd för att rensa ut alla bakterie-, virus- och svampinfektioner i kroppen.

852 Hz/Ajna

Eftersom den är relaterad till Ajna Chakra, Sinnets Öga, har den här frekvensen att göra med inre syn, intuition, djupa drömmar (ofta Lucida), medvetenhet och att genomskåda illusioner. Genom att föra in ett inflöde av det Andliga Elementet gör 852 Hz-frekvensen det möjligt för oss att återknyta kontakten med Andligt tänkande och mystiska upplevelser. Den bringar ordning i våra liv genom att upprätta en länk till det Högre Jaget så att det lätt kan kommunicera med vårt medvetande. Som sådan ger 852 Hz-frekvensen oss en djupare förståelse för Skapelsens mysterier. Den omvandlar DNA:t och höjer dess vibrationer, vilket gör att vi helt och hållet stämmer av med Ljuset och våra Själar.

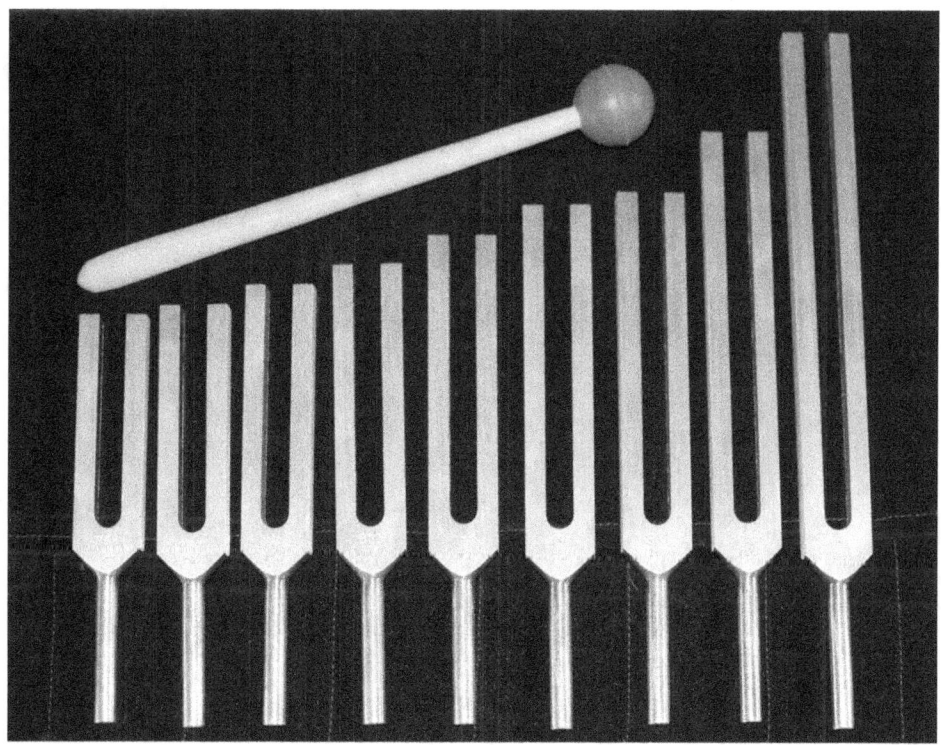

Figur 76: Heliga Solfeggio-Stämgafflar (Oviktade)

963 Hz/Sahasrara

Den här frekvensen motsvarar Sahasrara, Kronchakrat, och handlar om Enhet. Den förbinder oss med det Kosmiska Medvetandet och den Femte Dimensionen, vilket resulterar i direkta upplevelser av de Andliga och Gudomliga Planen. På samma sätt som frekvensen 852 Hz gav oss en förståelse för inre sanningar om vår verklighet, ger frekvensen 963 Hz oss Universell visdom och kunskap. Genom denna frekvens kan Uppstigna Mästare ta kontakt med vårt medvetande och undervisa oss genom Gnosis. Det är inte heller ovanligt att vi kanaliserar information som vi fått från högre plan. Frekvensen 963 Hz ger oss den mest substantiella förbindelsen med vårt Högre Jag genom att föra oss närmast Skaparens Sinne.

Heliga Solfeggio Stämgaffel Healing Metod

Följande övning ska användas med de oviktade Heliga Solfeggio-Stämgafflarna, även om du kan använda vilken oviktad Stämgaffel-set som helst med en fallande skala, som Harmoniska Spektrum-Setet som jag beskrev. Tanken är att börja med den lägsta frekvensen och röra sig uppåt i skalan tills man slutar med den högsta frekvensen. Du kommer att tycka att den här healingmetoden är enkel att genomföra eftersom den bara kräver att du lyssnar på Stämgafflarnas vibrationer (Figur 77).

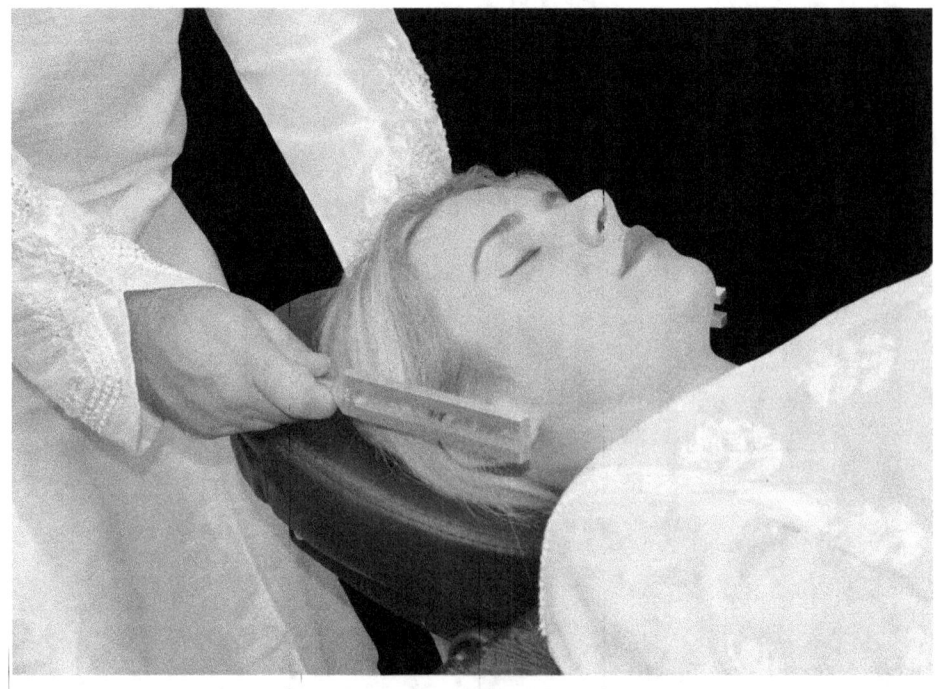

Figur 77: Placering av Stämgafflar vid Öronen

Du kan utföra den här övningen på dig själv eller någon annan. Den person som tar emot helandet bör antingen sitta eller ligga ner. Börja med att lugna ner dina inre energier och gå in i ett meditativt sinnestillstånd. Denna healingmetod har två olika sekvenser som kan utföras flera gånger under dagen, dock inte samtidigt.

I den första sekvensen ska du lyssna på varje Helig Solfeggiofrekvens en i taget, från den lägsta (174 Hz) till den högsta (963 Hz). Placera först den vibrerande Stämgaffeln vid vänster öra (0,5-1 tum bort) och lyssna ostört på dess ljud i tjugo sekunder. Du måste slå på Gaffeln minst två gånger eftersom ljudet avtar efter tio sekunder. Placera sedan den vibrerande Stämgaffeln bredvid höger öra och lyssna i tjugo sekunder innan du går vidare till nästa Stämgaffel i tur och ordning. Arbeta dig igenom den stigande skalan genom att upprepa samma process tills du avslutar med frekvensen 963 Hz och därmed fullbordar skalan.

I den andra sekvensen lyssnar du på två Stämgafflar samtidigt, en i varje öra, och följer deras ordning i skalan. Börja med 174 Hz och 285 Hz och placera den ena vid det vänstra örat och den andra vid det högra. Sedan byter du öra. Ta sedan upp 285Hz och 396Hz och upprepa processen. Och så vidare tills du har avslutat med frekvenserna 963Hz och 174Hz och därmed avslutat cykeln. Tillbringa några minuter i tystnad efter varje sekvens och meditera på de energier du åkallat innan du avslutar övningen helt och hållet.

***

Det är inte ovanligt att olösta problem kommer upp till ytan för att hanteras, vilket är fallet med all energihealing. Kom ihåg att du stämmer av dina Chakran, vilket innebär att du måste läka den Karmiska energi som de bär på. Denna process kan vara obehaglig för vissa och välkomnande för andra som är fast beslutna att ta sig igenom den. Fokusera på att möta dina problem i stället för att fly från dem. Permanent och varaktigt helande sker endast när du har accepterat något om dig själv och är redo att göra en förändring.

Det är bäst om du blir flexibel och ändrar dina uppfattningar om dig själv och den värld du lever i. Annars kommer varje helande session bara att vara tillfällig för dig tills du faller tillbaka till din gamla programmering. Ditt medvetande måste anpassa sig till ditt Högre Jag som är av Ljuset, om du önskar förverkliga och leva din sanna Andliga potential i detta liv.

TABELL 1: De Tolv Chakrana och Deras Motsvarigheter

Chakra-namn (Sanskrit & Svenska)	Plats och Färg	Element, Kosmiskt Plan	Uttryck/ Krafter	Stämgaffel Hz- Kosmisk/Musikalisk	Ädelstenar
Earth Star, Super-Rot	6 Tum Under Fot, Svart, Brun, Magenta	Alla Element, Eteriskt Blåtryck/Nedre Astrala (Eterisk)	Energetisk Grund, Tidigare Liv, Naturmedvetenhet, Karmiska Register	68.05, -	Rökkvarts, Onyx, Svart Obsidian, Magnetit
Muladhara, Rot eller Bas	Mellan Perineum och Coccyx, Röd	Jordelementet, det Lägre Astrala (Eteriska) Planet	Överlevnad, Jordförbindelse, Säkerhet, Kroppslighet, Kundalini (Ursprung)	194.18, 256.0 & 512.0	Hematit, Svart Turmalin, Röd Jaspis, Snöflingaobsidian
Swadhisthana, Sakral eller Mjälte	Nedre delen av Buken, Orange	Vattenelementet, Högre Astralt Plan (Känslomässigt Plan)	Känslor, Rädsla, Energi, Undermedvetet Sinne, Sexualitet, Personlighet (Ego)	210.42, 288.0	Karneol, Orange Kalcit, Tigeröga, Septarian
Hara, Navel	Navel, Amber	Alla Element, det Astrala Planet	Astral Port, Pranisk Källa, Livskraft, Regeneration	-	Eldagat, Citrin, Solsten
Manipura, Solar Plexus	Solar Plexus, Gul	Eldelement, Högre Mentalt Plan	Viljestyrka, Kreativitet, Vitalitet, Motivation, Självkänsla, Medvetet Sinne, Karaktär (Själ)	126.22, 320.0	Bärnsten, Gul Citrin, Gyllene Topas, Gul Jaspis och Opal
Anahata, Hjärtat	Mellan Brösten (Centrum), Grön	Luftelement, Lägre Mentalt Plan	Tankar, Fantasi, Kärlek, Medkänsla, Tillgivenhet, Vänlighet, Helande, Harmoni, Gruppmedvetande	136.10, 341.3	Grön Aventurin, Grön Jade, Malakit, Rosenkvarts
Vishuddhi, Halsen	Hals, Blå	Andligt Element, Andligt Plan	Kommunikation, Intelligens, Självuttryck, Sanning, Urskiljning	141.27, 384.0	Amazonit, Akvamarin, Blå Spetsagat, Blå Topas, Turkos, Sodalit, Angelit
Ajna, Ögonbrynet, Sinnets Öga, det Tredje Ögat	Mellan Ögonbrynen (Något Över), Indigo	Andligt Element, Andligt Plan	Klärvoajans, Intuition, Psykiska Sinnen, Drömmar, Gnosor	221.23, 426.7	Lapis Lazuli, Safir, Azurit, Sodalit, Fluorit, Labradorit
Sahasrara, Krona	Överst på Huvudet (Mitten), Violett eller Vit	Andligt Element, Andligt Plan	Enhet, Gudajag och Kosmiskt Medvetande (Länk), Transcendens, Förståelse, Visdom	172.06, 480.0	Ametist, Diamant, Klar Kvarts, Rutilatkvarts, Selenit, Azeztulit
Kausal/Bindu	Överst och Baksidan av Huvudet (2-3 Tum Ut), Vit	Alla Element, Andligt/Gudomligt Plan	Union, Egodöd, Livskontinuitet, Kosmisk Utforskning, 4e Dimensionen	-	Månsten, Ängelaurakvarts, Celestite, Kyanite, Herderite
Soul Star, Själsstjärna	6 Tum Ovanför Huvudet, Gyllene-Vit	Alla Element, det Gudomliga Planet	Sol Jag, Andlig Medvetenhet, Livets Syfte, Sann Vilja	272.2,-	Selenit, Kyanit, Nirvana Kvarts, Danburit
Stellar Gateway, Stjärnport	12 Tum Ovanför Huvudet, Guld eller Regnbåge	Alla Element, det Gudomliga Planet	Galaktiska Jaget, Kosmiskt Medvetande & Guds Jag (Källan), Gudomlighet, Evighet, 5e Dimensionen	-	Moldavit, Stjärnkalcit, Azeztulit, Selenit

AROMATERAPI

I Aromaterapin används naturliga växtextrakt för att skapa eteriska oljor, rökelser, sprayer och dimma, som vi kan använda Andligt, terapeutiskt, rituellt och för hygieniska ändamål. Denna metod har funnits i tusentals år i olika Forntida kulturer och traditioner - i skriftliga dokument som går tillbaka till cirka 6000 år sedan nämns användningen av eteriska oljor.

I det gamla Mesopotamien, civilisationens vagga, använde Sumererna eteriska oljor vid ceremonier och ritualer. Omedelbart efter dem utvecklade de Gamla Egyptierna de första destillationsmaskinerna för att utvinna oljor ur växter och använde dem i sin balsamerings- och mumifieringsprocess. Egyptierna var också de första som skapade parfymer av eteriska oljor, vilket vi fortfarande gör i dag inom kosmetikaindustrin.

Det stora utbudet av eteriska oljor har inte bara trevliga dofter utan avger också specifika vibrationer med helande egenskaper som påverkar vårt medvetande när de andas in genom luktkanalen eller appliceras direkt på huden. Den Uråldriga Kinesiska medicinen var den första som använde eteriska oljor på ett holistiskt sätt, medan de Gamla Grekerna använde eteriska oljor lokalt för att bekämpa sjukdomar och läka kroppen. Till och med de Gamla Romarna använde eteriska oljor för deras doft som en del av den personliga hygienen.

Aromaterapi är en utmärkt metod för att använda naturens element för att läka Själen, kroppen och sinnet. Dess hälsofördelar är bland annat att lindra stress, ångest och fysisk smärta, förbättra sömnen, öka vitaliteten och öka känslan av avslappning, frid och lycka.

Eteriska oljor är de mest använda växtextrakten i Aromaterapi, koncentrerade tinkturer som görs av delar av blommor, örter och träd, t.ex. bark, rötter, skal och kronblad. De celler som ger en växt sin doft betraktas som dess "essens", som blir en eterisk olja när den extraheras från en växt. De tre huvudsakliga extraktionsmetoderna för att extrahera eteriska oljor från växtextrakt är destillation, kallpressning och superkritisk CO_2-extraktion.

På en subtil nivå har eteriska oljor en helande effekt på Auran och de Sju Chakrana. De kan användas oberoende av varandra eller i kombination med Kristaller, Stämgafflar,

Mudras, Mantran och andra verktyg som anges i detta avsnitt för energiinvokation/manipulering.

ANVÄNDNING AV ETERISKA OLJOR

Aromaterapi är vibrerande healing som bygger på metafysiska principer och de fysiologiska och fysiska fördelarna med de kemiska komponenterna i varje doft. Medan Kristaller påverkar vårt medvetande genom fysisk kontakt (beröring) och Stämgafflar arbetar genom ljud, arbetar eteriska oljor genom vårt luktsinne för att påverka våra inre energier.

De tre mest populära metoderna för att använda eteriska oljor är topisk användning, diffusion och inhalation. Vid topisk användning blandas eteriska oljor med bärande lotioner eller oljor och appliceras direkt på huden. Eteriska oljor har kraftfulla kemiska komponenter med antiseptiska, antibakteriella och antivirala egenskaper som har använts i århundraden för att förebygga och behandla sjukdomar när de används direkt på huden.

Diffusion och inhalation kräver att du använder näsan för att andas in den eteriska oljans doft för att få en helande effekt. När du använder eteriska oljor för deras subtila egenskaper behöver du mycket mindre än vid topisk applicering. Generellt sett gäller att ju mindre mängd olja som används, desto starkare är dess subtila effekt.

Vid diffusion kombinerar du droppar av eteriska oljor med kallt vatten i en diffusormaskin (Figur 78) och släpper gradvis ut dimma i omgivningen. När de diffuseras påverkar de många olika doftämnena inte bara vårt mentala och känslomässiga tillstånd, utan de hjälper också till att avlägsna oönskade lukter från den omgivande atmosfären och rena den från skadliga föroreningar.

Användningen av eteriska oljor är i allmänhet säker, även om vissa biverkningar kan uppstå, t.ex. irritation av ögon, hud och näsa. Det rör sig om "koncentrerade" extrakt där det krävs en enorm mängd växtmaterial för att göra bara en droppe eterisk olja, och varje droppe innehåller de kondenserade kemiska komponenterna från alla de växter som ingår i den. Därför kan användning av för mycket eteriska oljor orsaka negativa effekter, precis som användning av för mycket medicin.

Dessutom kan vissa doftämnen orsaka milda allergiska reaktioner hos personer som är känsliga för växter. Inhalation är därför den mest använda metoden bland läkare, vilket innebär att man måste lukta på den eteriska oljan direkt från flaskan för att få önskad effekt. Det ger en fullständig kontroll över hur mycket av doften man vill inhalera, vilket gör det till den mest riskfria metoden för att applicera eteriska oljor under en helande session. Om någon till exempel skulle få en allergisk reaktion med en diffusor kan han eller hon behöva lämna rummet helt och hållet, vilket gör att läkningssessionen avbryts eller till och med måste avslutas.

Eteriska oljor kan också användas för att förbereda ett aromatiskt bad som en del av en rituell reningsprocess. Använd endast sex till åtta droppar av en eterisk olja i rituella bad och kombinera dem med brinnande ljus i motsvarande färger som den effekt du försöker åstadkomma. Tänk på att intentionen är grundläggande, så välj vår eteriska olja med omsorg och praktisera mindfulness medan du badar. Rituella bad är ett utmärkt sätt att rena dina energier och bör utföras ofta, särskilt som ett förstadium till meditation, Ceremoniell Magi, Yoga och andra Andliga Healingmetoder.

Det finns vissa försiktighetsåtgärder som man bör tänka på när man använder eteriska oljor. För det första bör eteriska oljor aldrig sväljas. Vissa oljor anses vara giftiga när de intas, vilket kan skada kroppen och organen. Se därför till att hålla alla dina eteriska oljor utom räckhåll för barn. För det andra bör gravida kvinnor undvika att använda eteriska oljor, särskilt under den första trimestern. Detsamma gäller för barn under sex år. Och slutligen rekommenderas det inte att använda eteriska oljor på djur eftersom de kan få negativa reaktioner på styrkan i vissa doftämnen och till och med dö. Att till exempel använda eteriska oljor på fåglar kan i många fall visa sig vara dödligt.

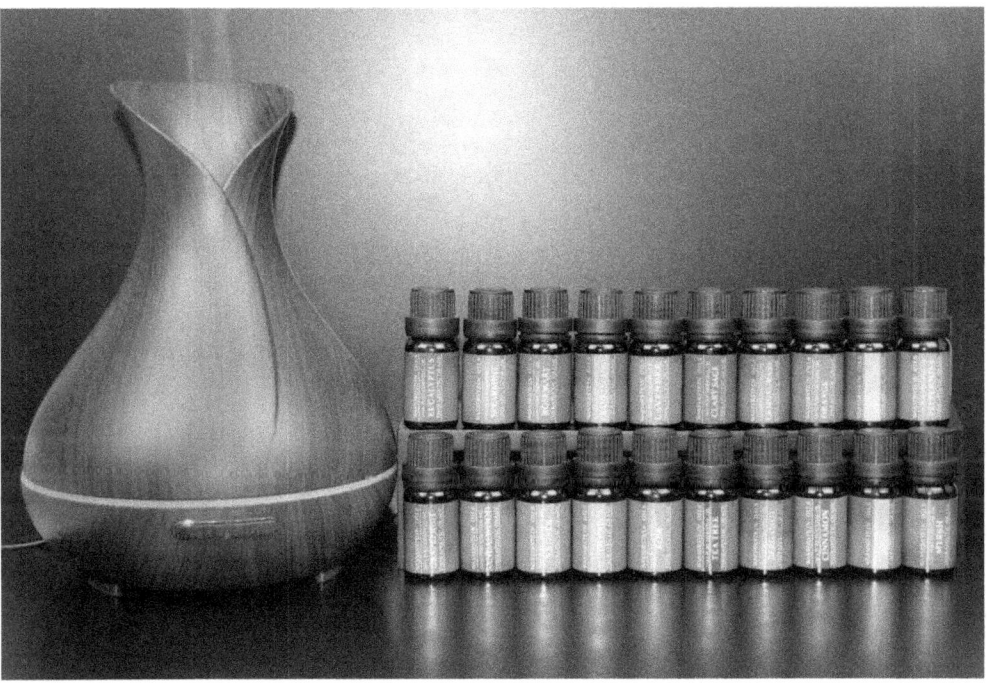

Figur 78: Eteriska Oljor och en Diffusor

HUR ETERISKA OLJOR FUNGERAR

Dofter av eteriska oljor använder luften runt omkring oss som ett överföringsmedium för att föra in molekyler i näsan (Figur 79) och därigenom utlösa en känslomässig reaktion. Samtidigt förs partiklarna i den eteriska oljan med varje andetag till lungorna där de kommer in i blodomloppet och direkt påverkar nervsystemet och andra organ. Aromaterapi är därför direkt förknippad med Luftelementet. Men eftersom vårt luktsinne är knutet till vårt Limbiska System, som reglerar känslor, beteenden, minnen och minnen, har aromaterapi också en koppling till Vattenelementet.

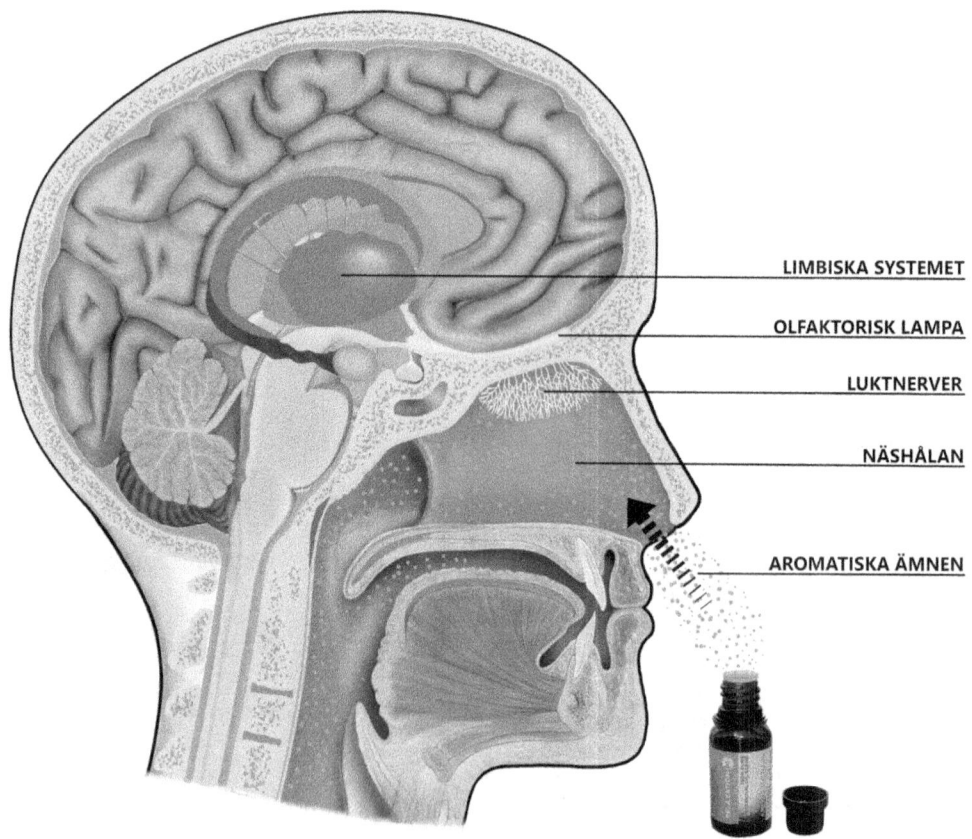

Figur 79: Aromaterapi och det Limbiska Systemet

Det finns ett symbiotiskt förhållande mellan Vatten- och Luftelementen, vilket visas i naturens processer. Vattenmolekylen (H_2O) innehåller till exempel en del syre. Detta nära förhållande finns också i våra mentala processer eftersom varje gång vi upplever en känsla (Vattenelementet) föregås den av en tanke (Luftelementet).

I den Indiska filosofin Samkhya (även stavat Sankhya) förknippas luktsinnet med Jordelementet, vilket passar i det här fallet eftersom växter är organiska fasta ämnen som kommer från Jorden. Vi kan dock ändra växternas fasta tillstånd med hjälp av värme och omvandla dem till flytande former för att skapa tinkturer av eteriska oljor. Vi kan dock inte ändra Kristallers fasta tillstånd, vilket är anledningen till att deras energier är tätare än energierna i Aromaterapidofter.

Aromaterapidofter är kända för att aktivera gamla minnen och återställa våra känslor till ett lugnt tillstånd. Många dofter är också kända för att förbättra vårt allmänna humör eftersom de stimulerar Hypotalamus att skicka meddelanden till Hypofysen för att skapa välmående hjärnkemikalier som serotonin. När vi är lugna och glada blir sinnet lugnt, vilket höjer vibrationen i vårt medvetande. Av denna anledning är det bra att bränna rökelse eller sprida oljor innan man börjar meditationen eftersom det renar rummet och lugnar oss, vilket gör att vi kan gå djupare in i oss själva.

När vi applicerar eteriska oljor lokalt, medan doften tränger in i lungor och näsborrar, absorberas ännu fler molekyler direkt i huden, vilket ger omedelbara fysiska fördelar. Dessutom kan vi använda den lokala tillämpningen av eteriska oljor för att bota hudrelaterade problem, t.ex. läka ett utslag eller ett mindre sår, stoppa en infektion, lindra smärta från en solbränna eller lindra klåda från insektsbett. Massageterapeuter gillar att använda eteriska oljor direkt på huden för att slappna av i musklerna och hantera smärta.

ETERISKA OLJOR FÖR DE SJU CHAKRANA

Varje Chakra har unika egenskaper som motsvarar vissa eteriska oljor. Därför kan vi använda eteriska oljor på kroppen för att främja en balanserad Chakrafunktion. Den metod som beskrivs nedan kan användas på ett Chakra åt gången för att optimera dess energiflöde eller på flera Chakran som behöver helas. Du kan också tillämpa den här metoden på alla Sju Chakran samtidigt för att få hela Chakrasystemet i balans. Eftersom eteriska oljor måste appliceras på kroppen där Chakrana är belägna kan vi dock inte rikta in oss på de Transpersonella Chakrana med denna särskilda appliceringsmetod.

När du använder eteriska oljor för att läka och balansera Chakrana ska du aldrig applicera dem direkt på huden utan att först späda ut dem med en bärarolja. Blandningar av eteriska oljor förstärker och maximerar de terapeutiska och medicinska effekterna. Det finns en mängd olika bäraroljor som du kan använda för att göra eteriska blandningar för Chakrana, bland annat jojobaolja eller fraktionerad kokosnötsolja. Förhållandet att tänka på är två till tre droppar av en eterisk olja per en tesked bärolja. De eteriska oljeblandningarna appliceras bäst med en vanlig 10 ml roll-on-flaska. Om du använder en annan typ av flaska kan du använda fingret för att applicera oljan istället.

För att applicera en eterisk oljeblandning gnuggar du lite av den på framsidan eller baksidan av kroppen där Chakrat är placerat. Använd bara tillräckligt mycket för att täcka ett område med en diameter på cirka 1,5-2 tum. När du har applicerat den kan du låta den sitta kvar på kroppen under hela dagen för att få maximal terapeutisk effekt. Det enda sättet att stoppa den fortsatta helande påverkan från den eller de eteriska blandningarna är att tvätta bort dem från kroppen med en stark tvål, även om en del av blandningen vanligtvis dröjer sig kvar på hudens yta.

Tänk på att när du har använt den eteriska oljeblandningen i mer än en timme har förändringar i din energi redan ägt rum, även om ditt medvetande kanske behöver mer tid för att integrera dem. Därför hjälper det att meditera omedelbart efter appliceringen för att påskynda integrationsprocessen.

Använd Tabell 2 för att hitta den mest lämpliga eteriska oljan/oljorna att använda på varje Chakra. Vissa eteriska oljor har en energigivande effekt på ett Chakra, medan andra har en lugnande effekt. Balanserande oljor är bra för att få Chakrana i balans, oavsett om de är underaktiva eller överaktiva. När Chakrat är underaktivt kommer den vibration som avges av den valda eteriska oljan att påskynda Chakrats snurrande och återföra det till sin optimala hastighet. När det är överaktivt kommer vibrationerna att sakta ner Chakrats snurrande och få det i balans.

Använd en bärarolja för att göra en blandning av eteriska oljor för varje Chakra som du vill arbeta med. Din avsikt är av yttersta vikt, eftersom det är viktigt att vara konsekvent och följa korrespondenserna i tabell 2. Du kan göra en samling av eteriska oljeblandningar för Chakrahealing på detta sätt, som du kan använda i dina framtida healingssessioner.

Du kan också göra enskilda blandningar av flera oljor, så länge de motsvarar det Chakra du riktar dig till och om du försöker ge energi, lugna eller balansera det. Om du till exempel gör en oljeblandning på 10 ml (två teskedar) för att balansera ett överaktivt Muladhara-Chakra, bör du använda fyra till sex droppar eteriska oljor av en kombination av lugnande oljor som endast hör till detta Chakra. Experimentera med att blanda de eteriska oljeblandningarna med hjälp av tabellen nedan som referens.

TABELL 2: Eteriska Oljor för de Sju Chakrana

Chakra-Namn (Sanskrit & Svenska)	Energigivande Oljor	Lugnande Oljor	Balanserande Oljor	Applicering på kroppen (framsida/baksida)
Muladhara, Rot eller Bas	Kanel, Kardemumma, Svartpeppar, Ingefära, Cypress	Vetiver, Patchouli, Cederträ, Myrra, Basilika	Sandelträ, Frankincense, Geranium	Mellan Perineum och Coccyx, Undersidan av Fötterna eller Båda
Swadhisthana, Sakral eller Mjälte	Apelsin, Mandarin, Citron, Bergamott	Rosenträd, Ylang-Ylang, Salvia, Neroli	Neroli, Jasmin, Helichrysum, Sandelträ, Elemi	Nedre Delen av Buken (Under Naveln), Nedre Delen av Ryggen eller Båda
Manipura, Solar Plexus	Grapefrukt, Citron, Citrus, Citrongräs, Ingefära, Lime, Enbär	Vetiver, Bergamott, Fänkål, Rosmarin	Svartpeppar, Spikenard, Helichrysum	Solar Plexus, Mitt i Ryggen eller Båda
Anahata, Hjärtat	Palmarosa, Tall, Rosenträd, Bergamott	Ros, Mejram, Cederträ, Eukalyptus	Jasmin, Melissa, Sandelträ, Beranium	Mellan Brösten (Mitten), Övre Delen av Ryggen eller Båda
Vishuddhi, Halsen	Pepparmynta, Cypress, Citron, Mynta, Salvia, Salvia	Romersk Kamomill, Basilika, Rosmarin, Bergamott	Koriander, Geranium, Eukalyptus	Mitt i Halsen, Baksidan av Halsen eller Båda
Ajna, Ögonbrynet, Sinnets Öga, Det Tredje Ögat	Klara Salvia, Tall, Lavendel, Myrra, Sandelträ, Enbär, Enbär	Tysk Kamomill, Basilika, Patchouli, Cederträ, Timjan	Frankincense, Helichrysum, Jasmin	Mellan Ögonbrynen, Baksidan av Huvudet eller Båda. Även Mitt på Pannan (Femte Ögat).
Sahasrara, Krona	Lavendel, Saffran, Palo Santo	Rosenträd, Timjan, Cederträ, Neroli, Lotus	Frankincense, Myrrh, Helichrysum, Sandelträ	Överst på Huvudet (Mitten)

TATTVAS

Tattva, eller Tattwa, är ett Sanskritord som betyder "princip", "sanning" eller "verklighet". Det betyder "det-het", vilket kan förstås vidare som den "essens som skapar känslan av existens". "I *Veda* är Tattvas heliga formler eller verklighetsprinciper som anger identiteten mellan det individuella Jaget och Gud - Skaparen. De representerar Guds kropp, som är själva Universum, och vår egen kropp som upplever naturen genom medvetande.

Det finns fem primära Tattvas (Figur 80), som representerar naturens väsen som manifesteras som de Fem Elementen. De Fem Tattvas är kända som Akasha (Ande), Vayu (Luft), Tejas (Eld), Apas (Vatten) och Prithivi (Jord). De fyra första Tattvas (Prithivi, Apas, Tejas, Vayu) representerar olika former eller kvaliteter av Solenergin Prana i olika grader av vibrationer. De är en följd av Ljus- och ljudutstrålningar som smälter samman till den sista Tattva, eller principen Akasha, Anden/Aethyr-Elementet.

Tattvas är ursprungliga och enkla i sin form; de antar de fem huvudsakliga formerna inom människans uppfattningsområde - kvadraten, halvmånen, triangeln, cirkeln och ägget. Tattvas presenteras på kort med en vit bakgrund som framhäver deras form och färg. De klassificeras som "Yantras" - verktyg för mental koncentration och meditation. Yantras är mystiska diagram från den Tantriska traditionen och den Indiska religionen som finns i många geometriska former och konfigurationer, ofta mycket komplexa. Förutom att använda dem som meditationsverktyg använder Hinduer ofta Yantras för att dyrka Gudomar i Tempel eller i hemmet. De använder dem också som talismaner för skydd eller för att ge lycka.

Tattvas är kanske de enklaste Yantrorna som finns. I enkelheten i deras former och färger ligger dock potentialen att skapa en kraftfull förbindelse med de Fem ursprungliga Elementen som existerar på en Mikrokosmisk nivå. På så sätt kan vi få en koppling till den Makrokosmiska nivån - Som Ovan, Så Nedan. Genom att behärska Elementen inom oss själva utvecklar vi därför förmågan att förändra och förändra verkligheten med våra tankar och blir mästare på att manifestera.

Kundalini Shakti är den subtilaste formen av energi (feminin) och en oskiljaktig del av det rena medvetandet (maskulin) - representerad av Lord Shiva, Shakti's gemål. Även om energi och medvetande har separerats och diversifierats för att ge upphov till Skapelsen, strävar de alltid efter att återförenas. Denna process exemplifieras av Kundalini-energin som stiger från ryggradens nedre del till toppen (Kronan) av huvudet.

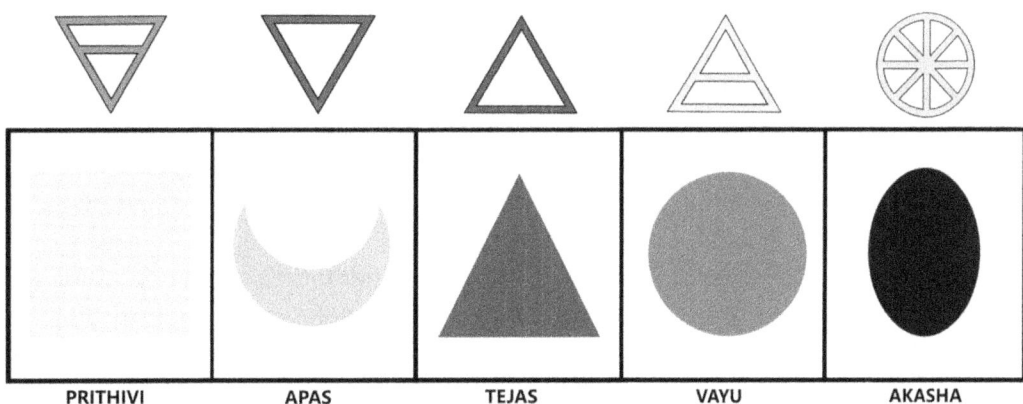

Figur 80: De Fem Stora Tattvas

Syftet med ett Kundaliniväckande är inte bara Upplysning för individen i vars kropp denna process äger rum, utan också för Shakti och Shiva att åter uppleva den Kosmiska enhet från vilken de utvecklats. När Kundalini stiger upplever individen emellertid det fullständiga uppvaknandet och infusionen av Ljus i de Sju Chakrana, vars energier kan delas upp i de Fem Elementen, som representeras av de fem primära Tattvorna. Genom att arbeta med Tattvas arbetar du med att trimma dina Chakran och helar den Karmiska energi som finns i dem.

SKAPANDEPROCESSEN

Under Skapelseprocessen sänkte det oändliga Vita Ljuset gradvis sin vibration och manifesterade de Fem Elementen i successiva steg. Var och en av de fem primära Tattvas representerar en av de kreativa processerna, med början i Anden, följt av Luft, Eld, Vatten och sedan Jord som Skapelsens slutliga materialisering. Enligt de Österländska och Västerländska Esoteriska Mysterierna om detta ämne ingår varje Element (Tattva) i en sammanhängande serie där varje efterföljande Element (Tattva) härstammar från sin föregångare. Dessutom bör alla Tattvas betraktas som en förlängning av det rena medvetandet och inte som enskilda principer som existerar separat.

Den första Tattvan, Akasha (Ande), är en sammanslagning av energi och Materia som innehåller en oändlig mängd potentiell energi i Medvetandets Hav. När Akashas energi började vibrera i evolutionsprocessen skapade den rörelse som manifesterade Tattva Vayu

(Luft). Vayus partiklar har den största rörelsefriheten eftersom Luft är den minst tunna av de lägre Fyra Elementen. När den kreativa processen fortsatte genererade Vayus eviga rörelse värme, vilket orsakade framväxten av nästa Tattva, Tejas (Eld).

Eftersom rörelsen av Tejas energi var mindre än Vayus, kunde den avge en del av sin strålningsvärme, som svalnade och skapade Apas Tattva (Vatten). Med Apas blev partiklarna Ande, Luft och Eld instängda i ett begränsat utrymme, med begränsad men flytande rörelse. När vibrationen i Skapelsens manifestation sänktes ytterligare, stelnade dock Apas till Tattva Prithivi (Jorden), nästa och sista steget i Skapelseprocessen. Prithivi är motsvarigheten till Malkuth Sephira på Livets Träd och representerar Materiens Värld, den fysiska verkligheten.

Det bör noteras att under den kreativa processen ger subtila tillstånd upphov till grövre, tätare tillstånd som är lägre i vibration än det föregående tillståndet. Ju högre vibrationen är, desto högre är medvetandetillståndet och Elementet som det motsvarar. Tänk också på att orsaken är en väsentlig del av effekten. Jorden innehåller Elementen Vatten, Eld, Luft och Ande, eftersom den utvecklades ur dem, medan ande inte gör det eftersom den föregår alla Element.

Jag beskrev i *The Magus* att när du arbetar med ett Elements energi, när du har slutfört dess Andliga Alkemi-process, avslöjar sig nästa Element i sekvensen inför dig. Därför finns det ingen fin linje där ett Element slutar och det andra börjar, utan alla fem är sammankopplade som en del av en sekvens.

Du kommer att märka att den Östliga ordningen för Elementens emanation skiljer sig något från den Västerländska - Luftelementet kommer omedelbart efter Ande, istället för Eldelementet. Enligt det Österländska Andliga systemet är luftelementet mindre tätt och mer eteriskt än Eld, så Gamla Rishis placerade Luft före Eld i sekvensen för Skapelsens manifestation. Jag kommer att diskutera denna variation mellan de Östliga och Västliga systemen ingående i följande Yogaavsnitt, särskilt kapitlet "De Fem Koshas".

SYSTEMET MED DE TRETTIO TATTVAS

Var och en av de fem Tattvas har fem Sub-Tattvas som relaterar till olika Plan av den huvudsakliga Tattva som de tillhör. Till exempel har en Eldtattva fem Underelement: Eld av Eld, Elds Ande, Vatten av Eld, Luft av Eld och Jord av Eld. Genom att arbeta med Tattvas Underelement har vi ett mer exakt sätt att ställa in oss på exakt den energi vi önskar.

De huvudsakliga energierna som påverkar vårt Solsystem, Planetariska och Zodiakala, kan alla delas upp i Underelement som motsvarar olika delar av Jaget. De har samband med de anslutande vägarna i Livets Träd (Tarotkorten) och energier som filtrerar ett medvetandetillstånd till ett annat. Dessa medvetandetillstånd är tio till antalet och representeras av de tio Sfärerna i Livets Träd i Qabalah.

Det finns sex huvudsakliga tankesätt inom Tattvic-filosofin i Indien. Det ursprungliga Tattva-systemet utvecklades av den Vediska Visdomaren Kapila på 600-talet f.Kr. som en del av hans Samkhya-filosofi, som i hög grad påverkade Yogans vetenskap. Samkhya-filosofin använder ett system med tjugofem Tattvas, medan Shaivismen erkänner trettiosex Tattvas. Den Hermetiska Orden Gyllene Gryning använder systemet med trettio Tattvas eftersom denna specifika uppdelning motsvarar de Element och Underelement som finns i det Qabalistiska Livsträdet. Detta system omfattar de fem primära Tattvas och de tjugofem Subelementära Tattvas (Figur 81). Med tanke på att jag har den mest omfattande erfarenheten av just detta system är det det jag kommer att följa i den här boken.

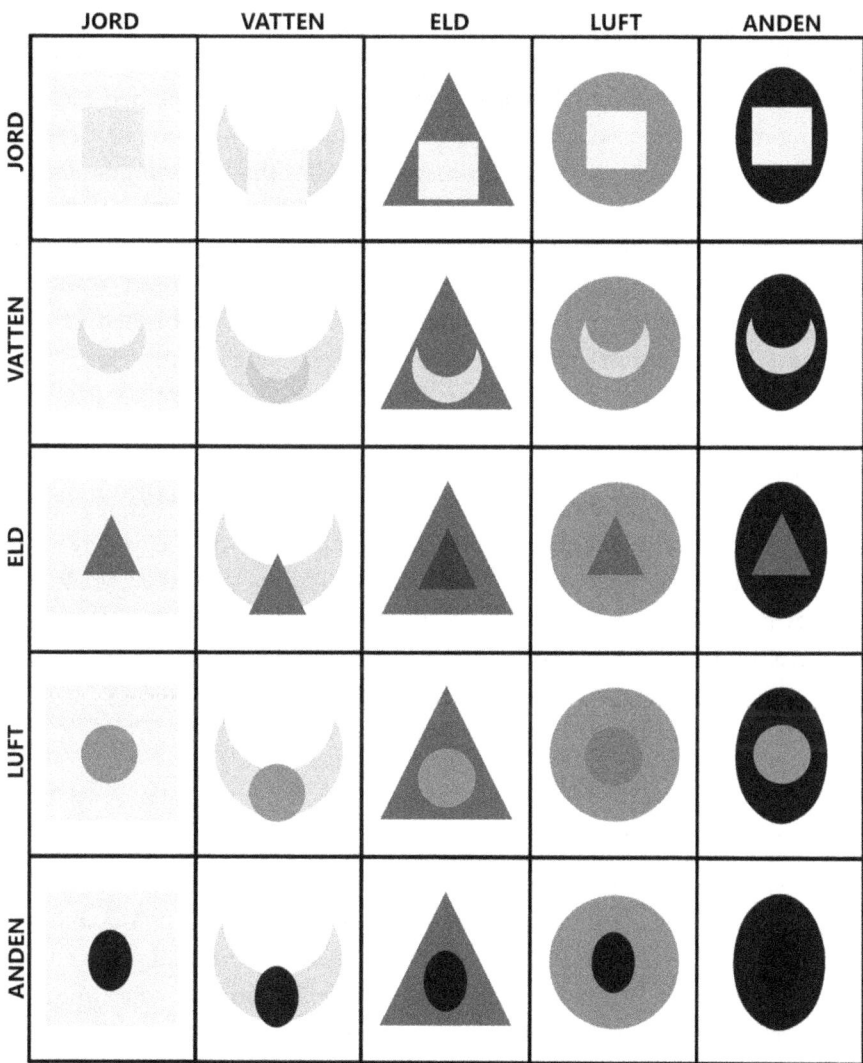

Figur 81: De Tjugofem Underelementära Tattvas

Eftersom arbetet med Tattvas kräver vårt synsinne som uppfattar färger och former i omgivningen, är denna vibrerande healingmetod förknippad med Elementet Eld och det Högre Mentala Planet. Den gör det alltså möjligt för oss att gå djupare in i oss själva än med andra healingmodaliteter som presenteras i den här boken. Och eftersom Eld är beroende av Luft för sin försörjning finns det en komponent av Luftelementet även i arbetet med Tatvas, som motsvarar det Lägre Mentala Planet.

Därför är det Mentala Planet, som använder vår viljestyrka och våra tankar, vår kontaktpunkt för att nå de Högre och lägre Kosmiska Planerna, som representeras av Tattvorna. Dessutom är detta symbiotiska förhållande mellan Elementen Eld och Luft uppenbart i naturens processer. Den fysiska elden, eller lågan, behöver till exempel syre för att kunna leva; utan syre dör den. På samma sätt kan avsikt och viljestyrka inte lyckas i något företag utan tankar och fantasi.

Som tidigare nämnts är arbetet med Tattvas likartat med arbetet med Elementen genom rituella övningar i Ceremoniell Magi som presenteras i *The Magus*. Ceremoniell Magi handlar dock huvudsakligen om invokationer, eller att kalla in särskilda energier från det yttre Universum till din Aura, medan arbetet med Tattvas utgör en evokation, vilket innebär att du får tillgång till eller "drar ut" en särskild typ av energi inom dig själv för introspektion.

Därför åberopar ritualövningar inom Ceremoniell Magi en större mängd Elementär energi i Auran, medan Tattvas endast arbetar med våra inre, naturliga energier.

Fördelen med Tattvas jämfört med rituella övningar inom Ceremoniell Magi är att du kan fokusera på Underelementen utan ansträngning genom att använda deras respektive Tattva-kort (Yantras). Däremot är de enda rituella övningar i Ceremoniell Magi som gör det möjligt för dig att uppnå samma mål Enokiska Nycklar, som är mycket avancerade och bär på mycket Karmisk energi som är specifik för den egregore. Jag lämnade varningsanteckningar på flera sidor i *The Magus* om att arbeta med Enokisk Magi eftersom det kräver över ett dussin månaders förberedelser med andra, mer grundläggande Elementär invokation. Med Under-Elementära Tattvas kan du däremot hoppa in direkt.

DE FEM STORA TATTVAS

Akasha Tattva (Andligt Element)

Den första Tattva, Akasha, motsvarar det Andliga Elementet. Akasha representerar rymdens tomrum, Aethyren, som symboliseras av en svart eller indigofärgad ovoid eller ett ägg. Ande och Aethyr är utbytbara termer som står för samma sak - Akasha. Akashas svarta färg återspeglar tomhetens mörker, vilket vi kan se i det enorma utrymmet mellan Himlakropparna (Stjärnor och Planeter) i Universum. När vi blundar ser vi mentalt samma mörker i rymden framför oss, vilket innebär att Akasha också finns inom oss. Även om mörker är frånvaron av Ljus innehåller det alla spektrumets färger inom sig självt. Som sådan är den oändlig i sin potential och omfattning. Ett svart hål i Universum innehåller till exempel mer massa än miljontals Stjärnor tillsammans.

Akasha motsvarar principen om det Vita Ljuset som sträcker sig oändligt i alla riktningar. Hermetiker kallar det för Guds Första Sinne - Skaparen (Allt). Ett annat namn är "Monaden", som betyder "singularitet" på Grekiska. Rymdens mörker är bara en återspegling av det Vita Ljuset på en fysisk nivå, manifesterat av det andra sinnet, som genererades (föddes) av det Första Sinnet genom differentieringsprocessen. Även om vi inte kan träda in i det Första Sinnet medan vi lever, kan vi uppleva dess potential genom att väcka det Kosmiska Medvetandet inom oss (via Kundalini), som överbryggar det Första och det Andra Sinnet.

Det manifesterade Universum, inklusive alla Galaxer och Stjärnor som existerar, finns i det andra sinnet. Materia är en biprodukt av den Andliga energi som är osynlig för sinnena men som genomsyrar allting. Som essensen av allting är Akashas vibration så hög att den verkar orörlig, till skillnad från de andra Fyra Elementen, som ständigt är i rörelse och kan upplevas med de fysiska sinnena. Akasha är odifferentierad Materia som innehåller en oändlig mängd potentiell energi. Med andra ord existerar materia och energi i sitt vilande potentiella tillstånd inom det Andliga Elementet i själva hjärtat av Skapelsen. Akasha föddes aldrig och kommer aldrig att dö. Den kan varken subtraheras från eller läggas till.

Det Första Sinnets Andliga energi manifesteras i det Andra Sinnet genom Stjärnorna som synligt ljus. Det sägs dock att Anden färdas snabbare än Ljusets hastighet och har den högsta hastighet som mänskligheten känner till. Detta skulle förklara varför information som kanaliseras via det Kosmiska Medvetandet överförs omedelbart var som helst i Universum. Och varför Andligt utvecklade människor behöver bara tänka på ett föremål eller en plats för att omedelbart uppleva hur det är att vara det föremålet eller vara på den platsen genom tanken.

Eftersom andlig energi färdas snabbare än Ljusets hastighet överskrider den rum och tid enligt Einsteins Relativitetsteori. Därför är det inte ovanligt att Andligt uppvaknade människor utvecklar känslan av prekognition eller förutseende, vilket gör det möjligt för dem att se in i framtiden via det sjätte sinnet (psykism). Andligt medvetande ger en tillgång till Akasha Records.

I Hermetisk Alkemi är Akasha Kvintessensen. Den är allgenomträngande eftersom allt som finns i tillvaron har utvecklats ur Akasha, och till Akasha kommer allting så småningom att återvända. Akasha är relaterad till principen om ljudvibrationer. Den tillhandahåller det medium som gör att ljudet kan färdas genom rymden. Akasha är källan till de andra Fyra Elementen som utvecklades genom Skapelsens manifestationsprocess.

Saturnus Planetenergi påverkar Akasha, vilket illustreras av färgerna indigo och svart som motsvarar båda. I Qabalah relaterar Saturnus till Sephira Binah, en av de Överjordiska som representerar det Andliga Elementet. Binah är den Astrala blåkopian av allt som existerar, de subtila, eteriska formerna av alla ting som är osynliga för de fysiska sinnena men som vi kan uppleva genom Sinnets Öga. Vibrationen i Akasha kan endast nås när sinnet tystas och Egot överskrids. I Yogisk och Hinduisk Filosofi är dess erfarenhetsområde Medvetandeplanet, som kallas "Jana Loka", hemvist för de befriade dödliga som bor i den Himmelska Världen.

Akasha tillskrivs de tre Chakrana Vishuddhi, Ajna och Sahasrara (Figur 82). På Sahasraras nivå uttrycks Akasha bäst genom oändlighetssymbolen, en åtta på sidan, som representerar begreppet Evighet och gränslöshet. På Ajnas nivå symboliseras Akasha bäst av den Taoistiska Yin/Yang-symbolen, som representerar dualitet, de feminina och maskulina krafterna, Ida och Pingala, som förenas vid Ajna Chakra. Vishuddhi är den traditionella representanten för Akasha-Tattvan i Tantra och Yoga, på dess mest lättillgängliga nivå som förbinder den med de lägre Elementen och Chakrana.

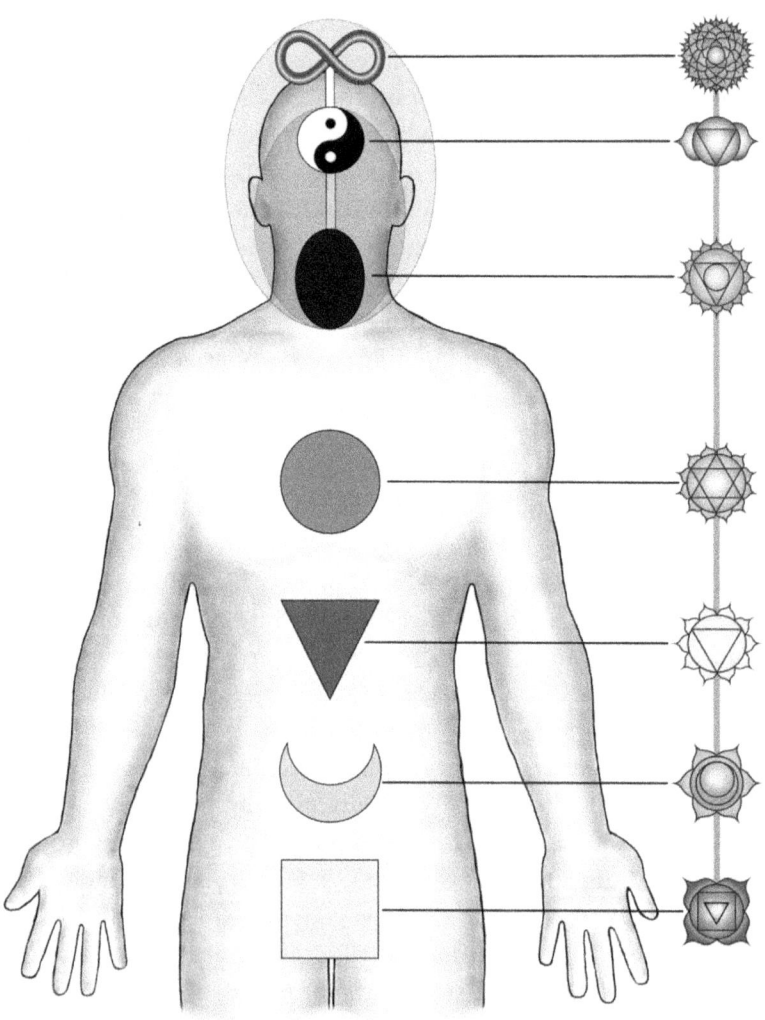

Figur 82: Tattvas och Chakras

Akashas Bija Mantra är "Ham. "(Mer om Bija Mantras i följande avsnitt om Yoga.) Att uppleva energin från Akasha Tattva liknar effekten av rituella åkallanden av Andeelement och Saturnus energi, även om den senare bäst kan beskrivas som den Jordiska aspekten av Akasha. Akashas underelement är Andens Andeelement, Andens Eld, Andens Vatten, Andens Luft och Andens Jord.

Vayu Tattva (Luftelement)

Den Hinduiska religiösa texten *Upanishaderna* lär ut att den första principen eller Tattva som utvecklas ur Akasha är Vayu, som symboliseras av en blå cirkel. "Vayu" kommer från samma sanskritrotsord som betyder "rörelse" och tillskrivs följaktligen Luftelementet. Vayu har vindens natur och får den blå färgen som en klar himmel.

När Akashas tomrum påverkades av rörelse under den kreativa processen skapades Ljusenergi som manifesterade Vayu Tattva. Vayu är dock inte fysiskt Ljus utan kinetisk energi i dess olika former: elektrisk, kemisk och vital energi (Prana). Eftersom Akasha var orörlig är Vayu allomfattande rörelse.

Alla gaser i Jordens atmosfär, inklusive syre, omfattar Vayu Tattva. Även om Vayu är osynlig för blotta ögat är det den första Tattva som kan kännas på huden. Som sådan relaterar den till känselsinnet. Vayus väsen uttrycks genom sammandragning och expansion. I den fysiska kroppen kontrollerar Vayu de fem vitala "luften" som kallas Prana Vayus: Prana, Apana, Samana, Udana, Vyana.

Vayu tillskrivs Anahata, Hjärtchakrat. Det är relaterat till sinnet, tankar och fantasi, som drivs av andningsprocessen och för in Pranisk energi i kroppen. Den ständiga rörelsen hos Vayu Tattva skapar förändring och orsakar instabilitet, inkonsekvens, flyktighet och nyckfullhet hos individen och i miljön. Sådan är Luftelementets natur. Dess erfarenhetsområde är Medvetandeplanet, kallat "Maha Loka", hemvist för de stora Vise och Rishis.

Vayu Tatvas Bija Mantra är "Yam". Dess energi är jämförbar med rituella åkallanden av Luftelementet och åkallanden av Planeten Merkurius med aspekter av Solenergi. När allt kommer omkring är Vayu en förlängning av Pranisk energi, vars källa är Solen. Vayus underelement är Luftens Luft, Andens Luft, Eldens Luft, Vattnets Luft och Jordens Luft. Subelementet Luftens Luft är besläktat med energin i zodiaken Vattumannen, medan Eldens Luft liknar Vågen och Vattnets Luft liknar Tvillingarna.

Tejas Tattva (Eldelement)

Tejas, eller Agni (eld), är Eldelementets Tattva. Tejas betyder "skarp" på Sanskrit; dess betydelse kan översättas till "värme" eller "belysning". Tejas Tattva symboliseras av en uppåtriktad röd triangel vars färg förknippas med dess Arketypiska energi. När triangeln placeras på kroppen pekar den dock nedåt mot Elementet Apas (Vatten) (Figur 82). Begreppet "Vatten uppåt, Eld nedåt" förklarar vår kropps naturliga energiflöde.

Eftersom Elden är källan till värme och Ljus är de den första principen vars form är synlig för blotta ögat. Det är trots allt genom Ljusets utseende som vi uppfattar former i vår omgivning. Tejas är således den egenskap som ger definition eller struktur åt de olika uttrycken för kinetisk energi som representeras av Vayu Tatva, från vilken Tejas har utvecklats.

Formens födelse är nära förknippad med Egots tillkomst - Själens motsats. Egot föddes när vi för första gången kände igen något utanför oss själva. När vi acklimatiserade oss till den materiella världen under våra tidiga år blev vi knutna till de former vi såg i omgivningen, vilket gjorde det möjligt för Egot att växa och ta ett fast grepp om medvetandet. På så sätt utvecklades Samskaras med tiden, en Sanskritterm som innebär mentala intryck, minnen och psykologiska avtryck. Samskaras är roten till Karmisk energi som håller oss tillbaka från Andlig utveckling tills vi övervinner den.

Egots utveckling fortsätter under tonåren och formar vår personlighet med tiden. Egot slutar inte att växa och expandera under resten av vårt liv här på Jorden eftersom det är knutet till den fysiska kroppen och dess överlevnad. Det enda sättet att stoppa Egots tillväxt är att erkänna och omfamna den djupare Andliga verklighet som ligger bakom den fysiska - en verklighet som är tom och därför formlös. När vår uppmärksamhet fokuserar på Andlig Utveckling i stället för att ge Ego mat tar Själen slutligen över och vi börjar bygga upp en karaktär som överskrider vår materiella existens.

Som tidigare nämnts kan Egot och Själen inte samexistera som förare av medvetandet, utan man måste alltid ta på sig passagerarsätet. Det valet bestäms av oss och vilken aspekt av Jaget vi ger vår uppmärksamhet till i varje givet ögonblick eftersom vi har Fri Vilja. Därför har Tejas samband med både Själen och Egot. Eldelementet är den viljestyrka vi använder för att uttrycka vår princip om Fri Vilja i endera riktningen, som drivs av Manipura, Solar Plexus Chakra. Dess erfarenhetssfär är Medvetandeplanet, som kallas "Swar Loka", regionen mellan Solen och Polstjärnan, den Hinduiska Guden Indras Himmel.

Tejas Tattva har ofta beskrivits som en förtärande kraft som slukar allt i sin väg. Förstörelse är dock en katalysator för omvandling, eftersom ingenting någonsin dör utan bara ändrar sitt tillstånd. Som sådan är Eldelementet avgörande för den Andliga Utvecklingen eftersom det gör det möjligt för oss att göra om våra föreställningar om oss själva och världen, vilket gör det möjligt för oss att utnyttja vår högsta potential. Tejas förstörelse resulterar därför i nya skapelser som är gynnsamma för Själens tillväxt.

Tejas Bija Mantra är "Ram. "Denna tatvas energi är jämförbar med en rituell åkallan av Eldelementet och energin från planeten Mars med aspekter av Solens energi. Tejas är maskulin och aktiv eftersom den stimulerar individens drivkraft och viljestyrka. Tejas Underelement är Eldens Eld, Andens Eld, Luftens Eld, Vattnets Eld och Jordens Eld. Subelementet Eldens Eld är besläktat med energin i Zodiaken Väduren, medan Luftens Els liknar Lejonet och Vattnets Eld liknar Skytten.

Apas Tattva (Vattenelement)

Nästa Tattva i manifestationens sekvens är Apas, som symboliseras av den silverfärgade halvmånen. Apas är intensivt aktiv Materia som uppstod ur Eldelementet på grund av minskad rörelse och kondensering. Den är begränsad inom ett definitivt utrymme samtidigt som den befinner sig i ett tillstånd av fluiditet.

Apas är det fysiska Universum som fortfarande arrangerar sig innan det materialiseras som nästa Tattva. Den representerar ordning som uppstår ur kaos. Arrangemanget av atomer och molekyler i Apas tar upp mycket litet utrymme med begränsad rörelsefrihet, till skillnad från Eld-, Luft- och Andeelementen. Till exempel beter sig väte och syre annorlunda än samma molekyler i ånga.

Apas är feminin och passiv och tillskrivs Swadhisthana, Sakralchakrat. Apas har att göra med Månens effekt på havets tidvatten och Elementet Vatten i oss. Med tanke på att vår egen fysiska kropp består av 60 procent vatten är Vattenelementets betydelse för vårt biologiska system uppenbar.

Eftersom Apas är Materia som fortfarande håller på att skapas representerar den den kreativa impulsen i vårt psyke. Det är relaterat till känslor som är flytande och föränderliga, precis som Vattenelementet som representerar dem. Vår sexualitet uttrycks också känslomässigt som begär och fungerar som en kraftfull motivationsfaktor i våra liv. Månens cykler har inte bara ett starkt inflytande på våra känslor utan även på vår sexualitet.

Apas har egenskapen av sammandragning och principen om smak. Dess Bija Mantra är "Vam. "Upplevelser av Apas liknar rituella åkallanden av Vattenelementet. Dess Planetära korrespondens är med Månen och Jupiter och aspekter av Venus eftersom alla tre Planeterna är förknippade med känslor och känslor.

Apas Underelement är Vattnets Vatten, Andens Vatten, Eldens Vatten, Luftens Vatten och Jordens Vatten. Underelementet Vattnets Vatten är besläktat med energin i Zodiaken Fiskarna, medan Eldens Vatten är besläktat med Kräftan och Luftens Vatten med Skorpionen. Apas erfarenhetssfär är det Medvetandeplan som kallas "Bhuvar Loka", området mellan Jorden och Solen och hemvist för himmelska varelser som kallas Siddhas.

Prithivi Tattva (Jordelement)

Den femte och sista Tattva är Prithivi, som symboliseras av en gul kvadrat och är relaterad till Elementet Jord. Det sista Elementet som utvecklas i Skapelseprocessen är resultatet av en ytterligare minskning av vibrationen som får Vattenelementet att stelna och bli orörligt. Prithivi är den tyngsta av alla Tattvas, eftersom den representerar den konkreta Materiens Värld vars molekyler är fixerade på plats. Den representerar egenskaperna soliditet, vikt och sammanhållning, vilket ger stabilitet och beständighet på alla nivåer.

Även om den gula färgen vanligtvis representerar Luftelementet i de Västerländska Mysterierna, är den i Tattvic-systemet förknippad med Jorden. Gult relaterar till Solens gula Ljus som gör det möjligt för oss att uppfatta Materiens Värld. Prithivis korrespondens är med Rot- eller Muladhara-Chakrat och luktsinnet. Dess Bija Mantra är "Lam. "

Prithivis energi liknar Jordelementets rituella åkallanden. Prithivis Underelement är Jordens Jord, Andens Jord, Eldens Jord, Vattnets Jord och Luftens Jord. Underelementet

Eldens Jords energi är besläktad med Stenbockens Zodiak, medan Vattnets Jord liknar Jungfrun och Luftens Jord kan jämföras med Taurus. Prithivis erfarenhetsområde är det Medvetandeplan som kallas "Bhu Loka", den Fysiska Världen av grov Materia.

TATTVA SKÅDNING

Tattvas är lätta att använda och mycket effektiva när det gäller att ställa in dig på de önskade Elementära energierna. Man behöver bara hålla en Tattva i handen och "skåda" den genom att stirra eller titta djupt in i den för att frigöra dess kraft. Att skåda Tattvas är avgörande för att utveckla psykiska krafter som till exempel klärvoajans. Det är en av de enklaste, snabbaste och mest effektiva metoderna för att träna och förbättra dina klärvoajanta förmågor.

Tattva Skådnings-metoden kan också underlätta en fullständig Utomkroppslig Upplevelse eftersom den innehåller en komponent för Astralprojektion vars teknik är besläktad med Shamansk resande och vägarbete. Man måste dock vara försiktig när man försöker sig på Astralprojektion, särskilt om man lider av ångest eller nervositet. Det kan vara en rejäl stöt för sinnet att uppleva saker bortom det fysiska, särskilt första gången. Därför bör du vara tillräckligt energimässigt balanserad innan du försöker göra en Astralprojektion, vilket du kan uppnå med hjälp av de metoder för Andlig Healing som presenteras i den här boken.

Innan du börjar med den här övningen måste du skriva ut Tattva-korten i färg från min webbplats www.nevenpaar.com genom att följa länken "Tattva Cards" i huvudnavigationen. Korten i PDF-dokumentet är fem gånger sex tum, vilket är den idealiska storleken för skådning, och symbolerna är cirka tre till fyra tum höga. Om du redan äger Tattva-kort kan du fortsätta att arbeta med dem så länge de faller inom de angivna parametrarna.

De mest optimala Tattva-korten bör dock tillverkas av kartong. Du bör klippa ut symbolerna separat, måla dem för hand och limma fast dem på korten för att ge dem ett Tredimensionellt perspektiv. Figur 83 visar de Tattva-kort som jag konstruerade för många år sedan när jag var med i Gyllene Gryning-orden.

Det finns två delar av Tattva Skådnings-metoden som presenteras av den Hermetiska Orden av Gyllene Gryningen. Den första delen kallas "Skådande i den Andliga Visionen", vilket innebär att man ställer in sig på den Elementära och Subelementära energin i din Aura, vilket isolerar dina Chakran så att du kan arbeta med dem. Den andra delen är valfri och är en fortsättning på den första, kallad "Resande i den Andliga Visionen". " Efter att ha framkallat den Elementära eller Subelementära energin och förstärkt den i din Aura blir ditt medvetande nedsänkt i den. Detta är ett utmärkt tillfälle att utföra en Astralprojektion till dess Kosmiska Plan med hjälp av en visualiseringsteknik som involverar din fantasi och viljestyrka.

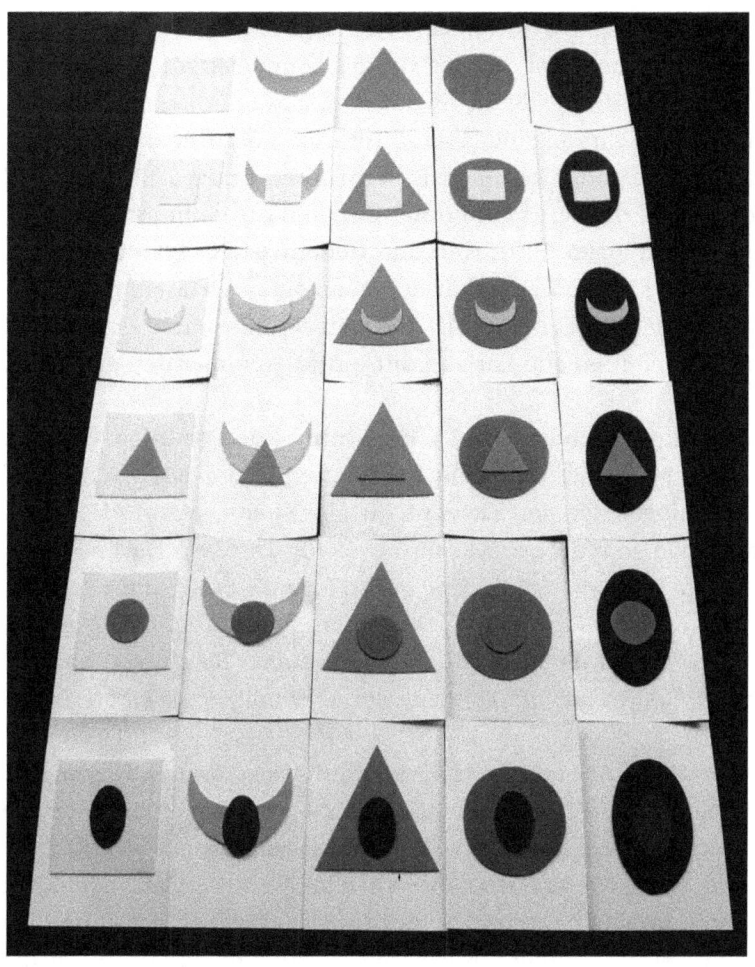

Figur 83: Författarens Tattva-Kort

Innan du börjar med Tattva Skådnings-övningen ska du hitta en lugn plats där du kan vara ostörd under övningen. Eftersom övningen innebär att man går inåt är det lämpligt att bränna lite rökelse för att rensa ditt utrymme från negativa energier och göra det heligt. Om du är bekant med övningarna i Ceremoniell Magi Ritualer från min första bok kan du utföra Mindre Bannlysande Ritual av Pentagrammet och Bannlysande Ritual av Hexagrammet för att bannlysa negativa energiinfluenser och centrera dig själv.

Dessa två rituella övningar är viktiga för att skydda dig när du gör Astrala arbeten, inklusive Astrala Projektioner som öppnar medvetandet för direkt kontakt med Andliga Intelligenser i de inre Kosmiska Planen. Förutom grundläggande Elementarvarelser kan dessa vara Änglalika eller Demoniska väsen eller Andar som någon gång i det förflutna har placerat sig i skikten i din Aura och deras respektive Chakran. De är ansvariga för många av våra stämningar och känslor, vare sig de är positiva och konstruktiva som i fallet med Änglar eller negativa och destruktiva som påverkas av Demoner.

Demoner är mer svårfångade än Änglar eftersom människor i allmänhet undviker att ha med dem att göra. Ofta blir de låsta djupt inne i det undermedvetna av rädsla för att behöva möta dem. Demoner kommer dock att förbli knutna till dig tills du konfronterar dem med mod och lär dig deras sanna natur, och därigenom integrerar deras krafter fullt ut och släpper dem tillbaka till Universum. Genom att göra detta helar och optimerar du Chakrana samtidigt som du behärskar deras motsvarande Element i ditt psyke. Kom ihåg att oavsett vilken Andlig intelligens du möter under din skådning-session, om du konfronterar den med lugn och kärlek i ditt hjärta, kommer den att stå till din tjänst.

Tattva Skådnings-Metoden - Del 1 (Skådning i den Andliga Visionen)

Börja övningen genom att sitta bekvämt i Lotuspositionen eller på en stol med ansiktet mot kardinalriktningen för det Element du ska skåda. (Använd Tabell 3 för att få all relevant information som du behöver för att skåda Tattvas.) Du bör ha en vit yta framför dig, till exempel en vägg, en skärm eller någon form av bakgrund eftersom du kommer att behöva överföra Tattvas Astrala avtryck på den som en del av övningen. Den vita ytan säkerställer också att det inte finns några distraktioner för sinnet när du koncentrerar dig på Tattva-kortet. Om du har hängande tavlor eller möbler i närheten av din arbetsyta, ta bort dem.

Utför den Fyrfaldiga Andningen i några minuter med slutna ögon för att komma in i ett meditativt sinnestillstånd, vilket är viktigt för att lyckas med detta arbete. Öppna sedan ögonen och ta upp Tattva. Håll den i handen på armlängds avstånd så att bilden är i ögonhöjd. Börja stirra på den bekvämt och blinka så lite som möjligt. Se till att du ser Tattva-kortet och den vita bakgrunden framför dig och ingenting annat. Låt inte dina ögon vandra omkring. Låt dig i stället absorberas av Tattva medan du håller ditt sinne tomt på alla tankar. Låt dess bild fylla ditt medvetande medan du föreställer dig att du är indränkt i energin från dess associerade Element eller Underelement.

Du bör titta på Tattva i tjugo sekunder till en minut till en början och sedan förlänga tiden när du blir bättre på den här övningen. Se till att inte anstränga ögonen vid något tillfälle. Efter en tid kommer Tattva att börja "blinka" ut ur den symbol du stirrar på, som om du ser dess energiavtryck eller Aura. Erfarenheten kommer att lära dig hur lång tid det tar att komma till denna punkt.

Nästa steg är att lägga ner Tattva-kortet och flytta blicken till den vita ytan framför dig. Du kommer att märka att symbolen överförs till sin "blinkande" eller komplementära färg till Tattva. Om du till exempel skådar Prithivi blir dess komplementärfärg violett. Om du skådar på en Subelemental Tattva kommer du att se två komplementära färger blinka framför dig.

Titta nu på den blinkande symbolen framför dig. Om den börjar glida iväg, gör den återigen fokuserad framför dig. När den försvinner i din fysiska syn, blunda och fokusera på det som återstår av dess mentala avtryck. Låt din fysiska syn övergå till Astrala synen som om baksidan av dina ögonlock är en filmduk som spelar upp bilden för dig.

Det är tillrådligt att öva på att överföra Tattva-kortet visuellt till den vita bakgrunden tre till fyra gånger, eftersom denna del av övningen är viktigast för nästa steg i Astralprojektionen. Men bara genom att titta på Tattvan låser du upp dess associerade energi i din Aura, som du omedelbart bör känna (om du är känslig för energier) som en kvantifierbar essens. Observera att ju längre du stirrar på Tattvan, desto mer av dess motsvarande energi genomsyrar din Aura.

Tattva Skådnings-Metoden - Del 2 (Resa i den Andliga Visionen)

När den Astrala bilden har försvunnit använder du din fantasi för att få den att återkomma i ditt Sinnesöga i den komplementära färgen till den Tattva du arbetar med. Föreställ dig att bilden förstoras till storleken av en dörr. Visualisera sedan din Astrala form och se den stå precis framför denna dörr. Ta en stund för att notera alla detaljer hos ditt Astrala Jag, inklusive din garderob, ansiktsuttryck osv. Om det underlättar din visualisering kan du föreställa dig att du bär samma kläder som du har på dig när du gör övningen. Observera att du bör se på dig själv i tredje person i ditt sinne för den här delen av övningen, som om du är både regissören och stjärnan i filmen som en och samma person.

Därefter måste du överföra ditt medvetandefrö till ditt Astrala Jag. Den här delen är knepig och det är här som de flesta elever behöver öva. För att lyckas måste du sluta se dig själv i tredje person och byta perspektiv till första person. Föreställ dig att hela din essens går in i ditt Astrala Jag när du lämnar din fysiska kropp, som sitter stilla med slutna ögon. Ta en stund nu genom att öppna ögonen som ditt Astrala Jag och observera dina händer och fötter som om du just vaknade upp inne i en Lucid Dröm. Titta sedan på dörröppningen framför dig, din portal till en annan dimension. När du är redo går du igenom dörröppningen. Om du är bekant med ritualövningarna från *The Magus* kan du projicera ditt Astrala Jag genom dörröppningen med Enterarens Tecken samtidigt som du förseglar dig själv i det motsvarande Kosmiska Planet med Tystnadens Tecken. Om du inte är bekant med dessa gester kan du helt enkelt kliva in genom dörröppningen.

I det ögonblick du kliver in i det projicerade Kosmiska Planet låter du din fantasi gå på autopilot. Denna del är avgörande för att lyckas med Astrala Projektion eftersom allt fram till denna punkt var en guidad visualisering som använde din viljestyrka och fantasi. Nu måste du sluta kontrollera upplevelsen så att din fantasi får sitt intryck från den Elementära eller Subelementära energin som du förstärkte i din Aura med Tattva-ögonblicks-tekniken. Om du gör det på rätt sätt bör du få en vision av det Kosmiska Planet.

Observera landskapet runt omkring dig och notera varje liten detalj du kan se. Använd dina Astrala sinnen för att ta in sevärdheterna, ljuden, smakerna, lukterna och de taktila förnimmelserna på det Kosmiska Planet. Om saker och ting verkar tråkiga och enhälliga kan du vibrera de Gudomliga Namnen för motsvarande Element tre eller fyra gånger vardera enligt Tabell 3. Ordningsföljden som ska följas är Guds Namn, Ärkeängel och

Ängel. Genom att göra så bör saker och ting få livliga färger och rörelse. Om det inte gör det kan du behöva mer övning i att överföra ditt medvetande till ditt Astrala Jag och tillåta dig själv att "släppa taget" tillräckligt länge för att uppleva en vision på det Astrala Planet. Misströsta inte om detta inte fungerar de första gångerna; de flesta människor behöver mer övning med Del 1 av Tattva Skådnings-Metoden innan de ger sig in i Del 2.

TABELL 3: Tattva-Korrespondenser

Element (Svenska och Sanskrit)	Riktning	Elementars	Guds Namn (hebreiska)	Ärkeängel	Ängel
Jord, Prithivi	Norr	Gnomer	Adonai ha-Aretz	Auriel	Phorlakh
Vatten, Apas	Väst	Undines	Elohim Tzabaoth	Gabriel	Taliahad
Eld, Tejas	Syd	Salamandrar	YHVH Tzabaoth	Michael	Aral
Luft, Vayu	Öst	Sylphs	Shaddai El Chai	Raphael	Chassan
Ande, Akasha	Upp/Ner, Öst (standard)	-	Eheieh	Metatron	Chayoth ha-Qadesh

Efter att ha vibrerat de lämpliga Gudomliga Namnen är det inte ovanligt att en Andlig vägledare dyker upp framför dig. Denna entitet är ofta en Elementär person vars egenskaper representerar egenskaperna hos det Element du besöker. Du kan också tillkalla en guide som hjälper dig att utforska platsen, vilket rekommenderas, särskilt om du är ny i denna praxis.

Observera väsendets utseende och testa det genom att fråga vad det har för syfte att hjälpa dig, vilket hjälper dig att avgöra om det är välvilligt eller illvilligt. Ibland kanske du inte ser en entitet utan känner dess närvaro, vilket ofta kan vara mer trovärdigt än användningen av Astralsyn eller andra sinnen.

Om entiteten verkar illvillig kan du använda de Gudomliga Namnen på det Element du arbetar med för att förvisa den. Du kan också rita ett förvisande Pentagram av Jorden (enligt instruktionerna i *The Magus*) för att avvisa entiteten, såvida du inte arbetar med Prithivi Tattva, vilket kommer att leda till att både positiva och negativa aspekter av Jorden förvisas. Om du av någon anledning inte vill ha hjälp av en guide kan du använda Bannlysningspentagrammet för det Element du arbetar med för att skicka bort dem, vilket fungerar i de flesta fall.

Om du antar att din guide är en positiv Ande som vill hjälpa dig, låt den leda dig runt så att du kan utforska landskapet. Ställ dina frågor till din guide om vad du ser på din resa eller om Elementets natur som hör till det Kosmiska Plan som du utforskar. Det här arbetet syftar trots allt till att utveckla kunskap och behärskning av de Element som är delar av ditt psyke.

När du utforskar Underelementära Kosmiska Plan är det inte ovanligt att du får en andra guide som visar dig runt i ett helt annat landskap. I det här fallet måste du testa dem igen för att avgöra kvaliteten på deras Varelse, inklusive att vibrera de Gudomliga Namnen för den sekundära Tattva du besöker. När du lämnar den första guiden bakom dig bör du ge dem artigheten att ta farväl, särskilt om de behandlade dig med respekt.

Om du känner att miljön har blivit kaotisk i och med din närvaro kan du använda de Gudomliga Namnen för att skapa harmoni och fred på det Kosmiska Plan du besöker och återställa dess ursprungliga konstitution. Kom ihåg att alltid vara respektfull men bestämd mot dina guider och låt dem inte gå över gränsen eftersom de är där för att hjälpa dig. Du måste alltid behålla lugnet och kontrollen över situationen.

Metoden för att lämna det Kosmiska Planet och återvända till det vanliga, vakna medvetandet är den exakta omvändningen av den ursprungliga processen. Först ska du tacka guiden och ta farväl. Därefter måste du spåra dina fotspår tillbaka till dörröppningen varifrån du kom. När du väl kliver igenom dörröppningen är din resa avslutad. Om du använde Enterarens Tecken och Tystnadens Tecken för att gå in i dörröppningen, använd det igen för att lämna den.

Därefter måste du överföra ditt medvetandefrö från ditt Astrala Jag till ditt fysiska Jag. När du gör det känner du hur ditt Väsen växlar från ett inre till ett yttre perspektiv när du flyttar din uppmärksamhet från dina Astrala sinnen till dina fysiska sinnen. Ta några djupa andetag nu medan du fokuserar på att lyssna på alla ljud i din omgivning. När du är redo att avsluta din Tattva Skådning-upplevelse öppnar du långsamt dina ögon. Om du började den här övningen med Pentagrammets Mindre Förvisningsritual och Hexagrammets Förvisningsritual, upprepa dem för att centrera dig själv och förvisa eventuella oönskade influenser.

Det är viktigt att aldrig avsluta upplevelsen genom att öppna dina fysiska ögon medan ditt Astrala Jag fortfarande befinner sig på det Kosmiska Plan du besöker. Det bör aldrig ske en sammansmältning av ett Elementärt Plan med det Fysiska Medvetandeplanet eftersom det kan vara skadligt för psyket. De omedelbara sidoeffekterna är att man känner sig förvirrad, desorienterad och spacig. De mer varaktiga sidoeffekterna omfattar kaotiska och destruktiva manifestationer i ditt liv, som kan pågå i veckor, månader och till och med år, tills de blir lösta. Ta därför god tid på dig med denna "hemvändande" process och följ alla steg, även om du gör dem på ett snabbt sätt.

***

Som nybörjare bör du börja med att träna med de primära Tattvaserna Prithivi, Apas, Tejas, Vayu och Akasha, i den ordningen. Fokusera på de fyra första tills du får lite erfarenhet innan du går över till Akasha Tattva. Utför varje skådnings-session med ett enskilt Tattva-kort en gång om dagen, inte mer. Du kan utföra denna övning när som helst, även om morgnar och eftermiddagar är bäst, helst på tom mage. Om du skådar

Tattvas precis innan du ska sova, räkna med att operationen kommer att påverka ditt dröminnehåll.

Efter några veckors experimenterande med primära Tattvas, och när du har uppnått tillfredsställande resultat med Astralprojektion, kan du gå vidare till det Andliga Alkemi-Programmet som jag har utarbetat för de mer ambitiösa aspiranterna till detta arbete. Denna avancerade Tattva-operation kommer att ge optimala resultat när du utforskar Elementen, Subelementen och deras motsvarande Chakran. Det följer sekvensen att gå in i Auras lager från det Lägre Astrala (Jorden) till det Högre Astrala (Vattnet), följt av det Lägre Mentala (Luften), vidare till det Högre Mentala (Elden) och slutligen till det Andliga Planet (Anden).

Jag presenterar den Västerländska sekvensen av de emanerande Elementen, som placerar Eldelementet efter Luftelementet, istället för före, som det Österländska systemet. Enligt min erfarenhet är denna sekvens där man successivt arbetar med de Kosmiska Planen från det lägsta till det högsta mest effektiv när det gäller Andlig Healing och höjning av medvetandets vibrationer.

Hela programmet för Andlig Alkemi med Tattvas tar en månad att genomföra. Därefter kan du antingen upprepa cykeln eller arbeta med enskilda Element och Underelement för att bemästra dessa delar av Jaget. Du kan också återbesöka specifika Kosmiska Plan som du tyckte var mest spännande och avslöjande och som antingen kallade på dig eller som du kände att du behövde utforska ytterligare.

Att arbeta med Tattvas är ett utmärkt tillfälle att använda en Magisk Dagbok, en anteckningsbok eller en dagbok för att registrera dina erfarenheter. Detta är viktigt för att förbättra din skådningsförmåga och minnesåterkallelse och för att ge dig insikt i särskilda symboler, siffror och händelser som du upplevde under en session. Genom att dokumentera dina upplevelser över tid kommer du att börja känna igen mönster och härleda metaforiska betydelser från dina sessioner som ingår i en större bild av vem du är och vad du behöver arbeta med för att främja din Andliga Utveckling.

Kom ihåg att ha tålamod, beslutsamhet och uthållighet i arbetet, särskilt när du börjar. Det är lätt att bli avskräckt från den Astrala Projektionskomponenten av denna övning när du inte får de resultat du förväntar dig. Tänk dock på att det inte är någon lätt uppgift att utveckla inre klarsyn. Tattva Skådning är ett hårt, ansträngande arbete som ofta tar månader eller till och med år att bli skicklig. Men med uthållighet kommer dina visioner att växa från vaga, något oskiljbara bilder till levande, dynamiska och kraftfulla Magiska upplevelser.

Program för Andlig Alkemi med Tattvas

Nedre Astrala Planet - Jorden/Muladhara:
Dag 1 – Jorden/Primär Jord
Dag 2 – Jord/Jord av Jord
Dag 3 – Jorden/Jord av Vatten
Dag 4 – Jorden/Jord av Luft
Dag 5 – Jorden/Jord av Eld
Dag 6 – Jorden/Jord av Ande

Högre Astrala Plan - Vatten/Swadhisthana:
Dag 7 – Vatten/Primär Vatten
Dag 8 – Vatten/Vatten av Jord
Dag 9 – Vatten/Vatten av Vatten
Dag 10 – Vatten/Vatten av Luft
Dag 11 – Vatten/Vatten av Eld
Dag 12 – Vatten/Vatten av Ande

Nedre Mentala Planet - Luft/Anahata:
Dag 13 – Luft/Primär Luft
Dag 14 – Luft/Luft av Jord
Dag 15 – Luft/Luft av Vatten
Dag 16 – Luft/Luft av Luft
Dag 17 – Luft/Luft av Eld
Dag 18 – Luft/Luft av Ande

Högre Mentala Plan - Eld/Manipura:
Dag 19 – Eld/Primär Eld
Dag 20 – Eld/Eld av Jord
Dag 21 – Eld/Eld av Vatten
Dag 22 – Eld/Eld av Luft
Dag 23 – Eld/Eld av Eld
Dag 24 – Eld/Eld av Ande

Andligt Plan - Ande/Vishuddhi, Ajna, Sahasrara:
Dag 25 – Ande/Primär Ande
Dag 26 – Ande/Ande av Jord
Dag 27 – Ande/Ande av Vatten
Dag 28 – Ande/Ande av Luft
Dag 29 – Ande/Ande av Eld
Dag 30 – Ande/Ande av Ande

DEL VI:
YOGANS VETENSKAP
(MED AYURVEDA)

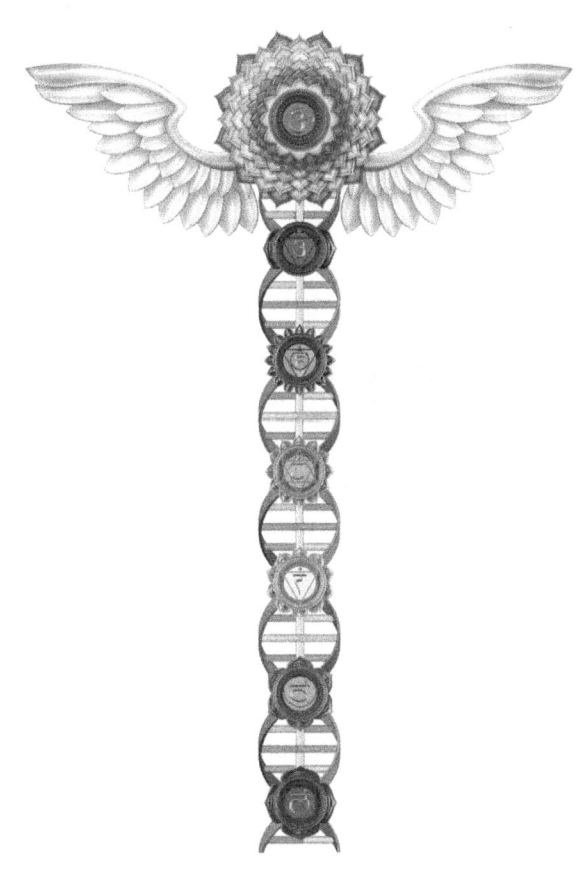

SYFTET MED YOGA

Yoga är en grupp fysiska, mentala och Andliga övningar, discipliner och tekniker som uppstod i det Gamla Indien för cirka 5000 år sedan. Yoga nämns i de Gamla Hinduiska texterna *Rig Veda* och *Upanishaderna,* även om dess egentliga utveckling skedde först under det femte och sjätte århundradet f.Kr. *Patanjalis Yoga Sutras, den* mest inflytelserika Hinduiska texten om Yoga, dateras till omkring det andra århundradet före Kristus. På 1900-talet översattes denna text till Engelska, vilket väckte ett starkt intresse för Yoga i Västvärlden.

Även om de flesta människor i Västvärlden tror att Yoga är en ren fysisk övning som består av kroppsställningar (Asanas), kan detta inte vara längre från sanningen. Asanas är de fysiska aspekterna av vad som är en djupgående vetenskap för att utveckla människans Andliga potential. Det fanns mycket lite Asanas som en del av Yogan på den gamla tiden. De ursprungliga formerna var oftast av transcendental och meditativ karaktär. Yoga brukade handla om att få tillgång till tillstånd av rent medvetande och lycka (Samadhi) och att övervinna den materiella verklighetens bördor. Asanapraktiken, som är kärnan i Hatha Yoga, kom ur Tantra för ungefär 1000 år sedan.

Ordet "Yoga" på sanskrit betyder "förening" och syftar på föreningen av det individuella medvetandet med det Kosmiska Medvetandet. För att det ska kunna bli en förening mellan de två måste det dock först ha skett en separation. I verkligheten har det aldrig funnits någon sådan. Separationen är en illusion som uppstår genom sinnet i samband med Egots födelse och tillväxt. Yoga syftar då till att överskrida Egot och bli en självförverkligad människa. Genom att praktisera ett beprövat system för att arbeta med sitt energifält kan en individ övervinna sinnets begränsningar och nå sin högsta Andliga potential.

Enligt Patanjali kräver Yogan att sinnets svängningar upphör, vilket resulterar i en förening av observatör, observerande och observerad. Yogans yttersta syfte är upplysning och integrering av Anden i kroppen. För att få sina utövare dit syftar Yogan till att balansera det energetiska systemet och gradvis väcka Kundalini vid ryggradens bas. När Kundalini Shakti stiger uppför ryggraden för att möta Shiva vid Kronan sker ett Gudomligt Äktenskap som utvidgar det individuella medvetandet. När de två motsatta maskulina och feminina krafterna blir ett, frigörs Själen från kroppen och upphöjs över Egot. Individen blir en Yogi eller befriad Själ, en Gudmänniska. De överskrider dualiteten och Elementen inom sig själva, som representeras av de lägre Kosmiska Planen, och ställer in sitt medvetande på det Andliga Planet som är Icke-Dualistiskt.

Eftersom Yoga är vår äldsta metod för att balansera det energetiska systemet och väcka Kundalini-energin har jag beslutat att ägna ett helt kapitel åt dess vetenskap. Även om det här avsnittet endast är en grundkurs i Yoga finns det mycket att vinna på de övningar som presenteras här, och de utgör en del av det Österländska Andliga Systemet.

TYPER AV YOGA

Yogapraktiken är mycket varierande eftersom det finns många olika grenar. Alla är i slutändan avsedda att leda till upplevelsen av förening med Gudomen. Nedan följer de viktigaste grenarna av Yoga, även om det finns många fler som inte är listade här. Vissa av dessa anses vara en del av de viktigaste, även om de är unika i sig själva.

Hatha Yoga

Tantra uppstod omkring det sjätte till åttonde århundradet e.Kr., och det är dess historiska utveckling i praktiken som senare genererade Hatha Yoga (1300-talet). Hatha Yoga är den typ av Yoga som i allmänhet utövas i det Västerländska samhället. Det finns små variationer i filosofi, praxis och terminologi som gör att de olika Yogaskolorna i Västvärlden kan anpassas till de enskilda utövarna, men alla inkluderar utövandet av Asanas (fysiska ställningar) och Pranayama (känd som andningsteknik men mer exakt utformad för expansion av Prana).

Ordet "Hatha" betyder från Sanskrit "Sol och Måne", där "ha" står för Solenergi och "tha" för Månenergi. Hatha Yoga betyder harmoni eller balans mellan Solen och Månen, Pingala och Ida Nadis, två motsatta och kompletterande aspekter av vårt väsen. Hatha Yogas högre syfte är att optimera hälsan genom att rena kroppens energikanaler och maximera Chakras funktion. Den försöker harmonisera den fysiska kroppen så att den kan transcenderas. Hatha Yogan ger också kontroll över de inre tillstånden så att man får bättre medvetenhet och koncentration för att utveckla och förfina Yogans meditativa praktiker, som kallas Dharana och Dhyana. Meditation är en viktig del av alla Andliga metoder, inklusive Yoga.

Mudras och Bandhas räknas också som en del av Hatha Yoga. Mudras är fysiska gester eller kroppspositioner som framkallar psykologiska och mentala förändringar i ens väsen. Bandhas är fysiska energilås som fyller samma funktion som Mudras. Bandhas används främst för att genomborra de Tre Granthis, eller psykiska knutar, som ligger längs Sushumna Nadi. Hathayogans yttersta mål är att väcka Kundalini och nå Samadhi. Det finns många metoder och tekniker i Hatha Yoga för att uppnå detta mål. Många av dessa presenteras i det här arbetet.

Kundalini Yoga

Yogasystemet fokuserade på att väcka de Chakriska centra för att skapa ett högre medvetandetillstånd. Kundaliniyogan omfattar repetitiva rörelser i kroppen, synkroniserade med andningen, tillsammans med sång och meditation. Den är tänkt att hålla sinnet sysselsatt genom att kombinera flera Yogiska övningar samtidigt. Kundaliniyogans slutmål är att väcka Kundalinienergin vid ryggradens bas, som aktiverar de Stora Chakrana på sin uppåtgående väg. Dess disciplin omfattar enkla Asanas, vilket gör det möjligt för utövaren att fokusera på sin energi och ha optimal medvetenhet om sin kropp och sitt sinne. Kundaliniyogan omfattar specifika tekniker från Kriya Yoga, Hatha Yoga, Bhakti Yoga, Raja Yoga och Shakti Yoga.

Karma Yoga

"Handlingens Yoga". Karmayoga är ett system för att uppnå Självmedvetenhet genom aktivitet. Dess ideal är altruistiska, eftersom det handlar om osjälvisk service till andra som en del av ens större Jag, utan fasthållande till resultat - individen strävar efter att anpassa sin viljestyrka till Guds Vilja. Som sådan utförs alla deras handlingar från en högre medvetandekänsla. Karma Yoga innebär att man är involverad i det nuvarande ögonblicket, vilket gör det möjligt för en att överskrida Egot. Den hjälper till att göra sinnet mer lugnt och fridfullt genom att övervinna personliga känslor. Eftersom Karmayoga är mer ett sätt att leva än något annat har det funnits många kända personer i det förflutna som var Karma Yogis, även omedvetet. Jesus Kristus, Krishna, Mahatma Gandhi, Moder Teresa och Rumi är bara några exempel.

Mantra Yoga

"Ljudets Yoga". "Ljudvibrationer har en otrolig effekt på sinnet, kroppen och Själen, och de kan också åstadkomma en förändring i den materiella världen. Mantra Yoga använder ljudets kraft för att framkalla olika medvetandetillstånd genom att upprepa vissa Universella ljud, som blir ett Mantra. Dessa Universella ljud ska vibreras eller "sjungas" med våra stämband för att få extra effekt. Mantran finns i alla traditioner och innehåller ofta namn och krafter från Gudar, Gudinnor, Andar och andra Gudomligheter. Genom att använda Mantran åkallar/framkallar man energi i Auran, vilket påverkar ens medvetande. Många Mantran syftar till att skapa mentalt och känslomässigt lugn och därigenom öka medvetenheten om sinnets inre processer. Själva namnet, "Mantra", betyder att "överskrida det arbetande sinnet". "Det finns tre sätt att sjunga Mantras: Bhaikari (Normal hörbar intonation - med röst), Upanshu (Mjuk hörbar intonation - Viskande) och Manasik (Inte hörbar - tyst/mentalt). Mantra Yoga är en kraftfull metod för introspektion samt för att anpassa sitt medvetande till de Gudomliga krafterna. Genom den kan man uppnå Yogans yttersta mål (förening med Gudomen).

Jnana (Gyana) Yoga

Yoga eller Självundersökandets väg, även känd som den intuitiva Kunskapens väg. Även om många människor tror att Jnana Yoga är intellektets väg, är det främst genom Vijnanamaya Kosha (det intuitiva sinnet) och inte Manomaya Kosha (det rationella intellektet) som man uppfattar det, vilket är den direkta erfarenheten av det Gudomliga och utvecklar Gnostis. Jnana Yoga syftar till att utveckla en medvetenhet om det Högre Jaget för att uppnå upplysande kunskap om universums Mysterier. Den strävar efter att skilja mellan Maya (illusion) och Andens verkliga värld. Jnana Yogans komponenter omfattar studier av heliga texter, introspektion, filosofiska diskussioner och debatter. Bland kända Jnana Yogis finns Swami Vivekananda, Sri Yukteswar Giri (Yoganandas Guru) och Ramana Maharshi, för att nämna några. Några av de Grekiska filosoferna, däribland Sokrates och Platon, var också Jnana Yogis.

Bhakti Yoga

Hängivenhetens yoga. Bhakti Yoga fokuserar på kärleken till det Gudomliga genom hängivna ritualer. Exempel på övningar som ingår i Bhakti Yoga är bön, sång, dans, sång, ceremoni och firande. Känslorna får utlopp i stället för att undertrycka eller skingra dem i olika riktningar. Genom att bli helt uppslukad av sitt hängivna objekt transcenderar Bhakti sitt Ego. När de lägre känslorna minskar försvinner de mentala problemen. På så sätt ökar ens koncentration och medvetenhet, vilket leder till Självförverkligande.

Raja Yoga

Yogan om introspektion genom meditation. Raja Yoga är den kungliga vägen eftersom "raja" betyder kung. Den omfattar essensen av många andra Yogavägar, nämligen Karma-, Bhakti- och Jnana-yoga. Raja Yogas fokus är den inre analysen av sinnets arbete för att lugna det och gå bortom det. Den försöker överskrida Egot och den fysiska kroppens yttre miljö och stämma av med Själens och Andens inre Jag. Det är vägen mot Upplysning.

Patanjali Yoga

Patanjali Yoga identifieras ofta med Raja Yoga eftersom den är introspektiv. Patanjalis system består av åtta yogalimiter (sanskritbegreppet "Ashtanga") eller yogasteg (Figur 84), som individen måste behärska på sin väg mot Självförverkligande. Tänk på de åtta grenarna som delar av Yogans stora träd där varje gren (gren) ansluter till stammen. Varje gren har blad som uttrycker dess liv och är tekniker för Yogans vetenskap. Yogans åtta lemmar eller steg beskrivs i *Yoga Sutras,* som sammanställdes av den vise Patanjali. De är Yamas (Självbegränsningar), Niyamas (Självobservationer), Asana (Kroppsställningar), Pranayama (Andning), Pratyahara (tillbakadragande av sinnena), Dharana (koncentration), Dhyana (meditation) och Samadhi (Självidentifikation med det Kosmiska Medvetandet).

Figur 84: Yogans Åtta Lemmar

Kriya Yoga

Sanskritordet "kriya" betyder "handling" eller rörelse." Kriya Yoga är vetenskapen om hur man kontrollerar Prana i kroppen. Ett av dess mål är att avkolonisera människoblodet och fylla det med syre, vilket är tänkt att föryngra hjärnan och ryggmärgscentrumen. Det Urgamla systemet Kriya Yoga består av många nivåer av Pranayama, Mantra och Mudra, baserade på tekniker som är avsedda att snabbt påskynda din Andliga Utveckling och leda till gemenskap med ditt Högre, Gudomliga Jag. Kriya Yoga blev populär i världen genom Paramahamsa Yoganandas bok *Autobiography of a Yogi*.

Dhyana Yoga

Meditationens Yoga. Dhyana-Yogan omfattar i första hand den sjunde Yogaleden som nämns i *Patanjalis Yoga Sutras*. Den handlar om att lugna sinnet och möjliggöra större fokus och medvetenhet, vilket uppnås genom utövandet av Asana, Pranayama, Mantra och Dharana (koncentration). Dhyana-yogan tränar dig i att hålla tankarna borta från de onödiga sakerna i livet och koncentrera dig på det som är viktigt. Meditation skär igenom illusionen och leder till verklighetens sanning, vilket möjliggör Självkännedom.

***

Sammanfattningsvis kan man säga att många andra former av Yoga är utmärkta system i sig själva, men att de faller inom någon av de primära grupperna som nämnts. De omfattar Siddha Yoga, Shiva Yoga, Buddhi Yoga, Sannyasa Yoga, Maha Yoga och andra. Eftersom det finns många stilar eller typer av Yoga, som alla skiljer sig något från varandra, har den genomsnittliga personen många alternativ att välja mellan som bäst passar hans eller hennes psykologiska och fysiska sammansättning. De flesta typer av yoga innehåller dock samma element och övningar, som jag kommer att undersöka i detalj i det här avsnittet.

DE FEM KOSHAS

Enligt Yoga och Ayurveda består det mänskliga energisystemet av fem Subtila Kroppar eller "höljen", som kallas Koshas (Figur 85), som täcker och döljer vår grundläggande natur - Atman, det Universella Själen. Koshas är i huvudsak portarna till Själen. De förklarar de olika dimensioner och vibrationstillstånd av medvetande som människan har. Koshas relaterar till de Fem Elementen (Tattvas) och de Sju Stora Chakrana, med den högsta Kosha (Anandamaya) som omfattar de tre Ande Chakrana. (Observera att Figur 85 är en abstrakt schematisk bild av de Fem Koshas, inte deras faktiska avbildning i Auran.)

Koshas är synonymt med de Subtila Kropparna i de inre Kosmiska Planen i den Västerländska Mysterietraditionen. I stället för sju finns det dock fem lager av Auran i det Yogiska systemet, som är sammankopplade och ständigt interagerar med varandra. Koshas emanerar i sekvens och börjar med det tätaste, och varje efterföljande lager är mer subtilt och högre i vibration än det föregående.

Annamaya Kosha

Det första skiktet eller höljet kallas Annamaya Kosha och har att göra med det medvetna sinnet och den fysiska kroppen. Det är den grövsta och mest täta Kosha och den som vi identifierar oss mest med. Annamaya Kosha byggs upp av den mat vi äter och motsvarar det första Chakrat, Muladhara, och Jordelementet (Prithivi Tattva). Regelbunden Asana-utövning och en hälsosam kost kan hålla vår fysiska kropp i optimalt skick så att vi kan uppleva ett liv fritt från sjukdomar.

Pranamaya Kosha

Det andra höljet är Pranamaya Kosha, den vitala energikroppen som består av Livsenergi. Pranamaya Kosha, som namnet säger, tar hand om Prana i kroppen; därför kan den kallas vår Pranakropp, som absorberas genom andningen, maten och den Universella Livskraft som omger oss och som genomsyrar vår Aura. Den flödar genom kroppens intrikata system av Nadis, av vilka det sägs att det finns Sjuttiotvå Tusen. Pranamaya Kosha kan kontrolleras av andningen, även om den är en mer subtil kraft än luften vi andas. Den relaterar till det andra Chakrat, Swadhisthana, och Vattenelementet (Apas Tattva). Pranamaya Kosha kopplar samman Annamaya och Manomaya Kosha eftersom den har samband med både kroppen och sinnet. Pranayama övningar hjälper till att hålla Livskraften fri i Pranamaya Kosha och hålla kropp och sinne friska.

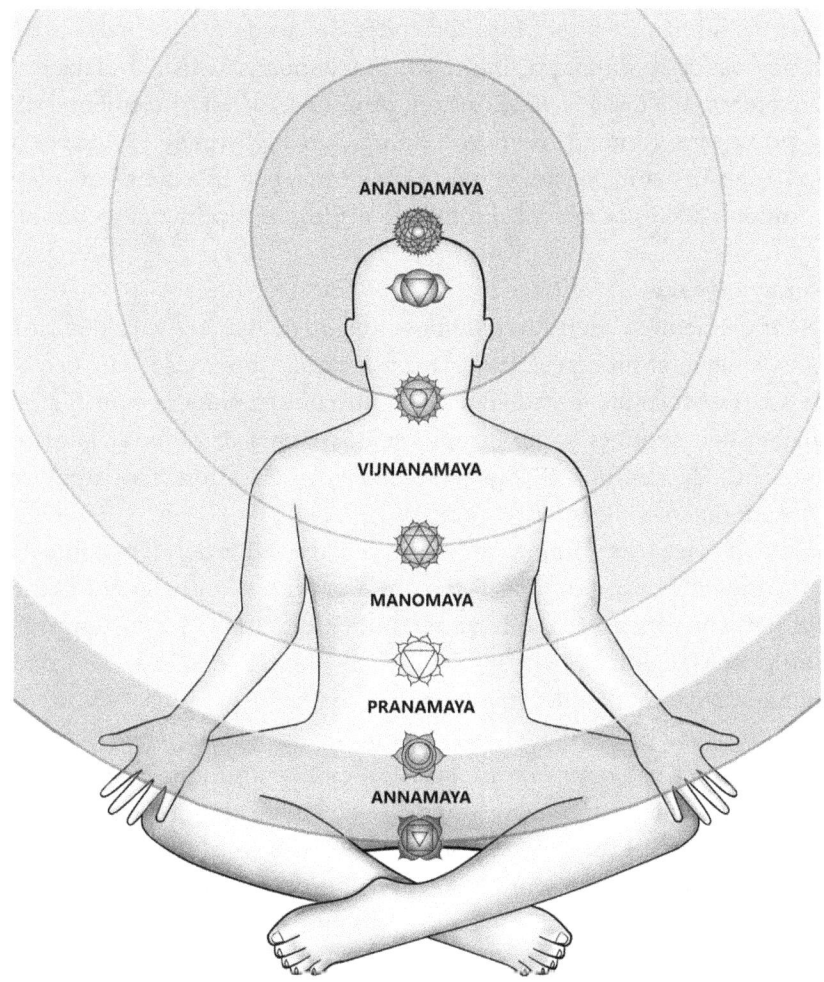

Figur 85: De Fem Koshas

Manomaya Kosha

Det tredje höljet är Manomaya Kosha, den mentala/emotionella kroppen i det Yogiska systemet, som är relaterad till det undermedvetna sinnet. Manomaya Kosha omfattar tankemönster och känslor och genomsyrar vital- och matskedena. Den motsvarar det tredje Chakrat, Manipura, och Eldelementet (Tejas Tattva). Att bli medveten om våra dagliga tankar och känslor och lösa upp dem genom sinnesåterkallelse (Pratyahara) och enpunktskoncentration (Dharana) kan hjälpa oss att hålla vårt sinne rent och obelastat av dualitetens smärta.

Vijnanamaya Kosha

Det fjärde höljet är Vijnanamaya Kosha, och det är den psykiska eller högre mentala kroppen som möjliggör intuition. Inom Yogan är Vijnanamaya Kosha den "visdomskropp" som avslöjar personliga insikter. Den förbinder det undermedvetna och det omedvetna sinnet och ger oss inre kunskap, inklusive magkänsla vid livshändelser. Vijnanamaya Kosha är relaterad till det Fjärde Chakrat, Anahata, och Luftelementet (Vayu Tattva). Genom att praktisera Yamas (Självbegränsningar) och Niyamas (Självobservationer) och med hjälp av Yogiska övningar kan vi rena våra sinnen och hjärtan så att vi kan få kontakt med vår intuition, vilket gör det möjligt för oss att leva ett lyckligare och mer Andligt liv.

Anandamaya Kosha

Slutligen är den femte slidan Anandamaya Kosha, som anses vara den transcendentala kroppen eller salighetskroppen, Ljusets Kropp. Dess upplevelse kan beskrivas som ett tillstånd av total absorption i ett saligt tillstånd som uppnås genom tystnad av sinnet. Livets ljuvlighet och skönhet som vi upplever när sinnet är stilla är känt som Sat-Chit-Ananda (Sanning-Medvetande-Glädje på Sanskrit), den subjektiva upplevelsen av den yttersta oföränderliga verkligheten-Brahman.

Ananadamaya Kosha kan upplevas genom daglig meditation (Dhyana) eller genom ett fullständigt Kundalini-uppvaknande. Även om Anandamaya Kosha gör det möjligt för oss att uppleva det supermedvetna tillståndet Samadhi, finns det fortfarande en dualitet mellan subjekt och objekt. För att bli ett med Brahman (Allt) måste vi därför nå lagret ovanför Ananadamaya Kosha, det namnlösa Gudomliga lagret.

I Upanishaderna kallas Anandamaya Kosha för Kausalkroppen. Den är relaterad till det omedvetna sinnet, en reservoar av känslor, tankar, minnen och drifter utanför vårt medvetna och undermedvetna medvetande. Det omedvetna sinnet styr många av de automatiska processer i kroppen som säkerställer vår fysiska överlevnad. Anandamaya Kosha motsvarar Anden/Elementet (Akasha Tattva) och de tre högsta Chakrana Vishuddhi, Ajna och Sahasrara. Det är det medvetandetillstånd där vår Heliga Skyddsängel, vårt Högre Jag, bor.

DE SUBTILA KROPPARNA I ÖST OCH VÄST

De Fem Koshas i det Österländska Andliga Yogasystemet motsvarar de Subtila Kropparna i de inre Kosmiska Planen i det Västerländska Esoteriska Systemet: det Fysiska, Astrala, Mentala och Andliga, där det Astrala och Mentala innehåller de Lägre och Högre aspekterna. En mindre skillnad mellan de två systemen kräver dock vår uppmärksamhet.

I Yogans vetenskap och filosofi utgår de Subtila Kropparna från sekvensen av de fem första Stora Chakrana, som börjar med Muladhara och slutar med Vishuddhi. Som nämnts tillskrivs de tre Andliga Chakrana ett Auriskt lager, vilket ger totalt Fem Koshas. Däremot följer den Västerländska Mysterietraditionen, vars grund är det Qabalistiska Livets Träd, sekvensen av emanation av det Gudomliga Ljuset Ain Soph Aur (Gränslöst Ljus) när det gäller de Fem Elementen. I Qabalah manifesteras det Gudomliga Ljuset som Ande, Eld, Luft, Vatten och Jord, där varje efterföljande Element är av lägre Andlig kvalitet än det föregående.

Som du kan se är de två systemen nästan identiska när det gäller detta ämne, med ett undantag. I Yogan är Elementen Eld (Manomaya Kosha) och Luft (Vijnanamaya Kosha) utbytta eftersom Manipura Chakra ligger under Anahata i det Chakriska systemet. I den Qabalistiska filosofin är Eld det första Elementet som manifesterades ur Anden och är högre i Andlig kvalitet än Luftelementet, oavsett dess placering i det Chakriska systemet. Västliga Mysterieskolor lär ut att viljestyrka (Eld) är högre än tanke (Luft) i manifestationsprocessen.

Båda de Andliga systemen ger övertygande argument i denna fråga. Det västerländska systemet hävdar att vårt Ord, som förbinder oss med Skaparen, drivs av viljan. Dess uttrycksmedium är sinnet (tankar), men dess drivkraft är en Kraft som projiceras från Själen djupt inom oss. Själen är en Eld, och dess ursprung är vår Sol (Sol).

Teosofer, som tillhör den Västerländska Mysterietraditionen, kallar Själens Plan för det Buddhiska Planet, som de placerar mellan det Mentala och det Andliga Planet. Till den tillskriver de Eldelementet. Teosoferna var starkt påverkade av Hermetiken och dess gren av Alkemin, vars senare påverkades av Platons och Aristoteles verk. Därför antog Teosoferna det Österländska Chakra-systemet men modifierade det i enlighet med sina psykiska erfarenheter av de Subtila Planen. Enligt deras uppfattning definierar den Andliga Alkemin tydligt Eldelementet som högre i Andlig kvalitet än Luftelementet.

Även om Luften är mer subtil än Elden, eftersom den är osynlig som Anden, tror Hermetikerna att Luftelementet vibrerar mellan Eld- och Vattenelementen, eftersom båda delar av det och behöver det för sin försörjning. Enligt dess placering i Chakraystemet emanerar Luftelementet från Anden. Ändå skulle dess placering i uttrycket av den subtila energin i vår Aura vara mellan det Högre Mentala Planet (Eld) och det Högre Astrala Planet (Vatten). Av denna anledning används Luftelementet mer av Egot, medan Själen använder Eldelementet för att uttrycka sig.

Egot använder också Eldelementet, men det filtreras genom sinnet och deltar i dualiteten. Eldelementet når dock in i Andens Icke-Dualitet, eftersom det förenar alla motsatser inom sig själv på samma sätt som förbränning, Eld i sitt fysiska tillstånd, konsumerar allting. Av denna anledning är Eld Elementet för handling eftersom det förbigår sinnet och strikt handlar om att tillämpa viljestyrka.

Viljestyrka kräver dock fantasi, som i Qabalah är relaterad till Tiphareth Sephira, som ligger mellan Hjärt- och Solar Plexus-centrumen och motsvarar Luftelementet. Du ser alltså att enligt den Qabalistiska filosofin kräver både känslor (Vatten) och viljestyrka (Eld) Luft (ankar) för att manifesteras. De har båda del i den, vilket är anledningen till att dess energiska hölje eller Subtila Kropp i modellen för de Kosmiska Planen ligger mellan de två i stället för ovanför dem.

Ett annat argument för den Qabalistiska filosofin är att enligt deras modell med fyra världar (YHVH) är Eldelementet Atziluth, den högsta av världarna. Denna värld relaterar till Arketyper som det högsta Planet under Andevärlden, medan Luftelementet är den tredje Världen (Yetzirah) och relaterar till de visuella bilder som vårt sinne formar. Enligt Qabalister är Atziluth (Eld) formlös, medan Yetzirah (Luft) har form.

Eldelementet är ansvarigt för abstrakt tänkande, medan Luftelementet är ansvarigt för logiskt eller rationellt tänkande. Abstrakta tankar uppvisar högre intelligens än logiska tankar. Ego använder till exempel logik och förnuft för att förhålla sig till omvärlden, där dess främsta drivkraft är överlevnad och rädsla för döden. Å andra sidan använder Själen abstrakt tänkande samt det vi kallar intuition, vilket är ett inre erkännande av sanningen i verkligheten. Vi vet inte hur eller varför vi vet det vi vet, men vi är övertygade om att vi vet det.

Abstrakt tänkande och intuition motiveras av villkorslös kärlek, vilket är ett uttryck för att Eldelementet verkar på Vattenelementet. När vi upplever kärlek i våra hjärtan finns det därför en värme som åtföljer den. Och enligt de flesta världsreligioner och filosofier är den högsta föreställningen om Gud - Skaparen för mänskligheten villkorslös kärlek. Därför är det högsta av de fyra lägre Elementen, och det som står Gud närmast, Eldelementet och inte Luftelementet.

Även om jag är en Qabalist först och Yogi sedan, är mina tankar naturligt i linje med den Västerländska Mysterietraditionen, liksom mina övertygelser. Ceremoniell Magi, de Västerländska Mysteriernas Andliga praktik, har gett mig direkt erfarenhet av de Elementära energierna under många år, och jag har med egna ögon bevittnat det Qabalistiska systemets noggrannhet. På samma sätt har mina erfarenheter av Enochian Magi, särskilt Trettio Aethyrs operation som systematiskt går in i Auraskikten, gett mig Gnostisk insikt som bekräftar och stöder den Västerländska Traditionens påståenden om Elementen i termer av Andlig utveckling.

Jag måste ändå visa respekt för den Yogi som har praktiserat det Österländska Andliga systemet i över 20 år och som kanske också känner samma känsla av säkerhet när det gäller dess giltighet. De österländska Tattvasens emanation följer till exempel sekvensen Jord, Vatten, Eld, Luft och Ande. Och i förklaringarna av Tattvas och hur var och en av dem manifesterades till existens är det uppenbart att Luftelementet är mer eteriskt och därför mindre tätt än Eldelementet. Det är osynligt för sinnena, medan Eld är synligt som förbränning eller flamma. Man kan inte heller förneka den sekvens i vilken Chakrana manifesteras, deras korrespondens och deras placering i kroppen. Jag erkänner därför att det går att argumentera för Västerländska och Österländska system i detta ämne.

Kommer den Subtila Kroppen som är kopplad till Eldelementet före eller efter den Subtila Kroppen som är kopplad till Luftelementet? Vi kan debattera detta ämne i all oändlighet och kommer ingenstans eftersom både det Östliga och det Västliga systemet gör giltiga påståenden utifrån sina respektive synsätt. Men eftersom *Serpent Rising* är mitt hjärnbarn och jag bara kan tala om de saker som jag har upplevt som korrekta, kommer dess filosofi om emanationen och sekvensen av de Kosmiska Planen att förbli i linje med det Qabalistiska systemet tills jag blir övertygad om motsatsen.

ASANA

Enligt *Patanjalis Yoga Sutras* definieras Asana som "den position som är stabil och bekväm". På Sanskrit betyder ordet "asana" "sitta ner", en sittande ställning eller en meditationsplats. Dess mest bokstavliga betydelse är "ställning", oavsett om det är en sittande eller stående ställning. Av denna anledning kallas Asanas för "Yogapositioner" eller "Yogaställningar" på Engelska.

Asana syftar till att utveckla förmågan att sitta eller stå bekvämt i en position under en längre tid. Syftet med Asana är att påverka, integrera och harmonisera alla nivåer av ens Varelse, inklusive fysiska, mentala, emotionella och Andliga nivåer. Även om det till en början kan tyckas att Asanas främst handlar om den fysiska kroppen, har de djupgående effekter på alla nivåer av Varandet om man övar medvetenhet under processen.

Asana är en av Yogans åtta grenar. På en subtil nivå används Asanas för att öppna energikanaler och psykiska centra. Användningen av Asanas underlättar det fria flödet av Prana genom Nadis i de Subtila Kropparna och stimulerar därmed Chakrana och Kundalini-energin. Asanas är därför ett betydande stöd för individens Andliga Utveckling. Ett av de mer omedelbara resultaten är en förbättring av flexibiliteten och styrkan och en minskning av stress och de mentala och emotionella förhållanden som är relaterade till den.

Genom att utveckla kontroll över kroppen får man också kontroll över sinnet – Som Ovanför, Så Nedanför. Genom att utöva Asanas integreras och harmoniseras den fysiska kroppen och sinnet. Den frigör spänningar eller knutar i båda. Mentala spänningar släpper man genom att hantera dem på den fysiska nivån genom att hålla de fysiska ställningarna. Fysiska spänningar, såsom muskulära knutar, elimineras också, vilket återställer kroppens hälsa. Efter bara ett enda Yoga Asana-seminarium har utövaren mer vitalitet, kraft och styrka, medan sinnet är mer glatt, kreativt och inspirerat.

I Hatha Yoga Pradipika från 1400-talet, den centrala texten om Hatha Yoga, anges 84 Asanas som ger både Andliga och fysiska fördelar. På grund av dess kraft som ett verktyg för att utveckla ett högre medvetande, introduceras Asanas först i Hathayogapraktiken, följt av Pranayama och sedan Mudras osv. När man utövar Asana bör individen alltid andas genom näsan om man inte får särskilda instruktioner om att göra annorlunda. Andningen bör alltid samordnas med Asana-utövningen.

Det är bevisat att Yogiska positioner (Asanas) ökar de positiva kemikalierna i hjärnan, såsom serotonin, dopamin och endorfiner. När stresshormonet kortisol minskar återställs den mentala avslappningen och medvetenheten och fokuseringen ökar. Genom att kombinera fysisk träning och meditation blir kroppens ämnesomsättning balanserad. Utövandet av Asanas stärker och tonar musklerna vilket resulterar i att man inte bara mår bra internt utan också ser bra ut på utsidan.

DE TRE MEDITATIONSASANASEN

Syftet med meditations Asanas är att låta individen sitta under en längre tid utan att kroppen rör sig och utan obehag. När den fysiska kroppen väl har förbigåtts genom att använda en Meditationsasana och genom att ha en enda punkt i sinnet kan man uppleva ett djupare medvetandetillstånd.

När du befinner dig i en Meditationsasana ska din ryggrad vara rak, vilket gör att Prana kan cirkulera optimalt genom Nadis och Chakras. Eftersom det dessutom är lätt att förlora kontrollen över musklerna när man är i djup meditation är det bäst om benen är immobiliserade på något sätt medan bålen har kontakt med marken.

Sukhasana, Siddhasana och Padmasana (Figur 86) praktiseras mest när man vill gå in i en djup meditation. Dessa ställningar är de sittande, korslagda Asanas som de Urtida Gudarna från Öst vanligtvis avbildas i. Mekaniken för var och en av dessa Meditationsasanas kommer att beskrivas nedan.

Att ligga ner i det som Yogis kallar Shavasana (Figur 94), Likställningen, rekommenderas inte för meditation eftersom man då tenderar att falla i sömn. Sukhasana, Siddhasana och Padmasana uppfyller alla krav för meditation samtidigt som de gör individen alert och fokuserad på uppgiften. Dessa tre Meditationsasanas gör också att ryggradens nedre del får kontakt med marken, vilket uppnår en ordentlig jordisering av ens inre energier. På så sätt kan man övervinna tankens pratande.

När utövaren kan sitta i en Meditationsasana i tre timmar utan att kroppen rycker eller skakar har han eller hon uppnått mästerskap över den. Först då kan de praktisera de högre stadierna av Pranayama och Dhyana. Det är absolut nödvändigt att uppnå en stadig Meditationsasana om man vill göra framsteg i meditationsutövningen. Egots pratande måste övervinnas och sinnet lugnas om individen ska kunna finna sin inre lycka.

Att behärska en Meditationsasana är bara en del av processen för att komma in i djup meditation. Den andra delen av processen är att ha ögonen stängda och fokusera på utrymmet mellan ögonbrynen, vilket aktiverar Sinnets Öga. Sinnets Öga är dörröppningen eller ingången till Sahasrara, som representerar ens högre medvetandetillstånd. Sahasrara är i själva verket vår kontaktpunkt med det Kosmiska Medvetandet.

Innan du börjar med en Meditationsasana är det bra att stretcha lite. På så sätt kan utövaren undvika muskelkramper och ledvärk som kan hindra honom eller henne från att utföra sitt arbete. Det hjälper också att undvika att meditera på full mage eftersom det kan bli för mycket rörelse i ens inre energier när maten syntetiseras.

Figur 86: De Tre Meditations Asanas

Sukhasana

Det här är den vanliga sätesställningen med korslagda ben. Den kallas "Easy Pose" eftersom alla kan göra den ganska enkelt. Ryggen ska vara rak och axlarna avslappnade. Händerna placeras på knäna med pekfingrarna och tummarna i kontakt med varandra i antingen Jnana eller Chin Mudra. (För hur man utför Jnana och Chin Mudras, se kapitlet

"Mudra: Hasta (Hand Mudras)"). När man mediterar ska ögonen vara slutna och man ska fokusera på punkten mellan ögonbrynen, som är platsen för Sinnets Öga.

Även om den här ställningen anses vara den enklaste av Meditationsasanasen, kan man få ont i ryggen om man inte gör den på rätt sätt. Det är viktigt att knäna hålls nära eller på marken och att ryggraden är rak. Det är vanligt att utövare placerar en kudde under skinkorna som stöd.

Observera att det är bra att börja meditationen med Sukhasana, men att det inte är slutmålet. Istället är det bäst om du utvecklas till att kunna utföra Siddhasana och till och med Padmasana eftersom de ger mer stöd för din kropp och är optimala för långvariga meditationer.

Siddhasana

Siddhasana är en mer avancerad sittande korsbent ställning och kallas också för den "Fulländade Ställningen". "I Siddhasana ska du dra in fötterna i låren (mellan låren och vaderna), så att ditt könsorgan är mellan dina två klackar. Dina fötter kommer att stå sida vid sida, vilket gör att du håller knäna brett isär. Ryggen ska vara rak och händerna ska placeras på knäna, i antingen Jnana eller Chin Mudra. Den här ställningen kallas "Fulländad" eftersom den är mer avancerad än Sukhasana och kräver att utövaren är mer flexibel för att ha höfterna öppna.

Siddhasana leder energin från de lägre Chakrana uppåt genom ryggraden, vilket stimulerar hjärnan och lugnar hela nervsystemet. När den nedre foten trycks mot perineum aktiveras Muladhara Chakra, vilket möjliggör Mula Bandha. Dessutom trycker trycket mot blygdbenet på triggerpunkten för Swadhisthana, vilket automatiskt utlöser Vajroli Mudra. Dessa två psykomuskulära låsningar omdirigerar sexuella nervimpulser tillbaka uppför ryggraden och in i hjärnan. De ger utövaren kontroll över sina reproduktionshormoner, vilket gör det möjligt att utöva sexuell kontinens eller avhållsamhet. (För en beskrivning av Mula Bandha och Vajroli Mudra, se "Mudra: Bandha (Lås Mudras)" och "Mudra: Adhara (Perineal Mudras)").

Padmasana

Den mest avancerade meditationsställningen, Padmasana, kallas vanligen för "Lotusställningen". "Även om du har hört termen "Lotusställning" ofta användas i meditationskretsar är Padmasana den enda korrekta Lotusställningen, medan de två föregående är mindre avancerade varianter av den. I Padmasana ska du sitta med fötterna ovanpå låren, instuckna nära höfterna. Det är en ställning med slutna knän som endast kan utföras framgångsrikt när höfterna är mer öppna än de andra två Meditationsasanas eller -situationer. Man bör inte försöka sig på Padmasana förrän man har utvecklat tillräcklig flexibilitet i knäna.

Padmasana gör det möjligt att hålla kroppen helt stilla under långa perioder. När kroppen är stabil kan sinnet bli lugnt. Padmasana styr flödet av Prana från Muladhara- till Sahasrara-Chakran, vilket förhöjer upplevelsen av meditation. Att utöva tryck på den nedre delen av ryggraden genom denna hållning har också en avslappnande effekt på nervsystemet. Blodtrycket sänks, muskelspänningen minskar och andningen blir långsam och jämn.

HATHA YOGA VS. VINYASA YOGA

Hathayoga är en paraplyterm för många av de vanligaste formerna av Asanas som lärs ut i Västvärlden. Hathayoga betonar kontrollerad andning och hållning, vilket bygger upp en stark kärna samtidigt som det ger de psykologiska fördelar som är förknippade med utövandet av Asanas. I Hatha Yoga rör du din kropp långsamt och medvetet från en hållning till nästa samtidigt som du fokuserar på mindfulness och avslappning.

Vinyasa är en Yogaform där du smidigt övergår från en ställning till nästa. Det finns ett flöde i ett Vinyasa-Yogapass där övergångarna samordnas med din andning, vilket ger dig känslan av att din andning rör sig med din kropp. Snabba Vinyasa-sessioner är fysiskt utmanande. De ger ett konditionsträningspass som får dig att svettas mer och är mer fysiskt krävande än Hathayogapass.

Hatha och Vinyasa är två olika stilar eller tillvägagångssätt för Asana-träning som innefattar samma ställningar och som är nyttiga på sitt eget sätt. Medan Hatha är ett mer statiskt tillvägagångssätt är Vinyasa dynamiskt. Eftersom Vinyasa rör sig i ett snabbare tempo från en ställning till nästa kräver den mer betydande andningskontroll än Hathayoga. Omvänt möjliggör Hatha Yoga mer stretching och meditation eftersom ställningarna hålls längre.

Medan Hatha Yoga är bättre för stressreducering, ger Vinyasa en bättre styrketräning och konditionsträning. Du kan använda båda metoderna i din Asana-träning för att få olika resultat. För optimala resultat är det dock bäst att fastställa din specifika konstitution för kropp och Själ, eller Dosha, för att veta vilken stil som är bäst lämpad för dig. Riktlinjer för Yogiska övningar, inklusive Asanas, och för att avgöra vilken av de tre Doshas som är dominerande i ditt liv ges i kapitlet om Ayurveda i den senare delen av det här avsnittet.

FÖRBEREDELSER FÖR ASANA-TRÄNING

Innan du påbörjar din Asana-övning bör du avsätta en särskild tid på dagen för att utföra den. Till exempel är gryning och skymning traditionellt sett de bästa tiderna på dagen för att utöva Yoga, eftersom vår kropp och vårt sinne har en naturlig koppling till Solens energi. Men om du tycker att det är omöjligt att praktisera vid den här tiden, hitta då en annan tid på dagen och var konsekvent med den under hela veckan när du planerar dina Yogapass.

Om du väljer att utöva yoga på morgonen för att förbereda kropp och sinne inför dagen, tänk på att dina muskler och ben kommer att vara stelare än senare på dagen. Var därför försiktig när du går in i ställningarna och överanstränг dig inte. Omvänt gör en kvällsövning det möjligt för dig att koppla av efter att ha slutfört dina dagliga åtaganden. Dessutom är din kropp mer flexibel på kvällarna vilket gör att du kan gå djupare in i dina ställningar med mindre motstånd.

Hitta en plats där du kan vara ostörd under hela din Asanapraktik. Detta bör vara ett område med en jämn, platt yta. Se till att du har tillräckligt med utrymme för att röra dig runt omkring dig eftersom många ställningar kräver att du sträcker ut armar och ben fritt. Det är bäst att öva asanas i en öppen miljö för att undvika distraktion från närliggande föremål.

Om du tränar inomhus, vilket de flesta gör, ska du se till att rummet är väl ventilerat och har en behaglig rumstemperatur. Tänk på att din kropp i allmänhet värms upp, så se till att det inte drar, eller att rummet är för kallt eftersom kall luft påverkar dina muskler och leder och gör dem stelare. Av denna anledning är det vanligt att Yogaklasser hålls i varma miljöer men aldrig i kalla.

Frisk luft ger ytterligare fördelar för andningen när du utför Asanas. Andning är trots allt en av nycklarna till en framgångsrik Yogapraktik. Om du bränner rökelse eller sprider eteriska oljor för att höja sinnet och uppnå ett meditativt tillstånd, se till att du inte överdriver på ett sätt som stör luftkvaliteten och din andning. Även om eteriska oljor och rökelse har varit en integrerad del av många Yogaklasser genom åren, undviker vissa utövare det eftersom doften kan vara en distraktion.

Samma regel gäller för att spela musik under dina Yogapass. Avslappnande, lugnande musik i bakgrunden kan hjälpa dig att komma i rätt stämning, men den kan också vara distraherande. Om du bestämmer dig för att spela musik, se till att den inte är för högljudd eftersom ditt fokus bör vara att gå inåt under din övning.

Precis som med alla energianvändande eller energimanipulerande metoder, inklusive de Andliga Healingmetoderna i den här boken, bör du undvika att utöva Yoga på full mage. Med andra ord, ge dig själv minst en timme efter ett mellanmål eller två till tre timmar efter en tung måltid innan du börjar din Yogapraktik. Efter din övning är det lämpligt att dricka en proteinshake eller äta en komplett, välbalanserad måltid så att dina muskler kan börja reparera sig själva. Du kan också dricka en måltidsersättande smoothie för att tillföra näringsrika element till din kropp.

Se till att ha en vattenflaska till hands för att undvika uttorkning. Det är tillrådligt att undvika att dricka vatten under Asanaövningen för att undvika att förlora koncentrationen, men om du känner dig törstig kan du göra det. Att vara uttorkad kan trots allt vara mer distraherande än att ta några klunkar vatten. Det är dock bäst att dricka vatten före och efter Yogapasset.

Du bör bära lösa, bekväma och lätta kläder av naturfibrer som bomull. Dina kläder får inte begränsa dina rörelser. Ta bort alla smycken och prydnadsföremål och ta av dig skor och strumpor eftersom Yoga utövas med bara fötter. Stäng också av din telefon och placera den på avstånd för att undvika distraktioner.

Till sist ska du skaffa en Yogamatta som ger stoppning och en halkfri yta att träna på. Din Yogamatta blir ditt unika rituella föremål som innehåller din energi, så se till att du inte delar den med andra. Skaffa en kudde och ha den nära till hands om du behöver extra stöd när du ägnar dig åt Meditationsasanas. Meditationsasanas är en förutsättning för de flesta andra Yogapraktiker som Pranayama, Mudra, Mantra och meditation.

Även om ovanstående riktlinjer för förberedelser gäller för Asana-utövning, gäller de även för andra Yogiska övningar. För att få en komplett session som ger de mest optimala Andliga resultaten bör du strukturera din Yogapraktik så att den innehåller en kombination av Asanas, Pranayamas, Mudras, Mantras och meditation.

TIPS FÖR DIN ASANA-TRÄNING

Innan du börjar träna Asana bör du göra en grundläggande uppvärmning för att förbereda kroppen för fysisk aktivitet och förebygga risken för skador. Börja med att rulla lederna cirkulärt i några minuter, med och moturs, för att väcka kroppen och ge naturlig smörjning för bättre rörlighet. Du kan utföra huvud-, handleds-, fotleds- och axelrullningar på marken medan du sitter på din matta. Ställ dig sedan upp på mattan och övergå till rullningar av armar, ben och nedre delen av ryggen.

Därefter bör du göra några grundläggande sträckningar i ytterligare några minuter för att se till att du inte tär en muskel under träningen. Börja med att stretcha ryggen medan du står upp. När du sedan sätter dig ner igen övergår du till axel-, arm-, ben- och huvudsträckningar. Hela uppvärmningen bör ta fem till sju minuter.

Börja och avsluta varje Asanaövning med att ligga i Shavasana, Likställningen. Du kan till exempel göra en kortare Shavasana till att börja med och en längre när du avslutar din Asana-sekvens. När du börjar med dina Asanas, tänk på att alltid gå från en ställning till nästa lugnt och medvetet. När du gör det, samordna ditt andetag så att du andas in när du går in i en Asana och andas ut när du går ut ur den.

Även om det finns delade meningar om detta finns det ingen bestämd tidsperiod för hur länge en Asana ska tillämpas. Du bör hålla den så länge som den är bekväm och inte orsakar smärta eller obehag. Få en bra stretch och arbeta med den del av kroppen som Asanan riktar sig mot. Som nybörjare ska du inte överanstränga dig utan gradvis öka varaktigheten med tiden. Du kan till exempel börja med intervaller på 20-60 sekunder medan du övar djup andning. Den genomsnittliga tiden för optimala resultat är ungefär en till tre minuter per Asana.

För att förebygga ryggskador bör du träna lika många Asanas som böjer ryggen framåt som de som böjer den bakåt. Om ryggen blir spänd, eller om smärta utvecklas i ryggen, särskilt i nedre delen av ryggen, kan du anta Balasana (Barnställning) för att få lindring. När du känner dig trött eller svag under din Asanapraktik kan du också ligga i Shavasana eller Balasana en kort stund för att få vila. Du kan sedan återuppta din övning.

Kom ihåg att utföra alla Asanas långsamt och med kontroll. Du kommer att göra mycket snabbare framsteg i din Yogapraktik om du tar det långsamt och koncentrerar dig på andning och mindfulness. Lär dig också att släppa alla spänningar, stress och negativa tankar. Nyckeln till att låsa upp Yogans kraft i ditt liv är att vara konsekvent och beslutsam i din praktik samtidigt som du visar tålamod genom att inte förvänta dig omedelbara resultat. Lyssna på din kropp och låt den vägleda dig genom att aldrig tvinga fram saker och ting. Slutligen, ha roligt och njut av processen. Yoga kommer att ge mer lycka till ditt liv om du låter det ske.

ASANAS FÖR NYBÖRJARE

Figur 87: Asanas för Nybörjare (Del I)

Figur 88: Asanas för Nybörjare (Del II)

Figur 89: Asanas för Nybörjare (Del III)

ASANAS PÅ MELLANSTADIET

Figur 90: Asanas i Mellanstadiet (Del I)

Figur 91: Asanas i Mellanstadiet (Del II)

AVANCERADE ASANAS

Figur 92: Avancerade Asanas (Del I)

Figur 93: Avancerade Asanas (Del II)

PRANAYAMA

Pranayama är en term som används för olika andningstekniker som arbetar med den Praniska energin i kroppen. Det består av två ord, "prana" och "ayama". Prana är den vitala energin eller livskraften som är i ständig rörelse och som finns i varje levande och livlös sak i Universum. Även om den är nära besläktad med luften vi andas är Prana mer subtilt än enbart syre, även om vi som människor kan manipulera den genom andningstekniker.

"Ayama" betyder "förlängning" eller "utvidgning". Ordet "Pranayama" kan då sägas innebära "förlängning eller utvidgning av Prana". Kärnan eller syftet med Pranayama är att använda andningsmetoder för att påverka flödet av Prana genom de olika Nadis i Ljuskroppen. När rörelsen av Prana i Ljuskroppen ökar, optimeras funktionen hos Chakrana.

Både Yoga och Tantra säger att grunden för tillvaron är beroende av Shivas (medvetande) och Shaktis (energi) krafter. I slutändan finns det bara en kraft i stället för två, eftersom Shakti är Shivas kreativa kraft eller energi. Shakti är också en direkt hänvisning till ens Kundalini-energi som är sublimerad Prana. Det yttersta syftet med Hatha Yoga är att förverkliga Shiva eller det Kosmiska Medvetandet genom att manipulera sin Shakti. Att höja Kundalini-energin till Kronchakrat är målet för alla människor, vilket är synonymt med att Shakti och Shiva blir Ett i ett Gudomligt Äktenskap vid Kronan.

Pranayama anses vara en av Yogans åtta grenar. I Hatha Yoga börjar Pranayama när individen har reglerat sin kropp genom Asana och måttlig kost. Att äta är ett direkt sätt att få Prana i kroppen. Alla livsmedel innehåller olika Pranavibrationer, och kvaliteten på den mat vi äter har en omedelbar effekt på vår kropp och vårt sinne.

Pranayama arbetar främst med den vitala energikroppen, även känd som Pranamaya Kosha, längs det Astrala Planet. Den påverkar direkt de fem Prana Vayus, som i sin tur påverkar Nadis och Chakras. Sinnet följer andningen medan kroppen följer sinnet. Genom att kontrollera energikroppen genom andningen får vi kontroll över vårt sinne och våra fysiska kroppar - Som Ovan, Så Nedan.

Pranayama är bra för att reglera hjärnvågorna och lugna sinnet och känslorna. Genom Pranayama kan vi stilla våra sinnen och skapa ett meditativt medvetandetillstånd som ger oss mental klarhet och förbättrar koncentration och fokus. Det är av denna anledning som andningstekniker är en förutsättning i de flesta rituella arbeten.

Pranisk energi ger livskraft till alla system som stöder vårt medvetande. Genom att öka Pranas lager i kroppen genom andningsmetoder höjs vårt sinne och vi kan uppnå högre vibrationstillstånd av medvetande. Dess mer fysiska mål är att hjälpa till att återhämta sig från sjukdomar och att upprätthålla vår hälsa och vårt välbefinnande.

PRANAYAMA-ÖVNINGAR

Naturlig Andning

Naturlig Andning är i huvudsak medvetenhet om andningen. Det är den mest grundläggande Pranayama-övningen som introducerar utövare till deras andningsmönster och andningssystem. Att vara medveten om andningsprocessen räcker för att sänka andningsfrekvensen och initiera en lugnare rytm. Den är avslappnande för sinnet och försätter en i ett meditativt tillstånd. Naturlig Andning kan utövas när som helst, oavsett var du befinner dig och vad du gör.

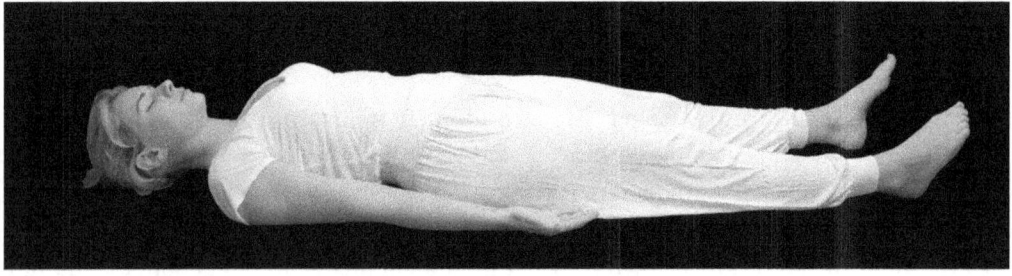

Figur 94: Shavasana

För att påbörja övningen ska du sitta i en bekväm Meditationsasana eller ligga i Shavasana (Figur 94). Blunda och låt kroppen slappna av. Gå in i ditt sinne och bli medveten om din naturliga andning. Känn hur andetaget strömmar in och ut ur näsan medan du håller munnen stängd hela tiden. Lägg märke till om andningen är ytlig eller djup, och undersök om du andas ur bröstet eller magen. Lägg märke till om det finns något ljud när du andas och bli medveten om dess temperatur när det går in och ut. Andningen bör vara kallare vid inandning och varmare vid utandning.

Var medveten om att lungorna expanderar och drar ihop sig när du andas. Lägg märke till hur ditt andningsmönster påverkar din kropp och om det orsakar någon ansträngning. Observera dess rytm med fullständig distans. Nyckeln till denna övning är medvetenhet och uppmärksamhet. Försök inte att kontrollera din andning på något sätt utan utveckla en total och absolut medvetenhet om den genom att gå inåt. Utför den här övningen så länge du vill. Avsluta den sedan genom att föra tillbaka medvetenheten till hela kroppen och öppna ögonen.

Buk-/Diafragmatisk Andning

Bukandning är det mest naturliga och effektiva sättet att andas. Om du använder den och gör den till en naturlig del av ditt dagliga liv kommer du att förbättra ditt fysiska och mentala välbefinnande. Syftet med Bukandning eller Diafragmatisk andning är att öka användningen av diafragman och minska användningen av bröstkorgen.

Diafragman är en tunn skelettmuskel som ligger vid basen av bröstkorgen och som skiljer buken från bröstkorgen. Vid inandning rör sig diafragman nedåt, vilket pressar in luft i buken och utvidgar den. Vid utandning rör sig diafragman uppåt när luften töms ur buken och drar ihop den i processen. Lungorna blåser naturligt upp och blåser av vid inandning och utandning också.

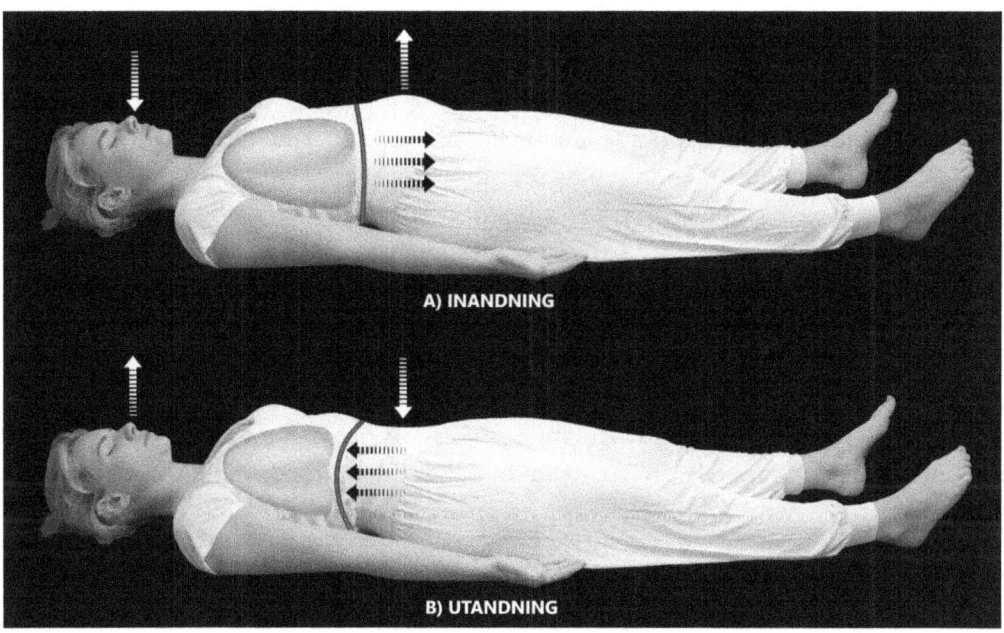

Figur 95: Buk- och Diafragmatisk Andning

Börja med att sitta i en bekväm Meditationsasana eller ligga i Shavasana för att slappna av i kroppen. Stäng ögonen och sätt dig i ett lugnt, meditativt tillstånd. Placera den högra handen på buken strax ovanför naveln, medan du placerar den vänstra handen mitt på bröstet. Observera din naturliga andning utan att försöka kontrollera den på något sätt. Lägg märke till om du andas ut från bröstet eller magen.

Ta nu kontroll över andningsprocessen genom att andas in djupt genom näsan och skicka andningen in i buken så att den expanderar utåt. När du andas ut genom näsan rör sig buken nedåt tills luften töms ur den (Figur 95). Det känns som om du försöker andas enbart genom naveln.

All rörelse ska vara i höger hand, som rör sig uppåt med inandningen och neråt med inandningen. Din vänstra hand ska vara orörlig eftersom du försöker att inte involvera revbenen i andningsprocessen. Upprepa inandningen och utandningen medan du andas långsamt och djupt. När du expanderar buken ska du göra det bekvämt utan att orsaka någon belastning på kroppen.

Utför övningen så länge du vill, men minst några minuter. När du är redo att avsluta övningen, för tillbaka din medvetenhet till din fysiska kropp och öppna ögonen.

Observera att Diafragmatisk Andning ökar användningen av lungornas nedre lober, vilket förbättrar deras effektivitet och ger en positiv effekt på hjärta, mage, lever och tarmar. Människor som andas genom diafragman är mindre benägna att drabbas av stress och ångest och har en bättre allmän mental hälsa. Gör därför alla ansträngningar för att göra denna typ av andning till en regelbunden del av ditt liv.

Andning i Bröstkorgen

Vid Bröstkorgsandning används de mellersta lungloberna genom att bröstkorgen expanderas och dras ihop. Denna typ av andning kräver mer energi än Bukandning men för in syre snabbare i kroppen. Därför är det den andningsmetod som föredras när man utför fysisk träning eller hanterar stressiga situationer.

Många människor som är benägna till ångest har gjort Bröstandning till en regelbunden del av sitt liv. Att andas på detta sätt i spända situationer gör dock att stressen fortsätter eftersom negativ energi inte neutraliseras eller "jordas" i buken. Som nämnts är Buk- eller Diafragmatisk andning den mest optimala metoden för naturlig andning. Om man börjar med Bröstkorgsandning måste man göra en medveten ansträngning för att snart därefter byta tillbaka till bukandning för att bevara och konservera sin livsenergi och hålla sinnet balanserat.

Börja övningen med att sitta i en bekväm Meditationsasana eller ligga i Shavasana. Blunda och sätt dig i ett lugnt och avslappnat tillstånd. Placera din högra hand på buken strax ovanför naveln medan du placerar din vänstra hand över bröstets mitt. Bli medveten om ditt naturliga andningsmönster utan att försöka kontrollera det till en början. Lägg märke till vilken hand som rör sig uppåt och nedåt när du andas.

Sluta använda diafragman nu och börja andas in genom att långsamt utvidga bröstkorgen. Dra in luften i lungorna och känn hur de blåser upp och vidgas. Expandera bröstkorgen så mycket som möjligt på ett bekvämt sätt. Andas nu långsamt ut och dra ut luften ur lungorna utan att orsaka någon ansträngning i kroppen. Din vänstra hand bör röra sig upp och ner i denna rörelse medan din högra hand förblir orörlig.

Upprepa inandningen igen genom att expandera bröstkorgen, men tänk på att inte använda diafragman alls. Kontrollera andningen genom att se till att endast vänster hand rör sig. Fortsätt med Bröstkorgsandning så länge du vill, dock minst några minuter. Lägg märke till hur andningen på detta sätt får dig att känna dig och de tankar som kommer in i ditt sinne. När du är redo att avsluta övningen för du din medvetenhet tillbaka till din fysiska kropp och öppnar ögonen.

Klavikulär Andning

Klavikulär Andning följer Bröstkorgsandning och kan kombineras med den under perioder av stor stress eller stark fysisk ansträngning. Om någon upplever obstruktiva luftvägar, t.ex. under ett astmaanfall, tenderar de att andas på detta sätt. Klavikulär Andning gör att bröstkorgen expanderar maximalt vid inandning och för in mest luft in i lungorna.

Klavikulär Andning utförs med hjälp av bröstbenet och hals- och nackmusklerna för att dra de övre revbenen och nyckelbenet uppåt, vilket engagerar de övre lungloberna. Vi kan kombinera denna andningsteknik med Bröst- och Bukandning för att bilda Yogisk Andning.

Ligg i Shavasana eller sitt i en bekväm meditationsasana för att börja övningen. Kroppen ska vara avslappnad, som med alla Pranayama-övningar. Blunda och gå in i ett meditativt tillstånd och bli medveten om ditt naturliga andningsmönster. Utför sedan bröstkorgsandning i några minuter. Ta ytterligare ett andetag in i bröstet; bara den här gången andas in lite mer tills en expansion känns i den övre delen av lungorna. Lägg märke till att axlarna och nyckelbenet rör sig något uppåt. Andas långsamt ut genom att först slappna av i nacken och övre delen av bröstkorgen, följt av att föra tillbaka bröstkorgen till sitt ursprungliga tillstånd när luften helt och hållet tränger ut ur lungorna.

Upprepa denna övning så många gånger du vill, men minst några minuter. Observera effekterna på kroppen av denna typ av andningsteknik. När du är redo att avsluta övningen för du din medvetenhet tillbaka till din fysiska kropp och öppnar ögonen.

Yogisk Andning

Yogisk andning kombinerar de tre tidigare andningsteknikerna för att maximera syreintaget och balansera Elementen inom dig. Den är allmänt känd som den "Tredelade Andningen" eftersom den involverar buken, bröstet och nyckelbensregionen för maximal inandning och utandning (Figur 96). Yogisk andning är till stor nytta för de vitala organen och Chakrana som kan bli instängda eller stagnera vid fysisk och känslomässig spänning på grund av stress och ångest. Dessutom vitaliserar denna övning kroppen, sinnet och energisystemet genom den Prana-energi som vi får från luften omkring oss.

Yogisk Andning lindrar ångest, fräschar upp psyket och aktiverar det Parasympatiska Nervsystemet för att skapa ett lugnare och mer balanserat medvetandetillstånd. Denna övning bör därför utövas ofta, i minst tio minuter åt gången, helst på fastande mage. Yogisk Andning rekommenderas före och under mer avancerade Pranayama-tekniker och för att korrigera dåliga andningsvanor.

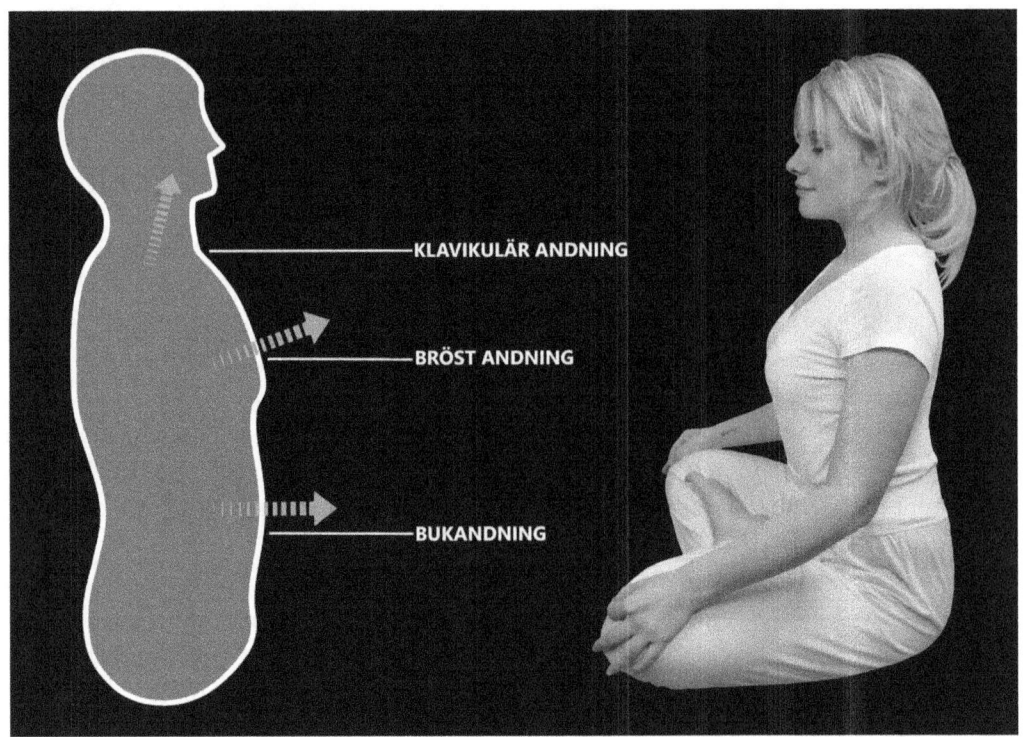

Figur 96: Yogisk Andning (Tredelad Andning)

Börja övningen med att sitta i en bekväm Meditationsasana eller ligga i Shavasana. Andas in långsamt och djupt och låt buken expandera helt och hållet. När magen inte kan ta emot mer luft sträcker du ut bröstkorgen utåt och uppåt i nästa steg. När de nedre och mellersta delarna av lungorna har maximerat sitt luftintag, andas in lite mer så att nyckelbenen och axlarna rör sig något uppåt och fyller upp de övre lungloberna. Det kommer att finnas en viss spänning i nackmusklerna medan resten av kroppen bör förbli avslappnad.

Sekvensen ska vara den omvända på utandningen; nyckelbenen och axlarna rör sig nedåt först, vilket frigör luft från övre bröstkorgen, följt av revbenen som drar ihop sig i mitten av ryggraden. Slutligen frigörs andningen från den nedre delen av buken när magen drar ihop sig och drar sig inåt mot ryggraden. En runda Yogisk Andning omfattar en fullständig inandning och utandning.

Inandning och utandning ska vara en enda flytande, kontinuerlig rörelse utan några övergångsställen, såvida du inte tränar rytmisk andning, till exempel den Fyrfaldiga Andningen, där du pausar på in- och utandningen. Den Yogiska Andningsövningen får inte vid något tillfälle orsaka någon belastning på kroppen.

Efter upprepade Yogiska Andningscykler kommer du att märka att Bukandningen tar ungefär 70 % av andningen. Ju mer du tränar Yogisk Andning, desto mer kommer du att anpassa din naturliga andning så att du utnyttjar din buk på ett konstruktivt sätt och lindrar stress. Öva den Yogiska Andningstekniken så länge du vill; när du är redo att avsluta övningen för du din medvetenhet tillbaka till din fysiska kropp och öppna ögonen.

Observera att det primära kravet för alla Pranayama-övningar är att andningen ska vara bekväm och avslappnad. Varje ansträngning av kroppen ger upphov till oro i sinnet. När medvetenhet och kontroll över andningsprocessen väl har etablerats i den Yogiska Andningsmetoden överges Klavikulära tekniken medan tonvikten läggs på Buk- och Bröstandning. Denna förändring gör den Yogiska Andningsmetoden mer naturlig när det gäller att fylla buken och lungorna med luft utan att orsaka någon belastning på kroppen.

Sama Vritti (Fyrfaldig Andning)

Sama Vritti (sanskrit för "lika andning") är en kraftfull avslappningsövning som gör det möjligt att rensa tankarna, slappna av i kroppen och öka fokus. Den använder sig av andning med lika proportioner, där inandning (Puraka), inre behållning (Antara Khumbaka), utandning (Rechaka) och yttre behållning (Bahya Khumbaka) alla är lika långa. Sama Vritti främjar mental balans genom att aktivera det parasympatiska nervsystemet, lindra stress och höja medvetandet.

Sama Vritti, även känd som den Fyrfaldiga Andningen, är den grundläggande andningstekniken i *The Magus,* en förutsättning för meditation och rituellt arbete med Ceremoniell Magi. Den lugnar ner individen inom några minuter och förflyttar medvetandet till Alfatillståndet, vilket aktiverar de högre hjärncentren. Det har varit min primära andningsteknik i över sexton år och är en teknik som jag lär ut till alla Kundalini-väckta individer.

Den Fyrfaldiga Andningen bör utföras tillsammans med Yogisk Andning på in- och utandning för maximalt luftintag. Om du känner att det är för mycket ansträngning på nyckelbensregionen under Yogisk Andning, fokusera då bara på Diafragmatisk och Thorakal andning. Den här övningen kan utföras när som helst och var som helst. Du behöver inte blunda under övningen, även om det underlättar om du mediterar eller är mitt uppe i en helande session.

Börja övningen med att sitta i en bekväm Meditationsasana eller ligga i Shavasana. Andas in genom näsan och räkna långsamt till fyra. Fyll först buken med luft och sedan lungorna. Båda bör nå sitt maximala luftintag när du kommer till fyra-räkningen. Håll andan nu och räkna långsamt till fyra igen. Börja sedan att andas ut till fyra och låt bröstet och buken slappna av tillbaka till sitt naturliga tillstånd. Utandningen ska vara oavbruten och jämn. Håll nu återigen in till fyra och slutför därmed den första andningscykeln.

Fortsätt övningen så länge du vill, men minst några minuter. Andningscyklerna ska vara kontinuerliga och jämna, utan pauser eller avbrott. Upprepa övningen så många gånger du behöver under hela dagen. Det är bra att utföra den Fyrfaldiga Andningen innan du möter en potentiellt utmanande situation, eftersom den optimerar ditt mentala och känslomässiga tillstånd så att du kan prestera på din högsta kapacitet.

Anulom Vilom (Växelvis Näsborre Andning)

Anulom Vilom, allmänt känd som Växelvis Näsborre Andning, innebär att man andas in genom en näsborre och andas ut genom den andra näsborren. Den vänstra näsborren motsvarar den Månmässiga Ida Nadi, medan den högra näsborren motsvarar den Solmässiga Pingala Nadi. Anulom Vilom renar Ida och Pingala Nadi samtidigt som den skapar en känsla av välbefinnande och harmoni i sinne, kropp och Själ.

Alternativ näsandning stimulerar Chakrana och stora hjärncentra att arbeta optimalt genom att balansera de maskulina och feminina energierna. Denna Pranayama-teknik ger kroppen vitalitet samtidigt som den rensar Praniska blockeringar och balanserar hjärnans två hemisfärer. Dess regelbundna användning stimulerar Sushumna Nadi och kan till och med orsaka ett Kundaliniuppvaknande.

Figur 97: Växelvis Näsborre Andning

Anulom Vilom rekommenderas ofta vid stressrelaterade problem, såsom huvudvärk och migrän. Den ger näring åt kroppen genom extra tillförsel av syre, vilket gynnar hjärnan och andningsorganen. Den renar också blodet från eventuella gifter, vilket gynnar det kardiovaskulära och cirkulatoriska systemet.

För att börja övningen väljer du en av de tre Meditationsasanasen. Håll ryggraden och nacken raka medan du blundar. Gör sedan med antingen vänster eller höger hand Pranava Mudra kallad Vishnu Mudra, som innebär att du böjer pek- och långfingret mot handflatan (Figur 97). Medan du gör det, placera den andra handen på knät i antingen Jnana eller Chin Mudra.

Pranava Mudra gör att du blockerar en näsborre med tummen eller ringfingret medan du andas in genom den andra näsborren och sedan alternerar när du andas ut. (När du blockerar med ringfingret fungerar lillfingret som stöd.) Med den här metoden kan du gå fram och tillbaka samtidigt som du riktar in ett näsborrhål för inandning och det andra för utandning.

Anulom Vilom bör användas i kombination med Yogisk Andning på in- och utandning. Börja med att långsamt andas in till fyra genom vänster näsborre medan du håller den högra näsborren stängd. Byt nu och stäng vänster näsborre medan du andas ut till fyrtal genom vänster näsborre.

Vänd nu om och andas in till fyra genom höger näsborre medan du håller vänster näsborre stängd. Därefter byter du och stänger höger näsborre medan du andas ut genom vänster näsborre till fyrtal. Den första rundan eller cykeln är nu avslutad.

Kom ihåg att alltid börja Anulom Vilom med att andas in med vänster näsborre, vilket lugnar det inre jaget och försätter dig i ett meditativt tillstånd. Håll dina inandningar och utandningar jämna och i rytm. Du bör inte känna någon kroppslig ansträngning och inte heller vara andfådd vid något tillfälle.

Börja med att räkna fyra gånger på inandning och utandning och gå vidare till fem och sex, upp till tio. Ju högre du kan räkna samtidigt som du håller inandning och utandning lika långa, desto mer kontroll får du över din andning. Om du har svårt att räkna till fyra kan du räkna till tre eller till och med två i stället. Jag har funnit att de mest optimala resultaten uppstår med fyra-räkning, så jag inför alltid den som baslinje.

När du andas in och ut, uppmärksamma motsvarande näsborre och lägg märke till de inre känslomässiga förändringarna när de sker. Om du är uppmärksam under denna Pranayamateknik kan du få ut mesta möjliga kraft ur den.

En kraftfull och effektiv variant av Anulom Vilom är Nadi Shodhana, som innefattar inre andning (Khumbaka). Du kan införliva den inre Khumbaka för att hålla andan lika länge som inandningen och utandningen. Du kan också inkludera inre och yttre Khumbaka, där du håller andan efter inandningen och utandningen. Tänk på denna andra metod som Samma Vritti med tillägget av tekniken Växelvis Näsborre Andning. Återigen föreslår jag att du börjar med att räkna till fyra och går uppåt därifrån, hela vägen till tio.

En annan variant av Anulom Vilom är att andas genom en näsborre i taget, vilket kallas Månens Andetag och Solens Andetag. Månens Andetag innebär att man håller den högra näsborren stängd och andas ut genom den vänstra näsborren. Eftersom den är förknippad med Ida Nadi och det passiva Vattenelementet kan den användas för att kyla ner kroppen, sänka ämnesomsättningen och lugna sinnet. Månens Andetag framkallar ett introvert sinnestillstånd, vilket gör att dess utövning är fördelaktig före inre kontemplation, djup meditation och sömn.

Solens Andetag innebär att man håller vänster näsborre stängd medan man andas ut genom höger näsborre. Eftersom den är förknippad med Pingala Nadi och det aktiva Eldelementet, värmer Solandningen kroppen, ökar ämnesomsättningen och påskyndar kroppsaktiviteterna. Eftersom den stärker viljan är Solandningen användbar när du behöver åberopa koncentration, beslutsamhet och styrka. Användningen gör individen extrovert, vilket underlättar vid arbete och fysiska aktiviteter.

Bhastrika Pranayama (Bälgandning)

Bhastrika betyder "bälg" på Sanskrit, vilket syftar på en väskliknande anordning med handtag som smeder använder för att blåsa luft på en eld för att hålla lågan brinnande. På samma sätt ökar Bhastrika Pranayama luftflödet i kroppen, vilket ger bränsle åt den inre elden och producerar värme på den fysiska och subtila nivån. Denna Pranayama-teknik är känd för att balansera Ayurvedas Tre Doshas.

Bhastrika Pranayama pumpar en större mängd syre i kroppen, vilket ökar hjärtslagen och ökar energinivån. Om man gör det regelbundet tar man bort blockeringar från näsa och bröstkorg, inklusive gifter och orenheter. Bhastrika hjälper till vid bihåleinflammation, bronkit och andra luftvägsproblem. Eftersom den tänder magens eld förbättrar den också aptiten och matsmältningen. Du kan öva Bhastrika Pranayama med inre andningsretention (Khumbaka) för att hålla kroppen varm i kallt och regnigt väder.

För att påbörja Bhastrika Pranayama-övningen sätter du dig i en av de tre Meditationsasanasen. Blunda och slappna av i kroppen samtidigt som du håller huvudet och ryggraden raka. Placera sedan händerna på knäna i antingen Jnana eller Chin Mudra.

Andas djupt in och andas ut kraftfullt genom näsborrarna utan att anstränga dig. Andas sedan in igen med samma kraft. På inandningen ska du expandera buken helt utåt och låta diafragman sjunka ner. Vid utandningen trycker buken inåt medan membranet rör sig uppåt. Du bör utföra rörelserna med överdrift och kraft, vilket kommer att ge upphov till ett starkt nasalt ljud.

En omgång Bhastrika Pranayama motsvarar tio cykler. Öva upp till fem rundor till att börja med medan du tar ett djupt inandningsdrag och andas ut långsamt. Gör det i din egen takt samtidigt som du alltid håller samma kraft på inandning och utandning. Om du känner dig yr kan du sakta ner till ett bekvämare tempo. När du får en viss färdighet i övningen kan du gradvis öka hastigheten samtidigt som du håller andningen rytmisk.

Bhastrika Pranayama minskar koldioxidhalten i blodet, vilket balanserar och stärker nervsystemet och ger sinnesro och energiskt lugn. Det är en utmärkt övning för att förbereda en för meditation.

En variant av denna övning är Kapalbhati Pranayama, en Yogisk andningsteknik som anses vara en Kriya, eller en inre reningsövning (Shatkarma). Kapalbhati kommer från Sanskritrotsorden "kapal" som betyder "skalle" och "bhati" som betyder "lysande". "Därför kallas den "Skull Shining Breath" på Engelska. Denna Pranayama-teknik är tänkt att rena alla delar av skallen och huvudet genom kraftiga utandningar av luft, vilket förbättrar ens sinnesklarhet och fokus samtidigt som intellektet skärps.

Till skillnad från Bhastrika använder Kapalbhati kraft endast på utandningen medan inandningen förblir en naturlig, passiv process. Medan Bhastrika engagerar bröstet och lungorna engagerar Kapalbhati endast magmusklerna. Kapalbhati Pranayama vänder på den normala andningsprocessen, som innebär aktiv inandning och passiv utandning. Denna Pranayama-teknik är känd för att ha djupgående effekter på nervsystemet. Många Yogis praktiserar den också för att rensa Nadis.

Eftersom Bhastrika är den mer avancerade av de två Pranayama-teknikerna är det klokt att börja med Kapalbhati och övergå till Bhastrika. Båda har liknande effekter på kroppen och sinnet. Du kan också praktisera inre och yttre retention (Khumbaka) med båda övningarna för att få ytterligare fördelar.

Ujjayi Pranayama (Havsandning)

Ujjayi Pranayama är ett mjukt, viskande andetag som ofta kallas Havsandning, eftersom det påminner om ljudet av vågorna som kommer till stranden. Dess andra namn är den Segerrika Andningen eftersom Ujjayi på Sanskrit betyder "den som är segerrik". " Ujjayi-tekniken gör det möjligt för oss att bli segerrika i Pranayama genom att begränsa andningen för att göra det lättare att fördela den i de målinriktade områdena. Den bygger upp en lugnande inre värme samtidigt som den lugnar sinnet och nervsystemet. Denna Pranayama-teknik har en djupt avslappnande effekt på psykisk nivå eftersom den efterliknar djup sömnandning.

Med Ujjayi Pranayama ska du andas in och ut genom näsan med läpparna stängda samtidigt som du drar ihop glottisen i halsen för att producera ett mjukt snarkande ljud. Glottis är den mellersta delen av struphuvudet där stämbanden sitter som expanderar vid forcerad andning och stängs när du talar. Glottis ska dra ihop sig men inte stänga sig helt så att det känns som om du andas ur ett sugrör i halsen (Figur 98). Du kommer att känna hur andningen stryker mot baksidan av halsen vid inandning och utandning.

Ujjayi Pranayamas andning ska vara långsam, lugn och djup. Du bör tillämpa yogisk andning vid inandning och utandning för maximalt luftintag. (Diafragman bör kontrollera andningens längd och hastighet.) Inandningarna och utandningarna bör vara lika långa utan att orsaka någon belastning på kroppen. Medan du övar Ujjayi, fokusera på ljudet som andningen producerar i halsen, vilket bara bör vara hörbart för dig själv.

Börja övningen med tio till femton andetag och öka långsamt till fem minuter för optimal effekt. När du får lite erfarenhet av Ujjayi Pranayama kan du integrera Khechari Mudra för ytterligare fördelar. (För Khechari Mudra-tekniken hänvisar vi till kapitlet "Lalana Chakra och Amrita Nectar" i det här avsnittet). Khechari Mudra kan praktiseras självständigt eller som en del av Asanas och avancerade Pranayama-tekniker.

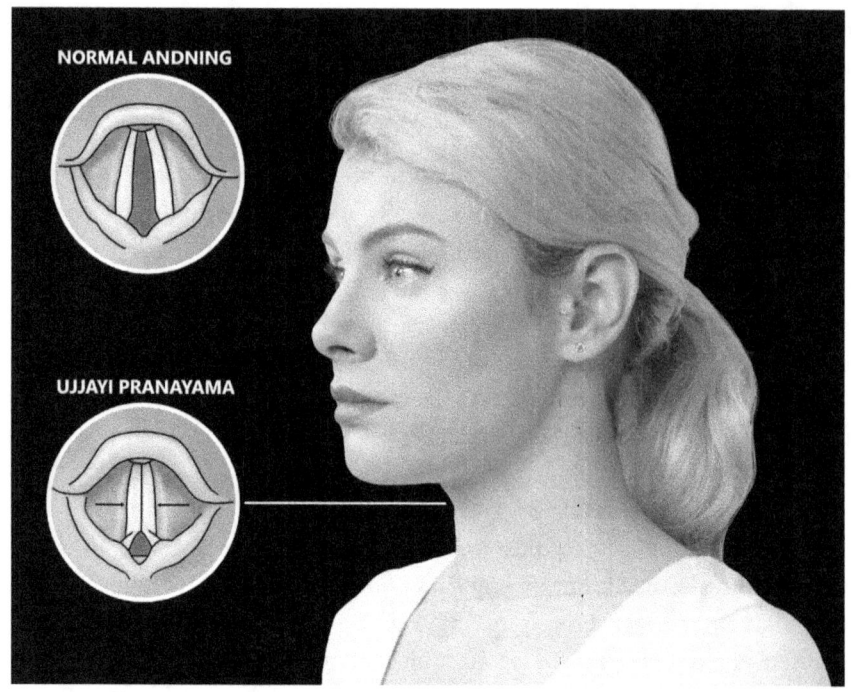

Figur 98: Ujjayi Pranayama (Glottis Position)

Bhramari Pranayama (Andning av Hummande Bin)

Bhramari Pranayama har fått sitt namn från det Indiska svarta biet Bhramari eftersom utandningen av denna Pranayama liknar det typiska hummande ljudet. De surrande ljudvibrationerna har en naturlig lugnande effekt på nerverna och psyket, vilket gör denna Pranayama-teknik utmärkt för att lindra mental spänning, stress, ångest och ilska. Utförandet stärker halsen och struphuvudet och är fördelaktigt för Sköldkörteln och för att övervinna alla fysiska problem som är relaterade till den.

Bhramari Pranayama stimulerar det Parasympatiska Nervsystemet, vilket leder till muskelavslappning och sänker blodtrycket. Dess hälsofördelar gör att det är fördelaktigt att utföra den före sömnen eftersom den hjälper mot sömnlöshet.

Börja övningen med att sitta i en av de tre Meditationsasanasen. Håll ryggraden rak och blunda. Placera båda händerna på knäna i antingen Jnana eller Chin Mudra medan du låter kropp och sinne slappna av. För medvetandet till pannans mitt, där Ajna Chakra är beläget. Medan du utför övningen, var uppmärksam på att hålla din uppmärksamhet i detta område. Du kommer att märka att Bhramari Pranayama vid upprepad användning ökar den psykiska känsligheten och medvetenheten om subtila vibrationer, vilket är till hjälp vid djup meditation.

Lyft sedan upp armarna med böjda armbågar och för händerna mot öronen. Använd pekfingret på varje hand för att täppa till öronhålen eller tryck mot öronlapparna utan att föra in fingrarna (Figur 99). Du bör blockera alla ljud utifrån, vilket gör att du kan fokusera helt på ditt inre.

Ta en stund för att lyssna till ljudet av tystnad inom dig samtidigt som du håller andningen lugn. Innan du börjar med den kontrollerade andningsmetoden, stäng läpparna och håll tänderna lätt åtskilda, vilket gör att ljudvibrationen kan höras och kännas mer inom dig.

Andas in långsamt och djupt genom näsan. På utandningen gör du ett djupt "mmmm"-ljud, som liknar ett bins surrande. Utandningen ska vara längre än inandningen med en kontinuerlig, len och jämn ljudvibration. Du bör känna vibrationen starkt inne i munnen och struphuvudet, vilket har en lugnande effekt på hjärnan. Den första rundan är nu avslutad.

Fortsätt övningen så länge du vill, minst några minuter, och praktisera Yogisk Andning hela tiden för att få maximalt luftintag. Observera effekterna av övningen på kropp och sinne. När du är redo att avsluta Bhramari Pranayama för du din medvetenhet tillbaka till din fysiska kropp och öppnar ögonen.

Figur 99: Andning av Hummande Bin

Sheetali Pranayama (Kylande Andning)

På Sanskrit betyder ordet "Sheetali" ungefär "det som har en lugnande eller kylande effekt". Sheetali Pranayama eller Kylande Andning är en Pranayama-teknik som lugnar ner sinnet och kroppen med hjälp av en kraftfull kylmekanism vid inandning.

Sheetali Pranayama är särskilt fördelaktigt på sommaren när vi känner ett överskott av Pittas viktigaste egenskaper. Varmt väder ger upphov till värmevallningar, feber, hudproblem, inflammation, sura matsmältningsbesvär, högt blodtryck, allmän oro på grund av värme och allmän fysisk ansträngning, vilket gör att kropp och Själ hamnar i obalans. Sheetali Pranayama hjälper till att motverka de negativa effekterna av varmt väder genom att släppa ut kroppsvärme, harmonisera Pitas egenskaper och lämna kropp och sinne lugna, svala och avslappnade.

För att påbörja Pranayama-övningen sätter du dig i en av de tre Meditationsasanasen. Blunda och slappna av i hela kroppen med rak ryggrad. Placera händerna på knäna i antingen Jnana eller Chin Mudra.

Figur 100: Sheetali Pranayama

Öppna munnen och sträck ut tungan så långt ut som möjligt och böj sidorna mot mitten för att bilda ett rör. Håll läpparna ihop för att hålla tungan i detta läge (Figur 100).

Öva dig på en lång, jämn och kontrollerad inandning genom den rullade tungan. Efter inandningen drar du in tungan medan du stänger munnen och andas ut genom näsan. Den första rundan är nu avslutad.

Fortsätt övningen så länge du vill, men minst några minuter. Observera dess effekter på kropp och sinne samtidigt som du ägnar särskild uppmärksamhet åt tungan och ljudet och den svalkande känslan av det inandade andetaget. Kom ihåg att öva Yogisk Andning under hela övningen. När du är redo att avsluta Sheetali Pranayama för du din medvetenhet tillbaka till din fysiska kropp och öppnar ögonen.

Inandningen ska ge ett sugande ljud med en kylande känsla på tungan och i munnen. Även om du bör börja med ett lika stort förhållande mellan in och utandning, bör inandningens längd gradvis bli längre när du blir mer avancerad med Sheetali Pranayama, för att öka den kylande effekten.

Den Kylande Andningen återställer effektivt temperaturbalansen efter att ha utfört Asanas eller andra Yogiska övningar som värmer upp kroppen. Därför bör du göra det till en del av din dagliga träning, särskilt under sommarmånaderna.

Sheetkari Pranayama (Väsande Andning)

På sanskrit innebär ordet "Sheetkari" en form av andning som ger upphov till ett "shee" (väsande) ljud, och därför kallas det ofta för den Väsande Andningen. Precis som Sheetali Pranayama är den här övningen utformad för att kyla ner kropp och sinne. Den enda skillnaden mellan dem är att man i Sheetali andas in genom en hopvikt tunga, medan man i Sheetkari andas in genom slutna tänder. Liksom Sheetali Pranayama är Sheetkari ganska fördelaktigt i varmt väder och för att återställa temperaturbalansen efter att ha värmt upp kroppen genom fysisk träning.

För att påbörja Sheetkari Pranayama, sätt dig i en av de tre Meditationsasanasen och blunda. Håll ryggraden rak och kroppen avslappnad medan du placerar händerna på knäna i antingen Jnana eller Chin Mudra. Håll tänderna lätt ihop utan att anstränga käken. Läpparna ska vara åtskilda, vilket blottar tänderna (Figur 101). Håll tungan platt mot den mjuka gommen i munnen, eller utför till och med Khechari Mudra.

Andas in långsamt och djupt genom tänderna. I slutet av inandningen stänger du munnen och andas ut genom näsan på ett kontrollerat sätt. Den första rundan är nu avslutad. Kom ihåg att öva på Yogisk Andning under hela övningen. In- och utandningarna ska vara långsamma och avslappnade. Var uppmärksam på den svalkande känslan på tänderna och i munnen och det väsande ljud som produceras. Utför övningen så länge du vill, med ett minimum av några minuter. När du är redo att avsluta Sheetkari Pranayama för du din medvetenhet tillbaka till din fysiska kropp och öppnar ögonen.

Denna Pranayama-teknik och den föregående kan användas för att kontrollera hunger eller törst eftersom sval luft gör kroppen mätt. Båda övningarna gör att Prana kan flöda friare genom kroppen, vilket gör att musklerna slappnar av och därmed känslorna. Båda de kylande övningarna balanserar det endokrina systemet och renar blodet från gifter. Slutligen är båda övningarna användbara innan man somnar eller vid sömnlöshet.

Undvik Sheetali och Sheetkari Pranayamas om du har lågt blodtryck, astma, andningsbesvär eller om du har för mycket slem, som vid förkylning eller influensa. På grund av den kylande effekten på kroppen bör du undvika båda övningarna i kallt klimat eller om du upplever allmän köldkänslighet. Med Sheetkari Pranayama, undvik om du har problem med tänderna eller tandköttet.

Figur 101: Sheetkari Pranayama

Moorcha Pranayama (Svimmande Andning)

Ordet Moorcha på sanskrit betyder "svimning" eller "förlust av känsel". "Moorcha Pranayamas andra namn är den Svimmande Andningen, vilket syftar på den yrsel man upplever när man utför denna övning. Moorcha Pranayama är en avancerad teknik som endast bör utövas av de personer som har utvecklat ett mästerskap över de tidigare Pranayama-övningarna. När den utförs korrekt kan individen uppleva intensiva och långvariga perioder av inre lycka som följer med att vara halvt medvetslös.

Det finns två metoder för att utöva Moorcha Pranayama; i den första metoden lutar du huvudet lätt bakåt, medan du i den andra metoden vilar hakan på halsens bas (Jalandhara Bandha). I båda metoderna ska du öva på att hålla andan internt (Khumbaka) samtidigt som du stirrar på mitten mellan ögonbrynen där Sinnets Ögontunnel är placerad (Shambhavi Mudra). Genom att göra detta framkallar man ett tomt sinnestillstånd samtidigt som kopplingen till Ajna Chakra gör att man kan uppleva djupa, kontemplativa tankar.

En av anledningarna till att man blir yr när man utför Moorcha Pranayama är att syretillförseln till hjärnan minskar under långvarig andningsuppehåll. En annan orsak är det tryck de utövar på blodkärlen i nacken, vilket orsakar fluktuationer i trycket i skallen. Slutligen komprimeras halspulsådern kontinuerligt, vilket ytterligare framkallar en svimning.

Moorcha Pranayama kan utföras när som helst under dagen, vilket är fallet med alla Pranayama-övningar. Den är dock mest effektiv tidigt på morgonen och på kvällen när Egot är minst aktivt. Att övervinna Egots grepp om medvetandet är avgörande för att underlätta den önskade effekten av denna övning. Känslan av att vara nära att bli svimfärdig kan vara så kraftfull att den får dig att känna dig helt utanför din kropp, som om du svävar i rymden.

Genom att övervinna den fysiska kroppens gränser kan vi separera oss från Egot i medvetandet och känna den Andliga medvetenhetens hänryckning. Moorcha Pranayama hjälper till att lindra stress, ångest, ilska och neuroser samtidigt som den höjer nivån av Prana i kroppen. Denna övning rekommenderas starkt för personer som vill väcka sin Kundalini-energi. Den gör det möjligt för dem att förstå den Enhet som Utomkroppsliga Upplevelser kan ge och kopplar dem till Sahasrara Chakra.

Börja övningen genom att sitta i en av de tre meditationsasanasen och hålla huvudet och ryggraden raka. Placera händerna på knäna i antingen Jnana eller Chin Mudra medan du slappnar av i kroppen. Vissa människor gillar att hålla knäna i stället för att anta Jnana eller Chin Mudras. Genom att göra det kan de trycka på knäna samtidigt som de låser armbågarna när de lutar huvudet bakåt eller framåt, vilket ger dem bättre stöd under denna viktiga del av övningen. Du kan prova båda alternativen och se vad som fungerar bäst för dig.

Metod#1

Med öppna ögon fokuserar du på utrymmet mellan ögonbrynen. Ta några djupa och långsamma andetag för att lugna ner sinnet. Utför Khechari Mudra och andas sedan långsamt in genom båda näsborrarna med Ujjayi Pranayama medan du försiktigt böjer huvudet bakåt (Figur 102). Håll nu andan så länge du kan utan att anstränga dig medan du behåller ögonbrynens centrum stirrande hela tiden. Du bör känna en lätt yrsel när du håller andan. Andas ut långsamt nu samtidigt som du för huvudet tillbaka till sitt upprättstående läge. Blunda och slappna av i några sekunder. Låt dig uppleva lätthet och lugn i sinnet och kroppen. Den första rundan är nu avslutad.

Figur 102: Moorcha Pranayama (Metod#1)

Metod# 2

Fokusera ögonen på utrymmet mellan ögonbrynen medan du tar några djupa andetag för att lugna ner ditt inre. Genomför Khechari Mudra och andas sedan långsamt in genom båda näsborrarna med Ujjayi Pranayama samtidigt som du gradvis böjer huvudet framåt tills hakan nuddar halshålan (Figur 103). Pausa andningen så länge du kan utan spänning medan du låter dig förenas med sinnets öga. Håll denna position tills du börjar känna en förlust av medvetande. Andas nu långsamt ut samtidigt som du återför huvudet till den upprättstående positionen. Blunda och slappna av i några sekunder medan du låter dig själv uppleva den intensiva känslan av icke-existens som nästan-blindhet ger upphov till. Detta avslutar den första rundan.

Upprepa andningsmönstret med båda metoderna så många gånger som du känner dig bekväm med. Det är bra att börja med 5-10 andetag och gå över till 15-20 när du blir mer bekant med övningen. Kom ihåg att alltid avbryta övningen så snart svimningskänslan känns. Målet är att framkalla en svimningskänsla, inte att förlora medvetandet helt och hållet.

Figur 103: Moorcha Pranayama (Metod #2)

Slutligen kan du kombinera metod #1 och metod #2 i samma övning där du på första andetaget utför den ena metoden och på andra andetaget utför den andra. Innan du gör det bör du dock ägna lite tid åt att bekanta dig med båda teknikerna var för sig.

DE TRE GRANTHIS

Granthi är en sanskritterm som betyder "tvivel" eller "knut", med en tydligare innebörd av "en svår knut att lösa upp". "Termen används ofta i Yogalitteratur och avser psykiska knutar som blockerar flödet av Pranisk energi i Sushumna Nadi. Inom Kundaliniyogan finns det Tre Granthis som är hinder på den uppvaknade Kundalinis väg. Dessa Granthis kallas Brahma, Vishnu och Rudra (Figur 104).

De Tre Granthis representerar medvetandenivåer där Maja eller illusionens makt (som rör vår okunskap om den Andliga verkligheten och vårt fasthållande vid den materiella världen) är särskilt stark. För att du ska kunna väcka alla Chakran och höja Kundalini till Kronan måste du överskrida dessa barriärer. Våra begränsande övertygelser, personlighetsdrag, önskningar och rädslor är resultatet av att vi är intrasslade av Granthis.

De Tre Granthis är hinder på vår väg mot högre kunskap och Andlig Utveckling. De skymmer sanningen om vår grundläggande natur. Genom att tillämpa kunskap och Andliga metoder kan vi dock lösa upp knutarna och överskrida deras begränsningar.

Inom Yogan finns det olika sätt att lösa upp Granthis. Bandhas (energilås) i Hathayoga underlättar flödet av Prana och kan också användas för att övervinna de Tre Granthis. (Jag kommer att diskutera Bandhas i följande kapitel om Mudras.) Bandhas blockerar energiflödet till ett specifikt kroppsområde, vilket gör att energin flödar starkare när Bandha frigörs. Bandhas är kraftfulla verktyg som vi kan använda för att höja Kundalinienergin till Sahasrara Chakra genom att övervinna de Tre Granthis på vägen.

Brahma Granthi

Brahma Granthi, som vanligtvis kallas för Perinealknuten, verkar i området mellan Muladhara- och Swadhisthana-Chakran, längs Sushumna Nadi. Denna första knut orsakas av ångest för överlevnad, fortplantningsdrift, instinktiva tendenser, brist på grund eller stabilitet och rädsla för döden. Brahma Granthi skapar ett fasthållande till fysiska njutningar, materiella föremål samt Ego-egoism. Den binder oss till Tamas' omslutande kraft - tröghet, inaktivitet, slöhet och okunnighet.

Tamas, som betyder "mörker", är en av de Tre Gunas som utgör kärnan i Hinduisk filosofi och psykologi. Yogatexter anser att de Tre Gunas - Tamas, Rajas och Sattva - är naturens grundläggande egenskaper. De finns hos varje individ men varierar i grad. Brahma Granthi kan överskridas genom Mula Bandha, "Rotlåset". När Brahma Granthi genomborras av Kundalini under dess uppåtgående uppstigning övervinns personlighetens instinktiva mönster, vilket resulterar i Själens befrielse från de beskrivna fasthållandena.

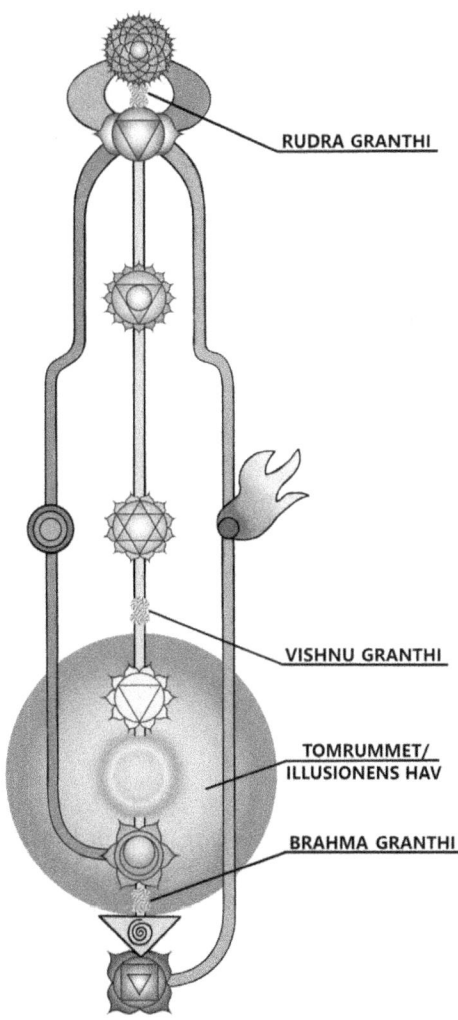

Figur 104: De Tre Grantherna

Vishnu Granthi och Tomrummet

Även om den är placerad högre än navelregionen kallas Vishnu Granthi för Navelknuten. Den fungerar i området mellan Manipura- och Anahata-Chakran, längs Sushumna Nadi. Denna Granthi orsakas av att man klamrar sig fast vid Egot och söker personlig makt. Stolthet, liksom ett känslomässigt fasthållande till människor och resultat, orsakar också denna knut. Vishnu Granthi är kopplad till Rajas - tendensen till passion, självsäkerhet och ambition. Dessa är alla negativa uttryck för Manipura Chakra som är relaterade till felaktig användning av viljestyrka. Viljestyrkan måste tjäna det Högre Jaget i stället för Egot för att Vishnu Granthi ska kunna lösas upp.

Ett Tomrum omger det andra och tredje Chakrat som kallas "Illusionshavet". "Inom detta Tomrum finns våra negativa beteendemönster som är resultatet av yttre påverkan, inklusive de Karmiska effekterna av Planetära och Zodiakala krafter. Hara, Navelchakrat, skapar Tomrummet och den boll av Livsenergi som det genererar, vilket är vår port till det Astrala Planet. Karmiska krafter påverkar oss genom det Astrala Planet, som binder vårt Ego till de lägre Chakrana som omger Hara-centret. På så sätt blir vårt Ego intrasslat i Illusionens Hav, vilket blockerar synen på vår sanna Andliga natur.

Att övervinna Vishnu Granthi tar vår medvetenhet ut ur Tomheten och in i våra hjärtan, där det sanna Jaget, den Eviga Anden, finns. Det gör det möjligt för oss att uppleva villkorslös kärlek i Anahata Chakra och de högre Andechakrana Vishuddhi och Ajna. Att knyta upp Vishnu Granthi gör individen till en Mästare av Jaget, och alla naturens inneboende Lagar väcks inom dem. En sådan person blir ärlig och sanningsenlig i alla sina uttryck. Deras karisma ökar naturligt, vilket gör dem till stora ledare för mänskligheten.

För att överskrida Vishnu Granthi måste man överlämna sig till den villkorslösa kärlekens energi. Sann diskrimination, kunskap och tro på enheten mellan alla ting i Kosmos gör det möjligt för en att höja sitt medvetande till de högre Sfärerna och överskrida Egots begränsningar och dess önskan om makt. Utförandet av Uddiyana Bandha, "Buklås", hjälper till att lösa upp Vishnu Granthi.

Rudra Granthi

Rudra Granthi kallas Shiva Granthi ("Shivas Knut") eller "Pannknuten" och fungerar i området mellan Ajna- och Sahasrara-Chakran. Denna knut orsakas av fasthållande till Siddhis (psykiska krafter), av att Jaget är skilt från resten av världen och av dualistiskt tänkande. Rudra Granthi är förknippad med Sattva - benägenheten till renhet, helhet och dygd. Man måste ge upp sitt Ego och överskrida dualiteten för att lösa upp denna knut. För att göra det måste man bli dygdig och ren i sinne, kropp och Själ och helt och hållet ägna sig åt Gud - Skaparen.

Vi måste inse att Siddhis bara är ett uttryck för vår förbindelse med det Universella Sinnet och inte något som man kan vinna för personligt bruk. När vi fäster oss vid Siddhis tar vi ner dem till den materiella världens nivå. Istället bör vi vara distanserade och låta Siddhis bara uttrycka sig genom oss utan att försöka kontrollera processen. När vi genomborrar Rudra Granthi lämnas Ego-medvetandet bakom oss och sanningen om Enhet avslöjas. Jalandhara Bandha, "Hals Lås", kan tillämpas för att lösa upp denna knut så att vi kan övergå till en högre medvetandenivå.

***

När Kundalini väl har vaknat i Muladhara Chakra, och för att den ska kunna slutföra sin resa och genomborra Sahasrara, måste alla Tre Granthis låsas upp. Om det finns en blockering längs Sushumna Nadi är det vanligtvis i området för en av de Tre Granthis. Genom att lösa upp dem med hjälp av viljestyrka och rena tankar, eller med hjälp av energilås (Bandhas), kan Kundalini stiga upp till Sahasrara. Det individuella medvetandet kommer då att förenas med det Kosmiska Medvetandet och de två blir Ett. Denna omvandling är permanent, och individen kommer inte längre att vara bunden av Granthis under hela sitt liv här på Jorden.

MUDRA

Vi ser ofta visuella avbildningar av Gamla Gudar och Gudinnor från den Östra delen av världen som sitter i meditation och håller sina händer i vissa positioner. Dessa handrörelser kallas Mudras. De är esoteriska handrörelser som aktiverar en specifik kraft inom oss genom manipulation av energi. Genom att utföra en Mudra kommunicerar vi också direkt med Gudomar och anpassar oss till deras energier eller krafter.

Det finns över 500 olika Mudras. Mudras används tvärkulturellt i många Andliga system, men särskilt inom Hinduismen, Jainismen och Buddhismen. På Sanskrit betyder Mudra "sigill", "märke" eller "gest". Mudras är i huvudsak psykiska, känslomässiga, hängivna och estetiska gester som förbinder den individuella Praniska kraften med den Universella Kosmiska kraften. Genom att utföra en Mudra förändras ens humör, attityd och uppfattning samtidigt som medvetenheten och koncentrationen fördjupas.

Även om de flesta Mudras är enkla handpositioner eller gester kan en viss Mudra involvera hela kroppen. Hatha Yoga Mudras använder till exempel en kombination av Yogiska tekniker som Asana (kroppspositioner), Pranayama (andningstekniker), Bandha och visualiseringsmeditationer. De innebär att man utför inre handlingar som engagerar bäckenbotten, halsen, ögonen, tungan, diafragman, anus, könsorganen, buken eller andra delar av kroppen.

Hatha Yoga Mudras är inriktade på särskilda Yogiska mål, inklusive att påverka Pranas flöde för att väcka Kundalini, underlätta Kundalinis genomträngning av de Tre Granthis, direkt aktivera Bindu, använda Amrita eller Ambrosia nektar som droppar från Bindu, eller nå transcendens eller Upplysning. Exempel på Hatha Yoga Mudras är Khechari Mudra, Shambhavi Mudra, Nasikagra Drishti, Vajroli Mudra, Maha Mudra och Viparita Karani.

Hatha Yoga Pradipika och andra Yogatexter anser att Mudras är en oberoende gren av Yogan som introduceras först efter att man uppnått en viss färdighet i Asana, Pranayama och Bandha. De är högre övningar som kan leda till optimering av Chakrana, Nadis och till och med till att vakna Kundalini Shakti. När Mudras utförs genom dedikerad övning kan de skänka psykiska krafter (Siddhis) till utövaren.

Mudra-utövning är tänkt att skapa en direkt länk mellan Annamaya Kosha (Fysisk Kropp), Pranamaya Kosha (Astralkropp) och Manomaya Kosha (Mental Kropp). Den är tänkt att assimilera och balansera de tre första Chakrana Muladhara, Swadhisthana och Manipura och möjliggöra en öppning av det fjärde Chakrat, Anahata, och vidare.

Jag har delat in de olika typerna av Mudras i Hand-, Huvud-, Hållnings-, Bandhas- (energilås) och Perineal Mudras. Hasta (Hand Mudras) är meditativa Mudras som omdirigerar den Prana som händerna avger tillbaka till kroppen, vilket genererar en energislinga som rör sig från hjärnan till händerna och tillbaka. Deras utförande gör det möjligt för oss att ansluta oss till Arketypiska krafter i vårt undermedvetna sinne.

Mana (Huvud Mudras) är kraftfulla gester som använder ögonen, öronen, näsan, tungan och läpparna. De är viktiga i meditation eftersom de kan väcka viktiga hjärncentra och deras motsvarande Chakran och ge tillgång till högre medvetandetillstånd.

Kaya (Postural Mudras) är specifika fysiska ställningar som ska utföras med kontrollerad andning och koncentration. Genom att använda dem kan vi kanalisera Prana till vissa delar av kroppen och stimulera Chakrana.

Bandha (Lås Mudras) kombinerar Mudra och Bandha för att ladda systemet med Prana och förbereda det för ett Kundalini-uppvaknande. De gör det också möjligt för oss att se till att Kundalini genomborrar de Tre Granthis när den vaknar. Bandhas är nära relaterade till nervplexus och endokrina körtlar som relaterar till Chakras. Slutligen omdirigerar Adhara (Perineala Mudras) Prana från de lägre kroppscentren till hjärnan. De gör det också möjligt för oss att sublimera vår sexuella energi som finns i ljumsken och underlivet och använda den för Andligt uppvaknande.

HASTA (HAND MUDRAS)

Hasta (Hand Mudras) gör det möjligt för oss att rikta och försegla Pranisk energi till specifika kanaler i Auran. Eftersom de flesta av de större Nadis antingen börjar eller slutar i händerna eller fötterna är Hasta (Hand Mudras) särskilt effektiva när det gäller att rensa dessa subtila kanaler från orenheter och ta bort hinder, vilket underlättar ett fritt flöde av energi. Deras regelbundna användning främjar fysisk, mental och emotionell läkning och främjar vår Andliga Utvecklingsresa.

Eftersom varje finger är kopplat till ett Chakra, påverkar du motsvarande Chakra genom att placera fingrarna på specifika sätt. Handflata-Chakrat fungerar också som ett gränssnitt mellan Hjärtchakrat och Chakrana ovanför och under det. Som sådan påverkar Hand Mudras inte bara flödet av Prana i Auran, utan de gör det möjligt för oss att koppla oss till Anahatas helande energi och distribuera den till de Chakran som behöver rensas.

Eftersom det finns fem fingrar och Fem Element finns det en korrespondens mellan dem (Figur 105). Tummen står till exempel i relation till Eld (Agni), pekfingret till Luft (Vayu), långfingret till Ande eller Rymd (Akasha), ringfingret till Jord (Prithivi) och lillfingret till Vatten (Jal). De två passiva Elementen Vatten och Jord och de två aktiva Elementen Eld och Luft förenas av det centrala Elementet Ande.

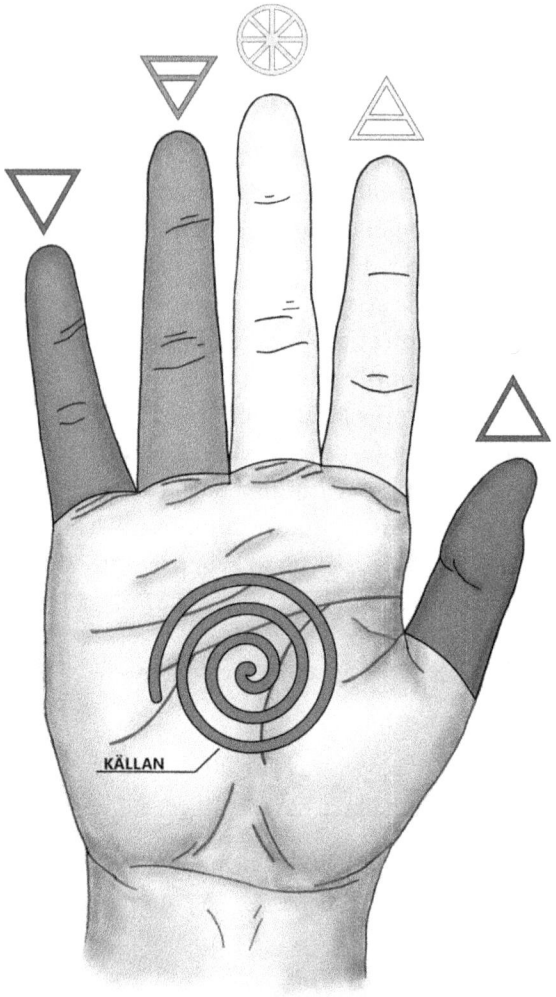

Figur 105: Fingrarna och de Fem Elementen

Du kommer att märka att tummen oftast används i Hand Mudras, eftersom den har mer Praniska strömmar som löper genom den än de andra fingrarna. När det gäller Manipura Chakra och Eldelementet eldar tummen upp och aktiverar alla andra Element och Chakran. I Ayurveda, där dessa korrespondenser kommer ifrån, sägs tummen stimulera Pitta Dosha, den energi som ansvarar för omvandling. Manipura är också Själens Säte, så när tummen är involverad i en Hand Mudra är Själen den styrande kraften som genomför förändring.

Det finns fem primära finger- och handpositioner som man bör vara medveten om när man tillämpar en Hand Mudra. Den första positionen innebär att tummen kopplas ihop med en fingertopp, vilket stimulerar stabiliteten i det associerade Elementet. Den andra positionen innebär att man rör baksidan av ett finger vid nageln eller knogeln, vilket minskar det relaterade Elementets inflytande. I den tredje positionen ska du föra tummen till fingrets bas, vilket också stimulerar det motsvarande Elementet. Därefter, beroende på vilken Mudra du aktiverar, när handflatan vetter utåt, öppnar du dig för att ta emot energi. När handflatan däremot vetter nedåt jordar du dig själv.

Eftersom de är enkla att utföra kan Hand Mudras utövas när som helst, hemma eller på språng. Yogis utför ofta Hand Mudras som en del av meditationsövningen, före eller efter andra tekniker som Asanas, Pranayamas eller Bandhas.

Steg för att Utföra Hand Mudras

När du gör Hand Mudras ska du se till att dina händer är rena. Eftersom detta är Gudomliga gester som är utformade för att koppla ihop dig med högre makter är renlighet avgörande. Du kan utöva Hand Mudras stående, knäböjande, liggande eller sittande på en stol. Du bör dock sitta i en bekväm Meditationsasana och hålla ryggen och huvudet rakt för optimala resultat. Dessutom bör händerna och armarna förbli avslappnade under hela övningen. Handmudras utförs i allmänhet i nivå med naveln, hjärtat, eller placeras på knäna medan du befinner dig i en Meditationsasana.

Börja med att gnugga händerna försiktigt mot varandra i sju till tio sekunder för att ladda dem med Pranisk energi. Placera sedan din högra hand på ditt Hara Chakra och din vänstra hand ovanpå den högra. Du kommer att börja känna ett varmt energiflöde som genereras i Hara, kroppens Praniska center. Stanna kvar i denna position i ungefär en minut för att få den nödvändiga anslutningen.

Utför alltid varje Mudra en i taget och avsätt den tid som krävs för varje Mudra. Kom ihåg att resultatet är kumulativt, så ju längre du utför en Mudra, desto större effekt på din energi. För att hantera kroniska problem, håll en Mudra dagligen i fyrtiofem minuter eller tre femtonminutersperioder.

När du utför en Mudra ska du inte utöva något tryck utan bara koppla ihop händerna och fingrarna på det sätt som krävs för att manipulera det önskade energiflödet. Utför också varje Mudra med båda händerna eftersom detta främjar harmoni och balans samtidigt som du maximerar den önskade effekten. Slutligen är det idealiskt att öva Hand Mudras på tom mage, vilket är fallet med alla tekniker som åkallar/manipulerar energi.

Jnana Mudra

Jnana Mudra är en av de mest använda Hand Mudrorna, särskilt under meditation. Namnet kommer från Sanskrit "jnana" som betyder "visdom" eller "kunskap". " Den kunskap som avses är den upplysta visdom som Yogin försöker uppnå på den Yogiska vägen.

För att utföra denna Mudra rör du ihop spetsen av pekfingret och tummen och bildar en cirkel, medan de övriga tre fingrarna är utsträckta och hålls raka (Figur 106). En variant av Jnana Mudra är att stoppa in pekfingret under tummen. Handens framsida ska vila på låren eller knäna med handflatan nedåt.

Enligt Ayurveda balanserar Jnana Mudra Elementen Eld (Agni-tummen) och Luft (Vayu-indexfingret) i kroppen. Om man utövar denna Mudra under meditation stabiliserar man sinnet samtidigt som man främjar koncentrationen och underlättar högre medvetandetillstånd.

Det finns ytterligare symbolik i utövandet av Jnana Mudra i olika Andliga traditioner som Hinduism, Buddhism och Yoga. Tummen anses symbolisera den Högsta Själen eller det Universella medvetandet (Brahman), medan pekfingret representerar den individuella Själen, Jivatma. Genom att koppla ihop tummen och pekfingret förenar vi dessa två verkligheter. De återstående tre fingrarna representerar dock naturens tre kvaliteter (Gunas) - Rajas (långfinger), Sattva (ringfinger) och Tamas (lillfinger). För att medvetandet ska kunna avancera från okunnighet till kunskap måste vi överskrida dessa tillstånd.

Genom att ansluta pekfingret till tummen skapar vi en krets som omdirigerar Pranisk energi genom kroppen och skickar den upp till hjärnan i stället för att släppa ut den i omgivningen. Eftersom Jnana Mudra pekar mot Jorden är effekten jordande för ens energi, vilket lugnar sinnet samtidigt som det lugnar känslorna. Denna Mudra är också känd för att förbättra minnet.

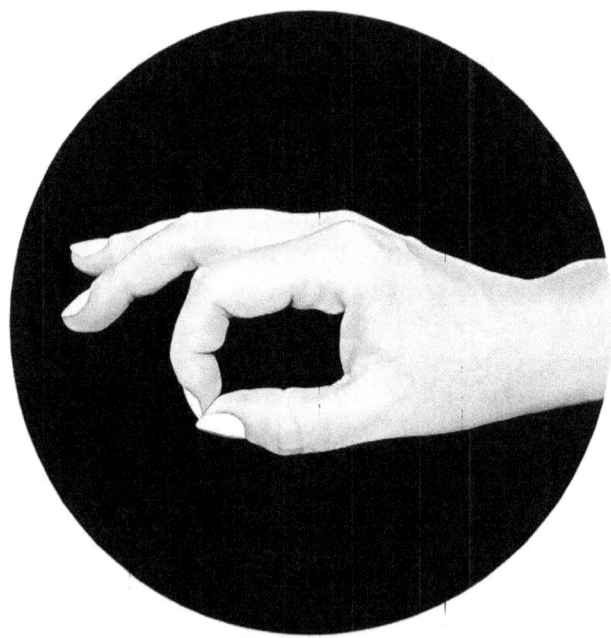

Figur 106: Jnana Mudra

Chin Mudra

Chin betyder "medvetande" på Sanskrit, och denna Mudra kallas ofta för "medvetandets psykiska Mudra". "Chin Mudra är annars känd som Gyan Mudra. ("Gyan" är Sanskrit och betyder "kunskap" eller "visdom".) Chin Mudra ska utföras på samma sätt som Jnana

Mudra, med den enda skillnaden att handflatan är vänd uppåt i stället för nedåt (Figur 107) så att handryggen kan vila på låren eller knäna.

Eftersom de är nästan identiska är de symboliska elementen i Chin Mudra samma som i Jnana Mudra. Eftersom Chin Mudra pekar mot Himlen ovanför, öppnar handens uppåtriktade position bröstet och gör utövaren mottaglig för energier från de Högre Planen. Chin Mudra ökar intuitionen och kreativiteten samtidigt som den lindrar stress och spänningar och förbättrar koncentrationen. Den är också till hjälp för att övervinna sömnlöshet.

Både Jnana och Chin Mudras underlättar att gå inåt, vilket är en förutsättning för djup meditation och för att nå högre medvetandetillstånd. Förutom att de används i meditation kan Jnana och Chin Mudras användas för att förstärka effekterna av Mantrasång och andra Yogiska övningar som Asanas, Pranayamas och Bandhas.

Slutligen är det inte ovanligt att Yogautövare utför Jnana Mudra med ena handen samtidigt som de utför Chin Mudra med den andra. Genom att göra detta kan man ta emot energi från en högre källa samtidigt som man jordar upplevelsen.

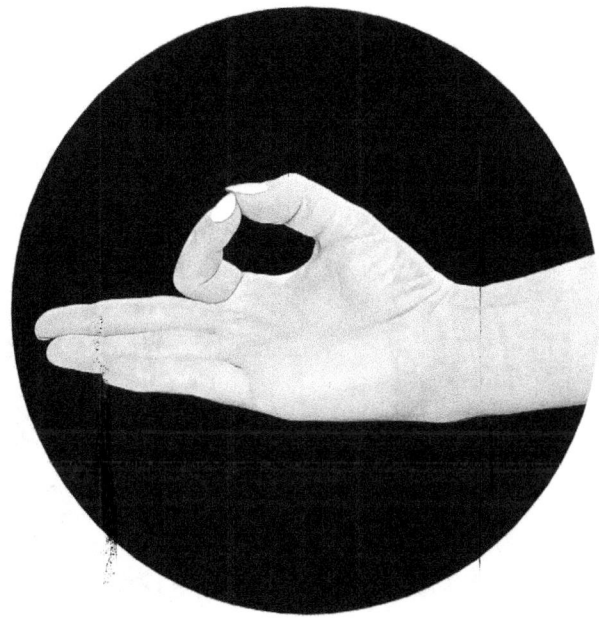

Figur 107: Chin Mudra

Hridaya Mudra

Hridaya betyder "Hjärta" på Sanskrit, eftersom denna Mudra förbättrar hjärtats vitalitet genom att öka flödet av Prana. Hridaya Mudra är känd för att ha förmågan att rädda en person från en hjärtattack genom att minska bröstsmärtan omedelbart och ta bort blockeringar i artärerna. Den är också känd som "Mrit Sanjeevani", en Sanskritterm som antyder att denna Mudra har kraften att rycka oss tillbaka från dödens käftar.

Hridaya Mudra kallas också Apana Vayu Mudra eftersom den kombinerar två Mudras - Apana och Vayu. För att anta Mudran viker man pekfingret och trycker på knogen med tummen (Vayu Mudra), vilket minskar Luftelementets inflytande och slappnar av i kropp och sinne. Därefter ska du förena tumspetsen med mellan- och ringfingret (Apana Mudra), vilket aktiverar Andens, Jordens och Eldens Element (Figur 108).

Vayu Mudra botar oregelbundenhet i hjärtat, inklusive snabba hjärtslag och svettning, medan Apana Mudra minskar överflödiga gaser från magen samtidigt som den främjar blodcirkulationen till hjärtat. Surhet och halsbränna lindras också med utförandet av Hridaya Mudra.

Eftersom hjärtat är känslornas centrum hjälper Hridaya Mudra också till att släppa uppdämda känslor som orsakar stress och ångest. Därför är det bra att öva denna Mudra under känslomässiga konflikter och kriser. En annan vanlig fördel med Hridaya Mudra är att övervinna sömnproblem, till exempel sömnlöshet. Hridaya Mudra kan göras i tio till femton minuter åt gången eller längre och upprepas så ofta som behövs.

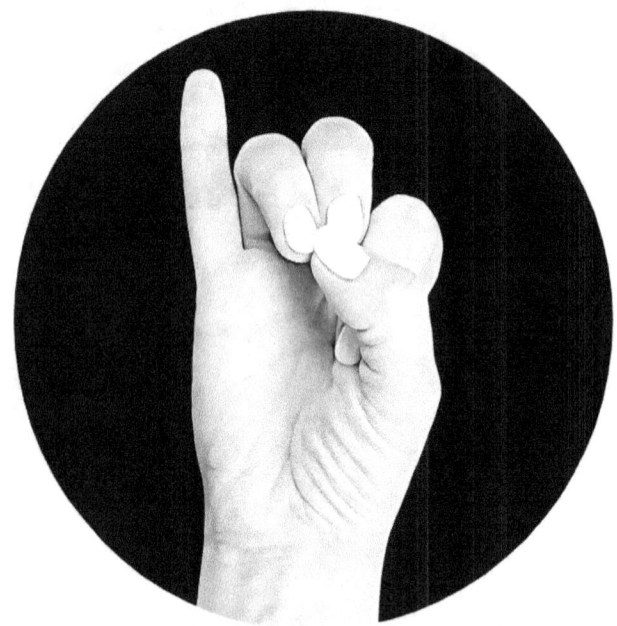

Figur 108: Hridaya Mudra

Shunya Mudra

Shunya betyder "tomhet", "rymd" eller "öppenhet" på Sanskrit, därav dess andra namn, "Himmel Mudra". Den här Mudran är utformad för att minska Andeelementet (Rymd) i kroppen (långfingret) samtidigt som den ökar Eldelementets energi (tummen).

För att ta Shunya Mudra, vik långfingret och tryck på knogen med tummen. De övriga tre fingrarna ska förbli utsträckta (Figur 109). Regelbunden användning av Shunya Mudra under meditation väcker intuitionen samtidigt som den ökar viljestyrkan och lugnar sinnet. Dessutom rapporterar dess långvariga utövare att de får förmågan att höra Anahatas ostrukna ljud av tystnad, vilket får en att känna sig som om man befinner sig på en annan Planet, i en annan dimension av rum-tid. Regelbundet utövande av denna Mudra banar således vägen för att uppnå Evig lycka och transcendens.

På ett fysiskt plan är Shunya Mudra känd för att lindra en rad problem med hörsel och inre balans, inklusive åksjuka, svindel, domningar och öronproblem. Den är också känd för att bota hjärt- och halssjukdomar. Utöva denna Mudra i tio till femton minuter åt gången, eller längre om det behövs. Upprepa den så ofta du vill.

Inom Ayurvedisk medicin är Shunya Mudra fördelaktigt för personer med Vata Dosha-dominans, vilket är den energi som är förknippad med rörelse, inklusive blodcirkulation, andning och nervsystemet.

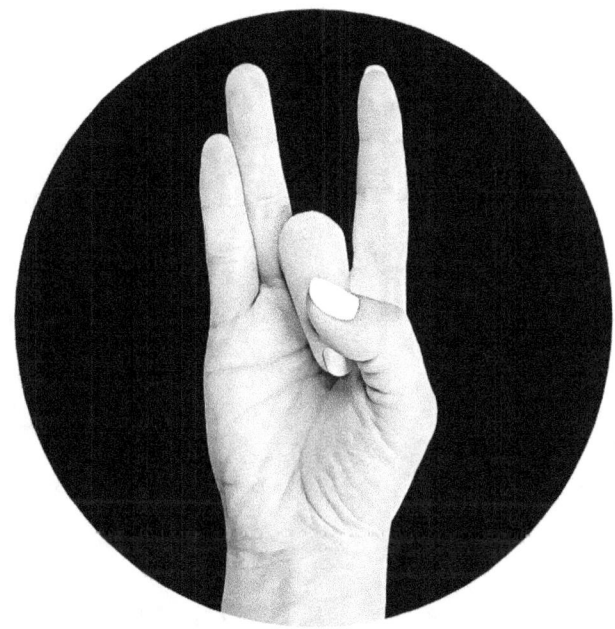

Figur 109: Shunya Mudra

Anjali Mudra

Anjali betyder "hälsning" eller "att erbjuda" på Sanskrit. Anjali Mudra åtföljs ofta av ordet "Namaste", som är en typ av hälsning som ofta används av Andliga människor i Västvärlden. Denna gest har dock sitt ursprung i Indien och har varit en del av dess kultur i tusentals år. Den består av att hålla båda handflatorna som hålls upprätt tillsammans framför bröstet (Figur 110), ofta tillsammans med en lätt bugning.

På sanskrit betyder "Nama" "buga" medan "as" betyder "Jag" och "te" betyder "du". Därför betyder Namaste "Jag bugar mig för dig". "Namaste representerar tron på en Gudomlig gnista av medvetande inom var och en av oss som finns i Hjärtchakrat, Anahata. Genom att utföra den känner vi igen varandra som Gudomliga Själar från samma källa - Gud - Skaparen.

Anjali Mudra kan också användas som en helig hälsning när man försöker etablera kontakt med en högre makt. Denna kraftfulla handgest har antagits som böneställning i Västvärlden i över två tusen år. Dess utförande gör det möjligt för oss att få kontakt med vår Heliga Skyddsängel. Genom att föra samman händerna vid Hjärtchakrats centrum förenar du symboliskt och energimässigt alla motsatser inom dig och låter ditt medvetande stiga upp till ett Högre Plan.

Anjali Mudra förenar våra maskulina och feminina energier samtidigt som den förenar den vänstra och högra hjärnhalvan. Resultatet är en sammanhållning i kropp och själ på alla nivåer. Dess andra hälsofördelar är bland annat att förbättra fokus, lugna sinnet, främja mindfulness och lindra stress.

Figur 110: Anjali Mudra

Yoni Mudra

Yoni betyder "livmoder", "källa" eller "behållare" på Sanskrit och är en abstrakt representation av Shakti, naturens dynamiska kvinnliga kraft. Yoni hänvisar också till det kvinnliga fortplantningssystemet i allmänhet. Att utföra Yoni Mudra balanserar de motsatta men kompletterande energierna i din kropp, särskilt de två hjärnhalvorna.

För att ta Yoni Mudra, placera handflatorna tillsammans i höjd med naveln. Fingrarna och tummarna ska vara raka och peka bort från kroppen. Vänd först mellan-, ring- och lillfingret inåt så att fingrarnas baksidor rör vid varandra. Därefter låser du ihop mellan-, ring- och lillfingrarna samtidigt som du håller ihop spetsarna på pekfingrarna och tummarna. Slutligen för du tummarna mot kroppen samtidigt som du pekar pekfingrarna mot marken, och på så sätt bildar du livmoderns form med tummarna och pekfingrarna (Figur 111).

I slutpositionen pekar armbågarna naturligt ut åt sidan och öppnar bröstet. Du kan göra Yoni Mudra i tio till femton minuter i taget för att få önskad effekt. Upprepa så ofta du vill under hela dagen.

De nedåtriktade pekfingrarna stimulerar flödet av Apana, den subtila energin som renar kropp, sinne och känslor. Yoni Mudra har en lugnande effekt på nervsystemet eftersom den minskar stress och skapar lugn och harmoni inombords. Dessutom stämmer Yoni Mudra in oss på den feminina, intuitiva aspekten av vårt Väsen. Likt ett foster i livmodern upplever dess utövare lycka genom att bli passiv mentalt och känslomässigt.

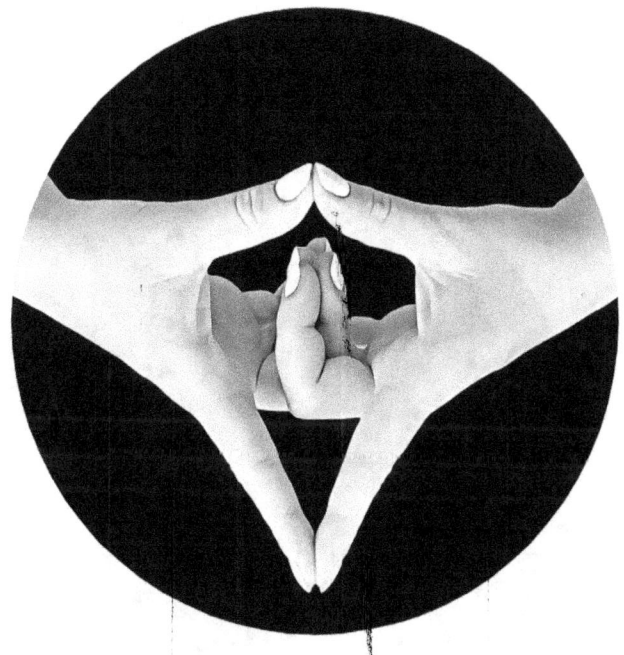

Figur 111: Yoni Mudra

Bhairava Mudra

Bhairava betyder "fruktansvärd" på Sanskrit och syftar på den grymma manifestationen av Shiva, Förgöraren. Bhairava Mudra är en symbolisk, rituell gest med händerna som harmoniserar kroppens energiflöde under meditation eller andra Yogiska övningar. Denna vanliga Yogiska praktik ger en omedelbar känsla av fridfullhet, vilket gör det möjligt för de högre kvaliteterna att framträda.

För att utföra Bhairava Mudra, placera den högra handen ovanpå den vänstra med handflatorna uppåt (Figur 112). Om den utförs i en Meditationsasana ska händerna ligga i knät medan ryggraden och huvudet hålls raka. När den vänstra handen placeras ovanpå den högra kallas övningen Bhairavi Mudra, den feminina (Shakti) motsvarigheten till Bhairava.

De två händerna representerar Ida (vänster hand) och Pingala (höger hand) Nadis, de feminina och maskulina energikanalerna som förenas när den ena handen placeras ovanpå den andra. Beroende på vilken hand som ligger ovanpå blir dock denna genusprincip till uttryckskvalitet. När till exempel den vänstra handen ligger överst är Vattenelementet dominerande, vilket aktiverar principen om medvetande och manifestation. Omvänt, när den högra handen är överst dominerar Eldelementet, vilket åberopar styrka och makt och förstör ens Egoism när det Gudomliga Ljuset absorberas i Auran. Därför sägs denna Mudra också bota alla kroppsliga sjukdomar.

Gör Bhairava Mudra i tio till femton minuter i taget eller längre och upprepa det så ofta du vill. I Tantriska och Yogiska texter anses Bhairava Mudra vara den ultimata Hand Mudran eftersom dess utförande förenar den individuella Själen med det universella medvetandet - det inre och det yttre Jaget blir Ett.

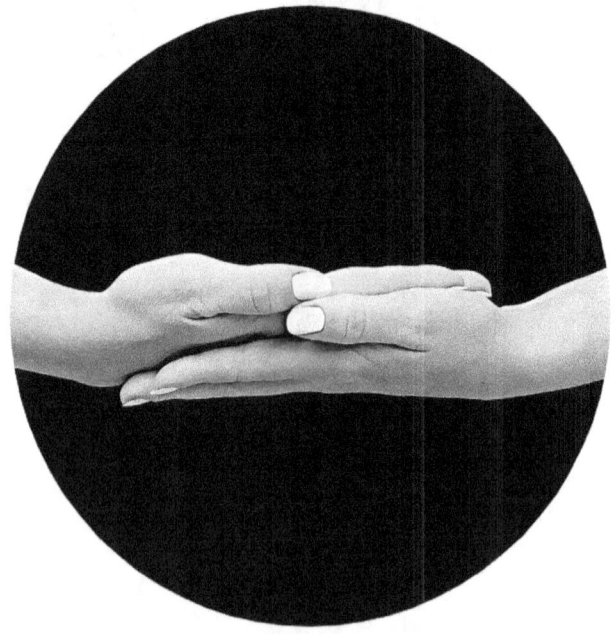

Figur 112: Bhairava Mudra

Lotus Mudra

Lotus Mudra är utformad för att öppna Hjärtchakrat, Anahata. Det är en symbol för renhet och positivitet och representerar Ljuset som kommer fram ur mörkret. Som sådan har Lotus Mudra kraftfulla helande effekter på mentala, emotionella och fysiska nivåer. Dess utförande slappnar av och stabiliserar sinnet samtidigt som det skapar en mer kärleksfull attityd mot andra människor. På en fysisk nivå är Lotus Mudra känd för att behandla magsår och feber.

För att utföra Lotus Mudra börjar du med att föra samman händerna framför hjärtcentret i Anjali Mudra. Sprid därefter pek-, mellan- och ringfingrarna som en lotusblomma som öppnar sig medan tummen och lillfingret hålls ihop (Figur 113). Stanna kvar i denna position nu och känn effekterna av denna Mudra på ditt Hjärtchakra. Lotus Mudra kan utföras så ofta du vill, i minst tio minuter åt gången för att känna dess effekter.

Medan lotusblommans rötter är fast förankrade i den leriga botten av en damm, vänder sig blommans huvud mot solen och tar emot dess helande strålar. På samma sätt lär Lotus Mudra oss att hålla kontakten med våra rötter när vi öppnar våra hjärtan för det Gudomliga Ljuset. Den lär oss att hålla våra tankar rena och acceptera andra, även om våra känslor är negativa mot dem. Genom att göra det kopplar vi oss till den nåd och skönhet som finns inom oss när vårt Hjärtchakra är öppet.

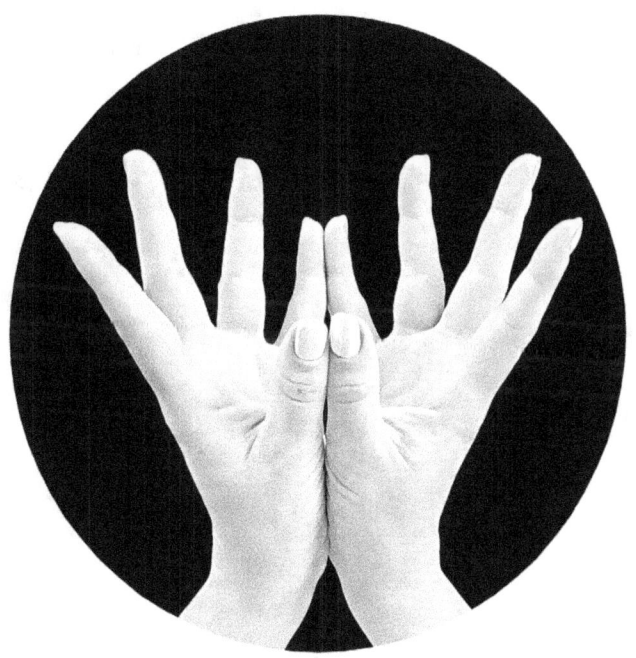

Figur 113: Lotus Mudra

Shiva Linga Mudra

Shiva Linga Mudra är en kraftfull handgest som representerar Guden Shiva och Gudinnan Parvati, hans gemål. Lingam är en symbol för den manliga kreativa energin, fallos, som dyrkas i Hinduiska Tempel. Den representeras symboliskt av den högra handens upprättstående tumme i Shiva Linga Mudra, medan handflatan som den vilar på representerar den feminina energin, behållaren. Som sådan betecknar denna Mudra integrationen av Shiva och Shakti (Shivas feminina energi). Dess Engelska namn är "Upright Mudra". "

För att ta Shiva Linga Mudra, placera din vänstra hand i skålform vid buken och håll ihop fingrarna. Placera sedan din högra knytnäve ovanpå din vänstra handflata. Slutligen sträcker du höger handens tumme uppåt (Figur 114). Känn de jordande effekterna av denna Mudra i din Aura.

Shiva Linga Mudras fokus ligger på Muladhara Chakra, Lingams boning. Denna Mudra lindrar ångest och stress genom att lugna sinnet och ladda kroppen med den täta Jordenergin. Den behandlar inte bara fysisk och mental trötthet genom att ge energi till kroppen utan ökar även självförtroendet och förbättrar intuitionen. På grund av dess kraftfulla effekter när det gäller att jorda ens energi bör Shiva Linga Mudra inte göras mer än två till tre gånger om dagen i tio minuter åt gången.

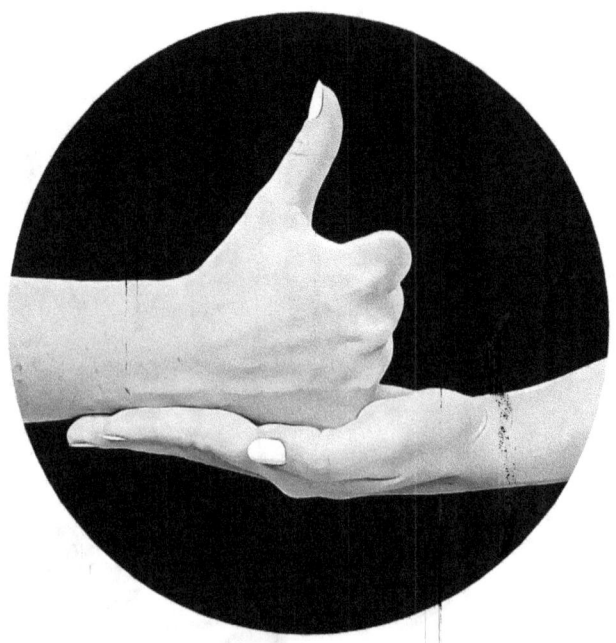

Figur 114: Shiva Linga Mudra

Kundalini Mudra

Kundalini Mudra väcker den sexuella kraften och stimulerar kreativitet och förnyelse. Denna Mudra är känd för att aktivera vilande sexuella begär och läka eventuella problem med reproduktionsorganen. På en subtil nivå förenar utförandet av Kundalini Mudra de maskulina och feminina principerna inom Jaget, vilket underlättar uppvaknandet av Kundalini vid ryggradens bas.

För att utföra Kundalini Mudra gör du en lös knytnäve med båda händerna vid naveln. Sträck sedan ut pekfingret på vänster hand medan du lindar höger handens fyra fingrar runt det. Spetsen på vänsterhandens pekfinger ska ansluta till högerhandens tumme (Figur 115).

Det vänstra pekfingret representerar den individuella Själen och sinnet, medan den högra handens fyra fingrar symboliserar omvärlden. Slutligen representerar den högra tummen Kundalinis heliga kraft. Kundalini Mudra representerar i sin helhet föreningen av det individuella Jaget med Universum. På grund av dess potenta effekt på ens sexuella energi bör Kundalini Mudra inte utövas mer än två till tre gånger om dagen i tio minuter åt gången.

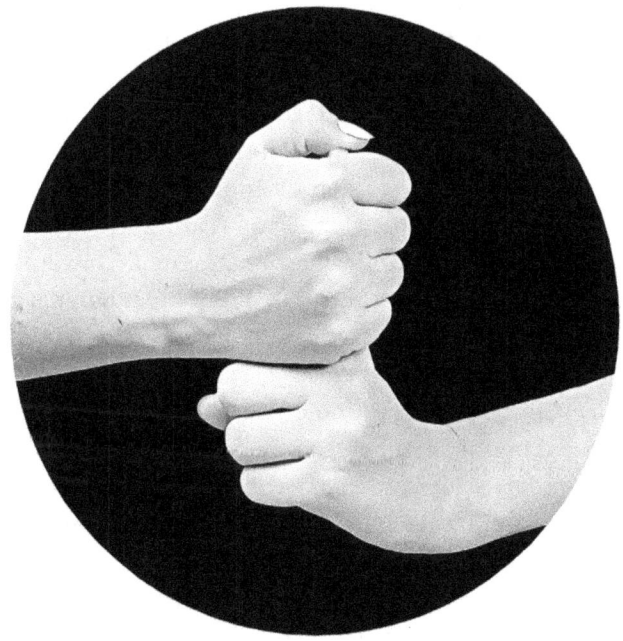

Figur 115: Kundalini Mudra

MANA (HUVUD MUDRAS)

Shambhavi Mudra (Ögonbrynets Centrum)

Shambhavi Mudra är en mycket uppskattad övning inom Yoga och Tantra på grund av dess förmåga att lugna sinnet och uppleva högre medvetandetillstånd. Det är en kraftfull teknik för att väcka Ajna Chakra eftersom den innebär att man stirrar på ögonbrynets centrum där Sinnets Ögontunnel är belägen. Shambhavi Mudra upphäver alla positiva och negativa tankar när den tillämpas på rätt sätt och ger ett tillstånd av Tomhet (Shoonya) eller tanklöshet/tomhet. Dess andra namn är Bhrumadya Drishti, där "bhru" betyder "ögonbrynscentrum" och "drishti" betyder "stirra" på Sanskrit.

Ordet "Shambhavi" kommer från Sanskrit "Shambhu", vilket är en hänvisning till Lord Shiva som en person som är "född av lycka eller lycka". "Shambhavi är den feminina aspekten av Herre Shiva - Kundalini Shakti. Shambhavi Mudra aktiverar inte bara Ajna Chakra utan genom att fokusera på ögonbrynets centrum stimuleras Ida och Pingala Nadis att konvergera vid denna punkt, vilket direkt påverkar Kundalini vid ryggradens bas och kan underlätta en uppstigning.

Shambhavi Mudra är bra för att övervinna rädda, negativa tankar som kommer från det undermedvetna sinnet. Genom att fokusera på ögonbrynens centrum placeras uppmärksamheten på framsidan av huvudet, där det medvetna sinnet verkar från. Inom Hermetiken representerar framsidan av huvudet den Soliska, maskulina aspekten, medan baksidan av huvudet representerar den Månmässiga, feminina aspekten. På det Qabalistiska Livets Träd representerar Qophs väg (Tarotkortet Månen), som bokstavligen betyder "baksidan av huvudet", det undermedvetna sinnet. Omvänt betyder Resh (Solens Tarotkort) "huvudet", vilket syftar på framsidan av huvudet och det medvetna sinnet.

För att påbörja Shambhavi Mudra-övningen, sätt dig i en av de tre Meditationsasanasen medan du slappnar av i kroppen och håller ryggraden rak. Placera händerna på knäna i antingen Jnana eller Chin Mudra. Blunda och slappna av i alla muskler i ansiktet, pannan, ögonen och bakom ögonen samtidigt som du tar några långsamma och djupa andetag. Öppna nu gradvis ögonen och titta framför dig på en fast punkt. För bästa resultat bör du implementera Khechari Mudra som en del av övningen, även om det rekommenderas att börja utan den tills du blir mer bekant med övningen.

Titta uppåt och inåt nu när du fokuserar ögonen på ögonbrynets centrum samtidigt som du håller huvudet och hela kroppen stilla (Figur 116). Om det utförs korrekt kommer ögonbrynens kurva att bilda en V-formad bild vars spets ligger vid ögonbrynens centrum. Om du inte ser V-formationen är blicken inte riktad uppåt och inåt på rätt sätt.

Koncentrera dig på punkten mellan ögonbrynen utan att blinka i några sekunder. Slappna sedan av med ögonen genom att flytta dem till sin ursprungliga position innan du upprepar övningen. Det är viktigt att hålla blicken i endast några sekunder till en början och gradvis öka varaktigheten när du blir mer bekväm med denna övning. Det får aldrig bli för mycket belastning på ögonen. Om du känner obehag i ögonen kan du värma upp händerna genom att gnugga dem mot varandra och täcka ögonen för att tillföra helande energi och ta bort spänningar.

När du får mer erfarenhet av den här övningen kommer det att bli naturligt att fästa blicken på ögonbrynets centrum när musklerna som kontrollerar ögonen blir starkare. När du utför Shambhavi Mudra-övningen, öva dig i att vara uppmärksam samtidigt som du tillämpar Yogisk Andning vid inandning och utandning för att få optimal effekt.

Shambhavi Mudra kan införlivas som en del av Asana-övningar och Pranayama-övningar som Sama Vritti och Moorcha Pranayama. När man utövar den på egen hand bör man börja med fem rundor och gradvis öka till tio under en period av fem månader. Observera att om du har hälsoproblem med ögonen bör du inte utföra denna övning.

Du kan också öva Shambhavi Mudra med slutna ögon när du har fått lite erfarenhet av det. Variationen av denna övning med slutna ögon är den viktiga Sinnets Öga-Meditationen från *The Magus*. Jag diskuterar mekaniken i denna inre Shambhavi Mudra som en del av Kundalini-Meditationerna från kapitlet "Felsökning av Systemet" i den här boken.

Figur 116: Shambhavi Mudra

Nasikagra Drishti (Nästippstittande)

Nasikagra Drishti liknar Shambhavi Mudra, förutom att ögonen fokuserar på näsans spets istället för på ögonbrynens mitt. Termen kommer från Sanskritorden "nasagra" som betyder "nästipp" och "drishti" som kan översättas med "stirra". "Nasikagra Drishti är utmärkt för att stärka ögonmusklerna, utveckla koncentrationen och föra utövaren till högre medvetandetillstånd under meditation. Denna övning är känd för att aktivera Muladhara Chakra, som är kopplat till Hjärnans Frontallob.

För att träna på att titta på näsan håller du pekfingret upprätt på armlängds avstånd i höjd med näsan. Fäst blicken på det och börja långsamt flytta det mot nästippen samtidigt som du håller huvudet stadigt. När fingret når näsans ände (ögonen ska fortfarande vara fokuserade på den) släpper du fingret och flyttar ögonens fokus till nästippen. Efter att ha hållit blicken där i några sekunder, blunda och slappna av innan du upprepar övningen. Tillbringa inte mer än tre till fem minuter per dag med denna övning under de första två veckorna. När det blir okomplicerat att fästa blicken på din nästipp när du vill är du redo för Nasikagra Drishti.

För att påbörja Nasikagra Drishti, sätt dig i en av de tre Meditationsasanasen medan du slappnar av i kroppen och håller ryggraden och huvudet raka. Placera händerna på knäna i antingen Jnana eller Chin Mudra. Blunda och slappna av i alla muskler i ansiktet samtidigt som du tar några djupa, långsamma andetag. Öppna nu gradvis ögonen och fokusera dem på nästippen (Figur 117). Brytning av ljuset som bildar ett V bör kunna ses precis ovanför nästippen om den utförs korrekt. Håll blicken där i några sekunder innan du sluter ögonen och upprepar. Tillbringa inte mer än fem till tio minuter per dag med denna övning och öka varaktigheten efter några månader.

Du kan använda Khechari Mudra som en del av Nasikagra Drishti, även om det rekommenderas att börja utan den den första tiden. Var alltid uppmärksam på att inte belasta ögonen för mycket; om du känner obehag i ögonen kan du värma upp händerna genom att gnugga dem mot varandra och täcka ögonen för att tillföra helande energi. Praktisera Nasikagra Drishti med Yogisk Andning på in- och utandning för optimal effekt. Personer som har hälsoproblem med ögonen eller lider av depression bör inte utföra denna övning.

Du kan också öva Nasikagra Drishti med slutna ögon. Jag upptäckte meditationen med nästippen med slutna ögon på min Andliga resa och dess förmåga att optimera Kundalinikretsen när den har kollapsat. Senare, när jag började med Yoga, fick jag reda på Nasikagra Drishti och dess liknande mekanik. Jag har upptäckt att genom att fokusera på nästippen kopplar man samman med det Undermedvetna Ögats psykiska centrum som ligger mellan de två fysiska ögonen, en centimeter utanför huvudet.

En energikanal löper längs näsans framsida från det Undermedvetna Ögat till nästippen. Nässpetsen fungerar som en utlösande punkt för det Undermedvetna Ögat. Om detta psykiska centrum blir blockerat uppstår en ökning av negativ energi och rädsla i sinnet, vilket vanligen beror på en kollapsad Ida-kanal. Genom att fokusera på nästippen kan du öppna eller återöppna denna kanal om den blir blockerad, vilket lindrar störande, räddhetsbaserade tankar och känslor. Se Kundalini-Meditationerna för mer information om den här övningen (Meditationen för mitten av Ögonen/Nosbron).

Figur 117: Nasikagra Drishti

Shanmukhi Mudra (Stänga de Sju Portarna)

Shanmukhi Mudra består av två rottermer i Sanskrit: "Shan" som betyder "sex" och "mukhi" som betyder "ansikte" eller "port". Shanmukhi Mudra hänvisar alltså till de sex portar genom vilka vi uppfattar den yttre världen - de två ögonen, de två öronen, näsan och munnen. Den här övningen innebär att man stänger de sex perceptionsöppningarna för att blockera kroppens fem sinnen - syn, ljud, lukt och beröring.

Enligt *Patanjalis Yoga Sutras* anses Shanmukhi Mudra vara en Pratyahara-utövning (tillbakadragande av sinnena) - det förberedande stadiet för Dharana (koncentration) och Dhyana (meditation). Shanmukhi Mudra är utmärkt för fokusering och introspektion eftersom vi genom att avskärma oss från den yttre världen får en djupare insikt i vårt inre Jag. Den lugnar också sinnet och nervsystemet och slappnar av och föryngrar ögonen och ansiktsmusklerna genom energin och värmen från händerna och fingrarna.

För att påbörja Shanmukhi Mudra-övningen, sitt i en av de tre Meditationsasanasen och håll ryggraden rak. Placera händerna på knäna i antingen Jnana eller Chin Mudra.

Blunda och ta några djupa andetag för att slappna av i kroppen. Tillåt dig att känna din omgivning innan du blir lösgjord från den.

För maximal nytta och för att potentiellt väcka Kundalini vid ryggradens bas bör denna övning åtföljas av Mula Bandha. Placera därför en liten kudde under ditt perineum för att utöva tryck på detta område och på så sätt aktivera Muladhara Chakra.

Lyft armarna och armbågarna i axelhöjd med handflatorna vända mot dig. Börja stänga dina sinnesorgan ett efter ett med fingrarna. Stäng öronen med tummarna, ögonen med pekfingrarna, näsborrarna med långfingrarna och munnen med ring- och lillfingrarna (Figur 118). Släpp trycket från långfingrarna (delvis) så att du kan andas genom näsborrarna. De övriga sinnesorganen utsätts för ett milt tryck för att se till att de förblir stängda under övningen.

Figur 118: Shanmukhi Mudra

Andas in långsamt och djupt genom de delvis blockerade näsborrarna med hjälp av Yogisk Andningsteknik. I slutet av inandningen stänger du näsborrarna med långfingrarna och håller andan. Ju längre du bekvämt kan hålla andan, desto större effekt får du av denna övning. Släpp nu trycket från långfingrarna och andas långsamt ut genom näsborrarna. Detta avslutar den första rundan.

Börja med fem minuters träning och bygg upp den till trettio minuter under tre månader. När du är redo att avsluta övningen sänker du händerna till knäna med slutna ögon. Tillbringa en stund med att bli medveten om din omgivning innan du öppnar ögonen och avslutar övningen.

För optimal effekt med Shanmukhi Mudra, fokusera på utrymmet mellan ögonbrynen med ögonen stängda för att koppla samman med Ajna Chakra. Var uppmärksam på din andning när du blir avskild från den yttre världen. Med varje andetag bör du gå djupare in i ditt inre jag. När du gör det, lägg märke till hur det får dig att känna dig och till förändringarna i ditt Hjärtchakra. Det är inte ovanligt att du hör olika ljud från ditt inre, till exempel subtila vibrationer som emanerar från Bindu Chakra.

Du kan öva Shanmukhi Mudra när som helst under dagen, även om det är bäst att öva på morgonen eller innan du går och lägger dig. Som med alla Yogiska övningar som ger ett introvert sinnestillstånd bör personer som lider av depression inte praktisera Shanmukhi Mudra.

KAYA (POSTURALA MUDRAS)

Viparita Karani-Inverterad Psykisk Attityd

Viparita Karani kommer från Sanskritorden "viparita", som betyder "inverterad" eller "omvänd", och "karani", som betyder "en viss typ av träning". Syftet med denna Posturala Mudra är att vända nedflödet och förlusten av Amrita (den livgivande Ambrosia nektar som utsöndras från Bindu) genom att använda gravitationen. (Du kan lära dig mer om Amritas användning och syfte i kapitlet "Lalana Chakra och Amritanektar" i det här avsnittet). Dess andra mål är att skapa en sublimering av energi från botten till toppen av kroppen och balansera dess Praniska energiflöde. Eftersom uppmärksamheten bör läggas på Manipura och Vishuddhi vid inandning och utandning, tjänar Viparita Karani till att optimera även dessa två Chakran.

För att komma in i Viparita Karani-ställningen för du benen över huvudet och stödjer höfterna med händerna. Du ska hålla din överkropp så nära en 45-graders vinkel som möjligt medan benen är rakt uppåt (Figur 119). Dina ögon ska titta uppåt på dina fötter medan tårna pekar mot himlen. Håll armbågarna nära varandra samtidigt som du är uppmärksam på att inte trycka hakan mot bröstet. I slutpositionen vilar kroppens vikt på axlar, nacke och armbågar. Om du har problem med att komma in i den här ställningen kan du använda en vägg och kuddar som stöd för benen och överkroppen. Blunda nu och slappna av i hela kroppen.

Använd Jiva Bandha (tungan på gommen) eller Khechari Mudra under hela övningen. Andas sedan in långsamt och djupt med Ujjayi Pranayama samtidigt som du placerar din medvetenhet på Manipura Chakra. På utandningen flyttar du din uppmärksamhet till Vishuddhi Chakra. Detta avslutar den första rundan.

Öva upp till sju rundor till att börja med och byt uppmärksamhet från Manipura på inandningen till Vishuddhi på utandningen och vice versa. Om du känner att trycket byggs upp i huvudet eller om andra obehag uppstår, avsluta övningen omedelbart.

Figur 119: Viparita Karani

Öka successivt antalet rundor från sju till tjugoen under tre månader. Inandning och utandning ska vara lika långa under denna övning. När du blir mer bekväm med den kan du arbeta med att öka varaktigheten samtidigt som du behåller samma förhållande.

Som avslutning på övningen sänker du långsamt ryggraden, kotpelare för kotpelare, medan du håller huvudet på golvet. När skinkorna har sänkts, ta ner benen medan du håller dem raka. Tillbringa några stunder i Shavasana nu för att låta ditt medvetande jorda sig själv. Det är också tillrådligt att utföra en Asana-omställning efteråt för att balansera dina energier.

Viparita Karani är bäst på morgonen. Inkludera denna övning i slutet av ditt dagliga Asana-program och/eller före meditationen. Observera att personer som lider av högt blodtryck, hjärtsjukdomar, nack- eller ryggsmärtor eller för mycket gifter i kroppen inte bör utföra Viparita Karani. Eftersom utförandet av denna övning under en längre tid ökar ämnesomsättningen bör du också undvika den minst tre timmar efter en måltid.

Pashinee Mudra - Vikt Psykisk Attityd

Pashinee Mudra kommer från Sanskritordet "pash", som betyder "snara". "Ordet "Pashinee" syftar på att vara "bunden i en snara", vilket denna position liknar. Att praktisera denna Mudra ger lugn och balans i nervsystemet och framkallar Pratyahara. Den sträcker ut nacken samt ryggraden och ryggmusklerna.

För att påbörja övningen Pashinee Mudra, sätt dig i Halasana (Plogställning), men sära på benen ungefär en och en halv fot. Böj knäna och för låren mot bröstet tills knäna ligger på golvet. I slutpositionen ska knäna vara så nära axlarna och öronen som möjligt (Figur 120).

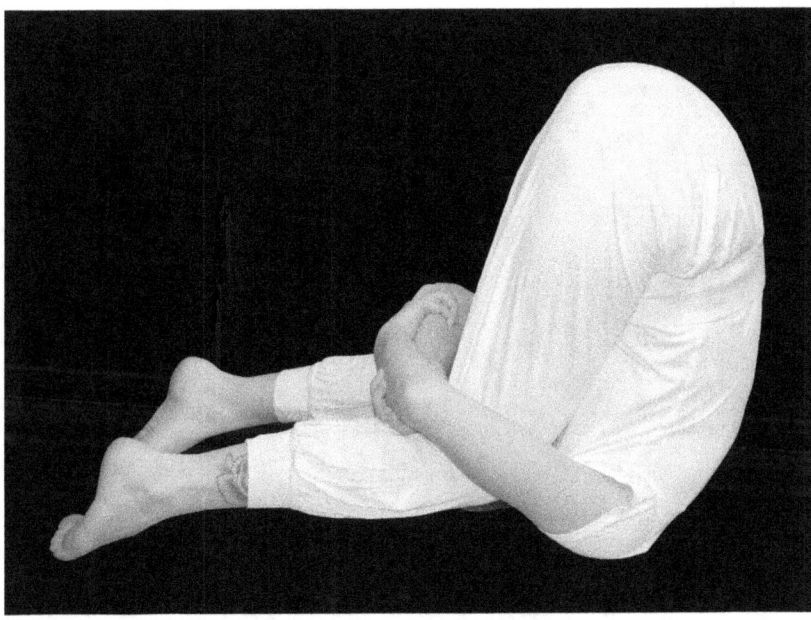

Figur 120: Pashinee Mudra

Slappna av i kroppen och blunda. Ta långsamma och djupa andetag. Behåll denna position så länge som möjligt. Släpp nu försiktigt armarna och kom tillbaka till Halasana. Sänk benen och slappna av i Shavasana i några ögonblick för att låta ditt medvetande jorda sig själv.

Precis som med Viparita Karani är det tillrådligt att utföra en motvikt för att balansera dina energier, vilket skulle vara en bakåtböjd Asana. Observera att personer som lider av ryggradssjukdomar eller nackskador bör undvika denna Mudra. Även menstruerande eller gravida kvinnor bör hoppa över denna övning.

Tadagi Mudra

Tadagi kommer från Sanskritordet "tadaga", som betyder "vattenkropp" eller "vattenkärlsliknande struktur, liknande en sjö eller damm". Denna Mudra-teknik innebär att man formar buken till en tunnform genom djup bukandning, därav namnet. Tadagi Mudra stimulerar Manipura och Hara Chakras och höjer Pranananivån i kroppen. Dessutom uppmuntrar den blodcirkulationen till bukorganen samtidigt som den lindrar eventuella spänningar från bäckenbotten.

Sitt på golvet eller på en Yogamatta med raka ben och fötterna lätt isär. (Benen ska vara raka under hela övningen.) För att anta Tadagi Mudra börjar du med att placera händerna på knäna samtidigt som du håller huvudet och ryggraden raka. Stäng sedan ögonen och slappna av i hela kroppen samtidigt som du andas normalt. Böj dig nu framåt och linda tummen, pekfingret och långfingret över stortån (Figur 121).

Figur 121: Tadagi Mudra

Andas in långsamt och fyll din mage med syre så att den kan expandera helt och hållet. Håll andan under en längre tid på ett bekvämt sätt. Det bör inte vara någon belastning på din kropp vid någon tidpunkt under denna övning. Du kan släppa tårna mellan andningarna för att justera och göra dig bekvämare.

Andas ut långsamt och djupt, låt magen slappna av medan du håller fast vid tårna. En runda är nu klar. Upprepa rundorna fem till tio gånger. När du är redo att avsluta övningen släpper du tårna och återgår till utgångspositionen. Observera att gravida kvinnor och personer som lider av bråck eller prolaps bör undvika den här övningen.

Manduki Mudra - Grodans Hållning

Manduki betyder "groda" på Sanskrit och efterliknar en groda i vila. Dess andra namn är "Grodans Gest" eller "Grodans Attityd". Denna Mudra stimulerar Muladhara Chakra och balanserar det Praniska energiflödet i kroppen. Den lugnar sinnet, balanserar Ida och Pingala Nadis och ökar insiktsnivåerna. Eftersom det handlar om en kraftfull Yoga Asana ökar den styrkan i höfter, knän och vrister och gör dem mer flexibla.

Börja i en enkel knäställning där båda knäna rör vid marken. För att utföra Manduki Mudra justerar du sedan benen så att tårna pekar utåt och skinkorna vilar på golvet (Figur 122). Om den här positionen är obekväm för dig kan du istället sitta på en kudde och placera dina ben och fötter i samma position.

Figur 122: Manduki Mudra

Du bör känna ett tryck på perineum, vilket utlöser Muladhara Chakra. Placera sedan händerna på knäna i antingen Jnana eller Chin Mudra. Du bör hålla ryggraden och huvudet rakt under denna övning. Om du upptäcker att du naturligt lutar dig framåt från den här positionen, håll i knäna och sträck ut armarna för att få stöd. Blunda nu och slappna av i hela kroppen.

Öppna ögonen och utför Nasikagra Drishti. Börja med att lägga tungan på gommen (Jiva Bandha) i en minut eller två och övergå sedan till Khechari Mudra. Din andning ska vara långsam och rytmisk. Om du känner obehag i ögonen, stäng dem i några sekunder och återuppta sedan övningen. Öva Manduki Mudra med Yogisk Andning på in- och utandning för optimal effekt.

Börja med att göra denna övning i två minuter en gång om dagen, helst på morgonen. När du blir mer förtrogen med övningen kan du gradvis öka den till fem minuter för att få optimal effekt. Sinnena ska dras inåt när den utförs korrekt.

Manduki Mudra är en avancerad version av Nasikagra Drishti. Den bör därför utövas i svagt ljus så att näsans spets kan ses tydligt. Följ försiktighetsåtgärderna för att utöva Nasikagra Drishti. Personer med problem med fotleder, knän eller höfter bör vara försiktiga när de utför Manduki Mudra eftersom den kräver att dessa kroppsdelar är flexibla.

BANDHA (LÅS MUDRAS)

Mula Bandha (Sammandragning av Perineum)

Mula Bandha är den första av tre stora energilås som används i Yogiska övningar för att kontrollera flödet av Prana i kroppen tillsammans med Uddiyana och Jalandhara Bandhas. Var och en av de tre Bandhas (lås) förseglar en specifik del av kroppen och skickar Prana inåt och uppåt genom Sushumna Nadi. När alla tre Bandhas används tillsammans kallas övningen Maha Bandha, vilket betyder "det Stora Låset" (Figur 132). Varje Bandha kan också användas för att lösa upp en av de tre Granthis (psykiska knutar), som hindrar Kundalini-energin i dess uppåtgående uppstigning.

Mula Bandha betyder "Rotlås" på Sanskrit och syftar på processen att utnyttja energin i Muladhara, Rotchakrat, och skicka den uppåt genom Sushumna. Mula Bandha är det första energilåset som används för att väcka Kundalini till aktivitet vid basen av ryggraden.

Mula Bandha innebär att man drar ihop specifika muskler mellan anus och könsorganen i perineumregionen, där Muladharas blomhuvud är beläget. Den exakta kontraktionspunkten för män är mellan anus och testiklar, medan den för kvinnor är bakom livmoderhalsen, där livmodern sticker ut i slidan (Figur 123).

Eftersom det är nervernas knutpunkt är det i perineumområdet som vårt nervsystem börjar. Att kontrahera perineum med Mula Bandha har en lugnande effekt på nervsystemet, vilket främjar sinnesfrid samtidigt som koncentrationen ökar.

På en Pranisk nivå omdirigerar Mula Bandha energin från Apana, den del av Prana i kroppen som strömmar nedåt från naveln. Att vända riktningen på Apanas flöde tillsammans med stimulering av de tre Nadis som börjar i Muladhara-regionen kan ha en kraftfull effekt för att väcka Kundalini från sin slummer i svanskottsregionen.

Under ett Kundalini-uppvaknande kan Mula Bandha användas för att överskrida Brahma Granthi som finns mellan Muladhara och Swadhisthana Chakras. På så sätt befrias Själen från särskilda fasthållanden som binder den till Materiens Värld. Att övervinna Brahma Granthi är nödvändigt för att höja Kundalini in i Chakrana ovanför Muladhara.

På ett fysiskt plan stärker Mula Bandha musklerna i bäckenbotten. Den förhindrar för tidig utlösning hos män, medan den för kvinnor lindrar smärtan vid menstruation. Psykologiskt sett hjälper Mula Bandha till att reglera hormoner och främja en sund mental och emotionell tillväxt och utveckling. Denna tidlösa teknik balanserar de manliga och kvinnliga könshormonerna-testosteron och östrogen. Den reglerar thyroxin, som hjälper till med metaboliska aktiviteter, samt serotonin, det humörhöjande hormonet. Mula Bandha är mycket effektiv vid behandling av psykiska problem som mani, hysteri, fobier, neuroser och allmän depression.

För att påbörja Mula Bandha-övningen väljer du en av de tre Meditationsasanasen, helst Siddhasana, som gör att du kan trycka på ditt perineum med hälen. Håll ryggraden och nacken rak samtidigt som du sluter ögonen och slappnar av i hela kroppen. För extra effekt kan du placera händerna på knäna i antingen Jnana eller Chin Mudra.

Bli medveten om det naturliga andetaget när du fokuserar din uppmärksamhet på perinealregionen. Vid nästa inandning drar du ihop denna region genom att dra upp bäckenbottenmusklerna och lyfta dem mot ryggraden. På utandningen släpper du och slappnar av i bäckenmusklerna. Andas långsamt och djupt. Fortsätt att kontrahera och slappna av i perineal/vaginalregionen på ett kontrollerat, rytmiskt sätt och tajma det med inandningen och utandningen. Gör denna övning i några minuter som förberedelse för nästa steg.

Istället för att släppa taget om nästa sammandragning, håll den hårt i några få minuter medan du håller resten av kroppen avslappnad. Fokusera på bäckenbotten och se till att du endast har kontraherat perinealmusklerna som är relaterade till Muladhara-regionen och inte anus eller urinrörets sfinkter. Håll i några sekunder. Släpp kontraktionen nu och låt bäckenmusklerna slappna av. Upprepa övningen så länge du vill med maximal sammandragning följt av total avslappning av bäckenmusklerna.

Det sista steget i Mula Bandha är att hålla andan (Khumbaka). Andas in djupt samtidigt som du drar ihop perineummusklerna. Håll andan nu så länge du bekvämt kan hålla andan samtidigt som du bibehåller kontraktionen. När du andas ut släpper du kontraktionen samtidigt som du slappnar av i hela bäckenregionen. Ta några normala andetag innan du börjar med nästa sammandragning kopplat till att hålla andan. Upprepa övningen så länge du vill. När du är redo att avsluta övningen öppnar du ögonen.

Mula Bandha kan utföras med olika Asanas, Pranayamas, Mudras och Bandhas för att få optimal effekt. När den praktiseras på egen hand bör den utföras som en föregångare till meditation.

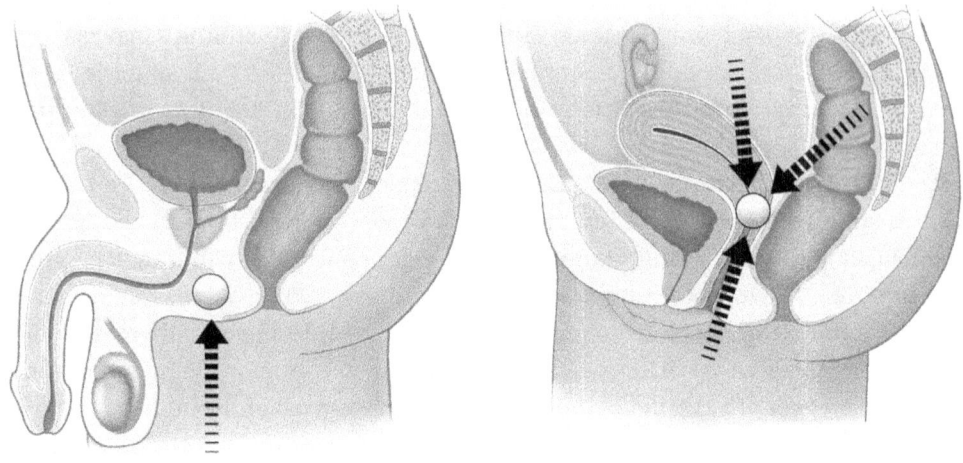

Figur 123: Mula Bandha Kontraktionspunkt

Uddiyana Bandha (Buklås)

Uddiyana på Sanskrit betyder "Uppåtflygande" och syftar på tekniken att låsa Pranisk energi i bukregionen och styra den uppåt genom Sushumna Nadi. Detta "Buklås" innebär att man drar ihop och lyfter bukväggen inåt (mot ryggraden) och uppåt (mot bröstkorgen) samtidigt. Vid korrekt tillämpning höjer sig diafragman mot bröstet. Tänk på att den här övningen endast utförs med yttre andningsuppehåll.

Den bästa tiden att träna Uddiyana Bandha är på morgonen på tom mage och med tomma tarmar. Denna övning förbereder din mage för bättre matsmältning under hela dagen eftersom den tänder matsmältningens eldar samtidigt som den renar gifter från kroppen. Den masserar och renar bukorganen samtidigt som den tonar de djupa inre musklerna i detta område. Uddiyana Bandha möjliggör en mer optimal blodcirkulation till bukorganen genom att skapa ett vakuum i bröstet. Den balanserar också Binjurarna, vilket avlägsnar spänningar och lindrar ångest. Många Yogis har noterat att utförandet av Uddiyana Bandha stoppar åldrandeprocessen och får äldre människor att känna sig unga igen.

På en energisk nivå laddar Uddiyana Bandha Hara Chakra med Pranisk energi samtidigt som den stimulerar Manipura Chakra, som starkt påverkar fördelningen av energi i hela kroppen. Sugtrycket som skapas av Uddiyana Bandha vänder på energiflödet av Apana och Prana och förenar dem med Samana. När den kombineras med Mula Bandha och Jalandhara Bandha som en del av Maha Bandha (det Stora Låset) kan den här övningen inte bara utlösa ett Kundaliniväckande utan även bidra till att höja Kundalinin till Kronan. (Mer om detta i ett senare kapitel.)

Under ett Kundalini-uppvaknande kan Uddiyana Bandha användas för att överskrida Vishnu Granthi som finns mellan Manipura och Anahata Chakras. Att övervinna Vishnu Granthi gör att vi kan uppleva villkorslös kärlek i Anahata Chakra som de högre Andechakrana ger bränsle till. Att nå fram till Hjärtchakrat är avgörande i Kundalinis uppvaknandeprocess eftersom vi väcker Gurun inom oss - vårt Högre Jag.

Du kan öva Uddiyana Bandha i stående eller sittande ställning. Om du är nybörjare är det lättare att fokusera och kontrollera magmusklerna i stående ställning. Du vill sedan gå över till sittande ställning när du känner dig bekväm med mekaniken i denna övning.

Figur 124: Stående Uddiyana Bandha

Börja Uddiyana Bandha stående, håll ryggraden rak och böj knäna lätt med ett avstånd på en och en halv meter mellan dem. Luta dig nu framåt samtidigt som du lägger händerna på låren, strax ovanför knäskålarna. Ryggraden ska vara horisontell medan armarna är raka då fingrarna pekar inåt eller nedåt, beroende på vad som är mest bekvämt. Du bör böja knäna något eftersom de stöder överkroppens vikt (Figur 124).

Slappna av och ta några långsamma och djupa andetag, in genom näsborrarna och ut genom munnen. Det bör ske en automatisk sammandragning av bukregionen i denna position. Böj huvudet framåt men tryck inte hakan mot bröstet eftersom det utlöser Jalandhara Bandha.

Ta ett djupt andetag nu och när du andas ut sträcker du knäna, vilket automatiskt drar ihop buken uppåt och inåt mot ryggraden och aktiverar Uddiyana Bandha. När du är redo, andas in djupt och släpp buklåset samtidigt som du slappnar av i mage och bröstkorg. Lyft nu upp huvudet och bålen till den upprättstående positionen. Stanna kvar i den stående positionen tills andningen återgår till det normala. Den första rundan är nu avslutad.

För att börja Uddiyana Bandha i sittande ställning, sätt dig i Padmasana eller Siddhasana, där knäna har kontakt med golvet. Slappna av i kroppen samtidigt som du håller ryggraden rak. Placera handflatorna platt på knäna. Ta några djupa andetag samtidigt som du håller kroppen avslappnad.

Andas in djupt genom näsborrarna. När du andas ut lutar du dig lätt framåt och trycker ner knäna med händerna samtidigt som du sträcker ut armbågarna och höjer axlarna så att ryggmärgen kan förlängas ytterligare. Böj sedan huvudet framåt och pressa hakan mot bröstet, vilket utlöser Jalandhara Bandha. Som en del av samma rörelse drar du ihop magmusklerna inåt och uppåt mot ryggraden, vilket aktiverar Uddiyana Bandha. Håll utan andning så länge du kan bekvämt och utan ansträngning.

När du är redo andas du in djupt och släpper Buklåset medan du böjer armbågarna och sänker axlarna. Höj nu huvudet på utandningen, släpp Jalandhara Bandha och stanna kvar i denna position tills andningen återgår till det normala. Detta avslutar den första rundan.

Observera att du måste andas ut helt och hållet för att komma in i Uddiyana Bandha, eftersom sammandragningen av buken är beroende av att du har tom mage. När du håller andan, tänk på att inte andas in alls, eftersom det kan minimera effekterna av Uddiyana Bandha.

Börja med tre till fem rundor och öka gradvis till tio rundor under några månader. Uddiyana Bandha utförs helst i kombination med olika Asanas, Pranayamas, Mudras och Bandhas. När den praktiseras på egen hand bör den utföras som en föregångare till meditation. Observera att du kan öva Uddiyana Bandha tillsammans med Jalandhara Bandha (Figur 125) men också utan den. Arbeta med båda metoderna för att bekanta dig med effekterna av var och en av dem.

Personer som lider av högt blodtryck, bråck, mag- eller tarmsår, hjärtsjukdomar eller andra bukproblem bör inte träna Uddiyana Bandha. Kvinnor bör inte heller utöva Maha Mudra under menstruation eller graviditet.

Figur 125: Sittande Uddiyana Bandha (med Jalandhara Bandha)

Jalandhara Bandha (Hals Lås)

På sanskrit betyder "Jal" "strupe", medan Jalan betyder "nät" och "dharan" betyder "ström" eller "flöde". Jalandhara Bandha kontrollerar och fångar upp energi i halsen genom nerverna och kärlen i halsområdet. Den är ganska enkel att utföra eftersom den kräver att utövaren bara för ner hakan och låter den vila på bröstet, vilket begränsar andningen att gå neråt. Denna kraftfulla övning sträcker ryggmärgen i halsområdet samtidigt som den har kraftfulla, subtila effekter på ett inre plan.

Jalandhara Bandha riktar sig till Strupchakrat, Visshudhi, som är det lägsta av de tre Andliga Chakrana. Genom att hindra flödet av Prana till huvudet genom att låsa halsen överladdas de fyra lägre Elementära Chakrana. Det stimulerar överkroppens organ medan de andra två bandhas, Uddiyana och Mula, riktar sig till underkroppen.

För att påbörja Jalandhara Bandha, sitt i en meditativ ställning så att knäna nuddar golvet. Du kan också öva denna övning stående, till exempel i Bergsställningen. När du sitter kan du placera händerna på knäna i antingen Jnana eller Chin Mudra medan du sluter ögonen och slappnar av i hela kroppen. Andas in djupt och håll andan. Böj nu huvudet framåt och pressa hakan hårt mot bröstet. Sträck ut armarna och lås dem i position, vilket kommer att lyfta axlarna uppåt och framåt något. För medvetandet till halsen och håll det där.

Stanna kvar i denna ställning och behåll andningen (inre Khumbaka) så länge som möjligt och känn effekterna av denna övning. När du är redo att släppa energilåset böjer du armarna och låter axlarna slappna av. Därefter lyfter du långsamt huvudet och andas ut, allt i en och samma rörelse. På detta sätt fullbordas en runda. Ta några andetag nu och låt andningen återgå till det normala innan du börjar nästa runda.

Tänk på att du också kan utföra den här övningen genom att hålla andan efter en utandning (extern Khumbaka). Proceduren är densamma förutom att du böjer huvudet nedåt och håller andan efter utandningen i stället för inandningen. Var uppmärksam på att aldrig andas in eller ut förrän haklåset har släppts och huvudet är upprätt. Börja övningen med tre till fem rundor och öka gradvis till tio rundor under några månader.

Observera att Jalanadhara Bandha är bäst på morgonen och kan läggas till olika Pranayama-övningar och Bandhas. Kom ihåg att hålla ryggraden rak, annars stör du energiflödet genom ryggradens centrala kanal. Personer som lider av högt blodtryck, hjärtproblem eller problem med hals och nacke bör inte utöva Jalandhara Bandha.

Jiva Bandha

Jiva (eller Jivha) Bandha är den fjärde Bandha och ett av de mest användbara verktygen inom Yoga, särskilt för Kundalini-uppvaknade personer. Den kan användas ensam eller som ett alternativ till Khechari Mudra under vissa Asanas, Mudras eller Pranayamas. Jiva betyder "Varelse med en Livskraft eller Själ" på Sanskrit, och därför gör denna Bandha det möjligt för individen att kontrollera sin Praniska energi. Prana är oförstörbar och dess ursprung är Solen, liksom Själens ursprung. Prana beskrivs bäst som en förlängning av Själens Livsenergi. Jiva Bandha är väsentlig för att stänga Kundalinis energikrets i Ljuskroppen så att sublimerad Prana kan cirkulera och ge näring åt de Sju Chakrana.

Jiva Bandha innebär att du placerar tungan på den övre gommen i munnen och ansluter dess spets till undersidan av framtänderna (Figur 126). Du ska inte utöva något tryck utan bara hålla tungan i denna position.

Alla fullt Kundaliniväckta personer bör tillämpa Jiva Bandha som neutral position för sina tungor, eftersom det gör det möjligt för Kundalinienergin att kanaliseras uppåt mot Sinnets Öga där Ida och Pingala förenas och öppnar dörren till det Sjunde Ögat. Som tidigare beskrivits är Bindu ingångspunkten för Kundalinikretsen, medan det Sjunde Ögat är utgångspunkten. Båda måste vara öppna för att den Kundaliniväckta individen ska kunna uppleva det hänförande riket av icke-dualitet, det Andliga Riket. Jiva Bandha underlättar denna upplevelse och kan också användas för att återuppbygga Kundalinikretsen hos uppvaknade individer.

Jiva Bandha kan utföras med stängd mun, som jag just beskrev, eller med öppen mun. Yogis anser att Prana endast kan assimileras genom bihålorna; därför är det inte nödvändigt att ha munnen öppen för att andas och gynna medvetandet. Men eftersom att ha munnen öppen när man utövar Jiva Bandha slappnar av i käken, rekommenderas det också som en övning.

För Kundalini-uppvaknade personer är det opraktiskt att utföra Jiva Bandha med öppen mun som en regelbunden del av dagen. Jiva Bandha bör därför utövas med öppen mun när personen är ensam och i ett säkert utrymme. I båda fallen bör du tillämpa Yogisk Andning med tonvikt på Diafragmatisk och Thorakal Andning. För att få ytterligare fördelar kan du öva Ujjayi Pranayama.

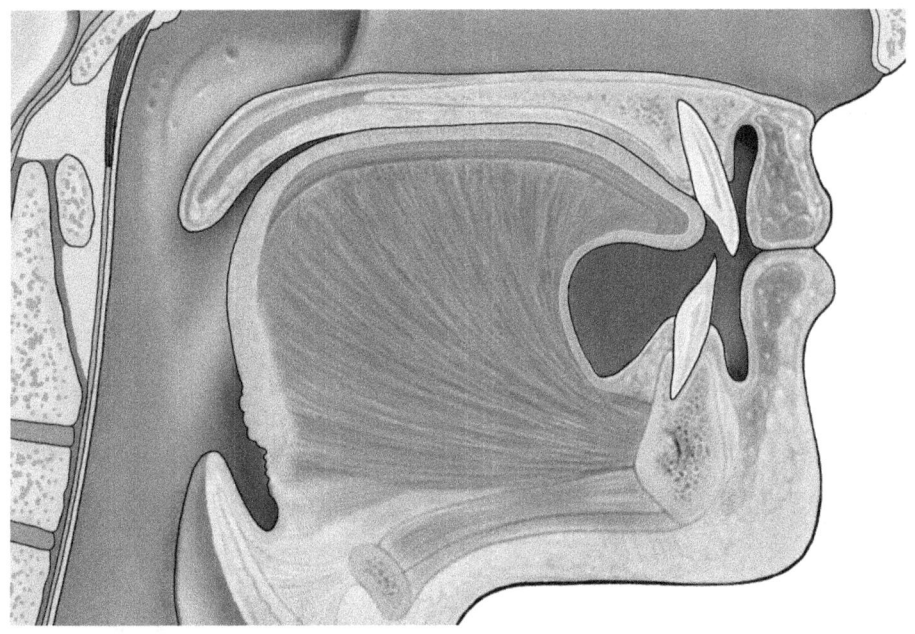

Figur 126: Jiva Bandha

Maha Mudra - Den Stora Gesten

Maha betyder "stor" på Sanskrit, vilket är anledningen till att det Engelska namnet på den här Mudran är "Great Seal", "Great Gesture" eller "Great Psychic Attitude". " Maha Mudra kallas så eftersom den involverar olika individuella Yogatekniker, höjer ens sexuella energipotential och underlättar en Alkemisk transformation.

Maha Mudra är den första av tio Mudras som nämns i Hatha Yoga Pradipika och som tros ha förmågan att förgöra ålderdom och död. Förutom dess fördelar som Mudra anses den vara en mästerlig Asana eftersom den kombinerar alla fem riktningsrörelser i ryggraden: framåtböjning, bakåtböjning, vridning, sidoböjning och axial förlängning.

Till skillnad från andra Yogamudror är Maha Mudra en typ av Bandha Mudra (låsgestik) eftersom den involverar en eller flera av de tre Bandhas. När alla tre Bandhas tillämpas förseglas övre och nedre delen av bålen så att ingen Prana kan frigöras från kroppen, vilket ökar potentialen att väcka Kundalini-energin vid ryggradens bas.

Maha Mudra görs bäst på morgonen på tom mage. Det finns två anmärkningsvärda varianter av Maha Mudra. I den första varianten utövar du tryck på perineum med hälen

(Mula Bandha) samtidigt som du utför Shambhavi Mudra och övar inre andningsuppehåll (Khumbaka). Genom att göra detta utnyttjas energierna i Muladhara-, Vishuddhi- och Ajna-Chakrana. Hela energisystemet laddas med Prana, vilket intensifierar medvetenheten och underlättar meditation.

En annan variant är en avancerad form som kallas Maha Bheda Mudra. ("Bheda" på Sanskrit betyder "genomborrande".) Den andra varianten innehåller samma element som den första med tillägg av Uddiyana och Janadhara Bandhas, vilket aktiverar Kundalini att stiga upp genom Sushumna och genomborrar de Sju Chakrana på vägen.

För att påbörja Maha Mudra, sitt på golvet eller din Yogamatta med utsträckta ben och rak ryggrad. Andas långsamt och djupt. Händerna ska vara placerade på golvet vid din sida. Vik det vänstra benet nu och utöva tryck på perineum med den vänstra hälen. Det vänstra knäet ska nudda golvet. Det högra benet ska förbli utsträckt under hela övningen. Placera nu båda händerna på höger knä medan du slappnar av i hela kroppen och genomför Khechari Mudra.

Böj dig framåt nu och håll i stortån på höger fot med båda händerna. Huvudet ska vara framåtvänt och ryggraden ska vara så rak som möjligt (Figur 127). Andas nu långsamt in medan du aktiverar Mula Bandha. Luta och håll huvudet något bakåt. Utför Shambhavi Mudra nu medan du håller andan i åtta till tio sekunder.

Figur 127: Maha Mudra

Medan du håller andan, gör du en cykel av din medvetenhet från ögonbrynscentrum till halsen, ner till perineum och tillbaka igen. Upprepa mentalt "Ajna, Vishuddhi, Muladhara" samtidigt som du behåller koncentrationen på varje Chakra i en till två sekunder. När du andas ut släpper du Shambhavi Mudra och Mula Bandha samtidigt som du återför huvudet till den upprättstående positionen. Upprepa hela processen men med det högra benet vikt i stället. På detta sätt fullbordas en runda, vilket motsvarar två kompletta andetag.

Den andra varianten innebär att man drar ihop bukregionen efter att ha aktiverat Mula Bandha, vilket startar Uddiyana Bandha. Därefter flyttar man huvudet framåt i stället för att böja det bakåt, vilket initierar Jalandhara Bandha. Slutligen utförs Shambhavi Mudra medan du håller andan i åtta till tio sekunder. Upprepa mentalt "Vishuddhi, Manipura, Muladhara" medan du koncentrerar dig på halsen, buken och perineum, i tur och ordning, i en till två sekunder vardera.

När du andas ut släpper du Shambhavi Mudra, följt av att låsa upp Bandhas i omvänd ordning. Upprepa samma process med den högra foten viken, så att du fullbordar en hel runda. I Maha Bheda Mudra är en kombination av Asana, Pranayama, Bandha och Mudra inblandade för optimala Andliga resultat.

Börja med att träna tre omgångar med den första varianten under några veckor tills du får lite erfarenhet av övningen. Därefter kan du träna den andra, mer avancerade varianten med de Tre Bandhas applicerade. Efter några månader kan du öka antalet rundor till fem. Maha Bheda Mudra kompletterar Maha Mudra för att överladdning av hela systemet mellan kropp och själ.

Du bör endast träna Maha Mudra efter ett Asana- och Pranayama-pass och före ett meditationspass. Slutför alltid Maha Mudra-processen genom att öva den på både vänster och höger sida.

Försiktighetsåtgärder för Shambhavi Mudra tillämpas under denna övning. Personer som lider av högt blodtryck, hjärtproblem eller glaukom bör inte utföra Maha Mudra. Eftersom den genererar mycket värme i kroppen är det bäst att undvika denna övning under varma sommardagar. Kvinnor bör inte heller utöva Maha Mudra under menstruation eller graviditet. För Maha Bheda Mudra ingår även försiktighetsåtgärder för Uddiyana och Jalandhara Bandhas.

ADHARA (PERINEALA MUDRAS)

Vajroli Mudra (Man) och Sahajoli Mudra (Kvinna)
Vajroli Mudra är en avancerad Hatha Yoga-utövning som syftar till att bevara mannens sperma, så att den sexuella energin kan sublimeras och användas för Andliga ändamål. Sahajoli Mudra är den kvinnliga motsvarigheten till samma övning som ger liknande fördelar.

Vajroli härstammar från Sanskrit rotordet "vajra", som är ett oförstörbart vapen från Hinduguden Indra med blixtens egenskaper, nämligen åskviggen. När utövaren har uppnått kontroll över sin sexuella kraft i genitalområdet får den alltså den att röra sig uppåt i Chakrana med blixtens kraft. Av denna anledning kallas Vajroli Mudra ofta för "Åskviggsgesten". "

Vajra är också en Nadi som börjar vid könsorganen och som engagerar den sexuella energin. Aktiveringen av Vajra Nadi med denna Mudra gör att den sexuella energin stiger uppåt i hjärnan, vilket inte bara ökar ens styrka utan också underlättar meditativa tillstånd. Omvänt kommer Sahajoli från rotordet "sahaj", som betyder "spontan" och som har att göra med upphetsning och kontroll av den sexuella kraften hos kvinnor.

Vajroli Mudra innebär att musklerna runt penisbasen dras ihop och stärks med tiden. Denna övning gör det möjligt att kontrollera det urogenitala systemet, inklusive att hålla orgasmen genom att hålla kvar sädesvätskan. Som ett resultat av detta är Vajroli Mudra en kraftfull övning som leder till sexuell potens även i hög ålder. Dessutom förhindrar dess dagliga utövning för tidig utlösning, ett vanligt problem hos män.

Sahajoli är en övning som innebär att man drar ihop urinvägarna för att styra om den sexuella energin hos kvinnor och låta den röra sig uppåt till Chakrana och hjärnan. Denna övning ger kontroll över menstruationsflödet och hjälper till att kontrollera ägglossningen.

På en subtil nivå stimulerar både Vajroli och Sahajoli Mudras Swadhisthana Chakra, som är involverat i Kundalinis uppvaknandeprocess. Båda övningarna tonar den urogenitala regionen samtidigt som de tar hand om urinstörningar. Dessutom är båda övningarna terapeutiska vid sexuella störningar.

För att börja med Vajroli eller Sahajoli Mudras, sätt dig i en bekväm Meditationsasana och håll huvudet och ryggraden raka. Placera sedan händerna på knäna i antingen Jnana- eller Kina-Mudran, blunda och slappna av i hela kroppen. Din andning bör vara normal. Placera nu din medvetenhet på urinröret (Figur 128). Män bör lägga sin uppmärksamhet på penisroten, inte på spetsen.

Andas in djupt och håll andan medan du drar upp urinröret. Detta liknar ett intensivt behov av att kissa men att hålla tillbaka det. När du utför denna sammandragning bör testiklarna hos män och blygdläpparna hos kvinnor röra sig något uppåt mot naveln. Se till att din sammandragning är begränsad till enbart urinröret. Håll kontraktionen så länge som det är bekvämt och släpp den sedan när du andas ut. På detta sätt fullbordas en runda. Utför fem till tio rundor av Vajroli eller Sahajoli Mudras under de första veckorna. När din hållningsförmåga förbättras kan du gradvis öka till tjugo rundor inom några månader.

För en mer avancerad version av dessa två övningar kan du välja Navasana, Båtpositionen, i stället för en Meditationsasana. Tänk på att du behöver en stark core för att utföra denna variant. För att börja börjar du i Shavasana medan du andas normalt och slappnar av. För sedan benen till en viss vinkel mot marken och håll dem raka. Lyft nu upp bröstet så att du bildar en V-form med kroppen och vilar all din vikt på skinkorna.

Du bör känna ett enormt tryck på magmusklerna under Båtpositionen. Lyft händerna rakt framför dig nu för att balansera dig.

Från Navasana följer du samma instruktioner om att dra ihop urinröret och hålla andan efter inandningen och sedan släppa sammandragningen när du andas ut. Om du har svårigheter med att hålla andan invändigt kan du istället andas normalt under denna övningsvariant. När du är klar med övningen går du tillbaka till Shavasana i några minuter för att slappna av innan du avslutar övningen. Observera att personer som lider av medicinska tillstånd relaterade till urinvägarna bör konsultera en läkare innan de påbörjar Vajroli eller Sahajoli Mudras.

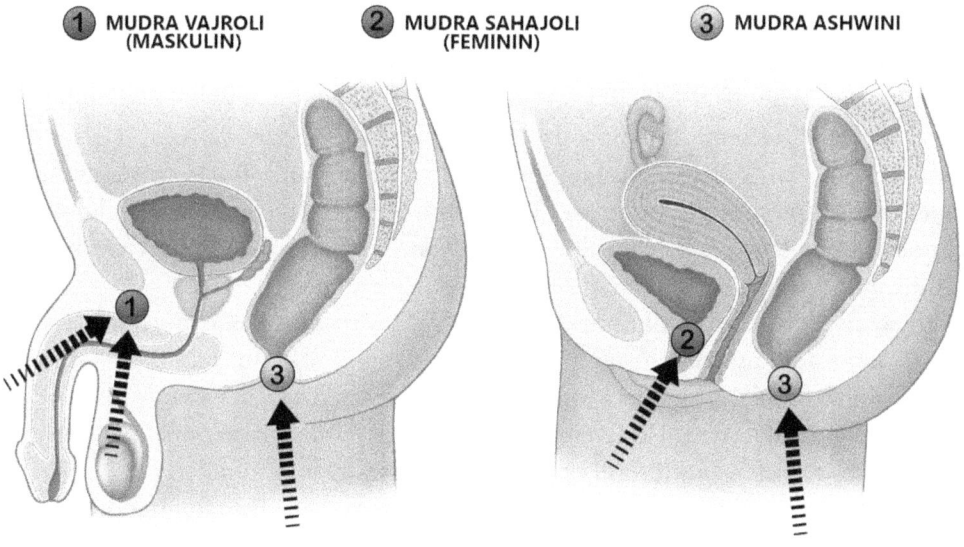

Figur 128: Vajroli, Sahajoli och Ashwini Mudras Kontraktionspunkter

Ashwini Mudra (Hästgest)

Ashwini Mudra är en Tantrisk övning som används för att generera och föra Pranisk energi uppåt genom Sushumna-kanalen. Denna övning innebär att man rytmiskt drar ihop analsfinktern, vilket genererar Pranisk energi i Bäckenbotten innan den pumpas uppåt. Det är en enkel övning som stimulerar Kundalini-energin, som ligger mellan perineum och coccyx vid Muladhara Chakra.

Ashwinis rotord "Ashwa" är Sanskritens translitteration för "häst". "Den här övningen kallas Hästgesten eftersom den efterliknar det märkliga sätt på vilket hästar drar ihop sina anala muskler efter att ha gjort avföring, vilket drar energi uppåt i stället för att låta den flöda neråt.

Genom att kontrahera analmusklerna med Ashwini Mudra, vänds energin som vanligtvis flödar nedåt och ut ur kroppen (Apana Vayu) och flödar uppåt mot de inre organen, vilket stärker dem i processen. När Apana Vayu fyller de nedre organen till full kapacitet uppstår ett tryck längst ner på ryggraden, vilket gör att Pranisk energi flödar genom Sushumna Nadi.

Även om Ashwini Mudra liknar Mula Bandha är de muskler som är inblandade i processen olika. I Ashwini Mudra engagerar vi ett större område av bäckenmusklerna, vilket gör den till en lämplig förberedande övning för Mula Bandha. Medan Ashwini Mudra är inriktad på att kontrahera och släppa analmusklerna, vilket omdirigerar det naturliga energiflödet och underlättar dess flöde uppåt, är Mula Bandhas fokus på att hålla musklerna för att låsa in energin i bäckenområdet.

För att börja Ashwini Mudra-övningen, sätt dig i en bekväm Meditationsasana. Blunda och slappna av i hela kroppen samtidigt som du blir medveten om din naturliga andning. Placera din medvetenhet på ditt anus nu (Figur 128) och spänn ihop dina analsfinktermuskler i några sekunder och slappna sedan av. Andas normalt medan du gör det.

För maximal sammandragning, tryck lite mer på insidan av anus för att lyfta upp sfinktermusklerna. Det ska kännas som om du håller inne din tarmrörelse och sedan släpper den. Utför kontraktionen tio till tjugo gånger jämnt och rytmiskt. När övningen är avslutad släpper du den sittande ställningen och kommer sedan långsamt ut ur ställningen.

För en mer avancerad variant av Ashwini Mudra kan du öva på att hålla andan (Khumbaka) under sammandragningsfasen. Andas in långsamt och djupt och dra sedan ihop analsfinktermuskulaturen i fem sekunder medan du håller andan. På utandningen släpper du kontraktionen. Utför fem till tio rundor av denna variant av Ashwini Mudra under de första veckorna, upp till tjugo rundor inom några månader.

Observera att utövare också kan integrera Pranayama, Bandhas och andra Mudras med Ashwini Mudra. Du kan till exempel inkludera Jalandhara Bandha och Khechari Mudra tillsammans med Diafragmatisk och Thorakal Andning för maximal effekt. Om du gör det kommer det att ha en större inverkan på Kundalini vid basen av ryggraden och kan underlätta en uppstigning.

Regelbunden användning av Ashwini Mudra renar kroppens energikanaler (Nadis), vilket resulterar i ett mer balanserat mentalt och emotionellt tillstånd. På ett fysiskt plan övervinner den dagliga användningen många besvär relaterade till nedre delen av buken och tjocktarmen. Dessutom ger den utövaren medveten kontroll över sin omedvetna kroppsaktivitet, vilket resulterar i större kontroll över det autonoma nervsystemet. För män hjälper utförandet av Ashwini Mudra vid erektil dysfunktion samtidigt som den reglerar Prostatakörteln och rensar alla problem som är relaterade till den.

Gravida kvinnor och personer med högt blodtryck eller hjärtsjukdomar bör inte utföra Ashwini Mudra med inre andningsuppehåll. Som en sista kommentar, tänk på att inte dra ihop anala musklerna när tarmarna är fulla av avföring eller gas.

DE FEM PRANA VAYUS

Prana är Ljusenergi, en Livskraft som genomsyrar varje atom i våra kroppar och i Solsystemet där vi befinner oss. Prana-energin har sitt ursprung i Solen och är direkt ansvarig för vår vitalitet och vårt välbefinnande. Som nämnts får vi Prana från maten vi äter, vattnet vi dricker och luften vi andas - det är den Livsenergi som upprätthåller vårt sinne, vår kropp och vår Själ.

Själva andningen är en handling som för in Prana i kroppen. Varje andetag fyller blodomloppet med syre och kultiverar cellmetabolismens eldar samtidigt som kroppen befrias från avfall. Att förse våra kroppar med mat och syre skapar grunden för varje aktivitet vi utför.

I människokroppen påverkar den Praniska energin direkt det Astrala Planet, särskilt Pranamaya Kosha eller den högre Astrala Kroppen av Vattenelementet. Prana delas upp i fem underenergier som kallas de Fem Vayus. På Sanskrit kan Vayu översättas till "vind" eller "luft", vilket avser andningen. Vayu är också Luftelementets Tattva och ett av de klassiska Elementen inom Hinduismen. Andningskontroll och andningsövningar är viktiga i alla Yogiska och meditationsövningar - att manipulera Prana i kroppen kan ha många effekter, varav en är att väcka Kundalini-energin vid ryggradens bas.

De fem Prana Vayus påverkar direkt Vattenelementet i kroppen genom Luftelementet, eftersom vatten behöver luft för att levandegöra och ge liv. Denna motsvarighet finns också i naturen eftersom $H2O$-molekylen (vatten) innehåller syre (luft) i sig själv. På samma sätt reglerar andningen ens medvetande från ett ögonblick till ett annat.

De fem Vayus är Prana, Apana, Samana, Udana och Vyana (Figur 129). Varje Prana Vayu regleras av ett eller flera Chakras, och varje Vayu ansvarar för olika men viktiga funktioner i kroppen. När vi förstår varje Prana Vayus roll kan vi förstå hur Prana tjänar våra kroppar. De fem Vayus är Pranas olika manifestationer och processer på samma sätt som de olika lemmarna utgör människokroppen.

För att vara tydlig: Prana fungerar både genom den fysiska kroppen och Ljuskroppen. Mat och syre förs in genom den fysiska kroppen, som sedan bryts ner för att driva Chakrana och ge näring åt Ljuskroppen och dess motsvarande Subtila Kroppar (relaterade till de inre Kosmiska Planen). Ljuskroppen kräver dessa olika mekanismer som bearbetar och använder Pranisk energi. De Fem Vayus kan jämföras med stora oceaner, där varje ocean innehåller tusentals mindre strömmar inom dem.

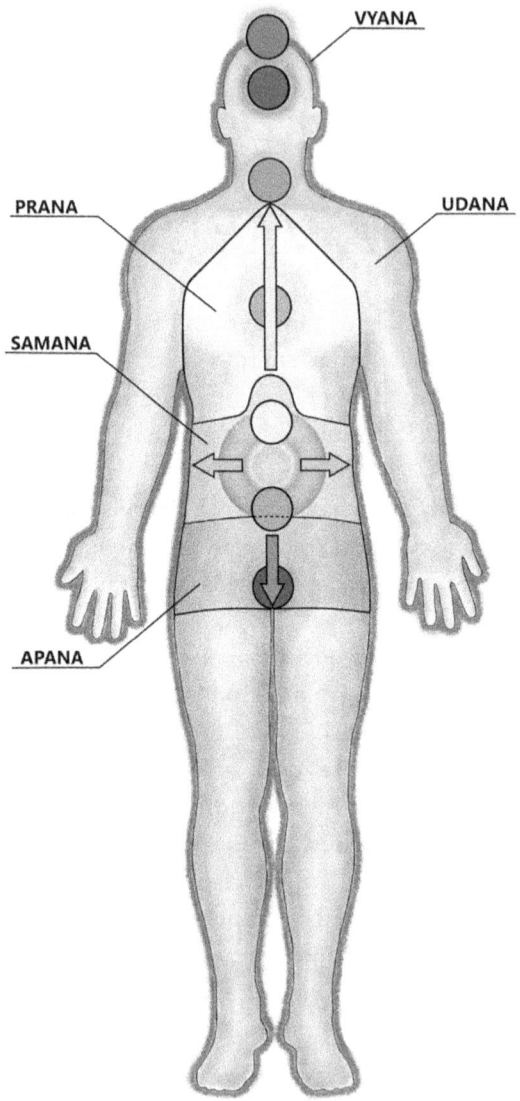

Figur 129: De fem Prana Vayus

Prana Vayu

Prana Vayu är en uppåtriktad energi som utgår från huvudet/bröstet och kan översättas med "luft som rör sig framåt". "Den är ansvarig för allt som kommer in i våra kroppar, t.ex. syre, mat och sensorisk information. Som sådan hänvisar Prana Vayu till allt hur vi tar in energi, varav det viktigaste är inandningen eftersom vi inte kan leva utan syre i mer än några minuter.

Prana Vayu är förknippad med Anahata Chakra och Luftelementet. Den reglerar våra tankar. Det är den viktigaste av de Fem Vayus, så den allmänna termen "Prana" används för att omfatta alla de Fem Vayus. Prana Vayu är den grundläggande energin i kroppen som styr de fyra andra Vayus.

Prana Vayu reglerar andning, immunitet, vitalitet och hjärtat. Den är relaterad till intelligens och kraften i sensoriska och motoriska funktioner. De organ som den styr är hjärtat och lungorna. Även om vissa tankeskolor säger att Pranas primära hemvist är i bröstet/hjärtområdet, säger andra att den sträcker sig in i huvudet också. Varje gång vi fokuserar vår uppmärksamhet på något manipulerar vi Prana i kroppen och involverar Ajna Chakra i processen.

Apana Vayu

Apana Vayu, som utgår från basen av bålen, kan översättas som "luften som försvinner". "Den är förknippad med Muladhara Chakra och Jordelementet. Jorden är det sista Elementet i manifestationsprocessen, och Apana är Prana Vayu som representerar elimineringen av allt som vår kropp inte längre behöver, såsom negativ energi och kroppsligt avfall, som avföring och urin, sperma och menstruationsvätska. Apana representerar sedan den nedåtriktade och utåtriktade energin och andningens utandning.

Liksom huvudet har öppningar som är lämpliga för Pranas inåtriktade flöde, har basen av bålen öppningar som krävs för Apanas arbete. Apana styr njurarna, urinblåsan, tarmarna samt utsöndrings- och fortplantningssystemen. Apana involverar också Swadhisthana Chakra och Vattenelementet när det gäller eliminering av sexuella vätskor från kroppen (sperma hos män och vaginala vätskor hos kvinnor) och frigörandet av negativ energi som lagrats i det undermedvetna sinnet som skadliga känslor.

Samana Vayu

Samana Vayu verkar från navelregionen, mellan Prana och Apana Vayus, och kan översättas som "den balanserande luften". "Eftersom Prana Vayu är inandningen och Apana är utandningen, är Samana tiden mellan inandning och utandning. Samana Vayu handlar om matsmältning, absorption, assimilering och manifestation. Den är förknippad med Hara, Navelchakrat, som drivs av Manipura- och Swadhisthana-Chakrana (Eld- och Vattenelementen). Samana har dock en primär koppling till Eldelementet, eftersom den verkar i samband med Agni (matsmältningselden) och är centrerad i magen och tunntarmen.

Samana gör det möjligt att mentalt skilja mellan nyttiga och onyttiga tankar. Den styr levern, magsäcken, tolvfingertarmen, mjälten samt tunn- och tjocktarmen. Samana (tillsammans med Agni) levererar den inre värmen för att omvandla den mat vi äter till Prana-energi. Denna energi distribueras sedan genom de andra Prana Vayus.

Precis som Prana och Apana är de uppåt- och nedåtströmmande energierna, är Samana den horisontellt strömmande energin. Alla tre sägs dock ha sitt ursprung i Hara Chakra, som i huvudsak är Pranas förrådsutrymme i kroppen.

Udana Vayu

Udana Vayu är en uppåtriktad energi som verkar från halsen, huvudet, armarna och benen och som översätts som "det som bär uppåt". " Den är förknippad med Vishuddhi- och Ajna-Chakrana och det Andliga Elementet. Medan Udana stiger vid inandning cirkulerar den vid utandning och ger näring till nacken, huvudet, nervsystemet och det endokrina systemet.

Ett hälsosamt flöde av Udana innebär att en person agerar från en högre källa. Denna energi leder oss till att vitalisera och omvandla vår viljestyrka och bli förverkligad genom det Andliga Elementet. Udana reglerar tillväxt, intuition, minne och tal. Den styr alla sinnes- och handlingsorgan, inklusive händer och fötter.

I *Upanishaderna* kallas Prana Vayu för "inandning", Apana för "utandning", Samana för "mellanandning" och Udana för "uppandning". "Udana är i huvudsak en förlängning av Samana. Udana driver inandningen, vilket innebär att den fungerar i samband med Prana Vayus. Båda är uppåtriktade energier, och båda har liknande egenskaper eftersom Luftelementet (Prana) är Ande (Udana) på en lägre, mer manifesterad nivå. Vid tidpunkten för ens död är Udana den energi som drar det individuella medvetandet ut ur den fysiska kroppen.

Vyana Vayu

Vyana Vayu fungerar i hela kroppen som den samordnande energin för alla Prana Vayus och kan översättas med "luft som rör sig utåt". " Vyana är den kraft som distribuerar Prana och får det att flöda. Den styr cirkulationssystemet och rörelsen i leder och muskler. Till skillnad från Samana, som drar energi till naveln, rör Vyana energin utåt till kroppens gränser och expanderar på utandningen.

De flesta Yogiska skolor säger att Vyana Vayu är förknippad med Sahasrara Chakra och det Andliga Elementet eftersom den omfattar och reglerar alla Prana Vayus på samma sätt som Sahasrara är källan till Ljuset för alla Chakran nedanför. Det finns dock andra tankeskolor som säger att Vyana Vayu motsvarar Swadhisthana Chakra och Vattenelementet eftersom den reglerar cirkulationen i kroppen. Oavsett dess ursprung och centrum omfattar Vyana Vayu alla Prana Vayus och ger en känsla av sammanhållning, integration och expansivitet för det individuella medvetandet.

***

Ett av de enklaste men effektivaste sätten att balansera de Fem Prana Vayus är att utöva Hand Mudras som är specifika för varje Vayu (Figur 130). Förutom att öka eller minska de Element som motsvarar varje Vayu har varje Hand Mudra ytterligare fördelar för kropp och själ-komplexet. Se "Steg för att Utföra Hand Mudras" på sidan 367 för instruktioner om hur de ska användas.

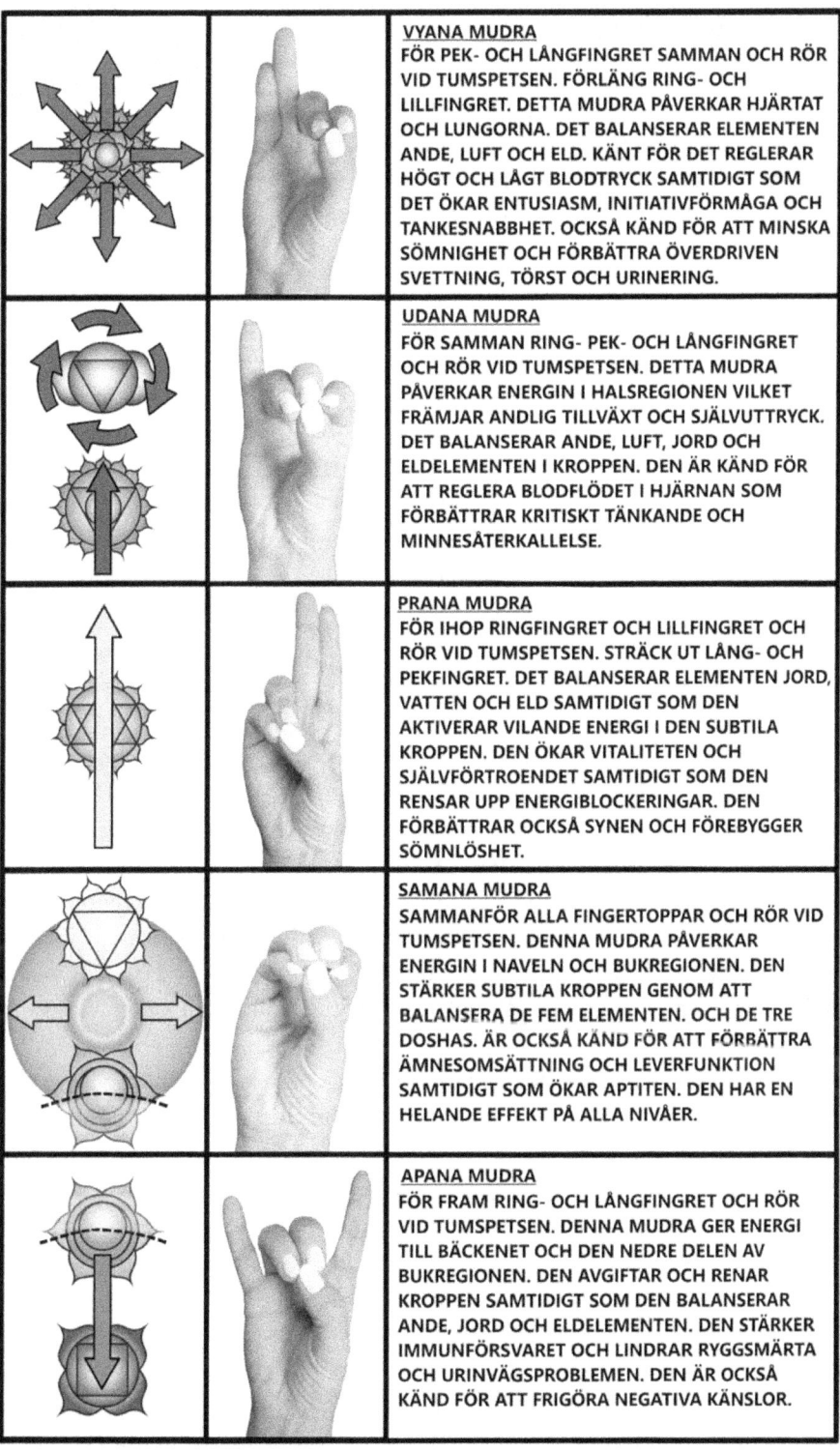

Figur 130: Handmudras för de Fem Prana Vayus

PRANA OCH APANA

De två energier som är inblandade i Kundalinis uppvakningsmekanism är Prana och Apana. Dessa två energier rör sig genom våra kroppar via Nadis. Som nämnts representeras Prana av inandningen, medan Apana representeras av utandningen. Prana och Apana möts aldrig eftersom var och en rör sig längs sin väg genom de olika energikanalerna.

Genom att praktisera specifika Kundaliniyogatekniker skapar vi förutsättningar för att Prana och Apana ska kunna mötas. Den punkt där detta magiska möte mellan Prana och Apana äger rum är vid Hara Chakra (Navel), i navelregionen. Hara är en viktig mötespunkt för många av kroppens energikanaler eftersom det är vår energetiska grund, vår kärna.

När det gäller att höja Kundalini är Prana den "Vitala Luften" ovanför Hara, medan Apana är den "Vitala Luften" under Hara. De Sjuttiotvå Tusen Nadis utgår från de Stora Chakrana och slutar i händerna och fötterna. De flesta av dessa Nadis är centrerade kring regionerna Hjärtchakra och Hara Chakra. Prana transporteras till alla delar av kroppen via Nadis. Ida, Pingala och Sushumna är de viktigaste av dessa energikanaler eftersom de överför mest Prana.

Ida-kanalen börjar vid ryggraden och slutar i vänster näsborre. Omvänt börjar Pingala vid ryggradens nedre del och slutar i höger näsborre. Men som nämnts, under Kundalinis uppvaknandeprocess, slutar Ida och Pingala i Tallkottkörteln och Hypofysen. Ida representerar Prana Vayu, medan Apana representerar Pingala. Kundalinis uppstigning motsvarar Udana. Samana representerar Sushumna. Samanas riktningskraft måste omvandlas för att Kundalini vid ryggradens bas ska kunna vakna. Dess utveckling eller omvandling sker när Prana och Apana möts vid Hara Chakra.

Genom inandning och retention kan Prana ledas ner till Hara Chakra, medan Apana genom utandning och retention dras uppåt från Rotchakrat till Hara Chakra. När dessa två energier möts vid Hara börjar Samana ändra sin rörelse. Den rör sig inte längre horisontellt bort från Hara, utan istället inåt, vilket skapar en omvälvande rörelse som exemplifieras i Figur 131.

Under Samanas förvandling börjar värmen att genereras i naveln, vilket kallas Tapas. Denna värme ger upphov till en extatisk känsla som kan liknas vid euforisk sexuell eller sensuell upphetsning; de "fjärilar i magen" man får när man blir förälskad, som i det här fallet är mer som örnar. Ett annat jämförbart exempel är den känsla man får när man känner igen Anden inom sig och den enorma lycka som följer med den. Av denna anledning beskrivs den typ av värme som genereras i Samana som vit värme, inte varm värme, vilket innebär att det är en typ av Andlig hänryckning.

Den intensiva värmen skapar ett tryck som verkar på Sushumna Nadi och aktiverar den. Aktiveringsprocessen ger energi till Sushumna-kanalen i ryggraden, vilket gör att den lyser upp som en glödlampa när den får den nödvändiga elektriska kraften. Dessa integrerade energier lämnar sedan Navelchakrat och går ner till Rotchakrat och stimulerar därmed Kundalini till aktivitet vid ryggradens bas. Kundalini börjar då sin resa uppåt genom ryggmärgens ihåliga rör och genomborrar vart och ett av Chakrana när den stiger tills den når Kronan.

Samtidigt stiger Ida- och Pingalakanalen upp på motsatta sidor av Sushumna. De korsar varandra vid varje Chakra-punkt tills de smälter samman i Thalamus, där Sushumna också slutar. Tallkottkörteln och Hypofysen aktiveras också under denna process. Nästa mål för alla tre kanalerna är att stiga som en enda ström av energi till toppen av huvudet vid Kronchakrat och blåsa upp den Tusenbladiga Lotusen.

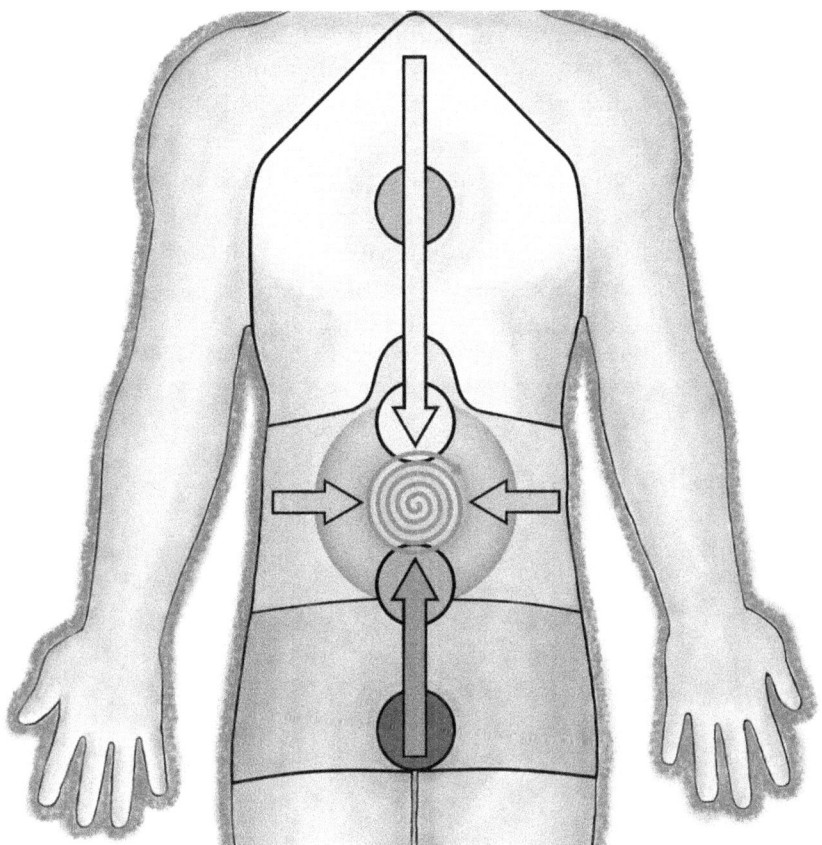

Figur 131: Omdirigering av Flödet av Prana, Apana och Samana

ATT VÄCKA KUNDALINI

Det är nödvändigt att utöva korrekt andningskontroll och mental styrning för att få Kundalini i rörelse och få den att stiga upp och aktivera de högre medvetandecentren.

Tillämpning av viljestyrka är nyckeln till denna process, men det är också kunskap eftersom man behöver en beprövad teknik som fungerar.

Innan man försöker väcka Kundalini är det viktigt att rensa de energetiska kanalerna och avlägsna all negativ energi och orenheter i nerverna. Om kanalerna annars är blockerade kommer Prana inte att kunna röra sig genom dem och Kundalini kommer att förbli vilande. De tekniker som används inom Yoga och Tantra arbetar för att utföra denna uppgift och väcka Kundalini.

Yogiska och Tantriska läror säger att kombinationen av fysiska övningar (Kriya/Asana), andningstekniker (Pranayama), energilås (Bandha) och Mantrasång kan användas för att få Prana och Apana att mötas vid Hara Chakra och sätta igång Kundalini. För att höja Kundalinienergin genom Sushumna och Prana (Pingala) och Apana (Ida) längs ryggraden kan man tillämpa hydrauliska lås (Bandhas), som kräver att man medvetet utövar tryck på olika delar av kroppen.

Genom att utöva tryck i Muladhara Chakra (Mula Bandha) skickas Kundalini, Prana och Apana energier upp till Swadhisthana Chakra. Därefter måste man tillämpa en Bandha i diafragman (Uddiyana Bandha), vilket skickar de tre energierna uppåt till Strupchakrat. Därifrån tar nacklåset (Jalandhara Bandha) energierna till hjärnan. Att tillämpa alla tre lås samtidigt kallas Maha Bandha (Figur 132).

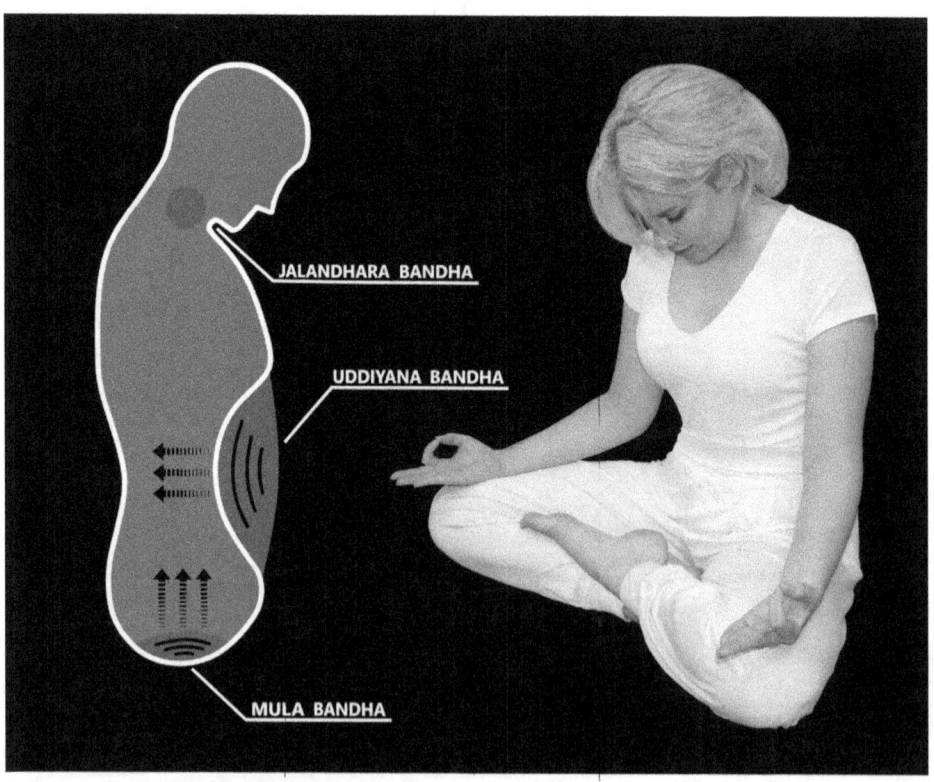

Figur 132: Maha Bandha: Tillämpning av De Tre Bandhas

Tallkottkörteln är kopplad till Ida Nadi, medan Hypofysen är kopplad till Pingala. När Kundalini stiger börjar Tallkottkörteln sända ut en strålning och projicera den mot Hypofysen. Hypofysen blir således upphetsad och projicerar pulser eller ljusblixtar mot Tallkottkörteln. När Kundalini väl har trängt in i hjärnan genom Sushumna korsar Ida och Pingala varandra en sista gång vid Thalamus, där de smälter samman som motsatser. Denna process väcker Ajna Chakra och aktiverar det helt och hållet, vilket resulterar i ett mystiskt äktenskap mellan Tallkottkörteln och Hypofysen.

När Ida, Pingala och Sushumna förenas som en enda energiström i Thalamuscentret öppnas porten till Sahasrara. Kundalini kan då stiga upp till toppen av huvudet och fullfölja sin resa. Själen, som hade sitt säte i Tallkottkörteln, lämnar den fysiska kroppen och en permanent utvidgning av medvetandet sker.

SUSHUMNA OCH BRAHMARANDHRA

Sushumna är den centrala Nadi som passerar genom det ihåliga röret i ryggraden. Dess flöde börjar vid basen, vid Muladhara Chakra, och slutar i Sahasrara Chakra vid Kronan. När den kommer in i huvudet delar sig Sushumna Nadi i två strömmar (vid Thalamus). Den ena strömmen rör sig mot framsidan av huvudet, förbi Ajna Chakra när den aktiverar det. Den fortsätter att röra sig längs framsidan av huvudet, precis innanför skallen, innan den når Brahmanrandhra, sätet för det högsta medvetandet, som ligger i huvudets övre mitt.

Den andra strömmen rör sig mot bakhuvudet, längs med men strax innanför skallen, innan den når Brahmarandhra. Båda dessa energiströmmar möts vid Brahmarandhra och genomborrar den, vilket resulterar i att det Kosmiska Ägget öppnas, vilket är toppen direkt ovanför.

På sanskrit betyder Brahmarandhra "Brahmans hål eller öppning". Enligt Yogiska texter är Brahmarandhra öppningen av Sushumna Nadi vid huvudets krona. Brahman är den Kosmiska Anden på Sanskrit. Det syftar på den högsta Universella Principen, den yttersta verkligheten i Universum.

När man höjer Kundalini-energin till Brahmarandhra upplever man ett andligt uppvaknande av högsta grad. Brahmarandhra och det Kosmiska Ägget är båda relaterade till den Kosmiska energin, och när man bryter igenom detta centrum är det ett uppvaknande av det Andliga, Gudomliga Jaget.

Även om båda tjänar till att befria Själen från kroppen enligt heliga texter är det oklart om Brahmarandhra och det Kosmiska Ägget är en och samma sak. Men från min omfattande forskning om detta ämne, i kombination med min erfarenhet av Kundaliniväckande, har jag dragit slutsatsen att om man genomborrar Brahmarandhra med tillräcklig kraft börjar processen att bryta det Kosmiska Ägget. Med andra ord är det en process i ett och två steg.

Ytterligare ledtrådar ges av Shiva Linga som innehåller en äggformad cylinder som sägs representera Brahmanda, vars betydelse på Sanskrit är "det Kosmiska Ägget". Brahma hänvisar till Kosmos, medan "anda" betyder "ägg". Brahmanda är en Universell symbol för källan till hela Kosmos. Det Kosmiska Ägget är en av de mest framträdande ikonerna i världsmytologin som vi kan hitta i många Urtida traditioner. I nästan alla fall bor en Gudomlig Varelse i det Kosmiska Ägget som skapar sig själv från ingenting och sedan fortsätter att skapa det Materiella Universumet.

När Kundalini når toppen av huvudet och genomborrar Brahmarandhra, bryts det Kosmiska Ägget och "gulan", som är sublimerad Pranisk energi, strömmar över kroppen, vilket resulterar i en fullständig aktivering av Ljuskroppen och de Sjuttiotvå Tusen Nadis. Denna erfarenhet är likartad med att ärva Andliga "vingar" som gör det möjligt att resa i de inre Kosmiska Planen via den optimerade Merkaban. Att bryta det Kosmiska Ägget resulterar därför i att man själv blir en Änglavarelse.

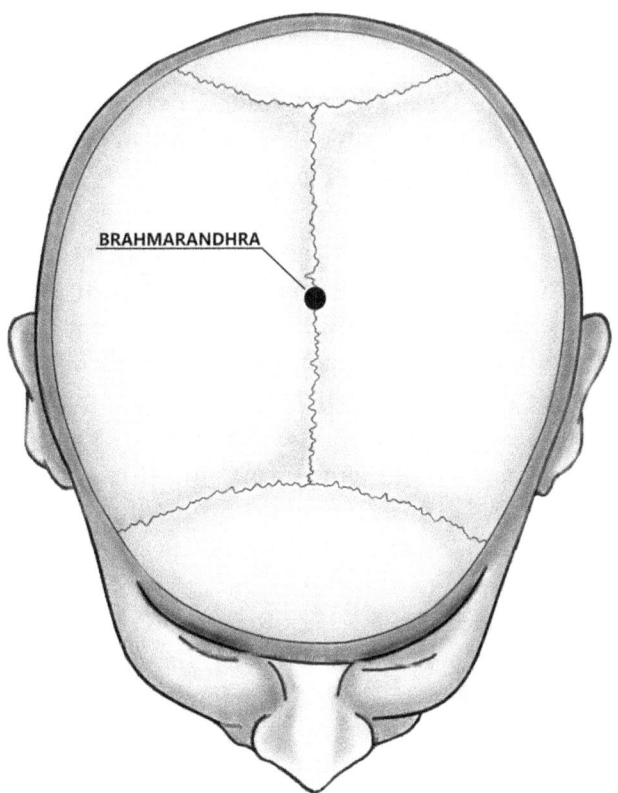

Figur 133: Brahmarandhra

Brahmarandhra är placerad mellan de två parietala och occipitala benen, närmare bestämt i området kring den främre fontanellen (Figur 133). Hos ett spädbarn är denna del av huvudet mycket mjuk. När barnet växer upp stängs Brahmarandhra i takt med att skallbenens tillväxt ökar. Alla vuxna människor har till uppgift att höja Kundalini-energin till huvudet och genomborra Brahmarandhra om vi önskar uppnå befrielse från döden.

Genom att penetrera Brahmarandhra genom en Kundalini-aktivering blir vi ett med Anden som Eviga Ljusvarelser.

Enligt *Upanishaderna* uppnår Yogin odödlighet när Sushumna genomborrar huvudet och går genom Brahmarandhra. Mikrokosmos och Makrokosmos blir ett, och Yogin uppnår upplysning. Innan detta inträffar aktiveras dock Ljusets Kropp helt och hållet, eftersom de Sjuttiotvå Tusen Nadis genomsyras av Pranisk energi. Denna process är mycket intensiv eftersom Ljuskroppen upplever att den laddas upp av vad som känns som en extern energikälla. Jag beskriver processen som att det känns som om man blir elektrifierad av en högspänningsledning, minus den fysiska smärtan förstås.

Enligt min personliga erfarenhet såg jag mina händer och andra delar av min kropp som rent gyllene Ljus när jag öppnade mina fysiska ögon under Kundalini-aktiveringsprocessen, som om jag hade genomgått en biologisk omvandling. Dessutom framstod rummet jag befann mig i som Holografiskt eftersom föremålen runt omkring mig blev halvtransparenta och till synes svävade i luften. Och detta var inte en tillfällig vision utan en vision som jag höll i över fem sekunder med mina kognitiva funktioner fullt fungerande innan den infunderade energin som nu tog över min kropp kastade mig tillbaka på sängen.

När Shakti förenar sig med Shiva, det högsta medvetandet, genombryts Mayas Slöja och du kan uppfatta Guds oändliga, levande Sinne. Det är sannerligen sant att vår verklighets natur är en biprodukt av föreningen av energi och medvetande.

Medan energin fortsatte att stiga uppåt, till och med förbi Brahmarandhra och det Kosmiska Ägget, började mitt medvetande helt och hållet lämna min fysiska kropp. Det kändes som om jag sögs ut ur min kropp och upphörde att existera. På toppen av denna upplevelse var jag i början av att förenas med det Vita Ljuset. Med tanke på att Brahmarandhra är energins och medvetandets centrum, tror vissa människor att om man går bortom det, kanske man inte kan återvända till den fysiska kroppen. Denna idé är rent teoretisk, men en möjlighet finns ändå. Med andra ord, om jag hade tillåtit mig att förena mig med det Vita Ljuset under min mycket intensiva Kundalini-uppstigningsupplevelse, hade jag kanske inte kunnat komma tillbaka till den fysiska kroppen. Upplevelsen var helt enkelt för intensiv på alla nivåer, och det fanns många okända variabler, särskilt eftersom jag inte hade någon tidigare kunskap om Kundalini vid den tidpunkten i mitt liv.

Sushumna Nadi består av tre lager eller mindre Nadis. När det Kosmiska Ägget har brutits fortsätter Kundalinienergin från Sushumna Nadi att stiga uppåt tills de Tusen Bladen i Sahasrara Chakra har öppnats helt och hållet. Du måste tillåta dig själv att släppa taget och inte försöka kontrollera energin när den fortsätter att stiga uppåt. Var och en av de tre Sushumna Nadis eller lagren måste göra sin del för att detta ska ske. När det väl är klart öppnar sig huvudet som en blomma. Den symboliska blomman består av tre skikt, som visas i Figur 134. Dessa tre lager representerar det fullt uppvaknade Sahasrara Chakra. Som sådan blir människan en antenn för vibrationerna från omvärlden.

Sushumna Nadi har ett yttre skikt som traditionellt anses ha en lysande röd färg, vilket symboliserar Kundalini-Elden som flyter genom den. Eftersom Sushumna Nadi delar sig i två strömmar i huvudet, fram och bak, styr den hela den mellersta delen av huvudet.

Sushumnas första lager kallas Vajrini eller Vajra Nadi. Denna Nadi börjar vid Ajna Chakra och slutar i könskörtlarna (testiklar hos män och äggstockar hos kvinnor). Dess färg är guld, eftersom den uppvisar Rajas eller aktivitetens natur. Detta lager är Sol (Surya) Nadi som innehåller maskulin energi som verkar utanför Sushumna som Pingala Nadi och inom den som Vajrini. Man tror att Vajrini kan vara giftig eller toxisk.

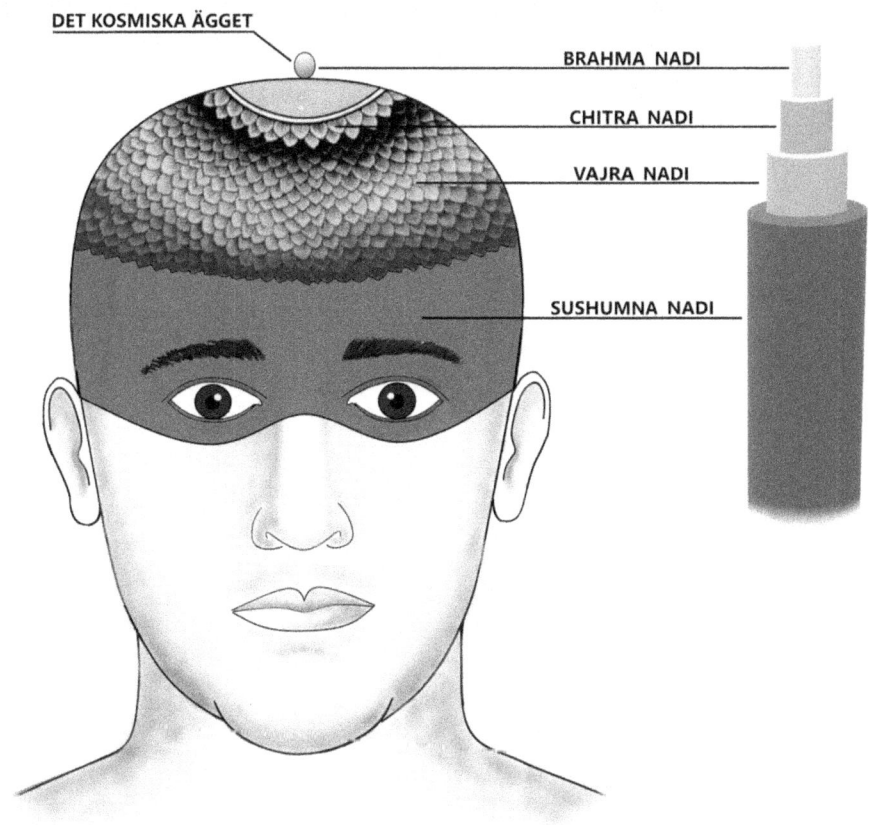

Figur 134: Sushumna Nadi Lager och det Kosmiska Ägget

Det andra lagret kallas Chitrini eller Chitra Nadi. Denna Nadi, som är silvervit till färgen, återspeglar Månens (Chandra) natur. Den förbinder oss med drömmar och visioner och är av största vikt för uppvaknade målare eller poeter. Chitrini uppvisar karaktären Sattva, som relaterar till transcendens. Den börjar i Bindu Chakra och slutar i Svayambhu lingam i Muladhara. Chitra Nadi ansluter till de Chakriska stammarna i ryggmärgen.

Denna feminina Nadi arbetar utanför Sushumna som Ida Nadi och inom den som Chitrini. Chitrini sägs sluta i Brahmnadvara, dörren eller ingången till Brahma, Skaparen. Genom Chitra Nadi reser Kundalini till sin slutliga viloplats i det Sjunde Ögat, även kallat Soma Chakra.

Det innersta lagret är Brahma Nadi, som är direkt relaterad till Brahmarandhra. Brahma Nadi är strömmen av renhet och den djupa essensen av Kundalini-energin. När den väcks upp ger den energi till Chakrana och genomsyras av Kundaliniljuset. För att få ett fullständigt uppvaknande måste du dock höja Kundalini genom Brahma Nadi och genomborra Brahmarandhra. Allt mindre än så är inte ett fullständigt uppvaknande utan ett partiellt.

LALANA CHAKRA OCH AMRITA NEKTAR

I Tantra Yogatraditionen sägs det att Bindu Chakra är den punkt där hela din fysiska kropp förkroppsligas och även den punkt där den försvinner. Det sägs att Bindu håller vår Livskraft inom sig och producerar Amrita Nektar. Amrita Nektar produceras genom en syntes av Ljusenergi som man får från maten. Hos människor som inte är uppvaknade av Kundalini droppar Amrita från Bindu ner till det Tredje Chakrat, Manipura, där den används för olika aktiviteter i kroppen. Det ger kroppen vitalitet. Med tiden börjar Bindus livskraft försvinna och därmed åldras den fysiska kroppen. Huden blir grövre och torrare, håret börjar falla ut, benvävnad och brosk slits ut och den allmänna vitaliteten minskar.

Yogis säger att om man kan förhindra att Amrita bränns upp av Solar Plexus Chakra, kan man njuta av dess vitaliserande och närande nektar och stoppa och till och med vända processen med åldrande och degenerering av den fysiska kroppen. För att åstadkomma detta måste Yogis stimulera ett hemligt Mindre Chakra som kallas Lalana. I *Upanishaderna* sägs Lalana ha 12 klarröda kronblad. Andra heliga texter säger dock att den har 64 silvervita kronblad.

Lalana är en mystisk Chakra, men en viktig Chakra, särskilt för Kundalini-uppvaknade personer. Genom att utnyttja kraften hos Lalana och Vishuddhi kan man omvandla Amrita till en finare, Andlig substans, som används för att ge energi och näring till Kundalinikretsen. Den syntetiserade Ljusenergi som man får från mat som jag har sagt "matar" Kundalini-kretsen och ger en upplevelse av transcendens är den Amritanektar som det talas om i Yogiska traditioner. Amrita blir optimerad när den utnyttjas och omvandlas till vad jag beskriver känns som en flytande Andeenergi. Denna svalkande substans lugnar sinnet och hjärtat och tar bort och tvättar bort alla obalanserade tankar och känslor.

Lalana är en röd cirkulär Månregion som fungerar som en reservoar för Amritanektar. När Amrita faller från Bindu lagras den i Lalana Chakra, redo att renas av Vishuddhi. Om Vishuddhi är inaktiv, vilket den är hos de flesta individer som inte är uppvaknade av Kundalini, faller Amrita till Manipura. Men om Lalana på något sätt stimuleras blir Vishuddhi också aktiv. Nektarn renas och omvandlas på så sätt och blir till "Odödlighetens

Nektar". Som tidigare nämnts har Urtida traditioner hänvisat till denna nektar som "Livets Elixir" och "Gudarnas Mat". Inom Kristendomen är det "Kristi Blod" som ger Evigt Liv. När de nödvändiga energicentren har öppnats omfördelas den omvandlade Amritanektarn i hela Ljuskroppen, vilket gör det möjligt för individen att uppleva sann transcendens.

Lalana Chakra ligger på baksidan av gommen, närmare bestämt i det område där ryggmärgens övre del möter hjärnstammen. I tvärsnittet av människans hjärna och skalle (Figur 135) är dess placering mellan Medulla Oblongata och skallbasen, längs ryggmärgens centrala kanal. Det är i detta område som Vagusnerven och andra kranialnerver ansluter sig till den första halskotan (Atlas).

Lalana Chakra ligger ungefär två tum ovanför Vishuddhi och är intimt förknippat med den. Lalana, som betyder både "kvinnlig energi" och "tunga", kallas också Talu Chakra och ligger direkt bakom svalget, på baksidan av munnen. Kundalini-energin aktiverar Lalana Chakra när den kommer in i hjärnstammen. När det väl är aktiverat fortsätter Kundalinin mot Thalamus, där den arbetar med att öppna Ajna härnäst, följt av Sahasrara.

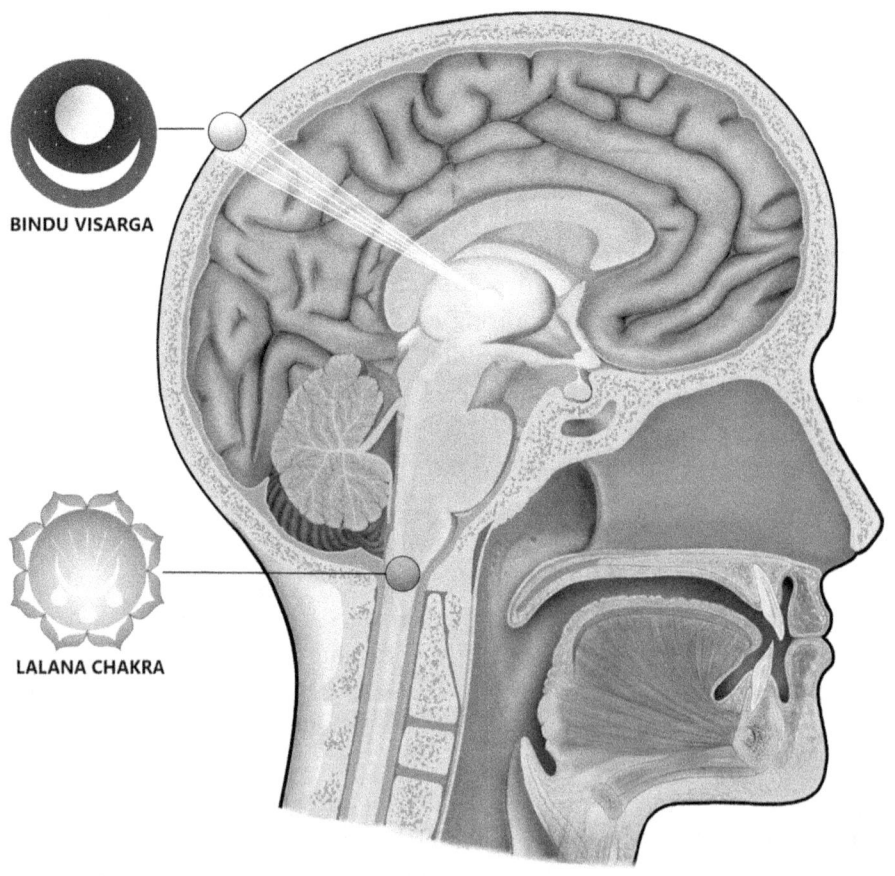

Figur 135: Lalana (Talu) Chakra och Bindu Visarga

Lalana är också kopplad till Bindu längst bak på huvudet. Tillsammans med Vishuddhi är dessa tre Chakran ansvariga för vad som händer med Amritan och om den faller ner till Manipura, vilket leder till fysisk nedbrytning, eller om den utnyttjas och används för Andliga ändamål. Lalana Chakras krafter utnyttjas bäst när Kundalini har blåst upp detta Chakriska center, men det finns en annan metod som Yogis har utvecklat och som kallas Khechari Mudra.

KHECHARI MUDRA OCH DESS VARIATIONER

Yogis har upptäckt att de kan påverka flödet av Amrita från sin Bindu med hjälp av tungan. Khechari Mudra, som faller under rubriken "Mana: Huvud Mudras", är en kraftfull teknik som använder tungan för att kanalisera energi i hjärnan. Det innebär att man vänder tungans spets bakåt och försöker röra vid uvula eller "lilla tungan", som styr energiflödet mot Lalana Chakra.

Tungan är mycket kraftfull när det gäller att leda in energi i hjärnan. I Qi Gong är det viktigt att lägga tungans spets på det känsliga området i munnen för att koppla samman två mycket viktiga energi Meridianer. Tungans ände är en energiledare som stimulerar allt den rör vid. I fallet med Khechari Mudra försöker du rikta energiflödet bakåt till Lalana Chakra för att aktivera det.

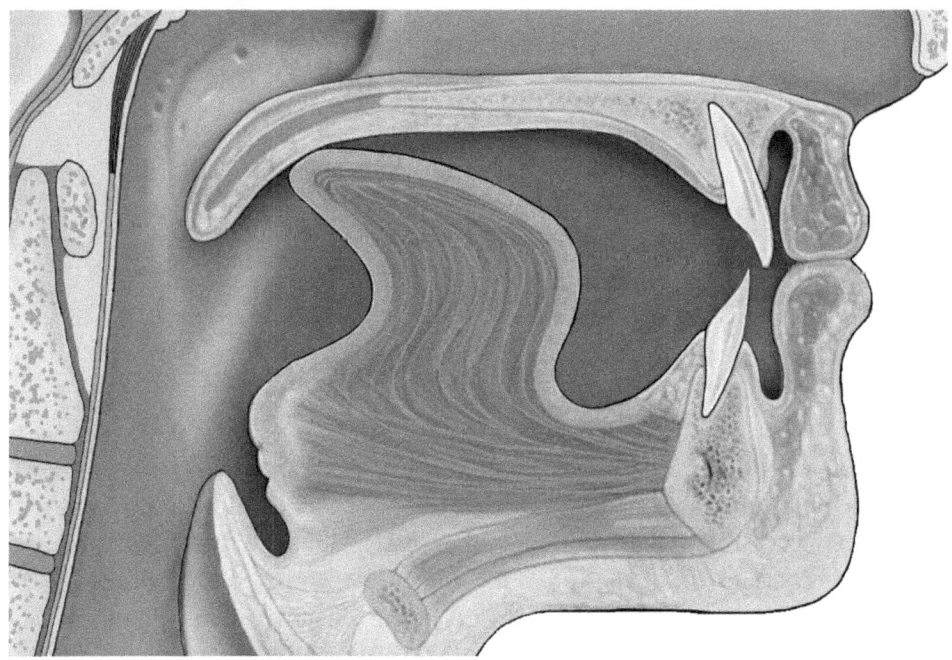

Figur 136: Grundläggande Khechari Mudra

För att utföra den Grundläggande Khechari Mudra-metoden kan du sitta i vilken bekväm meditativ position som helst. Med slutna ögon vänder du ögonen mot Sinnes Öga centret mellan ögonbrynen. Rulla sedan, med stängd mun, tungan uppåt och bakåt så att dess nedre yta vidrör den övre gommen (Figur 136). Sträck tungans spets så långt som möjligt när du försöker röra vid uvula. Tungan får inte vara alltför hårt belastad när du gör detta. Håll den i denna position nu så länge det är bekvämt. Om du upplever obehag, slappna av tungan genom att återföra den till sin neutrala position i några sekunder och upprepa sedan övningen.

Khechari Mudra utförs som en del av olika Asanas, Pranayamas, Mudras och Bandhas för att få optimal effekt av dessa övningar. När den används tillsammans med den inverterade ställningen Viparita Karani gör den det möjligt för utövaren att lättare behålla Amrita.

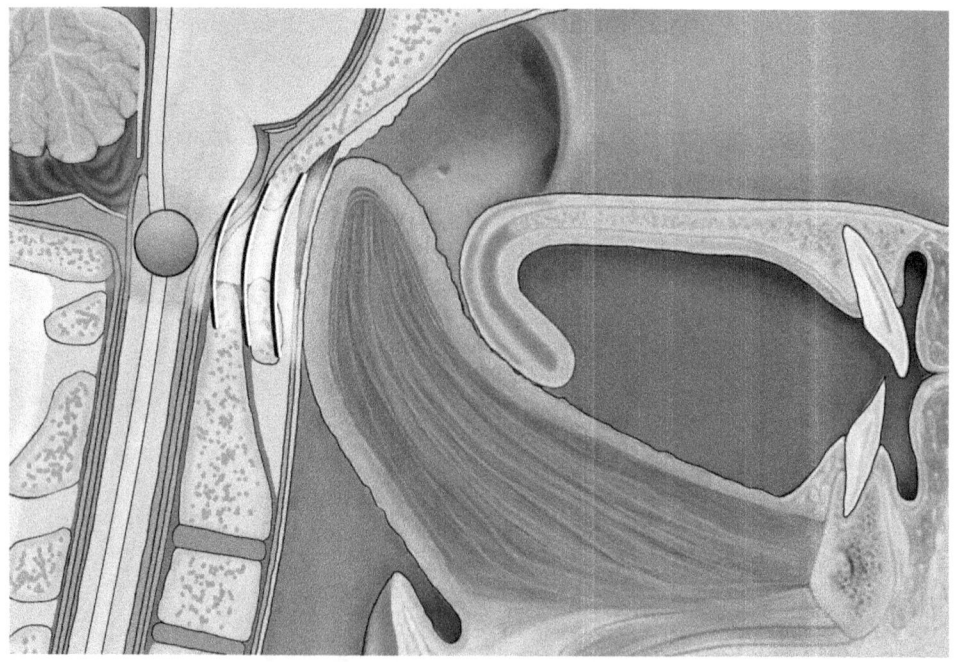

Figur 137: Avancerad Khechari Mudra

Den Avancerade Khechari Mudran innebär att man skär av botten av den vävnad som förbinder tungans undersida med munens botten. När det är klart kan tungan förlängas helt och placeras i näshålan bakom uvula (Figur 137). Genom att göra detta sätts ett tryck på svalget, vilket stimulerar Lalana och förhindrar att Amrita faller ner till Solar Plexus. När Amrita har fångats med Khechari Mudra börjar dess helande effekter att utvecklas. Den avancerade Khechari Mudra-metoden utövas bäst med hjälp av en kvalificerad Guru.

När en person genomgår ett fullständigt och permanent Kundalini-uppvaknande finns det ett fritt flöde av Kundalini-energi i Thalamus. Därifrån flödar Kundalini mot Ajna, Sahasrara och Bindu. När Bindu Chakra blir involverad i den Andliga omvandlingsprocessen sekreterar den Amrita ner till Lalana Chakra, som sedan renas av Vishuddhi och omvandlas till sin mest förfinade form. Denna nektar fördelas sedan i hela Ljuskroppen, ger näring åt de Sjuttiotvå Tusen Nadis och expanderar medvetandet. Som ett resultat av detta börjar den uppvaknade personen få en vitalitet som ligger över genomsnittet, och deras åldrandeprocess saktar drastiskt ner. De kan klara sig länge utan mat och vatten, eftersom de känner sig närda inifrån av rörelsen av dessa nya energier.

Amrita-nektaren är direkt involverad i Upplysningsprocessen. Även om vi kan använda den genom de Yogiska övningar som nämns ovan, är dess verkliga syfte att spela en roll för att upprätthålla Kundalini-kretsen. Den omvandlade Amritanektar ger näring åt Kundalini-kretsen, och den förlitar sig på den Ljusenergi som den får från maten. Den ger det känslomässiga lugn som krävs för att man ska kunna avbryta åldrandeprocessen och förlänga hälsan i sin fysiska kropp. Detta känslomässiga lugn beskrivs bäst som ett tillstånd av *Nirvana,* vilket är ett av Yogins eftersträvade mål. Stress är en av de viktigaste faktorerna för åldrande. Genom att sätta sinnet i neutralt läge och använda nektarn Amrita för att ge näring åt Ljusets Kropp kan man uppnå lång livslängd.

Under åren har jag upptäckt en annan variant av Khechari Mudra som har blivit en av de dominerande övningarna i mitt liv. Jag har upptäckt att det att böja tungan nedåt och skjuta den tillbaka också sätter tryck på Lalana Chakra, vilket underlättar processen att ge näring åt min Kundalini-krets med den transformerade Amrita. För att göra det på rätt sätt måste du röra tungans spets vid Frenulum, som är ett veck av slemhinnan som ligger under tungans mittdel och som hjälper till att förankra den i munnen och stabilisera dess rörelser.

Jag snubblade över den här tekniken av en slump, eller för att vara mer exakt; det är mitt Högre Jag som ledde mig till att hitta den här tekniken och använda den. Jag har aldrig stött på den här metoden i min forskning av olika Andliga traditioner för att verifiera dess användning, så det jag delar med mig av med dig är unik information som du inte kommer att hitta någon annanstans.

Jag började träna den här tekniken för flera år sedan, till synes från ingenstans, och jag kommer ofta på mig själv med att göra det inför andra människor, vilket ibland får en konstig reaktion från dem eftersom jag naturligt spänner läpparna när jag gör det. På omslaget till *The Magus* syns en yngre jag som Hermes, porträtterad med pinnade läppar när jag utför denna teknik. Min fru tyckte att det var passande att avbilda mig på detta sätt eftersom hon ofta ser mig göra det.

Den teknik jag upptäckte gör det möjligt för mig att utnyttja den Ljusenergi jag får från maten, som förvandlas till en flytande Andlig substans (Amrita) i min hjärna och sedan fördelas längs de många Nadis i min Ljuskropp. Det åtföljs alltid av känslor av värme, som om jag tänder en stadig eld i bröstet, vilket är fallet när Lalana Chakra stimuleras. Tänk nu på att tungan är riktad nedåt vid denna variant, vilket ofta får mig att ifrågasätta dess användning och i vilken utsträckning den gynnar mig Andligt. Så jag gillar att balansera det genom att utföra den Grundläggande Khechari Mudran genom att vända tungspetsen bakåt och röra den övre gommen. På så sätt får jag de nödvändiga energierna att strömma uppåt i Hjärnan samtidigt som jag håller Lalana Chakra stimulerat.

MANTRA

Mantra är ett Sanskritord som betyder "ett verktyg för sinnet" eller "ett tankeinstrument". Det är ett heligt uttalande, ett Gudomligt ljud, en stavelse, ett ord eller en grupp av ord på ett heligt språk med Magisk kraft i den osynliga världen. Mantran är "maktord" som finns i många olika Andliga traditioner, Urtida och moderna, och som fungerar som verktyg för att åberopa eller framkalla energi i Auran. Eftersom "manas" betyder "sinne" på Sanskrit är syftet med en Mantra att överskrida sinnet. De omfattar men är inte begränsade till namnen på Gud, Änglar, Andar och olika Gudomar från den pantheon som ditt valda Mantra tillhör.

Jag har redan introducerat dig till Mantras i min tidigare bok, varav de flesta är på Hebreiska och används som en del av rituella övningar i Ceremoniell Magi. Mantrorna på det Enokiska språket är fristående Mantran som är den fonetiska recitationen av passager på Enokiska. På grund av det Hebreiska och Enokiska språkets Helighet och kraft är dessa Mantran kraftfulla när det gäller att förändra ens medvetande genom åkallande/evokering av energi.

Det finns 84 meridianpunkter på munnen som tungan stimulerar genom att sjunga ett Mantra. Dessa meridianpunkter stimulerar i sin tur Hypotalamus, som verkar på Tallkottkörteln och får den att pulsera och stråla. Tallkottkörteln ger sedan impulser till hela det Endokrina systemet, vilket gör det möjligt att frigöra hormoner som stärker vårt immunförsvar och neurologiska system och försätter kroppen i ett tillstånd av samstämmighet. Två av de frigjorda hormonerna är serotonin och dopamin, som skapar känslomässig lycka som höjer medvetandet till en högre nivå.

De Mantran som jag kommer att presentera i den här boken är på Sanskrit, ett av världens äldsta språk (5000 år gammalt). Sanskrit är Hinduismens Urgamla språk som enligt legenden var ett medel för kommunikation och dialog för de Hinduiska Himmelska Gudarna. De Urtida Hinduerna kallade Sanskrit för "Dev Bhasha" eller "Devavani", vilket betyder "Gudarnas Språk". "

Sanskritspråkets storhet ligger i bildandet och det unika i dess vokabulär, fonologi, grammatik och syntax, som fortfarande är oförvanskat i sin renhet än idag. Dess femtio bokstäver består av sexton vokaler och trettiofyra konsonanter. Sanskritbokstäverna har aldrig ändrats eller modifierats genom tiderna, vilket gör det till ett perfekt språk för ordbildning och uttal.

Sanskrit Mantran använder fröljud som skapar vibrationsenergi för de ord som de översätts till. Genom att uttala en Sanskritmantra påverkar dess vibrationer ditt medvetande, vilket har bestående effekter på ditt sinne och din kropp. Därför är det av största vikt att förstå innebörden av ett Sanskritmantra för att veta vilken typ av energisk förändring det kommer att ge upphov till.

Mantran som presenteras i det här avsnittet ska vibreras med hjälp av dina stämband i en projektiv, energigivande ton. De ska framföras i monoton, naturlig C, med ett långvarigt uttal. Om du någonsin har hört Tibetanska munkar sjunga ska det låta ungefär så. Vibrerande och "chanting" är utbytbara ord när det gäller framförandet av ett Mantra.

DET HELIGA TALET 108

Standardupprepningen av ett Mantra i många Österländska Andliga traditioner är 108 gånger. Detta tal är grunden för all Skapelse och representerar Universum och vår existens. Hinduer, Yogis och Buddhister tror att vi genom att vibrera/chanta ett Mantra 108 gånger anpassar oss till Skaparens Vilja och dess kreativa energi. De tror att vi genom att harmonisera vår personliga vibration med den Universella tar på oss vår födslorätt som medskapare, vilket gör det möjligt för oss att manifestera vilken verklighet vi än önskar.

Det finns många anledningar till att talet 108 anses vara heligt, några av dem finns inom vetenskap och matematik. Till exempel är Solen 108 gånger Jordens diameter och avståndet från Jorden till Solen är 108 gånger Solens diameter. Dessutom är avståndet från Jorden till Månen 108 gånger Månens diameter.

Inom Astrologin finns det tolv Stjärnbilder och nio Planeter (Sju Gamla Planeter plus Uranus och Neptunus) i vårt Solsystem. Därför är tolv multiplicerat med nio lika med 108. Dessutom finns det tjugosju Månhus som är indelade i fyra kvartal. När man multiplicerar tjugosju med fyra blir resultatet återigen 108.

I den Hinduiska religionen finns det 108 Upanishader, som är heliga texter med visdom som har överförts av de Urtida rishis. Varje Gudom inom Hinduismen har också 108 namn, vars egenskaper eller krafter vi kan åberopa genom deras respektive Mantras.

Eftersom det finns 54 bokstäver i Sanskritalfabetet och varje bokstav har en maskulin (Shiva) och en feminin (Shakti) egenskap, är det totala antalet variationer 108. Även i det Yogiska chakrasystemet tros det finnas 108 energilinjer (Nadis) som sammanstrålar i Hjärtchakrat, vår Ljuskropps kärleks- och omvandlingscentrum.

Inom Ayurvedisk medicin sägs det finnas 108 vitala energipunkter i kroppen, som kallas Marmas. Att arbeta med Marmas är bra för att förbättra våra psykologiska och fysiologiska tillstånd. Genom att skandera ett Mantra 108 gånger skickar vi Gudomlig energi till varje Marma-punkt och aktiverar dess helande egenskaper.

De Tibetanska Buddhisternas heliga skrifter har också delats in i 108 heliga böcker. Dessutom tror Buddhisterna att vägen till Nirvana är belagd med exakt 108 frestelser. De tror att 108 nedbrytningar, eller synder, hindrar oss från att leva i ett perfekt, fredligt tillstånd.

Detta är bara några av anledningarna till att talet 108 är heligt. Det finns många fler, inte bara i Österländska religioner och Andliga traditioner, utan även i Västerländska. I Islam används t.ex. talet 108 för att hänvisa till Gud. Och så vidare.

JAPA MEDITATION

Traditionellt används ett halsband med Mala-pärlor inom Yoga, Buddhism, Hinduism, Jainism och Sikhism som en del av Mantra-utövningen, som de kallar Japa-meditation. En Mala har 108 pärlor och en "Guru"-pärla, som används som en markör för början och slutet av en cykel. Så oavsett om du sjunger högt eller reciterar tyst, kan du hålla reda på ditt Mantra genom att följa balarna på Mala med fingrarna. Liknande redskap har använts i generationer på tvärkulturell nivå och inom många religioner och Andliga traditioner, bland annat rosenkranspärlorna som används av Kristna för bön.

För att utföra en Japa meditation måste du skaffa ett halsband med Mala-pärlor som du kan använda tillsammans med de Mantran som presenteras nedan. Med en Mala kan du inte bara genomföra 108 repetitioner med lätthet, utan den blir också en kraftfull Andlig sak i ditt liv som försätter dig i rätt sinnesstämning i samma ögonblick som du håller den i din hand.

Man kan dock arbeta med Meditationsmantran utan en Mala, så om du av någon anledning inte kan skaffa en Mala, låt dig inte avskräckas från att praktisera Mantran utan Mala. Som tidigare nämnts har vibrerande/chanting Mantras en kumulativ effekt när det gäller energi som åberopas/framkallas, så oavsett om du gör 108 uttalanden eller 100, till exempel, kommer resultatet att vara relativt försumbart. Tekniskt sett kan du till och med fokusera på att utföra ett Mantra under en viss tid, som fem till femton minuter, och tidsbestämma dig själv i enlighet med detta så att du gör ungefär 100 uttalanden. Med det sagt tror jag på kraften i traditionell utövning, särskilt en med tusentals år av tradition, så innan du börjar finjustera dess mekanik är det bättre att behärska dess ursprungliga form och gå därifrån.

Helst gör du din meditation Mantra tidigt på morgonen, innan du äter. Om du vill upprepa ditt Mantra, gör det på kvällen och låt det gå lite tid mellan sessionerna så att den åkallade/framkallade energin kan verka på dig.

För att börja din Japa-praktik väljer du ditt Meditationsmantra från alternativen nedan. Varje Meditationsmantra påverkar vår energi på olika sätt, så läs beskrivningen noggrant så att du kan använda varje Mantra vid behov. Hitta sedan en plats där du kan sitta bekvämt med rak ryggrad och slutna ögon. En av de Meditationsasanas som presenterats hittills är idealisk. Ta några djupa andetag nu för att anpassa dig till din avsikt.

Håll din Mala i din högra hand (i Indien anses vänster hand vara oren), draperad över ditt långfinger, medan ditt pekfinger sträcker sig bekvämt ut (Figur 138). Börja vid Gurukulan och använd tummen för att räkna varje mindre pärla när du drar Mala mot dig med varje Mantrauttalande. Andas in före varje uttalande på ett lugnt och rytmiskt sätt.

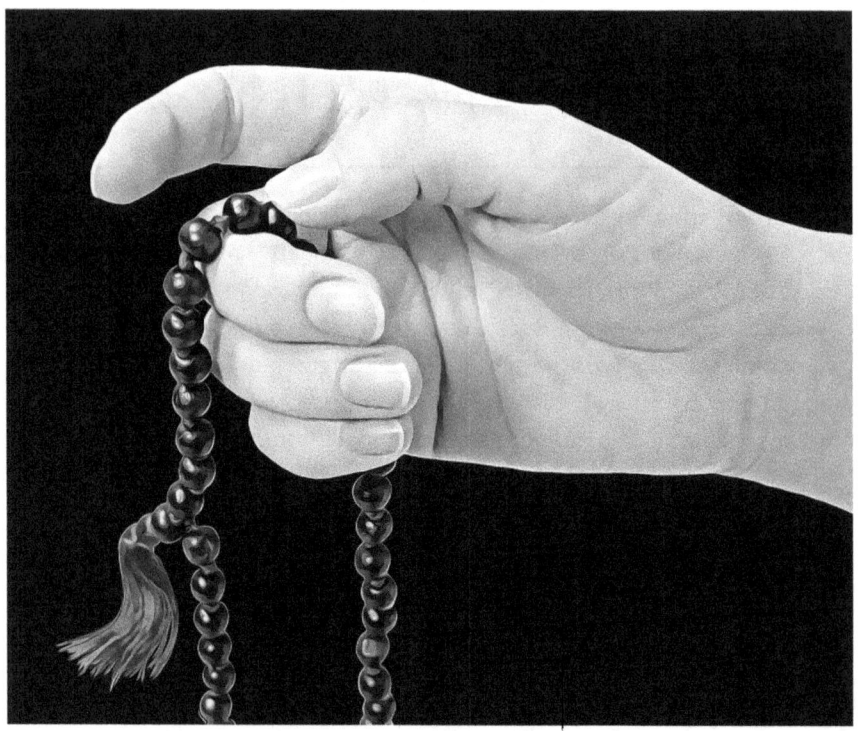

Figur 138: Räkna Mala-Pärlor

Du ska upprepa ditt Mantra 108 gånger när du går igenom alla Malapärlor och avslutar vid Guru-pärlan där du började. Om du vill fortsätta din Mantrameditation, vänder du på riktningen och börjar processen igen i stället för att passera över Guru-pärlan. Kom ihåg att göra hela 108 cykler.

Upprepning av Sanskritmantran påverkar ditt nervsystem positivt och gör dig lugn och avslappnad, vilket är en av de första sidoeffekterna. Dessutom balanserar dessa Mantror dina inre energier, vilket förbättrar koncentrationen och Självmedvetenheten. Regelbunden upprepning av Sanskritmantran fungerar dock på en djup, undermedveten nivå och skapar varaktiga helande effekter på sinne, kropp och Själ. När du börjar med denna övning ska du därför vara tålmodig och konsekvent med den dagligen för att få de önskade resultaten med tiden.

MANTRAS FÖR MEDITATION

Om
Uttryck: *Aaa-Uuu-Mmm*

"Om" är det mest universella Mantrat på Sanskrit. Det tros vara det första ljudet som hördes när Kosmos skapades och ur vilket allting uppstår. "Om" betecknar essensen av den yttersta verkligheten, som är Kosmiskt Medvetande. Därför börjar eller slutar de flesta Sanskritmantran med "Om".

"Om" (uttalas AUM) representerar livscykeln - livet, döden och återfödelsen. Det har också samband med den Hinduiska Treenigheten (Trimurti) Brahma, Vishnu och Shiva. "Aaa" står för skapelse, "Ooo" står för underhåll eller bevarande och "Mmm" för förstörelse, med anknytning till att övervinna Egot för att uppnå Självförverkligande. Slutligen representerar AUM naturens tre Gunas och medvetandets fyra stadier; det fjärde stadiet representerar tystnad i sinnet som uppnås när utövaren når Samadhi.

Att sjunga Aaa-Uuu-Mmm (AUM) hjälper dig att koppla bort ditt Ego och återknyta kontakten med Anden inom dig, som är allskapande och allomfattande. När du uttalar varje stavelse fullständigt kommer du att känna hur energin lyfter från bäckenbotten till hjärtat och slutligen till huvudets krona. Det är Kundalinis väg, vars syfte är att frigöra Själen från kroppen i detta liv.

Ljudet "Om" vibrerar på vibrationsfrekvensen 432 Hz, som finns överallt i naturen. Ljudet läker sinnet och kroppen på cellnivå och gör oss i samklang med vår omgivning. Det tar bort alla spänningar och all ångest genom att lugna sinnet och harmonisera våra inre energier. Det hjälper också till att förbättra koncentrationen samtidigt som det ökar kreativiteten och den allmänna positiva energin.

På ett fysiskt plan förbättrar "Om" lungfunktionen och matsmältningssystemet samtidigt som kroppen avgiftas. När du uttalar Aaa-Ooo-Mmm ska de tre unika frekvenserna flöda naturligt som ett enda ljud.

ॐ नमः शिवाय

Om Namah Shivaya
Uttryck: *Aummm Nah-Mahhh Shee-Vah-Yahhh*

"Om Namah Shivaya" kan översättas till "O hälsningar till den lyckosamma" eller helt enkelt "Jag bugar mig inför Lord Shiva". "Detta allmänt använda mantra drar sinnet in i sig självt till Lord Shivas oändliga, allt genomträngande närvaro - Universums Kosmiska

Medvetandeprincip. Det kallas också "Shiva Panchakshara", vilket betyder "Mantra med Fem Stavelser", det väsentliga Mantra inom Shaivismen som ger tystnad åt sinnet.

De fem stavelserna "Namah Shivaya" representerar de Fem Element som utgör hela Skapelsen: "Na" representerar Jorden, "Ma" är Vatten, "Shi" betyder Eld, "Va" är Luft och "Ya" representerar Andevärlden. "Om" är uteslutet eftersom det är det första ljudet i Universum som står för fred och kärlek, den energiska grunden för det Kosmiska Medvetandet.

Eftersom Shiva är transformationens högsta Gud som representerar vårt Högre Jag, höjer detta Mantra vårt medvetande genom att harmonisera de Fem Elementen inom Jaget. Därför ger den inte bara glädje och lycka i våra liv, utan förbinder oss också med hela naturen, nämligen den fysiska representationen av de Fem Elementen som Shiva symboliserar - jorden, havet, luften och Solen.

Eftersom Om Namah Shivaya-mantrat förbinder oss med vår Heliga Skyddsängel, vårt Guda-Jag, sägs det att det övervinner effekterna av Makrokosmos - de fasta Stjärnorna och Planeterna i omloppsbana - som subtilt påverkar oss på en energinivå. Det bygger upp transcendental energi i vårt system som höjer medvetandet och gör det möjligt för oss att uppleva de högre Kosmiska Planen. Som sådan förbinder detta Mantra oss med det högsta Chakrat, Sahasrara - källan till all Skapelse.

Om Mani Padme Hum
Uttryck: *Aummm Mah-neee Pahd-mayyy Hummm*

Detta Sanskritmantra är förknippat med Avalokiteshvara (Sanskrit), medkänslans Bodhisattva. Bodhisattvor är upplysta, medkännande Varelser som hjälper andras Andliga mål. Tibetanska Buddhister hänvisar till samma Varelse som Chenrezig, medan Kineserna kallar den Quan Yin. Den regelbundna utövningen av detta Mantra ingjuter en känsla av kärlek och vänlighet mot oss själva och andra, vilket befriar oss från det känslomässiga lidandet i vår världsliga existens.

Översättningen av detta Mantra skulle vara "Lovord till Juvelen i Lotusen". Själva juvelen hänvisar till medkänsla som renar Själen och skänker den det Gudomliga Ljusets lycka. Precis som lotusen inte blir smutsig av den lera i vilken den växer, kan människan använda medkänsla för att höja sig över förtrycket av det Lägre Jaget, Egot, och uppnå Upplysning.

"Om Mani Padme Hum" kan delas in i sex stavelser som representerar en gradvis och progressiv väg från det världsliga till det Andliga: "Om" är universums urljud som för oss i harmoni med Kosmos, "Ma" är vår altruistiska avsikt att utveckla etik och moral som renar avundsjuka tendenser, "Ni" bygger upp tolerans och tålamod, vilket befriar oss från våra lägre begär och gör oss fridfulla och nöjda, "Pad" befriar oss från fördomar och okunskap som blockerar vägen till kärlek och acceptans, och "Me" befriar oss från fasthållande och besatthet, vilket gör det möjligt för oss att kultivera vår koncentrationsförmåga. Slutligen befriar "Heh" oss från aggression och hat, eftersom det representerar enheten mellan alla ting som öppnar dörren till visdom och förståelse.

Dalai Lama, som Buddhisterna tror är den nuvarande inkarnationen av Chenrezig, säger att alla Buddhas läror finns i detta kraftfulla Mantra. För att låsa upp den måste man dock inte bara sjunga den utan också fokusera sin avsikt på innebörden bakom var och en av de sex stavelserna.

हरे कृष्ण हरे कृष्ण | कृष्ण कृष्ण हरे हरे |
हरे राम हरे हरे राम | राम राम हरे हरे हरे

Hare Krishna, Hare Krishna, Hare Krishna, Krishna Krishna, Hare Hare
Hare Rama, Hare Rama, Rama Rama, Rama Rama, Hare Hare
Uttryck: *Huh-ray Krish-Naaa, Huh-ray Krish-Naaa, Krish-Naaa Krish-Naaa, Huh-ray Huh-rayyy, Huh-ray Ramaaa, Huh-ray Ramaaa, Rama Ramaaa, Huh-ray Huh-ray Huh-rayyy*

Hare Krishna-Mantrat, även känt som "Maha" eller "Stort" Mantra, är en helig Sanskrit vers vars syfte är att återuppliva Guds förverkligande inom en själv, känt som Krishna-medvetande. Det har sina rötter i Hinduismens Vaishnava-tradition och är centralt för Bhaktiyogans väg. Den har endast fyra rader som består av Hinduiska Gudars namn: Hare, Krishna och Rama. Hare kombinerar energin från Hari (Lord Vishnu) och Hara (Krishnas gemål, Shakti), medan Krishna och Rama är namnen på de två avatarerna, eller Gudomliga inkarnationerna, av Lord Vishnu.

Lord Krishna har många paralleller till Jesus Kristus eftersom båda tros vara Guds söner som var helt mänskliga och helt Gudomliga. Båda lärorna betonade kärlek och fred eftersom deras uppdrag var att återupprätta godheten i en moraliskt nedgången värld. Genom att försöka uppnå Krishna-Medvetande inom oss själva hänvisar vi till Kristus-Medvetande - ett medvetandetillstånd där individer agerar i fullständig harmoni med det Gudomliga. Detta medvetandetillstånd är en föregångare, eller en förberedelse (på sätt och vis), för att nå det Kosmiska Medvetandet.

Maha Mantras utövande aktiverar den Andliga energin inom dig i Hjärtchakrat, vars syfte är att omvandla ditt medvetande så att du kan överskrida ditt Ego. Det subtila medvetandetillstånd som uppnås befriar Jaget från illusionen av avskildhet, vilket gör att kärleksenergin kan ta över och harmonisera sinne, kropp och Själ. På så sätt uppnås Krishna-medvetande, vilket förbereder vägen för att glädje och lycka permanent ska komma in i ditt liv.

ॐ शान्तिः शान्तिः शान्तिः शान्तिः

Om Shanti Shanti Shanti Shanti
Uttryck: *Aummm Shanteee Shanteee Shanteee Shanteee*

Mantran "Om Shanti" används ofta i Hinduiska och Buddhistiska böner, ceremonier och litteratur; dess betydelse kan översättas till "Om Fred". "Shanti" kommer från Sanskritroten "sham", som betyder lugn, stillhet, välstånd och lycka. Det är roten till ordet "Shalom" på Hebreiska och "Salam" på Arabiska, som båda också betyder "Fred". "Genom att sjunga detta Mantra finner du inte bara en djupgående nivå av fred inom dig själv, utan du sänder ut offer av fred till hela världen.

Traditionellt sjunger man ordet "Shanti" tre gånger eftersom det åberopar fred och skydd på tre nivåer av Jaget: medvetet, undermedvetet och övermedvetet (Gudsjaget). Det medvetna Jaget tillhör Jorden, medan det undermedvetna sträcker sig ner i Underjorden (Helvetet) och det övermedvetna hänvisar till Himlen (Stjärnorna) ovanför. Dessa tre kan återigen delas upp i kropp, sinne och Ande eller det fysiska, Astrala och Andliga planet.

"Om Shanti" kan också användas som en hälsning inom Yogan. När det sägs högt till en medutövare är det en önskan om att den andra personen ska uppleva Universell fred. Den engelska översättningen skulle vara "Peace be with you" eller "Namaste" - även om orden låter olika är innebörden densamma. Var uppmärksam när du uttalar "Shanti" så att du trycker tungan mot tänderna i stället för mot den övre gommen - det producerade ljudet "t" ska låta annorlunda än den Engelska versionen av "t".

ॐ नमो गुरु देव् नमो

Ong Namo Guru Dev Namo
Uttryck: *Onggg Nah-Moh Guh-Ruh Devvv Nah-Moh*

Detta Sanskritmantra kan översättas till "Jag bugar mig för den Skapande Visdomen, jag bugar mig för den Gudomliga Läraren inom mig". En annan översättning är "Jag bugar mig för Allt-Det-Som-Är", som ett Mantra om Enhet. Dess andra namn är "Adi Mantra", som ofta används i Kundalini Yoga i början av utövandet, särskilt i klassrum. Det var viktigt för Yogi Bhajan, den Hinduiska Andliga lärare som förde Kundaliniyogan till Västvärlden. Många utövare tror att Adi Mantra gör det möjligt för en att ställa in sig på Kundaliniyogans speciella vibrationsfrekvens och låsa upp dess djupaste förståelse och syfte.

Att sjunga detta Mantra gör det möjligt för oss att ödmjuka oss och ansluta oss till vårt Högre Jag - den inre läraren som kanaliserar Universell visdom och kunskap till oss när vårt sinne är mottagligt. Den höjer vibrationen i vårt medvetande, vilket gör att vi kan lita på och lyssna till vår inre vägledning. Den förmedlar också till oss att vi är våra egna största lärare i livet och att inga andra lärare behövs.

Mantrat "Ong Namo Guru Dev Namo" gör det möjligt för oss att utnyttja vår högsta potential som Andliga människor. Varje ords översättning avslöjar dess kraft att omvandla vårt medvetande. Till att börja med betyder "Ong" oändlig kreativ energi eller subtil Gudomlig visdom. Att uttala det liknar att säga "Om", med den extra fördelen att ljudet i munnen flyttas från främre till bakre delen av halsen, vilket stimulerar olika delar av hjärnan, särskilt Hypofysen och Tallkottkörteln.

"Namo" motsvarar "Namaha", som betyder "mina respektfulla hälsningar", medan en Guru är en Andlig lärare som vägleder sina lärjungar på deras väg mot Upplysning. "Dev" är en kortare version av termen "Deva", ett Sanskritord för Gud eller Gudom. Eftersom Deva följer Guru i Mantrat innebär det att den Andliga läraren är Gudomlig och Helig. Slutligen bekräftar "Namo" i slutet ödmjukhet och vördnad.

Detta Mantra förfinar energin runt och inom oss och gör oss till ett kärl för högre medvetande. Genom att sjunga den får man visdom och stöd från generationer av Kundalini-Yogis samtidigt som man förstärker sin koppling till sitt Högre, Gudomliga Jag.

ॐ गं गणपतये नमः

Om Gam Ganapataye Namaha

Uttryck: *Aummm Gummm Guh-Nuh-Puh-Tuh-Yahhh Nah-Mah-Haaa*

"Om Gam Ganapataye Namaha" är en kraftfull bön och Mantra som hyllar den älskade Hinduiska elefantvärmda Guden, Lord Ganesha. Den Engelska översättningen är "My Salutions to Lord Ganesha". Inom Hinduismen erkänns Lord Ganesha som den som undanröjer hinder och är kunskapens mästare. Han är känd för att ge lycka, välstånd och framgång, särskilt när man gör en ny satsning.

Lord Ganesha är förknippad med Muladhara Chakra och Jordelementet. Han åberopas ofta för att rensa vägen när man känner sig mentalt fast och är i behov av att byta perspektiv. Hans energi jordar oss och hjälper oss att övervinna utmaningar och kreativa blockeringar. Lord Ganesha stärker oss genom att förbättra vårt fokus, vår koncentration och vår kunskap, vilket underlättar inre frid.

Ljudet "Gam" är ett Bija Mantra för Ganesha, medan "Ganapataye" är en hänvisning till hans andra namn - Ganapati. Det sägs att om man dagligen sjunger Lord Ganeshas Mantra 108 gånger kommer all rädsla och negativitet från hjärtat att avlägsnas. Detta beror på att rädsla är en biprodukt av de korrumperade Vatten- och Luftelementen, som Jordelementet jordar när det förs in.

ॐ श्री सरस्वत्यै नमः

Om Shri Saraswataya Namaha

Uttryck: *Aummm Shree Sah-Rah-Swah-Tah-Yahhh Nah-Mah-Haaa*

Mantrat "Om Shri Saraswataya Namaha" åberopar kraften hos den Hinduiska Gudinnan Saraswati (Figur 139), som förknippas med visdom, inlärning och skapande konst. Den Engelska översättningen lyder: "Salutions to the Goddess Saraswati." Att sjunga detta Mantra stimulerar ens kreativitet samtidigt som det tänder intellektet. Dessutom inspirerar det oss att uttrycka oss genom konst, musik och litteratur. Om man sjunger detta Mantra innan man påbörjar ett nytt kreativt arbete kommer man att ha tur.

Figur 139: Gudinnan Saraswati

Saraswati anses vara modern till *Veda,* de Urtida Hinduiska och Yogiska skrifterna. Många välutbildade människor tror att om de regelbundet sjunger Saraswati-Mantrat kan de få djup kunskap och visdom om Skapelsens mysterier som befriar dem från cirkeln av död och återfödelse (Samsara). De hänvisar till denna frigörelseprocess som "Moksha". "

I Mantrat "Om Shri Saraswataya Namaha" är Shri en vördnadstitel som ofta används före namnet på en hedersperson eller Gudom. Saraswati är hustru till den Hinduiska guden Brahma, som står i spetsen för Trimurti. Eftersom Brahma representerar skapelseprocessen är han relaterad till Luftelementet och tankarna, som driver och formar intellektet. Saraswati är Brahmas Shakti eller skapande kvinnlig energi. Hon representerar den passiva aspekten av samma energi, kanaliserad till det Fysiska Planet. Som sådan symboliserar Saraswati den inspiration som driver våra kreativa uttryck.

BIJA MANTRAS OCH MUDRAS FÖR DE SJU CHAKRANA

Var och en av de Sju Chakrana har ett heligt ord eller ljud som är förknippat med den och som kallas Bija, eller "Frö" Mantra. Vi kan använda dessa Mantran i Ljudhealing för att ställa in och balansera Chakraenergierna och återföra dem till sin optimala vibration. Genom att korrigera den energetiska frekvensen hos Chakrana frigörs deras vilande potential.

När vi sjunger Bija Mantras för de Sju Chakrana, kopplar vi oss till deras motsvarande Fem Element. Denna förbindelse skapas av tungans position i munnen när vi vibrerar Bija Mantras. De Fem Elementen tillskrivs de fem första Chakrana. Samtidigt representerar Ajna dualiteten av de maskulina (Pingala) och feminina (Ida) krafterna i naturen, Yin och Yang, och Sahasrara representerar helheten och Enheten av alla Chakran. Bija-Mantran för de Sju Chakrana presenteras nedan.

LAM - Muladhara, Rotchakrat - Jordelementet - Första Bija-Mantrat
VAM - Swadhisthana, Sakralchakrat - Vattenelementet - Andra Bija-Mantrat
RAM - Manipura, Solar Plexus Chakra - Eldelementet - Tredje Bija-Mantrat
YAM - Anahata, Hjärtchakrat - Luftelementet - Fjärde Bija-Mantrat
HAM - Vishuddhi, Strupchakrat - Andligt element - Femte Bija-Mantrat
SHAM - Ajna, Sinnets Ögonchakra - Dualitet - Sjätte Bija-Mantrat
OM - Sahasrara, Kronchakrat - Enhet - Sjunde Bija-Mantrat

Dessa sju är dock inte de enda Bija Mantran som finns. Var och en av de 50 bokstäverna i Sanskritalfabetet har sin egen Bija Mantra. Följaktligen är de 50 Sanskritbokstäverna relaterade till de sex första Chakrana, vars kronblad är sammanlagt 50, som också återfinns i Sahasraras Tusenbladiga Lotus. Enligt de Yogiska skrifterna öppnar en Sanskritbokstav när den ljuder i ett Mantra motsvarande kronblad i det Chakra som den är associerad med. Chakranas Petala Mantran anges i Figur 140.

Figur 140: Bija-Mantran för de Chakriska Kronbladen

Bija Mantras har använts i Yogiska övningar och meditation i tusentals år på grund av deras Andliga effekter på våra känslomässiga och mentala tillstånd av Varande. De kan ljuda (vibreras tyst eller sjungas högt) eller mediteras i sig själva eller bifogas i början av längre Mantran för att öka deras energiska kraft. Dessa primordiala Mantran har ingen direkt översättning som andra delar av ett Mantra har. Deras intensiva vibrationskvaliteter gör dem dock till ett kraftfullt instrument för att få tillgång till högre medvetandenivåer.

När de sjungs som en del av ett längre Mantra är Bija Mantras i allmänhet uttryck för Mantrans grundläggande energi eller essens. OM är till exempel källan eller fröet från vilket alla andra ljud i ett Mantra föregår. Därför är det de mest överlägsna Bija Mantra som ljudet av Para-Brahman (den Högsta Brahman); bokstäverna i Sanskritalfabetet är bara emanationer från OM, som är deras grundljud.

OM representerar Sahasrara Chakra, källan till energin för de sex andra Chakrana under det. Sahasrara är det Vita Ljuset från vilket de sju regnbågens färger utgår i följd, vilket motsvarar färgerna i de Sju Chakrana. Observera att Sahasrara traditionellt är vit eller violett eftersom violett är den högst vibrerande färgen vid regnbågens topp.

De sju Handmudrorna från Figur 141 används traditionellt för att öppna de Sju Stora Chakrana. Genom att kombinera dessa Hand Mudras med Bija Mantras för de Sju Chakrana har vi en kraftfull teknik för att optimera energiflödet i Chakrana och hjälpa till att väcka Kundalini vid ryggradens bas.

Sju Chakras Mudra/Mantra Healing Practice

Börja Chakra Mudra/Mantra övningen med att tvätta händerna. Därefter ska du hitta en bekväm sittställning, antingen i en Meditationsasana eller på en stol. Låt dig sedan lugna ditt inre genom att öva den Fyrfaldiga Andningen och tystna sinnet. Eftersom den här övningen har en visualiseringskomponent hjälper det att ha ögonen stängda medan du utför den.

Det finns två metoder för att utföra denna övning, som båda bör användas och bytas ut ofta. Den första metoden kräver att du börjar med Muladhara Mudra och arbetar dig uppåt genom Chakrana. Denna speciella sekvens speglar uppstigningen av Kundalini samt klättringen i Livets Träd, där du börjar din resa i den lägsta Sfären eller Chakran och rör dig uppåt i medvetande tills du når den högsta.

Medan du utför Hand Mudran för varje Chakra, vibrera/chantera dess Bija Mantra med en energigivande och projicerande röstton. Du kan tillbringa mellan en och fem minuter med varje Mudra innan du går vidare. Var konsekvent i hur lång tid du ägnar åt varje Mudra. Om du till exempel bestämmer dig för att tillbringa två minuter med Muladhara Mudra, upprepa sedan denna tidslängd även för de följande Hand Mudras. Nyckeln till varje framgångsrik Andlig praktik är konsekvens och balans.

När du utför en Hand Mudra och vibrerar motsvarande Bija Mantra, fokusera på Chakra-området. Anslut dig till Chakrat och föreställ dig att dess komplementära färg blir ljusare och ljusare när Ljusenergi genomsyrar den med varje vibration. Den visuella komponenten i denna övning är bra för att fokusera energierna som åberopas genom Mantran.

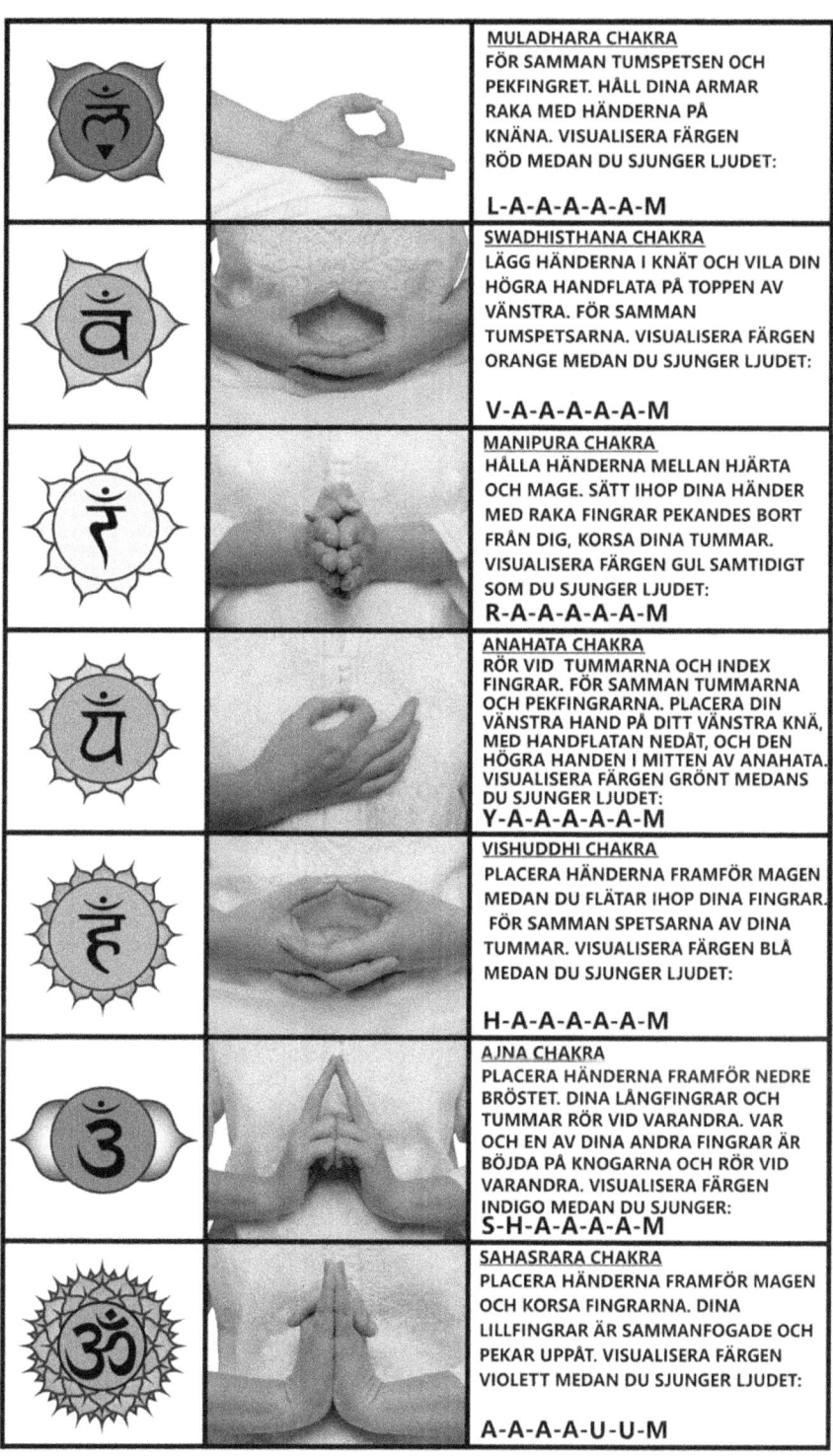

Figur 141: De Sju Chakrans Mudras/Mantras

I den andra Chakra Mudra/Mantra metoden börjar du med det högsta, Sahasrara, och arbetar dig nedåt i sekvens genom Chakrana. I den här metoden föreställer du dig Sahasrara som rent Vitt Ljus i stället för den violetta färgen. När du har avslutat Sahasraras Mudra/Mantra-kombination, föreställ dig en Ljusstråle som kommer ut ur den och ansluter till Ajna Chakra nedanför.

När du är klar med Ajna projicerar du samma Ljusstråle ner till Visshudhi, och så vidare. Du ska visualisera en Ljusstråle som projiceras från ett Chakra till nästa tills du når Muladhara. I slutet av den här övningen kommer alla de Sju Stora Chakrana att vara upplysta, förbundna med ett axel eller en Ljusstråle.

Oavsett om du har utfört den första eller andra Chakra Mudra/Mantra metoden, avsluta övningen genom att tillbringa några minuter med att visualisera dina Chakran i sina respektive färger inifrån din Aura. Se dem ljusare än någonsin. Om du utförde den andra övningsmetoden skulle var och en av Chakrana vara förbundna med en Ljusstråle. Chakra Mudra/Mantraövningen är nu avslutad. Du kan öppna ögonen och återfå fullt vaket medvetande.

MEDITATION (DHYANA)

Västvärldens snabba och multitaskingliknande livsstil har gett upphov till psykiska problem som ångest, depression och kronisk stress. Därför har holistiska sinnes- och kroppsövningar som Yoga och mindfulnessmeditation blivit populära i Västvärlden som stressreducerande tekniker som lugnar nervsystemet och ökar dopamin- och serotoninnivåerna i hjärnan. Resultatet är ökad lycka och ett friskt sinne och en frisk kropp.

Enligt ordboksdefinitionen betyder "meditation" att man ägnar sig åt kontemplation eller reflektion. Det handlar om att vara uppmärksam och närvarande här och nu, vilket ökar medvetenheten genom att man kopplar sig till det rena medvetandets värld. Det är en process som kräver att vi vänder våra sinnen inåt och förenar oss med en högre verklighet, en verklighet som är substantiell och hälsosam.

Meditation är en resa mot en förening av Jaget med den inre Anden. Det är ett sökande efter en högre sanning som endast intuitionen kan förstå, vilket kräver att vi övervinner vår begränsade intelligens och våra personliga känslor och skapar en permanent förbindelse med vårt sanna väsen.

Att gå in i sig själv genom meditativ träning lindrar undermedvetna villkor som hindrar oss från att vara den bästa versionen av oss själva. Meditation återställer sinnet, vilket är till hjälp för människor som vill övervinna dåliga vanor och skadliga beroenden. Vi återknyter också kontakten med Själen genom att gå inåt, vilket omdirigerar vår moraliska kompass om vi har gått vilse.

Meditation ger mental klarhet och lugnar våra känslor, vilket har en helande effekt på alla aspekter av våra liv, inklusive personliga relationer. Den frigör inre spänningar och oro och laddar oss med ny tro på Universum och kärlek till oss själva och andra. På ett fysiskt plan sänker meditation hjärtfrekvensen, förbättrar immunförsvaret och balanserar de Sympatiska och Parasympatiska Nervsystemen, vilket ger kroppen sammanhang.

Meditation hjälper människor att uppnå mental fred och balans, vilket behövs för att fungera bäst i samhället. Denna praktik har inget att göra med att fly in i en inre Värld och överge sitt ansvar i den materiella världen, utan att hitta vår kärna och nå äkta och varaktig lycka. Genom att göra detta utvecklar vi en ordentlig grund i livet som gör allt vi gör från och med då lättare.

Meditation är ofta resultatet av att människor hamnar i en återvändsgränd i sitt sökande efter lycka genom att tillfredsställa sina Egos önskningar. Eftersom vi i tonåren blir konditionerade att förknippas med Egot, förblir denna tro rådande i våra tidiga vuxenår tills vi kommer fram till att för att nå den ultimata lyckan krävs att vi går bortom Egot för att hitta Anden inom oss. Detta är vad det innebär att bli Andlig och skilja mellan illusion och verklighet, och meditation är den mest optimala metoden för att nå detta mål.

YOGAPRAKTIK OCH MEDITATION

Meditation är det sjunde ledet eller steget i yogan, Dhyana, som beskrivs i Patanjalis *Yoga Sutras*. Att försöka dra tillbaka sinnena (Pratyahara) och koncentrera sinnet (Dharana) är Yogans femte och sjätte steg som leder till meditation. De tredje och fjärde stegen (Asanas och Pranayama) hjälper till att balansera våra maskulina och feminina energier och lugna sinnet, vilket leder till att vi går inåt, en förutsättning för meditation.

När vi väl har lärt oss att meditera har vi en teknik för att komma i kontakt med vårt inre Jag, Anden, vilket gör att vi kan nå det åttonde och sista steget i Yoga-Samadhi-Självidentifikation med det Kosmiska Medvetandet. Samadhi innebär befrielse eller Upplysning, där subjekt och objekt har blivit Ett.

Eftersom meditation kräver mental koncentration är det viktigt att ha kontroll över vår Praniska energi. Vi kan uppnå detta genom stabiliserade mediala ställningar (Asanas) och reglering av andningen (Pranayama). Personer med mentala eller emotionella störningar som schizofreni, psykos, bipolär sjukdom, PTSD etc. bör först fokusera på Asanas och Pranayama för att balansera sina energier, eftersom det är bra att övervinna de negativa tendenserna i sinnet innan man försöker sig på djup meditation.

Att öppna nya dörrar i psyket när sinnet inte är friskt och starkt kan vara skrämmande för många människor. När allt kommer omkring är en stor del av meditationen att frigöra sig från sinnets aktiviteter och separera oss från våra tankar. Det är viktigt att utveckla mod och tro för att möta det okända, vilket omvandlar rädslan till positiv energi som främjar vår Andliga Utveckling. Av denna anledning används Yogiska övningar som Asanas, Pranayama, Mudras och Mantras ofta sida vid sida med meditation eftersom de förbereder sinnet och kroppen för att nå högre medvetandetillstånd.

Mudras hjälper till exempel till att manipulera våra inre energier, vilket främjar fysiskt, mentalt och emotionellt välbefinnande, medan Mantran åberopar/framkallar transcendentala energier i Auran och höjer medvetandet över kroppens och Egots nivå. Mantras är därför av största vikt i meditationsövningar, särskilt när en person behöver hjälp med att lugna sinnet och ansluta sig till en högre makt.

På grund av deras effektivitet har jag ägnat större delen av det här avsnittet åt de Yogiska teknikerna Asana, Pranayama, Mudra och Mantra. Deras behärskning är avsedd att förbereda kroppen, sinnet och Själen för meditation, vilket leder till enhet med Anden - Skaparens Källkraft.

Att reglera sin livsstil, inklusive att införa en hälsosam kost, är en del av förberedelserna för meditation. Yogans första och andra steg, Yamas (Självbegränsningar) och Niyamas (Självobservationer), kräver att vi är medvetna om våra tankar, känslor och handlingar och att vi kontrollerar dem. Som en Urtida Grekisk aforism säger: "Känn Dig Själv". Först när vi har lärt oss tendenserna hos vårt Ego, vår automatiska inre natur, kan vi börja försöka ändra och hantera den för att öppna oss för den Andliga energin.

I sluländan leder meditationen till att bli en förkroppsligande av Gudomlig Kärlek. Den Gudomliga Kärleken är Andens väsen, som vi känner påtagligt i våra hjärtan som en känsla. Av denna anledning är öppnandet av hjärtcentret, eller Hjärtchakrat, ett av meditationens mål. När Anahata Chakra förbereds genom Yogiska övningar i kombination med utveckling av moral och etik, strömmar ett inflöde av Andlig energi in från Sahasrara Chakra ovanför, vilket resulterar i en permanent omvandling av medvetandet. När detta inträffar har aspiranten nått Yogans yttersta mål - förening med Gudomen.

TRE MEDITATIONSMETODER

Precis som det finns olika Andliga discipliner för att nå upplysning finns det många sätt att meditera. I det här kapitlet kommer jag att nämna tre primära meditationsmetoder som jag har funnit mest användbara, även om det finns många fler, av vilka jag diskuterar några i andra avsnitt av den här boken. Dessutom behöver meditation inte vara stationär eftersom promenader också kan vara en meditativ övning om du övar dig i mindfulness. Alla aktiviteter som gör dig närvarande här och nu och stämmer in dig på den Andliga energin utgör en form av meditation.

Den första typen av meditation som jag har funnit mycket kraftfull innebär att man koncentrerar sig på ett specifikt objekt utanför sig själv och tittar på det med öppna ögon. Valmöjligheterna när det gäller vad man ska meditera på är obegränsade. Det hjälper att börja med ett enkelt föremål som en ljuslåga (som ges i det här kapitlet) och gå vidare till ett mer genomarbetat föremål, som en Gudomlig staty.

Denna typ av meditation syftar till att fokusera ditt sinne utan avbrott och bli ett med objektet, vilket har mycket positiva Andliga effekter. När du koncentrerar dig och fokuserar på objektet kommer din uppmärksamhet att tas bort från ditt undermedvetna sinne och projiceras utanför dig själv, vilket ökar din medvetenhet om din omgivning.

Den här meditationen är inte bara tänkt att stimulera ditt Sinnes Öga utan att väcka det helt och hållet och permanent. När du fokuserar på ett mer invecklat objekt, till exempel en staty av en Gudom, kommer du därför att märka att ju längre du gör denna övning, desto mer kommer ditt Astrala sinne att vakna upp så att du kan känna, röra, lukta och till och med smaka på statyn med ditt sinne.

Den andra typen av meditation använder ljud (Mantran) för att fokusera sinnet. Mantran är särskilda ord, fraser eller affirmationer vars upprepning under meditationen höjer medvetandet till högre nivåer. Inom Yogan kallas upprepning av ett Mantra med hjälp av Malapärlor för Japa, som härstammar från Sanskritordet "jap", som betyder "att säga med låg röst, upprepa internt". "

Att höra en bön under meditationen är också ett Mantra, som du bör låta med avsikt och djup känsla för att få optimal effekt. Avsikt och sinnesfokus är avgörande när du upprepar ett Mantra, liksom röstens tonalitet. Till exempel involverar sång rytm och tonhöjd, vilket försätter sinnet och kroppen i ett tranceliknande tillstånd när det utförs korrekt. Religiösa sånger och hymner är Mantran som inspirerar och förflyttar oss till ett utvidgat medvetandetillstånd, vilket underlättar ett Andligt uppvaknande. Jag kommer att diskutera Mantran mer ingående i nästa kapitel i detta avsnitt.

Den tredje typen av meditationsmetod är visualisering. Visualiseringsmeditationer är mycket populära och effektiva samtidigt som de är lätta att praktisera. För att använda den här typen av meditation behöver du bara välja ett objekt att meditera på och visualisera det med slutna ögon. Visualiseringsmeditation stimulerar Sinnets Öga eftersom den involverar Astralljus, som är grunden för alla visuella bilder.

Figur 142: Visualiserings Meditation

En kraftfull anpassning av den här övningen är att visualisera en Gudom, t.ex. en Gud eller Gudinna, från en panteon som du själv väljer (Figur 142). Du får inte bara de förväntade effekterna av en visualiseringsmeditation, utan du kan i din Aura införa de energetiska egenskaperna hos den Gudom du föreställde dig.

För bästa effekt är det bäst att ha det faktiska föremålet till hands, t.ex. en staty av den valda Gudomen. Du kan hålla föremålet för att känna dess energi eller placera det i ögonhöjd framför dig medan du undersöker alla dess intrikata detaljer och noterar dem mentalt. Sedan ska du blunda och föreställa dig vad du just såg, medan du fokuserar och koncentrerar dig på att hålla kvar bilden i ditt Sinnes Öga utan avbrott.

När du börjar visualiseringsmeditationen kan du fokusera på en punkt, linje, kvadrat eller cirkel och sedan återskapa bilden i ditt Sinnes Öga genom fantasi. Att fokusera din uppmärksamhet på ett Tredimensionellt objekt har dock specifika effekter som du inte kan uppnå med ett tvådimensionellt plan, till exempel att fullt ut väcka dina Astrala sinnen.

För att börja meditera på ett Tredimensionellt objekt, börja med något enkelt som en frukt och gå sedan vidare till en mer komplicerad form, som en Gudomlig staty. Tänk också på att alla färger har olika vibrationer, och genom att visualisera en färg åberopar du dess motsvarande energi i din Aura på en subtil nivå. Var därför uppmärksam på hur en visualiseringsmeditation får dig att känna dig när färger är inblandade.

STEG FÖR MEDITATION

När du planerar en meditation, se till att du gör den på en lugn och trevlig plats där du vet att du inte kommer att bli störd. Många människor gillar att använda rökelse för att rensa sitt utrymme från negativ energi och på så sätt göra det heligt. Rökelse innehåller också specifika egenskaper som höjer sinnet och förbereder det för meditation. Se till att bränna rökelse innan du förbereder rummet, snarare än under meditationen, eftersom det kan störa andningen och vara en distraktion.

Salvia, Rökelse och Sandelträ är de mest populära rökelserna på grund av deras helande egenskaper och lugnande effekter. De är också kända för att aktivera Ajna Chakra, vilket är en förutsättning vid meditation. Min personliga favorit är dock den Indiska rökelsen Nag Champa, som har en behaglig doft och högvibrerande kvalitet.

Morgonen är vanligtvis den bästa tiden för meditation, särskilt på tom mage. När du väl har fört in mat i kroppen ska du vänta i minst fyra till sex timmar innan du mediterar eftersom kroppen kommer att arbeta hårt för att smälta maten som omvandlas till Pranisk energi som ger kraft åt systemet. Att meditera på natten rekommenderas också eftersom vi är mer avslappnade naturligt - att meditera före sömnen underlättar ett lugnt och balanserat mentalt tillstånd, vilket främjar en hälsosam sömn.

Om du gör meditation till en del av din Yogapraktik kan du upptäcka att det räcker med fem till tio minuter, som bör utföras i slutet. Om du mediterar oberoende av din Yogiska praktik är dock en tidsram på femton till tjugo minuter optimal och ger de bästa resultaten. Tänk på att ju mer tid du ägnar åt det, desto bättre blir dina resultat.

Meditationer utförs vanligtvis sittande, men du kan också meditera stående, gående eller liggande. Nybörjare bör dock undvika att lägga sig ner när de försöker meditera eftersom det är vanligt att oerfarna personer glider in i sömnen.

Sukhasana, Siddhasana och Padmasana är de rekommenderade meditativa ställningarna som varierar beroende på din flexibilitet. När du utövar dessa meditativa Asanas bör du placera händerna på knäna i antingen Jnana- eller Chin-Mudran.

Att sitta i en stol fungerar också och är inte mindre effektivt när man försöker meditera. För nybörjare kan det vara det bästa alternativet eftersom stolar ger det nödvändiga stödet för rygg och ryggrad så att man kan fokusera mer på själva meditationsprocessen. Du kan också knäböja på golvet, med eller utan en kudde för knäna, beroende på vad du tycker är bekvämast.

Oavsett vilken hållning du väljer är det viktigaste att ryggen och ryggraden hålls rak under meditationen och att du håller händerna på sidorna för att möjliggöra en optimal kanalisering av Praniska och Chakriska energier. När du är upprätt är kroppen dessutom mest avslappnad och stabil, vilket ökar din förmåga att koncentrera dig och gå inåt.

Efter att ha valt meditationsställning och koncentrationspunkt är nästa steg att fokusera på andningen. Den Yogiska Andningstekniken Pranayama är optimal, där uppmärksamhet läggs på Diafragma- och Bröstkorgsandning eftersom en utvidgning av buken maximerar syreintaget samtidigt som dina inre energier jordas. Denna typ av andning aktiverar hela Chakrasystemet, inklusive de två lägsta Chakrana, Muladhara och Swadhisthana. Människor som naturligt andas endast genom bröstet involverar de högre och mellersta Chakrana medan de lämnar de viktiga Jord- och Vattenchakrana mestadels oanvända, vilket resulterar i ett obalanserat mentalt tillstånd som ger upphov till stress och ångest.

Andningen gör det möjligt för dig att kontrollera meditationsprocessen; var därför uppmärksam på din inandning och utandning hela tiden. Andningen ska vara långsam, djup och rytmisk. Se till att hålla ett avslappnat och lugnt lugn. Om du tappar kontrollen över ditt andetag ska du inte få panik, utan ta tillbaka kontrollen över det och återuppta rytmen.

När du mediterar kommer du att märka att dina tankar ofta vandrar runt. Bli inte orolig, det är en naturlig del av processen. Faktum är att ju hårdare du fokuserar på ditt valda objekt, särskilt med slutna ögon, kommer ditt Ego att göra allt i sin makt för att sabotera dina försök. Att meditera handlar inte om att tysta Egots tankar utan om att lära sig att inte lyssna på dem genom att bibehålla fokus på den aktuella uppgiften.

Mantrameditationer är bra för nybörjare eftersom de låter dig styra om dina tankar i stället för att tömma ditt sinne genom att tysta dem. När du upptäcker att du distraheras av dina tankar kan du återvända till den valda fokuspunkten eller avleda dina tankar genom att rikta din uppmärksamhet tillbaka på ditt Mantra. Du kan också använda ditt andetag för att återfå kontrollen över sinnet genom att rikta din uppmärksamhet mot det när tankarna vandrar.

I början kan du känna dig obekväm när du mediterar. Din kropp kommer att rycka till, krampa, dina ben kommer att somna eller du kommer att bli otålig och till och med orolig. Bli inte orolig när detta händer eftersom det är ett tecken på att din meditation fungerar. Jag har funnit att när man lär sig att meditera är den första puckeln att ta sig över att lära sig att slappna av i kroppen eftersom det är Egot som använder kroppen för att distrahera dig och avskräcka dig från ditt mål. Du kommer att märka att ju fler gånger du upprepar meditationsprocessen, desto lättare blir det.

När din meditation börjar fungera kommer Egot att förlora greppet om sinnet för tillfället, vilket resulterar i ett förhöjt medvetandetillstånd. Effekten blir ett tyst och lugnt sinne med rena tankar i bakgrunden utan personlig betydelse. När du har nått denna kritiska punkt ska du behålla den så länge du kan. Ju fler gånger du kan få dig själv till denna punkt under meditation, desto lättare blir det att stämma av från ditt Ego och höja vibrationen i ditt medvetande. Efter en tid kan du utveckla den naturliga förmågan att göra detta även utan meditation, vilket kommer att göra det möjligt för dig att omedelbart kontakta ditt Högre Jag för att ta emot dess vägledning och visdom.

Slutligen kan du arbeta med att rena ditt sinne i det dagliga livet. Ju mer du utvecklar en stark karaktär och en moralisk och etisk natur, desto mer tillgänglig blir meditationsprocessen. Var uthållig och bestämd att driva igenom dina meditationer, även om det verkar som om du inte kommer någon vart. Om du ger upp för tidigt går du miste om meditationens otroliga fördelar, som är oändliga. När dagen följer på natten ska du veta att du kommer att nå målet med dina meditationer om du fortsätter regelbundet och följer de föreskrivna stegen.

MEDITATION MED LJUSLÅGAN (TRATAKA)

Trataka på sanskrit betyder "titta" eller "stirra", eftersom denna övning innebär att man stirrar stadigt på ett litet föremål, t.ex. en svart prick, en ljuslåga, en staty av en Gudom eller en geometrisk ritning som en mandala eller en Yantra. En stadig flamma från ett ljus (Figur 143) är en naturlig magnet för ögonen och sinnet och anses vara den mest praktiska och säkra. Som sådan används den mest av Yogis.

Trataka är en Hatha Yogateknik som hör till kategorin Shatkarma (sanskrit för "sex handlingar"), som är sex grupper av reningsmetoder för kroppen med Yogiska metoder. Syftet med Shatkarmas är att skapa harmoni mellan Ida och Pingala Nadis och därmed skapa balans mellan dina mentala, emotionella och fysiska tillstånd. Trataka är Shatkarmas vetenskap om synen.

Ögonen är "Själens fönster", det medium genom vilket våra sinnen kommunicerar med den yttre miljön. De släpper in Ljuset och lyser upp det inre Jaget. Trataka är en teknik som låter oss se in i våra sinnen och Själar genom ögonen. Eftersom våra sinnen ständigt är engagerade i det som våra ögon tittar på, gör Trataka's enpunkts medvetande det möjligt för oss att lugna det undermedvetna sinnet, som drivs av Egot. När Egot går in i neutralitet saktar dess ständiga tankemönster ner, vilket gör att medvetandet kan höja sig och gå in i högre sinnestillstånd.

Att stilla sinnet och dess tankemönster är en förutsättning för meditation (Dhyana). Genom att fokusera blicken på en ljuslåga aktiverar du Ajna Chakra, som inte bara har en lugnande effekt på sinnet utan är dörren till högre medvetandetillstånd. Med regelbunden utövning av Trataka ökar ens psykiska förmåga och intuition, vilket möjliggör högre nivåer av förståelse av Skapelsens mysterier.

Figur 143: Meditation med Ljuslåga (Trataka)

Med Trataka renas och stärks sinnet, vilket förbättrar koncentrationen (Dharana) och eliminerar alla problem med ögonen och synen. Dessutom saktar hjärt- och andningsfrekvensen och aktiviteten i andra organ ner, vilket främjar föryngring via ens Prana-energi.

Trataka balanserar det Sympatiska och Parasympatiska Nervsystemet och lindrar nervösa spänningar. Dessutom stimuleras vilande områden i hjärnan med regelbunden Trataka-träning, medan aktivitetsdominerade områden får en chans att ladda upp sig själva, vilket främjar en frisk hjärna. Slutligen förbättrar regelbunden Trataka-utövning sömnkvaliteten genom att lugna sinnet samtidigt som man behandlar depression och andra mentala och emotionella problem.

Trataka bör utövas i slutet av din Yogasekvens, efter Asanas, Pranayamas, Mudras och Bandhas. När den praktiseras på egen hand är det bäst att utföra den på morgonen, när sinnet är lugnt och ögonen är mer aktiva. Den kan också utföras på kvällen, innan du sover. Undvik Trataka på full mage, vilket är fallet med alla Yogiska övningar.

För att påbörja Trataka-meditationen bör du sitta i ett mörkt rum där du är ostörd under hela övningen. Tänd sedan ett ljus och placera det på ett litet bord ungefär två till tre meter framför dig i ögonhöjd (Figur 144). Se till att det inte finns något drag i närheten som kan påverka ljuslökens rörelse.

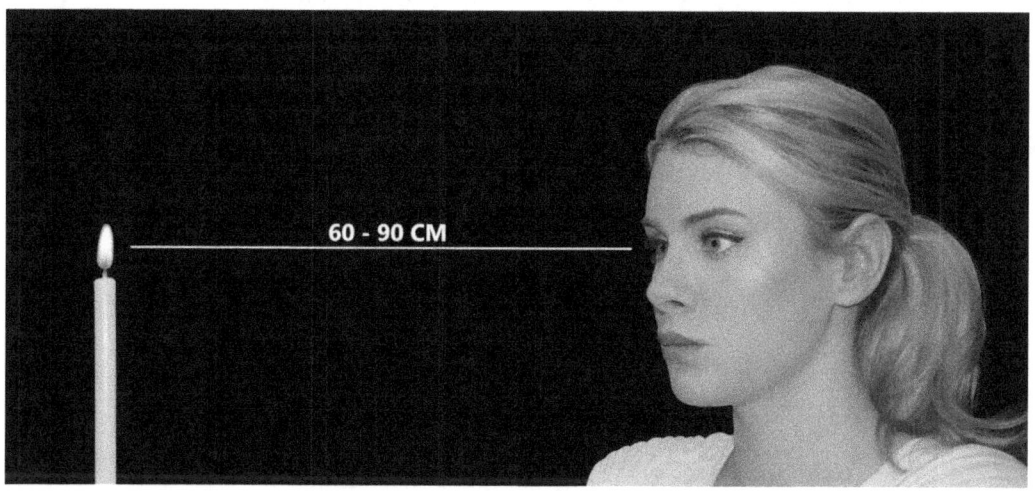

Figur 144: Placering av Ljuslågan

Sitt i en bekväm Meditationsasana med händerna på knäna i antingen Jnana eller Chin Mudra. Din ryggrad och ditt huvud ska hållas raka. Blunda nu medan du slappnar av i kroppen, särskilt i ögonen. Se till att kroppen hålls stadig under hela övningen.

Öppna ögonen nu och börja titta på ljuslågan. Den perfekta platsen för att titta är den röda spetsen på veken. Behåll blicken så länge du kan samtidigt som du undviker att blinka eller röra ögongloberna på något sätt. Spänn inte ögonen eftersom spänningen kan få dem att flimra. Sluta om ögonen börjar vattnas.

Genom att bli ett med flamman bör du förlora medvetandet om alla kroppsliga känslor. Din Varelse kommer att bli externaliserad, vilket drar dig bort från allt distraherande tankesnack. Om sinnet börjar vandra och din koncentration sjunker, för tillbaka fokus till ljuslågan.

Efter en till två minuter blundar du och tittar på efterbilden av lågan i rummet framför dig. Om efterbilden börjar röra sig från sida till sida eller upp och ner kan du stabilisera den genom att fokusera hårdare på den. När bilden börjar blekna, för du den tillbaka genom minnet. När den är helt borta öppnar du ögonen och börjar stirra på ljuslågan igen.

Upprepa detta tre till fyra gånger om du är nybörjare, men det får inte ta mer än två minuter totalt. När du är redo att avsluta övningen gnuggar du händerna mot varandra i fem sekunder för att generera Pranisk energi och placerar dem sedan på ögonen i tio sekunder för att absorbera den. Avsluta alltid Trataka-meditationen på detta sätt, vilket ger helande energi till dina ögon.

När du får mer erfarenhet av Trataka-meditationen kan du öka dess längd till tio minuter. Personer som lider av sömnlöshet, depression eller andra mentala och känslomässiga problem bör ägna upp till tjugo minuter åt denna övning.

Observera att personer som lider av glaukom, epilepsi eller allvarliga ögonbesvär inte bör utöva Trataka. I stället kan de ersätta sin fokuspunkt med en svart prick, som utförs i ett väl upplyst rum. Även om meditation på en svart prick ger liknande fördelar som Trataka, är den mindre potent eftersom den utelämnar fokus på efterbilden, som effektivt öppnar Sinnets Öga vid regelbunden användning.

YOGA OCH DE FEM ELEMENTEN

Yoga hjälper oss att rena och balansera de Fem Elementen Jord, Vatten, Luft, Eld och Ande (Rymden). På så sätt återställer vi dessa Element till optimal hälsa i kroppen och utvecklar våra inre krafter och förmågor som motsvarar varje Element. Eftersom vart och ett av de Fem Elementen är ansvarigt för olika strukturer i kroppen kan dock sjukdom och psykiskt lidande uppstå om något Element blir orent eller hamnar ur balans med ett annat Element.

Eftersom Jordelementet ("Bhumi" på Sanskrit) är relaterat till alla fasta material, motsvarar det den fysiska kroppen, dvs. skelett- och muskelsystemet. Jordelementet omfattar alla vävnader i kroppen, inklusive hud, tänder, naglar och hår. Den fysiska kroppen är fordonet för vårt medvetande och vår grund som förankrar oss på planeten Jorden.

Vattenelementet ("Jala" på Sanskrit) är kopplat till alla vätskor; 60 % av vår fysiska kropp består av vatten, som rör sig genom oss via cirkulationssystemet. Vatten finns också i hjärnan, hjärtat, lungorna, musklerna, njurarna och till och med i benen. Dessutom innehåller vårt blod, vår svett, saliv, urin, sperma, vaginal- och livmodervätska också vatten. Vår fysiska och psykiska hälsa är beroende av kroppens vattenflöde eftersom Vattenelementet reglerar medvetandet.

Eldelementet har att göra med matsmältning och ämnesomsättning och har att göra med hunger, törst och vårt behov av sömn. Eld kallas "Agni" på Sanskrit, Eldsguden inom Hinduismen. I utövandet av Asanas hänvisar Agni till den inre värmen och den värme som genereras i specifika ställningar. Eldelementet relaterar till våra Själar, vår Ljuskälla som har makten att skapa och förstöra.

Luftelementet ("Pavan" på Sanskrit) är kopplat till vårt andningssystem och har att göra med att expandera och kontrahera den Praniska energin i kroppen. Prana är Ljusenergi, den Livskraft som alla levande organismer behöver för att överleva. Luften runt omkring oss bär på Prana-energi; bara genom att andas förs Prana in i kroppen. Pranisk energi behövs också för att driva sinnet. Av denna anledning är andningskontroll (Pranayama) viktigt i alla Yogiska övningar eftersom ett av Yogans mål är att fokusera sinnet och bli självmedveten.

Ande/Rymdelementet ("Akasha" på Sanskrit) driver våra inre kognitiva funktioner. Det är vår källa till kärlek, sanning, visdom, inspiration och tro. Andeenergin kan dock bli fördärvad genom avsaknad av förnuft och ologiskt tänkande, vilket skapar rädsla. Vår största rädsla har att göra med överlevnad på det Fysiska Planet, som vår primära rädsla för döden. Vi fruktar döden eftersom vi inte med säkerhet kan veta vad som händer när vi dör eftersom vi inte har några minnen efter detta liv. Eftersom Anden är evig och tidlös ger den oss tro på livet efter döden - fortsättningen på vår existens efter döden. Det bästa sättet att uppleva Andens energi är att tysta sinnet och gå djupt in i sig själv. Meditation är det mest optimala sättet att ställa in sig på Anden inom oss för att framkalla sinnesfrid och lycka samtidigt som vi får inspiration i vårt dagliga liv.

AKTIVERA OCH BALANSERA ELEMENTEN

Det finns en naturlig ordning för Elementen i kroppen. När vi utför Asana, Pranayama, Mudra, Mantra och meditation, kan vi genom att öva medveten medvetenhet om Elementen i kroppen kanalisera Pranisk energi in i motsvarande Chakra-center. Genom att aktivera våra Elementära krafter kan vi uppnå balans i sinne, kropp och Själ.

Jord- och Vattenelementen ligger under naveln. När vi riktar vår uppmärksamhet mot bäckenregionen, antingen genom rörelse, meditation eller andningstekniker, stimulerar vi dessa två Element till aktivitet.

Stationära Asanas främjar stabilitet genom att fördjupa vår koppling till Jorden. När vår fysiska kropp blir jordad etablerar vi vår fysiska grund och kopplar på så sätt samman med Jordelementet. Våra muskler blir smidiga medan lederna blir stabila. Själva kroppen blir stark och fast. Asanas kopplar oss till våra fötter och vi blir medvetna om vårt kroppsspråk och våra rörelser. Sinnet blir jordat och fokuserat. Eftersom stationära Asanas bromsar den metaboliska elden kyler de ner kroppen och stabiliserar sinnet.

Övergången från en Asana till nästa blir flytande när vi försöker röra oss flytande genom våra rörelser. Vår förmåga att hålla en Asana och sedan släppa den gör att vårt sinne kan anpassa sig från ett ögonblick till ett annat. Den elegans och elasticitet som följer med Asana-utövningen gör det möjligt för oss att förbinda oss med Vattenelementet. Vårt medvetande blir öppnare och mer medvetet om vår omgivning, vilket tar oss ur våra tankar och gör oss i samklang med det nuvarande ögonblicket.

Eldelementet är placerat i mitten av bålen, i Solar Plexus-området. I allmänhet aktiveras Eldelementet genom dynamiska Asanas som innebär rörelse och flöde. Det finns dock en brytpunkt i stationära Asanas när kroppen börjar generera värme, får kroppen att darra och framkallar svett. Denna brytpunkt är när Egot och sinnet vill sluta hålla fast vid Asanasen. Att åberopa den nödvändiga energin och viljan att fortsätta underlättar en ännu mer betydande ökning av kroppens energi från Eldelementet, vilket resulterar i att gifter från de andra Elementen bränns ut. Enligt Yogis ökar vissa Asanas matsmältningselden i en sådan grad att de kan avlägsna sjukdomar i kroppen helt och hållet.

Luftelementet finns mitt i bröstet och är vårt primära centrum för Pranisk energi. Våra muskler, leder och andra stödjevävnader expanderar när vi andas. Som ett resultat av detta öppnas vårt sinne upp genom olika Pranayama-tekniker samtidigt som kroppen blir lätt som en fjäder.

Bara genom att andas stimuleras Luftelementet, även om vi med kontrollerad andning kan fokusera Pranisk energi till vilket område som helst av vår kropp för att underlätta läkning. Andningskontroll gör det möjligt för individen att fokusera sin Praniska energi under utövandet av Asanas. Prana är kraftfullt när det gäller att rensa kroppen från gifter eftersom det aktiverar det renande Eldelementet. Vattenelementet stimuleras om vi fokuserar den Praniska energin i vårt bukområde, till exempel genom Diafragmatisk Andning.

Andens Element, eller Rymden, finns i huvudet och är mest tillgänglig genom meditationstekniker, särskilt sådana som använder Sinnets Öga. När vi utför Asanas och Pranayama-tekniker med elegans, fokus och medveten medvetenhet om våra rörelser, tankar och känslor, ingjuter vi kärlek, omsorg och hängivenhet i vår praktik, vilket aktiverar Andens Element.

Att använda en balanserad sekvens av Asanas som inkluderar rörelse och stillhet har enorma fördelar när det gäller att balansera Elementen. Det gör det möjligt för oss att reglera Eldelementet och harmonisera Jord- och Luftelementen, som är naturliga fiender - eftersom kroppen arbetar med jordförbindelse arbetar sinnet med tankar. Medan det ena är fast (Jorden) är det andra Eteriskt (Luften). Att balansera kroppen och sinnet gör att man kan ansluta sig till Själen, som söker enhet med Anden.

Asanas gör kroppen och sinnet fasta och jordade samtidigt som de gör lemmarna flexibla. Flexibla lemmar möjliggör en mer betydande rörelse av Pranisk energi genom de Nadis som löper genom dem. När Luftelementet är optimerat i kroppen kan vi tillföra det nödvändiga bränslet till Vatten- och Eldelementen. En flexibel kropp har stora fördelar för ens Chakriska system, vilket är en av anledningarna till att Asanas är så attraktiva för den allmänna befolkningen.

***

Ett effektivt och enkelt sätt att balansera de Fem Elementen är att använda Hand Mudras (Figur 145). Förutom att öka eller minska Elementen har varje Hand Mudra ytterligare fördelar för kropp och själ, vilket nämns i beskrivningarna. För att utföra Hand Mudras för de Fem Elementen följer du instruktionerna som beskrivs på sidan 367.

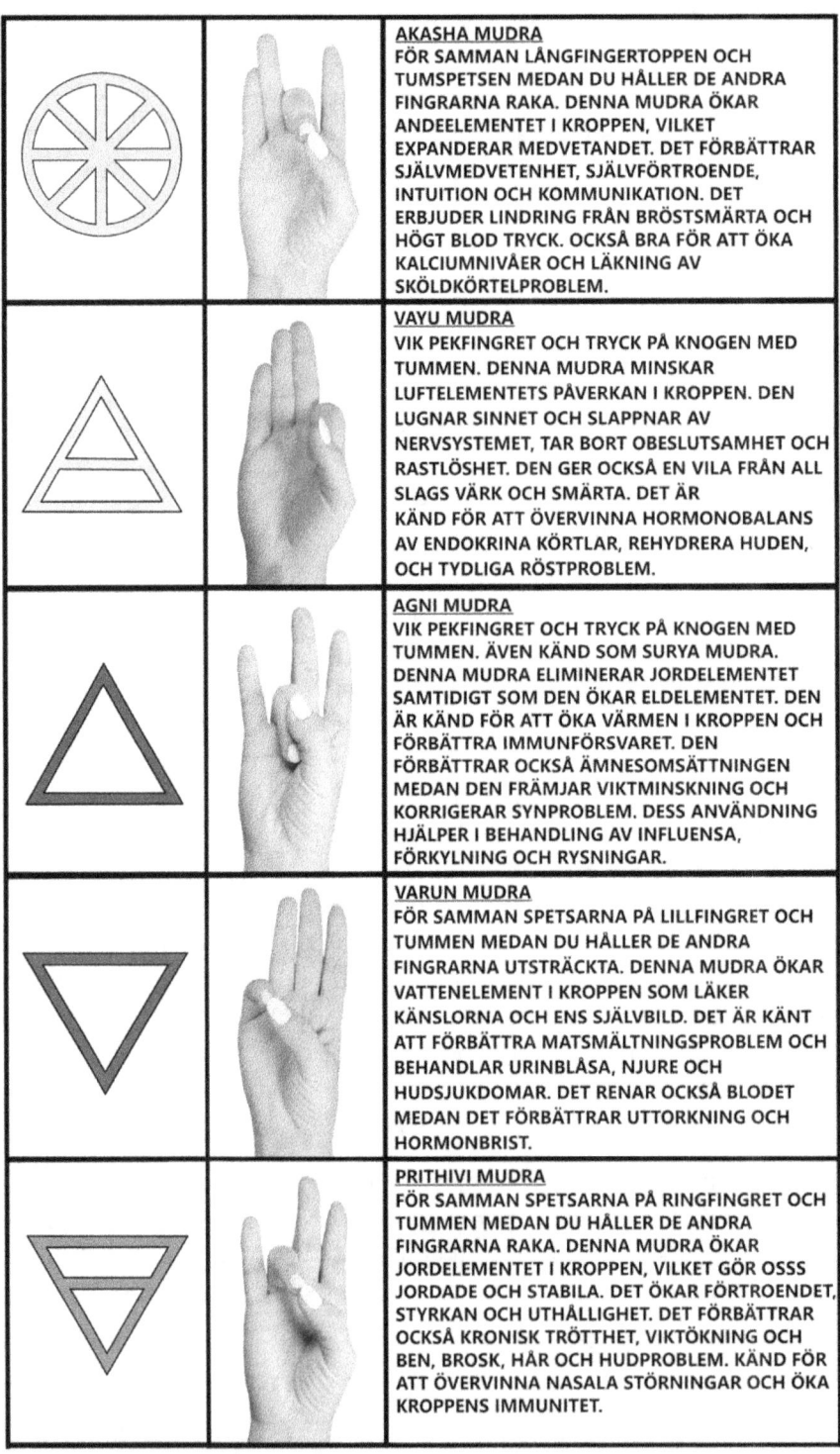

Figur 145: Handmudras för de Fem Elementen

AYURVEDA

Den holistiska medicinen Ayurveda går tillbaka till den Vediska eran, ungefär samtidigt som Yogan utvecklades. Även om Yoga och Ayurveda till synes inte har något samband med varandra delar de samma kultur, filosofi, språk och metodik och betraktas av Hinduerna som systervetenskaper. Medan Yogapraktikerna handlar om att harmonisera vårt sinne, vår kropp och vår Själ, ger Ayurveda en förståelse för vår fysiska och mentala konstitution och hur kost och livsstil påverkar vår kropp och vårt sinne.

Ayurvedas grund är teorin om "Tridosha" (Sanskrit för "Three Doshas"), de tre krafterna eller "humöret" i kroppen - Vata (vind), Pitta (galla) och Kapha (slem). Vata styr rörelsen i kroppen, Pitta styr matsmältning och näring, och Kapha är den energi som bildar kroppens struktur, massa och vätskor. Även om de Tre Doshas främst påverkar vår fysiska kropp har de också subtila motsvarigheter som påverkar sinnet och de Fem Koshas: Prana, Tejas och Ojas. Aktiviteterna i våra kroppar och sinnen är beroende av att de Tre Doshas fungerar korrekt. När de är ur balans bidrar de till sjukdomsprocesser.

Tridosha är också ansvariga för de individuella preferenserna när det gäller mat, inklusive smaker och temperaturer. De styr skapandet, underhållet och nedbrytningen av kroppsvävnad och elimineringen av avfallsprodukter från kroppen. De är också ansvariga för psykologiska processer, från negativa rädslobaserade känslor till kärleksfulla känslor.

Ayurveda omfattar också vetenskapen om de 108 Marmas eller energipunkterna i kroppen. Marmapunkterna är vitala punkter i kroppen som genomsyras av Pranisk energi och påverkas av medvetandet. Det finns många fördelar med att arbeta med Marmapunkterna, bland annat följande: att lösa psykologiska och känslomässiga blockeringar, förbättra cirkulationen och energiflödet, lindra muskelsmärta och ledstelhet samt lindra spänningar och ångest.

Essensen av de Tre Doshas uppstår ur de Fem Stora Elementen, som kallas "Panchamahabhuta" i Ayurveda (Sanskrit). Var och en av de Tre Doshas är en kombination av två av de Fem Elementen: Vata är Luft (Vayu) och Ande (Akasha), Pitta är Eld (Agni) och Vatten (Jela), och Kapha är Jord (Prithivi) och Vatten (Jela), enligt Figur 146. De Tre Doshas är beroende av varandra för balans och hälsa i kropp och själ. Luftprincipen tänder till exempel kroppens eld medan vatten kontrollerar den och förhindrar att kroppens vävnader brinner upp. Luft rör också vattnet; utan Vata Dosha är Pitta och Kapha orörliga.

Människor kan också vara Bi-Doshic eller till och med Tri-Doshic, vilket innebär att de delar egenskaper med två eller tre Doshic-typer. Det finns alltså totalt sju typer av konstitutioner i Ayurveda: Vata, Pitta, Kapha, Vata-Pitta, Pitta-Kapha, Vata-Kapha och Vata-Pitta-Kapha. Genom att förstå Doshas kan vi balansera våra inre energier och anpassa våra Koshas, vilket förbättrar vår psykologiska, mentala och känslomässiga hälsa.

Även om vi är ödesbestämda att leva under särskilda Element i det här livet kan vi ändå fluktuera i Doshas när betydande förändringar sker i vårt psyke, vår miljö, kost, klimat osv. Under vissa omständigheter och förhållanden kommer således en Dosha att dominera, medan en annan Dosha kommer att dominera i andra situationer.

Den viktigaste principen att tänka på när man arbetar med Doshas är att lika ökar lika, medan motsatser balanserar varandra. Därför kommer mat, väder och situationer som har liknande egenskaper som Doshas att öka deras energier, medan de som har motsatta egenskaper kommer att minska dem. Samma koncept gäller för Yogiska övningar som Asanas, Pranayamas och Hand Mudras, som antingen kan balansera en Dosha eller förvärra den, beroende på arten och mekaniken i den utförda övningen.

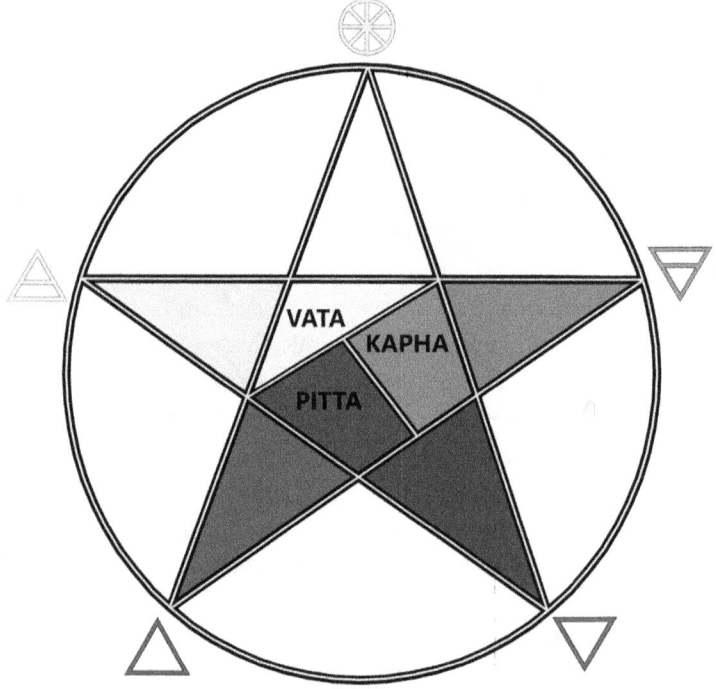

Figur 146: De Fem Elementen och de Tre Doshas

DE TRE DOSHAS

Vata Dosha

Vata Dosha, som är energin för rörelse i sinnet och kroppen, är förknippad med Luftelementet. Vata är torr, kall, lätt, rörlig, aktiv, hård, fin, grov, oregelbunden, föränderlig och klar. På en subtil nivå relaterar Vata till Pranisk energi som ansvarar för alla psykofysiska funktioner i kroppen. Prana transporteras i kroppen av de Fem Prana Vayus, som var och en spelar en specifik roll för att harmonisera kropp och sinne. Vata anses vara den mest kraftfulla av de Tre Doshas eftersom den bär både Pitta och Kapha.

Vata reglerar alla rörelseprocesser i kroppen på mikrocellulär och makroskopisk nivå. Andning, blinkande ögonlock, rörelser i muskler och vävnader och hjärtats pulsationer styrs alla av Vata Dosha. Dessutom styr Vata katabolismen, processen att bryta ner stora molekyler till mindre molekyler för att användas som energi. Luftelement-relaterade inre processer, som fantasi och kreativitet, påverkas av Vata, inklusive känslor som inspiration och ångest.

Vata-typerna styrs av det materiella jagets andra hölje, den vitala kroppen-Pranamaya Kosha. Vatas verksamhetsområde är den nedre delen av bålen som omfattar tjocktarmen och bäckenhålan (Figur 147). Den verkar också genom benen, huden, öronen och låren. Om kroppen utvecklar ett överskott av Vata-energi ackumuleras den i dessa områden.

Hösten är känd som Vata-säsongen på grund av det svala och friska vädret. Personer med Vata Dosha är vanligtvis fysiskt outvecklade. De är smala och magra med framträdande leder och synliga vener och muskelsnören. Vata-typer tenderar att ha en medfödd oskuld och söker ett Andligt liv. De tycker om att träffa nya människor, göra kreativa aktiviteter och uppleva nya miljöer.

Vatas är mycket mentalt aktiva, slagfärdiga, humoristiska, smarta och innovativa. De påverkas starkt av Planet- och Måncykler, vädret, de människor de omger sig med och den mat de äter. Eftersom de tenderar att ha en kallare kroppstemperatur än genomsnittet gillar Vatas varmt och fuktigt väder.

Vatas är duktiga på att multitaska, även om de har problem med åtaganden och att slutföra projekt. De är generellt sett ogrundade, vilket gör dem glömsk, lynnig, stressad och har svårt att sova. De äter ofta tung mat för att jorda och lugna sina aktiva sinnen och intar stimulantia som kaffe och socker för att inte bränna ut sig eftersom de har låg fysisk uthållighet. Vatas är benägna att ha problem med matsmältningen och dålig blodcirkulation samtidigt som de har ett naturligt lägre immunförsvar än genomsnittet.

Enligt Ayurveda bör en Vata-dominerande person införa meditation, Yogapraktiker och andra lugnande och balanserande aktiviteter i sitt dagliga schema. De måste hålla sina kroppar varma genom att undvika kallt väder och motionera, bland annat genom att utföra kardiovaskulära aktiviteter. Vatas bör tillbringa tid i naturen regelbundet för att jorda sig själva och gå och lägga sig före 22.00 för att säkerställa en god natts sömn. Liksom alla Doshic-typer behöver en Vata-dominerande person genomföra en hälsosam kost och undvika livsmedel som förvärrar deras tillstånd. (Se Tabell 5.) Slutligen skulle Vata-typer gynnas av att dricka varma drycker ofta samtidigt som de undviker stimulerande ämnen som kaffe, alkohol, choklad och andra sockerarter.

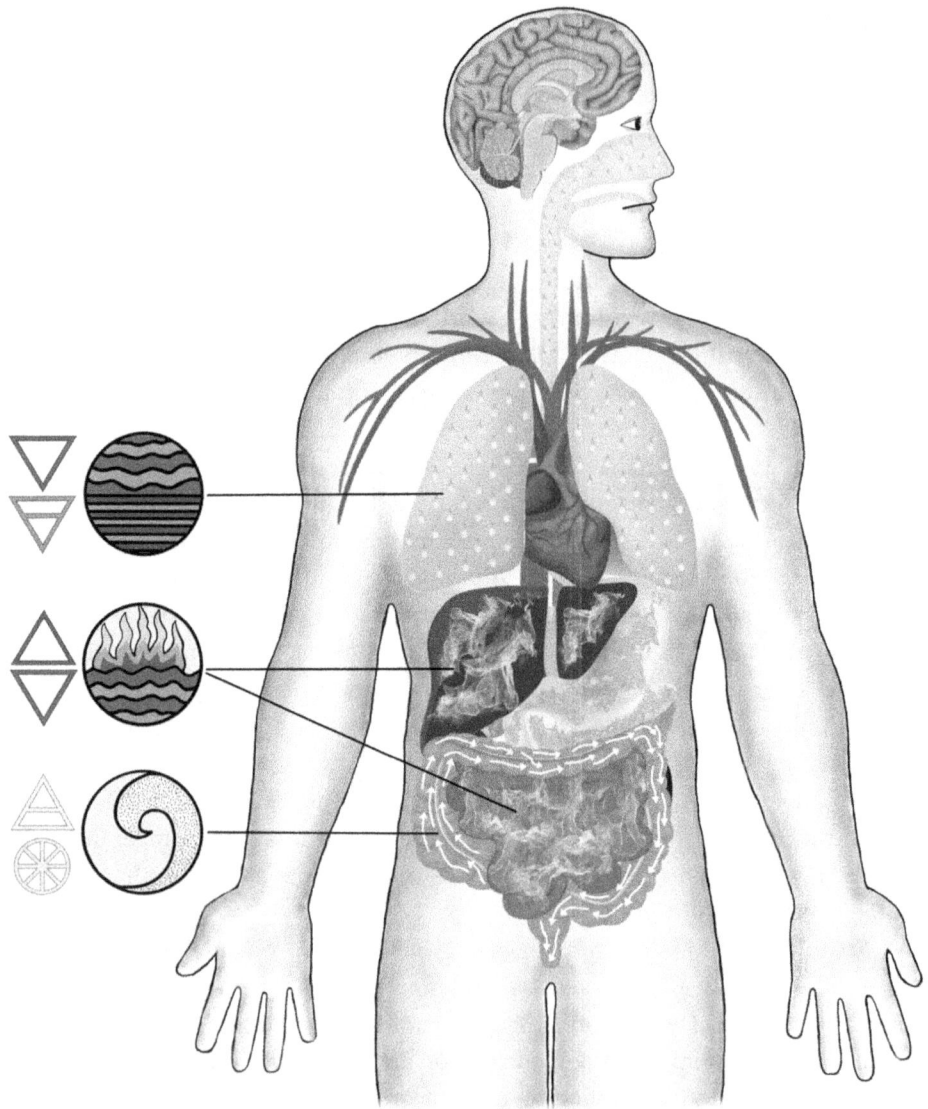

Figur 147: De Tre Doshas och Kroppszonerna

Pitta Dosha

Pitta är omvandlingens energi och är därför i linje med Eldelementet. Pitta är varm, oljig, lätt, rörlig, flytande, skarp och sur lukt. Den styr matsmältning, absorption och näringsupptagning samtidigt som den reglerar kroppsvärme, hudfärgning och visuell uppfattning. Pitas subtila form är Tejas eller Agni, sinnets Eld som ansvarar för viljestyrka, självförtroende, intelligens, förståelse, resonemang, fokus och självdisciplin.

Pitta är relaterad till principen om metabolism som handlar om att omvandla mat till användbar energi som driver cellfunktioner. Ämnesomsättningen delas upp i två processer - katabolism och anabolism - som styrs av Vata- och Kapha-doshas.

Pitta-typerna styrs av sinnes-kroppen, den tredje skidan av det materiella Jaget- Manomaya Kosha. Pitas verksamhetsområde är det centrala området av bålen som innehåller mage, lever, mjälte, gallblåsa, tolvfingertarm och bukspottkörtel (Figur 147). De flesta Ayurvediska skolor tillskriver också tunntarmen till Pitta i stället för Vata eftersom den verkar tillsammans med matsmältningselden. Dessutom verkar Pitta genom svettkörtlarna, blodet, fettet, ögonen och huden. Om det finns smärta någonstans nära Solar Plexus i något av de organ som beskrivs ovan kan Pitta-energin vara i obalans.

Sommaren är känd som Pittas säsong på grund av det varma vädret och de soliga dagarna. Pitta-typer är vanligtvis av genomsnittlig längd och vikt, med en spänstig kropp och måttlig ram. De har god blodcirkulation och frisk hud och friskt hår. Eftersom Pittas domineras av Eldelementet är de till sin natur självbestämmande, motiverade, tävlingsinriktade, målinriktade, ihärdiga, intensiva och irriterade. Pittas är atletiska och har lätt för att bygga muskler. Som naturligt födda ledare med benägenhet för aggressioner och konflikter utmanas de ofta av negativa känslor som tvivel, ilska, hat och svartsjuka.

Pittas är i allmänhet alltid hungriga och har en snabb ämnesomsättning och är benägna att få humörsvängningar om de inte äter. De intar ofta stora mängder mat och vätska och gillar kalla drycker. Pittas är känsliga för varma temperaturer och är mottagliga för hudinflammationer, akne, dermatit och eksem. Deras kroppstemperatur är högre än genomsnittet och deras händer och fötter är vanligtvis varma. Pittas tenderar att arbeta för mycket eftersom de är smarta och har en stark önskan om framgång.

Den Ayurvediska medicinen föreslår att Pitta-dominerande personer måste odla måttlighet i allting och inte ta livet på för stort allvar. De måste ta sig tid för roliga aktiviteter för att balansera sitt arbetsliv, som ofta dominerar. Pittas bör undvika extrem värme samtidigt som de tillämpar en hälsosam kost. (Tabell 5). Daglig meditation, Yogapraktiker och andra lugnande och balanserande andliga aktiviteter rekommenderas för Pittas för att lugna deras irriterade temperament.

Kapha Dosha

Kapha Dosha, som är den Arketypiska energin Moder Jord, tillhandahåller materialet för den fysiska existensen och ger de subtila Elementen i kroppen fasthet. Kapha är kall, våt, oljig, tung, långsam, tråkig, statisk, mjuk, tät och grumlig. Det relaterar till kroppsligt vatten som ger vår kropp motståndskraft mot de yttre Elementen för att upprätthålla livslängden på cellnivå. Kapha ger fukt till huden, smörjer lederna, skyddar hjärnan och nervsystemet, ger immunitet mot sjukdomar och sårläkning.

Kaphas subtila form kallas Ojas, vilket är Sanskrit och betyder "kraft". Ojas kopplar samman medvetande och Materia; det är Vattenelementets vitala vätskeliknande energi som stöder sinnets funktioner. Ojas är ansvarig för att minnet hålls kvar. Den förser oss med mental styrka, uthållighet och koncentrationsförmåga.

Kapha-typerna styrs av födokroppen, det första lagret av det materiella Jaget-Annamaya Kosha. Dess verksamhetsområde är främst lungorna, även om Kapha också finns i näsborrarna, halsen, bihålorna och bronkerna (Figur 147). Känslor relaterade till Vattenelementet som kärlek, lugn och förlåtelse är associerade med Kapha Dosha och negativa känslor som girighet och avund. Kapha har ett direkt inflytande på Ego-fästen.

Kaphas årstid är våren, när allt är som mest fruktbart och växtlivet börjar växa igen. Kaphas har vanligtvis välutvecklade kroppar med tjocka ben och starka kroppsställningar. De har låg men regelbunden aptit och långsam metabolism och matsmältningssystem. De tenderar att gå upp i vikt, så de behöver motionera regelbundet. Påverkan från de passiva Elementen Vatten och Jord gör dem känslomässigt och mentalt stabila, lojala och medkännande. De blir sällan upprörda och tänker innan de agerar. Som sådana färdas de genom livet på ett långsamt och medvetet sätt.

Kapha-typer har ett systematiskt förhållningssätt till livet; de gillar i allmänhet att planera saker och ting istället för att vara nyckfulla som Vatas. De har en stark empatisk förmåga och stark sexuell energi. Kaphas är tålmodiga, tillitsfulla, lugna, kloka, romantiska och har ett sunt immunförsvar. De är dock benägna att ha andningsproblem som allergier och astma och har en högre risk för hjärtsjukdomar och slemhinneansamling än andra Doshic-typer. Eftersom vattenelementet dominerar behåller Kaphas dessutom information väl och är omtänksamma i ord och handling. De förhåller sig känslomässigt till världen, vilket gör dem känsliga för depression och bristande motivation.

I Ayurveda rekommenderas en Kapha-dominerande person att fokusera på regelbunden, daglig motion, en hälsosam kost (Tabell 5) och att hålla en varm kroppstemperatur. Dessutom bör de fylla sin tid med aktiviteter som inspirerar och motiverar dem samtidigt som de upprättar en regelbunden sömnrutin eftersom Kapha-typer är kända för att sova för mycket.

TABELL 4: Ayurvedisk Konstitutionsdiagram (Tre Doshas)

Aspekt av konstitutionen	Vata-typ (Luft och Ande)	Pitta-typ (Eld och Vatten)	Kapha-typ (Vatten och Jord)
Höjd och vikt	Lång eller Mycket Kort, Låg Vikt	Konstant Vikt, Medelhög Längd	Kort men Ibland Lång, Tung, Går Lätt Upp i Vikt
Ram	Tunn, Mager, Smal	Medium, Tonad	Stor, Kraftig, Välbyggd
Hud	Grov, Tråkig, Mörk, Spricker Lätt, Torr, Kylig	Mjukt, Ljust, Rosa, Oljigt, Varmt, Fräknar och Födelsemärken	Slät, Blek, Ljus, Fuktig, Fet, Kall, Tjock
Ögon	Infällda, Små, Torra, Bruna, Höjer Ögonbrynen	Skarp, Genomträngande, Grön, Grå, Ljusbrun	Stor, Attraktiv, Blå, Tjocka Ögonfransar, Mjuk Look
Läppar	Små, Tunna Läppar, Sprickbildning	Tjock, Medium, Mjuk, Röd	Stor, Slät, Rosé
Hår	Torrt, Tunt, Mörkt, Frissigt	Fint, Rakt, Oljigt, Slätt, Blont eller Rött	Tjock, Lockig, Vågig, Mörk eller Ljus
Tänder	Mycket Liten eller Stor, Oregelbunden, Utskjutande, Luckor	Medelstort, Mjukt, Blödande Tandkött	Full, Stark, Vit, Välformad
Naglar	Torr, Grov, Spröd	Tunn, Slät, Rödaktig	Stor, Mjuk, Vit, Glansig
Kroppstemperatur	Mindre än Normalt; Halla Handflator och Fötter	Mer än Normalt; Handflator, Fötter och Ansikte Varma	Normal; Handflator och Fötter är Lätt Kalla.
Leder	Synliga, Styva, Instabila, Spricker Lätt	Löst, Måttligt Dolt	Fast, Stark, Stor, Väl Dold
Sweat	Normal	Mycket Lätt, Stark Lukt	Långsam Start men Riklig
Avföring	Hårt, Torrt, Två Gånger om Dagen	Mjuk, Lös, 1-2 Gånger/Dag	Välformad, En gång om Dagen
Urinering	Sparsam	Rikligt, Gul	Måttlig, Klar
Immunförsvaret	Låg, Varierande	Måttlig, Känslig för värme	Bra, Hög
Uthållighet	Fattig, Lätt Utmattad	Måttlig men Målinriktad	Stadig, Hög
Aptit och törst	Variabelt, Snabbt Intag av Mat och Dryck	Hög, Överdriven, Måste Äta var 3-4:e Timme	Måttlig, Konstant, Tål Hunger och Törst
Smakpreferenser	Sött, Surt, Salt	Sött, Bitter, Astringent	Skarp, Bitter, Astringent
Fysisk aktivitet	Mycket Aktiv, Tröttnar Lätt	Måttlig, Tröttnar Lätt	Slö, Rör sig Långsamt, Inte Lättuttröttad
Temperament/känslor	Rädd, Föränderlig, Anpassningsbar, Osäker	Modig, Motiverad, Självsäker, Irriterad	Lugn, Kärleksfull, Girig, Tillbunden, Självmedveten
Känslighet	Köld, Torka, Vind	Värme, Solljus, Eld	Köld, Fukt
Tal	Snabb, Frekvent, Ofokuserad, Missar Lätt Poängen	Fokuserad, Direkt, Bra på Argument, Målinriktad	Långsamt, Stabilt, Mjukt, Fast Tal, Inte Storpratare
Sinnestillstånd	Hyperaktiv, Rastlös	Aggressiv, Intelligent	Fredlig, Långsam, Stadig
Personlighet	Kreativ, Fantasifull	Intelligent, Viljestark, Effektiv	Omsorgsfull, Tålmodig, Omtänksam
Sociala	Gör och Ändrar Ofta	Vänner är Arbetsrelaterade	Långvariga Vänskapsrelationer
Minne	Låg, Glömmer Lätt Saker	Måttligt, Genomsnittligt Minne	Hög, Minns Väl
Tidsplan	Oregelbunden Tidtabell	Lång Arbetsdag	Bra På att Hålla Rutin
Drömmar	Himmel, Vindar, Flyga, Hoppa, Springa,	Eld, Blixtar, Våld, Krig, Färgglada Vyer	Vatten, Flod, Hav, Sjö Simning, Färgglada Vyer
Sömn	Sparsam, Avbruten, Störd, Mindre än 6 Timmar	Variabel, Sund, 6-8 Timmar	Överflödig, Tung, Långvarig, 8 Timmar eller Mer
Ekonomi	Extravagant Spenderare, Spenderar Pengar Lättsinnigt	Genomsnittlig Spenderare, Fokus på Lyxvaror	Sparsam, Sparar Pengar, Spenderar Bara När det Behövs
Totalt	=	=	=

HUR DU BESTÄMMER DITT DOSHIC-FÖRHÅLLANDE

Varje människa har ett unikt förhållande mellan de Tre Doshas, beroende på vilket av de tre Elementen Luft, Vatten och Eld som dominerar i oss. På Sanskrit kallas den personliga blåkopian av energier som styr oss i livet för "Prakriti", vilket betyder "den ursprungliga eller naturliga formen eller tillståndet hos något - dess primära substans". Det nuvarande tillståndet för de Tre Doshas, efter befruktningsögonblicket, är "Vikruti", som betyder "efter Skapelsen". Det avser vår konstitution efter att ha utsatts för och förändrats av miljön. Vikruti definierar vår Doshiska obalans.

Det finns tre sätt att bestämma din Doshic-kvot, varav du kan göra två på egen hand med hjälp av den här boken och tillgång till internet. Den andra metoden är att träffa en Ayurvedisk behandlare som använder puls- och tungavläsning som diagnostiska verktyg. Om du vill ha den mest exakta diagnosen rekommenderar jag alla tre.

Den första metoden är att använda diagrammet i Tabell 4 och ställa en egen diagnos. Börja högst upp i tabellen med "Längd och Vikt" och välj vilken av de Tre Doshas som bäst beskriver dig. När du har valt den sätter du ett kryss längst ner i någon av kolumnerna Vata, Pitta eller Kapha på den sista raden där det står "Total". Fortsätt sedan med den andra aspekten, "Ram", och gör samma sak. Och så vidare tills du har gått igenom hela diagrammet. Lägg slutligen ihop totalerna för var och en av de Tre Doshas och sätt en siffra efter likhetstecknet i den sista raden.

Doshan med det högsta talet anger i allmänhet din primära konstitution, medan Doshan med det näst högsta talet anger din näst dominerande Dosha. Om du har två Doshas som är relativt lika stora är du Bi-Doshic eller till och med Tri-Doshic om du har ett liknande förhållande mellan alla Tre Doshas. Om en av Doshas har ett betydligt högre tal än de andra två, vilket ofta är fallet, är det din dominerande Dosha.

Den andra "gör det själv"-metoden använder Vedisk Astrologi för att bestämma ditt Doshic-förhållande, vilket du kan jämföra med dina resultat från diagrammet i Tabell 4. Eftersom vetenskapen Ayurveda överensstämmer med Vedisk Astrologi måste du skaffa ett Födelsekarta enligt Vedisk Astrologi, som du kan hitta på nätet. Tänk på att du kommer att få en helt annan avläsning från en Födelsekarta från Vedisk Astrologi än från ett genom Västerländsk Astrologi. Låt dock inte detta förvirra eller oroa dig eftersom du kommer att fokusera främst på Ascendenten och Husen.

Vedisk Astrologi är mer exakt när det gäller att utvärdera de Makrokosmiska energiinfluenser som är förknippade med din födelsetid, eftersom den är anpassad till de faktiska positionerna för Stjärnkonstellationerna. Så för att få detta rätt behöver du din exakta födelsetid. I Västerländsk Astrologi är din födelsetid näst viktigare än din födelsedag eftersom Västerländsk Astrologi prioriterar Soltecknet. Att använda Vedisk Astrologi för att bestämma ditt Doshic-förhållande är en urgammal, beprövad metod som använts av Hinduer och andra Ayurvedautövare sedan starten.

Innan vi förklarar hur du kan bedöma ditt Födelsediagram enligt Vedisk Astrologi måste du känna till Planeternas och Stjärnteckenens Doshiska natur. Vata Dosha representeras av Tvillingarna, Stenbocken, Vattumannen och Jungfrun eftersom dessa fyra tecken styrs av Merkurius (Stenbocken och Jungfrun) och Saturnus (Stenbocken och Vattumannen). Merkurius och Saturnus är Vata-planeter eftersom de motsvarar Luftelementet.

Pitta representeras av Väduren, Lejonet och Skorpionen eftersom dessa tre tecken styrs av Mars (Väduren och Skorpionen) och Solen (Lejonet). Mars och Solen är Pitta-planeter eftersom de motsvarar Eldelementet. Och slutligen representeras Kapha av Oxen, Kräftan, Vågen, Skytten och Fiskarna eftersom dessa fem tecken styrs av Venus (Oxen och Vågen), Jupiter (Skytten och Fismarna) och Månen (Kräftan). Dessa tre är Kaphaplaneter eftersom de motsvarar Vattenelementet.

När det gäller de två sista Navagrahas är Rahus energiinflytande likadant som Saturnus, fast mer subtilt. Därför är den relaterad till Vata Dosha. Å andra sidan liknar Ketus energiinflytande Mars, fast mer subtilt, vilket gör att det motsvarar Pitta Dosha.

Jag kommer att använda mitt Födelsediagram enligt Vedisk Astrologi (Figur 148) som exempel för att visa hur du kan fastställa din Dosha. Jag använder ett Sydindiskt Födelsehoroskop vars presentation är något annorlunda än ett Nordindiskt, även om resultaten är desamma. Kom ihåg att jag visar dig en grundläggande metod för att göra detta med hjälp av ett Vediskt Astrologiskt Födelsediagram (Rishi Diagram), som ger allmän information om Planeternas placering. Jag utelämnar dock Navamsa Diagrammet, som visar Planeternas aktiva kvalitet och styrka.

Ett fullständigt Födelsekort enligt Vedisk Astrologi innehåller vanligtvis båda diagrammen och Nakshatra (Månhus). Det är en ganska komplex men grundlig vetenskap som kräver seriösa studier för att kunna tolka ett helt Födelsediagram. Därför rekommenderar jag också att du går till en utbildad och skicklig Vedisk Astrolog för att få hjälp med att läsa ditt fullständiga Födelsehoroskop så att du kan få de mest optimala resultaten.

När du har fått fram ditt Födelsekarta kan du först titta på din Ascendent och bestämma dess Herre eller styrande Planet. Enligt Vedisk Astrologi är din Ascendant den mest betydelsefulla påverkan på dig eftersom det är din kropp. På Sanskrit kallas Ascendenten för "Tanur Bhava", vilket betyder "kroppens hus". " Vilket Stjärntecken din Ascendant än faller i representerar vanligtvis din dominerande Dosha.

Titta sedan på din styrande planet i Ascendenten och vilket Stjärntecken den tillhör. Min Ascendent är till exempel Tvillingarna, ett Vata-tecken vars Herre är Merkurius. Min Merkurius står dock i Skytten, ett Kapha-tecken som styrs av Jupiter. Hittills pekar min Diagramanalys på en Vata-konstitution med ett inflytande av Kapha.

Därefter tittar du på ditt Första Hus, ser vilken eller vilka Planeter som finns där och bestämmer deras Dosha(s). Jag har till exempel Rahu i Första Huset, en Vata-Planet. Så nu har vi ytterligare en stark indikator på att jag är en Vata-personlighet, med viss påverkan från Kapha. Vår analys slutar dock inte där.

FISKARNA X	VÄDUREN XI	OXEN XII	TVILLINGARNA I UPP RA
JUPITER	MARS	VENUS	MERKURIUS
VATTUMANNEN IX VE MA SATURNUS STENBOCKEN VIII SO SATURNUS		NEVEN PAAR 02/02/1983 (2:05PM) SARAJEVO, B&H (43°N51,18°Ö21) <u>SIDERISK ZODIAC</u>	KRÄFTAN II MÅNE LEJONET III SOL
SKYTTEN VII KE ME	SKORPIONEN VI JU	VÅGEN V SA	JUNGFRUN IV MÅ
JUPITER	MARS	VENUS	MERKURIUS

UPPSTIGANDE	16° 25°	TVILLINGARNA
SOL	19° 29°	STENBOCKEN
MÅNE	22° 12°	JUNGFRUN
MERKURIUS	24° 54°	SKYTTEN
VENUS	11° 8°	VATTUMANNEN
MARS	18° 55°	VATTUMANNEN
JUPITER	13° 10°	SKORPIONEN
SATURNUS	10° 44°	VÅGEN
RAHU	8° 31°	TVILLINGARNA
KETU	8° 31°	SKYTTEN

Figur 148: Författarens Födelsediagram enligt Vedisk Astrologi

Titta nu på ditt Måntecken, som representerar din psykologiska natur, inklusive dina tankar och känslor. Tänk på att Månen har en större inverkan på kvinnor än på män på grund av kopplingen mellan ens feminina natur och Månen. Som du kan se står min Måne i Jungfrun, vilket är ett Vata-tecken vars styrande Planet är Merkurius.

Ta sedan en titt på ditt Soltecken, som visar på din livskraft och ditt karaktärsuttryck. Män tenderar att uttrycka sitt Soltecken mer än kvinnor på grund av kopplingen mellan ens maskulina natur och Solen. Mitt Soltecken står i Stenbocken, som styrs av Saturnus, en annan Vata-Planet.

Nu måste du titta på ditt Födelsehoroskop som helhet för att avgöra vilka Planeter som är dominerande. Medan Ascendenten, Månen och Soltecknen väger tyngst när det gäller att bestämma ditt Doshic-förhållande anses Rahu och Ketu vara minst viktiga. De andra

Planeterna är alla lika viktiga. Om en viss Planet är framträdande kommer den att påverka alla aspekter av ens liv, inklusive ens konstitution. Dessutom måste du ägna särskild uppmärksamhet åt Planeter som är placerade i sitt eget Tecken.

I mitt Födelsehoroskop har jag, utifrån de nio Planetariska tillskrivningarna plus Ascendenten, en jämn balans av Merkurius och Saturnus (tre vardera), med två Jupiter, en Venus och en Mars. Som förutspått har mitt Födelsediagram därför ett överflöd av Vata-planeter (sex), med tre Kapha- och en Pitta-Planet. Dessutom, och viktigast av allt, är min ascendent, min måne och mina soltecken alla Vata. Detta tyder på att jag är en Vata-personlighet med ett inflytande av Kapha och en gnutta Pitta.

Slutligen kan du ta en titt på Planeten eller Planeterna i ditt Sjätte Hus (hälsa och välbefinnande) och Åttonde Hus (död och livslängd) för att få en inblick i Doshiska obalanser och sjukdomspotential. Det Sjätte Huset styr alla aspekter av en hälsosam livsstil, såsom kost, näring, motion och strävan efter självförverkligande. I mitt Födelsehoroskop har jag till exempel Jupiter (Kapha) i mitt Sjätte Hus, vilket indikerar en benägenhet för överdrivet överseende, leverproblem och problem med blodcirkulationen. Och min Sol (Pitta) i det Åttonde Huset tyder på viktökning och problem med blodtrycket. Detta pekar på att min Doshiska obalans kommer från Kapha- och Pitta-influenser.

Så nu, hur kan denna information jämföras med mitt Västerländska Astrologiska födelsehoroskop? Eftersom mitt Soltecken är Vattuman, mitt Måntecken är Våg och min Ascendent är Kräfta, och Västerländsk Astrologi prioriterar Soltecknet, är jag av Luftelementets konstitution, med ett inflytande av Vatten. Tänk på att jag använder de traditionella Zodiakala korrespondenserna med de Fyra Elementen. Så mina resultat stämmer överens med mitt resultat med Vedisk Astrologi. Detta betyder dock inte att det kommer att sammanfalla för alla. Och kom ihåg att huvudanledningen till att jag prioriterar Vedisk Astrologi i det här fallet, även om jag har studerat Västerländsk Astrologi hela mitt liv, är att det är systervetenskap till Ayurveda. Vi följer alltså det traditionella sättet att bestämma din Dosha.

När det gäller den Ayurvediska Konstitutionsbilden i Tabell 4, så var hälften av mina markeringar Vata Dosha och den andra hälften Pitta. Även om min Födelsekarta inte återspeglar en Pitta-konstitution, eftersom jag har konstant Kundalini-aktivitet i min ljuskropp, känns min fysiska kropp som om den brinner mycket av tiden, vilket påverkar mig på cellulär nivå. Så nu förstår du varför det är viktigt att analysera ditt födelsehoroskop och det Ayurvediska Konstitutionshoroskopet - du kanske inte får samma resultat.

Kom ihåg vad jag sa tidigare: Doshas är inte fasta. Även om du är predisponerad för en eller flera Doshas kan du fortfarande fluktuera beroende på förändringar i din psykologi, din miljö, ditt klimat osv. Den ayurvediska vetenskapen är inte permanent och oföränderlig, utan den fortsätter att utvecklas tillsammans med dig. Därför råder jag dig att ansluta dig till ditt Högre Jag och låta det vara din lärare och guide för att vara medveten om inre förändringar och anpassa dig därefter.

AYURVEDISK KOST

De tre primära källorna till Pranisk energi är solen (Eldelementet), vinden (Luftelementet) och Jorden under våra fötter (Vatten- och Jordelementet). Solen är vår huvudsakliga källa till Prana, som ger oss energi genom sina Ljusstrålar. Luften runt omkring oss innehåller också Prana, som vi absorberar genom lungorna och Chakrana. Vi tar upp Prana-energi från Jorden också via våra Fotsulor. Jorden ger oss också näring genom de livsmedel den producerar, som innehåller Pranisk energi i olika vibrationsgrader. Det vi äter påverkar oss därför direkt på alla medvetandenivåer.

Kvaliteten på våra sinnen, kroppar och Själar är starkt beroende av essensen i den mat vi för in i kroppen. När maten omvandlas till användbar Pranisk energi av matsmältningssystemet, bär Ljuskroppens tusentals Nadis den in i varje kroppscell. Häri ligger kärnan i det populära talesättet "Du är vad du äter". Att hitta rätt kost kan därför göra skillnaden mellan ett friskt sinne, en frisk kropp och en frisk Själ, eller en sjuklig sådan. Även om sjukdom kan yttra sig fysiskt kan den också vara av mental, känslomässig och Andlig natur.

Enligt Ayurveda är våra fysiska och psykologiska processer beroende av att de Tre Doshas fungerar korrekt. Om de hamnar i obalans kan sjukdomsprocesser manifestera sig på fysiska och subtila nivåer. Ayurveda är därför främst inriktad på energierna i olika livsmedel för att balansera Doshas. Den är inte orolig för näringsbehov utan för att maten är i harmoni med vår natur. Mat kan till exempel antingen förstärka mentala processer och sinnesfrid eller störa dem.

Vätskeintag är också viktigt i Ayurveda eftersom det vi dricker ger näring åt vår Livskraft. Till exempel kan gammalt eller förorenat vatten störa vår Prana och rubba våra känslor och tankar. Samma sak gäller för alkohol, kaffe och andra stimulerande medel. I huvudsak påverkar allt vi tar in i kroppen oss på alla medvetandenivåer.

Det första steget för att anpassa din kost för att optimera ditt energisystem och din fysiska kropp är att ta reda på ditt Doshic-förhållande med hjälp av din Vediska Astrologiska Födelsekarta och Tabell 4. Förutom att äta livsmedel som överensstämmer med ditt Doshic-förhållande eller dina dominerande Dosha(s), finns det andra faktorer för livsmedelsintag att ta hänsyn till. Dessa inkluderar rätt beredning av livsmedel och rätt kombination, rätt mängd och frekvens av måltider och rätt tid på dagen för att äta dina måltider. En annan faktor är rätt inställning hos den person som förbereder måltiden. Om måltiden till exempel tillagas med kärlek kommer den att resonera med den frekvensen, vilket kommer att ha en helande effekt när den intas. Omvänt kommer mat som förbereds med en negativ attityd att innehålla giftig energi som kan skada systemet. Och du har alltid undrat varför du alltid mådde så bra av att äta din mammas eller mormors matlagning.

En annan viktig punkt är att vara lugn när du äter maten, eftersom mat som intas på ett negativt humör kan få negativa effekter. Tänk på maten som bränsle medan ditt matsmältnings- och energisystem är motorn och din fysiska kropp är den viktigaste bärande strukturen, fordonets kropp. Att hysa negativ energi samtidigt som man för in bränsle i systemet kan därför förgifta bränslet, förvärra och öka din negativitet och till och med genomsyra kroppens celler och vävnad. Cellulär degeneration och försämring kan uppstå med tiden och bidra till sjukdomsprocesser, inklusive cancer.

Det vore bra om du också tog hänsyn till årstider och klimat, så att du kan anpassa din kost därefter. En anti-Kapha-kost bör till exempel följas under vintern och den tidiga våren, medan en anti-Pitta-kost lämpar sig bättre för sommaren och den sena våren. Slutligen bör du prioritera en anti-Vata-kost på hösten.

Bi-Doshic-typer som har ett jämnt förhållande mellan två Doshas bör ändra sin kost efter säsong. Pitta-Kapha-typer bör till exempel följa en anti-Pitta-kost på sommaren och hösten och en anti-Kapha-kost på vintern och våren. Omvänt bör Vata-Kapha-typer genomföra en anti-Vata-diet på sommaren och hösten och en anti-Kapha-diet på vintern och våren. Vidare bör Vata-Pitta-typerna följa en anti-Vata-kost på hösten och vintern och en anti-Pitta-kost på våren och sommaren. Slutligen bör tri-Doshic-typerna, som har relativt lika mycket egenskaper i alla tre Doshas, följa en anti-Kapha-kost på vintern och tidigt på våren, en anti-Pitta-kost på sommaren och sent på våren och en anti-Vata-kost på hösten.

Beroende på klimatet där du bor är vissa dieter mer lämpliga för dig, medan du bör undvika andra. I fuktiga, kalla områden bör man till exempel lägga tonvikten på en anti-Kapha-diet, medan varma klimat bör tillämpa en anti-Pitta-diet. Omvänt är en anti-Vata-diet lämpligast för kalla, torra och blåsiga klimat.

Tabell 5 visar livsmedel som du bör lägga vikt vid i din kost och livsmedel som du bör undvika. Livsmedel som inte finns med på listan kan bedömas genom att jämföra dem med relaterade livsmedel i varje kategori. Tumregeln att följa är att gynnade livsmedel minskar inflytandet av en Dosha, medan livsmedel du bör undvika ökar det. Genom att följa din föreskrivna kost försöker du balansera din/dina Dosha(s), vilket påverkar sinnet, kroppen och Själen positivt och förhindrar att sjukdomsprocesser uppstår. Tillämpa därför dessa dieter tillsammans med andra överväganden som just nämnts.

TABELL 5: Livsmedelsriktlinjer för De Tre Doshas

Typ av livsmedel	Vata Dosha		Pitta Dosha		Kapha Dosha	
	Favorit	Undvik	Favorit	Undvik	Favorit	Undvik
Frukter	*Den sötaste frukten *Mest fuktiga söta frukt Aprikoser Avokado Bananer Bär Körsbär Dadlar (färska) Fikon (färska) Grapefrukt Druvor Kiwi Citroner Limefrukter Mango Meloner (söta) Apelsiner Papaya Persikor Ananas Plommon Rosiner (blötlagda) Plommon (blötlagda)	*Mest torkad frukt Äpplen Tranbär Päron Dadlar (torra) Fikon (torra) Persimmon Granatäpplen Rosiner (torra) Plommon (torra) Vattenmelon	*Den sötaste frukten Äpplen Avokado Bär (söta) Datum Fikon Vindruvor (röda och lila) Limefrukter Mango Meloner Apelsiner (söta) Päron Ananas (söt) Plommon (söta) Granatäpplen Plommon Russin Hallon	*Mest sura frukt Aprikoser Bananer Bär (sura) Körsbär (sura) Tranbär Grapefrukt Vindruvor (gröna) Kiwi Citroner Apelsiner (sura) Persikor Papaya Persimmon Ananas (sur) Plommon (sura) Jordgubbar	*Den mest astringenta frukten Äpplen Aprikoser Bär Körsbär Tranbär Fikon (torra) Mango Persikor Päron Persimmons Granatäpplen Plommon Russin	*Mest söta och sura frukt Avokado Bananer Datum Fikon (färska) Grapefrukt Vindruvor Citroner Kiwi Mango Meloner Apelsiner Papaya Ananas Plommon Vattenmelon
Grönsaker	* Grönsaker ska tillagas Sparris Rödbetor Kål (kokt) Morötter Blomkål Chillies Kilantro Majs (färsk) Vitlök Gröna bönor Senapsgrönsaker Okra Oliver, svarta Lök (kokt) Ärtor (kokta) Potatis (söt) Pumpa Radis (kokt) Sjögräs Squash Spenat (kokt) Sprouts Squash Rödbetor Vattenkrasse Jams Zucchini	* Frysta, råa eller torkade grönsaker Alfalfa-spiror Kronärtskocka Grönbetor Broccoli Brysselkål Kål Blomkål Selleri Aubergine Bladgrönsaker Sallat Grönkål Svamp Oliver (gröna) Lök (rå) Persilja Ärter (råa) Paprika (söt och stark) Potatis (vit) Radis (rå) Spenat (rå) Tomater	*Söta och bittra grönsaker Kronärtskocka Sparris Betor (kokta) Broccoli Brysselkål Kål Blomkål Selleri Kilantro Majs (färsk) Gurka Gröna bönor Jerusalem Grönkål Bladgrönsaker Sallat Svamp Okra Oliver (svarta) Lök (kokt) Persilja Ärtor (färska) Paprika (grön) Pumpa Potatis (vit) Sprouts Squash Zucchini	*Skärande grönsaker Rödbetor (råa) Morötter Aubergine Chillies Vitlök Pepparrot Senapsgrönsaker Oliver (gröna) Lök (rå) Potatis (söt) Radisor Sjögräs Spenat Tomater Rödbetor Vattenkrasse Jams	*De mest skärande och bittra grönsakerna Kronärtskocka Sparris Rödbetor Bitter melon Broccoli Brysselkål Kål Morötter Blomkål Selleri Kilantro Chillies Aubergine Vitlök Gröna bönor Grönkål Bladgrönsaker Sallat Svamp Senapsgrönsaker Lök Persilja Ärtor Paprika Radisor Spenat Sprouts Rödbetor Vattenkrasse	*Söta och saftiga grönsaker Majs (färsk) Gurka Oliver Okra Pastinak Potatis (söt) Pumpa Sjögräs Squash Tomater Jams Zucchini

*följs på nästa sida

Typ av livsmedel	Vata Dosha		Pitta Dosha		Kapha Dosha	
	Favorit	Undvik	Favorit	Undvik	Favorit	Undvik
Spannmål	Basmatiris Brunt ris Couscous Durham mjöl Havre (kokt) Quinoa Vete	Korn Bovete Majs Kex Granola Hirs Müsli Havre (torr) Pasta Polenta Råg Spelt Vetekli	Korn Basmatiris Blå majs Brunt ris (långkornigt) Couscous Kex Granola Havre (kokt) Pannkakor Pasta Quinoa Spelt Vete Vetekli	Bröd (med jäst) Brunt ris (kortkornigt) Bovete Majs Hirs Müsli Havre (torr) Polenta Råg	Korn Bovete Majs Kex Granola Hirs Müsli Havre (torr) Polenta Quinoa Råg Spelt Vetekli	Basmatiris Brunt ris Bröd (med jäst) Couscous Havre (kokt) Pasta Vete Vitt ris
Animaliska livsmedel	Nötkött Kyckling (vit) Anka Ägg (stekta eller äggröra) Fisk och skaldjur Turkiet (vit)	Lamm Fläskkött Kanin Hjortkött	Kyckling (vit) Ägg (vita) Kanin Turkiet (vit) Räkor (liten mängd) Hjortkött	Nötkött Anka Ägg (äggula) Lamm Fläskkött Fisk och skaldjur	Kyckling (vit) Ägg (äggröra) Kanin Räkor Turkiet (vit) Hjortkött	Nötkött Kyckling (mörk) Anka Lamm Fläskkött Fisk och skaldjur Turkiet (mörk)
Mejeri	Smör Kärnmjölk Ost Höstost Grädde Komjölk Ghee Getost Getmjölk Kefir Mjölk Sour Cream Rismjölk Yoghurt	Mjölk (pulveriserad) Getmjölk (pulveriserad) Glass	Smör (osaltat) Ost (osaltad) Höstost Grädde Mjölk Ghee Getmjölk Getost (osaltad) Rismjölk	Smör (saltat) Kärnmjölksost (saltad) Glass Kefir Sour Cream Yoghurt	Kärnmjölk Höstost Ghee Getost (osaltad) Getmjölk Sojamjölk	Smör Ost Mjölk Grädde Glass Kefir Rismjölk Sour Cream Yoghurt
Baljväxter	Mungbönor Tofu Linser Urad Dal	Aduki-bönor Svartögda ärtor Kikärter Fava-bönor Kidneybönor Limabönor Jordnötter Pintobönor Sojabönor Spaltade ärtor Tempeh	Aduki-bönor Kikärter Kidneybönor Limabönor Mungbönor Pintobönor Sojabönor Spaltade ärtor Tempeh Tofu	Linser Jordnötter Tur Dal Urad Dal	Aduki-bönor Svartögda ärtor Kidneybönor Limabönor Jordnötter Mungbönor Pintobönor Spaltade ärtor Sojabönor Tempeh Tofu Tur Dal	Kikärter Urad Dal
Nötter	Mandlar Paranötter Cashewnötter Kokosnötter Filberts Hasselnötter Macadamia Pekannötter Pinjenötter Pistagenötter Valnötter	Ingen	Kokosnötter	Mandlar Paranötter Cashewnötter Filberts Hasselnötter Macadamia Pekannötter Pinjenötter Pistagenötter Valnötter	Ingen	Mandlar Paranötter Cashewnötter Kokosnötter Filberts Hasselnötter Macadamia Pekannötter Pinjenöt Pistagenötter Valnötter

*följs på nästa sida

Typ av livsmedel	Vata Dosha		Pitta Dosha		Kapha Dosha	
	Favorit	Undvik	Favorit	Undvik	Favorit	Undvik
Utsäde	Chia Lin Halva Pumpa Sesam Solros Tahini	Popcorn	Chia Solros Tahini	Lin Halva Popcorn Pumpa Sesam	Chia Lin Popcorn Pumpa Solros	Halva Sesam Tahini
Kryddor/ Kryddor	Basilika Bay Leaves Svartpeppar Kardemumma Cayenne Kryddnejlika Chutney Chilipeppar Koriander Kummin Kanel Dill Dulse Fänkål Vitlök Ingefära Ketchup Oregano Mayonnaise Mynta Senap Muskotnöt Paprika Rosemary Saffran Sage Havssalt Sojasås Tamarind Gurkmeja Vinäger	Pepparrot	Kardemumma Kilantro Chutney (söt) Kryddnejlika Koriander Kummin Dill Dulse Fänkål Kombu Mynta Rosemary Saffran Tamarind Gurkmeja	Basilika Bay Leaves Svartpeppar Cayenne Chili Pepper Kanel Chutney (kryddig) Vitlök Ingefära Pepparrot Tång Ketchup Senap Mayonnaise Muskotnöt Oregano Paprika Pickles Sage Havssalt (i överskott) Sojasås Tamarind Vinäger	Basilika Bay Leaves Svartpeppar Kardemumma Cayenne Kilantro Kanel Kryddnejlika Chilipeppar Chutney (kryddig) Koriander Kummin Dill Fänkål Vitlök Ingefära Pepparrot Mynta Senap Muskotnöt Oregano Paprika Persilja Rosemary Saffran Sage Sojasås Gurkmeja	Chutney (söt) Tång Ketchup Mayonnaise Havssalt Tamarind Vinäger
Sötningsmedel	Fruktsocker Honung Rörsocker Lönnsirap Melass Rått socker	Vitt socker	Fruktsocker Rörsocker Lönn socker Rått socker Vitt socker	Honung Melass	Honung (rå)	Brunt socker Fruktsocker Rörsocker Melass Lönnsirap Vitt socker
Oljor	Mandel Avokado Raps Kokosnöt Majs Linfrö Olive Safflor Sesam	Ingen	Kokosnöt Olive Solros Mandel Raps	Majs Linfrö Safflor Sesam	Mandel Majs Solros	Avokado Raps Linfrö Olive Safflor Sesam

YOGISKA ÖVNINGAR FÖR ATT BALANSERA DOSHAS

När du väl har fastställt din konstitution (Prakriti) med hjälp av ditt Födelsekort enligt Vedisk Astrologi och Tabell 4 kan du använda denna kunskap för att ändra din Yogapraktik så att den passar dina behov bäst. Som nämnts anpassar sig de flesta människor till en Doshic-typ, även om det inte är ovanligt att ha drag av flera. Oavsett, när du väl har räknat ut ditt Vata-Pitta-Kapha-förhållande eller helt enkelt din dominerande Dosha, kan du använda den informationen för att avgöra vilka Yogiska övningar som är bäst för dig för att balansera ditt sinne och din kropp.

Asanas kan antingen öka eller minska din Dosha. Vissa har en jordande och lugnande effekt, medan andra är energigivande. Vissa Asanas stimulerar matsmältningssystemet och värmer upp kroppen medan andra kyler ner den. Samma sak gäller för Pranayamas och Hand Mudras. Vissa av de mer grundläggande Pranayama-övningarna, inklusive den Fyrfaldiga Andningen (Sama Vritti), kan dock användas av alla Doshic-typer.

Använd följande information som allmänna riktlinjer för att arbeta med Asanas, Pranayamas och Hand Mudras från den här boken för att få optimala resultat. (För olika Asanas för Nybörjare, Mellanliggande och Avancerade, se sidorna 312-318.) Tänk också på att nedanstående riktlinjer inte är fasta och bör anpassas efter förändringar i väder, klimat, kost och ens psykologi.

Det är inte heller alla Yogiska övningar som ingår i riktlinjerna, vilket i allmänhet innebär att alla doshiska typer kan använda dem. Innan du påbörjar en Yogisk övning bör du dock se till att läsa igenom dess beskrivning och försiktighetsåtgärder noggrant. Låt ditt Högre Jag vägleda dig i denna process samtidigt som du följer instruktionerna så som de ges.

Huvudmudras, Posturalmudras, Låsmudras och Perinealmudras är i allmänhet inriktade på specifika Andliga mål. Dessa inkluderar att väcka Chakrana, aktivera Bindu, använda Ambrosia nektar (Amrita) som droppar från Bindu, stimulera Kundalini till aktivitet och se till att Kundalini genomborrar de Tre Granthis när den stiger uppåt (som i fallet med Bandhas). Därför bör alla Doshic-typer genomföra deras användning för att uppnå sina särskilda mål. Dessutom har Mantran och meditationstekniker också specifika mål som är fördelaktiga för dig, oberoende av din Dosha.

Yogiska Övningar för Vata Dosha

Vata-typer har stor nytta av en jordnära, lugn och kontemplativ Asana-träning, vilket motverkar deras tendens att känna sig utspridda och upprörda. Till exempel Vrksasana (Trädställning) och Tadasana (Bergsställning) sätter fötterna i marken, vilket minskar den oro och nervositet som Vatas har en tendens till. Virabhadrasana I och Virabhadrasana II (Krigare I och II) åstadkommer samma sak samtidigt som de bygger upp styrka. Utkatasana (Stolställning) är bra för att jorda Vata samtidigt som den bygger upp värme i kroppen.

Snabba flödessekvenser (Vinyasas) skapar värme i kroppen och förvärrar Vata-typer, som är naturligt benägna att bli trötta och utbrända. Istället bör Vatas röra sig långsamt och medvetet genom att använda Hathayogans tillvägagångssätt som förlänger tiden som ställningarna hålls. Dessutom bör Vatas närma sig övergångarna mellan ställningarna med medveten medvetenhet i stället för att ha bråttom, så att sinnet förblir balanserat och lugnt. Till exempel är Virabhadrasana III (Krigare III) en kraftfull balanserande Ställning som tvingar Vata att fokusera och koncentrera sig på en punkt i stället för att vara överallt med sina tankar.

Ställningar som arbetar med tjocktarmen, tarmarna, nedre delen av ryggen och bäckenet balanserar Vata-typerna eftersom de för tillbaka energin till torsobasen, som är Vatas verksamhetsområde. Eftersom Vata har en tendens till förstoppning har vridningar och framåtböjningar en läkande effekt eftersom de komprimerar bäckenet. Även höftöppnare och bakåtböjningar med ansiktet nedåt är fördelaktiga för dem. Dessa inkluderar Balasana (Barnställning), Bhujangasana (Kobraställning), Paschimottanasana (Sittande Framåtböjning), Baddha Konasana (Skomakarsställning) och Malasana (Huk- och Kärrställning). Dhanurasana (Bågställning) sträcker också ut ländryggen och sätter tryck på bäckenet.

Eftersom Vatas av naturliga skäl har svagare ben, lösare ligament, mindre fettfyllnad och är känsliga för smärta bör de undvika några av de mer avancerade Asanasen som Salamba Sarvangasana (Axelställning), Halasana (Plogställning), Sirsasana (Huvudställning), Vasistha-sana (Sidoplanka), Pincha Mayurasana (Underarmsställning) och Urdhva Danurasana (Hjulställning).

På grund av deras oförutsägbara natur bör Vatas göra Asana-utövningen till en rutin och utföra den vid vissa tidpunkter på vissa dagar i veckan. Dessutom bör de genomföra en längre Shavasana (Likställning) än vanligt när de inleder och avslutar övningen på grund av dess jordande effekt.

Pranayamas som kyler ner kroppen som Sheetali (Kylande Andning), Sheetkari (Väsande Andning) och Månandning bör undvikas. Istället kan Vatas genomföra Pranayamas som ökar värmen i kroppen, som Solandning, Kapalbhati (Eldandning) och Bhastrika (Bellows Andning) Pranayama. De måste dock vara försiktiga med de två sistnämnda eftersom de ökar energin i kroppen, vilket kan överstimulera sinnet. Dessutom lider Vatas i allmänhet av övertänkande, ångest och stress, varför de bör använda specifika Pranayamas för att lugna och pacificera sinnet. Dessa inkluderar Anulom Vilom (Metod för Andning med Alternativa Näsborrar#1), Nadi Shodhana (Metod för Andning med Alternativa Näsborrar#2), Bhramari (Hummande Bin Andning) och Ujjayi (Havsandning) Pranayama-tekniker.

Handmudras som ökar Vata Dosha är Jnana Mudra, Chin Mudra och Akasha Mudra. Dessa bör praktiseras om man har brist på Vata Dosha. Handmudras som däremot minskar Vata är Vayu Mudra och Shunya Mudra.

Yogiska Övningar för Pitta Dosha

Eftersom Pitta-typer tenderar att överhettas bör de undvika Yogaställningar som orsakar överdriven svettning. Dessutom måste de odla en lugn och avslappnad attityd till sin Yogapraktik i stället för att se den som en tävling, eftersom Pittas dras till fysiskt krävande ställningar.

Pitta-typer kommer att gynnas av en svalkande, hjärtöppnande Yogapraktik som utförs på ett icke tävlingsinriktat sätt. Hathayogans tillvägagångssätt är lämpligare för Pittas än Vinyasa, med fokus på mer långvariga ställningar och långsamma, avsiktliga övergångar. Nybörjarposer som Bitisasana (Koställning) och Bidalasana (Kattställning) är bra för att balansera Pitta och bör utövas i samklang. Stående framåtböjningar och hjärtöppnande ställningar som Ustrasana (Kamelställning), Sarvangasana (Broställning) och Urdhva Mukha Svanasana (Uppåtvänd Hund) hjälper till att minska Pitta. Även Trikonasana (Triangelställning) och Bhujangasana (Kobraställning).

Pitta har sitt säte i magsäcken och tunntarmen, vilket är anledningen till att de är känsliga för ökad värme i matsmältningskanalen. Framåtriktade rörelser, vridningar och bakåtböjningar som Balasana (Barnställning), Dhanurasana (Bågställning) och Urdhva Dhanurasana (Hjulställning) hjälper till att reglera Pitta och utvinna överskottsgalla. Omvänt hjälper sidoböjningar som Ardha Matsyendrasana (Sittande Ryggradssvängning) och Parsvottanasana (Intensiv Sidosträckning) till att avlägsna överskottsvärme från de inre organen.

Pittas bör undvika Varm Yoga (Bikram och Vinyasa) och träna i en svalare, luftkonditionerad miljö. Dessutom bör de undvika att hålla långa inverterade ställningar som skapar mycket värme i huvudet. När det gäller stående ställningar är de bästa för Pitta att öppna höfterna, bland annat Vrksasana (Träställning), Virabhadrasana I och Virabhadrasana II (Krigare I och II) och Ardha Chandrasana (Halvmåne). Andra fördelaktiga ställningar som öppnar höfterna är Baddha Konasana (skomakarställning), Uthan Pristhasana (Drake/Ödla Ställning) och Parivrtta Uthan Prissthasana (Omvänd Drake/Ödla Ställning).

Pittas bör lugnt fokusera på andningen när de går in i Shavasana (Likställning), vilket lugnar sinnet och centrerar dem i kroppen och hjärtat. På samma sätt måste de undvika Sirsasana (Huvudställning) eftersom den värmer upp huvudet för mycket. När det gäller inverterade ställningar bör de i stället öva Salamba Sarvangasana (Axelställning).

Eftersom Pittas är naturligt heta bör de utöva Pranayamas som kan kyla ner dem, inklusive Sheetali (Kylande Andning), Sheetkari (Väsande Andning) och Månandning. Å andra sidan bör Pittas undvika Pranayamas som höjer mer värme i kroppen, som Solandning, Kapalbhati (Eldandning) och Bhastrika (Bellows Andning). Sinnesbalanserande och lugnande Pranayamas rekommenderas, liksom de som föreslås för Vata-typer.

Slutligen är Hand Mudras för Pitta Dosha överskott Prana Mudra, Varun Mudra och Prithivi Mudra. Om du har brist på Pitta, utför Agni Mudra för att öka den.

Yogapraktik för Kapha Dosha

För Kapha Dosha-typer är värmande och energigivande Yogapraktiker som Vinyasa idealiska eftersom de behöver motverka sin naturliga tendens att känna sig kalla, tunga, långsamma och lugna genom att skapa värme och rörelse i kroppen. De behöver dock gradvis bygga upp sin kapacitet istället för att pressa sig in i avancerade ställningar. Även om Kaphas har den största styrkan av alla Doshas kan de drabbas av slöhet och övervikt när de är i obalans.

Eftersom Kaphas verksamhetsområde är bröstet (lungorna), förhindrar Asanas som är utformade för att öppna brösthålan (bröstkorgen) ansamling av slem. De flesta stående ställningar är dock stärkande för Kaphas, främst när de hålls under en längre tid. Ryggböjningar som Ustrasana (Kamelställning), Dhanurasana (Bågställning) och Urdhva Dhanurasana (Hjulställning) värmer upp kroppen och låser upp bröstkorgen, vilket möjliggör bättre cirkulation av Prana. Även Setu Bandha Sarvangasana (Bryggställning) och Ardha Purvottanasana (Omvänd Bordposition) är fördelaktiga. Till skillnad från Pitta kan Kapha-typer hålla sina ryggböjningar längre.

Kaphas bör vara uppmärksamma på att röra sig snabbt genom flödessekvenser för att undvika att kylas ner när de tränar medveten medvetenhet. Vridningar och stretchar är bra eftersom de avgiftar och stärker kroppen och ökar ämnesomsättningen. Dessa inkluderar Trikonasana (Triangel), Parivrtta Trikonasana (Roterande Triangel), Ardha Matsyendrasana (Sittande Ryggradssvängning) och Pravottanasana (Intensiv Sidosträckning). Ställningar som Salamba Sarvangasana (Axelstående), Adho Mukha Vrksasana (Handstående) och Sirsasana (Huvudstående) är de främsta reduktörerna av Kapha på grund av deras enorma kraft att värma upp kroppen. Navasana (Båtställning) är utmärkt för att tända och värma upp kärnan och rekommenderas för Kapha-typer.

Kaphas bör försöka utöva Yoga tidigt på morgonen för att få igång ämnesomsättningen och hålla dem energiska och motiverade under hela dagen. Shavasana (Likställning) bör vara lite kortare för Kapha-typer. I stället för att öva Tadasana (Bergsställning) för att jorda sig bör Kaphas utföra Utkatasana (Stolställning), Vrksasana (Trädställning) eller Virabhadrasana I och Virabhadrasana II (Krigare I och II) i stället eftersom de är mer fysiskt krävande.

Pranayama-övningar som värmer upp kroppen och lugnar sinnet bör genomföras. Dessa inkluderar Solandning, Kapalbhati (Eldandning), Bhastrika (Bellows Andning) och Ujjayi (Havsandning) Pranayamas. Dessutom är det fördelaktigt att öppna lungorna genom kraftig andning. Kaphas bör undvika alla Pranayamas som kyler ner kroppen som Sheetali (Kylande Andning), Sheetkari (Väsande Andning) och Månandning. Istället kan de använda de sinneslugnande Pranayamas som föreslås för Vata-typerna om de känner sig mentalt obalanserade.

Sammanfattningsvis är Hand Mudras för Kapha Dosha överskott Agni Mudra och Varun Mudra. Prithivi Mudra kan användas för att öka Kapha om man har ett underskott.

Yogiska Övningar för Bi- och Tri-Doshiska Typer

Om individen har två dominerande eller tre dominerande Doshas måste han eller hon införa en praxis som är en blandning av dem. Använd riktlinjerna ovan för var och en av de Doshas som du är en kombination av. En person kan i allmänhet säga vilken dominerande Dosha som verkar vara ur balans. Om en person till exempel är Vata-Pitta, om han eller hon finner sig själv irriterad och arg och smälter sin mat för snabbt, vet han eller hon att han eller hon ska följa Pitta-riktlinjerna för att få denna Dosha i balans. Omvänt, om de uppvisar för mycket mental aktivitet och allmän ångest bör de genomföra en Vata-pacificerande Yogapraktik. Var också uppmärksam på årstiderna och vädret. En Vata-Pitta-typ behöver balansera Vata under de kallare höst- och vintermånaderna, medan de under våren och sommaren, när vädret är varmare, behöver balansera Pitta.

SIDDHIS - PSYKISKA KRAFTER

Ämnet Siddhis, eller övernaturliga krafter och förmågor, är till stor del missförstått i Andliga kretsar och behöver klargöras. På Sanskrit betyder Siddhi "uppfyllelse" eller "fullbordan", vilket innebär de gåvor man får efter att ha fullbordat de olika stadierna eller graderna av utveckling genom Andliga metoder som meditation och Yoga. Eftersom målet med alla Andliga metoder är Andlig Utveckling är Siddhis psykiska krafter som avslöjas när individen integrerar den Andliga energin och höjer vibrationen i sitt medvetande.

I *Yoga Sutras* skriver Patanjali att Siddhis uppnås när Yogin har uppnått mästerskap över sitt sinne, sin kropp och sin Själ och kan upprätthålla koncentration, meditation och Samadhi när som helst. Mästerskap över Jaget är en integrerad del av ens resa mot Upplysning, inklusive styrning av Elementen. Genom att få kontroll över vår inre verklighet kan vi utöva en mental kraft som påverkar den yttre verkligheten – Som Ovan, Så Nedan.

Även om Siddhis kan uppnås genom Yogiska övningar och en asketisk livsstil, är ett snabbare sätt att uppnå dem ett fullständigt Kundalini-uppvaknande. Jag har redan talat om de olika Andliga gåvor som avslöjas för den Kundaliniväckta initierade under deras omvandlingsprocess. En del av dessa gåvor uppnås inledningsvis, medan andra låses upp under de följande åren. Oavsett vilket stadium man uppnår är alla Siddhis en biprodukt av den Andliga omvandlingen.

När individen anpassar sig till det Kosmiska Medvetandet och integrerar Andens högvibrerande energi börjar han/hon uppleva Enhet med hela tillvaron. Eftersom Anden förbinder oss alla finns det ingen separation mellan oss och föremålen och människorna runt omkring oss - vi är alla Ett. Således blir den integrerade Andliga energin det medium genom vilket vi kan uppleva extrasensoriska sinnesupplevelser.

Genom att optimera våra Andliga Chakran (Sahasrara, Ajna och Vishuddhi) kan vi stämma av med essensen av den Andliga energin, vars vidd sträcker sig oändligt i alla riktningar. På så sätt kommer psykiska förmågor att börja avslöja sig för oss, inklusive Klärvoajans, Klarhörighet, Klarsinnighet, empati, telepati och andra gåvor som är resultatet av en förhöjd verklighetsuppfattning.

Processen för medvetandeexpansion innebär att optimera Chakrana med hjälp av Andens Vita Ljus. Vi tar emot Anden genom Sahasrara medan Ajna Chakra (Sinnets Öga) fungerar som vårt psykiska centrum och Vishuddhi som vår förbindelselänk med de fyra Elementära Chakrana nedanför. Det är samspelet mellan Sahasrara och Ajna Chakra som ger de flesta, om inte alla Siddhis, eftersom Sahasrara är vår förbindelselänk med det Kosmiska Medvetandet. Som du kommer att se i beskrivningen av Siddhis är många psykiska gåvor eller krafter som man uppnår resultatet av att man utvidgar sitt medvetande och tar på sig det Kosmiska Medvetandets egenskaper.

Även om Siddhis är gåvor från det Gudomliga kan de också hindra oss på vår Andliga resa om vi fokuserar för mycket på att uppnå dem. Siddhis bör upplevas, undersökas och släppas för att medvetandet ska kunna fortsätta att expandera till ännu större höjder. Om Egot blir inblandat och försöker kontrollera processen eller till och med dra nytta av utvecklingen av Siddhis, kommer vibrationen i ens medvetande att sjunka och blockera vägen till ytterligare utveckling. I den meningen är Siddhis ett "tveeggat svärd" som man måste närma sig med en ordentlig förståelse och med Egot i schack.

Som en del av heliga texter presenteras ämnet Siddhis och beskrivningen av dem på ett kryptiskt sätt, vilket görs avsiktligt för att förvirra och splittra massorna. Å ena sidan har vi de profana som bara söker dessa övernaturliga gåvor för att tillfredsställa sitt Egos önskan om makt. Dessa människor tolkar de heliga texterna bokstavligt och knackar förgäves på dörren till de Kosmiska mysterierna. Å andra sidan har de uppriktiga sanningssökarna, som är rena av hjärta och värdiga dessa Gudomliga mysterier, huvudnyckeln för att låsa upp de dolda innebörderna i dessa heliga texter.

Forntida människor dolde Universella mysterier och sanningar i metaforer och allegorier, inklusive symboler och siffror som hade Arketypiskt värde. Den traditionella metoden för att överföra helig kunskap var abstrakt och subtil, förbi Egot och kommunicerade direkt med det Högre Jaget. Siddhierna presenteras också på ett sådant sätt. På ytan verkar de vara otroliga övernaturliga bedrifter som trotsar fysikens lagar. Men när man tillämpar huvudnyckeln förstår man att deras beskrivning är metaforisk för inre krafter som avslöjas genom medvetandets utveckling.

DE ÅTTA STORA SIDDHIS

Inom Tantra, Hatha och Raja Yogan finns det åtta primära "klassiska" Siddhis som Yogin uppnår på sin väg mot Upplysning. De kallas Maha Siddhis (Sanskrit för "stor perfektion" eller "stor prestation") eller Ashta Siddhis, som betyder "åtta Siddhis". "Ashta Siddhis är också kända som Brahma Pradana Siddhis (Gudomliga uppnåelser). Som du kommer att se i följande beskrivningar av de åtta stora Siddhis är de ett direkt resultat av att Kundalini väcks helt och hållet och den Andliga omvandling som följer under de kommande åren.

Ganesha, även känd som Ganapati eller Ganesh, är son till Herre Shiva och Gudinnan Parvati. Han är känd som den som undanröjer hinder, vilket är anledningen till att han avbildas med ett elefanthuvud. Enligt Hinduisk tradition ger Ganesha välsignelser, välstånd och framgång till alla som åberopar honom.

Ganesha är representant för Muladhara Chakra, Kundalinis hemvist. Av den anledningen föreställs han ofta med ormen Vasuki lindad runt halsen eller magen. En atypisk avbildning är dock att han sitter, står eller dansar på den fem- eller sjuhuggna ormen Sheshnaag. Både Vasuki och Sheshnaag representerar Kundalini-energin - den ultimata borttagaren av hinder vars syfte är att maximera ens potential som Andlig människa.

Figur 149: Lord Ganesha och Ashta Siddhis

Ganesha är också känd som Siddhi Data - Siddhis Herre (Figur 149). Det är han som skänker Ashta Siddhis till de personer som är berättigade genom Kundalinis uppvaknandeprocess. I Tantra-traditionen betraktas Ashta Siddhis som åtta Gudinnor som är Ganeshas gemål och personifieringar av hans kreativa energi (Shakti).

Anima och Mahima Siddhis

De två första klassiska Siddhis är polära motsatser som jag kommer att diskutera tillsammans för en bättre förståelse. Anima Siddhi (Sanskrit för "förmågan att bli oändligt liten som en atom") är förmågan att bli otroligt liten i storlek omedelbart, till och med till en atoms storlek. Å andra sidan är Mahima Siddhi (Sanskrit för "förmåga att bli enorm") förmågan att bli oändligt stor på ett ögonblick, till och med till storleken av en Galax eller själva Universum.

Dessa två Siddhis uppstår när det individuella medvetandet expanderar till den Kosmiska nivån efter ett fullständigt Kundaliniuppvaknande, vilket gör det möjligt för individen att medvetet expandera eller krympa sitt Väsen så att han eller hon kan bli oändligt liten eller oändligt stor. Båda dessa Siddhis påverkas också av den förhöjda fantasifulla förmågan som utvecklas under Kundalinitransformationen. Det är kopplingen av fantasi och utvidgat medvetande som aktiverar Anima och Mahima Siddhis inom oss.

Anima Siddhi kräver att individen föreställer sig något i sitt huvud, till exempel en atom. Genom att hålla fast vid sin vision aktiveras det Astrala sinnet, vilket gör det möjligt för individen att känna Atomens väsen och därmed känna till dess syfte och funktion i Universum.

Omvänt, om individen visualiserar något stort i storlek, som vårt Solsystem eller till och med Galaxen Vintergatan, kan hans väsen sträcka sig ut till dess storlek för att känna dess essens (Mahima Siddhi). Dessa förmågor är möjliga eftersom det Kosmiska Medvetandets grundsubstans, Anden, är elastisk och formbar, vilket gör det möjligt för dem som har uppnått dess nivå att anta dess form och fluktuera i storlek i vilken grad som helst genom fantasi styrd av viljestyrka.

Den andra tolkningen av Anima Siddhi handlar om den legendariska "Osynlighetsmanteln" som nämns i många Forntida traditioner - förmågan att bli energimässigt omöjlig att upptäcka för andra människor (inklusive djur) när man vill. Eftersom hela spektrumet av de inre Kosmiska Planen aktiveras efter ett fullständigt Kundaliniväckande kan individen medvetet höja sitt medvetande avsiktligt till ett Högre Plan (Andligt eller Gudomligt). Genom att göra detta kan de neutralisera (stilla) sin vibration för att framstå som osynliga på de Lägre Plan (Mentala och Astrala) som den genomsnittliga människan vibrerar på, vilket gör personen "liten som en atom".

Om vi följer samma logik, tillåter Mahima Siddhi individen att medvetet höja sin vibration för att framstå som storslagen för andra människor, till och med som en Gud. Kom ihåg att både Anima och Mahima Siddhi är ett resultat av Andlig Utveckling, vars syfte är att föra oss närmare och närmare Guds Sinne och anta dess vibration. I båda tolkningarna av Anima och Mahima Siddhis är förutsättningen för deras utveckling att individen behärskar Elementen, nämligen Eldelementet.

Anima och Mahima Siddhis mer allmänna tolkning är som metaforer för den Andliga kraft som individen uppnår när han eller hon har expanderat sitt medvetande till den Kosmiska Nivån och uppnått Enhet. Med Anima Siddhi kan man träda in i vad som helst man önskar, till exempel ett föremål eller en person, när man blir "storleken på en atom". Genom att bli oändligt stor (Mahima Siddhi) kan individen däremot känna hela universums essens eftersom de oändligt sträcker ut sitt medvetande. Vi ser i båda fallen den inre kraft som väcks när en individ har integrerat det Andliga medvetandet och kan kliva ut ur sin fysiska kropp efter behag.

Garima och Laghima Siddhis

Den tredje och fjärde klassiska Siddhis är också polära motsatser till de två första. Garima Siddhi (Sanskrit för "förmåga att bli mycket tung") är förmågan att bli oändligt tung på ett ögonblick genom att använda din viljestyrka. Omvänt är Laghima Siddhi (Sanskrit för "förmåga att bli mycket lätt") kraften att bli oändligt lätt, alltså nästan viktlös. På samma sätt som Anima och Mahima Siddhis handlade om storlek, handlar Garima och Laghima om vikt, som är den gravitationskraft som verkar på ett föremåls massa.

Genom att bli så tung som man önskar genom Garima Siddhi kan individen inte förflyttas av någon eller något - andras vibrationer studsar mot deras Aura när de förblir fasta i sin balans. Garima utnyttjar kraften hos dygder, moral och att ha en "Järnvilja". Människor som låter sitt Inre Ljus vägleda dem väljer medvetet Andlig Utveckling framför att tillfredsställa sitt Egos önskningar och föra in onödig Karma i sitt liv. Moraliska värderingar ger människor en meningsfull tillvaro och orubblig viljestyrka. De gör det möjligt för människor att vibrera på en högre frekvens genom att anpassa dem till de högre Kosmiska Planen. Dessa rättfärdiga människor undviker de Lägre Planens energetiska effekter, vilket gör dem känslomässigt och mentalt orörda, särskilt när andras vibrationer bombarderar dem med sina lägre vibrationer.

För att fullt ut maximera Garima Siddhis potential måste individen optimera sina Andliga Chakran och anpassa sin viljestyrka till sin Sanna Vilja, som endast det Högre Jaget kan ge honom eller henne. Den Sanna Viljans vibration är så hög att om man blir mottaglig för den och låter den styra sitt medvetande, kommer man att neutralisera sina egna lägre vibrationer och alla vibrationer som riktas mot en från omgivningen. Genom att maximera din viljestyrka blir du en Mästerlig Manifester, en Självförsörjande, Alltuttryckande, medveten Skapare av din inre verklighet som är som en Gudamänniska för alla människor som inte har utvecklat samma kraft.

Laghima Siddhi, å andra sidan, gör en nästan tyngdlös, vilket gör det möjligt att sväva och till och med flyga. På ytan utmanar Laghima Siddhi gravitationslagen och fysikens lagar. Det lockar i hög grad de oinvigda som söker dessa Siddhis för personlig, monetär vinning. Genom att uppnå levitation i den fysiska världen önskar många människor att få ekonomiska fördelar genom att visa upp detta fenomen för massorna.

Liksom många andra i min situation har jag varit fascinerad av levitation sedan Kundalini-uppvaknandet för sjutton år sedan. Jag önskade mig denna gåva inte för att jag försökte tjäna pengar på den utan för att jag såg den som ett konkret bevis på Kundalini-transformationen som jag kunde visa andra för att inspirera dem att uppnå samma sak.

Efter flera års omfattande forskning har jag dock kommit fram till att legender om levitation inte är något annat än fantasifulla historier utan några verifierbara vetenskapliga bevis. En människa kan med andra ord inte lyfta från marken och trotsa fysikens lagar med hjälp av psykiska krafter. De påstådda levitationer som människor har sett med sina egna ögon är bara illusioner som det finns otaliga metoder och tekniker för.

Istället är begreppet levitation en slöja för att förvirra de profana. Det avslöjar för de värdiga invigda de krafter som vaknar inom en själv när Ljuskroppen aktiveras. Ljuskroppen, vår andra kropp, är elastisk och formbar och följer inte gravitationens och fysikens lagar eftersom den är viktlös och genomskinlig. Med hjälp av vår Ljuskropp kan vi resa inom de inre Kosmiska Planen och utföra många mirakulösa bedrifter som att flyga, gå på vatten och genom väggar osv.

Vår ljuskropp används under Lucida Drömmar (som sker ofrivilligt) och Astrala Projektioner (som sker medvetet). Båda fenomenen är en typ av upplevelser av resor Utanför Kroppen och Själen som jag kommer att diskutera mer i detalj senare när jag ägnar mig helt och hållet åt ämnet.

En annan typ av resor Utanför Kroppen är så kallad Fjärrseende, vilket är förmågan att med hjälp av sinnets kraft bilokalisera till ett avlägset område på vår Planet. Fjärrseende är en Astral Projektion på det Fysiska Planet som använder Ljusets Kropp för att resa någonstans på Jorden och se det som våra två fysiska ögon inte kan se genom att använda det Tredje Ögat. I tidig ockult och Andlig litteratur kallades Fjärrseende för "Telestesi", vilket är uppfattningen av avlägsna händelser, föremål och människor på ett extrasensoriskt sätt. Hemliga regeringsprogram rapporteras ha använt begåvade personer för att söka intryck om avlägsna eller osynliga mål genom Fjärrseende.

Prapti Siddhi

Den femte klassiska Siddhi, Prapti (Sanskritord som betyder "att sträcka ut kroppen" eller "att nå fram"), gör det möjligt för individen att resa var som helst omedelbart genom att använda sin viljestyrka. Prapti Siddhi följer perfekt Laghima Siddhi som Ljuskroppens förmåga att resa via medvetandet med hjälp av Merkaban.

Som vi diskuterade i ett tidigare kapitel tillåter Ljuskroppen oss att resa interdimensionellt inom de olika inre Kosmiska Planen, vilket är ett uttryck för Prapti Siddhi. Men om vi önskar resa till avlägsna platser på Planeten Jorden kan vi göra det genom det Fysiska Planet. På ytan låter denna manifestation av Prapti mycket som Astralprojektion, men det är det inte. Även om de två är besläktade, eftersom de båda använder Ljuskroppen för utförandet, är Astralprojektion en teknik som kräver förberedelser och är därför inte omedelbar som Prapti.

Jag har redan diskuterat Kundalini-uppvaknandets optimering av fantasin och viljestyrkan, men jag har bara berört den förmåga som utvecklas att uppleva tankar i "realtid". Ett fullständigt Kundaliniuppvaknande lokaliserar det Inre Ljuset inne i hjärnan och överbryggar det medvetna och det undermedvetna sinnet. När de två delarna av sinnet blir Ett, förenas den vänstra och den högra hjärnhalvan, vilket möjliggör en ren, oavbruten ström av medvetande. Denna upplevelse har en märklig effekt på ens tankar som blir lika verkliga som du och jag för den som upplever den.

Det tar lång tid att tämja medvetandet och få kontroll över sin visualiseringskraft, vilket innebär att man måste optimera sin viljestyrka. När du väl har uppnått detta kommer du dock att ha förmågan att medvetet resa (bilokalisera) vart du vill och uppleva det som verkligt i samma ögonblick som du tänker det. Om du till exempel vill resa till Egypten och se den Stora Pyramiden behöver du bara visualisera den, och din Själ kommer omedelbart att projiceras dit via Merkaban. Eller om du behöver en paus från din vardag och vill tillbringa några minuter på en strand i Mexiko, kan du visualisera att du är på en strand och uppleva det som verkligt.

För att få ut så mycket som möjligt av den här upplevelsen, när du visualiserar något, är det bra att ha ett fotografi eller en bild av den plats du vill åka till för att få en så exakt bild som möjligt av den platsen. Du ska sedan hålla fast vid bilden i ditt sinne, som du kommer att uppleva som verklig genom dina Astrala sinnen.

Jag vill påpeka att Prapti Siddhi endast kan uppnås efter att individen har fullbordat Kundalinis uppvaknandeprocess, vilket innebär att det Inre Ljuset lokaliseras i hjärnan. Andra komponenter som är nödvändiga för att denna Siddhi ska kunna utföras är att optimera Ajna Chakra, aktivera Ljuskroppen och maximera Merkabas snurrande genom att frigöra den fulla potentialen hos det toroidala energifältet. (Observera att Ljuskroppen och Merkaban används för alla typer av resor Utanför Kroppen.) Jag kommer att beskriva detta fenomens vetenskap i större detalj senare när jag avslöjar fler av de extraordinära förmågor som avslöjar sig för de Kundalini-uppvaknade individerna.

Prakamya Siddhi

Den sjätte klassiska Siddhi, Pramakya (Sanskritord som betyder "viljestyrka" eller "viljans frihet"), ger en kraft att uppnå och uppleva allt man önskar. Denna Siddhi gör det möjligt för individen att materialisera vad som helst de vill ur tomma intet till synes och förverkliga vilken dröm som helst. Om de önskar vara någonstans eller till och med vara med någon sexuellt, tillfredsställs deras önskan i samma ögonblick som de har denna tanke. Prakamya Siddhi kännetecknas av att ens djupaste önskningar omedelbart uppfylls genom tillämpning av viljestyrka.

Denna Siddhi kan på ytan verka som något från en superhjältefilm. Förmågan att manifestera allt vi önskar omedelbart överskrider begränsningarna i Universums lagar och fysikens lagar. Men om vi tillämpar denna Siddhi på den Lucida Drömvärlden börjar vi förstå den sanna potentialen i våra upplevelser genom Ljusets kropp. Den Lucida

Drömvärlden är lika verklig för vårt medvetande som den fysiska världen när det gäller erfarenhet.

Under mina sjutton år av liv med uppvaknad Kundalini har jag upplevt dessa typer av gåvor och mycket, mycket mer. Den Lucida Drömvärlden uppfyllde alla mina Själsliga önskningar, som jag snabbt började uppleva tre till fyra månader efter mitt första uppvaknande 2004. Jag har funnit att Prakamya Siddhi inte bara tjänar till att uppfylla din Själs önskningar utan också till att släcka dem med tiden.

Mina livserfarenheter har lärt mig att ett av de mest effektiva sätten att övervinna en önskan inom dig själv är att engagera dig i den tills dess att du har tömt den på energi. Naturligtvis hänvisar jag till tillfälliga Ego-begär som faller inom det normala och inte till onaturliga begär som att fysiskt skada andra levande Varelser. En av funktionerna i den Lucida Drömvärlden är att släcka önskningarna hos de Kundaliniväckta initierade vars slutliga mål är Andlig Utveckling och förening med Gudomen.

Jag projicerade ofta ut ur min kropp och gick dit min Själ ville i den Lucida Drömvärlden. Jag besökte avlägsna Stjärnor och Galaxer och Interdimensionella platser på vår Planet med märkliga Varelser som jag såg för första gången. Ofta "hämtade" jag information från dessa Varelser om Skapelsens mysterier och den mänskliga rasens framtid på samma sätt som Neo hämtar nya förmågor och färdigheter som datorprogram i filmen "The Matrix". Inom loppet av en timmes drömmar kunde jag ladda ner information från intelligenta Varelser i vårt Universum som motsvarade tjugo böcker.

Några få gånger blev jag medveten om att jag hämtade information utanför mig och kunde minnas en mening eller två av det jag fick. För det mesta var informationen kryptisk och förmedlades till mig genom siffror, symboler, metaforer och Arketyper på antingen det Engelska språket eller andra Jordiska språk.

När jag var i närvaro av vad som såg ut som Utomjordiska Varelser talade de telepatiskt till mig på sina tungor, vilket jag på något sätt förstod. Jag kunde vanligtvis skilja Utomjordiska Varelser från andra Varelser som Uppstigna Mästare, Änglar eller andra Gudomar eftersom deras utseende var humanoid men uppenbarligen inte mänskligt eftersom vissa drag var annorlunda.

Jag kände mig välsignad och privilegierad över att ha fått kontakt med andra intelligenta Varelser i Universum genom medvetandet. När allt kommer omkring hade jag inget annat sätt att få den unika kunskap som de förmedlade till mig än genom direkt erfarenhet, och min törst efter kunskap efter att ha väckt Kundalini växte dagligen.

Med tiden utvecklade jag naturligt en teknik för att avfokusera mitt Sinnesöga i en Lucid Dröm för att gå in i en verklighet som jag kallar "hypermedvetande", ett tillstånd bortom det mänskliga medvetandet. Som ett resultat av detta befann jag mig ofta någonstans där jag redan har varit i den verkliga världen, bara en futuristisk version av samma plats med aldrig tidigare sedda föremål och tekniska anordningar. Landskapet liknar en LSD- eller Peyote-tripp, fast annorlunda eftersom det har en futuristisk komponent.

När jag projicerade mig in i denna futuristiska värld hörde jag ett tag teknomusik i mitt huvud som matchade det jag såg, som om jag var i en film. Mina käkar klämde ihop sig när en extatisk hänförelse fyllde mitt hjärta och jag försökte integrera min bild. Denna hyperrealitet lärde mig om parallella Universum som vårt medvetande kan uppleva genom Ljuskroppen och den Lucida Drömvärlden.

Jag minns att jag ville åka skidor i en månad men att jag inte kunde göra det i verkligheten på grund av tidsbrist. Samma kväll befann jag mig på en högklassig resort i något som såg ut som Alperna. Landskapet var allt jag önskade och mer därtill. Jag tillbringade vad som kändes som en hel månad där, när det gäller antalet upplevelser, allt inom de åtta timmars sömn som jag var ute. När jag vaknade upp kände jag inte längre något behov av att åka skidor eftersom den önskan var tillfredsställd i min Lucida Dröm.

Jag har rest till andra platser i världen på samma sätt. Om jag på något sätt var begränsad till att resa i verkligheten, fann jag mig ofta på plats på natten. Den största skillnaden var att tiden överskreds i den Lucida Drömvärlden. Du kan tillbringa månader och till och med år på en plats i den Lucida Drömvärlden, vilket motsvarar åtta timmars sömn i det verkliga livet.

Efter att ha besökt många länder och städer i mina drömmar har jag upptäckt att det finns orter och hot spots i den Lucida Drömvärlden dit andra människor reser om de behöver en "kraftfull" semester. Dessutom verkade många personer som jag träffade på mina Lucida Drömresor alltför unika för att vara en projektion av mitt medvetande. Ofta utbytte vi personlig information om vilka vi är i det verkliga livet, även om jag aldrig kunde verifiera någon i den verkliga världen.

Med åren blev min "kommandocentral" eller bas för mina operationer New York och Los Angeles, även om det var olika versioner av samma städer. Eftersom jag besökte båda städerna i verkligheten upptäckte jag att känslan var densamma i den Lucida Drömvärlden, men att de såg radikalt annorlunda ut med olika arkitektur och landskap.

När jag återbesökte någon av städerna i en Lucid Dröm, verkade den nästan identisk med den senaste gången jag var där i en tidigare dröm. Jag hade till och med en lägenhet som jag ägde i New York som jag återvände till, och den var densamma som förra gången jag var där med föremål där jag lämnade dem. Intressant nog flödade en ström av minnen tillbaka från den tidigare gången jag var där i en dröm, vilket innebar att mitt medvetande kunde ha olika livserfarenheter på olika platser samtidigt som den verkliga världen.

Varje gång jag gick in i den Lucida Drömvärlden var jag medveten om min potential. Jag var lätt som en fjäder och kunde flyga, sväva över föremål och projicera mitt medvetande på en bråkdel av en sekund från en plats till en annan. Jag kunde också manifestera vilken partner som helst som jag ville ha sexuella relationer med, uppleva hur det är att vara ultrarik och berömd, flyga ett flygplan eller köra en Ferrari och mycket mer. När jag föreställde mig något som jag önskade mig, så dök det oftast upp precis framför mig. Himlen är gränsen när det gäller vad din Själ kan uppleva i den Lucida Drömvärlden, och uppfyllandet av dina önskningar är personligt för dig och endast dig.

Tänk på att det inte finns något begrepp om avstånd i en Lucid Dröm. När du tänker på en upplevelse som du vill ha är du omedelbart på väg att få den upplevelsen, på en plats som din Själ väljer åt dig. Ljuskroppen innehåller de fem sinnena syn, hörsel, känsel, lukt och smak, vilket möjliggör en helt realistisk upplevelse. Vi kanske upplever den verkliga världen via Ljuskroppen också, bara genom den fysiska kroppens gränssnitt. De få gånger jag provat virtuell verklighet har jag känt liknande känslor som jag har upplevt i den Lucida Drömvärlden.

En av de största skillnaderna mellan att tillfredsställa dina önskningar i den Lucida Drömvärlden och i Materiens Värld är att det inte finns något tankesnack eller skuldkänslor i den Lucida Drömvärlden eftersom det är en ren önskan som uppfylls. Tankesnacket är ett resultat av Egot, som är direkt kopplat till den fysiska kroppen och den materiella världen. Eftersom den Lucida Drömmen överskrider den fysiska världen är den tom på Ego; därför är sinnet tomt, vilket möjliggör en mycket optimal Själsupplevelse.

Vashitva och Ishitva Siddhis

De sjunde och åttonde klassiska Siddhis, Vashitva och Ishitva Siddhis, smälter in i varandra, och därför kommer jag att diskutera dem tillsammans som uttryck för samma kraft. Vashitva Siddhi (Sanskritord som innebär "kontrollförmåga") gör det möjligt för individen att styra sina egna och andras mentala tillstånd via viljestyrka. Individen kan helt och hållet påverka handlingarna hos vilken person som helst på Jorden med Vashitva Siddhi.

Omvänt är Ishitva Siddhi (Sanskrit för "överlägsenhet" och "storhet") förmågan att kontrollera naturen, biologiska organismer, människor osv. Denna särskilda Siddhi ger individen absolut Herravälde över hela Skapelsen och gör honom eller henne till en Gudamänniska i andras ögon. Ishitva Siddhi gör en till en mästare över de Fem Elementen - en levande Magiker.

Enligt *Kybalions* Vibrationsprincip vibrerar allting på en viss frekvens. Kvantfysiken bekräftar detta påstående och tillägger att varje gång vi tittar på något i den yttre världen påverkar vi dess vibrationstillstånd. Forntida Hermetiker har känt till tankens kraft i tusentals år. Den grundläggande Principen i Kybalion är trots allt "Allt är Medvetande, Universum är Mentalt".

Om Universum är en mental projektion som formas av våra sinnen, är våra tankar och känslor också en mental konstruktion som vi kan förändra. Hermetikerna har lärt sina invigda att viljestyrka kan användas som en stämgaffel för att omvandla våra mentala tillstånd och andra levande Varelsers tillstånd och till och med ändra Materiens tillstånd. De trodde att om vi kan maximera sinnets kraft kan vi få kontroll över andra människor, miljön och verkligheten i allmänhet.

Vashitva och Ishitva Siddhis är uttryck för sinneskrafter som kan förverkligas när individen höjer vibrationen i sin viljestyrka och därmed sitt medvetande. Även om vi kan uppnå Vashitva Siddhi genom att tillämpa Mentala Lagar är det enda sättet att verkligen förverkliga Ishitva Siddhi genom Andlig Utveckling. Att bli Upplyst maximerar inte bara viljans potential och optimerar därmed Vashitva Siddhi, utan gör det också möjligt för oss att helt överlämna vår vilja till Gudomen och anpassa oss till dess höga vibrationsfrekvens. Genom att göra detta blir vi till Självupplevda stämgafflar som inducerar allt omkring oss med våra höga vibrationer, förändrar alla levande varelsers mentala och emotionella tillstånd och ändrar även vibrationstillståndet hos immateriella föremål i vår omedelbara omgivning.

Eftersom vi ständigt kommunicerar telepatiskt ger maximering av vår viljestyrka oss makten över sinnet, vilket gör att vi kan dominera andra människor fullständigt. Enligt *Kybalions* Princip om Mentalt Kön: "Kön finns i allting; allting har sina maskulina och feminina principer; kön manifesteras på alla plan. " Denna Princip säger att vi alla har en maskulin och feminin komponent av Jaget - "Jaget" och "Jag".

"Jaget" är den maskulina, objektiva, medvetna, frivilliga Kraften som projicerar - viljan. "Jag" är den feminina, subjektiva, omedvetna, ofrivilliga och passiva delen av Självet som tar emot - fantasin. Viljan, som är Själens Eldelement, projicerar in i fantasin och skapar därmed en visuell bild, ett uttryck för Vattenelementet. Luftelementet är tanken, viljans och fantasins uttrycksmedium.

"Jag" är som en mental livmoder som befruktas av "Jaget" för att skapa en mental avkomma - den visuella bilden." "Jaget" projicerar alltid, medan "Jag" tar emot. Dessa dubbla kognitiva komponenter är en helig gåva som vi har fått av vår Skapare för att vara medvetna Medskapare av vår verklighet. Det enda sättet för oss att manifestera vår egen önskade verklighet är dock att använda vår viljestyrka för att skapa mentala bilder som styr våra liv. Om vi blir mentalt lata, vilket gör vår viljestyrka inaktiv, kommer vår tillvaro att styras av andras viljestyrka, antingen direkt eller genom miljöstimuli. Så är Lagen. "Jag"-komponenten måste alltid drivas av ett "Jaget", oavsett om det är vårt eget eller någon annans.

Människor som är medvetna om dessa Mentala Lagar kan höja vibrationen i sin viljestyrka för att kontrollera sin verklighet och påverka andra människors "Jag"-komponent och därmed få dem att tänka vad de vill. Genom att påverka någons tankar påverkar vi undantagslöst hur de känner sig och vilka handlingar de utför. Eftersom dessa Mentala Lagar fungerar på en undermedveten nivå inser den person som påverkas nästan aldrig att han eller hon blir mentalt inducerad. Istället tror de att de inducerade tankarna är deras egna när de i själva verket är frön som planterats av någon annan. De psykiska fenomenen tankeöverföring, suggestion och hypnos är exempel på hur man använder Genusprincipen för att påverka andra människors tankar.

Som jag har diskuterat utförligt i *The Magus* kontrolleras varje verklighet som delas av flera personer av den individ som vibrerar sin viljestyrka på den högsta frekvensen. De människor som delar denna individs verklighet ser naturligt upp till honom och betraktar honom som sin ledare och guide. Dessa utvecklade människor är karismatiska, personliga och sexuellt attraktiva, vilket har mindre att göra med fysiskt utseende och mer att göra med personlig magnetism. De kommunicerar vanligtvis direkt med Själen och går därmed förbi personligheten och Egot. Dessa speciella människor engagerar och inspirerar andra på ett sätt som verkar magiskt för de individer som inte förstår vetenskapen bakom de Universella Lagar som används.

Det effektivaste sättet att uppnå Ishitva Siddhi och uppnå Herravälde över Skapelsen är att väcka Kundalini och höja den till Kronan. När en högt Andligt utvecklad individ har höjt vibrationen i sitt medvetande till det Andliga Planet, dominerar de naturligt de Plan under detta som de flesta människor vibrerar på. De dominerar också djur- och växtriket som är underavdelningar av det Fysiska Planet.

Det är inte ovanligt att se en Upplyst person gå bland tigrar, lejon, björnar, krokodiler, giftiga ormar och andra potentiellt dödliga djur. Vi har alla hört talas om detta fenomen tidigare, men de flesta känner inte till dess vetenskap. Genom att kanalisera den högvibrerande Andliga energin, som är Ljus och kärlek, har dessa Andligt utvecklade personer övervunnit sin egen rädsla som utlöser farliga djur och får dem att attackera människor. Den uppvaknade individen förbigår alltså djurens överlevnadsmekanism och ansluter sig till deras kärleksenergi, vilket resulterar i att de blir omfamnade i stället för attackerade.

En person vars viljestyrka resonerar på Andens frekvens dominerar alla de som inte har uppnått samma medvetandetillstånd. Dessa Andligt utvecklade individer framstår som Gudamänniskor för vanligt folk som svärmar omkring dem för att bada i deras berusande Ljus.

Slutligen är det möjligt att ändra Materiens tillstånd med hjälp av viljestyrka och till och med få Materia att dyka upp och åter dyka upp igen. *Kybalion* klargör att om vi höjer Materiens vibrationer ändrar vi dess frekvens och därmed dess densitet och till och med dess tillstånd. Men eftersom det krävs mycket energi för att åstadkomma denna bedrift enbart med sinnet, har mycket få Adepter i historien lyckats med detta, varav en del har blivit centrala figurer i religioner. Vi har alla hört Jesus Kristus mirakel, där han förvandlade vatten till vin och använde fem bröd och två fiskar för att multiplicera dessa föremål och mätta 5 000 personer.

Ett mer vanligt och bevisbart exempel på att förändra Materia med tankens kraft är att förvandla is till vatten, vatten till ånga och vice versa genom att värma och kyla kroppen. Ett annat exempel är att låta ett lätt föremål, t.ex. ett papper, sväva i luften eller att kontrollera rörelsen hos ett ljus låga. För att åstadkomma någon av dessa mentala bedrifter måste individen kontakta eller vara nära föremålet för att genomsyra det med sin Pranisk energi, vars flöde och tillstånd de kan kontrollera med sina sinnen.

Kanske kommer vi i framtiden, när mänskligheten kollektivt har utvecklats Andligt, att få fler anmärkningsvärda exempel på hur vi kan kontrollera Materia med våra sinnen, eftersom de universella lagarna verkar på alla Kosmiska Plan och de Högre Planen alltid dominerar de Lägre Planen. Intressant nog ägnade de Forntida människorna aldrig särskilt mycket tid åt att försöka påverka Materien med sina sinnen. De visste att den verkliga gåvan med dessa Mentala Lagar var att tillämpa dem på sina egna mentala och känslomässiga tillstånd för att hjälpa dem i deras Andliga Utveckling. Att nå Gudomens sinne var deras enda sanna mål, eftersom man genom att göra det blir en del av de Universella Lagarna och därmed optimerar Ashta Siddhis.

DEL VII: EFTER KUNDALINIUPPVAKN ANDET

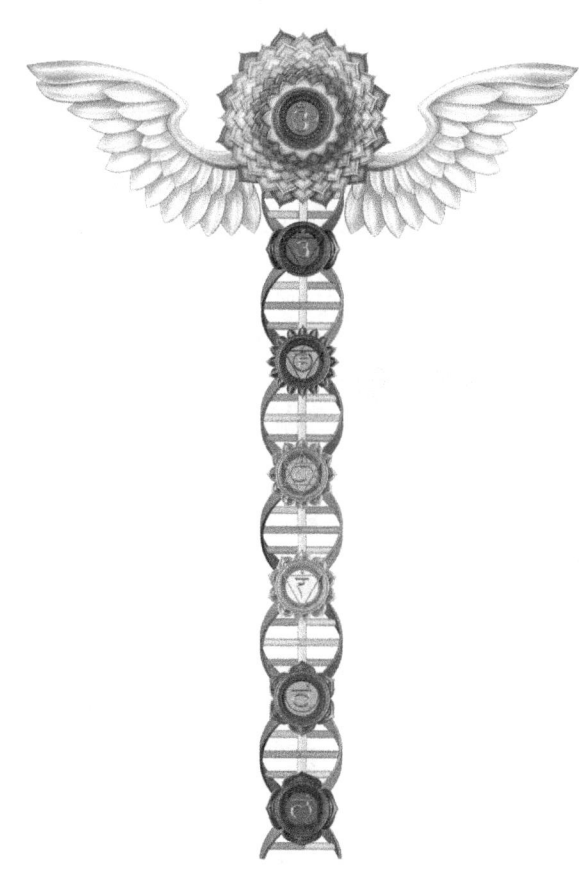

SYMTOM OCH FENOMEN EFTER UPPVAKNANDE AV KUNDALINI

De flesta Kundaliniväckta personer är oroade över hur transformationen kommer att utvecklas över tiden och den allmänna tidslinjen för när de kommer att frigöra särskilda gåvor (Siddhis). Detta är en av deras viktigaste frågor och intressen. Efter att ha talat med dussintals uppvaknade personer som fullföljt processen genom att höja Kundalini till Kronan har jag funnit att manifestationerna är nästan lika för alla och att de vanligtvis sker systematiskt. En erfarenhet ger upphov till nästa, och på detta sätt omvandlar Kundalinienergin sinnet, kroppen och Själen med tiden och låser upp många psykiska gåvor på vägen.

Som jag diskuterade i det inledande kapitlet om Kundalini har ett permanent uppvaknande ägt rum när aktiveringen av Ljuskroppen väl har ägt rum och energin har lokaliserats i hjärnan. Vissa symtom och fenomen manifesterar sig inom den första veckan, medan andra tar lite längre tid än så. I det här avsnittet kommer jag att bryta ner dessa upplevelser en efter en, i sekventiell ordning för det mesta, från de inledande stadierna, till de följande månaderna och åren. Tänk dock på att jag endast tar upp fullständiga uppvaknanden, inte partiella sådana. Vid partiella uppvaknanden är manifestationerna och gåvorna specifika för det eller de Chakran som Kundalini har aktiverat, och varierar från ett Chakra till nästa.

Hos fullt uppvaknade personer är de två första manifestationerna Ljuset i huvudet och det konstanta vibrerande ljudet som hörs på insidan och som liknar ett lågt brummande. Om personen inte har någon tidigare kunskap om Kundalini kan han eller hon förväxla de sistnämnda fenomenen med begynnande tinnitus, en fysisk åkomma där man hör en konstant ringning i öronen. De kommer dock att märka att ljudet förstärks kraftigt när de fokuserar på det och ibland håller dem vakna på natten, vilket det gjorde för mig.

Ljuset i huvudet är knepigt eftersom det till en början kommer i vågor och till och med kan orsaka tryck i huvudet och orsaka huvudvärk eller migrän. Så man kan tänka sig att flera faktorer kan orsaka detta fenomen i början. Efter några veckor kommer det dock att bli uppenbart att när du stänger ögonen finns det energi i huvudet som blinkar Ljus ofta. Den pulserar ofta som en levande, andande organism, särskilt när du är i ett inspirerat tillstånd. Du kan även uppleva Ljusblixtar i andra färger, särskilt lila, även om jag har funnit att närvaron av det Vita Ljuset är relativt konstant. Naturligtvis är det inte lika starkt som när man tittar på Solen, det är svagt men ändå mycket märkbart med slutna ögon.

Du kan också se klot av Ljus i din perifera syn som kan dyka upp när du får en uppenbarelse om något eller när du är inspirerad. De är i allmänhet elblå och små men ganska märkbara. Det är vanligtvis ett enda Ljusklot, även om det kan finnas flera. Människor har föreslagit att dessa klot kan vara Skyddsänglar.

När du börjar föra in mat i din kropp kommer ditt matsmältningssystem att omvandla den till Ljusenergi och ge mat åt det nyvaknade energisystemet. Eftersom Kundalini förstärks av Pranisk energi från mat och sexuell energi kommer den gradvis att förändra dig på alla nivåer, fysiskt, mentalt, känslomässigt och Andligt. Några av de mer omedelbara effekterna är kroppsliga ryckningar och en känsla av att myror kryper på huden. Det är viktigt att inte få panik när detta inträffar, eftersom det är en normal del av processen. Det betyder att energin sublimeras och når nervcentren, bokstavligen genomsyras de av Ljus och får bränsle.

Du kan också känna muskelryckningar eller tillfälliga spasmer som kommer till synes från ingenstans, vanligtvis när kroppen är stilla och avslappnad. När ditt nervsystem anpassar sig till denna nya energi som finns inom dig kan din temperatur fluktuera, vilket gör att du känner dig varm ena stunden och kall i nästa. Jag rekommenderar att du bär extra kläder för att inte göra dig mottaglig för att bli förkyld eller få influensa när du svalkar dig.

Hjärtslagets frekvens och styrka påverkas också när kroppen anpassar sig till förändringar i ditt energisystem. Hjärtat kan ibland slå så snabbt att det känns som om du är på väg att få en hjärtattack, särskilt om du är omedveten om detta vanliga Kundalini-symptom. Eftersom sinnet bearbetar känslor från det undermedvetna är den accelererande hjärtslagen vanligtvis resultatet av en närvarande räddhågad känsla, som kan dyka upp från ingenstans och vara borta i nästa sekund. Som ett resultat kommer hjärtat ofta att hoppa över ett slag; sedan kommer det att accelerera tills du lugnar ner dig.

Hjärtat reagerar också på intensiva känslor, särskilt sådana som kanaliserar rå Eldsenergi. Kraften i hjärtats slag kan ibland vara så stark att det känns som om det försöker komma ut ur bröstet. Din andningsfrekvens påverkas direkt av förändringar i hjärtfrekvensen, vilket ofta resulterar i en lätt hyperventilation när hjärtfrekvensen ökar. Eftersom ditt Sympatiska Nervsystem aktiveras i det här fallet rekommenderar jag att du implementerar en lugnande andningsteknik för att ta tillbaka kontrollen över din kropp. Tänk på att hur alarmerande dessa hjärtklappningar än kan verka är det inget att frukta. Sinnet gör saken värre genom att skapa panik, så försök att hålla dig lugn så går det över.

Eftersom Kundalini nu är permanent aktiv inom dig kan du också känna pulseringar i korsbenet när det pumpar Kundaliniströmmen genom din Ljuskropp. Om det finns energiblockeringar kan det finnas ett obehagligt tryck i korsbenet, vilket kan orsaka lätt smärta. Jag har dock funnit att Kundalini-systemet kompenserar för energiblockeringar genom att minska storleken på det Ljus som det kanaliserar.

Ett annat anmärkningsvärt fenomen, även om det är sällsynt, är psykokinetisk störning av elektrisk utrustning. Dagen efter Kundalini-uppvaknandet var min bioelektricitet till exempel så hög att när jag fokuserade mitt sinne på en närliggande TV, orsakade jag på kommando en störning i kanalflödet. Jag hade också hört talas om fall där personer blåste ut nålen på sin skivspelare när de rörde vid den eller fick CD-skivor att hoppa över. Fenomenet medför alltid att man antingen kommer i kontakt med en elektrisk anordning eller att man använder sinnets kraft för att ändra dess funktion på något sätt samtidigt som man uppvisar högre bioelektricitet än normalt.

Ibland finns det smärta i olika organ, eller så finns det en allmän känsla av obehag i de områden där organen finns. Smärtan är vanligtvis mild, även om sinnet kan överdriva dessa effekter, vilket det gör när det upplever rädsla för det okända. Den milda smärtan eller obehaget är normalt, och det betyder att energin går in i och renar olika Andliga motparter av organ och kroppsdelar. Det viktigaste att komma ihåg är att förbli lugn när alla dessa processer sker, eftersom de vanligtvis inte varar länge. Men om du fixerar dig vid dem och blåser upp dem ur proportion kommer de att bestå längre.

Låt mig återigen upprepa vad jag sa i ett tidigare kapitel - Kundalinienergin fungerar på en subtil, icke-fysisk nivå, även om det ofta kan kännas som om effekterna är fysiska. Tänk på att en annan del av dig vaknar upp till ditt medvetande, Ljuskroppen. Ljuskroppen har subtila motsvarigheter till de fysiska organen, som tjänar ett Andligt syfte på en högre nivå.

Jag hoppas att den här förklaringen klarar upp alla missförstånd i det här ämnet, för jag hör ofta Kundaliniväckta personer säga att energin arbetar i den fysiska kroppen och formar och "hamrar" organen, vilket helt enkelt inte är sant. Det känns så, ja, men det beror bara på att det nu finns en annan del av Jaget som vaknat, en icke-fysisk komponent - Ljuskroppen, som innehåller de olika Subtila Kropparna som motsvarar de Fem Elementen.

Ett annat symtom som uppstår tidigt är stora variationer i vitalitet. Du kan till exempel vara hyperaktiv och känna ett behov av att röra på dig eller motionera, följt av fullständig energilöshet och slöhet. Dessa energisvängningar är ett resultat av Kundalinis effekter på sinnet. När Kundalini tar över ger den dig tillgång till ett överflöd av energi, följt av en krasch i samma ögonblick som Egot återtar kontrollen över sinnet. När du lär dig att övervinna Egots effekt på sinnet kommer du dock att koppla dig till Kundalinienergins källa och få en otrolig vitalitet dygnet runt.

När ditt medvetande renas med tiden höjs dess vibrationer, vilket gör det möjligt för det att lokalisera sig i den Andliga Kroppen, den högsta aspekten av Ljuskroppen. Det är nästan som om en transplantationsprocess sker inuti, vilket ibland kan vara oroväckande. Som sådan kan det krävas en viss tid för att anpassa sig till vad som känns som en främmande enhet inuti dig.

Ljuskroppen är Själens fordon. Den fysiska kroppen däremot är Egots fordon. Själen använder sig av fantasi och intuition, som tas emot genom hjärtat. Egot använder logik och förnuft, och det fungerar genom sinnet. Fantasins syskon är den inspiration som ger bränsle åt det Högre Jaget, Själen. Kundalini-energin inspirerar eftersom dess syfte är att föra dig in i Anden. Kundalini-Elden ändrar tillstånd med tiden för att åstadkomma en mystisk, transcendental uppfattning av den nya verklighet du befinner dig i - den Fjärde Dimensionen av Energi eller Vibration.

DEN HELIGA SKYDDSÄNGELN (DET HÖGRE JAGET)

Varje människa har ett Högre Geni, även känt som den Heliga Skyddsängeln eller det Högre Jaget. Detta är den Andliga del av dig som är av Gud, Skaparen. Även om ditt Högre Jag är bortom dualitet, är det i linje med din Själs polaritet. Som sådant kan du referera till det som en han eller hon, oavsett vilket kön din Själ har. Det primära syftet med Kundaliniväckningen är att skapa en länk mellan ditt medvetande och din Heliga Skyddsängel. Då blir du en kanal för deras visdom under hela ditt liv här på Jorden. Och mycket möjligtvis även efter detta.

Din heliga skyddsängel bor i Sahasrara Chakra (Figur 150). Närhelst du höjer ditt medvetande till dess nivå är ditt Högre Jag närvarande. Genom att ansluta till det känns det som om ditt medvetande har fått vingar och förvandlar dig till en Änglanärvaro medan denna länk upprätthålls. Du är fortfarande dig själv, men en högre del av dig som resonerar med vibrationen av Skaparens Gudomliga Ljus.

De flesta människor har stunder under dagen då de får kontakt med sin Heliga Skyddsängel, vanligtvis när de är inspirerade eller kreativa. Sedan finns det de stunder då den Heliga Skyddsängeln kortvarigt berör oss med sin energi och ger oss en Gudomlig insikt i ett ämne i form av en epifani. Dessa ögonblick är dock vanligtvis kortvariga eftersom Egot alltid börjar ifrågasätta upplevelsen och bryter kontakten med det Högre Jaget. Som ett resultat av detta faller individen ner från Sahasrara till ett lägre Chakra i ett av de Fyra Elementen.

För att etablera en permanent kontakt med din Heliga Skyddsängel måste först en höjning av medvetandet äga rum. När Själen sedan har tagit fullständig dominans över Egot kan det Andliga Elementet stiga ner och omvandla dig helt och hållet. När denna omvandlingsprocess är avslutad kommer du att permanent etablera kontakt med den Heliga Skyddsängeln. Du kan fortfarande arbeta från vilket Chakra som helst när du behöver dess uttryckskraft, även om ditt medvetande huvudsakligen kommer att arbeta från de tre Andliga Chakrana Vishuddhi, Ajna och Sahasrara.

Mycket av Kundalini-innehållet i den här boken är inte något jag lärt mig från andra böcker eller hört från någon annan, vilket är anledningen till att du kommer att finna att mycket av informationen är original. En del kunskap har byggts upp från böcker under det första antalet år efter att Kundalini vaknat. När grunden var lagd och jag hade anpassat mig till det Högre Geniet tog han över som min inre lärare och guide. Därefter har det mesta av min kunskap förmedlats till mig direkt av min Heliga Skyddsängel genom Gnosis. Men för att nå den höjdpunkt i min Andliga Utveckling där jag kan bli en kanal till något som är större än jag själv, var jag tvungen att tillbringa många år med att utveckla mig själv till en ledstjärna och en kanal av Ljus.

Figur 150: Den Heliga Skyddsängeln (Det Högre Jaget)

Varje människa kan bli en kanal för sitt Högre Jag om hon eller han ägnar sig åt sin Andliga resa och följer en vägkarta för att uppnå Upplysning. Vi måste alla Återuppstå i det Andliga Elementet och bli våra egna räddare. Arbetet i *The Magus* är inriktat på att uppnå detta mål. När du väl har fått permanent kontakt med din Heliga Skyddsängel kommer de att bli din lärare och vägledare för resten av ditt liv. Du kommer inte att behöva några fler lärare eller guider i fysisk form eftersom du kommer att bli lärare och elev i ett.

Din Heliga Skyddsängel kommer att börja kommunicera med dig varje gång det sker en fortsättning i medvetandet och ditt Ego är tyst. Den kommer att lära dig om Universums och Skapelsens mysterier regelbundet när du går igenom ditt dagliga liv. Den kommer att ge dig ytterligare insikt i allt du lärt dig i det förflutna och allt du tror att du vet nu. Allt du tar in från omvärlden kommer nu att filtreras av din Heliga Skyddsängelns visdom.

Du kan fortsätta att lära dig av böcker, även om du kommer att märka att du får mer information om livet från din Heliga Skyddsängel än du kan få från någon skriven text. Böcker är bra för att bygga upp din kunskap om specifika ämnen, men din livsfilosofi får du lära dig direkt av din Heliga Skyddsängel.

Eftersom du inte kan kontrollera denna pågående kommunikations- och inlärningsprocess kommer du att börja känna dig som om du är två personer i en. Jag finner ofta mig själv prata med mitt Högre Jag som om två entiteter bor inom mig. Den coola, lugna, samlade och allvetande är det Högre Jaget, medan Egot är den som ställer till det och behöver vägledning. Och som jag ser det är jag ingen av dem och båda på samma gång.

Mitt Ego brukade känna att det medvetande som det en gång styrde över var kapat av något annat, men numera har det accepterat den dubbla verkligheten hos Jaget. Det har fortfarande sina reaktioner som alla Egon har, men det Högre Geniet står åt sidan, ser hur jag uttrycker mig och kontrollerar mig när jag går över gränsen. Han är det Tysta Vittnet till det evigt närvarande ögonblicket som lever i Evigheten. Han finns där för att lugna mig när jag behöver det och ge mig rätt råd om vad jag ska göra eller hur jag ska bete mig när jag befinner mig i ett dilemma. Hans övergripande syfte är att lära mig hur jag kan förbättra min karaktär och personlighet för att bli mer Andlig. Så jag lämnar mig själv i hans händer och försöker låta honom leda vägen för det mesta.

Din Heliga Skyddsängel är i grunden självupptagen; den lär dig ständigt hur du kan bli en bättre kanal för sitt Ljus, även om Egot måste lida. När du lär dig att tjäna ditt Högre Geni lär du dig dock alltid att tjäna Gud - Skaparen, vilket innebär att du utvecklas Andligt. Eftersom ditt Högre Geni är ditt Gudsjag kommer dess drivkraft för handling direkt från Källan till all Skapelse.

Det som är fascinerande med Kundalini-vetenskapen och filosofin är att det är ett nytt och växande område vars grund och ramar ännu inte har fastställts. Därför är det upp till alla Kundaliniväckta individer att bidra med sin kunskap och erfarenhet så att generationerna efter oss kan fortsätta att bygga vidare på den. Om jag kan hjälpa dig att få kontakt med din Heliga Skyddsängel har jag gjort mitt jobb. Resten lämnar jag i deras händer. Som sådan uppmanar jag er alla att ta med er det ni har lärt er av mig och fortsätta att utveckla mina teorier och metoder ytterligare.

Ingen bok eller kunskapsmassa om Kundalini har de slutgiltiga svaren. Det finns alltid luckor att fylla. Därför uppmanar jag alla Kundalini-uppvaknade personer att vara modiga och gå utanför sina bekvämlighetszoner för att hjälpa till att utveckla Kundalini-vetenskapen ytterligare. Vi är alla vetenskapsmän och laboratorier i ett paket, som lär sig, upplever och delar med oss av våra resultat till världen.

TILLSTÅNDET EFTER UPPVAKNANDET

Efter ett fullständigt Kundalini-uppvaknande, när Ljuskroppen väl har aktiverats, kan det ta en tid att utveckla den tillräckligt med matintag. Nästa steg är att låta den Andliga energin genomsyra medvetandet så att du kan anpassa dig helt och hållet till den Andliga Kroppen, en aspekt av Ljuskroppen. För att åstadkomma detta måste du dock först övervinna den Karmiska energin i dina fyra lägsta Chakran och tillräckligt utveckla de tre översta som tillhör det Andliga Elementet.

Den Andliga Kroppen håller på att forma sig själv samtidigt som Ljusets Kropp integreras. Hur lång tid denna process tar beror på många faktorer, som är personliga för var och en. Det är en ganska långvarig process, och om jag skulle göra en genomsnittlig gissning skulle jag säga sju till tio år. Om du har en metod för att arbeta med Chakrana, till exempel de Andliga Övningarna i den här boken eller rituella övningar i Ceremoniell Magi som presenteras i *The Magus,* kommer det att ta betydligt mindre tid. Om du å andra sidan låter Kundalini renodla Chakrana med tiden på ett naturligt sätt kommer det att ta mycket längre tid.

Att övervinna rädslan är nyckeln till Andlig Återuppståndelse, vilket inkluderar rening och rensning av Chakrana. Det tog många år för negativ energi att utvecklas i Chakrana; det kommer oundvikligen att ta många år att rensa dem. Hur lång tid exakt? Allt beror på hur mycket rädsla du har i ditt system.

Jag känner människor som efter ett dussin år av liv med uppvaknad Kundalini fortfarande är utlämnade till sin rädsla och ångest, vilket har varit ett främmande begrepp för mig i nästan ett decennium nu. Jag får ofta rädda tankar, som vi alla gör, men för mig är det en tillfällig upplevelse som tvättas bort i Bindu Chakras rike av Icke-Dualitet inom några sekunder. Ingen rädd tanke eller känsla kan försvaga mig eller ta över mitt medvetande tillräckligt länge för att jag ska bli alltför besvärad av den.

Några veckor till några månader efter det första Kundalini-uppvaknandet kommer du att känna en känsla av energi som rör sig i kroppen och huvudet, och det kan kännas som om din hjärna är "trasig". Detta sinnestillstånd kommer att resultera i spridda tankar och en fullständig oförmåga att fokusera på något för länge. Dessutom rapporterar de flesta människor att de känner fullständig apati för allt som de brukade bry sig om.

Känslor av kärlek till andra kommer att övertas av en känslomässig domning som kommer att vara långvarig och till synes permanent. Det kommer inte att finnas någon kontinuitet i tankarna och en allmän känsla av förvirring kommer att finnas. Du kan inte längre vända dig till Egot för att få svar eftersom det kommer att ha minimal kontroll över dig. Egot inser att det långsamt dör när denna inre Eld frigörs genom Kundalini. Du måste överlämna dig till denna process genast i stället för att försöka kämpa mot den eller rationalisera den för mycket.

Obefogad rädsla och ångest kommer att dyka upp vid olika tillfällen, utan någon annan anledning än att man vill bli befriad från systemet. Det kan vara skrämmande till en början, men när du väl förstår att allt detta är en del av processen blir det mycket lättare att slappna av och låta det utvecklas.

När Kundalini når huvudet skapas en koppling till olika delar av det undermedvetna och en bro byggs mellan det medvetna och det undermedvetna sinnet. Minnen från det förflutna kan komma upp i medvetandets förgrund. Denna process är normal och behöver inte undersökas alltför mycket. Det bästa vore om du låter dessa minnen gå när de kommer upp. Att hålla fast vid något minne av smärta eller rädsla kommer bara att förstärka det i sinnet. Använd i stället kärlekens kraft i Hjärtchakrat för att rena och upphöja minnet genom tårar om det behövs.

Eftersom allt detta är en så ny erfarenhet kommer det först att kännas lite obehagligt, och Egot kommer att på alla sätt försöka förstå vad som händer. Att ha böcker som denna till hands är avgörande för att veta vart saker och ting är på väg så att du kan slappna av. Märkliga manifestationer som energirusningar, muskelryckningar och att känna energier som rör sig inom dig i ormliknande mönster är bara några av de möjliga upplevelser du kan få.

Trycket kommer att kännas i olika delar av kroppen, särskilt i huvudet och hjärtat. Du kommer också att känna energiöppningar i fötterna och handflatorna med tiden, vilket ger en känsla av en sval, lugn vind som rusar in i dem. Detta är den Andliga energin som kommer in i dig för att åstadkomma känslan av allmän tyngdlöshet, som kan manifesteras kort därefter.

Kom ihåg att även om den Andliga energin till synes kommer att genomsyra din kropp tidigt i din omvandlingsprocess, kan den faktiska integrationen av ditt medvetande med den Andliga Kroppen ske först när du har rensat dina Chakran. Och den processen är helt beroende av hur mycket Karmisk energi du har lagrat i varje Chakra. Så om du är någon som har väldigt lite Karmisk energi, eftersom du har arbetat igenom den genom många livstider, så kan du vara förutbestämd att få en lättsam och snabb transformation.

En annan kritisk punkt är att när det medvetna och det undermedvetna sinnet väl har överbryggats kommer dina tankar att få en grad av verklighet som aldrig förr. Dina tankar kommer att verka verkliga för dig, som om det du tänker på finns precis framför dig, vilket förstärker den allmänna känslan av rädsla och ångest. Om du inte har fullständig kontroll över dina tankar, vilket de flesta av oss inte har efter det första Kundalini-uppvaknandet, är rädsla och ångest försvarsmekanismerna mot det som kommer upp från det undermedvetna sinnet.

Denna "verklighet av tankar" uppstår eftersom insidan och utsidan nu är Ett. Det finns inget avbrott i medvetandet om du inte väljer att medvetet lyssna till Egots tankar. Eftersom alla Chakran är öppna strömmar deras krafter in i ditt medvetande på en gång. Ditt Sakralchakra, Swadhisthana, ger kraft åt det undermedvetna, medan Hjärtchakrat, Anahata, ger kraft åt det medvetna sinnet. Solen representerar det medvetna sinnet, medan Månen representerar det undermedvetna. Av denna anledning ser du visuella avbildningar av Solen och Månen tillsammans inom många Andliga pantheon och traditioner, främst Hermetisk Alkemi.

CHAKRAN, SUBTILA KROPPAR OCH DRÖMMAR

Inom några veckor efter det första Kundalini-uppvaknandet börjar drömmarna få en annan kvalitet när de inre energierna sublimeras/transformeras ytterligare. Denna märkbara förändring syns i drömvärlden när det Astrala Ljuset gradvis byggs upp inom dig. Till en början kommer dina drömmar att få olika betydelser, avsedda att lära dig en läxa eller informera dig om något Arketypiskt som sker i ditt undermedvetna. När du går vidare genom Chakrana kommer dina drömmar dock att påverkas av karaktären på deras energi. Dina upplevelser börjar i de två lägsta Chakrana, Muladhara och Swadhisthana, eftersom dessa två motsvarar den Astrala Världen. Alla inre upplevelser börjar i den Astrala Världen, genom Astralkroppen, även kallad Känslokroppen.

När en scen äger rum i din dröm måste du ta reda på vad den betyder och vad scenen försöker kommunicera till dig. Olika ockulta symboler, kraftdjur och siffror kan förekomma som en del av metaforiska händelser som kommer att ge ditt medvetande en livslektion som du behöver lära dig för att kunna gå vidare på din resa i Andlig Utveckling. Dessa lektioner finns också för att hjälpa din Själ att utvecklas och ställa in ditt sinne på förändringar i din Aura när de sker. När du går vidare genom de tre lägre Chakrana är de typer av händelser som inträffar i dina drömmar avsedda att framkalla en känslomässig eller logisk reaktion hos dig som du måste undersöka efteråt. Det kommer att finnas olika yttre närvaron som känns och ses i dina drömmar, inklusive Änglar, Demoner och Gudomar, ofta klädda i vardagliga kläder och som presenterar sig som människor.

När du har gått in i Hjärtchakrat kan du projicera ut ur kroppen genom Sahasrara, Kronchakrat, och uppleva världen av Lucida Drömmar. Det är dock svårt att exakt avgöra vilket Subtilt Plan en dröm äger rum på och från vilket Chakra den projiceras. Om du inte befinner dig i en Lucid Dröm sker dessa drömmar undermedvetet där ditt medvetande är så uppslukat av upplevelsen att det är omedvetet om att det drömmer. Därför är det enda verkliga sättet att avgöra vilket Kosmiskt Plan du befinner dig på att undersöka drömmarnas innehåll.

Tänk på att du under en natt kan uppleva flera drömmar på olika Subtila Plan eftersom ditt medvetande svänger i vibrationsfrekvens. Du kan ibland höra hur vibrationshöjden i ditt huvud förändras när du går in i olika riken i den Inre Världen, på samma sätt som radiofrekvensen förändras när du byter från en radiokanal till en annan.

Emotionellt laddade drömmar sker i Jord- och Vattenelementen, Muladhara- och Swadhisthana-Chakrana. Särskilt Swadhisthana, eftersom det motsvarar den Högre Astrala eller Känslokroppen, även om Muladhara-Chakrat, som nämnts, också berör det Astrala Planet. Om innehållet är mer logiskt, där du måste lista ut något i dina drömmar som en detektiv, så projiceras det med största sannolikhet genom Eldelementet, Manipura Chakra. I det här fallet måste ditt medvetande använda din viljestyrka och ditt intellekt i drömmen för att lista ut saker och ting.

Kundalini-energin försöker lägga grunden för att du ska kunna börja drömma Lucida Drömmar, som också kallas Astralt Resande. Lucida Drömmar förekommer endast i sömnen, medan Astralprojektion är en teknik för Astrala Resor som du kan framkalla i vaket tillstånd. Det är i huvudsak samma idé; du använder din Ljuskropp respektive det Subtila Plan du försöker ta dig in på, för att medvetet eller omedvetet uppleva det Kosmiska Planet.

De Subtila Kropparna har samma känslor som den fysiska kroppen. Den lägsta Subtilkroppen, Astralkroppen, är den tätaste när det gäller verkligheten i upplevelsen av det Planet, eftersom den i första hand är inriktad på dina lägre känslor. När du går in i det Mentala Planet börjar dock saker och ting att kännas mer verkliga. På det Andliga Planet förstärks upplevelsens realitet i hög grad, eftersom vibrationen i den Andliga Kroppen är betydligt högre än de Subtila Kropparna i de Lägre Planen. Upplevelsen av de Gudomliga Planen präglas av intensiv extas, vilket är dessa Planers natur.

LUCIDA DRÖMMAR

Ungefär tre till fyra månader efter Kundalini-omvandlingsprocessen börjar du drömma Lucida Drömmar. Med tanke på den vördnadsvärda och underbara värld som den Lucida Drömmen utgör, är detta en av de första Andliga gåvorna som manifesteras för den Kundaliniväckta individen och ett stort steg i deras Andliga Utvecklingsprocess. Lucida Drömmar är resultatet av att Kundalinienergin går in i Hjärtchakrat, Anahata, eftersom detta Chakrat är kontaktpunkten med de Andliga Elementchakrat som ligger ovanför det.

I Lucida Drömmar är medvetandet helt befriat från den fysiska kroppen och medvetet om att det upplever en dröm. Rent medvetande är den Lag som styr Lucida Drömmar. Denna medvetenhet gör det möjligt för det individuella medvetandet att vara som ett "barn i en godisaffär" och uppleva vilka äventyr som helst som din Själ önskar. Det är uppiggande att inse att man befinner sig i en dröm och kan göra vad man vill genom att bara tänka det till existens. Intressant nog är det första som människor verkar vilja uppleva i den Lucida Drömvärlden att flyga genom luften med tankens kraft. Eftersom din Ljuskropp är viktlös är gravitationen inte längre en faktor, vilket möjliggör detta fenomen.

Lucid Drömmande är en fullständig utomkroppslig upplevelse som är ganska spännande för första gången. Den inträffar efter att tillräckligt med Ljus/Pranisk energi har byggts upp genom födointag, vilket gör att du kan hoppa ut ur din fysiska kropp under sömnen genom Sahasrara, Kronchakrat. Dessutom har denna upplevelse en befriande effekt på medvetandet. Genom att gå in i dessa Högre Verklighetsplan plågas du inte längre av rädsla eller smärta, vilket gör att du för en gångs skull kan slappna av och njuta av denna gåva.

Den Lucida Drömvärlden är fylld av vackra miljöer och scener, som alla kommer från din förstärkta fantasi i kombination med det Kosmiska Medvetandets oändliga potential.

Genom att projicera ut ur din kropp genom Sahasrara Chakra går du in i det Kosmiska Medvetandets fält, som är gränslöst. Alla Lucida Drömmar känns som om du är helt närvarande på den magiska plats du projicerat dig in på, eftersom din Själ känner varje känsla som om den hände med den fysiska kroppen. Allt som händer är dock ett resultat av Anahatas fantasifulla förmåga, som drivs av Sahasrara, vars källkraft är Kosmiskt Medvetande.

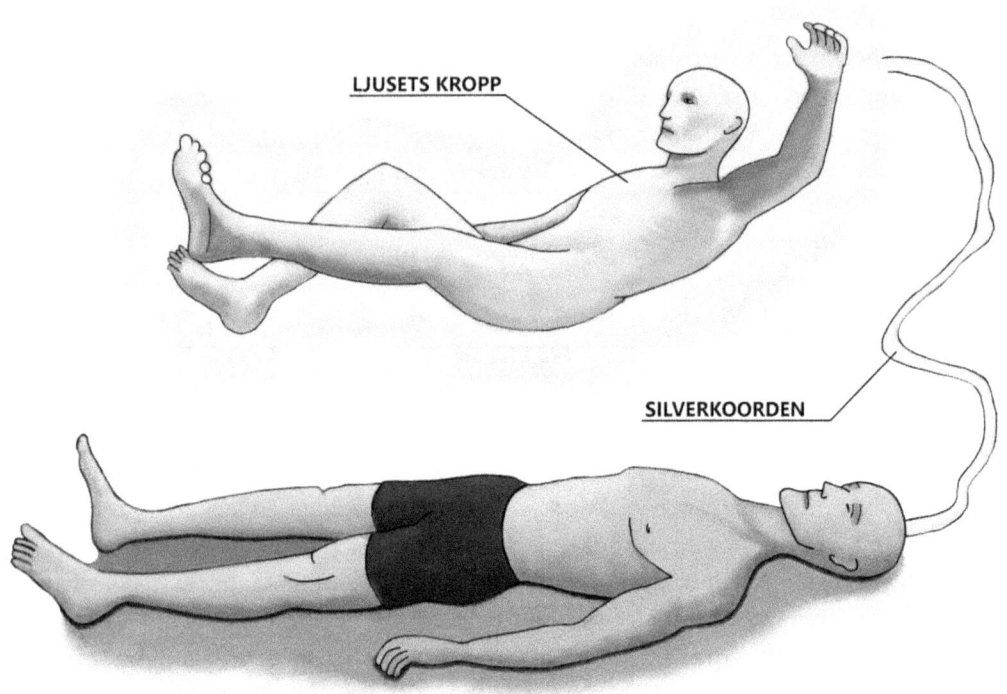

Figur 151: Projicering av en Lucid Dröm

Själen använder Ljuskroppen som färdmedel för att resa i de inre Kosmiska Planen, vilket gör det möjligt för medvetandet att uppleva dem som verkliga. Ljuskroppen är knuten till den fysiska kroppen genom Silversnöret (Figur 151), även känt som "Sutratman" på Sanskrit, sammansatt av de två orden "sutra" (tråd) och "Atman" (Jaget). Sutratman är i huvudsak Själens livstråd. Denna metafysiska sladd ser till att vår Ljuskropp kan ta sig tillbaka till kroppen efter Astrala resor. Vid döden, när Själen lämnar den fysiska kroppen för gott, bryts Silversnöret.

ASTRALLJUS SOM BYGGS UPP OCH EXPANDERAR

När du börjar drömma Lucida Drömmar regelbundet kan du börja uppleva tillfällig drömförlamning där ditt medvetande är så uppslukat av drömmen att du inte kan vakna upp på upp till ett dussin timmar eller mer. Detta fenomen uppstår på grund av att Astralljuset byggs upp i ditt system ännu mer med tiden. På sin höjdpunkt kan Ljusenergin vara så potent att den involverar dina sinnen på ett sådant sätt att sinnet upplever allt så fullständigt verkligt att det inte kan skilja sig från drömmen.

När jag säger ordet "Astralt" syftar jag inte på det Astrala planet i Jord- och Vattenchakrana, utan på det sätt som begreppet vanligtvis används i Andliga kretsar. "Astral" representerar de inre Kosmiska Planen, rikena och världarna som ligger bortom det Fysiska Planet men som ändå är oupplösligt knutna till det. Så när du försöker beskriva denna osynliga vetenskap för andra människor kan du använda termen "Astral" för att kapsla in alla icke-fysiska medvetandeplaner. Och "Astralt Ljus" avser det inre Ljus som manifesterar dessa Kosmiska Plan till existens.

Det är viktigt att förstå att många av de olika fenomenen och manifestationerna efter det första Kundalini-uppvaknandet beror på att det Astrala/Inre Ljuset växer och expanderar med tiden i energisystemet. När det expanderar genomsyrar det Chakrana med Ljusenergi och genomsyrar och verkar systematiskt genom de olika Subtila Kropparna. När det är färdigt med att genomsyra de Fyra Elementens Chakran börjar det arbeta med de Andliga Chakrana och motsvarande Andliga Kropp, genom att genomsyra dem med Ljusenergi. Därefter omvandlas Kundalinis Astrala Ljus till flytande Andlig energi (Amrita), som sedan ger kraft åt Ida och Pingala Nadis, eller kanaler. När den gör det kommer Kundalini-kretsen att vara komplett och fortsätta att upprätthålla sig själv genom födointag. Bindu blir aktiverad och fungerar som en ventil som reglerar hela Kundalini-systemet, vilket resulterar i ett metafysiskt och mystiskt medvetandetillstånd.

Ungefär fem månader efter mitt Kundalini-uppvaknande, när det Astrala Ljuset fortsatte att byggas upp inom mig, förändrade det min uppfattning om den Fysiska Världen. Det förändrade mitt fysiska synintryck då Astralljuset började genomsyra alla föremål runt omkring mig, vilket resulterade i ett skimrande, silverfärgat sken som överfördes på allt jag tittade på. Som tidigare diskuterats var detta den mest underbara manifestationen och en manifestation som jag fortsätter att frossa i än idag. Denna gåva ger mig illusionen att omvärlden är helt och hållet innesluten i mitt huvud, i mitt sinne. När jag fokuserar min blick utåt finns det en märklig känsla som om jag tittar på insidan av min panna.

Under Kundalini-transformationen börjar det Astrala Ljuset som byggs upp att väcka de olika hjärncentren också. Det börjar kanalisera och cirkulera detta Ljus i olika delar av huvudområdet när det gör det. När min fysiska syn väl hade omvandlats och hjärncentren öppnats upp markerade det början på ett nytt liv för mig - den fullständiga upplevelsen av den Fjärde Dimensionen, Vibrationens Dimension. Varje gång jag tittade på världen framför mig blev jag påmind om illusionen av materiens Materiella värld eftersom jag nu kunde se Energi Världen under den.

Samtidigt som det förändrade min syn fick jag också förmågan att se allting framför mig från ett högre perspektiv, som om jag stod i molnen. Men nu hade det jag tittade på också fått en digital förändring och Ljuset strålade ut bakom objekten och gjorde det jag såg helt om. Ibland kunde jag vara så uppslukad av det jag såg att det dematerialiserades rakt framför mig och jag kunde se det som ren energi. Och om jag fortsatte min meditation ytterligare och blev mer absorberad i det jag såg, kunde jag se allting framför mig som om det projicerades på en 2D-bakgrund, som en filmduk. Den enda skillnaden är att filmduken är gjord av ren Ljusenergi, projicerad från Solen. Denna vision bekräftar teorin att vi lever i ett Holografiskt Universum.

DET HOLOGRAFISKA UNIVERSUMET

Under det första året efter att min Kundalini vaknade 2004 hade jag en andra erfarenhet av det Holografiska Universumet som ökade min förståelse för verklighetens natur. Denna upplevelse var som den första som inträffade under mitt Kundaliniuppvaknande fastän självframkallad. Den började som en dröm där jag stod ensam på ett fält, omgiven av ett trästaket. Vart jag än vände mig såg jag detta staket. På andra sidan staketet stod mina Förfäder, som alla talade samtidigt på ett kaotiskt sätt på mitt modersmål, Serbokroatiska. Sedan, från ingenstans, genomsyrade en fullständig tystnad atmosfären.

En röst dök upp och sade: "Vill du veta sanningen om saker och ting?" Jag svarade med en bekräftelse, inte verbalt, men med nyfikenhet i mitt hjärta. I samma sekund som jag accepterade detta erbjudande började vibrationstonen i mitt huvud att förändras. Jag fann mig själv glida in i vibrationen och förlorade medvetandet i min dröm, som om jag transporterades in i en annan dimension av rymd/tid.

Alla mina Astrala Sinnen blev avstängda när jag gick längre och längre in i mig själv. Det kändes som om jag gick genom ett maskhål via mitt medvetande. Istället för att frukta denna upplevelse hade jag dock tillit. Slutligen kom jag fram på andra sidan och öppnade ögonen. När jag såg mig omkring såg jag den Holografiska världen. Väggarna och golvet framför mig var genomskinliga, med föremål som verkade sväva i rymden. Väggarna och föremålen glödde med ett nästan sammetsliknande utseende. Jag tittade inte på min kropp under denna tid eftersom jag var så fascinerad av denna konkretlösa verklighet. Fullständig tystnad rådde överallt. Jag kände mig som ett rent medvetande, utan gränser, som simmade i rymdens mörker. Vad som dock var unikt, och den första och enda gången detta hände i mitt liv, var att den vanliga vibrationshöjden inne i mitt huvud nu lät som en Mustangmotor, ett lågt morrande ljud.

Även om jag var osäker på om jag var på Jorden eller på en annan Planet, började föremålen se bekanta ut när jag tittade mig närmare omkring. Till slut började mina minnen komma tillbaka och jag insåg att jag istället för att vara någon annanstans på ett nytt ställe, satt jag på min säng, i mitt rum där jag sov en minut tidigare. Hela denna vision varade i ungefär tio sekunder, fast i slow-motion. När minnena började komma tillbaka, vilket inledde mitt ifrågasättande av denna extraordinära upplevelse, började vibrationen i mitt huvud att skifta tills den kom tillbaka till sin vanliga frekvens. Medan detta skedde såg jag hur det Holografiska Universumet förvandlades till konkret Materia framför mina ögon.

Denna erfarenhet skulle aldrig mer upprepas i mitt liv. Men det behövde den inte göra. Jag fick det svar jag sökte och tittade aldrig tillbaka. Jag lärde mig att vi inte bara lever i ett Holografiskt Universum, utan att vibrationen i vårt medvetande kan vara nyckeln till Interdimensionella och kanske till och med Interplanetära resor. Denna teori stöds av en gammal text som kallas *The Emerald Tablets of Thoth the Atlantean*, skriven av den Atlantiska Prästkungen Thoth, som den Egyptiska Guden Thoth är en ättling till. Han nämnde att människor kunde resa genom hela universum genom att ändra vibrationen i sitt medvetande vid en tidpunkt, vilket bekräftar mitt påstående.

Efter min andra direkta erfarenhet av den Holografiska verkligheten hade jag nya frågor att besvara. För det första, varifrån projiceras Hologrammet i vårt Universum? En teori är att varje Solsystem har sitt eget Hologram som projiceras från dess Sol. Vissa astrofysiker stöder dock en annan hypotes, nämligen att Hologrammet projiceras från det närmaste svarta hålet.

Ett svart hål har nämligen mer massa än alla närliggande Solsystem tillsammans, vilket innebär att det transporterar enorma mängder data på ett kompakt utrymme. Dessa data skickas utåt och bildar olika delar av Universum och allt som finns i det Tredimensionella rummet, vilket reflekteras i det svarta hålets Tvådimensionella Plan, som en spegel. Om man nu skulle passera genom det svarta hålet skulle man teoretiskt sett komma in i en högre dimension, vilket exemplifieras i filmen "Interstellar" som den Femte Dimensionen av kärlek som överskrider tid och rum. Naturligtvis är dessa teorier endast spekulationer och kommer att förbli sådana, men jag har alltid känt mig privilegierad som en av de få människor på den här Planeten som hade inte bara en utan två direkta erfarenheter av den Holografiska verkligheten.

YTTERLIGARE GÅVOR AVSLÖJAS

Att ha den inre Astrala världen öppen för mig hela tiden ledde till att den överfördes till det jag såg med mina fysiska ögon. Som ett resultat av detta började jag se saker som inte var av den här världen när denna Ljusenergi byggdes upp inom mig. Jag såg Skuggvarelser i skogar, Änglavarelser och även Demoniska varelser, varav den vanligaste morrade och hade röda ögon. Jag såg många av dem i mina drömmar, medan andra var närvarande i min omgivning, och jag kunde kasta en blick på dem i en bråkdel av en sekund innan de försvann ur min synfält.

Min koppling till allt omkring mig växte dagligen. Genom Sinnets Öga utvecklade jag ytterligare ett sinne, nämligen förmågan att känna föremål som jag tittade på intuitivt. Jag kunde väga deras energi med mina tankar och känna deras Astrala form, deras Andliga blåkopia med denna förmåga. Dessa fenomen var möjliga eftersom Kundalini fullständigt väckte mina Astrala sinnen och jag kunde se, känna, smaka, lukta och höra inom de inre Kosmiska Planen.

Eftersom mitt Sinnesöga var exponentiellt utvidgat började jag utforska regelbundna meditationer för att se hur långt ner i kaninhålet jag kunde gå och om jag kunde låsa upp ytterligare gåvor inom mig. Således började jag meditera överallt där jag gick, vare sig det var på tunnelbanan eller bussen, i klassen eller på jobbet. Jag gillade att meditera genom att fokusera på människor och låta mig absorberas av deras energi. Om jag koncentrerade mig på en person tillräckligt länge kunde jag glida ut ur mig själv och börja se hur deras energi utgick från deras fysiska kropp. Den såg ut att ligga direkt bakom dem, även om den var en del av deras medvetande. Upplevelsen började oftast med att jag såg deras Eteriska dubbelgångare, som ser ut som ett avtryck av deras energifält som kommer ut några centimeter från deras fysiska kropp. Men när jag gick djupare in och fortsatte att avfokusera mina ögon när jag betraktade deras energikropp, började jag se hela spektrumet av deras Auriska färger.

Om jag stannade kvar i meditationen i över tio minuter började jag dock ändra medvetandetillstånd och kunde se personen ur en myras perspektiv, eller ibland en större och ännu större varelse. Tumregeln var att ju längre jag fortsatte att fokusera på dem och gav dem min odelade uppmärksamhet, desto mer kunde jag skrya in i det jag såg och se energifält som vanligtvis inte upptäcks med fysisk syn.

Om någon var nära mig och jag fokuserade på deras ansikte i stället för på hela kroppen, kunde jag se hur deras drag förändrades framför mina ögon. Ibland förvandlades de till djuransikten eller blev mycket gamla eller unga när jag fokuserade på dem. Andra gånger förvandlades deras ansikten till vad som såg ut som Utomjordiska Varelser eftersom de helt enkelt var utanför den här världen. Dessa upplevelser bekräftade för mig att vi alla är Ljusvarelser av rent medvetande som har levt på många olika Planeter i andra Solsystem och Galaxer i en kontinuerlig kedja av liv som aldrig tar slut.

Vid denna tidpunkt, när jag kunde känna världen runt omkring mig, började jag bli en Antenn (Figur 152) som tog emot vibrationer från utsidan av mig själv. Kundalini började nu verka från den Andliga Kroppen. Men även om detta hände relativt snabbt i mitt liv, betydde det inte att Kundalinins omvandlingsprocess var avslutad. Den kan börja arbeta genom den Andliga Kroppen, men så länge som latenta energier måste bearbetas i Chakrana kommer Kundalinienergin att stagnera, och det kommer att finnas en tydlig uppdelning i sinne, kropp och Själ. Denna spridning av Kundalinienergin kommer att resultera i ett förbryllat och vilset sinnestillstånd under lång tid. Förvirring och oförmåga att koncentrera sig eller fatta beslut är bara några av de negativa sidoeffekterna av att befinna sig i detta tillstånd.

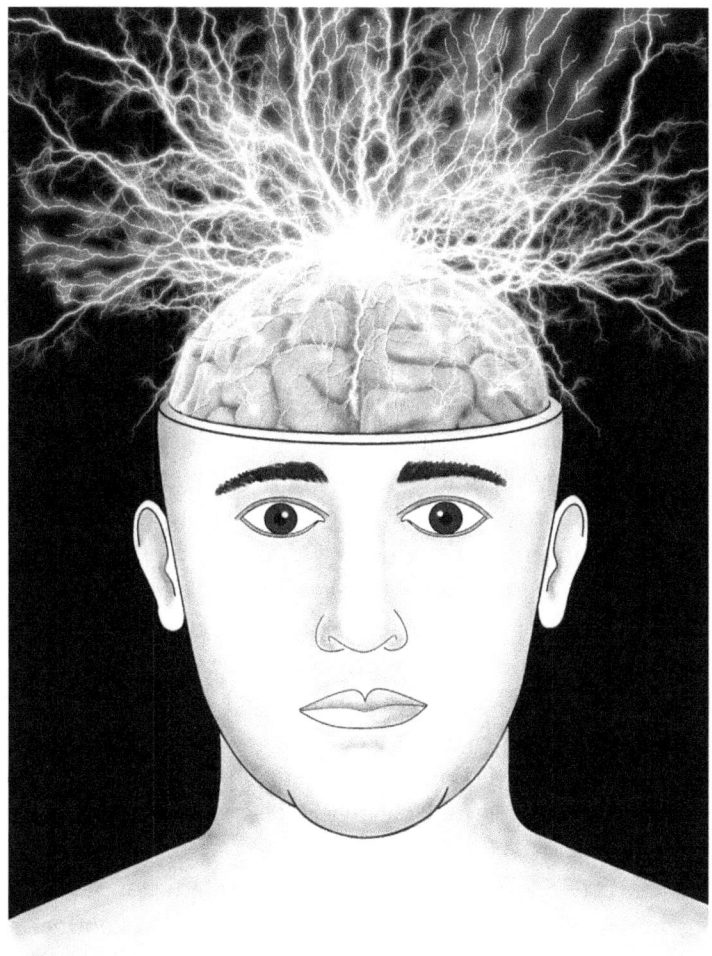

Figur 152: Den Mänskliga Hjärnans Antenn

Jag har aldrig stött på någon som har rensat bort negativiteten i de lägre Chakrana på kort tid efter ett fullständigt Kundalini-väckande. I verkligheten är det möjligt, men det betyder att Själen har rensat och renat Chakrana långt innan Kundalini-uppvaknandet ägde rum. För att helt integreras i denna nya medvetandenivå på kort tid måste man vara en ganska Helig person som har arbetat med sin Karma från detta liv och tidigare liv. Annars kommer det fortfarande att finnas många manifestationer i ditt världsliga liv där Kundalini arbetar på dina lägre Chakran. Det måste dock finnas många lärdomar lärda på dessa områden innan Kundalini helt och hållet kan lokaliseras i den Andliga Kroppen och verka utan blockeringar eller stagnationer i energin.

KRIYAS OCH SYNKRONISTISKA HÄNDELSER

Vissa uppvaknade personer rapporterar att de utför spontana Kriyas-Kundalini Yoga- och Hatha Yoga-rörelser. Detta fenomen uppstår när Kundalini-Ljuset animerar den fysiska kroppen att utföra dessa rörelser medan det medvetna jaget är på autopilot. Intressant nog dyker kunskapen om Kriyas upp någonstans djupt i det undermedvetna eftersom de vanligtvis är medvetet okända för den person som utför dem. Kroppen utför dessa Kriyas under en liten stund medan Kundalini verkar på kroppen och ger den energi. Nyckeln bakom detta fenomen är att individen befinner sig i ett tillstånd av inspiration, vilket neutraliserar Egot. I samma ögonblick som Kundalini-Ljuset försvinner tar Egot över medvetandet igen och Kriyas upphör.

En annan manifestation i detta Kundalini-inspirerade tillstånd är automatiskt skrivande. Individen kan känna sig tvingad att skriva, återigen till synes på autopilot medan Kundalinienergin kanaliserar genom honom eller henne. Det producerade innehållet är ofta inte igenkännbart för Egot när det granskas i efterhand, vilket väcker frågan om var det kom ifrån. Individen kan till och med uttrycka sig på andra språk, några som inte är från denna Jord. Jag har till exempel en Kundaliniväckt vän som har kanaliserat kryptiska bokstäver och symboler medan han befinner sig i detta inspirerade tillstånd som liknar något dött Forntida språk eller till och med ett Utomjordiskt språk. Vad han än kanaliserar känner han sig tvingad att göra det och har ingen medveten kontroll över processen.

Många fler manifestationer kommer att inträffa när medvetandet lär sig att leva i denna nya värld av ren energi, och Egot släpper sitt grepp om dig. Du kommer att börja få många synkroniciteter och börja lägga märke till mönster i ditt dagliga liv. Till exempel är det vanligt med siffermönster, som ofta uppstår när du får ett inre behov av att titta på klockan eller titta på någon teknisk anordning som visar siffror. För mig själv dök siffran 1111 upp väldigt ofta. Andra Kundalini-uppvaknade personer rapporterar om synkroniciteter med samma nummer.

Syftet med 1111 är att låta dig veta att du nu fungerar på en annan Andlig nivå och att ett uppvaknande har ägt rum. Änglarna 1111, eller de Gudomliga energierna, vill låta dig veta att du leds och skyddas av högre krafter. Du kan också se andra strängar eller serier av siffror som 222 eller 333. Detta fenomen uppstår när den yttre, materiella verkligheten blir sammankopplad med den inre Astrala Världen - de två blir Ett.

Din fantasikraft smälter in i det Kosmiska Medvetandet och dess fantasikraft som är enorm och gränslös. Du är inte längre en separat enhet utan verkar nu inom ramen för det Kosmiska Medvetandet. Ditt sinne absorberas gradvis av det Kosmiska Medvetandet.

När ditt medvetande långsamt utvecklas lär det sig att arbeta enligt de Universella Principernas ramar. Dessa Principer är Skapelsens Principer - de Sju Principerna (grundläggande Sanningar) som beskriver de Universella Lagar som styr hela Skapelsen. Dessa lagar utgör grunden för *Kybalion* - den ockulta Hermetiska bok som skrevs i början av 1900-talet och som hade en djupgående inverkan på mig personligen och var en föregångare till mitt Kundalini-väckande, vilket nämns i inledningen till detta arbete. Ni lär er att bli en del av Skapelsens Principer och att medvetet verka inom deras sammanhang, eftersom ni utgör en del av de Universella Lagarna.

BEHOVET AV ANDLIG ALKEMI

Det kommer att ske enorma förändringar på den mentala och emotionella nivån efter att ha upplevt ett fullt och hållbart Kundaliniuppvaknande. För många människor kan det uppstå en flod av negativitet som strömmar ut i medvetandet, vilket beror på att Kundalini blåser upp alla Chakran när den stiger upp från sin boning i korsbenet genom ryggradskolonnens ihåliga rör.

När rädsla och ångest genomsyrar ditt system måste dessa mörka energier hanteras innan du kan uppleva de mer positiva aspekterna av uppvaknandet. De negativa känslorna känns i Vattenchakrat, Swadhisthana, som är relaterat till det undermedvetna sinnet. Negativa tankar är däremot ett resultat av ett korrumperat Luftchakra, Anahata. Tänk på att tills du rensar dina negativa tankar och känslor kan du inte fungera enbart genom intuition, vilket är ett av målen med Kundalinis uppvaknandeprocess. Istället kommer du att känna dig tyngd av dessa mörka energier när de till synes styr ditt liv.

De negativa tankarna och känslorna kan till en början verka främmande. Men vid närmare granskning kommer du att inse att de är dina egna. Du kommer också att bli attraherad av andras negativa energier eftersom lika attraherar lika. Ofta kommer du inte att skilja mellan de två eftersom du kommer att vara så öppen för andras energier att de kommer att kännas som om de är dina egna. Och i viss mån är de det, eftersom vi genom att vara i närheten av andra tar till oss deras energi.

Generellt sett är kommunikationen 93 procent telepatisk för hela mänskligheten, vilket vi uttrycker undermedvetet, främst genom vårt kroppsspråk och rösttonalitet. Efter att ha väckt Kundalini kommer du dock att medvetet uppleva denna högre form av kommunikation eftersom du kommer att ha kontroll över dina vibrationer. Och eftersom vi alla ständigt inducerar varandra genom vibrationerna i våra tankar och känslor kan du, när du får kontroll över ditt inre tillstånd, även kontrollera andra människors sinnestillstånd. Men för att uppnå detta måste du rena dina tankar och känslor så att din viljestyrka kan dominera ditt medvetande.

I början av din förvandlingsresa kommer du att märka att det har blivit svårt att umgås med vissa personer i ditt liv. Dessa personer är ofta vänner eller till och med familjemedlemmar som du brukade tillbringa mycket tid med tidigare. Efter uppvaknandet kan du dock märka att du blir orolig och stressad av att umgås med samma personer. Detta fenomen uppstår på grund av negativiteten inom dig eftersom dina egna Demoner livnär sig på den räddhetsenergi som projiceras av andra människors Demoner.

Mycket negativt sinnade personer, som lätt blir arga eller är alltför pessimistiska om livet, kommer att bli mycket dränerande. Eftersom du matar dina Demoner med andra människors rädsloenergi kommer de alltid att beröva dig ditt Prana, din Livskraft. Därför råder jag dig att reformera ditt liv och begränsa kontakten med människor som påverkar dig negativt. Du kanske kan återgå till att umgås med dessa människor när du Andligt utvecklas bortom detta negativa tillstånd. Ändå är det bäst att du, medan du övervinner dina problem, endast tillbringar din tid med positivt sinnade personer.

Du är inte längre en vanlig människa och du måste acceptera detta. Ju snabbare du accepterar att du måste hjälpa dig själv, desto snabbare kommer du att utvecklas. Om du väljer att inte ta itu med den här typen av frågor kommer du att lida. Det är avgörande att anta en självsäker attityd från början av din förvandling, eftersom det att övervinna dessa utmaningar som Kundalini-energin ställer på dig kommer att göra skillnaden mellan att vinna och förlora kampen inom dig. Du kan antingen vara inspirerad av din nya resa eller så nere att du kommer att hata dig själv, ditt liv och förbanna Gud för att han lade denna Kundalini-"börda" på dig. Det är vanligt att känna så här ofta i början, särskilt om du hade ett oplanerat, spontant uppvaknande.

Det bästa vore om du började utveckla en Andlig krigares inställning redan från början. Du måste åberopa mod och styrka så att du kan möta dina Demoner, och om de försöker skrämma dig, vilket de kommer att göra, kommer du att förbli orubblig i ditt lugn. Fruktansbaserade övertygelser, negativt tänkande och traumatiska minnen måste alla frigöras och övervinnas i den här processen.

Ditt Ego håller långsamt på att dö, och det vet om det. Du måste ge upp till Kundalinienergin och välja tro och kärlek framför rädsla. Begreppet rädsla och dess effekt på ditt energisystem kommer att utmana dig i många år, men i slutändan kommer du att segra om du förblir positiv och stark. Kom ihåg att denna omvandlingsprocess är Universell; om du inser att du inte är ensam om att uppleva dessa utmaningar kan du hämta inspiration från dem som kom före dig och övervann dessa prövningar och vedermödor.

UTMANINGAR I DITT PERSONLIGA LIV

Eftersom du håller på att omformas i sinne, kropp och Själ och har fått många uppgraderingar av ditt medvetande betyder det att du nu fungerar på en annan nivå än andra människor. Ju snabbare du kan acceptera detta och inse att när det gäller din familj och dina vänner kommer du att vara unik och annorlunda nu, desto snabbare kan du lära dig att anpassa dig korrekt till din nya verklighet. Denna anpassning kommer med en viss känsla av ensamhet eftersom ingen du känner kommer att förstå vad du går igenom. Låt mig upprepa denna kritiska punkt. Du är annorlunda nu, och om inte någon har gått igenom det du går igenom kommer de inte att förstå, helt enkelt.

Det tog mig många år och många försök att få min familj och mina vänner att förstå innan jag insåg att jag är ensam om detta och att jag inte kommer att få det stöd jag behöver från människor jag känner. Ju snabbare du kan inse att du inte ska klandra andra människor för att de inte förstår dig, desto bättre kommer du att kunna återintegrera dig med dem. Om du trots allt har valt att stanna kvar i samhället och fortsätta att vara en del av det spelar det ingen roll vad din sanning är om andra inte förstår dig. Du måste lära dig att smälta in, att "fejka tills du klarar det".

Det är okej att ljuga ibland om sanningen är komplicerad för andra att förstå och du vet att det inte kommer att göra någon skillnad om du försöker förklara din nya verklighet. Det är dock viktigt att inte misströsta. Vi är programmerade att söka råd hos andra människor när vi befinner oss i en svår situation, men i själva verket har vi alla svar inom oss om vi vet var vi ska leta. Du kan övervinna alla hinder och utmaningar om du har tillit till dig själv, universum och Kundalini-transformationsprocessen. Tänk på att eftersom denna Kundalini-vetenskap fortfarande är relativt okänd för allmänheten kommer de flesta människor för närvarande inte att förstå dig. Om och när kunskapen om Kundalini blir en del av den allmänna opinionen kommer du att kunna få mer stöd från omvärlden.

Du kommer att ha många sömnlösa nätter under de första åren efter ett fullt och hållbart Kundalini-uppvaknande. Därför kommer det du har planerat för morgonen ofta att behöva vänta eller skjutas upp. Om det inte kan skjutas upp måste du lära dig att hitta bra ursäkter för att du inte är 100 procent nöjd efter en sömnlös natt. Kundalini är ofta mest aktiv på natten, särskilt när du befinner dig i REM-sömn. Det är då ditt medvetande är på autopilot och låter Kundalini göra vad den har för avsikt att göra.

På grund av dess intensitet kommer du inte att kunna sova ofta, särskilt eftersom hela processen är relativt främmande för dig. Oftast är det rädslan för vad som kommer att hända härnäst som hindrar dig från att slappna av så att du kan somna. Ju snabbare du accepterar dessa utmaningar som en ny del av ditt liv, desto bättre kommer du att klara dig i längden. Jag önskar att jag kunde säga att dessa utmaningar inte kommer att konfrontera dig, men jag skulle ljuga.

Vid ett spontant uppvaknande är det nästan säkert att du i viss mån är rädd för processen, vilket kommer att påverka din sömn. I mitt fall fick jag diagnosen sömnlöshet ett år efter Kundaliniuppvaknandet. Ibland hjälper det att få en professionell diagnos för att ha en lämplig ursäkt för att missa åtaganden på morgonen, till exempel lektioner i skolan eller på jobbet. Naturligtvis var mitt tillstånd tillfälligt, och det visste jag, men jag kände en viss trygghet i att ha en giltig ursäkt för mina symptom.

Med tiden hittade jag sätt att få optimal vila utan att inducera sömn, vilket hjälpte mig mycket när jag kämpade med sömnlösheten. Jag har upptäckt att om du ligger på rygg och medvetet observerar Kundalini-energins processer som rör sig genom din kropp, kan du vila din fysiska kropp tillräckligt för att vara mindre slö nästa dag. Denna metod hjälpte mig att vila min kropp, även om jag inte kunde hitta en lösning för att vila mitt sinne.

Det blir nästan omöjligt att undvika mental och emotionell utmattning genom att inte inducera sömn, så du måste lära dig att fungera när du befinner dig i det Lucida sinnestillståndet. Tyvärr finns det inget val i frågan. Jag vill dock säga att om det finns en vilja finns det ett sätt. Om du väljer att förbli inspirerad, även när du står inför motgångar, kommer du att segra. Och om du bestämmer dig för att inte göra det, kommer du att misslyckas oavsett hur ansträngande din utmaning är. Anta därför en vinnarattityd redan från början, så kommer du att ha stor nytta av denna resa.

Min första bok innehåller den Andliga praktiken Ceremoniell Magi och de olika övningar som jag använde på min resa för att hjälpa mig att hantera det första negativa sinnestillstånd som den uppvaknade Kundalini-energin gav upphov till. Dessa rituella övningar presenteras som en del av Andliga Alkemi-programmen, samma program som jag genomgick för många år sedan när jag stod inför samma utmaningar. De är avsedda att avlägsna den Karmiska energin i de lägre Chakrana så att du kan utrota all rädsla och ångest i ditt system och stiga högre upp i medvetande. Jag har funnit att medan ritualteknikerna fungerade för att rensa Chakrana, gjorde de också att jag kunde få bättre sömn och övervinna min sömnlöshet.

Redan från början av min resa med Ceremoniell Magi började jag känna mig lugnare och mer balanserad samtidigt som jag fick en viss kontroll över mentala tillstånd. Och denna effekt var kumulativ, upptäckte jag; allteftersom jag fortsatte att arbeta med denna Andliga praktik dagligen blev jag mer centrerad och jordad, vilket påverkade min sömn positivt. De rituella övningar för att förvisa som man får direkt i början av sin resa med Ceremoniell Magi hjälper till att rensa Auran från obalanserad energi, vilket ger mer sinnesro. Och när sinnet är lugnt kan man somna lättare.

Förutom att hjälpa mig att sova gav dessa rituella tekniker mig ett verktyg för att bekämpa de många mentala och känslomässiga utmaningar som jag genomgick. De rensade mina Chakran med tiden och gjorde att jag kunde hålla mig inspirerad medan denna Kundalini-transformationsprocess pågick. Innan jag hittade Ceremoniell Magi kände jag mig väldigt hjälplös. När jag väl upptäckte Ceremoniell Magi fanns det dock ingen återvändo. Äntligen hade jag det verktyg jag sökte för att utveckla mig själv till en Andlig krigare och lyckas på den här resan.

Jag praktiserade denna heliga konst av energiinvokation i fem år, varje dag. Dessa Magiska övningar grundade mig, utvidgade min fantasi och intuition och, viktigast av allt, tog bort rädsla och ångest från min Aura. De förstärkte min viljestyrka och min medkänsla samtidigt som de stärkte mitt intellekt och renade mina känslor. Jag var förvånad över hur väl dessa rituella tekniker fungerade och hur de kompletterade det som Kundalini-energin försökte uppnå. Därför valde jag att dela med mig av dessa rituella tekniker och mer i min första bok för att ge andra människor i samma situation som jag befann mig i de verktyg de behöver för att hjälpa sig själva och gå vidare på sin Andliga resa.

ATT ANPASSA SIG TILL LJUSKROPPEN

När du har renat och stämt dina fyra lägre Chakran och behärskat Elementen Jord, Vatten, Eld och Luft kan ditt medvetande höja sig och lokaliseras i de tre högre Chakrana i det Andliga Elementet, varifrån det kommer att verka framåt. Denna medvetandeförskjutning indikerar en ny erfarenhet av att leva i världen, utan att hindras av rädsla och oro.

Ditt nya medvetandefordon, den Andliga Kroppen, är din gåva och belöning för allt arbete med Andlig Alkemi som du har lagt ner fram till nu. I de flesta fall måste många år gå innan den Karmiska energin i de lägre Chakrana är övervunnen, särskilt om du hade ett spontant Kundalini-uppvaknande. För mig var det exakt sju år efter mitt uppvaknande som jag helt och hållet anpassade mitt medvetande till den Andliga Kroppen. När detta väl skedde följde ytterligare Andliga omvandlingar.

Eftersom alla kronblad i Sahasraras Tusenbladiga Lotus äntligen var öppna för mig, vaknade också alla mina primära hjärncentra. Min Tallkottkörtel och Hypofys, Thalamus och Hypotalamus optimerades för att synkronisera min kropp med det expanderade medvetandet, som nu var i överfart. Jag etablerade slutligen det korrekta flödet av Andlig energi uppåt och tillbaka neråt igen genom Kronan.

Nästa steg i omvandlingsprocessen var att medvetandet helt och hållet anpassar sig till den Andliga Kroppen. När det var klart skedde ytterligare utveckling i mitt Sinnesöga, vilket väckte förmågan att lämna min kropp och se mig själv i tredje person.

Tidigare har jag haft slumpmässiga stunder då jag kunde gå utanför min kropp, men dessa upplevelser var i allmänhet kortvariga. Jag kunde inte upprätthålla denna Utomkroppsliga Upplevelse eftersom mitt Ego var alltför aktivt och höll mitt medvetande begränsat till min fysiska kropp. Nu kunde jag fokusera på vilket externt objekt som helst, och om jag koncentrerade mig på det i mer än en minut eller så, lämnade mitt medvetande min kropp när jag blev Ett med det. Sahasrara Chakra var involverad i detta fenomen men även mina Handflata- och Fotchakran. Det kändes som om Andeenergin bara sögs ut ur min kropp genom huvudet och mina lemmar.

Denna nya utveckling i mitt Sinnesöga stärkte min koppling till omvärlden på ett nytt sätt. Olika ljud började ta form i mitt huvud som animerade bilder. Varje ljud hade en tillhörande visuell komponent som kom och gick i vågor, energiserad framför mig av någon högre kraft i fantasin.

En djup tystnad genomsyrade mitt sinne som om jag gick på moln med fötterna på marken. En del av dessa manifestationer började utvecklas flera år tidigare, men jag kunde inte fullt ut ställa in mig på dessa högre krafter eftersom jag fortfarande var utlämnad åt min rädsla och ångest. Jag var tvungen att rensa bort all rädsla och ångest för att ge Kundalinienergin en fri väg så att dessa högre förmågor kunde vakna.

Jag tror att denna process för att frigöra särskilda förmågor är Universell för alla. Det finns ett systematiskt sätt på vilket Kundalini-transformationen utvecklas med tiden.

Eftersom Gud - Skaparen gav alla människor ett femstjärnigt fysiskt kroppsmönster med samma ansiktsdrag, tror jag att vi också fick samma energikomponenter och potential. Jesus Kristus hänvisade till detta när han sade att vi alla är lika och att vi alla är Ett. Det kan ta lite tid för Kundalini-uppvaknade individer att låsa upp samma förmågor som jag gjorde, men så småningom kommer de alla att nå dit. Alla befinner sig på olika tidslinjer när det gäller deras Andliga Utvecklingsprocess, men slutmålet är detsamma.

När du väl har anpassat ditt medvetande till den Andliga Kroppen kommer du att kringgå ditt sinne och låta din Varelse ta del av den Andliga Världen, den Icke-Dualistiska världen. Denna värld är mycket mystisk och transcendental, vilket du kommer att uppleva. Till exempel kommer blotta lyssnandet till musik att skapa hänförelse i ditt hjärta, som inte liknar något du någonsin har känt tidigare. Det kommer att kännas som om låten spelas bara för dig och du är stjärnan i en episk Hollywoodfilm, som är ditt liv. Även om ditt liv är vanligt vid denna tidpunkt kommer du att känna att du kan bli vad som helst och eftersom du befinner dig i detta tillstånd av ständig inspiration.

Den fysiska kroppen börjar också bli delvis avtrubbad av förnimmelser. Detta fenomen beror på att Kundalini omvandlas till fin Andlig energi, som expanderar systemet medan den cirkulerar inuti dig. Som ett resultat av detta blir de primära energikanalerna Ida, Pingala och Sushumna helt öppna och arbetar synkront med varandra.

Den Andliga Kroppen är etablerad som den primära bäraren och regulatorn av medvetandet, även om du fortfarande kan behöva arbeta mer med de lägre Subtila Kropparna. I slutändan måste medvetandet höja sig helt och hållet över de lägre Subtila Kropparna, vilket kräver en fullständig rening av den Karmiska energi som finns i dessa områden. När detta väl är genomfört kommer individen helt och hållet att höja sig över sitt Karmahjul.

När du går igenom de olika omvandlingarna i ditt sinne, din kropp och din Själ, råder jag dig att lita på processen istället för att vara rädd för den. Även om det krävs många år för att observera denna omvandlingsprocess som äger rum inom dig innan du äntligen kan släppa taget och ha tillit till att du är i goda händer, är det halva slaget att veta i förväg att du är säker. I vilket fall som helst har du inget annat val än att överlämna dig till den här processen, så ju snabbare du kan göra det, desto mer gynnar du bara dig själv.

Att vara rädd är att misslyckas, eftersom rädsla är Egots bränsle som det använder för att binda dig till sig själv och hindra dig från att gå vidare på din resa. Egot vill att du ska vara rädd för processen eftersom det vet att det kan använda denna rädsla mot dig, vilket gör att det kan hålla fast vid sin identitet lite längre. Det vet att för att du ska kunna förvandlas till en Andlig Ljusvarelse fullt ut måste det utrotas, vilket det försöker undvika till varje pris. Som nämnts kan du aldrig förstöra Egot medan du lever i den fysiska kroppen, men du kan reducera det till ett litet fragment av medvetandet, ett som står under fullständig kontroll av det Högre Jaget.

Istället för att ägna tid åt att oroa dig och överanalysera Kundalini-transformationsprocessen bör du istället ägna tid åt att jorda dig själv och lära dig att slappna av. Kundalinienergin vill hjälpa dig att utvecklas Andligt, inte skada dig på något sätt. Den inre smärta du upplever genereras av Egot; för att övervinna den måste du lära dig att förneka dess tankar. Du måste slappna av och ha tillit till att du kommer att bli okej när Kundalini arbetar genom dig.

Några av de manifestationer som jag talar om här förekommer i de senare stadierna av Kundalini-transformationsprocessen. Det är viktigt att inse att Kundalini-processen fortsätter att utvecklas under resten av livet efter det första uppvaknandet. Även om de första åren kan vara utmanande medan reningen äger rum, kan och kommer andra gåvor och fenomen att fortsätta att manifesteras när den väl är avslutad, eftersom resan pågår.

KROPPSLIGA FÖRÄNDRINGAR OCH KOST

När du väl har väckt Kundalini helt och hållet och stigit upp till Kronan kommer den att finnas kvar permanent i din hjärna nu, vilket är en spännande tid. Under resten av ditt liv kommer den mat och det vatten som du för in i din kropp att vara de primära faktorerna som upprätthåller det nyligen expanderade energisystemet och ser till att allting fungerar smidigt.

Mat omvandlas/sublimeras till Pranisk/Ljus-energi, medan vatten stöder och modererar medvetandet. Denna Ljusenergi kommer att öka inom dig och driva Kundalinikretsen, som rinner ut från Bindu-Bhakrat. Även om du för närvarande kanske inte förstår hur dessa komponenter hänger ihop, kommer du att göra det i sinom tid när denna del av processen avslöjas för dig.

Du kommer att uppleva variationer i din aptit även under Kundaliniomvandlingsprocessen. Du kan till exempel känna ett behov av att äta mer under en liten stund, följt av ett behov av att äta mindre. Många perioder under min resa fick mig att äta mycket, så jag åt rejäla måltider flera gånger om dagen. När jag kände denna naturliga önskan att äta mer signalerade det mig att mitt system var i överfart för att sublimera mat till Ljusenergi. Jag välkomnade i allmänhet denna förändring, även om människorna i mitt liv undrade varför jag gick upp i vikt snabbt och inte brydde mig om hur mycket jag åt.

Mina vänner och min familj tyckte alltid att det var konstigt att jag varierade i vikt eftersom jag ofta gick ner eller upp till tre kilo i veckan. Jag ljög oftast om denna situation eftersom när jag berättade sanningen trodde många att jag hittade på ursäkter för att jag inte brydde mig om hur jag såg ut, medan andra trodde att jag helt enkelt var galen. Att folk trodde att jag var galen under hela mitt liv var en utmaning som jag var tvungen att övervinna och hitta min väg runt.

Var också uppmärksam på nya önskemål om att äta saker som du aldrig tidigare har ätit. Du kan till exempel vara vegetarian eller vegan hela ditt liv och plötsligt få ett intresse för att äta kött. Eller kanske det omvända inträffar, och om du har varit köttätare hela ditt liv kan du utveckla en önskan att bli vegetarian eller vegan. Lyssna på vad din kropp kommunicerar till dig i detta avseende eftersom den kanske vet något som du medvetet är omedveten om.

Köttet ger kroppen det protein som den behöver för att reparera musklerna och tillverka hormoner och enzymer. Protein är en viktig energikälla för kroppen som är avgörande för att främja din Kundalini-transformation. Ibland dock, om djuret har avlivats i förväg på ett grymt sätt, vilket är fallet på många slakterier, blir rädslans energi från det döende djuret inbäddad i köttet, vilket ytterligare förvärrar ditt redan bräckliga system. Återigen, respektera din kropps önskemål eftersom din Själ kommunicerar till dig genom kroppen på en djupare nivå.

Tänk på att dessa önskningar om att prova nya saker ofta inte varar länge eftersom deras större syfte är att vidga ditt sinne till andra möjligheter i livet. Jag rekommenderar starkt att du äter ekologisk mat så mycket som möjligt eftersom den filtreras bättre genom din kropp eftersom den innehåller mer Pranisk/Ljus-energi som din kropp behöver för att fortsätta din transformation. Jag tror att genetiskt modifierad mat utsätter dig för DNA-nedbrytning, vilket orsakar cancer och andra kroppsliga sjukdomar som plågar en stor del av den moderna världen. Och när du handlar kött, försök att äta kosher- eller halal-kött där djuret dödades med respekt, och köttet bör vara fritt från negativ energi.

När det gäller vatten är det dags att sluta dricka kranvatten om det inte kommer från en ren vattenkälla, t.ex. en bäck. Det mesta kranvattnet, särskilt i storstäderna, innehåller många föroreningar som är skadliga för ditt sinne, din kropp och din Själ. Börja antingen dricka kvalitetsvatten på flaska eller, ännu bättre, investera i ett vattenfiltreringssystem som filtrerar skadliga metaller som fluorid, som är känt för att förkalka din Tallkottkörtel.

Tänk på att när Kundalini arbetar genom dig, särskilt i de tidiga stadierna, kommer dina njurar att arbeta övertid och bli hetare än vanligt. Njurarna arbetar med Binjurarna, som också kommer att vara på överväxling eftersom deras funktion är att producera och frigöra hormoner som svar på stress. Som ett resultat av detta är Binjurarna ofta de första som upplever utmattning i de inledande stadierna. Att få in filtrerat vatten utan föroreningar i din kropp kommer att lugna dina njurar och Binjurar och hjälpa till att övervinna denna utmattningsfas av Kundalini-transformationen.

UTVECKLING AV ALLERGIER

När du går igenom denna omvandlingsprocess och din aptit förändras nästan dagligen kan du också utveckla nya matkänsligheter och allergier, så tänk på detta. Jag har till exempel aldrig haft någon allergi i mitt liv. Men sedan, nio år efter uppvaknandet, utvecklade jag en allergi mot mandel, bananer och rapini, allt inom två år. Och jag pratar inte om mild känslighet. Jag talar om fullfjädrade allergiska reaktioner som gjorde att jag varje gång blev inlagd på sjukhus.

Jag har ätit och älskat bananer i hela mitt liv. Det var min favoritfrukt som jag åt nästan dagligen. Det var faktiskt en av de enda frukter jag åt. Men en dag, helt plötsligt, fick jag en allergisk reaktion på den, vilket ledde till att jag fick åka till sjukhuset. Sedan dess reagerar jag omedelbart om jag har ett spår av banan i någonting. Så det är uppenbart att detta utvecklades med tiden, och jag tror att det är kopplat till Kundalini-omvandlingsprocessen.

Av någon anledning stöter kroppen bort vissa energier från vissa livsmedel, vilket resulterar i en allergisk reaktion. Som ett resultat av detta svullnade mitt ansikte upp med nässelutslag och svullnader, och mina ögon blev vattniga när min kropp började stänga ner. Vid ett tillfälle kunde jag inte andas och jag var tvungen att ringa en ambulans som gav mig en hög dos av en antihistaminmedicin via dropp. Vanliga receptfria antihistaminer fungerar inte i dessa fall, jag försökte. Du kommer åtminstone att behöva en Epipen eller ett akut besök på sjukhuset.

Kanske uppstår den allergiska reaktionen på grund av denna korrelation mellan Kundalini-uppvaknande och histaminfrisättning i kroppen. Denna högre nivå av histamin frigörs när Ljuskroppen är integrerad och fullt uppvaknad, vilket ger en känslan av att det finns en spruta novokain i kroppen. Hela den fysiska kroppen känns delvis bedövad, vilket blir en permanent del av vardagen efteråt. Jag vet inte exakt varför allergiska reaktioner uppstår. Ändå kan jag bara föreställa mig att Kundalinienergin inte kan integrera den energi som frigörs från den intagna maten, vilket verkar på den fysiska kroppen och får den att hamna i oordning. Vad det än är så nämner jag det här så att du, om och när det händer dig, vet varför och vad det är och att du måste få hjälp omedelbart.

DE VIKTIGASTE NÄRINGSÄMNENA FÖR OMVANDLING

När jag har gått igenom min omvandlingsprocess har jag märkt att godis har en särskild effekt på Kundalini-energin. Varje gång jag äter något med socker i märker jag att mitt Ego förstärks och att mina tankar accelererar och blir okontrollerbara, vilket påverkar mitt lugn negativt. När jag går igenom en svår tid mentalt och känslomässigt blir det därför ett hinder att äta sötsaker, så jag försöker hålla mig borta från dem så mycket som möjligt.

Protein är viktigt eftersom du förvandlas inifrån och därför bör du äta kött och mycket fisk. Din kropp behöver zink när den genomgår denna process, och fisk innehåller mycket zink. Kundalini fungerar som ett batteri. Den har en positiv och negativ ström som uttrycks genom Pingala- och Ida-kanalerna, de maskulina och feminina energierna. De bär bioelektrisk ström som regleras av din sexuella energi. Dessa kanaler behöver ett medium att arbeta genom, annars bränner de ut systemet. Detta något är vätskan i Kundalini-systemet, som regleras av zink.

Din kropp behöver också zink för att tillverka proteiner och DNA, särskilt när den genomgår en genetisk omvandling som i Kundalini-transformationens inledande faser.

Zink behövs också för histaminlagring. Kroppen producerar höga nivåer av histamin när ditt medvetande lokaliseras i den Andliga Kroppen.

Zink är direkt kopplat till din sexuella energi, vilket jag kommer att diskutera senare. Därför är det av yttersta vikt att få in zink i kroppen. Eftersom din kropp inte lagrar överskott av zink måste du få det från din kost. Jag rekommenderar att du gör det utan receptfria kosttillskott eftersom de inte syntetiserar zink i kroppen på samma sätt som maten gör. Fisk, liksom pumpafrön, innehåller mycket zink. Om du börjar använda kosttillskott skapar du onaturligt mycket av denna vätskeformiga energi, vilket försvårar din förmåga att fokusera och därmed försätter ditt sinne i obalans.

Din viljestyrka, som Pingala Nadi reglerar, kommer att drunkna i denna flytande energi som innehåller zink. Jämfört med ett batteri kommer batterisyran, som regleras av zink, att dränka de motsatta laddningarna från den elektriska strömmen, och batteriet kommer inte att fungera korrekt. Om du får din zink från maten syntetiseras den mest optimalt, vilket du kommer att kunna känna. Zink arbetar tillsammans med vattnet i systemet för att reglera ditt medvetande. Kom ihåg att Ida Nadi tillför Vattenelementet till ditt system, vilket styr dina känslor.

FYSISK TRÄNING OCH SJUKDOM

När du genomgår Kundalini-omvandlingen är det lämpligt att du regelbundet tränar fysiskt i ditt liv, till exempel Yoga (Asanas), jogging, tyngdlyftning, tävlingsidrott, simning, cykling, dans osv. När din hjärtfrekvens ökar under träning flödar mer blod in i hjärnan och för med sig syre och nödvändiga näringsämnen. Motion bidrar också till att frigöra nyttiga proteiner i hjärnan som håller neuronerna friska och främjar tillväxten av nya neuroner. Kom ihåg att medan den uppvaknade Kundalini-energin omvandlar ditt nervsystem arbetar din hjärna på övertid för att bygga upp nya neurala banor för att tillgodose dessa inre förändringar. Därför påskyndar regelbunden motion denna process.

På en energinivå är fysisk träning viktig eftersom den hjälper dig att syntetisera de inre förändringarna och förankra dem i det Fysiska Planet så att ditt sinne och din kropp kan fungera som en enhet. Omvänt, om du bara arbetar med att läka dina inre energier samtidigt som du negerar din kropp, kommer du att vara trög fysiskt, vilket påverkar ditt mentala tillstånd negativt.

Fysisk träning minst en timme per dag har också visat sig sänka och minska stresshormonet kortisol samtidigt som det frigör dopamin, serotonin och endorfiner i hjärnan. Träning renar alltså din hjärna från oönskade kemikalier samtidigt som den höjer ditt humör och din motivationsnivå, vilket kan vara mycket fördelaktigt i de tidiga stadierna efter att Kundalini har vaknat. Och med en ökning av serotoninnivåerna, som omvandlas till melatonin på natten, kommer du att ha lättare att somna. Dessutom är tävlingsidrotter ett utmärkt utlopp för att släppa ut ånga och reglera effekten av Eldsenergin på ditt sinne, särskilt hos män hos vilka Eldelementet är mer dominerande.

En uppvaknad Kundalini stärker ditt immunförsvar, vilket gör att du kan övervinna sjukdomar snabbare än genomsnittet. Om du är sjuk av förkylning, influensa eller andra vanliga sjukdomar, tänk dock på att inte överdriva med receptfria mediciner. Eftersom din psykiska känslighet kommer att vara högre än genomsnittet efter ett uppvaknande kan även de minsta förändringarna i din kroppskemi ha en kraftfull effekt mentalt och känslomässigt.

Slutligen, om du lider av huvudvärk, vilket är vanligt i den inledande fasen av anpassningen till den nya energin inom dig, ta Advil eller Ibuprofen. Jag tycker att Advil stimulerar Ida Nadi, lugnar medvetandet och lindrar huvudvärken mycket bättre än till exempel Tylenol. Faktum är att jag än i dag inte har något emot att ta enstaka Advil vid behov, medan jag försöker hålla mig borta från absolut alla andra receptfria mediciner.

BEHOVET AV DISKRETION

Som du kanske har förstått vid det här laget är ett Kundalini-uppvaknande ett mystiskt, svårfångat fenomen som inte är en del av den vanligaste massan. Många känner igen ordet "Kundalini" från Kundalini Yoga och tror att det är en typ av Yoga, inget annat. Och de som känner till dess kraft att omvandla en människa Andligt är ofta i mörker om några av dess mer fantastiska manifestationer som sällsynta individer som jag själv har haft förmånen att uppleva. Och när ni läser om dessa Andliga gåvor som utvecklas i de senare stadierna, inser jag hur svårt det måste vara att förstå dessa relativt abstrakta begrepp, eftersom ni måste ha dessa erfarenheter själva för att verkligen förstå mig.

Även om Kundalini-uppvaknandet är en Universell process är människors berättelser olika, vilket du förstår vid det här laget. I vår tid har de flesta människor haft partiella uppvaknanden, vilket begränsar dem i fråga om biverkningar och Andliga gåvor. De människor som hade det fullständiga uppvaknandet är dock i allmänhet utmanade av samma problem. Men i havet av människors berättelser är fullständiga uppvaknanden sällsynta. När någon har fått ett fullständigt uppvaknande skriver han eller hon vanligtvis en bok eller en uppsättning böcker där han eller hon beskriver sina upplevelser, vilket gör det möjligt för avancerade personer som jag att fastställa var vi befinner oss inom detta begränsade men växande område av Kundalinivetenskap.

På en kollektiv nivå är samhället inte på samma nivå som Kundalini-upplevelsen, eftersom inte tillräckligt många människor har haft den för att den ska kunna ingå i den allmänna kunskapen. Tyvärr innebär detta att medicinsk personal som är utbildad för att hjälpa oss att läka mentalt, känslomässigt eller fysiskt inte kommer att vara till någon nytta för oss när vi genomgår en Kundalinitransformation. När du fortsätter din resa är därför den tumregel som du kommer att lära dig att vara sann, att om inte någon själv har genomgått uppvaknandet, och på den nivå som du gjorde, kommer de inte att förstå vad du går igenom. Ju snabbare du kan acceptera detta faktum, desto smidigare kommer din resa att bli.

Med detta sagt råder jag dig att lära dig att hålla sanningen för dig själv om vad du går igenom. Jag vet att detta inte är lätt eftersom du, förutom att du ibland behöver råd från andra människor som du vanligtvis litar på, också vill att världen ska förstå vad du går igenom. Så mitt råd verkar till viss del kontraintuitivt eftersom vi alla är där för att hjälpa varandra, men du kommer att inse att det inte finns något val i frågan. De flesta människor i din situation, inklusive mig själv, har varit tvungna att lära sig detta så småningom, annars får de hantera en livstid av att bli utestängda, bli kallade galna, ha misslyckade romantiska relationer, förlora vänner och till och med bli distanserade från familjemedlemmar.

Det är en resa som till största delen är ensam, och eftersom det är en så sällsynt upplevelse kan du kanske träffa några få personer som förstår dig i den stad eller ort du befinner dig i. Du kommer att hitta många människor via sociala medier om du vet var du ska leta, men inte personligen.

Du måste lära dig att dölja sanningen om vad du går igenom för din familj, dina vänner och till och med främlingar om du vill smälta in och fortsätta vara en vanlig del av samhället. Jag är inte någon som någonsin kommer att propagera för att ljuga, eftersom jag är en Vattuman som är heligt inställd på att alltid tala sanning, men i just det här fallet kommer du att lära dig att du inte har något större val i frågan. Om du inte följer mitt råd och berättar om din erfarenhet kommer du snart att uppleva allt det jag varnar dig för, vilket kan få dig att känna dig allmänt alienerad från andra, vilket leder till ytterligare ensamhet och depression. Människor är rädda för det de inte förstår och undviker det från sin tillvaro om de har ett val. Och i det här avseendet har de ett val, och även de bästa människorna, de mest medkännande, kommer till slut att döma dig eftersom de helt enkelt inte förstår dig. Skyll inte på dem, utan acceptera detta faktum.

Dessutom, och det här är viktigt, behöver du inte förklara dig för folk. Det är inte din plikt att göra det. Det finns inget skamligt med din verklighet, och du måste skydda dig själv och andra från det som händer dig. Människor som inte har gått igenom det du nu går igenom kan inte hjälpa dig. Att lägga ditt liv i deras händer kommer att vara katastrofalt för din Andliga resa eftersom dessa människor omedvetet kommer att leda dig vilse varje gång. Dessutom är en stor del av Kundalini-uppvaknandeprocessen att bli din lärare och guide. Jag har sagt detta förut och jag menade det: alla svaren på dina problem finns inom dig om du ställer rätt frågor och har tillit till dig själv. Istället för att vända dig till någon annan för att få lösningar, inklusive någon som jag med mycket kunskap och erfarenhet, måste du lära dig att komma i kontakt med ditt Högre Jag och vända dig till dem i stället. Ingen kan kompensera för ditt Högre Jag; de är den enda intelligens som kan ge dig rätt råd varje gång.

Jag valde att smälta in bland andra och fortsätta att försöka leva ett normalt liv medan jag gick igenom Kundalini-transformationsprocessen. Därför var jag tvungen att lära mig att ljuga när andra frågade om de problem jag genomgick. Det skadar inte någon att inte veta sanningen om detta, särskilt inte när man i förväg vet att dessa människor inte kan hjälpa en. Att berätta sanningen för dem och göra dem skeptiska till ditt sinnestillstånd kommer bara att skada dig eftersom du nu måste ta itu med att ställa dem till rätta utöver att hjälpa dig själv.

Många märkliga symptom kommer att dyka upp i ditt liv när du genomgår Kundalinis omvandlingsprocess. I nästan alla fall kommer dessa symptom att vara tillfälliga, även om de kan pågå i många år. Sömnlösa nätter, känslomässiga upp- och nedgångar, oberäkneligt beteende, oförmåga att fokusera, viktfluktuationer och överdriven och okontrollerbar sexlust är bara några exempel som kan dyka upp under din resa. Om du bestämmer dig för att du inte vill bli dömd av andra människor måste du maskera dessa problem. Att berätta för andra att dina symptom är resultatet av att du genomgått ett Kundalini-väckande kommer utan tvekan att få folk att tro att du håller på att förlora greppet om verkligheten, vilket gör att de förlorar förtroendet för dig som person. De tror ofta att du försöker hitta på en ursäkt som de inte kan förstå för att förvirra dem, vilket är typiskt för någon som befinner sig i början av en psykisk sjukdom.

Det bästa sättet att navigera runt omständigheterna är att ljuga i denna fråga. Tillåt dig själv att göra det eftersom ingen kommer att acceptera dina ursäkter för att du inte uppfyller förväntningarna, t.ex. att komma till jobbet eller skolan i tid, att finnas där för någon mentalt eller känslomässigt eller att fullgöra dina dagliga uppgifter. Din situation faller utanför samhällsnormen; därför är det viktigt att ljuga för att skydda dig själv. Även om du inte är bekväm med tanken kommer du att upptäcka att om du ljuger om vad som händer kommer det att göra processen lättare för dig, och du kan fortfarande få en andra chans att bevisa ditt värde för andra. Om du inte gör det kommer du att fortsätta att stöta på en tegelvägg med människor och situationer i ditt liv.

Idén med att ljuga är att ta något som är för fantastiskt för att vara trovärdigt och ersätta det med något som en genomsnittlig person kan förstå. När det gäller sömnlösa nätter kan du säga att du lider av sömnlöshet, vilket är anledningen till att du inte är 100 procent på morgonen. När det gäller känslomässiga upp- och nedgångar kan du skylla på något som händer i ditt liv. Var kreativ, men gör din ursäkt till något som en genomsnittlig person förstår och kan sympatisera med.

Kom ihåg att du måste vara din egen terapeut och läkare och hitta lösningar på dina problem. Om du vill dela med människor som förstår dig, få deras perspektiv och be om råd, hitta dem på sociala medier i stället. Hundratals grupper och sidor har samlat Kundalini-uppvaknade personer som har gått igenom det du går igenom och som kan hjälpa dig. Många av dem finns där av den anledningen, och de är glada över att kunna hjälpa dig på alla sätt de kan. Jag har träffat en del fantastiska personer på sociala mediegrupper på detta sätt.

Jag råder dig dock att vara kritisk när du pratar med främlingar på sociala medier. En del hävdar att de har fått ett Kundalini-uppvaknande, men i verkligheten har de kanske inte fått det, även om de verkligen tror på sina påståenden. Många Andliga fenomen klassificeras numera som Kundalini-uppvaknanden. Och sedan finns det hundratals människor som haft ett partiellt uppvaknande och tror att de har alla svaren. Dessa människor är de svåraste att upptäcka och potentiellt de mest skadliga. Det hjälper alltså att ha en viss grad av urskiljningsförmåga i den här frågan och fråga om andras erfarenheter innan man följer deras råd, eftersom det inte finns något snabbare sätt att bli vilseledd än att sätta sin tilltro till fel person.

Jag ser alla möjliga bra och dåliga råd i grupper på sociala medier och jag skulle kunna ägna en hel dag åt att ta upp och klargöra varje inlägg. Och jag gjorde detta för många år sedan och har hjälpt över två dussin människor genom att ge dem rätt råd vid rätt tidpunkt och hjälpa dem på deras resa mot uppvaknande. Vissa kontaktar mig än i dag för att tacka mig för att jag fanns där för dem när de behövde mig. Genom grupper i sociala medier insåg jag att min kunskap och erfarenhet i denna fråga kunde vara till stor hjälp, vilket utkristalliserade mitt syfte med tiden. Så jag gick från att skriva artiklar och göra videor om Kundalini till att så småningom nå ut till den bredare allmänheten med böcker som den du läser.

DEN RECEPTBELAGDA MEDICINERINGENS DÅRSKAP

När du genomgår Kundalini-transformationen och ditt sinne är i oordning kan du ofta uppvisa ett konstigt beteende som andra människor i din omgivning reagerar på. Naturligtvis är de människor jag syftar på de som står dig närmast, inklusive familj, vänner och kollegor. Efter att ha bevittnat ditt oberäkneliga beteende kan de kalla dig galen eller sinnessjuk, vilket kommer att förvirra dig ännu mer om ditt tillstånd. Du kommer trots allt att genomgå en enorm känslomässig och mental smärta, som du inte förstår och som du till synes inte har någon kontroll över.

I dina svagaste stunder kan din familj eller dina vänner föreslå att du går till en psykiater eller terapeut och pratar med dem om dina problem. Dessa licensierade personer är trots allt utbildade för att hjälpa människor som genomgår liknande symptom.

Problemet är dock att dessa terapeuter oftast inte ens har hört talas om Kundalini, än mindre har de själva haft ett uppvaknande. Och hur kan en läkare diagnostisera dig om något som det medicinska fältet inte ens känner igen? Du är inte galen och du har inga verkliga skäl att vara deprimerad. Dessutom, om alla dina känslomässiga och mentala problem började efter att du vaknade upp Kundalini, är det då inte uppenbart att Kundalini är orsaken bakom effekten och inte något externt?

Många uppvaknade personer följer dock den vägen och går till en psykiater eller terapeut. När allt kommer omkring är vi betingade att lyssna på varandra och acceptera råd om livsfrågor, särskilt när vi är desperata efter svar på våra problem. Och som du förstår vid det här laget kommer det att medföra några av de största utmaningarna hittills att genomgå en Kundalini-transformation efter ett fullständigt och ihållande uppvaknande.

Jag har pratat med många människor som befann sig i samma situation som jag för många år sedan och har konstaterat att det alltid ger samma resultat att gå till en psykiatriker. Psykiatern lyssnar på dina problem, men eftersom de inte vet vad du pratar om när du nämner Kundalini, gör de vanligtvis det första de gör när de stöter på en person med mentala eller känslomässiga problem - de skriver ut medicin.

När det gäller de symtom som ett Kundalini-uppvaknande ger upphov till är dessa mediciner antingen antipsykotiska eller antidepressiva. Antipsykotika har till uppgift att blockera de neurala impulser som överför information från det undermedvetna till det medvetna sinnet. De stänger av det som händer på insidan så att det kan verka som om du mår bättre på ytan eftersom du inte längre hör negativa tankar. Å andra sidan ökar antidepressiva medel vanligtvis dina serotonin- och dopaminnivåer för att skapa en påhittad känsla av att vara lycklig och glad. Tyvärr är det fel tillvägagångssätt för att hantera ett Kundalini-uppvaknande att bli ordinerad någon typ av receptbelagd medicin av en läkare.

Även om du uppvisar symptom som liknar kronisk depression, bipolär sjukdom eller schizofreni är dessa tillstånd tillfälliga och måste bearbetas av Själen. De är ett resultat av det inflöde av Ljus som Kundalini medför, vars syfte är att utplåna all negativ energi som finns i dina Chakran. Att övervinna dessa känslomässiga och mentala utmaningar är därför ett nödvändigt steg för att göra Andliga framsteg.

När du har väckt hela Livets Träd har du tillgång till delar av dig Själv som har varit dolda för dig fram till ditt uppvaknande. Kundalini-Ljuset överbryggar ditt medvetna och undermedvetna sinne och låter många av dina trauman och neuroser komma fram.

Om du blockerar undermedvetna aktiviteter från ditt medvetande kommer dessa känslomässiga och mentala problem att lämnas obearbetade. Med tiden kommer detta skadliga omedvetna innehåll att byggas upp och skapa ännu fler psykologiska problem, som kommer att bestå tills individen slutar med medicineringen. Om individen väljer att fortsätta att vara på medicinering kan han eller hon utveckla ett livslångt beroende av läkemedlet eftersom det kan visa sig svårare att sluta med det. Sorgligt nog satte de i samma ögonblick som de började ta receptbelagda mediciner oavsiktligt sin Andliga Utveckling på paus, och det kommer att förbli så tills de slutar ta medicinen.

Under medicinering kan Kundalini-energin inte göra det den vill, nämligen att fortsätta den inre omvandlingsprocessen. "Ur sikte, ur sinnet" kan temporärt dämpa problemen, men det löser dem inte. I själva verket kommer det att skapa ännu fler framtida problem. Huvudsakligen är receptbelagda läkemedel utformade för att utveckla ett beroende av själva läkemedlet eftersom individen aldrig lär sig att hantera sina problem på ett naturligt sätt. De skapar inte neurala vägar som gör det möjligt för dem att hitta lösningar på problem och bota sina negativa tillstånd; i stället förlitar de sig på läkemedlet som en krycka som gör det åt dem.

Kundalini-energin är biologisk, och den behöver de mänskliga förmågorna för att fungera. Om någon extern drog stänger av kanalerna för informationsöverföring, kommer du att sätta Kundalini-processen i ett reningsgrepp. När individen väl har slutat med drogen kommer Kundalini-energin att väckas till aktivitet igen. Samma process kommer att inträffa, den här gången kommer den ännu starkare och mer okontrollerat.

Du måste förstå att Kundalini-processen inte kommer att ge dig fler utmaningar än vad din Själ kan hantera. Din Själ är den som valde att ha den här erfarenheten från början och den som satte den i rörelse. Egot upplever smärta, rädsla och ångest eftersom det är

Egot som måste omvandlas i denna process. Istället för att vända dig till receptbelagda mediciner, som är Egots utväg för att skydda sin identitet, gör du din Själ en tjänst genom att hitta ett annat sätt att hantera dina mentala och känslomässiga problem. Din Andliga utveckling är det enda som betyder något i det här livet. Ingen fruktansvärd tanke eller känsla, oavsett hur skrämmande den kan verka, kommer att skada dig fysiskt.

Kundalini-uppvaknandeprocessen måste närmas med sinnets styrka, kraft och mod. Rädsla och ångest är tillfälliga, och om du framhärdar i processen kommer du oundvikligen att komma ut på andra sidan som en förvandlad person. Det kan ta många år, men gryningen följer alltid på natten. Allt man behöver göra är att ta sig igenom natten.

KREATIVITET OCH PSYKISK HÄLSA

Den Andliga verkligheten är en osynlig vetenskap som mäts och kvantifieras av intuition, känslor och intellekt. Men det mesta av det som ingår i den Andliga verkligheten kan aldrig bevisas, vilket är anledningen till att vi har en uppdelning i vårt samhälle mellan troende och icke-troende. De icke-troende är i första hand människor som endast förlitar sig på vetenskapen, som förlitar sig på bevis. Men att ta bort tron på något som är större än en själv och sätta sina händer enbart på vetenskap är bara att beröva sig själv på saften, nektarn av att smaka på det Andliga livet. Att se är att tro, men omvänt är att tro också att se. Om du kan tro på något som andra människor tror på, kommer det att manifesteras i ditt liv i sinom tid. Så är Lagen.

Vi vet mycket om vetenskapen om den påtagliga verkligheten, Materiens värld, men förstår väldigt lite om osynliga verkligheter. Så i stället för att fundera över den urgamla frågan om vem eller vad Gud är, låt oss fokusera på mänskligheten och de Andliga gåvor som vissa av oss har fått och som gör att vi i andra människors ögon framstår som Gudaliknande. Och den mest värdefulla gåva som vår Skapare gav oss är förmågan att Skapa. Men varifrån kommer kreativiteten och varför har vissa människor mer av den till sitt förfogande än andra?

Gopi Krishna och andra uppvaknade personer har sagt att all mänsklig kreativitet är en biprodukt av Kundalinis aktivitet i kroppen, vilket innebär att allas Kundalini är aktiv i någon grad. Detta kan låta som ett radikalt uttalande för vissa människor, men jag tror att detta också är sant. Jag tror också att Kundalini påverkar ouppvaknade människor subliminalt. Dessa människor är medvetet omedvetna om sin kreativa process och kan inte utnyttja källan till sin kreativitet på samma sätt som de uppvaknade kan.

Ett av syftena med ett fullständigt Kundalini-väckande är att höja och utveckla medvetandet till en högre grad så att du kan bli medvetet inställd på hur ditt energisystem fungerar, inklusive den kreativa processen, i stället för att det är något som sker i bakgrunden och som bara påverkar ditt undermedvetna.

Denna del är också viktig; Kundalini har inte gått igenom de Tre Granthis hos de flesta ouppvaknade människor, vilket innebär att deras kreativa energi är begränsad, liksom de

Chakran som denna energi kan uttrycka sig genom. Den genomsnittliga personen har aktiv Kundalini, men eftersom de inte har övervunnit Brahma Granthi kan de bara uttrycka sin kreativa energi genom Muladhara Chakra. Därmed är de bundna till sitt Ego och ser främst fysiska njutningar, vilket orsakar ohälsosamma fasthållanden och rädslor. En person i denna position kommer aldrig att nå sin optimala kreativa potential och kommer inte heller att påverka samhället på ett betydande sätt. Med mänsklighetens låga utvecklingsnivå i dagens tid befinner sig tyvärr de flesta människor i detta tillstånd.

De mer egensinniga och ambitiösa typerna har i allmänhet övervunnit denna första Granthi och har gjort det möjligt för dem att uttrycka sin kreativa energi genom Swadhisthana och Manipura Chakras. Ändå är de bundna av Vishnu Granthi, som ligger direkt ovanför, vilket hindrar Kundalini från att nå Hjärtchakrat, Anahata, vilket skulle väcka den villkorslösa kärleksenergin inom dem. Därför kan de använda sin kreativa energi för att tillfredsställa sina ambitioner, men de kan sakna en högre vision som verkligen får dem att sticka ut från resten av folket.

Och sedan har vi vårt samhälles lärda, de underbarn och visionärer som har genomborrat Vishnu Granthi, vilket gör att de kan använda ännu mer av sin kreativa potential. Deras Kundalini kan verka från de högre Chakrana vilket gör att de kan utföra otroliga prestationer och få tillgång till information och förmågor som andra människor inte har. Men även de begränsas av dualistiskt tänkande som är resultatet av en obunden Rudra Granthi mellan Ajna och Sahasrara Chakras. Därför kan vi inte jämföra deras kreativa potential med någon som har genomborrat alla Tre Granthis och som helt har väckt sin Kundalini, vilket frigör obegränsad kreativ potential.

Genialiteten hos vetenskapsmän som Newton, Tesla och Einstein och filosofer som Pythagoras, Aristoteles och Platon kan mycket väl tillskrivas Kundalinis arbete i deras Ljuskroppar. På samma sätt kan talangen hos musiker som Mozart, Beethoven, Michael Jackson och konstnärer som Michelangelo, da Vinci och Van Gogh vara ett resultat av Kundalinienergin på en undermedveten nivå. Och låt oss inte glömma de atletiska förmågorna, färdigheterna och viljan att vinna hos idrottare som Muhammad Ali och Michael Jordan. Dessa människor var så legendariska att vi fortfarande vördar dem som Guda-liknande figurer, och deras berättelser om storhet kommer att leva vidare för evigt.

Några av dessa stora män och kvinnor beskriver att de hade medel och metoder för att koppla sig till källan till sin kreativitet, och de var väl medvetna om att de kanaliserade någon högre form av intelligens när de befann sig i dessa inspirerade tillstånd. De var dock inte medvetna om Kundalinis existens, och de rapporterade inte heller att något liknande arbetade genom dem. Så allt vi kan göra är att spekulera utifrån vad vi såg hos dessa människor och det arbete de lämnade efter sig.

Dessa inflytelserika personer hade något speciellt: en förbindelse med det Gudomliga som gav dem särskilda insikter, krafter och färdigheter som människor runt omkring dem inte hade. Många av dem var så långt före sin tid att de ändrade mänsklighetens historia. Men vi kommer aldrig att få veta om det var Kundalini som var direkt ansvarig för deras storhet eller om det var något annat.

KUNDALINI OCH PSYKISK HÄLSA

Om Kundalini är aktiv i alla människor i större eller mindre grad och påverkar psyket på ett betydande sätt, är det inte konstigt att inga större framsteg har gjorts inom mental hälsa. Kundalini erkänns inte ens som något verkligt inom det medicinska området. Bortsett från att utveckla mediciner som kan slå på och stänga av vissa delar av hjärnan som tar emot impulser från osynliga krafter i energisystemet, är den nuvarande vetenskapliga förståelsen av psykisk hälsa i bästa fall rudimentär. För att verkligen förstå hur hjärnan fungerar måste området psykisk hälsa ha en ordentlig grund i den osynliga vetenskapen om det mänskliga energisystemet för att kunna utveckla botemedel som behandlar mer än bara symtom.

Jag har alltid varit fascinerad när jag såg hur mitt sinne arbetade när jag genomgick Kundalini-uppvaknandet. Vissa dagar hade jag en sådan känslomässig höjdpunkt, som ofta följdes av en djup lågpunkt, allt inom loppet av några minuter. Dessa känslomässiga upp- och nedgångar hände inte för mig före uppvaknandet. Mina känslor blev så starkt laddade av Kundalinienergin att om mitt sinne arbetade i en positiv riktning och tänkte glada tankar, så förstärktes dessa känslor och jag var mer nöjd än någonsin. Om mitt sinne däremot tänkte i en negativ riktning och jag tänkte sorgliga eller olyckliga tankar, då blev mina känslor så låga att jag kände mig rent ut sagt deprimerad. Och det gick inte att förstå varför min depression var så intensiv när jag bara en minut tidigare var otroligt glad och det fanns ingen uppenbar förändring i mitt tillstånd annat än vad jag tänkte på.

Denna otroliga växling mellan glada och ledsna tillstånd tillskrev jag mitt sinnes funktionssätt och kvaliteten på mina tankar. Av denna anledning hade jag i början av min Kundalini-uppvaknandeprocess, när jag hade mycket liten kontroll över mitt sinne och vad jag tänkte på, dessa känslomässiga episoder. Dessa episoder kan jämföras med någon som diagnostiserats med bipolär mental sjukdom, även om jag fann att det var i mindre grad än de episoder jag hört att vissa bipolära personer har.

Det som skiljer de två fallen åt är att jag alltid har vetat skillnaden mellan rätt och fel och inte agerat på mina känslomässiga impulser. Samtidigt tillåter vissa människor att dessa inre psykologiska funktioner styr deras liv och tar över deras sinne, kropp och Själ. Nyckeln är att erkänna situationen för vad den är och inte blåsa upp den i orimliga proportioner. Man måste förstå känslor som något konkret, något som kan formas och förändras med hjälp av sinnet. När man känner till denna skillnad måste man arbeta på att kontrollera sina tankar eftersom det är scenariot "hönan som kom före ägget" och inte tvärtom. Du måste vara en orsak i stället för en effekt och gärna forma och gestalta din mentala verklighet med viljestyrka.

Vad är en sjukdom i detta avseende annat än en sjukdom - något som får dig att känna dig obekväm och orolig? Fysisk sjukdom är vanligtvis ett resultat av att något främmande material tränger in i din fysiska kropp och orsakar en förändring eller försämring på cellnivå. Gäller denna idé om att en främmande kropp kommer in i dig också för mental hälsa, eller är det något inom dig som orsakar mentala och känslomässiga problem? För att besvara detta korrekt måste vi titta på vad tankar är och om de bara finns inom oss eller om de kan vara något utanför oss, som tar sig in i vår Aura, för att uppleva dem.

Kybalion, som förklarar Skapelsens Sju Principer, säger att vi alla kommunicerar telepatiskt och att vårt inre "Jag", den kreativa komponent som genererar bilder som intrycks av vår "Jaget"-komponent, alltid arbetar och inte kan stängas av. Utmaningen består därför i att använda din viljestyrka, ditt "Jaget", för att ständigt ge intryck till din "Jag"-komponent. Om du blir mentalt lat och inte använder din viljestyrka på det sätt som Gud, Skaparen, ville att du skulle göra, kommer andras "Jaget" att ge din "Jag"-komponent sina intryck. Men, och detta är fallgropen: du kommer att tro att de är dina tankar och kommer att reagera som sådana.

Dessa tankesändare finns runt omkring oss, och en del av dem är andra människors tankar, och en del är Andliga enheter utanför den fysiska världen, som deltar i vår Inre Värld och kan påverka våra sinnen. Dessa Änglavarelser och Demoniska Varelser påverkar våra tankar, särskilt om vi inte använder vår viljestyrka fullt ut. När det gäller Demoniska Varelser kan deras inflytande resultera i helkroppsliga besittningar om du lyssnar på dem och gör som de säger.

Dessa fullständiga övertaganden av ditt sinne av fientliga utländska krafter är mycket verkliga. Omvänt kan mottagande av kommunikation från Änglavarelser resultera i fullständig Andlig hänryckning och lycka. När det gäller empater eller telepater är de öppna för inflytande från Andliga enheter mer än genomsnittsmänniskan, eftersom de kontinuerligt tar emot vibrerande impulser från omvärlden. Någon med en uppvaknad Kundalini faller in i denna kategori; det är mycket utmanande att skilja mellan dina egna tankar och tankar från någon eller något utanför dig.

Nyckeln är i vilket fall som helst att förstå den Inre Världen av tankar på det Mentala Planet som något som inte är speciellt för bara dig och att många tankeströmningar under dagen kommer att komma in i din Aura från omvärlden. Vi är alla en del av detta nav, denna "tankevärld", och vi inducerar ständigt den osynliga världen med våra tankar, vilket påverkar andra människor omedvetet. Tankar har energi, de har massa och är kvantifierbara. Kärleksfulla, positiva tankar är högre i grad på vibrationsskalan än negativa, rädda tankar. Kärleksfulla, positiva tankar håller Universum i rörelse, medan negativa, rädda tankar bidrar till att hålla mänskligheten på en låg nivå av Andlig utveckling.

Ett krig mellan Änglarna och Demonerna har utkämpats så länge som mänskligheten har existerat. Det är ett osynligt krig på det astrala planet och de mentala planen, där människor fungerar som förmedlare av dessa osynliga krafter. För närvarande, med tanke på vår låga nivå av Andlig utveckling, är det säkert att säga att demoniska varelser vinner kriget. Enligt religiösa skrifter från hela världen är det dock mänsklighetens öde att så småningom inleda den Gyllene Tidsåldern, vilket innebär att Änglavarelser kommer att vinna detta krig för gott.

Schizofrena patienter är de personer som är mer än genomsnittligt mottagliga för den osynliga världen, men det som skiljer dem från synska (som antingen är telepater, empater eller båda) är att personer med schizofreni inte kan skilja mellan sina egna tankar och tankar utanför dem. I många fall står de under kontroll av Demoniska entiteter som har etablerat sig i deras Aura genom att livnära sig på deras rädsloenergi.

Demoniska varelser, som är intelligenta Varelser vars källa är okänd, letar efter svagsinta människor som de kan livnära sig på. När de väl hittar en person som är mottaglig för deras inflytande tar de över deras sinnen och kroppar, vilket med tiden släcker Ljuset från deras Själar så att de blir fordon för dessa Demoniska krafter, inget annat. De blir skal av sina tidigare jag. Även om Själen aldrig riktigt kan utplånas, när väl separationen sker i sinnet, blir den nästan främmande för den individ som förlorat sin koppling till den. Den finns fortfarande där för att kunna kopplas till igen, men det krävs en hel del mental ansträngning och Andligt arbete för att återfå den kontakten.

STÄRKA VILJAN

Under de första åren efter att Kundalini vaknade upp prövades min viljestyrka ofta när det gällde mitt beslutsfattande. När jag blev övertygad om en idé kunde jag inom några sekunder bli övertygad om att motsatsen är sann. Under lång tid var det utmanande att fatta beslut eftersom jag var medveten om att jag förnekade motsvarighetens giltighet genom att följa något tillvägagångssätt. Jag visste och förstod att vilken idé som helst kunde vara en bra idé om man hade tillräckligt med bevis för att den skulle vara bra. Men för de flesta idéer finns det också tillräckligt med bevis för att deras motsats också är korrekt.

Den här processen pågick i många år tills jag fick en starkare koppling till min viljestyrka. Att uppnå detta krävde dock en enorm mängd mentalt arbete och ansträngning från min sida. Genom att få en korrekt koppling till min viljestyrka, anpassade jag mig också till min Själ på ett oöverträffat sätt. Att arbeta med Eldelementet och Manipura Chakra via Ceremoniella Magins rituella övningar hjälpte mig att uppnå detta.

Om du inte har en fast koppling till din viljestyrka, som är ditt Själsliga uttryck, kommer du att falla offer för sinnets dualitet och Egots impulser. Jag har sett detta gång på gång hos Kundaliniväckta personer, och det är en av de största utmaningarna de står inför.

Uppvaknandet aktiverar alla Chakran så att de fungerar samtidigt. När det medvetna och det undermedvetna sinnet överbryggas blir resultatet en hög nivå av känslomässig laddning eftersom aktiviteten på det Mentala Planet förstärks. Av denna anledning är många Kundaliniväckta personer så känslomässigt känsliga och ombytliga i sitt beslutsfattande. Eftersom deras mottaglighet för vibrationer utifrån ökar måste de lära sig att skilja mellan sina tankar och de tankar som kommer in i deras Aura från omgivningen.

Ett av sätten att mildra denna händelse är att ansluta sig till Själen och stärka viljestyrkan, vilket möjliggör urskiljning och diskretion.

När du har lärt dig att fatta ett beslut är den andra utmaningen att engagera dig och fullfölja det. Genom att göra det förvandlas du till en person vars ord man kan lita på och inte någon som låter sina föränderliga känslor leda vägen. Att bygga upp din Själ genom att utveckla dygder och övervinna laster kommer att göra dig till en hedersperson som andra kommer att respektera.

Även om det finns olika Andliga Alkemiska metoder som du kan använda för att optimera dina inre funktioner, och många av dem finns med i den här boken, var Ceremoniell Magi svaret för mig. Dess rituella övningar gjorde det möjligt för mig att öka min intuition, viljestyrka, minne, fantasi, känslor, logik och förnuft osv. Genom att åberopa Elementen med Magiska medel kunde jag optimera mina inre funktioner genom att stämma av Chakrana. Dessa inre delar av jaget är svaga i första hand på grund av den Karmiska energi som finns lagrad i de Chakran som hör till varje funktion. Om till exempel din intuition är svag kan du behöva arbeta med Ajna Chakra. Omvänt, om din viljestyrka är svag är det också Manipura Chakra eftersom Eldelementet är ansvarigt för dess uttryck. Och så vidare.

KUNDALINI OCH KREATIVITET

Det finns ett tydligt samband mellan att vara lycklig och inspirerad och att uppvisa en hög kreativ förmåga. När man upplever positiva känslor förstärks den inre drivkraften att skapa. Det manifesteras som en inre längtan, en passion eller önskan att skapa något vackert. Detta förhållande mellan kreativitet och inspiration är symbiotiskt. Man kan inte vara kreativ utan att vara inspirerad, och för att bli inspirerad måste man vara kreativ för att hitta ett nytt och spännande sätt att se på livet.

Om du fastnar i ditt gamla sätt att tänka och relaterar till Egot istället för Själen och Anden, kommer både din inspiration och kreativitet att bli lidande. Det behövs en ständig förnyelse av din mentala och emotionella verklighet, vilket kan uppnås när du lever i det nuvarande ögonblicket, Nuet. När du hämtar energi från detta oändliga fält av potentialitet kommer ditt tillstånd av Varande att inspireras, vilket öppnar dina kreativa förmågor.

Min kreativitet blev oändligt expanderad under det sjunde året efter att Kundalini vaknade 2004. Jag upplevde en fullständig öppning av Lotusbladen i Sahasrara Chakra, vilket gjorde att jag kunde gå in i Nuet och fungera genom intuition. Jag märkte en stark korrelation mellan att övervinna dualiteten i mitt sinne, stärka min Viljestyrka och förbättra mina kreativa förmågor. När jag väl fick en permanent länk till min Själ blev jag ständigt inspirerad, övervann min rädsla och ångest och kopplade mig till min kreativa källa. I detta otroligt höga inspirationstillstånd kände jag ett behov, en längtan, att på något sätt uttrycka denna nyfunna kreativitet. Så började min resa till kreativt uttryck genom flera olika medier.

Jag uttryckte mig först genom bildkonst eftersom det var något jag var bra på hela mitt liv. Jag upptäckte att detta höginspirerade tillstånd bara flödade genom mina händer när jag målade, och jag utvecklade tekniker som jag till synes hämtade från Aethyrerna. Jag började måla i abstrakt stil och kanaliserade färger, former och bilder som vibrerade och dansade i mitt Sinnesöga medan denna process utvecklades. Jag insåg att den sanna källan till kreativitet kommer från Själen, men att den kanaliseras genom Ajna Chakra via Sahasrara.

När jag uttryckte kreativitet på detta förstärkta sätt var alla mina högre komponenter påslagna och fungerade samtidigt. Jag tog lätt emot impulser från det Högre Jaget och Kronchakrat, som tillsammans med Själens Eldar kanaliserade genom Sinnets Öga. Den kreativa processen tycktes ta över mitt sinne och min kropp som om jag var besatt. Jag upptäckte att när jag befann mig i detta tillstånd flög tiden iväg på ett oöverträffat sätt då många timmar gick på ett ögonblick.

Vad jag märkte var att min inre kreativitet kunde känna igen och återskapa skönhet. Här är nyckeln, tror jag, för när jag är i ett inspirerat tillstånd, vilket nu är ett permanent tillstånd av Varande för mig, ser jag skönhet runt omkring mig och känner igen den i allt. Energin av villkorslös kärlek, som är grunden för inspiration, kreativitet och skönhet, överför allt jag ser med mina ögon. Om jag ägnar mig åt en kreativ handling kan jag därför kanalisera något vackert genom att använda min kropp som ett medel.

Skönhet har en form som jag tror kan kvantifieras. Den är välbalanserad och harmonisk. Den är färgstark om den vill upplevas som glädje. Den har textur och är ofta en blandning av Arketyper som förmedlar viktiga idéer till Själen. Vi kan uttrycka känslor genom vackra verk, och naturligtvis är alla kreativa uttryck avsedda att beröra dig känslomässigt på något sätt.

Om skönheten vill uppfattas som sorglig kan det vara färglöst och mer lugna former som används för att uttrycka det. Om den vill uppfattas som melankolisk används färger som motsvarar denna känsla, t.ex. blå nyanser. Denna process för att kanalisera skönhet är inte begränsad till enbart bildkonsten utan kan ses överallt. Vi kan till exempel uttrycka sorg genom sång och melodi. Detta samband innebär att färger, liksom musikaliska toner, uttrycker medvetandetillstånd. Det förklarar känslan bakom musiken samt visuell konst och skulptur.

Alla färger som vi finner i naturen kommer från det synliga Ljusspektrumet. Det synliga spektrumet är den del av det elektromagnetiska fältet som är synligt för människans ögon. Elektromagnetisk strålning inom detta våglängdsområde kallas synligt Ljus eller bara Ljus. Detta faktum innebär att alla musikaliska toner på musik skalan också har samband med Ljusenergi. Nu förstår du varför din kreativa potential blir oändligt utvidgad när du väcker Kundalini och får ett inflöde av Ljus i din Aura.

Jag experimenterade med kreativa uttryck i många år och fann att jag med lätthet kunde kanalisera nya uttryck. Jag utforskade sång och musik och uttryckte min kreativitet genom det skrivna ordet i poesi och inspirerade texter. Jag har dock lärt mig vikten av att balansera kreativitet med logik och förnuft. Man kan inte bara skapa planlöst, utan det måste ha en struktur, en intellektuell grund på något sätt. Jag har lärt mig att skönhet har form och funktion, och det är detta äktenskap mellan de två som måste följas när man skapar, annars kommer dina kreativa uttryck att missa målet.

SAHASRARA OCH SINNETS DUALITET

För maximal anpassning till viljestyrkan och Själens Eldelement efter ett fullt Kundalini-uppvaknande måste Sahasraras Tusenbladiga Lotus öppnas helt och hållet. Om Sahasrara öppnas delvis kan det dock leda till energiblockeringar i huvudet, eftersom Kundalini inte tillåts fullfölja sitt uppdrag vid det första uppvaknandet. I detta fall kommer Ida och Pingala Nadis att fortsätta att påverkas av Karmisk energi i Chakrana under Vishuddhi, Strupchakrat, i stället för att befrias och flöda fritt i Ljusets Kropp, vilket är fallet när Lotusen utvecklas helt och hållet.

När Rudra Granthi genomborras måste Kundalini stiga med full kraft till Sahasrara, vilket gör att den övre delen av Sushumna-kanalen, som förbinder hjärnans mitt med Kronan, kan vidgas och överföra tillräckligt med energi för att öppna Sahasraras Kronblad. Sahasraras blomhuvud är stängt hos oväckta människor; när Kundalini stiger upp börjar det öppna sig på samma sätt som när man tittar på en tidsfördröjning av en blomma i blomning. Varje kronblad öppnas för att ta emot det Ljus som kommer in från Själsstjärnan och Stjärnporten Chakras ovanför (Figur 153). Om några av Sahasraras Kronblad förblir stängda kommer Kronan inte att aktiveras fullt ut, vilket leder till att blockeringar ackumuleras i huvudområdet med tiden.

När Kundalini stiger upp från Muladhara försöker den lämna kroppen genom Kronan, vilket resulterar i att Sahasraras Kronblad vecklar ut sig som en blomma, redo att ta emot Ljuset. Sahasrara kallas "den Tusenbladiga Lotusen" eftersom det teoretiskt sett finns tusen Kronblad, vart och ett kopplat till otaliga mindre Nadis eller energikanaler som transporterar Pranisk energi från olika områden av Ljuskroppen som slutar i huvudområdet. Det finns hundratals, potentiellt till och med tusentals, av dessa nervändar i hjärnan. Var och en av dem är som en gren på ett träd som bär Pranisk energi i, genom och runt hjärnan. När du öppnar Kronan helt och hållet tillåter det många av dessa Nadis att nå ut till ytan av den övre delen av huvudet. Det känns ofta som om insekter kryper på din hårbotten eller som om det finns energihappen eller ryckningar när dessa hjärn-Nadis genomsyras av Ljus.

När du väcker de sex primära Chakrana under Kronan öppnas olika delar av hjärnan, liksom de Mindre Chakrana i huvudet som motsvarar de primära Chakrana. Hela det psykiska energisystemet tjänar till att kanalisera Ljusenergi genom hela din Ljuskropp, vilket gör det möjligt för ditt medvetande att uppleva transcendens medan du förkroppsligar den fysiska kroppen. När Kronlotusen öppnas helt och hållet lämnar Själen kroppen och låter medvetandet nå det Transpersonella jaget i Chakrana ovanför Kronan.

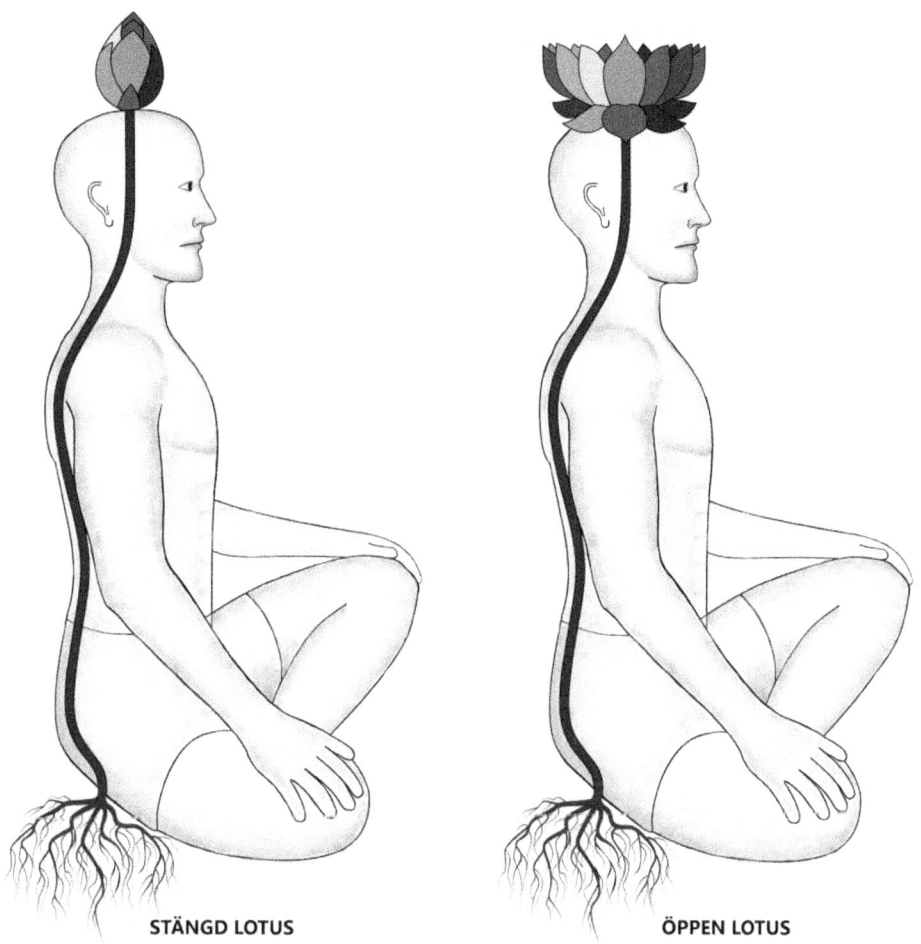

Figur 153: Sahasrara Chakras Lotus

De mindre Nadis fungerar som psykiska receptorer som drivs av Ljuset i kroppen, som byggs upp genom födointag. Detta Ljus i kroppen arbetar med det ljus som förs in från Sahasrara Chakra. Som tidigare nämnts är Ljusets Kropp som ett träd vars rötter finns i marken medan bålen fungerar som trädets stam. Stammen bär de primära Chakrana medan kroppens lemmar fungerar som trädets större grenar. Dessa grenar bär Ljusenergi genom sina Sjuttiotvå Tusen Nadis, som sträcker sig ut till hudens yta, om än på en subtil nivå. Den Tusenbladiga Lotusen frigör det individuella medvetandet från kroppen och förbinder det med det Kosmiska Medvetandet i Sahasrara.

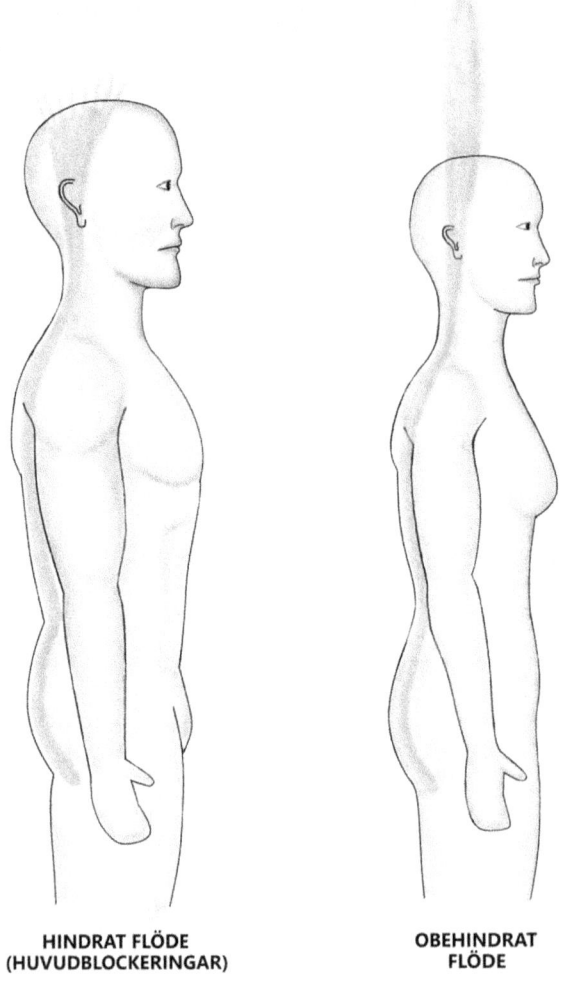

HINDRAT FLÖDE
(HUVUDBLOCKERINGAR)

OBEHINDRAT
FLÖDE

Figur 154: Kundaliniflödet genom Sushumna

Sahasrara ligger högst upp i mitten av huvudet och fungerar som en portal genom vilken Vitt Ljus förs in i energisystemet. Detta Ljus filtreras genom Chakrana nedanför. Men om några av Lotusbladen förblir oöppnade på grund av blockeringar i de primära Chakrana och Nadis, hindras Kundaliniflödet, vilket resulterar i mentala och känslomässiga problem (Figur 154). Därför behöver Kundalini ett obehindrat flöde från Muladhara, genom Sahasrara och vidare till de Transpersonella Chakrana ovanför.

Du kan lindra psykologiska problem med hjälp av Andliga metoder, som Ceremoniell Magi, som renar och avlägsnar blockeringar i Chakrana och Nadis. Anledningen till att Ceremoniell Magi är den mest kraftfulla Andliga praxis som jag har stött på är att den mest effektivt låter dig åberopa energierna från vart och ett av de Fem Elementen för att stämma in deras motsvarande Chakran. I sin tur renas de Nadis som är kopplade till Chakrana, inklusive Ida, Pingala och Sushumna, vars flöde optimeras. Om eventuella blockeringar vid den första Kundalini-uppstigningen hindrade energin från att nå och öppna Sahasrara Lotusen helt och hållet, skulle man också eliminera dessa blockeringar. När Kundalini väl är ute ur systemet kommer Kundalini naturligt att stiga upp igen för att avsluta jobbet genom att förena Shiva och Shakti vid Kronchakrat, Sahasrara.

INTROVERT VS. EXTROVERT

Om några av Lotusbladen är stängda är det ett tecken på att energin stagnerar och rör sig felaktigt i huvudet. Detta problem kan orsaka tryck i huvudet och till och med huvudvärk. För mycket Ljus i huvudet gör att en person blir inverterad och fokuserar på sina inre tankar, särskilt i bakhuvudet där det undermedvetna sinnet opererar från. Kom ihåg att ditt sinnestillstånd är beroende av var du riktar din uppmärksamhet i de många nivåerna eller lagren av medvetande.

Introverta personer använder logik och förnuft via det Lägre Mentala Planet när de är cerebrala eller via det Astrala Planet när de upplever känslor. Introverta personer påverkas av Månens Ljus, som ger många illusioner. Detta Månljus är källan till dualitet eftersom det bara är en reflektion av Solens Ljus, som är en singularitet.

Extroverta personer använder Solens Ljus och är handlingsinriktade, till skillnad från introverta personer som är mer kända för att tänka och känna. Extroverta spenderar inte mycket tid i sina huvuden, utan arbetar istället från sina hjärtan som är mer instinktiva. De uttrycker sig genom verbal kommunikation och låter sina handlingar leda vägen. De flesta extroverta personer hämtar sin energi från sin omgivning och människorna omkring dem. Därför gillar de stora folkmassor och att stå i centrum för uppmärksamheten.

Omvänt gillar introverta personer att vara ensamma eller med några få vänner som de litar på. De hämtar sin energi inifrån sig själva, så deras tankar och känslor är så viktiga för dem. De är metodiska i sin inställning till livet och använder inte ord som ankare som extroverta personer gör utan uttrycker sig istället genom sitt kroppsspråk.

På ytan kan det verka som om extroverta personer är mer självsäkra, men så är inte alltid fallet. Eftersom introverta personer använder sitt sinne mer är de mer försiktiga i sin beslutsprocess och drar mer logiska slutsatser som ger fruktbara resultat. Extroverta personer kringgår i allmänhet sinnet och fattar beslut med hjälp av sin magkänsla. Om deras intuition vägleder dem kan deras val vara gynnsamma, medan de ofta drabbas när deras instinkt leder dem. När viljan dominerar arbetar extroverta personer från det Högre

Mentala Planet, medan de påverkas av det Andliga Planet när de kanaliserar sin intuition. Extroverta personer leds i allmänhet av sin Själ, medan introverta personer är mer benägna att ledas av sitt Ego.

Kundalini-uppvaknandet är tänkt att göra dig mer extrovert, även om du alltid kommer att pendla mellan båda tillstånden under din Andliga resa. Du kommer till exempel att tillbringa mer tid med att vara introvert i de inledande stadierna när Egot är mer aktivt, medan du i de senare stadierna, när du helt och hållet intonerar dig med din Själ och ditt Högre Jag, kommer att bli extrovert. Detta beror på att den Andliga vägen alltid börjar i sinnet men slutar i hjärtat.

Din växling mellan introverta och extroverta tillstånd under din Kundaliniväckande process beror på vilka Element du arbetar med på naturlig väg via Kundalini elden eller genom rituella anropstekniker. Vattenelementet relaterar till dina känslor, som kan vara frivilliga eller ofrivilliga, som instinktiva känslor - att arbeta med det här Elementet kommer därför att göra dig introvert. Eldelementet har att göra med din viljestyrka som får din kropp att agera, vilket gör dig extrovert. Eldelementet uttrycker Arketyper och sanning, eftersom det är tempererat av Solens Ljus. Omvänt visar Vattenelementet tankens dualitet, som påverkas av Månens Ljus.

Luftelementet (tankar) vibrerar mellan dem och ger dem bränsle och dynamik. Tankarna kan vara medvetna, och driva på viljan, eller undermedvetna, och agera på känslorna. Och slutligen gör Jordelementet, som är relaterat till fysisk aktivitet och till att vara i det nuvarande ögonblicket, en person till en extrovert person. Jordelementets täthet förhindrar alltför mycket tänkande eller känslor, vilket bara lämnar oss med handling. Jordelementet är direkt relaterat till Själen och till att låta sig ledas av sina inre impulser, vare sig det är intuition eller instinkter.

KÄNSLOR KONTRA FÖRNUFT

En kraftfull dikotomi som visar sig hos den fullt Kundaliniväckta individen är den ständiga kampen mellan känslorna och intellektet, som uttrycker sig genom logik och förnuft. Känslor är ett resultat av vår tidigare konditionering samt våra inre önskningar. Vissa känslor är instinktiva och ofrivilliga, medan andra känslor har vi kontroll över.

Logik är det systematiska studiet av argument, medan förnuftet tillämpar logik för att förstå eller bedöma något. Dessa två inre komponenter är två sidor av samma mynt. De representerar den del av oss som kan uppfatta sanningen och göra bedömningar om vårt beslutsfattande. Förnuftet kan förutsäga resultat; det fungerar som en superdator som läser av verkligheten omkring oss. Den ger oss sedan välgrundade beräkningar som gör det möjligt för oss att utföra den mest optimala handlingen som ger de bästa resultaten.

Känslor är impulser som driver oss att agera för tillfället. De påverkas antingen av självkärlek eller villkorslös kärlek till hela mänskligheten. När känslor kontrolleras av självkärlek är de inte intresserade av resultat utan av att må bra och få vad Egot vill ha när det vill ha det. Känslor är således kopplade till personliga önskemål. När de påverkas av villkorslös kärlek upphöjs Själen och fokus ligger på att bygga upp dygder och den glädje man får av att vara en god människa.

Lägre känslor uttrycks genom Vattenelementet på verklighetens Astrala Plan. De högre känslorna stiger dock så högt som till det Andliga Planet. Logik och förnuft påverkas alltid av Eldelementet som verkar på Lufteleméntet, längs det Mentala Planet. Det kan inte projicera högre än det Mentala Planet.

Egot och Själen kan ta över både känslor och förnuft. Själen arbetar dock alltid med hjälp av den villkorslösa kärlekens energi som påverkas av Andens och Eldens Element. Själen förstår att vi är Eviga och att vår gnista kommer att fortsätta efter den fysiska döden, så den söker enhet och erkännande av enhet med andra människor. Den agerar inte utifrån självkärlek; det är bara Egot som gör det eftersom Egot lever utifrån sinnet där det känner igen dualiteten mellan Jaget och andra Jag. Det vaktar och skyddar kroppen och fruktar dess eventuella död. Denna räddhetsenergi är det som driver mycket av de känslor som Egot påverkar.

Ibland kan våra känslor säga oss något så bestämt som går helt emot vad vårt förnuft säger oss, och vice versa. Den här processen pågår i många år hos Kundaliniväckta individer. Vid de högre punkterna i kundalini-väckningen kommer du dock att övervinna personliga, lägre känslor, och ditt förnuft och din logik kommer att anpassa sig till Själen och det Högre Jaget, Anden. Det är omöjligt att lyckas i livet om man bara följer sina känslor eftersom de kan vara så flyktiga och att agera utifrån dem ofta ger mycket negativa resultat. Känslor som är ett uttryck för någon inre önskan har för det mesta ingen logisk grund. Genom att handla efter dem hamnar vi ofta i svårigheter.

Men även om vi gillar att göra det som känns bra, vilket är vår naturliga impuls, lär du dig genom Kundalinis uppvaknandeprocess att tygla de lägre känslorna eftersom ditt Ego håller på att dö. Som ett resultat av detta kan du se framåt och utföra handlingar som är i linje med högre känslor som projiceras genom den villkorslösa kärlekens lins. Ofta kommer du att upptäcka att dessa högre känslor också är i linje med den logiska delen av dig, och denna balans mellan de två kommer att ge de mest gynnsamma resultaten i ditt liv.

Balansen mellan högre känslor och förnuft är faktiskt den rätta grunden för att leva ett lyckligt och framgångsrikt liv. Med tiden kommer du att bygga upp din karaktär och en grad av styrka, som var outgrundlig i början av din Kundalini-uppvakningsresa. Du kommer att lära dig att leva med betoning på korrekt uppförande och handling som kommer från en plats med moral och etik. Detta sätt att leva är det naturliga uttrycket för Kundalinis Eld och känslan av Guds Härlighet, som genomsyrar ditt Hjärtchakra, Anahata.

KUNDALINI OCH MATTRANSFORMATION

Gopi Krishna blev i slutet av 1960-talet känd som en av de främsta auktoriteterna i Västvärlden när det gäller Kundalini-uppvaknandet. Även om Arthur Avalons *The Serpent Power*, som publicerades 1919, var den första boken som introducerade begreppet Kundalini i Västvärlden, skrev Gopi en serie böcker som helt och hållet fokuserade på Kundalini och som översattes till Engelska för Västvärlden. Detta skedde ungefär samtidigt som Yogi Bhajan introducerade sin Kundaliniyoga i USA. Mellan dessa två mäns arbete blev hela världen bekant med ordet "Kundalini".

Gopi skrev många böcker om Kundalini under de följande tjugo åren. Medan hans arbete var mer filosofiskt, lärde Yogi Bhajan ut praktiska metoder genom Yoga för att aktivera denna svårfångade och mystiska energi hos sina elever. Kundalini-vetenskapen har dock inte gjort några större framsteg än dessa två mäns arbete. Den enda betydande person som kom och hade ett betydande bidrag på detta område är Swami Satyananda Saraswati, som skrev många böcker om Tantra och Yoga och klargjorde hur man följer deras vägar samtidigt som han gav medel och metoder för att väcka din Kundalini. Swami Satyanandas arbete har i hög grad påverkat mitt bidrag till Tantra och Yoga i den här boken. Och jag skulle vara försumlig om jag inte nämnde David Frawleys omfattande arbete om Yoga och Ayurveda, som har varit till stor hjälp för Västvärlden och för mig personligen.

Jag har redan talat om Gopis första Kundalini-uppvaknande och hans fara efter att ha haft en ofullständig uppstigning. Denna situation plågade honom tills han hittade en lösning. Hans förtvivlan berodde på att Ida-kanalen förblev vilande medan Sushumna och Pingala aktiverades när hans Kundalini vaknade. Det manifesterade sig som en försvagande ångest som gjorde livet omöjligt för Gopi, som vissa dagar önskade att han var död. Denna situation kräver dock ytterligare undersökning eftersom det är en vanlig händelse som kan drabba vem som helst. Jag har till exempel behandlat samma problem, fast i ett annat sammanhang, och har hittat lösningar för att lösa det. Om du har en tydligare bild av mekaniken bakom det som hände Gopi kommer du att kunna använda mina lösningar för att åtgärda problemet om det också händer dig.

Efter Gopis Kundalini-uppvaknande, eftersom Idas svalkande, passiva Vattenenergi inte var närvarande, arbetade Pingalas heta, aktiva Eldsenergi på övertid. Denna situation gjorde dock bara saken värre för honom. Ida-kanalen aktiverar det Parasympatiska Nervsystemet, vilket lugnar ner kroppen och sinnet. Pingalakanalen däremot startar det Sympatiska Nervsystemet, vilket sätter kroppen och sinnet i "kamp- eller flyktläge". Föreställ dig att du har SNS-systemet på permanent och inte kan stänga av det. Följaktligen har jag varit i exakt den här situationen, så jag vet hur det är och hur man åtgärdar det. Den enda skillnaden är att jag redan hade verktygen för att övervinna det när det hände mig, vilket Gopi inte hade.

Om detta händer dig, och det kan hända även under senare stadier av Kundalini-transformationen, blir varje ögonblick i ditt liv ett kristillstånd. Det värsta, har jag funnit, är att föra in mat i kroppen, vilket skapar den mest plågsamma elden som känns som om den bränner dig levande inifrån. Jag förlorade tre kilo under den första veckan när jag hanterade den här situationen, och Gopi nämnde också snabb viktnedgång. Du förstår, den heta, intensiva Pingala-kanalen måste balanseras av Idas svalkande energi, annars hamnar systemet i oordning och påverkar sinnet negativt. Varje bit mat som du äter upp manifesteras som försvagande stress och ångest, vilket anstränger och utmattar dina Binjurar. Detta sinnestillstånd kan ta ut sin rätt på ditt liv, där det känns som om det är en situation på liv eller död som ingen i din omgivning kan hjälpa dig med. Föreställ dig den förtvivlan du går igenom och det nödläge du befinner dig i samtidigt som du är den enda som kan hjälpa dig själv. Jag har varit där.

I samma ögonblick som du äter mat börjar den omvandlas till Pranisk energi, vilket ger kraft åt Pingala-kanalen och får den att gå upp i en hög växel eftersom den stora mängden Prana inte fördelas jämnt genom de båda primära Nadis. Gopi visste från Tantriska och Yogiska läror att han med största sannolikhet inte väckte Ida, så han visste vad han skulle fokusera på för att försöka hjälpa sig själv. Han visste att endast Ida innehöll den kylande kraft som han behövde för att balansera sitt energisystem. Och jag, ja, min hjälp var Gopi, som gick igenom samma sak och skrev om det i sina böcker som jag hade läst fram till dess.

Gopi gjorde allt för att aktivera Ida genom meditation. Den meditation han använde var visualiseringen av en Lotusblomma i hans Sinnesöga. Genom att hålla fast vid denna bild under en längre tid aktiverades Ida-kanalen slutligen vid basen av hans ryggrad och steg uppåt i hans hjärna. Han kände dess kylande, lugnande energi som balanserade hans energisystem. Hans sinne blev nu väl reglerat. Han fann tröst i matintag och började till och med äta i överflöd, med huvudsaklig inriktning på apelsiner, förmodligen för att fylla på sina slitna Binjurar.

Visuella tankar, som är bilder i sinnet, är en effekt av Ida-kanalen, inte Pingala. Så det är ingen tillfällighet att Gopi Krishna aktiverade Ida genom att tvinga sig själv att bilda en visuell bild i sitt Sinnesöga och hålla fast vid den bilden med en mäktig koncentration.

Det är viktigt att förstå att om en Kundalini-aktivering och uppstigning ska lyckas måste alla tre kanalerna Ida, Pingala och Sushumna stiga upp i hjärnan samtidigt. För att skapa ett välbalanserat psykiskt system och slutföra Kundalini-kretsen i den nyutvecklade Ljuskroppen måste Ida och Pingala stiga upp i mitten av huvudet vid Thalamus och blåsa upp Ajna Chakra. Därefter fortsätter de att röra sig mot punkten mellan ögonbrynen, Sinnesöga-centret. Om du har väckt Ida- och Pingalakanalerna, men de har blivit blockerade, eller om en eller båda har en kortslutning någon gång i framtiden, kan du korrigera flödet av dessa Nadis igen genom att fokusera på det Tredje Ögat.

Om Ida och Pingala sjunker under det Sjunde Ögonchakrat eller Bindu-punkten i bakhuvudet kommer Kundalinikretsen att upphöra att fungera. För att starta den på nytt måste du meditera på Sinnesögat och hålla fast en bild med hjälp av din fantasi och Viljestyrka. Denna övning kommer att åter stimulera Ida och Pingala och åter öppna det Sjunde Ögat och Bindu-Chakrat. På så sätt kommer Nadis att omjustera och återkoppla hela Kundalini-kretsen i Ljuskroppen. En annan meditation som kan fungera om det finns blockeringar i Bindu är att hålla uppmärksamheten en centimeter från Bindu-punkten tills energin har återställts och flödar på rätt sätt. På samma sätt kan du genom att fokusera en centimeter bort från det Sjunde Ögonchakrat också rikta in den punkten.

Jag kommer att gå in mer i detalj på dessa övningar och meditationer i kapitlet "Felsökning Av Systemet" längst bak i boken. Dessa meditationer är av största vikt för att stabilisera ditt Kundalini-system. Jag har upptäckt alla dessa meditationer själv under de senaste sjutton åren, och därför kommer du att se dem för första gången i den här boken. Om det skulle bli ett massuppvaknande av Kundalini och hela världen behövde vägledning och snabbt, skulle mina meditationer vara svaret på många energirelaterade problem som människor skulle kunna uppleva. Så hur tänkte jag på dem?

När jag hade problem med Kundalini-kretsen låg jag på min säng i timmar, dagar eller till och med veckor och letade efter olika energi-"triggerpunkter" i huvudområdet att meditera på för att avlägsna energiblockeringar och rikta om Nadis. Ibland behöver man till och med en återaktivering av Ajna- eller Sahasrara-Chakrat, även om det är omöjligt för dessa centra att stänga sig när Kundalinienergin väl har väckt dem helt och hållet. Under denna upptäcktsprocess var jag fast besluten att till varje pris hitta lösningar som gjorde att jag kunde segra. "Om det finns en vilja finns det en väg", sa jag alltid, och "varje problem har en lösning", även om det är ett problem av energetisk natur. Jag accepterade aldrig misslyckanden i detta avseende så att jag genom min upptäckarprocess skulle hitta lösningar som jag en dag kunde dela med mig av till världen som jag är nu.

Mina upptäckter har prövats många gånger i mitt liv när Kundalini-systemet utmanade mig. Och alla fungerar. Förstå att Kundalini är mycket känslig men också mycket flyktig. Många saker som vi människor gör och som lätt accepteras som norm i samhället kan och kommer att kortsluta Kundalini-systemet. Till exempel hur vi behandlar varandra som människor, traumatiska ögonblick och till och med användning av droger och alkohol kan vara mycket skadligt för ditt Kundalini-system. När du är klar med den här boken kommer du att ha nycklarna för att övervinna alla problem med Kundalini-systemet och inte vara utlämnad åt det när det fungerar dåligt.

SUBLIMATION/TRANSFORMATION AV LIVSMEDEL

Processen med sublimering/omvandling av mat ger många olika upplevelser med tiden. Till exempel, efter att ha aktiverat Ljuskroppen vid det första Kundalini-uppvaknandet, kommer du att känna en känsla av tröghet och letargi under en tid efteråt eftersom kroppen använder all den Praniska energi den får från maten för att bygga upp Kundalini-kretsen. Som ett resultat av detta kan du känna dig oinspirerad och omotiverad att utföra dina dagliga uppgifter. Du kanske också vill isolera dig från andra människor och vara ensam. Tänk på att dessa ganska obekväma manifestationer inte är permanenta. I takt med att du utvecklas kommer de att passera.

Efter det första uppvaknandet kommer du troligen att befinna dig i ett negativt tankesätt mentalt och känslomässigt när du ger näring åt din Ljuskropp genom att äta. Dina dopamin- och serotoninnivåer kommer att sjunka eftersom kroppen är i överdrift för att syntetisera mat till Pranisk Ljus-energi. Det tar några månader innan energin stabiliseras och du känner en viss känsla av livssyfte igen. Under denna omvandlingsprocess kommer din motivation och drivkraft, liksom din viljestyrka, att gå in i vinterdvala. Du kommer att behöva ge dig själv en paus och ta lite ledigt från det du planerar att arbeta med och åstadkomma under denna period. Jag kan dock garantera att du kommer att återuppstå från denna erfarenhet starkare och mer stärkt än någonsin.

Under de första delarna av uppbyggnadsprocessen sublimeras Kundalini-Elden till Ande- eller Ljusenergi. Till en början befinner den sig i ett potentiellt tillstånd som latent värme. Men när du för in mat i systemet ger det näring åt elden och får den att växa. När den växer intensifieras den, vilket börjar kännas som om du brinner upp inifrån. Slutligen, på toppen av värmens intensitet, när hjärtat rusar och ångesten är på topp, börjar elden sublimeras och blir till Andlig energi.

Det viktigaste att förstå från denna process är att Kundalini-Elden kommer att vara i ett kontinuerligt tillstånd av omvandling och transmutation. Den ändrar form samtidigt som du fortsätter att äta och dricka vatten för att reglera och kyla av dess effekter. Jag fann mig ofta springa till köket för att hämta ett glas vatten för att svalka mig. Mina föräldrar tittade misstroget på mig och försökte lista ut om deras son hade förvandlats till en drogmissbrukare eftersom mitt beteende var alarmerande. Vid andra tillfällen behövde jag ett glas mjölk om värmen var för intensiv och min kropp saknade näring. Så jag föreslår att du är redo med det där glaset vatten eller mjölk när du behöver det och har en bra ursäkt för ditt konstiga beteende om du inte bor ensam.

Denna process är mycket intensiv under några veckor till högst några månader. Därefter stabiliseras den och blir jämnare. Den inledande delen av uppvaknandet är verkligen den mest utmanande eftersom elden inom dig känns som om den bränner dig levande, och på grund av dess intensitet går din stress och ångest genom taket. En del av den rädsla du upplever är att Egot försöker lista ut vad som händer men kan inte göra det eftersom det normalt fungerar genom att förutsäga saker baserat på vad det redan har sett, och det har aldrig sett något sådant här förut.

Denna sublimerade Kundalini-Elden, som jag bara kan beskriva som en svalkande, Livlig Ande, är tänkt att ge bränsle till Kundalini-kretsen. Även om Kundalini börjar som en rasande eld, kom ihåg att detta tillstånd bara är en av dess tillfälliga former. Att veta detta i förväg kan spara dig många hjärtesorg, så glöm inte vad jag sa. Med tiden, och med intag av mat, förvandlas Kundalini-Elden till en fridfull, eterisk, flytande Andeenergi som lugnar dig och sköljer bort den negativitet som systemet tidigare mött.

Att ha tålamod när denna process sker inom dig är halva slaget. Kom ihåg att ingenting förblir statiskt medan Kundalini förvandlar dig; metamorfos är en process av ständig förändring. Därför måste du lära dig att välkomna de inre förändringarna i stället för att bekämpa dem. Av denna anledning förespråkar många uppvaknade personer att man till varje pris ska ge sig hän åt Kundalinienergin. Nu förstår du varför det är lättare sagt än gjort. Du kommer dock att se att du inte har något val i slutändan.

Även om den rasande elden kan vara mycket obekväm under sina toppskeden, blir den oundvikligen en kylande Andeenergi. Huruvida du väljer att vara en aktiv eller passiv deltagare i processen är helt upp till dig. Jag kan inte säga hur lång tid det kommer att ta att omvandla eftersom tidpunkten varierar från person till person, men jag rekommenderar att du äter näringsriktig mat och är lugn, tålmodig och avslappnad så mycket som möjligt.

Att framkalla negativa tankar och tvivel kommer bara att stimulera rädsla i systemet, vilket kommer att ha en negativ effekt. Att vara lugn medan Kundalinis rasande eld verkar kommer att frigöra serotonin och oxytocin, vilket gör att sublimeringen till fin Andlig energi kan ske. Dopamin och adrenalin hindrar denna process; kroppen måste aktivera det Parasympatiska Nervsystemet i stället för det Sympatiska.

Det är bra att placera tungan på munnen medan denna process pågår. Denna handling kommer att koppla samman Ida och Pingala Nadis och göra det lättare att hålla sinnet lugnt och sublimera energin. När den rasande elden förvandlas till Ande öppnas nya energifickor i det centrala bukområdet och på dess högra sida. Det är här som denna nya Andeenergi tycks börja sin uppstigning uppåt längs Ida- och Pingalakanalerna på framsidan av kroppen. Dessa energifickor, som ligger framför njurarna, skapar känslan av Enhet, Evighet och fullständig uppslukning i Anden.

TANKAR I "REALTID"

Efter ett fullständigt och hållbart Kundalini-uppvaknande kommer Ljusenergin att vara ständigt närvarande i hjärnan. Eftersom Ljuset tjänar som en bro mellan det medvetna och det undermedvetna sinnet har det en särskild effekt på dina tankar. Medan du befinner dig i detta ovanliga tillstånd av varande kommer dina tankar att börja framstå som mycket verkliga för dig. Som om det du tänker på är närvarande där med dig i verkligheten. Detta fenomen är delvis ett resultat av att Kundalini genomborrar Anahata, Hjärtchakrat, under sin uppåtgående uppstigning och väcker den Tysta Observatörsaspekten av Jaget.

Denna del av Jaget, i kombination med det svaga Ljuset i ditt huvud, ger dig känslan av att alla tankar i ditt sinne är verkliga och inte bara idéer. Medan du tänker ser den Tysta Observatörsdelen av Jaget som en oskyldig åskådare på hur denna process äger rum i Hjärtchakrat. Men omvänt, när denna del av Jaget väl har vaknat upp, så är också dess motsats - den Sanna Viljan - vaken. Det är generatorn av all verklighet, det Högre eller Gudomliga Jaget.

Att uppleva dina tankar som verkliga är faktiskt katalysatorn bakom den rädsla och ångest som uppstår direkt efter ett fullständigt och permanent Kundalini-uppvaknande. När djupa, undermedvetna tankar förenas med medvetna tankar framstår allt inre som mer verkligt än någonsin. Det kan vara en skrämmande och förvirrande upplevelse i början, vilket det var för mig och många andra som gick igenom samma sak. Det blir svårt att skilja mellan dina medvetna tankar och de projicerade rädslorna från ditt undermedvetna.

Denna nya "realitet" i tanken är källan till de upprymda lyckokänslorna från inspirerat tänkande, inklusive den intensiva depressionen som är resultatet av negativa, rädslobaserade tankar eller idéer. Både Änglakrafter och Demoniska krafter kan nu genomsyra ditt sinne, och utmaningen blir att kunna skilja på de två. Negativa tankesändare kan antingen vara dina dolda skelett i garderoben, tankar som projiceras från andras sinnen eller till och med utomstående entiteter som lever i det Astrala och Mentala Planet.

Efter att ha väckt Kundalini är ditt nästa steg i den Andliga Utvecklingsprocessen att behärska dessa två Plan, särskilt det Mentala Planet, eftersom det du tänker på kommer att avgöra kvaliteten på din verklighet. Inom Filosofin för Nya Tankar förklaras detta av Lagen om Attraktion, som säger att du för in positiva eller negativa upplevelser i ditt liv genom att fokusera på positiva eller negativa tankar. *Kybalion* stöder denna teori, eftersom Lagen om Attraktion bygger på den centrala Hermetiska Skapelseprincipen som säger att "Allt är Medvetande, Universum är Mentalt". Detta innebär att dina tankar är direkt ansvariga för din upplevelse av livet eftersom skillnaden mellan Materiens Värld och din egen Mentala verklighet bara är en fråga om grad. Därför är Materian inte så verklig och konkret som vi uppfattar den som utan är Guds Tanke, som arbetar med dina tankar för att manifestera din verklighet. Därför är vi Medskapare med vår Skapare genom sinnet, genom tankarna.

Den Hermetiska Korrespondensprincipen "Som Ovan, Så Nedan" säger oss att de högre Planen påverkar de lägre, vilket förklarar varför det Mentala Planet påverkar det Fysiska Planet. Detta axiom anses också vara grunden för utövandet av Magi. Aleister Crowley definierade Magi som "vetenskapen och konsten att få förändringar att ske i enlighet med Viljan". Även om våra tankar bestämmer verkligheten måste vi komma i kontakt med och ställa in oss på den viljestyrka som driver våra tankar. Processen för manifestation i den fysiska verkligheten har som källa impulsen från den Sanna Viljan från det Andliga Planet, som blir en tanke på det Mentala Planet, som utlöser en känslomässig reaktion på det Astrala eller Emotionella Planet och slutligen manifesteras på det Fysiska Materieplanet.

Därför är det av största vikt att arbeta med Elementen och rena varje Chakra på den Andliga resan. Det undermedvetna sinnet är inte längre något djupt och dolt inuti Jaget, utan det blir något som finns där framför dig varje vaken stund av dagen och vars funktion du kan observera. Anledningen till detta är att Ajna Chakra nu är uppvaknat och fungerar optimalt efter att ha fått ett inflöde av Ljusenergi genom den uppvaknade Kundalini. Sinnets Öga är det "verktyg" vi använder för introspektion och för att se in i det undermedvetna sinnets arbete.

Kom ihåg att Karmisk energi (i betydelsen negativ energi som lagras i Chakrana) är resultatet av en motsatt åsikt, tro eller ett minne som när det gäller enskilda Chakran är relaterat till en viss del av Jaget. Det gamla Jaget, Egot, är det som vi måste rena och avskilja så att det nya Högre Jaget kan ta plats. Jaget använder olika krafter som aktiveras av energierna i Chakrana eftersom de är källan till dessa krafter. I början av uppvaknandet kommer Självet att ha mer referens till Ego än någonsin, men när vi renar vårt koncept av Självet, avlägsnar vi Egot.

Det blir nödvändigt att rensa det undermedvetna sinnet eftersom du, som tidigare nämnts, först måste bemästra dina Demoner, de negativa aspekterna av ditt psyke, innan du kan vistas i de högre Chakrana och bli ett med det Andliga Elementet. Genom att anpassa ditt medvetande till de tre högre Chakrana Vishuddhi, Ajna och Sahasrara anpassar du dig till den Sanna Viljan och det Högre Jaget.

Eftersom du inte kan stänga av den här processen, då den har utlösts av den uppväckta Kundalini, kommer det att bli mer relevant för dig än något annat att ha verktygen för att rena Chakrana och behärska Elementen vid den här tiden i ditt liv. Annars kommer du att vara utlämnad till de psykiska krafterna i de Kosmiska Planen. Därför måste du utveckla dig själv till en Andlig krigare vid denna tidpunkt då ditt sinne, din kropp och din Själ dagligen omformas av den nyligen uppvaknade Kundalini-energin.

EMPATI OCH TELEPATI

När Kundalini-kretsen är öppen och den Andliga energin cirkulerar i Ljuskroppen får ditt medvetande förmågan att lämna den fysiska kroppen när du vill. När du trillar ut ur din fysiska kropp genom Kronchakrat upplever du att din Andliga energi genomsyrar allt du uppfattar med dina fysiska ögon i den materiella världen. Denna erfarenhet bidrar till verklighetsuppfattningen i realtid; först nu kan du känna och förkroppsliga energin i varje objekt i din omgivning. Genom ditt Hjärtchakra börjar du känna essensen av det du lägger din uppmärksamhet på när din Andliga energi överförs till det du tittar på eller hör.

När du till exempel tittar på en våldsfilm kan du känna och uppleva energin i en våldsam handling genom att förflytta din kropp in i kroppen på den person som du tittar på. Denna process sker automatiskt och omedelbart, utan medveten ansträngning. Allt som krävs för att detta fenomen ska inträffa är att ge filmen din odelade uppmärksamhet. Det är en ganska magisk upplevelse till en början och en av Kundalinis största gåvor. Den börjar utvecklas när tillräckligt mycket Andlig energi har sublimerats genom Kundalini-Elden och födointag. Det kan ske i slutet av det första året av uppvaknandet, kanske till och med tidigare.

Den här omvandlingen och manifestationen gör det möjligt för dig att ställa in dig på andra människors känslor när du fokuserar din uppmärksamhet på dem. Denna process är hur du växer i empati. Du kliver bokstavligen in i deras kropp med din Ande och kan känna vad de känner. Om du inte ger dem uppmärksamhet genom att titta på dem behöver du bara lyssna på dem när de pratar, och du stämmer av på deras energi genom ljud. Denna manifestation sker genom din förbindelse med ljudet. Det är en form av telepati - att läsa människors tankar och kvaliteten på deras tankar.

Empati är att läsa av människors känslor och den känslomässiga energin i deras hjärtan. Tillräckligt med Andlig energi måste strömma in i din nyutvecklade Ljuskropp genom mattransformation/sublimering för att skapa båda manifestationerna. Det är som en våg som skapas och din uppmärksamhet är surfbrädan. Med din uppmärksamhet kan du nu surfa på vågen genom att fokusera på saker som ligger utanför dig.

Det skulle hjälpa om du lärde dig att separera dig själv från de känslor eller tankar du upplever genom att förstå att de inte projiceras inifrån utan utifrån. Egot kan bli förvirrat och tro att det är Egot som dessa känslor eller tankar projiceras från, vilket kan orsaka rädsla och ångest. När du väl har gått bortom ditt Ego och kan skilja dig från det du upplever kan du göra det utan negativitet. Detta kan dock inträffa först i Kundalini-transformationens senare skeden, när Egot är rensat och rädsla och ångest har minskat sin energiladdning eller lämnat systemet helt och hållet.

När du först börjar uppleva detta fenomen kan det vara svårt att skilja på vem du är och vem andra människor är. Det är en av de största utmaningarna under de första åren av uppvaknandet eftersom så många känslor och tankar kommer att röra sig i ditt sinne och hjärta att du kommer att svänga fram och tillbaka som en båt i stormigt havsvatten. Nyckeln är att stabilisera ditt inre och lära dig att navigera i det turbulenta vattnet. På så sätt lär du dig att få kontroll över ditt liv, kanske för första gången. Den Grekiska aforismen "Känn Dig Själv" är viktig att tillämpa i detta skede av ditt liv. Du kommer att behöva ta tag i dina tankar och känslor genom att förstå dina och andras energiprojektioner.

En viktig notering om både telepati och empati - när du utvecklar en starkare koppling till din Andliga Kropp blir dessa psykiska gåvor permanenta, vilket innebär att du inte längre kan stänga av dem. Du kan inte bestämma dig för att det bara är för mycket att bära och att du helt enkelt inte vill ta del av det längre. Ibland kan det vara ganska överväldigande eftersom du samtidigt tar itu med din ångest och rädsla samtidigt som du tar på dig andras.

Det skulle vara bra om du kunde göra en självrannsakan vid den här tiden. Du bör ta lite tid för dig själv om du inte är van att göra det, för du kommer att behöva det. Om du har varit en social fjäril hela ditt liv kan du inte längre vara med andra människor hela tiden. Det är dags att ändra dessa vanor och ta tid för dig själv också. Ensamtid är det enda sättet för ordentlig introspektion eftersom en del av dessa tankar och känslor från andra människor kommer att stanna kvar hos dig i dagar, veckor till och med. Du måste lära dig att släppa dem och inte göra dem till en del av den du är.

Med tiden, när du kan skilja mellan de två och har renat och renat ditt Ego, kommer du att kunna tillbringa mer tid med andra och mindre tid ensam. Dessutom kommer du att kunna ställa in dig på andras kärleksenergi, som nu ger näring åt din energi. Inte på ett sätt så att du är en psykisk vampyr som stjäl andras energi, utan på ett sätt där du tar emot kärlek och ger tillbaka den så att du kan upprätthålla ett osjälviskt utbyte av kärleksenergi med människor som du interagerar med. Kärleksenergi är näring för Själen för oss alla, och det är därför vi behöver varandra. För att lära dig att kanalisera ren kärlek utan fasthållande måste du först övervinna din negativitet.

ETIK OCH MORAL

När Kundalini är aktiv sker en betydande förändring i medvetandet och du märker att din uppfattning om etik och moral genom korrekt beteende och uppförande utvecklas. Med andra ord börjar du agera med moraliska principer i alla livssituationer, på ett naturligt sätt. Enheten mellan Jaget och resten av världen växer, vilket gör att du känner dig kopplad till allting ur moralisk synvinkel. Det kommer absolut respekt för mänskligheten när denna Kundalini-uppvaknandeprocess äger rum.

Med tiden börjar Kundalini utplåna personliga minnen från det förflutna, vilket gör att det Högre Jaget blir högre än Egot. Denna process gör det möjligt för dig att leva i Nuet, det nuvarande ögonblicket, på bästa sätt. Det kan vara ett mycket förvirrande tillstånd till en början eftersom Ego, som förklarats, fungerar genom att hänvisa till minnen om sig själv. Eftersom minnet är flyktigt börjar dock Egot att falla bort genom Kundalinis utrensningsprocess eftersom det inte längre kan associera till tidigare händelser. På så sätt blir Anden och Själen upphöjda. Naturligtvis kommer du att börja utveckla en hög etisk ståndpunkt eftersom du i det nuvarande ögonblicket inser att det rätta sättet att bete sig är att visa respekt och heder för alla levande varelser.

Denna moraliska uppgradering är en naturlig utveckling för varje person som genomgår Kundalini-uppvaknandet. Det är en gåva. Alla människor med uppvaknad Kundalini är humanister och ger osjälviskt på ett eller annat sätt. De är till synes på autopilot i de flesta fall när de väl har överlämnat sig till Kundalinienergin. En fullständig överlåtelse måste ske för att uppnå detta tillstånd, och denna överlåtelse är oundviklig för alla som går igenom transformationsprocessen.

Oavsett hur mycket Egot håller fast vid det, vet det i slutändan att det kommer att få stå tillbaka för Själen och Anden. Så småningom minskar dess grepp. En solid etisk och moralisk grund är födslorätten för alla Kundalini-uppvaknade människor. Vårt övergripande öde som människor är att älska och respektera varandra i stället för att utnyttja varandra. När du väl har utvecklat dig etiskt kommer du att inse att vi alla är bröder och systrar eftersom du kommer att vara närmare Skaparens Sinne än någonsin tidigare.

Etik och moral är kopplade till den villkorslösa kärleksenergin som byggs upp i Hjärtchakrat. Du börjar känna hela världen i ditt hjärta som En enda essens (Figur 155), tillsammans med en önskan att kanalisera denna nyvunna kärleksenergi till andra. Och när du projicerar kärleksenergi mot andra människor börjar din karaktär bygga upp dygder vars grund är etik och moral.

Figur 155: Hjärtchakrat och Enhet

Du börjar känna en känsla av heder eftersom vi alla är bröder och systrar som är födda av samma Skapare. När du befinner dig i det nuvarande ögonblicket, i Nuet, kan du stämma av med den del av dig själv som är Evig - den Heliga Skyddsängeln. Ditt Högre Geni börjar undervisa och vägleda dig på din Andliga resa. De lär dig hur du kan bli en bättre människa varje dag i ditt liv. Den Heliga Skyddsängeln lär dig om Universum och förmedlar kunskap och visdom dagligen. Den är allvis och alltigenom god och har den högsta moraliska kompassen eftersom den är en del av Gud - Skaparen.

Att vara snäll mot andra gör det lätt att skilja de goda människorna från de dåliga eller de som saknar moralisk kompass. Jag tycker dock att människor för det mesta är goda, och när man behandlar dem med kärlek ger de tillbaka. Genom att hedra och respektera dem kanaliserar du kärlek till dem som känns som en Ljusstråle som skjuter ut ur bröstet. När denna stråle av Ljusenergi går in i en annan människas Aura absorberar de den och skickar den tillbaka till dig genom sitt Hjärtchakra. Denna eviga kärleksenergikrets bryts först när en av er börjar tänka med sitt Ego och frågar vad som ligger i det för dem. Om världens människor inte hade massiva Egon skulle vi naturligtvis utbyta kärlek på detta sätt och utrota ondska på global nivå.

Jag har också upptäckt att jag har lärt mig att agera utifrån etiska principer, vilket har fått mig att älska och respektera mig själv mer. När du känner igen det goda inom dig och väljer att dela det med andra, lär du dig alltid att älska dig själv. När allt kommer omkring är andra människor bara reflektioner, speglar av oss själva. Vi är alla Skaparen, och Skaparen är En. Det är avgörande att lära sig att älska sig själv eftersom du övervinner din osäkerhet genom att göra det. En metod för att lära sig att älska sig själv är att vara bekväm i Nuet, vilket övervinner din osäkerhet.

I de flesta fall är det någon yttre faktor som utlöser dem och får dig att gå in i ditt inre. När du väl är introvert och inne i dig själv förlorar du kontakten med Nuet och den rena potentialitetens rike där allt är möjligt. Genom att stanna i nuet blir du dock istället extrovert, och så länge du är närvarande kommer du inte att gå in i dig själv där du kan få tillgång till dina osäkerheter.

Kundalini-uppvaknandet är tänkt att göra dig till en Ljusvarelse, och som sådan gör den här uppgraderingen det möjligt för dig att leva livet fullt ut, kanske för första gången. För att få ut det mesta av livet måste du vara i ett tillstånd där du kan känna igen möjligheten i allt du upplever för att ta den möjligheten att uppleva något nytt och växa Andligt. Moral och etik går hand i hand med att vara i Nuet. Att vara i Nuet har omvänt att göra med det begrepp som Jesus Kristus talade om - Guds Härlighet.

Guds Härlighet handlar om att stämma av ditt medvetande till Evighetens rike - Himmelriket. Du kan nå detta rike genom Nuet, men du måste helt och hållet överlämna dig själv genom tro för att komma in i det. Endast din intuition kan kontakta det Eviga Riket eftersom det kräver att ditt Ego tystas för att uppleva det. Guds Härlighet är en känslomässig hänryckning som kommer av att uppleva Enhet med allting. Det är Riket av ren potential och icke-dualitet. Det kan tyckas långsökt att tro att du kan känna resonans med detta koncept, men tro mig, det är möjligt att uppnå det. Ett av syftena med kundalini-transformationen är att så småningom föra dig in i Himmelriket. Observera att även om upplevelsen av Guds Härlighet vanligtvis är tillfällig för den genomsnittliga personen, kan högt utvecklade Kundaliniväckta individer stanna i detta tillstånd på obestämd tid.

Det är viktigt att förstå att dessa begrepp och idéer som nämns ovan hänger ihop. Det ena ger upphov till det andra, som sedan väcker något annat. Dessa är naturliga uttryck för att bli en Ljusvarelse genom Kundalini-väckningen. Det är verkligen en uppgradering och ett nytt sätt att leva på den här Planeten. Andra kanske aldrig vet vad du upplever, men de kommer att se de förändringar du genomgår genom dina handlingar.

Nyckeln är att hålla sig inspirerad under denna omvandlingsprocess. Du måste undvika att låta den tillfälliga negativiteten i ditt sinne sänka dig och få dig att förlora hoppet. Se det i stället som något tillfälligt som du kommer att övervinna med tiden. Hela Kundalini-transformationsprocessen utvecklas under årens lopp. Den ena erfarenheten leder in i den andra eftersom allting om dig ständigt förändras och utvecklas. Det tar många år innan du verkligen kan skörda frukterna av att bli förvandlad till en Ljusvarelse, men allt kommer att bli begripligt när du gör det.

DEL VIII: KUNDALINI OCH LUCIDA DRÖMMAR

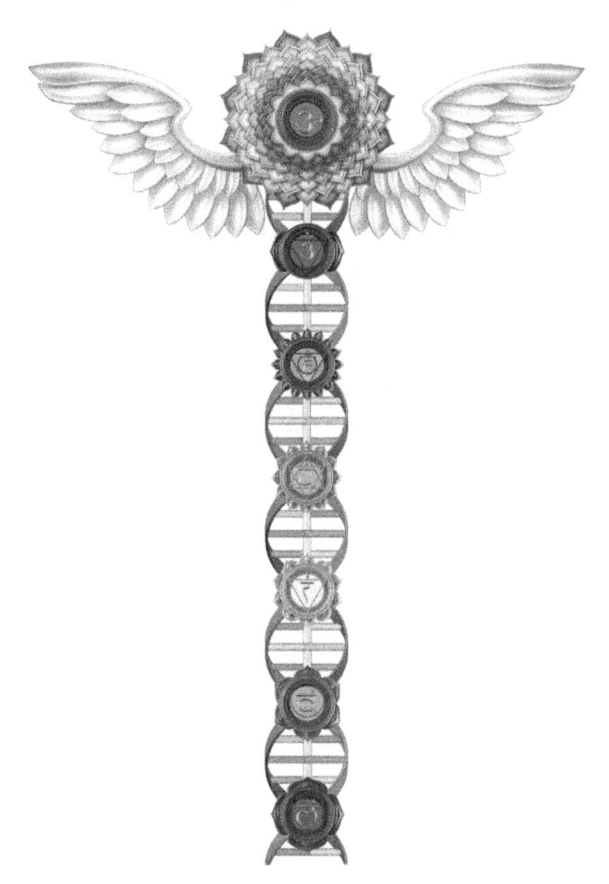

VÄRLDEN AV LUCIDA DRÖMMAR

Lucida Drömmar i de Inre Världarna är ett viktigt samtalsämne inom Kundalinikretsar. Kundaliniuppvaknandet garanterar upplevelsen av Lucida Drömmar, som äger rum på de Inre Kosmiska Planen. Lucida Drömmar är en form av Utomkroppslig Upplevelse (OBE) som inträffar under sömnen medan ditt medvetande befinner sig i Alfatillståndet. Alfatillståndet är ett drömtillstånd där kroppen vilar, men medvetandet fortfarande är vaket. Det är ett tillstånd mellan normalt vaket medvetande och sömn.

Det här tillståndet utlöses oftast när du vaknar kort tidigt på morgonen runt sex eller sju och sedan somnar om efter att ha sovit i minst fem timmar så att din fysiska kropp är utvilad. Men när du genomgår en intensiv uppbyggnad av Astralt Ljus, till exempel direkt efter det första Kundaliniuppvaknandet, om du har aktiverat din Ljuskropp fullt ut, kommer du att finna dig själv i att drömma Lucida Drömmar nästan varje natt. Denna upplevelse inträffar eftersom det finns ett överskott av Ljusenergi närvarande, vilket leder ditt medvetande ut ur Sahasrara Chakra, genom Bindu, för att få denna upplevelse.

Du kan också göra Astrala resor när du är vaken, men det är svårare att uppnå eftersom du måste överskrida den fysiska kroppen på något sätt. Därför är det oftast bäst att utforska Lucida Drömmar under sömnen när du befinner dig i ett Alfatillstånd och den fysiska kroppen redan är utvilad.

En Kundalini-väckt person kommer att uppleva en myriad av Lucida Drömmar, nästan varje natt, efter ett permanent uppvaknande. Detta fenomen kan pågå i många år. Under en Lucid Dröm är Kundalini-kretsen aktiv och kroppen matas med Astralt Ljus/Andeenergi genom sublimering/transformation av mat. Termerna Astralljus, Ande, Prana och Kundalinienergi är alla utbytbara. Skillnaden är deras tillstånd, vilket beror på vilken nivå av Andlig utveckling du befinner dig på, även om de alla har sitt ursprung i samma substans. I huvudsak är Kundalini-energi Ljusenergi, som omvandlas till olika tillstånd under Kundalini-processen för omvandling.

När du har byggt upp en tillräcklig mängd Ljusenergi och befinner dig i ett Alfatillstånd, lämnar ditt medvetande den fysiska kroppen genom Kronchakrat och du går in i ett av de Kosmiska Planen. Som hittills nämnts existerar dessa Plan i en dimension skild från den Tredje Dimensionen av Rum och tid. Anta nu att upplevelsen är en Utomkroppslig Upplevelse, och att du hoppade ut ur Kronchakrat. I så fall går du troligen in i ett av de Andliga eller Transpersonella Chakrana ovanför Kronan och "surfar" på deras motsvarande Plan. Eftersom dessa plan ligger bortom tid och rum kan ditt medvetande uppleva en livstid av händelser på en timme. Du kommer ibland att vakna upp som om du fysiskt genomgått dessa upplevelser och kommer att finna dig mentalt dränerad.

Som vi har diskuterat har vi alla en dubbelkropp gjord av Ljus; en elastisk substans som kallas Ljuskroppen. Lucida Drömmar är en typ av "Astralprojektion", en term som myntades av teosofer på 1800-talet. Även om Lucida Drömmar sker nästan ofrivilligt är Astralprojektion en helt medvetet framkallad upplevelse - en Själsprojektion till ett av de Astrala/Inre Planen. När det gäller Lucida Drömmar sker denna projektion spontant när Ljuskroppen hoppar ut ur den fysiska kroppen under Alfa-sömnen. Den lämnar bara den fysiska kroppen och får dig att vakna upp någon annanstans, i något konstigt och vanligtvis aldrig tidigare sett land.

I en Lucid Dröm finns det ingen paus i medvetandet. Ditt undermedvetna och ditt medvetna arbetar nu tillsammans, så innehållet i dina drömmar förändras så att det inkluderar saker som du ofta tänker på medvetet. Din fantasi är ständigt aktiv i en Lucid Dröm eftersom du är upplevaren och upplevelsen i ett. Mycket ofta projiceras du någonstans där du aldrig har varit förut med ett innehåll som du medvetet aldrig har tänkt på. Det är dock vanligast att du när du har en Lucid Dröm ser element som är bekanta för medvetandet så att det inte blir en alltför stor chock för Jaget när du genomgår denna upplevelse.

Därför innebär Lucida Drömmar din fantasifulla förmåga, även om den är oändligt utvidgad. I en Lucid Dröm är ditt Högre Jag, din Själ, den som leder upplevelsen. Den väljer alltid vart den ska gå och vad den ska uppleva. Du kan dock inte medvetet välja din upplevelse på samma sätt som i en Astralprojektion. Eftersom vi är kopplade till både vårt Ego och vår Själ i vårt vakna tillstånd kommer den Lucida Drömupplevelsen i stor utsträckning att verka främmande för medvetandet. Egot är helt inaktivt i en Lucid Dröm eftersom det tillhör den fysiska kroppen, som är transcenderad.

ATT VAKNA UPP I EN DRÖM

Det mest fantastiska med Lucida Drömmar är att medvetandet upplever en verklighet utanför den fysiska verkligheten, även om den känns äkta. Det första steget i varje Lucid Dröm är att ditt medvetande blir medvetet om att det drömmer. Det sker omedelbart när medvetandet inser att miljön är "annorlunda" än den Fysiska Världen, men att dess upplevelse är mycket likadan.

En populär metod för att inse att du drömmer är att träna dig på att titta på dina händer så fort du befinner dig i en dröm. Det finns inga fasta former i drömmar, och allt verkar flytande och elastiskt som om det rör sig så försiktigt. Därför skulle fingrarna på dina händer ha alla former och storlekar, så när du tittar på dem kan du se hur de rör sig upp och ner så smått. Denna igenkänning signalerar till hjärnan att du befinner dig i en dröm och väcker därmed ditt medvetande helt och hållet.

Det finns vanligtvis en känsla av spänning när detta händer eftersom en del av dig inser att du är en medveten skapare av din verklighet nu, och du kan uppleva vad du än önskar med hjälp av din fantasi. Eftersom ditt Ego överskrids tar Själen över upplevelsen och du befinner dig i ett tillstånd där du skapar din verklighet och upplever den samtidigt. Du har full tillgång till din viljestyrka och kan kontrollera innehållet i din dröm. Du kan inte kontrollera miljön, men din Själ kan välja vart den vill åka och kan använda din Ljuskropp som ett fordon för att ta sig dit.

Din upplevelse kommer att likna den fysiska verkligheten, Materiens Värld, som du upplever. Den största skillnaden är dock att du är begränsad av Tid och Rum i den fysiska världen. Du kan till exempel inte vara i Paris genom att bara tänka på det, men du kan välja att sätta dig på ett flygplan och flyga dit. Hela upplevelsen kommer dock att ta en viss tid att genomföra tills du kan ta dig till Paris. I en Lucid Dröm kan du tänka på en plats du vill vara på, och du kommer att vara där på ett ögonblick. Det finns ingen paus i medvetandet från det att du tänker på var du vill vara och du projiceras dit i samma ögonblick som du har denna tanke - allt är en enda flytande upplevelse.

Själen har full kännedom om alla platser den kan bege sig till i vårt enorma Universum, vilka är lika oändliga som Gud - Skaparen. I en Lucid Dröm kommer din Själ därför automatiskt att projicera någonstans så att du kan uppleva dess miljö. Men när du vaknar upp från din upplevelse nästa morgon kommer ditt Ego inte att kunna förstå hur och varför du gick dit eller vad det var. När allt kommer omkring är Egot begränsat till vad det har sett, och det har bara upplevt saker från Jorden. Allt Ego kommer att veta är att upplevelsen var otrolig, och du kommer att känna dig tacksam för den.

UTVECKLA FÖRMÅGOR I DINA DRÖMMAR

När du väl har projicerats in i en Lucid Dröm har du fullständig kontroll över din Ljuskropp, oavsett var den befinner sig. Varken rymd, tid eller gravitation kan begränsa detta andra medvetandefordon. Men eftersom du inte är bunden av gravitationen är en av de första gåvorna du utvecklar att flyga genom luften som Stålmannen (Figur 156). Denna förmåga är den roligaste och vanligtvis den första som manifesteras för alla. Att flyga i en Lucid Dröm är det enda sättet att verkligen uppleva flygning utan användning av maskiner, vilket är minst sagt uppiggande.

Medvetandet upptäcker snart att det kan utföra andra prestationer som skulle vara omöjliga att uppnå i den fysiska verkligheten. Eftersom Ljuskroppen till exempel är viktlös och inte är bunden av Materia och gravitation, och eftersom allt på det Astrala Planet är Holografiskt utan någon fast form, kommer du att utveckla förmågan att gå eller flyga genom föremål. En annan förmåga som uppstår är Astral telekinesi - förmågan att levitera föremål i de Inre, Astrala Planen och förflytta dem med tankens kraft.

Figur 156: Att flyga som Stålmannen i en Lucid Dröm

För att kunna utföra telekinesi och förflytta föremål i den Fysiska Världen med sinnet måste du först lära dig att använda denna förmåga i den Astrala världen eftersom de två fungerar enligt samma principer. Jag har sett dokumenterade videofilmer av människor som påstår sig ha psykiska krafter där de flyttar lätta föremål i ett vakuum, om än minimalt. Men för att förflytta tyngre saker än ett litet papper, låt oss säga, skulle det krävas en enorm mängd mental energi, vilket är en bedrift som verkar omöjlig och något som vi aldrig har dokumenterat. Jag tror dock att det går att göra, med hjälp av samma mentala principer och sinne över Materian. Den person som gör det måste dock vara en sådan Andligt utvecklad person att han eller hon skulle framstå som Gudaliknande för andra och inte bara som psykisk. Jesus Kristus, som utför mirakel i *Bibeln* är ett exempel på hur utvecklad man måste vara för att kunna påverka Materiens tillstånd med sitt sinne.

Andra gåvor som utvecklas i den Lucida Drömvärlden är förmågan att läsa människors tankar, göra sig själv så stor eller liten som man vill och i allmänhet uppfylla alla önskemål som man har i det dagliga vakna livet, till exempel att ligga med en person som man själv väljer. Den Lucida Drömvärlden är ett underland för Själen och tillfredsställande på alla existensnivåer. Dessutom medför den inte de Karmiska konsekvenserna av att uppfylla din Själs önskningar, oavsett vilka de är.

Efter att ha haft dessa Lucida Dröm-upplevelser under många år i mitt liv, har jag fått många tvivel om utvecklingen av Siddhis, de övernaturliga förmågor som nämns i Hinduiska skrifter. Siddhis är dock inte exklusivt för Hinduiska heliga texter eftersom psykiska krafter visas i alla religiösa böcker, oberoende av deras kultur eller tradition, vilket lämnar oss med följande predikament: kanske talade Profeterna, Helgonen, Yogis och andra Heliga figurer från dessa böcker om den Lucida Drömvärlden när de nämnde mänsklighetens förmåga att få dessa extraordinära krafter.

Vi kanske aldrig får veta svaret på detta, men enligt min erfarenhet finns det fler bevis för att det jag föreslår är korrekt än att dessa krafter är något som vi kan uppnå fysiskt. Till exempel har alla påståenden om levitation avfärdats, från Öst till Väst, och det vi tror är uppvisningar av psykiska krafter slutar alltid med att vara någon form av magisk illusion eller trick.

Därför kan det inte vara en slump att när jag fortsatte att drömma Lucida Drömmar under mina tidiga år efter ett Kundalini-uppvaknande, utvecklade jag långsamt varenda en av dessa psykiska förmågor som skrifterna talar om. Men hur hårt jag än försökte visa upp dessa krafter i den fysiska verkligheten förblev de exklusiva i mina drömmar, även om min Själ upplevde dem som verkliga.

KARMISK ENERGI I DRÖMTILLSTÅND

När du befinner dig i den Lucida Drömmen kan du också medvetet försöka hitta lösningar på problem som du kanske står inför i ditt liv. Den här upplevelsen kan bara ske när du har fått tillgång till det Andliga Planet. Dess syfte är att hjälpa dig att behärska detta plan genom att få tillgång till Karmisk energi som är specifik för ett av de motsvarande tre Andliga Chakrana. De Gudomliga Planen är utan Karma och är därför ren glädje. Kom ihåg att det är din Själ, inte ditt Ego, som tränas här; därför kommer det att verka automatiskt att du projicerar in i det Chakra som behöver bearbetas.

Du kanske inte alltid har förmågan att flyga i din dröm, men du kan ändå i stor utsträckning kontrollera innehållet i drömmen och vara medveten om att du drömmer. Varje upplevelse är fundamentalt annorlunda i en Lucid Dröm. När du väl har börjat få dessa upplevelser blir ditt medvetande tränat på att vakna upp i drömmen.

För det mesta håller den tunga Karmiska energin i de lägre Kosmiska Planen medvetandet i sömn och omedvetet om att det drömmer. Därför måste det ha några stunder då det inte är uppslukat mentalt och känslomässigt för att inse att det upplever en dröm, vilket får Själen att ta över dess innehåll.

Även om mycket av det du kommer att uppleva är din fantasi i hyperdriv, är vissa av de platser du kommer att besöka i den Lucida Drömvärlden verkliga och inte en biprodukt av din förstärkta fantasi. Anta att ditt medvetande inte vaknar upp medan du befinner dig i drömmen, vilket är det första steget till att drömmen blir en Lucid Dröm. I så fall fortsätter allting på autopilot och du fortsätter att ha en vanlig drömupplevelse.

BINAH OCH DEN ASTRALA BLÅKOPIAN

Den Lucida Drömvärlden skiljer sig mycket från den Fysiska Världen, men liknar den ändå i det sätt på vilket medvetandet upplever den. De Urtida trodde att varje stad eller plats på Jorden har en Astral dubbelgångare som kan besökas under sömnen när man drömmer Lucida Drömmar. Vart du går beror på vart din Själ vill ta dig och är inte något som du kan kontrollera medvetet genom Egots lins.

Denna Astrala dubbelverklighet går hand i hand med den Qabalistiska läran som säger att Malkuth, Jorden, har en Holografisk blåkopia som befinner sig i en annan dimension av verkligheten. Denna dimension upptar samma rum och tid, även om den befinner sig i ett annat vibrationstillstånd. I Qabalah representeras denna verklighet av Sephirah Binah. Binah förknippas med Kristendomens Heliga Ande, det Andliga Elementet, som väcks genom Kundalini. Det är grunden för allt som är.

Ett fullständigt Kundalini-uppvaknande är ett uppvaknande av Ljuskroppen så att vi intuitivt kan läsa Binah-energin medan vi lever en fysisk existens. Detta koncept går hand i hand med det vi hittills har undersökt och alla de olika komponenter som utgör helheten av Kundalini-uppvaknandet.

Eftersom Kundalini-uppvaknandet frigör Själen från den fysiska kroppen omvandlar det Jaget på alla nivåer genom inflödet av Ljusenergi i Auran. Ljusenergin filtreras in i vart och ett av de Sju Chakrana eftersom varje Chakra är en av regnbågens färger, som en del av det Vita Ljusets spektrum.

Eftersom varje Chakra uttrycker ett Kosmiskt Plan, gör uppvaknandet av Kundalini det möjligt för individen att existera på alla Existensplan samtidigt. Deras Livsträd blir helt öppet och var och en av dess respektive Sephiroth (medvetandetillstånd) blir helt tillgänglig. Det individuella medvetandet expanderar, vilket resulterar i förening med det Kosmiska Medvetandet ovanför.

Eftersom Binah är en av de Överjordiska Sefirotterna i Livets Träd tillhör den det Andliga Elementet. Binah är också trons Sfär och den mentala förmågan intuition. När uppvaknade individer blir Ljusvarelser, ansluter de sig till Solens Ljusenergi, som är ett uttryck för sanningen i allting. Solens Ljus förmedlar Arketyper, tillsammans med Månens Månljus som reflekterar tankar. På detta sätt kan intuitionen uppfatta bortom de fysiska sinnena genom det sjätte sinnet i Ajna Chakra.

Själen lämnar den fysiska kroppen under sömnen och går in i ett av de Kosmiska Plan som ligger utanför Jaget, även om det återspeglas i Auran. Med andra ord gäller inte idén om avstånd för Själens resa i de Kosmiska Planen, eftersom den kan projiceras dit den vill på ett ögonblick. Auran är Mikrokosmos av Makrokosmos, vilket innebär att allting i det yttre universum också finns inom Auran. Genom denna Princip eller Lag kan Själen resa Astralt under drömtillstånd, särskilt under Lucida Drömmar.

Efter ett fullständigt Kundalini-uppvaknande och transformation, när individen väl har anpassat sig till de högre Chakrasens arbete, blir sinnet förbigånget och illusioner försvinner. Individen börjar fungera fullt ut med hjälp av intuition när Månchakrat Ajna läser den Arketypiska energin från Solchakrat Sahasrara, vilket gör det möjligt för en att leva i sanning och Ljus.

När vi får ett intimt förhållande till Binah kan vi förstå den Fysiska Världens overklighet på en djup nivå, vilket gör att vi kan överskrida Materiens Värld och se livet som något som inte bör tas på alltför stort allvar. Vi inser att våra Själar är gnistor av medvetande från Solen som kommer att leva vidare efter detta liv. Denna förståelse ger oss mycket glädje, lycka och inspiration i våra liv, vilket gör att vi kan nå vår fulla potential och manifestera våra drömmar och mål i livet.

SÖMNPARALYS

Lucida Drömmar kan vara en så kraftfull upplevelse att drömmarnas kraft överväldigar dig så att du drabbas av sömn "paralys", vilket innebär att medvetandet är så involverat i den Lucida Drömmen att det inte vill ta sig ur den. Sömnparalys kan pågå i över ett dussin timmar åt gången. Du kan dock uppleva en livstid av glädje och lycka bortom Tid och Rum i den Lucida Drömvärlden under samma tid.

Sömnparalys kan vara ett problem om du har saker att göra på morgonen nästa dag. Du måste lära dig att hantera detta, för om du upplever det är det inte enkelt att ta dig ur det förrän du vaknar upp på ett naturligt sätt. Jag hade detta problem, särskilt under de första två till tre åren efter uppvaknandet. Vissa nätter kunde jag sova i upp till sexton timmar och var helt oförmögen att gå upp förrän upplevelsen var över. Sömnparalys är vanligare under de första åren av Kundalini-väckningen än under de senare åren, eftersom ditt medvetande håller på att anpassas till de Inre Världar som öppnar sig inom dig för att utforska.

När du försöker vakna upp från sömnparalys medan du befinner dig i en Lucid Dröm, kommer du att utsätta din hjärna för en otrolig påfrestning eftersom hjärnans cykler fortfarande kommer att vara i resonans med den Inre verkligheten. Dessutom är hjärnans aktivitet förhöjd under sömnparalys eftersom hjärnan har intrycket att det den upplever är verkligt.

När du genomgår sömnparalys har du övervunnit din fysiska kropp eftersom en Lucid Dröm är en Utomkroppslig Upplevelse. Under denna tid kommer din fysiska kropp att kännas avtrubbad för ditt medvetande och ditt Sinnesöga kommer att vara extremt hyperaktivt. Den Lucida Drömmen upplevs helt och hållet genom Sinnets Öga, när du hoppar genom det och ut ur Kronan till de högre Kosmiska Planen. När ditt medvetande med tiden anpassar sig till den Lucida Drömrealismen kommer det att lära sig att skilja mellan den Inre verkligheten och den Yttre verkligheten. Som sådan kommer du att kunna växla in och ut ur dessa två tillstånd på kommando. Denna inlärningsbara färdighet kommer att utvecklas med erfarenhet.

Jag har aldrig hört talas om att sömnparalys skulle vara skadligt för dig eller din hälsa. Den största utmaningen är som sagt att vakna upp från den när det krävs av dig att göra det. Om du finner dig själv Lucid Drömmandes nästan varje natt kan du stöta på detta problem, så var redo när det händer. Det hjälper om du har ursäkter förberedda till hands om du inte kan genomföra dina morgonplaner. Att bara säga "jag kan inte vakna" kommer inte att räcka i den moderna världen.

Tänk också på att när du genomgår sömnparalys kommer du att se besatt ut för andra människor som ser dig i detta tillstånd, så var försiktig med vem som har tillgång till ditt rum när du sover. Jag rekommenderar att du berättar för den du bor med om detta problem, så att de lämnar dig ifred om de upptäcker dig i detta tillstånd.

Jag minns att jag många gånger försökte vakna upp från sömnparalys, och i samma ögonblick som jag försökte tvinga mig själv att öppna ögonen och sätta mig upp, tog den Inre verkligheten tag i mig och knuffade ner mig på sängen igen. Det hjälper inte att när du drömmer Lucida Drömmar känns din fysiska kropp så tung som om den vore gjord av bly. Du kan ibland känna det som om den Yttre och Inre verkligheten slåss om herraväldet över medvetandet. Men när ditt medvetande blir mer medvetet om dessa olika Inre Världar och upplever dem, kommer det att kunna växla in och ut ur andra verkligheter på kommando.

Det är inte farligt att vara i sömnparalys. Bortsett från att jag är rymlig och trött efteråt har jag aldrig upplevt några andra efterverkningar, och jag har inte heller hört talas om några från andra Kundalini-uppvaknade personer. Tröttheten beror på att alla dina inre funktioner är involverade i en Lucid Dröm, vilket ytterligare belastar din fysiska kropp i stället för att vila den.

Jag vill också tillägga att du kanske har så roligt i den här Lucida Drömmen att du kanske inte vill ta dig ur den, oavsett vad du måste göra nästa dag. Tänk också på att din kropp kan värmas upp mer än vanligt under denna tid, vilket resulterar i kraftig svettning. Att genomgå sömnparalys gör det möjligt för Kundalini-energin att omvandla dig inifrån, så det finns en förhöjd Kundalini-aktivitet när du befinner dig i detta tillstånd.

HUR MAN FRAMKALLAR EN LUCID DRÖM

Under de första två åren av uppvaknandet brukade jag drömma Lucida Drömmar nästan varje natt. Men det andra året efter att Kundalini vaknade upp blev jag involverad i Gyllene Gryningen, där jag påbörjade processen med de Fem Elementens Andliga Alkemi genom Ceremoniell Magi, vilket förändrade hur jag drömmer. Medan jag arbetade med vart och ett av de fyra lägre Chakrana, från grunden och uppåt, försatte de Elementära energierna mig ofta i ett drömlöst tillstånd.

Den här processen satte Lucida Drömmar på undantag under den här perioden eftersom jag lät yttre energier tränga in i min Aura och ta tag i mitt medvetande, vilket minskade kraften i min Kundalini. Som jag beskrev i inledningen behövde jag göra detta så att jag kunde lära mig att fungera bättre i mitt vakna liv eftersom mitt mentala och känslomässiga Jag var i fullständig oordning. Efter att ha stämt mina Chakran och tillräckligt Andligt utvecklats slutade jag arbeta med Ceremoniell Magi, vilket avlägsnade dessa främmande energier från min Aura. Som sådan blev min Kundalini mer potent än någonsin, och det Astrala Ljuset började byggas upp igen genom födointag, vilket gjorde att jag kunde börja Lucid Drömma igen på ett mer balanserat sätt.

Under årens lopp har jag upptäckt de mest optimala metoderna för att få mig själv att glida ut ur min kropp under sömnen och in i en Lucid Dröm. Jag har till exempel upptäckt att om jag ligger på ryggen med utsträckta handflator, kommer detta att framkalla den Lucida Drömupplevelsen. Om jag ligger på sidan vilar kroppen, och medvetandet kan inte lämna den eftersom den är alltför fast förankrad i det fysiska. Om jag däremot vill framkalla en Lucid Dröm medvetet skulle jag ställa in väckarklockan på sex till sju på morgonen, vilket ger min fysiska kropp tillräckligt med tid att vila (minst fem timmar) om jag går till sängs mellan midnatt och ett på morgonen. Innan jag somnade om igen sa jag ibland till mig själv att jag skulle vakna upp i drömmen, vilket jag tyckte fungerade. Andra gånger behövde jag inte lura mitt sinne på något sätt, men uppbyggnaden av Astralljuset var så intensiv att det drog mig in i en Lucid Dröm.

Det är viktigt att tillåta dig själv att lämna den fysiska kroppen och gå in i en Lucid Dröm utan att medvetet kämpa emot denna upplevelse. Om du framkallar rädsla eller ångest när du försöker uppnå detta kommer du med största sannolikhet att misslyckas. Tänk också på att den fysiska kroppen måste vara helt utvilad för att lyckas med detta. Om den fysiska kroppen fortfarande är trött kan medvetandet inte flyga ut ur den. Och om kroppen är utvilad men inte hjärnan, kanske du inte kommer in i en Lucid Dröm utan kanske till och med går in i en djup sömn. Hjärnan måste vara utvilad så att den kan resonera med Alfahjärnvågorna som är nödvändiga för att framkalla denna upplevelse.

Under några år efter det första Kundalini-uppvaknandet var min kropp så fylld av Ljusenergi att jag kunde glida in i en Lucid Dröm precis när jag gick till sängs. När jag låg på ryggen med utsträckta handflator, kände jag hur jag gick ut ur min kropp samtidigt som jag fortfarande var medveten. Medan mina ögon var stängda rullade de naturligt uppåt och försökte titta på mitt bakhuvud. Genom att göra det stämde jag av mitt medvetande med mitt Sinnesöga, vilket gjorde det möjligt för mig att hoppa genom dess munkformade portal. Medvetandet måste passera genom Sinnesöga-portalen för att kunna lämna Sahasrara, Kronchakrat, fullt ut. Bindu Chakra spelar också en roll i denna upplevelse, och det måste vara obehindrat och avblockerat för att uppnå detta.

UPPLEVELSER UTANFÖR VÄRLDEN I LUCIDA DRÖMMAR

När jag upplevde Chakran ovanför Kronan besökte jag vidsträckta och majestätiska, aldrig tidigare sedda landområden och upplevde en känslomässig hänryckning som är legendarisk. Mitt gränslösa medvetande förde mig över Tid och Rum till de yttersta delarna av vår Galax, där jag kunde expandera min Varelse till storleken av ett Solsystem och bortom det och bevittna Kosmiska händelser som liknar supernovor. Andra gånger transporterades jag till olika Planeter i och utanför vårt Solsystem för att kommunicera med de varelser som lever där (Figur 157) och uppleva deras miljöer. Jag kommer aldrig att glömma den transcendentala känsla som dessa utomvärldsliga upplevelser medförde. Det är som om min Själ rörde vid oändligheten och kunde gå vart den ville. Och det bästa är att jag var fullt medveten medan det hände.

Figur 157: Nära Möten av det Femte Slaget

Skönheten och mystiken i de främmande länder som jag besökte är oöverträffad och bekräftar att jag lämnade vår Planet genom medvetande. Bara att kunna nå och uppleva energin i dessa andra världar har varit en sann gåva från Kundalini-väckningen. Det bekräftade något som jag alltid hade vetat även utan definitiva bevis: vi är inte ensamma i Universum.

Det som jag fann mest intressant med dessa Planetbesök är att de alla hade atmosfärer som kunde hysa liv, med växter, djur och humanoider som levde där. Jag säger humanoida eftersom de flesta icke-mänskliga intelligenta Varelser som jag har kontaktat under de senaste sjutton åren till största delen såg ut som oss. De var ofta längre eller hade större ögon eller ljusare hud. Vissa hade spetsiga öron eller annorlunda formade huvuden, medan andra hade längre lemmar och andra variationer av våra kroppsdelar. Jag stötte till och med på rena Ljusvarelser på vår Planet som presenterade sig för mig som Gudar. Under mina många upplevelser talade vissa Varelser till mig på olika språk, som jag på något sätt kunde förstå, medan andra kommunicerade direkt med mig telepatiskt.

I en av mina senaste Lucid Dröm-upplevelser utanför världen besökte jag en Planet där växter, djur och humanoider levde i fullständig harmoni med varandra och delade med sig av Planetens resurser. Växtlivet ingick som en del av infrastrukturen i denna värld, och djuren strövade omkring på gatorna och interagerade med humanoiderna. Upplevelsen började med att mitt medvetande projicerades in i deras atmosfär, flög och tittade ner på terrängen från ovan. Även om jag kan ta mig runt i Kosmos enbart med avsikt, behöver mitt medvetande ett fordon för att ta sig runt under Lucida Drömmar, vilket är den Kundalini-aktiverade Ljuskroppen.

När jag väl kom ner kunde jag inte gå femtio steg utan att stöta på ett vattendrag, som var integrerat med vegetationen och byggnaderna som en del av en helhet. Hela scenen såg ut som någon futuristisk nöjespark med djur som gick omkring överallt. De flesta av deras djur var fyrfotadjur, jämförbara i storlek med humanoiderna.

När jag inte brydde mig om djuren ignorerade de mig oftast tillbaka. Samtidigt, om jag blev rädd när jag såg ett djurs ovanliga utseende, fick min rädsla för djuret det att bli defensivt och ibland försökte det till och med attackera mig. Djuret matchade min energi för det mesta, vilket förklarar varför så många av vår Planets djur är i fiendskap med människor eftersom vi i allmänhet inte behandlar dem med kärlek och respekt.

Jag har upptäckt att varje utomvärldsupplevelse är annorlunda. Ibland var växterna och djuren mycket större än på Jorden, medan de ibland var mindre. Växternas former, texturer och färger var alltid slående och ovanligt annorlunda. Djuren hade också märkliga drag och egenskaper.

Hollywoodfilmer gör ett utmärkt jobb med att skildra hur andra världar skulle se ut om vi kunde ta oss dit fysiskt. De flesta människor är dock omedvetna om att vi inte behöver raketer för att åka till yttre rymden och uppleva Utomjordiskt liv; vi kan åstadkomma detta genom medvetande. Genom Ljuskroppen och den Lucida Drömvärlden kan vi vandra långa avstånd i rymden på en bråkdel av en sekund och komma tillbaka med livsförändrande upplevelser som förändrar vår syn på oss själva och vår plats i Universum.

Hur mycket intelligent liv finns det egentligen i Universum? Allt man behöver göra är att följa logiken. Om Jorden är den enda Planeten som kan hysa liv i vårt Solsystem och det finns miljarder andra Solsystem bara i Vintergatan, så kan man föreställa sig potentialen. Och glöm inte att Vintergatan bara är en av miljarder Galaxer i Universum. Antalet är astronomiskt stort, obegränsat och till och med oändligt. Och eftersom vi alla delar vår existens i detta vackra och vidsträckta Kosmos kan våra vägar ofta korsas när vi vandrar i dessa andra dimensioner. När vi rör vid varandra och överför energi till varandra, vare sig det är avsiktligt eller inte, är det alltid en mycket lycklig och vacker upplevelse.

Som en sista kommentar vill jag nämna att jag aldrig kände någon fientlighet från andra utomjordiska Varelser eftersom de ständigt kommunicerade med mig med ren kärlek. Och jag gav alltid tillbaka och delade med dem som jag skulle ha gjort med en familjemedlem. Ibland skedde denna kommunikation i djupa drömtillstånd som en del av en kontinuerlig ström av medvetande. Men när jag medvetet blev medveten om upplevelsen och mitt Ego aktiverades, upphörde kontakten ofta abrupt. Därför försökte jag hålla mitt Ego i neutralt läge utan att bli alltför upphetsad när dessa kontakter ägde rum för att förlänga upplevelsen så länge som möjligt.

Dessa upplevelser berörde inte bara min Själ och lämnade en bestående inverkan på mig för resten av mitt liv, utan ofta gick jag därifrån med en otrolig kunskap och förståelse om Kosmos natur, mänskligheten och livets syfte i allmänhet. Dessutom fick det mig att inse att alla levande varelser i Universum, oavsett vilken Planet eller Galax de kommer från, har ett primärt mål i livet som de strävar efter till varje pris: Andlig Utveckling.

DEL IX: KUNDALINI-KÄRLEK, SEXUALITET OCH VILJESTYRKA

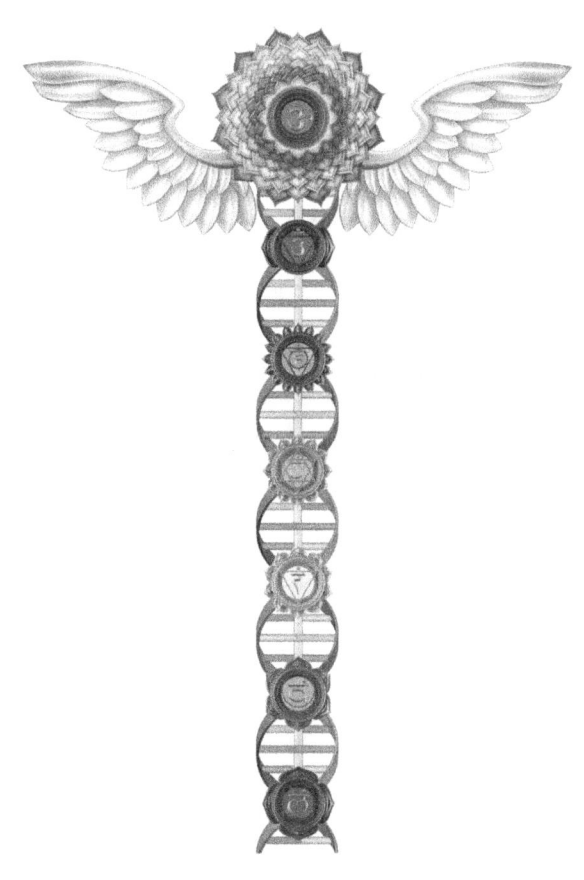

KÄRLEK OCH RELATIONER

Ett Kundalini-uppvaknande är det första steget i en fullständig omvandling av ditt sinne, din kropp och din Själ. Eftersom den här erfarenheten kommer att utvecklas till en så radikal förändring från den du brukade vara, kommer en av dina största utmaningar att vara att integrera dig i samhället och försöka smälta in bland andra. Även om du kommer att vara en annan person nu, kommer du för människor som har känt dig hela ditt liv fortfarande att vara densamma oavsett vad du delar med dem.

När någon väl har lärt känna dig, särskilt en familjemedlem eller en nära vän, är det nästan omöjligt att ändra deras uppfattning om dig. Det enda sättet för dem att börja se annorlunda på dig är när de ser en förändring i ditt beteende under en längre tidsperiod. Ett av de tydliga sätt på vilka ditt beteende kommer att förändras är i dina uttryck för kärlek gentemot andra människor. Detta ämne kräver därför en djupgående undersökning.

För det första har kärleken många uttryck och är grunden för många saker. Den är källan till inspiration, kreativitet, tro, glädje, romantik och andra positiva saker i livet. Den är också källan till enhet mellan människor och den energi som binder oss samman. Den får oss att skratta och gråta tillsammans. Den inspirerar oss också att omfamna varandra och att fortplanta oss. De band som vi har skapat med tiden med andra har vi antingen ärvt eller byggt upp med tiden. De nedärvda relationerna är med familjemedlemmar, medan vänskapsrelationer är något vi förtjänat under våra liv. Vi har också skapat band med romantiska partners och kan ha valt en partner med vilken vi ska bygga en familj och tillbringa resten av livet.

Genom att förstå Kundalini-energins källa och bränsle kan vi förstå kärleken bättre. Kundalini-energin är i huvudsak delvis sublimerad Pranisk energi och delvis sublimerad sexuell energi. Denna Livsenergi ger oss vitalitet och påverkar vårt inre på alla nivåer. Kundalini-uppvaknanden resulterar i Hjärtutvidgningar, eller en ökning av Kärleksenergi, i kärnan av din varelse. En Hjärtexpansion är den naturliga expansionen av ditt Hjärtchakra när du integrerar kärleksenergin i ditt sinne, din kropp och din Själ. Ditt Hjärtchakra blir expanderat, vilket kommer att kännas som en fullständig frigörelse på det Astrala (Känslomässiga) och Mentala Planet.

När kärleksenergin byggs upp i ditt Hjärtchakra, Anahata, kommer du inte längre att känna dig utlämnad till negativa tankar eftersom de inte längre kan påverka dig som de brukade göra. Denna befrielse kommer också att kännas i dina känslor när kärleksenergin genomsyrar ditt hjärta och renar och tvättar bort dina negativa känslor. Kom alltid ihåg att kärleksenergin renar och rensar alla tankar och känslor. Den är den Universella försonaren och renaren av all negativ energi, oavsett på vilket Kosmiskt Plan den manifesteras.

När ditt Hjärtchakra är fyllt av kärleksenergi kommer denna energi att filtreras in i ditt fysiska hjärta. Du kommer nu att bära kärleksenergi med dig på alla nivåer av Varande. Med så mycket kärlek närvarande kommer ditt hjärta att vara kraftfullare än någonsin, vilket kommer att ge dig en märkbart starkare hjärtslag och ofta förhöjd hjärtfrekvens. Kärleksenergi är synonymt med Ljusenergi eftersom Ljuset är kärlekens väsen. Och Kundalini-energi är Astralt Ljus, eller sublimerad sexuell energi, som är kärlek. Kom alltid ihåg att du inte kan ha Kundalini utan kärlek och Ljus, och vice versa. I grund och botten betyder alla tre termerna samma sak.

DE FYRA FORMERNA AV KÄRLEK

Enligt de Forntida Grekerna finns det fyra olika former av kärlek: Eros, Philia, Storge och Agape. Eros är erotisk, passionerad, romantisk kärlek som innebär sexuell attraktion. Romantisk kärlek uttrycks i allmänhet mellan människor av motsatt Själsligt kön eftersom varje människa antingen är ett uttryck för Shiva eller Shakti (Figur 158). Romantisk kärlek överskrider således uttrycket av kön på det Fysiska Planet. Sexuella uttryck involverar den fysiska kroppen eftersom de är förknippade med känsla och njutning från fysiska handlingar som kyssar och samlag.

Den andra formen av kärlek, Philia, är kärleken till vänner och jämlikar. Philia är kärleken till kortsiktiga och långvariga vänner, av vilka en del går tillbaka till vår barndom. Vännerna är fritt valda och delar i allmänhet gemensamma värderingar, intressen och aktiviteter. Vänner speglar vilka vi är; vi ser oss själva i våra vänner och vilka vi väljer att ge vår tid till. Philia är kärlek som uttrycks genom sinnet. Eftersom det handlar om att öppna sig för vänner och utbyta våra uppfattningar och ofullkomligheter kan Philia vara mycket fördelaktigt för vår utveckling på många områden i livet.

Den tredje formen av kärlek, Storge, är föräldrarnas kärlek till barnen och vice versa. Storge sträcker sig dock bortom den närmaste familjen och omfattar alla familjemedlemmar i ditt släktträd som delar samma DNA. Storge är i huvudsak de band vi ärvt i detta liv genom slumpen. Skillnaden mellan Philia och Storge är att vi är skyldiga att uttrycka kärlek till familjen och visa tacksamhet, medan vänner kan vi välja och vraka. Katalysatorn bakom Storge är våra minnen eftersom familjemedlemmar har varit en del av oss sedan födseln.

Och slutligen är den fjärde formen av kärlek, Agape, villkorslös kärlek och empati för hela mänskligheten. Denna kärlek till andra människor, oavsett omständigheter, kallas osjälvisk kärlek. Agape är den största av de fyra typerna av kärlek; det är den Universella kärlek som vi fritt delar med alla människor. Källan till Agape är vår kärlek till Gud och en insikt om att vi alla är bröder och systrar från samma Skapare.

Agape uttrycks genom Anden. Som nämnts är syftet med ett fullständigt Kundaliniväckande att genomgå en fullständig Andlig omvandling för att bli ett permanent förkroppsligande av Agape. Eftersom jag redan har diskuterat Agape i stor utsträckning vill jag fokusera på hur en Kundalini-transformation påverkar våra andra kärleksuttryck, nämligen romantisk kärlek, kärlek till vänner och familjekärlek.

ROMANTISK KÄRLEK

Efter att Kundalini har vaknat upp kommer kärleksenergin naturligt att manifestera sig i ditt liv och filtreras in i dina relationer med andra människor. När det gäller romantisk kärlek kommer du att märka att alla hinder faller bort när det gäller din förmåga att attrahera älskare. Du kommer också att märka att din karisma kommer att öka allteftersom du går vidare med din Kundalini-transformation och blir mer och mer i samklang med kärleksenergin.

Du blir nästan oemotståndlig för det motsatta könet. Detta sker eftersom vi när vi intar vårt centrum inser att det inte är vad vi gör utan hur vi gör det som gör oss attraktiva för omvärlden. Vår basenergi attraherar andra, inte de ord vi säger. Genom den här processen blir du genuin och verkar med ett magnetiskt syfte som människor runt omkring dig kan upptäcka energimässigt.

Personligheten är något som Egot använder för att relatera till omvärlden. När det gäller romantisk kärlek står den i vägen för att kommunicera från hjärtat. Det motsatta könet kan känna om du kommunicerar med ditt Ego eller med din Själ. Om du försöker använda Ego för att locka till dig en partner reagerar den andra personens Ego, vilket genast försätter dem på defensiven, och ingen kärleksenergi skapas eller kanaliseras.

För att en äkta kontakt ska kunna byggas upp måste det finnas en dubbelriktad kärleksenergikrets mellan de båda personerna. Denna krets börjar med att kommunicera från Hjärtchakrat, Anahata, vilket sedan återkopplas naturligt. Att förstå detta koncept kommer att kasta ljus över varför det inte fungerar för de flesta män att hitta rätt sak att säga för att attrahera en kvinna. Denna effekt uppstår eftersom det inte handlar om vad som sägs, utan om den energi som ligger till grund för det sagda. Kvinnor är mer känslomässiga än män, och därför lyckas männen attrahera kvinnor först när de har kommit upp till deras känslomässiga nivå för att deras avsikter ska bli förstådda. Om avsikterna är orena kommer kvinnan att upptäcka detta och bli defensiv.

Figur 158: Shiva och Shakti i en Kärleksfull Omfamning

De flesta intentioner från Egot har negativa Karmiska konsekvenser eftersom Egot alltid funderar på "Vad får jag ut av det?". Därför finns det en kontroll- eller manipuleringsfaktor hos Egot för att få vad det vill ha, som att ha sexuella relationer med någon bara för att han eller hon ser bra ut. Å andra sidan är de intentioner som projiceras från Själen i allmänhet rena. Själen kommer till exempel att bli attraherad av någon i romantisk bemärkelse och vilja lära känna honom, och sedan kommer sexuella relationer att uppstå naturligt utan att vara det första som personen tänker på. Av denna anledning kommer du att höra både män och kvinnor säga att de har en "kontakt", vilket innebär att deras Själar kommunicerar med varandra och inte Egot.

Två själar av motsatt kön som delar kärleksenergi kan skapa en energisk "gnista" som aktiverar den romantiska kärleken mellan dem. Men för att denna gnista ska uppstå måste andra faktorer också komma på plats, såsom kemi och kompatibilitet. Denna energireaktion resulterar i en kemisk reaktion i kroppen, som aktiverar välgörande neurotransmittorer (dopamin och noradrenalin) som genererar romantiska kärlekskänslor.

Som människor är vår största önskan att älska och bli älskade. Människor som inte har någon rikedom och som inte har uppnått något av de mål som samhället ålägger dem och som i stället har tillbringat sina liv med att älska från hjärtat kommer att attrahera kärlek tillbaka och ha möjlighet att finna sann lycka. Sedan finns det människor som har uppnått höga nivåer av rikedom och framgång men som är fruktansvärda när det gäller att attrahera älskare eftersom de kommer från Egot snarare än från kärleken. Denna energi arbetar emot dem när det gäller att attrahera en partner. De undrar varför de inte kan få det att hända, medan den fattiga, mindre välbärgade personen har tio gånger större framgång på detta område. Hemligheten ligger i att kanalisera kärleksenergi, ingenting annat.

När det gäller romantik, om du är inställd på kärleken i ditt hjärta, kommer du att avge en energi som lockar andra till dig. Denna formel fungerar för både män och kvinnor. Denna känsla, när den är äkta, genererar ren magnetism på ett magiskt sätt. Din karisma ökar tiofalt, liksom din förmåga att få kontakt med varje människa, oavsett om det är ett barn eller en äldre person. När du talar når du rakt in i en annan människas Själ och personlighetsbarriären bryts helt igenom. Kom ihåg att Egot använder personligheten som referenspunkt medan Själen använder karaktären. Därför måste du gå förbi Ego när du lockar till dig en partner.

Genom att tala från Själen skapar du genast en relation och en förbindelse med alla människor, och med potentiella partners skapas en attraktion oavsett hur du ser ut fysiskt. Sexuell attraktion handlar inte om utseendet utan om den energetiska förbindelsen mellan två människor. Denna förbindelse är vad folk menar med "goda vibbar", som vi alla söker när vi träffar nya människor.

KÄRLEK TILL VÄNNER

När det gäller vänskap med andra människor kommer du att ha lättare att få kontakt med andra när du bygger upp kärleksenergin i ditt Hjärtchakra. Du kommer att bli en förtroendeperson och bästa vän till många människor i ditt liv. När du skär igenom personlighetens lins kan du kommunicera direkt med andra människors Själar, och de känner detta i sin kärna. Genom att känna din kärleksenergi kommer en person att känna att de kan lita på dig, vilket kommer att skapa ett starkare band mellan er. På grund av den här känslan kommer vänner naturligt att vilja svara med lika mycket kärleksenergi eller mer.

Genom vänskap utvecklar vi ett band till varandra som ger oss känslor av lugn, trygghet, social komfort och känslomässig förening. Anknytning är i hjärnan förknippad med neuropeptiderna oxytocin och vasopressin; medan män upplever en större ökning av vasopressinnivåerna, upplever kvinnor en ökning av oxytocin. Dessa kemikalier är också inblandade i uttryck för familjekärlek och romantisk kärlek mellan långvariga partners.

Ett Kundalini-uppvaknande får dig att sluta ta livet på allvar eftersom du inser att din essens tillhör Evigheten och att din Själ kommer att leva vidare efter den fysiska döden. Genom att erkänna den materiella världens overklighet kommer dessutom mer kärleksenergi att fylla ditt hjärta, vilket ökar din förmåga till humor. Andliga människor är mycket lättsamma, och deras förmåga till skämt och komik är mycket högre än hos genomsnittspersonen.

Humor gör en konversation roligare, och det är ett fantastiskt sätt att säga vad du tänker utan att bli bedömd och granskad av andra. Den skapar och upprätthåller band mellan människor eftersom den skapar oemotståndliga positiva känslor. Humor tar udden av livets allvar eftersom allting i grunden är förgängligt, utom den Andliga substans som ligger till grund för allting. Komedin får oss att komma i kontakt med Anden genom att bryta mot sinnets intellektuella konstruktioner. Humor är abstrakt och ligger bortom all logik. Vi skrattar åt något för att det är så ologiskt att vi inte kan sätta oss in i det, så vi skrattar för att bryta spänningen. Kom ihåg att sinnet är linjärt, medan hjärtat inte är det. Av denna anledning är humor Själens språk.

Att umgås med vänner är en glad aktivitet som i de flesta fall innebär många skratt. När allt kommer omkring vill vi tillbringa tid med vissa människor för att vi mår bra i deras närhet. De får oss att le och skratta och ger oss insikt och visdom i våra liv. På så sätt blir du en tillgång för vännerna och någon som de alltid vill ha nära till hands.

Kärlekslagen säger att om du ger ut eller sänder kärlek kommer du att få den trefaldigt. Denna Lag är ett gammalt mysterium som många av Ljusets Adepter är medvetna om. Kärleken får verkligen världen att gå runt. Den håller saker och ting i rörelse, framsteg och utveckling. Så, naturligt nog, när du lär dig att kanalisera kärleksenergi till andra människor, expanderar din vänskapsbas exponentiellt.

Jag har fått många, många vänner under min resa och fortsätter att göra det. Och allt kommer väldigt naturligt för mig eftersom jag talar direkt till en persons Själ. Människor känner igen mina goda avsikter i samma ögonblick som jag öppnar munnen, vilket avvecklar deras försvar. Än i dag undrar alla runt omkring mig hur jag kan prata med en främling som om jag har känt dem hela livet. Svaret är mycket enkelt - jag är mig själv. Och genom att vara mig själv, mitt Sanna Jag, lockar det människor till mig.

Alla vill knyta band och skapa kontakter; det är på den djupaste nivån av vårt Väsen. Därför bör du välkomna nya vänner till ditt liv och investera din energi i dem. Ta chansen att vara dig själv när du möter någon ny och ha tillit till processen. Du kan bli överraskad av resultatet. Vi känner igen oss i andra människor eftersom vi alla är Gud i vår djupaste kärna. Och när du fortsätter att vara dig själv med främlingar kommer du att utveckla förmågan att få nya vänner, vilket är en färdighet som du kan använda dig av resten av livet.

Kundalini vill naturligtvis att vi ska vara i ögonblicket, i Nuet, eftersom den låter oss kanalisera kärleksenergi och vara utåtriktade. Om du var en mer introvert person innan

Kundalini-uppvaknandet skulle du uppleva detta skifte med tiden. När vi är extroverta försöker vi knyta band med andra människor och kanalisera och dela kärleksenergi. Å andra sidan, när vi är introverta, uppehåller vi oss inom våra sinnen.

Eftersom sinnet är ett uttryck för det undermedvetna är det ett område där rädsla manifesteras. Därför får introverta personer ofta ångest vid tanken på att interagera med andra och få nya vänner. Konceptet att knyta band med andra kräver att de delar med sig av sig själva och är extroverta, vilket kan vara en utmaning när man är inom sig själv och utövar självkärlek. Genom att bara använda dig själv som din kärleksenergikälla skär du av dig själv från andra människor som kan hjälpa dig att ladda upp. Att vara introvert hjälper dig inte att få nya vänner, även om det inte påverkar de vänskapsrelationer du skapade innan du blev introvert.

Kundalini är en kreativ kärleksenergi som alltid försöker uttrycka sig på något sätt. Komedi är ett konstnärligt uttryck eftersom det kräver att du tänker abstrakt för att kunna skämta och ha roligt med andra människor. Välkomna komedin i ditt liv och låt den bli en del av dig. Var en fyrbåk av kärlek för dig själv och andra. Låt erfarenheten av att kanalisera kärlek till vänner hjälpa dig att lära dig mer om dig själv och det universum som du är en del av.

FAMILJÄR KÄRLEK

När Kundalini sublimerar mer och mer genom intag av mat och vatten, ackumuleras Kärleksenergi i ditt hjärta och Kundalinikretsen. Under denna tid förnyas familjebanden och du utvecklar ett starkare band med alla familjemedlemmar, särskilt dina föräldrar och syskon. Din familj är speciell, särskilt din närmaste familj som har varit med dig under större delen av ditt liv. Du inser detta när du går igenom Kundalini-transformationsresan, särskilt under de senare åren, vilket resulterar i en etisk hållning gentemot din familj.

Efter tolv år av liv med uppvaknad Kundalini utvecklades en stark önskan att få kontakt med mina föräldrar och försöka förstå dem från ett annat perspektiv. Inte på ett sätt där det alltid handlar om mig och mina behov och hur irriterande de är med sitt tjat som de flesta föräldrar gör. Utan på ett sätt där jag ser bortom min instinktiva försvarsreaktion mot dem och erkänner den ständiga uppoffring de gör för min syster och mig. Den nivå av kärlek de måste ha för oss för att alltid sätta oss först, även när vi är dåliga.

Den kärlek som en förälder har till sitt barn är verkligen något speciellt. Genom att lära sig uppskatta föräldrarnas kärlek utvecklar man en känsla av heder gentemot dem, en skyldighet att återgälda dem med samma tålamod och kärlek även om det tar hela livet. Och om du har haft problem med dina föräldrar tidigare och känner att du inte fick den uppmärksamhet du förtjänade är det nu dags att reda ut dessa problem och återknyta kontakten med dem.

Genom att bli den förändring som du vill se i världen kommer människor naturligt att förändras för att anpassa sig till den nya du. Men det krävs ansträngning från din sida för att göra den förändringen, bland annat genom att inte skylla på andra för att saker och ting inte är som du vill att de ska vara. Det är upp till dig att ta ansvar för varje relation i ditt liv och inse att du kan göra förändringen.

Det är lätt att bryta vänskapsrelationer och romantiska relationer som inte längre fungerar, men relationerna med dina familjemedlemmar är för livet. De är Gudagivna och kan inte undvikas i detta liv, även om du vill fly från dem. Även i de värsta situationerna och scenarierna måste du förlåta dina föräldrar i stället för att hysa negativitet mot dem, även när du känner att det är välförtjänt. Du måste förstå hur stor Karmisk effekt de har på ditt liv som inte kommer att neutraliseras förrän du tar hand om situationen och tillämpar villkorslös kärlek genom att förlåta deras överträdelser mot dig. Förlåtelse kommer att räcka långt i detta avseende; det kommer att göra det möjligt för dig att återigen få igång den energiska länken mellan er, vilket är nödvändigt för din kontinuerliga Andliga utveckling.

Och om du har syskon är det dags att knyta band till dem mer än någonsin. Om de har gjort dig orätt, förlåt dem och ta emot deras kärlek tillbaka i ditt liv. Jag har varit välsignad att ha haft den mest fantastiska relationen till mina föräldrar och min syster. För detta är jag mycket tacksam. Men jag inser att alla inte har blivit välsignade på ett sådant sätt och att många människor har svåra relationer med sina familjemedlemmar. I vilket fall som helst måste du förlåta de fel som begåtts mot dig, oavsett hur svårt det kan vara. Ditt mål, ditt uppdrag, är att fortsätta att växa Andligt.

Att läka din relation till dina föräldrar är viktigast eftersom våra föräldrar påverkar oss mest, ibland oavsiktligt, genom DNA och konditionering. Till exempel återspeglar uttrycket av din maskulina energi och hur du kanaliserar denna energi, särskilt till manliga vänner i ditt liv, din relation till din far. Omvänt speglar hur du uttrycker din feminina energi, i förhållande till hur du kanaliserar den energin mot kvinnor i ditt liv, din relation till din mor.

När det gäller romantisk kärlek kommer du att attrahera människor som hjälper dig att övervinna den Karmiska energin mellan dig och dina föräldrar. Om du är en man kommer du att attraheras av kvinnor som påminner dig om din mor och den Karma som måste övervinnas mellan er två. Om du är en kvinna så är det tvärtom. Denna Universella Princip manifesterar sig omedvetet, vare sig du vill det eller inte. Dess syfte är att hjälpa oss att lära oss att älska varandra och främja vår Andliga Utveckling.

Låt oss inte bli förvirrade när det gäller tillämpningen av denna Universella Princip i förhållande till Sigmund Freuds omoraliska och perversa teorier. Freud, som kallas Ödipuskomplexet, drog genom felaktig forskning slutsatsen att alla unga pojkar och flickor har incestuösa önskningar för sina föräldrar av motsatt kön och ser föräldrar av samma kön som rivaler. Freuds felbedömning bestod i att han överförde sin oroliga barndom och det ovanliga och märkliga förhållandet till sina föräldrar, särskilt sin mor, till sitt psykologiska arbete.

I modern tid erkänns inte Ödipuskomplexet som något verkligt inom psykologin eftersom det inte har någon verklighetsförankring. Freud måste dock ha insett att vi drar till oss partner som påminner oss om våra föräldrar, men han gjorde en felbedömning när han tillämpade denna Universella princip. Hans slutsatser påverkades av hans egen livserfarenhet och olösta frågor i hans undermedvetna, som måste ha utlösts när han insåg att denna Universella Princip existerar.

Attraktionen mellan könen sker undermedvetet och har att göra med ett beteende som vi känner igen hos en annan person och som påminner oss om våra föräldrar. I huvudsak utvecklas denna attraktion för att vi ska kunna läka mentalt och känslomässigt. Våra föräldrar var trots allt de första Arketypiska manliga och kvinnliga som vi identifierade i våra liv. Vi växte upp under deras vård och de riktlinjer de satte upp för oss. Som ett resultat av detta utvecklades vår Själ och vårt Ego, som försökte tillfredsställa våra föräldrar samtidigt som vi försökte frigöra oss från dem och bli självständiga.

Beroende på vår Själs polaritet lärde vi oss att imitera antingen vår fars eller vår mors beteende och integrera det som vårt eget. Och när vi accepterade deras kärlek lärde vi oss att också älska andra. Detta uttryck för kärlek påverkas alltså mest av vårt förhållande till våra föräldrar. Förstå dock att denna Universella Attraktionsprincip endast gäller för det Mentala och Emotionella Planet. Fysisk attraktion är något helt annat.

Beroende på hur bra ditt förhållande till dina föräldrar är, kommer det att påverka kvaliteten på dina romantiska relationer. Du kommer att märka att när din relation till dina föräldrar förändras till det bättre när du lär dig att kommunicera med dem Själ till Själ, kommer detta att läka dessa delar av Jaget, vilket gör att du kan attrahera olika människor i ditt liv för romantiska syften.

När det gäller missbrukande föräldrar är det vanligast att man attraheras av missbrukande partners eftersom man programmerats att relatera till det motsatta könet genom mental och emotionell misshandel. Men när du övervinner och förlåter detta missbruk från dina föräldrar kommer du oundvikligen att attrahera människor i ditt liv som behandlar dig väl och du kommer att lära dig att hålla dig borta från missbrukande människor. Detta är det vanligaste uttrycket i vårt samhälle för denna Universella Princip eftersom vi alla känner människor som misshandlades av sina föräldrar och som i gengäld attraherar missbrukande romantiska partners.

KUNDALINI OCH SEXUELL ENERGI

Det är viktigt att nu tala om den sexuella energins roll i Kundalinis uppvaknandeprocess. Kundalinienergin drivs av sexuell energi som kanaliseras inåt genom ryggraden och in i hjärnan. Jag säger drivs, för när Kundalini väl har vaknat, orsakar uppbyggnaden av sexuell energi i kombination med Pranisk energi från födointag en utvidgning av medvetandet med tiden.

Sexuell energi kan också vara en drivkraft eller katalysator för Kundalinis uppvaknande. Det är sublimeringen av denna sexuella energi genom Tantrisk sexpraktik eller en form av meditation som gör att den går inåt för att aktivera Kundalini vid ryggradens bas. Utan denna aktivering ligger Kundalini vilande som latent energipotential i Rotchakrat Muladhara.

Vad är sexuell energi egentligen? Sexuell energi är kreativ energi inom Jaget som drivs av Muladhara och Swadhisthana Chakras. Den driver och upprätthåller våra sinnen och är samtidigt en viktig källa till inspiration. Medan våra köttsliga begär kommer från Muladhara, Jordchakrat, är Swadhisthana, Vattenchakrat, ansvarig för den påtagliga känslan av sexuell lust.

När vi fokuserar vår sexuella energi på en person som vi attraheras av skapar vi en stark önskan att vara med den personen. Sexuell lust känns i Swadhisthana Chakra som en euforisk känsla som liknar fjärilar eller stickningar i underlivet. Denna energi projiceras sedan från vårt bukområde till vår hjärna genom nervsystemet.

Den sexuella energin är relaterad till Apana Vayu eftersom den involverar Muladhara- och Swadhisthana-Chakrana och utstötningen av sexuella vätskor från kroppen (sperma hos män och vaginalvätska hos kvinnor). Pranisk energi genereras däremot av Samana Vayu (matsmältningselden) och Hara Chakra, kroppens förvaringsutrymme för Prana.

Den sexuella energin ger också kraft åt vår fantasi när den kanaliseras in i Hjärtchakrat, Anahata, och stimulerar på så sätt vårt sinne och våra tankar. Sexuell energi påverkar också vårt Själsliga centrum, Solar Plexus Chakra, Manipura. Den tänder Manipuras Eld samtidigt som den ger energi åt vår viljestyrka. Det blir dynamisk energi som ger bränsle åt vår drivkraft, motivation och beslutsamhet på det Mentala Planet.

När sexuell energi projiceras in i Rotchakrat Muladhara blir den vår drivkraft för att agera på det Fysiska Planet. Därför används sexuell energi av alla våra Chakran. Även om Pranisk energi anses vara en blind kraft är sexuell energi intelligent. Båda energierna är dock nödvändiga för att driva våra Chakran och väcka dem till liv.

Prana är Livsenergi eller Ljusenergi, medan sexuell energi är skapelsenergi. Det är ibland svårt att skilja mellan sexuell energi och Prana, och många Andliga lärare blandar ihop de två och säger till och med att de är samma sak. Genom att undersöka mitt energisystem under årens lopp har jag dock funnit att de är två olika energityper som arbetar med varandra och kräver varandra för att fylla sina funktioner.

Det är också viktigt att skilja mellan Kundalini-energi och sexuell energi. Tillsammans med Prana driver sexuell energi Kundalini-energin när den väl har vaknat. Kundalini-energin har dock sina egna komponenter som har att göra med medvetandeexpansion och uttryck för Jaget.

När Kundalini är aktiverad blir sexuell energi viktig eftersom den animerar Kundalini och gör det möjligt för dig att utnyttja dina nya förmågor. Du kan till exempel inte använda den ökade kreativiteten och fantasin till sin högsta potential om du saknar den sexuella energi som behövs för att utnyttja dem. Sexuell energi är en mer subtil kraft än enbart Prana eftersom den gör det möjligt för oss att få tillgång till vilken del av oss själva som helst när vi fokuserar våra sinnen.

Det finns ett direkt samband mellan sexuell stimulering och aktiviteten hos Kundalini, som ligger i Jordchakrat. När du blir sexuellt upphetsad skapar du en statisk elektrisk laddning som kan sätta Kundalini-energin i rörelse på samma sätt som du skulle starta ett bilbatteri. Att bygga upp sexuell upphetsning genom Tantriska praktiker och vända den inåt kan därför resultera i ett kraftfullt Kundaliniuppvaknande.

Varför finns det ett samband mellan sexuell upphetsning och uppvaknandet av Kundalini? Svaret kan ligga i vårt livs syfte här på Jorden, som är en testplats för Själar. Till exempel skapade Gud - Skaparen människan och gav oss Fri Vilja att välja hur vi vill uttrycka vår sexuella energi: se till att tillfredsställa Egot genom att önska sex som en form av fysisk njutning eller använda samma energi och dra den inåt genom Tantriska praktiker för att väcka vår latenta Kundalini-energi. Vid ett fysiskt klimax eller en orgasm driver vi ut denna energi ur oss och släpper den tillbaka till Universum. När vi drar denna energi inåt genom hjärnan via nervsystemet försöker vi transformera oss Andligt. Varje ögonblick av dagen är ett test av vår Fria Vilja och huruvida vi vill upphöja vår Själ eller vårt Ego som försöker göra radikalt olika saker med denna Gudomliga energi.

De flesta människor är helt omedvetna om att det finns en annan anledning till att de har sexuell energi inom sig, eftersom de är så fokuserade på att använda den enbart för nöjes skull. Världens befolkning drivs mer av sexuella impulser och lusten till sex än något annat i livet. Om människor bara visste ett annat sätt att använda denna gåva skulle det helt kunna förändra hur vi uppfattar sexuell energi. Jag tror att detta är en av de väsentliga roller som Kundaliniväckta individer spelar i världen just nu: att inte bara vara sändebud för Kundalinienergin utan också att upplysa människor om kraften och potentialen i deras sexualitet.

SEXUELL UPPHETSNING OCH ATT VARA "KÅT"

Den maskulina sexuella energin är kopplad till Jordelementets Eld. Den drivs starkt av det Fysiska Planet, som verkar på Vattenelementets Astrala Plan. Jordens Eld omvandlas till känslan av sexuell upphetsning genom Swadhisthana Chakra.

Medan män är mer motiverade av Jordchakrat när det gäller sexuell upphetsning, påverkas kvinnor mer av Vattenchakrat. Detta förklarar varför sexuell upphetsning hos män är starkt påverkad av en kvinnas fysiska utseende, medan en kvinna är mer upphetsad av hur en man får henne att känna sig.

Den maskulina sexuella energin är som en eld som kommer snabbt, brinner starkt och slocknar snabbt. Omvänt är den feminina sexuella energin som vatten: den värms långsamt upp, men när den väl kokar fortsätter den att hålla på länge. En mans Eldsenergi ansvarar för att värma upp en kvinnas Vattenenergi. Därför spenderar männen sin tid och energi på att arbeta med sina Alfakvaliteter för att locka till sig kvinnor. Å andra sidan lägger kvinnor mycket tid och energi på att förbättra sitt fysiska utseende för att vara mer attraktiva för män.

Medan män generellt sett har starkare libido har kvinnor en större bredd och intensitet i sin upphetsning. En man kan få erektion till synes utan stimulans och känna sig sexuellt upphetsad eller "kåt". " Däremot är det sällan en kvinna känner samma sak utan att först bli stimulerad. En del av orsaken är att en mans kropp drivs av testosteron, som verkar snabbare än det kvinnliga könshormonet östrogen.

Den ockulta symbologin och betydelsen av ordet "horny" ger oss ytterligare insikt i hur sexuell upphetsning fungerar och vad den syftar till. Hornig antyder djurhorn, som symboliserar människans djuriska natur. Vi delar trots allt en önskan om sexuella relationer och fortplantning med alla Jordens djur. Men horn förknippas också med Djävulen och hans Demoniska hantlangare inom Kristendomen och andra religiösa och esoteriska traditioner. Faktum är att "Hornie" är en Skotsk term från 1700-talet för Djävulen.

När en man blir sexuellt upphetsad eller kåt börjar en Eld att brinna i hans eller hennes ljumskar, vilket gör att hela hans eller hennes väsen blir Eldigt (Figur 159). Denna eld projiceras från deras Jordiska Chakra, Muladhara, som förknippas med det Fysiska Planet och Materiens Värld. I Tarot kallas därför Djävulskortet för "Herren över Materiens Portar". "Detta beror på att Djävulen representerar den Fysiska Världen, motsatsen till Guds Andliga Värld. För att ytterligare förstärka symbologin förknippas Stenbocken, Bergsbocken (ett djur med horn), ett Eld- eller Jordiskt Stjärntecken, med Djävulskortet i Tarot.

Figur 159: Sexuell Upphetsning hos Män

I den Hermetiska Tarotbilden visar Tarotkortet Djävulen ett gigantiskt djur med horn vars huvud är format som ett inverterat Pentagram, vilket antyder kopplingen mellan det Lägre Jaget, Egot och Djävulen. Djävulen har stora fladdermusvingar och underkroppen av ett djur med en eld som brinner i hans ländor (i vissa avbildningar). Han håller en fackla i sin vänstra hand som pekar nedåt, mot Jorden, och har en hand som pekar uppåt, mot Himlen (Som Ovan, Så Nedan). Han står på toppen av ett altare till vilket två nakna, manliga och kvinnliga människor med horn är fastkedjade. De är bundna till Djävulen på grund av sin lust till varandra.

Lust definieras som en överväldigande önskan att ha sexuella relationer med någon för att få fysisk njutning. Lust är motsatsen till kärlek och anses vara en av de sju dödssynderna på grund av dess ofta obalanserade uttryck. Djävulen och hans hantlangare är ansvariga för att tvinga mänskligheten att ägna sig åt de sju dödssynderna. Det är inte konstigt att ordet "Djävulsk" gäller för någon som är syndig, inklusive att ägna sig åt mycket sexuell aktivitet med flera partners.

Därför, medan Sahasrara Chakra stämmer av oss med vår Heliga Skyddsängel, vårt Gudsjag, kopplar Jordchakrat oss till dess motsats - Djävulen. Båda är personifieringar av självet, som vi kan ansluta oss till genom sinnet. Djävulen är dock inte helt och hållet ond utan är ett uttryck för vår djuriska natur som vi måste respektera och hålla i schack. Följaktligen är Jordchakrat vår dörr till Djävulens rike, det Demoniska rike som vi kallar Helvetet. Det är ingen tillfällighet att Helvetet eller Underjorden avbildas som en eldig grop djupt inne i Jordskorpan.

Ett av skälen till att Kristendomen och andra religioner har förtalat sex är dess omvandlande kraft. Gång på gång har avhållsamhet visat att den kan förgifta sinnet och ge upphov till sjuka och perverterade uttryck som inte är i samklang med naturen och Gud. Omvänt kan det leda till ett Andligt uppvaknande om man ägnar sig åt sexuell aktivitet på ett balanserat, respektfullt och kärleksfullt sätt. Så i stället för att demonisera sex och skapa en motvilja mot sexuella relationer som ett sätt att komma närmare Gud, måste vi försöka förstå det så att vi kan utnyttja dess enorma kraft.

SEXUELLA RELATIONER

När du väl har fått ett fullt Kundalini-uppvaknande kommer du att förstå det sanna syftet med samlag och dess symboliska betydelse som förenar de maskulina och feminina energierna. Denna förening sker på det Mentala Planets nivå, vilket gör det möjligt för oss att överskrida sinnets dualitet så att vi kan nå det Andliga Planet.

Vid födseln placerades vi i denna värld av dualitet och fick antingen en manlig eller kvinnlig kropp. Som människor strävar vi naturligt efter att balansera våra sexuella energier. Ett av de sätt vi gör det på är genom samlag. Vi önskar att vara med en person som kompletterar vår sexualitet för att finna enhet på en Andlig nivå. Samlag är en typ av ritual som innebär att två fysiska kroppar integreras. När penis tränger in i slidan under denna process blir de två kropparna bokstavligen ett.

Mellan två personer av olika kön som båda genomgår Kundalini-uppvaknande kan sexuella relationer vara en verkligt magisk upplevelse. Kundalinienergin mellan dem skapar ett slags batteri och utökar därmed sin kraft dubbelt. Denna expansion av Kundalinienergin resulterar i ökad medvetenhet och djupare transcendentala upplevelser. Den gör det också möjligt för partnerna att ställa in sig på sina respektive Andliga kroppar i en grad som är omöjlig att nå på egen hand.

Den ena partens energi ger bränsle åt den andra partens energi. Eftersom båda partners Livsträd är aktiverat, aktiveras också de energier som utgör deras samlade medvetande. När två Kundalini-uppvaknade partners ansluter sig sexuellt, matas de båda på de djupaste nivåerna av varandras energi, vilket helar dem samtidigt. Den ena partnerns energi trycker ut den andra partens negativitet bara genom att vara i deras närvaro, då deras Auror blandas ihop. De behöver inte ens röra vid varandra för att detta ska ske. De måste helt enkelt befinna sig i samma närhet som varandra för att vara på samma frekvens eller våglängd.

För Kundalini-uppvaknade personer blir själva samlaget Tantriskt. Som ett resultat av detta kan båda parter uppleva inre orgasmer på grund av att den sexuella energin utlöses på en djupare nivå av varandras Kundalini. Under min Kundaliniresa har jag haft förmånen att vara tillsammans med några Kundaliniväckta kvinnor, och den sexuella kontakt vi delade var otrolig. Så snart vi kom nära varandra manifesterade det sig som ett ökat medvetandetillstånd, vilket förstärkte vår sexuella energi till en sådan grad att jag ofta fick mig själv att darra bara genom att vara i deras närhet.

Samlag är en föreningsritual, ett slags band eller sublimering av könen på det Fysiska Planet som ger samma effekter på det Astrala och Mentala Planet. Syftet är att överskrida de lägre Kosmiska Planen så att medvetandets vibration kan höjas och komma in på det Andliga Planet. På så sätt sker läkning på alla nivåer, både på sinnet, kroppen och Själen.

BEHÅLL DIN SEXUELLA ENERGI

En annan viktig fråga om sexualitet som jag ofta får är om det är klokt att ejakulera när Kundalini-processen pågår. När kan det till exempel vara okej att ejakulera och när ska man spara sin säd? Tänk på att det oftast är män som ställer den här frågan, även om samma princip gäller för kvinnor.

Kundalini använder din sexuella energi och Prana från maten för att driva Kundalinis energikrets. Jag har funnit att vid toppar i denna sublimerings-/transformationsprocess är det viktigt att spara ditt frö genom att undvika sex och onani helt och hållet. Bara en enda orgasm kan beröva dig din vitalitet i upp till 24 timmar eller mer. Detta hindrar transformationsprocessen avsevärt samtidigt som det tillåter Egot att få ett starkare fotfäste i medvetandet, vilket gör att rädsla och ångest förstärks inom dig.

Den sexuella energin växer i kraft med tiden, och ju längre du sparar din säd, desto mer omvandlar du Kundalini på insidan. På sin högsta topp, när du känner dig mest sexuellt uppslukad och upphetsad, arbetar sexuell energi med Prana för att förändra kvaliteten och tillståndet hos Kundalinienergin inom dig. Denna process är transmutationen, eller omvandlingen av Kundalinis råa eld till en mer delikat, Andlig energi som tar över och driver systemet.

Jag säger inte att du ska vara celibatär som en munk eller präst och aldrig onanera eller ha sex igen. Det skulle vara ohälsosamt och kontraproduktivt för din utveckling eftersom du måste ta hand om den fysiska kroppen och dess behov samt din Andlighet. Istället säger jag att du ska avstå från sexuell frigörelse under den första perioden efter det första Kundalini-uppvaknandet och sedan återintegrera sex och onani tillbaka i ditt liv på ett balanserat sätt. Kom ihåg att ett framgångsrikt liv handlar om balans, inte om att försumma en sak för en annan.

När Kundalini väl har vaknat är det dock klokt att under några månader avstå från att ejakulera helt och hållet. Denna regel gäller för både män och kvinnor. Sexuell energi är livsviktig; om du ejakulerar kommer du att känna dig livlös och utmattad, och du måste på något sätt återuppbygga din sexuella energi.

Jag har upptäckt att kroppen behöver Zink när den återuppbygger den sexuella energin i dig efter en frigörelse. Därför föreslår jag att du i stället för att vänta på att din kropp ska bygga upp den naturligt tar ett Zinktillskott eller äter fisk eller pumpafrön som innehåller mycket Zink. Zink är viktigt eftersom det är batterisyran, medan Kundalini fungerar som den elektriska växel- och likströmmen. Utan Zink fungerar inte batteriet på sin optimala kapacitet och behöver laddas upp.

När du väl har väckt Kundalini kommer du, beroende på var du befinner dig i din omvandlingsprocess, att utveckla förmågan att förkroppsliga andra människor och känna deras energi, även människor som du ser på tv och i filmer. Denna "gåva" kan snart kännas som en förbannelse när du tillämpar den på pornografi eftersom den gör det möjligt för dig att känna det du tittar på som om det händer dig. Det finns inget behov av en virtuell verklighetsuppsättning när du har väckt Kundalini. Hur roligt och spännande detta än kan vara till en början, låt dig dock inte utveckla ett porrberoende och gå bakåt i din Andliga utvecklingsprocess.

Du måste reglera onani och inte göra det mer än en eller två gånger i veckan och endast innan du lägger dig så att din kropp kan bygga upp den sexuella energin på morgonen. Eftersom denna process kommer att pågå resten av ditt liv måste du behandla din sexuella energi med respekt. Du fungerar inte längre som en ouppvaknad person som kan onanera och ejakulera flera gånger om dagen utan att påverkas. Du kommer att känna dig berövad på din vitalitet varje gång du ejakulerar, så var uppmärksam på detta.

Jag har upptäckt att onani kan vara ett bra hjälpmedel när man inte kan få sömn på annat sätt, eftersom det gör att man kan välkomna vila och bli som en glödlampa när man tömmer sin sexuella energi. Uppladdad sexuell energi kan få sinnet att bli galen och till och med framkalla ilska och aggression, särskilt hos män, vilket kan hålla en vaken på natten. Men återigen, försök att inte onanera mer än några gånger i veckan och först efter att den inledande Kundalini-sublimeringen/transformationsprocessen är avslutad. Hur vet du att den är avslutad? Du kommer att känna en ny typ av energi som arbetar inom dig och som ersätter den råa Kundalini-Elden. Denna energi har en transcendental effekt då den växer och expanderar medvetandet mer och mer med tiden.

Som en sista kommentar om detta ämne vill jag säga att eftersom det kan vara bra för din Andliga utveckling att ha kärleksfulla, sexuella relationer med en partner, föreslår jag inte att du helt och hållet slutar med sex utan att först rådgöra med din partner. Om du kallsinnigt avstår från sex med din partner utan att förklara dig kan hen känna att det är något fel på hen, vilket kommer att äventyra integriteten i ert förhållande. Detta är oklokt, särskilt om du har god kemi med den personen och ser en framtid med honom eller henne.

Meddela istället dina behov till din partner och gör kanske en kompromiss om att ha sex en gång i veckan eller varannan vecka under en tid, och öka sedan frekvensen när du har passerat den punkt då du har sublimerat Kundalini-energin. Att spilla sin säd med en älskad person kan vara dränerande för kroppen, men det kan vara fördelaktigt för din Andliga Alkemi eftersom det sker ett utbyte av positiv, helande energi på en subtil nivå.

Att ejakulera genom onani är dock ett fullständigt utflöde av din sexuella essens till Aetyrn, utan att du får något tillbaka. Människor som utvecklar porrberoende öppnar sig för Demoniska entiteter som fäster sig vid deras Aura så att de kan livnära sig på deras frigjorda sexuella energi.

En Incubus är en Demon i manlig form som livnär sig på kvinnors sexuella energi. Omvänt är en Succubus en Demon i kvinnlig form som livnär sig på männens sexuella energi. Incubi och Succubi är kända för att förföra människor i drömmar och ha sexuella relationer med dem så att de kan beröva dem deras sexuella essens genom att få dem att komma i klimax. De personifieras också i sinnet av vuxna filmskådespelare när de tittar på pornografi.

Människor som matar dessa Demoner har ofta svårt att frigöra sig från dem och sluta med sitt porrberoende. Pornografi är gratis av en anledning; det är ett tomt tomrum vars syfte är att stjäla människors sexuella essens och ta bort deras potential att Andligt omvandlas. Det finns en politisk orsak till detta, som ligger utanför ramen för detta arbete, men jag nämner den här så att du är medveten om den och inte faller för dess fälla.

SEXUELLT BEGÄR

Eftersom Kundalini kan väckas av sexuell energi som vänds inåt betyder det att vi kan utöka dess kapacitet, vilket alltid påverkar våra sexuella drifter. När Kundalini befinner sig på sin högsta omvandling i de första stadierna efter uppvaknandet kan man till exempel känna sig som ett brinnande djur. Som ett resultat av detta kan du uppvisa sexuella begär som du inte har upplevt tidigare. När den inledande perioden av sublimering av sexuell energi är avslutad kommer du dock att känna en befrielse från denna intensiva sexuella upphetsning när din libido blir balanserad.

Men eftersom processen med sublimering av sexuell energi pågår hela tiden, och eftersom du kan drabbas av kortslutningar där du måste bygga upp dina energikanaler igen, kan dina sexuella behov fluktuera kraftigt under resten av ditt liv. De kommer ofta i vågor, där din sexuella energi kommer på mycket starkt under en kort period, vilket medför ett intensivt behov av en utlösning, följt av en längre period då du är i balans.

Men om man ser till hela ditt liv efter att Kundalini har vaknat upp, kommer din sexuella energi att vara relativt balanserad. Dessa fluktuationer som jag talar om inträffar under ungefär 20-30 procent av denna tid. Glöm aldrig att Kundalini är en intelligent energi som aldrig ger oss mer än vad vi kan hantera.

När jag rekommenderade att du inte onanerar eller har sex mer än några gånger i veckan, hänvisade jag till det behov som kan uppstå av sexuell frigörelse. Det finns ingen mening med att plåga sig själv även om det är fördelaktigt att spara din säd. Att göra det kommer att orsaka kaos i ditt sinne och vara kontraproduktivt för din tillväxt.

Om du behöver en frigörelse kan du därför göra det en eller två gånger i veckan, men bara på kvällen innan du sover om du onanerar. Vänj dig vid att inte vara slumpmässig med dina sexuella utlösningar. Du måste anta ett vetenskapligt förhållningssätt till de inre förändringar som sker i din kropp, som är ditt laboratorium. Ta kontroll över denna process i stället för att låta processen kontrollera dig.

När din sexuella energi genereras känner du hur den byggs upp i buken i Swadhisthana Chakra. Ibland kan den komma så starkt att du börjar hyperventilerad. Naturligtvis är det under denna period som du behöver tillåta dig själv att ha en balanserad sexuell aktivitet i ditt liv. Men hur starka dessa sexuella drifter än kan vara måste du vara sansad och inte ta det som ett tecken på att du ska förvandlas till en nymfoman och vara lättsinnig med dina sexuella aktiviteter.

Det kommer att bli ett otroligt hinder för din Andliga väg om du inte är försiktig med vem du har sexuella aktiviteter med. Förutom att du utsätter dig för sexuellt överförbara sjukdomar försätter du dig själv i en position där du tar emot människors energier, bra och dåliga, genom att ha sexuella relationer med dem.

I stället råder jag dig att hitta en konsekvent partner, någon som du har god kemi med, även om det bara är fysiskt till en början. Var öppen med dina avsikter och låt bli att lura folk. Om du försätter dig själv i en situation där du kan få dålig Karma av att vara tillsammans med någon när allt du behöver är en sexuell utlösning, är det bättre att onanera för att ta udden av det hela.

Jag rekommenderar sex framför onani eftersom sex utbyter livsenergi medan onani inte gör det. Du kommer att märka en skillnad i hur du känner dig efter en frigörelse med båda aktiviteterna. Onani kommer att lämna dig mycket dränerad efter en orgasm, medan samlag kan få dig att känna dig uppfylld efteråt, med rätt partner. Du kommer att behöva lite tid för att återuppbygga din sexuella energi i båda fallen. Onani kommer att kännas som om det krävs betydligt mer tid för att återuppbygga efter.

Jag nämnde att du måste spara dina frön så mycket som möjligt efter att Kundalini har vaknat, men kom ihåg att jag främst hänvisade till den period då du bygger upp dina energikanaler genom sexuell energi och Prana. Jag erkänner att det är lika naturligt som våra organiska kroppar att ha ett hälsosamt sexliv och sexuell frigörelse genom onani. Din sexuella energi kan trots allt komma så starkt att du känner dig besatt om du inte gör något åt det. Men som med alla saker i livet är det att vara samvetsgrann och kontrollera sina handlingar som är nyckeln till framgång. Lyssna på vad din kropp kommunicerar till dig och släpp lite tryck när det behövs. Balans i sinne, kropp och Själ är den sanna vägen för Ljusets initierade.

Du kan också ha en period i ditt liv då du har en betydligt lägre sexlust och ditt sug efter sex kan verka obefintligt. Bli inte orolig om detta händer; det är en normal del av processen. Anpassa dig därför till denna period i enlighet med detta. Den brukar vanligtvis inte vara särskilt långvarig. Den signalerar dock en tid för introspektion och för att bygga upp energi genom matintag när den inträffar. Känn dig inte skyldig om du inte kan tillfredsställa din partner som du brukade göra, utan låt dem veta vad som händer och gör vad du kan för att få dem att förstå. Om de inte gör det och väljer att få dig att känna dig skyldig för att detta händer dig, måste du tänka om i din relation med dem.

SEXUELL ATTRAKTION

Alla människor vill uppfattas som attraktiva av andra för att få ett överflöd av kärlek och relationer. De flesta inser dock inte att de har full kontroll över denna process. Det finns Lagar som styr processen för attraktion, särskilt sexuell attraktion, och de människor som känner till dessa Lagar medvetet kan utlösa attraktion hos andra med hjälp av sin viljestyrka.

Till exempel blir en Kundalini-uppvaknad person, efter många års personlig omvandling, mycket attraktiv för andra människor. Detta beror på att deras förändringar i sinne, kropp och Själ förändrar deras sätt att tänka och beteende, vilket gör dem naturligt attraktiva för alla de möter. Som ett resultat av detta har dessa människor lättare att hitta en romantisk eller sexuell partner och hitta nya vänner i sina liv.

Många uppvaknade människor förbiser dessa personliga förändringar och tillskriver denna nyfunna attraktion till ödet eller slumpen. I verkligheten finns det en osynlig vetenskap bakom detta. Lagarna om sexuell attraktion mellan människor motsvarar de Universella Lagar som styr hela Skapelsen. Skapelsen är på sätt och vis perfekt, och attraktionsenergin är ett av de sätt på vilka den försöker förbli det.

Vad är då sexuell attraktion? Det bästa sättet att förklara sexuell attraktion är att säga att det är naturens sätt att förbättra vår genpool. Med andra ord är sexuell attraktion ett sätt för naturen att se till att de mest utvecklade människorna fortplantar sig och att vår ras fortsätter att existera.

Naturen befinner sig ständigt i en utvecklingsprocess, och de människor som är i linje med denna Lag och som är mästare över sin verklighet är de som har aktiverat sin latenta DNA-potential för att bli de bästa versionerna av sig själva. Som ett resultat av detta har dessa människor blivit attraktiva för andra, vilket gör att de har lättare att hitta en partner och fortplanta sig.

Även om sexuell attraktion är ett naturligt uttryck, kan du lära dig egenskaperna hos dessa utvecklade människor som utövar dominans i sina liv, så att du kan "fejka det tills du lyckas". Med andra ord behöver du inte börja med att vara en sexuellt attraktiv person, men du kan lära dig beteendeegenskaperna hos dessa typer av människor och använda dessa egenskaper i ditt eget liv för att vara attraktiv för andra.

Förstå att attraktionskraft gäller både män och kvinnor. Du kan attrahera en romantisk eller sexuell partner, men också nya vänner eftersom alla människor naturligt dras till attraktiva människor. Vi känner igen något speciellt hos attraktiva människor och vill vara i deras närhet. I verkligheten är det vi uppfattar hos dessa människor en bättre version av oss själva.

DE TVÅ FÖRSTA MINUTERNA AV MÖTET

Attraktiva människor är karismatiska, fria och obehindrade på alla sätt som vi alla vill vara. De är ledare i stället för följare och kräver uppmärksamhet hela tiden, även när de är tysta. De är aldrig rädda för att säga vad de tycker och är modiga och självsäkra. De är viljestarka och lugna, även när de ställs inför motgångar.

Attraktiva människor är ofta roliga och underhållande men också avslappnade, lugna och samlade. De har vissa uppfattningar om sig själva som de alltid upprätthåller. Dessa människor gör allting på allvar och med hela sitt hjärta. De är passionerade och lever livet fullt ut, utan att ångra något. De tar vad de vill ha och har inga ursäkter för sina handlingar.

Även om du kanske inte uppvisar några av de egenskaper som nämns ovan ska du inte misströsta. Naturen tillåter oss att göra om oss själva varje ögonblick, och du kan använda dess Lagar för att börja bli en attraktiv person. Nyckeln är att fokusera din energi på att bli attraktiv för nya människor du möter eftersom de två första minuterna av mötet med en ny person är de mest kritiska. Detta innebär att om du uppvisar vissa egenskaper under dessa två första minuter kommer du att ha väckt attraktion hos den andra personen.

Attraktion fungerar på två sätt. Om en ny person som du möter är av motsatt kön (beroende på polariteten i deras Själ) kommer de att känna sexuell attraktion till dig. Om de är av samma kön kommer de att vilja vara din vän. I båda fallen, om du utlöser attraktion, kommer du att ha makten att göra den personen till en del av ditt liv på något sätt.

De flesta människor inser inte att den vi tror att vi är bara är verklig för oss själva och de människor som känner oss. Med andra ord har främlingar ingen aning om vilka vi är. Därför är det första intrycket avgörande. Attraktion har mycket att göra med bilden av vem du tror att du är och hur du kan manipulera den bilden för att presentera dig själv för någon ny du möter. När du har skapat en uppfattning om dig själv under de första två minuterna kommer den andra personen antingen att känna attraktion till dig eller inte.

Det viktigaste att förstå är att vi har makten att forma vår bild av oss själva genom vår viljestyrka. Kom ihåg att vi alla har en Fri Vilja, och hur du utövar din Fria Vilja påverkar den attraktionsnivå du skapar hos andra människor.

PSYKOLOGIN OM ATTRAKTIONSKRAFT

När du vill framstå som attraktiv, förstå att det inte handlar om vad du säger till en person utan hur du säger det. Det är inte orden utan kroppsspråket och tonaliteten som räknas. Men för att gå ännu djupare är det den inre energin med vilken du talar till en person som kommer att orsaka attraktion eller inte.

Ditt uppträdande måste alltid vara coolt och din röst måste vara energisk och fängslande och uttrycka kraft och dominans. Detta är de beteendemässiga dragen hos en Alfapersonlighet. Alfa-personer är mästare över sin verklighet. De är födda ledare som tar det de vill ha. Att vara en Alfa är ett sinnestillstånd som exemplifierar styrka och stillhet i känslor. Alfa-personer berörs inte av saker utifrån om de inte väljer att göra det. Deras verklighet äventyras aldrig eftersom de helt enkelt inte tillåter det. De styr och andra följer efter.

Alfa-personer pratar bara för att bli hörda av andra. De söker inte efter godkännande och talar inte heller för att lyssna till ljudet av sin röst. När du pratar med någon som du vill vara attraktiv för, tänk därför på att det du säger är fängslande. Det måste finnas kraft i din rösttonalitet och intention närvarande, annars kommer du att tråka ut den andra personen. Om någon till exempel gäspar medan du pratar har du misslyckats. Vad du än säger måste du tala direkt till den andra personens Själ.

Du måste lära dig att bryta igenom barriären av andra människors personligheter och deras Egon. För att åstadkomma detta bör du se den andra personen i ögonen hela tiden när du talar med självförtroende. Din målmedvetenhet måste vara så stark att den är fascinerande och hypnotiserande för andra. Det motsatta könet ska förlora sig i din energi.

Högutvecklade Kundalini-uppvaknade människor kommer från en högre plats när de talar till andra. Eftersom deras medvetande arbetar från det Andliga Planet är de i linje med sin Sanna Vilja, vilket ökar deras personliga kraft. Som sådana är de kraftfulla kommunikatörer som talar med syfte och avsikt. Människor dras naturligt till dem eftersom deras energi är inspirerande och upplyftande att vara i närheten av.

För att bli en naturligt attraktiv person måste du bygga upp dig själv till en person som har solida värderingar, etik och moral. Du måste älska dig själv och älska livet i allmänhet. Om du älskar dig själv och är nöjd och tillfredsställd med ditt liv när du är tillsammans med en person av motsatt kön kommer du aldrig att komma från en plats av behov utan från en plats av begär. Tänk på det här en stund. När du behöver något betyder det att du saknar något inom dig själv. Denna idé är redan oattraktiv och sätter den andra personen på defensiven.

En effektiv metod för att väcka och bibehålla sexuell attraktion är att vara kaxig och rolig. Kaxighet definieras som "att vara djärvt eller fräckt självsäker". Att vara kaxig i andras närhet sätter dig omedelbart på en hög piedestal eftersom du framstår som en person av högt värde. Att vara kaxig kan dock verka väldigt arrogant, vilket är oattraktivt, så det hjälper att lägga till en ordentlig dos humor. Humor är fantastiskt eftersom du kan säga vad du tänker utan att bli bedömd och granskad i processen.

Intressant nog misslyckas det oftast att använda logik och förnuft för att skapa attraktionskraft. Tänk på att attraktion inte är logiskt på något sätt. Logik är faktiskt motsatsen till attraktion. Att vara lekfull, tala i metaforer och vara indirekt under alla omständigheter är ett mycket kraftfullare sätt att väcka attraktion. Samtalet måste vara roligt, annars skapar du ingen attraktion.

När du väl har väckt attraktion är nyckeln till att behålla den attraktionen att ständigt visa att du är cool, rolig och självsäker. Den tid som spenderas på att prata med dig är en gåva till den andra personen eftersom du är en person av högt värde. Du tar det du vill ha eftersom du kan, vilket undermedvetet låter den andra personen veta att du är en inflytelserik person som manifesterar deras verklighet. Så de vill inte bara vara med dig, utan de vill också vara du.

VIKTEN AV INRE ÖVERTYGELSER

Du måste ha höga och fasta inre övertygelser om dig själv, vilket innebär att inre arbete är viktigt för att attrahera det motsatta könet. Naturligtvis hjälper det att se bra ut, vara i god form, vara ren, rakad, välklädd och lukta trevligt. Men även dessa saker kommer i mycket andra hand efter att vara självsäker och tro på sig själv. Den uppdelning jag lärde mig av dejtinggurus i början av 20-talet är att utseendet är 30 procent av attraktionen, och det inre arbete jag talar om här är de andra 70 procenten.

Det är vi själva som måste ge oss själva värde. Om vi inte älskar oss själva och tycker att vi saknar något, kommer vi att projicera vår osäkerhet på andra människor och de kommer att uppfatta oss som sådana. Om vi tror att vi är exceptionella och unika kommer andra människor undermedvetet också att tro det och tillbringa hela tiden runt omkring oss med att försöka förstå varför vi är så fantastiska. Detta mysterium kommer att vara mycket attraktivt för dem.

I själva verket handlar attraktion om personlig makt. Om du försöker uppvakta en person och gör allt du kan för att hjälpa honom eller henne och ber om ursäkt, meddelar du att du inte är en person av högt värde, att din tid inte är viktig och att du har låg personlig styrka. Om du är villig att ge en främling din personliga makt frivilligt bara för att han eller hon är fysiskt attraktiv, kommunicerar du till honom eller henne att du är en person av lågt värde, så enkelt är det. Som sådan ställer du in dig själv för att misslyckas direkt. Kanske kommer de genom någon tur att vilja dejta dig, men de kommer bara att vara med dig för att utnyttja dig på något sätt eftersom du redan från början har kommunicerat till dem att du inte respekterar dig själv.

Undermedvetet har människor ingen respekt för personer som inte respekterar sig själva. Respekt är något man förtjänar, inte något man får. Kärlek ges alltid och lika mycket, men respekt förtjänas. Därför måste du lära dig att älska och respektera dig själv. Om du känner att du inte älskar dig själv så mycket som du borde, undersök då varför det är så. Om du har tidigare trauman som behöver läka, fokusera då din uppmärksamhet på att övervinna dessa trauman i stället för att hitta en partner. Du måste vara på en bra plats innan du kan ha en hälsosam kärleksrelation med någon. Och det börjar med att älska dig själv.

Människor som älskar sig själva har något slags syfte med sina liv. Deras syfte är ofta det viktigaste för dem. Om du inte har ett verkligt syfte i ditt liv just nu föreslår jag att du ägnar mer tid åt att försöka hitta eller upptäcka det. Utforska nya kreativa aktiviteter och lär dig nya saker om dig själv. Var inte rädd för att förändra saker och ting i ditt liv och utforska nya vägar. Bryt ut ur din bekvämlighetszon och gör de saker du alltid velat göra. Att hitta ditt syfte kan ge dig evig glädje och lycka. Det kommer att få dig att älska dig själv och ditt liv, vilket är mycket attraktivt för andra människor. Det kommer också att få dig att lära känna dig själv bättre för att bemästra de delar av dig Själv som behöver arbetas med.

Du är unik på alla sätt och är ett sällsynt fynd. Om du inte har upptäckt detta om dig själv ännu är det dags att göra det. Tid som spenderas med dig är speciell, och andra människor borde vara så lyckligt lottade att du väljer att ge dem din tid. Om du älskar dig själv kommer du att vara likgiltig inför resultatet av att träffa någon ny. Att hitta en romantisk partner eller en ny vän kommer att vara en bonus i ditt liv i stället för en nödvändighet. Likgiltighet inför resultatet av att träffa någon ny kommer att skapa ett slags energimässigt tomrum som den andra personen kommer att känna sig tvungen att fylla. Att göra det kommer bara att öka din attraktionsnivå.

Om du har ett tråkigt liv och vill träffa en romantisk partner kommer du att få det svårt. Att vara någons hela liv innebär en stor press att prestera och göra den personen lycklig alltid. Så småningom ger de flesta upp och går ifrån ett sådant förhållande. Du måste först fokusera på att vara i fred med dig själv och älska dig själv, för om du inte älskar dig själv kommer du att ha svårt att hitta någon som älskar dig och fyller det tomrummet inom dig själv.

För att vara en Alfa måste du tro på dessa Principer i din Själs djupaste hörn istället för att se dem som taktik eller en form av manipulation. Om du ser det på det sättet kommer det motsatta könet oundvikligen att upptäcka ditt beteende som en form av manipulation, vilket är oattraktivt. Människor hatar trots allt när någon försöker manipulera dem. Istället gillar de öppenhet, även om det är något så direkt som "Jag skulle vilja ligga med dig".

Om du vill arbeta med dig själv, men saknar metoder för att ta itu med det, kan min första bok hjälpa dig i det avseendet. *The Magus* är utformad för att hjälpa dig att nå din högsta potential som Andlig människa, vilket gör dig mycket attraktiv för andra människor. Du måste lära dig din Sanna Vilja i livet och ansluta dig till ditt Högre Jag. Om din medvetandevibration är hög kommer dina tankar och känslor att påverkas, vilket påverkar ditt beteende gentemot andra. Att bli herre över din verklighet kommer att ge dig överflöd i ditt liv, inklusive alla de romantiska relationer och vänskapsrelationer du önskar.

Kundalini-uppvaknade människor som har uppnått en hög medvetandenivå är befriade från denna Materiens Värld. Deras förmåga att ha roligt är mycket större än de människor som tar livet på alltför stort allvar. Vi vill alla ha glädje och nöje i våra liv. Därför kommer du att ha större framgång ju mer du kan se mötet med nya människor som en rolig aktivitet.

Tanken på att ha roligt med det motsatta könet och att leka denna lek för att väcka attraktion är en manifestation av att kanalisera din kärleksenergi. När du försöker attrahera någon istället för att manipulera dem kommer dina handlingar inte att få några Karmiska konsekvenser, så länge de inte har en romantisk partner. Istället kommer du att skapa god Karma för dig själv när du kan skapa en rolig konversation som någon du träffar vill delta i frivilligt. Att göra det kommer att berika ditt liv eftersom du genom att skapa attraktion och upprätthålla den kommer att studsa kärleksenergi fram och tillbaka med den andra personen och bygga upp den. Att fylla ditt liv med mer kärleksenergi kommer därför att föra dig längre fram på din Andliga resa.

ATT BLI EN ANDLIG KRIGARE

Eftersom den Andliga resan innebär en hel del Karmisk avkastning måste du utveckla dig själv till en Andlig krigare. Du måste lära dig att vara tuff och ta itu med utmaningar direkt i stället för att fly från dem. Om du inte gör det kommer du att brytas sönder av de Fem Elementen i ditt Väsen. De delar av dig själv som du måste besegra kommer i stället att övervinna dig.

Som du har lärt dig så här långt är Andlig Utveckling inte bara kul och spel; det finns tillfällen då du kommer att känna dig mycket obekväm i ditt eget skinn. Begreppet att utveckla dig själv till en Andlig krigare är av så stor betydelse, särskilt när du genomgår en Kundalini-transformationsprocess. Kom ihåg att metamorfos kräver att något gammalt dör för att det nya ska kunna ta plats. Hur du beter dig under smärtsamma perioder kommer att göra hela skillnaden i ditt liv.

Själens Mörka Natt är inte en enda natt av mental och känslomässig ångest, utan den kan inträffa många gånger i ditt liv och pågå i veckor, till och med månader. Förvandling kräver att du är stark när du möter motgångar. Även om vårt samhälle ofta betonar att Upplysning är en trevlig upplevelse är det inte särskilt många som talar om de negativa aspekterna av att nå det målet och utmaningarna längs vägen.

Kundalini-uppvaknandet är ett uppvaknande till Vibrationens Dimension. Detta innebär att du inte längre kan gömma dig från energier och bara ta del av de positiva energierna och kasta bort de negativa, vilket de flesta människor gör. Istället blir du en del, de positiva och negativa, när det gäller deras effekter på dina tankar och känslor.

De flesta ouppvaknade människor kan välja att inte ta itu med mentala och emotionella problem när de dyker upp. De kan välja att ignorera negativitet och låsa in den i det undermedvetna, som är som ett valv med alla mentala "saker" som man beslutat att inte ta itu med, som traumatiska minnen som man väljer att ignorera. Men med ett fullständigt Kundaliniuppvaknande öppnas det valvet permanent som Pandoras ask. Allt som någonsin varit ett problem i ditt liv, inklusive undertryckta och förträngda känslor och tankar, måste hanteras och övervinnas.

Till exempel har traumatiska minnen som förändrat ditt sätt att fungera i världen tagit formen av personliga Demoner, som nu är inbäddade i dina Chakran som Karmisk energi som måste neutraliseras. Eftersom varje Chakra är synonymt med ett av de Fem

Elementen är det här vad jag menade när jag sa att du måste övervinna Elementen i stället för att låta dem överväldiga dig. Elementär energi måste renas, rensas och bemästras för att vibrationen i ditt medvetande fritt ska kunna stiga till en högre frekvens, utan att hindras av lägre energier.

ATT HANTERA POSITIVA OCH NEGATIVA ENERGIER

Som människor tar vi naturligt emot positiv energi. Vi kan inte få nog av den. Vi tar in den, upplever den, njuter av den och söker mer. Och därför har vi strukturerat våra liv på ett sådant sätt att vi kan ta emot positiv energi samtidigt som vi undviker negativ energi.

Positiv energi finns i många olika former. Kärlek, glädje och lycka är bara några av dem, men det finns många fler som spänning och inre frid. Omvänt kommer negativ energi i form av konflikter. Den innefattar nästan alltid nervositet, ångest och andra uttryck för rädslans energi.

Rädsla är en viktig byggsten i livet, och du måste lära dig att använda den, inte att bli utnyttjad av den. Vi är programmerade att springa från rädslofyllda situationer så mycket som möjligt eftersom vår kropp är i alarmberedskap och signalerar att vi är i fara. Men genom att fly från rädsla berövar du dig själv din möjlighet till tillväxt. Om du å andra sidan omfamnar rädslan kan du lära dig något nytt om dig själv som kommer att föra dig vidare på din Andliga Utvecklingsresa.

Som Kundalini-initierad kommer du snart att lära dig att du har två valmöjligheter i livet. Ett, du kan stanna kvar som en del av samhället och lära dig att leva med den negativitet och de utmaningar som det dagliga livet kan föra med sig, eller två, du kan lämna ditt samhälle helt och hållet. I den senare situationen skulle du göra dig av med dina materiella ägodelar och dina relationsband med människor i ditt liv och åka iväg för att leva i ett Tempel eller en Ashram någonstans och helt och hållet ägna ditt liv åt Andlig tillväxt.

Men i de flesta fall väljer människor att stanna kvar i samhället och vara en del av livets lek. Om du gör detta, som jag och otaliga andra som kom före mig, måste du utveckla dig själv till en Andlig krigare så att du kan hantera den rädsla och ångest som negativ energi medför. Du måste lära dig att ta på dig din Andliga rustning och ta upp din metaforiska sköld och ditt svärd (Figur 160) för att försvara dig samtidigt som du lär dig att attackera. Du kommer att behöva båda för att vinna kampen.

Din sköld är den villkorslösa kärleken i ditt hjärta (Vattenelementet) som kan ta sig an allt, medan ditt svärd är din viljestyrka (Eldelementet) som skär igenom alla illusioner för att komma fram till sanningen. Din viljestyrka är inte rädd för motgångar, utan välkomnar dem eftersom den vet att de är en möjlighet till tillväxt. Kom ihåg att även om det är mer utmanande att få det att fungera som en del av det vanliga samhället än att fly från det och utvecklas i isolering, så är det mycket mer givande.

I sitt passiva tillstånd arbetar Kundalini genom Elementet Vatten, uttryckt genom den feminina Ida Nadi. Vårt medvetande tar emot energier från omvärlden, som känns genom Sinnets Öga och upplevs som känslor. Som en Kundalini-uppvaknad individ medför bara det att vara i närheten av andra människor negativitet eftersom du genom att vara en empat känner intuitivt mörkret i människors Själar. Men om du arbetar med att utveckla dig själv till en Andlig krigare kommer du att anta utmaningen att passa in och få det att fungera i det moderna samhället.

I de flesta fall är det som stör oss hos andra människor det som vi själva bär på. Så genom att utveckla dig själv till en Andlig krigare och övervinna dessa saker kommer du att märka att du inte längre ser dessa saker hos andra, åtminstone inte på ett sätt som gör att du inte kan umgås med dem. Så på det här sättet kan andras negativitet vara en tillgång för dig och en katalysator för tillväxt.

Figur 160: Att bli en Andlig Krigare

ATT BYGGA UPP DIN VILJESTYRKA

Du måste bygga upp din viljestyrka med hjälp av Kundalinienergins Eldaspekt, som kanaliseras genom Pingala Nadi. Naturligtvis hjälper det om du redan är en person som hanterar människor och svåra situationer med en viss lätthet. Men när du kan känna människors negativitet i realtid är det en mycket mer utmanande situation som har sin egen inlärningskurva, särskilt i början av din transformationsresa, när dina känslor har företräde. I vilket fall som helst måste alla invigda börja sin resa för att bli en Andlig Krigare med att lära sig hur man neutraliserar den negativa energi som livets händelser och människorna runt omkring dem kan ge.

Viljestyrka är som en muskel och du måste behandla den som en sådan. Om du tränar denna muskel dagligen blir den starkare och mer kraftfull. Grunden för din viljestyrka växer med tiden, och det blir svårare att bli avledd från kursen genom negativitet som du upplever genom yttre påverkan. Eld (viljestyrka) dominerar alltid över Vatten (känslor) när den väl tillämpas på rätt sätt. Detta koncept är avgörande att förstå. Energi är en blind kraft, liksom känslor. Energi är passiv och upplevs inuti Auran som en känsla. Du kan manipulera denna känsla med rätt tillämpning av viljestyrka.

Till en början kommer du att känna dig förflyttad av dina känslor som en passagerare i en båt på havet. Men med daglig övning kommer du att övervinna din ångest och rädsla och kunna använda dina Demoner på ett konstruktivt sätt i stället för att låta dem styra dig. Detta är inte lätt att bemästra inom Jaget och är kanske den största utmaningen för varje Kundaliniväckt initierad. Men det går att uppnå. Och det måste det göra om du ska kunna maximera din Andliga potential.

Du har en otrolig kraft inom dig nu, men du måste lära dig att tämja den och använda den på ett produktivt sätt i ditt liv. Du måste övervinna dina rädslor och Demoner genom att besegra ditt Lägre Jag, Egot. Först då kan du återuppstå Andligt och anpassa ditt medvetande till ditt Högre Jag.

FÖR ATT ÄNDRA DITT HUMÖR, ÄNDRA DITT TILLSTÅND

Hur du använder ditt sinne och vilken typ och kvalitet av tankar du väljer att lyssna på kommer att avgöra hur du lyckas med detta. Dina negativa känslor kommer antingen att övervinna dig eller så kommer du att neutralisera dem; det är dina två valmöjligheter. Om du upplever ett negativt känslomässigt tillstånd är det därför viktigt att behandla det som blind energi som kan dämpas med hjälp av din viljestyrka. För att uppnå detta tillämpar du *Kybalions* princip om Mentalt Kön och fokuserar på den motsatta polen till den känsla du försöker ändra inom dig själv. Detta kommer att göra det möjligt för dig att ändra dess vibration och förvandla den från en negativ pol till en positiv.

Denna metod kallas "Mental Transmutation" och är en mycket kraftfull teknik för att ta kontroll över din verklighet och inte vara en slav under dina känslor. Jag har använt den här Principen i hela mitt liv och den har varit en av de viktigaste nycklarna till min framgång med mentalt mästerskap. Det fungerar på ett enkelt sätt: om du upplever rädsla, koncentrera dig på mod; om du är full av hat och vill framkalla kärlek, fokusera på det i stället. Och så vidare med olika uttryck för motsatta känslor.

Lär dig att tala positivt om dig själv i stället för att vara självdestruktiv. Säg inte att du inte kan göra något, utan säg till dig själv att du kan göra det. Tillåt dig aldrig att gå ner och erkänna dig besegrad. Ändra i stället ditt sinne till att fokusera på det positiva i en situation, som att se den som en lärdom som hjälper dig att växa som person. Vila inte i dina negativa känslor eller ditt negativa sinnestillstånd utan var proaktiv och koncentrera dig medvetet och villigt på att odla dess motsats. Det hjälper att komma ihåg ett tillfälle i ditt liv då du kände den positiva känsla som du försöker framkalla hos dig själv. När du behåller minnet i ditt sinne kommer det att börja påverka den negativa känslan och börja omvandla den till en positiv känsla. För att ändra ditt humör måste du ändra ditt tillstånd. Glöm aldrig detta. Misslyckande är ett val.

En annan metod för att övervinna negativa känslor är att göra ditt sinne aktivt genom att ägna dig åt en inspirerande aktivitet. Kom ihåg att för att bli inspirerad måste du vara i Anden. En inspirationshandling innebär att vara i samklang med den Andliga energin, vilket påverkar ditt medvetande positivt. För att bli inspirerad kan du också ägna dig åt fysisk aktivitet, vilket omvandlar den negativa känslan genom att öka Eldelementet i kroppen.

En annan metod för att vara i Anden är att direkt koppla in sig på sinnet, utan att gå förbi kroppen, och ägna sig åt en kreativ aktivitet som involverar både Eldelementet och fantasin (Luftelementet), vilket långsamt förflyttar energin från negativ till positiv. Att skapa är att ställa in sig på positivitet i sig själv eftersom man behöver kärleksenergi för att skapa. Några fysiska aktiviteter som är viktiga för att bygga upp viljestyrka är promenader, löpning, Yoga (Asanas), sport eller dans. Kreativa aktiviteter är bland annat att måla, sjunga och skriva.

Det är inte lätt att bygga upp viljestyrka och det tar många år att övervinna rädsla och ångest efter att Kundalini har vaknat. Men om du tillämpar dig själv och tar små steg dagligen för att klara av denna uppgift kommer du att utveckla dig själv till en sann Andlig Krigare som kan hantera alla livssituationer på ett avslappnat och lugnt sätt. Genom att arbeta mot detta mål kommer kärleksenergin som du bär i ditt hjärta att expandera tills den övervinner dig och tar över dig helt och hållet. Kärleken är nyckeln till denna process; kärleken till sig själv och kärleken till andra människor.

KÄRLEKENS KRAFT

Kärlek transmuterar/transformerar alla negativt laddade känslor eller tankar till positiva. Att skapa och använda sin fantasi är också en kärlekshandling. Kärleksenergi driver din kreativa process som krävs för att se alternativa sätt att uppfatta ditt sinnesinnehåll. Positiva tankar och känslor kan endast framkallas av kärlek. Genom att applicera kärleksenergi på en negativ, räddhetsbaserad känsla eller tanke ändrar du dess form och substans. Kärleken fungerar som fusionskraften mellan två motsatta idéer och neutraliserar och avlägsnar helt och hållet rädslan, drivkraften bakom alla negativa tankar.

I Kronchakrat är denna process frivillig och kontinuerlig. Därför anses Kronan vara det ultimata medvetandet och saknar Ego. Rädsla existerar endast på den mentala nivån där dualitet förekommer. Den kan liknas vid Falska Bevis som Verkar Verkliga (FEAR). Med andra ord är rädsla ett resultat av bristande förståelse eller en felaktig tolkning av händelser.

Det enda sättet att tolka en händelse är genom kärlek. Brist på kärlek skapar rädsla, vilket ger upphov till Karma eftersom Karma existerar som ett skydd för det Andliga Planet. Karma är resultatet av minnen av händelser som tolkats felaktigt på grund av bristande förståelse, vilket skapar splittring mellan Jaget och resten av världen. Denna splittring genererar rädsla. Men om man tar bort rädslan lämnas man med enhet, vilket föder tro. Genom tro kommer du att finna kärleken, som är det ultimata i mänsklig förståelse.

Genom att lära dig att arbeta genom villkorslös kärlek Andliggör du Hjärtchakrat, vilket gör att ditt medvetande kan höja sig till det Andliga Planet för att uppleva de tre högre Chakrana Vishuddhi, Ajna och Sahasrara. Detta tillstånd skapar en hänryckning i hjärtat och manifesterar det Himmelrike som Jesus Kristus talade om. När man uppnått detta sitter man vid Guds högra hand och är en Kung eller Drottning i Himlen, bildligt talat.

Detta är den esoteriska tolkningen av Jesu Kristi läror. Det är ingen tillfällighet att han alltid symboliskt avbildades med ett brinnande hjärta och en gloria runt huvudet. Jesus fullbordade Kundalini-uppvaknandeprocessen och kom för att berätta för andra om den, även om han förmedlade sin undervisning i kryptiska liknelser så att endast de värdiga kunde förstå. Jesus visste att han aldrig skulle kasta "pärlor inför svin", vilket var den traditionella metoden för att föra Andliga och esoteriska läror vidare på gamla dagar. Som *Kybalion* säger: "Visdomens läppar är stängda, utom för förståndets öron".

I det här Universumet utvecklas allting och återgår till det ställe där det har sitt ursprung. Eftersom vårt Universum skapades av kärlek och allting är en aspekt av den, är kärleken också den förenande faktorn i allting och dess slutprodukt. Genom att upprätthålla en kärleksfull attityd i ditt hjärta tystar du andra delar av ditt sinne som skapar kaos och obalans. Kärleken tystar Egot och centrerar dig så att du är i kontakt med din Själ och ditt Högre Jag. På grund av sin omvandlingskraft skildras kärleken symboliskt som eld, eftersom Eldelementet avskiljer och renar alla ting och för dem tillbaka till sitt ursprungliga, rena tillstånd.

På samma sätt bugar sig allting för kärleken på grund av dess Universella kraft. Det betyder att när du väl tillämpar kärlek i en handling kommer andra människor att reagera på samma sätt. Kärlek kräver respekt. Den talar sanning och tvingar andra att göra detsamma. Kärlek är Universums Lag, särskilt när den tillämpas medvetet. Som sådan måste kärleken stå under viljans styrning.

Det skulle inte finnas något behov av regeringar och polisarbete om alla människor väckte sin Kundalini-energi. Det skulle aktivera människors högre dygder, och eftersom kärleken skulle vara den vägledande kraften bakom alla deras handlingar skulle problem mellan människor upphöra att existera. Slagsmål och splittring skulle upphöra, och världen skulle balansera sig själv. Det är inte konstigt att alla Andliga människor säger att den högsta manifestationen av Gud på vårt Existensplan är kärlek.

Tänk på de många tillfällen i det förflutna då en berömd poet, musiker eller konstnär fick sitt hjärta "krossat". I sina sårade känslor vände de sig till att uttrycka sig genom den kreativa verksamhet som de var mästare på. Och genom att göra det läkte de sig själva. Kärleken är den ultimata läkaren av all smärta och allt lidande. Och Eld är det absolut transformativa Elementet som används för att omvandla den negativa energin av rädsla och ångest till ren kärlek.

KÄRLEK OCH POLARITETSPRINCIPEN

För att förstå hur energi fungerar psykologiskt måste du förstå begreppet mörkt rum och vad som händer när du släpper in Ljuset. Du kan tillbringa en Evighet med att fokusera på det mörka och försöka driva ut det från rummet, eller så kan du helt enkelt öppna ett fönster för att få in Ljuset.

Tanken bakom denna metafor är att fokusera på motsatsen till det du försöker övervinna inom dig själv. För att göra det måste du använda den Hermetiska Principen om Polaritet, som finns i allting. Den säger att allt i naturen är dubbelt och har två poler eller ytterligheter som skiljer sig åt i grad men som är gjorda av samma substans. Principen innebär att alla sanningar är halvsanningar och att alla paradoxer kan försonas.

Du kommer att upptäcka att kärleksenergin, i en av dess olika former, är motsatsen till alla negativa tankar och idéer som du någonsin kommer att stöta på i livet. Om man till exempel ljuger har man vänt sig till Självhat, och om man tillämpar kärlek på denna ekvation kommer man att tala sanning. Att tala sanning är att älska sig själv och andra. Sanning är en aspekt av kärlek. Om man är arg och våldsam måste man använda en aspekt av kärlek och tillämpa måttlighet, vilket kommer att ge dem ödmjukhet, och i sin tur kommer de att övervinna sin ilska. Om man är girig måste man använda kärleksenergi och tillämpa den för att bli barmhärtig och ge till andra som man gör till sig själv.

De sju dödssynderna - lust, frosseri, girighet, slöhet, vrede, avund och stolthet - ligger till grund för de flesta negativa tankar, känslor och föreställningar. Genom att använda kärleksenergi förvandlas dessa negativa tillstånd till positiva tillstånd, som är kyskhet, måttlighet, välgörenhet, flit, tålamod, vänlighet och ödmjukhet.

Rädsla är kärlekens motsats, och de sju dödssynderna bygger på olika aspekter eller manifestationer av rädsla. I de flesta fall är det räddhetsenergi som motiveras av överlevnadsinstinkten, varvid personen tar avstånd från resten av världen och individualiserar och isolerar sig psykologiskt. Konceptet här är att ta hand om sig själv, men när det gäller de sju dödssynderna gör detta koncept det utan vederbörlig respekt för andra människor.

Att sätta sig själv före andra människor och att strunta i dem skapar en brist på jämlikhet och balans. Att göra det är en handling av Självkärlek, istället för Universell kärlek som befriar oss. Genom att agera utifrån Självkärlek agerar du utifrån Egot. Att agera från Ego isolerar dig från resten av världen och tar bort kärlekens kanal, vilket är nödvändigt för att verkligen vara lycklig, glad och nöjd med dig själv och ditt liv.

EGOT OCH DET HÖGRE JAGET

Det är en utmaning att skilja mellan Egot och det Högre Jaget, särskilt om du befinner dig i en konflikt med någon och i stundens hetta. Jag brukar alltid ställa mig själv följande frågor innan jag svarar på en konflikt: "Hur påverkar det jag ska säga eller göra den stora bilden? Positivt eller negativt? Kommer det att hjälpa eller skada situationen?" Med andra ord: "Kommer situationen att lösas eller kompliceras ytterligare? Om det jag ska säga eller göra bara hjälper mig själv medan det skadar andra, vilket ofta är en instinktiv reaktion, kommer det från Egot. Om det å andra sidan påverkar en situation positivt och eventuellt löser den, även om det skadar min stolthet, kommer det från det Högre Jaget och jag bör fortsätta med det.

Universum gör formeln mycket enkel. Om våra handlingar eller uttalanden i livet leder till en positiv förändring i andra människors liv, aktiveras kärleksprincipen och vi uppnår enhet. Osjälviska handlingar är mest gynnsamma för vår Andliga Utveckling eftersom de skapar positiv Karma samtidigt som de framkallar lycka. Själviska handlingar som är inriktade på att endast tillgodose dina behov och önskningar, utan hänsyn till andra människor, knyter däremot negativ Karmaenergi till din Aura och binder Egot ytterligare till ditt medvetande. Att vara självisk i ord eller handling ger alltid giftiga frukter som gör illusionen av Jaget större. Kom ihåg att det största bedrägeriet som Egot drog är att få dig att tro att det är du. Så fall inte för det.

Ju mer du hjälper andra och ju mindre du fokuserar på dig själv, desto mer kärlek och enhet kommer du att känna med allting. Att göra detta är dock inte bara förvirrande för Egot utan också kontraintuitivt. Därför kommer egot alltid att försöka få dig att svänga i motsatt riktning. Men om du fortsätter med en handling eller ett uttalande som utlöser kärleksprincipen, även om det komprometterar Egot, kommer du att anpassa dig till ditt Högre Jag så att du kan uppleva lycka. I många fall måste du dock tro på det innan du ser det eftersom Egot är trolöst av naturen, vilket är anledningen till att det inte kan se helheten.

För att verkligen prioritera din Andliga Utveckling måste du börja ta fullt ansvar för dina handlingar, inklusive konflikter i ditt liv. Sluta skylla på andra utan förstå att det krävs "två för att tango". Att vara den första att be om ursäkt gör dig inte svag, utan visar att du tar ansvar för din del i konflikten. Omedvetet låter detta den andra personen veta att den måste göra detsamma.

Om du däremot fortsätter att vara defensiv kommer de att återgälda dig och ingenting kommer att lösas. Konflikten kommer att fortsätta att eskalera, vilket gör att din kärleksenergi med den personen hålls avbruten och till och med äventyrar ert förhållande. Människor tenderar att spegla varandras beteende, särskilt under konflikter. Var därför försiktig med dina handlingar och uttalanden eftersom det du lägger in får du tillbaka.

Genom att utveckla dig själv till en Andlig Krigare, ett sändebud från Gud - Skaparen, arbetar du på att utöka din förmåga att älska villkorslöst. Först måste du lära dig att älska och respektera dig själv, ditt Högre Jag, och sedan tillämpa samma mängd kärlek på andra människor. Genom att visa kärlek till andra människor visar du följaktligen kärlek till ditt Högre Jag, och vice versa. Du måste omforma din karaktär och personlighet genom att utveckla en etik och moral som strävar efter enhet i stället för splittring. Genom att göra detta kommer du att distansera dig från ditt Ego, vilket gör det möjligt för en fullständig omvandling av sinne, kropp och Själ att äga rum, vilket kan ge dig evig lycka i ditt liv.

ATT VARA MEDSKAPARE AV DIN VERKLIGHET

Många människor upplever enorma utmaningar på den mentala och känslomässiga nivån efter ett Kundaliniuppvaknande. Efter inflödet av Ljusenergi och efter att ha blivit inställd på Vibrationsdimensionen kan man inte längre stänga av sig från omvärlden, utan medvetandet är öppet för den dygnet runt. När detta sker kan individen uppfatta Kundalini-energin som något främmande som inte är en del av dem, men som ändå styr deras liv. Många uppvaknade personer säger till exempel att de känner sig besatta av denna energi och att en fullständig överlåtelse till den är det rätta svaret. Kundalini-energin är dock passiv eftersom den är Gudinnan Shaktis feminina energi. Denna Livsenergi kräver att vi är aktiva deltagare i Skapelseprocessen eftersom alla passiva energier behöver en katalysator för att sätta dem i rörelse.

Hjärtat är den motiverande principen, den första impulsen som får sin drivkraft från viljan, Själens Eld. Om viljestyrkan används kontinuerligt ger den energi till hjärtat, vilket rör sinnet, och kroppen följer med. Efter ett fullständigt Kundaliniuppvaknande fungerar det optimerade energisystemet som en blind kraft tills viljestyrkan kontrollerar det. Eftersom viljestyrkan är maskulin, verkar den på Kundalinis feminina energi, animerar den och får den att röra sig i önskad riktning.

Kundalini är feminin energi som representerar kreativitet, fantasi och alla delar av Jaget, som representerar den negativa, passiva energiströmmen. Förstå att negativa och positiva energiströmmar inte har något att göra med bra eller dåligt utan handlar om projektion och mottagande - maskulin energi projicerar, medan feminin energi tar emot. Eftersom ett Kundaliniuppvaknande är en fullständig omvandlingsprocess involverar det inte bara den feminina aspekten av Jaget utan även den maskulina. Den utmanar dig att använda din nyfunna expanderade maskulina energi genom att använda din viljestyrka, vilket gör att du alltid kan ha kontroll över din verklighet.

Det är viktigt att du aktivt kontrollerar sinnets arbete, vilket i sin tur påverkar och kontrollerar kroppen. Förebilden till all handling är tanken, medan tankarnas föregångare är viljestyrka. Viljestyrka är kärnan i allting. Att vara en Medskapare med Skaparen är således den väsentliga utmaningen i Kundalinitransformationen, en utmaning som du måste börja övervinna dagligen.

Vi är på Planeten Jorden för att manifestera den verklighet vi önskar, och det är en gåva från vår Skapare att ha denna förmåga. Men om vi inte använder denna förmåga till vår fulla potential kommer vi att lida känslomässigt och mentalt. Och mer än så, om vi inte använder vår viljestyrka för att kontrollera vår verklighet kommer vi oundvikligen att påverkas av andra som kommer att göra vårt tänkande åt oss. Därför finns det inget annat sätt att leva än att ta fullt ansvar för sitt eget liv.

Om kroppen inte rörs av sinnet kommer du också att falla offer för Egots arbete, som är en intelligens som är skild från Själen och Anden och som verkar fungera automatiskt. Egot är kopplat till den fysiska kroppens överlevnad och verkar genom det passiva elementet Vatten. Om din viljestyrka inte är aktiv kommer du ständigt att stå under kroppens och Egots kontroll. Viljestyrka är en muskel som kräver träning, vilket kan vara utmanande att arbeta med men givande i överflöd. Kundalinis blinda energi bör inte animera kroppen utan att viljestyrkan är närvarande och används eftersom det innebär att yttre faktorer är dess katalysator. I stället bör viljan kontrollera Kundalinienergin, som sedan påverkar sinnet och sätter kroppen i rörelse.

Sinne över Materia är ett falskt påstående. Det är hjärtat över sinnet som påverkar Materian. Hjärtat kommer först, eftersom viljestyrkan verkar genom det. Sinnet är bara ett blint medium mellan kroppen och hjärtat. Om det inte tar emot intryck från viljestyrkan kommer det att välkomna idéer från andras viljor, och det kommer inte längre att finnas någon kontroll över Kundalinienergin. Istället kommer sinnet att vara den som har kontrollen. Folk gör fel på den här delen. De agerar ibland som om Kundalini är något som ligger utanför Jaget och som man måste lyssna på och följa, samtidigt som de glömmer det övergripande syftet med Kundalini-uppvaknandet.

Kundalini är ett uppvaknande av det Andliga Jaget, hjärtat och det Sanna Jagets viljestyrka, som nu kan strömma in i kroppen och kontrollera den genom sinnet. Innan detta kan uppnås måste dock mycket arbete göras i det inre. Man måste träna sig själv att bekämpa yttervärldens negativitet och övervinna den. Omvärlden, inklusive människor och miljön, skapar ständigt negativitet som projiceras in i din Aura och påverkar ditt energifält negativt.

Den större utmaningen efter att ha väckt Kundalini är att dagligen lära sig att leva med energin. Du måste förstå hur man lever med denna energi och kontrollera den i stället för att bli kontrollerad av den. *Kybalions* Princip om Mentalt Kön kommer in i bilden när man genomgår en Kundalini-transformation, som säger att de feminina och maskulina komponenterna i Universum också finns i sinnet. Om du inte använder din viljestyrka kommer dina energier att styras av externa faktorer som andra människors viljestyrka. Denna Princip eller Lag i Universum kan inte övervinnas eller förstöras. I stället måste den respekteras och tillämpas. Den Fria Viljan är en gåva som kräver vår största uppmärksamhet. När allt kommer omkring, "Med stor makt följer stort ansvar". Och om du vill utöva stor makt och vara en katalysator för förändring krävs hårt inre arbete för att lyckas.

MANIFESTERA DITT ÖDE

För att manifestera det liv du alltid drömt om har du inget annat val än att anpassa dig till din viljestyrka och lära dig att använda den. Men å andra sidan kommer lathet och underlåtenhet att använda din viljestyrka att resultera i stagnation eller utveckling i alla fall. Det kommer också att förvandla ditt liv till kaos, där du blir Månen i andras Solar, i stället för att vara din egen Sol, centrum för ditt Solsystem. Med andra ord kommer andra människor att styra din verklighet eftersom din uppmärksamhet kommer att vara inriktad på att behaga dem i stället för dig själv.

Du måste förstå att du måste älska dig själv först innan du kan älska andra på ett hälsosamt sätt. Och att visa dig själv kärlek innebär att du måste fatta dina egna beslut i livet och styra din väg. Du måste sätta all din tillit och tro på dig själv och veta att du är en gåva till den här världen. Du är unik, även om du måste tro detta blint innan du ser det manifesteras. Andra människor kan ge dig råd som du bör väga med kritiskt tänkande och urskiljning, men varje beslut du fattar måste vara ditt eget.

Ett av livets stora mysterier är att det är meningen att vi ska vara Medskapare tillsammans med vår Skapare. Vi är inte ämnade att bara vara speglingar av andras verkligheter. Med Gud i våra hjärtan kan vi leva våra drömmar, och genom att göra det kommer vi att bidra till mänsklighetens kollektiva utveckling. Människor är i grunden goda, men tron på sig själv är av största vikt om man ska kunna övervinna sitt Ego och anpassa sig till sitt Högre Jag. Du förstår, de flesta människor söker inte meningen med livet utan känner den råa spänningen i att vara i livet. Vi vill alla leva i nuet och smaka på den Eviga Andens frukter, vilket är vår födslorätt.

För att börja manifestera ditt öde måste du släppa alla begränsande övertygelser som har gjort att du har nöjt dig med ett medelmåttigt liv. Du är inte din tidigare konditionering, och i varje vaket ögonblick har du kraften i din vilja att göra om dig själv helt och hållet. Du har en Fri Vilja, men du måste lära dig att utöva den och använda den produktivt. Sedan kan du vara hjälten i din egen historia om du väljer att vara det. Det är ett stort ansvar, men som Voltaire har sagt: "Med stor makt följer stort ansvar".

Genom att lära dig att inte vara rädd för förändringar kan du uppfylla din Själs önskningar och bli lycklig. Men först måste du omfamna din Gudagivna rätt att vara Medskapare av ditt liv. Lata, omotiverade människor sitter sysslolösa och låter livet passera förbi dem, och hyser någon falsk tro på vad ödet är. De har förlorat sin viljestyrka och tror att det som ska hända kommer att hända. Men i verkligheten är det så att om du inte får något att hända kommer det inte att hända. Så enkelt är det.

Om du ständigt hoppas och ber om att få vinna på lotto, men inte ens köper en lott, hur kan du då förvänta dig att vinna? Många människor som jag har stött på har den här åsikten. De vill tro att det bara är en tidsfråga innan Universum belönar dem för deras "svårigheter", men de gör absolut ingenting för att vara katalysatorn för förändring i sina liv. De tror att deras ställning och förhållanden i deras liv beror på yttre faktorer och att allting är "menat att vara". Dessa människor tar noll ansvar för sin verklighet och agerar som offer för allt som livet kastar i deras väg. De har funnit tröst i denna offerprocess, och i stället för att ta sig ur den och ta kontroll skyller de på andra och själva Universum för att de inte är nöjda med sina liv.

Denna synpunkt är felaktig i grunden. Förstå att Universum är ett kärl av blind energi som kräver att vi använder vår Fria Vilja för att åstadkomma förändring. Utan att använda din viljestyrka kommer saker och ting att förbli som de är, vilket gör att Egot kan ha fullständig kontroll över ditt liv. Och Egot vill tillfredsställa kroppen i varje givet ögonblick; det bryr sig inte om framtiden. Kom alltid ihåg att Universum vill ge dig det du vill ha. Om du väljer att vara lat kommer Universum att ge dig konsekvenserna av detta. Om du däremot tar ansvar för ditt liv och gör förändringar kommer Universum att belöna dig.

Förvänta dig att Universum kommer att fullborda de tankar och önskningar du projicerar in i den Astrala Världen, så var försiktig med vad du tänker på och önskar dig. Denna Universella Princip som utgör Lagen om Attraktion måste användas med precision och stort ansvar. Du kommer att lida om du använder den planlöst eftersom ingenting manifesteras av en slump. Allt som manifesterats i ditt liv är ett resultat av att du magnetiserat den Astrala Världen med dina tankar. Du bad om att få vara där du är i livet, vare sig det är medvetet eller omedvetet. Tills du inser detta kommer du inte att göra några framsteg. Om du låter andra människor göra dina tankar åt dig tar de kontroll över din verklighet medan du bara är en passagerare på din resa, vilket är sorgligt för din Skapare. Gud vill att du ska vara en vinnare i livet, inte en förlorare för vilken saker och ting helt enkelt händer utan deras medvetna kontroll.

Ingen, inte ens dina föräldrar och dina nära och kära, kan säga hur du ska leva ditt liv. Det är bara du själv som kan bestämma det. Och det är ditt ansvar att låta dig själv ta reda på det. Du kan uppnå alla mål och drömmar om du lägger rätt energi på att manifestera dem samtidigt som du är bestämd, ihärdig och rent ut sagt envis för att förverkliga dem. Om du låter lyssna på andra som talar om för dig vad du borde göra har du svikit dig själv och din Skapare.

Kundalini-initieradens väg är en Andlig krigares väg. Andlig utveckling kräver att Jaget aktivt deltar i Universum, vilket innebär att man spelar rollen som Medskapare i den här verkligheten. Denna Andliga väg handlar inte om att bara bli en Kung eller Drottning i Himlen. Den kräver att du först blir en Kung eller Drottning av Helvetet. Med andra ord måste du lära dig att hantera negativitet och bemästra den. Du måste bemästra alla delar av Jaget som hindrar dig från att vara den bästa versionen av dig själv. Du måste åberopa mod och möta dina rädslor och övervinna dem samtidigt som du lär dig att lyssna på den röst i ditt huvud som inspirerar dig att leva i Ljus och sanning.

Fullständigt Kundaliniväckta personer som är i kontakt med energivärlden tar ständigt emot positiva och negativa energipåverkan både externt och internt. De är helt öppna för Ljusets krafter men också för Mörkrets. Att leva med en uppvaknad Kundalini är mycket mer utmanande än att leva utan, eftersom det kräver att du omfamnar denna nya verklighet och använder dina nya krafter. Det kräver att du använder din Princip om Fri

Vilja på en högre nivå än tidigare. Du måste motivera dig själv och söka efter svar inom dig själv i stället för att leta efter svar utåt. Du måste vara din egen Frälsare i stället för att vänta på att någon Gudom ska komma ner från Himlen för att rädda dig.

Eftersom ett Kundaliniväckande är en fullständig aktivering av Hjärtchakrat är det viktigt att notera att hjärtat blir den vägledande kraften i ditt liv. Hjärtat är Egots motsats. Egot försöker tillfredsställa den fysiska kroppen medan hjärtat uttrycker Själen och Anden. Att lära sig att leva förnyat från hjärtcentret och använda din viljestyrka hela tiden är därför en av de största utmaningarna av alla, men en som ger de mest otroliga frukterna om den behärskas.

ARBETE OCH SKOLLIV

En av de stora utmaningarna i Kundalini-uppvaknings- och omvandlingsprocessen är att prestera på jobbet eller i skolan. Jag riktar in mig på arbete och skola här eftersom jag talar om de nio till fem åtaganden vi gör för att upprätthålla en hälsosam livsstil. Du behöver pengar för att överleva i det moderna samhället; därför antar jag att du har haft något dagligt arbete som försörjer dig ekonomiskt. Å andra sidan, om du är i ung ålder och precis har börjat ditt liv, så kanske du inte arbetar heltid ännu och går i skolan, som jag gjorde när jag först fick Kundalini-uppvaknandet. Eller kanske jonglerar du med både arbete och skola, och du har fått ta emot Kundalini-uppvaknandet, antingen spontant eller medvetet framkallat.

Om du har valt att hålla ut på jobbet och (eller) stanna kvar i skolan kommer livet att möta dig med särskilda utmaningar på vägen. Jag har redan talat om detta kortfattat men känner att jag behöver gå in mer i detalj på detta ämne. För det första kommer du att ha upplevelser nattetid när Kundalinienergin är mycket aktiv och du inte kan framkalla sömn för att vara helt utvilad på morgonen. Denna situation är något som du tidigt måste anpassa dig till. Du kan inte ändra den utan kan bara anpassa dig till den.

Mitt råd är att lära sig att slappna av så mycket som möjligt. Hitta en sovställning som fungerar bäst för dig. Om du sover på sidan är chansen stor att du sover djupare än om du ligger på ryggen. Om du ligger på rygg är din kropp i ett meditativt tillstånd, och oftast leder detta till en Utomkroppslig Upplevelse och en Lucid Dröm. Lucida Drömmar är roliga och spännande, men de ger dig inte den djupa sömn du behöver om fokus är att vara så utvilad som möjligt på morgonen så att du kan ta dig an dina nio till fem. Kom ihåg att Lucida Drömmar uppstår i Alfatillståndet när medvetandet varken är helt sovande eller helt vaket. Den åtföljs ofta av REM-sömn som betyder "Rapid Eye Movement" (snabb ögonrörelse). I REM rullar ögonen till baksidan av huvudet medan du sover. Det är inte farligt att befinna sig i REM-läge, men det kan vara påfrestande och ansträngande för din fysiska kropp.

När du är på jobbet eller i skolan kanske du inte känner dig så balanserad känslomässigt eller mentalt vissa dagar, vilket kan resultera i att du får en "episod" inför dina kollegor. Det är bäst att få dig själv i ett annat tänkesätt medan du är på jobbet eller i skolan om du vill förbli okänd för andra. Reservera dina känslor för när du är ensam eller har en familjemedlem eller en speciell vän som du kan anförtro dig åt.

Om du får ett känslomässigt anfall inför människor som du inte kan lita på kan du äventyra ditt jobb. Jag minns många tillfällen då jag var tvungen att hålla mig lugn inför min chef eller lärare i skolan för att bevara min integritet i arbetet eller skolan. Det är en utmaning att ta itu med myndighetspersoner när man genomgår en Kundalini-transformation eftersom de inte kommer att förstå vad du går igenom, men deras jobb är ändå att hålla dig i schack. Som jag nämnde tidigare hjälper det att ha acceptabla ursäkter till hands, och ofta har du inget annat val än att ljuga om din situation så att du kan få ett passerkort.

Om du känner dig främmande på grund av ditt tillstånd blir ditt liv mycket mer komplicerat än om du ljuger. Det är bra att skaffa sig vänner på jobbet eller i skolan eftersom du ibland kommer att behöva dem för att täcka upp för dig. Försök alltid att anstränga dig extra mycket med dessa människor, eftersom de kommer att vara till stor nytta för dig i vissa situationer. Jag minns att jag hade nära vänner i skolan som anmälde mig till morgonlektionerna när jag inte kunde komma i tid på grund av att jag inte kunde sova kvällen innan. Denna situation har hänt mig många gånger. Det hände också att om jag var nedstämd och lynnig, så täckte mina medarbetare mig med ursäkter för min chef, vars uppgift alltid är att utvärdera sina anställdas arbetsprestationer.

Kom ihåg att de flesta människor inte förstår vad du går igenom, men vänner och familj kan acceptera att du ibland behöver hjälp med det du tror händer dig. Människor som älskar dig kommer att visa förståelse och erbjuda hjälp även om de kanske inte helt förstår din situation. Skriv därför inte av människor i ditt liv helt och hållet bara för att de inte kan relatera till din situation. En sann vän dömer dig inte utan visar dig kärlek när du behöver det. När du hanterar en Kundalini-transformation kommer du att se vilka dina verkliga vänner är.

INSPIRATION OCH MUSIK

Folk ber mig ofta berätta hur ett Kundalini-uppvaknande förbättrar deras vardag. Även om detta är en evolutionär mekanism som kan föra dig in i ett annat verklighetstillstånd, är den praktiska förändringseffekten att du blir inspirerad. Att vara inspirerad innebär att man är i Anden och inte i Egot. Du fungerar i ett högre verklighetstillstånd när allt känns möjligt. Genom att ansluta dig till den obeskrivliga, Eviga, obegränsade Andliga energin kan du utforska livets sanna potential.

Den Andliga Världen är en plats av ren kraft och oändliga möjligheter. Du kan bara få tillgång till den genom Nuet, det nuvarande ögonblicket. Ett Kundaliniuppvaknande utlöser detta tillstånd inom dig. När Kundalini-kretsen är öppen och optimerad, och närmar sig själv med varje matbit, aktiverar den en kontinuerlig inspirationsprocess.

Visst kommer du att pendla mellan Ego och Ande när du prioriterar uppgifter i ditt liv eftersom du fortfarande måste ta itu med de vardagliga aspekterna. Men det kommer att åtföljas av denna eviga rörelse av Kundalini-energi inom dig som är källan till obegränsad inspiration. Den skapar en känsla av förundran och oskuld, samma som du skulle se hos ett barn som ännu inte har utvecklat ett Ego. Det är vackert och hisnande varje ögonblick av varje dag, särskilt när du har nått den punkt i utvecklingen då du kan se Ljuset i allting, som jag beskrev tidigare.

Kundalini är vår väg tillbaka till Källan till all Skapelse. När vi uppnår detta medvetandetillstånd blir livets aktiviteter utan ansträngning. Människolivets smärta och ångest, inklusive mentalt och emotionellt lidande, ersätts av inspiration, uppfyllelse, inre frid och varaktig lycka. Den glädje som man upplever i sitt hjärta och den hänryckning som följer med den är obegränsad. För att leva fullt ut som Andliga människor och få ut det mesta av livet behöver vi verkligen bli inspirerade. Och ett Kundaliniuppvaknande ger oss detta.

Många gånger i mitt liv har jag befunnit mig i sådana extatiska tillstånd att jag behövde bita ihop tänderna för att jorda känslan när Kundalini-energin strömmade genom mig. Jag upplevde ofta de mest intensiva inspirerande tillstånden bara genom att lyssna på musik. Din musiksmak avgör vilken typ av känsla du kommer att uppleva eftersom all musik försöker skapa någon känsla i dig. Min favorittyp av musik och den som jag finner att min Kundalini-energi förstärks mest är episk filmmusik. Detta inkluderar filmmusik från kompositörer som Hans Zimmer, som gjorde soundtracket till The Dark Knight Trilogy, The Last Samurai, Gladiator, The Rock, Thin Red Line, King Arthur, Dune, Man of Steel, Inception, Interstellar och många fler.

Inspirerande filmer som tar ditt sinne och hjärta med på en känslomässig resa behandlar i allmänhet teman som rör högre medvetande. Teman som heder, lojalitet, respekt och mystiska underverk hör till mina favoriter eftersom de berör de djupare delar av min Själ som Kundalini-omvandlingen har väckt. Dessa teman och episk filmmusik inspirerar mig och håller mig i mycket höga tillstånd under hela dagen, vilket gör det möjligt för mig att skriva, rita och på annat sätt utnyttja min utvidgade kreativitet.

Jag lyssnar på musik varje dag, ibland i flera timmar i sträck. Det försätter mig i ett inspirerande sinnestillstånd där det känns som om det jag lyssnar på är soundtracket till den uppgift jag utför. När jag till exempel kör bil och lyssnar på episk filmmusik känns det som om den låt jag spelar är en del av soundtracket till mitt liv. Jag har funnit att musiken är den mest betydelsefulla inspirationskällan på min Kundaliniresa, och jag är så tacksam för att jag är en del av ett samhälle med så många fantastiska musiker och kompositörer närvarande.

DEL X: KUNDALINI SKADEKONTROLL

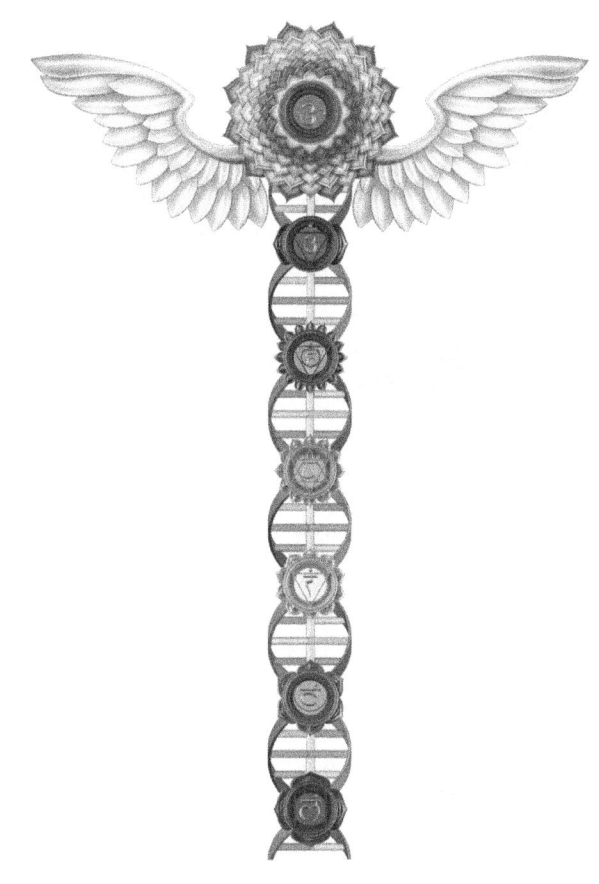

KUNDALINI OCH KORTSLUTNINGAR

När du går igenom Kundalinis uppvaknandeprocess och integrerar energin i dig själv kommer du troligen att stöta på några fallgropar som kan uppstå som ett resultat av att antingen Ida eller Pingala kortsluter. När jag har talat med många andra Kundaliniuppvaknade personer via sociala medier och personligen har jag upptäckt att dessa "kortslutningar" är ett vanligt problem. De flesta människor är dock omedvetna om att de kan återkoppla Ida- och Pingalakanalerna för att skapa ett korrekt energiflöde i huvudet igen. Jag kallar denna process för "Manuell Kundalini Omstart". Du kan starta om systemet manuellt med meditationsövningar som jag upptäckte istället för att bara vänta på att Universum ska hjälpa dig.

Sushumna kan aldrig kortslutas eftersom dess energiflöde går genom ryggraden och är kopplat till hjärnans centrum, den Tredje Ventrikeln som innehåller Thalamus, Hypotalamus, Tallkottkörteln och Hypofysen. När Sushumna når hjärnans centrum sprider sig dess energi utåt som tentakler till de yttre delarna av hjärnan och huvudet. Men Ida och Pingala, som är hjälpkanaler eller Nadis, reglerar sinnet, kroppen och Själen och påverkas av tankar och känslor. För att vara exakt, Ida styr känslorna, medan Pingala styr viljan. Ida uttrycker Vattenelementet, medan Pingala uttrycker Eldelementet. Det är vanligt att de kortsluter om kvaliteten på tankar och känslor inom dem blir intensivt korrumperade.

Under årens lopp har jag befunnit mig i denna situation många gånger. Överväldigande oro inför framtiden, ett räddhågat sinne, oförmåga att tänka klart eller besatthet av tidigare händelser är typiska tankar eller känslor som kan hindra Kundalini-systemet avsevärt. De går emot Anden och tar en ut ur Nuet, det nuvarande ögonblicket, och stänger helt av ens inspirationskälla, Kronan.

Kundalini-kortslutningar inträffar vanligtvis när en räddhetsbaserad tanke eller känsla har övertagit sinnet under en längre tid. Vanliga exempel är slutet på ett kärleksfullt romantiskt förhållande, när nära och kära går bort, intensiv press på jobbet eller i skolan osv. De mindre vanliga händelserna inkluderar att bli våldtagen, kidnappad, bevittna ett mord eller andra traumatiska situationer där ditt liv är i fara. I alla dessa exempel på potentiella livshändelser, vissa mindre allvarliga eller grymma än andra, är den gemensamma nämnaren att utlösa stress och ångest som överväldigar Själen, kroppen och sinnet.

När sådana händelser inträffar är din kropp i "kamp eller flykt"-läge med det Sympatiska Nervsystemet i full gång. Egot klamrar sig fast vid negativa tankar med all sin kraft och försöker bearbeta dem internt. På så sätt tas ditt medvetande bort från det Andliga Elementet och de högre Chakrana, vilket gör att du förlorar kontakten med transcendensfaktorn. Beroende på hur länge stressen och ångesten varar kan Egot snabbt ta över det Högre Jaget under denna tid, vilket sätter antingen Ida, Pingala eller båda kanalerna i fara. Om du på något sätt kan ta dig ur detta tillstånd i tid kan du undvika en kortslutning, men allt detta är beroende av vad du fokuserar din uppmärksamhet på under den närmaste lilla tiden.

Det vanligaste är en kortslutning i Ida, den feminina kanalen, som uppstår på grund av att känslorna översköljs av rädslans energi. Ida är passiv, liksom känslorna. Kom ihåg att om alla tre kanalerna fungerar korrekt blir den Andliga energin frigjord i Jaget, genomtränger Ljuskroppen och resulterar i en Nirvanisk hänryckning. När man befinner sig i detta tillstånd tänker man inte i termer av förflutet eller framtid. Istället existerar man i Nuet, vilket ger upphov till den mystiska transcendens som jag nämnde.

När du i det nuvarande ögonblicket blir överrumplad av något känslomässigt utmanande som för med sig en hög grad av rädsla, tas du omedelbart ur detta transcendentala tillstånd. Om den negativa känslan är tillräckligt stark kan den kollapsa Ida-kanalen. Detta skulle innebära att du förlorar kontakten med transcendensen i känslorna, vilket gör ditt naturliga tillstånd negativt laddat. Som sådan kommer din förmåga att uppleva rädsla att bli enormt förhöjd.

Kom ihåg vad jag har sagt många gånger tidigare: det högsta medvetandetillståndet för det Kundaliniväckta medvetandet är ett tillstånd där dualitet överskrids, inklusive upplevelsen av rädsla. En fullt Kundalini-uppvaknad individ är tänkt att övervinna rädslan helt och hållet. Men om du inte bor i ett Tempel eller en Ashram någonstans och är borta från det moderna samhällets oförutsägbarhet och kaos, kommer du oundvikligen att stöta på livshändelser som får dig tillbaka i kontakt med rädsla. Hur du hanterar dessa händelser beror på om du kommer att bevara Kundalini-systemets integritet eller om saker och ting kommer att hamna ur balans.

Eftersom Pingala har att göra med hur du uttrycker din viljestyrka kan den också kollapsa på grund av inaktivitet och att du inte följer din Sanna Vilja. Om detta händer får du inte längre något inflöde av Eldelementet. Du kan ha transcendens i dina känslor, men du kommer att sakna inspiration. Det nödvändiga uppsvinget av maskulin energi som du behöver för att sträva i livet kommer att vara borta för tillfället. Du kommer att bli stillastående på din livsresa och inte åstadkomma mycket alls.

Å andra sidan är inget mål för högt och ingen uppgift för svår när Pingala är fullt aktiv. Pingala är mindre benägen att kortslutas så länge du följer din Andliga väg och agerar konsekvent med din viljestyrka. Ida och Pingala ska balansera varandra när de fungerar korrekt. Transcendensen i känslorna, i kombination med kontinuerlig inspiration, ska få dig att känna dig som en Halvgud som kan åstadkomma allt du bestämmer dig för. Varje vaken stund är en hänryckning, och du är orsak och verkan, fråga och svar i ett - Alfa och Omega. Anden matar ständigt din Själ och ditt Högre Jag kommunicerar direkt med dig.

Ett typiskt exempel på hur Pingala kan kortslutas är i en ohälsosam eller giftig situation, t.ex. i en romantisk eller föräldrarelation där andra människor gör ditt tänkande åt dig. Allt som påverkar din Fria Vilja och din Gudagivna rätt att fatta dina egna beslut i livet påverkar hur Pingalakanalen fungerar. Därför är det av avgörande betydelse att kontinuerligt skapa din egen verklighet genom att använda din viljestyrka. Med detta sagt tar det vanligtvis ett litet tag innan Pingala sätts i fara. Det är mer relaterat till dina övertygelser i livet, vilket är Eldelementets natur. Känslor är ögonblickliga, så Ida är oftare i fara.

Sushumna kan aldrig kortslutas, eftersom det skulle innebära att Kundalini-energin helt och hållet försvinner och att den inte fungerar alls, och jag har aldrig hört talas om att detta skulle ha hänt. Jag tror att när den väl är öppen är den öppen för livet, och ryggradskolonnens ihåliga rör transporterar denna energi från svanskotan till hjärnans centrum. Kanske är det enda möjliga sättet att den någonsin kan sluta fungera en allvarlig ryggmärgsskada. Jag har dock aldrig hört talas om att det skulle ha hänt någon, så jag spekulerar bara.

Eftersom Sushumna-kanalen frigör Kundalini-energi i hjärnan, som sedan sprids utåt, är den centrala anslutande delen från hjärnans centrum till toppen av huvudet precis ovanför den den primära kanalen eller strömmen av Sushumna. Det är den tjockaste när det gäller de Kundalini-strängar som samlas för att skapa denna kanal. Kundalini-strängarna kan liknas vid spaghetti, fast ännu tunnare. De är de Nadis som sprider sig utåt från de energetiska centra, Chakrana, och de tre primära Nadis som slutar i huvudet. På detta sätt når dessa Kundalini-energitrådar ytan av huvudet, bålen och lemmarna. De ser ut som trädgrenar som bär Kundalini-energin genom Ljuskroppen på insidan.

Det finns fler Kundalini-strängar i huvudet än någon annanstans i kroppen. Huvudet och hjärnan är trots allt "kommandocentralen", det högkvarter som reglerar alla sinnets processer. Hjärtat däremot styr Själens verksamhet. Men hjärtat uttrycker sig genom sinnet. Därför är sinnet uttrycksmedlet för Själen och Anden. Som nämnts är Hjärtchakrat, Anahata, ett annat kritiskt energicentrum i kroppen där de flesta av dessa Nadis sammanstrålar och förgrenar sig från. Så nu kan du se varför den Hermetiska Axiomen "Allt är Medvetande, Universum är Mentalt" är ryggraden i all Hermetisk filosofi. Våra sinnen är de förbindande länkarna mellan Ande och Materia. Och sinnet uttrycker sig genom hjärnan, som är kroppens Centrala Nervsystem, tillsammans med ryggraden.

Sushumna-kanalen kan aldrig kortslutas, men anslutningen från hjärnan till toppen av huvudet kan göra det. Det händer inte lika ofta som att kortsluta Ida och Pingala, men det kan och händer. Det händer oftast om Ida, såväl som Pingala, kollapsar samtidigt. Det kan också inträffa om man fokuserar sin viljestyrka på att tänka för mycket internt. Du lägger din uppmärksamhet på ditt undermedvetna genom att göra det, vilket drar energin mot bakhuvudet i stället för uppåt.

Det är meningen att vi ska fokusera våra energier på framsidan av huvudet, i Ajna Chakra, vilket motsvarar vårt naturliga, vakna tillstånd. Och genom att fokusera på det Tredje Ögat skapar vi en länk till Sahasrara ovanför. Därför kan besatthet och tvångstankar vara mycket skadliga för energiflödet i hjärnan och kan skapa blockeringar. Korrekt inriktning på huvudets övre mittpunkt är nödvändig för att uppnå tillståndet av transcendens eftersom Kronan representerar Enhet. Alla obalanserade tankar då eller felaktig användning av viljestyrka äventyrar hela Kundalini-systemet eftersom dess syfte är att hålla dig i Nuet, i en ständig känsla av inspiration.

KUNDALINI OCH FRITIDSDROGER

Missbruk av droger är ett viktigt ämne inom Kundalini-kretsar som ofta förbises på grund av dess tabubelagda karaktär. Trots detta måste detta ämne lyftas fram i ljuset eftersom många individer vänder sig till rekreationsdroger, inklusive alkohol, någon gång på sin resa för att hjälpa dem att hantera de mentala och känslomässiga problem som uppstår efter ett Andligt uppvaknande. Jag var en av dessa personer för många år sedan, så detta ämne ligger mig varmt om hjärtat på grund av mina egna erfarenheter och min önskan att dela dem med andra på ett informativt sätt.

Efter att ha haft en vild, socialt aktiv livsstil gick jag igenom den avgörande delen av min Kundalini-omvandling i mitten av 20-talet. Eftersom jag är en person som alltid har trott på att leva livet fullt ut och utan att ångra mig, experimenterade jag med fritidsdroger och alkohol redan innan jag vaknade upp till Kundalini. Jag var dock mer av en förstärkningsanvändare, som använde substanser för att koppla mig till den Andliga verkligheten i stället för någon som gjorde det för att döva den känslomässiga smärtan av oönskade händelser i livet.

Men efter uppvaknandet började jag använda cannabis för att lindra den enorma rädsla och ångest som permanent blev en del av mig. Och så experimenterade jag med olika sorters cannabis under de kommande tolv åren av mitt liv. Genom erfarenheten kom visdomen och kunskapen om vetenskapen om rekreationsdroger och alkohol så att när jag senare i mitt liv vände båda dessa till ryggen visste jag exakt varför jag gjorde det - jag visste vad jag förlorade och vad jag vann i processen.

Jag tror på full öppenhet i detta ämne så att du kan förstå de verkliga konsekvenserna av användning och missbruk. När allt kommer omkring lever Kundalini-uppvaknade individer i ett nordamerikanskt samhälle en mycket annorlunda livsstil än uppvaknade individer i Indien eller andra delar av världen. Vi vill alla "passa in" och vara "coola" och accepterade av våra kamrater. Och de som inte gör det har det mycket tuffare än de som gör det.

Efter att ha talat med många Kundalini-väckta människor via sociala medier och personligen har jag kommit fram till att de flesta har experimenterat med droger och alkohol någon gång i livet och att det är ett gemensamt tema. Att helt bortse från detta ämne är därför orealistiskt och lämnar dig öppen för skada. Om du i stället förstår vetenskapen bakom rekreationsdroger och alkohol när de tillämpas på Kundalini-systemet kan du fatta ett medvetet beslut om deras användning på din uppvaknande resa. Du kommer också att veta vad du ska göra när du har gått för långt med deras användning och har satt Kundalini-systemets integritet i fara.

CANNABIS OCH DESS EGENSKAPER

Cannabis är den mest populära rekreationsdrogen i världen och har alltid varit det. Följaktligen är Kundalini-väckta personer benägna att experimentera med det och till och med göra det till en del av sin Andliga resa. De flesta av er vet vad cannabis gör och dess effekter, men många är omedvetna om den omfattande vetenskapen bakom den och dess intrikata egenskaper.

Cannabis, även känt som marijuana eller "weed", är en psykoaktiv drog som är avsedd för medicinskt bruk och rekreation. Den används för sina mentala och fysiska effekter och ger resultat som förändrad uppfattning, förhöjt humör och bedövning av den fysiska kroppen. Cannabisplantan växer naturligt på Jorden. Användningen har blivit så utbredd att många länder, däribland Kanada, har legaliserat användningen.

Cannabis innehåller alla Fem Element och aktiverar alla de Sju Chakrana. Själva bladet på cannabisplantan är symboliskt, eftersom det består av sju punkter eller delar. Sju är ett betydelsefullt tal inom esoterik och religiösa traditioner. För det första har vi regnbågens sju färger (relaterade till Sju Chakran) och motsvarande Sju Forntida Planeter (Figur 161). Därefter har vi veckans sju dagar (motsvarande de Sju Forntida Planeterna), sju grundtoner i den musikaliska skalan, sju kontinenter, sju hav, sju hål som leder in i människokroppen, sju huvud- (dödliga) synder, sju Huvuddygder, sju Hermetiska Skapelse Principer, sju Apokalyptiska Sigill i den *heliga Bibeln*, Sju Ärkeänglar, sju medvetandenivåer inom Buddhismen, sju portar för drömmar inom Schamanismen och de sju Himlarna inom Islam, Judendomen och Hinduismen. Dessa associationer anspelar på att sju är ett mycket Andligt tal, vilket sammanfaller med att marijuana är en mycket Andlig drog.

Cannabis används inom medicinen för att bota sinnet, kroppen och Själen. Det dämpar fysisk smärta för cancerpatienter och påverkar det känslomässiga tillståndet hos de personer som har diagnostiserats med mentala och emotionella problem. Till exempel vänder sig personer med diagnosen klinisk depression till cannabis på grund av dess euforiska effekter. Det har bevisats i kliniska studier att cannabis återskapar celler och förnyar dem. När cannabis används på rätt sätt och i rätt doser kan det vara fördelaktigt för dig på cellnivå.

Några få religioner, som till exempel Rastafarierna, använder den till och med regelbundet som en del av sin religiösa praktik. Vissa sekter använder den också som en del av särskilda meditationstekniker inom sina traditioner eller grupper. Större delen av världen inser cannabisens kraft att koppla samman med Anden och läka Själen, kroppen och sinnet. Förutom alkohol vänder sig människor i allmänhet till cannabis för att få en glimt av transcendens på ett så säkert sätt som möjligt.

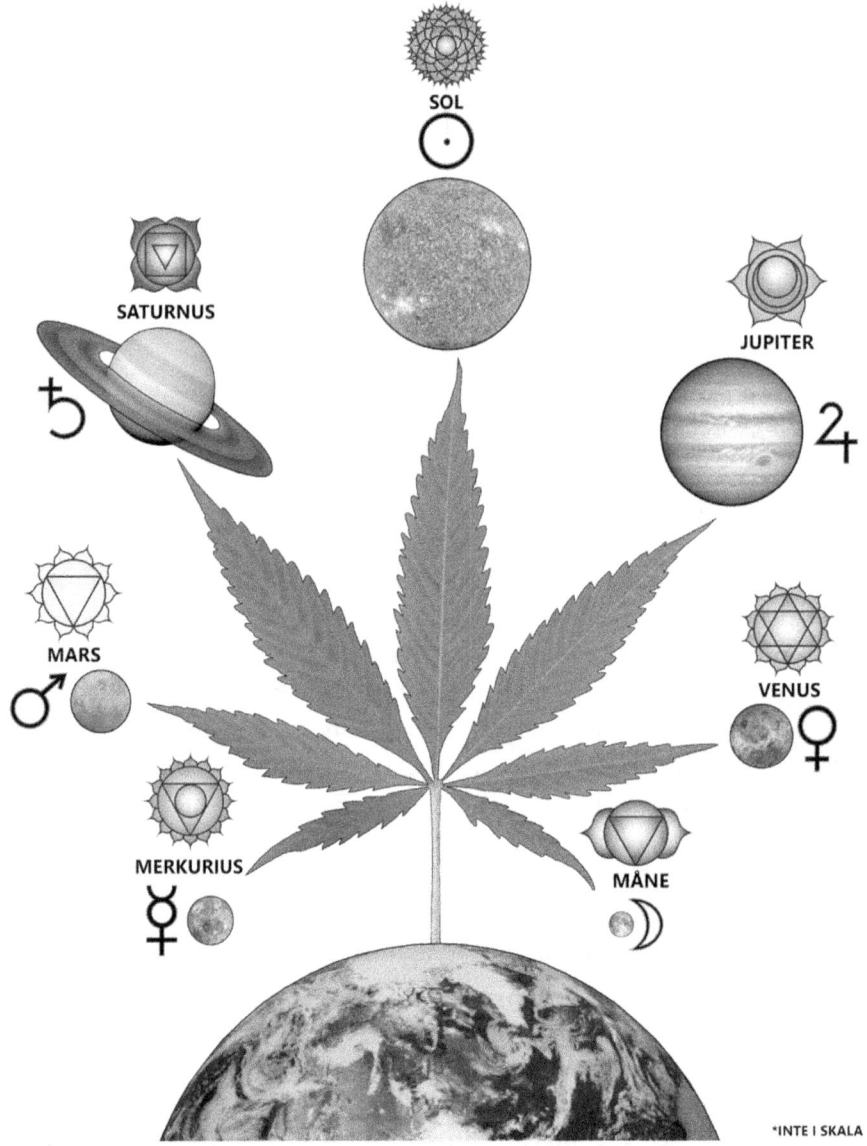

Figur 161: Cannabisbladet och dess Magiska Motsvarigheter

Cannabis gör dig glad och upprymd. Det sätter dig i kontakt med det nuvarande ögonblicket, Nuet, vilket höjer ditt medvetande bortom de negativa aspekterna av sinnets innehåll. Till skillnad från alkohol och de flesta andra rekreationsdroger på Planeten har ingen någonsin tagit en överdos av cannabis. Naturligtvis bör man agera ansvarsfullt, t.ex. inte köra motorfordon när man är påverkad.

KUNDALINI OCH CANNABISANVÄNDNING

Att röka cannabis under din Kundalini-transformationsresa kan ha positiva effekter. Du måste dock närma dig användningen som en läkare och använda informationen från det här avsnittet som en riktlinje för behandlingen. Som nämnts fungerar vissa typer och stammar av cannabis bra för att lindra vissa av de potentiella negativa effekterna i sinnet och kroppen efter ett fullständigt Kundalini-uppvaknande. Dessa inkluderar ångest, stress, hjärndimma, humörsvängningar, depression, sömnlöshet, kreativa blockeringar, oförmåga att fokusera osv.

Cannabis kan ge dig tillfällig lindring av dessa symptom, vilket kan vara välkommet när du befinner dig i en desperat situation, vilket många gör. Du bör dock veta redan från början att rökning av cannabis är ett medel för att uppnå ett mål och inte ett mål i sig självt. Om du ser varje rökning som en inlärningsupplevelse, likt en vetenskapsman i sinnet, kan du lära dig att reproducera de flesta av dess effekter med tiden utan att använda det.

Cannabis var min favoritmetod för att lindra stress i 20-årsåldern och den enda fritidsdrog som jag fann nyttig på min Andliga resa. Jag slutade så småningom att röka den helt och hållet, och jag kommer att beskriva de positiva effekterna eftersom de är många. Ändå använde jag cannabis när jag hade att göra med rädsla och ångest eller när jag utforskade förhöjda mystiska eller transcendentala tillstånd. Av denna anledning kommer jag att fokusera på cannabis mer än andra fritidsdroger i det här avsnittet och ge dig den grundläggande vetenskapen bakom det, så som jag lärt mig den under årens lopp. Min kunskap och erfarenhet på detta område kan hjälpa många som är öppna för att prova och använda cannabis men saknar vägledning.

Cannabis kan vara mycket fördelaktigt genom att hjälpa till att lösa upp blockeringar eller felaktiga rörelser av Kundalini-energin i systemet. Det förflyttar Kundalini inuti Ljuskroppen och påskyndar dess flöde genom de inre kanalerna. När den väl har påskyndat den befinner man sig i ett Utomkroppsligt tillstånd med en hel rad Andliga upplevelser. Dessa upplevelser inkluderar ökad inspiration och kreativitet, Gnosis och mystiska visioner.

När du väl har hoppat ut ur din kropp kommer du att stanna där medan cannabiset verkar på Kundalini. Denna process tar minst en halvtimme och kan pågå i upp till tre eller till och med fyra timmar. Eftersom den Praniska energin rör sig snabbare genom Kundalini-systemet, trycker den dessutom ut alla negativa eller räddhetsbaserade tankar eller känslor för tillfället. Av denna anledning förskrivs cannabis ofta medicinskt till personer med kronisk ångest eller depression. Och eftersom Kundalini-uppvaknade personer är benägna att drabbas av mentala och känslomässiga problem som härrör från rädsla och ångest kan cannabis vara ganska fördelaktigt för dig för att hjälpa dig att övervinna dessa tillstånd.

Därför tror jag att cannabis kan ha en positiv roll i din Andliga resa. Det kan antingen fungera som en kraftfull katalysator som kan utlösa ett fullständigt Kundalini-uppvaknande eller hjälpa dig i omvandlingsprocessen om du redan är uppvaknad. Eftersom det är lätt att skaffa och använda är det fördelaktigt för personer som känner sig fast på sin Andliga resa och inte har någonstans att vända sig för emotionellt eller mentalt stöd eller som behöver den där extra knuffen eller stöten för att komma tillbaka på rätt spår. När vi befinner oss i dessa "höga" tillstånd blir Egot tyst, vilket gör det möjligt för oss att kontakta vårt Högre Jag och be om vägledning.

Det finns dock fallgropar med cannabisrökning som måste diskuteras och undersökas. Man bör till exempel inte röka cannabis för ofta, eftersom det sätter Kundalini i överläge, vilket kan ha skadliga effekter. Med andra ord bör du inte enbart använda cannabis för att hjälpa dig att övervinna ditt negativa känsloläge utan du bör hitta en kraftfull andlig praktik som Ceremoniell Magi, Yoga eller någon av de Andliga modaliteterna från den här boken och sedan använda cannabis som krydda. Cannabis är endast en tillfällig lösning eller ett medium för att utforska högre medvetandetillstånd. Med detta sagt har jag aldrig hört talas om någon som lever med en uppvaknad Kundalini och som röker cannabis några gånger i månaden och som skadar sig själv Andligt.

Eftersom cannabis påskyndar Kundalini-systemet kan detta vara både bra och dåligt. Det är bra eftersom det är bra att trycka ut de mentala och känslomässiga energiblockeringarna som gör att Ida och Pingala fungerar korrekt. Det kan dock vara skadligt när det inte finns tillräckligt med Prana i Kundalini-systemet som cannabis kan verka på. Om det börjar röra sig för snabbt kan det skada det övergripande energisystemet. Av denna anledning sade jag att det är avgörande att inte röka cannabis varje dag. Ge dig i stället tid mellan dagarna för att bygga upp ditt energisystem med hjälp av matintag. Annars kan det uppstå blockeringar eller en fullständig kortslutning.

Cannabis är en drog som i första hand verkar på känslor och därför är Idas kvinnliga kanal i fara när hon röker cannabis eller intar det i ätbar form. Pingala kortsluts mindre ofta än Ida, och det är ofta resultatet av en gradvis process där man inte använt sin maskulina princip, sin viljestyrka, under en längre tid. Om du använder cannabis planlöst riskerar du till och med att kortsluta Kundalinienergin i hjärnans centrum, där alla tre Nadis möts innan de stiger upp till Sahasrara. Denna situation kan bara uppstå om du överanvänder cannabis och röker varje dag, särskilt om du röker sorter som inte är gynnsamma för Kundalini-systemet, som många Indicas.

Att återuppbygga kanalen från hjärnans centrum till toppen av huvudet är en långdragen procedur som ofta kan uppnås med en typ av meditation som jag presenterar efter det här kapitlet. Men om denna meditation inte fungerar kan det behövas mer Pranisk energi för att återuppbygga kanalen som erhållits genom födointag och bevarande av din sexuella energi. Genom att göra detta kan Kundalini-strängarna i hjärnan återställas, och med hjälp av den meditation som presenteras kan du återigen rikta in Kundalini och föra den upp till Sahasrara igen.

De flesta Kundalini-väckta personer som jag har träffat på min resa har erfarenhet av cannabis. Många av dem använder det ibland och tycker att det är bra för deras Andliga resor. För att vara tydlig så propagerar jag inte för användningen av cannabis, men jag kan inte heller förneka dess positiva effekter. Med detta i åtanke är cannabis inte för alla, så var försiktig om du väljer att experimentera med det eftersom dess effekter varierar från person till person. Det finns dock en hög grad av samstämmighet när det gäller vissa typer och stammar som jag kommer att diskutera.

Cannabis är flyktigt. Det ligger i dess natur. Om du röker det du erbjuds i sociala sammanhang kan du råka illa ut. Det är vanligt att man förväntar sig en positiv upplevelse med gatu weed men får en negativ upplevelse i stället. Istället för att slappna av i sinnet som du förväntar dig kan det göra dig paranoid och upprörd istället.

Om du har goda kunskaper om cannabisvarianter kan du få ett "kontrollerat" rus. Det gör det möjligt för dig att kontrollera processen och veta vad du förväntar dig. Olika sorter har olika mentala, känslomässiga och fysiska effekter. Om du är psykiskt för känslig för användning spelar det dock ingen roll vilken stam du röker; du kan fortfarande få paranoia och ångest varje gång du använder den. Enligt min erfarenhet är det vanligare att kvinnor blir paranoida när de använder marijuana än män. Oavsett detta beror allt på din psykologiska sammansättning.

Förstå att det är omöjligt att på ett naturligt sätt få Kundalini-energin att expandera ditt energisystem om du röker cannabis dagligen. Cannabis behöver Prana från den mat du äter, och den tar ut den varje gång du använder den. Om du röker dagligen kommer det därför inte att finnas tillräckligt med Prana-energi i ditt system för att cannabis ska kunna verka. Som Kundalini-uppvaknad individ får du inte missbruka några droger. Icke uppvaknade personer kan komma undan med att missbruka cannabis, medan en uppvaknad person inte kan göra det.

Anta att du har gått många år in i din Kundalini-transformation och har övervunnit den första rädslan och oron. I det fallet kan det vara klokt att helt och hållet låta bli att använda cannabis på din Andliga resa. Genom att sätta in det i ekvationen kommer du att tömma ditt energisystem på Prana, vilket negativt påverkar ditt mål att på ett naturligt sätt nå transcendentala medvetandetillstånd. Dessutom kommer du att betala för varje positiv transcendental upplevelse när du använder cannabis eftersom du måste återuppbygga det Praniska systemet nästa dag. Och om du överanvänder det, vilket är vanligt, och belastar Prana mer än du lägger in, kommer du att sätta dig själv betydligt tillbaka på din Andliga resa.

TYPER OCH STAMMAR AV CANNABIS

Det är viktigt att vara måttlig och använda cannabis med visdom och respekt för att undvika att skada ditt energisystem. Jag kan inte nog understryka detta. I stället för att bara helt och hållet avråda från dess användning, vilket skulle vara orealistiskt med tanke på växtens popularitet och Andliga kraft, kan jag erbjuda en viss inblick i de olika typerna och stammarna av cannabis och varna för användningen av andra.

Förr i tiden var cannabis något som växte som en planta utomhus, som klipptes, torkades och sedan röktes för att ge ett "rus". Detta rus var alltid nästan densamma eftersom cannabis behåller specifika egenskaper utomhus och förlorar och vinner andra egenskaper när den odlas inomhus. Denna typ av cannabis kallas för Cess. Den är naturlig, odlas utomhus och används i stor utsträckning på Karibiska öar och importeras sedan till Nordamerika.

Cess är det sätt på vilket de flesta människor över fyrtio år känner till cannabis eftersom det är vad de har fått ta del av under sin uppväxt. Under de senaste tio åren har dock området för cannabisstudier utvecklats tiofalt, och olika typer av cannabis har översvämmat marknaden. Den främsta anledningen till att cannabis har utvecklats som växt är dess användning inom det medicinska området. I takt med att cannabis blev accepterat som alternativ medicin utvecklades vissa stammar, som jag kommer att diskutera i detalj. Jag har funnit att vissa av dessa stammar är mycket fördelaktiga för Kundalini-uppvaknandeprocessen och vissa är värdelösa och till och med skadliga.

De två huvudtyperna av cannabis som utvecklats efter Cess-eran är Sativas och Indicas. Sativas har ett högt innehåll av Tetrahydrocannabinol (THC) och mindre Cannabidiol (CBD), medan Indicas har mindre THC och mer CBD. CBD är det som ger kroppen en känsla av domningar. Det är det som får kroppen att känna sig "hög". Ju högre CBD-halt, desto mer betydande lugnande effekter på den fysiska kroppen.

Indicas ordineras ofta till cancerpatienter och personer med multipel skleros, artrit och epilepsi. Anledningen till att Indicas är lämpliga för dessa personer är deras kroppsbedövande och smärtlindrande egenskaper. De flesta patienter med sjukdomar som skapar fysisk smärta ordineras Indicas eftersom det är ett kroppsbedövande medel. Många av dessa patienter har också ofta problem med att äta, och Indicas är kända för att öka aptiten mer än Sativas. Den typiska effekten av många Indicas är "sofflåst", vilket innebär att den lugnar kroppen och sinnet så mycket att man inte kan resa sig från soffan.

Cancerpatienter ordineras också ofta CBD-olja på grund av den koncentrerade och höga nivån av CBD, som levereras i form av flytande droppar. När cannabis intas levereras det snabbare till kroppen och är vanligtvis mycket mer potent. Med CBD-olja har du full kontroll över hur mycket CBD du vill föra in i kroppen eftersom effekterna är kumulativa beroende på hur många droppar du tar.

Sativas är mer av ett huvud- eller sinneslyft eftersom THC är psykoaktivt, vilket innebär att det påverkar ens psykologi på djupet. Sativas hjälper till att lindra mentala och känslomässiga problem eftersom denna typ av cannabis ökar kreativiteten samtidigt som den framkallar eufori och lugnar ner sinnet. Sativas förskrivs ofta till personer som genomgår mentala och emotionella problem, inklusive kronisk ångest, depression, neuroser och andra problem där sinnet övertas av negativitet medan den fysiska kroppen förblir opåverkad. Sativor fungerar utmärkt för att slappna av men lämnar dig relativt kognitiv och funktionell. Å andra sidan verkar de flesta Indicas, enligt min erfarenhet, stänga av alla kognitiva funktioner.

Hybrider är en blandning av både Indicas och Sativas. Jag har funnit att användningen av vissa hybrider är ganska fördelaktig, men de har vanligtvis mycket mindre CBD och mer THC, vilket är Sativas natur.

När det gäller Kundalini-transformationsresan kan cannabis vara mycket fördelaktigt för att behandla anfall av ångest, rädsla och den övergripande känslomässiga och mentala negativitet som ett fullt Kundalini-väckande oftast medför. Om du dessutom har problem med din aptit på grund av att du är överväldigad av rädsla, ger rökning av cannabis i allmänhet "munchies", vilket innebär att du kommer att önska och välkomna mat efter att du har rökt det. Cannabis lämpar sig också för sömnlöshet, vilket jag hade problem med under några år in i uppvaknandet. Även om Indicas ofta ordineras mot sömnlöshet av läkare, sov jag alltid som en bebis efter en session med rökning av Sativas.

När det gäller min personliga erfarenhet av cannabis har jag bara använt Sativas och lärde mig att hålla mig borta från Indicas tidigt på min resa. Sativas har alltid avslappnat mitt sinne och tagit mig med på en trevlig mental "resa". De tog bort all rädsla och ångest genom att neutralisera mitt Ego. När jag var under inflytande av Sativas kunde jag omformulera allting på ett positivt sätt på grund av den ökade känslan av mental upprymdhet som jag upplevde. Jag var också mer i kontakt med ögonblicket, Nuet, och mycket inspirerad. Jag kände alltid att mitt Högre Jag för det mesta hade befälet när jag var under inflytande av Sativas. Andra Kundalini-uppvaknade personer rapporterade alla om samma effekter. Vi använde alla i allmänhet Sativas och fann inte mycket nytta i Indicas. Detta beror på att Kundalini är en subtil energi som påverkar ens psykologi i stället för den fysiska kroppen.

Det finns många olika typer av stammar på marknaden, med olika effekter på sinnet, kroppen och Själen. Vissa Sativas är bättre för inspiration och upplyftning, medan andra är jordnära men klara. Ytterligare andra är mycket fantasifulla och tankeverksamma. När sinnet är lugnt, vilket är naturen av vad cannabis är känt för att framkalla, går det naturligt in i ett högre tillstånd och kopplar sig till det Kosmiska Sinnet.

Sativa sorter som jag har haft glädje av inkluderar Jean Guy (en av mina favoriter), Diesel, Sour Diesel, Ultra Sour, Cheese, Nukim, Jack Harer, Grapefruit, Strawberry, Champagne, Great White Shark, Candy Jack, G-13, Green Crack, Blue Dream, Maui Wowie, Chocolope, Romulan, Pina Colada, White Castle, Zeus, G-13 Haze, New Balance och Moby Dick. Tänk på att den här listan är aktuell fram till 2016, då jag slutade använda cannabis. Sedan dess har det säkert utvecklats nya Sativa-sorter som är användbara men som inte finns med på den här listan.

Jag upptäckte att jag aldrig hade någon negativ erfarenhet av någon Sativa eftersom de gjorde mig produktiv och kreativ istället för slö. Å andra sidan kunde Indicas förlamade mig helt och hållet och stängde av mitt sinne. Detta sinnestillstånd kan låta tilltalande för vissa av er, men förstå att genom att stänga av sinnet stängs även inspirationen av. Så det bästa sättet att förstå Sativas och Indicas är att säga att Sativas inspirerar medan Indicas bedövar.

Vissa Indicas är dock trevliga, och det är de som gör dig lite avtrubbad men ändå håller dig relativt inspirerad. Dessa Indicas är i allmänhet av sorten Kush och Pink, såsom Purple Kush, Pink Kush, Kandy Cush, Cali Cush, Lemon Kush, Bubba Pink, Chemo och OG Kush. Trainwreck är också en annan bra Indica som jag tyckte var väldigt inspirerande. Alla dessa Indica-sorter har ett högt innehåll av CBD men också en ordentlig nivå av THC. De lugnade mig samtidigt som de tog bort all ångest och rädsla från mitt system.

Min favoritsort är en Hybrid som heter Blueberry, en jordnära men samtidigt sinnesutvidgande och inspirerande sort. Andra hybrider som jag funnit fungerade för mig är Rockstar, White Widow, Pineapple Express, Girl Guide Cookies, Blueberry Durban, Hiroshima, Grape Ape, Chemdawg, AK-47, Tangerine Dream, Alien Cookies, White Russian, Lemon Haze, Jack Haze och Purple Haze.

METODER FÖR ATT ANVÄNDA CANNABIS

Det finns fyra sätt att röka cannabis. Du kan antingen rulla en joint, använda en pipa, använda en vattenpipa eller förånga cannabis. Jag har alltid rökt jointar, och anledningen är att det var det mest effektiva sättet att få de önskade effekterna från Sativas. Pipor och vattenpipor skulle koncentrera cannabissorten för mycket, vilket skulle förlora de subtila effekter jag var ute efter. Att använda en pipa eller en vattenpipa skulle ge mig mer huvudtryck och den "kroppsliga kick" som jag var ute efter. Båda metoderna skulle i viss mån upphäva mina kognitiva förmågor i stället för att utvidga dem, vilket rökning av Sativas i joints skulle göra.

Istället för att rensa upp blockeringar skapade jag ofta nya blockeringar om jag använde pipa eller vattenpipa. Jag fick bara positiva effekter när jag använde en isbong, som skapade den önskade euforin genom att filtrera röken genom iskuber.

Vaping innebär att man värmer cannabis utan att bränna det. Förångaren använder värme för att frigöra de aktiva ingredienserna i form av en ånga som du andas in. Rök bildas inte med denna metod eftersom förbränning inte sker. Vaping är säkrare och mindre skadligt för hälsan än att röka cannabis. Den innehåller inga skadliga röktoxiner som tjära, ammoniak och cancerframkallande ämnen som finns i cannabisrök.

Jag tyckte att vaping var intressant eftersom det var det renaste sättet att bli hög, men det stimulerade inte min Kundalini-energi särskilt mycket. Jag blev hög, men det varade oftast inte länge och jag blev oerhört trött efteråt. Dessutom behövde jag äta mer mat med vaping eftersom det tömde mer Prana från mitt system än om jag rökte Sativas. Därför var jag inte ett stort fan av vaping överlag.

CANNABISKONCENTRAT OCH ÄTBARA

För att du ska få en så heltäckande bild som möjligt av cannabis måste jag ta upp koncentrat och ätbara. Koncentrat är cannabisbaserade extrakt som innehåller koncentrerade mängder av den psykoaktiva föreningen Tetrahydrocannabinol (THC) och ett sortiment av andra cannabinoider och terpener. Jag kommer endast att ta upp de två mest populära koncentraten - Hasch och Shatter.

Hasch är den äldsta formen av koncentrat som människan känner till, och även om användningen inte är lika utbredd i Nordamerika, producerar länder som Libanon och Indien fortfarande Hasch på svarta marknaden för export. Shatter är en typ av koncentrat som anses vara den renaste och mest potenta typen av cannabisprodukt. Den innehåller mellan 60-80 % THC, jämfört med rökning av cannabis som i genomsnitt innehåller 10-25 % THC. Både Hasch och Shatter är avsedda att rökas, inte intas.

Huvudskälet till att människor använder koncentrat i stället för att röka cannabis är att de är effektivare när det gäller att producera det önskade ruset, eftersom de har en högre styrka. Dessutom ger de snabbare lindring av mentala, emotionella och fysiska problem.

När det gäller min egen erfarenhet av koncentrat har jag funnit att Hasch ger mig liknande effekter som att röka Indica-cannabis. Jag säger liknande, men inte samma. Kroppssurrandet eller body high är den kollektiva effekten, även om Hasch är mer potent än Indica-stammar och har mer hallucinogena egenskaper. Jag upptäckte att jag saknade mental funktionalitet under dess påverkan. I de flesta fall stängdes mina kognitiva förmågor av helt och hållet, medan jag med Indicas fortfarande kunde fungera i viss mån. När det gäller Kundalini-aktiviteten fann jag inte att Hasch var till hjälp för att avlägsna blockeringar i systemet, vilket jag gjorde när jag rökte Sativas.

Shatter, å andra sidan, är ett helt annat djur. Att röka Shatter, populärt kallat "dabs", är en besvärlig procedur. Det kräver att du använder en unik anordning för rökning som kallas "oljerigg" och en fackeltändare. Oljeriggen liknar en vattenpipa, men är speciellt skapad för att röka Shatter. Jag tyckte att det var ganska besvärligt att röka Shatter på grund av de specialverktyg som krävs. Joints och till och med pipor kan man röka i stort sett var som helst, medan bongar och Shatter främst röks inomhus. Vaping kan du göra utomhus i kompakta förångare eller inomhus i mer avancerade apparater.

Jag har funnit att Shatter ger mig det mest framträdande ruset jag någonsin fått av cannabisprodukter. Jag har funnit att dess effekt liknar de effekter som jag fick av Sativas, fast mycket mer betydande. Jag blev väldigt hög, väldigt snabbt. Det var inspirerande, ja, men på grund av den höga koncentrationen av THC, slet det ut mig mycket snabbt. Först stimulerade den min Kundalini till aktivitet, men när jag sedan höll mig hög under en längre tid stängde den av den helt och hållet. När detta väl hände spelade det ingen roll var jag befann mig; jag behövde stänga ögonen och vila. Jag blev utbränd mycket snabbt av användningen av Shatter, och på grund av detta kunde jag inte göra dabs mer än några gånger i månaden.

Detta för mig till en viktig punkt: behovet av sömn efter att ha rökt cannabis eller koncentrat. Jag upptäckte att jag alltid var utmattad när ruset försvann och att jag i de flesta fall behövde sova genast, utom när det gällde Sativas. Vaping och Shatter gjorde mig mest trött och utbränd. I de flesta fall var jag inte funktionell efteråt. Därför höll jag mig främst till att röka Sativas i jointar.

En annan populär cannabisprodukt är ätbara produkter. Det är mat och dryck som är berikade med cannabis. När du äter aktiverade cannabinoider blir det metaboliserade THC ännu mer psykoaktivt än någonsin eftersom det absorberas genom matsmältningssystemet snarare än genom blodomloppet. Som ett resultat av detta har den hög som produceras en helt annan känsla än när man röker cannabis.

De populäraste och mest använda ätbara sakerna är brownies och kakor med cannabis. Alla ätbara livsmedel tillverkas genom att man använder cannabisoljor och -smör, vilket innebär att nästan alla matrecept kan innehålla cannabis. Den mest utmanande delen av ätbara är rätt dosering. Eftersom effekterna tar tid att sätta in, ibland upp till två timmar, är det lätt att ta processen för givet och inta mer än vad man behöver, vilket kan och leder till en obehaglig upplevelse. Jag har personligen bevittnat människor som fått massiva psykotiska utbrott efter att ha överdoserat med ätbara. På grund av att människor tenderar att ta för många ätbara eftersom det tar ett tag innan de börjar verka är jag förbluffad över att användningen av dem är laglig. Det är ytterst oansvarigt av regeringar att inkludera ätbara produkter som en del av lagliga cannabisprodukter utan att informera människor om korrekt dosering och potentiella biverkningar om de inte följs.

Ätbara drycker stimulerar Kundalini-energin till aktivitet och en mindre dos kan skjuta bort mentala eller känslomässiga blockeringar. Om du däremot tar för mycket kan hela upplevelsen bli så intensiv att det känns som om du är på LSD, svamp eller någon annan starkt psykoaktiv drog.

KONTROLLERADE ÄMNEN OCH KORTSLUTNINGAR

När det gäller alkohol känner jag inget behov av att beskriva vad den gör och hur den fungerar eftersom jag tror att det är allmänt känt. Istället kommer jag att nämna alkoholens direkta effekt på Kundalini-systemet för de av er som har gjort det till en del av ert liv. Alkohol kan och skapar energiblockeringar när det används i överskott. Det kan kortsluta Ida och Pingala, men detta är mer sällsynt än jämfört med fritidsdroger. Rikliga mängder alkohol, som verkar för att påverka ditt sinnestillstånd och förskjuta det i hög grad, kan dock skada ditt Kundalini-system.

Tumregeln är att alla fritidsdroger eller substanser som påverkar och förändrar sinnestillståndet kan skada den Kundaliniväckta personen. Kaffe i betydande mängder kan också vara skadligt. Jag har aldrig upplevt en kortslutning på grund av att jag druckit kaffe, men å andra sidan har jag aldrig druckit mer än tre koppar kaffe på en dag. Jag tror att den allmänna tumregeln för alla substanser som påverkar tankar och känslor kan och kommer att orsaka en kortslutning om de överanvänds.

Hårda, illegala droger som kokain, ecstasy, MDMA, svamp, LSD och andra kan kortsluta antingen Ida eller Pingala eller båda. Kokain verkar främst för att förstärka viljestyrkan, vilket sedan sätter Pingala i fara. Överanvändning av kokain kan definitivt orsaka en kortslutning. Ecstasy och MDMA däremot arbetar med känslor och känslor, vilket sätter Ida i fara.

Kokain ökar dopaminnivåerna, medan ecstasy och MDMA ökar serotoninnivåerna. Det otroliga ruset kommer att följas av en potentiellt förödande känslomässig lågkonjunktur när antingen dopamin- eller serotoninnivåerna är uttömda. Av denna anledning har kokainmissbrukare i allmänhet problem med ilska, medan vanliga ecstasy- eller MDMA-användare lider av depression - deras nervsystem är helt ur balans.

Svamp och LSD är kraftfulla psykoaktiva droger med höga hallucinogena egenskaper som påverkar Ida och Pingala. Att hallucinera påverkar trots allt både viljestyrka och känslor på samma gång. Detsamma gäller för alkoholmissbruk, vilket utsätter Ida och Pingala för risker. Eftersom den odlas i Jorden, på samma sätt som cannabis, är svamp det säkraste sättet för en att uppleva förändrade medvetandetillstånd. Man måste dock vara förberedd för denna upplevelse mentalt och känslomässigt eftersom den varar i många timmar.

Cannabis är som sagt en fara för Ida. Med de varierande och kraftfulla cannabisvarianter som finns tillgängliga och som påverkar både viljestyrka och känslor, kan det ändå påverka både Ida och Pingala. Jag kan till exempel tänka mig att det kan vara skadligt för integriteten i ens viljestyrka att röka för mycket av en Indica-sort eftersom denna typ av marijuana stänger av Eldelementets inflytande nästan helt och hållet. Omvänt kan rökning av Sativa-sorter av cannabis, som påverkar det känslomässiga tillståndet, Vattenelementet, äventyra Ida-kanalen när det görs i överflöd.

Jag håller inte med om att cannabis är en inkörsport till hårda, olagliga droger som de jag nämnde och injicerbara droger som heroin. Om något är cannabis en inkörsport till sinnet. Om du har en benägenhet att prova droger och experimentera med dem kommer du att göra det utan att nödvändigtvis prova cannabis först. Som ett sista uttalande om detta ämne vill jag betona att det inte finns något terapeutiskt värde i att använda någon av dessa rekreationsdroger förutom cannabis, som också används som medicinskt läkemedel.

***

Jag hoppas att min erfarenhet av cannabis och cannabisrelaterade produkter har varit insiktsfull, vilket är meningen. Men förstå att cannabis inte är något för alla. Gör därför dina egna bedömningar och fortsätt efter eget gottfinnande baserat på den information du har fått. Oavsett detta måste tabut i samhället tas bort när det gäller cannabisanvändning, särskilt för Kundaliniväckta initierades skull, eftersom de flesta uppvaknade människor jag har träffat på drog positiva erfarenheter av att använda det.

Tänk också på att dagens stammar är mycket kraftfullare än tidigare stammar och att de bör behandlas med försiktighet. Det är bäst att alltid börja med en liten dos och öka i enlighet med detta så att du kan bekanta dig med effekterna av en viss sort. Lyssna på din kropp och ditt sinne och närma dig cannabis som en vetenskapsman så att du kan ta reda på vilka stammar som fungerar bra för dig.

Att använda cannabis i en meditativ och rituell miljö har mycket andra effekter än att röka det på fritiden med vänner eller på fester. Jag rekommenderar alltid att man använder cannabis med rätt avsikt och Andligt arbete i åtanke. Som en Kundalini-uppvaknad individ var Sativas en välsignelse i mitt liv när jag befann mig i en tid av behov. Om de inte hade funnits skulle jag förmodligen inte ha rökt de andra typerna av cannabis överhuvudtaget.

Det är dock lätt att utveckla ett beroende av cannabis om man röker regelbundet. Allt kan börja som en positiv sak och sedan bli negativt om du överdriver. Jag befann mig i den här situationen i ungefär ett och ett halvt år, precis innan jag bestämde mig för att sluta helt och hållet 2016.

När jag slutade med det som blev mitt dåvarande missbruk upplevde jag enorma positiva förändringar i min kropp, mitt sinne och min Själ som är värda att nämna. För det första har min drivkraft och ambition ökat tiofalt. Oavsett vad vissa människor säger om motsatsen påverkar rökning av cannabis produktiviteten i ditt liv. En hel del. Du kanske inte ser det om du är fast inom ramen som jag var, men det gör det. Det påverkar också din vilja att sticka ut från mängden och söka storhet.

Cannabis gör dig nöjd med livet, och när du är alltför nöjd slutar du att söka förändring och försöka förbättra dig själv och ditt liv. När du är hög höjer du dig över dina känslor, men eftersom du inte bearbetar dem på ett naturligt sätt berövar du dig själv möjligheten att lära dig av dem och göra framsteg på olika områden i ditt liv. En av anledningarna till att vi har så starka känslor är trots allt att vi är menade att lära oss av dem och växa psykologiskt.

Cannabis neutraliserar rädsla, vilket är bra när du är desperat, men kom ihåg att rädsla finns för att göra oss starka. Genom att bli beroende av någon substans för att hjälpa oss att hantera rädslans energi hindrar vi oss själva från att utvecklas vidare på ett naturligt sätt. Ja, livet är svårare utan droger och alkohol för att hjälpa oss att ta udden av det. Men ju mer utmanande något är, desto sötare är belöningen.

Om du tar in droger och alkohol i ekvationen hindrar du dig själv från att utveckla de nödvändiga mentala förankringarna som hjälper dig att hantera svåra tider. Som människor behöver vi livets motstånd för att bli starka och lära oss att hantera svåra situationer i livet. Vi behöver rädsla som en byggsten för att kunna utveckla mod.

Tänk på att jag talar till personer som har utvecklat ett beroende av cannabis. Om du röker det några gånger i månaden kan jag inte se hur det kan ha några egentliga negativa biverkningar. Tänk bara på att du har att göra med något som kan bli beroendeframkallande om du inte övar måttlighet.

DEL XI: KUNDALINI MEDITATIONER

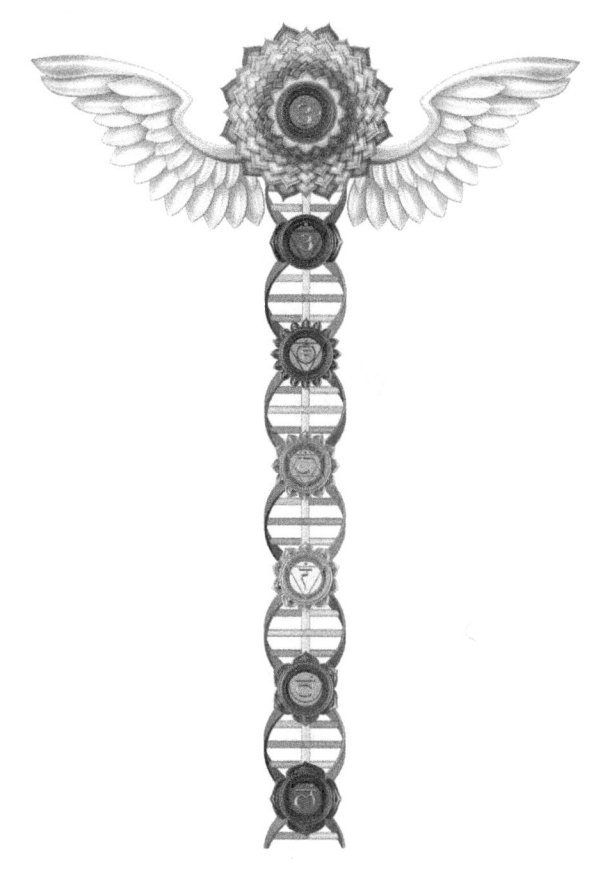

FELSÖKNING AV SYSTEMET

Efter att ha gått igenom många utmanande situationer under mitt Kundalini-uppvaknande tvingades jag att söka efter problem och hitta sätt att hjälpa mig själv. De flesta människor kommer att gå igenom negativa upplevelser som chockar Kundalini-systemet och sedan klara av konsekvenserna utan livskraftiga metoder för att hjälpa sig själva. De flesta uppvaknade människor som upplever en Kundalini-kortkrets arbetar med att återuppbygga energin tillbaka genom födointag, vilket kan ta minst några månader eller mer. Jag har dock funnit sätt att återkoppla kanalerna genom olika meditationer på så lite som högst en halvtimme, ibland till och med några minuter. Jag kommer att diskutera dessa meditationer nedan och ge dig ordentlig vägledning om hur du ska tillämpa var och en av dem i olika situationer.

1. Tungan på Taket av Munnen (Jiva Bandha)

Placera tungans spets på den köttiga högen precis bakom dina övre tänder. Tungans mitt ska ligga i linje med den fördjupade delen i munnen. Denna kraftfulla övning som i Yogaläran kallas Jiva Bandha är viktig för Kundaliniväckta personer eftersom den fullbordar Kundalini-kretsen genom att låta energin röra sig uppåt. Den går först in i den främre delen av Sinnets Ögontunnel, något mellan ögonbrynen, och passerar sedan successivt genom det Fjärde, Femte, Sjätte och slutligen det Sjunde Ögat, vilket är en av Kundalinis utgångspunkter som avslutar sin krets.

Genom att utföra den här övningen riktar du ditt fokus mot de två högsta Andliga Chakrana, Ajna och Sahasrara, i stället för mot de lägre Chakrana. Det kommer att göra det möjligt för ditt Högre Jag att ta över medvetandet genom intuitionen från Ajna-Chakrat, vilket gör det möjligt att övervinna impulsen från det Lägre Jaget, Egot. Gör den här övningen till en regelbunden del av din dag. Försök att ha tungan på taket i munnen så ofta som möjligt för att låta energin kanaliseras uppåt till hjärnans frontala cortex. Detta område är där Ida och Pingala sammanstrålar vid Sinnes Öga-centret precis ovanför mitten av ögonbrynen, precis innanför huvudet.

Den här övningen används också för att återuppbygga Kundalini-systemet när du har upplevt en kortslutning. Kom ihåg att om Ida och Pingala inte sammanstrålar vid Ajna

Chakra kommer Kundalini-kretsen att förbli öppen, vilket kommer att orsaka mentala och/eller emotionella problem. Genom att placera tungan på taket av munnen med kontinuitet och noggrannhet kommer Ida och Pingala att återigen konvergera vid Ajna och naturligt röra sig uppåt till det Sjunde Ögat-Centret som en enda ström av energi. På så sätt kommer Kundalini-kretsen att stängas, vilket gör att du kan uppleva den extatiska världen av Icke-Dualitet, den Andliga Världen, genom Bindu Chakra högst upp i bakhuvudet.

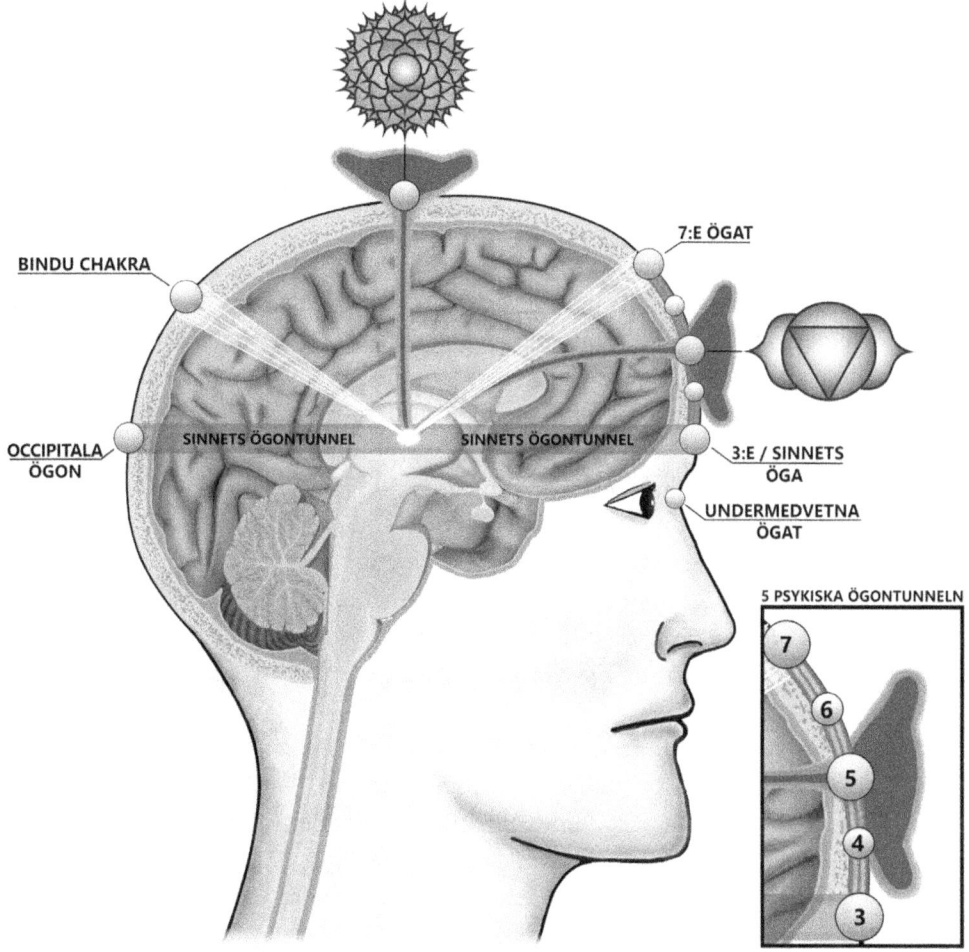

Figur 162: De Största Energicentren i Huvudet

2. Sinnes Öga-Meditation

Den första och mest kritiska meditationen handlar om Sinnets Öga, Ajna Chakras energiportal, ett medvetandecentrum som är ett fönster till den Kosmiska Världen. Denna portals frontala ingång ligger mellan ögonbrynen, strax ovanför ögonhöjd, på pannan. Dess meditationspunkt ligger dock en centimeter från hudens yta, inne i huvudet. (Använd Figur 162 som en referens för att lokalisera de Större Energicentren i Huvudet, medan Figur 63 hänvisar till de faktiska meditationspunkterna som är relaterade till dessa centra).

Du kan titta upp vid denna punkt med slutna ögon genom att lyfta ögonen lätt uppåt. Ida och Pingala sammanstrålar vid denna punkt, vilket är nödvändigt för att fullborda Kundalini-kretsen. Om du inte når upp till denna konvergens mellan Ida och Pingala kommer kretsen inte att vara fullt aktiv i Ljuskroppen.

Genom att fokusera din uppmärksamhet på denna punkt under meditation stimulerar du Tallkottkörteln, som har en intim koppling till Själen. Du kommer att känna en magnetisk dragning till Sinnets Öga om du fokuserar på den på rätt sätt. Uppmärksamheten bör alltid riktas mot Sinnets Öga som, när den tillämpas på rätt sätt, stimulerar Bindu i bakhuvudet, vilket påverkar energiflödet i Kundalini-kretsen och gör att det trillar utåt från Bindu.

För att utföra den här meditationen på rätt sätt, lägg dig på rygg med händerna utsträckta och lägg försiktigt din uppmärksamhet på Sinnets Öga. Du kan kontrollera din andning med den Fyrfaldiga Andningen, vilket också hjälper dig att nå ett meditativt tillstånd. Uppmärksamheten måste hållas på Sinnets Öga även när eventuella tankar eller visuella bilder passerar genom ditt sinne. Om du framgångsrikt håller din uppmärksamhet på denna punkt i ungefär två till tre minuter, ibland mindre, kommer återkonvergens att ske och energisystemet kommer att återaktiveras.

Under dagen kommer du nu att ha klarhet i ditt sinne och dina tankar, inklusive balans i dina känslor. Det kanske inte känns som om du har gjort någon större skillnad till en början, men när du väl äter lite mat och får lite god sömn kommer du att känna en känsla av förnyelse och börja skapa inspiration igen. Utan denna konvergens mellan Ida och Pingala är det omöjligt att skapa dynamik och förbli inspirerad under någon längre tid.

3. Meditation av det Sjunde Ögat

Det Sjunde Ögat ligger där hårfästet möter pannan, i mitten. Denna punkt ligger ungefär en centimeter utanför huvudet, precis ovanför den punkten. Kundalini-energin måste gå ut från denna punkt eftersom det Sjunde Ögat är motsvarigheten till Bindu-punkten längst bak på huvudet. De arbetar tillsammans för att cirkulera Kundalini-energin i hela kroppen.

Om Kundalini-kretsen är stillastående eller inaktiv är detta en av de meditationer du kan göra för att få igång den igen. Om det finns en blockering vid denna punkt eller om Kundalini-kretsen har slutat fungera, är det nödvändigt att åter öppna denna kanal och få den att kanalisera energin på rätt sätt. Om den här punkten inte är aktiv kommer du att märka att det inte finns någon visuell komponent i samband med dina tankeprocesser och att din inspiration är låg. Din fantasifulla förmåga kommer att påverkas och du kommer att förlora din koppling till Nuet, det nuvarande ögonblicket, vilket gör dig introvert och faller offer för Egot.

Det Tredje Ögats centrum är den punkt där energin kan röra sig till det Sjunde Ögat och Bindu på baksidan av huvudet. Därför rekommenderar jag att du gör Sinnes Öga meditationen först för att hjälpa till att flytta energin uppåt till de högre centra i huvudet. Att sedan fokusera på det Sjunde Ögat kommer att slutföra det sista steget att flytta energin ut ur huvudet för att slutföra kretsen.

För den här meditationen lägger du dig på rygg med utsträckta handflator och fokuserar energin på det Sjunde Ögat. Utför den Fyrfaldiga Andningen för att lugna ditt sinne. Om du håller din uppmärksamhet på det Sjunde Ögat i två till tre minuter utan avbrott kommer Kundalini-energin att stiga och passera genom denna punkt. På så sätt kommer Bindu att återaktiveras, vilket gör det möjligt för Kundalini-kretsen att flöda korrekt i Ljuskroppen.

Under resten av dagen rekommenderar jag att du tillbringar tid i ensamhet. Min erfarenhet är att när jag gör meditationen med det Sjunde Ögat blir min energi ganska påverkad för dagen, vilket gör att jag blir orolig när jag umgås med andra. Denna övning suger Prana ur systemet, vilket gör att man framstår som livlös, obalanserad och känslomässigt nere när man pratar med andra människor. Efter en god natts sömn bör dock kretsen regenereras med Prana-energi och optimeras, vilket gör att du är tillbaka på 100 procent.

Det är också viktigt att du äter för att systemet ska kunna återhämta sig efter denna meditation. Du kan behöva en dag eller två med matintag för att helt regenerera dina inre energier eftersom arbetet med det Sjunde Ögat och Bindu belastar Kundalini-kretsen mer än om du bara arbetar med Sinnets Öga. Dessa två punkter är Kundalini-energins utgångspunkter; att arbeta med dem kan därför i hög grad påverka ditt psykologiska tillstånd.

4. Meditation av det Okcipitala Ögat

Den här meditationen är för mer avancerade invigda, eftersom du måste ha byggt upp Andeenergin i ditt system (vilket bara sker när Kundalini-kretsen är aktiv under en tid) så att den börjar omvandlas från Eldsenergi till en svalkande vätska, Andeenergin. Denna Andeenergi kommer att få dig att känna att du är gjord av flytande Kvicksilver, vilket ger en kylande känsla i din Ljuskropp och fullständig transcendens i medvetandet.

Denna Andevätska rinner naturligt in i huvudet. En del människor har till och med rapporterat en känsla av att den droppar ner i halsen. Enligt min åsikt är dessa påståenden missförstånd som har att göra med uppfattning. Som jag diskuterade i ett tidigare kapitel är det lätt att förväxla något som händer i Ljuskroppen med något som händer med den fysiska kroppen efter ett Kundaliniuppvaknande. Båda upplevs trots allt som verkliga för medvetandet, och eftersom Ljuskroppen är en ny sak behöver medvetandet en viss tid för att lära sig att skilja mellan de två. Detta är åtminstone min åsikt, men en åsikt som jag är villig att diskutera med vem som helst, eftersom jag har bevittnat detta fenomen i över sjutton år.

Det Okcipitala Ögat ligger mitt emot Sinnets Öga. Därför bör du fokusera på en meditationspunkt en centimeter på insidan av huvudet för att dra energin till bakhuvudet. Men om du märker att detta inte fungerar för dig kan du fokusera en centimeter på utsidan av huvudet i samma område. Eftersom du försöker dra energin tillbaka till huvudet kan du behöva arbeta med båda meditationspunkterna eftersom energin kan fastna där och det kommer att krävas lite kreativitet från din sida för att tränga igenom och skapa ett ordentligt flöde.

För att underlätta denna meditation gillar jag att föreställa mig att mitt Astrala Jag står en fot utanför mig och tittar direkt på mitt bakhuvud. Genom att hålla denna vision eller genom att hålla min uppmärksamhet vid en av de två meditationspunkterna för det Okcipitala Ögat, kommer en anpassning att ske där den flytande Andliga energin dras mot bakhuvudet, vilket trycker ut alla stagnationer eller blockeringar av energi, vilket optimerar Kundalini-kretsens flöde.

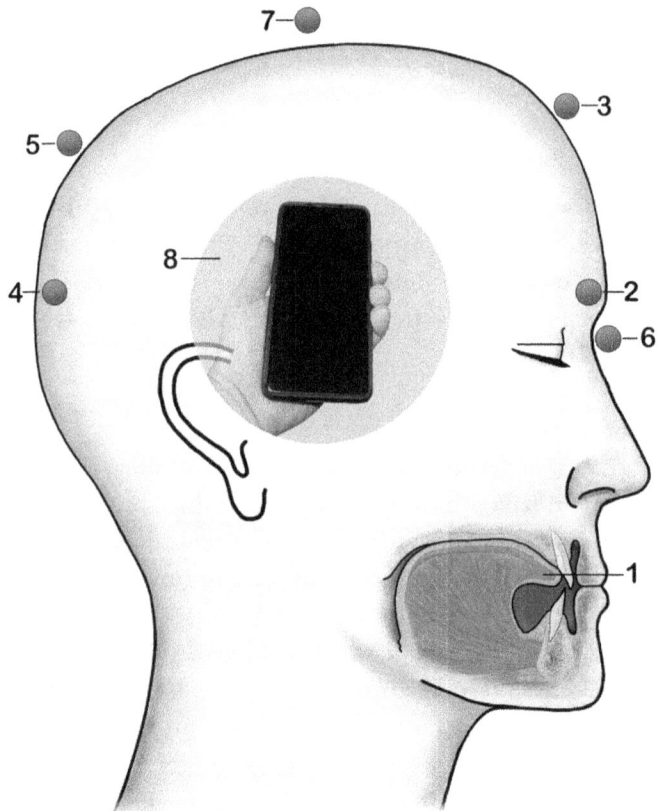

Figur 163: Kundalini-Meditationerna

5. Bindu Chakra Meditation

Bindu Chakra är viktigt eftersom det är utgångspunkten som avslutar Kundalinikretsen. När Kundalini tillåts att trilla ut från denna punkt upplever medvetandet Enhet med allting, ett tillstånd av evig meditation och ren transcendens. Detta beror på att Bindu är dörren till Kausalchakrat, där dualitet möter Icke-Dualitet. Att meditera på denna punkt är därför avgörande för att upprätthålla Kundalini-kretsens integritet. Det måste finnas en konstant subtil dragning av energin utåt till övre delen av bakhuvudet.

Ett adekvat energiflöde vid denna punkt gör att du ser dig själv i tredje person. Det skapar en känsla av att ditt medvetande är upphöjt över din fysiska kropp där du kan se ditt ansikte från ett tredjepersonsperspektiv. På så sätt uppfattar du kontinuerligt ditt fysiska Jag, dina ansiktsuttryck och den energi du skickar ut i Universum, tillsammans med dina inre tankar, samtidigt. Detta tillstånd av Varande indikerar ett högt stadium av Andlig utveckling med Kundalini-energin.

Bindu-punkten ligger längst bak på huvudet, mittemot det Sjunde Ögat. Meditationspunkten ligger en centimeter utanför huvudet, precis som det Sjunde Ögat. Denna meditation är vanligare än det Sjunde Ögat och kommer att lindra fler problem, mentalt och känslomässigt. När det finns för mycket stillastående energi i huvudet kommer Egot att använda denna situation för sin agenda genom att införa negativa tankar som skapar rädsla för att kapa medvetandet. Detta kommer att leda till att Kundalini faller ner från Bindu Chakra. Det behöver inte finnas någon kortslutning i någon kanal för att detta ska inträffa; det kan ske på grund av ökad stress eller om man hyser negativa tankar under en längre tid.

För att utföra den här meditationen ska du ligga på rygg med händerna utsträckta och fokusera på Bindu Chakras meditationspunkt, som ligger en centimeter utanför huvudets övre del, på baksidan av huvudet. Utför den Fyrfaldiga Andningen för att lugna sinnet och gå in i ett meditativt tillstånd. Att fokusera på denna punkt påverkar Bindu och Kausalchakrat, som är intimt kopplat till Bindu.

Nyckeln till dessa huvudmeditationer är att fokusera din uppmärksamhet på en viss punkt i eller utanför huvudet i två till tre minuter med total koncentration. Jag tycker om att föreställa mig att jag ständigt knackar på meditationspunkten med pekfingret. Tänk på att jag talar om att föreställa mig mitt Astrala finger som gör detta med tankens kraft. På detta sätt införlivar jag fantasi och viljestyrka och utnyttjar på så sätt både Ida- och Pingalakanalen. Genom att göra detta stimuleras energin och trycker den utåt, vilket gör att kretsen sluts. Den här meditationen kan också utföras sittande, medan de andra meditationer som hittills nämnts fungerar bäst liggande, enligt min erfarenhet.

6. Meditation med det Undermedvetna Ögat

Det Undermedvetna Ögat gör det möjligt för alla fullt Kundalini-uppvaknade personer att se innehållet i sitt undermedvetna sinne för att få herravälde över sina tankar och sin verklighet. Detta psykiska centrum ligger vid den punkt där ögonens mitt möter näsryggen. Anta dock att det finns en ökning av negativ energi och rädda tankar i sinnet.

I så fall blockeras denna frigörelsepunkt och individen kan inte se det undermedvetna innehållet.

Ida kan kollapsa samtidigt, eller så är det Ida som ofta orsakar att detta psykiska centrum stängs. Kom ihåg att all stress, ångest och negativa, rädda tankar sätter Ida i fara när man fokuserar på dem för länge. Om Ida kollapsar, eller om det sker på egen hand, måste denna punkt öppnas igen innan den kan fungera bra igen. Den plats du behöver fokusera på är strax ovanför näsryggen, en centimeter utanför huvudet.

När du andas, andas detta psykiska centrum med dig. Pranisk energi matas in i det Undermedvetna Ögat som gör att du kan ha sunda tankar och känslor. Varje vaket andetag bör förnya ditt sinne när dessa psykiska centra fungerar korrekt. Om någon energi vid denna punkt stagnerar kommer du att ha ett ohälsosamt, räddhågat sinne. Du kommer att ha svårt att se framåt mot framtiden och kommer att klamra dig fast vid det förflutna och ständigt tänka tvångsmässigt på det.

Tvångstankar eller känslor orsakar ofta att detta psykiska centrum blockeras, eftersom du genom att tänka tvångsmässigt på något fokuserar din uppmärksamhet på bakhuvudet för mycket, vilket kan dra bort energi från de Fem Psykiska Ögonen och det Undermedvetna Ögat, vilket gör att vissa av dem blockeras. Kom ihåg att det undermedvetna sinnets egentliga plats är i bakhuvudet, medan det Undermedvetna Ögat är ett fönster eller en portal som gör det möjligt för oss att se dess innehåll.

Den här meditationen utförs liggande med utsträckta handflator. Det skulle hjälpa om du använde den Fyrfaldiga Andningen för att hålla dig i rätt sinnestillstånd medan du utför denna meditation. Uppmärksamheten ska hållas på den beskrivna punkten i minst två till tre minuter, utan avbrott. Om du lyckas kommer det att bli en kylande känsla på näsryggen, och du kommer att känna trycket där när energi går ut ur den till atmosfären framför dig. Du kommer att känna en omedelbar befrielse från tidigare tankar och en förmåga att tänka på och vara förväntansfull inför framtiden.

7. Meditation av Sahasrara Chakra

Sahasrara Chakra är det mest kritiska Chakrat i samband med ett Kundalini-uppvaknande eftersom det är vår förbindelse med den Andliga Källan, det Vita Ljuset. Sahasrara är det högsta på kroppen på toppen, mitt på huvudet, och dess funktion reglerar hela Kundalini-kretsen när det är öppet och aktivt. Därför måste det alltid finnas ett flöde av energi till den, annars kommer Kundalini-kretsen att sluta fungera. I den sällsynta händelsen att Kundalinienergin sjunker ner från Sahasrara kan denna enkla meditation höja den upp igen, vilket gör att det centrala energiflödet genom Sushumna fungerar korrekt. Kom ihåg att Ida, Pingala och Sushumna förenas vid Ajna som en enda ström av energi som stiger upp till Sahasrara. Så om denna energiström sjunker under Sahasrara är detta den meditation du måste använda för att få upp den igen.

För att utföra den här meditationen lägger du dig på rygg med utsträckta handflator. Använd först den Fyrfaldiga Andningen för att komma in i ett meditativt tillstånd. Blunda sedan med ögonen och rulla dem bakåt och försök att titta upp mot toppen av huvudet, ungefär två centimeter ovanför mitten av skallen. Även om Sahasrara ligger högst upp, i mitten av huvudet, har jag funnit att fokusera två centimeter ovanför den i stället för en, eller direkt på den, underlättar en nödvändig knuff för Kundalinis energikanal att stiga upp i Sahasrara.

Håll din uppmärksamhet på denna punkt i två till tre minuter utan avbrott. Om du lyckas kommer du att känna hur ett energiflöde rör sig genom din hjärna och når Sahasrara. Om detta inte fungerar och du känner ett tydligt fall från Sahasrara, måste du återuppbygga Kundalini-strängarna i huvudet genom födointag, genom att omvandla mat till Ljusenergi eller Prana. Du kan behöva några veckor till en månad. Du kan utföra den här meditationen med några dagars mellanrum medan du återuppbygger din Kropp av Ljus bränsle för att ta hand om den här situationen.

8. Att Hålla en Bild i Sinnet Meditation

En annan grundläggande meditation som kan hjälpa till att lindra mentala och känslomässiga problem är att föreställa sig ett enkelt föremål i ditt sinne och hålla den visuella bilden koncentrerad. Det hjälper om det du föreställer dig är något som du ofta har i handen, till exempel din mobiltelefon, så att du kan föreställa dig hur det ser ut och känns i din hand, med hjälp av dina Astrala sinnen och ditt sinnes kraft.

Den här meditationen är användbar om det finns en blockering vid Bindu Chakra och när inga andra huvudpunkters meditationer fungerar. Det är en kraftfull meditation eftersom den inkorporerar både Ida- och Pingalakanalen under utförandet. När du utför någon mental aktivitet som kräver din viljestyrka använder du din Pingala-kanal. Omvänt, när du använder din fantasi och tänker upp en bild i ditt sinne använder du din Ida-kanal. Genom att hålla en bild i ditt sinne under en längre tid öppnar du på nytt och ställer om både Ida och Pingala och låter dem rinna ut genom Bindu Chakra, vilket är naturligt för dem att göra hos fullt Kundalini-uppvaknade individer.

Du kommer att märka att om du utför denna meditation kommer den visuella komponenten av att hålla bilden i ditt sinne att förstärkas och bli mer definierad. Du kanske till och med känner energirörelser i din kropp, längs framsidan av din torso, på vardera sidan, där Ida- och Pingalakanalen finns. Du kan också känna strimmor av energi som rör sig genom framsidan av ditt ansikte.

Till exempel kan en anpassning ske i en energikanal som centralt rör sig över hakan till underläppen. Du kan också känna att energi rör sig i din hjärna, eftersom Kundalini-strängarna genomsyras av flytande Ande. Om du känner någon av dessa rörelser är det ett bra tecken på att din meditation fungerar och att Ida och Pingala är i linje. När din meditation är framgångsrik bör du äntligen känna ett tryck uppe i bakhuvudet när ditt Bindu-chakra genomsyras, vilket signalerar att Kundalini-kretsen har aktiverats helt och hållet igen.

9. Att bli Ett med ett Objekt Meditation

En annan kraftfull meditation för att optimera Ida- och Pingalakanalerna och för att rikta in Kundalini-kretsen är att fokusera på ett föremål framför dig under en längre tid. Syftet med denna meditation är att gå utanför dig själv och bli ett med objektet och känna dess essens. Du blir externaliserad när du gör detta, vilket gör det möjligt för Nadis att återigen rikta in sig och anta sitt naturliga flöde. Det är i allmänhet vårt sinnes innehåll och missbruk av vår viljestyrka som blockerar eller stagnerar Nadis flöde.

Nyckeln är att hålla ett tomt sinne och fokusera intensivt på det objekt du mediterar på. Känn dess struktur och använd dina Astrala sinnen på det. Rensa ditt sinne och lyssna inte på ditt Egos tankar när det försöker avleda dig från den aktuella uppgiften.

Du kan också meditera på en valfri fast punkt eller en bild. Jag tycker dock att det fungerar bättre att meditera på ett Tredimensionellt objekt eftersom du kan använda alla dina Astrala sinnen på det, vilket gör att ditt sinne kan hålla sig sysselsatt, vilket leder till tystnad. Att använda de Astrala sinnena i meditation är en bra distraktion för sinnet eftersom det inte kan fokusera på det och tänka samtidigt.

Fördjupa dig helt och hållet i objektet, den fasta punkten eller bilden utan att förlora fokus. Du kan blinka, även om dina ögon bör vattnas något när du gör det på rätt sätt, vilket signalerar en stark koncentration. När du utför denna meditation, var uppmärksam på Bindu-punkten högst upp i bakhuvudet. Efter cirka fem till tio minuter av denna övning bör du känna hur dina Nadis riktas in på nytt när din Bindupunkt fylls med energi. Detta är ett tecken på att Kundalini-kretsen har blivit optimerad.

10. Meditera på Jordstjärnechakrat

Eftersom Jordstjärnechakrat tillhandahåller de feminina och maskulina strömmarna för Ida och Pingala Nadis, kan du behöva meditera på deras källa för att ge dem energi igen om det saknas energi som strömmar genom någon av dem. Det kan du göra genom att lägga din uppmärksamhet på fotsulorna och hålla den där, utan avbrott, samtidigt som du fokuserar på Jordstjärnan sex tum under fötterna.

Kom ihåg att Pingala-kanalen går genom höger ben och häl, medan Ida-kanalen går genom vänster. Båda ansluter till Jordstjärnechakrat. Så om du gjorde din meditation på rätt sätt skulle du känna en energiinriktning vid den nedre delen av hälen som motsvarar Muladhara Chakra, vilket signalerar att Ida eller Pingala har återaktiverats. Samtidigt ger meditationen på Jordstjärnan den mest optimala jordföringen som behövs för att hålla de andra Chakrana och Subtila Kropparna i balans. Så praktisera denna meditation ofta, även om du inte upplever problem med Ida- eller Pingalakanalerna.

***

En sista anmärkning om Kundalini-kortslutningar och de meditationer som presenteras i det här kapitlet. Först måste du förstå att kortslutningar i allmänhet inte är farliga i fysisk mening utan i psykologisk mening. Att göra dessa meditationer kan därför inte skada dig, men kan avsevärt gynna dig Andligt och låta dig kontrollera din verklighetsupplevelse i stället för att vara utlämnad till Kundalini-energins nåd.

Även om dessa meditationer har fungerat för mig i nästan alla fall kan jag inte garantera att de kommer att fungera för dig varje gång. Efter att ha utvecklat dem har jag fått en intuitiv koppling till varje meditation som gör att jag efter att ha diagnostiserat problemet kan genomföra rätt meditation med 90 procents noggrannhet. Detta kan jag inte förmedla till dig, men jag hoppas att du kan lära dig att göra detsamma med övning och erfarenhet.

Jag tror att manualen för våra Kundalini-system är densamma och att Skaparen inte skulle göra mitt Kundalini-system annorlunda än ditt eftersom vi alla består av samma fysiska, känslomässiga, mentala och Andliga komponenter. Därför tror jag att Kundalini-frågorna är Universella, vilket innebär att dessa meditationer borde fungera för dig också.

Avslutningsvis hoppas jag att du genom att använda dessa meditationer kommer att leta efter sätt att utveckla dem och hitta egna upptäckter. Vi måste kollektivt hålla Kundalini-Vetenskapen i ständig utveckling och nå nya höjder så att de som kommer efter oss kan bygga vidare på våra misstag och upptäckter. Genom att göra detta utvecklar vi inte bara oss själva utan även Kundalini-Vetenskapen som studieområde.

DEL XII: KUNDALINI-RÅDGIVNING

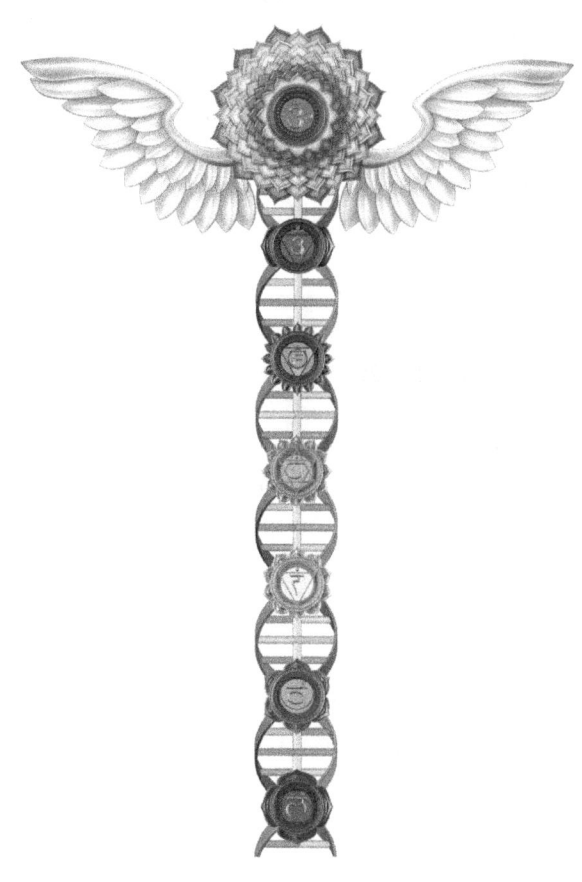

ALLMÄNNA TIPS

Under de senaste sjutton åren har många Kundalini-väckta personer kontaktat mig via sociala medier och bett om råd om vad de kan förvänta sig och hur de ska hantera eventuella problem som uppstår i deras omvandlingsprocess. Jag upptäckte att många av deras frågor och bekymmer var desamma, och deras förfrågningar hade en gemensam nämnare eftersom omvandlingsprocessen är Universell. I det här kapitlet kommer vi att diskutera dessa gemensamma nämnare och dela med oss av några allmänna tips för dig som befinner dig mitt i en Kundalini-transformation.

Kundalini är inte en fysisk manifestation, även om det ofta känns som det. När Ljuskroppen fulländar sig själv med tiden pendlar medvetandet mellan den fysiska kroppen och Ljuskroppen och försöker förstå saker och ting. Före uppvaknandet brukade medvetandet endast verka från den fysiska kroppen. Därför kan Kundalinis olika manifestationer först kännas fysiska, men det är de inte.

Människor berättar ofta för mig att de känner ett tryck i olika delar av kroppen, vanligtvis i huvudet eller i hjärtområdet, och frågar varför det är så. De vill veta när det kommer att sluta och om dessa problem kommer att utvecklas till kroppsliga sjukdomar. Förstå att Kundalini arbetar genom ett område med psykiska centra som den behöver väcka för att lokalisera energin där. Ibland kräver detta att man trycker på energiblockeringar som bildats över tid av negativa tankar och uppfattningar om sig själv och livet i allmänhet. Även om det känns som ett fysiskt tryck manifesteras det på det Astrala Planet. Men eftersom sinnet är den förbindande länken misstolkar det denna information. Sinnet har trots allt aldrig upplevt något liknande tidigare, och det blir lätt förvirrat i denna situation. Därför är det inte ovanligt att den person som upplever dessa förnimmelser börjar känna rädsla och ångest genom att tro att något skadligt händer med den fysiska kroppen.

Chakrana och de omgivande nerverna som nerverar organen måste genomsyras helt av Kundalinis Ljus för att det ska kunna cirkulera obehindrat i Ljusets Kropp. På grund av att Karmisk energi ackumuleras i Chakrana under hela någons liv kan dessa områden bli blockerade. Kundalini måste utöva tryck på detta område genom mild och jämn värme för att utplåna och avlägsna dessa blockeringar.

Kundalini är rå Eldsenergi som förvandlas till flytande Ande genom sublimering av Prana via födointag i kombination med transmutation av ens sexuella energi. Denna Andeenergi kan tränga igenom alla blockeringar, men den måste först omvandlas till sin subtila form av Kundalini-Elden. Genom att observera denna process i min egen Ljuskropp har jag funnit att denna omvandling sker i det område där Kundalini rensar blockeringar.

De vanligaste områdena för att lösa blockeringar är huvudet och hjärtat. Människor kommer att känna tryck i huvudet i månader, kanske till och med år, medan Kundalini omvandlas till denna finare flytande Ande och öppnar hjärncentren. Och som du har lärt dig hittills finns det många kritiska hjärncentra som måste öppnas, t.ex. Thalamus, Hypotalamus, Hypofysen och Tallkottkörteln. Hjärnan är det nav som innehåller dessa viktiga energicenter. Chakras och Nadis är kopplade till hjärnan via nervsystemet. Hjärnan är moderkortet; rätt ledningar måste skapas i Ljuskroppen för att den ska fungera så effektivt som möjligt. Annars kommer Kundalini-kretsen inte att fungera korrekt.

Anahata, Hjärtchakrat, är ett annat kritiskt område där Kundalini Elden måste arbeta sig igenom energiska hinder för att skapa de nödvändiga ledningarna. Efter Hara Chakra är Anahata den näst största konvergensen av Nadis i kroppen. På vänster sida av den finns Ida-kanalen som måste öppnas korrekt för att optimera sitt energiflöde. På den högra sidan finns Pingala-kanalen. Båda kräver ett tillräckligt flöde av denna Andliga energi som arbetar genom dem för att inte känna ett konstigt tryck, vilket skapar rädda och oroväckande tankar.

När Kundalini-energin vaknar upp är hjärtklappning vanligt förekommande eftersom höga nivåer av adrenalin, dopamin och serotonin frigörs i kroppen, vilket orsakar en accelererande hjärtfrekvens. Ibland förekommer också hoppande hjärtslag, vilket jag har funnit orsakas av rädslobaserade minnen som dyker upp från det undermedvetna och som måste upplevas på nytt för att avlägsna sin känslomässiga laddning.

Dessa situationer är inget att oroa sig för eftersom de är Universella i sitt uttryck och kommer att fortsätta att manifestera sig under många år framöver, särskilt i de tidiga stadierna. Med olika hormoner som pumpas in i hjärtat upplevs otroliga känslor av ökad upprymdhet. Energiruset i hjärtat är extatiskt och omöjligt att beskriva för någon som inte har upplevt det. Binjurarna kan bli utmattade under hela denna process, vilket du kan fylla på med C-vitamin.

Kundalini-energin kan också stöta på blockeringar i andra delar av kroppen, vanligtvis i bålen. Energin kan arbeta genom olika organ och det kan kännas som om ett organ är i fara. Jag har dock aldrig upplevt att detta är fallet, och jag har inte heller hört talas om att någon har haft riktiga organsvårigheter i denna situation. Så, återigen, det kan kännas fysiskt för dig, men det kommer inte att påverka organet negativt. Det bör dock noteras att det kan uppstå psykosomatiska effekter om du är alltför fokuserad på att tro att trycket är fysiskt. Med andra ord kan du utveckla fysisk smärta, men bara för att du är så koncentrerad på tanken att den manifesterar sig. Fortfarande manifesterar den sig dock inte på ett sätt som kan skada dig.

På det hela taget är mitt råd alltid detsamma, och det gäller allt som rör uppvaknandet i alla skeden - om du känner rädsla, gå igenom den. Fokusera inte på rädslan eftersom det är rädslan som påverkar dig negativt och inte själva Kundalini. Rädsla skapar ångest, vilket motverkar Kundalini. Den bekämpar Kundalini-processen när den sker inom dig. De fysiska, känslomässiga och mentala Subtila Kropparna måste vara avslappnade och i fred för att Kundalini ska kunna utföra sitt arbete. Om det finns ångest på något område kommer det att förhindra Kundalinis flöde i något av dess många olika tillstånd. Dessa blockeringar kommer bara att verka bli starkare och förvärras om du åberopar ångest. Istället måste du öva dig på att vara avslappnad i sinne, kropp och Själ även när upplevelsen kan verka intensiv.

När Kundalini är helt vaken och arbetar genom dig är det bäst om du slutar meditera ett tag. Vid denna tidpunkt är allt det gör att fokusera energin inne i huvudet, vilket inte längre är nödvändigt. Om du har väckt Kundalini har du ändå redan nått målet med all meditation. Därför kommer det att gynna dig att tillbringa så mycket tid som möjligt borta från dina tankar och mer tid i naturen eller med människor. När jag säger människor menar jag positivt sinnade människor, inte negativa. Att slappna av i alla delar av Jaget och fokusera på att föra in näringsriktig mat kommer att vara allt som krävs av dig.

Misströsta inte om du har svårt att sova, vilket ofta händer under de första åren efter uppvaknandet. Det är ingen idé att till varje pris försöka framkalla sömn, bara för att bli frustrerad när det inte sker. Gå i stället och gör något produktivt för att arbeta bort den energi som hindrar dig från att sova. Att göra kreativa aktiviteter kommer att hjälpa till att omvandla energin och sätta dig i kontakt med fantasin och viljestyrkan, vilket kommer att inspirera dig och hjälpa dig att nå ett lugnt tillstånd som inducerar sömn på ett naturligt sätt. Kom alltid ihåg att kreativitet också använder kärleksenergi, så alla aktiviteter som är kreativa är produktiva eftersom de använder kärlek. Denna regel gäller när du går igenom uppvaknandet vid vilken tidpunkt som helst i ditt liv. Vi försöker alltid anpassa oss till kärlek så mycket vi kan när vi går igenom detta.

Jag hade sömnlöshet i flera år efter mitt uppvaknande och pendlade mellan intensiva Lucida Drömmar och fullständig sömnbrist och oförmåga att framkalla drömmar överhuvudtaget. Med tiden lärde jag mig att inte oroa mig eller stressa när detta händer, även om detta kan vara svårt att göra om man har något viktigt nästa dag som man behöver vara utvilad inför. Man måste lära sig att gå med det och inte kämpa emot. Det finns inget val. Så snart du accepterar detta kommer du att må bättre. Att leva den vanliga nio till fem-livsstilen kan vara en utmaning, men det är en utmaning som du måste acceptera och arbeta dig igenom. Ju mer du kämpar mot den, desto mer hindrar du Kundalini-transformationsprocessen.

Om du inte kan få sömn under natten signalerar kroppen att den inte behöver vila. Kanske sinnet gör det, och du kan vila sinnet genom att helt enkelt slappna av på ryggen när du är vaken. Ibland hjälper det att ta ett melatoninpiller strax före sänggåendet som du hittar på ditt lokala apotek. Men om du inte kan framkalla sömn betyder det bara att det finns för mycket aktivitet i Ljuskroppen, och du måste acceptera detta. Du kommer att vara lite mer oklar i huvudet dagen därpå, men du bör kunna ta itu med allt du behöver. Att inte kunna sova betyder att Kundalini är i överfart och omvandlar ditt sinne, din kropp och din Själ på en djup nivå. Sätt dig själv i autopilotläge så mycket som möjligt och låt den göra vad den behöver göra.

En aspekt av Kundalini-transformationen är att den mängd sömn som behövs för att fungera till 100 procent nästa dag är betydligt mindre än hos en person utan aktiv Kundalini. Sex timmars sömn bör räcka de flesta dagar, har jag funnit. Hela åtta timmars sömn är optimalt, medan allt mer än åtta är överdrivet och inte nödvändigt. I de inledande stadierna kan du dock behöva mer än åtta timmars sömn, särskilt om din Kundalini är mycket aktiv under natten.

Med åren har jag upptäckt att mer än åtta timmars sömn gör mig mindre fokuserad och slö nästa dag. Det har visat sig att sex till åtta timmars sömn är bäst för mig. Jag hade också haft många sömnlösa nätter när Kundalini var mycket aktiv. Men jag övervann detta genom att istället slappna av i mitt sinne under natten, vilket gjorde att jag fortfarande fungerade till 95 % nästa dag med min vanliga laserliknande skärpa och fokus. Detta var dock efter minst fem år av kundalini-transformationsprocessen och när jag väl hade stämt av mitt medvetande med det Högre Jaget. Om du finner dig själv mer anpassad till ditt Ego kommer du att behöva mer sömn.

VANLIGA FRÅGOR

Efter att ha tagit på mig rollen som Kundalini-lärare och guide under många år har jag svarat på oräkneliga frågor från många olika kundalini-initierade om deras uppvaknande och omvandlingsprocess. Jag har sammanställt de vanligaste frågorna i en serie frågor och svar från vår korrespondens.

Jag fick ett spontant Kundalini-uppvaknande för nästan ett år sedan. Nu är det känslomässiga tumultet och den rädsla som jag står inför outhärdlig. Jag har förlorat mitt jobb, mina relationer har fallit sönder och jag är redo att ge upp. Jag har ingen mer energi kvar för att fortsätta framåt. Vilka visdomsord har du till mig?

Misströsta inte, min vän. Många människor har varit i dina skor, och många fler kommer att vara det i framtiden. Hur dåligt det än kan verka nu, kom alltid ihåg att gryningen alltid följer på natten. Framgång avgörs inte av hur snabbt du faller utan av hur snabbt du reser dig upp och försöker igen. Du måste utveckla motståndskraft mot dessa utmaningar som du ställs inför, så kommer du att hitta de lösningar du söker. Låt inte rädslan lamslå dig, utan möt istället dina rädslor, så kommer du att få mod. Alla framgångsrika människor briljerar när de inte har något kvar, när all deras energi är borta och deras tank är tom. De använder dessa stunder för att bevisa vilka de är genom att hitta energi från sig själva för att övervinna sina rädslor och hitta framgång.

Kom ihåg att FEAR (rädsla) är Falska Bevis som Verkar vara Verkliga; den lever i dualitetens värld. Det Sanna Jaget befinner sig dock i Icke-Dualitetens värld. Det är en Eld som ingen annan än du själv kan släcka. Och tiden tickar iväg för oss alla. Därför måste vi alla se på livets utmaningar och se dem som tester av vår viljestyrka. Vi måste ha tillit till oss själva och Universum och möta dessa utmaningar med beslutsamhet och uthållighet för att lyckas.

Hitta tröst i sällskap med likasinnade personer som går igenom samma Kundalini-uppvaknandeprocess och gör dem till bröder och systrar. Du är inte ensam om detta. Vi är alla förutbestämda att förvandlas till Ljusvarelser. Det är dock inte en lätt process. Ju svårare resan är, desto sötare blir belöningen. Många vägar leder till samma mål. Om en av dem inte fungerar, prova en annan. Ge aldrig upp och var aldrig nedstämd mot dig själv, för om du är villig att ge upp har det Gudomliga ingen plats för dig i Himmelriket.

När min Kundalini-energi blir mycket aktiv blir jag otroligt paranoid, orolig och rädd. Jag undrar om jag borde gå till en terapeut även om jag inte är säker på att de kommer att förstå vad jag går igenom. Men innan jag gör det, vad kan jag annars göra för att övervinna dessa svåra känslor?

Den paranoia och ångest du upplever är typisk för vad du går igenom. Ditt tillstånd kan dock inte beskrivas som kliniskt. Det är bäst för dig att hålla upplevelsen för dig själv för att bespara dig besvikelsen över att inte bli förstådd av sjukvårdspersonalen. Ännu viktigare är att skydda dig själv från att bli satt på receptbelagd medicin som avsevärt kommer att hindra din omvandlingsprocess. Tillbringa tid utomhus, få kontakt med naturen och gör saker som ligger utanför dig i stället för att övertänka det du går igenom. Egot gillar inte att det genomgår en dödsprocess, så det vill skrämma dig och få dig att känna dig negativ till detta.

Det viktigaste är att du tänker positivt på hela upplevelsen. Du hör till världens elit och du har blivit utvald av någon anledning. Ärligt talat är år av att leva i ett dåligt mentalt tillstånd, vilket är fallet hos många nyvakna Kundalini-initierade, väl värda de dyrbara juveler som väntar dig i framtiden. Dessutom är din mentalitet bara en aspekt av vem du verkligen är. Kom ihåg det och var modig. Att fokusera på rädsla kommer att hindra dig från att leva med mod. Var i stället modig så kommer rädslan att försvinna.

Ibland känns det som om mitt Ego äntligen är ur vägen, men sedan återvänder det med en hämnd, vilket ger upphov till stor rädsla och känslomässig smärta. Ofta känns det som om jag dör en långsam och smärtsam död. Varför kan detta inte vara över? Vad är det som händer med mig?

Smärta och njutning är båda aspekter av samma sak. De är kopplade till hur man läser verkligheten runt omkring sig genom sinnet. Genom att överbrygga det medvetna med det undermedvetna ökar hastigheten på pendeln som svänger mellan njutning och smärta exponentiellt, vilket ger upphov till många mentala problem. Skillnaden är att hos en Kundalini-aktiverad person är denna process endast tillfällig och tjänar till att utplåna negativa minnen, och fungerar som en mur mellan den rena potentialens värld och de gränser som sinnet skapar i sin strävan efter överlevnad.

Det Jag som hittills har överlevt är Egot. Egot är döende! Det vill inte dö, precis som alla andra intelligenta krafter i detta Universum. Så det eviga vittnet från Nuet, ditt verkliga Jag, står åt sidan medan Egot känner smärtan i vetskap om att det sanna livet ligger i dess död. Kom ihåg att det tog många år för Egot att utvecklas. Eftersom varje handling har en lika stor och motsatt reaktion, vet du att det kommer att ta många år innan det också dör. Det är en normal del av omvandlingsprocessen, liksom den smärta som åtföljer den.

När Egots lidanden är borttagna är medvetandet fritt att uppleva Tomhetens rena känslor, vilket är en Nirvanisk hänryckning. Så ta din tid, skynda dig inte, och efter en tid kommer sinnet att lugna ner sig och du kommer att bli den du är ämnad att vara - en Ljusvarelse!

Under de senaste månaderna har jag plågats av en sviktande huvudvärk som ibland varar hela natten och till och med nästa dag. Jag känner också mystiska smärtor som kommer och går i olika delar av kroppen, främst i bålen. Vad kan man göra? Är detta en normal del av Kundalini-processen?

Om du har huvudvärk till följd av en uppvaknad Kundalini kommer du att märka att om du tar ett steg tillbaka så beror huvudvärken inte på Kundalini utan på hur sinnet tolkar det som händer. Detta beror på att Kundalini verkar inom det Astrala Planet, men vi kan känna den som om den vore i vår fysiska kropp. Den verkar genom en annan dimension än den materiella som den fysiska kroppen är en del av.

Håll dig hela tiden avslappnad, drick mycket vatten och huvudvärken kommer att försvinna. Undvik stressiga situationer och när huvudvärk uppstår, försök att ta reda på orsaken och undvik sedan att skapa samma orsak nästa gång eller att vara i närheten av den.

Fysisk smärta beror på negativ energi och Karmiska minnen som finns lagrade i den fysiska kroppen och organen. När Kundalini på en Astral nivå (eftersom den endast verkar Astralt) har genomträngt de områden som innehåller de Andliga motsvarigheterna till kroppens fysiska komponenter, kommer det därför att finnas känslor av fysisk smärta när den renar sig genom negativiteten i dessa Andliga motsvarigheter.

Denna process är normal och avtar med tiden. Försök med en annan kost, Yoga eller jordförbättrande tekniker för att lindra smärtan. Kom ihåg att du gör smärtan starkare genom att fokusera din uppmärksamhet på den. Så vänd din uppmärksamhet någon annanstans, så kommer Kundalini att förflytta sig till den plats där din medvetenhet finns. Ett orädd sinne har inga hinder i Kundalini-processen!

Jag har haft olika visioner som involverar katter. Ibland är de stora och ibland är de små. De har varit silverfärgade, svarta, gula och rödorange. Den mest framträdande visionen var dock en katt med en bruten svans. Jag kämpar för att förstå det. Är det något som är trasigt inom mig?

Tolka sådana här visioner ur sinnets synvinkel. Om sinnet är avslappnat och njuter av dessa bilder är de flyktiga upplevelser och spelar ingen roll. Men om sinnet trasslar in sig i dessa symboler och försöker tolka allt som händer skapar du en labyrint för dig själv som är svår att ta sig ur utan att fästa rädsla vid resultatet.

Visioner i drömmar är vanligtvis ett resultat av vad sinnet är upptaget av i vaket tillstånd. Eftersom du just har vaknat upp och dagligen upplever en hel del Kundaliniaktivitet försöker dessa visioner i dina drömmar att låta dig veta något om detta.

Katter, oavsett färg, är symboler för Kundalini. I Forntida traditioner representerade katter den Stora Kvinnliga aspekten av det Gudomliga. Dessa drömmar låter dig veta att du genomgår Kundaliniaktivitet. Den brutna svansen kan betyda en energiblockering, men å andra sidan kanske den inte gör det. Det kan betyda att sinnet tolkar ett sprakande av energi inom dig.

Låt dig inte fångas av alla dessa drömtolkningar. Slutresultatet av ett Kundaliniuppvaknande är en total frigörelse från sinnets förvirring. Du måste kringgå sinnet för att vara i Nuet, det närvarande ögonblicket, och hämta energi från fältet av ren potentialitet. En dag kommer dessa saker att betyda absolut ingenting för dig ur ett övergripande perspektiv.

Efter mitt första Kundalini-uppvaknande minns jag att jag såg många mystiska visioner med alla möjliga symboler. Nu är de borta, men det är även de flesta visuella, ofrivilliga tankar. Jag känner saker intuitivt, eftersom mitt medvetande har höjt sig över rädslan. Kom ihåg detta när det gäller uppvaknandet: "Allting löses upp och löser sig i allt annat". Det du ser nu kommer du inte ens att minnas om flera år.

Jag känner mig bräcklig, sårbar och mitt känslomässiga tillstånd går ständigt upp och ner. Jag har ångest och paranoia och behöver hjälp. Jag är inte säker på om läkare kan hjälpa mig med något som har med Kundalini att göra, men jag vet inte vem jag annars ska vända mig till. Vad ska jag göra?

Ingen psykolog kan hjälpa dig med mentala och emotionella problem som du möter på grund av en uppvaknad Kundalini. De kommer att vara angelägna om att behandla dig medicinskt, vilket du inte vill ha. Jag gick till en psykiater som tydligen "kände" till Kundalini vid en tidpunkt. Under besöket fick jag veta att hon inte visste någonting eftersom man bara kan känna till Kundalini på riktigt om man har någon personlig erfarenhet. Det var slöseri med min tid och mina pengar, och framför allt resulterade det i en besvikelse. Falska förhoppningar kan ha mycket negativa effekter i den här processen eftersom det kan få en att ge upp ännu snabbare än vad man vanligtvis skulle vara benägen att göra.

Om du befinner dig i ett bräckligt tillstånd, var din egen läkare och din personliga Frälsare. När det gäller Kundalini, lägg inte din tillit i andras händer om inte dessa människor själva har haft uppvaknandet. Om du behöver tröst kan du lyssna på några samtal om självhjälp. Ett Kundaliniuppvaknande kommer också att väcka gurun inom dig, det Högre Jaget. Nu är det dags att lära sig att lita på dig själv och vara din egen guide och lärare.

Psykiska problem, ångest och paranoia är vanliga för människor i din situation. Vi har alla gått igenom det. Hitta något som lugnar dig och gör dig glad, vilket ger dig en flykt från det mentala tumultet. Hitta en hobby som sysselsätter din kropp, ditt sinne och din Själ. Skriv, måla, gå på promenader, gör något inspirerande. Om du fokuserar på negativitet kommer du att få negativitet tillbaka. Det hjälper om du inte fokuserar på de mentala problemen eftersom de är tillfälliga.

Om du träffar en läkare om detta kan du känna dig sämre efteråt eftersom de kommer att slänga runt ord som kronisk ångest, bipolär och schizofren. Symptomen som uppvisas av en aktiv Kundalini kan vara liknande, men det betyder inte att du har själva sjukdomen. Till skillnad från ouppvaknade personer som diagnostiseras med dessa sjukdomar går vi igenom dessa utmaningar och kommer ut på andra sidan, starkare och mer förfinade. Det är bara en fråga om tid och tålamod.

En sak som jag alltid lärt mig är att följa min egen trumma. Lyssna på den inre rösten och låt inte andra tala om för dig vad som händer. Det är du som styr din berättelse. Strunta i vad andra säger om det du går igenom. Du vet sanningen djupt inom dig, så börja lyssna. Du mår bra! Det är bara Egot som skrämmer dig eftersom det vet att det håller på att förlora sin makt över medvetandet. Ditt Sanna Jag lever i tystnad, en plats utan tankar!

Jag känner ett enormt tryck från pannan upp till toppen av huvudet och mina tankar är okontrollerbara. Det känns som om jag håller på att bli galen, som om min hjärna är trasig. Vad kan jag göra för att hitta balans?

Om du har en energibildning i Sahasarara- och Ajna-Chakrana måste du jorda dig själv. Om du tänker för mycket och känner dig i kontakt med ångest och rädsla hjälper det dig att jorda dina energier. Jordning kommer att tysta ditt sinne, vilket gör att rädslan kan försvinna. Av egen erfarenhet vet jag att om du har mycket energi i huvudet blir du introvert och övertänker. Så försök att fokusera på den känslomässiga aspekten av Jaget genom att komma i kontakt med dina känslor, så kommer energin att balansera sig själv.

Det hjälper att fokusera på Fotchakran och särskilt på buken. Genom att fokusera på buken neutraliserar du Luftelementet (tankar) och ansluter dig till Vattenelementet (känslor). Genom att göra detta kommer du att få kontakt med dina känslor och föra ner energin från huvudet. När du skickar energin in i din mage skapar du en behaglig och stadig eld i det området genom andning och meditation. Öva dig i tyst meditation och du bör kunna känna energin på olika ställen, även på andra ställen än i huvudet. Meditation är nödvändig för att föra ner energin i buken och återknyta Kundalini-kretsen.

Jag har försökt rationalisera och intellektualisera min process, vilket inte har lett mig någonstans. Jag förstår att det är dags att jag går bortom sinnet och mina tankar, men jag vet inte hur eller var jag ska börja. Kan ni erbjuda någon insikt?

Istället för att fokusera på dina tankar kan du tysta sinnet och gå utanför dig själv genom meditation och kontrollerad andning. Se dig själv i tredje person när du observerar din fysiska kropp och dina ansiktsrörelser och bli det Tysta Vittnet i Nuet, det nuvarande ögonblicket. Genom att gå utanför dig själv går du förbi Egot för att komma i kontakt med det Sanna Jaget, den Heliga Skyddsängeln, genom vilken du kan uppleva Guds Härlighet och otaliga andra Andliga rikedomar.

För att hjälpa dig att nå dit kan du meditera på ditt Sinnes Öga genom att fokusera på ögonbrynets mitt. Se sedan med öppna ögon världen utanför och innanför samtidigt. Vid denna punkt kommer du att se dig själv som andra människor ser dig. Du kan uppnå denna erfarenhet genom övning. Den kommer långsamt att förändra din uppfattning från att vara intrasslad i Egots illusion och falla offer för rädsla till att bli extern och objektiv och ta del av Guds Ljusrike som ger oss kärlek, sanning och visdom.

Detta är vad som avses när Adepter och Vise nämner att de har uppnått Enhetligheten i allting. Kom ihåg att du bara är en tankebild i Guds Sinne. Den Materiella Värld som våra sinnen tar del av är bara Guds Eviga Dröm, och vår förmåga att tänka och drömma gör det möjligt för oss att vara Medskapare tillsammans med vår Skapare. Låt dem som har öron höra denna stora Universella sanning.

Ända sedan Kundalini vaknade är de det enda jag vill prata med andra om. Jag vill att andra ska få veta och uppleva vad jag har upplevt. Men varje gång jag har öppnat mig för någon om mina upplevelser har de antingen inte förstått eller fått mig att känna mig som om jag var galen. Ska jag bara hålla den här erfarenheten för mig själv från och med nu?

När det gäller vem du kan berätta för att du har haft ett Kundalini-uppvaknande, skulle jag säga att du ska dela med dig till 10 % av personerna i ditt liv och inte dela med dig till de andra 90 %. Att dela med sig har i sig självt förväntningar på att bli förstådd. Faktum är att inte ens 10 procent kommer att förstå, men de kommer åtminstone att tro dig genom medkänsla och tro på att du berättar sanningen för dem. Så om du vill bespara dig själv en hel del besvikelse rekommenderar jag att du i de flesta fall håller upplevelsen för dig själv.

Om någon nämner Kundalini och känner till det, dela med dig av dina erfarenheter till dem. Även då kommer personen, om den inte har haft ett uppvaknande, att ha olika åsikter om ämnet och kommer inte att kunna följa allt du säger.

Vi relaterar till varandra genom tidigare erfarenheter och gemensamma grunder som människor. Men när det gäller Kundalini kan de flesta människor tyvärr inte knyta an till varandra. Och om du vill undvika negativitet och okunskap från andra, känn dig nöjd med dig själv och din egen erfarenhet och föregå med gott exempel i stället för att berätta för dem att du tränar för att vara ett exempel.

När Kundalini har avslutat sitt arbete med dig, hur många år det än tar, behöver du inte säga något; andra kommer att veta att du är unik och speciell. De kanske inte förstår allt du berättar för dem eftersom en person ofta måste se något för att tro det, men när du blir Ljuskällan och visar vägen kommer människor att bli fascinerade och inspirerade av dig. Sedan kommer de att följa efter. Människor dras trots allt till dem som låter sitt inre Ljus lysa eftersom de omedvetet ger dem tillåtelse att vara sig själva och göra detsamma.

Mina upplevelser med Kundalini har varit som att vara i Himlen ibland och ibland i Helvetet. Jag fick dock lära mig att frukta Helvetet och längta efter Himlen i livet efter detta med min religiösa uppfostran. Men nu, efter att ha haft dessa upplevelser i mitt dagliga liv, känner jag att allt är meningslöst. Även om jag har haft otroligt vackra upplevelser håller min nihilism mig tillbaka från att vilja dela dem med andra. Jag är vilsen och förvirrad. Någon insikt?

En människa är en dubbelvarelse som deltar både i Himlen och Helvetet. Eftersom vi har en Fri Vilja, kan vi genom hur vi utövar den anpassa vårt medvetande till endera av dem. Kundalini är en energi som förbinder Himmel och Helvete så att mänskligheten kan ta del av båda i vårt bräckliga tillstånd. Genom att fokusera på Helvetesaspekten blir vi deltagare i den. Omvänt, när vi fokuserar på Himlen, löses Helvetet upp till ingenting när vårt medvetande höjs.

Helvetet skapas av Månljuset, som reflekterar Solens Ljus, och är därför illusoriskt. Himlen är dock Solens Ljus själv. Den är Odödlig, obeskrivlig och oändlig. Den talar sanningen och lever i rättfärdighet. Å andra sidan existerar Helvetet endast som ett fragment av fantasin. Det är inte fantasin i sin helhet eftersom den tillhör Himlen, utan bara en återspegling av den. Rädsla är endast en återspegling av Solens Ljus men är inte Ljuset i sig självt. Endast när människor väljer att befinna sig i Helvetet tar de del av det, beroende på hur mycket rädslans energi som binder dem till det.

Genom att dela teorier, erfarenheter och förklaringar med andra är vi på jakt efter kunskap. Kunskap är makt, eller ännu viktigare, sanningens makt, som är en motsats till rädsla och Helvete. Sanning är Ljus och kärlek. Det är Himlen. Varelser som talar sanning i enlighet med sin utvecklingsnivå är Ljusvarelser. Att dela med sig genom kärleksfullhet gör dem delaktiga i Himlen som är deras födslorätt.

Nihilism skapas av grundlösa teorier om att livet är meningslöst eftersom man har dragit sig bort från Ljuset genom pessimism och självviskhet. När Himlens frukter väl har undsluppit en person vänder sig många till förtvivlan när de försöker förstå saker och ting samtidigt som de väljer att förbli okunniga om sanningen och ta ansvar för sina tankar och handlingar.

Nihilism kräver att man ser sig själv ordentligt i vitögat med ett öppet hjärta och sinne och att man dämpar sin stolthet tillräckligt länge för att se att det behövs en förändring för att komma tillbaka på rätt spår. Det kräver att vi tar ansvar för vår verklighet så att vi kan fortsätta att växa och utvecklas Andligt. Nihilism är ofta ett steg på resan när mörkret blir starkare än Ljuset. Det bör dock aldrig vara en slutdestination.

Vi är alla här för att lära oss av varandra. Det finns alltid en dualitet mellan Himmel och Helvete eftersom båda existerar som relativa begrepp. Endast en av dem är dock Evig och oändlig, och den är den högre sanningen mellan de två. Att fokusera på Helvetet håller en inom den Mentala Kroppens hölje där denna dualitet är uppenbar.

Genom att lära sig Ljusets och kärlekens Principer, inklusive Självkärlek, kan du erkänna sanningen om alltings Enhet och skapa tystnad i sinne. Genom tystnad kan du befria dig från den Mentala Kroppens klor så att ditt medvetande kan gå in i den Andliga kroppen. Eftersom den Andliga Kroppen har del i Arketyperna kommer du att kunna erkänna sanningen utan dualitet, nämligen att vi alla är gnistor från den enda Ljuskällan, Solen. Kärleken är det som binder oss, sanningen håller oss igång, medan rättvisan ger oss Evig ära. Visdom ger Själen näring, och all intellektuell mumbo-jumbo blir som löv i vinden.

Jag drömmer hela tiden om jättelika drakar. Ibland är de ormliknande i sina rörelser, och de väser och attackerar mig. De är så kraftfulla att jag inte ens slår tillbaka. Finns det någon mening med detta?

Drakar är en symbol för Kundalini i den Kinesiska traditionen. När Kundalini är i rörelse medan du sover är det två saker som är uppenbara och som påverkar din fantasi: för det första är ljudet av energin som flödar inom dig som ett milt surrande eller väsande ljud som hörs inuti din kropp. Det andra är symbolen för denna energi från det kollektiva omedvetna, som en orm eller Drake, som projiceras in i din fantasi.

Att draken attackerar dig är en bra sak eftersom det betyder att Kundalini är på högvarv och ger din Ljuskropp ofta intensiva energistötar. Det betyder också att ditt Ego bearbetas, vilket är ett tecken på transformation. Att gå med visionen i din dröm och inte kämpa emot betyder att ditt Ego accepterar Kundalinis omvandlingsprocess. Var neutral när detta sker och acceptera bilderna, oavsett hur skrämmande de kan verka i efterhand. Inled modet att fortsätta att överlämna dig själv till denna process, och du kommer att dyka upp på andra sidan som en mer förfinad Andlig Varelse.

Det är inte ovanligt att du ser olika symboliska element i dina drömmar när Kundalini arbetar genom dina Chakran. När du till exempel arbetar med att optimera ditt Vattenchakra, Swadhisthana, kan du se olika vattenkroppar, som hav, hav och sjöar. Omvänt, när Manipura är målinriktat, kommer ett inflöde av Eldelementet att vara närvarande, vilket färgar dina drömmar med scener av eld och flammor. Så du ser, vad du drömmer om är symboliskt för de energiförändringar som sker i din Aura och dess inverkan på din fantasi.

Vad kan jag göra för att väcka min Kundalini? Finns det någon metod som jag kan använda för att underlätta denna upplevelse?

Även om det inte finns någon säker metod för att väcka Kundalini, kan man genom att delta i Yogiska övningar som de som presenteras i den här boken förbereda sinnet, kroppen och Själen för att Kundalini ska kunna vakna upp. Samma sak gäller för utövandet av Ceremoniell Magi och för att följa ett program som Andliga Alkemi Programmet som presenteras i *The Magus*. Användningen av Andliga Helande metoder som Kristaller, Stämgafflar, Aromaterapi och Tattvas fungerar också för att rena och stämma in Chakrana, vilket kan leda till ett Kundalini-väckande. Så, du ser, att prioritera din Andliga Utveckling och vara proaktiv genom att införa en regelbunden Andlig praktik i ditt liv är det enda du kan göra för att föra dig närmare detta mål.

Ett Kundalini-uppvaknande sker vanligtvis oväntat, så du kan inte veta när det kommer att ske, men du kan kontrollera vad du gör för att få det att hända. Eftersom det är en sådan monumental upplevelse måste Själen vara redo för den, vilket i allmänhet kräver förberedelser under många livstider. Det skulle vara omöjligt för mig att fastställa exakt var du befinner dig i din Själsliga utveckling; endast ditt Högre Jag vet det. Men genom att fokusera på att vara en god människa med stark moral och starka värderingar säkerställer du att du är på rätt väg. Praktisera kärleksfullhet mot dig själv och andra och var alltid ärlig. När du går i Ljuset låter du Ljuset infiltrera ditt medvetande och väcka Kundalini. Ett Kundalini-väckande är bara nästa steg för din Själ att ta för att utvecklas och det viktigaste eftersom det frigör den från kroppen och fullbordar dess uppdrag här på Jorden.

EPILOG

I början fanns det Vita Ljuset. Allomfattande. Oändlig. Utan början och slut. Alltets Sinne. Rent Andligt Medvetande. Sedan skapade detta Första Sinne, som är energi och Kraft, det Andra Sinnet för att skapa Former. Alltinget, som är Ett, delade sig självt i Två eftersom all Skapelse kräver separation eller delning av dess ursprungliga substans. Alltet kunde inte uppleva sin kraft och potential förrän det skapade en polär motsats. Därför skapade det Vita Ljuset rymdens mörker.

Det Vita Ljuset skapade också Stjärnor, vars grupperingar bildade Konstellationer och Galaxer som utgör hela Universum. Nu kan Alltet manifestera olika världar och levande varelser - Själar som innehåller Alltets egenskaper. Själar innehåller Ljuset eftersom de är av Ljuset. Men de innehåller också mörkret eftersom de tar del av Universum - Materiens Värld som flyter i rymdens mörker.

Alla former och levande varelser i tillvaron är gjorda av Allets tankegods. De är inte oskiljaktiga från Alltet, utan är en del av det, men de är bara i handling av Allets erfarenhet, inbäddade i Tid och Rum. Erfarenheten och den som upplever är Ett, men deras åtskillnad är bara en illusion. Medan Materien befinner sig i ena änden av spektrumet, som den tätaste manifestationen av Alltet, är effekten, orsaken det Vita Ljuset som vibrerar så högt att det är osynligt för sinnena, men som ändå genomsyrar hela tillvaron.

Stjärnornas primära funktion är att generera Ljus i rymdens mörker. Solens iris är en portal till verklighetens andra sida, det Första Sinnets Vita Ljus. Stjärnorna födde alla levande varelser i Universum eftersom varje organisk varelse har Själ och medvetande. Och Själen är inget annat än en gnista av Ljus från sin respektive Sol. De Forntida kallade Solen för "Sol", vilket är ursprunget till ordet Soul som essensen av ett levande väsen.

Universums Solar drog till sig närliggande Planeter för att skapa Solsystem. Det finns miljarder Solsystem med biljoner Planeter i Universum. Solarna skapade beboeliga miljöer på vissa Planeter som kretsar kring dem så att de kunde kultivera själar. Endast vissa Planeter valdes dock ut för denna uppgift.

I vårt Solsystem är Jorden den enda Planet som kan hysa liv. Vår Sol skapade då genom sitt Ljus allt liv på Jorden. Den ger näring åt det med sin värme och Praniska energi. Så ni ser att det yttersta syftet med alla Stjärnor i Universum är att hysa Själar. En Själ föddes aldrig och kommer aldrig att dö. När Själen väl har lärt sig läxorna i det Solsystem den inkarnerade i, överför den sin gnista från en Sol till en annan vid tidpunkten för den fysiska döden och fortsätter sin evolutionära resa genom Universum.

När den mänskliga Själen blir inplanterad i den fysiska kroppen vid födseln blir den låst till den. Själen fortsätter att reinkarnera på Planeten Jorden tills dess utveckling når en kritisk massa, vilket resulterar i att den frigörs från kroppen under en viss livstid. Lärdomarna från detta Solsystem gäller den fullständiga aktiveringen av de Sju Chakrana, vilket endast kan uppnås genom att väcka Kundalini och höja den till Kronan. När det mänskliga energisystemet har optimerats behöver Själen inte längre reinkarnera på Planeten Jorden, utan dess nästa liv kommer att ske på en ny Planet i ett annat Solsystem någonstans i Universum.

Vårt yttersta syfte på Planeten Jorden är att väcka Kundalini helt och hållet och frigöra Själen från kroppen. Genom att göra detta blir vi Solen i vårt Solsystem och aktiverar fullt ut Ljusets högre krafter inom oss. Dessa högre krafter kommer till uttryck genom de Planeter som kretsar kring Solen och som motsvarar de Sju Chakrana i deras fullt aktiverade tillstånd. Som ni kan se gör således ett fullständigt Kundalini-väckande det möjligt för oss att uppleva hela vår energipotential här på Jorden i den nuvarande inkarnationen.

När vi höjer Kundalini till Kronan förenar vi vårt medvetande med det Vita Ljusets Kosmiska Medvetande och det Första Sinnet. Vi börjar då delta i den Oändlighet som sträcker sig till Universums yttersta utkanter och frigör psykiska gåvor som gör det möjligt för oss att överskrida Tid och Rum. Vi kan se, känna, höra, röra, lukta och smaka saker på avstånd eftersom den Tredimensionella Världen inte längre begränsar vårt medvetande. Istället blir vi upphöjda till den Fjärde Dimensionen, Dimensionen för Vibrationer eller energi.

En av de viktigaste gåvorna i ett fullständigt Kundalini-väckande är att aktivera Ljuskroppen och optimera ens toroidala energifält - Merkaba. Denna geometriska struktur blir Själens medvetandefordon som möjliggör Interdimensionella och Interplanetära resor. Själen kan lämna kroppen när den vill genom Ljuskroppen och Merkaba. Den kan nu resa via vår Sol till andra Solar i Universum eftersom individen nu är ett med det Första Sinnet. Detta är ursprunget till Astralprojektion, som är Själens medvetna projektion till olika medvetandeområden och Medvetandeplaner. När denna upplevelse emellertid sker under sömnen, omedvetet, kallas det för Lucid Drömmande.

Även om det fullständiga Kundalini-uppvaknandet och aktiveringen av Ljuskroppen är en engångshändelse, kan den Andliga omvandlingsprocessen som följer efteråt ta några dussin år eller mer. Vi måste övervinna den individuella Karman innan vi når den sista gränsen i det mänskliga medvetandet, den Femte Dimensionen av Kärlek och Ljus. Glöm aldrig att för att bli rena och värdiga kärl för Ljuset måste Chakrana optimeras och stämmas av till perfektion.

Med detta i åtanke hoppas jag att jag i den här boken har gett dig nycklarna för att klara denna uppgift. Vare sig du redan har väckt Kundalini eller om du fortfarande är i färd med att lära dig och förbereda dig för denna erfarenhet, känner du nu till alla delar och facetter av Kundalinis uppvaknandeprocess och den Andliga förvandling som följer. Använd därför *Serpent Rising* som en handbok för de olika Andliga övningar som presenteras här, och fortsätt att arbeta med dina Chakran och förbered din Själ för Ascension.

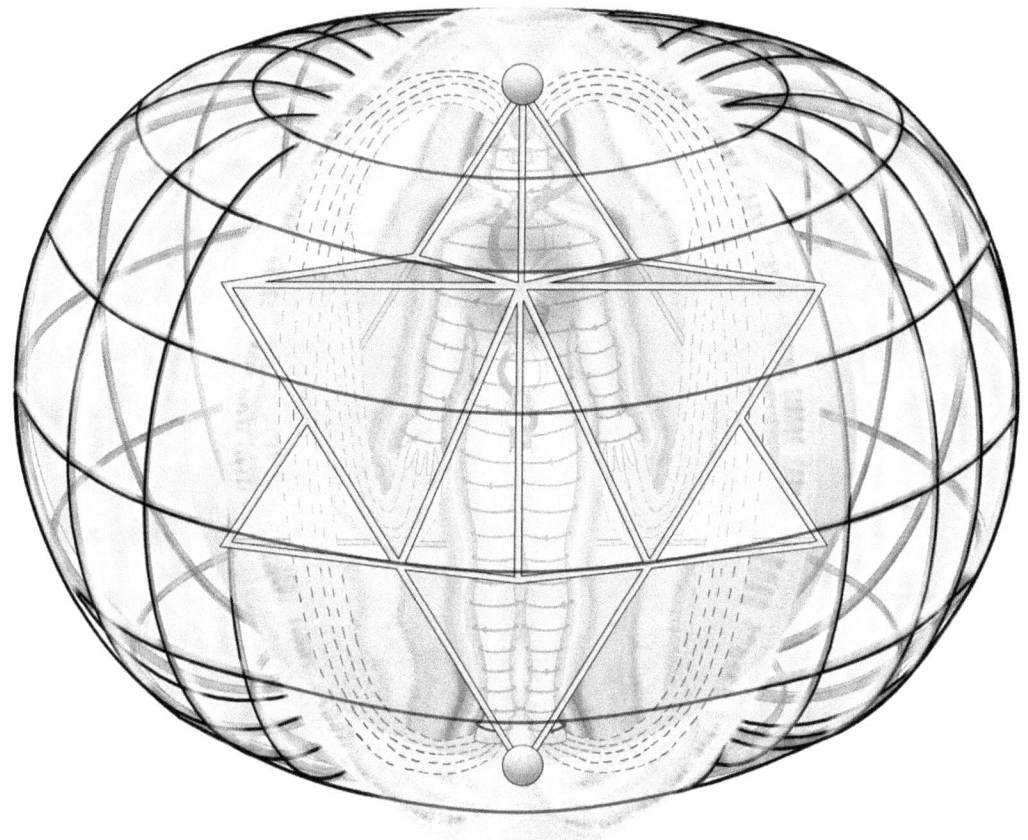

Figur 164: Optimering av Människans Energipotential

Avslutningsvis, det har varit ett nöje för mig att dela med mig av allt jag har lärt mig under min sjuttonåriga resa att leva med uppvaknad Kundalini. *Serpent Rising: The Kundalini Compendium* har varit en otrolig upptäcktsresa för mig också, där jag har kopplat samman punkterna och byggt vidare på ramen för den framväxande Kundalini-vetenskapen. Mitt sista råd till dig är att ta till dig allt du läser om i den här boken och bli entusiastisk över din framtid. Kundalini är din gåva från Skaparen; slösa inte bort den genom att slösa tid på distraktioner som inte längre tjänar dig. Fokusera i stället din energi på att uppfylla ditt ultimata uppdrag på den här Planeten, så ses vi på andra sidan.

BILAGA

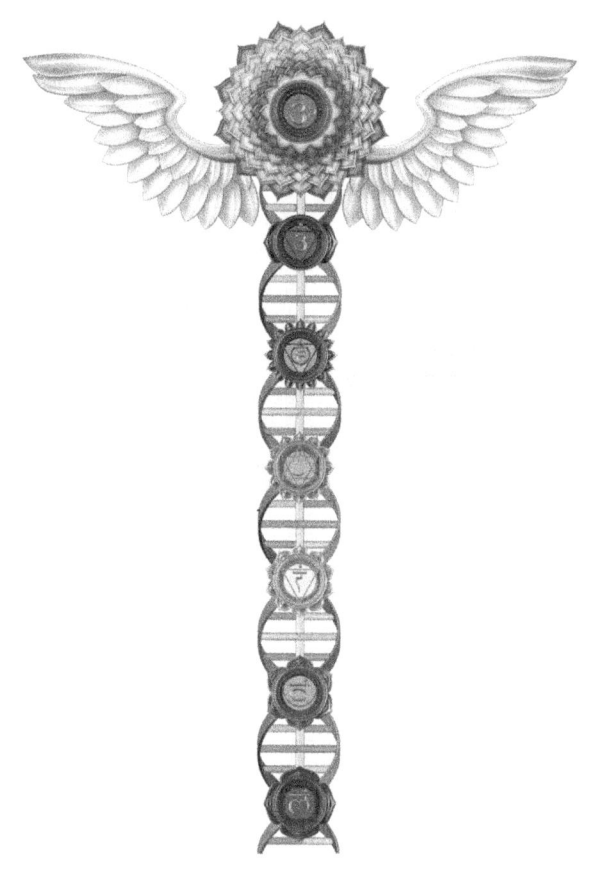

KOMPLETTERANDE TABELLER

TABELL 6: De Sju Forntida Planeterna och Deras Motsvarigheter

Planeter	Elementär Affinitet	Uttryck/Befogenheter	Ädelstenar	Stämgaffel Hz	Eteriska Oljor (Avancerad Lista)
Saturn	Jord; Känns som Jord av Luft	Karma, Sanning, Visdom, Struktur, Disciplin, Intuition	Svart Onyx, Diamanter, Rökig Kvarts	295.7	Myrra, Patchouli, Cassia, Cypress, Spikenard, Mimosa
Jupiter	Vatten; Känns som Vatten av Eld	Barmhärtighet, Överflöd, Villkorslös Kärlek, Moral, Etik	Safir, Lapis Lazuli, Turkos, Akvamarin	367.16	Anis, Kryddnejlika, Hysop, Muskotnöt, Salvia, Maskros, Cederträ, Sarsaparilla, Kummin, Opoponax
Mars	Eld; Känns som Jord av Eld	Ambition, Drivkraft, Förnyelse, Handling, Överlevnad, Konkurrens, Passion, Viljestyrka	Rubin, Granat, Röd Agat, Blodsten, Röd Korall	289.44	Ingefära, Basilika, Svartpeppar, Pepparmynta, Tobak, Drakblod, Malört, Tall
Sol (Sol)	Luft; Känns som Luft av Eld	Självidentitet, Läkning, Vitalitet, Mod, Kreativitet, Inspiration, Fantasi	Bärnsten, Tigeröga, Guldtopas, Guldsten, Karneol, Zirkon, Solsten	252.44	Kamomill, Enbär, Rökelse, Ringblomma, Rosmarin, Kanel, Saffran, Cederträ, Apelsin, Lime
Venus	Eld; Känns som Vatten Av Jord	Begär, Kreativa Uttryck, Romantisk Kärlek, Vänskap, Sensualitet	Smaragd, Jade, Aventurin, Malakit, Rosenkvarts, Grön agat, Peridot	442.46	Ros, Röd Sandelträ, Ylang-Ylang, Kardemumma, Pelargon, Syren, Vetiver, Spearmint, Violett, Vaniljbönor, Plumeria, Valerian
Merkurius	Vatten; Känns som Vatten av Luft	Logik, Förnuft, Kommunikation, Intellekt, Inlärning	Orange Safir, Orange Spinell, Turmalin, Kejserlig Topas, Citrin, Brandopal, Amazonit	282.54	Lavendel, Citrongräs, Citronverbena, Gul Sandelträ, Apelsin, Muskot, Pepparmint, Orange Bergamott.
Månen (Luna)	Luft; Känns som Jord av Vatten	Känslor, Illusioner, Nyckfullhet, Fertilitet, Klärvoajans	Månsten, Pärla, Beryll	420.88	Jasmin, Kamfer, Eukalyptus, Vit Sandelträ, Pil, Citron, Myrra, Lilja.
Jord	Jord	Stabilitet, Jordförankring, Praktiska Egenskaper	Svart Turmalin, Obsidian, Hematit	272.2	Cypress, Björnbär, Oleander, Patchouli, Vervain, Vetiver

TABELL 7: De Tolv Zodiakerna och Deras Motsvarigheter

Zodiac	Styrande Planet, Underelement	Uttryck/Befogenheter	Ädelstenar	Stämgaffel Hz	Eteriska Oljor (Grundläggande Förteckning)
Väduren	Mars (Eld), Eld av Eld	Kreativ Energi, Drivkraft, Initiativ, Entusiasm, Tävling, Mod, Dynamik, Självförtroende	Blodsten, Karneol, Diamant, Granat, Röd Jaspis, Rubin	144.72	Svartpeppar, Rosmarin, Ingefära, Basilika, Pepparmint, Mandarin, Apelsin
Taurus	Venus (Jord), Luft av Jord	Tålamod, Sensualitet, Uthållighet, Beslutsamhet, Känslighet, Praktiskhet, Konventionalitet	Bärnsten, Rosenkvarts, Blod Korall, Guld Topaz, Smaragd, Saffir, Turkos	221.23	Ylang Ylang, Ros Vetiver, Geranium, Sandelträ, Melissa, Mejram
Gemini	Kvicksilver (Luft), Luft av Vatten	Intellekt, Inlärning, Kommunikation, Humor Analyserande, Anpassningsförmåga, Mångsidighet, Avvikande Beteende	Akvamarin, Agat, Krysopras, Pärla, Månsten, Citrin, Vit Safir, Citrin,	141.27	Bergamott, Fänkål, Lavendel, Kamomill, Pepparmynta
Cancer	Månen (Vatten), Vatten av Eld	Tålamod, Känslighet, Känslighet, Intuition, Sympati, Skyddsinstinkt, Empati	Månsten, Rubin, Smaragd, Pärla	210.42	Fänkål, Enbär, Lavendel, Jasmin, Salvia och Eukalyptus
Leo	Solen (Eld), Luft av Eld	Karisma, Ambition, Kreativitet, Auktoritet, Livskraft, Generositet, Tillgivenhet	Bärnsten, Turmalin, Karneol, Rubin, Sardonyx, Onyx, Guldtopas	126.22	Rosmarin, Rökelse, Myrra, Citron, Lime och Kanel
Jungfrun	Merkurius (Jord), vatten av Jord	Diskriminering, Analysera, Tillförlitlighet, Noggrannhet, Praktiskt arbete, Anpassningsförmåga, Självständighet, Undervisning	Blå Safir, Rosa Jaspis, Karneol, Jade, Mossagat, Turkos, Zirkon	141.27	Melissa, Myrtle, Patschuli, Sandelträ, Lavendel
Libra	Venus (Luft), Luft av Eld	Harmoni, Rättvisa, Uttryck för sig själv, Diplomati, Romantik, Sensualitet, Sociabilitet, Skicklighet	Lapis Lazuli, Opal, Diamant, Smaragd, Rosenkvarts, Peridot	221.23	Geranium, Fänkål, Te Träd, Ros, Kardemumma, Melissa
Skorpionen	Mars (Vatten), Vatten av Luft	Regeneration, Sexualitet, Förvandling, Rättvisa, Passion, Lojalitet, Makt, Oberoende, Magnetism	Akvamarin, Svart Obsidian, Granat, Agat, Topas, Beryll, Apache Tårar, Korall	140.25 (Pluto)	Patschuli, Ros, Geranium, Ingefära, Jasmin, Salvia, Klarsalvia
Skytten	Jupiter (Eld), Vatten av Eld	Optimism, Kärlek till Friheten, Glöd, Ärlighet, Filosofi, Välgörenhet, Inspiration, Utforskning	Turkos, Topas, Safir, Ametist, Rubin	183.58	Klarsalvia, Kryddnejlika, Isop, Bergamott, Cederträ, Eukalyptus, Kardemumma
Stenbocken	Saturnus (Jord), Jord av Eld	Organisation, Samvetsgrannhet, Pragmatism, Ambition, Konservatism, Disciplin	Rubin, Svart Onyx, Rökig Kvarts, Granat, Agat	147.85	Myrra, Vetiver, Eukalyptus, Geranium, Sandelträ
Vattumannen	Saturnus (Luft), Luft av Luft	Intuition, Kreativitet, Andlighet, Självständighet, Innovation, Originalitet, Meditation, Humanitet	Granat, Sugilit, Ametist, Blå Safir, Mossagat, Opal	207.36 (Uranus)	Neroli, Myrra, Sandelträ, Violettblad, Lavendel, Citron
Fiskarna	Jupiter (Vatten), Vatten av Vatten	Djupa Känslor, Intuition, Fantasi, Medkänsla, Empati, Etik, Sympati, Humor	Ametist, Jade, Akvamarin, Bergkristall, Blodsten, Diamant, Safir	211.44 (Neptunus)	Bergamott, Kryddnejlika, Geranium, Myrra, Cypress, Te Träd, Salvia

ORDLISTA ÖVER UTVALDA TERMER

Anmärkning: Nedan följer ett urval av termer som antingen är odefinierade i den ursprungliga texten eller som behöver definieras ytterligare. Använd det här avsnittet för att öka dina kunskaper om de aktuella ämnena. Eftersom den här boken i allmänhet handlar om Österländsk Andlighet kommer de flesta termer som presenteras här från de Västerländska Mysterierna.

Adam Kadmon: Ett abstrakt begrepp som hänvisar till Yechidah, Kether Sephira som filtreras in i Chiah (Chokmah) och Mindre Neschamah (Binah) för att bilda Större Neschamah, det Sanna Jaget och den del av oss som tillhör de Supernella. I *Zohar* är Adam Kadmon den "Himmelska Människan", den stora organiska Andliga kroppen där varje människa betraktas som en enda cell, kanske mindre. När det gäller Qabalahs Fyra Världar representerar Adam Kadmon Arketypernas Första Värld, Atziluth, den Ursprungliga Eldens Värld. Adam Kadmon hänvisar alltså i huvudsak till det Gudomliga Ljuset, det Freudianska Superjaget eller det Högre Jaget från det Överjordiska.

Ain Soph Aur: Den Negativa Existensens Tre Slöjor. Denna term används i Qabalah för att beskriva Skapelsens Källa. I bokstavlig mening översätts Ain som "Ingenting", medan Ain Soph är "Oändlighet". Och slutligen är Ain Soph Aur "Gränslöst eller Evigt Ljus". I Qabalah används därför termen Ain Soph Aur ofta med hänvisning till det Oändliga Vita Ljuset.

Aleister Crowley: En Brittisk ockultist, poet, romanförfattare och Ceremoniell Magiker, som var en av de ursprungliga medlemmarna i Hermetiska Orden av Gyllene Gryningen. Efter att ha lämnat Orden grundade Crowley religionen Thelema i början av 2000-talet[th] och identifierade sig själv som profet för Horus' Aeon, som sammanföll med den tidsperioden. Crowley hänvisade offentligt till sig själv som "det Stora Odjuret 666", eftersom han försökte utmana tabun i det Kristet styrda, restriktiva Elisabetanska samhälle han levde i, vilket är anledningen till att han fick ett dåligt rykte under årens lopp. Hans bidrag till den ockulta världen är dock oumbärligt, och han öppnade många dörrar för framtida sökare överallt.

Alfatillstånd: Det kallas också "Hypnagogiskt Tillstånd" eller "Trancetillstånd". Alphatillståndet för hjärnans aktivitet ligger mellan att vara vaken med mental aktivitet (Beta-Tillstånd) och sömn (Thetatillstånd). Detta tillstånd uppnås när dina hjärnvågor saktar ner till mellan 8 och 12 Hz, vilket är vanligt när du dagdrömmer eller drömmer (på natten). Vi kan medvetet framkalla Alfatillståndet genom meditation, hypnos eller användning av Andliga helande metoder. Att befinna sig i detta tillstånd ökar ditt minnesåterkallande och din intuition samtidigt som du minskar din ångest. Människor som kan verka från Alfatillståndet under vanligt vaket medvetande kan kontrollera sin verklighet eftersom deras förbindelse med sitt Högre Jag är större. Därför kan de använda de Universella Lagarna medvetet och med avsikt.

Änglar: Positiva tankesändare som finns både i och utanför ens energifält, Auran. Änglar är objektiva varelser eller Intelligenser som existerar utanför Jaget och som blir kontrakterade i Auran när vi genom Fri Vilja väljer att lyssna på dem och göra vad de vill. Änglar livnär sig på kärleksenergi, liksom deras motsvarigheter, Demonerna, livnär sig på rädslans energi. Änglarna är underordnade Gud - Skaparen. Änglarnas energi är källan till mänskliga dygder, liksom Demonernas energi är källan till mänskliga laster.

Arketyper: Urstrukturella element i det mänskliga psyket. Arketyper är ursprungliga modeller efter vilka andra liknande saker utformas. De är Universella, vilket innebär att alla människor tar del av dem. Arketyperna ger oss den mentala grund på vilken vi kan bygga vår verklighet. De återfinns i den högsta världen, Atziluth, den Primära Eldens Värld i Qabalah.

Binah: Den tredje Sephira på Livets Träd, ovanpå Allvarspelaren. Binah är den Stora Modern och Medvetandets Hav som innehåller alla existerande Former. Den representerar den feminina aspekten av Jaget, det högsta uttrycket för Vattenelementet. Genom Binah impregnerar den Andliga energin idéer i våra sinnen. Den representerar således det medvetandetillstånd som styr inre förmågor som intuition och klärvoajans. Binah motsvarar Ajna Chakra, vårt psykiska centrum som ger empati och telepati. Binah är den mottagliga, passiva aspekten av Jaget, Förståelsen (Binahs titel) som kan förstå Chokmahs visdom. Dess färg är svart, vilket motsvarar Planeten Saturnus på Livets Träd; Planeten för tro, Karma och tid, alla aspekter av Binah.

Ceremoniell Magi: Synonymt med Västerländsk Rituell Magi. En serie riter som innefattar invokation (vibration) av Gudomliga maktnamn, vanligtvis kombinerat med symboliska spårningar av geometriska symboler, som Pentagrammet eller Hexagrammet, inom utövarens Magiska cirkel. Syftet med Ceremoniell Magi, liksom med andra Andliga Healing metoder, är att stämma in Chakrana för Andlig Utveckling. Ceremoniell Magi, som populariserades av Hermetiska Orden av Gyllene Gryningen, utgör en gren av Hermetismen. Slutmålet med Ceremoniell Magi är att uppnå Upplysning.

Chesed: Den fjärde Sephira på Livets Träd, belägen under Chesed på Barmhärtighetens Pelare. Den representerar ett medvetandetillstånd som styr de inre förmågorna eller uttryck som villkorslös kärlek, medkänsla och minne. Av denna anledning är Cheseds titel "Barmhärtighet". Chesed gör det möjligt för oss att bygga upp moral och etik eftersom den kultiverar visdom. Chesed har en affinitet med Vattenelementet och motsvarar Planeten Jupiter. Chesed är det Spiritualiserade Sakrala Chakrat, Swadhisthana, på grund av dess koppling till det Överjordiska genom Tarotvägen Hierofanten på Livets träd.

Chokmah: Den andra Sephira på Livets Träd, på toppen av Barmhärtighetens Pelare. Som den aktiva Andliga energin representerar Chokmah det medvetandetillstånd där vi kan upptäcka vår Sanna Vilja. Det är den Stora Faderns energi och den maskulina aspekten av Jaget, det högsta uttrycket för Eldelementet. Det är således den Sephira genom vilken vårt Högre Jag, eller vår Heliga Skyddsängel, kommunicerar med oss genom Visdom (Chokmahs titel). Chokmahs färg är grå. Zodiaken är den fysiska manifestationen av Chokmah eftersom Stjärnorna tjänar till att kanalisera det omanifesterade Vita Ljuset från Kether. Chokmah fungerar genom Sinnets Ögonchakra, tillsammans med Binah.

Själens Mörka Natt, den: En period av ödslighet som en individ genomgår när han eller hon snabbt utvecklas Andligt. Under denna tid försvinner all känsla av tröst, vilket skapar en slags existentiell kris. Innan individen förvandlas Andligt måste han eller hon möta den mörka sidan fullt ut och omfamna det mentala och känslomässiga tumultet. Det är inte ovanligt att individen isolerar sig från andra människor under denna tid och fäller många tårar när de rensar ut gamla känslor. När denna tumultartade period är avslutad kommer dock det Lägre Jagets klor att ha minskat och medvetandet kommer att vara mer i linje med det Högre Jagets vibrationer. Själens Mörka Natt är en nödvändig fas av lidande på vägen mot Upplysning som inte är en engångsprocess utan som man i allmänhet stöter på många gånger under sin Andliga Utvecklingsresa.

Daath: Daath är den dolda, elfte Sephira på Livets Träd och är den "Stora Klyftan" eller "Avgrunden" som skiljer de Supernella från all manifesterad Skapelse. Passande nog motsvarar den Hals-Chakrat, Vishuddhi, som skiljer Anden från de lägre Fyra Elementen. Genom Daath går vi in i Helvetet eller Underjorden, den motsatta polen i sinnet som gav upphov till Egot, den negativa delen av Jaget. Som sådan representerar Daath Egots "död" som är nödvändig för att vårt medvetande ska kunna stiga upp till det Överjordiska. Daath är känd som "Kunskapssfären" eftersom kunskap gör det möjligt för oss att överskrida våra kroppar och ställa in vårt medvetande på Högre Världar.

Gudom, en: En övernaturlig Varelse av Gudomligt Ursprung. Detta ord används ofta i polyteistiska religioner i stället för Gud eller Gudinna. I Antika traditioner är en Gudom en Varelse med större krafter än vanliga människor men som interagerar med dem, oftast för att på något sätt upplysa dem och främja deras utveckling. Monoteistiska religioner har endast en Gudom, som de accepterar som Gud - Skaparen, medan polyteistiska religioner accepterar flera Gudomar.

Enokisk Magi: Kronjuvelen i Hermetiska Orden av Gyllene Gryningen's system för Magi: Denna Inre Ordens praktik bör endast påbörjas när den Andliga Alkemin med Elementen har slutförts. I *The Magus* hänvisar Enokisk Magi till "Andliga Alkemi Programmet III", som genomför användningen av de Nitton Enokiska Nycklarna eller Kallelser som gäller de Fem Elementen. Enokisk Magi är ett komplett system för Magi som står åtskilt från andra rituella övningar i Ceremoniell Magi i *The Magus,* men som också är en del av helheten.

Frimureriet: Frimureriet är den äldsta broderliga organisationen i världen. I motsats till vad många tror, inspirerat av konspirationsteorier, är det verkliga syftet med att vara Frimurare att förbättra sin moraliska natur och bygga upp sin karaktär genom en kurs i självutveckling. Frimureriets tre grader i den Blå Logen är Lärling, Kamrat och Mästare, som den initierade går in i på ett ceremoniellt sätt. Därefter får den invigde lära sig innebörden av de symboler som hör till deras gradceremoni, vilket är den traditionella metoden för att överföra heliga läror.

Geburah: Den femte Sefira på Livets Träd, belägen nedanför Binah på Allvarets Pelare. Med titeln "Stränghet" eller "Rättvisa" motsvarar Geburah Eldelementet och den individuella viljestyrka som ger oss motivation, beslutsamhet och drivkraft. Som källan till vår konkurrenskraft kan Geburah också göra oss aggressiva och arga när den är obalanserad av sin motsats, Chesed. Geburah är det Spiritualiserade Solar Plexus Chakra, Manipura, på grund av dess koppling till de Överjordiska genom Tarotvägen av Vagnen på Livets träd.

Gyllene Gryning, den: Forntida Västerländska Mysterie Skolan som lär sina elever Qabalah, Hermeticism, Tarot, Astrologi, Geomancy, Egyptiska och Kristna Mysterier och Ceremoniell Magi (inklusive Enokisk Magi). Det finns många Gyllene Gryning-Ordnar globalt, varav de flesta undervisar i samma kursmaterial. Kursmaterialet från Gyllene Gryning offentliggjordes av Israel Regardie i "Den Gyllene Gryningen", som publicerades första gången 1937. Den ursprungliga Gyllene Gryning-Orden kallades Hermetiska Ordern av Gyllene Gryningen och grundades 1888 av en grupp Frimurare, där Samuel Liddell MacGregor Mathers var den mest framstående. Idag kallas de flesta av Hermetiska Ordern av Gyllene Gryning-avknoppningarna för variationer av samma namn.

Hod: Den åttonde Sephira på Livets Träd, längst ner på Stränghetens Pelare, vars titel är "Prakt". "Hods medvetandetillstånd gäller intelligensens inre förmågor, särskilt logik och förnuft. Denna Sfär har en affinitet med Vattenelementet, även om Eldelementet är involverat i dess funktion liksom Luftelementet. Som sådan uttrycker sig Hod genom de tre Chakrana Swadhisthana, Manipura och Anahata. Det motsvarar Planeten Merkurius och har färgen orange. Hod representerar en mindre form av Chesed-energin som förmedlas genom Tiphareth. Egot använder ofta Hod för att härleda verkligheten och fatta framtida beslut. I Gyllene Gryning-systemet motsvarar Hod graden Practicus.

Hebreiska Bokstäver, de: De Tjugotvå Bokstäverna är en del av den Qabalistiska filosofin men står för sig själva som ett eget Andligt system. Varje bokstav är en symbol och ett nummer med många idéer förknippade med den. Dessa idéer ger upphov till vissa Arketyper som är i samklang med energin i Tarots Stora Arkana. De tre Moderbokstäverna (primära) motsvarar de tre Elementen Luft, Vatten och Eld, medan de sju Dubbelbokstäverna (sekundära) motsvarar de Sju Gamla Planeterna. Slutligen motsvarar de tolv Enkla Bokstäverna (tertiär) de Tolv Zodiakerna.

Hermes Trismegistus: En historisk person som levde under Egyptens äldsta dynastier. Hermes är känd som "Gudarnas Skrivare" eller "Mästarnas Mästare" och är Hermetikens grundare och anses vara den ockulta visdomens fader. Alla grundläggande läror i alla esoteriska och religiösa sekter kan spåras tillbaka till Hermes. Hans visdom och kunskap om Universums och livets mysterier var så stor att Egyptierna Gudifierade honom som en av sina gudar och kallade honom Thoth - Visdomens Gud. Grekerna vördade honom också och gjorde honom till en av sina tolv Olympiska Gudar och kallade honom Hermes. När Romarna synkretiserade sin religion med den Grekiska religionen kallade de Hermes för Merkurius. Hermes ansågs vara den största Världsläraren, och några Adepter som kom efter honom, däribland Jesus Kristus, anses av många forskare vara hans reinkarnation. Man tror att Hermes' Ande inkarnerar ungefär vart 2000:e år som Världslärare för att upplysa världen på Andliga, religiösa, filosofiska och psykologiska områden genom att införa ett modernt språk för att lära ut om Anden och Gud och förena alla skilda åsikter.

Hermeticism: En filosofisk, religiös och esoterisk tradition som främst bygger på Hermes Trismegistus läror, som omfattar Astrologi, Alkemi och Skapelseprinciperna som beskrivs i *Kybalion*. Hermetikens filosofiska aspekter finns i "Hermetica", som består av *Corpus Hermeticum* (även känt som *The Divine Pymander*) och *Hermes' Smaragdtavla*, nyckeln till Alkemi. Hermetiken är en osynlig vetenskap som omfattar de energier i vårt Solsystem som rör människan. Hermetiska skrifter har i hög grad påverkat den Västerländska esoteriska traditionen, nämligen Gyllene Gryning-Orden.

Kether: Den första och högsta Sephira i Livets Träd, på toppen av den Mellersta Pelaren. Har samband med Principen om det Vita Ljuset (Ain Soph Aur) eftersom den fungerar som en kanal för det till de lägre Chakrana. Dess färg är vit, vilket representerar det Ljus som innehåller regnbågens sju färger - de Stora Chakrana. Kether motsvarar Sahasrara Chakra och delar samma titel - Kronan. Den representerar det transcendentala medvetandetillståndet som ligger bortom sinnets dualitet. Kether är också vår port till de Transpersonella Chakrana ovanför Kronan. Som den Gudomliga Anden är Kether det högsta uttrycket för Luftelementet. Den representerar Monaden, singulariteten och den högsta uppfattningen av Gudomen.

Himmelriket, den: Synonymt med Guds rike. Himmelriket är en av de viktigaste delarna i Jesu Kristi läror som avser uppfyllandet av Guds Vilja på Jorden. Det är ett sinnestillstånd som är besläktat med Kristi Medvetande, där det har skett en nedstigning av Andevärlden i Materien och de nu är Ett. I den Kristna läran måste man Återuppstå, metaforiskt talat, för att komma in i Himmelriket. Som varje människas öde kan detta höga tillstånd av högre medvetande uppnås när Kundalinienergin stiger till Kronan, vilket aktiverar Ljuskroppen fullt ut och optimerar ens toroidala energifält (Merkaba). Efter den Andliga omvandlingen kommer individen att ha huvudet i Himlen och fötterna på Jorden, som en Gudmänniska.

Stora Arkana, den: Tjugotvå Trumf av Tarotkorten. Motsvarar de Tjugotvå vägarna i Livets Träd och de Tjugotvå Hebreiska Bokstäverna. Stora Arkana representerar de Arketypiska energierna i transit mellan de tio Sephiroth på Livets Träd. De motsvarar de tre Huvudelementen Luft, Eld och Vatten, de Tolv Zodiakerna och de Sju Gamla Planeterna, som utgör hela vårt Solsystem.

Malkuth: Den tionde och lägsta Sefira på Livets Träd vars titel är "Kungariket". "Som sådan har Malkuth anknytning till Gaia, Planeten Jorden och Materiens Fysiska Värld. Den motsvarar Muladhara Chakra och har en affinitet med Jordelementet. Malkuths färger är citrin, oliv, russet och svart och representerar de tre Elementen Luft, Vatten och Eld i en tätare form. I Gyllene Gryning-systemet motsvarar Malkuth Zelator-graden.

Kvicksilver (Alkemisk Princip): Inom den Alkemiska processen är Kvicksilver den transformerande substansen. Dess roll är att skapa balans och harmoni mellan de andra två Alkemiska Principerna - Svavel och Salt. Kvicksilver är Livskraften, den Andliga energin. I det första skedet, när det står i motsats till Svavel, antar det den flytande, feminina Medvetandeprincipen som den Stora Modern - Vattenelementet. I det andra stadiet, när Svaveln har extraherats och återvänt ännu en gång, blir det känt som Filosofiskt Kvicksilver, eller den Hemliga Elden - det Andliga Elementet. Filosofiskt Kvicksilver är den substans som ger upphov till de Vises Sten, Alkemistens mål.

Den Mellersta Pelaren, den: Den kallas också Balansens Pelare eller Mildhetens pelare på Livets Träd. Den är självbalanserande samtidigt som den ger balans åt de andra två Pelarna - Barmhärtighetens Pelare och Stränghetens Pelare. Den Mellersta Pelaren ger enhet åt de många dualistiska, stridande krafterna i livet. Den består av Sefirotherna Kether, Daath, Tiphareth, Yesod och Malkuth. Denna term är också relaterad till ritualövningen Mellersta Pelaren (från *The Magus*), som är en åkallan av Ljus som är avsedd att balansera psyket och hjälpa till med den Andliga Utvecklingen. Den Mellersta Pelaren representerar Luftelementet och är grå till färgen. Den motsvarar Sushumna Nadi i Kundalini-systemet.

Netzach: Sjunde Sephira på Livets Träd längs Barmhärtighetens Pelare. Netzach har titeln "Seger" och representerar ett medvetandetillstånd som handlar om känslor, särskilt begär och romantisk kärlek. Netzach har en affinitet med Eldelementet, även om Vattenelementet är involverat i dess uttryck och Luftelementet. Den uttrycker sig genom de tre Chakrana Swadhisthana, Manipura och Anahata, samma som Hod. Netzach, Hod och Yesod, den Astrala Triangeln, är de tre Sfärer som genomsnittsmänniskan oftast använder. Netzach motsvarar Planeten Venus och dess färg är grön. I Gyllene Gryning-systemet motsvarar Netzach Filosofisk grad.

Nirvana: En Österländsk term som ofta förknippas med Jainism och Buddhism. Representerar ett transcendentalt tillstånd av Varande där det inte finns något lidande eller begär, då Jaget upplever Enhet med resten av världen. I Indiska religioner är Nirvana synonymt med Moksha eller Mukti, befrielsen från återfödelsens kretslopp enligt Karmalagen. Nirvana innebär att det individuella medvetandet anpassas till det Kosmiska Medvetandet som slutmålet för alla Andliga traditioner, religioner och praktiker. En föregångare till att uppnå Nirvana är att väcka Kundalini till Kronan och uppnå full aktivering av Ljuskroppen. Nirvana innebär att man har nått Upplysning. Det kan jämföras med de två andra Österländska termerna Satori och Samadhi.

De Vises Sten, den: En legendarisk Alkemisk substans som kan förvandla oädla metaller (t.ex. kvicksilver) till guld eller silver. Denna term är dold för den profan som bara vill göra ekonomiska vinster, men har en dold betydelse som har att göra med Alkemins mest eftertraktade mål - Andlig omvandling. När du hör att någon har hittat de Vises Sten betyder det därför att de har slutfört det Stora Arbetet (Andlig Alkemi) och blivit Upplysta.

Barmhärtighetens Pelare, den: Den högra Pelaren på Livets Träd, som består av de tre Sefiroterna Chokmah, Chesed och Netzach. Barmhärtighetens Pelare är den maskulina, aktiva och positiva pelaren, som också kallas Kraftpelaren. Den representerar Vattenelementet och är vit till färgen. I Kundalini-systemet motsvarar Barmhärtighetens Pelare Pingala Nadi.

Stränghetens Pelare, den: Den vänstra Pelaren på Livets Träd, som består av de tre Sefiroterna Binah, Geburah och Hod. Det är den feminina, passiva och negativa Pelaren som också kallas Formens Pelare. Den representerar Eldelementet och är svart till färgen. I Kundalini-systemet representerar Allvarets Pelare Ida Nadi.

Prima Materia: Det är den "Primära Substansen" som anses vara det kända Universums ursprungliga material. Synonymt med Anden som den första substansen och källan till allt som existerar. I Alkemi är Prima Materia det utgångsmaterial som krävs för att skapa de Vises Sten. Det är "Anima Mundi" - Världssjälen, den enda vitala kraften i Universum.

Salt: Den fysiska kroppen som jordar och fixerar de andra två Alkemiska Principerna, Kvicksilver och Svavel. Det representerar kristalliseringen och härdningen av alla tre Principerna tillsammans. Salt är fordonet för fysisk manifestation och den Tredje Dimensionen av Tid och Rum som uttrycks genom Jordelementet. Salt, Kvicksilver och Svavel utgör Treenigheten i Alkemin.

Sex Magi: Alla typer av sexuell aktivitet som används i en ceremoniell eller rituell miljö med en tydlig underliggande avsikt. Tanken bakom Sex Magi är att sexuell energi är en potent kraft som kan utnyttjas för att magnetisera den Astrala Världen och locka till sig det man önskar eller för att kalla in Gudomar från olika pantheon. En form av Sex Magi-ritual är att använda sexuell upphetsning eller orgasm för att visualisera något man försöker uppnå eller få. Som sådan är Sex Magi som ett batteri för din viljestyrka när den utförs med ett öppet hjärta och sinne. Men om Sex Magi utövas med ett orent sinne kommer det bara att locka till sig lägre entiteter som livnär sig på den sexuella energi som åberopas. Dessa lägre varelser kan sedan fästa sig vid dig och fortsätta att livnära sig på din sexuella energi tills de rensas bort.

Andlig Alkemi: På samma sätt som Alkemi handlar om att förvandla oädla metaller till guld, handlar Andlig Alkemi om att omvandla utövarens energi och Upplysa dem (genomsyra dem med Ljus). Detta kan åstadkommas genom Andliga Healingmodaliteter och metoder, inklusive Yoga och Ceremoniell Magi. Andlig Alkemi kräver att man arbetar med de Fem Elementen, som motsvarar de Sju Chakrana. Målet för den Andliga Utvecklingen är Upplysning, eftersom det individuella medvetandet upphöjs och förenas med det Kosmiska Medvetandet. Genom denna process upprättar individen en länk till det

Högre Jaget eller den Heliga Skyddsängeln, sitt Gudsjag. Det Andliga Elementet måste integreras i Auran, vilket markerar slutförandet av det Stora Arbetet och återställandet av Edens Lustgård.

Svavel: Det är Själen som finns i alla levande varelser i Universum. Den kommer från Solen som Guds Ljus och är den maskulina Principen, den Store Fadern - Eldelementet. Hela den Alkemiska transmutationens process är beroende av Principen av Svavel och dess korrekta tillämpning. Svavel är den livliga, sura, aktiva, dynamiska Principen. Det tjänar till att stabilisera Kvicksilver, ur vilket det utvinns och till vilket det återvänder.

Tarot, den: En helig konst som huvudsakligen används för att Spå. Tarot består av sjuttioåtta spelkort, uppdelade i fyra färger med fjorton kort vardera, plus Tjugotvå Trumfkort (Stora Arkana). Tarotkorten har otroliga bilder som innehåller tidlös, esoterisk visdom. De har ett upplösligt samband med Qabalah och Livets Träd, och de fungerar som nyckeln till de ockulta vetenskaperna och en vägkarta över de olika komponenterna i det mänskliga psyket. Tarot är således ett komplett och invecklat system som används för att beskriva de osynliga, osynliga krafter som påverkar Universum.

Trettio Aethyrer: Koncentriska cirklar som genomsyrar och överlappar varandra och därmed utgör Auraskikten. Aethyrerna är de Andliga komponenterna i de Kosmiska Planen i det Enokiska Systemet. Var och en av de Trettio Aethyrerna bär på en maskulin och/eller feminin sexuell ström som kan åberopas med hjälp av den Nittonde Enokiska Nyckeln. De Trettio Aethyrerna arbetar direkt med Ida och Pingala Nadis i Kundalini-systemet.

Tiphareth: Den sjätte Sephira på Livets Träd längs den Mellersta Pelaren, vars titel är "Harmoni" och "Skönhet". "Den representerar ett medvetandetillstånd av inre förmågor som handlar om fantasi och bearbetning av tankar och känslor. Som den centrala Sephira på Livets Träd är Tiphareth engagerad i att bearbeta energierna från alla Sephiroth, utom Malkuth. Inom ockult kunskap är Tiphareth känd som den Andliga Återfödelsens Sfär och Kristus- eller Krishna-Medvetandet, där Ande och Materia förenas till ett. Tiphareth har en affinitet med Luftelementet, även om den, eftersom den motsvarar Solen, också har aspekter av Eld. Tipharehts placering är således någonstans mellan Anahata- och Manipura-Chakrana, genom vilka den uttrycker sig. Tipharehts färg är guldgul. I Gyllene Gryning-systemet motsvarar Tiphareth Adeptus Mindre, den Första Graden av den Andra Ordningen.

Yesod: Den nionde Sephira på Livets Träd längs den Mellersta Pelaren, vars titel är "Grund", som handlar om den Astrala blåkopian för allt som existerar. Yesod representerar det Astrala Planet, kontaktpunkten för de Inre Kosmiska Planen. Den representerar ett medvetandetillstånd för de inre förmågorna som handlar om Egot och dess tankar och impulser. Sexualitet och det undermedvetnas rädslor uttrycks också genom Yesod. Dess placering är någonstans mellan Swadhisthana- och Manipura-Chakran, som den arbetar genom. Yesod har en affinitet med Luftelementet, med aspekter av Vattenelementet. Dess färg är violett-lila, och den motsvarar Månplaneten. I Gyllene Gryning-systemet representerar Yesod Theoricus-Graden.

BIBLIOGRAFI

Anmärkning: Nedan följer en lista över böcker från mitt personliga bibliotek som har tjänat som resurser och inspiration för detta arbete. Alla ansträngningar har gjorts för att spåra alla upphovsrättsinnehavare till material som ingår i denna utgåva, oavsett om det rör sig om företag eller enskilda personer. Eventuella utelämnanden är oavsiktliga, och jag korrigerar gärna eventuella fel i framtida versioner av denna bok.

KUNDALINI
Arundale, G.S. (1997). *Kundalini: En Ockult Erfarenhet*. Adyar, Madras, Indien: The Theosophical Publishing House
Bynum, Bruce Edward (2012). *Dark Light Consciousness*. Rochester, Vermont: Inner Traditions
Dixon, Jana (2008). *Kundalinis Biologi: Utforskning av Livets Eld*. Lulu Online Publishing
Goswami, Shyam Sundar (1999). *Layayoga: The Definitive Guide to the Chakras and Kundalini*. Rochester, Vermont: Inner Traditions
Khalsa, Gurmukh Kaur, med Ken Wilber, Swami Radha, Gopi Krishna och John White (2009). *Kundalini Rising: Exploring the Energy of Awakening (Utforskning av Uppvaknandets Energi)*. Boulder, Colorado: Sounds True, Inc.
Krishna, Gopi (1993). *Living with Kundalini: The Autobiography of Gopi Krishna*. Boston, Massachusetts: Shambhala Publications Inc.
Krishna, Gopi (1988). *Kundalini for the New Age: Selected Writings of Gopi Krishna*. Redigerad av Gene Kiefer. New York, New York: Bantam Books.
Krishna, Gopi (1997). *Kundalini: Den Evolutionära Energin i Människan*. Boston, Massachusetts: Shambhala Publications Inc.
Krishna, Gopi (1975). *Kundalinis Uppvaknande*. New York, New York: E. P. Dutton
Krishna, Gopi (1972). *Den Biologiska Grunden för Religion och Genialitet*. New York, New York: Harper & Row Publishers.
Mahajan, Yogi (1997). *Uppstigningen*. Delhi, Indien: Motilal Banarsidass Publishers.
Melchizedek, Drunvalo (2008). *Ljusets Orm: Beyond 2012*. San Francisco, Kalifornien: Weiser Books

Mumford, Jonn (2014). *A Chakra & Kundalini Workbook*. Woodbury, Minnesota: Llewellyn Publications

Paulson, Genevieve Lewis (2003). *Kundalini och Chakrana*. St. Paul, Minnesota: Llewellyn Publications

Perring, Michael "Omdevaji" (2015). *Vad i hela Världen är Kundalini?-Bok III*. Varanasi, Indien: Pilgrims Publishing

Semple, J. J. (2007). *Avkodning av den Gyllene Blomman: En Hemlighet i Taget*. Bayside, Kalifornien: Life Force Books

Swami, Om (2016). *Kundalini: En Osagd Historia*. Mumbai, Indien: Jaico Publication House

Weor, Samael Aun (2020). *Kristi Vilja: Kundalini, Tarot och den Mänskliga Själens Kristifiering*. www.gnosticteachings.org: Glorian Publishing

Weor, Samael Aun (2018). *Den Gula Boken: The Divine Mother, Kundalini, and Spiritual Powers*. www.gnosticteachings.org: Glorian Publishing

White, John (1990). *Kundalini: Evolution och Upplysning*. St. Paul, Minnesota: Paragon House.

ENERGIHEALING OCH CHAKRAN

Bernoth, Bettina (2012). *Auric Lights: Ljuset är vår Framtids Medicin*. CreateSpace Independent Publishing Platform

Bettina, Bernoth (1995). *Magiska Auror*. CreateSpace Independent Publishing Platform

Burger, Bruce (1998). *Esoterisk Anatomi: Kroppen som Medvetande*. Berkeley, Kalifornien: North Atlantic Books

Butler, W.E. (1987). *Hur man Läser Auran, Praktiserar Psykometri, Telepati och Klärvoajans*. Rochester, Vermont: Destiny Books

Chia, Mantak (2008). *Taos Helande Ljus: Grundläggande Metoder för att Väcka Chi Energi*. Rochester, Vermont: Destiny Books

Chia, Mantak (2009). *Den Sexuella Energins Alkemi: Att Koppla Upp sig mot Universum Inifrån*. Rochester, Vermont: Destiny Books

Dale, Cyndi (2018). *Den Kompletta Boken om Chakran: Your Definitive Source of Energy Center Knowledge for Health, Happiness, and Spiritual Evolution*. Woodbury, Minnesota: Llewellyn Publications

Dale, Cyndi (2009). *Den Subtila Kroppen: En Uppslagsbok om din Energetiska Anatomi*. Boulder, Colorado: Sounds True, Inc.

Dale, Cyndi (2013). *Handbok för Övning av den Subtila Kroppen: A Comprehensive Guide to Energy Healing*. Boulder, Colorado: Sounds True, Inc.

Gerber, Richard, M.D. (2001). *Vibrationsmedicin: The 1# Handbook of Subtle-Energy Therapies*. Rochester, Vermont: Bear & Company.

Grey, Alex (2012). *Net of Being*. Tillsammans med Alyson Grey. Rochester, Vermont: Inner Traditions International

Grey, Alex (1990). *Heliga Speglar: The Visionary Art of Alex Grey*. Rochester, Vermont: Inner Traditions International

Judith, Anodea (2006). *Livets Hjul: A User's Guide to the Chakra System*. Woodbury, Minnesota: Llewellyn Publications

Leadbeater, C.W. (1987). *Chakrana* Wheaton, Illinois: The Theosophical Publishing House

Lockhart, Maureen (2010). *Den Subtila Energikroppen: Den Kompletta Guiden*. Rochester, Vermont: Inner Traditions

Ostrom, Joseph (2000). *Auras: Vad De Är och Hur Man Läser Dem*. Hammersmith, London: Thorsons

Zink, Robert (2014). *Magisk Energihealing: The Ruach Healing Method*. Rachel Haas är medförfattare. Portland, Oregon: Law of Attraction Solutions, LLC.

HJÄRNANS OCH KROPPENS ANATOMI

Carter, Rita (2019). *The Human Brain Book*. New York, New York: DK Publishing

Childre, Doc och Martin, Howard (2000). *The Heartmath Solution*. New York, New York: HarperCollins Publishers.

McCraty, Rollin (2015). *Hjärtats Vetenskap: Utforskning av Hjärtats Roll i Mänsklig Prestation (Volym 2)*. Boulder Creek, Kalifornien: HeartMath Institute

Power, Katrina (2020) *How to Hack Your Vagus Nerve*. Självständigt publicerad

Splittgerber, Ryan (2019). *Snell's Clinical Neuroanatomy: Eight Edition*. Philadelphia, Pennsylvania: Wolters Kluwer

Wineski, Lawrenece E. (2019). *Snell's Clinical Anatomy by Regions: Tenth Edition*. Philadelphia, Pennsylvania: Wolters Kluwer

YOGA OCH TANTRA

Ashley-Farrand, Thomas (1999). *Helande Mantran: Användning av Ljudbekräftelser för Personlig Kraft, Kreativitet och Helande*. New York, New York: Ballantine Wellspring

Aun Weor, Samael (2012). *Kundalini Yoga: Unlock the Divine Spiritual Power Within You (Kundalini Yoga: Frigör den Gudomliga Andliga Kraften Inom Dig)*. Glorian Publishing

Avalon, Arthur (1974). *Ormens Makt*. New York, New York: Dover Publications, Inc.

Bhajan, Yogi (2013). *Kriya: Yoga-Set, Meditationer och Klassiska Kriyas*. Santa Cruz, Kalifornien: Kundalini Research Instititute

Buddhananda, Swami (2012). *Moola Bandha: The Master Key*. Munger, Bihar, Indien: Yoga Publications Trust

Feuerstein, Georg (1998). *Tantra: Extasens Väg: Tantra: The Path of Ecstasy*. Boulder, Colorado: Shambhala Publications, Inc.

Frawley, Dr. David (2010). *Mantra Yoga och Urljud: Secrets of Seed (Bija) Mantras*. Twin Lakes, Wisconsin: Lotus Press.

Frawley, David (2004). *Yoga och Den Heliga Elden: Självförverkligande och Planetarisk Omvandling*. Twin Lakes, Wisconsin: Lotus Press.

Hulse, David Allen (2004). *De Österländska Mysterierna: St.* Paul, Minnesota: *The Key of it All, Book I:* Llewellyn Publications

Japananda Das, Srila (2019). *Yantra: Kraft och Magi.* Självständigt utgiven

Kaminoff, Leslie och Matthews, Amy (2012). *Yoga Anatomy.* Champaign, Illinois: Human Kinetics

Maehle, Gregor (2012). *Pranayama: Yogans Andning.* Innaloo City, Australien: Kaivalya Publications

Prasad, Rama (2015). *Naturens Finare Krafter och Deras Inflytande på Människans Liv och Öde.* CreateSpace Independent Publishing Platform

Saraswati, Swami Satyananda (2013). *Asana Pranayama Mudra Bandha.* Munger, Bihar, Indien: Yogi Publications Trust

Saraswati, Swami Satyananda (2013). *En Systematisk Kurs i de Gamla Tantriska Yoga- och Kriyateknikerna.* Munger, Bihar, Indien: Yoga Publications Trust

Saraswati, Swami Satyananda (2012). *Hatha Yoga Pradipika.* Munger, Bihar, Indien: Yogi Publications Trust

Saraswati, Swami Satyananda (2007). *Kundalini Tantra.* Munger, Bihar, Indien: Yoga Publications Trust.

Saraswati, Swami Satyananda (2012). *Meditationer från Tantras.* Munger, Bihar, Indien: Yoga Publications Trust

Saraswati, Swami Satyadharma (2019). *Yoga Kundali Upanishad: Teori och Praktik för att Väcka Kundalini.* Independently Published, USA

Satyasangananda, Swami (2013). *Tattwa Shuddhi.* Munger, Bihar, Indien: Yogi Publications Trust.

Swami, Om (2017). *Den Urgamla Vetenskapen om Mantran: Visdom av de Vise.* Amazon.com: Black Lotus Publishing

Vivekananda, Swami (2019). *Raja Yoga: Att Erövra den Inre Naturen.* Kolkata, Indien: Advaita Ashrama

Weor, Samael Aun (2018). *Heliga Riter för Föryngring: As Simple, Powerful Technique for Healing and Spiritual Strength.* www.gnosticteachings.org: Glorian Publishing

Woodroffe, Sir John (2018). *Introduktion till Tantra Sastra.* T. Nagar, Madras, Indien: Ganesh & Company

Yogananda, Paramahamsa (2019). *En Yogis Självbiografi.* Los Angeles, Kalifornien: Self Realization Fellowship

Yogananda, Paramahamsa (2019). *Kristi Återkomst: Kristus Återuppstår Inom Dig.* Volymer I-II. Los Angeles, Kalifornien: Self Realization Fellowship.

AYURVEDA

Lad, Vasant (2019). *Ayurveda: The Science of Self-Healing.* Twin Lakes, Wisconsin: Lotus Press

Frawley, Dr. David, (2003). *Ayurveda och Marmaterapi: Energipunkter i Yogisk Läkning.* Medförfattare: Dr Subhash Ranade och Dr Avinash Lele. Twin Lakes, Wisconsin: Lotus Press.

Frawley, Dr. David, och Lad, Vasant (2008). *Yogan av örter.* Twin Lakes, Wisconsin: Lotus Press.

Det Ayurvediska Institutet. *Livsmedelsriktlinjer för Grundläggande Konstitutionella Typer* (PDF)

Frawley, Dr. David (1999). *Yoga och Ayurveda: Självläkning och Självförverkligande.* Twin Lakes, Wisconsin: Lotus Press.

Frawley, Dr. David och Summerfield Kozak, Sandra (2012). *Yoga för Din Typ: En Ayurvedisk Strategi för din Asanapraktik.* Twin Lakes, Wisconsin: Lotus Press

Frawley, Dr. David (2013). *Ayurvedisk Läkning: A Comprehensive Guide.* Twin Lakes, Wisconsin: Lotus Press

Frawley, Dr. David, och Ranada, Dr. Sabhash (2012). *Ayurveda: Naturens Medicin.* Twin Lakes, Wisconsin: Lotus Press

VEDISK ASTROLOGI

Frawley, Dr. David (2005). *Ayurvedisk Astrologi: Självläkning Genom Stjärnorna.* Twin Lakes, Wisconsin: Lotus Press

Frawley, Dr. David (2000). *Astrologi hos Siarna. En Guide till Vedisk/Hinduistisk Astrologi.* Twin Lakes, Wisconsin: Lotus Press.

Sutton, Komilla (2014). *Nakshatras: Stjärnorna Bortom Zodiaken.* Bournemouth, England: The Wessex Astrologer Ltd.

Kurczak, Ryan och Fish, Richard (2012). *Konsten och Vetenskapen i Vedisk Astrologi.* CreateSpace Independent Publishing Platform

HAND MUDRAS

Menen, Rajendar (2013). *Mudras Helande Kraft: The Yoga in Your Hands.* New Delhi, Indien: V&S Publishers

Saradananda, Swami (2015). *Mudras för det Moderna Livet: Förbättra Din Hälsa, Ge Ditt Liv Ny Energi, Förbättra Din Yoga och Fördjupa Din Meditation.* London, Storbritannien: Watkins

Hirschi, Gertrud (2016). *Mudras: Yoga i Dina Händer.* Newburyport, Massachusetts: Weiser Books

Le Page, Joseph och Lilian (2014). *Mudras för Helande och Omvandling.* Ft. Lauderdale, Florida: Integrative Yoga Therapy

Carroll, Cain och Revital (2013). *Mudras i Indien: A Comprehensive Guide to the Hand Gestures of Yoga and Indian Dance.* Philadelphia, Pennsylvania: Singing Dragon

Advait (2015). *Mudras: 25 Ultimata Tekniker för Självläkning.* CreateSpace Independent Publishing Platform

ÄDELSTENAR OCH STÄMGAFFLAR

McGeough, Marion (2013). *Kristallhealing och det Mänskliga Energifältet.* CreateSpace Independent Publishing Platform

Lembo, Margaret Ann (2017). *The Essential Guide to Crystals, Minerals and Stones.* Woodbury, Minnesota: Llewellyn Publications

Permutt, Philip (2016). *Kristallhelaren: Crystal Prescriptions That Will Change Your Life Forever.* London, England: Cico Books

McKusick, Eileen Day (2014). *Tuning the Human Biofield: Healing with Vibrational Sound Therapy.* Rochester, Vermont: Healing Arts Press

Hall, Judy (2003). *Kristallbibeln: A Definitive Guide to Crystals: A Definitive Guide to Crystals.* Iola, Wisconsin: Krause Publications.

Hall, Judy (2009). *Kristallbibeln 2.* Iola, Wisconsin: Krause Publications.

Beaulieu, John (2010). *Human Tuning: Sound Healing With Tuning Forks.* High Falls, New York: BioSonic Enterprises

AROMATERAPI

Lembo, Margaret Ann (2016). *The Essential Guide to Aromatherapy and Vibrational Healing.* Woodbury, Minnesota: Llewellyn Worldwide

Cunningham, Scott (2020). *Encyclopedia of Magical Herbs.* Woodbury, Minnesota: Llewellyn Worldwide

Kennedy, Anne (2018) *Aromaterapi för Nybörjare: Den Kompletta Guiden för att Komma Igång med Eteriska Oljor.* Berkeley, Kalifornien: Althea Press

Wormwood, Valerie Ann (2016). *The Complete Book of Essential Oils and Aromatherapy.* Novato, Kalifornien: New World Library

Davis, Patricia (2000). *Subtil Aromaterapi.* Essex, Storbritannien: Saffron Walden.

Covington, Candice (2017). *Essentiella Oljor i Andlig Praktik: Working With the Chakras, Divine Archetypes, and the Five Great Elements.* Rochester, Vermont: Healing Arts Press

HELIG GEOMETRI

Melchizedek, Drunvalo (1990). *Den Urgamla Hemligheten med Livets Blomma: Volym 1.* Flagstaff, Arizona: Light Technology Publishing.

Melchizedek, Drunvalo (2000). *Den Urgamla Hemligheten med Livets Blomma: Volym 2.* Flagstaff, Arizona: Light Technology Publishing.

VÄSTERLÄNDSKA MYSTERIER

Agrippa, Henry Cornelius (1992). *Tre Böcker om Ockult Filosofi.* St. Paul, Minnesota: Llewellyn Publications

Anonymt (2005) *Hermes Smaragdtablett.* Med flera översättningar. Whitefish, Montana: Kessinger Publishing

Copenhaver, Brian P. (2000) *Hermetica: The Greek Corpus Hermeticum and the Latin Asclepius in a New English Translation, with Notes and Introduction.* New York, New York: Cambridge University Press.

Doreal, M. (okänd). *Smaragdtabletterna av Thoth från Antlantean.* Nashville, Tennessee: Source Books

Everard, John (2019). *Den gudomliga Pymander.* Whithorn, Skottland: Anodos Books

Mumford, John Dr. (1997). *Magiska Tattwas: Ett Komplett System för Självutveckling.* St. Paul, Minnesota: Llewellyn Publications.

Paar, Neven (2019). *Magus: Kundalini och Golden Dawn.* Toronto, Ontario: Winged Shoes Publishing

Regardie, Israel (1971). *Den Gyllene Gryningen.* St. Paul, Minnesota: Llewellyn Publications

Tre initierade (1940). *Kybalion: Hermetisk Filosofi.* Chicago, Illinois: Yogi Publication Society

Okänd (2003). *Esoteriska Golden Dawn-Orden: Theoricus 2=9 Grade Manual.* Tillagd av G.H. Frater P.D.R. Los Angeles, Kalifornien: H.O.M.S.I.

Woolfolk, Joanna Martine (2006). Den *enda Astrologiboken du Någonsin Behöver.* Lanham, Maryland: Taylor Trade Publishing

RELIGIÖSA TEXTER

Ashlag, Rav Yehuda (2007). *Zohar.* Kommentar av Rav Michael Laitman PhD. Toronto, Ontario: Laitman Kabbalah Publishers.

EasWaran Aknath (2007). *Dhammapada.* Tomales, Kalifornien: Nilgiri Press

EasWaran Aknath (2007). *Upanishaderna.* Tomales, Kalifornien: Nilgiri Press

Griffith, Ralph T.H. and Keith, Arthur Berriedale (2017). *The Vedas: The Samhitas of the Rig, Yajur (White and Black), Sama, and Atharva Vedas.* CreateSpace Independent Publishing Platform

Moses (1967). *Toran: Torah: Moses Fem Böcker (*även känd som Gamla Testamentet*).* Philadelphia, Pennsylvania: The Jewish Publication Society of America.

Muhammad (2006). *Koranen.* Översatt med noter av N.J. Dawood. London, England: Penguin Books

Saraswati, Swami Satyananda (1997). *Bhagavad Gita.* Napa, Kalifornien: Devi Mandir Publications och Motilal Banarsidass Publishers Private Limited.

Stiles, Mukunda (2002). *Patanjalis Yoga-Sutra.* San Francisco, Kalifornien: Weiser Books

Olika (2002). *Den Heliga Bibeln: King James Version (*innehåller Gamla och Nya Testamentet). Grand Rapids, Michigan: Zondervan

ONLINE-RESURSER

3 Sanskritmantran för att Öka Din Meditationspraktik - Referenssida för Mantran (www.yogiapproved.com/om/3-sanskrit-mantras-boost-meditation-practice/)

7 Mantran för att Skapa det Liv Du Vill Ha - Referenssida för Mantran (www.chopra.com/articles/7-mantras-for-creating-the-life-you-want)

7Pranayama - Livets Andetag - Referenssida för Yogisk Filosofi och Praktik (www.7pranayama.com)

71 Yoga Mudras: Få Överraskande Fördelar på 29 Dagar, med Stöd av Vetenskap – Referens Sida för Yoga Mudras (www.fitsri.com/yoga-mudras)

9 Kraftfulla Mantran på Sanskrit och Gurmukhi - Referenssida för Mantran (www.chopra.com/articles/9-powerful-mantras-in-sanskrit-and-gurmukhi)

Aurans Anatomi - Referenssida om Auran och Dess Delar (www.auraology.net/anatomy-of-the-aura)

En Introduktion till Vagusnerven och Kopplingen till Kundalini - Referenssida för Kopplingen mellan Vagusnerven och Kundalini (www.basmati.com/2017/05/02/intro-vagus-nerve-connection-kundalini)

Astrologisk Aromaterapi - Blandningar för Ditt Stjärntecken - Referenssida för Aromaterapi (www.baseformula.com/blog/astrological-aromatherapy)

Astrologi och Ayurveda - Referenssida för Astrologi och Ayurveda (www.astrobix.com/astrosight/208-astrology-and-ayurveda.html)

Astrologi och Chakrana: Två Sidor av Samma Mynt - Referenssida för Astrologi och Chakras (www.innerself.com/content/personal/intuition-awareness/astrology/4410-astrology-a-the-chakras.html)

Aura Colour Guide - Referenssida för Aura och Dess Delar (www.auraaura.co/aura-colors)

AuraFit: Mobile Biofeedback System - Officiell sida för Aura-avläsningstekniken som uppfunnits av Bettina Bernoth Ph.D. (www.aurafitsystem.org/)

Aura Shapes - Referenssida för Energiproblem i Auran (www.the-auras-expert.com/aura-shapes.html)

Ayurveda och Asana: Yogapositioner för Din Hälsa - Referenssida för Yoga för Doshas (www.yogajournal.com/lifestyle/health/ayurveda-and-asana/)

Bästa Ayurveda: Kroppskonstitutionstyp - Referenssida för Ayurveda (www.bestayurveda.ca/pages/body-constitution-type-chart)

Bija Mantra - Referenssida för Bija Mantras (www.hinduscriptures.com/vedic-culture/bija-mantra/24330/)

Ljusets Charm: Energi, Healing och Kärlek - Referenssida för Kristaller (www.charmsoflight.com/gemstone-crystal-healing-properties)

Descartes och Tallkottkörteln - Referenssida för Tallkottkörteln och Dess Historiska Forskning (https://plato.stanford.edu/entries/pineal-gland/)

Utforma en Yogarutin för Din Dosha - Referenssida för Yoga och Doshas (www.chopra.com/articles/designing-a-yoga-routine-for-your-dosha)

Encyclopedia Britannica - Referenssida för Alla Kunskapsområden (www.britannica.com)

Esoteriska Andra Världar: Tattva Vision - Referenssida för Arbete med Tattvas

(www.esotericotherworlds.blogspot.com/2013/06/tattva-vision.html)
    Ethan Lazzerini-Crystal Healing Blog, Guides & Tips - Referenssida för Kristaller (www.ethanlazzerini.com/crystal-shapes-meanings/)
    Freedom Vidya-Meditation om Chakra Petal Bijas - Referenssida för Chakra Petal Bijas (www.shrifreedom.org/yoga/chakra-petal-sounds/)
    Greek Medicine.Net - Referenssida för Hjärnan och Nervsystemet (www.greekmedicine.net/physiology/Brain_and_Nervous_System.html)
    Hatha- eller Vinyasa-Yoga: Vilken är Rätt För Dig? - Referenssida för Hatha- och Vinyasa-Yoga (www.healthline.com/health/exercise-fitness/hatha-vs-vinyasa)
    Hur Du Balanserar din Livsenergi och Dina Chakran med Eteriska Oljor - Referenssida för Chakran och Eteriska Oljor (www.motherhoodcommunity.com/chakra-essential-oils/)
    Hur Påverkar Motion Hjärnan? - Referenssida om Motionens Effekter på Hjärnan (www.dana.org/article/how-does-exercise-affect-the-brain/)
    Institute for Consciousness Research - Referenssida för Kundaliniforskning och Mänsklig Energipotential (www.icrcanada.org)
    Introduktion till Ayurveda: Förstå de Tre Doshas - Referenssida för Ayurveda (www.yogajournal.com/lifestyle/health/ayurveda/intro-ayurveda/)
    Manliga och Kvinnliga Chakran - Referenssida för Kön i Chakran (www.rootshunt.com/maleandfemalechakras.htm)
    Naturlig Chakra Healing-Seed Mantras för Varje Chakra - Referenssida för Bija Mantras (www.naturalchakrahealing.com/chakra-seed-mantras.html)
    Neural Correlates of Personalized Spiritual Experiences - Referenssida för Kopplingen Mellan Hjärnans Anatomi och Andliga Upplevelser (www.academic.oup.com/cercor/article/29/6/2331/5017785)
    Förhållandet Mellan Chakras i Människokroppen, Planeterna och Medicinsk Astrologi - Referenssida för Förhållandet Mellan Chakras, Planeter och Endokrina Körtlar. (www.anilsripathi.wordpress.com/relationship-between-human-body-chakras-planetsmedical-astrology/)
    Rocks with Sass - Referenssida för Kristaller och Deras Former (www.rockswithsass.com/blog/2020/4/13/crystal-shapes-their-meaning-and-uses)
    Science of the Heart - Referenssida för HeartMath Institute och deras forskning (www.heartmath.org/research/science-of-the-heart/energetic-communication)
    Scrying i Den Andliga Visionen. Del I: Tattva Vision - Referenssida för Arbete med Tattvas (www.fraterooe.livejournal.com/4366.html)
    Sex Typiska Energiproblem och Hur Man Botar Dem - Referenssida för Energiproblem i Auran (www.nataliemarquis.com/six-typical-energy-problems-and-how-to-heal-them/)
    SlimYogi: En Illustrerad Steg-För-Steg-Guide till 90 Bantande Yogaställningar - Referens-PDF för att Praktisera Yoga (www.mymission.lamission.edu/userdata/ruyssc/docs/Stretch-An-Ullustrated-Step-By-Step-Guide-To-Yoga-Postures.pdf)

Andlig Ayurveda: Våra Fem Subtila Kroppar och Tre Subtila Essenser - Referenssida för Ayurveda (www.maharishi.co.uk/blog/spiritual-ayurveda-our-five-subtle-bodies-and-three-subtle-essences/)

Tattwas och Antahkarana-Instruktioner - Referenssida för Tattvas (www.manas-vidya.blogspot.com/2011/09/practice-antahkarana.html)

Chakras och Genus - Maskulina/Kvinnliga Energier - Referenssida för Genus i Chakras (www.naturalchakrahealing.com/chakras-and-gender-masculine-feminine-energy.html)

The Crystal Compendium EBook - Referenssida för Kristaller (www.crystalgemstones.net/crystalcompendium.php)

Det Retikulära Aktiveringssystemets (RAS) Avkoppling - Referenssida för Det Retikulära Aktiveringssystemets Roll i Andligt Uppvaknande (www.spiritrisingyoga.org/kundalini-info/the-disengagement-of-the-reticular-activating-system)

The Kundalini Consortium (www.kundaliniconsortium.org)- Referenssida för Kundaliniforskning och Mänsklig Energipotential.

Vedisk Astrologi och Chakras - Referenssida för Sambandet Mellan Chakras och Planeter (www.alchemicalbody.wordpress.com/2013/06/01/vedic-astrology-the-chakras/)

Vibrationell Energimedicin - Referenssida för Chakrana (www.energyandvibration.com/chakras.htm)

Vad är Bija Mantras - Referenssida för Bija Mantras (www.satyaloka.net/what-are-bija-mantras/)

Vad är Ayurveda Doshas? Vata, Kapha och Pitta Explained - Referenssida för Ayurveda (www.healthline.com/nutrition/vata-dosha-pitta-dosha-kapha-dosha)

Vilka är Fördelarna med Yoga och Meditation - Referenssida för Yoga och Meditation (www.poweryoga.com/blog/benefits-and-differences-yoga-meditation/)

Vad är Aromaterapi? - Referenssida för Aromaterapi (www.webmd.com/balance/stress-management/aromatherapy-overview)

Vad är Yogameditation? - Referenssida för Meditation (www.sivanandayogafarm.org/what-is-yoga-meditation/)

Vad Du Bör Veta om Hjärnans Frontallob - Referenssida för Hjärnans Anatomi (www.healthline.com/health/frontal-lobe)

Yoga För Att Balansera Doshas - Referenssida för Yoga för Doshas (www.ekhartyoga.com/articles/wellbeing/yoga-for-balancing-the-doshas)

Yoga Journal: A Beginner's Guide to Meditation - Referenssida för Meditation (www.yogajournal.com/meditation/how-to-meditate/let-s-meditate/)

Yogapedia - Referenssida för Yogisk Filosofi och Yogiska Metoder (www.yogapedia.com)

Yogapoint-India - Referenssida för Yogisk Filosofi och Praktik (www.yogapoint.com/index.htm)

Wikipedia - *Den Fria Encyklopedin* - Referenssida För Alla Kunskapsområden (www.wikipedia.org)

BILDRESURSER

Figur 2: De Tre Nadis Efter Uppvaknandet av Kundalini - Yogi Mahajans *The Ascent.* (Sida 6.)

Figur 5: Den Fullständiga Kundalinikretsen - Swami Satyananda Saraswatis *Kundalini-Tantra.* (Sida 288.)

Figur 6: Hjärnan Fylld Med Ljus - Christopher & Dana Reeve *Foundations How the Spinal Cord Works* (Online Page.)

Figur 10: Pentagrammet - Henry Cornelius Agrippas *Tre Böcker om Ockult Filosofi.* (Sida 180.)

Figur 15: Ida och Pingala Nadis och Ajna Chakra - Genevieve Lewis Paulsons *Kundalini and the Chakras.* (Sida 184.)

Figur 16: Jordens Elektromagnetiska Fält - Peter Reid's *The Earth's Magnetic Field* (Online Image.)

Figur 20: Auras Anatomi - Bettina Bernoths *AuraFit-Träningsmanuskript* (Sida 11.)

Figur 22: Kundalinis Toroidala Fält - Bruce Burgers *Esoteric Anatomy: The Body as Consciousness (Esoterisk Anatomi: Kroppen som Medvetande).* (Sida 54.)

Figur 23: De Sju Chakrana och Nervplexus - Anodea Judiths *Livshjul: En Användarguide till Chakrasystemet.* (Sida 12.)

Figur 24: Hjärnans expansion och Chakric Correspondences - Swami Satyananda Saraswatis *Kundalini Tantra.* (Sida 35.)

Figur 26: De Mindre Huvudchakrana (Kronan) - Genevieve Lewis Paulson's *Kundalini and the Chakras.* (Sida 150.)

Figur 31: Figur 1: Placering av de Psykiska Ögonen - Genevieve Lewis Paulsons *Kundalini and the Chakras.* (Sida 140.)

Figur 37: Drunvalo Melchizedeks bok *The Ancient Secret of the Flower of Life (Den Urgamla Hemligheten med Livets Blomma): Volym 1.* (Sida 49.)

Figur 42: Det Limbiska Systemet - Paul Wissmann's *Basic Ganglia and Limbic System* (Online Image.)

Figur 51: Conus Medullaris och Filum Terminale - Cyndi Dale's *The Complete Book of Chakras: Din Definitiva Källa till Kunskap om Energicenter för Hälsa, Lycka och Andlig Utveckling.* (Sida 78.)

Figur 57: Doc Childre och Howard Martin's *The Heartmath Solution.* (Sida 34.)

Figur 59: Anodea Judiths *livshjul: A User's Guide to the Chakra System.* (Sida 197.)

Figur 123: Mula Bandha Contraction Point - Swami Satyananda Saraswatis *Asana Pranayama Mudra Bandha.* (Sida 476.)

Figur 128: Vajroli, Sahajoli och Ashwini Mudras Kontraktionspunkter - Swami Buddhanandas *Moola Bandha: Den Mästerliga Nyckeln.* (Sida 81.)

Figur 134: Sushumna Nadi Layers and the Cosmic Egg - Cyndi Dales *The Subtle Body: An Encyclopedia of Your Energetic Anatomy*. (Sida 276.)

Figur 147: De Tre Doshas och Kroppszonerna - Vasant Lad's *Ayurveda: The Science of Self-Healing*. (Sida 27.)

Figur 151: Lucid Dream Projection - Veenu Sandal's Online Article *Spirit "Walk-Ins" and Matters of the Soul* (Online Article.)

Figur 153: Sahasrara Chakra Lotus - Swami Satyananda Saraswatis *Kundalini Tantra*. (Sida 307.)

Figur 154: Kundalini Flow through Sushumna - Genevieve Lewis Paulsons *Kundalini and the Chakras*. (Sida 16.)

www.ingramcontent.com/pod-product-compliance
Lightning Source LLC
Chambersburg PA
CBHW080931300426
44115CB00017B/2783